中指控股

CHINA INDEX HOLDINGS

中指控股（China Index Holdings Ltd）历经20余年发展，于2019年6月11日在美国纳斯达克证券交易所成功上市，致力于以大数据和创新技术赋能中国地产行业，拥有近千位优秀的数据研发和专业分析师，分支机构遍布中国近40个主要城市。

基于二十多年来积累的海量房、地、人、企等详实数据，中指控股整合空间、宏观、移动、规划、POI等多维信息，构建扎实的数据底层，打造开发云、土地云、项目云、物业云为基础的中指云服务平台，为行业提供数据分析、SaaS工具、研究及市场推广、行业顾问咨询等多项专业服务。全方位服务房地产开发商、金融机构、经纪公司、物业公司及上下游服务企业，为合作伙伴提供高效解决方案，赋能行业健康可持续发展。

北京中指信息技术研究院

Beijing China Index Academy

北京中指信息技术研究院（Beijing China Index Academy，简称“中指研究院”）是中指控股（China Index Holdings Ltd）历时最长的下属研究机构。

中指研究院建立了庞大的数据库——CREIS中指数据库，涵盖土地、住宅及商用物业、企业、宏观经济等数据。基于长期深厚的数据积累，中指研究院的研究成果已成为房地产及上下游相关行业的重要决策参考，出版的专著填补了多项行业研究空白；研究成果在中国房地产行业产生了深远的影响。

中指控股（CIH）
中指研究院总部
地址：北京市丰台区郭公庄中
街20号院A座
邮编：100070
电话：010-56319200
传真：010-56319191

中指控股CIH

中国房地产指数系统(CREIS)

中国房地产指数系统(China Real Estate Index System，简称CREIS)是一套以价格指数形式来反映全国各主要城市房地产市场运行状况和发展趋势的指标体系和分析方法。它由国务院发展研究中心、中国房地产开发集团等于1994年发起，1995年通过部级评审，2005年再次通过由国务院发展研究中心、建设部、国土资源部、中国银监会、清华大学和北京大学等单位的著名专家学者组成的鉴定委员会的学术鉴定。

中国房地产指数系统(CREIS)目前覆盖全国主要城市，定期发布中国主要城市房地产价格指数，包括新房价格指数(综合指数、住宅指数、写字楼指数、商铺指数)、百城新建住宅价格指数、百城二手住宅价格指数及租赁价格指数等。2010年起，中国房地产指数系统启动“百城价格指数”研究，每月发布100个城市新建住宅价格指数，成为中国覆盖范围广、城市数量多的房屋价格指数系统。2020年7月，每月发布100个城市二手住宅价格指数，进一步丰富“百城价格指数”体系。

中指控股CIH

中国房地产TOP10研究组

为了促进中国房地产行业健康持续发展，2003年1月，由国务院发展研究中心企业研究所、清华大学房地产研究所和中指研究院三家机构正式发起成立中国房地产TOP10研究组，致力于对中国规模大、效益佳、品牌优的房地产企业群体进行研究。2019年9月，研究组特邀原国务院发展研究中心设立的国内国家级唯一具有企业评价资质的社团法人——中国企业评价协会作为研究主办单位之一，全面升级中国房地产相关研究工作。

研究组本着客观、公正、准确、全面的基本原则，排除主观因素的影响，以客观数据为唯一依据，充分借鉴国外TOP10研究的理论框架和操作实务，结合中国房地产发展特点，开展TOP10系列研究工作。旨在发掘中国房地产优秀企业群体，打造中国房地产品牌，引领房地产业平稳健康发展。中国房地产TOP10研究组办公室设于北京中指信息技术研究院。

系列成果报告

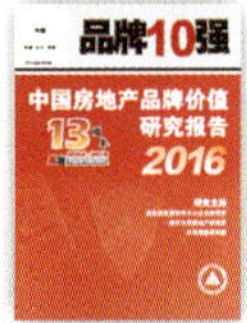

CREIS中指数据

全行业覆盖　颗粒度细　可追溯期长

中指研究院基于强大的数据基础和技术能力，建立了中国历时长、信息全、覆盖范围广的CREIS中指数据库，被发改委和国家统计局指定为数据第二轨。

中指数据二十年来，持续扩大数据覆盖面，服务了中国95%以上的房地产品牌企业，以及国内外主流金融机构、高校和房地产上下游企业，是企业市场研究和投资决策的重要基础。

20年+	2300城	2800城	50城	194城
数据沉淀	土地覆盖	宏观经济覆盖	地块航拍	新房成交
230万宗	40万	5万	1.2亿	3800万
地块档案	住宅项目	商办项目	企业数据	POI位置信息

通过数据API接口服务，赋能企业数字化升级

助力企业快速搭建自有数据平台

- 海量的数据底层，通过丰富的标准数据API接口服务，实现用户按需调取
- 帮助企业打通数据链路，助力企业科学决策

丰富的数据应用场景拓展

- 提供行业用户典型使用场景的数据结论输出，辅助用户高效获取高价值信息
- 灵活支持在标准产品基础上进行二次开发，可快速部署上线，无须大量开发工作

数据服务

土地	住宅	商办	行业	宏观	POI	信令	潜客
城市规划	项目信息	项目信息	经营动态	宏观经济	教育	居住人口	购房偏好
地块信息	成交量价	品牌信息	财务状况	开发经营	医疗	工作人口	工作地
出让文件	供应库存	租户数据	新闻舆情	指数研究	交通	迁徙数据	居住地
四至标点	精装部品	大宗交易	招标资讯	政策法规	商业	消费偏好	
地块航拍		租赁交易					

01 开发云

集中国房地产数据与工具之大成

提供的服务

开发云全面整合中指大数据和SaaS分析工具，依托2300城230万+土地信息、40万+住宅项目、5万+商办项目以及人口、潜客、交通、配套等数据，通过开发云强大的综合查询、灵活的多维度统计分析等功能，用户可以实现宏观–中观–微观的数据逐层下钻，查看土地–项目–企业联动信息，辅助用户进行更加客观、科学、精细化的决策。

地块研判

- 全国2300城土地推出成交信息实时查询
- 多维度全面分析土地推出、成交等数据情况
- 土地标书、航拍、竞价记录等信息360°扫描
- 全面掌握土地周边配套、区位、竞品情况

项目监测

- 全量查询城市项目信息，支持单套房产交易状态查看
- 交易数据可按户型、面积、价格等维度快捷交叉分析
- 项目周边竞品项目、全市潜在竞品项目数据快速对比
- 实现跨城市项目、土地数据的一张表统计分析与下载

城市选择

提供大批量、快捷的全国及各城市开发经营、指数研究、宏观经济、交易数据的提取与下载功能，全面掌握宏观市场形势及房地产市场变化。

企业研究

一键查询目标企业的拿地布局、项目分布情况，掌握标杆房企的经营数据、财务数据、融资信息，快速对比分析企业的货值与房产销售表现。

数据中心

包括政策、交通、配套、控规、竞品、人口等11维度的全面数据。

解决的问题

全栈数据赋能企业科学布局、精准拿地、把握营销节奏

科学布局 | 基于4个层面19个指标分析城市吸引力，对目标城市给出定量得分，提出城市布局投资策略建议

精准拿地 | 从地块区位、配套、规划、负面要素四个方面评价地块投资价值可按既定策略标注地块，拿地决策领先一步

营销节奏 | 基于市场供求、销售去化、产品结构、客户画像等数据，动态监测市场、把握市场竞争强度

02

土地云

投资决策SaaS工具

提供的服务

土地云（citymap.fang.com）是在中指研究院积累多年传统数据+新兴数据的基础上，深入研究用户应用场景形成的SaaS决策工具；目前可支持全国125城监测研究，内嵌多维度应用场景决策工具，为房企判断城市进入、分析板块/土地价值、高质量精准拿地，提供平台级服务支持。

城市布局 | 城市投资吸引力模型帮助房企迅速找到具有潜在进入机会的城市，完善房企城市布局；

城市研究 | 深入分析城市价值，快速对比各个板块的现状价值、增值空间和未来价值，掌握板块投资机会；

板块/网格分析 | 从区位、人口、交通、配套等现状及规划的POI数据与供销存等数据交叉分析，为客户提供决策依据；

地块研判 | 全面进行地块研判，对目标地块提供11大维度的全面分析，帮助房企量化地块投资价值；

一键生成报告 | 一键生成城市研究、市场监测、地块研判等多种PPT格式报告，提升房企研究频率和工作效率；

可视化工具 | 盘活房企竞品调研、客群画像、产品偏好等自有数据，以地图可视化的形式呈现，实现数据可视分析。

工具层	报告工具	模型工具	可视化工具
场景层	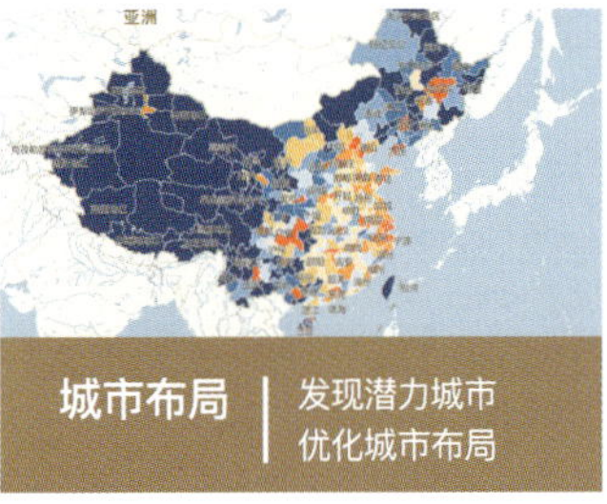 城市布局：发现潜力城市、优化城市布局	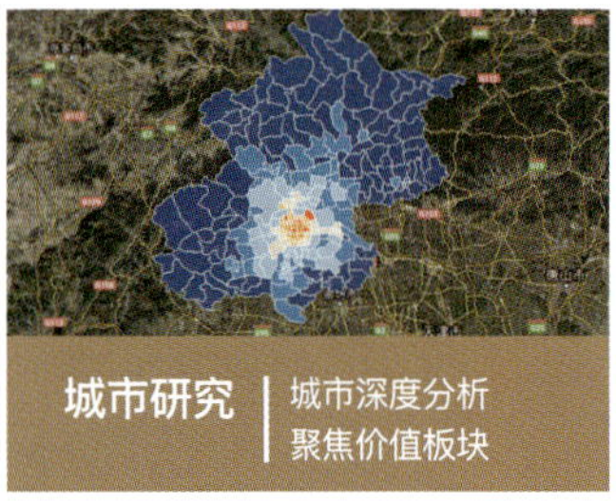 城市研究：城市深度分析、聚焦价值板块	 地块研判：量化地块价值、辅助投资拓展

算法层	空间插值	聚类分析	AHP层次分析	随机森林	网格分析	OD分析	核密度分析
数据层	土地数据	房产数据	购房者数据	人口数据	资源数据	经济数据	规划数据

03 项目云

提供的服务

项目云是专为地产项目打造的数据化工具产品，结合中指多年数据积累及行业研究经验，产品针对营销环节，围绕竞品监测、客群分析等维度，为项目营销人员及团队提供数据监测SaaS工具，用户通过自主添加竞品项目，及时掌握竞品销售动态，并结合城市周期性波动趋势，精准把握营销节奏，抢占市场先机。同时支持一键生成、导出竞品监测报告，为营销人员制定策略及高效管理提供工具支持。

解决的问题

竞品实时监测 高效获取竞品项目最新销售政策、优惠活动、供应规模、来访认购及成交备案等数据。通过竞品项目对比分析，及时调整本案推售策略。

挖掘潜在客群 通过客群地图，及时掌握项目所在板块客群对产品价格、面积及户型的偏好，并对客群特征进行描摹，为项目营销拓客提供数据支持。

研判市场趋势 基于中指研究院多年的行业研究经验，通过分析城市房地产市场量价、供求关系及库存数据，并结合政策预警模型及城市周期模型，及时把握市场变化趋势。

一键生成报告 用户自定义选择竞品楼盘，可一键生成并导出竞品监测报告，助力营销团队高效决策。

助力楼盘推广 项目云产品通过建立楼盘评估模型支持生成楼盘价值分析报告，可作为营销道具一键转发，助力项目推广。

产品的优势

数据优势

覆盖全国100个城市在售及待售新房项目。数据维度包括城市规划及宏观数据，POI及潜客数据，以及土地、新房、二手房交易及监测数据等，底层数据精细至每一套房、每一宗地，满足企业对于竞品的动态监测需求。

模型优势

对城市各类政策进行结构化处理，并通过市场热度变化、城市基本面变化、外部环境变化构建政策预警模型，预判城市政策走向。同时，结合城市所处阶段及市场供求关系进行趋势预判，帮助房企精准把握市场周期性机会。

功能优势

项目云从营销团队业务场景出发，为营销管理者、市场前策、项目策划等多角色提供全面的功能支持，从宏观城市数据及政策预警，到中观板块客群热力地图，再到微观竞品数据实时监控，形成全场景业务流程闭环，同时支持一键生成竞品监测报告及楼盘价值分析报告，协助营销团队高效决策，助力项目营销推广。

04 物业云

提供的服务

物业云是为物业服务企业量身打造的智慧服务平台。秉持“数据赋能企业科学决策，技术提升企业服务能力”的宗旨，为物业服务企业提供“智慧物业+智慧物联+智慧经营+智慧决策（中指数据·物业版）+智慧采购+智慧人力”的一站式解决方案，助力物业服务企业快速实现智慧化转型。

智慧物业　智慧物联　智慧经营

智慧决策　智慧采购　智慧人力

物业云

找项目 《《《 聚焦两大应用场景 》》》 找数据

新增项目

动态统计最新成交土地项目，多维度筛选查询地块详细信息，帮助用户紧抓新增项目拓展机会

合约到期项目

监测存量项目合约到期时间，获取项目详细数据(建筑面积、物业费、配套设施等)，助力用户快速筛选更具价值的拓展标的

招标项目

整合全国物业招投标项目(重点收集办公、学校、医院等非住业态)，提供实时有效的信息服务；收录近3年物业中标数据，为用户提前介入拟招标项目提供精准信息渠道

六大核心功能模块

40万+合约到期项目

24.4万+新增项目

每日 1000+ 招标信息

20万+物业企业

物业企业

收录历年物业百强报告数据、上市物企业务财务数据、存量项目监测数据、收并购数据等，满足用户快速查询数据与对标等决策需求

报告工具

通过模块组合，结合用户个性化需求，一键生成自动化报告，涵盖市场监测、竞品对标等内容，帮助用户更好的应用数据，快速输出定制化报告

行业资讯

实时更新上市企业舆情和公告，收录行业最新政策法规，为用户把握行业动态、研判政策走向提供全方位支撑

05 中指地产企业研究与推广

中指研究院建立了具有权威性和影响力的企业评价标准体系

2003年由国务院发展研究中心企业研究所、清华大学房地产研究所和中指研究院三家机构正式发起成立中国房地产TOP10研究组，致力于对中国规模大、效益佳、品牌优的房地产企业进行研究。2019年研究组特邀国务院发展研究中心设立的、国内国家级唯一具有企业评价资质的——中国企业评价协会作为研究主办单位之一，全面升级中国房地产相关研究工作。

中国房地产百强企业研究（2004年至今）— 企业综合实力与行业地位认证

中指研究院百强企业研究，发掘综合实力强、经营稳健以及具备较强社会责任感的优秀企业，相关研究成果已成为评判房地产企业经营实力及行业地位的重要依据。

中国房地产品牌价值研究（2005年至今）— 量化品牌价值、彰显企业软实力

品牌彰显投资价值、品牌增强发展动力、中指研究院客观量化企业品牌价值，综合评价企业品牌实力，促进企业无形资产的保值增值。助力企业提升品牌建设水平。

中国房地产上市公司研究（2004年至今）— 资本市场的投资参考

中指研究院挖掘成长质量佳、投资价值大的优秀上市企业，为投资者提供科学全面的投资参考依据。相关研究成果成为投资者评判上市公司综合实力、发掘证券市场投资机会的重要标准。

与时俱进，开展相关领域的理论研究与实践探索

● **轻资产代建研究**

中国房地产行业专业化、市场化、精细化趋势日趋明显。房地产代建作为房地产行业轻资产化的重要方向，有更广阔的发展空间。中指研究院在2017年就研究撰写了《中国房地产代建行业发展蓝皮书》，填补了中国房地产代建服务研究的空白，2020年中指院助力绿城管理成为港股代建第一股。

● **产业+地产**

中指研究院已经开展了近10余年产业园区、产业新城领域专项研究，构架相关评价指标体系、调研产业新城、产业园区实践案例，形成了《中国产业新城运营理论与实践》等专著。

资本市场–上市行业顾问服务

中指研究院拥有多年房地产、商管、代建、策划代理、物业等研究经验与数据积累，帮助企业实现资本价值，丰富的上市行业顾问经验得到资本市场及企业的广泛认可！先后推动港股代建第一股“绿城管理”、商业运营服务第一股“星盛商业”、物业第一股“彩生活”等成功登陆资本市场。

06 中指物业研究与推广

权威评价物业服务水平及行业地位

物业服务百强企业研究（2008年至今）—— 认证企业综合实力与行业地位

中指研究院自2008年起，开展“物业服务百强企业研究”，科学评价企业综合实力，发掘一批服务水平优、业主满意度高的优秀物业服务企业，相关研究成果已成为评判物业服务企业综合实力及行业地位的重要标准。

物业服务品牌价值研究（2011年至今）—— 沉淀企业“软实力”

作为典型的服务行业，物业服务企业更需要品牌的力量。中指研究院进行深入研究，客观量化企业品牌价值，剖析优秀品牌的成功要素，积极探索品牌可持续发展之路，为企业定位品牌、规划品牌、管理品牌提供科学依据。

物业服务上市公司研究（2015年至今）—— 资本市场的投资参考

中指研究院深入研究物业服务上市公司经营规律，发掘成长质量佳、投资价值大的优秀上市公司，扩大上市公司在机构投资者中的影响力，拓宽融资渠道，同时也为投资者提供科学全面的投资参考依据。

专业解决企业发展痛点难点

中指研究院针对企业痛点、难点，输出定制化顾问咨询服务，为不同规模、类型的物业服务企业发展提供针对性建议，包含对标研究、发展战略规划、品牌战略规划、非住宅业态研究及多种经营研究等。

资本市场一揽子服务

上市行业顾问

基于多年的专业深耕与深厚的数据积累，我们充分发掘了物业服务企业及生态链相关服务商的优势与核心竞争力，并进行充分论证，为企业赴港上市提供了有力支撑。截至2021年9月，中指研究院已向34家上市物业服务企业提供行业顾问服务，占比超过70%，并助力商业运营服务第一股“星盛商业”成功登陆资本市场。

其他资本市场服务

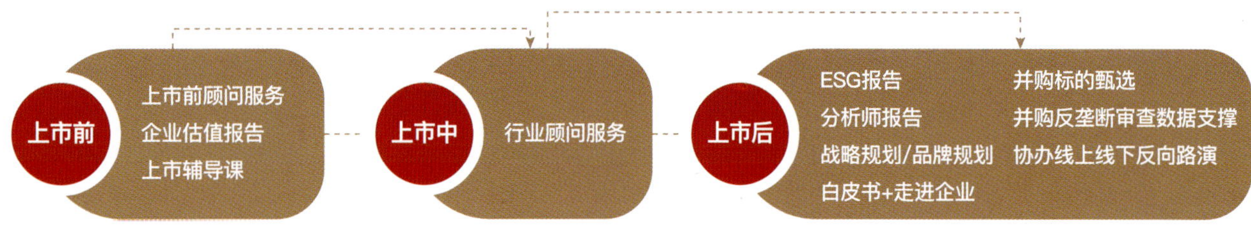

07 中指调查

房地产客户满意度调查

两大核心产品

客户满意度调查

以第三方视角量化客户全生命周期产品与服务满意度，挖掘企业在产品和服务方面的优势及需改进因素，为企业持续改进产品和服务质量提供科学依据，培养和持续提升新老顾客的品牌忠诚度。

神秘客暗访调查

以潜在消费者或真实消费者体验为中心，对产品与服务标准的落地情况进行监测，用“顾客”体验推动案场服务与社区物业服务标准有效落地，帮助企业提升客户满意程度。

服务优势

完善的理论体系

最早将满意度引入中国房地产行业，构建了中国房地产顾客满意度理论体系，并出版专著《中国房地产顾客满意度指数系统理论与实践》。

行业普查，建立权威数据库

连续十五年组织全国唯一、公益满意度普查，覆盖全国200多个城市，300多家房企，成功建立了独家数据信息资源库，形成了全国、行业、城市各层面的满意度权威评价标准。

丰富的行业及企业经验

发起成立“中国房地产客户关系专业委员会”，整合房地产客服领域专家、企业、数据资源构建常态化互动交流平台，促进行业满意度理论及标准的持续优化。

强大的智能平台支持

CREIS中指·云调研系统贯穿于客户满意度调研的全流程：问卷创建–数据采集–实时质控–BI统计–AI报告，为企业提供一站式客户满意度数据采集与服务提升解决方案。

经典案例

满意度调研：依托科学的满意度研究模型、专业的调查团队、丰富的地产研究经验，中指研究院先后为恒大、碧桂园、万科、保利、融创、中海、华润、招商、绿城、绿地、龙湖、荣盛、正荣、龙光、四川蓝光、杭州滨江、富力、长城、彩生活、雅生活、万达等房地产开发企业及物业企业提供满意度调查服务。近三年由中指院实施客户满意度的房地产百强企业近70家。

城市调研顾问咨询

城市研究四大核心服务模块

都市圈
以都市圈整体为研究对象，针对既定区域进行投资潜力分析
适合：全国性企业或区域深耕类企业

城市
针对既定城市进行价值分析，形成具有指导性的城市投资布局建议
适合：进行全国拓展或区域优化企业

板块
通过对各板块规划、轨交、供求等资源及市场的分析确定优势板块
适合：城市深耕企业

项目
通过概况、城市潜力 、定位、测算等进行可研定位，确定开发策略
适合：已经或即将摘地企业

市场研究两大核心服务模块

城市更新四大核心服务模块

标准化定期报告	深度定制服务	影响力服务	平台增值服务
月度、季度、半年度、年度	白皮书、企业/项目测评	企业推介、软文推广	行业交流、项目考察

2021中国房地产优秀企业

企业名称		
中海企业发展集团有限公司	建业住宅集团（中国）有限公司	财信地产发展集团股份有限公司
碧桂园控股有限公司	东原集团	龙记泰信实业集团有限公司
万科企业股份有限公司	重庆华宇集团有限公司	郑州绿都地产集团股份有限公司
保利发展控股集团股份有限公司	武汉城市建设集团有限公司	杭州宋都房地产集团有限公司
融创中国控股有限公司	蓝绿双城科技集团有限公司	力高地产集团有限公司
华润置地有限公司	俊发集团有限公司	海伦堡中国控股有限公司
招商局蛇口工业区控股股份有限公司	隆基泰和置业有限公司	华董（中国）有限公司
绿城中国控股有限公司	景瑞地产（集团）有限公司	百步亭集团有限公司
龙湖集团控股有限公司	星河控股集团有限公司	正黄集团有限公司
新城控股集团股份有限公司	中国葛洲坝集团房地产开发有限公司	金侨投资控股有限公司
金地（集团）股份有限公司	德信中国控股有限公司	四川圣桦集团有限公司
金科地产集团股份有限公司	北京金隅集团股份有限公司	合能投资有限公司
正荣集团有限公司	福星惠誉控股有限公司	华夏阳光地产有限公司
龙光集团有限公司	青岛君一控股集团有限公司	众安集团有限公司
杭州滨江房产集团股份有限公司	杭州市城建开发集团有限公司（大家房产）	潍坊恒信建设集团有限公司
远洋集团控股有限公司	华鸿嘉信控股集团有限公司	鲁商健康产业发展股份有限公司
大悦城控股集团股份有限公司	北京北辰实业股份有限公司	东投地产集团有限公司
珠海华发实业股份有限公司	重庆德杰地产集团有限公司	润达丰控股集团有限公司
金融街控股股份有限公司	石榴集团置业有限公司	文一投资控股集团
中铁置业集团有限公司	荣安地产股份有限公司	山东儒辰控股集团有限公司
中交地产股份有限公司	美好置业集团股份有限公司	华景川集团有限公司
上海中建东孚投资发展有限公司	北京中铁诺德房地产开发有限公司	鼎瓯文化旅游发展集团有限公司
广州市敏捷投资有限公司	上海建工房产有限公司	四川恒邦双林实业集团有限公司
中骏集团控股有限公司	爱家集团	重庆海成实业（集团）有限公司
蓝城房产建设管理集团有限公司	领地集团有限公司	成都德商置业有限公司
四川新希望房地产开发有限公司	上海城建置业发展有限公司	永同昌集团
佳源集团	时代大地控股集团有限公司	天地源股份有限公司

续表

企业名称		
中天美好集团有限公司	汇景控股有限公司	中建信和地产有限公司
正商集团	粤港湾控股有限公司	广东珠江投资股份有限公司
河南东方今典房地产集团有限公司	金地威新产业发展管理公司	合富辉煌集团控股有限公司
成都兴城人居地产投资集团股份有限公司	上海华晟基业实业有限公司	中山市大信控股有限公司
浙江昆仑置业集团有限公司	领航控股集团有限公司	广东珠光集团有限公司
中惠熙元房地产集团有限公司	天阳地产有限公司	方圆生活服务集团有限公司
四川和喜安筑置业集团有限公司	杭州开元建设管理有限公司	凯华地产（中国）集团有限公司
武汉恺德控股集团有限公司	浙江金成控股集团有限公司	山东东方佳园房地产开发集团有限公司
安徽中丞控股集团有限公司	朗基地产集团有限公司	济宁城投嘉华房地产开发有限责任公司
中节能实业发展有限公司	上海朴石企业发展集团有限公司	山东旭辉银盛泰集团有限公司
新湖中宝股份有限公司	四川鼎仁投资集团有限责任公司	长春新星宇房地产开发有限责任公司
上海中奥实业发展有限公司	眉山天府新区投资集团有限公司	山东鲁商建设管理有限公司
奥克斯地产	杭州澳海集团控股有限公司	青岛和达集团有限公司
四川省景茂置业集团有限公司	江苏龙信置业有限公司	山东宝德实业集团有限公司
成都明信房地产集团有限公司	永威置业集团有限公司	中国城乡控股集团有限公司
阳光大地置业集团有限公司	河南信友置业集团有限公司	中交城乡开发建设有限公司
河南中原建业城市发展有限公司	中建七局地产集团	祥源控股集团有限责任公司
绿城房地产建设管理集团有限公司	同信地产集团有限公司	河北润江房地产开发有限公司
北京联东投资（集团）有限公司	美盛集团	百丰房地产开发集团有限公司
金科产业投资发展集团有限公司	星联芒果集团有限公司	河北安联房地产开发有限公司
深圳市星河产业投资发展集团有限公司	恒达集团（控股）有限公司	安徽省高速地产集团有限公司
昌建控股集团有限公司	中成集团	广西云星集团有限公司
苏州新区高新技术产业股份有限公司	河南博群集团有限公司	广西荣和企业集团有限责任公司
卓越城市更新集团	河南常绿集团置业有限公司	海蓝控股有限公司
金地集团开发管理公司	祥生控股（集团）有限公司	上海大名城企业股份有限公司
绿城理想小镇建设集团有限公司	鹏宇投资集团	中南高科产业集团
海伦堡城市更新集团	浩德地产	
北京天鸿控股（集团）有限公司	九颂山河置业集团有限公司	

2021 中国物业服务优秀企业

企业名称		
碧桂园生活服务集团股份有限公司	正荣服务集团有限公司	宁波新日月酒店物业股份有限公司
绿城物业服务集团有限公司	江苏中南物业服务有限公司	宁波奥克斯物业服务有限公司
雅生活智慧城市服务股份有限公司	北京宾至嘉宁国际物业管理集团有限公司	康桥悦生活服务集团有限公司
保利物业服务股份有限公司	南京银城物业服务有限公司	重庆加州物业服务有限公司
融创服务控股有限公司	融信物业服务集团有限公司	上海新湖绿城物业服务有限公司
彩生活服务集团	广州敏捷新生活物业管理有限公司	北京科住物业管理有限公司
中海物业管理有限公司	广州珠江城市管理服务集团股份有限公司	和泓服务集团有限公司
金地智慧服务集团	弘阳服务集团有限公司	大悦城控股集团物业服务有限公司
金科智慧服务集团股份有限公司	东原仁知城市运营服务集团股份有限公司	厦门联发（集团）物业服务有限公司
华润万象生活有限公司	深圳市特发服务股份有限公司	深圳星河智善生活股份有限公司
长城物业集团股份有限公司	珠海华发物业管理服务有限公司	领悦物业服务集团有限公司
龙湖物业服务集团有限公司	成都蜀信物业服务有限公司	优居美家物业服务有限责任公司
世茂服务控股有限公司	中铁建物业管理有限公司	北京鸿坤瑞邦物业管理有限公司
新城悦服务集团有限公司	华宇优家智慧生活服务集团有限公司	合能生活服务集团
河南建业新生活服务有限公司	俊发七彩服务有限公司	浙江安远物业管理有限公司
上海永升物业管理有限公司	深业物业集团有限公司	华侨城物业（集团）有限公司
时代邻里控股有限公司	路劲物业服务集团有限公司	江苏中住物业服务开发有限公司
远洋服务控股有限公司	中天城投集团物业管理有限公司	新希望物业服务集团有限公司
深圳市前海龙光智慧服务控股有限公司	南京朗诗物业管理有限公司	深圳历思联行物业管理有限公司
合生活科技集团有限公司	厦门合嘉源生活服务集团有限责任公司	四川悦华置地物业管理有限公司
幸福基业物业服务有限公司	北京京城佳业物业股份有限公司	永旺永乐（江苏）物业服务有限公司
南都物业服务集团股份有限公司	青岛海尚海生活服务集团有限公司	上海光明生活服务集团有限公司
山东省诚信行物业管理有限公司	德信服务集团有限公司	鲁商生活服务股份有限公司
卓越商企服务集团有限公司	北京中水物业管理有限公司	广州市万盈物业服务有限公司
山东明德物业管理集团有限公司	世邦泰和（上海）物业管理有限公司	上海房德新鑫发展集团
鲁能物业服务有限公司	禹洲物业服务有限公司	重庆两江新区物业管理有限公司
上海高地物业管理有限公司	重庆新鸥鹏物业管理（集团）有限公司	潍坊恒信物业管理有限公司
广东中奥物业管理有限公司	浙江佳源物业服务集团有限公司	中电建物业管理有限公司
鑫苑科技服务集团有限公司	金辉物业服务有限公司	北京瑞赢酒店物业管理有限公司
合景悠活集团控股有限公司	河北隆泰物业服务有限责任公司	苏新美好生活服务股份有限公司
海纳万商物业管理有限公司	贵州宏立城物业服务有限公司	河北帝华物业服务有限公司
金融街物业股份有限公司	北京中铁慧生活科技服务有限公司	阳光壹佰物业发展有限公司
越秀服务集团有限公司	宝石花物业管理有限公司	宋都服务集团有限公司
荣万家生活服务股份有限公司	建发物业管理集团有限公司	银川中房物业集团股份有限公司
滨江服务集团有限公司	山东绿地泉物业服务有限公司	河南兴业物联网管理科技有限公司
中化金茂物业管理（北京）有限公司	浙江祥生物业服务有限公司	金服物业服务集团有限公司
江苏银河物业管理有限公司	重庆新隆信物业管理有限公司	众安智慧生活服务有限公司
重庆天骄爱生活服务股份有限公司	阳光恒昌物业服务股份有限公司	北京万通鼎安国际物业服务有限公司

企业名称		
融汇悦生活集团有限公司	北京首万物业服务有限公司	江苏雨润物业服务有限公司
河南绿都物业服务有限公司	海南珠江格瑞物业管理有限公司	中天美好生活服务集团有限公司
无锡顺茂物业管理有限公司	上海盛高物业服务有限公司	北京首钢物业管理有限公司
重庆市长安物业管理有限公司	银丰物业管理有限公司	陕西德杰物业管理有限公司
贵州好生活智慧物业股份有限公司	武汉百步亭花园物业管理有限公司	成都优品道物业管理有限公司
惠之美生活服务集团有限公司	上海大发物业管理有限公司	苏州工业园区建屋物业发展有限公司
苏州优尼科物业管理有限公司	河南亚新物业服务有限公司	重庆康田智慧生活服务有限公司
四川邦泰物业服务有限公司	中节能物业管理有限公司	四川圣诚物业服务有限公司
北京金泰物业管理有限公司	北京国瑞物业服务有限公司	成都市朗基生活服务有限公司
成都德商产投物业服务有限公司	重庆新速达物业服务集团股份有限公司	重庆世纪金马智慧生活服务有限公司
广西华保盛物业服务集团有限公司	上海证大物业管理有限公司	深圳市恒基物业管理有限公司
北京北大资源物业经营管理集团有限公司	苏州市天翔物业管理有限公司	贵阳兴隆物业管理有限公司
云南鸿园电力物业服务有限公司	杭州新天地园区运营服务有限公司	深圳市万厦世纪物业管理有限公司
成都市金港物业管理有限责任公司	和昌物业服务集团有限公司	国瑞阳光物业管理集团有限公司
大华集团上海物业管理有限公司	浙江鸿翔物业管理服务有限公司	广西金瑞物业服务有限公司
泰华锦业生活服务有限公司	金鹏祥和物业管理有限公司	广西兴进物业服务集团有限责任公司
泛海物业管理有限公司	武汉城市东方物业服务有限公司	华景川智慧物业服务集团有限公司
中信泰富（上海）物业管理有限公司	武汉嘉信物业管理有限公司	深圳市抱朴物业服务有限公司
中湘美好城市运营服务集团有限公司	宁波荣安物业服务有限公司	安徽乐富强物业管理有限公司
上海复瑞物业管理有限公司	石榴物业服务集团有限公司	金世纪物业发展有限公司
中冶置业集团物业服务有限公司	武汉中建三局物业管理有限责任公司	深圳市绿景物业管理有限公司
云南巨和物业服务有限公司	深圳市鸿荣源物业服务有限公司	贵州一桓物业管理有限责任公司
昆明银海物业服务有限公司	葛洲坝物业管理有限公司	浙江宜居物业管理有限公司
深圳市莱蒙物业服务有限公司	浙江中大普惠物业有限公司	安徽新地锐意物业服务有限公司
中铁诺德生活服务有限公司	成都明宇环球商业管理有限公司	江苏保华物业管理有限公司
上海家趣物业服务发展有限公司	武汉福赛德物业管理有限公司	武汉新城物业管理有限公司
北京天鸿尊逸物业服务（集团）有限公司	安徽华地好生活服务集团有限公司	东莞市汇景物业服务有限公司
武汉小竹物业管理有限公司	浙江天阳物业管理有限公司	广东鼎龙物业服务有限公司
绿城绿发生活服务集团有限公司	浙江金昌物业服务有限公司	重庆国强物业服务有限公司
北京晟邦物业管理有限公司	广西万怡物业服务有限责任公司	河南今典物业服务有限公司
青岛天泰爱家物业服务有限公司	四川汇德物业服务有限公司	深圳市赤湾物业管理有限公司
深圳德诚物业服务有限公司	广西江宇物业服务有限责任公司	浙江金成物业管理有限公司
长春赢时物业服务股份有限公司	天山物业服务有限公司	深圳市宝实物业发展有限公司
贵州绿地物业管理有限责任公司	浙江鸿城物业股份有限公司	贵州深盛佳物业管理有限公司
豪之英不动产管理集团有限公司	安徽省恒泰物业管理有限责任公司	深圳荣晟智慧物业集团有限公司
西安天朗物业管理有限公司	四川阳光大地物业服务集团有限公司	深圳市中集物业服务有限公司
浙江大家物业服务集团有限公司	厦门唐人嘉物业服务有限公司	上海爱家物业管理有限公司
苏州市会议中心物业管理股份有限公司	重庆凯美物业管理有限公司	安徽珍宝岛物业管理有限公司
杭州绿宇物业管理有限公司	绿益物业服务集团有限公司	成都优筑万佳物业服务有限公司
湖南中建物业服务有限公司	杭州理想四维物业管理有限公司	南京亿文物业管理有限责任公司

企业名称		
南京汇仁恒安物业管理有限公司	重庆海源怡生活服务集团有限公司	重庆天景物业服务有限公司
贵阳欣和逸居物业管理有限公司	浙江晖永物业管理服务有限公司	河南同信物业管理有限公司
山东儒辰生活服务有限公司	许昌恒达物业管理有限公司	五矿建设投资管理（北京）有限公司
广西安信物业服务有限公司	广东和顺物业管理有限公司	祥源物业服务有限公司
湖南天臻物业管理有限公司	杭州雷迪森物业管理有限公司	北京兴业源物业管理股份有限公司
江苏洁霸物业管理有限公司	鲁能集团有限公司北京商业旅游管理分公司	西安雅荷易生活科技股份有限公司
四川滨江鼎信物业服务有限公司	济南高新绿城物业管理有限公司	北京亦庄城市服务集团有限公司
昌建服务集团有限公司	明喆集团有限公司	广西印象物业服务有限责任公司
广西诚愉和物业服务有限公司	合肥美而特物业服务有限公司	重庆真弘元物业服务有限公司
东投美城物业服务（集团）有限公司	安徽明运后勤管理服务有限责任公司	上海仁桥投资管理有限公司
北京富华行物业管理有限公司	广西荣和物业服务集团有限责任公司	新潮传媒集团
深圳市福田物业发展有限公司	洛阳高新申嘉物业管理有限公司	杭州雅观科技有限公司
东莞市光大物业管理有限公司	广东实地物业管理有限公司	天津锋物科技有限公司
深圳市国贸物业管理有限公司	成都同森物业管理有限公司	
苏州工业园区恒泰第一太平物业管理有限公司	北京天诺物业管理有限责任公司	

2021 中国房地产关联优秀企业

企业名称		
印力商用置业有限公司	中国银行	晨曦基金
弘阳商业集团	中国邮政储蓄银行	五牛控股
星盛商业管理股份有限公司	中信银行股份有限公司	深圳市前海中保产业投资基金管理有限公司
深圳市益田旅游商业集团股份有限公司	上海银行	平安不动产
苏州恒泰控股集团有限公司	中国平安	泰康资产
成都圣瑞商业管理有限公司	中国人寿养老保险	大家祥驰资产管理集团有限公司
苏州新建元控股集团有限公司	中金公司	朗姿韩亚资管
保利商业地产投资管理有限公司	中信证券股份有限公司	优钺资管
碧桂园文商旅集团（珠海顺晖商业管理有限公司）	国泰君安	洛德基金
中新苏州工业园区发展集团股份有限公司	西部证券	蔚然控股
中国新城市商业发展有限公司	中国对外经济贸易信托有限公司	中冀投资
珠海华发城市运营投资控股有限公司	五矿信托	歌斐资产
新建元圆融发展	中航信托	远东宏信
苏州苏高新集团有限公司	上海信托	平安普惠
浙江开元商业管理集团股份有限公司	华宝信托	青岛海纳云科技控股有限公司
中骏商管智慧服务控股有限公司	兴业信托	杭州老板电器股份有限公司
同策房产咨询股份有限公司	粤财信托	摩恩（上海）厨卫有限公司
新联康（中国）有限公司	中国民生信托有限公司	吉博力（上海）贸易有限公司
成都正合地产顾问股份有限公司	爱建信托	奥的斯电梯管理（上海）有限公司
北京麒麟天成资产管理有限公司	信保（天津）股权投资基金管理有限公司	科勒（中国）投资有限公司
中国建设银行	国寿资本投资有限公司	宁波柏厨集成厨房有限公司
中国农业银行	中城投资	

CHINA REAL ESTATE INDUSTRY
STATISTICS YEARBOOK 2021

中国房地产行业

统计年鉴
2021

中指研究院　编著

图书在版编目（CIP）数据

中国房地产行业统计年鉴．2021 / 中指研究院编著．—北京：企业管理出版社，2021.12

ISBN 978-7-5164-2494-0

Ⅰ．①中… Ⅱ．①中… Ⅲ．①房地产业—中国—2021—年鉴
Ⅳ．① F299.233-54

中国版本图书馆 CIP 数据核字（2021）第 179714 号

书　　名：中国房地产行业统计年鉴. 2021
作　　者：中指研究院
责任编辑：尚元经　郑小希
书　　号：ISBN 978-7-5164-2494-0
出版发行：企业管理出版社
地　　址：北京市海淀区紫竹院南路17号　　　邮编：100048
网　　址：http：//www.emph.cn
电　　话：编辑部（010）68414643　发行部（010）68701816
电子信箱：qiguan1961@163.com
印　　刷：三河市东方印刷有限公司
经　　销：新华书店
规　　格：210毫米×297毫米　16开本　48.75（彩插1）印张　1102千字
版　　次：2021年12月第1版　2021年12月第1次印刷
定　　价：500.00元

编委会名单

前 言

2021年，中国房地产市场经历了从上半年高热到下半年深度调整的转变，全年规模仍保持较高水平。9月底以来，中央及各部委连续释放维稳信号，信贷环境边际改善，房企融资环境逐步转好，但信贷环境边际改善传导至市场端仍需过程，按揭放款和开发贷等资金到位尚需时间。2022年，我国经济面临新的下行压力，房地产市场将会怎样变化，购房者置业情绪能否恢复？房地产行业还能否在国民经济中发挥稳定器的作用？为了及时准确地反映中国房地产市场的发展状况，中指研究院编辑出版了《中国房地产行业统计年鉴2021》。

中指研究院从1999年起便开始与国家统计局合作编辑出版《中国房地产统计年鉴》。2020年起，中指研究院深挖CREIS中指数据库，结合官方数据，以更为丰富全面的数据指标体系，编辑出版《中国房地产行业统计年鉴》系列图书，帮助大家有效透析房地产投资、开发、交易等运作过程，给行业内提供一个全面客观研究房地产市场的辅助工具。

《中国房地产行业统计年鉴2021》是中指研究院在长期对房地产市场跟踪调查的基础上，反复核对、认真编排后推出的，分为土地篇、住宅市场篇、企业篇、政策篇和报告篇五个部分：

（一）土地篇

土地是民生之本，也是房地产企业的生命线。土地市场被称为房地产市场的“晴雨表”。土地篇收录了全国300城土地的推出和成交情况统计，包括推出成交的宗数、建设用地面积、规划建筑面积、楼面均价等重要指标，全面反映重点城市的土地市场概况。

（二）住宅市场篇

房地产开发在立项、规划、建设、销售的过程中积累了大量数据，这些数据背后蕴含着巨大价值。住宅市场篇收录了2020年全国、省市和重点城市的开发经营数据，以及新房和二手房住宅市场的年度和月度供求统计数据，帮助读者了解房地产住宅市场的交易情况。在二手房住宅市场篇中引入了中指大数据模型计算的参考成交价指标，为了解二手房的市场价值提供参考。

（三）企业篇

企业篇整理收录了中国标杆房地产上市企业的2020年财务和运营数据，以及2020年度企业销售和拿地排行，帮助用户了解品牌地产企业布局战略与市场重心，综合判断上市房地产企业盈利及抗风险能力。物业服务企业是房地产行业最后一个重要环节，本篇还收录了中国目前在香港和A股上市的物业服务企业的最新在管面积及财务数据等重要基础信息。

（四）政策篇

房地产政策关乎国民经济增长的大局，又与广大民众安居乐业息息相关，因此从政策的制定到实施均受社会各方面的关注。中指研究院系统梳理了 2020 年全国 100 个主要城市十几类重要政策，包含宏观经济政策、金融财政政策、住房与土地政策、区域发展政策、市场调控监管政策、住房保障政策、公积金政策、土地政策、城市规划政策、人口与人才政策、物业管理行业政策等。

（五）报告篇

报告篇收录了中国房地产 TOP10 研究组 2021 年对于房地产企业的研究成果，包括中国房地产百强企业研究、中国房地产品牌价值研究、中国房地产上市公司研究和中国物业服务百强企业研究等，帮助读者对中国房地产和上下游企业的综合实力和市场表现有清楚的认知。本篇还收录了“中国房地产指数系统”2021 年度的百城价格指数报告，对房地产市场价格走势做了展示和分析。《2021 中国地级以上城市房地产开发投资吸引力研究报告》对全国 298 个地级以上城市房地产开发投资吸引力做出评价。

中指研究院是房地产专业研究机构，基于二十多年来积累的海量房、地、人、企等详实数据，整合空间、宏观、移动、规划、POI 等多维信息，构建扎实的数据底层，致力于以大数据和创新技术赋能中国房地产市场。中指研究院拥有近千位优秀数据研发和专业分析师，分支机构遍布中国主要城市，并于 2019 年 6 月在美国纳斯达克股票交易所成功上市。

《中国房地产行业统计年鉴 2021》的成功出版，要感谢中指研究院年鉴编辑部的全体成员，他们持续对庞大的房地产统计数据进行收集、整理、计算、分类，形成了中指数据库比较完备的数据体系和中国房地产指数系统资料库。还要感谢兄弟单位房天下在我们采集、整理和分析数据时给予的大力支持。正是因为有了房天下全国机构作为后盾，本年鉴的数据完整性才得到保障。鉴于所载内容涉及面广，数据量浩大，如有遗漏和不足，敬请读者及业内人士谅解，并提出宝贵意见，我们会在编写下一年度《中国房地产行业统计年鉴》时予以修正。

中指研究院院长　莫天全

2021 年 12 月

目　录

土 地 篇

住宅市场篇

企 业 篇

政 策 篇

报 告 篇

附 录：指标说明

土地篇

第一章　2020年全国300城土地推出情况

1-1　2020 年全国 300 城土地推出统计

城市	推出土地宗数（宗）	推出建设用地面积（万平方米）	推出规划建筑面积（万平方米）	推出土地均价（元 / 平方米）	推出楼面均价（元 / 平方米）
一线城市					
北京市	95	529.13	1044.41	36047	18059
上海市	377	1726.40	3336.26	16766	8675
广州市	338	1477.15	4822.69	20246	6201
深圳市	103	357.03	1248.71	27315	7895
二线城市					
长春市	464	3260.89	4439.12	2710	1966
长沙市	153	944.46	2328.74	6950	2819
成都市	393	1765.04	4579.41	7124	2744
重庆市	274	2110.62	3392.76	5770	3588
大连市	158	810.70	1014.39	5443	4035
福州市	130	591.49	1205.50	13959	6849
贵阳市	202	1499.93	3475.15	3610	1565
哈尔滨市	183	1095.82	1704.12	3358	2161
海口市	95	258.85	508.42	5560	2976
杭州市	525	1561.14	3773.11	14963	6173
合肥市	121	638.22	1408.53	6342	3076
呼和浩特市	60	269.44	563.11	7073	3379
济南市	420	1797.89	3215.19	4375	2446
昆明市	313	1042.03	2737.04	6477	2457
兰州市	125	580.61	1285.96	2761	1246
南昌市	170	1133.19	2446.21	4306	1995
南京市	407	1761.07	3883.87	10974	4976
南宁市	284	1126.35	3000.67	4261	1597
宁波市	339	1061.99	2088.87	11525	5894
青岛市	602	1940.21	3614.11	4251	2282
三亚市	62	201.10	376.82	9666	5223
沈阳市	306	1623.65	2462.34	5034	3227
石家庄市	327	1030.81	2550.14	5290	2021
苏州市	297	1096.32	2321.03	9880	4667
太原市	262	1308.99	3525.92	4380	1620
天津市	298	1883.23	3050.30	5665	3495
温州市	136	567.06	1444.90	10691	4196
乌鲁木齐市	374	2129.30	3375.91	1984	1251

1-1 续表 1

城市	推出土地宗数（宗）	推出建设用地面积（万平方米）	推出规划建筑面积（万平方米）	推出土地均价（元/平方米）	推出楼面均价（元/平方米）
无锡市	135	651.01	1275.21	11629	5937
武汉市	323	2236.92	4600.35	9416	4261
西安市	462	2249.26	4980.27	6468	2421
西宁市	59	207.96	439.83	6883	3255
厦门市	81	459.80	1120.41	12470	5118
银川市	48	207.63	367.67	2595	1465
郑州市	269	1253.08	3373.02	6126	2271
三四线城市					
安康市	102	219.26	449.55	1365	667
安庆市	70	463.72	622.84	3112	2329
安顺市	218	638.18	993.93	1325	846
安阳市	26	145.79	318.14	3343	1532
鞍山市	26	50.97	66.98	2058	1566
百色市	120	431.95	984.75	1134	497
包头市	132	511.51	630.08	1766	1429
宝鸡市	168	571.62	977.51	1148	792
保定市	159	456.54	981.15	1845	1222
北海市	34	332.25	694.68	1759	841
本溪市	28	75.97	80.43	1553	1467
蚌埠市	61	541.70	741.76	1794	1347
滨州市	236	904.36	1255.39	1751	1261
沧州市	29	163.94	315.52	5920	3076
常德市	164	733.39	1413.35	2480	1287
常州市	352	1353.97	2926.50	5125	2371
朝阳市	43	197.61	349.55	830	457
潮州市	39	122.71	417.30	1939	570
郴州市	76	279.76	577.47	2110	1022
承德市	54	278.29	383.34	2099	1576
池州市	81	347.53	404.03	608	488
崇左市	63	271.91	557.46	723	351
滁州市	155	813.14	1242.42	1746	1163
大庆市	78	306.29	311.92	858	843
丹东市	44	137.61	238.17	3107	1795
德阳市	150	457.77	820.52	1985	1092
德州市	105	346.92	482.19	1443	1038
东莞市	172	695.56	2090.91	8441	2808

1-1　续表 2

城市	推出土地宗数（宗）	推出建设用地面积（万平方米）	推出规划建筑面积（万平方米）	推出土地均价（元 / 平方米）	推出楼面均价（元 / 平方米）
东营市	148	799.86	901.47	712	631
鄂尔多斯市	107	344.29	351.17	327	320
鄂州市	100	581.66	1059.81	3135	1721
佛山市	241	1281.95	3773.85	9802	3330
抚顺市	31	105.15	118.98	784	690
阜新市	31	125.54	154.80	711	577
阜阳市	90	738.58	1334.48	2800	1552
赣州市	235	968.47	2002.13	1980	957
广元市	105	264.12	445.54	1961	1163
贵港市	207	797.48	1076.82	820	607
桂林市	67	412.40	605.00	1780	1214
邯郸市	305	874.77	1435.90	2256	1374
河源市	77	245.22	561.91	3033	1323
菏泽市	220	748.89	1443.62	2422	1256
鹤壁市	39	225.14	339.63	1909	1265
鹤岗市	19	46.94	44.99	300	313
衡水市	134	313.27	472.01	1490	992
葫芦岛市	36	114.81	161.95	646	495
湖州市	217	853.62	1666.68	2159	1106
怀化市	70	397.35	1056.80	2721	949
淮安市	202	905.96	1506.72	2249	1352
淮北市	44	306.37	467.34	1137	745
淮南市	49	257.15	375.97	1442	979
黄石市	98	464.46	769.99	1795	1083
惠州市	275	1164.34	3268.11	4425	1565
鸡西市	10	25.44	40.03	1084	688
吉林市	95	449.86	612.27	2018	1480
济宁市	198	795.10	1259.11	2912	1839
嘉兴市	130	416.90	901.94	4567	2108
江门市	83	395.38	1082.54	4654	1700
焦作市	46	175.93	319.76	2654	1474
揭阳市	31	91.30	209.76	3260	1349
金华市	81	324.37	653.87	4777	2370
锦州市	37	229.15	392.09	1417	828
荆门市	161	891.45	1039.29	680	583
荆州市	121	678.28	924.94	1473	1074
景德镇市	69	418.41	808.19	3320	1719

1-1 续表 3

城市	推出土地宗数（宗）	推出建设用地面积（万平方米）	推出规划建筑面积（万平方米）	推出土地均价（元 / 平方米）	推出楼面均价（元 / 平方米）
九江市	137	713.77	903.44	1516	1198
开封市	110	310.39	486.51	2641	1636
拉萨市	28	84.15	147.41	3138	1663
廊坊市	98	383.58	813.99	6031	2842
乐山市	61	260.50	524.27	1701	845
丽江市	26	57.54	92.83	1487	1002
丽水市	70	255.44	428.71	5250	3127
连云港市	78	714.78	983.18	1262	918
聊城市	179	621.81	1175.55	2628	1396
临沂市	262	1226.42	2130.29	3610	2077
柳州市	170	815.40	1823.17	2163	967
六盘水市	85	292.67	628.75	2031	946
龙岩市	100	457.00	1008.47	1664	752
泸州市	108	663.21	1386.81	1955	935
六安市	188	811.62	1115.03	1158	839
洛阳市	192	927.95	1722.99	3188	1717
漯河市	99	314.96	639.15	2622	1292
马鞍山市	70	280.60	420.14	1631	1088
茂名市	96	434.84	1064.19	2003	818
眉山市	280	1389.62	1995.10	1392	982
梅州市	44	135.33	249.49	2193	1190
绵阳市	150	589.95	1397.20	2425	1025
牡丹江市	40	289.89	301.71	530	509
南充市	114	585.51	1088.79	2397	1287
南平市	72	207.38	352.26	1748	1029
南通市	329	2122.89	2873.43	3291	2431
南阳市	137	324.61	969.97	3402	1139
内江市	39	239.71	499.48	2510	1201
宁德市	32	258.83	579.35	2036	909
攀枝花市	54	188.75	336.85	2013	1127
平顶山市	63	213.93	521.14	2611	1125
萍乡市	75	167.22	379.13	1976	872
莆田市	59	349.12	902.79	2744	1044
濮阳市	53	471.34	643.93	1143	831
普洱市	58	113.75	145.84	2859	2230
齐齐哈尔市	22	117.42	131.97	460	404
钦州市	86	646.22	1253.40	796	396

1-1　续表 4

城市	推出土地宗数（宗）	推出建设用地面积（万平方米）	推出规划建筑面积（万平方米）	推出土地均价（元 / 平方米）	推出楼面均价（元 / 平方米）
秦皇岛市	125	542.74	757.39	2242	1615
清远市	112	354.25	912.59	2147	833
衢州市	135	451.48	544.11	3736	3080
曲靖市	127	367.91	427.67	779	627
泉州市	41	169.00	412.90	3540	1449
日照市	206	678.04	921.78	1994	1467
三明市	66	192.28	430.66	2381	1063
汕头市	109	371.31	1366.89	6384	1734
汕尾市	15	74.38	215.61	5293	1826
商洛市	28	56.25	75.04	666	499
商丘市	108	659.36	1648.86	2780	1112
上饶市	369	1110.33	1950.32	2386	1356
韶关市	48	185.09	418.01	1798	796
绍兴市	195	679.83	1170.02	8205	4767
十堰市	236	813.99	1867.35	2157	942
朔州市	51	190.66	232.43	457	375
松原市	17	56.36	89.95	1763	1105
随州市	55	181.83	231.99	755	591
台州市	106	418.11	944.43	5101	2258
泰安市	94	499.95	744.99	2657	1783
泰州市	98	397.77	598.98	4245	2819
唐山市	367	2095.72	3337.77	2591	1490
铁岭市	11	26.62	35.34	402	303
通化市	17	41.90	55.27	1012	763
威海市	352	1779.81	2931.57	1927	1165
潍坊市	249	1249.21	2656.95	2029	953
乌兰察布市	52	246.54	418.30	1447	853
芜湖市	199	741.90	985.18	1189	894
咸阳市	87	439.46	984.03	4299	1506
湘潭市	78	520.48	1156.20	3214	1450
襄阳市	149	913.58	1386.63	1794	1212
新乡市	61	322.70	698.62	2011	959
信阳市	66	287.39	549.12	1807	950
宿迁市	122	761.82	1015.87	2174	1630
宿州市	107	411.23	651.81	1491	919
徐州市	260	1123.90	2004.78	2785	1561
宣城市	138	351.24	420.39	1334	1035

1-1 续表 5

城市	推出土地宗数（宗）	推出建设用地面积（万平方米）	推出规划建筑面积（万平方米）	推出土地均价（元 / 平方米）	推出楼面均价（元 / 平方米）
烟台市	212	1105.17	1626.19	2970	2018
盐城市	179	1001.29	1908.62	2951	1548
扬州市	185	784.45	1392.81	4456	2510
阳江市	56	195.67	244.21	595	476
伊春市	8	34.16	47.50	268	193
宜宾市	95	491.49	886.91	4144	2294
宜昌市	129	496.05	809.58	2364	1447
宜春市	156	565.15	802.86	1345	947
鹰潭市	118	432.37	749.17	1370	791
营口市	130	439.78	492.71	735	656
玉溪市	47	232.57	489.04	2098	998
岳阳市	98	625.59	748.14	1405	1175
云浮市	111	221.32	365.00	1304	791
湛江市	57	332.97	739.52	2182	982
张家界市	78	328.95	592.65	2604	1445
漳州市	184	565.82	1399.27	3242	1311
肇庆市	92	434.51	1103.03	2943	1159
镇江市	94	380.85	714.83	2601	1386
中山市	79	367.75	1189.97	8146	2518
舟山市	54	188.52	289.78	3409	2226
珠海市	115	667.19	1576.43	5473	2316
株洲市	182	893.04	1815.10	3083	1513
淄博市	313	1126.75	2130.77	2288	1209
自贡市	66	249.60	321.76	1553	1202
遵义市	234	1033.60	1890.95	1805	902
县及县级市					
保亭黎族苗族自治县	4	9.00	10.49	1228	1054
滨海县	54	169.88	239.72	1586	1124
常熟市	122	506.05	916.77	5263	2905
长沙县	136	776.81	1591.49	2632	1285
长兴县	341	508.79	747.91	2305	1568
崇州市	23	69.50	159.20	2797	1221
淳安县	27	33.43	45.71	3087	2258
慈溪市	111	325.19	687.34	3210	1519
丹阳市	91	239.35	435.07	1582	871

1-1　续表 6

城市	推出土地宗数（宗）	推出建设用地面积（万平方米）	推出规划建筑面积（万平方米）	推出土地均价（元/平方米）	推出楼面均价（元/平方米）
当涂县	51	161.83	235.08	1341	926
德清县	187	398.28	661.75	2029	1221
东港市	29	55.38	79.21	686	480
东台市	61	153.67	183.42	884	740
都江堰市	30	114.35	132.39	3374	2914
恩施土家族苗族自治州	184	309.59	520.88	1572	934
肥东县	82	285.34	374.97	8234	3973
肥西县	49	212.03	292.43	2730	1988
盖州市	42	131.21	467.38	453	127
高碑店市	139	141.92	304.73	2259	1052
固安县	59	162.19	295.44	3956	2172
海安市	311	501.03	790.34	2546	1614
海宁市	153	492.72	1020.70	2576	1243
海盐县	83	228.48	479.91	3105	1478
惠安县	77	257.72	670.85	1797	690
惠东县	71	239.74	385.29	1663	1030
嘉善县	105	285.80	679.44	3788	1594
建德市	64	106.93	153.65	2012	1396
建湖县	61	120.03	201.65	2449	1458
江阴市	71	304.57	521.10	5824	3404
胶州市	113	322.59	685.54	2273	1069
晋江市	96	225.94	595.00	2039	774
靖江市	181	563.47	1053.62	1836	982
昆山市	73	276.89	502.33	7399	4078
莱西市	72	415.03	550.34	843	636
莱州市	29	43.49	76.28	2354	1342
临海市	63	241.63	419.90	3042	1751
陵水黎族自治县	6	16.13	42.22	--	--
浏阳市	154	436.69	969.23	1710	770
龙口市	76	234.07	291.04	701	565
龙门县	35	57.74	127.67	1321	597
闽侯县	50	165.96	393.34	7734	3146
南安市	62	207.32	530.38	2259	880
宁海县	81	131.24	220.70	2929	1727
沛县	101	273.26	506.40	1838	992

1-1　续表 7

城市	推出土地宗数（宗）	推出建设用地面积（万平方米）	推出规划建筑面积（万平方米）	推出土地均价（元/平方米）	推出楼面均价（元/平方米）
彭州市	23	82.42	143.34	4097	2356
邳州市	94	375.58	698.32	2342	1260
平度市	90	337.90	452.29	823	615
平湖市	85	262.92	469.83	4550	2546
蒲江县	18	59.59	121.40	3065	1488
普宁市	14	23.23	97.53	6847	1631
启东市	81	386.78	618.67	2744	1716
潜江市	43	140.56	280.24	822	412
荣成市	151	306.86	552.08	3092	1719
如东县	128	423.06	784.08	3620	1953
瑞安市	92	217.15	490.10	6656	2949
嵊州市	102	259.68	654.09	4407	1750
太仓市	119	415.94	763.80	3688	2008
泰兴市	154	306.26	652.57	3696	1735
天门市	103	200.63	229.02	356	312
桐庐县	73	176.79	358.95	3484	1716
桐乡市	115	328.58	954.90	3348	1152
瓦房店市	22	59.20	41.66	428	656
文安县	51	160.03	200.46	961	767
文昌市	56	170.27	209.29	1515	1232
仙桃市	159	446.02	863.48	1222	631
香河县	21	44.92	78.15	4157	2389
象山县	95	281.48	446.98	1983	1249
新沂市	62	156.27	335.75	2677	1246
兴化市	177	168.25	329.12	1099	562
宜兴市	108	372.83	447.39	2485	2071
义乌市	293	536.72	1222.54	7706	3383
永登县	95	954.34	828.20	423	487
余姚市	118	300.32	694.04	3474	1503
张家港市	174	717.87	1566.70	2441	1118
诸暨市	220	322.95	470.00	3727	2561
庄河市	19	59.36	100.73	862	570

数据来源：中指数据库监测。

1-2 2020年全国300城土地推出宗数统计

单位：宗

城市	1月	2月	3月	4月	5月	6月	7月	8月	9月	10月	11月	12月	汇总
一线城市													
北京市	11	6	7	13	5	3	7	8	3	5	16	11	95
上海市	8	25	16	37	47	38	48	34	38	36	20	30	377
广州市	27	12	23	16	24	21	44	27	27	23	45	49	338
深圳市	2	8	2	3	6	13	6	6	10	13	16	18	103
二线城市													
长春市	15	33	29	43	22	68	40	34	34	47	36	63	464
长沙市	5	12	12	20	11	5	13	11	17	13	19	15	153
成都市	36	90	10	31	26	22	14	27	23	27	27	60	393
重庆市	11	14	18	18	27	33	12	17	27	13	25	59	274
大连市	5	3	6	6	12	23	7	13	13	35	11	24	158
福州市	2	18	0	20	7	20	3	15	8	18	0	19	130
贵阳市	3	13	5	13	16	24	11	28	14	25	34	16	202
哈尔滨市	16	12	11	32	6	23	12	13	18	19	10	11	183
海口市	14	0	1	4	2	20	7	13	6	8	11	9	95
杭州市	26	42	21	41	63	88	40	30	44	31	24	75	525
合肥市	0	9	10	11	14	8	6	16	14	14	4	15	121
呼和浩特市	0	0	0	0	11	15	14	1	0	6	11	2	60
济南市	4	19	43	17	17	41	13	51	34	53	71	57	420
昆明市	10	3	12	16	21	13	21	23	33	25	38	98	313
兰州市	1	0	17	15	2	64	4	3	2	5	11	1	125
南昌市	17	3	2	22	10	17	8	11	10	26	23	21	170
南京市	23	36	14	27	42	40	25	37	44	55	26	38	407
南宁市	30	10	40	25	27	20	22	20	14	30	24	22	284
宁波市	15	23	10	31	9	69	33	58	23	20	17	31	339
青岛市	22	17	54	135	19	74	48	37	41	43	36	76	602
三亚市	2	1	9	4	4	3	2	4	15	8	7	3	62
沈阳市	10	20	12	36	34	37	39	11	25	19	15	48	306
石家庄市	38	23	37	15	17	56	22	25	1	24	38	31	327
苏州市	21	8	50	38	48	32	30	15	6	13	11	25	297
太原市	13	10	5	15	13	39	21	23	25	38	20	40	262
天津市	16	17	7	29	29	26	14	29	50	21	22	38	298
温州市	17	5	6	23	21	8	14	4	3	10	5	20	136
乌鲁木齐市	1	19	0	54	38	69	39	0	0	52	13	89	374
无锡市	1	9	12	9	12	23	4	12	1	12	26	14	135

1-2　　续表 1　　单位：宗

城市	1月	2月	3月	4月	5月	6月	7月	8月	9月	10月	11月	12月	汇总
武汉市	14	12	0	15	37	40	48	18	23	23	31	62	323
西安市	36	11	27	74	19	40	36	70	14	31	10	94	462
西宁市	1	0	3	1	0	8	7	7	3	13	12	4	59
厦门市	0	6	0	5	1	17	1	13	11	8	15	4	81
银川市	4	0	1	5	2	2	5	10	4	11	4	0	48
郑州市	13	4	29	14	22	15	21	11	18	8	22	92	269
三四线城市													
安康市	1	2	3	12	1	4	1	4	9	11	43	11	102
安庆市	4	7	3	3	6	4	7	6	1	10	7	12	70
安顺市	9	18	1	21	10	29	23	13	23	11	18	42	218
安阳市	3	1	0	2	4	6	2	4	0	1	1	2	26
鞍山市	0	0	3	2	0	1	2	0	5	4	2	7	26
百色市	5	2	3	17	2	13	22	6	12	7	14	17	120
包头市	12	6	5	9	5	17	9	3	1	34	5	26	132
宝鸡市	17	5	0	13	4	18	5	11	11	28	13	43	168
保定市	5	8	5	5	4	46	0	8	3	34	12	29	159
北海市	0	1	4	5	0	3	0	0	0	3	8	10	34
本溪市	0	0	2	5	6	0	3	4	2	2	1	3	28
蚌埠市	2	0	0	9	9	4	4	1	6	0	11	15	61
滨州市	10	10	13	10	21	20	7	15	10	4	35	81	236
沧州市	0	0	2	3	1	8	0	1	1	0	9	4	29
常德市	11	3	6	10	14	8	6	10	7	14	17	58	164
常州市	30	16	32	25	42	26	28	26	25	22	28	52	352
朝阳市	5	3	4	5	2	6	3	2	7	0	4	2	43
潮州市	0	0	0	0	3	6	6	6	0	1	2	15	39
郴州市	4	4	2	5	1	7	3	11	8	10	9	12	76
承德市	3	2	6	5	5	7	4	2	6	8	4	2	54
池州市	7	1	1	3	8	7	12	1	1	16	5	19	81
崇左市	0	1	3	2	7	9	9	7	4	11	1	9	63
滁州市	15	17	6	3	33	8	15	23	12	3	17	3	155
大庆市	12	2	5	5	0	12	7	13	8	5	7	2	78
丹东市	3	1	0	1	10	1	1	10	3	0	3	11	44
德阳市	30	25	9	3	3	21	6	8	5	2	9	29	150
德州市	0	5	16	11	4	15	26	14	0	3	9	2	105
东莞市	10	4	7	18	31	22	15	14	19	5	15	12	172
东营市	15	10	12	6	7	20	3	13	13	21	13	15	148
鄂尔多斯市	0	1	5	2	37	38	0	11	0	0	1	12	107

1-2　　续表 2　　　　　　　　　　　　　　　　　　　　　　　　　　　　　　　　单位：宗

城市	1 月	2 月	3 月	4 月	5 月	6 月	7 月	8 月	9 月	10 月	11 月	12 月	汇总
鄂州市	17	1	0	1	13	3	6	4	4	8	21	22	100
佛山市	14	15	9	21	27	24	19	17	17	27	31	20	241
抚顺市	3	0	0	3	1	0	5	3	3	4	2	7	31
阜新市	0	0	0	0	4	1	0	8	0	3	9	6	31
阜阳市	0	1	2	13	8	13	8	2	0	10	19	14	90
赣州市	19	4	11	7	22	16	32	6	33	10	16	59	235
广元市	3	0	12	8	8	13	6	8	12	8	9	18	105
贵港市	7	1	13	10	19	7	10	13	15	34	44	34	207
桂林市	6	0	4	8	10	6	7	3	3	5	4	11	67
邯郸市	42	7	2	37	40	16	26	12	29	35	26	33	305
河源市	1	2	0	1	1	5	22	3	2	9	2	29	77
菏泽市	17	1	32	22	15	32	1	26	19	4	28	23	220
鹤壁市	0	0	0	0	18	0	0	11	0	0	0	10	39
鹤岗市	0	0	0	5	0	0	0	5	0	5	4	0	19
衡水市	2	2	12	12	12	19	4	19	12	8	10	22	134
葫芦岛市	1	0	5	0	8	6	7	0	1	0	4	4	36
湖州市	37	17	25	17	10	25	18	1	22	10	9	26	217
怀化市	2	1	1	2	5	3	10	5	9	11	5	16	70
淮安市	32	1	12	16	23	10	0	37	10	26	11	24	202
淮北市	2	2	4	0	0	8	5	9	3	0	4	7	44
淮南市	0	4	6	2	10	3	2	10	4	4	3	1	49
黄石市	3	4	2	8	3	14	3	13	5	8	11	24	98
惠州市	19	12	13	19	16	36	8	16	35	18	47	36	275
鸡西市	1	1	0	1	0	5	0	0	0	0	1	1	10
吉林市	5	7	9	7	12	0	12	3	8	20	5	7	95
济宁市	22	12	14	11	24	13	16	3	9	18	18	38	198
嘉兴市	3	6	0	15	12	24	12	8	9	15	3	23	130
江门市	6	5	4	3	10	12	8	7	7	5	7	9	83
焦作市	0	0	4	3	3	0	4	5	6	6	5	10	46
揭阳市	1	6	2	3	0	2	0	5	0	0	0	12	31
金华市	1	13	7	6	9	10	2	5	5	7	8	8	81
锦州市	1	0	5	3	6	7	0	2	6	0	2	5	37
荆门市	10	6	0	19	14	39	11	4	15	15	6	22	161
荆州市	17	6	0	10	10	12	15	9	11	9	7	15	121
景德镇市	0	0	10	12	5	0	10	12	4	3	4	9	69
九江市	5	6	14	19	7	9	7	8	6	25	6	25	137
开封市	0	2	2	1	8	14	32	1	21	0	13	16	110

1-2　续表 3　　　　单位：宗

城市	1月	2月	3月	4月	5月	6月	7月	8月	9月	10月	11月	12月	汇总
拉萨市	0	4	1	7	1	0	8	0	0	0	3	4	28
廊坊市	0	3	10	2	10	18	5	0	11	1	18	20	98
乐山市	3	0	3	1	3	5	5	1	5	4	10	21	61
丽江市	5	2	0	0	0	0	2	7	7	0	0	3	26
丽水市	4	4	3	5	15	9	3	2	5	6	5	9	70
连云港市	5	5	5	6	8	7	3	2	12	0	7	18	78
聊城市	26	6	21	8	13	20	25	8	6	17	11	18	179
临沂市	9	2	13	19	24	22	9	29	36	28	27	44	262
柳州市	2	10	8	11	5	26	5	16	18	8	34	27	170
六盘水市	0	0	10	6	11	4	10	8	1	14	5	16	85
龙岩市	8	16	9	6	3	9	2	0	8	7	9	23	100
泸州市	10	4	5	4	3	11	5	4	4	11	10	37	108
六安市	25	9	1	49	10	36	3	17	5	17	3	13	188
洛阳市	30	16	12	8	16	9	18	10	13	30	5	25	192
漯河市	16	1	2	13	13	7	1	3	9	14	11	9	99
马鞍山市	5	2	2	6	12	3	6	8	5	8	8	5	70
茂名市	2	1	4	2	9	13	0	9	6	14	4	32	96
眉山市	16	4	6	24	25	13	8	13	37	32	23	79	280
梅州市	0	6	1	3	1	0	4	0	12	7	4	6	44
绵阳市	1	3	2	3	14	6	13	12	8	16	31	41	150
牡丹江市	1	0	0	2	3	0	0	9	1	0	1	23	40
南充市	6	1	0	16	18	13	18	4	8	11	1	18	114
南平市	7	0	0	5	12	2	2	4	12	20	7	1	72
南通市	36	9	22	16	40	39	25	21	34	31	38	18	329
南阳市	6	8	3	19	21	30	25	3	5	0	9	8	137
内江市	3	0	1	4	3	3	4	2	3	1	4	11	39
宁德市	2	5	1	3	0	1	1	4	1	3	8	3	32
攀枝花市	0	0	0	4	0	1	6	5	7	2	0	29	54
平顶山市	2	5	2	10	2	9	2	1	6	3	6	15	63
萍乡市	2	1	0	13	3	8	7	9	7	5	0	20	75
莆田市	5	2	4	12	5	2	6	7	4	7	1	4	59
濮阳市	0	0	3	3	3	3	4	7	5	8	5	12	53
普洱市	0	0	13	3	2	0	1	0	10	4	4	21	58
齐齐哈尔市	1	1	0	0	4	2	2	2	1	2	5	2	22
钦州市	6	1	5	3	1	13	13	1	2	8	0	33	86
秦皇岛市	15	8	5	6	8	11	6	5	1	13	15	32	125
清远市	7	4	2	12	15	15	9	7	5	5	13	18	112

1-2 续表 4 单位：宗

城市	1月	2月	3月	4月	5月	6月	7月	8月	9月	10月	11月	12月	汇总
衢州市	5	3	2	4	2	25	11	17	19	6	15	26	135
曲靖市	2	28	20	4	12	7	2	3	1	21	3	24	127
泉州市	1	2	2	3	1	4	3	4	8	2	3	8	41
日照市	9	5	27	6	10	13	36	9	0	25	27	39	206
三明市	10	3	1	8	4	4	3	5	11	9	1	7	66
汕头市	2	3	4	6	14	10	6	11	14	11	12	16	109
汕尾市	0	0	0	0	0	0	0	3	2	1	7	2	15
商洛市	8	0	1	2	0	0	1	7	1	0	5	3	28
商丘市	24	1	8	0	5	6	5	7	4	13	15	20	108
上饶市	56	7	10	12	6	37	34	34	27	64	30	52	369
韶关市	0	1	0	0	5	4	3	9	4	4	8	10	48
绍兴市	27	5	9	18	10	18	12	10	29	11	17	29	195
十堰市	11	4	0	6	10	6	25	32	28	6	51	57	236
朔州市	9	0	0	11	0	11	1	1	12	6	0	0	51
松原市	0	0	0	3	0	1	7	2	1	2	0	1	17
随州市	9	0	0	0	7	5	6	2	1	2	7	16	55
台州市	13	1	5	3	5	21	4	4	10	9	10	21	106
泰安市	2	5	11	6	2	10	15	2	5	9	16	11	94
泰州市	11	11	0	5	5	15	12	3	9	14	7	6	98
唐山市	33	17	15	30	44	31	14	20	33	40	14	76	367
铁岭市	0	0	2	0	0	1	1	0	4	2	1	0	11
通化市	0	0	1	0	1	0	2	7	0	1	1	4	17
威海市	42	3	31	24	35	16	75	13	17	22	39	35	352
潍坊市	8	14	13	15	18	24	21	15	21	19	23	58	249
乌兰察布市	0	2	2	2	0	2	2	15	4	1	0	22	52
芜湖市	14	13	6	14	10	20	38	9	26	19	5	25	199
咸阳市	14	0	1	6	19	12	0	2	18	9	4	2	87
湘潭市	1	6	0	3	12	3	1	7	3	16	12	14	78
襄阳市	23	13	0	10	9	2	12	9	12	12	16	31	149
新乡市	4	6	3	3	4	0	8	6	7	3	6	11	61
信阳市	9	0	0	0	16	0	9	12	5	4	10	1	66
宿迁市	6	7	2	27	9	4	15	2	13	9	3	25	122
宿州市	0	6	13	9	11	10	16	4	11	10	11	6	107
徐州市	10	39	32	11	21	18	39	13	2	25	22	28	260
宣城市	7	43	7	2	13	6	13	6	5	12	8	16	138
烟台市	13	29	14	9	20	11	13	13	26	8	25	31	212
盐城市	1	8	22	8	8	15	13	18	15	17	24	30	179

1-2 续表 5 单位：宗

城市	1月	2月	3月	4月	5月	6月	7月	8月	9月	10月	11月	12月	汇总
扬州市	3	10	10	18	8	8	29	8	9	8	51	23	185
阳江市	6	5	0	4	1	9	9	5	7	2	5	3	56
伊春市	0	0	2	1	0	0	0	3	0	0	0	2	8
宜宾市	9	1	11	5	8	5	1	9	6	18	4	18	95
宜昌市	16	0	2	11	1	12	5	23	4	31	1	23	129
宜春市	3	17	26	12	3	15	11	12	7	8	27	15	156
鹰潭市	4	4	14	3	11	3	14	7	15	23	3	17	118
营口市	11	12	1	7	15	14	20	6	20	8	4	12	130
玉溪市	1	1	4	2	6	1	3	0	4	5	9	11	47
岳阳市	5	7	4	1	2	1	4	15	7	8	15	29	98
云浮市	0	0	4	4	9	1	2	73	1	6	9	2	111
湛江市	3	0	6	4	0	4	2	0	14	2	8	14	57
张家界市	4	5	0	4	5	8	2	1	9	0	26	14	78
漳州市	7	5	13	11	6	31	31	23	5	28	7	17	184
肇庆市	8	1	2	12	2	1	5	5	10	5	19	22	92
镇江市	0	6	0	13	4	3	10	0	7	28	4	19	94
中山市	15	0	3	7	1	9	16	3	1	2	20	2	79
舟山市	6	0	0	5	0	5	3	11	4	2	9	9	54
珠海市	4	11	3	9	8	17	14	6	7	8	14	14	115
株洲市	3	2	6	6	5	23	5	6	26	20	20	60	182
淄博市	14	12	36	23	12	26	17	14	28	38	22	71	313
自贡市	4	2	13	2	3	10	4	0	9	2	4	13	66
遵义市	7	5	8	45	8	8	30	47	49	5	13	9	234
县及县级市													
保亭黎族苗族自治县	0	0	0	0	0	0	0	0	0	2	0	2	4
滨海县	7	1	0	3	3	3	0	1	11	4	14	7	54
常熟市	16	9	12	12	10	11	13	10	8	8	2	11	122
长沙县	1	16	0	6	5	10	10	17	10	31	5	25	136
长兴县	40	20	34	34	31	48	45	23	2	37	16	11	341
崇州市	0	0	0	0	0	1	5	3	2	0	3	9	23
淳安县	1	0	1	2	0	5	1	3	1	3	3	7	27
慈溪市	10	1	7	10	2	8	9	10	9	7	8	30	111
丹阳市	9	2	7	3	6	13	28	0	10	4	7	2	91
当涂县	4	1	1	2	2	14	4	1	4	5	9	4	51
德清县	11	18	25	13	11	14	10	17	21	10	10	27	187
东港市	0	0	0	3	8	0	6	6	0	2	0	4	29

1-2　续表6　单位：宗

城市	1月	2月	3月	4月	5月	6月	7月	8月	9月	10月	11月	12月	汇总
东台市	10	14	0	22	6	2	3	1	1	0	0	2	61
都江堰市	0	0	0	0	0	0	2	0	0	13	5	10	30
恩施土家族苗族自治州	3	24	2	22	1	12	46	6	20	3	27	18	184
肥东县	0	0	9	10	15	6	2	6	14	10	10	0	82
肥西县	1	4	1	0	9	10	5	3	5	0	5	6	49
盖州市	0	0	0	4	0	6	4	0	5	1	21	1	42
高碑店市	0	0	0	0	3	85	6	14	11	0	11	9	139
固安县	0	0	3	6	7	2	2	6	2	14	10	7	59
海安市	37	37	28	28	23	30	27	20	12	22	19	28	311
海宁市	11	2	6	8	6	5	15	9	21	11	12	47	153
海盐县	0	4	5	5	11	11	16	1	2	4	4	20	83
惠安县	13	7	3	2	8	3	6	2	15	4	9	5	77
惠东县	1	5	0	1	0	3	3	14	1	9	23	11	71
嘉善县	16	3	5	6	3	3	1	4	5	2	30	27	105
建德市	2	13	5	0	15	2	4	2	7	3	1	10	64
建湖县	0	9	0	12	0	6	0	11	1	7	6	9	61
江阴市	12	0	0	7	4	13	14	2	6	7	6	0	71
胶州市	2	6	11	7	3	25	6	5	13	3	18	14	113
晋江市	9	9	5	11	6	5	17	7	3	8	6	10	96
靖江市	0	3	7	5	0	0	25	0	9	3	126	3	181
昆山市	4	3	4	11	5	11	3	5	2	8	7	10	73
莱西市	3	5	0	0	9	18	4	2	7	3	12	9	72
莱州市	1	1	2	2	2	9	0	3	1	1	4	3	29
临海市	5	2	3	0	3	10	14	2	8	3	2	11	63
陵水黎族自治县	0	0	0	0	0	0	0	0	0	0	6	0	6
浏阳市	6	5	4	42	35	1	12	6	2	9	8	24	154
龙口市	15	1	0	6	0	1	6	0	33	12	0	2	76
龙门县	5	3	4	2	0	3	3	5	5	3	1	1	35
闽侯县	5	2	2	2	6	7	2	0	5	8	4	7	50
南安市	9	7	4	4	1	9	3	8	5	6	6	0	62
宁海县	7	4	3	9	13	9	4	6	15	5	4	2	81
沛县	9	0	0	17	9	11	7	11	3	14	9	11	101
彭州市	0	8	0	2	1	2	0	0	0	2	3	5	23
邳州市	0	0	0	2	13	2	0	38	19	10	1	9	94
平度市	5	16	7	16	4	1	4	2	3	8	0	24	90
平湖市	4	1	0	5	4	16	11	1	9	7	12	15	85

1-2 续表 7 单位：宗

城市	1月	2月	3月	4月	5月	6月	7月	8月	9月	10月	11月	12月	汇总
蒲江县	0	0	3	2	1	0	6	1	0	2	0	3	18
普宁市	0	0	0	0	0	7	0	0	3	1	0	3	14
启东市	10	3	5	2	13	4	4	10	8	6	9	7	81
潜江市	6	1	0	3	0	0	7	0	11	4	3	8	43
荣成市	0	5	0	13	4	0	17	3	18	23	47	21	151
如东县	6	13	2	8	11	10	4	8	15	6	29	16	128
瑞安市	9	10	1	9	8	10	5	5	7	12	3	13	92
嵊州市	1	6	2	4	0	10	9	3	11	3	8	45	102
太仓市	5	12	11	10	13	15	5	8	6	9	11	14	119
泰兴市	17	7	8	11	13	9	10	10	23	8	25	13	154
天门市	8	0	0	6	12	5	17	6	7	10	5	27	103
桐庐县	3	5	1	1	18	4	9	11	11	6	2	2	73
桐乡市	3	13	4	11	5	21	8	7	10	7	13	13	115
瓦房店市	0	3	1	1	5	0	0	2	4	0	1	5	22
文安县	14	0	2	10	9	0	7	4	0	0	5	0	51
文昌市	2	0	0	8	2	1	3	7	3	2	17	11	56
仙桃市	2	10	1	8	32	28	2	2	39	17	8	10	159
香河县	0	0	6	0	0	7	0	0	0	0	6	2	21
象山县	19	1	1	7	10	14	2	1	11	6	7	16	95
新沂市	2	0	25	8	1	7	3	0	0	6	4	6	62
兴化市	15	16	15	9	15	53	19	17	8	7	1	2	177
宜兴市	7	3	5	15	15	13	8	2	3	17	11	9	108
义乌市	3	9	24	28	54	104	22	10	6	6	7	20	293
永登县	15	1	8	1	7	16	15	6	8	4	10	4	95
余姚市	9	4	0	10	9	6	13	7	19	12	11	18	118
张家港市	3	9	10	20	21	19	11	17	22	19	10	13	174
诸暨市	10	2	2	5	21	52	15	12	30	16	27	28	220
庄河市	0	0	0	2	2	2	6	2	1	1	3	0	19

数据来源：中指数据库监测。

1-3 2020年全国300城土地推出建设用地面积统计

单位：万平方米

城市	1月	2月	3月	4月	5月	6月	7月	8月	9月	10月	11月	12月	汇总
一线城市													
北京市	57.93	27.09	27.38	68.12	22.78	10.49	62.01	48.56	5.84	21.80	76.05	101.08	529.13
上海市	36.52	108.38	70.77	119.27	153.34	312.55	215.66	129.85	217.22	138.64	72.34	151.87	1726.40
广州市	73.25	100.32	119.19	94.34	108.42	107.97	145.29	76.76	177.38	69.47	199.22	205.54	1477.15
深圳市	31.76	11.39	4.33	4.65	10.53	69.24	11.25	30.62	27.03	36.48	79.17	40.58	357.03
二线城市													
长春市	74.50	274.12	208.77	431.71	134.27	425.06	291.87	178.36	224.35	221.96	256.52	539.40	3260.89
长沙市	19.49	51.44	90.53	137.57	59.20	14.02	141.38	141.87	68.42	46.75	76.46	97.32	944.46
成都市	183.04	339.15	39.72	150.13	114.59	104.52	57.64	137.98	105.27	105.32	133.03	294.65	1765.04
重庆市	116.82	82.37	114.57	133.62	228.42	234.51	101.17	145.88	146.15	81.81	173.05	552.25	2110.62
大连市	17.72	4.24	11.94	21.93	55.25	188.66	60.97	42.50	39.93	230.22	45.96	91.40	810.70
福州市	36.31	82.01	0	90.54	154.37	72.44	4.96	33.12	17.70	47.73	0	52.30	591.49
贵阳市	15.75	50.22	55.60	55.65	141.04	130.02	202.09	174.03	58.68	160.13	117.96	338.74	1499.93
哈尔滨市	76.77	78.76	99.51	139.85	14.20	182.88	50.03	115.48	132.37	108.32	43.59	54.03	1095.82
海口市	3.00	0	1.06	26.56	6.49	48.72	36.85	57.26	12.24	26.73	21.86	18.07	258.85
杭州市	85.82	128.91	53.60	144.01	162.10	237.40	134.14	64.19	113.20	189.97	61.18	186.63	1561.14
合肥市	0	64.28	83.09	50.19	55.29	22.73	18.82	89.01	111.96	27.07	27.83	87.97	638.22
呼和浩特市	0	0	0	0	72.70	67.22	47.30	1.97	0	9.72	47.97	22.56	269.44
济南市	11.29	75.12	151.09	63.32	72.08	204.90	132.94	184.72	141.64	267.45	242.42	250.92	1797.89
昆明市	18.55	13.16	58.81	63.03	95.65	76.31	100.95	71.29	99.57	75.56	90.33	278.83	1042.03
兰州市	1.12	0	57.16	136.54	0.94	266.23	24.00	21.10	11.98	10.11	50.09	1.35	580.61
南昌市	66.45	31.99	8.62	148.01	66.62	138.10	30.68	53.61	61.58	200.71	189.78	137.04	1133.19
南京市	91.60	96.42	39.30	141.01	223.23	186.07	126.32	119.73	195.63	216.28	168.46	157.02	1761.07
南宁市	101.65	101.64	175.48	142.24	52.86	65.91	69.42	108.86	57.20	96.23	74.76	80.12	1126.35
宁波市	43.72	52.34	27.47	86.42	54.19	166.99	166.68	182.31	72.18	58.30	19.39	132.00	1061.99
青岛市	81.98	45.52	139.80	545.36	86.55	210.15	167.27	124.36	118.14	140.30	57.95	222.82	1940.21
三亚市	9.53	4.15	18.24	4.03	7.41	27.01	4.65	8.20	74.10	6.92	27.17	9.69	201.10
沈阳市	108.59	71.55	121.14	173.88	140.00	202.68	209.83	48.35	130.52	118.01	70.18	228.94	1623.65
石家庄市	110.13	51.28	118.75	24.27	62.09	227.80	74.15	50.06	15.85	40.97	106.73	148.73	1030.81
苏州市	62.48	14.59	262.17	137.74	148.14	141.40	78.04	56.35	12.92	70.35	35.63	76.48	1096.32
太原市	26.04	86.64	33.74	88.55	42.11	330.39	53.95	70.84	127.70	198.60	84.89	165.54	1308.99
天津市	69.19	43.46	29.30	115.12	197.01	307.46	98.07	294.22	255.06	129.96	112.05	232.32	1883.23
温州市	75.98	26.12	15.76	90.53	76.29	18.07	98.17	20.74	9.41	35.61	30.41	69.95	567.06
乌鲁木齐市	2.50	200.73	0	566.29	127.74	378.51	205.02	0	0	249.56	43.56	355.38	2129.30
无锡市	3.07	23.50	53.05	48.15	53.80	134.55	38.21	50.97	8.10	47.69	109.02	80.90	651.01

1-3 续表 1 单位：万平方米

城市	1月	2月	3月	4月	5月	6月	7月	8月	9月	10月	11月	12月	汇总
武汉市	86.93	128.55	0	93.84	195.04	173.50	278.50	315.58	173.58	143.41	239.59	408.42	2236.92
西安市	153.34	116.12	119.43	380.79	85.74	152.57	194.33	324.35	60.23	146.23	40.76	475.39	2249.26
西宁市	2.56	0	6.61	0.15	0	36.93	12.48	18.79	7.53	39.26	46.60	37.05	207.96
厦门市	0	44.56	0	64.79	5.71	73.09	2.34	36.10	59.68	102.82	50.36	20.35	459.80
银川市	3.14	0	0.72	33.27	16.83	4.45	18.90	33.91	28.39	51.23	16.80	0	207.63
郑州市	53.46	18.02	100.02	51.74	82.71	46.62	131.30	52.33	75.00	70.70	69.78	501.39	1253.08
三四线城市													
安庆市	27.38	59.67	20.94	11.32	41.34	14.99	53.91	30.51	0.18	58.59	56.74	88.15	463.72
安康市	1.34	9.24	14.17	38.16	0.64	13.35	1.07	13.21	17.39	31.28	74.43	5.01	219.26
安顺市	42.96	25.36	0.35	103.64	23.08	140.42	39.07	29.97	56.74	39.33	34.84	102.42	638.18
安阳市	5.35	6.99	0	8.04	23.89	50.33	20.47	12.56	0	0.84	1.74	15.57	145.79
鞍山市	0	0	6.08	1.13	0	0.96	0.64	0	9.77	6.79	8.57	17.03	50.97
百色市	11.04	1.11	13.39	70.42	0.57	56.90	77.26	17.56	10.73	27.87	83.19	61.91	431.95
包头市	46.98	35.63	26.73	31.89	12.80	53.76	144.16	10.68	12.01	47.83	29.23	59.80	511.51
宝鸡市	64.87	29.33	0	23.16	23.47	62.11	5.95	26.10	56.12	83.11	60.77	136.62	571.62
保定市	7.44	25.90	17.47	36.95	7.58	101.02	0	14.23	10.76	119.14	39.70	76.35	456.54
北海市	0	24.67	29.28	22.53	0	79.54	0	0	0	40.87	45.34	90.02	332.25
本溪市	0	0	1.22	17.59	11.05	0	7.09	5.59	8.83	4.84	0.64	19.12	75.97
蚌埠市	17.94	0	0	127.05	76.67	22.62	53.92	21.49	58.48	0	86.94	76.58	541.70
滨州市	28.90	31.42	36.88	43.35	73.79	81.45	26.33	29.36	41.87	4.14	134.23	372.63	904.36
沧州市	0	0	11.77	8.71	5.96	56.79	0	7.39	3.33	0	50.41	19.57	163.94
常德市	22.49	47.07	17.76	50.34	35.85	40.42	50.14	35.27	15.12	71.68	50.66	296.59	733.39
常州市	175.90	43.29	105.02	71.43	147.32	139.91	106.23	92.37	135.20	48.40	95.39	193.50	1353.97
朝阳市	33.37	19.29	20.53	7.79	8.95	32.90	5.59	1.92	45.81	0	17.37	4.09	197.61
潮州市	0	0	0	0	18.22	8.30	30.40	39.45	0	0.91	4.86	20.57	122.71
郴州市	27.56	3.63	1.64	27.68	1.58	31.64	19.01	12.04	55.74	30.60	29.73	38.92	279.76
承德市	3.39	20.31	23.93	30.40	37.96	47.17	18.97	15.68	27.02	27.69	19.87	5.92	278.29
池州市	8.48	0.53	0.69	2.49	34.69	36.81	30.03	21.37	5.76	52.57	42.65	111.45	347.53
崇左市	0	1.08	5.14	10.36	42.29	30.09	51.31	1.94	23.50	67.11	1.67	37.42	271.91
滁州市	102.65	86.55	21.79	14.32	151.64	46.06	72.69	150.28	59.52	9.52	69.76	28.36	813.14
大庆市	51.47	22.07	43.36	4.28	0	26.35	16.00	56.81	23.89	22.84	28.89	10.34	306.29
丹东市	5.32	7.96	0	6.68	28.95	2.85	3.04	35.95	3.64	0	18.23	25.00	137.61
德阳市	86.16	53.84	34.92	17.05	25.29	70.43	22.67	43.05	15.76	2.34	33.20	53.08	457.77
德州市	0	8.27	58.02	10.60	16.37	50.11	110.18	41.62	0	5.67	36.76	9.33	346.92
东莞市	73.88	25.20	26.92	57.26	92.70	114.59	59.51	32.79	68.82	29.95	50.16	63.78	695.56
东营市	81.08	59.65	81.49	22.63	26.10	81.84	27.59	62.10	81.12	101.09	79.21	95.98	799.86

1-3　续表 2　　单位：万平方米

城市	1月	2月	3月	4月	5月	6月	7月	8月	9月	10月	11月	12月	汇总
鄂尔多斯市	0	2.72	45.43	27.32	41.25	30.65	0	62.97	0	0	0.50	133.44	344.29
鄂州市	69.83	3.81	0	8.90	85.34	8.67	24.59	10.73	102.00	42.95	69.37	155.49	581.66
佛山市	44.68	55.85	59.20	140.65	141.83	101.60	158.84	115.67	121.55	99.03	109.82	133.23	1281.95
抚顺市	8.77	0	0	6.73	3.53	0	28.61	10.27	3.64	14.79	8.53	20.27	105.15
阜新市	0	0	0	0	14.48	3.86	0	23.93	0	3.44	49.17	30.66	125.54
阜阳市	0	9.53	11.56	96.39	67.97	125.32	67.22	19.19	0	86.95	136.73	117.70	738.58
赣州市	52.18	30.87	41.31	16.90	71.45	45.48	163.71	23.39	136.62	36.52	115.23	234.81	968.47
广元市	8.70	0	18.68	26.99	18.72	58.45	2.73	18.35	15.04	15.69	37.59	43.19	264.12
贵港市	19.50	6.02	69.39	26.49	59.55	46.54	48.28	66.27	85.89	105.30	160.12	104.13	797.48
桂林市	31.42	0	37.33	38.66	57.42	27.43	21.33	21.31	12.21	18.98	28.13	118.17	412.40
邯郸市	70.34	21.09	10.09	71.91	152.90	40.49	113.68	43.22	50.39	87.91	94.84	117.89	874.77
河源市	1.50	2.51	0	0.68	2.91	28.17	58.01	6.91	6.99	44.42	1.31	91.80	245.22
菏泽市	74.90	3.48	151.05	62.49	36.80	54.58	3.26	108.22	67.92	13.11	64.11	108.97	748.89
鹤壁市	0	0	0	0	83.74	0	0	62.91	0	0	0	78.50	225.14
鹤岗市	0	0	0	17.71	0	0	0	5.13	0	18.05	6.04	0	46.94
衡水市	1.11	3.72	28.03	23.70	33.73	41.79	12.91	42.97	17.91	18.03	20.79	68.58	313.27
葫芦岛市	3.09	0	14.22	0	28.70	31.26	20.86	0	1.27	0	9.96	5.46	114.81
湖州市	122.33	48.49	123.99	57.54	49.76	84.93	77.49	2.56	86.75	46.05	19.25	134.47	853.62
怀化市	19.30	2.67	0.49	14.62	34.86	6.52	64.47	26.35	23.94	69.85	25.58	108.70	397.35
淮安市	133.55	6.67	46.00	88.19	139.72	65.92	0	120.83	42.01	118.48	46.68	97.91	905.96
淮北市	3.45	53.85	16.73	0	0	40.79	42.71	58.20	23.27	0	26.38	40.99	306.37
淮南市	0	3.17	30.79	14.16	73.39	14.79	13.40	39.62	21.61	21.00	24.41	0.82	257.15
黄石市	16.11	25.57	16.75	50.02	13.29	64.84	24.61	58.52	17.21	22.12	43.89	111.53	464.46
惠州市	52.40	21.69	28.49	34.75	85.85	170.95	128.86	83.92	157.90	79.81	215.11	104.60	1164.34
鸡西市	4.38	1.34	0	0.31	0	13.70	0	0	0	0	1.34	4.38	25.44
吉林市	3.91	12.57	44.58	43.60	75.60	0	71.46	8.44	20.38	136.55	5.90	26.86	449.86
济宁市	52.44	42.78	47.82	59.41	112.34	71.26	86.75	10.87	22.92	28.44	74.68	185.39	795.10
嘉兴市	5.11	18.78	0	44.58	42.28	68.12	34.09	24.25	13.20	63.16	16.48	86.85	416.90
江门市	20.77	9.84	14.37	10.32	95.88	55.29	42.50	35.52	22.59	14.14	35.37	38.79	395.38
焦作市	0	0	9.96	12.72	5.85	0	14.87	13.60	33.04	27.22	31.55	27.12	175.93
揭阳市	1.83	20.23	6.22	15.76	0	3.75	0	20.55	0	0	0	22.95	91.30
金华市	4.03	69.55	42.43	14.47	26.56	19.64	7.43	17.87	21.92	49.60	16.42	34.45	324.37
锦州市	0.30	0	43.07	16.86	39.22	68.39	0	19.21	25.52	0	6.40	10.18	229.15
荆门市	43.42	18.73	0	59.19	44.81	262.96	90.42	18.15	61.65	153.18	59.99	78.96	891.45
荆州市	77.49	32.77	0	102.85	64.16	59.84	64.52	44.96	42.56	107.42	52.19	29.53	678.28
景德镇市	0	0	29.29	54.83	16.85	0	150.47	59.09	20.05	16.77	21.87	49.19	418.41
九江市	16.82	42.51	58.37	150.27	59.32	43.91	27.85	70.92	8.76	85.64	25.04	124.36	713.77

1-3 续表 3 单位：万平方米

城市	1月	2月	3月	4月	5月	6月	7月	8月	9月	10月	11月	12月	汇总
开封市	0	36.54	4.81	3.55	40.44	53.31	47.02	4.38	38.22	0	34.32	47.80	310.39
拉萨市	0	6.94	1.34	37.10	4.00	0	12.91	0	0	0	10.40	11.46	84.15
廊坊市	0	8.43	37.79	12.70	45.55	70.39	20.99	0	25.75	5.99	65.97	90.00	383.58
乐山市	8.59	0	21.45	3.07	21.81	20.51	14.90	3.33	48.83	7.83	33.39	76.81	260.50
丽江市	21.84	2.00	0	0	0	0	1.31	16.02	12.13	0	0	4.24	57.54
丽水市	2.19	10.26	14.32	25.78	38.19	39.43	13.95	9.18	16.99	43.09	14.68	27.37	255.44
连云港市	17.41	54.30	78.32	18.67	66.50	32.25	76.90	38.85	97.82	0	16.38	217.37	714.78
聊城市	71.30	16.36	54.20	19.88	32.41	103.59	56.60	32.36	26.21	39.32	73.05	96.54	621.81
临沂市	36.38	5.62	53.90	106.14	113.55	90.84	26.46	124.01	180.95	150.71	123.59	214.26	1226.42
柳州市	5.67	25.53	24.52	43.33	18.89	166.19	22.04	55.65	74.20	33.27	221.50	124.60	815.40
六盘水市	0	0	53.81	7.55	25.59	12.63	24.52	19.24	4.09	37.88	24.63	82.74	292.67
龙岩市	10.38	93.24	38.30	44.63	24.79	18.52	5.98	0	19.57	18.39	63.93	119.27	457.00
泸州市	50.52	3.80	190.18	16.38	7.95	35.50	25.15	4.13	30.02	65.48	42.45	191.64	663.21
六安市	109.70	22.12	4.56	169.78	15.20	142.67	43.39	94.77	90.80	48.03	13.74	56.87	811.62
洛阳市	135.70	75.55	54.56	43.89	82.49	36.72	86.18	17.14	42.80	144.46	66.23	142.23	927.95
漯河市	62.08	1.28	11.77	37.80	52.08	33.38	1.50	3.28	18.52	27.84	27.52	37.92	314.96
马鞍山市	11.38	3.44	4.57	33.50	30.04	10.18	28.57	34.99	43.78	29.62	23.11	27.43	280.60
茂名市	12.93	2.06	11.72	1.36	65.98	81.73	0	13.30	45.77	26.51	17.89	155.59	434.84
眉山市	93.40	13.21	94.59	115.86	61.06	49.50	52.73	75.66	181.76	157.27	138.92	355.65	1389.62
梅州市	0	6.52	1.13	7.41	10.00	0	16.86	0	42.15	27.96	5.96	17.34	135.33
绵阳市	4.30	6.11	3.72	12.97	63.24	27.29	45.09	43.85	45.28	58.19	101.93	177.98	589.95
牡丹江市	0.47	0	0	2.60	10.70	0	0	33.56	1.12	0	1.12	240.34	289.89
南充市	23.37	6.41	0	78.25	68.37	138.24	100.41	25.36	34.83	39.65	3.88	66.74	585.51
南平市	23.93	0	0	14.11	40.54	3.64	9.19	4.19	18.73	59.93	29.26	3.85	207.38
南通市	170.58	19.52	65.98	63.42	168.78	337.54	251.89	348.66	241.97	128.69	238.36	87.49	2122.89
南阳市	26.01	12.88	5.26	54.02	50.39	50.23	48.13	2.57	12.33	0	24.85	37.95	324.61
内江市	8.64	0	10.84	13.04	22.92	25.44	26.60	11.53	16.80	8.45	32.70	62.76	239.71
宁德市	4.95	30.71	0.53	23.49	0	28.34	1.03	17.87	9.48	34.18	28.12	80.15	258.83
攀枝花市	0	0	0	22.86	0	3.67	25.65	7.52	12.62	2.36	0	114.07	188.75
平顶山市	2.45	11.19	10.86	35.70	10.05	24.61	4.96	4.63	31.88	21.47	11.01	45.12	213.93
萍乡市	4.58	0.45	0	21.39	4.75	29.05	3.78	27.44	31.38	9.08	0	35.32	167.22
莆田市	33.12	34.65	15.24	56.92	20.71	9.16	21.57	65.31	11.27	27.89	18.98	34.28	349.12
濮阳市	0	0	4.07	16.08	12.34	299.43	5.17	26.25	19.47	18.46	36.02	34.05	471.34
普洱市	0	0	6.39	9.87	2.88	0	0.04	0	35.29	2.16	5.94	51.19	113.75
齐齐哈尔市	4.12	6.68	0	0	6.20	15.06	2.87	11.19	0.54	11.50	53.13	6.12	117.42
钦州市	57.81	8.25	39.72	16.73	9.74	37.65	180.11	7.64	1.94	55.42	0	231.22	646.22
秦皇岛市	35.76	14.94	17.70	16.50	31.23	46.31	23.57	19.61	15.00	91.58	71.24	159.31	542.74

1-3　续表 4　　　　单位：万平方米

城市	1月	2月	3月	4月	5月	6月	7月	8月	9月	10月	11月	12月	汇总
清远市	55.38	10.95	9.48	24.45	37.68	35.15	6.76	16.84	7.94	29.17	66.23	54.23	354.25
衢州市	11.06	6.71	24.49	3.55	11.37	75.12	45.50	29.21	47.08	13.91	36.56	146.92	451.48
曲靖市	59.49	67.39	48.49	24.80	46.22	22.83	5.58	2.27	13.08	26.50	10.76	40.50	367.91
泉州市	0.87	0.91	11.24	2.22	1.84	19.21	2.05	66.93	13.96	2.85	5.05	41.89	169.00
日照市	26.47	13.25	66.55	32.24	28.08	35.83	127.92	38.48	0	84.21	77.07	147.94	678.04
三明市	42.03	7.33	0.67	16.33	19.84	8.00	16.14	5.10	21.48	16.65	7.00	31.72	192.28
汕头市	0.35	1.97	34.36	30.19	22.15	21.40	23.02	31.83	62.30	58.22	36.98	48.55	371.31
汕尾市	0	0	0	0	0	0	0	4.88	5.05	9.26	38.46	16.73	74.38
商洛市	17.12	0	1.32	14.16	0	0	2.03	7.28	2.75	0	8.29	3.31	56.25
商丘市	135.60	7.77	48.47	0	34.26	55.53	19.22	38.48	40.51	59.83	97.30	122.38	659.36
上饶市	107.09	5.73	63.01	30.28	11.77	48.68	190.88	62.03	104.57	224.55	81.78	179.97	1110.33
韶关市	0	3.27	0	0	30.20	22.37	21.07	28.28	12.85	16.90	8.15	41.99	185.09
绍兴市	31.85	19.24	32.66	69.32	59.29	100.39	43.14	30.73	49.74	50.72	44.33	148.41	679.83
十堰市	42.79	9.17	0	5.51	44.24	31.27	81.00	91.65	125.89	12.70	150.21	219.54	813.99
朔州市	28.92	0	0	47.59	0	29.07	5.39	9.26	61.16	9.26	0	0	190.66
松原市	0	0	0	6.97	0	2.00	29.23	3.10	11.05	3.02	0	1.00	56.36
随州市	35.87	0	0	0	25.72	11.63	8.84	7.56	2.11	4.72	45.42	39.96	181.83
台州市	65.08	4.67	16.76	7.54	17.03	79.85	24.45	14.31	36.98	54.98	26.62	69.83	418.11
泰安市	6.13	85.79	77.71	12.89	4.25	39.42	68.03	13.90	45.03	46.54	58.29	41.98	499.95
泰州市	34.10	53.98	0	14.16	18.75	56.73	40.40	17.95	20.53	59.62	55.41	26.14	397.77
唐山市	125.29	190.61	263.72	86.34	222.35	75.94	68.67	74.20	301.82	117.67	150.45	418.67	2095.72
铁岭市	0	0	5.98	0	0	0.70	0.18	0	4.62	11.36	3.78	0	26.62
通化市	0	0	3.84	0	10.71	0	1.89	18.94	0	3.67	0.88	1.98	41.90
威海市	177.17	6.78	117.37	91.45	134.50	75.71	416.07	45.41	97.00	74.00	251.44	292.93	1779.81
潍坊市	34.04	50.62	101.56	102.44	61.14	98.18	118.24	58.21	123.94	96.20	100.59	304.04	1249.21
乌兰察布市	0	11.49	22.74	11.49	0	2.90	5.72	59.97	14.78	1.33	0	116.12	246.54
芜湖市	59.61	77.65	50.52	51.61	34.52	73.03	152.32	19.70	73.25	45.02	10.78	93.90	741.90
咸阳市	44.44	0	2.00	42.09	89.67	41.58	0	9.82	106.60	38.92	44.83	19.51	439.46
湘潭市	6.57	21.21	0	11.32	99.40	33.94	2.18	57.02	10.75	111.13	84.16	82.81	520.48
襄阳市	65.15	70.31	0	65.16	46.11	5.41	80.00	64.41	147.39	53.19	85.14	231.32	913.58
新乡市	8.43	29.94	15.32	18.37	16.93	0	34.27	31.13	47.74	39.54	27.02	54.00	322.70
信阳市	15.07	0	0	0	87.19	0	22.96	61.49	11.89	28.39	57.46	2.94	287.39
宿迁市	40.26	32.36	5.05	76.71	45.14	14.25	87.45	15.38	49.61	30.49	21.04	344.07	761.82
宿州市	0	33.77	72.81	52.46	37.23	36.94	35.15	10.28	32.99	20.96	52.14	26.52	411.23
徐州市	31.14	158.53	103.57	52.08	112.26	104.86	230.36	62.69	6.27	94.78	48.38	118.98	1123.90
宣城市	23.86	61.32	6.14	22.36	15.73	6.77	60.57	29.22	10.95	47.67	26.46	40.19	351.24
烟台市	49.74	107.50	68.16	95.77	79.88	132.45	46.79	54.38	128.85	42.62	130.24	168.80	1105.17

1-3 续表 5 单位：万平方米

城市	1月	2月	3月	4月	5月	6月	7月	8月	9月	10月	11月	12月	汇总
盐城市	5.50	58.96	70.84	21.95	48.03	81.09	43.67	80.22	165.95	73.82	144.53	206.73	1001.29
扬州市	11.79	31.98	55.05	104.58	20.36	9.25	119.40	26.76	55.48	22.12	205.12	122.54	784.45
阳江市	30.62	9.61	0	9.39	18.38	15.88	14.94	19.68	33.57	1.70	18.37	23.52	195.67
伊春市	0	0	9.57	2.61	0	0	0	4.99	0	0	0	16.99	34.16
宜宾市	49.04	0.66	107.16	40.05	42.43	16.83	2.49	69.29	23.80	77.40	13.46	48.89	491.49
宜昌市	51.95	0	18.89	24.29	11.93	63.81	25.24	41.22	45.88	98.11	1.44	113.29	496.05
宜春市	12.92	55.79	125.91	52.76	8.10	59.19	52.55	41.15	42.78	13.13	51.36	49.52	565.15
鹰潭市	8.03	15.09	36.23	5.72	38.41	28.08	99.92	52.13	29.47	45.13	5.80	68.37	432.37
营口市	5.22	40.70	3.33	9.81	13.43	60.79	72.71	39.32	56.81	55.01	49.80	32.85	439.78
玉溪市	0.74	0.40	7.02	3.51	25.55	2.78	11.29	0	6.37	31.59	50.21	93.11	232.57
岳阳市	32.78	112.25	18.89	0.31	3.84	7.41	6.49	241.11	22.62	28.66	49.62	101.61	625.59
云浮市	0	0	19.31	2.61	47.65	0.80	17.85	30.93	5.01	35.28	34.27	27.62	221.32
湛江市	4.54	0	75.18	36.82	0	14.68	5.61	0	60.29	3.98	35.31	96.55	332.97
张家界市	22.08	3.32	0	9.92	35.82	29.29	5.11	0.97	27.79	0	106.40	88.25	328.95
漳州市	20.55	14.41	68.08	17.97	28.09	84.58	57.07	64.35	14.37	91.96	32.38	72.01	565.82
肇庆市	47.32	2.91	18.43	103.49	8.64	4.00	23.84	4.42	30.73	30.59	54.11	106.03	434.51
镇江市	0	56.80	0	57.09	8.87	13.28	18.61	0	6.32	114.17	15.62	90.09	380.85
中山市	50.27	0	6.22	17.40	3.06	64.30	82.70	18.89	11.24	12.69	82.21	18.76	367.75
舟山市	2.95	0	0	12.01	0	3.53	11.20	28.29	47.79	3.18	18.78	60.78	188.52
珠海市	11.92	36.70	107.80	20.28	30.69	79.72	83.24	27.34	37.05	53.15	80.20	99.10	667.19
株洲市	21.07	2.65	20.13	27.47	32.17	83.33	33.07	32.07	65.82	122.09	59.91	393.27	893.04
淄博市	33.27	77.01	105.23	38.57	70.88	80.11	66.45	53.87	58.66	123.03	128.03	291.66	1126.75
自贡市	9.90	3.05	49.64	1.15	6.18	22.17	13.25	0	36.87	17.19	8.92	81.28	249.60
遵义市	56.37	32.75	48.48	174.34	35.00	43.63	169.95	229.66	183.82	4.77	35.24	19.59	1033.60
县及县级市													
保亭黎族苗族自治县	0	0	0	0	0	0	0	0	0	3.08	0	5.93	9.00
滨海县	15.80	3.11	0	7.33	8.79	3.66	0	2.18	68.26	5.39	34.17	21.18	169.88
常熟市	41.58	62.71	62.41	32.05	24.29	22.30	64.88	65.51	57.31	29.26	2.35	41.39	506.05
长沙县	5.19	46.31	0	8.09	26.90	41.94	93.89	69.44	83.27	237.25	17.50	147.02	776.81
长兴县	82.25	5.07	62.66	48.19	39.85	75.29	49.42	18.78	4.68	20.49	54.90	47.21	508.79
崇州市	0	0	0	0	0	3.67	13.90	1.37	11.35	0	8.97	30.23	69.50
淳安县	0.31	0	0.33	8.61	0	3.77	1.67	6.66	0.34	6.90	1.04	3.80	33.43
慈溪市	34.55	1.82	13.59	49.91	22.88	17.14	8.47	44.07	22.29	17.16	22.35	70.97	325.19
丹阳市	4.09	18.77	16.36	12.87	12.63	37.45	24.81	0	24.20	56.85	26.62	4.71	239.35
当涂县	8.07	3.93	1.94	2.88	8.41	24.92	24.66	5.63	18.41	10.04	42.76	10.20	161.83

1-3　续表6　　单位：万平方米

城市	1月	2月	3月	4月	5月	6月	7月	8月	9月	10月	11月	12月	汇总
德清县	8.60	43.88	62.97	26.65	16.90	46.87	32.52	33.49	31.48	16.58	20.56	57.78	398.28
东港市	0	0	0	4.68	9.72	0	9.07	11.22	0	2.89	0	17.81	55.38
东台市	19.93	30.88	0	49.97	15.78	5.30	23.53	0.15	1.07	0	0	7.06	153.67
都江堰市	0	0	0	0	0	0	4.89	0	0	23.41	22.76	63.28	114.35
恩施土家族苗族自治州	19.99	2.55	5.30	12.45	8.06	40.18	84.25	29.29	16.66	18.36	21.23	51.26	309.59
肥东县	0	0	23.18	34.01	25.25	28.06	18.28	25.56	37.22	52.40	41.37	0	285.34
肥西县	30.95	17.17	3.24	0	50.79	20.82	9.72	7.40	22.02	0	20.06	29.86	212.03
盖州市	0	0	0	6.31	0	7.79	6.27	0	3.36	11.61	91.87	4.00	131.21
高碑店市	0	0	0	0	5.57	39.04	1.11	28.69	32.61	0	28.33	6.56	141.92
固安县	0	0	14.59	16.57	18.55	9.52	2.92	4.58	9.30	36.79	25.76	23.62	162.19
海安市	69.29	67.25	37.69	27.74	44.92	43.03	34.39	15.26	22.61	50.56	38.87	49.43	501.03
海宁市	32.21	6.82	12.04	25.15	30.00	9.94	21.67	34.16	63.67	15.81	114.24	127.00	492.72
海盐县	0	11.48	5.99	16.53	21.62	23.24	39.54	0.64	6.22	7.01	20.12	76.10	228.48
惠安县	59.85	36.09	20.80	2.06	14.72	5.02	6.46	5.11	36.10	21.23	29.39	20.90	257.72
惠东县	2.11	11.78	0	0.11	0	9.07	24.59	25.63	0.40	28.76	82.49	54.80	239.74
嘉善县	32.04	6.12	15.39	15.76	9.60	14.76	2.32	10.48	15.91	7.72	53.46	102.24	285.80
建德市	1.62	36.78	3.69	0	26.07	1.06	2.05	2.16	16.03	7.18	0.52	9.77	106.93
建湖县	0	12.77	0	9.79	0	15.48	0	19.43	0.23	33.11	10.52	18.69	120.03
江阴市	43.95	0	0	24.79	32.34	51.68	84.35	2.99	29.13	15.80	19.54	0	304.57
胶州市	12.08	21.45	36.62	17.97	5.88	63.01	32.03	12.93	28.45	17.56	45.91	28.69	322.59
晋江市	16.36	19.66	13.52	25.43	6.72	11.99	40.24	16.83	7.99	24.20	32.47	10.53	225.94
靖江市	0	4.99	22.20	17.81	0	0	49.26	0	23.17	11.34	427.91	6.78	563.47
昆山市	13.60	17.76	14.50	35.41	22.09	29.87	20.61	15.55	3.74	27.70	21.07	54.99	276.89
莱西市	10.71	38.22	0	0	44.15	127.22	19.45	4.33	51.95	10.17	65.52	43.31	415.03
莱州市	3.33	1.93	0.92	2.83	2.90	16.49	0	2.48	1.06	0.90	5.60	5.04	43.49
临海市	9.49	1.90	9.69	0	11.72	35.66	35.41	16.88	13.17	6.18	2.41	99.13	241.63
陵水黎族自治县	0	0	0	0	0	0	0	0	0	0	16.13	0	16.13
浏阳市	6.47	27.38	12.65	118.31	110.77	1.46	25.62	24.47	10.79	43.08	3.19	52.50	436.69
龙口市	25.86	0.03	0	17.31	0	6.26	8.13	0	70.21	104.37	0	1.90	234.07
龙门县	3.29	9.44	5.38	5.17	0	2.90	8.13	8.01	6.20	5.92	2.13	1.15	57.74
闽侯县	24.33	6.37	7.23	6.05	20.92	26.69	2.83	0	25.81	21.60	10.97	13.15	165.96
南安市	17.29	28.90	19.48	20.35	1.20	20.27	9.28	50.30	3.62	14.26	22.37	0	207.32
宁海县	19.56	4.36	4.43	12.95	33.04	7.95	6.32	16.96	12.16	3.67	4.09	5.76	131.24
沛县	13.17	0	0	47.97	25.64	31.04	26.97	27.65	5.41	45.27	32.79	17.35	273.26
彭州市	0	10.71	0	10.50	13.33	8.21	0	0	0	10.46	8.40	20.82	82.42

1-3 续表 7 单位：万平方米

城市	1月	2月	3月	4月	5月	6月	7月	8月	9月	10月	11月	12月	汇总
邳州市	0	0	0	5.49	37.04	7.69	0	169.18	67.62	52.56	1.30	34.72	375.58
平度市	17.95	51.87	29.08	52.89	6.76	8.70	8.63	6.77	31.60	27.02	0	96.64	337.90
平湖市	6.38	1.00	0	14.84	9.82	28.41	29.96	8.86	33.27	19.15	31.69	79.54	262.92
蒲江县	0	0	12.44	6.72	0.40	0	11.35	4.10	0	9.59	0	15.00	59.59
普宁市	0	0	0	0	0	13.97	0	0	5.05	3.04	0	1.16	23.23
启东市	10.03	9.55	14.41	11.04	105.53	10.60	54.47	21.90	22.66	56.84	41.45	28.30	386.78
潜江市	13.89	1.46	0	2.06	0	0	32.03	0	36.55	17.32	6.81	30.44	140.56
荣成市	0	8.23	0	24.61	3.59	0	37.91	4.67	22.00	47.49	99.88	58.47	306.86
如东县	19.65	20.08	3.22	21.36	30.15	68.10	10.10	20.82	40.98	20.99	110.00	57.63	423.06
瑞安市	5.64	16.30	0.24	15.77	14.22	23.16	25.58	7.02	13.51	39.81	4.40	51.52	217.15
嵊州市	5.51	17.75	5.76	11.12	0	19.84	20.98	3.68	25.05	0.92	18.90	130.17	259.68
太仓市	14.48	44.35	42.50	23.11	43.81	86.70	19.95	34.40	23.15	27.69	11.74	44.06	415.94
泰兴市	17.31	5.03	5.55	15.54	15.92	30.68	8.53	34.12	38.37	27.99	66.73	40.49	306.26
天门市	15.18	0	0	14.94	23.06	7.78	24.48	11.85	13.46	14.91	6.92	68.05	200.63
桐庐县	11.52	5.47	3.03	5.66	52.72	6.18	22.73	6.64	44.28	4.57	11.20	2.78	176.79
桐乡市	11.69	58.60	14.04	21.00	17.18	34.62	21.31	27.53	27.81	18.62	37.78	38.39	328.58
瓦房店市	0	16.21	1.65	1.81	13.05	0	0	2.35	17.20	0	1.72	5.22	59.20
文安县	19.12	0	39.19	47.51	23.81	0	19.82	6.99	0	0	3.59	0	160.03
文昌市	6.05	0	0	23.00	8.89	1.47	5.46	23.57	16.09	8.02	47.59	30.14	170.27
仙桃市	3.81	74.12	0.67	36.70	35.40	54.82	13.09	2.33	49.29	66.78	42.06	66.96	446.02
香河县	0	0	7.87	0	0	16.05	0	0	0	0	13.93	7.07	44.92
象山县	41.23	0.50	1.28	18.04	32.69	50.66	5.84	5.72	21.81	48.41	8.61	46.69	281.48
新沂市	13.49	0	5.58	13.09	4.30	38.94	8.45	0	0	25.80	16.84	29.77	156.27
兴化市	27.95	17.80	51.44	2.06	3.90	30.11	9.38	7.75	4.11	6.37	3.84	3.56	168.25
宜兴市	4.53	6.24	17.13	77.44	55.29	38.62	40.75	2.17	5.19	49.19	32.50	43.77	372.83
义乌市	13.55	79.47	62.37	45.31	32.88	80.20	63.43	32.97	27.68	16.86	33.39	48.61	536.72
永登县	75.10	0.77	66.84	14.84	24.38	41.72	560.14	32.50	43.77	33.27	39.58	21.43	954.34
余姚市	15.49	7.69	0	38.21	19.97	27.19	47.43	9.66	63.35	24.42	19.53	27.39	300.32
张家港市	8.68	22.55	20.97	71.24	67.61	116.82	47.41	90.69	90.93	91.40	40.65	48.91	717.87
诸暨市	40.54	3.79	3.68	7.31	46.63	71.49	8.47	5.66	48.56	16.31	10.74	59.77	322.95
庄河市	0	0	0	10.56	8.12	4.68	7.01	14.47	2.86	1.47	10.18	0	59.36

数据来源：中指数据库监测。

1-4　2020 年全国 300 城土地推出规划建筑面积统计

单位：万平方米

城市	1月	2月	3月	4月	5月	6月	7月	8月	9月	10月	11月	12月	汇总
一线城市													
北京市	125.55	57.58	44.86	129.33	38.94	23.02	135.97	99.80	5.84	35.19	162.11	186.22	1044.41
上海市	92.71	280.00	120.38	243.81	276.26	525.12	439.58	258.97	356.61	276.28	182.39	284.15	3336.26
广州市	262.65	358.54	407.35	289.63	346.43	304.71	529.08	231.10	525.59	229.38	626.45	711.79	4822.69
深圳市	73.75	56.46	16.69	23.99	73.66	184.20	49.21	63.25	92.63	143.80	314.15	156.91	1248.71
二线城市													
长春市	117.59	415.61	237.67	470.47	223.04	514.24	458.80	180.49	334.53	377.93	337.18	771.56	4439.12
长沙市	80.09	158.01	224.29	305.94	110.60	33.17	374.69	327.86	185.59	107.74	183.92	236.84	2328.74
成都市	517.46	987.55	87.45	348.39	277.25	259.92	143.96	376.04	268.87	241.38	342.16	728.97	4579.41
重庆市	180.87	116.41	179.45	213.43	360.14	337.45	152.65	253.82	218.87	138.22	264.14	977.31	3392.76
大连市	16.99	8.36	15.11	25.10	105.09	178.38	45.74	71.70	69.02	302.64	65.41	110.85	1014.39
福州市	139.85	162.14	0	188.86	255.58	160.37	8.92	69.86	41.40	85.83	0	92.69	1205.50
贵阳市	39.39	112.16	142.58	183.67	349.01	340.69	569.17	474.63	144.46	346.03	326.80	446.56	3475.15
哈尔滨市	152.65	132.22	116.53	187.92	26.80	312.67	87.45	187.08	163.64	178.82	76.10	82.22	1704.12
海口市	1.50	0	1.06	25.02	7.08	152.38	53.95	87.23	37.16	53.39	44.65	45.00	508.42
杭州市	220.67	237.52	132.80	309.21	395.33	581.03	358.69	148.11	284.97	462.94	158.02	483.83	3773.11
合肥市	0	97.33	283.74	104.57	115.14	40.89	36.72	257.20	213.72	56.08	51.11	152.03	1408.53
呼和浩特市	0	0	0	0	143.01	139.33	96.35	1.97	0	17.35	106.45	58.66	563.11
济南市	25.10	132.47	240.68	114.55	122.42	417.87	123.16	301.69	312.70	510.80	507.04	406.72	3215.19
昆明市	40.72	29.48	118.50	136.07	196.99	208.80	257.81	143.65	352.56	171.71	231.64	849.11	2737.04
兰州市	4.61	0	139.06	273.33	2.36	596.96	53.12	31.24	42.56	24.44	114.37	3.91	1285.96
南昌市	159.96	59.99	17.86	325.47	144.12	332.06	46.69	117.28	146.19	339.77	465.15	291.67	2446.21
南京市	199.79	233.30	97.13	390.04	445.72	436.46	264.97	252.10	406.40	479.22	292.32	386.42	3883.87
南宁市	287.19	233.95	467.61	395.72	136.02	157.85	192.86	257.69	155.18	290.27	198.96	227.38	3000.67
宁波市	59.32	105.18	33.92	186.78	97.45	356.55	327.49	369.87	120.57	127.74	33.93	270.07	2088.87
青岛市	152.07	90.27	266.33	927.31	156.73	379.98	282.41	278.68	290.85	265.65	125.47	398.36	3614.11
三亚市	8.84	1.25	70.12	4.54	18.30	33.14	6.99	15.20	122.77	19.82	50.73	25.13	376.82
沈阳市	89.52	133.89	210.83	238.09	226.52	294.03	335.17	66.40	237.31	172.04	102.32	356.22	2462.34
石家庄市	284.74	127.59	265.08	46.73	156.45	572.53	150.78	132.38	42.45	129.95	287.90	353.58	2550.14
苏州市	172.77	31.49	552.16	276.42	351.92	235.24	174.89	99.23	27.89	162.01	76.26	160.76	2321.03
太原市	93.39	208.07	98.60	248.44	153.91	745.48	152.91	205.81	352.37	533.51	251.90	481.55	3525.92
天津市	123.33	53.46	63.23	179.07	339.45	448.73	127.06	515.55	414.94	191.60	171.62	422.26	3050.30
温州市	213.77	74.89	45.22	265.96	209.08	53.15	175.87	45.29	21.25	80.58	72.06	187.78	1444.90
乌鲁木齐市	9.74	295.11	0	815.12	232.85	654.64	300.00	0	0	327.35	110.07	631.04	3375.91
无锡市	6.14	45.85	94.74	88.73	107.92	259.61	71.41	102.13	24.30	95.76	211.73	166.87	1275.21

1-4 续表 1　　　　单位：万平方米

城市	1 月	2 月	3 月	4 月	5 月	6 月	7 月	8 月	9 月	10 月	11 月	12 月	汇总
武汉市	217.16	347.40	0	221.58	386.01	351.74	563.77	518.16	253.88	260.25	517.07	963.34	4600.35
西安市	407.97	196.26	189.59	859.37	192.19	344.37	396.53	844.08	191.71	418.32	47.28	892.59	4980.27
西宁市	14.92	0	5.00	0.36	0	93.17	9.01	35.29	13.81	86.04	98.12	84.11	439.83
厦门市	0	121.64	0	201.01	17.12	211.13	7.40	105.86	144.94	138.35	124.39	48.57	1120.41
银川市	3.65	0	0.79	69.04	36.06	4.59	27.22	58.57	54.11	80.03	33.61	0	367.67
郑州市	172.05	45.42	230.74	99.05	261.85	137.49	294.37	200.09	146.82	135.28	190.46	1459.41	3373.02
三四线城市													
安康市	4.02	11.11	22.87	80.62	0.77	11.14	2.67	24.46	44.01	60.54	178.31	9.02	449.55
安庆市	28.85	99.72	45.14	7.82	41.42	14.99	100.15	37.73	0.18	57.80	66.45	122.59	622.84
安顺市	72.19	34.42	0.28	146.44	41.72	215.54	58.40	53.18	110.81	48.98	60.95	151.03	993.93
安阳市	12.67	17.48	0	18.51	43.57	110.10	60.10	29.47	0	2.10	2.09	22.04	318.14
鞍山市	0	0	8.03	0.75	0	0.48	0.22	0	8.13	9.07	16.10	24.20	66.98
百色市	31.17	3.18	23.37	149.55	2.17	79.35	165.36	108.70	25.78	57.53	165.26	173.34	984.75
包头市	103.08	27.92	41.10	41.69	16.71	100.45	99.30	9.18	8.41	54.25	62.26	65.74	630.08
宝鸡市	136.90	35.68	0	46.68	36.67	108.00	16.12	47.73	118.10	172.24	76.13	183.26	977.51
保定市	22.99	65.61	24.74	94.80	14.72	220.22	0	42.77	24.22	200.28	68.12	202.67	981.15
北海市	0	44.40	66.55	54.59	0	200.98	0	0	0	62.49	92.80	172.87	694.68
本溪市	0	0	1.22	16.62	11.99	0	5.51	3.72	11.39	7.40	0.45	22.12	80.43
蚌埠市	28.17	0	0	154.18	117.22	33.81	72.15	12.89	104.80	0	120.34	98.20	741.76
滨州市	52.19	58.16	52.98	52.99	97.89	138.95	38.20	26.70	63.11	9.23	199.94	465.04	1255.39
沧州市	0	0	25.89	9.41	7.15	115.82	0	13.30	5.00	0	96.66	42.29	315.52
常德市	48.65	50.76	29.19	87.19	74.94	108.86	109.81	71.94	33.40	107.10	80.65	610.83	1413.35
常州市	440.77	100.12	176.19	149.04	332.13	293.36	222.51	219.56	331.62	101.20	154.22	405.77	2926.50
朝阳市	121.94	8.08	26.70	11.39	11.86	36.04	13.22	1.39	55.86	0	57.26	5.81	349.55
潮州市	0	0	0	0	80.70	32.71	96.42	107.79	0	3.18	20.92	75.58	417.30
郴州市	43.09	9.64	5.64	51.59	1.11	69.25	18.94	34.19	116.53	73.08	62.46	91.96	577.47
承德市	3.63	23.32	29.71	31.70	60.21	74.29	19.41	28.51	34.49	36.70	30.56	10.83	383.34
池州市	9.33	0.43	0.14	2.53	41.93	45.12	26.57	34.19	6.91	62.98	48.15	125.76	404.03
崇左市	0	0.86	7.83	10.94	107.71	76.69	108.27	1.47	56.96	96.08	5.01	85.63	557.46
滁州市	202.98	125.91	43.24	17.18	212.32	56.90	125.94	213.95	84.20	18.60	101.00	40.20	1242.42
大庆市	42.90	25.01	36.92	4.80	0	56.77	13.32	54.24	26.57	21.26	22.31	7.83	311.92
丹东市	1.36	12.73	0	6.68	58.77	6.27	7.60	67.76	8.20	0	35.12	33.68	238.17
德阳市	178.33	69.81	45.62	11.93	62.36	156.38	55.85	84.48	18.91	3.65	79.12	54.06	820.52
德州市	0	8.08	94.96	10.87	38.15	53.33	138.00	44.29	0	12.48	56.61	25.42	482.19
东莞市	211.25	32.69	66.14	170.08	294.32	333.65	177.11	124.30	172.66	110.86	162.82	235.03	2090.91
东营市	93.78	60.52	79.22	16.56	33.84	89.24	20.38	76.56	90.20	117.72	101.38	122.09	901.47
鄂尔多斯市	0	4.89	51.20	21.86	33.88	44.40	0	67.72	0	0	1.00	126.23	351.17

1-4　续表 2　　　　单位：万平方米

城市	1 月	2 月	3 月	4 月	5 月	6 月	7 月	8 月	9 月	10 月	11 月	12 月	汇总
鄂州市	129.27	3.81	0	18.68	207.65	8.95	58.34	16.55	108.67	121.75	150.82	235.33	1059.81
佛山市	125.65	159.75	152.82	410.40	430.52	282.11	469.11	377.79	271.60	294.16	335.39	464.56	3773.85
抚顺市	5.26	0	0	3.72	2.12	0	37.33	6.16	4.09	22.90	21.42	15.99	118.98
阜新市	0	0	0	0	15.99	9.26	0	28.27	0	6.64	35.68	58.96	154.80
阜阳市	0	20.97	13.88	183.30	128.51	249.01	115.72	34.23	0	120.72	217.01	251.14	1334.48
赣州市	91.72	58.95	96.55	38.06	165.26	87.85	316.40	53.45	286.20	72.44	230.47	504.79	2002.13
广元市	13.95	0	27.37	49.62	33.38	116.42	6.02	32.79	22.93	22.54	58.96	61.57	445.54
贵港市	36.68	18.07	91.57	49.03	103.95	60.18	61.35	121.17	76.65	158.90	168.15	131.13	1076.82
桂林市	53.72	0	57.11	44.15	79.96	50.33	45.29	42.57	14.66	49.00	57.70	110.53	605.00
邯郸市	108.74	24.31	18.45	94.16	277.95	76.28	151.13	80.93	92.30	131.95	166.60	213.09	1435.90
河源市	2.70	8.39	0	0.68	7.28	41.39	140.14	14.46	27.96	114.15	2.35	202.40	561.91
菏泽市	156.78	4.18	221.77	188.73	86.65	58.54	3.26	247.13	232.11	25.07	61.32	158.07	1443.62
鹤壁市	0	0	0	0	126.35	0	0	93.62	0	0	0	119.66	339.63
鹤岗市	0	0	0	10.85	0	0	0	3.21	0	23.75	7.18	0	44.99
衡水市	0.98	5.72	35.80	30.54	51.36	48.48	24.70	56.54	32.87	39.77	38.01	107.24	472.01
葫芦岛市	5.57	0	14.70	0	39.50	45.45	31.63	0	2.41	0	18.13	4.57	161.95
湖州市	235.39	87.41	244.48	167.56	134.49	137.25	112.68	3.84	182.04	69.91	41.36	250.27	1666.68
怀化市	45.97	8.01	2.43	28.06	90.53	14.65	177.33	71.80	65.87	198.03	26.62	327.51	1056.80
淮安市	247.28	13.33	47.02	165.59	166.11	59.94	0	236.07	61.34	201.12	113.77	195.15	1506.72
淮北市	6.83	64.62	40.81	0	0	70.45	48.45	92.01	30.21	0	31.54	82.43	467.34
淮南市	0	3.17	34.77	35.56	109.14	15.15	33.54	35.15	49.87	24.29	35.33	0.00	375.97
黄石市	10.53	25.57	40.03	55.41	15.76	112.44	26.07	91.09	16.93	48.92	115.41	211.84	769.99
惠州市	155.48	68.17	98.02	109.35	199.34	510.53	120.83	286.95	612.75	205.03	557.67	344.00	3268.11
鸡西市	10.51	0.94	0	0.31	0	16.82	0	0	0	0	0.94	10.51	40.03
吉林市	3.30	22.33	55.19	30.45	128.90	0	79.68	6.09	35.06	183.89	4.22	63.14	612.27
济宁市	65.34	65.02	68.29	82.19	180.12	106.23	137.45	15.83	32.52	53.35	115.36	337.42	1259.11
嘉兴市	8.51	40.43	0	116.28	85.78	165.74	63.76	40.72	21.51	123.26	38.24	197.72	901.94
江门市	51.92	32.27	46.45	25.80	212.51	154.49	130.77	89.79	64.81	46.51	110.36	116.86	1082.54
焦作市	0	0	22.29	32.06	13.28	0	31.80	23.05	50.59	33.84	59.35	53.50	319.76
揭阳市	4.85	55.37	12.44	31.94	0	8.54	0	47.22	0	0	0	49.40	209.76
金华市	10.08	120.03	90.10	27.02	52.72	44.12	16.22	31.50	36.72	130.35	27.21	67.81	653.87
锦州市	0.27	0	66.93	29.02	52.01	109.10	0	58.67	47.30	0	12.71	16.06	392.09
荆门市	54.38	18.73	0	87.26	66.97	237.93	119.91	36.57	65.33	183.30	60.10	108.82	1039.29
荆州市	86.03	72.21	0	117.34	77.61	114.43	76.70	49.91	83.08	148.81	70.60	28.23	924.94
景德镇市	0	0	57.67	102.04	33.70	0	300.08	105.49	40.11	18.15	52.68	98.28	808.19
九江市	20.48	56.18	97.86	120.44	75.68	48.81	31.89	85.40	13.43	162.08	37.49	153.71	903.44
开封市	0	31.69	4.77	7.11	66.22	119.67	43.39	7.01	48.15	0	70.40	88.13	486.51
拉萨市	0	7.94	2.73	85.65	6.00	0	13.03	0	0	0	20.60	11.46	147.41

1-4 续表 3　　单位：万平方米

城市	1月	2月	3月	4月	5月	6月	7月	8月	9月	10月	11月	12月	汇总
廊坊市	0	16.44	77.86	26.87	98.41	120.32	44.84	0	56.85	23.95	145.33	203.13	813.99
乐山市	20.45	0	40.56	7.66	57.48	42.80	25.47	6.67	92.60	11.16	61.14	158.27	524.27
丽江市	31.97	2.10	0	0	0	0	1.34	43.34	11.71	0	0	2.37	92.83
丽水市	3.32	18.17	29.55	35.92	58.60	67.94	27.14	11.11	35.59	73.01	28.23	40.14	428.71
连云港市	31.53	106.46	137.48	13.63	132.24	38.43	58.43	29.95	137.77	0	28.91	268.33	983.18
聊城市	138.46	30.89	100.77	30.22	41.06	217.62	95.07	72.42	36.62	94.74	167.08	150.60	1175.55
临沂市	57.34	7.16	108.15	145.06	191.80	165.72	32.19	209.90	307.67	293.51	239.30	372.48	2130.29
柳州市	11.34	57.28	60.42	94.20	37.91	347.47	61.61	115.44	167.28	76.53	458.27	335.44	1823.17
六盘水市	0	0	148.10	16.59	49.77	40.77	42.78	19.15	10.22	98.58	24.97	177.83	628.75
龙岩市	21.29	192.79	86.92	83.63	50.98	43.65	10.86	0	47.20	48.87	152.68	269.61	1008.47
泸州市	107.34	6.74	425.99	46.45	19.12	73.43	56.37	7.78	47.26	145.84	64.83	385.65	1386.81
六安市	143.00	25.92	5.92	203.85	17.49	193.24	74.99	141.23	137.07	67.33	22.75	82.24	1115.03
洛阳市	177.75	111.83	93.78	79.39	122.23	67.04	274.18	44.07	124.55	293.27	70.27	264.63	1722.99
漯河市	126.55	4.87	15.43	88.52	110.44	63.46	1.50	12.25	40.72	61.91	42.92	70.57	639.15
马鞍山市	13.58	4.13	5.48	46.94	51.45	20.73	38.38	47.78	67.34	53.09	28.21	43.03	420.14
茂名市	30.68	6.17	45.16	2.45	133.98	157.68	0	41.23	105.32	68.81	49.35	423.36	1064.19
眉山市	102.43	17.98	95.01	236.47	73.64	74.70	50.15	78.31	277.64	305.18	169.57	514.01	1995.10
梅州市	0	12.30	1.36	8.49	12.00	0	30.95	0	61.52	67.64	12.04	43.19	249.49
绵阳市	12.91	18.34	12.44	29.55	123.49	56.63	99.32	125.21	127.28	144.90	288.58	358.54	1397.20
牡丹江市	0.89	0	0	6.79	8.47	0	0	73.99	5.36	0	5.36	200.84	301.71
南充市	47.04	16.02	0	169.25	143.30	180.56	223.91	53.53	65.80	71.27	3.88	114.21	1088.79
南平市	29.34	0	0	20.75	97.36	5.39	14.46	11.95	18.59	90.39	57.07	6.94	352.26
南通市	303.33	25.38	92.90	118.75	266.13	406.81	333.23	345.85	305.51	213.28	339.49	122.78	2873.43
南阳市	71.25	42.00	22.22	149.59	132.19	203.86	167.81	8.42	20.16	0	55.00	97.47	969.97
内江市	16.67	0	8.67	19.69	50.82	44.85	47.17	19.02	38.21	26.20	82.89	145.26	499.48
宁德市	17.20	75.37	0.13	35.23	0	85.02	3.78	41.24	12.32	52.61	57.52	198.92	579.35
攀枝花市	0	0	0	32.24	0	2.20	53.02	4.51	28.49	0.81	0	215.59	336.85
平顶山市	16.54	46.78	38.01	80.05	25.14	52.87	9.33	15.73	56.43	45.11	36.07	99.09	521.14
萍乡市	8.26	5.23	0	22.82	7.16	85.31	7.63	31.68	63.92	18.54	0	128.57	379.13
莆田市	90.68	46.04	31.45	125.44	47.49	22.33	46.08	191.34	42.44	76.02	75.56	107.92	902.79
濮阳市	0	0	4.98	45.09	26.94	317.26	14.90	35.98	27.29	26.84	84.98	59.67	643.93
普洱市	0	0	10.05	10.07	2.56	0	0.11	0	47.38	3.36	7.03	65.29	145.84
齐齐哈尔市	9.48	7.02	0	0	5.16	30.91	2.84	11.19	0.00	11.50	51.69	2.19	131.97
钦州市	166.72	16.49	21.84	33.19	14.61	113.94	319.84	26.75	2.13	86.06	0	451.84	1253.40
秦皇岛市	39.42	7.60	27.15	16.48	53.44	69.00	32.87	31.03	22.49	101.31	94.79	261.80	757.39
清远市	121.62	25.48	23.69	68.08	106.95	119.89	18.67	44.31	19.60	72.93	166.07	125.30	912.59
衢州市	11.88	12.25	13.39	5.08	16.03	114.63	35.62	40.93	61.97	11.07	65.47	155.80	544.11

1-4　续表 4　　　　单位：万平方米

城市	1月	2月	3月	4月	5月	6月	7月	8月	9月	10月	11月	12月	汇总
曲靖市	44.01	85.76	56.07	20.81	59.42	25.69	5.07	6.81	10.47	23.95	30.16	59.47	427.67
泉州市	1.92	2.54	16.85	5.33	4.59	39.30	7.67	189.55	32.03	7.00	12.62	93.51	412.90
日照市	27.39	25.45	102.54	37.18	54.43	45.15	187.90	70.48	0	91.04	80.56	199.66	921.78
三明市	74.69	21.00	2.01	36.85	41.83	22.46	42.24	11.07	49.25	29.61	13.09	86.56	430.66
汕头市	1.39	7.72	80.82	107.40	77.09	83.83	92.07	150.25	239.46	208.36	148.08	170.42	1366.89
汕尾市	0	0	0	0	0	0	0	12.15	19.06	27.79	116.48	40.13	215.61
商洛市	25.87	0	3.31	14.16	0	0	4.25	7.59	4.13	0	14.01	1.72	75.04
商丘市	370.09	22.52	136.49	0	72.09	110.24	47.67	108.55	79.54	161.00	244.23	296.45	1648.86
上饶市	181.76	8.37	102.17	57.43	12.58	80.67	340.21	98.95	208.30	373.13	126.35	360.41	1950.32
韶关市	0	6.54	0	0	75.55	48.68	61.05	49.89	25.71	38.67	14.81	97.13	418.01
绍兴市	38.77	38.88	70.05	106.81	108.81	194.85	82.74	58.57	82.79	85.91	64.81	237.02	1170.02
十堰市	69.00	10.22	0	9.27	87.09	49.34	210.42	282.12	287.06	19.36	282.88	560.60	1867.35
朔州市	32.07	0	0	47.59	0	55.44	5.39	9.26	61.87	20.81	0	0	232.43
松原市	0	0	0	7.12	0	1.40	51.27	2.17	25.41	1.89	0	0.70	89.95
随州市	45.13	0	0	0	36.14	10.94	8.99	7.56	4.43	10.05	49.29	59.45	231.99
台州市	135.41	14.00	28.97	17.32	39.34	191.84	65.68	40.91	106.15	93.58	47.95	163.26	944.43
泰安市	13.13	85.79	90.14	27.43	8.09	56.17	127.03	27.80	90.57	66.36	97.42	55.06	744.99
泰州市	46.04	88.17	0	24.97	13.12	78.67	54.64	41.35	30.26	91.09	96.76	33.90	598.98
唐山市	199.32	271.84	432.55	146.68	310.29	125.98	146.86	136.31	437.03	197.59	168.75	764.58	3337.77
铁岭市	0	0	13.77	0	0	0.56	0.27	0	7.87	9.09	3.78	0	35.34
通化市	0	0	11.52	0	7.50	0	5.40	25.16	0	2.57	0.61	2.51	55.27
威海市	418.82	12.32	155.82	175.82	281.40	108.93	764.28	61.12	126.83	104.66	372.72	348.85	2931.57
潍坊市	59.23	116.76	249.89	131.53	128.08	224.48	243.55	98.61	263.51	224.79	157.27	759.25	2656.95
乌兰察布市	0	17.24	52.81	17.24	0	8.31	7.77	108.05	36.94	2.67	0	167.27	418.30
芜湖市	38.61	85.52	70.57	79.24	62.15	111.48	222.58	23.16	105.14	54.15	7.95	124.63	985.18
咸阳市	75.01	0	4.00	129.42	256.67	78.75	0	4.12	259.89	77.85	59.30	39.01	984.03
湘潭市	19.70	30.98	0	23.24	241.35	95.48	3.28	126.71	19.07	222.08	174.59	199.73	1156.20
襄阳市	116.73	88.37	0	112.56	76.97	5.41	100.20	148.72	89.53	112.30	119.43	416.41	1386.63
新乡市	32.66	45.53	48.73	40.80	33.79	0	78.89	76.71	92.75	65.66	51.90	131.20	698.62
信阳市	42.32	0	0	0	194.11	0	42.95	94.93	33.56	28.53	109.18	3.52	549.12
宿迁市	69.65	33.72	6.25	76.71	87.88	27.62	132.61	38.45	51.46	59.68	26.81	405.02	1015.87
宿州市	0	63.73	141.97	74.69	45.81	47.06	49.30	17.63	35.70	29.02	100.10	46.79	651.81
徐州市	63.08	298.49	132.74	85.52	212.38	202.69	429.76	108.51	17.00	170.38	72.60	211.64	2004.78
宣城市	24.11	78.17	6.12	22.09	15.29	6.18	82.05	33.20	9.56	56.30	27.31	60.01	420.39
烟台市	126.66	151.83	93.68	76.17	132.07	137.65	84.71	109.48	186.84	69.88	180.11	277.13	1626.19
盐城市	12.10	117.54	116.39	44.01	100.83	140.55	84.87	152.16	350.24	154.11	293.44	342.36	1908.62
扬州市	23.58	54.96	100.38	196.58	36.52	8.10	211.02	57.10	100.67	38.98	356.75	208.17	1392.81

1-4 续表 5 单位：万平方米

城市	1月	2月	3月	4月	5月	6月	7月	8月	9月	10月	11月	12月	汇总
阳江市	33.99	8.54	0	14.14	12.87	25.49	15.04	19.72	44.62	1.70	23.98	44.12	244.21
伊春市	0	0	20.90	2.61	0	0	0	7.00	0	0	0	16.99	47.50
宜宾市	95.30	0.53	87.63	117.80	122.55	39.29	12.43	91.02	50.35	174.70	24.64	70.68	886.91
宜昌市	100.60	0	30.40	25.85	24.92	108.11	46.48	63.76	71.66	137.33	1.44	199.03	809.58
宜春市	12.92	86.92	170.87	68.03	8.91	84.20	66.34	74.67	70.35	22.66	66.78	70.20	802.86
鹰潭市	11.48	26.06	66.94	8.57	65.36	49.55	144.71	79.96	48.35	110.89	9.16	128.15	749.17
营口市	7.61	34.65	5.00	7.85	10.25	55.83	79.96	42.18	50.99	87.49	70.52	40.39	492.71
玉溪市	0.74	0.60	8.56	7.73	27.87	4.44	42.66	0	9.63	68.40	127.38	191.03	489.04
岳阳市	35.03	109.47	54.45	0.07	2.31	7.19	6.12	185.77	28.37	55.61	65.44	198.33	748.14
云浮市	0	0	34.99	2.61	44.44	0.80	54.22	37.86	3.50	79.14	79.80	27.62	365.00
湛江市	7.46	0	140.91	98.85	0	49.76	17.07	0	144.97	8.39	87.83	184.29	739.52
张家界市	33.71	3.32	0	26.64	46.39	60.11	16.49	1.45	60.52	0	195.85	148.17	592.65
漳州市	54.12	41.69	173.15	56.44	62.24	216.69	143.31	151.25	38.18	225.37	76.77	160.06	1399.27
肇庆市	122.41	7.27	35.69	232.76	26.59	10.41	79.20	10.25	71.42	80.42	128.60	298.00	1103.03
镇江市	0	86.20	0	111.85	9.66	26.31	34.11	0	12.41	226.15	31.39	176.74	714.83
中山市	179.21	0	15.23	65.48	9.19	233.10	238.54	45.92	39.35	38.03	265.02	60.91	1189.97
舟山市	2.20	0	0	24.94	0	4.74	30.34	59.35	60.26	6.47	20.59	80.90	289.78
珠海市	41.59	88.99	155.45	44.14	81.33	165.49	189.11	78.86	101.70	122.46	189.56	317.74	1576.43
株洲市	65.25	5.29	32.83	67.51	45.09	146.77	76.54	60.33	107.91	305.13	146.74	755.71	1815.10
淄博市	69.07	135.66	169.90	63.42	141.64	174.87	121.22	98.71	114.20	223.65	213.79	604.63	2130.77
自贡市	4.45	8.46	55.12	0.41	16.79	20.21	10.60	0	56.74	42.16	11.93	94.87	321.76
遵义市	62.81	65.51	99.18	308.72	81.29	89.73	323.46	432.82	325.66	5.93	66.77	29.07	1890.95
县及县级市													
保亭黎族苗族自治县	0	0	0	0	0	0	0	0	0	5.15	0	5.33	10.49
滨海县	29.66	4.05	0	11.07	13.05	4.32	0	1.53	94.56	10.26	37.06	34.16	239.72
常熟市	58.28	153.15	99.24	52.35	46.71	38.69	130.57	96.53	112.71	45.11	4.08	79.33	916.77
长沙县	10.38	102.23	0	20.73	36.89	99.39	181.16	167.25	162.02	477.91	35.07	298.45	1591.49
长兴县	154.03	6.30	97.05	73.14	55.95	98.97	57.20	23.87	5.92	29.25	108.67	37.57	747.91
崇州市	0	0	0	0	0	6.61	22.67	1.71	27.23	0	25.04	75.93	159.20
淳安县	0.12	0	0.50	15.44	0	5.10	1.17	10.57	0.51	8.76	1.24	2.28	45.71
慈溪市	63.71	3.27	22.19	107.62	68.64	37.62	16.51	80.83	47.04	48.28	40.15	151.49	687.34
丹阳市	4.09	37.54	29.58	18.13	24.11	65.33	40.49	0	43.76	113.69	51.72	6.65	435.07
当涂县	22.17	7.87	1.94	4.84	10.22	37.90	34.99	5.63	19.92	15.74	58.64	15.26	235.08
德清县	11.84	68.46	94.74	44.21	26.55	83.06	55.95	51.62	58.59	29.84	35.45	101.44	661.75
东港市	0	0	0	12.23	11.00	0	7.66	15.20	0	2.02	0	31.10	79.21
东台市	18.16	34.84	0	66.79	16.53	5.30	32.61	0.08	1.07	0	0	8.06	183.42

1-4　续表 6　　　　单位：万平方米

城市	1月	2月	3月	4月	5月	6月	7月	8月	9月	10月	11月	12月	汇总
都江堰市	0	0	0	0	0	0	9.45	0	0	23.41	24.23	75.30	132.39
恩施土家族苗族自治州	36.70	7.14	5.30	16.09	8.06	59.21	145.63	68.58	24.64	24.38	39.19	85.97	520.88
肥东县	0	0	23.18	45.05	25.25	61.10	36.57	32.94	42.49	61.58	46.81	0	374.97
肥西县	37.14	16.97	7.76	0	76.02	29.55	12.07	15.45	28.16	0	23.70	45.61	292.43
盖州市	0	0	0	14.09	0	10.51	10.30	0	4.42	348.32	65.74	14.00	467.38
高碑店市	0	0	0	0	8.13	97.86	1.11	55.43	64.04	0	67.05	11.11	304.73
固安县	0	0	30.81	22.98	27.82	14.27	5.84	7.90	13.05	71.20	61.78	39.78	295.44
海安市	88.50	111.29	49.17	35.90	106.36	73.08	38.44	16.29	41.01	110.51	57.82	61.97	790.34
海宁市	49.71	17.63	24.19	54.78	56.76	19.56	47.07	73.67	109.93	51.91	252.41	263.07	1020.70
海盐县	0	26.39	12.93	33.83	44.15	45.58	83.47	0.39	6.22	14.14	47.37	165.45	479.91
惠安县	143.54	94.74	57.65	7.29	36.42	13.50	14.15	13.33	107.92	37.37	93.01	51.94	670.85
惠东县	2.54	31.46	0	0.22	0	18.61	25.98	53.09	0.64	41.03	124.39	87.34	385.29
嘉善县	65.32	14.38	30.39	35.89	21.35	36.83	4.64	22.17	38.52	18.30	154.01	237.66	679.44
建德市	3.44	36.14	2.40	0	37.45	2.44	3.42	2.31	32.98	13.84	0.62	18.59	153.65
建湖县	0	18.46	0	12.83	0	20.96	0	34.95	0.30	65.37	16.94	31.85	201.65
江阴市	66.53	0	0	41.53	50.35	82.49	170.36	4.91	60.57	22.78	21.57	0	521.10
胶州市	29.58	51.17	87.87	42.58	15.87	108.64	96.51	17.18	56.40	33.73	82.85	63.16	685.54
晋江市	38.11	29.18	57.15	61.77	12.83	36.61	142.92	54.62	18.40	42.52	75.05	25.83	595.00
靖江市	0	9.99	39.86	35.09	0	0	98.79	0	46.34	21.94	787.95	13.67	1053.62
昆山市	22.01	34.53	17.71	65.94	48.79	49.22	30.46	33.28	7.07	32.51	36.31	124.51	502.33
莱西市	9.61	57.83	0	0	49.18	152.45	32.38	4.00	57.60	19.07	99.98	68.26	550.34
莱州市	2.66	1.55	2.29	6.44	8.82	28.31	0	2.53	2.22	1.94	6.45	13.07	76.28
临海市	9.21	3.80	14.92	0	18.22	62.58	75.88	23.08	25.71	11.41	4.66	170.43	419.90
陵水黎族自治县	0	0	0	0	0	0	0	0	0	0	42.22	0	42.22
浏阳市	16.65	74.52	24.89	262.82	245.27	2.91	50.40	36.40	16.19	104.20	7.21	127.76	969.23
龙口市	40.38	0.06	0	43.14	0	9.39	8.22	0	109.80	67.77	0	12.27	291.04
龙门县	11.15	33.05	13.46	6.14	0	6.96	9.75	17.03	12.01	9.39	6.40	2.31	127.67
闽侯县	55.63	15.20	20.24	12.10	34.44	70.78	5.39	0	61.78	55.55	25.65	36.57	393.34
南安市	51.86	69.26	58.43	47.95	2.40	57.01	27.84	106.75	7.94	38.65	62.29	0	530.38
宁海县	52.24	9.64	12.93	19.19	44.12	10.24	9.42	25.36	15.76	4.20	7.62	9.97	220.70
沛县	17.47	0	0	69.37	34.17	81.29	50.98	49.19	9.90	83.15	83.23	27.63	506.40
彭州市	0	23.12	0	23.04	8.00	8.70	0	0	0	22.99	16.80	40.70	143.34
邳州市	0	0	0	8.87	80.12	7.69	0	242.06	136.83	129.21	0.39	93.16	698.32
平度市	34.01	73.80	19.93	55.19	7.16	8.70	10.72	8.09	75.81	42.37	0	116.49	452.29
平湖市	14.48	1.50	0	16.53	10.25	49.33	57.22	17.71	81.70	43.38	55.05	122.66	469.83
蒲江县	0	0	24.87	14.79	0.00	0	27.01	10.25	0	23.98	0	20.49	121.40

1-4 续表 7　　　　单位：万平方米

城市	1月	2月	3月	4月	5月	6月	7月	8月	9月	10月	11月	12月	汇总
普宁市	0	0	0	0	0	62.78	0	0	18.84	10.65	0	5.26	97.53
启东市	10.57	24.34	31.42	22.09	187.13	17.77	59.59	42.68	38.13	88.91	56.09	39.96	618.67
潜江市	28.49	1.90	0	2.58	0	0	64.06	0	77.22	31.18	14.76	60.05	280.24
荣成市	0	13.21	0	42.08	3.61	0	38.02	4.69	43.18	92.53	206.52	108.24	552.08
如东县	35.27	32.18	5.55	33.38	54.05	123.38	20.29	38.22	73.87	22.20	202.34	143.36	784.08
瑞安市	14.52	38.97	0.60	44.57	36.81	62.05	75.63	18.12	31.78	72.66	12.57	81.81	490.10
嵊州市	14.32	69.21	11.53	17.37	0	42.88	50.57	8.04	55.59	1.31	50.21	333.05	654.09
太仓市	30.91	52.51	87.76	48.65	95.00	145.74	39.91	54.42	53.48	45.55	24.40	85.48	763.80
泰兴市	34.89	8.12	11.14	31.07	25.89	71.25	8.64	80.78	84.84	64.51	126.24	105.21	652.57
天门市	19.68	0	0	22.14	23.11	7.78	27.27	11.85	13.46	14.18	6.92	82.63	229.02
桐庐县	21.30	10.24	4.85	32.83	112.55	12.04	29.15	12.55	91.92	11.09	16.99	3.43	358.95
桐乡市	33.48	170.56	40.51	61.29	49.78	90.19	63.79	77.87	83.58	56.01	112.25	115.59	954.90
瓦房店市	0	10.22	2.00	0.90	7.20	0	0	1.48	10.32	0	1.03	8.50	41.66
文安县	34.05	0	39.19	52.67	29.23	0	30.32	10.35	0	0	4.66	0	200.46
文昌市	5.29	0	0	18.91	8.89	3.68	6.86	22.11	20.82	12.38	53.95	56.38	209.29
仙桃市	3.81	172.85	0.67	59.64	59.46	95.02	21.87	2.33	88.22	109.11	112.24	138.27	863.48
香河县	0	0	17.37	0	0	29.35	0	0	0	0	21.19	10.24	78.15
象山县	66.45	0.30	1.92	29.23	47.50	67.32	10.49	10.29	46.11	105.27	13.59	48.52	446.98
新沂市	33.73	0	3.86	24.25	10.75	70.83	9.53	0	0	65.08	42.82	74.91	335.75
兴化市	57.51	37.73	102.51	3.97	7.76	58.03	13.49	12.68	8.21	12.73	7.68	6.81	329.12
宜兴市	4.53	6.36	14.93	88.91	71.53	46.38	37.06	3.10	4.29	68.39	49.15	52.75	447.39
义乌市	39.30	219.34	123.45	91.89	79.46	146.63	140.72	73.24	60.63	53.25	91.24	103.41	1222.54
永登县	75.22	0.77	49.48	7.42	38.20	36.44	344.92	87.13	43.51	50.58	42.40	52.14	828.20
余姚市	31.35	12.68	0	57.30	183.09	49.70	90.28	16.61	123.78	40.77	42.92	45.53	694.04
张家港市	18.21	44.20	41.42	149.50	118.66	259.20	97.14	224.61	209.38	188.09	97.25	119.06	1566.70
诸暨市	57.01	4.55	4.37	8.77	69.76	98.34	13.53	6.38	78.48	20.90	15.46	92.45	470.00
庄河市	0	0	0	28.08	13.89	4.68	9.06	14.47	5.38	3.40	21.76	0	100.73

数据来源：中指数据库监测。

1-5　2020年全国300城土地推出楼面均价统计

单位：元 / 平方米

城市	1月	2月	3月	4月	5月	6月	7月	8月	9月	10月	11月	12月	汇总
一线城市													
北京市	30773	22021	26694	23778	32515	22270	17151	18932	5660	3122	11579	8152	18059
上海市	8737	15997	5915	10937	6405	5441	8767	9433	4187	7340	8489	15068	8675
广州市	9539	1571	2682	8986	9126	7374	5862	5402	7367	9616	4994	5868	6201
深圳市	998	9003	5470	7549	31090	8029	1524	690	1362	3538	13997	4393	7895
二线城市													
长春市	1245	2218	1056	2099	3139	2303	1816	734	2213	2560	1324	1923	1966
长沙市	4395	2487	2713	2427	2200	3110	2430	3638	3421	2565	2624	2635	2819
成都市	1189	755	3656	4184	4611	2580	2901	2859	1936	3133	4775	4216	2744
重庆市	3873	1853	3720	3134	6630	4126	3398	2694	4696	3335	3732	2520	3588
大连市	258	6395	1186	1345	4795	2821	1674	3360	5863	5454	6483	3024	4035
福州市	2375	10202	--	7365	4377	8160	255	11667	5530	7033	--	8650	6849
贵阳市	210	1564	516	3539	1021	2283	998	3006	404	672	2713	378	1565
哈尔滨市	2818	1385	1531	2348	995	2435	1820	3132	902	1995	2235	2924	2161
海口市	5714	--	678	1491	10000	2474	1270	4500	4452	1514	4254	2971	2976
杭州市	9319	6568	7195	10165	5850	8117	3970	2697	4804	5123	2907	5213	6173
合肥市	--	7449	1195	6658	2569	1902	2240	2650	2768	13335	5171	1031	3076
呼和浩特市	--	--	--	--	2511	4249	4079	288	--	2213	3450	2887	3379
济南市	4225	814	974	2021	1777	1899	502	2463	3090	2751	3617	2862	2446
昆明市	691	985	1732	2717	1112	1145	3820	1214	2362	3939	1066	3204	2457
兰州市	813	--	1073	1403	4331	1264	1066	923	1040	605	1356	470	1246
南昌市	1863	95	5161	2084	1679	1864	214	3434	3525	1824	1859	1823	1995
南京市	3733	2376	5310	8648	2730	8784	5535	538	5563	4079	4768	4852	4976
南宁市	2108	415	577	922	1465	2068	1238	1793	1471	2377	3206	2960	1597
宁波市	732	3576	715	3098	5976	7196	7912	5872	7125	4810	5523	6511	5894
青岛市	3539	1797	3724	1518	2664	2695	2519	1436	3195	1772	3700	1835	2282
三亚市	--	6094	5453	2570	4827	2766	3184	9691	5139	6694	6380	3521	5223
沈阳市	830	2675	3553	4126	2105	1703	4567	800	5004	451	--	2068	3227
石家庄市	1267	3792	1498	437	2545	1437	796	3084	3335	2193	2387	2840	2021
苏州市	466	143	5152	4024	3262	7134	6667	10082	375	4069	7473	3472	4667
太原市	1717	1065	2166	2276	2733	1450	1909	1541	1547	1276	1811	1551	1620
天津市	7086	363	3791	4602	4935	1602	5912	2088	4011	2494	3471	4131	3495
温州市	1645	6917	9928	7127	6329	3806	415	509	11219	2869	3404	2725	4196
乌鲁木齐市	4314	667	--	1058	1863	1071	1964	--	--	1439	936	1308	1251
无锡市	300	301	8667	7886	5892	6509	7412	2973	200	9122	4802	5876	5937

1-5 续表1

单位：元/平方米

城市	1月	2月	3月	4月	5月	6月	7月	8月	9月	10月	11月	12月	汇总
武汉市	4493	6829	--	2309	3837	4714	3114	3342	2100	2828	4916	5508	4261
西安市	3808	1070	2504	1676	2639	3699	3064	2304	3115	2739	5322	1408	2421
西宁市	1851	--	328	1247	--	3088	454	2148	435	4066	3309	4205	3255
厦门市	--	674	--	5775	141	6645	22012	8831	4102	539	7370	8275	5118
银川市	277	--	238	1068	1829	372	1676	1891	2628	1191	69	--	1465
郑州市	3664	7215	3181	1472	3266	3121	2239	3207	1538	1361	3118	1537	2271
三四线城市													
安康市	311	483	470	838	2290	517	--	1156	697	714	550	586	667
安庆市	2522	1443	2718	501	321	394	1526	370	370	349	1066	6790	2329
安顺市	532	596	1541	788	723	1323	496	832	663	818	589	863	846
安阳市	2888	3000	--	2976	1014	1407	755	2721	--	900	421	714	1532
鞍山市	--	--	887	6328	--	14577	17391	--	547	1358	2160	1268	1566
百色市	809	261	161	441	2252	401	148	65	943	634	744	837	497
包头市	2330	412	2377	1320	1970	1373	443	486	577	961	2732	755	1429
宝鸡市	799	205	--	252	789	826	1097	390	1272	588	--	893	792
保定市	--	585	1289	--	1121	1262	--	--	825	836	637	1932	1222
北海市	--	125	1513	1734	--	493	--	--	--	2166	495	597	841
本溪市	--	--	875	1372	1688	--	574	946	1586	3648	569	990	1467
蚌埠市	--	--	--	--	419	2169	2838	--	2417	--	--	285	1347
滨州市	1384	407	1179	782	718	872	966	263	537	1033	958	1964	1261
沧州市	--	--	2499	588	403	3408	--	2181	336	--	3687	2737	3076
常德市	798	869	245	1488	1014	1834	1736	781	2009	1771	799	1237	1287
常州市	933	2238	1401	2566	4281	2564	2382	2851	2599	2168	2237	2263	2371
朝阳市	368	1282	514	604	919	383	489	522	477	--	399	472	457
潮州市	--	--	--	--	217	287	149	1199	--	770	1919	330	570
郴州市	781	1360	907	839	244	1029	170	1445	1091	1476	571	1089	1022
承德市	498	--	640	--	2241	--	--	913	1027	553	529	2772	1576
池州市	148	1480	5439	86	1254	163	243	1673	144	289	144	189	488
崇左市	--	926	223	223	482	264	384	555	448	181	590	352	351
滁州市	1314	900	2321	140	1040	173	1407	820	140	2792	2522	720	1163
大庆市	4131	709	219	211	--	212	329	194	237	404	618	392	843
丹东市	1336	3141	--	33	2401	3300	2800	1610	2619	--	900	1199	1795
德阳市	342	746	1196	237	1885	958	1827	1497	--	1055	2457	190	1092
德州市	--	291	1201	254	1320	318	1292	399	--	2045	699	2092	1038
东莞市	491	2219	5790	4366	2032	5350	3554	3665	4539	1482	474	324	2808
东营市	1125	318	237	681	948	293	392	358	576	990	553	789	631

1-5　续表 2　　单位：元 / 平方米

城市	1 月	2 月	3 月	4 月	5 月	6 月	7 月	8 月	9 月	10 月	11 月	12 月	汇总
鄂尔多斯市	--	333	302	188	416	550	--	348	--	--	705	226	320
鄂州市	2197	302	--	1601	2253	325	2704	245	487	1882	2063	1199	1721
佛山市	1942	1873	7091	4068	3297	6144	3021	3334	1517	3502	2942	2161	3330
抚顺市	564	--	--	821	564	--	885	564	762	994	80	521	690
阜新市	--	--	--	--	358	1294	--	539	--	428	419	654	577
阜阳市	--	2114	153	1860	1643	1772	1697	1571	--	530	1032	2188	1552
赣州市	1440	313	944	218	492	2129	548	1155	972	138	60	1704	957
广元市	1120	--	786	559	965	1964	523	1918	740	261	623	1083	1163
贵港市	1330	1126	558	1048	363	892	178	1169	327	796	330	239	607
桂林市	782	--	780	729	791	2148	1273	1876	311	1946	443	1639	1214
邯郸市	1300	498	2748	595	1197	1452	1084	2355	1776	810	1753	1653	1374
河源市	142	1203	--	3500	1952	1063	1216	495	76	1744	114	1450	1323
菏泽市	1122	188	975	1442	944	596	279	1731	1471	536	744	1283	1256
鹤壁市	--	--	--	--	1148	--	--	1286	--	--	--	1373	1265
鹤岗市	--	--	--	376	--	--	--	418	--	276	291	--	313
衡水市	477	816	615	1034	882	482	1373	982	1381	1210	902	1147	992
葫芦岛市	1833	--	635	--	409	274	123	--	--	--	--	219	495
湖州市	2081	578	222	497	1282	1645	588	2489	1922	3068	271	459	1106
怀化市	--	--	--	--	--	921	--	968	780	946	--	1003	949
淮安市	813	66	225	515	402	577	--	1680	161	2552	3039	1912	1352
淮北市	863	312	854	--	--	1310	258	844	468	--	878	764	745
淮南市	--	289	313	488	1789	425	1462	274	964	212	980	--	979
黄石市	2426	208	1524	339	1102	1142	494	1161	211	1067	1334	1175	1083
惠州市	2108	2505	1477	1412	3499	1528	1495	1500	1249	2516	994	1145	1565
鸡西市	813	252	--	583	--	582	--	--	--	--	255	813	688
吉林市	2478	811	1610	577	615	--	1364	681	1996	1989	625	2245	1480
济宁市	1305	1150	1514	1273	1597	753	2099	2296	2680	2553	2310	2268	1839
嘉兴市	385	282	--	260	1787	1745	2012	2901	3057	3261	3036	2979	2108
江门市	274	1499	241	5476	2380	1483	1158	225	2301	1113	2023	2520	1700
焦作市	--	--	1768	2004	1862	--	1933	782	547	330	1708	2468	1474
揭阳市	5659	1324	378	437	--	288	--	1527	--	--	--	1469	1349
金华市	146	618	1840	2937	7732	3263	1754	1803	300	3068	2073	1837	2370
锦州市	4507	--	834	662	609	791	--	816	1108	--	1216	916	828
荆门市	545	206	--	396	789	656	778	485	1070	345	496	507	583
荆州市	624	1320	--	1630	953	733	856	537	2172	993	984	224	1074
景德镇市	--	--	2698	2851	1176	--	378	1195	3351	3331	3078	3120	1719
九江市	574	826	1430	1278	850	1845	341	780	1749	1202	1134	1543	1198

1-5 续表 3 单位：元 / 平方米

城市	1 月	2 月	3 月	4 月	5 月	6 月	7 月	8 月	9 月	10 月	11 月	12 月	汇总
开封市	--	4688	1896	1539	390	2283	913	1891	550	--	1925	2063	1636
拉萨市	--	746	11848	1125	1415	--	4409	--	--	--	386	6263	1663
廊坊市	--	3517	4349	4118	3321	2645	3900	--	2320	1635	3009	1861	2842
乐山市	1224	--	138	1416	1529	559	1479	126	83	209	2080	720	845
丽江市	1017	--	--	--	--	--	254	1055	--	--	--	--	1002
丽水市	2501	9015	5787	207	1654	1515	5512	230	5040	2259	4299	4295	3127
连云港市	3158	289	448	335	1217	1126	859	1565	243	--	3300	1026	918
聊城市	376	558	532	297	594	1834	1438	816	518	2429	1813	1745	1396
临沂市	1480	748	1096	1166	1951	1825	782	1986	1883	3448	2837	1767	2077
柳州市	191	544	628	985	482	993	150	418	1410	1989	672	1440	967
六盘水市	--	--	765	749	878	1272	943	778	1578	728	671	1199	946
龙岩市	95	113	115	149	88	3562	107	--	4032	472	123	1181	752
泸州市	1152	344	539	1180	688	828	1006	204	2208	1010	1147	1110	935
六安市	96	203	--	440	562	906	1350	1145	813	615	801	1142	839
洛阳市	656	1141	1531	1303	1075	975	1837	2300	2856	2483	1115	1902	1717
漯河市	1279	1224	1448	1674	1284	1151	350	1537	1101	1393	879	1196	1292
马鞍山市	308	300	239	254	1371	1262	1065	577	2008	827	700	1705	1088
茂名市	96	134	102	161	490	727	--	1454	91	1862	2663	833	818
眉山市	524	401	169	1457	1351	1572	160	516	835	1396	776	1017	982
梅州市	--	1604	1482	204	232	--	722	--	463	2071	1546	1413	1190
绵阳市	667	2746	1935	1478	1284	1390	900	225	279	1128	640	1578	1025
牡丹江市	307	--	--	400	407	--	--	680	333	--	333	465	509
南充市	110	1206	--	1144	1535	739	1533	1426	1878	1715	144	1644	1287
南平市	1301	--	--	2619	536	865	318	62	111	1509	812	3316	1029
南通市	2910	1008	1085	4606	3075	2247	1080	760	1452	3912	3815	4078	2431
南阳市	1634	845	405	1305	1201	793	760	1513	432	--	1173	2189	1139
内江市	2112	--	210	1978	981	1121	1333	857	1313	1452	1309	1014	1201
宁德市	731	173	853	224	--	68	3121	3019	6915	219	3882	157	909
攀枝花市	--	--	--	698	--	547	1028	184	1378	151	--	1211	1127
平顶山市	997	2475	1028	963	1188	1024	1150	1809	1133	668	1169	1431	1125
萍乡市	921	1836	--	316	668	913	1537	466	662	576	--	1119	872
莆田市	91	421	167	223	131	114	89	633	120	--	4159	1659	1044
濮阳市	--	--	3054	1317	1107	238	1012	1076	1958	855	2080	1010	831
普洱市	--	--	590	953	546	--	850	--	2511	1769	2702	2516	2230
齐齐哈尔市	226	49	--	--	905	1059	140	143	--	149	162	625	404
钦州市	95	221	368	324	121	726	232	987	202	802	--	451	396
秦皇岛市	521	4204	865	1472	1721	3568	994	1668	2030	1008	822	1740	1615

1-5　续表 4　　　　单位：元 / 平方米

城市	1月	2月	3月	4月	5月	6月	7月	8月	9月	10月	11月	12月	汇总
清远市	420	212	104	562	448	571	234	815	1508	2102	1486	615	833
衢州市	2860	2454	752	420	9571	2438	11839	2030	3133	871	937	2547	3080
曲靖市	405	448	359	918	375	353	545	212	1500	745	261	1466	627
泉州市	176	125	1413	809	560	165	6129	263	1808	2030	132	4169	1449
日照市	941	2390	2140	542	2346	896	1686	2119	--	1097	451	1279	1467
三明市	1184	80	87	3194	1253	78	1327	611	1105	1240	1375	275	1063
汕头市	317	301	271	1688	2625	1674	2929	354	2112	1654	2794	1393	1734
汕尾市	--	--	--	--	--	--	--	197	1755	2950	2300	198	1826
商洛市	483	--	540	268	--	--	1161	455	667	--	519	566	499
商丘市	524	1552	1018	--	852	1741	1788	1192	1101	1383	1086	1422	1112
上饶市	1913	3295	1069	2428	1066	768	896	818	1245	1266	973	1957	1356
韶关市	--	94	--	--	1491	122	1358	126	98	378	160	1080	796
绍兴市	3866	912	3380	3842	4390	5901	5447	7293	5382	3401	1601	5899	4767
十堰市	404	336	--	1446	779	299	1160	1066	946	171	778	1049	942
朔州市	465	--	--	184	--	504	208	296	217	878	--	--	375
松原市	--	--	--	856	--	530	1155	291	1220	664	--	636	1105
随州市	428	--	--	--	857	232	236	174	258	1004	395	845	591
台州市	2457	197	3345	2602	3694	3171	1609	1527	1056	2970	2824	1273	2258
泰安市	2085	343	730	1711	541	3090	878	1442	1267	3678	1868	5240	1783
泰州市	2840	453	--	215	439	1841	3601	1533	3975	4490	5147	2192	2819
唐山市	281	--	151	817	2615	1347	433	2023	2346	685	740	1356	1490
铁岭市	--	--	328	--	--	272	365	--	274	319	232	--	303
通化市	--	--	749	--	391	--	1407	623	--	535	580	2239	763
威海市	1402	563	773	1901	1874	1055	706	1497	1428	1284	1166	974	1165
潍坊市	420	1048	606	379	627	1531	1083	1172	665	552	752	1272	953
乌兰察布市	--	924	117	924	--	909	744	940	1020	169	--	990	853
芜湖市	413	223	822	644	797	1233	1607	129	826	743	515	497	894
咸阳市	--	--	90	1757	1773	--	--	--	--	340	1499	1650	1506
湘潭市	1754	1727	--	808	1810	1784	148	1643	834	1403	579	1627	1450
襄阳市	2024	463	--	1444	1359	1230	241	1102	1244	1737	2090	410	1212
新乡市	2076	146	--	1449	478	--	1149	1290	599	360	1683	762	959
信阳市	1067	--	--	--	737	--	881	847	1093	1571	1212	344	950
宿迁市	1621	138	116	144	2478	1899	2272	2208	136	3154	1680	1556	1630
宿州市	--	684	1468	507	979	305	1130	499	788	433	1199	711	919
徐州市	2273	1873	1021	1583	891	1947	1604	1476	1805	1136	1680	1781	1561
宣城市	170	682	191	289	368	197	2126	--	1583	574	206	2070	1035
烟台市	2966	2144	1368	1517	2288	851	1522	2873	1363	2657	1295	2889	2018

1-5 续表 5 单位：元 / 平方米

城市	1月	2月	3月	4月	5月	6月	7月	8月	9月	10月	11月	12月	汇总
盐城市	1000	705	776	1497	2220	982	1650	1743	1302	3615	1945	1029	1548
扬州市	118	2007	155	2551	2080	457	2593	145	4021	700	3536	2578	2510
阳江市	288	585	--	542	466	197	338	342	801	359	814	341	476
伊春市	--	--	201	516	--	--	--	155	--	--	--	148	193
宜宾市	1440	180	205	2950	1997	1794	270	1056	2485	5211	708	960	2294
宜昌市	1613	--	882	154	3308	2050	780	939	1282	1038	303	1726	1447
宜春市	207	804	1210	504	5102	715	558	802	1105	1478	663	1261	947
鹰潭市	116	59	320	115	238	201	515	784	81	346	113	2819	791
营口市	1271	641	1680	438	560	915	953	692	526	410	236	934	656
玉溪市	840	1000	597	1782	1393	2298	1163	--	1186	1573	746	813	998
岳阳市	457	646	2398	36719	647	1682	3139	881	580	1197	1198	1518	1175
云浮市	--	--	196	238	329	345	1107	878	311	954	1130	225	791
湛江市	460	--	530	1695	--	810	1323	--	1055	1056	1174	830	982
张家界市	1562	3576	--	4182	1577	893	1658	530	355	--	1430	1512	1445
漳州市	65	2487	2187	3636	1684	1712	774	995	1787	553	1802	469	1311
肇庆市	1656	479	1687	898	146	2000	2197	920	645	366	740	1424	1159
镇江市	--	985	--	1832	541	214	187	--	846	1101	217	2361	1386
中山市	2112	--	293	351	5000	2721	524	7579	257	10935	2764	4567	2518
舟山市	6696	--	--	2412	--	1912	4475	2871	1115	303	3828	1278	2226
珠海市	758	3458	558	226	2234	2476	2329	1039	127	3427	6736	1236	2316
株洲市	1562	174	568	2257	808	1468	702	285	660	2532	1318	1473	1513
淄博市	1233	829	1090	697	273	1397	638	994	1221	1084	1384	1673	1209
自贡市	908	1248	1157	5043	1127	222	234	--	1701	1567	1363	1071	1202
遵义市	1387	1380	1451	770	880	1339	762	724	1028	871	381	1336	902
县及县级市													
保亭黎族苗族自治县	--	--	--	--	--	--	--	--	--	611	--	1482	1054
滨海县	759	162	--	346	920	1217	--	296	1410	798	609	1776	1124
常熟市	285	836	1937	2435	2854	3594	5405	1448	3605	7912	215	3995	2905
长沙县	2595	1400	--	1428	1197	1232	908	1959	1125	1063	1596	1475	1285
长兴县	2103	1482	996	972	696	927	1884	500	2420	3188	1772	3221	1568
崇州市	--	--	--	--	--	1750	1477	1078	3250	--	110	740	1221
淳安县	1594	--	250	3724	--	199	322	2321	1534	1054	189	4014	2258
慈溪市	967	1646	1564	1321	1603	1572	1226	1218	3253	5104	389	641	1519
丹阳市	408	205	930	643	2263	1125	257	--	1366	210	2041	381	871
当涂县	1141	351	196	1270	285	954	1326	196	179	1764	834	1295	926

1-5　续表6　　　　单位：元/平方米

城市	1月	2月	3月	4月	5月	6月	7月	8月	9月	10月	11月	12月	汇总
德清县	1147	1750	894	2652	839	489	2669	693	356	1362	698	1366	1221
东港市	--	--	--	907	308	--	185	483	--	227	--	459	480
东台市	188	262	--	1648	173	175	234	760	238	--	--	183	740
都江堰市	--	--	--	--	--	--	4138	--	--	108	3798	3348	2914
恩施土家族苗族自治州	1041	888	150	678	300	792	833	1304	486	662	964	1215	934
肥东县	--	--	--	4800	--	3544	4304	4162	--	4725	873	--	3973
肥西县	153	196	2064	--	4376	581	461	6033	209	--	375	1908	1988
盖州市	--	--	--	499	--	552	660	--	516	20	371	429	127
高碑店市	--	--	--	--	848	841	635	1104	1208	--	1215	954	1052
固安县	--	--	3143	994	1518	1511	3375	405	1462	2560	2707	1676	2172
海安市	1136	1922	779	658	2234	1322	225	251	2636	2367	2730	400	1614
海宁市	440	279	2238	2329	482	3342	1447	262	1905	2047	931	1254	1243
海盐县	--	228	319	1715	4756	1236	825	1190	2970	1598	223	1536	1478
惠安县	1218	330	97	737	385	995	773	265	479	361	144	2416	690
惠东县	593	1942	--	413	--	1156	941	1340	405	889	808	924	1030
嘉善县	1310	3440	3688	4645	238	410	6500	2028	3338	318	1632	790	1594
建德市	3420	297	364	--	3631	165	354	2598	413	1421	254	754	1396
建湖县	--	654	--	157	--	727	--	1354	708	2387	1755	984	1458
江阴市	1655	--	--	2238	6362	552	4367	8919	5543	3075	521	--	3404
胶州市	2214	128	569	1953	2859	830	888	184	1462	2114	568	1625	1069
晋江市	646	346	191	1507	1818	495	131	464	1233	1865	1344	1299	774
靖江市	--	215	1497	175	--	--	1116	--	232	1879	977	2536	982
昆山市	4923	160	398	4832	7424	3981	219	4131	607	377	272	7071	4078
莱西市	673	742	--	--	533	588	824	249	264	1737	603	709	636
莱州市	415	325	1923	1236	1098	1531	--	441	1014	1298	970	1778	1342
临海市	4578	1401	981	--	8122	495	2321	535	1984	1363	1419	1363	1751
陵水黎族自治县	--	--	--	--	--	--	--	--	--	--	--	--	--
浏阳市	998	181	1545	1088	351	187	268	716	236	861	813	1303	770
龙口市	992	414	--	632	--	1500	385	--	437	428	--	232	565
龙门县	263	87	696	1448	--	1028	270	399	1051	997	1018	3082	597
闽侯县	4188	382	1410	1322	210	3624	225	--	1787	5078	2242	4756	3146
南安市	138	717	200	4112	817	572	98	866	212	386	874	--	880
宁海县	142	202	161	499	4187	773	5660	2319	481	445	3471	232	1727
沛县	625	--	--	593	377	1278	1205	433	309	1040	1896	116	992
彭州市	--	56	--	2594	320	4329	--	--	--	3000	2981	2884	2356
邳州市	--	--	--	2057	1633	300	--	1252	1468	1142	2000	816	1260

1-5 续表 7 单位：元 / 平方米

城市	1月	2月	3月	4月	5月	6月	7月	8月	9月	10月	11月	12月	汇总
平度市	1533	576	630	748	267	355	932	218	111	1211	--	457	615
平湖市	1049	367	--	1414	547	3786	4512	299	1231	4488	3489	1744	2546
蒲江县	--	--	1445	2226	--	--	40	1980	--	2391	--	1614	1488
普宁市	--	--	--	--	--	1973	--	--	1213	98	--	2147	1631
启东市	220	2920	390	7142	257	5662	188	2213	1365	2239	3975	2246	1716
潜江市	669	110	--	217	--	--	347	--	640	79	448	249	412
荣成市	--	1258	--	1917	305	--	297	300	1753	1998	1999	1518	1719
如东县	3135	441	185	3161	473	2609	3542	3753	1546	1331	1765	1650	1953
瑞安市	7451	4872	2420	2575	5742	5007	814	4345	5000	185	6221	1446	2949
嵊州市	165	1405	349	533	--	205	617	2770	1275	315	2447	2327	1750
太仓市	209	2489	2107	657	2671	1384	152	4102	2195	3016	1364	2420	2008
泰兴市	433	242	242	253	376	3338	1001	3078	1493	3534	890	1260	1735
天门市	611	--	--	222	117	119	318	121	127	138	123	439	312
桐庐县	828	1155	371	1837	1967	729	1791	1457	2113	1948	261	1003	1716
桐乡市	3334	928	363	1277	1118	1151	882	2339	1178	1323	899	570	1152
瓦房店市	--	603	741	640	637	--	--	2711	--	--	634	385	656
文安县	1504	--	371	468	446	--	1174	1193	--	--	529	--	767
文昌市	661	--	--	689	2295	984	1510	583	1516	1967	1191	1311	1232
仙桃市	207	318	207	162	736	1118	160	207	1100	434	360	1015	631
香河县	--	--	1912	--	--	2331	--	--	--	--	2738	2647	2389
象山县	1554	8750	3800	961	2277	1544	2771	2769	461	239	546	1922	1249
新沂市	1560	--	210	603	720	1123	366	--	--	1075	1938	1423	1246
兴化市	1824	694	143	180	202	401	268	362	139	139	139	198	562
宜兴市	792	526	3585	2013	1739	1781	601	249	506	2864	3054	2065	2071
义乌市	681	3190	5108	707	7478	4451	588	7037	5053	2053	1783	2809	3383
永登县	565	225	446	177	355	503	296	894	557	771	474	806	487
余姚市	817	1292	--	1759	329	2157	2201	1888	2406	2881	1495	519	1503
张家港市	290	1054	3672	1535	2289	1169	819	246	739	1521	1119	502	1118
诸暨市	1176	625	361	575	2920	1268	5256	714	4181	815	4403	3353	2561
庄河市	--	--	--	702	271	290	757	261	831	--	--	--	570

数据来源：中指数据库监测。

1-6　2020 年全国 300 城土地推出土地均价统计

单位：元 / 平方米

城市	1 月	2 月	3 月	4 月	5 月	6 月	7 月	8 月	9 月	10 月	11 月	12 月	汇总
一线城市													
北京市	66822	46811	43728	45143	55578	48862	42328	38909	5664	5040	24680	15200	36047
上海市	22180	41328	10062	22378	11540	9141	17869	18813	6874	14627	21405	28192	16766
广州市	34203	5613	9166	27586	29160	20813	21349	16263	21829	31754	15703	20330	20246
深圳市	2317	44647	21065	38962	215162	21359	6669	1425	4668	13945	55541	16990	27315
二线城市													
长春市	1530	3550	1213	2451	5392	2941	2882	740	3241	4659	1724	2695	2710
长沙市	18064	7640	6721	5398	4109	7359	6439	8408	9281	5911	6313	6412	6950
成都市	3362	2199	8048	9709	11202	6416	7245	7793	4944	7190	12308	10430	7124
重庆市	5997	2618	5827	5005	10452	5937	5127	4688	7032	5634	5696	4469	5770
大连市	248	12603	1374	1713	8280	2469	1256	6269	10234	12975	8523	5647	5443
福州市	9147	20170	--	15361	7247	18066	460	24617	12932	12647	--	15329	13959
贵阳市	525	3492	1324	11938	2534	5943	2812	8198	993	1432	7517	471	3610
哈尔滨市	5603	2325	1793	3155	1878	4163	3145	5074	1115	3293	3902	4450	3358
海口市	2857	--	678	1405	15000	6706	1860	6855	13513	3024	8689	7397	5560
杭州市	23962	12646	17827	21826	14267	19867	10616	6223	12093	12484	7507	13515	14963
合肥市	--	11706	2558	14476	5529	3421	5082	7657	5269	22228	9498	1782	6342
呼和浩特市	--	--	--	--	4939	8858	8311	288	--	3948	7656	7505	7073
济南市	9394	1436	1552	3657	3017	3872	465	4022	6823	5254	7566	4638	4375
昆明市	1516	2206	3490	5865	2290	3133	9881	2446	8365	8953	2815	9767	6477
兰州市	3335	--	2619	2809	10900	2834	2359	1366	3691	1464	3098	1363	2761
南昌市	4485	179	10696	4583	3632	4483	326	7513	8368	3088	4555	3881	4306
南京市	8141	5748	13124	23921	5451	20605	11611	1133	11556	9038	8274	11941	10974
南宁市	5957	954	1539	2572	3770	4954	3439	4245	3991	7170	8532	8529	4261
宁波市	993	7186	883	6697	10747	14922	15546	11912	11902	10539	9665	13321	11525
青岛市	6564	3564	7094	2581	4825	4873	4253	3219	7866	3356	8012	3280	4251
三亚市	--	1828	20916	2892	12543	3393	4781	18105	8567	19180	11912	9131	9666
沈阳市	618	4904	6611	6965	3252	2315	8119	3200	9548	451	--	2887	5034
石家庄市	3275	9434	3522	841	6413	4234	3170	8156	8929	6956	6440	6751	5290
苏州市	1289	308	10850	8075	7750	11868	14940	17751	809	9370	15993	7297	9880
太原市	6157	2558	6329	6387	9991	3258	5411	4475	4269	3428	5373	4512	4380
天津市	12630	447	8180	7159	8503	2347	7715	3658	6525	3677	5317	7507	5665
温州市	4629	19829	28488	20938	17346	11193	743	1113	25333	6492	8065	7316	10691
乌鲁木齐市	16825	980	--	1523	3395	1853	2874	--	--	1887	2364	2322	1984
无锡市	600	587	15478	14533	11821	12559	13854	5957	600	18317	9325	12120	11629

1-6 续表 1 单位：元 / 平方米

城市	1月	2月	3月	4月	5月	6月	7月	8月	9月	10月	11月	12月	汇总
武汉市	11223	18454	--	5453	7594	9557	6303	5488	3072	15313	10609	12993	9416
西安市	11098	3106	4504	4089	9444	10039	8511	6858	9915	8233	7643	3285	6468
西宁市	10792	--	248	3118	--	7791	328	4034	797	8910	6966	9546	6883
厦门市	--	1839	--	17917	424	19196	69729	25892	9961	725	18205	19751	12470
银川市	322	--	261	2216	3919	385	2414	3266	5010	1860	138	--	2595
郑州市	11794	18183	7339	2819	10710	9199	5020	12262	3011	2603	8510	4476	6126
三四线城市													
安康市	932	581	759	1770	2770	432	--	2141	1764	1382	1317	1056	1365
安庆市	2658	2412	5536	346	321	394	2836	458	370	344	1248	9443	3112
安顺市	894	809	1233	1114	1306	2087	741	1476	1294	1019	1030	1272	1325
安阳市	6838	7500	--	6855	1850	3078	2218	6383	--	2249	505	1010	3343
鞍山市	--	--	1173	4194	--	7289	6000	--	455	1815	4056	1801	2058
百色市	2283	749	282	949	4504	559	316	405	2267	1309	1478	2344	1134
包头市	5112	323	3654	1827	2571	2565	305	417	404	1090	5818	830	1766
宝鸡市	1491	245	--	487	1233	845	2972	647	2202	980	--	974	1148
保定市	--	585	1826	--	1835	1594	--	--	825	1225	600	4620	1845
北海市	--	225	3438	4201	--	1246	--	--	--	3312	1013	1146	1759
本溪市	--	--	875	1296	1833	--	446	629	2046	5579	398	1146	1553
蚌埠市	--	--	--	--	602	3904	4892	--	4833	--	--	281	1794
滨州市	2498	753	1694	955	952	1488	1402	239	809	2303	1427	2450	1751
沧州市	--	--	5498	635	483	6949	--	3926	504	--	7069	5912	5920
常德市	1727	937	403	2577	2119	4940	3802	1593	4438	2647	1273	2547	2480
常州市	2338	5176	2350	5354	9652	5377	4990	6775	6374	4533	3617	4745	5125
朝阳市	1344	746	668	883	1218	419	1157	378	581	--	1316	670	830
潮州市	--	--	--	--	959	1130	474	3276	--	2695	8257	1211	1939
郴州市	1221	3607	3125	1564	171	2252	169	4103	2281	3526	1201	2574	2110
承德市	498	--	640	--	3622	--	--	1370	1157	595	529	5072	2099
池州市	162	1184	1088	103	1709	205	146	2677	173	363	173	226	608
崇左市	--	741	340	235	1228	673	810	420	1085	261	1771	809	723
滁州市	2588	1309	4606	168	1456	213	2438	1157	168	5452	3651	1020	1746
大庆市	3443	803	186	237	--	456	274	185	264	376	477	297	858
丹东市	341	5026	--	33	4874	7260	7000	3034	5901	--	1733	1616	3107
德阳市	708	991	1600	166	4650	2128	4501	2937	--	1650	5856	194	1985
德州市	--	284	1966	260	3076	339	1618	425	--	4500	1077	5700	1443
东莞市	1403	2878	14223	12967	6452	15579	10578	13895	11388	5484	1538	1195	8441
东营市	1302	323	230	499	1229	320	290	441	640	1153	707	1004	712

1-6　续表 2　　　　单位：元 / 平方米

城市	1 月	2 月	3 月	4 月	5 月	6 月	7 月	8 月	9 月	10 月	11 月	12 月	汇总
鄂尔多斯市	--	600	340	150	342	796	--	374	--	--	1409	214	327
鄂州市	4067	302	--	3362	5482	335	6415	363	519	5336	4485	1815	3135
佛山市	5460	5358	18305	11905	10007	17060	8921	10889	3355	10402	8985	7536	9802
抚顺市	338	--	--	453	338	--	1155	338	855	1539	304	411	784
阜新市	--	--	--	--	396	3106	--	637	--	827	304	1258	711
阜阳市	--	4650	184	3591	3107	3733	3102	2801	--	736	1637	4566	2800
赣州市	2565	599	2206	491	1139	4113	1059	2640	2037	275	120	3663	1980
广元市	1797	--	1152	1029	1721	3911	1152	3428	1129	374	977	1544	1961
贵港市	2502	3379	736	1939	634	1153	226	2137	292	1202	347	301	820
桂林市	1337	--	1193	832	1101	3941	2704	3748	373	5024	908	1533	1780
邯郸市	2010	574	5025	779	2175	2736	1441	4410	3254	1216	3080	2989	2256
河源市	255	4017	--	3500	4880	1562	2937	1037	305	4482	205	3197	3033
菏泽市	2349	225	1431	4354	2224	639	279	3953	5028	1026	711	1861	2422
鹤壁市	--	--	--	--	1732	--	--	1914	--	--	--	2094	1909
鹤岗市	--	--	--	231	--	--	--	262	--	364	346	--	300
衡水市	422	1256	716	1332	1343	546	2628	1284	2534	2668	1650	1863	1490
葫芦岛市	3300	--	705	--	409	432	123	--	--	--	--	183	646
湖州市	4005	1042	438	1449	3464	2659	855	3733	4033	4658	582	855	2159
怀化市	--	--	--	--	--	2855	--	3001	2211	2751	--	2812	2721
淮安市	1505	132	230	967	478	525	--	3283	235	4332	7405	3812	2249
淮北市	1708	374	2082	--	--	2263	293	1334	608	--	1050	1537	1137
淮南市	--	289	354	1224	2739	435	3659	243	2224	245	1418	288	1442
黄石市	1585	208	3642	375	1308	1980	523	1807	208	2359	3508	2231	1795
惠州市	6255	7872	5212	4444	8464	4565	1402	5131	4848	6464	2589	3774	4425
鸡西市	1950	177	--	583	--	718	--	--	--	--	179	1950	1084
吉林市	2092	1440	1993	403	1048	--	1521	491	3435	2678	470	5276	2018
济宁市	1626	1749	2161	1760	2560	1122	3326	3342	3802	4807	3568	4127	2912
嘉兴市	642	606	--	679	3626	4333	3763	4872	4980	6364	7192	6783	4567
江门市	684	4915	779	13690	5274	4143	3563	569	6600	3661	6313	7594	4654
焦作市	--	--	3957	5052	4227	--	4127	1325	838	411	3212	4869	2654
揭阳市	14996	3623	755	1600	--	656	--	3510	--	--	--	3162	3260
金华市	365	1066	3907	5485	15347	7329	3831	3179	502	8063	3434	3615	4777
锦州市	4101	--	1296	1139	808	1262	--	2491	2054	--	2414	1446	1417
荆门市	683	206	--	585	1180	594	1031	978	1134	413	497	698	680
荆州市	693	2908	--	1924	1156	1402	1017	596	4293	1375	1330	214	1473
景德镇市	--	--	5312	5305	2352	--	753	2133	6702	3606	7415	6234	3320
九江市	699	1092	2398	1025	1085	2051	391	940	2680	2275	1697	1907	1516

1-6 续表 3

单位：元 / 平方米

城市	1月	2月	3月	4月	5月	6月	7月	8月	9月	10月	11月	12月	汇总
开封市	--	7500	1879	3078	639	5125	848	3025	574	--	3948	3492	2641
拉萨市	--	854	24163	2597	2123	--	8818	--	--	--	765	6263	3138
廊坊市	--	6858	8959	8710	7175	4520	8332	--	5132	6541	6627	4200	6031
乐山市	2915	--	261	3540	4031	1166	2529	252	156	298	3815	1483	1701
丽江市	1526	--	--	--	--	--	259	1615	--	--	--	--	1487
丽水市	3785	15999	11936	289	2537	2610	10726	278	10556	3828	8268	6298	5250
连云港市	5719	569	786	244	2420	1342	653	1206	342	--	5824	1267	1262
聊城市	813	1053	994	451	752	4319	2408	1691	441	5487	4146	2722	2628
临沂市	2333	953	2199	1594	3296	3346	952	3362	3201	6715	5493	3071	3610
柳州市	381	1220	1547	2142	968	2076	418	867	3179	4575	1390	3875	2163
六盘水市	--	--	2106	1646	1708	4105	1645	774	3946	1896	681	2578	2031
龙岩市	195	234	261	280	181	8393	194	--	9727	1255	295	2689	1664
泸州市	2448	611	1206	3348	1655	1714	2255	384	3475	2250	1752	2234	1955
六安市	96	247	--	532	611	1158	2333	1721	1227	865	1326	1652	1158
洛阳市	859	1688	2632	2357	1593	1780	5843	5913	8310	5041	1183	3539	3188
漯河市	2607	4651	1898	3920	2723	2189	350	5744	2422	3098	1371	2226	2622
马鞍山市	368	361	287	356	2348	2571	1431	788	3089	1482	855	2676	1631
茂名市	229	402	395	290	996	1403	--	4508	210	4840	7347	2266	2003
眉山市	575	546	169	2974	1629	2372	152	534	1275	2716	947	1470	1392
梅州市	--	3027	1779	234	279	--	1326	--	676	5008	3126	3522	2193
绵阳市	2000	8238	6467	3368	2507	2885	1943	644	784	2808	1813	3179	2425
牡丹江市	584	--	--	1042	323	--	--	1500	1599	--	1599	388	530
南充市	221	3015	--	2475	3217	965	3443	3483	3884	3331	144	2701	2397
南平市	1596	--	--	3852	1286	1280	501	176	110	2277	1584	5968	1748
南通市	5175	1312	1527	8623	4849	2708	1429	754	1833	6484	5434	5723	3291
南阳市	4476	2755	1709	3613	3150	3217	2652	6205	569	--	2597	5623	3402
内江市	4077	--	168	3395	2174	1977	2420	1414	2987	4500	3319	2299	2510
宁德市	2541	426	213	336	--	203	11422	6966	8989	336	7942	390	2036
攀枝花市	--	--	--	985	--	328	2124	111	3112	205	--	2289	2013
平顶山市	6739	1485	3599	2159	2970	2063	2162	6150	2006	1403	3737	3240	2611
萍乡市	1661	21117	--	337	1007	2682	3101	538	1348	1177	--	4074	1976
莆田市	274	559	335	496	394	284	267	1879	361	--	16555	5365	2744
濮阳市	--	--	3585	3693	2418	252	2915	3764	2744	1244	4908	1665	1143
普洱市	--	--	929	972	485	--	2550	--	3371	2747	3201	3210	2859
齐齐哈尔市	521	51	--	--	754	2173	139	143	1246	149	157	223	460
钦州市	275	442	368	642	182	2198	412	3454	221	1246	--	895	796
秦皇岛市	574	2140	1298	1470	3005	5316	1387	2640	3045	1115	1067	2860	2242

1-6　续表4　　单位：元/平方米

城市	1月	2月	3月	4月	5月	6月	7月	8月	9月	10月	11月	12月	汇总
清远市	922	494	260	1564	1271	1948	645	2143	3723	5255	3725	1420	2147
衢州市	3070	4478	411	600	13493	3720	9269	2844	4125	693	1678	2776	3736
曲靖市	486	570	415	770	482	397	495	636	1200	673	732	2153	779
泉州市	387	349	2120	1939	1400	338	22980	744	4148	5074	329	9307	3540
日照市	974	4591	3297	625	4546	1130	2477	3882	--	1186	471	1727	1994
三明市	2105	230	261	7209	2641	218	3473	1327	2533	2205	2572	750	2381
汕头市	1266	1177	636	6005	9137	6559	11716	1671	8119	5921	11189	4891	6384
汕尾市	--	--	--	--	--	--	--	491	6626	8851	6967	475	5293
商洛市	730	--	1351	268	--	--	2438	475	1000	--	878	294	666
商丘市	1431	4500	2868	--	1794	3456	4433	3362	2161	3722	2726	3444	2780
上饶市	3247	4809	1733	4606	1140	1273	1596	1305	2481	2117	1504	3919	2386
韶关市	--	188	--	--	3730	265	3934	221	195	864	291	2498	1798
绍兴市	4707	1844	7249	5921	8057	11452	10446	13900	8959	5761	2340	9422	8205
十堰市	652	374	--	2432	1533	471	3014	3281	2157	260	1427	2677	2157
朔州市	516	--	--	184	--	960	208	296	219	1974	--	--	457
松原市	--	--	--	875	--	371	2025	204	2806	415	--	445	1763
随州市	538	--	--	--	1205	218	240	174	542	2141	429	1257	755
台州市	5113	592	5783	5975	8532	7618	4323	4365	3030	5055	5087	2977	5101
泰安市	4464	343	847	3640	1030	4403	1639	2885	2550	5245	3122	6873	2657
泰州市	3834	740	--	379	307	2553	4869	3532	5860	6860	8988	2842	4245
唐山市	386	--	295	1440	4735	2135	789	4132	3796	1318	828	2683	2591
铁岭市	--	--	756	--	--	218	547	--	466	255	232	--	402
通化市	--	--	2248	--	274	--	4142	828	--	375	406	2837	1012
威海市	3315	1023	1044	3662	3991	1519	1298	2014	1868	1868	1720	1167	1927
潍坊市	731	2417	1492	486	1314	3500	2231	1981	1413	1291	1175	3175	2029
乌兰察布市	--	1386	272	1386	--	2605	1010	1693	2550	337	--	1427	1447
芜湖市	267	246	1148	992	1439	1883	2368	151	1186	894	380	663	1189
咸阳市	--	--	180	5403	6761	--	--	--	--	681	2999	3300	4299
湘潭市	5261	2523	--	1659	4394	5017	222	3651	1480	2744	1201	3924	3214
襄阳市	3631	582	--	2495	2268	1230	301	2716	597	3822	2878	650	1794
新乡市	5680	324	--	3219	995	--	2645	3180	1163	360	3145	1860	2011
信阳市	3001	--	--	--	1642	--	1722	1301	3084	1579	2302	413	1807
宿迁市	2803	144	143	144	4824	3681	3445	5519	141	6175	2141	1832	2174
宿州市	--	1291	3348	738	1205	389	1585	856	872	612	2302	1255	1491
徐州市	4604	3527	1309	2600	1686	3764	2993	2555	4893	2042	2521	3169	2785
宣城市	172	974	189	285	356	180	3807	--	2850	688	227	3423	1334
烟台市	7553	3028	1880	1207	3782	885	2756	5784	1976	4357	1791	4744	2970

1-6 续表 5

单位：元 / 平方米

城市	1月	2月	3月	4月	5月	6月	7月	8月	9月	10月	11月	12月	汇总
盐城市	2200	1406	1275	3001	4660	1703	3206	3306	2748	7547	3949	1705	2951
扬州市	235	3448	282	4794	3730	400	4582	310	7298	1234	6151	4380	4456
阳江市	320	519	--	816	326	316	343	343	1065	359	1063	640	595
伊春市	--	--	438	516	--	--	--	218	--	--	--	148	268
宜宾市	2797	144	168	8679	5769	4277	1350	1388	5258	11833	1296	1388	4144
宜昌市	3124	--	1419	163	6913	3473	1437	1476	2002	1453	303	3032	2364
宜春市	207	1253	1642	649	5612	1018	704	1455	1817	2551	862	1788	1345
鹰潭市	165	103	591	172	406	354	746	1203	133	850	179	5283	1370
营口市	1852	546	2520	351	427	840	1048	742	473	653	334	1148	735
玉溪市	840	1500	728	3928	1519	3678	4393	--	1792	3407	1893	1667	2098
岳阳市	488	630	6912	7711	388	1632	2960	679	728	2323	1580	2964	1405
云浮市	--	--	355	238	307	345	3363	1075	218	2140	2631	225	1304
湛江市	756	--	992	4551	--	2745	4029	--	2536	2224	2922	1585	2182
张家界市	2384	3576	--	11230	2042	1832	5350	795	774	--	2633	2538	2604
漳州市	171	7195	5562	11416	3732	4386	1944	2338	4745	1354	4272	1043	3242
肇庆市	4283	1197	3266	2020	448	5200	7300	2137	1499	962	1759	4004	2943
镇江市	--	1495	--	3590	589	423	342	--	1660	2181	436	4631	2601
中山市	7530	--	717	1319	15000	9862	1513	18422	900	32763	8912	14827	8146
舟山市	4995	--	--	5009	--	2571	12124	5990	1406	605	4196	1700	3409
珠海市	2645	8384	804	493	5920	5141	5290	2997	348	7896	15921	3962	5473
株洲市	4837	348	926	5548	1132	2586	1625	536	1173	6329	3227	2830	3083
淄博市	2561	1461	1761	1146	546	3049	1205	1821	2377	1971	2311	3469	2288
自贡市	499	3467	1285	1819	3063	202	187	--	2618	3843	1822	1250	1553
遵义市	3300	2760	2968	2297	2044	2754	1448	1559	1925	1084	723	1982	1805
县及县级市													
保亭黎族苗族自治县	--	--	--	--	--	--	--	--	--	1024	--	1334	1228
滨海县	1425	210	--	523	1365	1439	--	207	1953	1518	661	2864	1586
常熟市	400	2041	3080	3976	5489	6235	10878	2134	7090	12196	375	7657	5263
长沙县	5190	3091	--	3659	1642	2918	1752	4719	2190	2140	3199	2994	2632
长兴县	3939	1841	1542	1475	977	1219	2181	636	3058	4551	3508	2563	2305
崇州市	--	--	--	--	--	3150	2409	1343	7800	--	308	1858	2797
淳安县	637	--	375	6676	--	270	225	3684	2301	1339	227	2412	3087
慈溪市	1783	2963	2555	2849	4808	3450	2389	2234	6867	14362	698	1368	3210
丹阳市	408	410	1682	906	4320	1962	420	--	2471	420	3966	538	1582
当涂县	3136	702	196	2131	346	1452	1881	196	193	2651	1146	1932	1341

1-6　续表 6　　　　单位：元 / 平方米

城市	1 月	2 月	3 月	4 月	5 月	6 月	7 月	8 月	9 月	10 月	11 月	12 月	汇总
德清县	1579	2731	1345	4400	1317	866	4592	1069	663	2453	1203	2397	2029
东港市	--	--	--	2374	349	--	156	655	--	159	--	802	686
东台市	171	296	--	2203	181	175	324	380	238	--	--	209	884
都江堰市	--	--	--	--	--	--	7993	--	--	108	4042	3984	3374
恩施土家族苗族自治州	1911	2485	150	873	300	1167	1440	3054	719	880	1779	2038	1572
肥东县	--	--	--	9600	--	7717	8608	8325	--	9450	1920	--	8234
肥西县	183	191	4954	--	6549	825	573	12601	268	--	445	3249	2730
盖州市	--	--	--	1114	--	745	1084	--	678	613	265	1500	453
高碑店市	--	--	--	--	1237	2108	635	2132	2373	--	2876	1616	2259
固安县	--	--	6637	1379	2277	2267	6750	699	2053	4956	6493	2822	3956
海安市	1451	3180	1016	851	5290	2245	251	268	4781	5174	4061	501	2546
海宁市	679	720	4498	5074	912	6575	3143	565	3289	6722	2056	2598	2576
海盐县	--	525	687	3511	9711	2425	1742	714	2970	3221	525	3339	3105
惠安县	2921	866	269	2613	953	2677	1694	691	1432	635	457	6004	1797
惠东县	711	5187	--	825	--	2371	994	2936	648	1268	1219	1473	1663
嘉善县	2670	8075	7280	10579	530	1023	13000	4290	8082	755	4703	1837	3788
建德市	7256	306	268	--	5216	379	590	2785	851	2740	304	1436	2012
建湖县	--	946	--	205	--	984	--	2434	921	4712	2827	1677	2449
江阴市	2505	--	--	3749	9907	881	8820	14678	11524	4433	575	--	5824
胶州市	5419	304	1365	4628	7719	1431	2677	245	2899	4060	1025	3578	2273
晋江市	1504	514	808	3662	3473	1510	465	1507	2841	3276	3108	3186	2039
靖江市	--	430	2688	345	--	--	2237	--	464	3636	1799	5111	1836
昆山市	7968	310	486	8998	16395	6559	324	8841	1149	443	469	16009	7399
莱西市	604	1122	--	--	594	704	1371	230	293	3259	920	1118	843
莱州市	332	260	4761	2805	3332	2629	--	450	2130	2817	1117	4615	2354
临海市	4442	2807	1510	--	12629	869	4974	732	3873	2517	2743	2344	3042
陵水黎族自治县	--	--	--	--	--	--	--	--	--	--	--	--	--
浏阳市	2571	492	3039	2417	778	374	527	1065	353	2083	1834	3170	1710
龙口市	1549	828	--	1579	--	2250	389	--	684	278	--	1500	701
龙门县	890	304	1740	1721	--	2463	325	849	2035	1582	3054	6165	1321
闽侯县	9578	910	3947	2643	525	9436	428	--	4278	13058	5242	13221	7734
南安市	415	1718	601	9689	1633	1609	294	1728	465	1046	2433	--	2259
宁海县	379	446	469	715	5593	996	8438	3469	623	509	6470	401	2929
沛县	829	--	--	858	503	3348	2278	771	566	1910	4811	184	1838
彭州市	--	121	--	5691	192	4590	--	--	--	6593	5962	5638	4097
邳州市	--	--	--	3326	3532	300	--	1791	2971	2808	600	2189	2342

1-6 续表 7

单位：元 / 平方米

城市	1月	2月	3月	4月	5月	6月	7月	8月	9月	10月	11月	12月	汇总
平度市	2906	819	431	780	283	355	1158	261	266	1898	--	551	823
平湖市	2381	550	--	1575	571	6574	8616	598	3023	10167	6060	2690	4550
蒲江县	--	--	2891	4901	4950	--	96	4950	--	5977	--	2204	3065
普宁市	--	--	--	--	--	8863	--	--	4522	342	--	9755	6847
启东市	232	7445	850	14284	455	9494	206	4312	2297	3502	5379	3171	2744
潜江市	1373	143	--	272	--	--	693	--	1353	143	971	491	822
荣成市	--	2018	--	3279	306	--	298	301	3440	3893	4132	2811	3092
如东县	5628	706	320	4940	849	4726	7117	6890	2788	1408	3247	4104	3620
瑞安市	19199	11645	6049	7280	14871	13416	2407	11213	11766	337	17761	2296	6656
嵊州市	429	5477	698	833	--	442	1487	6060	2829	449	6501	5955	4407
太仓市	447	2947	4351	1382	5793	2327	304	6489	5071	4961	2834	4695	3688
泰兴市	872	390	486	506	612	7754	1013	7287	3301	8143	1683	3274	3696
天门市	792	--	--	330	118	119	354	121	127	131	123	533	356
桐庐县	1531	2163	594	10655	4199	1419	2296	2755	4386	4729	395	1240	3484
桐乡市	9549	2702	1049	3728	3240	2998	2639	6614	3540	3978	2671	1715	3348
瓦房店市	--	380	897	320	404	--	--	2169	--	--	380	385	428
文安县	2678	--	371	518	548	--	1796	1765	--	--	686	--	961
文昌市	578	--	--	567	2295	2460	1898	547	1963	3038	1350	2453	1515
仙桃市	207	742	207	263	1237	1938	268	207	1969	710	961	2097	1222
香河县	--	--	4220	--	--	4264	--	--	--	--	4165	3831	4157
象山县	2505	5250	5700	1557	3308	2052	4976	4984	974	520	861	1998	1983
新沂市	3900	--	145	1118	1800	2043	413	--	--	2711	4929	3580	2677
兴化市	3753	1470	285	347	401	774	385	593	278	278	278	380	1099
宜兴市	792	536	3122	2311	2250	2139	547	357	418	3982	4619	2489	2485
义乌市	1974	8806	10110	1434	18074	8138	1304	15632	11067	6483	4871	5975	7706
永登县	582	225	330	88	557	439	182	2395	553	1172	513	1962	423
余姚市	1653	2130	--	2637	3014	3943	4191	3249	4702	4811	3287	862	3474
张家港市	608	2065	7253	3222	4016	2594	1678	610	1701	3129	2678	1222	2441
诸暨市	1654	750	429	690	4368	1744	8402	804	6757	1044	6337	5186	3727
庄河市	--	--	--	1868	271	290	980	261	1562	--	--	--	862

数据来源：中指数据库监测。

第二章

2020年全国300城土地成交情况

2-1　2020年全国300城土地成交统计

城市	成交土地宗数（宗）	成交建设用地面积（万平方米）	成交规划建筑面积（万平方米）	成交土地均价（元/平方米）	成交楼面均价（元/平方米）	土地出让金（亿元）	平均溢价率（%）
一线城市							
北京市	88	484.99	976.97	40347	20029	1956.79	13.15
上海市	378	1749.91	3384.78	16872	8722	2952.36	8.27
广州市	285	1286.93	4158.18	19921	6165	2563.69	6.79
深圳市	96	317.64	1156.40	33173	9112	1053.71	16.65
二线城市							
长春市	382	2725.72	3604.73	2923	2209	796.61	4.49
长沙市	142	866.30	2074.25	7087	2960	613.95	6.01
成都市	388	1718.09	4493.48	7636	2916	1311.85	13.34
重庆市	264	1998.37	3231.87	6287	3886	1256.39	9.37
大连市	142	736.75	899.08	4436	3634	326.84	6.18
福州市	117	531.92	1096.11	16838	8171	895.65	22.17
贵阳市	192	1410.83	3289.87	4087	1753	576.63	3.40
哈尔滨市	144	899.26	1410.38	3597	2293	323.46	7.83
海口市	86	239.02	467.35	5790	2961	138.39	9.86
杭州市	501	1464.27	3469.09	17576	7415	2573.57	20.02
合肥市	114	579.04	1092.49	6980	3699	404.16	21.76
呼和浩特市	39	158.73	316.44	7676	3851	121.85	15.00
济南市	368	1571.02	2732.12	4329	2489	680.04	3.01
昆明市	270	885.38	2411.67	7133	2609	631.57	10.19
兰州市	120	553.06	1188.61	2809	1307	155.36	1.04
南昌市	166	1105.78	2376.30	5233	2435	578.60	21.01
南京市	402	1747.99	3876.49	11979	5402	2093.90	10.41
南宁市	245	985.19	2589.39	5713	2174	562.87	29.67
宁波市	318	964.08	1881.83	14165	7257	1365.60	23.44
青岛市	566	1810.67	3359.96	4180	2253	756.92	0.20
三亚市	48	145.20	268.09	10192	5501	148.00	12.19
沈阳市	268	1500.72	2261.40	4261	2828	639.51	13.48
石家庄市	229	701.99	1789.88	5628	2207	395.09	16.79
苏州市	303	1095.23	2306.28	10797	5127	1182.54	8.51
太原市	207	1013.44	2751.38	5115	1884	518.36	17.32
天津市	284	1782.39	2864.55	5706	3548	1017.06	3.83
温州市	125	439.19	1178.24	14997	5590	658.67	17.03
乌鲁木齐市	338	1945.59	3065.09	1967	1249	382.77	0.95

2-1 续表 1

城市	成交土地宗数（宗）	成交建设用地面积（万平方米）	成交规划建筑面积（万平方米）	成交土地均价（元/平方米）	成交楼面均价（元/平方米）	土地出让金（亿元）	平均溢价率（%）
无锡市	124	585.52	1144.19	13023	6664	762.53	15.75
武汉市	295	2056.98	4191.60	9220	4525	1896.50	9.05
西安市	444	2111.10	4694.29	5069	2279	1070.02	13.07
西宁市	41	114.13	252.15	6867	3108	78.38	4.33
厦门市	77	448.37	1079.15	14208	5903	637.06	19.10
银川市	40	167.52	292.94	4058	2321	67.98	44.97
郑州市	218	952.21	2522.69	7636	2882	727.15	4.92
三四线城市							
安康市	90	200.99	418.60	1579	758	31.74	2.28
安庆市	55	375.57	490.09	1588	1217	59.63	1.34
安顺市	130	371.80	555.63	1253	838	46.57	1.55
安阳市	21	111.64	237.48	3889	1828	43.41	2.92
鞍山市	19	33.26	43.18	2609	2010	8.68	16.73
百色市	71	283.66	576.70	1364	669	38.70	12.23
包头市	94	430.86	541.79	1849	1470	79.66	1.32
宝鸡市	120	443.20	788.27	1217	684	53.92	1.37
保定市	125	359.98	760.24	3163	1498	113.88	13.90
北海市	34	332.25	694.68	1811	866	60.16	2.93
本溪市	18	55.19	56.90	1233	1196	6.81	3.59
蚌埠市	55	457.97	614.46	2245	1673	102.81	48.75
滨州市	190	699.47	947.44	1887	1393	131.97	2.81
沧州市	23	134.49	262.06	5939	3048	79.87	1.47
常德市	122	644.64	1216.60	2468	1307	159.07	2.24
常州市	334	1285.91	2770.40	6369	2956	819.06	21.76
朝阳市	33	141.66	244.88	821	459	11.63	0.96
潮州市	33	96.36	306.34	2253	709	21.71	2.04
郴州市	57	231.94	443.47	1930	1009	44.75	5.68
承德市	45	233.99	321.09	2104	1533	49.23	2.26
池州市	79	299.15	351.05	541	461	16.17	7.93
崇左市	36	183.94	343.24	541	290	9.95	1.07
滁州市	134	692.11	1046.65	2184	1444	151.13	23.29
大庆市	60	201.36	195.19	1273	1313	25.63	5.83
丹东市	34	106.92	185.50	2974	1714	31.80	2.22
德阳市	78	319.63	600.37	2667	1418	85.26	8.59
德州市	90	293.31	404.66	1955	1417	57.33	32.14

2-1　续表 2

城市	成交土地宗数（宗）	成交建设用地面积（万平方米）	成交规划建筑面积（万平方米）	成交土地均价（元 / 平方米）	成交楼面均价（元 / 平方米）	土地出让金（亿元）	平均溢价率（%）
东莞市	172	716.41	2108.58	9989	3394	715.59	24.60
东营市	120	648.10	723.33	784	703	50.82	13.29
鄂尔多斯市	68	319.60	318.97	483	484	15.42	42.18
鄂州市	72	310.89	631.05	4114	2027	127.90	6.20
佛山市	222	1137.62	3329.85	11957	4085	1360.29	21.95
抚顺市	21	72.40	97.13	1044	779	7.56	8.44
阜新市	27	125.96	150.40	743	622	9.36	1.31
阜阳市	73	566.58	989.21	3687	2111	208.89	27.96
赣州市	203	793.71	1632.19	1798	874	142.71	10.34
广元市	84	203.94	320.03	2108	1343	42.99	26.32
贵港市	177	721.32	992.68	703	511	50.70	3.30
桂林市	60	379.88	553.01	2095	1439	79.58	18.51
邯郸市	246	749.80	1245.84	2627	1581	196.94	13.25
河源市	61	165.42	386.24	2795	1197	46.24	4.08
菏泽市	212	713.67	1369.20	2367	1234	168.90	0
鹤壁市	34	200.85	299.30	2000	1342	40.18	3.96
鹤岗市	15	40.71	40.50	298	299	1.21	0.17
衡水市	96	203.07	314.42	1653	1068	33.57	10.66
葫芦岛市	39	133.98	196.94	1058	720	14.18	6.86
湖州市	199	767.53	1513.54	2550	1293	195.74	13.98
怀化市	43	250.60	649.05	2166	836	54.29	8.65
淮安市	181	824.27	1364.85	2847	1720	234.70	26.93
淮北市	34	217.08	334.01	1878	1221	40.77	54.06
淮南市	48	259.01	356.07	1405	1022	36.39	4.53
黄石市	79	356.95	628.50	1983	1126	70.79	0.42
惠州市	252	1095.35	3048.94	4611	1644	505.10	6.53
鸡西市	6	10.96	7.55	157	221	0.17	0
吉林市	72	394.71	528.91	2012	1501	79.40	4.50
济宁市	183	672.33	1049.75	2992	1916	201.16	9.52
嘉兴市	122	383.12	815.54	6117	2873	234.34	26.18
江门市	78	378.37	1029.30	4772	1754	180.56	3.57
焦作市	36	143.36	253.20	2292	1298	32.86	3.06
揭阳市	32	93.06	215.92	3108	1340	28.92	3.75
金华市	74	297.02	623.43	6187	2948	183.78	28.76
锦州市	30	202.02	299.07	1320	892	26.68	13.20
荆门市	138	847.23	983.73	721	621	61.10	5.79

2-1　续表 3

城市	成交土地宗数（宗）	成交建设用地面积（万平方米）	成交规划建筑面积（万平方米）	成交土地均价（元 / 平方米）	成交楼面均价（元 / 平方米）	土地出让金（亿元）	平均溢价率（%）
荆州市	92	527.45	690.13	1407	1075	74.20	9.09
景德镇市	53	301.36	580.33	4078	2118	122.91	4.68
九江市	129	666.55	808.23	1875	1547	125.01	26.17
开封市	82	202.55	317.67	3453	2201	69.94	3.91
拉萨市	11	45.63	104.86	4155	1808	18.96	33.77
廊坊市	73	297.24	631.34	5663	2666	168.33	2.81
乐山市	48	214.82	427.96	1866	936	40.08	18.15
丽江市	23	52.87	90.22	1598	936	8.45	7.07
丽水市	66	249.06	417.48	7510	4479	187.03	44.36
连云港市	69	595.37	776.12	1748	1341	104.08	20.68
聊城市	127	411.86	774.63	3221	1712	132.65	14.41
临沂市	239	1073.71	1814.37	3994	2363	428.82	17.04
柳州市	151	688.40	1500.42	1889	866	130.01	4.35
六盘水市	81	250.24	537.39	1856	864	46.44	0.28
龙岩市	88	415.66	914.69	2485	1127	103.29	37.15
泸州市	89	575.26	1191.70	2145	1036	123.41	14.03
六安市	177	720.05	979.84	1445	1062	104.06	29.05
洛阳市	146	671.26	1275.29	3601	1895	241.71	8.01
漯河市	91	281.77	555.73	2541	1288	71.60	2.42
马鞍山市	68	279.47	413.03	2264	1532	63.28	37.31
茂名市	67	315.10	698.39	2028	914	63.89	12.83
眉山市	234	1162.00	1718.11	1616	1093	187.75	7.72
梅州市	40	111.21	195.42	2075	1181	23.08	1.53
绵阳市	120	455.06	1107.99	2908	1194	132.32	18.02
牡丹江市	33	266.56	247.75	458	493	12.22	5.22
南充市	90	480.16	875.93	3140	1721	150.75	36.81
南平市	65	186.22	309.90	2247	1350	41.85	30.33
南通市	314	1935.77	2677.14	4240	3066	820.81	22.98
南阳市	87	212.16	649.69	5588	1825	118.55	49.60
内江市	37	225.13	461.13	2540	1240	57.18	5.30
宁德市	32	258.83	579.35	2820	1260	73.00	38.53
攀枝花市	46	163.18	286.75	2013	1144	32.85	3.12
平顶山市	45	175.74	401.93	2563	1120	45.03	1.96
萍乡市	65	142.72	341.10	2333	976	33.30	9.00
莆田市	56	298.62	794.41	6685	2513	199.62	24.61
濮阳市	45	455.40	611.95	1367	1017	62.25	24.23
普洱市	41	52.52	71.26	3030	2233	15.91	8.93

2-1　续表 4

城市	成交土地宗数（宗）	成交建设用地面积（万平方米）	成交规划建筑面积（万平方米）	成交土地均价（元 / 平方米）	成交楼面均价（元 / 平方米）	土地出让金（亿元）	平均溢价率（%）
齐齐哈尔市	20	105.54	122.55	658	561	6.94	23.46
钦州市	59	535.13	1015.56	619	326	33.13	1.23
秦皇岛市	97	349.26	494.06	2822	1995	98.57	11.03
清远市	102	323.92	837.08	2037	788	65.97	9.28
衢州市	121	391.32	445.60	4111	3567	160.86	19.28
曲靖市	70	275.83	321.97	757	649	20.89	1.68
泉州市	34	136.13	357.04	4788	1826	65.18	23.37
日照市	181	591.77	784.63	2009	1515	118.88	6.10
三明市	60	180.82	411.85	3089	1356	55.85	24.85
汕头市	88	274.39	992.76	6909	1909	189.56	13.06
汕尾市	10	26.88	70.07	754	289	2.03	0
商洛市	25	51.11	66.54	843	648	4.31	32.80
商丘市	68	410.37	954.31	2822	1213	115.79	1.75
上饶市	317	1022.33	1783.48	2982	1710	304.91	32.78
韶关市	40	174.84	397.53	1751	770	30.61	3.49
绍兴市	191	683.19	1191.27	9756	5595	666.49	28.30
十堰市	195	708.79	1687.18	2454	1031	173.95	6.74
朔州市	46	145.65	187.42	548	426	7.99	1.22
松原市	13	34.37	45.22	1487	1131	5.11	8.95
随州市	53	173.43	223.67	883	685	15.32	20.67
台州市	101	413.90	955.80	6429	2784	266.12	29.62
泰安市	85	439.50	680.58	2931	1893	128.81	5.90
泰州市	98	400.07	603.67	5594	3707	223.79	32.01
唐山市	311	1849.87	2929.61	1848	1166	341.77	7.40
铁岭市	10	20.03	30.07	450	300	0.90	0
通化市	15	37.23	50.79	1048	764	3.90	0.02
威海市	266	1406.31	2181.20	1714	1103	241.04	2.94
潍坊市	235	1247.96	2641.02	2264	1070	282.57	16.65
乌兰察布市	35	134.39	256.69	1639	858	22.03	2.71
芜湖市	168	652.19	870.82	1865	1396	121.61	47.18
咸阳市	68	366.94	898.72	3801	1538	139.49	6.06
湘潭市	65	412.26	897.60	2921	1342	120.42	0.02
襄阳市	160	931.02	1460.04	1995	1272	185.75	6.77
新乡市	44	247.81	528.84	2260	1059	56.01	29.60
信阳市	62	265.40	507.01	2885	1510	76.56	65.62
宿迁市	103	502.88	758.99	4534	3004	228.02	41.82
宿州市	107	410.19	654.97	1694	1060	69.50	23.53

2-1 续表5

城市	成交土地宗数（宗）	成交建设用地面积（万平方米）	成交规划建筑面积（万平方米）	成交土地均价（元/平方米）	成交楼面均价（元/平方米）	土地出让金（亿元）	平均溢价率（%）
徐州市	253	1136.03	2027.53	3932	2203	446.71	45.80
宣城市	121	322.84	391.52	1129	931	36.45	23.78
烟台市	185	998.05	1447.25	3113	2147	310.66	4.99
盐城市	171	975.63	1853.98	3764	1980	367.18	26.68
扬州市	178	811.20	1435.61	5592	3160	453.64	27.71
阳江市	42	147.45	175.44	514	432	7.57	10.72
伊春市	6	17.17	30.51	386	217	0.66	0
宜宾市	77	414.27	716.74	3313	1915	137.25	12.06
宜昌市	115	444.69	728.93	2378	1449	105.73	5.66
宜春市	121	425.39	601.93	1803	1274	76.68	37.19
鹰潭市	111	404.54	695.59	1631	949	65.98	15.48
营口市	100	253.24	244.25	815	845	20.64	5.63
玉溪市	36	179.19	362.29	2496	1234	44.72	12.95
岳阳市	61	508.55	512.90	1027	1019	52.25	0.82
云浮市	61	138.79	199.03	1089	759	15.11	9.60
湛江市	41	248.93	550.33	3022	1367	75.22	26.19
张家界市	60	233.99	389.02	2011	1209	47.04	0.27
漳州市	166	498.07	1238.47	3192	1284	158.98	15.15
肇庆市	82	380.33	1010.31	3166	1192	120.41	0
镇江市	91	353.05	659.24	2879	1542	101.66	3.94
中山市	75	374.61	1161.28	7712	2488	288.89	7.04
舟山市	51	157.39	265.00	3745	2224	58.94	4.84
珠海市	110	653.29	1531.96	5871	2504	383.56	15.53
株洲市	144	734.98	1490.12	3090	1520	227.14	1.03
淄博市	277	1022.93	1943.88	2333	1226	238.63	0.84
自贡市	47	158.08	186.55	1503	1274	23.76	21.28
遵义市	176	808.26	1505.28	1372	725	110.91	2.31
县及县级市							
保亭黎族苗族自治县	0	--	--	--	--	--	--
滨海县	51	167.61	234.63	1540	1100	25.81	2.63
常熟市	120	478.29	821.37	4830	2813	231.04	4.84
长沙县	116	690.66	1416.04	2880	1405	198.91	17.86
长兴县	357	514.91	735.10	2797	1959	144.04	30.42
崇州市	20	62.26	137.48	4370	1979	27.21	40.63

2-1　续表 6

城市	成交土地宗数（宗）	成交建设用地面积（万平方米）	成交规划建筑面积（万平方米）	成交土地均价（元/平方米）	成交楼面均价（元/平方米）	土地出让金（亿元）	平均溢价率（%）
淳安县	20	29.63	43.42	3418	2332	10.13	7.72
慈溪市	106	316.86	671.96	4699	2216	148.90	45.13
丹阳市	90	236.04	429.11	1587	873	37.45	0.06
当涂县	51	141.56	205.52	1357	935	19.21	8.16
德清县	177	382.54	634.85	2373	1430	90.77	16.73
东港市	28	54.19	78.38	697	482	3.78	0
东台市	61	156.01	186.38	1076	901	16.79	22.46
都江堰市	26	79.26	96.96	3451	2821	27.35	3.70
恩施土家族苗族自治州	101	211.88	356.77	1813	1077	38.42	10.40
肥东县	78	245.69	309.13	1931	1535	47.44	11.07
肥西县	44	197.38	265.44	3566	2652	70.39	26.14
盖州市	38	116.79	449.67	486	126	5.68	7.21
高碑店市	145	120.39	257.28	2126	995	25.59	0.59
固安县	56	148.83	266.26	4811	2689	71.61	34.42
海安市	315	493.61	778.52	3053	1935	150.67	20.06
海宁市	153	469.22	974.95	3807	1832	178.62	33.87
海盐县	77	208.52	431.53	3483	1683	72.64	4.17
惠安县	75	251.46	662.76	2128	808	53.52	17.74
惠东县	57	206.97	303.99	1205	821	24.95	0.18
嘉善县	96	218.56	518.22	3974	1676	86.85	6.25
建德市	60	102.10	143.70	2412	1710	24.62	21.62
建湖县	64	133.89	226.13	2733	1618	36.59	12.42
江阴市	75	313.37	526.93	6651	3955	208.41	17.17
胶州市	106	304.10	640.45	2097	996	63.77	0.05
晋江市	89	211.08	539.56	3013	1178	63.59	46.21
靖江市	180	562.97	1052.87	1918	1025	107.96	4.45
昆山市	70	272.22	495.13	7757	4265	211.15	4.42
莱西市	60	359.31	463.67	767	595	27.57	0.43
莱州市	29	41.95	74.03	2237	1268	9.38	0
临海市	57	231.64	403.69	4110	2358	95.21	32.72
陵水黎族自治县	6	16.13	42.22	2453	937	3.96	--
浏阳市	136	406.34	904.03	1698	763	68.98	2.09
龙口市	73	230.76	291.60	701	554	16.17	0.02
龙门县	30	48.21	108.91	1216	538	5.86	1.81

2-1 续表 7

城市	成交土地宗数（宗）	成交建设用地面积（万平方米）	成交规划建筑面积（万平方米）	成交土地均价（元 / 平方米）	成交楼面均价（元 / 平方米）	土地出让金（亿元）	平均溢价率（%）
闽侯县	48	151.39	356.30	8965	3809	135.72	24.09
南安市	55	174.18	453.19	2618	1006	45.61	3.21
宁海县	84	131.58	221.85	3789	2247	49.86	28.36
沛县	95	276.12	518.50	1929	1027	53.26	5.67
彭州市	23	82.42	143.34	4260	2449	35.11	3.97
邳州市	84	336.52	615.82	2326	1271	78.27	3.40
平度市	82	312.57	420.05	816	607	25.50	0.90
平湖市	81	234.24	405.79	4364	2518	102.23	9.42
蒲江县	14	40.02	89.47	3172	1372	12.70	5.94
普宁市	13	22.88	95.79	8365	1998	19.14	24.85
启东市	82	387.47	618.07	3194	2003	123.77	17.47
潜江市	34	120.16	246.65	1587	773	19.07	69.92
荣成市	141	281.80	514.08	3186	1746	89.78	0
如东县	111	373.72	693.50	3880	2091	145.00	10.90
瑞安市	84	190.64	421.13	7356	3330	140.23	13.58
嵊州市	97	243.26	610.93	4705	1873	114.45	10.51
太仓市	116	400.68	734.51	3658	1996	146.57	4.51
泰兴市	147	296.06	639.74	3911	1810	115.79	1.50
天门市	93	163.76	175.49	215	201	3.52	4.33
桐庐县	70	171.91	352.61	3589	1750	61.70	1.02
桐乡市	111	326.40	956.64	4221	1440	137.77	28.65
瓦房店市	19	53.00	37.89	561	766	2.97	6.31
文安县	37	85.81	100.54	842	719	7.22	0.75
文昌市	51	149.48	186.02	1733	1393	25.91	11.33
仙桃市	130	385.69	749.71	1180	607	45.51	13.77
香河县	14	23.49	42.35	4402	2441	10.34	0.73
象山县	82	233.24	378.40	2086	1286	48.65	15.22
新沂市	61	163.45	354.85	2984	1374	48.77	2.74
兴化市	185	180.69	354.93	1051	535	18.99	1.22
宜兴市	97	312.16	375.31	3847	3200	120.10	34.02
义乌市	225	466.29	1027.89	9698	4399	452.19	24.82
永登县	78	630.94	587.27	488	524	30.80	6.42
余姚市	120	302.32	703.99	4955	2128	149.80	39.74
张家港市	170	679.86	1481.38	2708	1243	184.12	4.63
诸暨市	198	283.22	407.97	4352	3021	123.27	26.14
庄河市	19	59.36	100.73	1063	626	6.31	0

数据来源：中指数据库监测。

2-2　2020年全国300城土地成交宗数统计

单位：宗

城市	1月	2月	3月	4月	5月	6月	7月	8月	9月	10月	11月	12月	汇总
一线城市													
北京市	6	12	1	10	9	1	8	6	4	3	9	19	88
上海市	16	29	14	31	42	45	44	38	38	36	21	24	378
广州市	16	20	22	11	24	12	27	30	26	20	33	44	285
深圳市	2	2	6	3	6	9	6	6	11	13	13	19	96
二线城市													
长春市	14	10	28	32	25	38	56	29	32	40	19	59	382
长沙市	7	3	11	22	11	9	6	15	15	11	16	16	142
成都市	43	49	61	30	25	15	15	21	23	24	30	52	388
重庆市	11	14	18	17	26	30	11	17	27	11	24	58	264
大连市	3	5	3	7	9	20	7	7	15	27	14	25	142
福州市	1	17	1	19	7	17	0	17	7	16	0	15	117
贵阳市	9	4	4	13	21	10	18	14	30	19	29	21	192
哈尔滨市	12	6	4	27	3	24	9	12	17	21	7	2	144
海口市	15	0	1	2	3	18	6	8	8	7	4	14	86
杭州市	43	24	22	41	71	80	38	33	40	37	19	53	501
合肥市	6	5	8	13	12	3	13	11	12	9	10	12	114
呼和浩特市	0	0	0	0	8	2	7	11	1	5	0	5	39
济南市	5	10	43	24	9	32	17	47	29	49	40	63	368
昆明市	3	9	4	15	16	19	16	23	19	27	29	90	270
兰州市	8	0	0	20	4	63	5	3	2	5	5	5	120
南昌市	5	14	3	21	10	16	8	11	10	25	23	20	166
南京市	21	41	11	23	45	26	35	19	64	48	26	43	402
南宁市	19	15	32	13	19	27	22	10	15	33	18	22	245
宁波市	3	29	12	24	19	53	38	48	34	15	19	24	318
青岛市	16	17	52	125	18	70	44	37	38	43	33	73	566
三亚市	2	1	1	8	3	3	1	2	11	5	9	2	48
沈阳市	2	22	7	29	28	19	50	10	13	33	13	42	268
石家庄市	5	29	27	21	10	43	15	21	8	11	12	27	229
苏州市	21	13	23	58	40	41	25	20	14	14	4	30	303
太原市	2	15	0	10	14	28	22	13	32	27	6	38	207
天津市	23	15	11	32	27	19	16	11	39	40	5	46	284
温州市	15	5	3	19	20	11	10	7	3	6	6	20	125
乌鲁木齐市	3	0	19	42	46	62	36	0	0	36	13	81	338
无锡市	3	2	20	0	20	13	14	9	3	11	22	7	124

2-2 续表 1

单位：宗

城市	1 月	2 月	3 月	4 月	5 月	6 月	7 月	8 月	9 月	10 月	11 月	12 月	汇总
武汉市	14	1	10	7	35	31	42	30	25	21	19	60	295
西安市	39	7	22	77	12	25	48	47	34	32	8	93	444
西宁市	0	1	2	0	1	2	12	1	5	12	0	5	41
厦门市	1	6	0	5	0	14	3	11	12	8	11	6	77
银川市	5	0	0	2	2	2	4	5	8	7	3	2	40
郑州市	10	7	18	12	20	19	19	16	17	7	23	50	218
三四线城市													
安康市	1	1	2	10	4	0	5	4	5	8	37	13	90
安庆市	2	7	3	3	6	4	4	7	1	5	9	4	55
安顺市	4	5	2	6	6	7	20	12	11	7	19	31	130
安阳市	1	1	0	2	3	6	0	4	0	1	1	2	21
鞍山市	0	0	0	4	0	1	2	0	5	2	2	3	19
百色市	4	0	0	15	2	6	5	4	5	5	6	19	71
包头市	13	2	1	8	7	16	7	0	1	20	12	7	94
宝鸡市	16	9	0	6	9	14	5	3	13	20	1	24	120
保定市	4	7	4	1	5	34	1	6	2	20	21	20	125
北海市	0	1	4	5	0	2	1	0	0	3	2	16	34
本溪市	0	0	0	3	6	0	2	0	2	1	1	3	18
蚌埠市	1	0	0	7	8	4	4	1	6	0	9	15	55
滨州市	8	5	7	13	8	22	10	12	7	5	3	90	190
沧州市	1	0	2	2	2	7	0	1	1	0	6	1	23
常德市	3	4	7	10	12	4	4	7	9	9	9	44	122
常州市	22	18	20	40	37	27	18	22	29	32	19	50	334
朝阳市	5	3	3	6	1	3	0	4	5	0	0	3	33
潮州市	0	0	0	0	2	4	6	2	5	1	0	13	33
郴州市	0	6	1	5	0	4	3	5	8	5	3	17	57
承德市	2	2	5	5	3	7	4	1	6	4	4	2	45
池州市	9	0	2	3	8	5	11	4	1	15	5	16	79
崇左市	0	1	1	5	1	3	5	5	3	0	11	1	36
滁州市	10	11	4	0	22	13	19	12	24	3	3	13	134
大庆市	2	8	3	5	0	1	12	8	7	4	8	2	60
丹东市	2	1	0	1	4	0	0	7	4	1	1	13	34
德阳市	6	6	11	7	2	16	7	7	7	0	4	5	78
德州市	0	0	6	18	7	13	13	12	7	0	12	2	90
东莞市	11	7	6	16	29	23	12	12	14	18	11	13	172
东营市	7	5	9	11	6	16	0	11	10	24	10	11	120
鄂尔多斯市	3	0	3	3	3	35	3	4	5	0	0	9	68

2–2　续表 2　　单位：宗

城市	1月	2月	3月	4月	5月	6月	7月	8月	9月	10月	11月	12月	汇总
鄂州市	13	3	0	0	5	11	2	4	1	6	12	15	72
佛山市	11	16	4	21	20	19	21	19	16	22	25	28	222
抚顺市	1	0	0	0	3	0	1	6	0	6	2	2	21
阜新市	2	0	0	0	0	2	1	5	0	2	0	15	27
阜阳市	2	0	2	12	4	11	7	0	0	1	14	20	73
赣州市	15	3	11	5	19	16	32	5	18	9	15	55	203
广元市	4	0	2	9	6	13	5	5	12	9	4	15	84
贵港市	12	5	1	12	8	13	14	4	14	23	23	48	177
桂林市	4	4	1	11	9	5	5	4	3	4	3	7	60
邯郸市	23	0	8	31	34	19	8	20	28	31	21	23	246
河源市	1	2	0	0	1	0	22	3	0	4	1	27	61
菏泽市	13	12	0	51	12	16	19	3	35	2	12	37	212
鹤壁市	0	0	0	0	16	0	0	0	10	0	0	8	34
鹤岗市	0	0	0	3	1	0	0	4	0	3	1	3	15
衡水市	2	1	5	8	7	20	1	10	16	6	5	15	96
葫芦岛市	9	0	3	2	3	1	10	2	0	1	2	6	39
湖州市	34	16	23	14	10	24	15	1	20	8	9	25	199
怀化市	2	0	1	0	2	2	4	0	8	3	9	12	43
淮安市	22	4	12	10	20	2	7	29	15	26	5	29	181
淮北市	1	1	0	3	0	6	4	5	4	0	0	10	34
淮南市	3	0	5	6	9	3	2	9	4	4	3	0	48
黄石市	5	0	0	4	5	11	5	6	4	9	4	26	79
惠州市	8	21	5	16	19	22	23	12	26	27	26	47	252
鸡西市	0	0	0	1	0	0	4	0	0	0	1	0	6
吉林市	4	3	1	6	14	0	6	5	5	18	6	4	72
济宁市	26	10	2	17	12	24	14	7	9	14	19	29	183
嘉兴市	6	6	0	10	13	21	12	8	10	9	9	18	122
江门市	5	5	3	3	6	15	7	9	1	9	6	9	78
焦作市	1	0	2	0	5	0	4	5	4	5	2	8	36
揭阳市	1	7	2	3	0	2	0	3	2	0	0	12	32
金华市	2	12	6	5	4	12	6	2	4	9	6	6	74
锦州市	1	1	1	4	3	5	3	1	4	2	2	3	30
荆门市	15	5	0	9	15	36	14	1	9	10	4	20	138
荆州市	2	8	0	8	4	6	22	9	4	10	5	14	92
景德镇市	0	0	1	12	4	0	8	8	6	2	0	12	53
九江市	14	5	7	20	6	3	8	10	8	8	15	25	129
开封市	0	1	1	1	2	13	29	1	4	11	6	13	82
拉萨市	0	0	1	6	0	1	1	0	0	0	2	0	11

2-2 续表 3 单位：宗

城市	1月	2月	3月	4月	5月	6月	7月	8月	9月	10月	11月	12月	汇总
廊坊市	0	0	10	1	9	10	5	0	10	1	13	14	73
乐山市	3	0	2	1	3	2	7	0	5	4	3	18	48
丽江市	5	2	0	0	0	0	2	7	5	0	0	2	23
丽水市	3	5	1	6	7	12	4	4	4	2	10	8	66
连云港市	2	5	2	0	9	2	10	0	13	1	3	22	69
聊城市	15	8	11	13	11	9	12	16	2	14	7	9	127
临沂市	12	4	8	17	27	12	15	22	32	26	26	38	239
柳州市	3	9	2	11	5	14	15	10	15	15	20	32	151
六盘水市	10	0	0	13	2	10	8	9	0	13	2	14	81
龙岩市	1	13	12	6	2	9	0	1	8	5	5	26	88
泸州市	8	2	5	2	3	5	10	4	4	11	6	29	89
六安市	22	9	0	44	10	38	2	15	5	16	0	16	177
洛阳市	28	13	11	7	11	9	20	3	11	15	2	16	146
漯河市	11	4	0	15	12	0	6	2	9	12	12	8	91
马鞍山市	3	1	2	6	10	7	5	6	8	9	7	4	68
茂名市	0	3	3	2	4	9	5	5	8	8	6	14	67
眉山市	8	5	5	26	16	15	3	6	35	31	19	65	234
梅州市	2	4	1	3	0	0	4	0	12	7	4	3	40
绵阳市	1	3	1	4	11	6	11	13	8	11	21	30	120
牡丹江市	0	1	0	0	3	1	0	6	1	0	0	21	33
南充市	0	5	0	15	13	15	11	3	7	9	2	10	90
南平市	7	0	0	5	10	2	2	2	11	15	10	1	65
南通市	15	26	24	11	38	39	30	15	24	34	32	26	314
南阳市	3	2	3	9	15	22	16	2	4	0	6	5	87
内江市	3	0	1	4	3	3	0	4	3	1	4	11	37
宁德市	1	3	3	4	0	1	1	3	2	3	7	4	32
攀枝花市	0	0	0	1	3	1	5	6	7	2	0	21	46
平顶山市	1	0	0	12	0	8	2	0	2	6	1	13	45
萍乡市	2	0	0	13	2	8	7	7	6	5	0	15	65
莆田市	6	1	1	11	8	2	6	5	5	7	1	3	56
濮阳市	0	0	3	3	3	3	1	6	4	5	7	10	45
普洱市	0	0	13	2	2	0	1	0	7	3	4	9	41
齐齐哈尔市	2	0	0	0	0	5	2	0	2	3	4	2	20
钦州市	3	3	0	4	2	5	7	8	3	6	0	18	59
秦皇岛市	7	10	11	1	7	12	5	4	2	8	9	21	97
清远市	5	9	2	2	20	14	8	10	8	1	4	19	102
衢州市	3	5	2	3	2	23	11	14	17	7	12	22	121

2-2 续表4

单位：宗

城市	1月	2月	3月	4月	5月	6月	7月	8月	9月	10月	11月	12月	汇总
曲靖市	6	12	8	8	4	6	2	4	1	11	6	2	70
泉州市	1	2	0	0	4	0	7	0	10	1	3	6	34
日照市	10	5	21	8	6	5	32	12	0	23	24	35	181
三明市	9	4	0	5	8	2	4	3	8	9	1	7	60
汕头市	2	3	3	3	12	11	8	9	8	9	4	16	88
汕尾市	5	0	0	0	0	0	0	0	1	0	0	4	10
商洛市	5	1	0	3	0	0	1	6	1	0	4	4	25
商丘市	7	0	1	5	0	9	1	7	5	4	12	17	68
上饶市	43	6	9	13	5	32	29	34	16	58	23	49	317
韶关市	1	1	0	0	5	4	3	1	8	7	5	5	40
绍兴市	30	6	10	18	10	16	10	7	22	19	14	29	191
十堰市	4	3	1	4	8	5	26	26	25	5	37	51	195
朔州市	7	0	0	10	0	11	0	2	9	2	5	0	46
松原市	0	0	0	0	3	1	0	6	1	2	0	0	13
随州市	11	0	0	0	6	3	8	2	0	3	6	14	53
台州市	20	2	2	4	3	23	2	3	8	8	9	17	101
泰安市	4	4	8	5	4	5	14	9	1	9	10	12	85
泰州市	10	10	3	4	1	15	15	3	11	10	11	5	98
唐山市	18	25	10	23	32	39	12	18	29	38	11	56	311
铁岭市	0	0	2	0	0	1	1	0	4	1	1	0	10
通化市	1	0	0	1	1	0	1	6	1	1	0	3	15
威海市	11	20	15	21	19	9	44	41	14	19	18	35	266
潍坊市	15	12	14	11	9	17	32	18	19	20	16	52	235
乌兰察布市	2	0	2	0	0	0	0	9	2	5	0	15	35
芜湖市	12	14	7	12	11	13	33	18	23	8	5	12	168
咸阳市	1	1	1	3	20	0	12	2	12	13	1	2	68
湘潭市	0	8	0	1	8	2	1	5	4	10	14	12	65
襄阳市	47	1	13	10	9	1	11	5	11	10	16	26	160
新乡市	1	8	2	2	1	0	7	5	6	1	2	9	44
信阳市	6	3	0	0	11	5	9	11	3	5	7	2	62
宿迁市	1	8	5	7	26	7	13	0	2	21	3	10	103
宿州市	5	0	13	15	4	10	17	6	11	10	10	6	107
徐州市	13	19	30	25	11	23	36	25	3	13	30	25	253
宣城市	8	3	41	2	13	3	9	6	4	10	10	12	121
烟台市	11	29	6	12	11	18	14	10	22	10	20	22	185
盐城市	1	5	15	10	12	3	18	20	19	15	18	35	171
扬州市	9	9	11	17	5	10	30	6	10	9	48	14	178

2-2 续表 5 单位：宗

城市	1 月	2 月	3 月	4 月	5 月	6 月	7 月	8 月	9 月	10 月	11 月	12 月	汇总
阳江市	1	9	0	0	0	3	11	6	5	2	2	3	42
伊春市	0	0	1	2	0	0	0	1	2	0	0	0	6
宜宾市	6	2	0	13	10	4	2	9	5	15	3	8	77
宜昌市	13	0	4	0	11	5	8	4	20	23	9	18	115
宜春市	9	7	23	7	3	12	9	9	8	2	19	13	121
鹰潭市	0	5	1	16	9	1	16	5	5	33	1	19	111
营口市	11	10	1	8	0	20	19	4	14	1	7	5	100
玉溪市	1	1	3	2	1	2	2	0	3	5	5	11	36
岳阳市	4	6	0	3	2	0	3	11	9	6	5	12	61
云浮市	2	0	0	3	3	0	0	12	28	4	5	4	61
湛江市	6	0	4	1	2	0	1	1	10	3	2	11	41
张家界市	3	6	0	1	2	5	2	1	1	7	19	13	60
漳州市	7	4	5	7	10	6	56	17	8	16	18	12	166
肇庆市	8	1	2	10	2	1	5	5	10	4	19	15	82
镇江市	1	6	0	11	6	3	6	4	7	15	14	18	91
中山市	11	0	7	6	6	2	7	13	5	2	0	16	75
舟山市	7	0	0	4	1	4	2	11	1	5	9	7	51
珠海市	3	13	3	6	11	11	17	6	6	10	4	20	110
株洲市	2	0	5	4	3	13	12	5	18	19	15	48	144
淄博市	13	21	23	30	4	26	16	12	16	37	15	64	277
自贡市	1	0	11	2	5	0	11	0	8	1	3	5	47
遵义市	7	7	5	24	17	1	22	27	25	34	5	2	176
县及县级市													
保亭黎族苗族自治县	0	0	0	0	0	0	0	0	0	0	0	0	0
滨海县	7	1	0	0	2	5	0	0	12	4	9	11	51
常熟市	15	16	4	17	7	17	12	9	7	10	1	5	120
长沙县	1	15	0	6	2	11	9	8	13	27	2	22	116
长兴县	53	34	7	58	29	29	33	27	25	35	16	11	357
崇州市	0	0	0	0	0	1	5	3	2	0	3	6	20
淳安县	1	0	0	3	0	2	4	2	2	3	3	0	20
慈溪市	10	1	6	11	2	7	8	10	8	7	8	28	106
丹阳市	9	2	0	10	6	4	9	28	0	13	3	6	90
当涂县	10	2	1	1	3	4	10	2	1	7	5	5	51
德清县	8	18	11	23	12	10	11	17	17	14	10	26	177
东港市	0	0	0	3	8	0	6	4	1	2	0	4	28
东台市	1	23	0	22	6	2	1	2	1	1	0	2	61

2-2　续表6　　　　单位：宗

城市	1月	2月	3月	4月	5月	6月	7月	8月	9月	10月	11月	12月	汇总
都江堰市	0	0	0	0	0	0	1	0	0	13	3	9	26
恩施土家族苗族自治州	1	2	0	14	2	3	28	6	18	4	9	14	101
肥东县	1	0	9	0	23	2	5	6	14	9	0	9	78
肥西县	1	4	1	0	9	0	9	8	5	0	1	6	44
盖州市	0	0	0	4	0	0	7	3	5	1	17	1	38
高碑店市	18	0	0	0	0	32	61	11	7	1	7	8	145
固安县	0	0	2	1	13	2	2	6	2	13	8	7	56
海安市	39	32	35	20	32	18	43	17	15	19	20	25	315
海宁市	8	8	2	7	11	5	15	3	15	23	8	48	153
海盐县	0	3	5	3	10	9	13	5	3	4	2	20	77
惠安县	15	5	3	4	8	1	6	1	15	2	9	6	75
惠东县	1	3	0	1	0	0	6	6	4	10	18	8	57
嘉善县	4	14	2	6	4	2	2	3	4	3	22	30	96
建德市	6	13	4	0	13	3	4	3	4	4	0	6	60
建湖县	8	7	0	12	0	6	0	8	2	5	5	11	64
江阴市	13	4	0	7	2	15	14	1	7	7	2	3	75
胶州市	1	5	11	7	3	25	6	5	10	3	17	13	106
晋江市	9	9	3	2	15	5	8	11	7	7	6	7	89
靖江市	0	3	6	6	0	0	12	13	6	6	75	53	180
昆山市	2	4	4	10	6	3	12	5	2	8	7	7	70
莱西市	2	5	0	0	8	13	4	2	7	3	7	9	60
莱州市	1	2	2	2	2	8	0	2	1	2	1	6	29
临海市	5	1	2	0	3	7	14	2	5	6	1	11	57
陵水黎族自治县	0	0	0	0	0	0	0	0	0	0	6	0	6
浏阳市	7	5	3	20	23	28	7	7	4	10	2	20	136
龙口市	6	7	0	2	4	1	6	0	4	43	0	0	73
龙门县	0	8	2	2	1	3	0	3	5	3	2	1	30
闽侯县	7	1	3	1	5	5	3	0	5	6	3	9	48
南安市	2	9	5	4	1	9	3	7	5	5	5	0	55
宁海县	12	5	2	7	10	12	5	5	12	9	3	2	84
沛县	3	0	7	13	10	4	10	10	4	12	4	18	95
彭州市	0	8	0	2	1	2	0	0	0	2	3	5	23
邳州市	0	0	0	1	13	2	0	2	45	5	8	8	84
平度市	3	14	7	13	4	1	4	2	3	8	0	23	82
平湖市	5	3	0	3	4	15	7	3	6	8	11	16	81
蒲江县	0	0	2	3	1	0	0	7	0	1	0	0	14

2-2 续表 7　　　　单位：宗

城市	1月	2月	3月	4月	5月	6月	7月	8月	9月	10月	11月	12月	汇总
普宁市	0	0	0	0	0	6	1	0	1	3	0	2	13
启东市	14	0	8	0	10	8	4	5	13	3	11	6	82
潜江市	4	0	0	3	0	0	5	0	11	3	3	5	34
荣成市	0	4	0	7	10	0	6	11	14	11	58	20	141
如东县	5	13	2	7	11	3	9	3	13	11	14	20	111
瑞安市	4	16	0	6	6	13	4	2	7	12	2	12	84
嵊州市	1	6	2	4	0	9	8	3	10	3	8	43	97
太仓市	0	17	9	9	11	18	2	8	8	9	11	14	116
泰兴市	18	7	0	18	10	9	10	5	23	10	17	20	147
天门市	9	2	0	6	7	8	9	13	10	5	6	18	93
桐庐县	1	3	5	1	17	5	5	8	16	6	1	2	70
桐乡市	3	14	3	5	12	15	11	8	10	7	8	15	111
瓦房店市	0	1	2	2	1	4	0	0	1	3	1	4	19
文安县	11	0	2	4	7	0	5	4	0	0	4	0	37
文昌市	2	0	0	6	0	3	2	7	2	4	14	11	51
仙桃市	12	6	0	4	14	8	21	1	34	16	3	11	130
香河县	0	0	5	0	0	5	0	0	0	0	4	0	14
象山县	16	1	1	7	9	11	1	1	11	4	5	15	82
新沂市	5	0	22	8	0	7	0	3	0	5	5	6	61
兴化市	25	16	0	16	23	20	44	11	22	7	0	1	185
宜兴市	8	3	2	13	14	11	7	4	2	17	8	8	97
义乌市	8	7	8	4	60	17	78	10	9	6	6	12	225
永登县	12	3	4	2	4	15	8	7	7	1	11	4	78
余姚市	7	11	0	8	7	8	12	9	5	19	12	22	120
张家港市	5	3	15	21	17	15	9	23	15	26	5	16	170
诸暨市	11	3	3	1	18	44	14	16	17	25	23	23	198
庄河市	0	0	0	2	2	1	4	5	1	1	2	1	19

数据来源：中指数据库监测。

2-3　2020年全国300城土地成交建设用地面积统计

单位：万平方米

城市	1月	2月	3月	4月	5月	6月	7月	8月	9月	10月	11月	12月	汇总
一线城市													
北京市	25.81	59.54	3.09	47.45	43.06	2.97	37.46	69.81	13.79	5.84	38.77	137.38	484.99
上海市	90.28	131.89	65.02	102.96	144.50	328.85	200.91	141.50	211.82	145.16	73.65	113.37	1749.91
广州市	44.77	123.84	108.31	89.26	112.52	79.42	81.35	101.23	152.48	66.12	123.13	204.51	1286.93
深圳市	31.76	0.59	9.13	7.15	11.17	33.45	11.95	30.28	27.93	36.48	68.37	49.38	317.64
二线城市													
长春市	75.11	26.69	207.56	382.63	160.41	262.07	350.57	165.78	169.91	235.43	171.17	518.37	2725.72
长沙市	24.19	24.57	45.49	155.79	55.37	58.04	55.83	183.64	102.24	45.78	54.37	60.99	866.30
成都市	216.79	215.73	206.24	142.98	123.81	55.47	49.25	126.04	98.42	110.09	131.00	242.27	1718.09
重庆市	116.82	82.37	114.57	132.84	223.56	190.40	88.50	145.88	146.15	67.55	164.62	525.10	1998.37
大连市	10.73	9.73	1.14	26.21	43.66	161.62	69.53	15.94	52.55	179.60	51.54	114.50	736.75
福州市	29.56	64.29	6.74	89.43	149.62	65.50	0	27.76	14.86	45.21	0	38.96	531.92
贵阳市	52.23	5.08	60.33	44.91	175.76	66.77	87.08	219.69	173.90	105.80	119.54	299.76	1410.83
哈尔滨市	56.37	55.33	67.70	121.36	3.70	171.45	51.06	96.81	110.10	119.83	22.01	23.53	899.26
海口市	6.65	0	1.06	11.22	20.66	47.23	25.44	54.00	18.15	27.39	4.72	22.50	239.02
杭州市	121.78	65.22	83.67	130.61	184.26	222.35	112.68	90.59	110.06	195.42	47.00	100.62	1464.27
合肥市	30.85	10.52	87.74	45.70	39.71	20.14	36.98	72.53	106.80	20.51	36.09	71.47	579.04
呼和浩特市	0	0	0	0	54.47	6.59	33.26	35.40	1.97	7.46	0	19.60	158.73
济南市	50.35	14.36	168.07	82.39	29.02	153.43	69.78	249.24	121.48	232.39	114.21	286.30	1571.02
昆明市	7.03	22.07	18.19	61.88	75.70	93.68	84.73	74.65	52.41	81.30	58.49	255.25	885.38
兰州市	28.18	0	0	84.45	59.14	264.04	26.19	21.10	11.98	10.11	35.64	12.24	553.06
南昌市	26.51	67.52	11.71	134.21	66.62	136.00	30.68	53.61	61.58	197.15	189.78	130.40	1105.78
南京市	78.76	111.97	39.41	109.28	247.34	101.91	201.17	56.76	258.42	158.52	169.09	215.36	1747.99
南宁市	62.01	92.93	169.17	112.32	66.97	24.61	89.58	56.99	77.21	87.52	69.66	76.22	985.19
宁波市	15.45	63.79	30.61	51.66	91.25	116.76	158.21	213.08	50.64	79.23	15.39	78.02	964.08
青岛市	54.20	45.52	134.72	483.70	85.20	205.19	165.52	124.36	106.58	140.30	52.22	213.14	1810.67
三亚市	9.53	4.15	0.41	12.94	4.68	27.01	0.67	5.05	47.43	2.21	21.71	9.41	145.20
沈阳市	19.10	163.17	63.91	182.16	128.80	103.05	277.60	39.64	114.71	126.74	85.94	195.90	1500.72
石家庄市	10.45	77.43	80.67	35.64	42.84	164.20	72.89	46.19	30.93	17.28	23.50	99.96	701.99
苏州市	63.98	33.72	123.65	244.19	93.33	154.95	95.22	47.48	55.42	73.93	8.05	101.31	1095.23
太原市	4.96	92.32	0	46.79	44.78	225.00	126.18	18.58	134.05	151.67	22.04	147.09	1013.44
天津市	102.36	33.32	45.29	145.63	152.00	105.40	257.39	90.60	322.64	212.21	30.59	284.96	1782.39
温州市	57.52	28.85	8.40	79.33	51.98	36.09	23.39	30.93	12.96	15.01	27.20	67.53	439.19
乌鲁木齐市	11.04	0	200.73	508.53	168.84	342.30	170.48	0	0	197.04	29.41	317.21	1945.59
无锡市	10.13	10.30	69.31	0	88.52	95.69	77.07	34.98	15.99	51.62	86.15	45.75	585.52

2-3 续表 1 单位：万平方米

城市	1月	2月	3月	4月	5月	6月	7月	8月	9月	10月	11月	12月	汇总
武汉市	69.66	9.77	120.74	28.39	211.32	157.49	222.32	394.18	190.88	112.86	124.97	414.40	2056.98
西安市	185.36	34.62	83.27	412.78	67.51	97.84	176.93	280.57	137.57	152.37	36.51	445.78	2111.10
西宁市	0	2.56	2.59	0	0.15	17.42	29.71	4.02	11.72	37.62	0	8.35	114.13
厦门市	2.28	44.56	0	64.79	0	32.81	41.83	31.21	64.26	102.82	44.76	19.06	448.37
银川市	3.57	0	0	16.65	16.83	4.45	17.29	18.31	37.18	41.57	9.32	2.35	167.52
郑州市	63.44	21.53	49.78	51.02	70.71	79.18	53.50	135.81	46.98	78.15	63.22	238.88	952.21
三四线城市													
安康市	8.22	3.92	11.77	19.32	21.87	0	14.41	13.21	15.16	5.70	62.69	24.71	200.99
安庆市	18.10	57.15	23.48	11.32	41.34	14.99	40.17	23.07	0.18	43.86	44.20	57.70	375.57
安顺市	12.17	19.50	2.01	36.52	11.29	7.61	112.12	21.97	17.82	25.76	56.59	48.44	371.80
安阳市	4.60	6.99	0	8.04	10.96	50.33	0	12.56	0	0.84	1.74	15.57	111.64
鞍山市	0	0	0	6.62	0	0.96	0.64	0	9.77	4.26	8.57	2.44	33.26
百色市	7.77	0	0	75.07	0.57	8.24	40.70	13.37	2.42	0.05	29.01	106.45	283.66
包头市	48.03	24.09	0.03	37.48	25.23	46.79	132.75	0	12.01	31.02	33.49	39.94	430.86
宝鸡市	67.18	38.82	0	17.14	26.41	33.73	5.15	11.91	35.35	66.57	2.45	138.49	443.20
保定市	4.88	22.37	15.67	12.67	27.60	67.02	0.50	12.18	6.60	72.21	71.07	47.20	359.98
北海市	0	24.67	29.28	22.53	0	74.79	4.75	0	0	40.87	8.44	126.92	332.25
本溪市	0	0	0	13.31	11.05	0	0.53	0	6.88	3.66	0.64	19.12	55.19
蚌埠市	7.60	0	0	84.36	54.70	22.62	53.92	21.49	58.48	0	78.22	76.58	457.97
滨州市	20.09	11.50	28.36	44.27	30.50	49.33	36.48	28.50	35.40	7.40	10.63	397.02	699.47
沧州市	3.62	0	11.77	8.31	6.36	49.41	0	7.39	3.33	0	38.33	5.98	134.49
常德市	7.87	50.48	18.60	50.34	35.05	16.96	19.64	52.86	22.97	54.81	30.53	284.52	644.64
常州市	57.19	142.58	80.69	100.31	120.35	132.25	67.38	78.41	146.88	93.55	76.27	190.07	1285.91
朝阳市	33.37	19.29	15.15	13.17	4.00	15.49	0	6.50	31.74	0	0	2.95	141.66
潮州市	0	0	0	0	2.60	6.84	26.06	5.13	38.78	0.91	0	16.05	96.36
郴州市	0	29.81	0.25	28.33	0	26.98	5.94	20.88	41.89	18.56	10.40	48.90	231.94
承德市	2.05	20.31	19.23	30.40	22.14	47.17	18.97	9.97	27.02	10.95	19.87	5.92	233.99
池州市	16.36	0	1.22	2.49	34.69	8.31	50.09	29.81	5.76	25.07	42.65	82.70	299.15
崇左市	0	10.81	1.08	15.50	0.40	25.01	26.98	23.62	13.07	0	62.81	4.67	183.94
滁州市	76.19	46.69	11.56	0	87.99	68.82	110.50	97.47	111.09	9.52	10.62	61.65	692.11
大庆市	13.65	6.70	19.13	3.59	0	7.68	19.88	49.42	15.22	18.26	40.39	7.45	201.36
丹东市	1.09	7.96	0	6.68	12.34	0	0	23.22	10.00	3.04	11.50	31.10	106.92
德阳市	34.15	38.96	21.78	34.24	21.62	49.39	30.29	40.86	21.07	0	12.07	15.22	319.63
德州市	0	0	12.25	51.23	7.30	47.73	31.27	72.17	19.60	0	42.44	9.33	293.31
东莞市	91.26	46.69	25.99	52.35	77.55	123.54	37.26	40.95	52.05	68.60	34.09	66.08	716.41
东营市	35.14	20.19	69.28	47.34	20.42	79.99	0	61.54	77.74	109.34	60.95	66.17	648.10
鄂尔多斯市	25.05	0	15.20	52.06	34.11	18.05	12.69	26.98	6.82	0	0	128.61	319.60

2-3　续表 2　　　　单位：万平方米

城市	1月	2月	3月	4月	5月	6月	7月	8月	9月	10月	11月	12月	汇总
鄂州市	51.30	4.53	0	0	38.52	55.49	0.66	30.75	3.33	22.30	53.38	50.63	310.89
佛山市	32.27	51.85	11.19	156.57	108.66	78.34	158.40	86.47	117.19	97.04	84.76	154.87	1137.62
抚顺市	1.00	0	0	0	6.73	0	14.40	23.14	0	17.09	8.53	1.50	72.40
阜新市	11.19	0	0	0	0	11.24	3.86	17.26	0	2.59	0	79.83	125.96
阜阳市	6.82	0	11.56	94.72	46.77	78.72	57.05	0	0	14.89	99.27	156.77	566.58
赣州市	47.21	30.67	41.31	13.51	50.38	45.48	163.71	20.05	64.02	34.68	63.54	219.13	793.71
广元市	5.80	0	6.72	24.23	14.77	51.15	2.30	14.28	11.59	17.51	24.22	31.36	203.94
贵港市	102.79	11.00	5.22	71.84	34.39	23.61	82.05	13.31	84.50	67.42	81.61	143.57	721.32
桂林市	7.46	22.21	5.07	70.92	54.79	25.71	14.58	26.53	12.21	17.57	24.19	98.63	379.88
邯郸市	50.38	0	29.42	58.59	119.98	62.01	30.38	92.36	52.58	79.59	85.49	89.01	749.80
河源市	1.50	2.51	0	0	2.91	0	58.13	6.91	0	10.14	4.64	78.68	165.42
菏泽市	63.71	36.45	0	183.83	54.72	42.35	15.95	11.97	116.18	20.93	29.59	138.00	713.67
鹤壁市	0	0	0	0	76.00	0	0	0	61.66	0	0	63.18	200.85
鹤岗市	0	0	0	10.90	6.29	0	0	0.36	0	17.12	0.80	5.24	40.71
衡水市	2.27	2.00	16.36	15.68	22.82	32.13	1.11	26.20	28.60	10.78	13.35	31.78	203.07
葫芦岛市	35.35	0	6.26	10.86	12.84	1.67	48.81	1.52	0	1.27	4.91	10.51	133.98
湖州市	117.23	45.95	116.52	54.32	49.76	81.88	51.85	2.56	83.50	45.24	19.25	99.45	767.53
怀化市	8.97	0	0.49	0	14.62	16.45	27.11	0	31.76	17.40	43.06	90.73	250.60
淮安市	94.94	14.94	46.00	52.58	139.87	5.95	57.65	99.57	54.12	118.48	14.69	125.49	824.27
淮北市	0.17	33.80	0	9.76	0	32.89	22.66	26.07	31.30	0	0	60.43	217.08
淮南市	25.61	0	3.55	30.73	67.63	14.79	13.40	36.29	21.61	21.00	24.41	0	259.01
黄石市	9.26	0	0	22.48	30.78	53.96	22.68	47.55	22.01	25.68	26.30	96.25	356.95
惠州市	22.54	45.04	4.95	35.90	36.60	136.02	208.55	45.80	135.39	121.80	139.74	163.02	1095.35
鸡西市	0	0	0	0.31	0	0	9.32	0	0	0	1.34	0	10.96
吉林市	1.82	4.56	20.04	15.87	107.44	0	23.32	47.98	12.50	74.43	73.03	13.71	394.71
济宁市	53.75	36.75	4.56	59.63	59.02	96.71	98.29	32.43	22.92	27.47	64.13	116.67	672.33
嘉兴市	9.63	18.78	0	27.18	39.51	67.37	28.10	24.04	19.50	33.23	41.14	74.64	383.12
江门市	17.64	11.81	13.51	6.39	16.82	120.83	39.36	50.44	4.81	26.58	30.70	39.49	378.37
焦作市	2.97	0	3.18	0	13.61	0	14.87	13.60	28.31	25.41	8.94	32.47	143.36
揭阳市	1.76	22.06	6.22	15.76	0	3.75	0	5.81	14.73	0	0	22.95	93.06
金华市	8.90	61.85	30.10	16.77	19.38	32.95	9.62	10.42	8.88	46.94	36.58	14.63	297.02
锦州市	1.55	0.30	2.53	45.15	37.45	18.94	40.10	5.58	28.57	8.23	6.40	7.23	202.02
荆门市	79.68	12.23	0	37.41	39.88	218.39	137.87	2.29	49.11	136.41	40.18	93.78	847.23
荆州市	3.49	15.21	0	94.51	35.64	63.51	76.55	44.96	20.43	96.06	27.75	49.33	527.45
景德镇市	0	0	0.41	54.83	13.01	0	87.90	28.34	35.43	16.10	0	65.34	301.36
九江市	43.59	29.87	36.47	141.94	26.56	26.04	40.26	63.94	40.57	23.61	74.79	118.91	666.55
开封市	0	29.75	6.79	2.80	4.34	46.02	16.66	4.38	8.22	24.43	16.25	42.90	202.55
拉萨市	0	0	1.34	33.07	0	4.00	0.12	0	0	0	7.10	0	45.63

2-3 续表 3

单位：万平方米

城市	1月	2月	3月	4月	5月	6月	7月	8月	9月	10月	11月	12月	汇总
廊坊市	0	0	37.79	5.40	43.09	48.04	20.99	0	25.45	5.99	40.78	69.70	297.24
乐山市	7.58	0	19.57	3.07	21.81	7.87	25.47	0	48.83	7.83	13.25	59.55	214.82
丽江市	21.84	2.00	0	0	0	0	1.31	16.02	11.57	0	0	0.14	52.87
丽水市	1.44	11.02	1.59	36.33	3.39	71.27	2.96	21.40	16.30	6.65	51.82	24.92	249.06
连云港市	7.52	13.95	38.85	0	42.57	12.92	109.15	0	131.80	4.88	8.13	225.62	595.37
聊城市	40.61	26.97	19.74	43.62	23.92	21.81	61.15	34.51	15.45	43.10	33.78	47.21	411.86
临沂市	28.90	24.32	39.02	105.08	97.23	72.02	49.40	100.20	140.30	128.94	132.42	155.87	1073.71
柳州市	8.17	23.44	6.12	31.31	22.21	64.71	103.78	28.35	60.25	55.85	141.50	142.71	688.40
六盘水市	15.82	0	0	59.41	3.92	32.35	20.43	8.47	0	36.70	0.58	72.56	250.24
龙岩市	0.05	49.47	75.74	44.63	18.13	18.52	0	2.69	19.57	12.85	21.32	152.70	415.66
泸州市	30.07	3.59	190.18	10.45	3.15	12.43	47.49	4.13	30.02	65.48	15.97	162.28	575.26
六安市	86.87	22.12	0	158.88	15.91	131.82	22.16	85.76	78.24	47.67	0	70.62	720.05
洛阳市	138.86	55.13	40.04	33.59	55.44	42.62	90.09	7.61	16.24	65.69	52.16	73.78	671.26
漯河市	40.49	11.90	0	49.57	45.39	0	25.70	3.24	18.08	17.56	35.11	34.73	281.77
马鞍山市	3.97	1.54	7.81	34.36	22.86	21.06	15.68	35.59	54.16	48.23	22.04	12.15	279.47
茂名市	0	14.98	3.20	1.36	53.96	34.10	57.37	5.68	46.47	8.04	21.64	68.29	315.10
眉山市	32.89	12.90	92.66	121.19	32.25	51.62	4.19	60.13	205.66	141.78	122.90	283.83	1162.00
梅州市	0.86	4.49	1.13	7.41	0	0	16.86	0	42.15	27.96	5.96	4.39	111.21
绵阳市	4.30	6.11	0.58	16.11	43.52	30.06	38.81	46.26	45.28	40.49	72.22	111.31	455.06
牡丹江市	0	0.47	0	0	4.27	7.53	0	21.92	2.67	0	0	229.70	266.56
南充市	0	21.84	0	71.69	58.13	140.76	58.34	19.52	28.99	36.51	7.19	37.20	480.16
南平市	23.93	0	0	14.11	34.25	3.64	9.19	2.42	18.59	47.80	27.99	4.30	186.22
南通市	97.82	72.61	75.15	50.61	107.57	385.73	216.74	393.50	56.19	155.58	173.79	150.50	1935.77
南阳市	5.82	4.05	5.26	42.48	27.35	39.98	33.76	1.18	9.50	0	17.77	25.02	212.16
内江市	8.64	0	10.84	13.04	22.92	25.44	0	23.55	16.80	8.45	32.70	62.76	225.13
宁德市	1.62	11.92	22.12	24.01	0	28.34	1.03	15.39	11.95	34.18	26.38	81.88	258.83
攀枝花市	0	0	0	9.75	13.11	3.67	15.70	17.47	12.62	2.36	0	88.50	163.18
平顶山市	1.32	0	0	46.56	0	31.01	2.31	0	17.31	32.66	5.56	39.02	175.74
萍乡市	4.58	0	0	21.39	3.65	29.05	3.78	14.96	27.85	9.08	0	28.38	142.72
莆田市	35.12	11.39	4.62	57.73	28.12	9.16	21.57	20.11	55.40	27.89	18.98	8.52	298.62
濮阳市	0	0	4.07	16.08	12.34	299.43	1.28	24.98	16.14	11.72	41.49	27.85	455.40
普洱市	0	0	7.87	7.86	2.88	0	0.04	0	21.24	1.96	5.94	4.73	52.52
齐齐哈尔市	6.13	0	0	0	0	18.42	2.87	0	11.19	12.04	48.77	6.12	105.54
钦州市	8.35	55.58	0	27.92	16.41	13.25	153.81	23.38	9.59	51.49	0	175.36	535.13
秦皇岛市	19.01	33.00	18.94	5.43	22.74	54.54	22.05	16.15	18.46	44.45	21.64	72.87	349.26
清远市	12.85	61.12	9.48	13.02	30.37	43.86	11.45	14.16	15.50	3.43	30.22	78.47	323.92
衢州市	6.35	11.43	24.49	2.73	11.37	68.86	43.68	20.93	38.24	19.99	29.04	114.22	391.32

2-3 续表4

单位：万平方米

城市	1月	2月	3月	4月	5月	6月	7月	8月	9月	10月	11月	12月	汇总
曲靖市	78.78	28.29	7.52	34.20	14.64	21.82	4.27	4.58	13.08	5.20	23.16	40.27	275.83
泉州市	1.03	1.68	0	0	4.06	0	21.25	0	69.65	2.76	5.05	30.65	136.13
日照市	24.17	13.25	54.70	36.05	14.55	15.56	104.62	43.61	0	81.29	69.14	134.83	591.77
三明市	40.86	8.50	0	13.29	23.55	4.06	18.16	3.40	16.09	14.21	7.00	31.72	180.82
汕头市	0.35	1.97	8.07	42.39	31.14	19.46	14.51	13.83	40.12	51.85	10.53	40.17	274.39
汕尾市	12.84	0	0	0	0	0	0	0	1.31	0	0	12.73	26.88
商洛市	11.40	1.64	0	15.48	0	0	2.03	6.21	2.75	0	6.57	5.02	51.11
商丘市	28.69	0	7.77	21.89	0	69.39	6.78	24.31	45.07	22.98	83.76	99.75	410.37
上饶市	75.95	11.10	61.68	31.61	11.39	43.98	190.84	62.03	82.54	216.28	67.26	167.68	1022.33
韶关市	2.20	3.27	0	0	30.20	22.37	21.07	3.13	25.14	26.24	6.39	34.83	174.84
绍兴市	64.22	19.71	36.16	69.32	59.29	95.09	35.46	26.22	45.15	54.90	33.55	144.11	683.19
十堰市	22.71	4.21	4.96	4.18	43.97	30.78	79.96	77.60	112.10	6.61	118.43	203.27	708.79
朔州市	17.60	0	0	39.84	0	29.07	0	14.65	17.00	20.22	7.26	0	145.65
松原市	0	0	0	0	6.97	2.00	0	11.34	11.05	3.02	0	0	34.37
随州市	23.97	0	0	0	20.89	11.05	9.42	7.56	0	6.83	30.33	63.39	173.43
台州市	101.65	17.70	6.12	13.15	10.76	90.12	10.01	11.86	25.45	52.52	23.18	51.37	413.90
泰安市	22.60	46.36	66.80	16.23	5.99	15.57	84.53	21.67	32.59	46.54	29.44	51.17	439.50
泰州市	30.16	53.22	9.63	10.82	3.34	50.26	58.53	9.16	36.41	36.46	78.57	23.51	400.07
唐山市	73.95	204.84	238.57	57.00	142.33	163.87	63.37	65.69	289.62	108.56	128.90	313.16	1849.87
铁岭市	0	0	5.98	0	0	0.70	0.18	0	4.62	4.78	3.78	0	20.03
通化市	0.37	0	0	3.84	10.71	0	0.54	13.31	3.31	3.67	0	1.48	37.23
威海市	51.89	72.97	54.61	85.84	75.07	39.90	235.40	240.66	76.91	62.06	117.66	293.35	1406.31
潍坊市	127.38	44.90	101.67	48.38	73.93	71.04	147.57	70.81	119.04	95.62	87.22	260.40	1247.96
乌兰察布市	6.12	0	22.74	0	0	0	0	31.96	11.49	16.11	0	45.97	134.39
芜湖市	16.71	79.10	72.77	66.19	35.51	47.20	107.54	85.56	43.87	27.99	10.78	58.99	652.19
咸阳市	36.00	2.40	2.00	24.04	97.90	0	41.58	9.82	51.37	61.12	30.37	10.33	366.94
湘潭市	0	33.73	0	6.51	49.26	25.91	2.18	47.77	11.33	61.99	110.21	63.35	412.26
襄阳市	161.02	1.56	74.00	61.92	50.76	3.08	71.00	19.08	159.85	40.81	84.62	203.34	931.02
新乡市	3.59	34.90	3.47	22.20	4.73	0	29.62	27.42	42.58	25.44	9.79	44.08	247.81
信阳市	6.10	9.27	0	0	39.24	47.94	22.96	58.84	4.58	30.44	42.69	3.33	265.40
宿迁市	9.62	45.46	25.53	31.42	89.69	14.99	77.64	0	15.38	77.76	16.95	98.44	502.88
宿州市	11.77	0	87.76	71.27	6.58	36.32	51.19	17.79	32.99	20.96	47.04	26.52	410.19
徐州市	57.02	105.52	91.27	94.60	58.66	139.39	189.29	129.64	31.77	45.77	82.69	110.41	1136.03
宣城市	25.19	4.00	55.77	22.36	15.73	4.03	38.76	39.64	5.34	38.70	39.52	33.79	322.84
烟台市	49.85	103.98	36.24	103.49	43.79	154.74	59.07	46.55	101.58	61.94	114.09	122.73	998.05
盐城市	5.50	41.04	65.96	29.53	52.80	18.68	90.48	73.70	184.08	66.38	97.74	249.74	975.63
扬州市	72.16	31.82	55.22	86.59	27.05	18.47	119.93	17.33	62.79	24.24	198.74	96.86	811.20

2-3 续表 5 单位：万平方米

城市	1月	2月	3月	4月	5月	6月	7月	8月	9月	10月	11月	12月	汇总
阳江市	18.31	21.03	0	0	0	3.09	17.90	19.07	31.63	1.70	9.89	24.82	147.45
伊春市	0	0	3.80	8.39	0	0	0	2.61	2.38	0	0	0	17.17
宜宾市	35.35	10.34	0	132.91	55.62	14.70	5.13	69.29	17.52	43.73	13.08	16.60	414.27
宜昌市	46.75	0	21.04	0	24.29	52.68	24.46	28.68	51.74	79.99	19.63	95.44	444.69
宜春市	26.49	27.81	105.14	23.49	8.10	41.15	46.48	29.05	46.11	2.41	25.45	43.72	425.39
鹰潭市	0	13.95	4.38	30.85	30.98	2.15	122.66	45.41	9.24	68.31	2.93	73.68	404.54
营口市	5.22	27.63	11.32	13.14	0	59.70	47.24	26.08	35.56	4.28	13.13	9.91	253.24
玉溪市	0.74	0.40	6.82	0.93	4.94	11.54	1.16	0	5.66	31.59	22.29	93.11	179.19
岳阳市	28.45	104.84	0	18.53	3.84	0	12.12	53.06	201.03	8.40	28.66	49.62	508.55
云浮市	25.74	0	0	12.07	28.59	0	0	4.05	17.38	17.43	23.79	9.73	138.79
湛江市	23.21	0	45.02	21.59	21.62	0	0.51	5.10	38.93	17.08	13.16	62.72	248.93
张家界市	17.67	7.73	0	0.33	3.87	26.40	1.97	0.92	0.97	16.13	87.47	70.51	233.99
漳州市	20.55	8.12	33.97	11.74	33.64	23.29	118.36	48.80	22.53	62.60	60.91	53.55	498.07
肇庆市	47.32	2.91	18.43	77.70	8.64	4.00	23.84	4.42	30.73	28.27	54.11	79.96	380.33
镇江市	8.01	56.80	0	52.57	13.38	13.28	3.94	14.67	6.32	58.91	61.97	63.19	353.05
中山市	57.12	0	28.22	19.05	12.60	7.86	60.83	66.10	34.16	19.54	0	69.13	374.61
舟山市	6.25	0	0	5.52	6.49	2.29	2.35	28.29	1.98	49.00	18.78	36.44	157.39
珠海市	7.46	41.75	107.80	18.64	35.63	49.13	97.81	31.64	24.71	71.03	50.46	117.20	653.29
株洲市	22.70	0	19.58	7.09	13.47	44.09	77.40	31.96	52.30	117.52	33.95	314.93	734.98
淄博市	44.38	82.98	52.31	83.64	2.68	131.55	43.97	58.02	44.41	127.59	114.02	237.38	1022.93
自贡市	2.47	0	45.52	4.12	7.32	0	29.18	0	28.64	8.96	7.92	23.94	158.08
遵义市	24.85	65.95	33.97	98.34	60.67	5.13	125.19	149.52	100.22	136.26	4.32	3.84	808.26
县及县级市													
保亭黎族苗族自治县	0	0	0	0	0	0	0	0	0	0	0	0	0
滨海县	19.68	3.11	0	0	9.81	9.18	0	0	70.44	5.39	24.84	25.16	167.61
常熟市	45.97	80.51	5.14	83.77	12.60	39.54	62.60	60.08	33.80	35.47	1.74	17.07	478.29
长沙县	1.73	37.83	0	8.09	4.29	48.39	46.93	77.15	69.43	251.16	9.98	135.68	690.66
长兴县	103.80	36.09	22.48	81.27	34.29	51.24	31.29	22.65	23.46	9.85	51.28	47.21	514.91
崇州市	0	0	0	0	0	3.67	13.90	1.37	11.35	0	8.97	23.00	62.26
淳安县	0.31	0	0	8.95	0	1.24	4.20	4.32	2.68	6.90	1.04	0	29.63
慈溪市	34.55	1.82	10.94	52.56	22.88	16.17	5.97	44.07	20.73	17.16	22.35	67.66	316.86
丹阳市	4.09	18.77	0	29.23	12.63	20.69	16.76	24.81	0	77.73	10.37	20.96	236.04
当涂县	21.77	1.03	3.93	1.95	9.34	10.13	25.09	9.57	5.63	27.75	11.97	13.40	141.56
德清县	6.32	38.05	43.78	43.05	17.39	22.15	53.70	30.33	28.40	23.85	20.56	54.94	382.54
东港市	0	0	0	4.68	9.72	0	9.07	6.55	3.48	2.89	0	17.81	54.19
东台市	2.83	50.33	0	49.97	15.78	5.30	12.84	10.70	0.15	1.07	0	7.06	156.01

2-3　续表 6　　　　单位：万平方米

城市	1月	2月	3月	4月	5月	6月	7月	8月	9月	10月	11月	12月	汇总
都江堰市	0	0	0	0	0	0	1.68	0	0	23.41	6.92	47.26	79.26
恩施土家族苗族自治州	1.47	1.46	0	6.22	11.40	14.20	67.27	29.73	21.25	6.23	16.75	35.90	211.88
肥东县	0.40	0	23.18	0	47.75	12.09	26.87	25.56	37.22	43.23	0	29.38	245.69
肥西县	30.95	17.17	3.24	0	50.79	0	18.02	17.12	22.02	0	10.36	27.71	197.38
盖州市	0	0	0	6.31	0	0	12.22	2.68	3.36	11.61	76.61	4.00	116.79
高碑店市	1.27	0	0	0	0	38.78	6.88	24.75	22.70	0.06	20.04	5.91	120.39
固安县	0	0	11.33	3.26	35.11	9.52	2.92	4.58	9.30	36.16	13.03	23.62	148.83
海安市	58.16	64.22	51.61	18.82	49.36	26.77	55.85	16.80	23.72	39.35	36.70	52.26	493.61
海宁市	34.72	16.93	3.35	16.48	47.35	9.94	21.67	3.45	52.61	57.58	74.18	130.95	469.22
海盐县	0	6.15	5.99	14.86	20.43	20.08	34.98	7.72	6.86	7.01	10.00	74.45	208.52
惠安县	61.74	28.86	18.54	11.54	14.72	2.49	8.36	0.38	35.66	0.79	44.20	24.20	251.46
惠东县	2.11	3.08	0	0.11	0	0	33.66	11.71	9.92	29.16	62.38	54.85	206.97
嘉善县	9.57	22.30	9.44	12.80	12.89	4.12	12.96	6.45	12.63	9.40	29.92	76.08	218.56
建德市	5.60	36.78	3.31	0	22.36	3.79	2.36	2.83	4.42	13.90	0	6.75	102.10
建湖县	26.59	11.17	0	9.79	0	15.48	0	4.34	5.11	27.19	9.11	25.11	133.89
江阴市	40.72	14.28	0	24.79	15.13	68.89	84.35	0.58	31.54	15.80	9.69	7.60	313.37
胶州市	6.32	20.92	36.62	17.97	5.88	63.01	32.03	12.93	20.32	17.56	44.92	25.62	304.10
晋江市	16.36	19.66	6.80	7.63	24.52	11.99	16.62	27.19	18.41	17.53	36.12	8.25	211.08
靖江市	0	4.99	21.73	18.27	0	0	17.73	31.54	16.03	18.48	292.94	141.26	562.97
昆山市	8.18	21.86	10.48	34.83	25.49	10.86	42.14	15.55	3.74	27.70	21.07	50.33	272.22
莱西市	5.60	38.22	0	0	42.11	101.97	19.45	4.33	51.95	10.17	42.21	43.31	359.31
莱州市	1.38	5.26	0.92	2.83	2.90	13.58	0	2.00	0.47	1.95	1.50	9.14	41.95
临海市	9.49	0.74	4.35	0	11.72	32.32	35.41	16.88	9.03	10.32	2.25	99.13	231.64
陵水黎族自治县	0	0	0	0	0	0	0	0	0	0	16.13	0	16.13
浏阳市	6.76	27.38	6.37	80.89	44.78	90.79	7.06	32.89	10.15	47.64	0.62	51.02	406.34
龙口市	13.96	11.03	0	6.31	11.00	6.26	8.13	0	9.65	164.40	0	0	230.76
龙门县	0	12.74	1.68	5.22	1.95	2.90	0	7.53	8.43	4.17	2.43	1.15	48.21
闽侯县	27.77	1.04	12.56	1.81	18.63	19.38	3.86	0	25.81	14.41	10.03	16.10	151.39
南安市	8.31	13.54	21.76	20.35	1.20	20.27	9.28	42.20	3.62	12.84	20.82	0	174.18
宁海县	27.86	4.51	2.79	13.30	11.48	22.27	7.61	13.92	10.67	7.89	0.64	8.63	131.58
沛县	16.96	0	9.76	37.48	30.31	16.57	24.59	34.62	10.41	40.15	13.08	42.19	276.12
彭州市	0	10.71	0	10.50	13.33	8.21	0	0	0	10.46	8.40	20.82	82.42
邳州市	0	0	0	1.22	37.04	7.69	0	11.62	179.06	24.34	42.68	32.87	336.52
平度市	8.78	50.15	29.08	39.19	6.76	8.70	8.63	6.77	31.60	27.02	0	95.89	312.57
平湖市	10.38	1.53	0	6.71	10.28	32.77	15.09	5.03	15.54	25.67	30.29	80.94	234.24
蒲江县	0	0	11.86	7.30	0.40	0	0	15.45	0	5.02	0	0	40.02

2-3 续表 7 单位：万平方米

城市	1月	2月	3月	4月	5月	6月	7月	8月	9月	10月	11月	12月	汇总
普宁市	0	0	0	0	0	10.70	3.28	0	1.11	6.98	0	0.81	22.88
启东市	16.96	0	23.96	0	23.51	103.05	54.47	9.08	35.49	39.63	56.64	24.70	387.47
潜江市	8.64	0	0	2.06	0	0	29.11	0	36.55	12.46	6.81	24.54	120.16
荣成市	0	7.88	0	7.69	20.51	0	11.71	27.13	10.41	23.32	123.45	49.70	281.80
如东县	19.53	20.08	3.22	17.81	32.52	25.09	46.49	12.58	32.16	37.84	49.34	77.07	373.72
瑞安市	1.46	21.51	0	11.21	7.09	23.15	24.70	2.86	7.55	39.14	1.80	50.18	190.64
嵊州市	5.51	17.75	5.76	11.12	0	16.46	18.00	3.68	21.76	0.92	18.90	123.39	243.26
太仓市	0	58.83	29.37	22.88	33.03	99.67	3.48	39.39	30.53	27.69	11.74	44.06	400.68
泰兴市	19.99	5.03	0	20.40	10.84	30.68	8.53	26.73	34.63	25.17	44.25	69.81	296.06
天门市	15.64	3.48	0	14.94	5.58	20.76	22.29	12.64	19.36	8.19	7.84	33.06	163.76
桐庐县	1.06	11.52	5.47	5.66	51.90	7.00	21.50	4.75	46.79	4.57	6.53	5.17	171.91
桐乡市	10.05	65.60	8.70	8.66	34.85	23.31	25.70	27.53	27.84	23.34	25.17	45.65	326.40
瓦房店市	0	1.23	14.97	3.46	0.09	12.96	0	0	0.35	13.12	1.72	5.10	53.00
文安县	11.33	0	39.19	8.33	8.08	0	8.98	6.99	0	0	2.90	0	85.81
文昌市	4.07	0	0	16.36	0	11.37	4.41	19.89	10.40	18.59	33.82	30.57	149.48
仙桃市	18.97	54.85	0	15.35	38.24	32.05	23.16	0.38	47.06	58.87	32.94	63.82	385.69
香河县	0	0	5.77	0	0	10.86	0	0	0	0	6.86	0	23.49
象山县	31.06	0.50	1.28	18.04	32.06	37.63	0.13	5.72	21.81	31.33	7.50	46.19	233.24
新沂市	25.71	0	4.84	13.09	0	38.94	0	8.45	0	23.90	18.74	29.77	163.45
兴化市	46.97	14.78	0	51.72	5.68	22.54	13.51	8.03	7.25	6.37	0	3.84	180.69
宜兴市	4.90	6.24	4.81	77.02	30.19	46.30	39.15	5.93	4.84	46.68	23.54	22.56	312.16
义乌市	5.03	56.13	60.54	43.96	14.91	53.68	71.35	45.83	42.63	16.86	23.61	31.75	466.29
永登县	61.93	9.60	48.71	16.09	6.35	45.83	56.92	265.48	42.81	17.65	38.15	21.43	630.94
余姚市	19.84	21.66	0	24.10	26.76	27.73	39.91	10.63	22.05	61.49	9.31	38.86	302.32
张家港市	21.18	6.10	29.78	78.88	59.08	38.82	99.12	84.87	35.32	147.00	26.11	53.61	679.86
诸暨市	43.55	2.85	6.79	0.05	30.60	65.76	1.47	7.06	34.65	20.91	12.36	57.17	283.22
庄河市	0	0	0	10.56	8.12	1.17	6.00	19.00	2.86	1.47	9.70	0.48	59.36

数据来源：中指数据库监测。

2-4　2020年全国300城土地成交规划建筑面积统计

单位：万平方米

城市	1月	2月	3月	4月	5月	6月	7月	8月	9月	10月	11月	12月	汇总
一线城市													
北京市	51.63	136.18	5.26	89.27	78.09	4.27	72.24	145.74	40.80	5.84	60.65	287.00	976.97
上海市	192.05	332.13	110.41	206.44	273.74	544.68	413.21	282.67	353.57	281.83	184.75	209.30	3384.78
广州市	145.16	434.07	373.57	279.60	340.99	239.97	265.31	380.83	452.49	194.24	413.72	638.23	4158.18
深圳市	73.75	9.17	43.09	29.55	70.72	117.70	49.07	63.67	96.75	143.80	259.25	199.89	1156.40
二线城市													
长春市	108.41	32.51	352.56	361.13	220.31	373.60	441.80	190.43	246.53	325.29	254.04	698.12	3604.73
长沙市	58.65	94.63	81.21	352.35	147.06	110.36	187.75	393.25	267.82	111.67	142.77	126.74	2074.25
成都市	609.09	607.61	588.43	342.19	292.11	125.01	158.91	308.67	269.39	265.55	333.27	593.25	4493.48
重庆市	180.87	116.41	179.45	209.54	352.84	290.65	133.64	253.82	218.87	111.90	251.49	932.37	3231.87
大连市	11.18	13.36	3.00	30.51	75.88	151.81	49.65	15.92	104.43	242.20	58.85	142.30	899.08
福州市	127.71	130.25	12.14	185.84	246.85	145.87	0	61.04	35.71	78.35	0	72.35	1096.11
贵阳市	154.74	7.57	150.03	110.04	478.30	146.23	246.18	618.98	473.31	256.55	268.86	379.08	3289.87
哈尔滨市	99.98	98.75	84.16	157.60	3.06	308.28	88.58	172.49	135.84	181.43	38.46	41.75	1410.38
海口市	10.62	0	1.06	15.68	14.65	148.60	25.44	95.44	32.55	58.09	12.09	53.11	467.35
杭州市	289.13	111.48	203.25	289.12	433.64	530.28	292.94	222.36	253.96	474.15	104.07	264.71	3469.09
合肥市	48.71	12.84	163.56	73.19	69.15	60.59	63.00	179.65	188.74	32.44	80.56	120.04	1092.49
呼和浩特市	0	0	0	0	104.10	13.87	68.07	71.05	1.97	12.81	0	44.57	316.44
济南市	75.71	18.15	257.24	169.40	41.91	317.58	124.46	329.27	271.58	454.56	187.34	484.93	2732.12
昆明市	23.68	42.61	24.80	155.86	130.56	250.98	191.54	201.95	164.57	248.36	133.61	843.15	2411.67
兰州市	69.56	0	0	217.83	46.93	589.30	60.78	31.24	42.56	24.44	77.17	28.81	1188.61
南昌市	68.13	134.62	36.39	282.70	144.12	326.82	46.69	117.28	146.19	329.80	465.15	278.41	2376.30
南京市	191.26	249.66	92.14	323.46	513.15	217.48	464.04	129.53	530.16	353.18	314.21	498.22	3876.49
南宁市	148.50	244.98	429.41	283.78	162.52	70.37	235.53	124.76	198.80	277.16	185.87	227.72	2589.39
宁波市	32.33	99.60	57.26	89.08	178.74	238.95	307.73	440.36	92.55	149.06	24.94	171.24	1881.83
青岛市	89.95	90.27	247.32	820.54	155.38	370.73	280.29	278.68	262.04	265.65	115.26	383.85	3359.96
三亚市	8.84	1.25	0.24	39.47	10.11	33.14	3.00	8.77	78.86	3.31	57.07	24.02	268.09
沈阳市	34.25	188.97	105.52	282.98	196.28	172.64	401.74	54.38	200.06	213.60	97.50	313.48	2261.40
石家庄市	26.16	179.98	194.16	63.60	100.56	433.16	198.21	127.64	71.41	64.18	59.08	271.74	1789.88
苏州市	147.98	81.31	294.10	475.41	231.15	277.97	194.31	100.75	104.13	167.37	22.23	209.57	2306.28
太原市	32.80	232.12	0	147.09	142.60	533.20	290.61	44.98	403.43	390.98	76.43	457.13	2751.38
天津市	167.06	35.52	74.82	249.54	259.22	152.48	359.08	166.47	541.31	319.19	50.41	489.45	2864.55
温州市	157.24	83.06	23.82	221.41	157.87	103.75	54.29	77.33	24.06	36.82	60.06	178.52	1178.24
乌鲁木齐市	38.28	0	295.11	714.44	300.20	580.17	277.19	0	0	248.40	68.60	542.69	3065.09
无锡市	22.38	20.61	126.12	0	169.80	184.24	146.79	71.77	30.37	111.72	163.03	97.37	1144.19

2-4 续表 1

单位：万平方米

城市	1 月	2 月	3 月	4 月	5 月	6 月	7 月	8 月	9 月	10 月	11 月	12 月	汇总
武汉市	131.92	9.77	271.83	80.73	478.63	408.77	414.88	677.92	296.88	239.51	281.16	899.59	4191.60
西安市	433.04	76.62	143.60	900.12	165.20	245.84	406.95	560.09	446.52	438.43	46.15	831.72	4694.29
西宁市	0	14.92	2.19	0	0.36	49.34	51.02	2.81	27.89	91.92	0	11.71	252.15
厦门市	6.83	121.64	0	201.01	0	104.51	110.26	91.17	158.67	138.35	102.00	44.71	1079.15
银川市	4.17	0	0	35.81	36.06	4.59	26.26	32.86	71.70	57.12	19.66	4.70	292.94
郑州市	180.72	79.87	95.82	140.00	213.31	205.91	143.70	333.28	148.16	121.64	173.93	686.36	2522.69
三四线城市													
安康市	23.02	3.14	19.28	24.21	60.78	0	13.81	24.46	40.24	7.50	135.55	66.61	418.60
安庆市	19.57	91.65	43.07	7.82	41.42	14.99	86.42	30.29	0.18	46.25	38.12	70.31	490.09
安顺市	28.48	17.86	1.50	48.53	17.24	10.22	167.22	33.44	39.11	46.21	80.92	64.90	555.63
安阳市	11.51	17.48	0	18.51	24.17	110.10	0	29.47	0	2.10	2.09	22.04	237.48
鞍山市	0	0	0	8.19	0	0.48	0.22	0	8.13	6.51	16.10	3.55	43.18
百色市	25.20	0	0	154.90	2.17	15.14	43.79	27.70	4.72	0.22	67.26	235.61	576.70
包头市	98.41	19.27	0.03	37.41	45.29	84.41	91.30	0	8.41	38.06	66.52	52.70	541.79
宝鸡市	122.01	70.93	0	31.07	42.89	71.76	15.31	18.81	92.16	144.66	7.10	171.55	788.27
保定市	15.59	62.08	20.24	35.48	59.78	138.88	3.70	36.13	20.06	95.67	144.24	128.38	760.24
北海市	0	44.40	66.55	54.59	0	193.86	7.13	0	0	62.49	16.88	248.79	694.68
本溪市	0	0	0	9.31	11.99	0	0.26	0	6.54	6.22	0.45	22.12	56.90
蚌埠市	15.19	0	0	97.82	73.29	33.81	72.15	12.89	104.80	0	106.31	98.20	614.46
滨州市	35.13	19.21	46.23	49.17	47.05	101.12	50.76	41.44	48.38	17.38	13.92	477.65	947.44
沧州市	5.42	0	25.89	9.17	7.39	102.52	0	13.30	5.00	0	80.21	13.16	262.06
常德市	17.19	54.18	31.96	87.19	72.16	48.24	26.53	124.42	48.65	56.91	91.22	557.96	1216.60
常州市	140.63	357.59	109.48	224.76	263.57	283.74	143.03	168.77	372.44	203.25	121.37	381.76	2770.40
朝阳市	121.94	8.08	22.40	15.70	3.20	11.94	0	12.84	45.15	0	0	3.63	244.88
潮州市	0	0	0	0	10.39	27.35	76.36	23.29	104.59	3.18	0	61.19	306.34
郴州市	0	47.92	1.77	53.62	0	52.42	12.60	28.22	81.01	34.03	32.55	99.33	443.47
承德市	2.29	23.32	22.67	31.70	38.89	74.29	19.41	19.94	34.49	12.71	30.56	10.83	321.09
池州市	18.78	0	0.56	2.53	41.93	10.92	52.59	42.37	6.91	29.98	48.15	96.33	351.05
崇左市	0	10.81	0.86	18.77	0.80	52.79	62.61	51.98	36.10	0	94.52	14.00	343.24
滁州市	152.71	56.03	22.78	0	128.36	90.09	172.94	128.56	168.12	18.60	12.74	95.72	1046.65
大庆市	9.94	6.04	23.31	4.43	0	3.84	26.69	46.56	14.52	21.62	33.68	4.55	195.19
丹东市	0.94	12.73	0	6.68	26.34	0	0	45.33	14.70	7.60	23.01	48.17	185.50
德阳市	68.55	43.30	35.47	26.30	59.80	135.08	64.23	82.94	21.99	0	29.15	33.56	600.37
德州市	0	0	18.82	82.02	7.56	51.53	58.52	72.17	19.52	0	69.09	25.42	404.66
东莞市	215.22	114.95	46.73	161.07	230.48	384.74	106.04	156.95	123.70	215.04	114.39	239.28	2108.58
东营市	45.18	21.40	57.28	46.10	24.76	87.85	0	56.72	97.98	123.44	76.96	85.66	723.33
鄂尔多斯市	27.01	0	19.87	46.60	26.87	28.91	11.99	27.07	8.19	0	0	122.46	318.97

2-4　续表 2　　　　单位：万平方米

城市	1月	2月	3月	4月	5月	6月	7月	8月	9月	10月	11月	12月	汇总
鄂州市	82.74	4.53	0	0	95.08	121.51	0.78	63.75	10.00	62.52	132.29	57.84	631.05
佛山市	92.52	146.58	30.95	438.48	302.11	216.92	473.83	299.95	339.07	200.58	271.92	516.95	3329.85
抚顺市	0.60	0	0	0	3.72	0	28.81	13.88	0	26.18	21.42	2.53	97.13
阜新市	21.52	0	0	0	0	8.99	9.26	14.44	0	1.55	0	94.63	150.40
阜阳市	12.87	0	13.88	181.30	104.44	135.78	91.30	0	0	34.25	136.80	278.60	989.21
赣州市	86.54	58.56	96.55	29.59	113.37	87.85	316.40	46.78	133.88	68.76	127.09	466.81	1632.19
广元市	7.03	0	14.23	42.94	24.08	96.90	4.72	29.04	15.08	24.36	27.61	34.03	320.03
贵港市	183.93	7.91	15.66	104.38	69.57	23.20	120.78	19.20	90.18	93.46	101.56	162.85	992.68
桂林市	20.06	32.88	6.09	95.18	76.01	46.03	28.13	53.03	14.66	42.63	47.85	90.46	553.01
邯郸市	82.53	0	41.00	67.32	224.21	99.40	59.95	129.57	95.91	123.52	152.19	170.23	1245.84
河源市	2.70	8.39	0	0	7.28	0	119.71	14.46	0	36.01	11.60	186.09	386.24
菏泽市	146.60	67.96	0	349.79	112.78	54.42	19.91	22.72	333.84	40.10	36.25	184.84	1369.20
鹤壁市	0	0	0	0	115.33	0	0	0	90.76	0	0	93.22	299.30
鹤岗市	0	0	0	4.98	5.03	0	0	0.49	0	22.82	0.88	6.30	40.50
衡水市	2.27	4.01	17.99	26.47	37.49	38.82	1.11	37.54	43.27	25.87	29.40	50.19	314.42
葫芦岛市	53.75	0	8.10	12.05	20.28	1.67	73.35	2.65	0	2.41	9.96	12.74	196.94
湖州市	226.75	85.13	226.82	158.18	134.49	132.67	79.71	3.84	174.93	69.41	41.36	180.24	1513.54
怀化市	13.64	0	2.43	0	28.06	50.91	64.11	0	85.85	55.42	75.78	272.85	649.05
淮安市	190.98	17.68	47.02	92.35	187.88	11.45	46.17	193.03	79.71	201.12	29.42	268.04	1364.85
淮北市	0.27	40.56	0	24.08	0	58.59	24.40	35.84	50.18	0	0	100.09	334.01
淮南市	25.61	0	3.36	35.53	102.23	15.15	33.54	31.16	49.87	24.29	35.33	0	356.07
黄石市	10.50	0	0	45.75	36.17	81.68	41.90	57.07	29.93	47.02	70.58	207.91	628.50
惠州市	66.41	133.51	4.07	125.26	119.38	408.63	298.23	134.30	473.64	434.85	340.68	509.98	3048.94
鸡西市	0	0	0	0.31	0	0	6.31	0	0	0	0.94	0	7.55
吉林市	1.63	10.63	12.02	29.08	150.49	0	43.09	34.77	10.00	155.25	45.23	36.71	528.91
济宁市	63.62	51.78	8.49	80.25	87.99	171.62	151.23	41.42	32.52	49.94	94.56	216.35	1049.75
嘉兴市	18.28	40.43	0	55.49	81.27	165.00	53.19	40.51	30.95	66.20	82.78	181.45	815.54
江门市	44.11	37.19	44.28	15.98	45.60	284.38	122.91	127.09	12.01	83.58	94.31	117.87	1029.30
焦作市	7.76	0	6.53	0	32.93	0	31.80	23.05	42.27	30.49	17.59	60.79	253.20
揭阳市	6.16	60.22	12.44	31.94	0	8.54	0	12.91	34.31	0	0	49.40	215.92
金华市	20.21	123.64	61.26	36.21	39.89	67.59	22.63	11.83	22.11	118.59	68.73	30.74	623.43
锦州市	7.28	0.27	5.03	47.56	43.16	46.81	32.08	24.59	50.36	19.42	12.71	9.81	299.07
荆门市	96.43	13.61	0	63.04	61.99	209.80	149.52	3.66	54.64	167.12	30.15	133.77	983.73
荆州市	3.49	15.21	0	102.89	49.10	118.11	88.73	49.91	45.67	131.70	37.29	48.03	690.13
景德镇市	0	0	0.61	102.04	26.02	0	174.95	60.78	62.46	16.81	0	136.65	580.33
九江市	49.94	35.95	62.16	115.03	40.69	29.02	44.03	67.01	56.64	46.48	106.17	155.10	808.23
开封市	0	20.82	10.86	3.36	7.90	101.09	13.39	7.01	16.84	25.20	35.14	76.05	317.67
拉萨市	0	0	2.73	78.60	0	6.00	0.24	0	0	0	17.30	0	104.86

2-4 续表 3 单位：万平方米

城市	1月	2月	3月	4月	5月	6月	7月	8月	9月	10月	11月	12月	汇总
廊坊市	0	0	77.86	10.81	93.00	70.88	44.84	0	56.85	23.95	91.88	161.27	631.34
乐山市	19.89	0	38.68	7.66	57.48	21.23	42.92	0	92.60	11.16	24.22	112.13	427.96
丽江市	31.97	2.10	0	0	0	0	1.34	43.34	11.16	0	0	0.32	90.22
丽水市	1.35	20.14	2.38	61.34	6.19	115.93	4.37	36.17	34.19	15.67	86.96	32.77	417.48
连云港市	13.53	23.97	77.71	0	75.84	23.25	96.86	0	162.84	4.88	13.83	283.42	776.12
聊城市	75.37	58.18	36.45	72.62	27.31	43.25	124.30	60.87	35.73	80.52	75.28	84.76	774.63
临沂市	38.74	43.44	82.29	151.03	159.67	121.82	91.15	151.85	249.34	213.10	275.28	236.67	1814.37
柳州市	16.33	54.98	10.36	81.54	44.42	129.26	225.86	61.55	118.33	129.93	312.56	315.30	1500.42
六盘水市	15.82	0	0	155.95	7.10	74.71	28.55	18.52	0	96.58	0.93	139.24	537.39
龙岩市	0.16	102.77	161.80	83.63	37.66	43.65	0	5.91	47.20	37.17	56.20	338.53	914.69
泸州市	60.78	6.31	425.99	31.24	7.50	25.80	103.13	7.78	47.26	145.84	35.06	295.01	1191.70
六安市	116.36	25.92	0	179.87	28.32	168.18	43.12	129.63	116.47	66.98	0	104.99	979.84
洛阳市	196.63	78.63	68.83	58.34	69.61	66.50	281.17	21.61	63.89	169.51	62.29	138.28	1275.29
漯河市	76.50	32.41	0	103.95	93.73	0	44.25	5.34	40.08	34.77	60.50	64.20	555.73
马鞍山市	5.62	1.85	9.37	47.98	38.88	37.74	22.91	45.80	75.82	75.42	26.93	24.70	413.03
茂名市	0	36.85	6.79	2.45	103.64	86.98	94.34	14.22	107.43	13.81	59.07	172.80	698.39
眉山市	51.50	10.13	98.20	241.81	50.33	67.00	3.71	63.39	301.14	260.61	113.48	456.82	1718.11
梅州市	0.93	7.33	1.36	8.49	0	0	30.95	0	61.52	67.64	12.04	5.16	195.42
绵阳市	12.91	18.34	3.01	38.98	74.71	64.94	80.47	132.45	127.28	101.21	202.66	251.04	1107.99
牡丹江市	0	0.89	0	0	8.19	6.02	0	46.75	7.75	0	0	178.14	247.75
南充市	0	43.68	0	162.69	130.35	185.79	120.37	47.68	59.95	69.87	5.99	49.55	875.93
南平市	29.34	0	0	20.75	78.51	5.39	14.46	7.26	18.45	69.57	53.26	12.89	309.90
南通市	206.09	101.32	106.41	95.98	150.53	513.64	296.66	393.36	78.58	266.22	282.71	185.64	2677.14
南阳市	23.12	10.72	22.22	100.82	93.32	147.96	123.92	5.64	15.92	0	42.25	63.80	649.69
内江市	16.67	0	8.67	19.69	50.82	44.85	0	27.84	38.21	26.20	82.89	145.26	461.13
宁德市	4.20	31.99	56.38	35.36	0	85.02	3.78	35.05	18.51	52.61	54.05	202.39	579.35
攀枝花市	0	0	0	24.37	7.86	2.20	43.06	14.47	28.49	0.81	0	165.49	286.75
平顶山市	11.86	0	0	118.06	0	68.21	1.52	0	27.14	68.79	20.53	85.81	401.93
萍乡市	8.26	0	0	22.82	3.65	85.31	7.63	19.21	54.06	18.54	0	121.62	341.10
莆田市	96.68	22.77	10.21	114.54	72.43	22.33	46.08	55.76	171.40	76.02	75.56	30.63	794.41
濮阳市	0	0	4.98	45.09	26.94	317.26	1.28	31.54	23.96	18.65	88.77	53.47	611.95
普洱市	0	0	13.12	7.86	2.56	0	0.11	0	31.92	3.13	7.03	5.52	71.26
齐齐哈尔市	12.09	0	0	0	0	33.24	2.84	0	11.19	11.50	49.51	2.19	122.55
钦州市	19.16	158.49	0	42.25	23.41	41.01	258.11	55.49	28.88	79.02	0	309.76	1015.56
秦皇岛市	19.05	29.04	28.51	6.25	39.43	76.59	30.15	24.10	29.42	44.58	33.56	133.38	494.06
清远市	29.59	136.69	23.69	32.36	93.38	129.26	43.52	38.83	38.50	8.57	80.87	181.81	837.08
衢州市	8.58	15.55	13.39	3.92	16.03	105.10	34.58	24.95	48.09	22.75	57.13	95.53	445.60

2-4 续表4

单位：万平方米

城市	1月	2月	3月	4月	5月	6月	7月	8月	9月	10月	11月	12月	汇总
曲靖市	67.56	39.61	10.60	30.73	23.87	24.18	5.43	7.96	10.47	5.32	37.12	59.11	321.97
泉州市	6.15	4.33	0	0	9.91	0	46.97	0	199.11	6.90	12.62	71.04	357.04
日照市	24.68	25.45	88.64	40.99	32.25	24.55	132.92	75.62	0	88.33	69.17	182.05	784.63
三明市	73.64	22.06	0	28.32	52.37	10.62	48.29	5.97	42.77	28.17	13.09	86.56	411.85
汕头市	1.39	7.72	28.26	112.36	109.82	71.99	56.57	51.34	180.44	177.22	41.33	154.32	992.76
汕尾市	32.10	0	0	0	0	0	0	0	7.84	0	0	30.13	70.07
商洛市	17.28	1.15	0	17.47	0	0	4.25	6.52	4.13	0	12.30	3.43	66.54
商丘市	51.38	0	22.52	59.38	0	136.08	19.66	69.67	89.07	54.14	202.02	250.38	954.31
上饶市	117.16	21.19	100.17	59.43	12.50	71.88	340.07	98.95	161.81	363.02	105.14	332.14	1783.48
韶关市	4.39	6.54	0	0	75.55	48.68	61.05	6.27	43.62	55.94	12.16	83.35	397.53
绍兴市	112.06	41.71	74.60	106.81	108.81	179.38	78.87	49.88	74.38	96.89	56.95	210.91	1191.27
十堰市	39.85	5.25	4.96	5.40	86.75	48.74	205.65	256.52	256.39	10.21	226.75	540.70	1687.18
朔州市	20.75	0	0	39.84	0	55.44	0	14.65	17.70	20.22	18.82	0	187.42
松原市	0	0	0	0	7.12	1.40	0	9.40	25.41	1.89	0	0	45.22
随州市	37.22	0	0	0	27.45	9.16	10.77	7.56	0	14.49	34.20	82.84	223.67
台州市	257.19	53.11	8.26	27.01	25.36	214.26	22.59	35.51	71.55	88.90	34.93	117.14	955.80
泰安市	40.93	53.36	71.09	30.16	9.83	24.95	148.23	41.59	65.18	66.36	46.60	82.29	680.58
泰州市	47.16	77.85	16.54	18.29	6.68	61.04	73.70	15.63	67.68	63.68	124.17	31.26	603.67
唐山市	111.63	292.66	390.18	97.59	246.46	205.29	130.48	124.78	418.45	178.20	138.95	594.93	2929.61
铁岭市	0	0	13.77	0	0	0.56	0.27	0	7.87	3.82	3.78	0	30.07
通化市	0.37	0	0	11.52	7.50	0	0.00	20.54	7.46	2.57	0	0.84	50.79
威海市	70.90	127.95	54.31	128.53	146.12	54.59	512.77	322.78	117.46	77.60	221.99	346.21	2181.20
潍坊市	233.37	101.39	251.32	105.37	76.17	150.73	329.09	117.01	257.19	221.62	136.70	661.05	2641.02
乌兰察布市	11.71	0	52.81	0	0	0	0	47.76	17.24	39.61	0	87.56	256.69
芜湖市	20.92	86.46	66.23	96.75	63.93	79.87	169.26	102.37	59.63	33.65	7.95	83.79	870.82
咸阳市	72.00	4.80	4.00	82.89	299.06	0	78.75	4.12	142.53	159.53	30.37	20.67	898.72
湘潭市	0	56.01	0	6.51	112.10	75.41	3.28	114.85	20.54	103.43	260.67	144.81	897.60
襄阳市	321.74	1.56	81.25	110.00	88.84	3.08	91.20	19.16	158.02	90.23	117.01	377.97	1460.04
新乡市	12.56	59.09	19.10	52.40	11.82	0	67.25	69.29	89.65	25.44	14.66	107.59	528.84
信阳市	16.86	22.96	0	0	89.55	104.56	42.95	91.76	8.02	34.89	90.66	4.80	507.01
宿迁市	24.06	74.85	26.74	31.42	132.43	28.36	111.86	0	38.45	108.80	22.08	159.94	758.99
宿州市	16.75	0	186.88	93.51	6.58	50.16	80.81	19.88	35.70	29.02	88.87	46.79	654.97
徐州市	115.12	220.95	156.62	110.60	117.96	240.26	330.44	277.11	57.80	93.38	126.30	180.98	2027.53
宣城市	25.44	4.00	72.80	22.09	15.29	3.45	44.61	59.25	6.20	43.89	41.27	53.22	391.52
烟台市	126.57	156.94	52.66	83.15	69.03	186.48	92.45	92.85	152.88	89.25	153.22	191.77	1447.25
盐城市	12.10	73.35	127.42	52.17	106.81	35.22	163.68	137.21	383.74	134.74	167.74	459.82	1853.98
扬州市	128.43	54.63	100.71	166.54	48.17	22.80	212.08	38.25	115.51	42.99	343.99	161.53	1435.61

2-4 续表 5　　单位：万平方米

城市	1月	2月	3月	4月	5月	6月	7月	8月	9月	10月	11月	12月	汇总
阳江市	12.82	29.09	0	0	0	2.48	24.12	15.34	38.16	1.70	8.31	43.43	175.44
伊春市	0	0	6.46	17.05	0	0	0	3.91	3.09	0	0	0	30.51
宜宾市	78.19	10.21	0	171.34	155.76	36.94	15.07	91.02	40.93	72.19	23.50	21.59	716.74
宜昌市	95.66	0	32.91	0	25.85	107.20	27.88	57.37	72.65	110.58	21.45	177.38	728.93
宜春市	28.76	43.99	138.32	35.88	8.91	60.48	60.28	53.80	73.69	4.82	29.01	63.99	601.93
鹰潭市	0	23.03	7.89	53.31	54.79	1.08	180.92	69.87	14.96	146.24	6.44	137.06	695.59
营口市	7.61	25.24	6.79	12.85	0	51.15	51.54	21.03	30.33	8.57	18.36	10.80	244.25
玉溪市	0.74	0.60	7.96	3.89	9.89	10.58	2.14	0	9.13	68.40	57.93	191.03	362.29
岳阳市	29.84	102.29	0	51.44	2.31	0	10.88	53.61	139.13	6.25	23.07	94.10	512.90
云浮市	20.71	0	0	24.14	25.21	0	0	4.51	22.35	24.92	60.97	16.21	199.03
湛江市	29.86	0	56.86	62.60	63.21	0	1.78	15.29	97.03	39.38	41.10	143.22	550.33
张家界市	22.67	14.36	0	0.55	10.01	55.06	1.97	3.08	1.45	37.21	154.19	88.47	389.02
漳州市	54.12	22.81	89.23	39.08	75.35	66.12	293.88	123.36	45.77	141.54	162.38	124.84	1238.47
肇庆市	122.41	7.27	35.69	192.66	26.59	10.41	79.20	10.25	71.42	73.45	128.60	252.35	1010.31
镇江市	16.02	86.20	0	102.83	18.68	26.31	4.77	29.34	12.41	118.25	121.48	122.93	659.24
中山市	156.41	0	91.49	57.81	53.49	21.18	212.27	215.55	64.24	65.07	0	223.78	1161.28
舟山市	13.02	0	0	11.95	12.99	2.89	8.05	59.35	4.35	62.38	20.59	69.42	265.00
珠海市	23.81	119.59	155.45	32.49	92.82	103.43	216.70	86.72	68.06	165.83	119.12	347.95	1531.96
株洲市	65.50	0	37.94	9.65	28.68	74.27	138.18	60.25	82.16	293.46	79.99	620.04	1490.12
淄博市	85.46	164.62	88.38	132.77	5.47	275.95	81.13	110.76	90.42	231.72	191.63	485.57	1943.88
自贡市	1.48	0	51.69	3.43	17.21	0	26.53	0	36.98	22.41	10.42	16.39	186.55
遵义市	52.03	78.69	66.09	184.91	105.74	10.27	219.03	335.39	190.24	246.39	9.99	6.51	1505.28
县及县级市													
保亭黎族苗族自治县	0	0	0	0	0	0	0	0	0	0	0	0	0
滨海县	36.86	4.05	0	0	17.00	9.84	0	0	96.09	10.26	27.73	32.79	234.63
常熟市	45.42	179.37	7.12	133.82	24.07	71.97	127.39	83.72	59.62	55.88	3.48	29.51	821.37
长沙县	5.18	86.12	0	20.73	7.73	93.26	90.23	175.90	152.05	475.10	13.81	295.94	1416.04
长兴县	146.04	75.82	48.38	113.29	43.45	73.14	39.53	25.84	29.79	13.29	88.97	37.57	735.10
崇州市	0	0	0	0	0	6.61	22.67	1.71	27.23	0	25.04	54.21	137.48
淳安县	0.12	0	0	15.94	0	1.49	4.78	5.18	5.90	8.76	1.24	0	43.42
慈溪市	63.71	3.27	16.90	112.92	68.64	36.07	12.50	80.83	43.16	48.28	40.15	145.54	671.96
丹阳市	4.09	37.54	0	47.71	24.11	32.81	32.52	40.49	0	151.49	20.14	38.22	429.11
当涂县	38.49	1.04	7.87	3.91	11.14	18.07	26.52	19.14	5.63	34.96	22.94	15.80	205.52
德清县	8.47	59.97	58.80	73.44	27.48	39.18	93.92	49.14	47.41	45.25	35.45	96.34	634.85
东港市	0	0	0	12.23	11.00	0	7.66	5.31	9.06	2.02	0	31.10	78.38
东台市	3.67	52.28	0	66.79	16.53	5.30	19.26	13.35	0.08	1.07	0	8.06	186.38

2-4　续表6　　　　单位：万平方米

城市	1月	2月	3月	4月	5月	6月	7月	8月	9月	10月	11月	12月	汇总
都江堰市	0	0	0	0	0	0	3.02	0	0	23.41	12.65	57.88	96.96
恩施土家族苗族自治州	1.47	3.98	0	7.71	13.07	26.48	106.32	63.28	36.35	11.31	33.70	53.10	356.77
肥东县	1.80	0	23.18	0	47.75	23.25	59.66	32.94	42.49	43.23	0	34.82	309.13
肥西县	37.14	16.97	7.76	0	76.02	0	21.16	27.53	28.16	0	12.43	38.29	265.44
盖州市	0	0	0	14.09	0	0	16.71	3.13	4.42	348.32	49.01	14.00	449.67
高碑店市	1.85	0	0	0	0	100.16	6.88	49.18	39.49	0.06	48.32	11.35	257.28
固安县	0	0	22.65	8.16	50.80	14.27	5.84	7.90	13.05	69.57	34.23	39.78	266.26
海安市	67.47	104.41	77.94	22.95	93.86	55.87	75.24	19.38	41.82	96.90	54.66	68.02	778.52
海宁市	59.49	35.90	5.26	34.57	95.91	19.56	47.07	7.92	115.03	112.55	173.35	268.32	974.95
海盐县	0	14.67	12.93	30.65	39.98	38.62	73.45	16.98	6.60	14.14	22.01	161.51	431.53
惠安县	163.88	73.03	55.63	31.01	36.42	6.96	18.77	1.51	99.07	0.71	115.57	60.19	662.76
惠东县	2.54	5.37	0	0.22	0	0	44.59	28.82	19.85	41.67	90.39	70.55	303.99
嘉善县	17.59	46.34	17.82	31.96	27.28	10.21	31.25	16.12	26.79	22.01	101.35	169.49	518.22
建德市	5.55	36.14	2.40	0	31.08	6.47	4.30	3.78	6.85	34.71	0	12.42	143.70
建湖县	47.27	16.86	0	12.83	0	20.96	0	4.92	10.05	54.37	14.18	44.69	226.13
江阴市	63.42	11.42	0	41.53	36.97	95.88	170.36	0.58	64.91	22.78	11.76	7.34	526.93
胶州市	15.16	49.85	87.87	42.58	15.87	108.64	96.51	17.18	36.65	33.73	81.86	54.57	640.45
晋江市	38.11	29.18	26.28	21.17	53.43	36.61	62.79	92.10	49.67	35.85	75.40	18.97	539.56
靖江市	0	9.99	39.20	35.75	0	0	35.88	62.91	32.05	36.22	556.36	244.51	1052.87
昆山市	16.40	38.82	12.25	59.92	58.06	15.66	67.54	33.28	7.07	32.51	36.31	117.30	495.13
莱西市	6.54	57.83	0	0	45.11	117.17	32.38	4.00	57.60	19.07	55.72	68.26	463.67
莱州市	4.02	4.21	2.29	6.44	8.82	22.04	0	2.11	0.42	4.17	1.35	18.17	74.03
临海市	9.21	1.26	9.58	0	18.22	54.41	75.88	23.08	17.42	19.69	4.50	170.43	403.69
陵水黎族自治县	0	0	0	0	0	0	0	0	0	0	42.22	0	42.22
浏阳市	17.39	74.52	9.18	182.67	92.46	206.26	13.12	54.57	19.12	111.03	0.64	123.08	904.03
龙口市	21.63	17.07	0	18.93	24.21	9.39	8.22	0	26.79	165.36	0	0	291.60
龙门县	0	44.20	3.91	10.22	2.93	6.96	0	11.62	16.20	6.40	4.15	2.31	108.91
闽侯县	65.23	1.87	33.58	3.61	29.86	49.19	7.96	0	61.78	37.00	20.82	45.41	356.30
南安市	24.92	39.28	65.27	47.95	2.40	57.01	27.84	87.77	7.94	34.39	58.42	0	453.19
宁海县	62.27	9.82	8.00	22.55	15.26	31.15	11.42	20.25	15.89	8.28	0.39	16.57	221.85
沛县	31.02	0	11.37	52.12	44.44	46.40	47.04	76.18	15.90	69.19	35.31	89.52	518.50
彭州市	0	23.12	0	23.04	8.00	8.70	0	0	0	22.99	16.80	40.70	143.34
邳州市	0	0	0	1.83	80.12	7.69	0	25.56	244.43	58.73	107.08	90.39	615.82
平度市	19.97	70.95	19.93	41.49	7.16	8.70	10.72	8.09	75.81	42.37	0	114.85	420.05
平湖市	23.14	2.61	0	10.64	9.07	49.56	26.84	7.46	26.98	71.79	52.95	124.76	405.79
蒲江县	0	0	23.71	15.95	0.00	0	0	37.26	0	12.54	0	0	89.47
普宁市	0	0	0	0	0	48.03	14.75	0	1.11	28.38	0	3.52	95.79

2-4 续表 7 单位：万平方米

城市	1月	2月	3月	4月	5月	6月	7月	8月	9月	10月	11月	12月	汇总
启东市	18.50	0	55.76	0	35.43	190.47	59.59	14.28	66.52	53.15	88.20	36.18	618.07
潜江市	20.04	0	0	2.58	0	0	60.19	0	77.22	22.43	14.76	49.42	246.65
荣成市	0	12.85	0	12.77	32.92	0	11.73	27.23	12.80	49.99	254.30	99.50	514.08
如东县	35.15	32.18	5.55	26.28	59.02	39.64	89.14	26.81	59.46	51.85	94.98	173.43	693.50
瑞安市	3.20	52.32	0	32.63	17.00	62.20	72.80	8.15	19.34	71.18	4.50	77.81	421.13
嵊州市	14.32	69.21	11.53	17.37	0	35.11	42.83	8.04	46.62	1.31	50.21	314.38	610.93
太仓市	0	83.42	62.73	48.42	67.11	177.78	6.97	64.64	68.01	45.55	24.40	85.48	734.51
泰兴市	45.31	8.12	0	40.83	17.04	71.25	8.64	64.63	78.98	51.65	87.30	166.00	639.74
天门市	18.04	3.48	0	22.14	5.64	20.76	25.08	12.64	19.36	7.46	7.84	33.06	175.49
桐庐县	1.70	21.30	10.24	32.83	111.08	13.51	28.26	9.00	95.92	11.09	10.45	7.23	352.61
桐乡市	37.40	186.65	21.84	30.32	99.41	69.29	60.49	83.31	78.21	73.40	80.20	136.13	956.64
瓦房店市	0	1.23	8.98	2.91	0.46	6.74	0	0	0.28	7.87	1.03	8.38	37.89
文安县	19.28	0	39.19	8.75	10.36	0	8.64	10.35	0	0	3.97	0	100.54
文昌市	5.89	0	0	12.27	0	11.37	4.86	21.59	12.93	23.26	35.86	58.00	186.02
仙桃市	18.97	153.58	0	15.35	84.70	49.34	23.72	0.38	85.71	96.79	98.83	122.34	749.71
香河县	0	0	12.12	0	0	19.28	0	0	0	0	10.95	0	42.35
象山县	51.19	0.30	1.92	29.23	46.25	45.34	0.20	10.29	46.11	88.18	11.58	47.82	378.40
新沂市	64.27	0	3.15	24.25	0	70.83	0	9.53	0	59.76	48.14	74.91	354.85
兴化市	96.42	31.45	0	102.93	11.31	45.08	19.57	13.26	14.51	12.73	0	7.68	354.93
宜兴市	4.82	6.36	2.00	84.19	43.43	56.84	36.37	5.56	3.94	65.82	35.41	30.56	375.31
义乌市	5.50	158.75	119.51	88.55	35.76	110.21	131.97	108.99	89.41	53.25	66.77	59.22	1027.89
永登县	38.44	24.35	24.36	11.81	17.01	47.88	93.31	154.09	42.84	8.82	72.21	52.14	587.27
余姚市	44.00	42.03	0	27.58	202.04	53.87	68.67	18.17	45.84	111.84	16.38	73.56	703.99
张家港市	50.69	9.92	60.41	164.78	102.85	71.89	229.54	198.44	75.18	322.29	65.56	129.84	1481.38
诸暨市	60.57	4.07	8.09	0.06	45.41	88.23	1.80	8.42	56.47	28.21	17.53	89.10	407.97
庄河市	0	0	0	28.08	13.89	1.17	6.00	21.05	5.38	3.40	21.28	0.48	100.73

数据来源：中指数据库监测。

2-5　2020年全国300城土地成交楼面均价统计

单位：元 / 平方米

城市	1月	2月	3月	4月	5月	6月	7月	8月	9月	10月	11月	12月	汇总
一线城市													
北京市	44934	32364	726	19871	35948	29282	23523	17617	20458	5660	2051	10006	20029
上海市	8301	13837	3124	10549	6438	5600	10736	13450	4437	7565	8657	11742	8722
广州市	7997	1145	3070	8441	9853	8314	7719	3549	6999	11593	6193	5853	6165
深圳市	998	21876	9866	5791	25369	9373	1208	1090	1363	4603	16804	7456	9112
二线城市													
长春市	3050	742	2668	1308	3260	2859	1952	1661	2699	2587	1251	2014	2209
长沙市	2932	4161	1817	2417	4036	2694	3380	2735	3771	2460	3362	1650	2960
成都市	1320	676	1426	4639	5808	5244	2529	3831	2167	2831	4668	4436	2916
重庆市	3934	1910	4393	3553	7155	4994	3741	2934	5033	3747	4004	2514	3886
大连市	146	4178	2956	1465	5444	2871	1967	323	6080	4426	900	3122	3634
福州市	2588	11253	173	9571	5389	11474	--	12772	7035	7767	--	10175	8171
贵阳市	3275	1137	225	2093	2114	1867	2745	860	2716	725	2554	887	1753
哈尔滨市	3350	1331	2388	1966	874	2579	1881	3721	570	1967	3038	2400	2293
海口市	4929	--	678	1758	857	2323	616	4557	3258	1902	6919	3666	2961
杭州市	11593	3185	6705	12300	7931	10318	8234	1255	6335	6954	4768	353	7415
合肥市	2153	196	5614	4204	5293	2135	1516	4486	2770	8532	5262	732	3699
呼和浩特市	--	--	--	--	2789	4087	4339	4819	288	1764	--	4724	3851
济南市	3584	547	688	2234	3047	1799	887	2242	3659	2455	3401	3442	2489
昆明市	1015	1012	2788	3718	1342	853	4620	2196	904	3245	2903	2985	2609
兰州市	2746	--	--	1308	503	1265	1168	929	1044	803	926	2511	1307
南昌市	3035	540	4964	2599	2284	2459	231	5003	4772	2073	1949	2056	2435
南京市	3348	2248	1377	13577	2248	4893	10308	1246	4837	3946	4006	5699	5402
南宁市	1914	2376	646	812	2740	4107	2404	1370	2218	3053	2892	4209	2174
宁波市	891	2496	4730	4402	6546	10869	7405	8402	7663	5122	7426	7661	7257
青岛市	3041	1797	3175	1571	2683	2755	2535	1437	3425	1772	4001	1772	2253
三亚市	5226	6228	2393	4909	2436	2813	6043	4193	6492	6061	7385	4165	5501
沈阳市	327	1865	4998	3833	1551	1784	3066	189	5504	971	2207	3321	2828
石家庄市	661	2932	1779	511	715	1556	2911	2301	4831	2302	342	3306	2207
苏州市	1022	390	5057	5026	3279	4369	9852	8716	10777	4002	1205	5639	5127
太原市	1887	1162	--	2751	4370	2278	1105	2465	1780	1341	2675	1598	1884
天津市	5257	4838	4490	5709	4463	3952	599	4530	3372	2265	629	4174	3548
温州市	4205	7526	6380	8640	4567	9859	3336	301	13312	2761	2814	3900	5590
乌鲁木齐市	2225	--	667	837	1946	1012	1993	--	--	1358	1639	1427	1249
无锡市	304	195	7872	--	9105	11084	4731	290	11642	8010	3335	5404	6664

2–5 续表 1

单位：元 / 平方米

城市	1 月	2 月	3 月	4 月	5 月	6 月	7 月	8 月	9 月	10 月	11 月	12 月	汇总
武汉市	3333	391	3993	6277	3565	7676	3345	3737	2814	2040	5499	5885	4525
西安市	3144	845	2244	1568	2087	3814	3135	2280	3094	2953	2201	1115	2279
西宁市	--	1851	308	--	1247	3967	2033	343	2313	4101	--	1127	3108
厦门市	138	674	--	7696	--	11038	2239	11958	4518	539	8949	12211	5903
银川市	310	--	--	354	2217	372	2023	4998	3261	1444	2546	102	2321
郑州市	5062	4038	3751	2838	2983	3006	3151	2364	2922	515	3626	2412	2882
三四线城市													
安康市	1312	773	452	429	1080	--	619	1158	711	542	798	335	758
安庆市	3542	918	3535	501	321	394	1716	353	370	722	424	838	1217
安顺市	500	288	430	852	878	674	1391	448	627	661	688	370	838
安阳市	2778	3000	--	2981	1433	1407	--	2935	--	900	421	714	1828
鞍山市	--	--	--	1693	--	19038	17391	--	547	2556	2160	1156	2010
百色市	947	--	--	370	1052	269	355	884	1468	1681	723	860	669
包头市	2311	461	126	1635	2014	1174	442	--	581	1260	2559	861	1470
宝鸡市	840	313	--	516	715	698	1138	405	1015	624	305	623	684
保定市	965	1308	1309	2680	2256	1344	930	1577	2150	1286	900	1893	1498
北海市	--	125	1513	2046	--	401	3001	--	--	2166	185	587	866
本溪市	--	--	--	440	1801	--	2032	--	714	2411	569	990	1196
蚌埠市	4631	--	--	1237	1942	1429	2380	428	1495	--	2161	839	1673
滨州市	1987	117	1286	772	820	1068	869	834	414	1043	953	1829	1393
沧州市	120	--	2513	523	600	3569	--	2185	338	--	3778	1828	3048
常德市	780	838	344	1550	971	2060	669	1697	1529	1272	2135	1157	1307
常州市	2837	287	2601	3527	4776	3877	5778	2707	2906	2155	2278	3072	2956
朝阳市	368	1420	550	528	506	352	--	425	455	--	--	985	459
潮州市	--	--	--	--	249	234	225	149	1220	770	--	939	709
郴州市	--	836	1132	812	--	993	992	587	1082	1312	1908	869	1009
承德市	414	971	871	1813	2329	2013	716	1694	854	1729	728	2772	1533
池州市	150	--	5588	153	972	239	173	1384	144	617	147	184	461
崇左市	--	142	926	223	402	111	392	400	399	--	205	542	290
滁州市	1569	140	3437	--	1908	426	1303	1394	882	4102	143	2835	1444
大庆市	278	30227	775	197	--	282	423	225	275	345	455	519	1313
丹东市	368	3141	--	33	2815	--	--	1854	589	2800	1200	1281	1714
德阳市	346	1219	1963	191	2005	1077	2079	1521	1148	--	3967	1020	1418
德州市	--	--	650	2132	274	314	3683	385	324	--	943	2092	1417
东莞市	484	1058	10657	4145	2848	6208	3818	4174	6860	3093	431	405	3394
东营市	1413	540	233	362	1540	226	--	356	691	1028	526	1046	703
鄂尔多斯市	2097	--	176	327	285	642	561	214	142	--	--	318	484

2-5　续表 2　　　　单位：元 / 平方米

城市	1 月	2 月	3 月	4 月	5 月	6 月	7 月	8 月	9 月	10 月	11 月	12 月	汇总
鄂州市	1461	313	--	--	2139	2254	3835	2321	3446	1970	2565	546	2027
佛山市	1746	2292	10119	6694	4429	4364	4165	4239	2933	4430	2755	3278	4085
抚顺市	565	--	--	--	821	--	1005	517	--	1195	118	901	779
阜新市	732	--	--	--	--	327	1305	546	--	490	--	572	622
阜阳市	1716	--	153	2694	2579	3012	2272	--	--	1696	1212	1672	2111
赣州市	1475	309	945	265	659	2130	554	1311	1028	143	60	1133	874
广元市	372	--	1308	610	1227	2371	496	2724	761	254	302	463	1343
贵港市	536	966	1750	681	989	511	370	467	315	733	396	189	511
桂林市	1405	682	314	786	885	2279	2508	2819	311	2493	262	1689	1439
邯郸市	939	--	1600	440	1776	1308	2165	1750	1717	948	1990	1922	1581
河源市	142	1489	--	--	1952	--	1083	625	--	422	1520	1418	1197
菏泽市	1688	496	--	1152	1003	1005	1185	1854	1365	1622	550	1248	1234
鹤壁市	--	--	--	--	1271	--	--	--	1337	--	--	1435	1342
鹤岗市	--	--	--	596	143	--	--	761	--	262	468	266	299
衡水市	359	1292	303	1125	996	570	167	1157	1125	2019	1113	1152	1068
葫芦岛市	667	--	1583	635	469	402	677	798	--	1641	1117	663	720
湖州市	2388	581	222	487	1282	1593	644	2489	2196	4273	293	563	1293
怀化市	555	--	602	--	712	1107	851	--	1023	963	771	745	836
淮安市	871	912	225	126	507	2747	328	1941	290	3486	1896	3155	1720
淮北市	407	338	--	1044	--	2037	247	690	757	--	--	1805	1221
淮南市	413	--	926	257	1804	426	1482	297	981	212	1053	--	1022
黄石市	826	--	--	1359	408	896	1400	810	1272	939	1197	1335	1126
惠州市	1908	2375	5441	1673	1119	2692	1298	1173	1987	827	2177	1014	1644
鸡西市	--	--	--	583	--	--	198	--	--	--	255	--	221
吉林市	4413	973	595	1501	607	--	2311	615	1092	2476	660	2404	1501
济宁市	812	781	4183	1505	2455	1257	1931	1266	2950	3289	2099	2442	1916
嘉兴市	290	282	--	236	1242	2658	3536	2082	4461	6489	4301	3187	2873
江门市	371	214	1339	2949	3708	2159	1169	265	6529	1044	2591	2583	1754
焦作市	2039	--	2499	--	2130	--	1750	782	212	195	1817	1741	1298
揭阳市	2511	1678	378	342	--	288	--	2150	1526	--	--	1509	1340
金华市	168	568	1087	5978	7256	5683	2492	4735	757	3198	3776	1287	2948
锦州市	2346	4507	1129	426	463	1826	328	1239	781	618	1376	740	892
荆门市	654	539	--	448	958	754	699	1079	794	357	276	559	621
荆州市	287	213	--	2041	1453	721	811	667	2242	924	846	216	1075
景德镇市	--	--	3456	3274	1945	--	575	1971	2202	3566	--	3106	2118
九江市	938	658	2408	1150	1616	718	2307	277	1991	3306	440	2435	1547
开封市	--	506	5007	3419	1903	1947	2039	2560	3001	417	1682	3227	2201
拉萨市	--	--	24972	1339	--	1415	4409	--	--	--	384	--	1808

2-5 续表 3

单位：元 / 平方米

城市	1月	2月	3月	4月	5月	6月	7月	8月	9月	10月	11月	12月	汇总
廊坊市	--	--	4625	5215	3422	2357	3975	--	2368	1652	2462	1258	2666
乐山市	1556	--	125	1436	1674	919	1153	--	83	211	3068	931	936
丽江市	1002	1400	--	--	--	--	269	840	1120	--	--	733	936
丽水市	22399	11297	202	4439	12953	1046	8780	5231	7721	875	4887	6333	4479
连云港市	2491	3513	675	--	1494	2253	1378	--	643	299	4372	1428	1341
聊城市	1169	394	1491	242	868	1951	2390	575	2398	2526	2476	2690	1712
临沂市	781	2285	1524	1789	1242	2275	2220	1321	2238	4247	3841	1539	2363
柳州市	147	410	984	1323	415	965	478	584	309	2212	657	1081	866
六盘水市	481	--	--	763	713	1125	1111	738	--	722	878	953	864
龙岩市	317	122	113	149	85	4622	--	69	6102	816	252	1328	1127
泸州市	394	347	604	1288	1545	1442	822	204	2499	1115	1106	1545	1036
六安市	1014	275	--	552	698	1177	2660	1488	1031	789	--	1125	1062
洛阳市	1019	819	2047	1707	803	1833	1860	3493	2872	3103	1937	2211	1895
漯河市	1182	1337	--	1791	1301	--	854	2011	1091	1253	1151	1070	1288
马鞍山市	613	297	297	249	2343	947	3035	586	2753	669	1065	4172	1532
茂名市	--	103	407	161	799	672	696	360	120	356	3063	1279	914
眉山市	860	258	240	1758	2018	1455	214	587	807	1223	569	1135	1093
梅州市	540	1827	1482	204	--	--	722	--	484	2071	1546	450	1181
绵阳市	752	2746	7800	1274	1319	1340	960	224	299	1867	1012	1853	1194
牡丹江市	--	307	--	--	398	402	--	808	349	--	--	425	493
南充市	--	73	--	1603	2485	1056	2123	1436	2680	1857	1105	2065	1721
南平市	2395	--	--	3351	776	1848	322	59	111	2209	867	59	1350
南通市	4651	1408	1279	6762	3664	2858	2240	731	4141	3072	6330	2249	3066
南阳市	1284	3390	415	2667	1709	1161	964	1671	1113	--	2994	3716	1825
内江市	2112	--	210	2362	981	1121	--	658	1549	1655	1339	1076	1240
宁德市	162	599	146	226	--	68	4311	5706	6055	219	5853	157	1260
攀枝花市	--	--	--	840	259	547	1336	247	1378	151	--	1232	1144
平顶山市	1105	--	--	984	--	1129	1918	--	1360	873	1045	1431	1120
萍乡市	921	--	--	316	155	1191	1537	610	659	780	--	1171	976
莆田市	1376	202	7775	659	624	5536	2125	3536	1505	3845	4579	11213	2513
濮阳市	--	--	2779	1445	1337	313	336	580	2233	842	2681	1540	1017
普洱市	--	--	656	1125	546	--	850	--	2959	2544	3200	2761	2233
齐齐哈尔市	974	--	--	--	--	1325	140	--	143	183	151	625	561
钦州市	574	67	--	466	124	749	155	519	929	843	--	304	326
秦皇岛市	381	1503	1501	2727	1831	3812	955	2035	1890	302	1315	2397	1995
清远市	977	254	104	1025	131	890	147	299	1641	219	1461	1276	788
衢州市	4762	2852	980	386	12141	3248	13004	1971	4574	1134	1050	1562	3567

2-5 续表4 单位：元/平方米

城市	1月	2月	3月	4月	5月	6月	7月	8月	9月	10月	11月	12月	汇总
曲靖市	228	595	185	810	402	399	443	282	1500	793	288	1498	649
泉州市	293	139	--	--	717	--	1313	--	634	2059	132	6173	1826
日照市	837	2390	2501	517	3259	1993	1453	1998	--	1267	339	1268	1515
三明市	1201	84	--	5408	1210	87	1994	2229	1081	1840	1385	288	1356
汕头市	1309	311	227	1842	2211	2389	332	995	1549	1722	3665	2964	1909
汕尾市	149	--	--	--	--	--	--	--	1251	--	--	189	289
商洛市	535	375	--	320	--	--	2313	460	668	--	863	470	648
商丘市	880	--	1552	605	--	1079	1893	1421	1146	1843	998	1419	1213
上饶市	1662	5025	1213	2406	930	1044	1490	838	1950	1402	1398	2516	1710
韶关市	106	94	--	--	1542	122	1426	106	128	112	317	950	770
绍兴市	3921	869	3678	5618	6295	8116	3972	11046	7372	3228	1764	6391	5595
十堰市	539	666	202	1655	906	413	1214	1113	918	221	981	1129	1031
朔州市	642	--	--	190	--	509	--	265	249	219	960	--	426
松原市	--	--	--	--	856	530	--	844	1381	664	--	--	1131
随州市	876	--	--	--	859	204	258	174	--	1284	584	634	685
台州市	1579	253	900	5343	2595	4408	5548	1374	1726	4185	5264	1930	2784
泰安市	3103	728	359	1673	497	6098	1163	2363	188	3696	862	3901	1893
泰州市	3567	341	1477	232	187	2466	3761	6854	4337	5792	5964	2411	3707
唐山市	1252	181	93	1206	2073	2158	306	1398	2042	717	875	1341	1166
铁岭市	--	--	328	--	--	272	365	--	274	319	232	--	300
通化市	1769	--	--	749	391	--	--	773	808	535	--	3947	764
威海市	959	1537	360	921	2700	1091	733	822	1800	1328	1396	817	1103
潍坊市	856	1068	691	424	599	735	1501	627	1000	735	749	1593	1070
乌兰察布市	1056	--	117	--	--	--	--	742	925	1033	--	1250	858
芜湖市	244	217	1778	777	1158	2692	2716	148	1210	1342	515	1359	1396
咸阳市	833	61	90	2001	1733	--	1382	393	1891	1318	517	1524	1538
湘潭市	--	1031	--	222	1854	1751	148	1720	912	1213	834	1696	1342
襄阳市	1454	225	260	2093	1186	1230	230	2027	1152	1604	2313	981	1272
新乡市	1599	628	986	800	126	--	1139	1815	873	360	2346	1083	1059
信阳市	1872	247	--	--	1713	1514	1442	953	753	1530	2278	280	1510
宿迁市	3348	1712	137	143	2432	2682	2792	--	2473	2654	3205	5616	3004
宿州市	292	--	1294	631	158	1282	674	1615	1239	731	1319	1155	1060
徐州市	2446	2373	1739	2165	731	2436	2093	3928	1369	1077	2015	1456	2203
宣城市	170	168	642	289	335	218	334	1925	665	505	198	2575	931
烟台市	3587	2060	2291	685	2770	1646	1420	3533	1650	2234	1385	2765	2147
盐城市	1000	184	1241	1614	2954	4441	1461	2970	1466	4019	3178	1410	1980
扬州市	992	2483	155	2894	5628	4385	3796	140	4210	968	4629	2933	3160

2-5 续表 5 单位：元 / 平方米

城市	1月	2月	3月	4月	5月	6月	7月	8月	9月	10月	11月	12月	汇总
阳江市	468	333	--	--	--	457	365	486	787	359	487	183	432
伊春市	--	--	258	227	--	--	--	126	191	--	--	--	217
宜宾市	1984	169	--	1471	2745	2615	722	1130	2757	2225	947	1385	1915
宜昌市	1700	--	833	--	156	2957	522	245	992	1158	145	1766	1449
宜春市	313	605	1330	715	5102	798	604	1082	2158	4621	588	2109	1274
鹰潭市	--	71	53	1014	322	2186	419	798	531	523	1095	2631	949
营口市	1323	609	480	922	--	862	972	575	490	700	1594	873	845
玉溪市	840	1000	634	549	5389	1416	3959	--	1208	1819	1144	839	1234
岳阳市	498	575	--	2401	664	--	1720	856	718	1080	860	1411	1019
云浮市	276	--	--	121	250	--	--	697	837	622	1365	960	759
湛江市	339	--	632	565	2240	--	5624	1150	1873	551	2037	1497	1367
张家界市	2115	1244	--	1446	1389	898	1036	703	530	443	1268	1396	1209
漳州市	65	5204	2391	1349	1877	5721	594	1273	1895	613	911	232	1284
肇庆市	1656	479	1687	981	146	2000	2197	920	645	222	740	1518	1192
镇江市	160	989	--	1986	379	214	296	169	846	468	1830	3396	1542
中山市	1371	--	216	6415	348	2372	2895	523	6059	4502	--	3600	2488
舟山市	5607	--	--	5351	375	4124	2732	2854	6620	695	3828	1345	2224
珠海市	1215	3369	558	387	2615	3597	2773	150	1303	2541	8894	1455	2504
株洲市	1491	--	569	824	1382	1475	1175	275	769	2565	1406	1422	1520
淄博市	1291	830	900	1009	378	905	833	344	1629	998	1412	1888	1226
自贡市	350	--	1391	470	1882	--	273	--	1699	1260	1789	870	1274
遵义市	1027	223	1676	251	610	150	912	719	871	726	340	1349	725
县及县级市													
保亭黎族苗族自治县	--	--	--	--	--	--	--	--	--	--	--	--	--
滨海县	822	162	--	--	814	802	--	--	1432	845	735	1183	1100
常熟市	453	807	378	2587	248	3985	5499	1037	3074	6951	173	4871	2813
长沙县	1770	1661	--	2713	563	1539	2176	639	3625	648	1109	1518	1405
长兴县	1593	1790	3261	1133	633	1261	3826	450	994	1547	3597	3539	1959
崇州市	--	--	--	--	--	3167	1579	1078	5705	--	110	1022	1979
淳安县	1594	--	--	3615	--	272	206	332	5224	1054	229	--	2332
慈溪市	1609	3237	196	2377	2663	2142	741	1329	5151	7352	463	904	2216
丹阳市	408	205	--	821	2267	2001	241	257	--	523	4910	245	873
当涂县	745	288	351	2290	274	968	403	2198	196	1015	1587	326	935
德清县	3113	1848	1123	2375	822	647	1861	728	391	990	698	1905	1430
东港市	--	--	--	907	308	--	185	155	692	227	--	459	482
东台市	404	249	--	2095	173	175	310	143	760	238	--	183	901

2-5 续表6 单位：元 / 平方米

城市	1月	2月	3月	4月	5月	6月	7月	8月	9月	10月	11月	12月	汇总
都江堰市	--	--	--	--	--	--	4167	--	--	108	4219	3543	2821
恩施土家族苗族自治州	195	1094	--	338	683	1319	698	1484	962	1353	1285	1346	1077
肥东县	667	--	221	--	225	5576	3734	2034	264	241	--	467	1535
肥西县	153	207	2108	--	5596	--	277	4552	209	--	963	2715	2652
盖州市	--	--	--	499	--	--	573	797	516	20	455	429	126
高碑店市	1120	--	--	--	--	884	281	1086	1046	218	1176	1049	995
固安县	--	--	6074	2706	1644	1962	3505	417	1496	3350	1883	2617	2689
海安市	629	2672	1216	291	2191	1488	1046	234	3812	2962	4371	390	1935
海宁市	2113	288	585	2892	1738	4692	1921	451	1827	2141	1089	2067	1832
海盐县	--	220	320	2045	5344	1563	1038	256	2866	1722	239	1568	1683
惠安县	1049	404	84	266	389	1853	644	456	648	1214	207	3190	808
惠东县	593	2875	--	413	--	--	1030	1851	593	892	482	576	821
嘉善县	4334	1252	4025	3010	1849	228	1376	133	1991	1622	1940	1078	1676
建德市	2712	297	365	--	5117	896	189	1901	1749	915	--	198	1710
建湖县	1675	879	--	157	--	857	--	181	1697	2511	1985	1551	1618
江阴市	2155	749	--	2713	9878	607	4973	781	7255	3264	277	904	3955
胶州市	2294	128	572	1953	2859	830	888	184	1059	2114	572	1498	996
晋江市	646	346	135	6187	740	547	117	482	683	3417	1924	2836	1178
靖江市	--	215	1502	194	--	--	3872	199	248	1348	939	1148	1025
昆山市	6719	184	473	4124	7567	230	3213	4131	607	377	484	7755	4265
莱西市	816	742	--	--	528	533	824	249	264	1737	295	715	595
莱州市	980	382	1923	1236	1098	1401	--	397	657	1147	385	1594	1268
临海市	7076	1661	1556	--	12759	371	2714	535	3832	1150	1812	1768	2358
陵水黎族自治县	--	--	--	--	--	--	--	--	--	--	937	--	937
浏阳市	988	242	1415	1241	798	209	240	352	1025	824	2679	1323	763
龙口市	1225	733	--	570	682	1500	385	--	441	401	--	--	554
龙门县	--	132	1836	410	1824	1028	--	565	288	1002	1004	3082	538
闽侯县	4060	1607	933	218	4831	4187	246	--	2294	7259	3942	4685	3809
南安市	129	187	193	4124	825	572	98	1368	212	658	916	--	1006
宁海县	206	204	183	1912	6336	5086	5201	754	4580	505	12295	1667	2247
沛县	410	--	274	554	527	1668	718	1314	230	960	1284	1540	1027
彭州市	--	56	--	2868	320	4329	--	--	--	3000	3403	2884	2449
邳州市	--	--	--	700	1672	300	--	2055	1307	1343	1120	824	1271
平度市	2002	535	743	878	267	355	932	218	111	1211	--	429	607
平湖市	859	323	--	1841	799	3808	4583	3891	421	2527	3705	1959	2518
蒲江县	--	--	1425	2507	--	--	--	574	--	2200	--	--	1372

2-5 续表 7

单位：元 / 平方米

城市	1月	2月	3月	4月	5月	6月	7月	8月	9月	10月	11月	12月	汇总
普宁市	--	--	--	--	--	2435	3051	--	602	818	--	1580	1998
启东市	233	--	1591	--	5356	953	190	341	2809	1933	3965	3260	2003
潜江市	1271	--	--	333	--	--	723	--	1237	79	583	303	773
荣成市	--	1284	--	1250	1999	--	302	297	1446	1728	2053	1618	1746
如东县	3273	610	185	3223	1191	176	3692	5846	2688	1641	773	2007	2091
瑞安市	917	6912	--	2167	2472	8242	439	10810	6647	509	851	1589	3330
嵊州市	165	1405	349	533	--	213	246	4959	1277	315	2613	2489	1873
太仓市	--	1697	857	2232	2757	1286	150	1854	3464	3102	1372	2544	1996
泰兴市	782	245	--	253	354	3344	1033	3666	1595	2659	2430	871	1810
天门市	411	115	--	224	125	116	366	120	126	146	127	123	201
桐庐县	355	828	1155	1837	1992	678	1993	1685	2069	1948	263	260	1750
桐乡市	123	1482	547	141	2006	1248	1985	2285	2457	955	865	1119	1440
瓦房店市	--	380	633	710	684	633	--	--	6068	633	634	1060	766
文安县	1406	--	371	539	556	--	641	1200	--	--	545	--	719
文昌市	961	--	--	700	--	2295	1181	1081	587	1817	1540	1459	1393
仙桃市	208	332	--	207	547	826	217	207	1516	473	390	740	607
香河县	--	--	2409	--	--	2241	--	--	--	--	2830	--	2441
象山县	1203	35073	3800	1063	2693	1525	2884	2915	465	186	528	2253	1286
新沂市	1974	--	223	603	--	1123	--	366	--	1080	1897	1423	1374
兴化市	1155	821	--	145	183	139	1009	358	144	139	--	139	535
宜兴市	855	526	2850	2172	6416	1874	495	1053	522	4000	4965	5062	3200
义乌市	11874	2084	5333	974	9666	10839	957	3063	8850	2363	1947	5989	4399
永登县	316	783	201	392	610	384	674	321	607	180	729	880	524
余姚市	1356	1324	--	4925	121	3339	4836	2362	4448	2906	1907	1459	2128
张家港市	1581	3879	1250	2106	2223	3926	191	595	634	1265	340	1151	1243
诸暨市	1530	526	483	446	5900	1099	429	663	4781	643	5148	4313	3021
庄河市	--	--	--	702	723	232	324	465	831	640	684	232	626

数据来源：中指数据库监测。

2-6　2020 年全国 300 城土地成交土地均价统计

单位：元 / 平方米

城市	1 月	2 月	3 月	4 月	5 月	6 月	7 月	8 月	9 月	10 月	11 月	12 月	汇总
一线城市													
北京市	89884	74020	1234	37383	65190	42022	45360	36782	60522	5664	3209	20902	40347
上海市	17658	34845	5306	21177	12196	9276	22081	26868	7406	14687	21716	21677	16872
广州市	25929	4012	10589	26440	29860	25120	25173	13352	20772	34057	20810	18272	19921
深圳市	2317	338637	46545	23942	160564	32979	4959	2292	4723	18144	63722	30185	33173
二线城市													
长春市	4402	904	4532	1234	4477	4076	2460	1908	3929	3574	1857	2712	2923
长沙市	7110	16022	3245	5467	10718	5123	11366	5856	9879	5999	8829	3428	7087
成都市	3709	1905	4068	11103	13806	11819	8159	9382	5932	6828	11912	10863	7636
重庆市	6091	2699	6880	5605	11293	7624	5650	5105	7538	6207	6117	4472	6287
大连市	152	5737	7784	1705	9460	2697	1404	323	12082	5968	1057	3880	4436
福州市	11180	22796	311	19889	8891	25555	--	28090	16910	13461	--	18896	16838
贵阳市	9704	1696	560	5129	5752	4089	7761	2423	7393	1757	5745	1122	4087
哈尔滨市	5941	2375	2969	2553	721	4637	3264	6630	703	2978	5310	4258	3597
海口市	7875	--	678	2457	608	7309	616	8054	5842	4033	17736	8652	5790
杭州市	27524	5635	16288	27226	18665	24607	21406	3081	14619	16872	10557	929	17576
合肥市	3400	239	10465	6734	9217	6425	2583	11112	4895	13494	11746	1230	6980
呼和浩特市	--	--	--	--	5330	8596	8881	9673	288	3032	--	10744	7676
济南市	5389	692	1053	4594	4400	3724	1583	2961	8180	4803	5578	5831	4329
昆明市	3420	1954	3801	9363	2315	2285	10596	5940	2839	9914	6757	9870	7133
兰州市	6780	--	--	3380	399	2824	2712	1375	3708	1942	2004	5913	2809
南昌市	7799	1077	15431	5475	4942	5910	352	10944	11329	3468	4777	4391	5233
南京市	8130	5013	3221	40189	4664	10443	23777	2844	9924	8791	7445	13184	11979
南宁市	4584	6263	1639	2052	6649	11742	6321	2999	5711	9669	7717	12576	5713
宁波市	1865	3898	8849	7590	12822	22244	14404	17364	14005	9636	12032	16814	14165
青岛市	5047	3564	5829	2665	4893	4978	4293	3220	8420	3356	8831	3191	4180
三亚市	4848	1868	1388	14973	5266	3451	27193	7282	10907	9091	19414	10630	10192
沈阳市	586	2160	8251	5955	2363	2989	4437	259	9599	1637	2504	5315	4261
石家庄市	1655	6815	4281	912	1679	4105	7916	6359	11156	8549	860	8988	5628
苏州市	2363	941	12029	9786	8122	7837	20106	18495	20250	9062	3327	11664	10797
太原市	12486	2921	--	8648	13915	5399	2546	5967	5357	3457	9277	4966	5115
天津市	8580	5158	7417	9782	7611	5717	868	8324	5658	3408	1037	7168	5706
温州市	11495	21668	18104	24113	13869	28344	7744	752	24717	6774	6213	10309	14997
乌鲁木齐市	7716	--	980	1176	3460	1716	3240	--	--	1712	3823	2441	1967
无锡市	671	390	14324	--	17466	21341	9010	596	22111	17336	6311	11500	13023

2-6 续表 1 单位：元 / 平方米

城市	1 月	2 月	3 月	4 月	5 月	6 月	7 月	8 月	9 月	10 月	11 月	12 月	汇总
武汉市	6313	391	8989	17848	8074	19924	6242	6427	4377	4329	12370	12776	9220
西安市	7344	1870	3870	3420	5107	9583	7212	4552	10042	8496	2782	2080	5069
西宁市	--	10792	259	--	3118	11233	3491	240	5504	10020	--	1581	6867
厦门市	415	1839	--	23876	--	35161	5903	34935	11157	725	20394	28639	14208
银川市	362	--	--	761	4752	385	3072	8971	6289	1984	5372	203	4058
郑州市	14421	14976	7220	7787	8998	7817	8463	5802	9215	802	9977	6929	7636
三四线城市													
安康市	3673	618	740	537	3001	--	593	2146	1888	712	1726	902	1579
安庆市	3831	1472	6483	346	321	394	3691	464	370	761	366	1020	1588
安顺市	1169	264	322	1132	1342	905	2074	682	1376	1186	984	496	1253
安阳市	6946	7500	--	6867	3161	3078	--	6884	--	2249	505	1010	3889
鞍山市	--	--	--	2095	--	9519	6000	--	455	3910	4056	1679	2609
百色市	3069	--	--	775	4010	494	382	1831	2862	7564	1676	1903	1364
包头市	4734	369	101	1632	3616	2118	304	--	407	1546	5083	1136	1849
宝鸡市	1525	571	--	935	1161	1485	3385	639	2645	1357	885	771	1217
保定市	3079	3631	1691	7504	4887	2786	6927	4678	6531	1703	1827	5148	3163
北海市	--	225	3438	4959	--	1040	4502	--	--	3312	371	1150	1811
本溪市	--	--	--	308	1956	--	998	--	678	4098	398	1146	1233
蚌埠市	9261	--	--	1435	2602	2136	3184	257	2679	--	2938	1076	2245
滨州市	3475	196	2096	857	1265	2190	1209	1213	566	2449	1248	2200	1887
沧州市	180	--	5528	577	697	7406	--	3933	507	--	7907	4021	5939
常德市	1704	900	591	2684	2000	5859	904	3995	3239	1321	6379	2269	2468
常州市	6976	719	3529	7902	10461	8317	12265	5827	7369	4682	3625	6171	6369
朝阳市	1344	803	813	629	405	272	--	840	647	--	--	1213	821
潮州市	--	--	--	--	997	938	658	675	3290	2695	--	3581	2253
郴州市	--	1344	7927	1538	--	1929	2106	793	2093	2406	5974	1766	1930
承德市	464	1115	1027	1890	4090	3171	733	3387	1090	2007	1120	5072	2104
池州市	172	--	2578	156	1174	315	182	1967	173	738	165	215	541
崇左市	--	142	741	270	804	235	911	881	1103	--	308	1625	541
滁州市	3145	168	6774	--	2783	557	2039	1839	1335	8009	171	4401	2184
大庆市	203	27250	944	244	--	141	568	212	262	408	379	317	1273
丹东市	317	5026	--	33	6009	--	--	3619	865	7000	2400	1984	2974
德阳市	694	1355	3197	184	5545	2947	4408	3088	1198	--	9577	2250	2667
德州市	--	--	999	3414	284	340	6893	385	322	--	1535	5700	1955
东莞市	1141	2604	19164	12752	8464	19333	10866	15999	16301	9694	1448	1468	9989
东营市	1816	572	193	353	1867	248	--	328	870	1161	664	1354	784
鄂尔多斯市	2261	--	231	293	224	1028	530	215	170	--	--	303	483

2–6　续表 2　　　　单位：元 / 平方米

城市	1 月	2 月	3 月	4 月	5 月	6 月	7 月	8 月	9 月	10 月	11 月	12 月	汇总
鄂州市	2356	313	--	--	5281	4935	4521	4812	10339	5524	6356	624	4114
佛山市	5005	6481	27983	18748	12315	12083	12460	14704	8487	9155	8838	10942	11957
抚顺市	339	--	--	--	453	--	2010	310	--	1830	297	1514	1044
阜新市	1409	--	--	--	--	262	3132	457	--	294	--	678	743
阜阳市	3241	--	184	5156	5759	5196	3636	--	--	3900	1671	2976	3687
赣州市	2704	590	2208	580	1482	4114	1071	3059	2149	283	120	2413	1798
广元市	451	--	2769	1081	2000	4491	1018	5541	990	353	344	502	2108
贵港市	959	695	5250	989	2001	503	545	673	336	1016	493	214	703
桂林市	3776	1010	377	1055	1228	4081	4839	5635	373	6049	519	1549	2095
邯郸市	1538	--	2230	506	3319	2097	4274	2454	3132	1471	3544	3676	2627
河源市	255	4972	--	--	4880	--	2231	1309	--	1500	3800	3353	2795
菏泽市	3883	925	--	2192	2068	1291	1479	3519	3923	3108	673	1672	2367
鹤壁市	--	--	--	--	1929	--	--	--	1968	--	--	2117	2000
鹤岗市	--	--	--	272	114	--	--	1047	--	349	515	319	298
衡水市	359	2584	334	1899	1636	689	167	1658	1702	4843	2451	1819	1653
葫芦岛市	1015	--	2048	705	740	402	1017	1396	--	3118	2264	804	1058
湖州市	4619	1076	432	1419	3464	2582	990	3733	4601	6556	629	1020	2550
怀化市	845	--	3010	--	1367	3426	2013	--	2765	3068	1356	2241	2166
淮安市	1753	1079	230	221	681	5288	263	3764	427	5918	3797	6739	2847
淮北市	651	406	--	2576	--	3629	266	949	1215	--	--	2990	1878
淮南市	413	--	877	297	2727	436	3709	255	2263	245	1525	--	1405
黄石市	936	--	--	2767	480	1357	2586	972	1730	1720	3212	2883	1983
惠州市	5622	7042	5237	5837	4445	8088	1857	3441	6951	2954	5339	3172	4611
鸡西市	--	--	--	583	--	--	139	--	--	--	179	--	157
吉林市	3949	2269	357	2750	850	--	4269	446	874	5164	409	6439	2012
济宁市	961	1100	7791	2026	3659	2231	2971	1617	4185	5980	3096	4528	2992
嘉兴市	550	606	--	481	2555	6509	6692	3509	7080	12926	8654	7746	6117
江门市	927	674	4388	7371	10054	5081	3650	667	16323	3282	7960	7711	4772
焦作市	5322	--	5128	--	5154	--	3742	1325	316	234	3573	3260	2292
揭阳市	8787	4580	755	693	--	656	--	4776	3554	--	--	3247	3108
金华市	383	1136	2212	12908	14941	11655	5864	5374	1883	8080	7095	2705	6187
锦州市	11003	4101	2246	449	533	4514	263	5465	1376	1459	2732	1003	1320
荆门市	791	600	--	755	1490	724	758	1727	884	438	207	798	721
荆州市	287	213	--	2222	2002	1341	940	740	5012	1266	1136	210	1407
景德镇市	--	--	5184	6093	3890	--	1144	4227	3882	3724	--	6496	4078
九江市	1074	792	4105	932	2475	801	2523	290	2780	6508	625	3176	1875
开封市	--	354	8011	4103	3459	4277	1655	4095	6150	430	3638	5721	3453
拉萨市	--	--	50928	3183	--	2123	8818	--	--	--	935	--	4155

2-6 续表 3　　单位：元 / 平方米

城市	1月	2月	3月	4月	5月	6月	7月	8月	9月	10月	11月	12月	汇总
廊坊市	--	--	9527	10429	7385	3478	8492	--	5289	6608	5547	2912	5663
乐山市	4080	--	248	3589	4413	2480	1942	--	156	301	5609	1756	1866
丽江市	1467	1470	--	--	--	--	274	2273	1080	--	--	1712	1598
丽水市	21092	20680	303	7495	23703	1702	12953	8842	16201	2063	8202	8329	7510
连云港市	4485	6035	1350	--	2662	4056	1223	--	794	299	7440	1794	1748
聊城市	2169	851	2752	403	991	3869	4859	1015	5545	4719	5518	4829	3221
临沂市	1046	4081	3213	2571	2040	3848	4097	2003	3978	7020	7984	2337	3994
柳州市	294	961	1666	3447	829	1928	1040	1267	607	5145	1451	2388	1889
六盘水市	481	--	--	2004	1289	2598	1553	1615	--	1901	1404	1829	1856
龙岩市	952	253	241	280	176	10891	--	151	14720	2362	665	2959	2485
泸州市	797	611	1353	3852	3680	2991	1786	384	3933	2483	2427	2809	2145
六安市	1358	322	--	624	1242	1501	5176	2250	1535	1108	--	1673	1445
洛阳市	1442	1168	3520	2964	1009	2860	5804	9924	11297	8005	2313	4144	3601
漯河市	2234	3642	--	3755	2686	--	1471	3310	2418	2481	1984	1977	2541
马鞍山市	869	356	356	347	3984	1698	4433	754	3854	1046	1301	8479	2264
茂名市	--	252	865	290	1534	1714	1144	900	277	643	8360	3237	2028
眉山市	1346	202	254	3508	3150	1889	189	619	1181	2247	526	1827	1616
梅州市	586	2986	1779	234	--	--	1326	--	706	5008	3126	529	2075
绵阳市	2255	8238	40646	3082	2264	2895	1991	642	840	4666	2841	4180	2908
牡丹江市	--	584	--	--	764	322	--	1723	1011	--	--	330	458
南充市	--	146	--	3638	5573	1394	4379	3509	5542	3555	920	2751	3140
南平市	2937	--	--	4929	1779	2735	506	176	110	3215	1650	177	2247
南通市	9800	1965	1811	12825	5127	3806	3066	731	5791	5256	10298	2775	4240
南阳市	5105	8976	1754	6330	5831	4296	3538	8013	1866	--	7118	9475	5588
内江市	4077	--	168	3567	2174	1977	--	778	3525	5130	3395	2490	2540
宁德市	421	1607	372	333	--	203	15778	12991	9376	337	11992	389	2820
攀枝花市	--	--	--	2100	156	328	3666	204	3112	205	--	2304	2013
平顶山市	9945	--	--	2495	--	2482	1266	--	2133	1839	3855	3147	2563
萍乡市	1661	--	--	337	155	3499	3101	783	1278	1593	--	5020	2333
莆田市	3788	405	17183	1308	1607	13490	4539	9802	4656	10480	18226	40332	6685
濮阳市	--	--	3404	4052	2919	331	336	732	3314	1339	5736	2956	1367
普洱市	--	--	1094	1125	485	--	2550	--	4448	4070	3791	3220	3030
齐齐哈尔市	1922	--	--	--	--	2390	139	--	143	231	153	223	658
钦州市	1315	191	--	705	177	2320	261	1232	2799	1294	--	536	619
秦皇岛市	382	1323	2260	3136	3175	5353	1305	3037	3012	303	2039	4388	2822
清远市	2252	568	260	2547	404	2622	560	819	4076	548	3909	2956	2037
衢州市	6432	3881	536	556	17117	4958	10297	2350	5752	1290	2066	1472	4111

2-6　续表 4

单位：元 / 平方米

城市	1月	2月	3月	4月	5月	6月	7月	8月	9月	10月	11月	12月	汇总
曲靖市	195	833	261	728	655	442	563	491	1200	812	462	2199	757
泉州市	1756	360	--	--	1752	--	2903	--	1812	5147	329	14307	4788
日照市	855	4591	4052	588	7225	3146	1846	3464	--	1377	340	1712	2009
三明市	2165	219	--	11523	2691	228	5302	3918	2874	3649	2589	786	3089
汕头市	5237	1218	796	4881	7797	8840	1296	3693	6966	5885	14384	11385	6909
汕尾市	373	--	--	--	--	--	--	--	7504	--	--	447	754
商洛市	811	262	--	361	--	--	4857	484	1002	--	1615	321	843
商丘市	1576	--	4500	1642	--	2115	5490	4074	2264	4341	2407	3562	2822
上饶市	2564	9592	1969	4523	1021	1706	2655	1338	3823	2353	2185	4984	2982
韶关市	212	188	--	--	3856	265	4131	212	223	240	604	2274	1751
绍兴市	6842	1840	7589	8657	11553	15310	8834	21011	12145	5698	2995	9353	9756
十堰市	945	831	202	2139	1788	654	3122	3680	2100	342	1878	3003	2454
朔州市	756	--	--	190	--	970	--	265	260	219	2488	--	548
松原市	--	--	--	--	875	371	--	700	3177	415	--	--	1487
随州市	1360	--	--	--	1129	169	295	174	--	2724	658	828	883
台州市	3995	758	1214	10970	6118	10480	12521	4115	4853	7084	7929	4401	6429
泰安市	5618	837	382	3108	816	9772	2039	4534	375	5271	1364	6274	2931
泰州市	5577	499	2535	392	374	2995	4736	11686	8062	10115	9426	3206	5594
唐山市	1890	259	152	2066	3590	2704	629	2655	2950	1178	943	2551	1848
铁岭市	--	--	756	--	--	218	547	--	466	255	232	--	450
通化市	1769	--	--	2248	274	--	403	1193	1817	375	--	2227	1048
威海市	1310	2694	358	1379	5255	1493	1597	1102	2749	1661	2634	983	1714
潍坊市	1568	2411	1707	924	617	1560	3346	1035	2160	1704	1174	4045	2264
乌兰察布市	2021	--	272	--	--	--	--	1109	1387	2541	--	2381	1639
芜湖市	305	237	1618	1138	2085	4556	4275	177	1645	1613	380	1930	1865
咸阳市	1667	122	180	6900	5303	--	2618	959	5322	3439	517	3049	3801
湘潭市	--	1711	--	222	4219	5096	222	4134	1652	2023	1973	3878	2921
襄阳市	2907	225	286	3718	2075	1230	296	2036	1142	3546	3198	1823	1995
新乡市	5595	1064	5422	1888	315	--	2587	4588	1838	360	3512	2643	2260
信阳市	5178	611	--	--	3909	3302	2699	1486	1317	1754	4838	403	2885
宿迁市	8370	2819	144	143	3591	5074	4023	--	6182	3714	4175	9124	4534
宿州市	415	--	2756	828	158	1771	1065	1805	1360	1012	2492	2038	1694
徐州市	4938	4969	2985	2531	1470	4200	3653	8395	2491	2197	3079	2387	3932
宣城市	172	168	839	286	326	186	384	2877	771	573	207	4057	1129
烟台市	9109	3109	3329	550	4366	1984	2222	7047	2483	3220	1860	4321	3113
盐城市	2200	328	2397	2850	5975	8374	2644	5529	3056	8157	5453	2596	3764
扬州市	1766	4263	282	5567	10021	5412	6713	309	7744	1717	8013	4891	5592

2-6 续表 5　　单位：元 / 平方米

城市	1月	2月	3月	4月	5月	6月	7月	8月	9月	10月	11月	12月	汇总
阳江市	328	461	--	--	--	366	492	391	949	359	409	320	514
伊春市	--	--	439	461	--	--	--	190	248	--	--	--	386
宜宾市	4388	166	--	1896	7686	6572	2123	1485	6442	3674	1701	1800	3313
宜昌市	3479	--	1303	--	166	6018	596	491	1411	1601	159	3283	2378
宜春市	340	957	1749	1092	5612	1173	784	2004	3449	9250	670	3087	1803
鹰潭市	--	118	96	1752	569	1093	619	1228	860	1119	2408	4894	1631
营口市	1928	556	288	901	--	738	1061	463	418	1400	2228	951	815
玉溪市	840	1500	740	2294	10779	1297	7298	--	1951	3938	2972	1722	2496
岳阳市	523	561	--	6663	399	--	1544	865	497	804	692	2676	1027
云浮市	222	--	--	242	220	--	--	776	1077	889	3499	1599	1089
湛江市	435	--	798	1640	6551	--	19685	3450	4668	1270	6364	3419	3022
张家界市	2713	2309	--	2400	3590	1873	1036	2355	795	1021	2235	1751	2011
漳州市	171	14621	6281	4489	4204	16239	1474	3218	3849	1386	2428	541	3192
肇庆市	4283	1197	3266	2432	448	5200	7300	2137	1499	578	1759	4791	3166
镇江市	321	1500	--	3884	530	424	358	338	1660	939	3587	6607	2879
中山市	3753	--	700	19471	1479	6392	10102	1707	11395	14994	--	11652	7712
舟山市	11679	--	--	11595	750	5203	9347	5987	14564	884	4196	2563	3745
珠海市	3874	9648	804	674	6812	7572	6144	411	3589	5932	20994	4321	5871
株洲市	4301	--	1102	1120	2943	2485	2098	519	1323	6405	3313	2800	3090
淄博市	2486	1646	1521	1602	772	1898	1597	656	3316	1812	2374	3861	2333
自贡市	210	--	1579	392	4423	--	248	--	2195	3150	2354	596	1503
遵义市	2150	266	3261	473	1063	300	1595	1714	1654	1327	787	2291	1372
县及县级市													
保亭黎族苗族自治县	--	--	--	--	--	--	--	--	--	--	--	--	--
滨海县	1541	210	--	--	1412	860	--	--	1953	1607	820	1541	1540
常熟市	448	1799	525	4132	473	7254	11190	1445	5422	10951	345	8420	4830
长沙县	5310	3782	--	6949	1013	2965	4185	1458	7939	1227	1534	3312	2880
长兴县	2242	3762	7018	1580	802	1800	4835	514	1262	2087	6241	2816	2797
崇州市	--	--	--	--	--	5700	2575	1343	13692	--	308	2409	4370
淳安县	637	--	--	6442	--	327	235	398	11487	1339	274	--	3418
慈溪市	2967	5827	302	5107	7989	4778	1552	2438	10722	20685	832	1944	4699
丹阳市	408	410	--	1340	4328	3173	467	420	--	1019	9537	446	1587
当涂县	1317	292	702	4580	327	1726	426	4395	196	1279	3041	384	1357
德清县	4172	2913	1509	4052	1298	1145	3254	1179	653	1879	1203	3340	2373
东港市	--	--	--	2374	349	--	156	126	1800	159	--	802	697
东台市	525	259	--	2801	181	175	465	178	380	238	--	209	1076

2-6　续表 6　　单位：元 / 平方米

城市	1月	2月	3月	4月	5月	6月	7月	8月	9月	10月	11月	12月	汇总
都江堰市	--	--	--	--	--	--	7500	--	--	108	7715	4339	3451
恩施土家族苗族自治州	195	2980	--	419	783	2460	1103	3159	1646	2456	2584	1991	1813
肥东县	3000	--	221	--	225	10718	8290	2621	301	241	--	554	1931
肥西县	183	204	5060	--	8375	--	326	7321	268	--	1155	3751	3566
盖州市	--	--	--	1114	--	--	783	929	678	613	291	1500	486
高碑店市	1636	--	--	--	--	2282	281	2157	1819	218	2835	2014	2126
固安县	--	--	12149	6765	2378	2942	7010	720	2101	6444	4945	4408	4811
海安市	729	4344	1837	355	4166	3105	1410	270	6721	7293	6510	507	3053
海宁市	3620	610	920	6065	3519	9230	4172	1035	3995	4185	2545	4236	3807
海盐县	--	525	690	4219	10459	3007	2180	564	2758	3472	525	3401	3483
惠安县	2784	1023	251	715	963	5189	1446	1823	1801	1101	542	7933	2128
惠东县	711	5009	--	825	--	--	1365	4556	1186	1275	698	741	1205
嘉善县	7968	2601	7596	7515	3912	567	3318	332	4224	3796	6573	2402	3974
建德市	2688	307	265	--	7112	1529	345	2543	2710	2284	--	364	2412
建湖县	2978	1327	--	205	--	1161	--	205	3341	5022	3092	2759	2733
江阴市	3356	599	--	4544	24144	845	10044	781	14929	4705	336	873	6651
胶州市	5506	304	1373	4628	7719	1431	2677	245	1909	4060	1043	3190	2097
晋江市	1504	514	522	17168	1613	1669	442	1632	1842	6988	4017	6524	3013
靖江市	--	430	2709	379	--	--	7837	396	497	2641	1784	1988	1918
昆山市	13473	327	553	7094	17234	332	5151	8841	1149	443	834	18076	7757
莱西市	953	1122	--	--	566	612	1371	230	293	3259	389	1127	767
莱州市	2851	306	4761	2805	3332	2274	--	417	591	2445	346	3169	2237
临海市	6866	2823	3424	--	19840	625	5816	732	7394	2193	3623	3041	4110
陵水黎族自治县	--	--	--	--	--	--	--	--	--	--	2453	--	2453
浏阳市	2541	660	2040	2802	1648	475	447	585	1932	1920	2751	3192	1698
龙口市	1898	1135	--	1710	1500	2250	389	--	1223	403	--	--	701
龙门县	--	457	4273	803	2736	2463	--	871	553	1538	1717	6165	1216
闽侯县	9535	2893	2495	436	7742	10627	507	--	5491	18645	8187	13213	8965
南安市	387	542	578	9718	1650	1609	294	2844	465	1763	2570	--	2618
宁海县	460	444	525	3243	8420	7116	7804	1097	6822	530	7410	3200	3789
沛县	751	--	319	770	772	4669	1374	2891	352	1655	3467	3267	1929
彭州市	--	121	--	6293	192	4590	--	--	--	6593	6807	5638	4260
邳州市	--	--	--	1050	3617	300	--	4521	1783	3240	2810	2265	2326
平度市	4554	757	509	929	283	355	1158	261	266	1898	--	514	816
平湖市	1983	549	--	2920	706	5758	8149	5774	731	7066	6476	3019	4364
蒲江县	--	--	2850	5481	10440	--	--	1384	--	5500	--	--	3172

2-6 续表 7

单位：元 / 平方米

城市	1月	2月	3月	4月	5月	6月	7月	8月	9月	10月	11月	12月	汇总
普宁市	--	--	--	--	--	10933	13729	--	602	3325	--	6870	8365
启东市	255	--	3703	--	8073	1761	208	536	5266	2593	6174	4775	3194
潜江市	2948	--	--	418	--	--	1494	--	2613	143	1265	610	1587
荣成市	--	2095	--	2076	3209	--	302	298	1778	3704	4229	3238	3186
如东县	5892	977	320	4757	2161	278	7080	12461	4969	2249	1488	4517	3880
瑞安市	2011	16814	--	6310	5925	22143	1294	30865	17018	926	2127	2463	7356
嵊州市	429	5477	698	833	--	455	586	10847	2735	449	6942	6342	4705
太仓市	--	2407	1831	4724	5602	2294	300	3043	7714	5102	2851	4935	3658
泰兴市	1773	395	--	507	557	7768	1046	8861	3637	5456	4794	2071	3911
天门市	474	115	--	333	126	116	412	120	126	133	127	123	215
桐庐县	572	1531	2163	10655	4263	1309	2619	3192	4241	4730	421	364	3589
桐乡市	459	4216	1373	495	5721	3710	4671	6914	6903	3003	2756	3338	4221
瓦房店市	--	380	380	595	3500	383	--	--	4854	380	380	1743	561
文安县	2392	--	371	567	712	--	617	1777	--	--	746	--	842
文昌市	1390	--	--	525	--	2295	1302	1173	730	2273	1633	2768	1733
仙桃市	208	929	--	207	1211	1272	223	207	2760	777	1169	1419	1180
香河县	--	--	5060	--	--	3977	--	--	--	--	4521	--	4402
象山县	1983	21044	5700	1723	3885	1837	4615	5246	983	524	816	2333	2086
新沂市	4934	--	145	1118	--	2043	--	413	--	2700	4873	3580	2984
兴化市	2371	1747	--	288	365	278	1461	591	287	278	--	278	1051
宜兴市	843	536	1183	2375	9230	2301	460	987	425	5640	7468	6858	3847
义乌市	12987	5894	10529	1963	23181	22251	1770	7284	18562	7461	5508	11169	9698
永登县	196	1987	101	288	1635	402	1105	186	607	90	1380	2141	488
余姚市	3008	2569	--	5636	916	6486	8321	4039	9245	5286	3357	2763	4955
张家港市	3783	6309	2536	4399	3870	7271	441	1392	1350	2774	855	2788	2708
诸暨市	2128	751	576	536	8756	1475	527	791	7793	868	7299	6722	4352
庄河市	--	--	--	1868	1236	232	324	515	1562	1479	1500	232	1063

数据来源：中指数据库监测。

2-7　2020 年全国 300 城土地成交溢价率统计

单位：%

城市	1月	2月	3月	4月	5月	6月	7月	8月	9月	10月	11月	12月	汇总
一线城市													
北京市	6.52	26.58	0	6.37	25.68	0	24.74	7.25	0	0	0	0.74	13.15
上海市	0.29	0.09	0	2.30	1.56	14.97	22.10	21.31	5.26	1.98	1.43	6.89	8.27
广州市	28.12	0	0	4.61	9.19	0.20	1.21	7.38	4.69	11.50	7.50	9.20	6.79
深圳市	0	0	19.61	37.87	29.46	4.54	1.28	0	0	30.11	19.37	6.20	16.65
二线城市													
长春市	0.62	0.37	0	16.15	9.29	5.98	5.89	0.39	3.67	1.56	15.30	0.66	4.49
长沙市	15.76	0	0	11.81	11.50	6.10	9.54	5.21	3.41	2.67	0.65	2.23	6.01
成都市	12.49	31.31	15.14	15.90	30.91	16.92	19.25	8.53	6.51	9.90	10.12	5.00	13.34
重庆市	1.57	3.09	18.08	12.07	5.91	21.87	20.19	8.91	7.19	31.41	7.76	2.87	9.37
大连市	0	0	0.57	31.10	5.79	1.07	2.09	0	13.81	0	0	20.43	6.18
福州市	0.15	14.87	0	30.82	18.77	32.18	--	21.75	25.66	11.22	--	24.83	22.17
贵阳市	1.79	1.01	1.72	0.81	10.17	1.90	1.84	2.82	2.03	2.09	2.58	1.91	3.40
哈尔滨市	18.80	0	28.43	2.59	0	7.64	0	11.27	0.78	0.34	5.03	0.10	7.83
海口市	0	--	0	0	0	1.11	0	15.41	7.16	0.48	28.46	16.09	9.86
杭州市	17.01	11.87	15.82	22.27	17.67	20.03	22.72	11.43	18.98	27.19	14.86	1.36	20.02
合肥市	31.47	--	25.62	17.02	19.93	4.75	20.48	21.28	12.05	26.95	43.51	0.53	21.76
呼和浩特市	--	--	--	--	27.83	5.98	0	16.70	0	0	--	26.07	15.00
济南市	0	0	0.88	0.56	0	3.96	0	3.57	4.61	0.20	5.50	4.31	3.01
昆明市	0	33.91	18.92	30.48	0	4.64	13.08	5.27	0	0	80.99	4.76	10.19
兰州市	1.79	--	--	0.39	0.22	0.69	0.61	0.62	0.45	32.70	0.56	0.46	1.04
南昌市	6.18	0	40.37	19.17	36.06	30.95	8.09	45.67	35.39	15.67	4.87	8.17	21.01
南京市	12.47	0	0	15.28	17.55	18.25	8.68	5.28	8.83	4.91	6.88	9.25	10.41
南宁市	25.12	38.23	16.91	31.37	40.46	45.22	51.90	0.04	63.89	10.52	30.68	23.79	29.67
宁波市	0	31.40	26.55	32.59	35.59	26.21	17.96	21.81	25.31	20.59	26.26	19.34	23.44
青岛市	1.46	0	0	0.12	0	0	0	0.02	0.49	0	0.06	0.71	0.20
三亚市	--	2.20	--	4.17	22.23	1.71	4.02	3.27	13.35	3.38	17.90	16.95	12.19
沈阳市	0	7.15	32.79	13.61	18.94	18.98	14.72	--	5.87	0.60	--	2.68	13.48
石家庄市	3.59	10.69	38.42	1.68	1.49	9.53	10.44	15.61	35.37	1.05	0.47	23.82	16.79
苏州市	8.22	0	10.71	6.42	8.54	7.90	10.49	11.46	12.29	0.48	0.07	7.43	8.51
太原市	6.54	5.71	--	29.36	52.36	11.65	10.06	11.90	10.46	13.58	38.15	11.84	17.32
天津市	1.54	3.06	0	2.56	4.39	1.02	0	12.35	6.85	0	0	3.35	3.83
温州市	8.43	22.62	14.29	19.13	3.49	27.46	0	0.40	28.47	21.08	20.03	17.50	17.03
乌鲁木齐市	0	--	0	0	2.62	0	0.14	--	--	3.67	1.72	0.83	0.95
无锡市	0	0	19.23	--	16.45	22.19	26.74	0.82	24.94	2.17	7.73	2.53	15.75

2-7 续表1

单位：%

城市	1月	2月	3月	4月	5月	6月	7月	8月	9月	10月	11月	12月	汇总
武汉市	7.39	0	2.60	4.64	1.90	10.74	22.11	5.33	4.90	7.37	17.79	9.77	9.05
西安市	5.53	0	40.58	8.18	46.87	5.08	6.54	30.71	17.59	15.07	58.39	2.40	13.07
西宁市	--	0	0	--	0	0	8.36	0	0	6.95	--	0	4.33
厦门市	0	0	--	33.26	--	15.58	15.16	16.89	20.20	0	2.80	35.99	19.10
银川市	0	--	--	0	21.23	0	18.78	52.45	63.14	41.04	53.76	0	44.97
郑州市	16.27	1.38	0	5.44	0	1.18	8.36	1.34	7.13	11.57	9.46	2.85	4.92
三四线城市													
安康市	2.37	0.41	0.11	1.74	7.29	--	0.38	0.23	0.39	1.47	0.73	2.90	2.28
安庆市	0	0.24	0.86	0	0	0	0.14	0	0	22.77	0	0	1.34
安顺市	0	0	0	0	0	2.19	2.06	0	0	0	0	10.37	1.55
安阳市	2.90	0	--	0.18	16.87	0	--	7.86	--	0	0	0	2.92
鞍山市	--	--	--	32.09	--	30.60	0	--	0	70.32	0	1.48	16.73
百色市	3.04	--	--	3.80	155.32	6.99	8.06	68.60	32.49	29.08	14.33	10.30	12.23
包头市	0.04	0	0	0	12.05	0.46	0	--	0.74	0	0	0	1.32
宝鸡市	1.52	0	--	0	0	0	0	4.82	0	4.03	--	0.32	1.37
保定市	--	--	0	--	0	0	--	--	--	42.24	0	10.73	13.90
北海市	--	0	0	18.05	--	0.05	0	--	--	0	0.32	0	2.93
本溪市	--	--	--	0	6.71	--	0	--	0	7.14	0	0	3.59
蚌埠市	--	--	--	--	88.68	28.94	48.93	--	72.89	--	--	0	48.75
滨州市	30.21	0	0	0	0	1.89	0.07	0	4.52	0	0	1.99	2.81
沧州市	0	--	0.54	0.42	21.94	0.07	--	0.17	0.60	--	3.41	0.21	1.47
常德市	0	0.42	0	4.16	1.30	0.51	0	4.97	4.97	0	5.31	0.70	2.24
常州市	18.45	0.49	35.31	35.44	25.29	18.87	31.28	20.49	13.93	15.49	8.43	20.99	21.76
朝阳市	0	7.71	0	0	0	0	--	0	0	--	--	0	0.96
潮州市	--	--	--	--	0	0.31	21.19	0	0	0	--	2.35	2.04
郴州市	--	0	0	0	--	0	0	0	4.73	0	32.11	6.16	5.68
承德市	0	--	0	--	3.97	--	--	--	0	0	0	0	2.26
池州市	0	--	128.26	0	14.66	0	0.17	0	0	32.83	0	0	7.93
崇左市	--	0	0	0	0	0	0.04	1.27	5.72	--	0	0	1.07
滁州市	11.98	0	51.36	--	42.08	1.70	21.37	60.01	1.43	46.90	0	4.90	23.29
大庆市	0	8.30	0	1.16	--	0	0.27	0.25	0	0	0	0	5.83
丹东市	0	0	--	0	0.27	--	--	8.69	0	0	0	0	2.22
德阳市	7.73	16.17	31.16	0	2.43	0	28.41	0.31	0	--	6.65	0	8.59
德州市	--	--	0	70	0	0	45.54	0	0	--	0	0	32.14
东莞市	0	10.65	45.38	12.62	17.07	28.97	31.05	20.62	24.06	30.92	0	10.36	24.60
东营市	0	12.67	5.30	0	27.39	3.01	--	2.65	18.06	9.44	32.41	23.68	13.29
鄂尔多斯市	145.33	--	0	0	0	0	10.89	0	0	--	--	42.12	42.18

2-7　续表 2　　　　单位：%

城市	1月	2月	3月	4月	5月	6月	7月	8月	9月	10月	11月	12月	汇总
鄂州市	0	0	--	--	3.30	0.01	0	4.37	0	12.00	16.76	0	6.20
佛山市	24.85	12.05	24.35	30.74	19.85	40.73	12.91	16.72	28.58	11.04	15.87	22.66	21.95
抚顺市	0	--	--	--	0	--	0	0	--	22.76	0	0	8.44
阜新市	0.96	--	--	--	--	1.20	0.83	3.56	--	2.70	--	1.18	1.31
阜阳市	6.84	--	0	46.76	29.82	40.85	58.42	--	--	13.04	0	8.75	27.96
赣州市	1.15	0	0.05	0.06	0.01	0.04	1.13	0	23.78	0	0	24.41	10.34
广元市	7.04	--	2.87	18.04	15.66	33.95	14.39	27.37	7.01	0.65	0.30	40.48	26.32
贵港市	0.02	82.72	0	4.17	1.54	0	0	0	0	13.45	0	2.43	3.30
桂林市	0	0	0	0	8.20	0	42.39	75.04	0	20.26	0	11.86	18.51
邯郸市	0.10	--	5.75	0.58	26.34	7.85	16.43	10.06	17.61	12.86	13.30	7.05	13.25
河源市	0	23.77	--	--	0	--	11.95	26.24	--	0	0	0	4.08
菏泽市	0	0	--	0	0	0	0	0	0	0	0	0	0
鹤壁市	--	--	--	--	7.01	--	--	--	4.93	--	--	0	3.96
鹤岗市	--	--	--	0	0	--	--	0	--	0.34	0	0	0.17
衡水市	0.99	18.54	0	0.33	0.17	3.39	0	12.11	0.36	36.38	11.82	16.01	10.66
葫芦岛市	--	--	18.79	0	--	0	0	--	--	--	--	0.13	6.86
湖州市	17.80	0	0.02	0	0	3.72	9.66	0	17.42	42.33	7.94	0	13.98
怀化市	--	--	--	--	--	--	--	--	32.72	0	4.17	0	8.65
淮安市	11.51	0	0	0	0	67.88	0	16.75	0	36.59	0	36.59	26.93
淮北市	22.22	0.37	--	37.60	--	38.67	0	10.05	5.00	--	--	120.65	54.06
淮南市	0	--	2.23	0.52	6.67	0.25	1.36	0	1.76	0	7.51	--	4.53
黄石市	0.12	--	--	0	0	0	0	0	0	0	0	1.07	0.42
惠州市	0	0.63	0.39	0	6.48	7.19	5.81	2.70	8.03	0.06	16.95	4.02	6.53
鸡西市	--	--	--	0	--	--	0	--	--	--	0	--	0
吉林市	0	0	0	13.53	0	--	12.00	0	0	4.83	0	0.68	4.50
济宁市	11.65	0.07	8.26	10.52	14.47	0	0	22.78	10.08	31.81	13.83	9.50	9.52
嘉兴市	0.15	0	--	0	31.55	36.97	41.50	11.53	24.99	39.92	41.21	6.38	26.18
江门市	38.20	0	12.71	25.11	9.91	0.34	0	0	14.95	0	2.30	2.90	3.57
焦作市	--	--	35.81	--	3.47	--	6.95	0	0	0	0.16	0	3.06
揭阳市	0	0.30	0	0.33	--	0	--	40.49	0	--	--	2.69	3.75
金华市	0.53	8.31	25.05	31.49	29.31	9.41	98.49	34.71	1.18	45.33	30.03	106.19	28.76
锦州市	86.11	0	0	0	0	31.22	0	0	2.13	0	13.20	0	13.20
荆门市	3.70	35.42	--	10.48	18.79	10.19	1.78	0	0	1.19	0	0.06	5.79
荆州市	0	0.16	--	27.27	6.88	0.19	6.37	24.24	0.38	0	2.69	0.52	9.09
景德镇市	--	--	0	14.85	30.25	--	0	0	0	0	--	0	4.68
九江市	6.34	0	37.83	6.37	3.30	0	44.90	0	42.65	29.98	0.30	38.29	26.17
开封市	--	--	6.81	36.67	31.67	0	0	35.38	--	0	3.28	0	3.91
拉萨市	--	--	110.76	12.93	--	0	0	--	--	--	0	--	33.77

2-7 续表 3

单位：%

城市	1月	2月	3月	4月	5月	6月	7月	8月	9月	10月	11月	12月	汇总
廊坊市	--	--	6.34	1.62	2.34	2.24	1.92	--	2.06	1.02	1.21	1.78	2.81
乐山市	25.70	--	0	1.38	9.47	5.40	18.32	--	0	0.86	35.58	21.66	18.15
丽江市	1.25	--	--	--	--	--	5.80	24.33	--	--	--	--	7.07
丽水市	297.90	38.21	0	53.59	50.23	0	45.65	41.35	47.36	0	55.79	43.33	44.36
连云港市	19.08	6.73	0	--	6.89	0	42.73	--	32.72	0	39.44	23.61	20.68
聊城市	51.97	0	43.69	0.76	18.83	11.28	9.28	4.33	--	22.79	5.55	19.94	14.41
临沂市	24.24	42.07	14.21	60.20	10.35	16.23	2.53	2.66	1.97	32.42	15.85	8.12	17.04
柳州市	0	0	0	0	0	28.28	0	0	0	10.24	0	0	4.35
六盘水市	0	--	--	0.10	0	0.48	0	2.55	--	0.09	0	0.30	0.28
龙岩市	0	0.14	0.04	0.03	0	29.76	--	0	51.33	37.35	20	38.34	37.15
泸州市	0	0	12.16	4.01	0	11.33	2.94	0	13.17	10.37	43.33	19.83	14.03
六安市	3.76	2.48	--	42.35	2.04	31.48	56.95	29.54	28.51	28.13	--	5.36	29.05
洛阳市	6.97	0	37.72	2.95	0	11.96	4.23	21.85	4.73	4.60	0	17.55	8.01
漯河市	0	0	--	9.17	0.99	--	0	0	0.03	0.14	0	0.02	2.42
马鞍山市	0	0	0	0	46.24	0	91.38	7.62	42.74	0	58.31	51.55	37.31
茂名市	--	0	130.31	0	38.94	6.95	8.42	82.88	6.10	2.07	20.31	2.46	12.83
眉山市	8.21	0	15.15	23.14	12.27	6.04	0	1.96	3.32	1.83	0.81	2.12	7.72
梅州市	121.05	15.52	0	0	--	--	0	--	4.51	0	0	4.97	1.53
绵阳市	12.78	0	0	12.11	5.82	6.88	0	0	7.19	35.28	30.93	22.05	18.02
牡丹江市	--	0	--	--	0	0	--	19.12	0	--	--	0	5.22
南充市	--	1.04	--	38.31	53.87	38.32	40.40	0.74	42.71	16.87	1.67	29.12	36.81
南平市	84.06	--	--	27.97	19.28	113.66	1.13	0	0	29.30	0.13	0	30.33
南通市	12.21	0	12.95	29.79	44.83	12.01	58.31	10.26	21.19	10.98	34.38	20.09	22.98
南阳市	1.64	120.59	2.67	56.45	27.77	29.91	41.27	48.15	13.23	--	113.32	62.47	49.60
内江市	0	--	0	30.71	0	0	--	0	18.01	14.00	2.28	0	5.30
宁德市	0	14.44	0	0	--	0	38.14	61.94	30.05	0.17	42.08	0	38.53
攀枝花市	--	--	--	0	0	0	11.19	0	0	0	--	2.07	3.12
平顶山市	0	--	--	0	--	8.09	0	--	3.91	0.13	0	1.16	1.96
萍乡市	0	--	--	0	0	30.46	0	0	0	35.28	--	0	9.00
莆田市	0	0	--	0	0.03	6.49	0	46.43	0.01	--	10.10	47.24	24.61
濮阳市	--	--	0	9.70	20.75	31.52	0	0.02	0.70	0	32.75	43.69	24.23
普洱市	--	--	0	0	0	--	0	--	6.88	35.67	18.43	9.80	8.93
齐齐哈尔市	97.05	--	--	--	--	18.91	0	--	0	16.42	0	0	23.46
钦州市	3.78	0	--	20.86	0	0	0.45	0.14	0	0	--	0	1.23
秦皇岛市	0	0.44	38.39	0.52	18.31	15.03	0.66	16.48	0.50	0	46.95	7.56	11.03
清远市	13.14	0.40	0	10.68	0	10.28	0	12.63	8.04	0	0.51	16.00	9.28
衢州市	24.94	41.52	30.29	0	26.86	34.86	6.83	5.67	24.08	0	0.01	23.76	19.28

2-7　续表4　　单位：%

城市	1月	2月	3月	4月	5月	6月	7月	8月	9月	10月	11月	12月	汇总
曲靖市	0	0	0	2.07	1.76	11.76	0.07	0.06	0	0.48	0	1.84	1.68
泉州市	0	0	--	--	3.34	--	15.33	--	52.75	1.43	0	19.40	23.37
日照市	0	0	6.10	0	6.05	44.20	11.84	0	--	12.91	0	0.61	6.10
三明市	0.16	1.20	--	38.95	5.53	0	70.47	112.05	2.72	42.36	0.67	4.73	24.85
汕头市	313.64	3.49	0.99	30.43	11.59	18.85	18.14	75.61	2.38	11.12	0.80	13.28	13.06
汕尾市	0	--	--	--	--	--	--	--	0	--	--	0	0
商洛市	23.01	0	--	0.09	--	--	99.22	0.67	0.18	--	59.96	0.31	32.80
商丘市	0.67	--	0	0	--	0.69	0	6.68	2.05	8.72	0	0.68	1.75
上饶市	5.38	39.31	11.38	2.41	0	50.90	66.38	2.47	71.66	6.97	42.84	43.99	32.78
韶关市	0	0	--	--	3.37	0	5.01	0	0	0	161.14	0	3.49
绍兴市	164.34	0	15.29	46.23	43.40	27.12	16.17	29.70	23.73	6.46	9.48	12.54	28.30
十堰市	33.88	44.03	0	19.20	17.57	36.99	3.82	0	0.03	4.97	23.87	6.33	6.74
朔州市	2.46	--	--	1.55	--	1.02	--	0.52	1.15	0.34	0.89	--	1.22
松原市	--	--	--	--	0	0	--	1.28	13.23	0	--	--	8.95
随州市	47.13	--	--	--	17.51	0	0.04	0	--	65.42	26.68	1.40	20.67
台州市	31.49	0.01	0	57.96	27.51	27.67	23.53	37.59	14.25	39.63	29.01	21.12	29.62
泰安市	5.99	0	0	0	0	40.26	0.11	24.52	0	0.50	0	0.05	5.90
泰州市	13.75	8.14	33.15	2.66	1.63	52.14	48.68	51.70	67.73	49.92	12.04	23.42	32.01
唐山市	0.24	0	0	36.13	21.22	0.14	0	0.12	10.55	0.02	0.01	0.10	7.40
铁岭市	--	--	0	--	--	0	0	--	0	0	0	--	0
通化市	0	--	--	0	0	--	0	0	0	0	--	0.27	0.02
威海市	4.38	0	0.01	0.96	14.85	0.46	0.69	0	1.73	4.14	0	1.20	2.94
潍坊市	32.96	2.35	10.95	25.07	0	10.97	0.20	1.53	21.25	3.35	17.74	30.50	16.65
乌兰察布市	19.30	--	0	--	--	--	--	2.90	0.06	7.34	--	0	2.71
芜湖市	0.16	0	72.08	45.84	48.46	65.81	35.30	0.06	43.01	19.83	0	103.35	47.18
咸阳市	--	--	0	0.16	8.87	--	--	--	--	0	--	1.69	6.06
湘潭市	--	0	--	0	0	0	0	0	0	0	0.09	0	0.02
襄阳市	6.60	0	0.02	27.97	0	0	0	0	0	4.94	3.42	0.30	6.77
新乡市	0	0	--	0	0	--	25.70	43.19	49.40	0	28.85	42.07	29.60
信阳市	0	0	--	--	126.89	109.55	76.23	10.86	0	0.11	87.15	0	65.62
宿迁市	0	12.81	0	0	43.68	44.73	49.05	--	12.02	48.15	58.08	51.06	41.82
宿州市	0	--	7.79	54.04	0	96.71	0.23	45.90	55.93	56.92	7.98	62.42	23.53
徐州市	63.06	10.98	25.88	38.38	0	94.04	45.89	77.41	106.44	3.50	30.72	17.87	45.80
宣城市	0	0	22.61	0.10	0.21	0	3.11	33.71	0.53	0.86	0	28.11	23.78
烟台市	2.41	0	0	0	39.29	0.03	0	30.25	0.48	2.85	0.08	0	4.99
盐城市	0	0	6.02	34.09	36.92	52.43	47.76	53.01	20.29	18.83	34.36	11.84	26.68
扬州市	0	23.04	0	37.61	77.10	30.90	47.13	0	23.58	0	26.36	0.57	27.71

2-7 续表 5 单位：%

城市	1月	2月	3月	4月	5月	6月	7月	8月	9月	10月	11月	12月	汇总
阳江市	0	14.06	--	--	--	2.26	46.74	13.21	6.66	0	12.45	1.45	10.72
伊春市	--	--	0	0	--	--	--	0	0	--	--	--	0
宜宾市	15.88	0	--	5.03	15.51	39.66	186.45	7.00	1.68	1.51	29.11	27.19	12.06
宜昌市	0.97	--	0	--	1.31	9.35	3.69	0	7.33	12.62	1.17	2.64	5.66
宜春市	4.89	4.47	18.65	6.96	0	14.06	2.19	62.12	102.88	97.43	14.47	64.48	37.19
鹰潭市	--	0	0	163.77	38.51	0	11.33	0	0.76	95.45	226.91	0	15.48
营口市	4.10	0	0	0	--	0.01	0.25	0	0	0	55.77	0	5.63
玉溪市	0	0	0	0	65.53	0	142.61	--	0	15.61	5.24	3.29	12.95
岳阳市	0.54	0.26	--	0.14	2.68	--	0.75	0.72	0.53	1.81	0.66	1.95	0.82
云浮市	0	--	--	0	0	--	--	0	0.33	0	18.34	1.81	9.60
湛江市	4.12	--	0.84	31.11	1.43	--	100	0	39.71	6.92	36.75	42.97	26.19
张家界市	0	7.74	--	0	0	0	0	0	0	0	0	0	0.27
漳州市	0	65.78	18.56	0	18.63	6.47	37.77	21.89	8.65	0.23	0.14	0.31	15.15
肇庆市	0	0	0	0	0	0	0	0	0	0	0	0	0
镇江市	0	0.38	--	0.54	0	0.18	0	0	0	34.49	5.46	2.82	3.94
中山市	0	--	0	15.41	0	0	0	0	8.43	0	--	15.83	7.04
舟山市	17.76	--	--	15.68	0	46.63	0	0.07	8.52	0	0	1.32	4.84
珠海市	0	27.14	0	0	32.48	3.51	24.08	0	10.26	0	24.28	5.36	15.53
株洲市	0	--	0	9.66	0	0	0	0	8.47	0	0	1.97	1.03
淄博市	0	0	0	4.52	0	0	0	0	0	0.55	0	1.42	0.84
自贡市	7.69	--	15.59	2.09	54.21	--	24.31	--	17.86	23.53	20.49	8.02	21.28
遵义市	0	--	4.48	0	0	0	9.01	0	0	0.39	0	0	2.31
县及县级市													
保亭黎族苗族自治县	--	--	--	--	--	--	--	--	--	--	--	--	--
滨海县	2.88	0	--	--	0	22.19	--	--	2.87	5.89	0	0	2.63
常熟市	0	8.06	0	10.24	0	6.46	1.84	2.26	5.33	4.50	0	4.10	4.84
长沙县	0	17.06	--	89.92	0	10.84	19.07	0	54.68	4.65	0	0	17.86
长兴县	12.69	6.55	103.13	47.42	23.08	0	50.42	0	12.76	4.90	50.90	9.87	30.42
崇州市	--	--	--	--	--	80.95	6.90	0	75.54	--	0	0.16	40.63
淳安县	0	--	--	0	--	0	0	0	30.54	0	20.85	--	7.72
慈溪市	66.39	96.64	0	54.60	66.18	37.07	12.10	9.14	46.25	44.03	19.23	38.55	45.13
丹阳市	0	0	--	0	0.18	0	0	0	--	0	0.14	0	0.06
当涂县	0.03	0	0	49.17	0	0.09	0	0	0	28.63	13.59	5.32	8.16
德清县	124.18	0	0	44.87	0	11.24	6.14	5.01	0	0	0	34.50	16.73
东港市	--	--	--	0	0	--	0	0	0	0	--	0	0
东台市	0	5.33	--	27.15	0	0	4.49	0	0	0	--	0	22.46

2-7　续表 6　　　　单位：%

城市	1月	2月	3月	4月	5月	6月	7月	8月	9月	10月	11月	12月	汇总
都江堰市	--	--	--	--	--	--	0	--	--	0	3.92	3.93	3.70
恩施土家族苗族自治州	0	0	--	0.15	0.11	0	0	33.97	17.63	4.36	17.64	0	10.40
肥东县	17.65	--	--	--	--	21.21	8.37	2.88	--	--	--	5.00	11.07
肥西县	0	0	2.15	--	27.88	--	0.61	26.83	0	--	71.11	0	26.14
盖州市	--	--	--	0	--	--	0	0	0	0	20.66	0	7.21
高碑店市	4.75	--	--	--	--	0.48	6.74	0.57	0.70	16.67	0.45	0.21	0.59
固安县	--	--	83.33	1.38	28.32	29.79	3.86	2.97	2.36	31.30	2.13	56.19	34.42
海安市	4.27	30.24	1.07	0.53	10.64	3.07	0	0	47.34	10.80	52.85	0.54	20.06
海宁市	32.33	0.68	0	17.65	37.69	40.37	32.74	0	34.83	37.30	32.87	35.50	33.87
海盐县	--	0	0.42	13.02	2.06	10.37	15.22	0	0	7.77	0	0	4.17
惠安县	1.30	0.68	0	0	1.07	2.38	14.93	0	20.92	0	0	51.30	17.74
惠东县	0	0	--	0	--	--	0	0	0	1.21	0	0	0.18
嘉善县	3.31	1.80	5.23	5.09	0.53	0	0.22	0	12.50	3.98	12.81	5.45	6.25
建德市	16.25	0.12	0.46	--	21.57	11.53	0	5.90	33.41	41.76	--	3.37	21.62
建湖县	28.60	25.38	--	0	--	17.91	--	0	0.06	2.02	23.19	15.04	12.42
江阴市	26.82	0	--	21.19	18.49	0.87	13.88	0	24.21	6.14	0	0	17.17
胶州市	0	0	0.58	0	0	0	0	0	0	0	0.02	0	0.05
晋江市	0	0	0.57	61.93	11.25	10.49	0	45.18	22.81	82.33	49.90	65.18	46.21
靖江市	--	0	0	0	--	--	42.19	0	0	10.91	0	0	4.45
昆山市	3.38	0	0	1.23	0.41	0.06	8.72	0	0	0	77.94	6.54	4.42
莱西市	0	0.01	--	--	0	1.26	0	0	0	0	0	0.82	0.43
莱州市	0	0	0	0	0	0	--	0	0	0	0	0	0
临海市	54.55	0	35.42	--	57.10	0	16.92	0	38.64	22.91	25.38	29.71	32.72
陵水黎族自治县	--	--	--	--	--	--	--	--	--	--	--	--	--
浏阳市	0.94	34.16	0	0	10.41	0	0	0.05	13.95	0	0	0	2.09
龙口市	0.09	0	--	0	0	0	0	--	0	0	--	--	0.02
龙门县	--	0.34	16.56	0	0	0	--	0	0	0	0	0	1.81
闽侯县	12.54	0	0.01	0.26	0.23	20.51	0.31	--	28.35	40.34	47.69	20.51	24.09
南安市	0	10.04	0	0.30	1.02	0.02	0	4.29	0	60.11	0	--	3.21
宁海县	6.78	0	0	0.37	41.49	34.94	12.83	3.42	37.75	0.14	0.42	16.00	28.36
沛县	0	--	0	0	0	7.13	0	26.96	0	0.15	0	1.55	5.67
彭州市	--	0	--	10.58	0	0	--	--	--	0	14.17	0	3.97
邳州市	--	--	--	0	2.41	0	--	0.48	3.70	0.34	9.76	0	3.40
平度市	0	0	18.08	0	0	0	0	0	0	0	--	0	0.90
平湖市	0	0	--	12.64	0	15.59	11.95	77.82	0	0	3.62	12.78	9.42
蒲江县	--	--	0	14.01	110.91	--	--	0	--	0	--	--	5.94

2-7 续表 7 单位：%

城市	1月	2月	3月	4月	5月	6月	7月	8月	9月	10月	11月	12月	汇总
普宁市	--	--	--	--	--	31.61	28.57	--	0	0	--	0	24.85
启东市	0	--	6.48	--	17.99	32.29	0.89	0	31.94	17.36	8.66	16.84	17.47
潜江市	39.05	--	--	53.57	--	--	102.84	--	93.13	0	30.25	6.47	69.92
荣成市	--	0	--	0	0	--	0	0	0	0	0	0	0
如东县	4.10	38.30	0	24.11	13.66	0	3.19	25.62	24.26	9.28	0	8.45	10.90
瑞安市	2.09	21.54	--	12.49	1.57	14.72	0	12.22	5.93	19.85	0	5.50	13.58
嵊州市	0	0	0	0	--	0.01	0	79.00	10.69	0	6.80	10.94	10.51
太仓市	--	3.21	0	13.81	10.31	1.26	0	0.84	4.43	2.84	0.60	5.11	4.51
泰兴市	1.24	1.28	--	1.00	2.53	0.19	3.21	0.09	0.60	0.42	6.68	0.60	1.50
天门市	8.97	0	--	0.81	1.44	0	9.55	0	0	0	0	0	4.33
桐庐县	0	0	0	0	0.12	0.65	10.95	0	0.19	0.04	0	0	1.02
桐乡市	0	6.84	0.93	0	50.45	44.72	23.80	38.43	33.70	41.54	24.83	31.67	28.65
瓦房店市	--	0	0	0	0	0	--	--	123.85	--	0	--	6.31
文安县	1.27	--	0.03	0.73	1.05	--	0.14	0.66	--	--	0.51	--	0.75
文昌市	0	--	--	0.03	--	0	0.03	30.53	0	0.01	2.32	30.22	11.33
仙桃市	0.08	0	--	0	0.22	0	0	0.21	34.57	0	0	31.34	13.77
香河县	--	--	0.97	--	--	0.90	--	--	--	--	0.28	--	0.73
象山县	12.21	300.84	0	10.68	15.48	18.01	0	5.26	0.99	0	0	19.66	15.22
新沂市	8.65	--	0	0	--	0	--	0	--	0	3.28	0	2.74
兴化市	1.57	1.23	--	0.13	0.73	0.24	0.25	1.71	3.25	0	--	0	1.22
宜兴市	0	0	0	16.42	54.25	21.66	0	0	0	37.33	37.13	38.43	34.02
义乌市	4.33	26.35	6.61	13.56	31.04	30.90	32.29	38.10	27.22	15.09	1.88	40.65	24.82
永登县	3.33	0.11	1.81	0.67	0.11	0.59	22.11	1.04	8.26	1.94	0.27	9.12	6.42
余姚市	38.96	42.05	--	43.62	43.23	35.03	54.24	33.70	48.01	20.84	29.53	60.87	39.74
张家港市	0	0	10.28	8.02	3.38	3.62	0	4.48	0	3.79	0	8.26	4.63
诸暨市	36.15	0	0	0	38.04	37.02	0	0	11.72	0.33	31.96	26.54	26.14
庄河市	--	--	--	0	0	0	0	0	0	--	--	--	0

数据来源：中指数据库监测。

2-8 2020年全国300城土地成交出让金统计

单位：亿元

城市	1月	2月	3月	4月	5月	6月	7月	8月	9月	10月	11月	12月	汇总
一线城市													
北京市	231.99	440.75	0.38	177.39	280.73	12.50	169.93	256.76	83.46	3.31	12.44	287.15	1956.79
上海市	159.42	459.58	34.50	218.04	176.23	305.03	443.62	380.17	156.89	213.20	159.93	245.76	2952.36
广州市	116.08	49.68	114.69	236.00	335.99	199.51	204.78	135.16	316.73	225.18	256.23	373.67	2563.69
深圳市	7.36	20.06	42.52	17.11	179.41	110.32	5.93	6.94	13.19	66.19	435.65	149.04	1053.71
二线城市													
长春市	33.07	2.41	94.07	47.24	71.81	106.81	86.25	31.64	66.77	84.15	31.79	140.61	796.61
长沙市	17.20	39.37	14.76	85.16	59.35	29.73	63.45	107.54	101.01	27.47	48.00	20.91	613.95
成都市	80.40	41.09	83.90	158.75	170.93	65.56	40.18	118.25	58.39	75.17	156.04	263.18	1311.85
重庆市	71.15	22.23	78.83	74.46	252.47	145.16	50.00	74.48	110.16	41.93	100.70	234.83	1256.39
大连市	0.16	5.58	0.89	4.47	41.31	43.59	9.76	0.51	63.49	107.19	5.45	44.43	326.84
福州市	33.05	146.57	0.21	177.86	133.02	167.37	0	77.98	25.12	60.86	0	73.61	895.65
贵阳市	50.68	0.86	3.38	23.03	101.10	27.30	67.58	53.22	128.57	18.59	68.68	33.64	576.63
哈尔滨市	33.49	13.14	20.10	30.99	0.27	79.50	16.66	64.19	7.74	35.68	11.69	10.02	323.46
海口市	5.24	0	0.07	2.76	1.26	34.52	1.57	43.49	10.60	11.05	8.36	19.47	138.39
杭州市	335.18	36.76	136.28	355.61	343.94	547.13	241.21	27.91	160.89	329.71	49.62	9.35	2573.57
合肥市	10.49	0.25	91.82	30.77	36.60	12.94	9.55	80.60	52.28	27.68	42.39	8.79	404.16
呼和浩特市	0	0	0	0	29.03	5.67	29.54	34.24	0.06	2.26	0	21.06	121.85
济南市	27.13	0.99	17.70	37.85	12.77	57.13	11.04	73.81	99.37	111.61	63.71	166.93	680.04
昆明市	2.40	4.31	6.91	57.94	17.53	21.41	89.78	44.34	14.88	80.60	39.52	251.94	631.57
兰州市	19.10	0	0	28.55	2.36	74.56	7.10	2.90	4.44	1.96	7.14	7.24	155.36
南昌市	20.68	7.27	18.06	73.49	32.92	80.38	1.08	58.67	69.77	68.37	90.66	57.25	578.60
南京市	64.04	56.13	12.69	439.17	115.37	106.42	478.31	16.14	256.45	139.36	125.88	283.94	2093.90
南宁市	28.43	58.20	27.72	23.05	44.53	28.90	56.62	17.09	44.10	84.62	53.76	95.85	562.87
宁波市	2.88	24.86	27.08	39.21	117.00	259.72	227.89	369.99	70.92	76.35	18.52	131.18	1365.60
青岛市	27.36	16.22	78.53	128.93	41.69	102.14	71.05	40.04	89.74	47.08	46.12	68.02	756.92
三亚市	4.62	0.78	0.06	19.38	2.46	9.32	1.81	3.68	51.73	2.01	42.15	10.00	148.00
沈阳市	1.12	35.25	52.74	108.47	30.43	30.80	123.17	1.03	110.11	20.75	21.52	104.12	639.51
石家庄市	1.73	52.77	34.53	3.25	7.19	67.40	57.70	29.38	34.50	14.78	2.02	89.84	395.09
苏州市	15.12	3.17	148.74	238.95	75.80	121.44	191.44	87.82	112.22	66.99	2.68	118.17	1182.54
太原市	6.19	26.97	0	40.46	62.31	121.48	32.13	11.09	71.81	52.44	20.45	73.05	518.36
天津市	87.83	17.19	33.59	142.45	115.69	60.26	22.33	75.41	182.55	72.31	3.17	204.27	1017.06
温州市	66.12	62.51	15.20	191.30	72.10	102.29	18.11	2.33	32.03	10.17	16.90	69.62	658.67
乌鲁木齐市	8.52	0	19.68	59.80	58.42	58.72	55.23	0	0	33.74	11.24	77.42	382.77
无锡市	0.68	0.40	99.28	0	154.60	204.21	69.44	2.08	35.35	89.49	54.36	52.62	762.53

2-8 续表 1

单位：亿元

城市	1月	2月	3月	4月	5月	6月	7月	8月	9月	10月	11月	12月	汇总
武汉市	43.97	0.38	108.53	50.67	170.63	313.78	138.77	253.34	83.55	48.85	154.60	529.42	1896.50
西安市	136.13	6.47	32.23	141.17	34.48	93.76	127.60	127.71	138.14	129.46	10.16	92.73	1070.02
西宁市	0	2.76	0.07	0	0.05	19.57	10.37	0.10	6.45	37.70	0	1.32	78.38
厦门市	0.09	8.19	0	154.69	0	115.35	24.69	109.02	71.69	7.46	91.28	54.60	637.06
银川市	0.13	0	0	1.27	7.99	0.17	5.31	16.42	23.38	8.25	5.01	0.05	67.98
郑州市	91.49	32.25	35.94	39.73	63.63	61.89	45.28	78.80	43.29	6.27	63.07	165.52	727.15
三四线城市													
安康市	3.02	0.24	0.87	1.04	6.56	0	0.85	2.83	2.86	0.41	10.82	2.23	31.74
安庆市	6.93	8.41	15.22	0.39	1.33	0.59	14.83	1.07	0.01	3.34	1.62	5.89	59.63
安顺市	1.42	0.51	0.06	4.14	1.51	0.69	23.26	1.50	2.45	3.05	5.57	2.40	46.57
安阳市	3.20	5.24	0	5.52	3.46	15.49	0	8.65	0	0.19	0.09	1.57	43.41
鞍山市	0	0	0	1.39	0	0.91	0.38	0	0.44	1.66	3.48	0.41	8.68
百色市	2.39	0	0	5.82	0.23	0.41	1.56	2.45	0.69	0.04	4.86	20.26	38.70
包头市	22.74	0.89	0.00	6.12	9.12	9.91	4.03	0	0.49	4.80	17.02	4.54	79.66
宝鸡市	10.24	2.22	0	1.60	3.07	5.01	1.74	0.76	9.35	9.03	0.22	10.68	53.92
保定市	1.50	8.12	2.65	9.51	13.49	18.67	0.34	5.70	4.31	12.30	12.98	24.30	113.88
北海市	0	0.56	10.07	11.17	0	7.78	2.14	0	0	13.54	0.31	14.60	60.16
本溪市	0	0	0	0.41	2.16	0	0.05	0	0.47	1.50	0.03	2.19	6.81
蚌埠市	7.04	0	0	12.10	14.24	4.83	17.17	0.55	15.66	0	22.98	8.24	102.81
滨州市	6.98	0.23	5.94	3.80	3.86	10.80	4.41	3.46	2.00	1.81	1.33	87.35	131.97
沧州市	0.07	0	6.50	0.48	0.44	36.59	0	2.91	0.17	0	30.31	2.41	79.87
常德市	1.34	4.54	1.10	13.51	7.01	9.94	1.77	21.12	7.44	7.24	19.48	64.57	159.07
常州市	39.90	10.25	28.47	79.26	125.89	109.99	82.64	45.69	108.23	43.80	27.64	117.29	819.06
朝阳市	4.48	1.55	1.23	0.83	0.16	0.42	0	0.55	2.05	0	0	0.36	11.63
潮州市	0	0	0	0	0.26	0.64	1.72	0.35	12.76	0.24	0	5.75	21.71
郴州市	0	4.01	0.20	4.36	0	5.21	1.25	1.66	8.77	4.47	6.21	8.63	44.75
承德市	0.10	2.26	1.98	5.75	9.06	14.96	1.39	3.38	2.94	2.20	2.23	3.00	49.23
池州市	0.28	0	0.32	0.04	4.07	0.26	0.91	5.86	0.10	1.85	0.71	1.77	16.17
崇左市	0	0.15	0.08	0.42	0.03	0.59	2.46	2.08	1.44	0	1.94	0.76	9.95
滁州市	23.97	0.78	7.83	0	24.48	3.84	22.54	17.92	14.83	7.63	0.18	27.13	151.13
大庆市	0.28	18.26	1.81	0.09	0	0.11	1.13	1.05	0.40	0.75	1.53	0.24	25.63
丹东市	0.03	4.00	0	0.02	7.42	0	0	8.40	0.87	2.13	2.76	6.17	31.80
德阳市	2.37	5.28	6.96	0.63	11.99	14.55	13.35	12.61	2.52	0	11.56	3.42	85.26
德州市	0	0	1.22	17.49	0.21	1.62	21.55	2.78	0.63	0	6.51	5.32	57.33
东莞市	10.41	12.16	49.80	66.76	65.63	238.84	40.48	65.52	84.85	66.50	4.94	9.70	715.59
东营市	6.38	1.16	1.33	1.67	3.81	1.98	0	2.02	6.77	12.69	4.04	8.96	50.82

2-8　续表 2　　单位：亿元

城市	1月	2月	3月	4月	5月	6月	7月	8月	9月	10月	11月	12月	汇总
鄂尔多斯市	5.66	0	0.35	1.52	0.77	1.86	0.67	0.58	0.12	0	0	3.90	15.42
鄂州市	12.08	0.14	0	0	20.34	27.38	0.30	14.80	3.45	12.32	33.93	3.16	127.90
佛山市	16.15	33.60	31.32	293.54	133.80	94.66	197.36	127.15	99.46	88.85	74.92	169.46	1360.29
抚顺市	0.03	0	0	0	0.31	0	2.90	0.72	0	3.13	0.25	0.23	7.56
阜新市	1.58	0	0	0	0	0.29	1.21	0.79	0	0.08	0	5.41	9.36
阜阳市	2.21	0	0.21	48.84	26.93	40.90	20.74	0	0	5.81	16.59	46.66	208.89
赣州市	12.77	1.81	9.12	0.78	7.47	18.71	17.53	6.13	13.76	0.98	0.76	52.88	142.71
广元市	0.26	0	1.86	2.62	2.95	22.97	0.23	7.91	1.15	0.62	0.83	1.57	42.99
贵港市	9.86	0.76	2.74	7.10	6.88	1.19	4.47	0.90	2.84	6.85	4.02	3.07	50.70
桂林市	2.82	2.24	0.19	7.48	6.73	10.49	7.05	14.95	0.46	10.63	1.25	15.28	79.58
邯郸市	7.75	0	6.56	2.96	39.82	13.00	12.98	22.67	16.47	11.71	30.29	32.72	196.94
河源市	0.04	1.25	0	0	1.42	0	12.97	0.90	0	1.52	1.76	26.38	46.24
菏泽市	24.74	3.37	0	40.29	11.32	5.47	2.36	4.21	45.58	6.51	1.99	23.07	168.90
鹤壁市	0	0	0	0	14.66	0	0	0	12.14	0	0	13.38	40.18
鹤岗市	0	0	0	0.30	0.07	0	0	0.04	0	0.60	0.04	0.17	1.21
衡水市	0.08	0.52	0.55	2.98	3.73	2.21	0.02	4.34	4.87	5.22	3.27	5.78	33.57
葫芦岛市	3.59	0	1.28	0.77	0.95	0.07	4.97	0.21	0	0.40	1.11	0.84	14.18
湖州市	54.15	4.94	5.04	7.71	17.24	21.14	5.13	0.96	38.42	29.66	1.21	10.14	195.74
怀化市	0.76	0	0.15	0	2.00	5.64	5.46	0	8.78	5.34	5.84	20.33	54.29
淮安市	16.64	1.61	1.06	1.16	9.52	3.15	1.52	37.48	2.31	70.11	5.58	84.57	234.70
淮北市	0.01	1.37	0	2.51	0	11.93	0.60	2.47	3.80	0	0	18.07	40.77
淮南市	1.06	0	0.31	0.91	18.45	0.65	4.97	0.92	4.89	0.52	3.72	0	36.39
黄石市	0.87	0	0	6.22	1.48	7.32	5.87	4.62	3.81	4.42	8.45	27.75	70.79
惠州市	12.67	31.71	2.59	20.95	16.27	110.01	38.73	15.76	94.11	35.98	74.61	51.71	505.10
鸡西市	0	0	0	0.02	0	0	0.13	0	0	0	0.02	0	0.17
吉林市	0.72	1.03	0.71	4.36	9.13	0	9.96	2.14	1.09	38.44	2.99	8.83	79.40
济宁市	5.17	4.04	3.55	12.08	21.60	21.58	29.20	5.24	9.59	16.43	19.85	52.83	201.16
嘉兴市	0.53	1.14	0	1.31	10.09	43.85	18.81	8.43	13.80	42.95	35.60	57.82	234.34
江门市	1.64	0.80	5.93	4.71	16.91	61.40	14.37	3.36	7.84	8.72	24.44	30.45	180.56
焦作市	1.58	0	1.63	0	7.01	0	5.56	1.80	0.89	0.59	3.20	10.58	32.86
揭阳市	1.55	10.11	0.47	1.09	0	0.25	0	2.78	5.24	0	0	7.45	28.92
金华市	0.34	7.02	6.66	21.65	28.95	38.41	5.64	5.60	1.67	37.93	25.95	3.96	183.78
锦州市	1.71	0.12	0.57	2.03	2.00	8.55	1.05	3.05	3.93	1.20	1.75	0.73	26.68
荆门市	6.30	0.73	0	2.83	5.94	15.82	10.46	0.40	4.34	5.97	0.83	7.48	61.10
荆州市	0.10	0.32	0	21.00	7.14	8.52	7.20	3.33	10.24	12.16	3.15	1.04	74.20
景德镇市	0	0	0.21	33.41	5.06	0	10.06	11.98	13.75	5.99	0	42.44	122.91
九江市	4.68	2.36	14.97	13.23	6.58	2.09	10.16	1.86	11.28	15.37	4.68	37.77	125.01

2-8 续表 3 单位：亿元

城市	1月	2月	3月	4月	5月	6月	7月	8月	9月	10月	11月	12月	汇总
开封市	0	1.05	5.44	1.15	1.50	19.68	2.76	1.79	5.06	1.05	5.91	24.54	69.94
拉萨市	0	0	6.81	10.53	0	0.85	0.10	0	0	0	0.66	0	18.96
廊坊市	0	0	36.01	5.64	31.82	16.71	17.83	0	13.46	3.96	22.62	20.30	168.33
乐山市	3.09	0	0.48	1.10	9.62	1.95	4.95	0	0.76	0.24	7.43	10.45	40.08
丽江市	3.20	0.29	0	0	0	0	0.04	3.64	1.25	0	0	0.02	8.45
丽水市	3.03	22.79	0.05	27.23	8.02	12.13	3.83	18.92	26.40	1.37	42.50	20.76	187.03
连云港市	3.37	8.42	5.25	0	11.33	5.24	13.34	0	10.46	0.15	6.05	40.47	104.08
聊城市	8.81	2.29	5.43	1.76	2.37	8.44	29.71	3.50	8.57	20.34	18.64	22.80	132.65
临沂市	3.02	9.93	12.54	27.01	19.83	27.72	20.24	20.07	55.81	90.51	105.72	36.42	428.82
柳州市	0.24	2.25	1.02	10.79	1.84	12.47	10.79	3.59	3.66	28.74	20.54	34.08	130.01
六盘水市	0.76	0	0	11.90	0.51	8.40	3.17	1.37	0	6.98	0.08	13.27	46.44
龙岩市	0.01	1.25	1.82	1.25	0.32	20.17	0	0.04	28.80	3.03	1.42	45.18	103.29
泸州市	2.40	0.22	25.73	4.02	1.16	3.72	8.48	0.16	11.81	16.26	3.88	45.58	123.41
六安市	11.79	0.71	0	9.92	1.98	19.79	11.47	19.29	12.01	5.28	0	11.82	104.06
洛阳市	20.03	6.44	14.09	9.96	5.59	12.19	52.29	7.55	18.35	52.59	12.06	30.57	241.71
漯河市	9.04	4.33	0	18.61	12.19	0	3.78	1.07	4.37	4.36	6.96	6.87	71.60
马鞍山市	0.34	0.05	0.28	1.19	9.11	3.58	6.95	2.68	20.87	5.05	2.87	10.30	63.28
茂名市	0	0.38	0.28	0.04	8.28	5.84	6.56	0.51	1.29	0.52	18.09	22.10	63.89
眉山市	4.43	0.26	2.36	42.52	10.16	9.75	0.08	3.72	24.29	31.86	6.46	51.87	187.75
梅州市	0.05	1.34	0.20	0.17	0	0	2.24	0	2.98	14.01	1.86	0.23	23.08
绵阳市	0.97	5.04	2.34	4.97	9.86	8.70	7.73	2.97	3.81	18.89	20.52	46.53	132.32
牡丹江市	0	0.03	0	0	0.33	0.24	0	3.78	0.27	0	0	7.58	12.22
南充市	0	0.32	0	26.08	32.39	19.62	25.55	6.85	16.06	12.98	0.66	10.23	150.75
南平市	7.03	0	0	6.95	6.09	1.00	0.47	0.04	0.20	15.37	4.62	0.08	41.85
南通市	95.86	14.27	13.61	64.90	55.15	146.79	66.44	28.75	32.54	81.78	178.96	41.76	820.81
南阳市	2.97	3.63	0.92	26.89	15.95	17.18	11.94	0.94	1.77	0	12.65	23.71	118.55
内江市	3.52	0	0.18	4.65	4.98	5.03	0	1.83	5.92	4.34	11.10	15.63	57.18
宁德市	0.07	1.92	0.82	0.80	0	0.57	1.63	20.00	11.21	1.15	31.64	3.19	73.00
攀枝花市	0	0	0	2.05	0.20	0.12	5.75	0.36	3.93	0.05	0	20.39	32.85
平顶山市	1.31	0	0	11.61	0	7.70	0.29	0	3.69	6.01	2.14	12.28	45.03
萍乡市	0.76	0	0	0.72	0.06	10.16	1.17	1.17	3.56	1.45	0	14.24	33.30
莆田市	13.30	0.46	7.94	7.55	4.52	12.36	9.79	19.72	25.79	29.23	34.60	34.35	199.62
濮阳市	0	0	1.38	6.52	3.60	9.92	0.04	1.83	5.35	1.57	23.80	8.23	62.25
普洱市	0	0	0.86	0.88	0.14	0	0.01	0	9.45	0.80	2.25	1.52	15.91
齐齐哈尔市	1.18	0	0	0	0	4.40	0.04	0	0.16	0.28	0.75	0.14	6.94
钦州市	1.10	1.06	0	1.97	0.29	3.07	4.01	2.88	2.68	6.66	0	9.40	33.13
秦皇岛市	0.73	4.36	4.28	1.70	7.22	29.20	2.88	4.90	5.56	1.35	4.41	31.98	98.57

2-8　续表 4　　单位：亿元

城市	1 月	2 月	3 月	4 月	5 月	6 月	7 月	8 月	9 月	10 月	11 月	12 月	汇总
清远市	2.89	3.47	0.25	3.32	1.23	11.50	0.64	1.16	6.32	0.19	11.81	23.20	65.97
衢州市	4.08	4.43	1.31	0.15	19.46	34.14	44.97	4.92	22.00	2.58	6.00	16.81	160.86
曲靖市	1.54	2.36	0.20	2.49	0.96	0.96	0.24	0.22	1.57	0.42	1.07	8.86	20.89
泉州市	0.18	0.06	0	0	0.71	0	6.17	0	12.62	1.42	0.17	43.85	65.18
日照市	2.07	6.08	22.17	2.12	10.51	4.89	19.31	15.11	0	11.19	2.35	23.09	118.88
三明市	8.84	0.19	0	15.32	6.34	0.09	9.63	1.33	4.62	5.18	1.81	2.49	55.85
汕头市	0.18	0.24	0.64	20.69	24.28	17.20	1.88	5.11	27.95	30.52	15.14	45.73	189.56
汕尾市	0.48	0	0	0	0	0	0	0	0.98	0	0	0.57	2.03
商洛市	0.92	0.04	0	0.56	0	0	0.98	0.30	0.28	0	1.06	0.16	4.31
商丘市	4.52	0	3.50	3.59	0	14.68	3.72	9.90	10.20	9.98	20.17	35.53	115.79
上饶市	19.48	10.65	12.15	14.30	1.16	7.50	50.67	8.30	31.55	50.90	14.70	83.56	304.91
韶关市	0.05	0.06	0	0	11.65	0.59	8.70	0.07	0.56	0.63	0.39	7.92	30.61
绍兴市	43.94	3.63	27.44	60.01	68.50	145.59	31.33	55.10	54.84	31.28	10.05	134.79	666.49
十堰市	2.15	0.35	0.10	0.89	7.86	2.01	24.96	28.56	23.54	0.23	22.24	61.05	173.95
朔州市	1.33	0	0	0.76	0	2.82	0	0.39	0.44	0.44	1.81	0	7.99
松原市	0	0	0	0	0.61	0.07	0	0.79	3.51	0.13	0	0	5.11
随州市	3.26	0	0	0	2.36	0.19	0.28	0.13	0	1.86	2.00	5.25	15.32
台州市	40.60	1.34	0.74	14.43	6.58	94.45	12.53	4.88	12.35	37.20	18.38	22.61	266.12
泰安市	12.70	3.88	2.55	5.04	0.49	15.21	17.24	9.83	1.22	24.53	4.02	32.10	128.81
泰州市	16.82	2.66	2.44	0.42	0.12	15.05	27.72	10.71	29.35	36.88	74.06	7.54	223.79
唐山市	13.97	5.30	3.62	11.77	51.09	44.30	3.99	17.44	85.44	12.78	12.16	79.89	341.77
铁岭市	0	0	0.45	0	0	0.02	0.01	0	0.22	0.12	0.09	0	0.90
通化市	0.07	0	0	0.86	0.29	0	0.02	1.59	0.60	0.14	0	0.33	3.90
威海市	6.80	19.66	1.95	11.84	39.45	5.96	37.60	26.52	21.14	10.31	30.99	28.83	241.04
潍坊市	19.97	10.83	17.36	4.47	4.56	11.08	49.38	7.33	25.71	16.30	10.24	105.34	282.57
乌兰察布市	1.24	0	0.62	0	0	0	0	3.54	1.59	4.09	0	10.95	22.03
芜湖市	0.51	1.87	11.77	7.53	7.40	21.50	45.97	1.51	7.22	4.51	0.41	11.38	121.61
咸阳市	6.00	0.03	0.04	16.59	51.92	0	10.88	0.94	27.34	21.02	1.57	3.15	139.49
湘潭市	0	5.77	0	0.14	20.78	13.20	0.05	19.75	1.87	12.54	21.74	24.57	120.42
襄阳市	46.81	0.04	2.12	23.02	10.53	0.38	2.10	3.88	18.25	14.47	27.07	37.08	185.75
新乡市	2.01	3.71	1.88	4.19	0.15	0	7.66	12.58	7.82	0.92	3.44	11.65	56.01
信阳市	3.16	0.57	0	0	15.34	15.83	6.20	8.74	0.60	5.34	20.65	0.13	76.56
宿迁市	8.06	12.82	0.37	0.45	32.21	7.61	31.23	0	9.51	28.88	7.08	89.82	228.02
宿州市	0.49	0	24.18	5.90	0.10	6.43	5.45	3.21	4.49	2.12	11.72	5.40	69.50
徐州市	28.16	52.44	27.24	23.94	8.62	58.54	69.15	108.84	7.91	10.06	25.46	26.35	446.71
宣城市	0.43	0.07	4.68	0.64	0.51	0.08	1.49	11.41	0.41	2.22	0.82	13.71	36.45
烟台市	45.41	32.33	12.06	5.70	19.12	30.70	13.13	32.80	25.23	19.94	21.22	53.03	310.66

2-8　续表 5　　单位：亿元

城市	1月	2月	3月	4月	5月	6月	7月	8月	9月	10月	11月	12月	汇总
盐城市	1.21	1.35	15.81	8.42	31.55	15.64	23.92	40.75	56.26	54.15	53.30	64.83	367.18
扬州市	12.74	13.56	1.56	48.20	27.11	10.00	80.51	0.54	48.63	4.16	159.25	47.38	453.64
阳江市	0.60	0.97	0	0	0	0.11	0.88	0.75	3.00	0.06	0.40	0.80	7.57
伊春市	0	0	0.17	0.39	0	0	0	0.05	0.06	0	0	0	0.66
宜宾市	15.51	0.17	0	25.20	42.75	9.66	1.09	10.29	11.29	16.07	2.22	2.99	137.25
宜昌市	16.26	0	2.74	0	0.40	31.71	1.46	1.41	7.30	12.81	0.31	31.33	105.73
宜春市	0.90	2.66	18.39	2.57	4.54	4.83	3.64	5.82	15.90	2.23	1.70	13.49	76.68
鹰潭市	0	0.16	0.04	5.40	1.76	0.24	7.59	5.57	0.80	7.64	0.70	36.06	65.98
营口市	1.01	1.54	0.33	1.18	0	4.41	5.01	1.21	1.49	0.60	2.93	0.94	20.64
玉溪市	0.06	0.06	0.51	0.21	5.33	1.50	0.85	0	1.10	12.44	6.62	16.03	44.72
岳阳市	1.49	5.88	0	12.35	0.15	0	1.87	4.59	9.99	0.67	1.98	13.28	52.25
云浮市	0.57	0	0	0.29	0.63	0	0	0.31	1.87	1.55	8.33	1.56	15.11
湛江市	1.01	0	3.59	3.54	14.16	0	1.00	1.76	18.17	2.17	8.37	21.44	75.22
张家界市	4.79	1.79	0	0.08	1.39	4.95	0.20	0.22	0.08	1.65	19.55	12.35	47.04
漳州市	0.35	11.87	21.33	5.27	14.14	37.82	17.44	15.70	8.67	8.68	14.79	2.90	158.98
肇庆市	20.27	0.35	6.02	18.90	0.39	2.08	17.40	0.94	4.61	1.63	9.52	38.31	120.41
镇江市	0.26	8.52	0	20.42	0.71	0.56	0.14	0.50	1.05	5.53	22.23	41.75	101.66
中山市	21.44	0	1.98	37.08	1.86	5.02	61.45	11.28	38.92	29.30	0	80.55	288.89
舟山市	7.30	0	0	6.40	0.49	1.19	2.20	16.94	2.88	4.33	7.88	9.34	58.94
珠海市	2.89	40.28	8.67	1.26	24.27	37.20	60.10	1.30	8.87	42.14	105.94	50.64	383.56
株洲市	9.76	0	2.16	0.79	3.96	10.95	16.24	1.66	6.92	75.27	11.25	88.18	227.14
淄博市	11.03	13.66	7.96	13.40	0.21	24.97	7.02	3.81	14.73	23.12	27.06	91.66	238.63
自贡市	0.05	0	7.19	0.16	3.24	0	0.72	0	6.29	2.82	1.86	1.43	23.76
遵义市	5.34	1.75	11.08	4.65	6.45	0.15	19.97	25.63	16.58	18.09	0.34	0.88	110.91
县及县级市													
保亭黎族苗族自治县	0	0	0	0	0	0	0	0	0	0	0	0	0
滨海县	3.03	0.07	0	0	1.38	0.79	0	0	13.76	0.87	2.04	3.88	25.81
常熟市	2.06	14.48	0.27	34.61	0.60	28.68	70.05	8.68	18.32	38.84	0.06	14.38	231.04
长沙县	0.92	14.31	0	5.62	0.43	14.35	19.64	11.25	55.12	30.81	1.53	44.93	198.91
长兴县	23.27	13.57	15.78	12.84	2.75	9.22	15.13	1.16	2.96	2.06	32.01	13.30	144.04
崇州市	0	0	0	0	0	2.09	3.58	0.18	15.54	0	0.28	5.54	27.21
淳安县	0.02	0	0	5.76	0	0.04	0.10	0.17	3.08	0.92	0.03	0	10.13
慈溪市	10.25	1.06	0.33	26.84	18.28	7.73	0.93	10.75	22.23	35.49	1.86	13.15	148.90
丹阳市	0.17	0.77	0	3.92	5.47	6.56	0.78	1.04	0	7.92	9.89	0.94	37.45
当涂县	2.87	0.03	0.28	0.90	0.31	1.75	1.07	4.21	0.11	3.55	3.64	0.51	19.21

2-8　续表6　　　　单位：亿元

城市	1月	2月	3月	4月	5月	6月	7月	8月	9月	10月	11月	12月	汇总
德清县	2.64	11.08	6.61	17.44	2.26	2.54	17.48	3.58	1.85	4.48	2.47	18.35	90.77
东港市	0	0	0	1.11	0.34	0	0.14	0.08	0.63	0.05	0	1.43	3.78
东台市	0.15	1.30	0	14.00	0.29	0.09	0.60	0.19	0.01	0.03	0	0.15	16.79
都江堰市	0	0	0	0	0	0	1.26	0	0	0.25	5.34	20.51	27.35
恩施土家族苗族自治州	0.03	0.44	0	0.26	0.89	3.49	7.42	9.39	3.50	1.53	4.33	7.15	38.42
肥东县	0.12	0	0.51	0	1.08	12.96	22.28	6.70	1.12	1.04	0	1.63	47.44
肥西县	0.57	0.35	1.64	0	42.54	0	0.59	12.53	0.59	0	1.20	10.39	70.39
盖州市	0	0	0	0.70	0	0	0.96	0.25	0.23	0.71	2.23	0.60	5.68
高碑店市	0.21	0	0	0	0	8.85	0.19	5.34	4.13	0.00	5.68	1.19	25.59
固安县	0	0	13.76	2.21	8.35	2.80	2.05	0.33	1.95	23.30	6.44	10.41	71.61
海安市	4.24	27.90	9.48	0.67	20.56	8.31	7.87	0.45	15.94	28.70	23.89	2.65	150.67
海宁市	12.57	1.03	0.31	10.00	16.67	9.18	9.04	0.36	21.02	24.10	18.88	55.47	178.62
海盐县	0	0.32	0.41	6.27	21.36	6.04	7.62	0.44	1.89	2.43	0.53	25.32	72.64
惠安县	17.18	2.95	0.47	0.83	1.42	1.29	1.21	0.07	6.42	0.09	2.40	19.20	53.52
惠东县	0.15	1.55	0	0.01	0	0	4.59	5.34	1.18	3.72	4.36	4.06	24.95
嘉善县	7.62	5.80	7.17	9.62	5.04	0.23	4.30	0.21	5.33	3.57	19.66	18.27	86.85
建德市	1.50	1.13	0.09	0	15.90	0.58	0.08	0.72	1.20	3.18	0	0.25	24.62
建湖县	7.92	1.48	0	0.20	0	1.80	0	0.09	1.71	13.65	2.82	6.93	36.59
江阴市	13.67	0.86	0	11.26	36.52	5.82	84.73	0.04	47.09	7.43	0.33	0.66	208.41
胶州市	3.48	0.64	5.03	8.32	4.54	9.01	8.58	0.32	3.88	7.13	4.68	8.17	63.77
晋江市	2.46	1.01	0.35	13.10	3.95	2.00	0.73	4.44	3.39	12.25	14.51	5.38	63.59
靖江市	0	0.21	5.89	0.69	0	0	13.89	1.25	0.80	4.88	52.27	28.08	107.96
昆山市	11.02	0.72	0.58	24.71	43.93	0.36	21.70	13.75	0.43	1.23	1.76	90.97	211.15
莱西市	0.53	4.29	0	0	2.38	6.24	2.67	0.10	1.52	3.31	1.64	4.88	27.57
莱州市	0.39	0.16	0.44	0.80	0.97	3.09	0	0.08	0.03	0.48	0.05	2.90	9.38
临海市	6.52	0.21	1.49	0	23.25	2.02	20.59	1.24	6.67	2.26	0.82	30.14	95.21
陵水黎族自治县	0	0	0	0	0	0	0	0	0	0	3.96	0	3.96
浏阳市	1.72	1.81	1.30	22.67	7.38	4.31	0.32	1.92	1.96	9.14	0.17	16.29	68.98
龙口市	2.65	1.25	0	1.08	1.65	1.41	0.32	0	1.18	6.63	0	0	16.17
龙门县	0	0.58	0.72	0.42	0.53	0.72	0	0.66	0.47	0.64	0.42	0.71	5.86
闽侯县	26.48	0.30	3.13	0.08	14.43	20.59	0.20	0	14.17	26.86	8.21	21.27	135.72
南安市	0.32	0.73	1.26	19.77	0.20	3.26	0.27	12.00	0.17	2.26	5.35	0	45.61
宁海县	1.28	0.20	0.15	4.31	9.67	15.84	5.94	1.53	7.28	0.42	0.48	2.76	49.86
沛县	1.27	0	0.31	2.89	2.34	7.74	3.38	10.01	0.37	6.64	4.53	13.79	53.26
彭州市	0	0.13	0	6.61	0.26	3.77	0	0	0	6.90	5.72	11.74	35.11
邳州市	0	0	0	0.13	13.40	0.23	0	5.25	31.94	7.89	11.99	7.45	78.27

2-8 续表 7 单位：亿元

城市	1月	2月	3月	4月	5月	6月	7月	8月	9月	10月	11月	12月	汇总
平度市	4.00	3.80	1.48	3.64	0.19	0.31	1.00	0.18	0.84	5.13	0	4.93	25.50
平湖市	2.06	0.08	0	1.96	0.73	18.87	12.30	2.90	1.14	18.14	19.62	24.44	102.23
蒲江县	0	0	3.38	4.00	0.42	0	0	2.14	0	2.76	0	0	12.70
普宁市	0	0	0	0	0	11.69	4.50	0	0.07	2.32	0	0.56	19.14
启东市	0.43	0	8.87	0	18.98	18.15	1.13	0.49	18.69	10.27	34.97	11.79	123.77
潜江市	2.55	0	0	0.09	0	0	4.35	0	9.55	0.18	0.86	1.50	19.07
荣成市	0	1.65	0	1.60	6.58	0	0.35	0.81	1.85	8.64	52.21	16.09	89.78
如东县	11.50	1.96	0.10	8.47	7.03	0.70	32.91	15.68	15.98	8.51	7.34	34.81	145.00
瑞安市	0.29	36.17	0	7.07	4.20	51.26	3.20	8.81	12.85	3.62	0.38	12.36	140.23
嵊州市	0.24	9.72	0.40	0.93	0	0.75	1.06	3.99	5.95	0.04	13.12	78.26	114.45
太仓市	0	14.16	5.38	10.81	18.50	22.86	0.10	11.99	23.56	14.13	3.35	21.74	146.57
泰兴市	3.54	0.20	0	1.03	0.60	23.83	0.89	23.69	12.59	13.74	21.21	14.46	115.79
天门市	0.74	0.04	0	0.50	0.07	0.24	0.92	0.15	0.24	0.11	0.10	0.41	3.52
桐庐县	0.06	1.76	1.18	6.03	22.13	0.92	5.63	1.52	19.84	2.16	0.28	0.19	61.70
桐乡市	0.46	27.66	1.19	0.43	19.94	8.65	12.01	19.03	19.22	7.01	6.94	15.24	137.77
瓦房店市	0	0.05	0.57	0.21	0.03	0.50	0	0	0.17	0.50	0.07	0.89	2.97
文安县	2.71	0	1.45	0.47	0.58	0	0.55	1.24	0	0	0.22	0	7.22
文昌市	0.57	0	0	0.86	0	2.61	0.57	2.33	0.76	4.23	5.52	8.46	25.91
仙桃市	0.39	5.10	0	0.32	4.63	4.08	0.52	0.01	12.99	4.58	3.85	9.05	45.51
香河县	0	0	2.92	0	0	4.32	0	0	0	0	3.10	0	10.34
象山县	6.16	1.05	0.73	3.11	12.46	6.91	0.06	3.00	2.15	1.64	0.61	10.78	48.65
新沂市	12.69	0	0.07	1.46	0	7.96	0	0.35	0	6.45	9.13	10.66	48.77
兴化市	11.14	2.58	0	1.49	0.21	0.63	1.97	0.48	0.21	0.18	0	0.11	18.99
宜兴市	0.41	0.33	0.57	18.29	27.86	10.65	1.80	0.59	0.21	26.33	17.58	15.47	120.10
义乌市	6.53	33.08	63.74	8.63	34.57	119.46	12.63	33.38	79.13	12.58	13.00	35.46	452.19
永登县	1.21	1.91	0.49	0.46	1.04	1.84	6.29	4.94	2.60	0.16	5.26	4.59	30.80
余姚市	5.97	5.56	0	13.58	2.45	17.98	33.21	4.29	20.39	32.50	3.12	10.74	149.80
张家港市	8.01	3.85	7.55	34.70	22.87	28.22	4.38	11.81	4.77	40.78	2.23	14.95	184.12
诸暨市	9.27	0.21	0.39	0.00	26.79	9.70	0.08	0.56	27.00	1.82	9.02	38.43	123.27
庄河市	0	0	0	1.97	1.00	0.03	0.19	0.98	0.45	0.22	1.45	0.01	6.31

数据来源：中指数据库监测。

2-9　2020 年全国土地成交总价排行榜

排名	宗地名称	城市	规划用途	成交总价（万元）	规划建筑面积（平方米）	建设用地面积（平方米）	楼面价（元 / 平方米）	溢价率（%）
1	徐汇区黄浦江南延伸段 WS3 单元 xh130C、xh130D、xh130E、xh130F、xh130G 街坊内 xh130C-02 等 28 个地块	上海市	商办、餐饮旅馆业、文体、商品住宅、社会租赁住宅、广场用地	3105000	1087050	231300	28564	0.10
2	宝安区沙井街道	深圳市	商业用地、游乐设施用地、居住用地、公园用地、道路用地	1271000	1310703	339422	9697	0
3	前湾片区十开发单元 03 街坊	深圳市	二类居住用地	1159710	183600	31745	63165	45.00
4	东至奔竞大道，南至丰北路，西至经六路，北至环路	杭州市	SJ01-02-01（a）、SJ01-02-01（b）、SJ01-02-01（c）、SJ01-02-01（d）为住宅用地（R21）；SJ01-02-02 为幼儿园用地（R22）	1084140	380400	132543	28500	50.00
5	下城区文晖单元 XC0402-R21-22 地块、文晖单元 XC0402-R21-23 地块、文晖单元 XC0404-R21-03 地块	杭州市	住宅（设配套公建）用地	1073834	298580	107403	35965	21.77
6	十字门中央商务区湾仔片区金碧路东侧、南湾大道南侧、会展四路西侧、情侣南路北侧	珠海市	城镇住宅 - 普通商品住房用地	1047623	450000	192250	23281	24.62
7	思明区 03-11 片区云顶中路与莲前路交叉口西南侧	厦门市	城镇住宅用地、零售商业用地、公用设施用地、其他商服用地、社会福利用地、教育用地、城镇村道路用地	1035500	204650	59562	50599	43.82
8	硚口区建设大道与航空路交汇处	武汉市	住宅、商服、教育、公用设施、公园与绿地	943000	449000	106900	21002	17.88
9	荔湾区芳村大道南广船一期地块	广州市	二类居住用地（R2）、商务用地兼容商业用地（B2 兼容 B1）	819623	220236	44795	37216	45.00
10	前湾片区十开发单元 02 街坊	深圳市	二类居住用地	815190	130000	26852	62707	45.00

2-9 续表 1

排名	宗地名称	城市	规划用途	成交总价（万元）	规划建筑面积（平方米）	建设用地面积（平方米）	楼面价（元 / 平方米）	溢价率（%）
11	北京经济技术开发区河西区X46R1、X46R2地块R2二类居住用地、A334托幼用地国有建设用地	北京市	R2二类居住用地、A334托幼用地	790000	201474	85128	39211	23.44
12	北京市昌平区东小口镇HC-031地块R2二类居住用地、HC-030地块A33基础教育用地	北京市	R2二类居住用地、A33基础教育用地	788000	207262	77022	38020	34.24
13	汉阳区汉阳大道以南，拦江路以北，阳新路以东，滨江大道以西	武汉市	住宅、商服、公园与绿地	781000	545200	69900	14325	8.47
14	佛山市南海区桂城街道夏平路北侧、东信北路西侧地块	佛山市	A、B、C区为城镇住宅用地兼容零售商业、餐饮、旅馆、商务金融、娱乐用地，D区为城镇村道路用地	775000	467326	133522	16584	55.00
15	北京市海淀区“海淀北部地区整体开发”西北旺镇HD00-0403-0061、0050、0031、0040、0046地块二类居住、其他类多功能、医院及机构养老设施用地	北京市	R2二类居住用地、F3其他类多功能用地、A51医院用地、A61机构养老设施用地	760000	162845	67310	46670	25.95
16	番禺区汉溪大道北侧	广州市	二类居住用地（R2）	749190	256886	75981	29164	16.48
17	硚口区解放大道和古田二路交汇处（万人宿舍片）	武汉市	住宅、商服、科教、公园和绿地	746900	679000	167000	11000	0
18	北京市丰台区南苑乡分钟寺村L-24、L-26地块R2二类居住用地	北京市	R2二类居住用地	722000	107437	33194	67202	26.25
19	西兴单元BJ1305-B/R/S2-14地块	杭州市	商业服务业设施兼容居住兼容城市轨道交通用地	718892	360248	108111	19955	7.80
20	北京经济技术开发区路东区G4F-4、G6F-1、G6F-5、G7F-1、G7F-2、G7F-3地块F3其他类多功能用地国有建设用地	北京市	F3其他类多功能用地	699300	665976	265270	10500	0

2-9 续表 2

排名	宗地名称	城市	规划用途	成交总价（万元）	规划建筑面积（平方米）	建设用地面积（平方米）	楼面价（元/平方米）	溢价率（%）
21	北京市石景山区北辛安棚户区改造B区土地开发项目1608-658地块其他类多功能用地、1608-673-B地块二类居住用地、1608-676地块托幼用地	北京市	二类居住用地、其他类多功能用地、托幼用地	697800	267170	73885	26118	0
22	杨浦区江浦社区R-09地块（大桥街道115街坊）	上海市	居住用地	692000	80687	34045	85764	38.33
23	秦淮区光华路以南、友谊河路以东地块	南京市	住宅70年，商业40年	691000	231719	92688	29821	5.82
24	秦淮区红花街道明匙路以东、机场路两侧地块	南京市	Rb商住混合用地 Bb商办混合用地	687000	502956	113278	13659	0
25	荔湾区珠江隧道口以西、珠江以南新隆沙地块	广州市	商住混合用地（B1、B2、R2）	683900	448984	65750	15232	0
26	番禺区谢村体育设施地块及产业地块	广州市	商业用地兼容商务用地（B1/B2），体育用地（A4）	681348	941998	301062	7233	0
27	番禺区新造镇新化快速路东侧地块	广州市	二类居住用地（R2）、商业设施用地（B1）	677830	304915	101371	22230	11.15
28	北京市大兴区旧宫镇YZ00-0801-0018、0019、0024、0025、0026地块二类居住用地、基础教育用地	北京市	二类居住用地、基础教育用地	670000	188034	78681	35632	34.00
29	青山区建设五路以东，建设六路以西，临江大道以南，武九铁路以北的区域	武汉市	住宅、商服、公园与绿地	666575	527000	127858	12648	0
30	龙华区大浪街道	深圳市	二类居住用地、教育设施用地	665300	310750	110523	21409	0
31	汉阳区汉阳大道以南，拦江路以北，鹦鹉大道以东，阳新路以西	武汉市	住宅、商服、文化、公园与绿地	661000	454800	105880	14534	10.17
32	东莞市虎门白沙社区	东莞市	商务金融用地(C2商业金融业用地)、城镇住宅用地、交通服务场站用地（地下空间）商务金融用地(R2二类居住用地+C2商业金融业用地)、	660123	1052099	198888	6274	0

2-9 续表 3

排名	宗地名称	城市	规划用途	成交总价（万元）	规划建筑面积（平方米）	建设用地面积（平方米）	楼面价（元/平方米）	溢价率（%）
33	江岸区解放大道与头道街交汇处	武汉市	住宅、公园与绿地	657000	215000	53771	30558	52.79
34	杨浦区定海社区N090603单 元M4-01、M5-01、N1-01、N2-01地块（大桥街道119街坊）	上海市	商办	654130	292671	52606	22350	0
35	北京市丰台区南苑乡分钟寺村L-41地块R2二类居住用地	北京市	R2二类居住用地	654000	88484	29751	73912	37.86
36	建邺区沙洲街道泰山路139号地块	南京市	R2二类居住用地Rc基层社区中心	653000	220684	76098	29590	0
37	佛山市南海区大沥镇水头社区桂和路以西地段	佛山市	A1、A2、A3、A4、A5区为城镇住宅用地，兼容零售商业、批发市场、餐饮、旅馆、商务金融用地；B1、B2区为教育用地	650500	573049	223952	11352	0
38	闵行区颛桥镇闵行新城MHC10402单 元25A-11A地块	上海市	居住用地	643500	158663	79331	40558	46.41
39	北京市昌平区东小口镇HC-022、HC-027地块R2二类居住用地	北京市	R2二类居住用地	636000	170022	68009	37407	29.80
40	增城区新塘镇东江大道东侧18101205A20140号地块	广州市	二类居住用地（R2）（可兼容商业）	630700	487699	162497	12932	15.36
41	秦淮区红花街道机场路以南、国际路以东地块	南京市	Bb商办混合用地Rb商住混合用地R2二类居住用地	630000	632019	180577	9968	0
42	普陀区真如社区W060802单 元E03-03地块（“城中村”改造项目－红旗村）	上海市	商业、办公楼、文体用地	627095	293036	41862	21400	0
43	仓山区帝封江片区，三环路南侧，规划帝封江路北侧，帝封江片区出让地块一	福州市	住宅用地、商服（商业、商务）用地、公共管理与公共服务（幼儿园、中小学）用地、交通运输（轨道交通）用地	626000	578455	375620	10822	21.04

2-9　续表 4

排名	宗地名称	城市	规划用途	成交总价（万元）	规划建筑面积（平方米）	建设用地面积（平方米）	楼面价（元 / 平方米）	溢价率（%）
44	光明区凤凰街道，光侨路以北、东长路以东、科裕路以西	深圳市	二类居住用地、公共绿地、商业用地	625600	454330	188520	13770	0
45	南山区白石路、深湾二路交汇处东南角	深圳市	商业用地	624600	440000	33946	14195	0
46	松江区中山街道新城主城C单元C08-04号（国际生态商务区25号）地块	上海市	居住用地	623000	211717	105858	29426	15.40
47	望江单元SC0402-R21/B-05地块、SC0402-B1/B2-11地块	杭州市	住宅兼商业服务业设施用地、商业商务用地	618564	212871	43652	29058	21.39
48	仓山区帝封江片区	福州市	住宅用地70年、商服（商业、商务）用地、公共管理与公共服务（幼儿园）用地	615000	519768	379393	11832	17.23
49	静安区江宁社区C050201单元023-7地块	上海市	商办	600000	118003	32779	50846	0
50	宝安区西乡街道	深圳市	二类居住用地+商业用地+教育设施用地+绿地+道路用地	599800	189575	68171	31639	45.02

数据来源：中指数据库监测。

住宅市场篇

第三章　2020年房地产开发投资情况

3-1　2016~2020 年全国房地产开发投资

单位：万平方米、亿元

指标	2016 年	2017 年	2018 年	2019 年	2020 年
完成投资额	102581	109799	120165	132194	141443
住宅完成投资额	68704	75148	85124	97071	104446
办公楼完成投资额	6533	6761	5997	6163	6494
商业用房完成投资额	15838	15640	14167	13226	13076
其他完成投资额	11507	12249	14876	15735	17427
本年资金来源小计	144214	156053	166407	178609	193115
国内贷款	21512	25242	24132	25229	26676
利用外资	140	168	114	176	192
自筹资金	49133	50872	55755	58158	63377
其他资金来源	73428	79770	86406	95046	102870
本年购置土地面积	22025	25508	29321	25822	25536
施工房屋面积	758975	781484	822300	893821	926759
住宅施工房屋面积	521310	536444	569987	627673	655558
办公楼施工房屋面积	35029	36015	35842	37252	37084
商业用房施工房屋面积	104572	105232	102629	100389	93198
新开工房屋面积	166928	178654	209537	227154	224433
住宅新开工房屋面积	115911	128098	153485	167463	164329
办公楼新开工房屋面积	6415	6140	6102	7084	6604
商业用房新开工房屋面积	22317	20484	19995	18936	18012
竣工房屋面积	106128	101486	94421	95942	91218
住宅竣工房屋面积	77185	71815	66016	68011	65910
办公楼竣工房屋面积	3629	4007	3884	3923	3042
商业用房竣工房屋面积	12518	12670	11259	10814	8621
销售面积	157349	169408	171465	171558	176086
住宅销售面积	137540	144789	147760	150144	154878
办公楼销售面积	3826	4756	4366	3723	3334
商业用房销售面积	10812	12838	11933	10173	9288
商品房屋销售额	117627	133701	149614	159725	173613
住宅销售额	99064	110240	126374	139440	154567
办公楼销售额	5484	6441	6277	5329	5047
商业用房销售额	10581	13253	13349	11141	9889
销售价格	7476	7892	8737	9310	9860
住宅销售价格	7203	7613	8544	9287	9980
办公楼销售价格	14332	13542	14387	14314	15138
商业用房销售价格	9786	10323	11151	10952	10646

数据来源：国家统计局。

3-2 2020年全国房地产开发投资

单位：万平方米、亿元

指标	1–2月	1–3月	1–4月	1–5月	1–6月	1–7月	1–8月	1–9月	1–10月	1–11月	1–12月
商品房施工面积	694241	717886	740568	762628	792721	818280	839734	859820	880117	902425	926759
住宅施工面积	487654	504616	521043	536765	558776	576909	592216	607031	621836	637903	655558
办公楼施工面积	29642	30482	31348	32114	32824	33931	34499	35121	35693	36308	37084
商业用房施工面积	74457	76573	78232	79938	82484	84606	86534	88082	89626	91406	93198
商品房新开工面积	10370	28203	47768	69533	97536	120032	139917	160090	180718	201085	224433
住宅新开工面积	7559	20799	35248	50888	71583	88089	102486	117193	132481	147344	164329
办公楼新开工面积	304	807	1370	2173	2853	3681	4220	4826	5396	5842	6604
商业用房新开工面积	875	2361	3873	5591	7991	9631	11392	13069	14567	16219	18012
商品房竣工面积	9636	15557	19286	23687	29030	33248	37107	41338	49240	59173	91218
住宅竣工面积	6761	10928	13709	16775	20680	23685	26498	29597	35443	42655	65910
办公楼竣工面积	397	613	703	885	1029	1207	1282	1416	1632	1899	3042
商业用房竣工面积	1037	1802	2151	2599	3082	3485	3847	4198	4901	5774	8621
商品房销售面积	8475	21978	33973	48703	69404	83631	98486	117073	133294	150834	176086
现房销售面积	1208	3088	4611	6483	9111	10814	12446	14711	16618	18994	22386
期房销售面积	7267	18890	29361	42220	60292	72818	86040	102362	116676	131841	153700
住宅销售面积	7489	19235	29916	42941	61119	73838	87200	103614	118092	133307	154878
住宅现房销售面积	888	2188	3267	4583	6386	7593	8813	10420	11810	13424	15736
住宅期房销售面积	6601	17047	26649	38358	54733	66246	78387	93195	106282	119883	139142
办公楼销售面积	166	428	643	917	1290	1577	1832	2190	2449	2771	3334
办公楼现房销售面积	65	140	218	309	400	492	550	637	700	793	944
办公楼期房销售面积	101	288	425	608	890	1085	1282	1552	1750	1978	2390
商业用房销售面积	453	1221	1828	2577	3659	4310	4956	5929	6689	7730	9288
商业用房现房销售面积	142	412	604	846	1200	1410	1594	1916	2160	2520	2994
商业用房期房销售面积	311	809	1224	1731	2459	2900	3361	4014	4530	5209	6295
商品房待售面积	53004	52727	52255	51771	51081	50691	50052	49581	49492	49287	49850
住宅商品房待售面积	25697	25257	24804	24368	23856	23540	22835	22416	22268	22067	22379
办公楼待售面积	3831	3852	3845	3825	3811	3797	3780	3765	3797	3762	3796
商业用房待售面积	13000	13169	13152	13128	13022	13004	13031	12969	12933	12945	12934
土地购置面积	1092	1969	3151	4752	7965	9659	11947	15011	17775	20591	25536
土地购置费	2640	7003	10827	15287	21405	25600	29826	34715	38719	42493	44452
房地产开发投资额	10115	21963	33103	45920	62780	75325	88454	103484	116556	129492	141443
住宅开发投资额	7318	16015	24238	33765	46350	55682	65454	76562	86298	95837	104446
90平方米以下住宅投资额	1429	3157	4856	6736	9265	10996	12856	15024	16856	18688	20445
140平方米以上住宅投资额	1283	2700	4028	5539	7437	8930	10488	12132	13723	15251	16584

3-2　续表 1　　单位：万平方米、亿元

指标	1–2 月	1–3 月	1–4 月	1–5 月	1–6 月	1–7 月	1–8 月	1–9 月	1–10 月	1–11 月	1–12 月
办公楼开发投资额	550	1036	1530	2080	2727	3262	3821	4470	5160	5788	6494
商业用房投资额	979	2106	3145	4328	5850	6991	8209	9548	10683	11886	13076
商品房销售额	8203	20365	31863	46269	66895	81422	96943	115647	131665	148969	173613
现房销售额	1152	2686	4078	5722	8015	9676	11251	13389	15205	17240	20336
期房销售额	7052	17679	27786	40547	58879	71746	85691	102258	116460	131728	153276
住宅销售额	7198	17934	28291	41250	59633	72686	86769	103497	117923	133247	154567
住宅现房销售额	825	1905	2912	4132	5787	7004	8254	9772	11137	12625	14854
住宅期房销售额	6372	16029	25379	37118	53847	65682	78515	93725	106786	120622	139713
办公楼销售额	300	607	883	1189	1789	2205	2646	3164	3582	4071	5047
办公楼现房销售额	139	223	335	434	579	729	804	992	1092	1217	1471
办公楼期房销售额	162	384	548	755	1210	1476	1843	2172	2490	2854	3576
商业用房销售额	517	1294	1920	2742	3874	4637	5333	6403	7208	8257	9889
商业用房现房销售额	133	406	592	811	1126	1333	1502	1834	2074	2365	2789
商业用房期房销售额	384	888	1327	1931	2747	3304	3831	4569	5134	5892	7100
资金来源合计	20210	33566	47004	62654	83344	100625	117092	136376	153070	171099	193115
国内贷款	4547	6716	8730	10703	13792	16130	18016	20484	22378	24256	26676
利用外资	12	19	23	34	46	80	101	94	111	154	192
自筹资金	6161	10755	14875	20106	26943	32042	37320	44485	50045	56666	63377
定金及预收款	5603	9542	13990	19479	26474	32830	38837	45145	51287	57384	66547
个人按揭贷款	3030	5228	7601	10154	13202	16200	18957	21783	24312	26983	29976

数据来源：国家统计局。

3-3 2016~2020年全国各地区房地产开发投资额

单位：亿元

省份	2016年	2017年	2018年	2019年	2020年
北京	4001	3693	3873	3838	3939
上海	3709	3857	4033	4231	4699
天津	2300	2233	2424	2728	2609
重庆	3726	3980	4249	4439	4352
广东	10308	12076	14412	15852	17313
浙江	7469	8227	9945	10683	11414
江西	1771	2014	2175	2239	2378
安徽	4604	5612	5974	6670	7042
黑龙江	865	816	944	958	983
江苏	8956	9629	10982	12009	13171
广西	2398	2683	3004	3814	3846
福建	4589	4794	4940	5673	6027
吉林	1017	910	1176	1316	1461
内蒙古	1133	890	883	1042	1176
海南	1788	2053	1715	1336	1342
河南	6179	7090	7015	7465	7782
河北	4696	4824	4476	4347	4601
山西	1597	1166	1377	1657	1830
陕西	2737	3102	3535	3904	4404
西藏	49	40	93	130	165
湖南	2957	3426	3946	4445	4880
湖北	4296	4575	4693	5112	4889
四川	5283	5150	5698	6573	7315
山东	6323	6637	7553	8615	9450
辽宁	2095	2290	2599	2834	2979
云南	2688	2786	3247	4151	4505
贵州	2149	2201	2349	2991	3419
甘肃	850	945	1116	1258	1356
新疆	923	1038	1033	1074	1261
青海	397	409	352	406	421
宁夏	728	653	450	403	433

数据来源：国家统计局。

3-4　2020年全国各地区房地产开发投资额

单位：亿元

省份	1–2月	1–3月	1–4月	1–5月	1–6月	1–7月	1–8月	1–9月	1–10月	1–11月	1–12月
北京	302	616	878	1256	1730	2119	2480	2919	3330	3617	3939
上海	575	860	1195	1594	2015	2419	2836	3262	3692	4136	4699
天津	186	482	734	1088	1452	1660	1864	2125	2302	2468	2609
重庆	286	765	1113	1541	2143	2493	2842	3285	3621	3975	4352
广东	1310	2549	3753	5187	7434	8899	10415	12277	13843	15644	17313
浙江	1089	2045	2968	3993	5309	6301	7322	8537	9567	10635	11414
江西	224	424	627	836	1064	1294	1547	1795	1996	2205	2378
安徽	570	1217	1921	2639	3450	4095	4797	5456	5966	6471	7042
黑龙江	1	21	70	150	303	419	545	698	816	927	983
江苏	1334	2718	3790	4965	6277	7509	8778	10053	11166	12253	13171
广西	261	652	991	1339	1831	2050	2287	2631	2966	3353	3846
福建	525	1133	1662	2254	2906	3452	3966	4605	5108	5581	6027
吉林	12	47	130	357	545	750	967	1168	1330	1433	1461
内蒙古	6	46	117	225	391	562	726	927	1063	1155	1176
海南	105	216	292	388	508	612	727	860	997	1158	1342
河南	417	1169	1831	2586	3346	4005	4657	5391	6112	6911	7782
河北	147	557	908	1365	2118	2585	3042	3521	3930	4327	4601
山西	60	195	329	512	815	991	1156	1380	1560	1709	1830
陕西	192	519	821	1192	1808	2154	2560	3099	3504	3973	4404
西藏	0.4	7	17	40	59	72	90	111	129	156	165
湖南	333	655	1062	1457	1992	2368	2847	3386	3894	4377	4880
湖北	127	257	647	1021	1605	2018	2603	3262	3843	4339	4889
四川	673	1332	1950	2570	3361	3946	4633	5341	6013	6659	7315
山东	734	1539	2264	3099	4191	5066	5901	6865	7780	8669	9450
辽宁	110	402	700	998	1478	1747	2042	2408	2687	2886	2979
云南	243	750	1088	1449	1956	2307	2700	3160	3578	4019	4505
贵州	247	601	832	1099	1495	1808	2150	2482	2821	3163	3419
甘肃	32	106	202	334	528	666	813	986	1130	1262	1356
新疆	8	34	86	176	320	504	617	843	1066	1214	1261
青海	0.1	17	50	95	172	230	280	328	377	409	421
宁夏	5	34	73	115	180	222	268	324	368	408	433

数据来源：国家统计局。

3-5 2016~2020年全国各地区房地产商品房竣工面积

单位：万平方米

省份	2016年	2017年	2018年	2019年	2020年
北京	2370	1467	1558	1343	1546
上海	2551	3388	3116	2670	2878
天津	2914	2023	2092	1656	1634
重庆	4421	5056	4083	5069	3774
广东	6594	8196	7615	9956	7764
浙江	7925	6884	5190	5739	6693
江西	1636	1854	2032	2231	2239
安徽	5383	4748	4488	5674	5101
黑龙江	2376	1651	1203	1204	1438
江苏	10074	9582	8536	9369	11151
广西	1735	1856	2193	2038	2129
福建	3665	4267	3739	2882	3804
吉林	1352	1479	1520	1222	965
内蒙古	1664	1714	1416	951	841
海南	1675	1267	1187	1302	687
河南	6299	6202	6655	6571	5413
河北	4288	3416	2390	2680	2367
山西	2684	1970	1408	2739	1481
陕西	2432	2392	1525	1782	1746
西藏	32	44	50	19	28
湖南	4534	4084	4161	3975	3964
湖北	3127	3220	2774	2559	2647
四川	7050	5621	5635	4580	4546
山东	8254	8429	10513	10179	9326
辽宁	2709	2788	2274	1818	1848
云南	2115	2420	1447	1844	1638
贵州	1901	1172	1280	955	862
甘肃	992	848	752	674	881
新疆	1696	1680	1183	1117	902
青海	387	441	320	133	154
宁夏	1295	1329	1214	1011	772

数据来源：国家统计局。

3-6　2020年全国各地区房地产商品房竣工面积

单位：万平方米

省份	1–2月	1–3月	1–4月	1–5月	1–6月	1–7月	1–8月	1–9月	1–10月	1–11月	1–12月
北京	51	53	120	194	239	387	406	425	544	694	1546
上海	293	427	484	1072	1188	1452	1522	1611	1976	2191	2878
天津	104	153	139	154	192	217	226	242	314	793	1634
重庆	390	562	748	1013	1391	1617	1865	2149	2428	2790	3774
广东	1313	1926	2336	2714	3198	3734	4014	4293	4815	5655	7764
浙江	914	1246	1491	1795	2165	2442	2846	3190	3827	4565	6693
江西	376	608	692	747	890	958	1155	1290	1409	1594	2239
安徽	717	1128	1337	1542	1934	2126	2358	2619	2873	3418	5101
黑龙江	1	49	73	96	199	251	313	422	574	735	1438
江苏	1283	2252	2765	3318	3953	4324	4698	5270	6792	7856	11151
广西	481	590	637	698	934	963	1028	1089	1195	1353	2129
福建	332	568	708	830	1090	1206	1356	1661	1963	2252	3804
吉林	77	193	234	298	328	385	463	519	538	617	965
内蒙古	8	37	139	226	279	390	403	460	544	742	841
海南	77	101	138	155	236	285	291	301	339	382	687
河南	345	685	866	1116	1375	1699	1931	2122	2358	2846	5413
河北	122	253	377	513	665	808	905	1002	1124	1452	2367
山西	94	119	141	151	172	249	316	388	648	971	1481
陕西	235	316	391	446	460	509	559	583	693	1146	1746
西藏	2	5	7	10	14	15	16	18	18	20	28
湖南	722	1047	1274	1454	1728	1877	2084	2228	2635	3027	3964
湖北	82	505	633	703	800	868	996	1156	1408	1691	2647
四川	411	635	890	1028	1268	1589	1785	1956	2498	2897	4546
山东	800	1133	1436	1839	2252	2603	2895	3296	3873	4690	9326
辽宁	97	225	311	489	552	636	692	811	997	1320	1848
云南	79	175	227	298	457	508	571	633	727	1017	1638
贵州	142	163	236	226	263	263	285	329	397	423	862
甘肃	20	93	104	137	189	204	256	306	710	775	881
新疆	33	214	226	276	388	413	524	575	593	687	902
青海	--	10	22	22	70	80	83	83	90	95	154
宁夏	35	86	103	128	163	189	268	311	340	479	772

数据来源：国家统计局。

3-7 2016~2020年全国各地区房地产商品房施工面积

单位：万平方米

省份	2016年	2017年	2018年	2019年	2020年
北京	12976	12413	12963	12515	13919
上海	15111	15362	14672	14803	15740
天津	9350	8796	10324	11453	12035
重庆	27363	25961	27227	27987	27368
广东	64234	72492	79935	86825	91642
浙江	41610	41236	44537	49605	56725
江西	16427	18807	20739	23557	23581
安徽	35645	39169	41128	43591	44975
黑龙江	10866	10328	10588	11441	11262
江苏	58762	59464	62673	65687	67889
广西	21135	22690	25399	29807	32184
福建	31064	31940	32826	34140	34557
吉林	11797	11887	12080	12404	12341
内蒙古	16906	15815	15054	15889	15311
海南	8937	9567	9575	9222	8589
河南	47360	49942	54686	57567	58438
河北	30477	30318	28172	29853	31408
山西	17069	16473	16950	19549	21938
陕西	22298	23630	24618	27728	28358
西藏	349	230	359	764	945
湖南	30139	31691	35782	40045	40757
湖北	29880	30510	31316	33825	35419
四川	41532	41295	44066	49114	50756
山东	59957	63563	69063	75767	79792
辽宁	26364	25907	24217	23787	24003
云南	20593	21085	21800	26314	25801
贵州	20352	20385	21953	27775	26923
甘肃	8933	9153	9429	10977	11328
新疆	11531	11597	11575	12970	14268
青海	2848	2937	2549	2922	2944
宁夏	7110	6837	6048	5937	5563

数据来源：国家统计局。

3–8　2020年全国各地区房地产商品房施工面积

单位：万平方米

省份	1–2月	1–3月	1–4月	1–5月	1–6月	1–7月	1–8月	1–9月	1–10月	1–11月	1–12月
北京	10739	11099	11458	11565	11965	12278	12519	13061	13347	13634	13919
上海	11812	12086	12490	13165	13693	13980	14442	14627	15111	15309	15740
天津	9031	9818	10105	10435	10754	10906	11005	11225	11286	11595	12035
重庆	22130	22795	22919	23595	24368	24860	25404	25827	26398	26878	27368
广东	72917	74376	76015	77932	80316	82617	84323	85933	87801	89571	91642
浙江	40709	41974	43848	45174	47984	50117	51438	52707	53691	55424	56725
江西	18623	19054	19577	20053	20705	21278	21793	22356	22774	23351	23581
安徽	33823	35172	36233	36983	38601	39497	40499	41569	42400	43343	44975
黑龙江	8941	9208	9199	9413	9804	10033	10443	10693	10934	11183	11262
江苏	50944	53094	54344	55183	56019	58103	60149	61322	63068	65095	67889
广西	23884	24437	25753	26490	27676	28366	28889	29294	30332	31152	32184
福建	27947	28361	29027	29682	30613	31684	32188	33006	33422	33928	34557
吉林	9621	9728	9773	10281	10583	11221	11837	12016	12193	12503	12341
内蒙古	10286	11078	11760	12409	12965	13629	14099	14432	14886	15105	15311
海南	7122	7570	7675	7760	7843	7970	8045	8116	8293	8423	8589
河南	44808	46235	47824	49559	51220	52329	53341	54615	55713	56819	58438
河北	20943	21674	22584	23471	25525	27328	28533	29287	29912	30801	31408
山西	15749	16449	17089	17694	18665	19155	19362	20175	20612	21386	21938
陕西	22359	23026	23606	24117	25023	25570	26306	26922	27432	27922	28358
西藏	304	691	705	760	785	846	864	883	914	927	945
湖南	28533	30444	31852	33268	34163	35212	36087	37031	38313	39636	40757
湖北	26452	26751	27706	27871	29336	29989	31349	32450	33226	34273	35419
四川	35864	38138	39490	41148	42793	44121	45361	46529	47428	48790	50756
山东	59557	61315	63160	65093	67199	69644	71418	72757	74385	76456	79792
辽宁	19421	19768	20184	20827	21760	22098	22419	22959	23437	23767	24003
云南	18102	18898	19810	20545	21699	22158	22777	23447	24222	25031	25801
贵州	20598	21242	22020	22525	23333	23834	24346	25022	25854	26466	26923
甘肃	6922	7052	7409	8314	8928	9273	9637	10065	10605	11054	11328
新疆	9549	9645	9780	9961	10556	12092	12672	13118	13616	14038	14268
青海	1863	1964	2286	2309	2557	2699	2716	2788	2848	2893	2944
宁夏	4689	4743	4885	5044	5292	5392	5473	5587	5666	5672	5563

数据来源：国家统计局。

3-9 2016~2020年全国各地区房地产商品房销售额

单位：亿元

省份	2016年	2017年	2018年	2019年	2020年
北京	4562	2796	2377	3371	3657
上海	6696	4027	4752	5204	6047
天津	3478	2272	2007	2274	2114
重庆	3432	4558	5273	5129	5071
广东	16215	18793	18742	19748	22573
浙江	9605	12340	14090	14352	17145
江西	2678	3593	4220	4710	5223
安徽	5036	5866	7077	6824	7346
黑龙江	1121	1460	1320	1268	1064
江苏	12293	13067	14527	16260	19409
广西	2207	3017	3827	4366	4251
福建	4531	5705	6579	6939	7498
吉林	1030	1135	1452	1581	1382
内蒙古	1149	957	1114	1244	1365
海南	1490	2714	2083	1276	1232
河南	5613	7129	8055	9010	9364
河北	4302	4628	4035	4139	4950
山西	1027	1357	1611	1632	1886
陕西	1785	2661	3407	3960	4375
西藏	38	35	53	97	84
湖南	3752	4461	5354	5578	5947
湖北	4994	6259	7531	7752	6088
四川	5359	6757	8532	9667	10394
山东	6903	8097	10066	10271	11066
辽宁	2257	2772	2967	3049	3366
云南	1918	2561	3407	3846	3970
贵州	1791	2241	2921	3184	3224
甘肃	873	890	922	1019	1293
新疆	847	793	863	1034	1146
青海	236	296	290	367	383
宁夏	410	464	518	574	698

数据来源：国家统计局。

3-10　2020年全国各地区房地产商品房销售额

单位：亿元

省份	1-2月	1-3月	1-4月	1-5月	1-6月	1-7月	1-8月	1-9月	1-10月	1-11月	1-12月
北京	219	347	595	860	1146	1520	1930	2340	2614	2999	3657
上海	331	598	978	1458	2196	2620	3249	4153	4865	5401	6047
天津	86	203	377	588	864	1053	1263	1476	1668	1881	2114
重庆	219	666	1003	1558	2155	2533	2949	3473	3924	4376	5071
广东	1102	2558	3786	5272	7457	9372	11424	14153	16416	18956	22573
浙江	882	2149	3418	5062	7397	8967	10573	12152	13663	15191	17145
江西	272	668	1015	1409	1996	2477	2840	3441	3930	4411	5223
安徽	349	962	1521	2135	3190	3751	4418	5149	5791	6413	7346
黑龙江	12	69	130	197	276	379	513	639	788	936	1064
江苏	1071	2648	4048	5796	8174	9825	11566	13441	15101	16845	19409
广西	244	597	919	1268	1786	2082	2377	2771	3156	3540	4251
福建	442	1041	1585	2277	3338	3906	4492	5327	5994	6663	7498
吉林	37	117	216	341	550	698	862	991	1095	1230	1382
内蒙古	16	87	166	301	414	546	703	890	1064	1225	1365
海南	94	161	225	288	405	526	658	798	911	1032	1232
河南	333	1023	1686	2434	3536	4281	5036	5950	6735	7647	9364
河北	105	358	582	1062	1830	2277	2679	3128	3459	4077	4950
山西	48	184	290	433	636	785	939	1122	1340	1580	1886
陕西	197	469	713	1062	1659	1955	2358	2910	3236	3767	4375
西藏	0.1	4	13	23	35	48	50	60	66	72	84
湖南	320	721	1115	1547	2212	2642	3111	3746	4329	4945	5947
湖北	102	211	488	904	1579	2126	2728	3483	4200	4902	6088
四川	593	1626	2344	3190	4368	5211	6051	7139	7956	8948	10394
山东	460	1237	2035	2998	4313	5250	6232	7457	8474	9523	11066
辽宁	159	365	619	907	1318	1644	2006	2416	2728	3071	3366
云南	224	501	734	1071	1482	1820	2217	2602	2982	3390	3970
贵州	205	506	731	977	1347	1595	1899	2209	2540	2868	3224
甘肃	30	102	185	299	434	545	670	853	1002	1147	1293
新疆	9	96	170	271	405	490	526	633	787	970	1146
青海	16	30	57	98	138	181	229	278	307	346	383
宁夏	24	61	119	184	260	318	396	468	544	617	698

数据来源：国家统计局。

3-11 2016~2020年全国各地区房地产商品房销售价格

单位：元/平方米

省份	2016年	2017年	2018年	2019年	2020年
北京	27497	32140	34143	35905	37665
上海	24747	23804	26890	30677	33798
天津	12830	15331	16055	15380	16172
重庆	5485	6792	8067	8402	8255
广东	11097	11776	13073	14262	15141
浙江	11121	12855	14443	15304	16726
江西	5709	6150	6805	7293	7757
安徽	5924	6375	7050	7393	7705
黑龙江	5295	6471	6901	7529	7121
江苏	8805	9195	10774	11637	12581
广西	5237	5834	6159	6505	6318
福建	9218	9746	10589	10748	11348
吉林	5364	6021	7001	7452	7544
内蒙古	4546	4628	5548	6194	6674
海南	9878	11837	14546	15383	16394
河南	4964	5355	5758	6311	6641
河北	6438	7203	7683	7834	8212
山西	4984	5619	6822	6896	7023
陕西	5471	6840	8273	8998	9828
西藏	5112	6626	7202	7578	9000
湖南	4640	5228	5795	6127	6302
湖北	6724	7675	8495	9012	9241
四川	5762	6217	6988	7448	7840
山东	5855	6319	7481	8070	8338
辽宁	6080	6681	7542	8249	8993
云南	5269	5919	7517	7954	8173
贵州	4307	4771	5637	5980	5807
甘肃	5201	5709	5780	5977	6572
新疆	4632	4965	5944	5999	5835
青海	5400	6001	6472	7643	8160
宁夏	4241	4544	5044	5685	6375

数据来源：国家统计局。

3-12　2020 年全国各地区房地产商品房销售价格

单位：元 / 平方米

省份	1–2 月	1–3 月	1–4 月	1–5 月	1–6 月	1–7 月	1–8 月	1–9 月	1–10 月	1–11 月	1–12 月
北京	37624	40003	36134	37627	38676	38938	39447	38593	38966	39448	37665
上海	27447	25975	28182	33530	34073	32748	34721	36691	35406	35641	33798
天津	15466	15555	14748	15676	15985	15939	15966	16021	16099	16028	16172
重庆	6808	7059	7486	7781	7900	7954	8079	8043	8098	8176	8255
广东	14124	14190	13948	13872	14170	14331	14561	14749	14723	14876	15141
浙江	16900	15960	15904	15978	16266	16529	16909	16931	16937	16852	16726
江西	7020	7146	7386	7408	7430	7657	7657	7732	7785	7776	7757
安徽	7259	7098	7280	7408	7826	7733	7783	7786	7796	7754	7705
黑龙江	8738	8564	8449	8209	7855	7809	7701	7599	7452	7307	7121
江苏	12762	12544	12539	12447	12490	12479	12521	12491	12511	12505	12581
广西	6166	6020	6207	6268	6258	6363	6392	6390	6387	6343	6318
福建	11302	10821	10799	11038	11141	11213	11281	11407	11440	11449	11348
吉林	8753	7478	7417	7474	7641	7807	7728	7644	7583	7589	7544
内蒙古	6749	6520	6466	6693	6618	6739	6878	6853	6768	6716	6674
海南	15735	15789	15848	15847	16197	16182	16283	16426	16395	16342	16394
河南	6406	6214	6395	6502	6491	6587	6601	6605	6622	6579	6641
河北	7568	7741	7762	8066	8383	8424	8371	8328	8317	8402	8212
山西	7056	7508	7259	7313	7329	7182	7146	7051	7066	7142	7023
陕西	9739	9589	9220	9129	9635	9498	9608	9774	9641	9785	9828
西藏	6923	8980	8669	8551	8310	8581	8449	8645	8701	8837	9000
湖南	5982	5976	6047	6081	6215	6250	6288	6289	6274	6260	6302
湖北	6961	6646	7627	8379	8697	8819	8935	9068	9112	9176	9241
四川	7298	7471	7610	7617	7613	7738	7816	7786	7783	7848	7840
山东	8048	7884	7999	8123	8221	8304	8335	8314	8300	8289	8338
辽宁	8958	8915	8852	8826	9009	9011	8976	8903	8934	8983	8993
云南	7512	7172	7446	7624	7921	8020	8094	8078	8130	8098	8173
贵州	5351	5594	5628	5642	5651	5684	5753	5760	5789	5772	5807
甘肃	5797	6086	6041	6263	6254	6332	6366	6433	6499	6545	6572
新疆	5484	5609	6119	6151	6023	5926	5794	5807	5856	5878	5835
青海	7762	6731	7400	7907	7939	8130	8305	8416	8442	8311	8160
宁夏	6450	6219	6213	6335	6448	6509	6551	6538	6517	6422	6375

数据来源：国家统计局。

3-13 2016~2020年全国各地区房地产商品房销售面积

单位：万平方米

省份	2016年	2017年	2018年	2019年	2020年
北京	1659	870	696	939	971
上海	2706	1692	1767	1696	1789
天津	2711	1482	1250	1479	1307
重庆	6257	6711	6536	6105	6143
广东	14612	15959	14336	13847	14908
浙江	8637	9600	9755	9378	10250
江西	4692	5842	6201	6459	6733
安徽	8500	9201	10038	9229	9534
黑龙江	2117	2256	1913	1684	1494
江苏	13962	14211	13484	13973	15427
广西	4215	5171	6213	6712	6729
福建	4915	5854	6213	6456	6607
吉林	1919	1885	2074	2122	1831
内蒙古	2528	2068	2008	2008	2046
海南	1509	2293	1432	829	752
河南	11306	13314	13990	14278	14101
河北	6682	6426	5252	5283	6028
山西	2061	2416	2361	2366	2685
陕西	3263	3890	4119	4401	4452
西藏	75	53	73	128	93
湖南	8085	8532	9239	9104	9437
湖北	7427	8155	8865	8602	6588
四川	9300	10869	12211	12979	13258
山东	11790	12813	13455	12727	13272
辽宁	3712	4148	3935	3696	3743
云南	3640	4327	4532	4835	4857
贵州	4157	4697	5182	5323	5553
甘肃	1679	1560	1596	1705	1968
新疆	1828	1598	1452	1724	1964
青海	438	494	448	481	470
宁夏	966	1021	1026	1010	1095

数据来源：国家统计局。

3-14　2020年全国各地区房地产商品房销售面积

单位：万平方米

省份	1-2月	1-3月	1-4月	1-5月	1-6月	1-7月	1-8月	1-9月	1-10月	1-11月	1-12月
北京	58	87	165	229	296	390	489	606	671	760	971
上海	120	230	347	435	644	800	936	1132	1374	1515	1789
天津	56	131	256	375	540	661	791	921	1036	1174	1307
重庆	322	943	1340	2002	2728	3185	3650	4318	4846	5352	6143
广东	780	1802	2715	3801	5262	6539	7846	9596	11149	12742	14908
浙江	522	1347	2149	3168	4547	5425	6253	7178	8067	9014	10250
江西	387	934	1375	1903	2686	3234	3709	4451	5048	5672	6733
安徽	481	1356	2089	2883	4076	4851	5676	6613	7428	8271	9534
黑龙江	14	80	154	240	352	485	666	841	1057	1280	1494
江苏	839	2111	3228	4657	6544	7873	9237	10761	12070	13470	15427
广西	396	991	1480	2022	2854	3272	3719	4336	4941	5581	6729
福建	391	962	1468	2063	2996	3484	3982	4670	5240	5820	6607
吉林	42	156	291	456	719	894	1116	1296	1444	1620	1831
内蒙古	24	134	257	450	626	811	1022	1299	1572	1824	2046
海南	60	102	142	182	250	325	404	486	556	632	752
河南	521	1646	2635	3743	5447	6499	7630	9008	10170	11624	14101
河北	139	462	749	1316	2183	2703	3200	3756	4159	4852	6028
山西	68	245	399	592	868	1092	1314	1591	1896	2213	2685
陕西	202	489	773	1163	1722	2058	2454	2977	3356	3849	4452
西藏	0.1	5	16	27	43	56	59	70	76	81	93
湖南	535	1207	1844	2544	3558	4228	4948	5957	6901	7899	9437
湖北	147	317	640	1079	1815	2411	3053	3840	4609	5342	6588
四川	813	2176	3081	4187	5737	6735	7741	9168	10222	11401	13258
山东	572	1569	2544	3691	5247	6323	7476	8969	10210	11488	13272
辽宁	177	409	699	1027	1463	1824	2234	2714	3053	3419	3743
云南	298	699	985	1405	1871	2269	2739	3222	3668	4187	4857
贵州	384	904	1298	1732	2384	2805	3300	3834	4388	4969	5553
甘肃	52	168	306	477	693	860	1052	1327	1542	1753	1968
新疆	16	171	278	441	672	826	909	1090	1345	1651	1964
青海	21	45	78	124	174	222	276	330	364	416	470
宁夏	38	99	192	290	403	489	605	716	835	961	1095

数据来源：国家统计局。

3-15 2016~2020年全国各地区房地产商品房新开工面积

单位：万平方米

省份	2016年	2017年	2018年	2019年	2020年
北京	2796	2362	2321	2073	3007
上海	2841	2618	2687	3063	3441
天津	2511	2335	2479	2545	2162
重庆	4875	5680	7386	6725	5948
广东	14848	16776	19144	18437	18408
浙江	7282	10117	12879	12731	15875
江西	3875	4954	5801	5863	5302
安徽	8586	11399	10850	11117	11786
黑龙江	2006	2220	2495	2446	2222
江苏	13671	13739	16821	16227	17673
广西	4984	4912	6059	8219	7878
福建	4875	5529	7205	6398	6638
吉林	2116	1908	2478	2947	2662
内蒙古	2564	2360	3024	3706	3288
海南	1976	2110	1945	1220	1065
河南	14670	13629	14678	15837	14114
河北	8161	8417	8390	9453	10232
山西	3855	3306	3873	4879	5796
陕西	4484	4279	5452	6431	5797
西藏	57	61	193	417	223
湖南	7473	8236	11128	11933	10916
湖北	6850	7772	8495	8709	8453
四川	10825	11522	14094	15325	13940
山东	13294	14425	18732	22659	20204
辽宁	3734	3807	3962	4143	4404
云南	3454	4017	4738	8019	7538
贵州	3468	3311	5689	7240	5441
甘肃	2332	2375	2443	3307	3534
新疆	2206	2579	2391	3033	4526
青海	870	714	514	866	923
宁夏	1391	1188	995	1186	1039

数据来源：国家统计局。

3-16　2020年全国各地区房地产商品房新开工面积

单位：万平方米

省份	1–2月	1–3月	1–4月	1–5月	1–6月	1–7月	1–8月	1–9月	1–10月	1–11月	1–12月
北京	104	311	592	687	1066	1305	1505	2087	2324	2616	3007
上海	84	231	583	1211	1708	1981	2261	2480	2840	3061	3441
天津	72	259	468	745	1026	1135	1255	1526	1627	1871	2162
重庆	359	1002	1395	2058	2777	3324	3801	4212	4783	5242	5948
广东	1315	2658	4270	6049	8105	9874	11583	13011	14700	16257	18408
浙江	869	1924	3418	4815	7223	9046	10156	11464	12570	14178	15875
江西	319	854	1304	1657	2247	2750	3217	3747	4145	4704	5302
安徽	830	2061	3058	4163	5509	6458	7358	8500	9228	10373	11786
黑龙江	--	37	154	357	751	984	1371	1613	1869	2118	2222
江苏	1044	3116	4367	5814	7511	9477	10980	12079	14111	15812	17673
广西	595	1109	1818	2510	3621	4151	4663	5147	6020	6740	7878
福建	372	787	1436	2068	2946	3921	4400	5134	5540	6046	6638
吉林	14	129	185	578	978	1302	1896	2161	2424	2552	2662
内蒙古	0.02	30	243	547	1048	1638	2147	2554	2890	3161	3288
海南	85	141	186	263	338	465	539	628	762	845	1065
河南	724	2040	3540	5269	6937	8039	9044	10325	11418	12513	14114
河北	166	771	1502	2626	4265	5992	7151	7919	8737	9416	10232
山西	37	556	1096	1766	2637	3097	3569	4162	4777	5276	5796
陕西	157	745	1299	1800	2667	3196	3819	4408	4902	5379	5797
西藏	2	5	15	58	70	130	148	167	194	204	223
湖南	444	1286	2225	3562	4448	5306	6151	7137	8366	9694	10916
湖北	85	374	1118	1604	2750	3552	4645	5698	6582	7329	8453
四川	987	2258	3427	4853	6277	7462	8685	9812	10653	11949	13940
山东	1140	3220	5195	7097	9063	11245	12957	14384	16359	18215	20204
辽宁	11	291	624	1174	2097	2469	2789	3337	3819	4159	4404
云南	319	1013	1858	2519	3486	4006	4617	5323	6087	6829	7538
贵州	232	631	1115	1468	2096	2555	3090	3763	4469	4977	5441
甘肃	4	132	512	831	1383	1699	2065	2497	2947	3350	3534
新疆	0.4	85	287	719	1424	2158	2632	3201	3828	4322	4526
青海	--	77	269	323	531	674	693	764	828	873	923
宁夏	--	68	210	345	550	640	733	849	922	1023	1039

数据来源：国家统计局。

3-17 2020年全国重点城市商品房施工面积

单位：万平方米

地区	1-2月	1-3月	1-4月	1-5月	1-6月	1-7月	1-8月	1-9月	1-10月	1-11月	1-12月
一线城市											
北京	10876	11195	11469	11608	12001	12303	12538	13147	13358	13645	13930
上海	11939	12099	12490	13165	13781	14320	14532	14759	15218	15478	15760
广州	9146	9437	9553	9900	10272	10625	10769	11028	11218	11640	11878
深圳	7210	7355	7531	7706	8144	8451	8631	8849	9071	9283	9538
二线城市											
长春	6151	6437	6523	6742	7176	7361	7574	7618	7644	7936	8005
长沙	9903	10141	10383	10756	11058	11337	11559	11677	11887	12542	12746
成都	15078	15389	15936	16544	17148	17532	17908	18008	18083	18673	19135
重庆	22139	22795	22919	23610	24368	24860	25404	25827	26398	26878	27368
大连	2879	2951	3029	3161	3303	3346	3415	3503	3572	3610	3712
福州	6571	6682	6816	7068	7294	7799	7968	8013	8054	8414	8663
贵阳	5941	6341	6413	6600	6813	6911	7082	7240	7345	7788	7875
哈尔滨	4278	4312	4322	4441	4660	4814	5015	5045	5064	5415	5490
海口	3023	3025	3082	3111	3137	3208	3247	3258	3261	3407	3371
杭州	9520	9518	10020	10377	10852	11434	11713	12132	12393	13029	13381
合肥	6395	6554	6685	6887	7021	7170	7251	7418	7520	7815	8009
呼和浩特	--	--	2540	2654	2707	2847	2947	2969	2974	3133	3152
济南	8277	8402	8658	8818	9044	9439	9599	9721	9788	10060	10353
昆明	8457	8732	9157	9433	9875	10095	10374	10457	10553	10710	10777
兰州	3261	3412	3644	3972	4217	4308	4437	4464	4643	4899	5059
南昌	5140	5225	5296	5317	5501	5587	5694	5732	5756	5994	6069
南京	7114	7404	7701	7868	8068	7846	8043	8178	8302	8453	8664
南宁	8348	8506	8728	8894	9506	9599	9654	9782	9940	10348	10712
宁波	7407	7651	8056	8411	8873	9253	9504	9546	9569	9580	9598
青岛	9354	9749	9922	10260	10644	11017	11307	11422	16468	11518	11583
三亚	1073	1086	1115	1124	1135	1182	1185	1192	1209	1250	1348
沈阳	5319	5481	5617	5876	6163	6318	6435	6716	6864	7052	7148
石家庄	2330	2459	2568	2804	3287	3463	3647	3793	3781	3967	4125
苏州	10048	10105	10346	10507	10974	11255	11386	11573	11863	12157	12386
太原	6364	6509	6664	6840	7069	7199	7284	7344	7388	7635	7659
天津	9587	9844	10105	10435	10754	10906	11054	11298	11367	11634	12364
温州	4398	4497	4715	4921	5225	5416	5553	5558	5562	5975	6096
乌鲁木齐	3250	3549	3633	3799	4070	4384	4519	4718	4701	5139	5249
无锡	4715	4994	5120	5205	5370	5558	5644	5771	5997	6173	6342

3–17　续表 1　　　　单位：万平方米

地区	1–2 月	1–3 月	1–4 月	1–5 月	1–6 月	1–7 月	1–8 月	1–9 月	1–10 月	1–11 月	1–12 月
武汉	11560	11687	12064	12529	13133	13643	14173	14288	14436	15352	15566
西安	--	14561	14840	15027	--	--	--	--	16468	--	--
西宁	1183	1387	1534	1550	1653	1748	1749	1783	1780	1817	1825
厦门	3264	3252	3341	3407	3460	3515	3535	3535	3529	3600	3616
银川	3095	3171	3295	3415	3618	3701	3765	3774	3785	3815	3757
郑州	16115	16418	16775	17203	17613	17813	17950	18101	18162	18940	19445
三四线城市											
安庆	1733	1742	1778	1870	1961	2044	2065	2156	2188	2218	2231
鞍山	1440	1385	1392	1404	1489	1502	1505	1521	1561	1587	1586
包头	1557	1581	1598	1625	1725	1799	1854	1848	1847	1980	1973
保定	2163	2246	2310	2385	2634	2860	3000	3071	3121	3218	3294
北海	1322	1383	1423	1443	1457	1499	1517	1546	1547	1576	1611
蚌埠	2343	2379	2460	2547	2698	2760	2832	2900	2967	3020	3146
沧州	1319	1423	1499	1570	1719	1858	1983	2003	2020	2097	2182
常德	1778	1814	1917	2005	2087	2133	2192	2230	2291	2449	2636
常熟	899	906	928	944	959	977	984	1007	1014	1014	1036
常州	2709	2970	3112	3204	3353	3450	3553	3639	3766	3849	3926
池州	736	731	754	774	780	782	784	866	870	895	930
滁州	2657	2738	2853	2950	3018	3107	3153	3242	3325	3483	3611
慈溪	1949	2058	2209	2295	2405	2467	2481	2510	2521	2683	2817
大理	556	560	630	655	698	723	753	767	784	814	842
大同	1212	1280	1317	1472	1682	1774	1884	1908	1912	2101	2232
丹东	944	957	1016	1054	1101	1111	1119	1146	1160	1161	1171
德州	2859	2937	3038	3113	3196	3372	3442	3475	3530	3731	3823
东莞	3407	3443	3510	3617	3707	3752	3855	3974	4048	4208	4294
东营	1044	1053	1075	1111	1136	1202	1234	1241	1273	1350	1364
奉化	595	621	668	719	783	854	902	902	902	965	1032
佛山	7845	8039	8176	8293	8429	8735	9142	9319	9485	9661	9750
抚州	1315	1371	1425	1455	1567	1670	1704	1718	1720	1784	1743
阜阳	4641	4751	4885	4996	5144	5261	5327	5499	5604	5706	5903
赣州	3145	3221	3276	3342	3409	3534	3675	3738	3823	4073	4205
固安	396	405	416	553	578	591	622	631	669	735	755
桂林	2049	2112	2178	2220	2265	2348	2385	2415	2427	2458	2415
海门	565	588	592	609	647	755	766	789	815	876	923
邯郸	2106	2174	2249	2296	2407	2766	2934	2970	2981	3309	3418
菏泽	2881	3096	3288	3419	3672	3827	3916	3964	4046	4236	4312
衡水	905	927	1013	1078	1185	1280	1330	1361	1379	1512	1556

3–17 续表 2 单位：万平方米

地区	1–2 月	1–3 月	1–4 月	1–5 月	1–6 月	1–7 月	1–8 月	1–9 月	1–10 月	1–11 月	1–12 月
湖州	3406	3384	3469	3642	3862	4052	4104	4128	4122	4227	4303
淮安	2745	2813	2784	2947	3052	3197	3267	3384	3442	3497	3573
淮北	782	857	889	931	978	1056	1059	1163	1199	1207	1227
淮南	1137	1132	1177	1213	1268	1336	1356	1370	1398	1465	1523
黄冈	1381	1416	1483	1531	1632	1667	1824	1880	1895	1952	1958
黄山	590	630	652	675	696	710	730	758	782	820	842
黄石	878	867	887	966	1007	1071	1082	1104	1122	1174	1222
惠州	8074	8155	8309	8517	8694	9118	9229	9371	9541	9666	9948
吉安	1264	1270	1337	1384	1405	1466	1538	1544	1554	1661	1496
吉林	850	891	898	909	969	1028	1053	1066	1083	1105	1007
济宁	3560	3730	3901	4069	4321	4465	4547	4577	4668	4927	5017
嘉兴	4451	4625	4778	4912	5126	5243	5297	5338	5352	5565	5688
江门	3484	3482	3631	3727	3897	4141	4215	4266	4384	4489	4656
江阴	1032	1100	1126	1161	1199	1236	1246	1272	1309	1350	1389
焦作	747	761	785	822	835	872	875	880	891	943	997
金华	2617	2651	2751	2876	3096	3148	3216	3243	3282	3415	3553
锦州	707	713	721	726	782	785	801	833	851	853	855
晋城	758	745	803	823	859	867	890	943	951	1022	1061
九江	2207	2236	2324	2407	2486	2526	2549	2573	2583	2733	2775
昆山	2250	2328	2352	2431	2465	2498	2521	2551	2591	2642	2676
莱芜	--	--	--	--	--	--	--	--	--	--	--
廊坊	2687	2773	2884	3089	3269	3488	3581	3633	3692	3898	3942
丽水	1292	1363	1397	1417	1515	1569	1690	1693	1782	1864	1926
连云港	1981	2069	2180	2341	2429	2492	2524	2602	2677	2747	2833
临海	348	381	387	392	402	392	404	404	416	477	488
临沂	4941	5193	5334	5559	5673	5776	5998	6140	6325	6563	6742
柳州	2503	2550	2581	2756	2875	2912	2990	3026	3125	3351	3479
龙岩	1592	1626	1683	1697	1753	1808	1817	1856	1866	1933	1990
泸州	1872	1957	2009	2214	2383	2445	2527	2562	2585	2771	2798
六安	2667	2864	2918	3113	3270	3313	3411	3544	3602	3658	3758
洛阳	3734	3847	4026	4349	4469	4570	4649	4698	4719	4958	5129
马鞍山	1119	1164	1202	1240	1272	1316	1361	1393	1400	1436	1462
眉山	1830	1978	2133	2225	2291	2341	2397	2400	2413	2780	3066
绵阳	1776	1775	1850	1921	1996	2122	2246	2270	2268	2483	2638
牡丹江	1443	1444	1458	1483	1486	1489	1518	1526	1526	1538	1539
南充	2451	2590	2667	2765	2914	2955	3054	3102	3130	3421	3560
南平	1629	1682	1696	1734	1773	1795	1833	1872	1876	1945	1997
南通	4582	4986	5084	5273	5483	5731	5863	5986	6360	6489	6800

3-17　续表 3　　单位：万平方米

地区	1-2 月	1-3 月	1-4 月	1-5 月	1-6 月	1-7 月	1-8 月	1-9 月	1-10 月	1-11 月	1-12 月
南阳	2616	2680	2751	2790	2923	3005	3037	3062	3104	3202	3241
宁德	1510	1527	1571	1522	1542	1584	1607	1610	1615	1695	1736
宁海	395	375	374	420	436	463	497	497	497	546	582
平顶山	2137	2211	2292	2353	2394	2429	2453	2505	2516	2565	2602
萍乡	871	881	904	930	959	1004	1007	1010	1012	1052	1053
莆田	2112	2168	2186	2192	2227	2263	2331	2353	2353	2539	2545
齐齐哈尔	940	940	956	986	1019	1028	1054	1069	1052	1086	1095
秦皇岛	1307	1318	1355	1407	1525	1567	1584	1582	1598	1695	1732
清远	3550	3656	3679	3830	3930	4030	4193	4255	4349	4484	4592
衢州	757	787	835	870	883	934	964	965	968	1099	1110
泉州	6112	6185	6359	6540	6804	7038	7110	7154	7190	7408	7536
三明	1431	1454	1465	1563	1645	1694	1709	1710	1713	1807	1815
汕头	2270	2298	2326	2466	2532	2548	2557	2607	2725	2715	2839
上饶	1641	1738	1799	1864	1895	1947	1997	2025	2056	2126	2179
韶关	2033	2039	2079	2119	2141	2164	2179	2193	2210	2248	2336
绍兴	3235	3369	3452	3620	3818	4029	4115	4161	4173	4533	4705
太仓	879	880	895	927	939	940	940	952	999	1070	1089
泰安	1976	2069	2164	2224	2266	2368	2460	2463	2478	2686	2683
泰州	1751	1779	1861	1955	2009	2039	2060	2154	2253	2371	2382
唐山	2590	2709	2797	2951	3114	3372	3456	3495	3571	3722	3735
铜陵	972	1005	1011	1039	1041	1056	1057	1088	1104	1160	1181
威海	3176	3220	3299	3382	3400	3456	3540	3556	3597	3698	3756
潍坊	6653	6936	7163	7456	7638	7990	8208	8214	8341	8719	8871
温岭	685	697	744	806	827	837	841	841	854	974	998
文昌	276	277	280	281	283	284	287	293	294	305	313
芜湖	2205	2321	2360	2399	2499	2595	2622	2665	2697	2720	2737
香河	415	304	425	428	441	485	504	505	507	522	522
湘潭	1333	1357	1415	1454	1513	1552	1579	1620	1664	1785	1816
襄阳	1935	1940	2049	2076	2110	2197	2234	2250	2313	2440	2571
孝感	824	825	902	927	949	999	1057	1038	1060	1165	1199
忻州	646	670	689	706	725	730	767	770	782	853	872
新乡	1828	1932	2008	2057	2171	2189	2305	2387	2462	2568	2633
新余	608	610	615	619	631	634	668	669	669	671	690
宿迁	2416	2549	2641	2725	2809	2923	2973	3093	3118	3254	3299
宿州	2264	2400	2556	2657	2737	2828	2919	2968	3038	3132	3367
徐州	5547	5629	5728	5950	6189	6384	6624	6705	7020	7090	7337
宣城	1332	1400	1405	1506	1592	1657	1695	1738	1812	1833	1904

3-17 续表 4 单位：万平方米

地区	1-2 月	1-3 月	1-4 月	1-5 月	1-6 月	1-7 月	1-8 月	1-9 月	1-10 月	1-11 月	1-12 月
烟台	5053	5368	5529	5650	5919	6225	6375	6425	6508	6721	6841
盐城	2806	2904	2986	3116	3232	3297	3467	3526	3631	3759	3826
扬州	2656	2778	2888	3052	3071	3268	3321	3390	3542	3657	3748
阳江	1782	1831	1806	1816	1838	1894	1923	1940	1954	1976	1959
阳泉	273	273	289	295	296	299	297	327	358	377	383
宜宾	1756	1839	1885	1911	1974	2083	2132	2157	2179	2316	2428
宜昌	1058	1060	1098	1124	1209	1255	1282	1318	1323	1396	1491
宜春	1434	1502	1559	1651	1732	1779	1802	1820	1838	1987	2081
宜兴	514	537	572	576	580	644	662	664	689	710	730
鹰潭	591	547	579	604	615	617	626	634	645	668	666
余姚	683	709	753	773	820	821	848	852	852	912	970
岳阳	2101	2168	2213	2275	2308	2389	2447	2475	2509	2566	2622
运城	1537	1692	1752	1829	1924	1951	2008	2057	2065	2206	2262
枣庄	1770	1938	2059	2083	2165	2185	2221	2241	2314	2428	2471
湛江	3061	3072	3109	3160	3231	3286	3372	3379	3549	3714	3785
张家港	1040	1075	1084	1088	1120	1195	1219	1243	1253	1260	1261
张家口	1916	1935	1967	2067	2204	2327	2479	2508	2521	2653	2750
漳州	3726	3784	3910	3958	4116	4252	4310	4387	4408	4587	4659
肇庆	3392	3517	3724	3801	3896	3935	4021	4050	4100	4139	4187
镇江	2062	2116	2192	2251	2270	2519	2573	2672	2744	2870	2874
中山	3970	3982	4053	4108	4176	4190	4256	4323	4345	4381	4444
舟山	662	696	699	758	786	827	855	855	860	925	926
珠海	3280	3412	3467	3567	3697	3859	3897	3962	3980	4013	4133
株洲	3458	3536	3559	3636	3670	3694	3747	3755	3775	4106	4170
遵义	4132	4287	4403	4472	4681	4815	4872	4975	5074	5269	5380

数据来源：国家统计局。

3-18　2020年全国重点城市商品房新开工面积

单位：万平方米

地区	1-2月	1-3月	1-4月	1-5月	1-6月	1-7月	1-8月	1-9月	1-10月	1-11月	1-12月
一线城市											
北京	104	349	592	718	1066	1318	1513	2113	2324	2616	3007
上海	84	231	583	1211	1720	2116	2304	2480	2893	3161	3461
广州	288	502	623	937	1280	1441	1561	1820	2037	2385	2621
深圳	38	140	304	473	835	1014	1184	1349	1455	1534	1819
二线城市											
长春	5	172	230	414	848	1063	1268	1314	1340	1644	1738
长沙	192	461	678	1023	1325	1589	1811	1930	2140	2794	3068
成都	179	527	995	1497	1920	2279	2647	2747	2822	3364	3844
重庆	359	1002	1395	2073	2777	3324	3801	4212	4783	5242	5948
大连		62	136	231	377	450	514	610	679	718	819
福州	119	229	353	594	782	1229	1393	1423	1455	1815	1941
贵阳	92	384	450	570	748	869	1024	1184	1275	1705	1788
哈尔滨	--	33	109	228	454	607	808	838	850	1194	1265
海口	8	10	12	33	52	123	162	171	174	256	326
杭州	151	304	561	810	1273	1820	2035	2444	2706	3197	3547
合肥	140	301	444	643	825	973	1057	1224	1304	1569	1743
呼和浩特	--	6	59	115	162	289	389	411	416	580	600
济南	193	317	560	761	973	1257	1386	1509	1568	1839	2131
昆明	105	315	724	927	1339	1551	1831	1943	2039	2165	2232
兰州	0.4	18	200	297	527	609	739	778	878	1116	1185
南昌	79	206	277	298	466	546	652	690	714	936	1088
南京	216	500	795	942	1180	1329	1521	1656	1751	1932	2115
南宁	120	231	422	560	1114	1124	1174	1261	1395	1737	2080
宁波	142	349	755	1063	1486	1830	2050	2091	2114	2125	2167
青岛	163	559	736	1074	1430	1811	2100	2204	2520	2285	2367
三亚	21	37	66	75	86	133	136	143	181	202	250
沈阳	2	97	195	426	706	859	977	1258	1399	1583	1636
石家庄	17	124	229	465	867	996	1142	1288	1376	1558	1716
苏州	136	347	567	709	1106	1363	1496	1667	1826	2190	2399
太原	--	145	285	461	665	833	918	978	1021	1270	1360
天津	92	259	468	745	1026	1135	1281	1555	1633	1875	2351
温州	106	191	406	589	895	1079	1215	1221	1225	1638	1771
乌鲁木齐	--	49	142	284	559	841	970	1162	1209	1622	1732
无锡	44	327	455	540	706	863	949	1076	1286	1462	1635

3-18 续表 1

单位：万平方米

地区	1–2 月	1–3 月	1–4 月	1–5 月	1–6 月	1–7 月	1–8 月	1–9 月	1–10 月	1–11 月	1–12 月
武汉	31	124	406	645	1260	1656	2167	2259	2410	3322	3669
西安	61	414	508	642	894	977	1235	1331	1397	1484	1647
西宁	--	91	226	242	343	438	441	474	476	513	520
厦门	37	42	131	168	218	274	294	294	294	357	406
银川	--	56	180	276	436	509	588	599	608	735	742
郑州	138	330	673	1102	1533	1734	1863	2028	2604	2858	3290
三四线城市											
安庆	19	35	72	164	253	336	357	449	480	509	544
鞍山	1	38	45	57	143	164	166	182	229	264	264
包头	--	14	31	61	150	241	296	297	296	429	422
保定	3	87	141	216	453	662	801	873	928	1025	1099
北海	60	122	161	181	195	236	253	281	282	311	346
蚌埠	23	97	178	265	416	479	550	618	686	738	864
沧州	15	119	195	254	371	523	648	668	684	762	847
常德	29	52	150	230	277	322	381	419	479	622	793
常熟	3	10	28	42	57	75	82	105	123	123	142
常州	62	311	417	508	657	754	857	943	1062	1144	1195
池州	10	12	35	54	61	63	64	147	151	176	211
滁州	55	153	240	332	400	496	541	631	718	875	1001
慈溪	4	114	264	343	424	465	488	518	528	690	824
大理	2	9	55	80	116	139	169	182	200	229	258
大同	--	68	105	260	470	557	667	690	694	823	954
丹东	1	38	71	109	156	166	174	201	215	216	226
德州	96	148	213	288	371	534	604	637	667	869	953
东莞	34	71	139	238	319	382	484	582	656	837	926
东营	6	24	61	97	123	173	205	212	245	321	335
奉化	20	20	76	96	161	231	264	264	264	327	414
佛山	102	266	403	515	634	819	1226	1406	1570	1747	1822
抚州	19	75	129	156	249	343	377	391	393	456	492
阜阳	163	235	369	479	628	745	811	982	1074	1175	1375
赣州	48	119	165	216	282	405	525	589	674	912	1044
固安	--	9	20	157	150	164	187	194	217	247	266
桂林	34	130	195	238	283	365	403	433	444	476	498
海门	10	31	36	68	107	215	230	252	247	307	329
邯郸	28	65	132	178	289	648	800	835	859	1157	1266
菏泽	52	250	443	563	784	920	986	1034	1116	1285	1335

3-18　续表 2　　　　单位：万平方米

地区	1-2 月	1-3 月	1-4 月	1-5 月	1-6 月	1-7 月	1-8 月	1-9 月	1-10 月	1-11 月	1-12 月
衡水	12	35	91	156	263	348	397	427	446	573	617
湖州	98	97	193	362	541	718	754	789	781	869	961
淮安	21	105	165	297	397	542	591	696	754	808	884
淮北	19	94	125	168	215	292	296	393	429	437	457
淮南	3	41	86	123	177	245	265	279	312	380	437
黄冈	14	48	106	172	242	277	432	488	504	561	592
黄山	33	50	73	96	117	131	149	177	201	239	274
黄石	0.1	0.3	21	99	141	204	215	238	256	308	356
惠州	154	200	297	479	612	963	1077	1192	1315	1423	1731
吉安	15	36	76	106	125	159	212	218	228	331	336
吉林	10	18	25	36	92	151	176	189	206	228	219
济宁	56	176	344	509	770	914	996	1026	1159	1419	1508
嘉兴	121	312	465	560	773	891	940	981	995	1213	1342
江门	152	167	296	388	565	806	881	934	1035	1139	1321
江阴	2	77	103	138	175	212	222	249	289	329	376
焦作	5	19	43	80	93	130	132	138	149	201	254
金华	101	148	227	313	515	568	622	652	691	824	999
锦州	--	7	9	14	70	73	89	121	139	141	143
晋城	18	13	60	84	119	128	150	210	219	303	342
九江	36	66	129	180	253	276	297	321	332	462	514
昆山	37	108	140	194	228	277	300	330	355	405	440
莱芜	--	--	--	--	--	--	--	--	--	--	--
廊坊	29	101	151	353	484	635	711	761	805	913	957
丽水	20	74	109	123	221	275	396	400	489	570	632
连云港	22	101	184	343	419	474	505	584	659	721	801
临海	0.1	32	39	29	39	29	41	41	53	114	135
临沂	120	358	499	720	834	937	1159	1300	1486	1723	1902
柳州	67	95	126	302	421	462	558	594	693	919	1063
龙岩	11	45	102	115	159	207	216	238	248	298	362
泸州	80	149	193	398	566	628	717	744	767	950	977
六安	96	211	264	457	607	665	734	868	909	965	1044
洛阳	30	143	285	571	660	760	840	889	910	1131	1297
马鞍山	22	68	106	139	171	214	260	292	299	335	356
眉山	78	184	339	430	496	546	602	605	618	985	1271
绵阳	81	103	156	222	297	383	487	512	515	716	870
牡丹江	--	1	15	37	40	46	64	72	72	84	91
南充	135	242	310	394	538	579	678	726	754	1038	1178

3-18 续表 3 单位：万平方米

地区	1–2 月	1–3 月	1–4 月	1–5 月	1–6 月	1–7 月	1–8 月	1–9 月	1–10 月	1–11 月	1–12 月
南平	31	66	81	124	164	186	254	293	296	366	418
南通	72	357	457	661	860	1108	1245	1346	1636	1776	2063
南阳	39	91	163	202	335	417	448	474	516	614	677
宁德	16	33	71	81	112	155	177	179	184	264	308
宁海	6	7	18	64	79	107	140	140	140	190	226
平顶山	17	91	169	229	280	315	340	392	403	451	498
萍乡	7	16	39	48	77	121	124	127	129	163	168
莆田	11	54	89	96	137	173	241	263	263	450	464
齐齐哈尔	--	--	8	38	71	80	106	121	126	160	169
秦皇岛	15	26	61	113	231	273	290	288	304	401	438
清远	31	125	185	335	291	393	553	616	715	860	972
衢州	27	57	105	140	153	167	196	196	200	331	335
泉州	62	146	308	478	737	897	966	993	1032	1249	1398
三明	5	25	28	94	164	193	227	230	232	327	341
汕头	29	57	85	187	254	269	263	313	431	420	544
上饶	44	141	191	228	257	304	341	368	399	470	535
韶关	16	32	65	130	150	172	187	204	222	258	348
绍兴	92	223	266	420	618	830	906	953	971	1331	1503
太仓	30	30	46	76	88	89	89	99	146	217	236
泰安	56	148	241	299	342	441	532	536	551	759	750
泰州	28	74	113	180	242	293	318	396	499	610	643
唐山	26	127	186	360	522	738	821	861	921	1063	1148
铜陵	8	40	46	74	76	91	92	120	136	192	214
威海	18	85	162	279	296	350	435	450	473	593	644
潍坊	61	356	560	827	1007	1356	1566	1572	1692	2069	2221
温岭	26	38	85	147	168	178	181	181	194	314	344
文昌	0.3	2	4	5	7	8	11	17	18	29	38
芜湖	43	156	194	233	333	430	456	499	529	552	574
香河	--	2	2	5	18	20	33	34	36	51	51
湘潭	32	65	123	162	199	238	266	306	350	471	514
襄阳	6	29	126	140	157	204	241	257	320	447	567
孝感	1	4	30	48	64	113	171	193	215	280	323
忻州	--	25	44	59	78	83	121	124	135	207	226
新乡	46	151	227	276	394	412	529	611	686	792	857
新余	6	8	12	16	28	31	65	67	67	68	98
宿迁	140	286	377	461	542	635	689	809	871	1007	1061
宿州	25	161	317	418	498	587	678	747	817	911	1146

3-18　续表 4　　　　单位：万平方米

地区	1-2 月	1-3 月	1-4 月	1-5 月	1-6 月	1-7 月	1-8 月	1-9 月	1-10 月	1-11 月	1-12 月
徐州	86	184	272	470	709	907	1134	1207	1522	1645	1889
宣城	48	100	133	234	321	385	423	467	541	567	637
烟台	126	371	532	637	860	1141	1286	1312	1392	1606	1730
盐城	131	252	312	413	491	549	708	760	886	1011	1080
扬州	69	191	302	459	501	686	739	807	964	1087	1186
阳江	41	75	94	115	133	158	178	194	208	227	240
阳泉	--	1	3	9	11	12	14	28	50	69	75
宜宾	79	152	198	224	286	388	437	461	484	621	733
宜昌	2	4	42	54	139	185	212	248	253	326	391
宜春	44	109	166	229	304	351	387	406	424	562	657
宜兴	21	44	79	83	87	151	169	170	188	209	229
鹰潭	11	22	54	97	108	110	120	127	139	163	170
余姚	--	0.3	30	50	100	101	127	129	130	189	248
岳阳	34	100	145	208	240	323	382	409	444	501	556
运城	15	165	219	277	374	401	461	494	502	643	684
枣庄	29	184	305	323	388	408	444	470	538	655	690
湛江	58	104	141	189	236	292	381	398	568	732	815
张家港	6	49	58	62	94	168	193	216	226	233	234
张家口	6	9	28	128	265	384	532	561	575	693	791
漳州	81	147	274	318	473	607	664	722	743	922	999
肇庆	44	115	288	367	459	497	583	612	665	704	764
镇江	18	82	154	217	237	370	427	522	583	709	725
中山	25	36	108	162	262	270	336	402	424	452	492
舟山	1	35	38	62	90	122	150	150	155	220	221
珠海	69	229	278	351	485	606	636	702	716	749	869
株洲	19	75	97	174	208	232	285	293	313	644	713
遵义	71	165	260	357	542	662	793	897	995	1167	1277

数据来源：国家统计局。

3-19 2020年全国重点城市商品房竣工面积

单位：万平方米

地区	1-2月	1-3月	1-4月	1-5月	1-6月	1-7月	1-8月	1-9月	1-10月	1-11月	1-12月
一线城市											
北京	51	53	120	194	239	387	406	425	544	694	1546
上海	293	427	484	1072	1195	1452	1522	1611	1988	2191	2878
广州	122	220	231	313	388	433	471	494	583	990	1390
深圳	97	114	166	188	224	236	242	255	333	351	641
二线城市											
长春	21	122	129	168	172	218	272	295	296	364	658
长沙	329	396	450	509	623	667	760	796	902	1016	1259
成都	188	298	421	426	520	564	605	646	810	958	1430
重庆	390	562	748	1013	1391	1617	1865	2149	2428	2790	3774
大连	25	27	31	67	76	76	94	103	112	124	167
福州	42	62	99	114	228	252	265	335	407	467	1092
贵阳	75	90	118	119	124	124	125	161	202	211	359
哈尔滨	1	22	34	37	101	116	155	158	181	257	469
海口	42	55	59	59	109	152	152	152	152	153	190
杭州	193	272	314	360	464	565	627	744	775	1009	1804
合肥	49	134	185	225	378	478	540	596	654	764	1614
呼和浩特	--	11	25	58	58	58	58	58	107	159	159
济南	100	129	131	152	235	320	375	471	556	602	1273
昆明	1	26	30	33	66	66	90	98	104	144	293
兰州	--	0.1	0.4	0.4	0.4	1	1	13	149	161	179
南昌	68	151	173	189	229	250	282	330	387	457	846
南京	116	213	311	359	422	442	489	555	750	943	1448
南宁	237	243	251	271	373	377	388	396	455	478	800
宁波	181	256	311	436	486	492	640	700	1183	1335	1753
青岛	130	153	156	187	213	259	293	364	403	548	1154
三亚	13	18	21	30	30	33	33	33	33	33	89
沈阳	38	54	78	116	129	130	147	199	294	474	649
石家庄	13	34	39	49	64	81	101	105	95	120	265
苏州	219	361	407	465	562	625	688	732	938	1135	1546
太原	11	11	13	13	13	25	25	42	68	166	348
天津	106	153	139	154	192	217	226	242	314	806	1634
温州	74	83	139	198	199	199	216	228	232	262	460
乌鲁木齐	7	49	35	40	50	50	117	127	87	97	100
无锡	238	472	520	555	583	595	631	699	922	986	1517

3-19　续表 1　　　　单位：万平方米

地区	1-2 月	1-3 月	1-4 月	1-5 月	1-6 月	1-7 月	1-8 月	1-9 月	1-10 月	1-11 月	1-12 月
武汉	19	217	252	293	300	307	314	354	420	508	778
西安	71	73	73	86	76	91	112	120	132	432	651
西宁	--	9	21	21	50	58	58	58	58	58	93
厦门	42	81	84	101	157	142	158	158	177	210	349
银川	23	37	47	63	75	84	159	175	182	283	499
郑州	37	89	92	142	161	187	216	257	308	432	1463
三四线城市											
安庆	65	75	86	104	122	122	127	134	142	165	210
鞍山	--	6	8	16	16	43	48	49	49	68	92
包头	--	--	--	0.1	1	48	48	48	52	95	137
保定	19	30	63	62	77	95	114	135	141	166	242
北海	13	22	23	23	23	25	25	27	27	50	90
蚌埠	19	61	64	68	73	83	92	94	113	162	287
沧州	7	20	28	27	31	66	69	79	85	89	99
常德	41	116	121	134	135	148	151	154	173	192	309
常熟	23	41	66	71	79	90	92	101	116	153	181
常州	87	84	120	219	293	317	361	449	501	642	806
池州	46	40	40	57	57	71	72	74	95	114	121
滁州	66	125	131	150	179	181	193	224	248	320	404
慈溪	32	55	70	70	70	70	84	84	517	531	650
大理	--	--	13	13	18	18	18	18	18	24	24
大同	--	--	4	8	8	10	10	11	13	80	177
丹东	2	2	5	27	27	41	42	56	56	64	185
德州	50	62	70	82	118	125	133	171	192	220	509
东莞	66	80	81	99	125	131	138	142	171	192	239
东营	1	5	5	36	67	86	100	107	107	110	194
奉化	--	--	3	3	3	3	3	3	3	3	22
佛山	35	95	140	151	167	208	232	245	272	319	397
抚州	7	22	32	33	46	47	54	55	54	54	59
阜阳	152	183	197	211	208	231	264	263	278	327	351
赣州	47	85	91	100	123	125	170	206	225	241	329
固安	--	--	--	12	12	12	12	15	18	78	100
桂林	26	31	32	36	57	61	64	67	70	107	178
海门	2	2	7	20	21	22	26	46	47	49	184
邯郸	20	32	52	54	67	72	79	82	84	87	116
菏泽	67	93	115	136	163	164	181	207	292	310	445

3–19 续表 2

单位：万平方米

地区	1–2 月	1–3 月	1–4 月	1–5 月	1–6 月	1–7 月	1–8 月	1–9 月	1–10 月	1–11 月	1–12 月
衡水	26	48	52	62	108	120	127	152	152	197	364
湖州	43	54	49	76	117	160	246	285	293	314	348
淮安	66	114	164	209	253	264	286	310	337	338	444
淮北	--	--	--	--	7	25	25	52	53	53	80
淮南	61	61	82	82	86	74	74	74	110	118	133
黄冈	2	57	60	73	83	97	120	125	162	167	208
黄山	10	33	38	41	57	61	62	70	74	78	84
黄石	--	0.4	5	11	20	23	38	40	40	54	62
惠州	81	139	222	257	288	356	412	437	463	476	633
吉安	72	79	83	91	113	124	128	142	158	161	173
吉林	2	2	20	20	33	35	40	40	45	47	38
济宁	60	64	105	193	213	229	247	278	324	372	709
嘉兴	172	169	184	189	231	256	275	289	318	442	788
江门	41	45	56	101	126	157	181	193	240	289	484
江阴	108	202	221	229	229	229	241	246	252	291	398
焦作	3	5	7	33	36	35	36	36	37	37	143
金华	56	85	93	98	138	165	198	217	238	288	350
锦州	3	11	17	17	20	21	21	23	23	23	25
晋城	--	--	--	--	--	30	38	42	46	46	86
九江	23	30	33	34	41	44	49	61	64	68	74
昆山	90	160	174	200	200	238	260	260	364	404	466
莱芜	--	--	--	--	--	--	--	--	--	--	--
廊坊	0.1	3	5	21	34	35	35	40	45	105	133
丽水	44	64	75	81	86	94	97	97	112	135	155
连云港	40	46	79	115	160	180	204	206	296	330	389
临海	--	--	--	--	--	--	9	9	14	14	47
临沂	85	158	200	230	242	271	298	311	320	353	599
柳州	37	87	87	88	150	150	149	150	150	150	324
龙岩	57	92	92	126	126	145	165	175	217	270	444
泸州	27	45	93	153	162	261	331	440	477	544	659
六安	22	56	69	78	92	107	107	139	159	178	208
洛阳	0.2	26	26	32	51	68	74	81	81	121	259
马鞍山	60	69	70	73	110	116	141	163	175	233	288
眉山	29	50	50	50	60	68	68	68	81	96	197
绵阳	20	22	26	27	27	32	32	34	34	40	206
牡丹江	--	--	--	7	36	36	43	75	93	108	239
南充	3	6	10	19	24	27	27	38	38	42	99

3-19　续表 3　　　　单位：万平方米

地区	1–2 月	1–3 月	1–4 月	1–5 月	1–6 月	1–7 月	1–8 月	1–9 月	1–10 月	1–11 月	1–12 月
南平	12	66	79	81	87	88	85	124	126	126	197
南通	138	264	283	369	429	450	489	597	863	943	1231
南阳	30	68	85	91	111	140	153	161	170	192	367
宁德	47	58	68	71	83	129	150	171	188	198	234
宁海	40	20	31	58	58	58	59	59	59	81	81
平顶山	8	22	25	31	39	59	60	65	77	81	174
萍乡	2	6	9	9	14	19	21	23	23	30	40
莆田	5	7	25	25	25	44	70	70	70	86	142
齐齐哈尔	--	--	--	2	2	20	20	20	44	63	122
秦皇岛	--	19	26	47	57	57	57	58	83	107	110
清远	84	163	188	202	262	285	309	318	332	394	529
衢州	25	34	47	55	64	73	73	88	113	113	182
泉州	46	64	71	100	124	133	137	226	363	436	772
三明	24	51	70	71	71	85	99	119	119	129	171
汕头	23	23	41	50	50	50	81	90	90	171	308
上饶	55	94	120	124	130	135	143	149	155	159	174
韶关	45	75	92	117	122	141	146	169	172	173	260
绍兴	86	144	185	207	247	242	261	288	305	353	504
太仓	9	15	15	15	17	17	17	36	55	55	98
泰安	19	23	24	32	48	64	73	90	135	197	277
泰州	58	81	102	141	161	185	197	211	297	329	449
唐山	12	19	59	77	89	103	129	143	171	172	298
铜陵	76	85	85	94	102	115	150	160	163	182	200
威海	41	68	148	160	185	249	258	273	281	328	717
潍坊	102	168	204	273	300	336	354	376	432	610	986
温岭	20	27	27	27	32	32	36	37	46	50	71
文昌	2	7	7	10	10	10	10	10	10	11	53
芜湖	32	91	132	152	225	243	271	273	288	338	513
香河	--	--	--	--	--	--	--	--	--	--	--
湘潭	45	60	61	68	75	76	84	94	105	115	152
襄阳	5	71	80	91	100	113	117	125	126	132	214
孝感	9	17	39	40	46	47	52	74	103	137	182
忻州	--	11	13	13	16	18	23	44	78	85	95
新乡	44	65	76	92	111	120	130	145	154	180	277
新余	17	44	44	44	44	44	115	118	118	122	125
宿迁	48	90	100	107	162	192	204	221	283	294	353
宿州	50	71	88	99	101	106	110	136	145	178	351

3-19 续表 4 单位：万平方米

地区	1-2 月	1-3 月	1-4 月	1-5 月	1-6 月	1-7 月	1-8 月	1-9 月	1-10 月	1-11 月	1-12 月
徐州	73	205	235	242	312	333	346	389	451	667	1231
宣城	15	19	45	63	86	89	90	109	120	149	184
烟台	51	58	83	105	155	159	175	183	224	328	855
盐城	59	122	165	215	288	304	336	382	430	445	521
扬州	111	142	169	225	257	278	296	356	585	619	857
阳江	63	86	90	90	92	100	106	112	133	146	195
阳泉	--	--	--	--	--	--	--	--	13	13	13
宜宾	11	29	53	63	80	122	164	164	180	252	301
宜昌	16	23	32	38	45	52	57	84	96	106	154
宜春	54	72	79	86	110	116	138	148	151	174	280
宜兴	4	28	28	28	28	28	53	53	81	81	106
鹰潭	22	14	17	16	16	26	26	26	26	93	97
余姚	15	17	17	17	17	24	49	108	117	118	142
岳阳	36	49	86	90	129	143	154	156	158	205	239
运城	30	30	36	37	45	46	47	56	60	97	200
枣庄	47	78	103	136	159	160	177	178	182	201	300
湛江	112	131	148	151	195	190	193	195	252	261	289
张家港	7	24	33	59	64	64	89	89	89	95	129
张家口	10	11	14	52	61	86	106	142	154	202	310
漳州	58	87	119	141	189	190	228	278	290	329	403
肇庆	117	138	176	196	214	236	236	255	285	291	353
镇江	31	58	111	134	192	214	233	249	293	334	403
中山	165	176	228	259	323	365	376	378	388	455	588
舟山	--	--	5	5	23	27	31	31	34	63	65
珠海	47	49	60	82	101	159	166	234	257	261	327
株洲	91	118	137	148	163	168	188	212	220	238	321
遵义	19	20	20	31	49	60	64	72	80	90	192

数据来源：国家统计局。

3-20　2020年全国重点城市商品房销售面积

单位：万平方米

地区	1-2月	1-3月	1-4月	1-5月	1-6月	1-7月	1-8月	1-9月	1-10月	1-11月	1-12月
一线城市											
北京	58	87	165	229	297	391	490	608	671	761	972
上海	120	230	347	435	647	810	944	1142	1387	1523	1789
广州	74	178	248	343	512	611	745	942	1093	1256	1539
深圳	49	105	163	220	307	375	451	576	665	751	909
二线城市											
长春	27	94	180	288	464	579	704	780	848	941	1058
长沙	146	300	444	575	937	1072	1260	1511	1723	1967	2377
成都	196	583	822	1103	1570	1885	2184	2514	2772	3207	3680
重庆	322	943	1340	2004	2728	3185	3650	4318	4792	5352	6143
大连	30	74	130	181	258	316	404	482	563	639	715
福州	108	251	378	548	847	970	1103	1256	1413	1611	1888
贵阳	62	173	249	348	503	595	735	838	951	1086	1236
哈尔滨	8	53	99	149	203	287	390	479	570	682	769
海口	43	69	88	106	148	191	251	296	339	399	464
杭州	112	217	364	539	757	950	1115	1250	1381	1521	1699
合肥	50	130	227	364	614	768	903	1049	1160	1287	1488
呼和浩特	4	12	34	75	113	155	217	259	292	379	415
济南	76	137	246	369	526	639	767	886	989	1133	1336
昆明	106	208	321	481	684	846	1025	1204	1386	1582	1833
兰州	21	76	147	234	316	378	462	568	655	764	846
南昌	67	191	284	402	609	785	872	1053	1230	1449	1771
南京	83	189	286	414	563	627	740	923	1023	1138	1325
南宁	109	235	349	482	724	865	993	1144	1294	1452	1838
宁波	103	268	388	587	827	1017	1207	1365	1524	1663	1817
青岛	55	201	328	488	721	848	957	1127	1248	1371	1586
三亚	3	8	17	24	31	38	43	50	55	60	77
沈阳	93	184	307	447	625	765	919	1056	1155	1279	1381
石家庄	16	50	88	160	282	380	449	501	532	601	741
苏州	158	312	489	758	1190	1349	1505	1693	1861	2045	2192
太原	27	99	140	205	297	355	415	501	601	708	781
天津	58	131	256	375	540	661	791	929	1045	1177	1347
温州	37	152	227	351	570	614	691	835	904	1042	1211
乌鲁木齐	5	83	131	184	258	280	282	351	441	604	717
无锡	52	227	347	498	700	819	948	1113	1208	1328	1542

3-20 续表 1 单位：万平方米

地区	1–2 月	1–3 月	1–4 月	1–5 月	1–6 月	1–7 月	1–8 月	1–9 月	1–10 月	1–11 月	1–12 月
武汉	26	45	152	346	647	900	1196	1505	1883	2205	2646
西安	90	293	434	660	850	980	1164	1424	1538	2175	2560
西宁	12	29	44	75	105	142	179	226	246	273	299
厦门	19	77	123	166	275	341	392	455	492	566	622
银川	27	64	131	204	288	349	434	518	593	670	752
郑州	91	319	547	831	1303	1538	1750	2070	2331	2787	3426
三四线城市											
安庆	28	61	81	111	165	210	247	284	335	377	410
鞍山	9	27	49	73	95	120	147	172	197	231	246
包头	15	39	64	91	124	148	170	208	298	358	434
保定	7	46	71	121	187	228	269	314	352	447	638
北海	17	49	67	89	128	150	168	218	243	269	314
蚌埠	42	137	208	298	398	470	555	658	737	808	881
沧州	15	40	66	102	207	255	306	347	395	450	542
常德	43	75	116	169	218	263	308	380	441	500	624
常熟	12	30	48	63	113	127	143	155	175	205	232
常州	55	138	230	341	460	568	669	789	868	932	1038
池州	11	27	39	48	63	74	84	97	113	124	153
滁州	32	128	223	360	513	592	678	765	846	926	1090
慈溪	22	81	116	171	243	284	330	362	408	441	486
大理	1	3	9	11	24	33	55	72	84	93	109
大同	5	23	36	61	98	114	129	144	164	191	245
丹东	10	16	32	50	66	83	97	127	147	166	184
德州	37	91	146	210	281	335	400	487	550	620	696
东莞	49	98	147	209	312	412	495	603	673	762	880
东营	7	22	41	63	103	123	149	184	204	237	274
奉化	15	33	53	84	134	153	187	214	230	256	281
佛山	52	246	355	474	631	809	1002	1256	1515	1867	2165
抚州	35	93	132	171	279	322	364	400	436	477	538
阜阳	66	156	256	353	476	565	650	788	898	1000	1119
赣州	74	171	252	348	474	551	633	780	866	1026	1202
固安	2	4	10	35	47	59	76	93	114	173	230
桂林	27	96	147	207	291	322	352	417	480	555	697
海门	13	35	68	101	141	170	195	216	238	262	244
邯郸	27	104	144	179	222	266	309	390	420	486	596
菏泽	46	121	181	276	374	457	543	632	724	805	886

3-20　续表 2　　单位：万平方米

地区	1-2月	1-3月	1-4月	1-5月	1-6月	1-7月	1-8月	1-9月	1-10月	1-11月	1-12月
衡水	11	31	59	98	132	160	209	256	297	373	475
湖州	31	79	148	239	360	464	537	615	696	777	896
淮安	49	101	173	254	418	481	535	639	676	759	926
淮北	10	36	56	79	105	132	154	184	208	226	251
淮南	13	45	66	89	123	146	169	211	239	264	300
黄冈	12	37	61	94	125	159	196	224	273	311	347
黄山	14	29	36	47	76	86	94	124	136	149	183
黄石	6	12	24	47	85	106	127	173	209	240	300
惠州	74	195	294	415	584	796	991	1223	1401	1586	1837
吉安	22	47	69	90	122	161	195	231	254	279	314
吉林	11	32	52	61	86	115	147	190	211	231	227
济宁	50	132	222	336	479	579	664	822	920	1028	1116
嘉兴	34	117	227	335	500	622	724	843	935	1029	1184
江门	36	82	145	214	303	364	415	491	556	637	749
江阴	14	38	60	100	147	174	207	253	282	304	357
焦作	8	28	45	68	95	106	114	129	141	164	194
金华	27	64	118	190	261	334	404	466	547	617	697
锦州	2	6	14	21	33	40	45	64	69	75	88
晋城	0.2	7	14	21	27	37	47	69	100	126	132
九江	49	105	154	221	319	364	415	514	572	645	826
昆山	23	41	92	170	239	270	299	328	357	388	398
莱芜	--	--	--	--	--	--	--	--	--	--	--
廊坊	10	31	54	120	248	298	360	440	503	631	776
丽水	27	52	75	96	125	150	184	205	236	266	296
连云港	23	59	104	171	231	292	349	398	463	517	610
临海	5	15	24	34	44	38	47	54	62	69	82
临沂	77	203	312	446	571	691	836	991	1110	1277	1520
柳州	24	77	114	186	302	328	377	446	497	570	705
龙岩	25	50	74	105	149	177	201	258	289	322	371
泸州	58	189	255	321	440	536	641	808	868	936	1011
六安	38	97	161	197	288	349	395	462	527	600	684
洛阳	36	157	222	288	447	503	565	651	700	785	1032
马鞍山	16	34	55	82	119	143	171	196	219	247	284
眉山	53	127	187	267	332	408	487	562	633	703	811
绵阳	46	136	188	241	309	366	419	479	536	623	725
牡丹江	2	6	10	19	25	35	52	72	94	119	140
南充	97	237	316	455	617	664	697	787	882	1037	1251

3-20 续表 3 单位：万平方米

地区	1–2 月	1–3 月	1–4 月	1–5 月	1–6 月	1–7 月	1–8 月	1–9 月	1–10 月	1–11 月	1–12 月
南平	16	58	78	110	145	176	203	236	266	309	367
南通	111	322	442	609	917	1075	1279	1526	1665	1824	2001
南阳	30	89	145	212	293	352	417	489	554	623	699
宁德	30	59	85	113	145	179	208	228	253	285	323
宁海	9	15	19	27	40	49	57	68	73	86	89
平顶山	17	53	91	121	158	214	267	315	347	413	486
萍乡	20	34	44	63	81	98	111	130	148	180	221
莆田	28	68	113	143	212	224	254	299	327	384	426
齐齐哈尔	2	12	20	30	43	52	64	78	92	115	123
秦皇岛	8	27	37	90	160	190	224	267	285	316	365
清远	41	90	147	236	308	370	438	519	618	692	778
衢州	10	29	47	67	92	119	138	157	176	192	215
泉州	82	191	308	462	652	775	893	1057	1175	1317	1496
三明	19	53	74	109	157	178	207	242	270	300	346
汕头	16	35	56	83	131	155	186	274	308	348	387
上饶	42	110	172	246	331	383	446	513	565	628	722
韶关	26	49	76	114	153	185	210	243	274	301	330
绍兴	82	199	301	406	541	638	722	835	952	1095	1248
太仓	8	20	32	50	85	85	99	125	143	155	165
泰安	20	45	83	133	175	226	276	308	342	404	461
泰州	41	116	170	232	290	338	389	461	550	666	763
唐山	21	44	85	205	290	373	433	502	552	640	741
铜陵	30	43	64	89	120	137	151	174	190	215	249
威海	36	71	106	147	204	236	276	363	429	486	554
潍坊	26	145	242	350	490	631	749	866	986	1155	1319
温岭	12	31	55	77	98	117	87	102	113	139	157
文昌	3	6	7	10	13	16	18	20	21	26	29
芜湖	20	74	120	171	218	251	324	388	439	497	553
香河	0.3	2	5	7	24	25	27	37	41	47	58
湘潭	25	75	107	140	198	224	253	296	325	417	486
襄阳	18	31	54	84	142	188	239	300	357	417	499
孝感	3	8	25	45	85	111	128	157	176	202	251
忻州	2	5	12	23	35	48	66	77	79	79	83
新乡	33	93	142	208	314	363	423	506	568	667	746
新余	11	24	39	48	60	74	85	93	104	113	124
宿迁	64	132	195	266	354	437	524	600	677	755	865
宿州	43	168	231	294	364	432	481	531	589	642	807

3-20　续表 4　　单位：万平方米

地区	1–2 月	1–3 月	1–4 月	1–5 月	1–6 月	1–7 月	1–8 月	1–9 月	1–10 月	1–11 月	1–12 月
徐州	65	175	275	402	574	709	858	1087	1237	1416	1658
宣城	31	69	95	129	198	229	257	295	330	372	414
烟台	46	183	253	329	494	577	659	730	810	909	1038
盐城	71	166	253	357	488	576	683	777	872	992	1072
扬州	46	117	175	237	364	399	462	543	621	704	818
阳江	33	71	95	130	162	192	227	253	293	324	359
阳泉	1	4	7	11	14	17	22	26	29	41	47
宜宾	46	121	165	216	278	340	406	494	571	663	780
宜昌	13	22	45	65	119	150	173	228	263	280	427
宜春	37	90	136	185	246	298	361	442	501	567	643
宜兴	8	35	50	67	88	105	126	146	165	180	206
鹰潭	20	32	44	55	77	96	108	123	133	138	163
余姚	15	38	54	70	90	131	149	163	195	214	244
岳阳	28	59	106	153	219	263	326	401	465	546	631
运城	10	32	57	84	117	160	197	224	248	282	332
枣庄	23	67	103	137	203	236	294	353	400	464	511
湛江	38	88	121	163	230	281	330	415	476	536	597
张家港	14	32	50	68	112	129	148	165	183	199	213
张家口	6	24	42	73	111	137	168	195	228	278	375
漳州	64	156	234	306	414	473	531	608	675	725	767
肇庆	41	101	148	207	268	332	385	480	564	620	732
镇江	24	58	93	173	251	300	370	434	502	554	632
中山	40	75	118	176	250	310	377	456	522	598	698
舟山	9	20	30	44	58	67	76	85	98	119	130
珠海	25	58	79	107	158	195	243	287	348	407	482
株洲	63	120	165	254	314	355	396	445	507	606	691
遵义	114	207	278	355	497	583	686	792	906	1046	1170

数据来源：国家统计局。

3-21 2020年全国重点城市待开发土地面积

单位：万平方米

地区	1–2月	1–3月	1–4月	1–5月	1–6月	1–7月	1–8月	1–9月	1–10月	1–11月	1–12月
一线城市											
北京	598	591	588	590	659	654	677	612	596	584	569
上海	269	267	271	279	308	317	324	324	329	324	325
广州	291	682	685	688	735	738	771	786	791	836	871
深圳	96	105	98	100	103	98	95	85	83	79	80
二线城市											
长春	226	222	254	288	287	259	259	248	248	258	262
长沙	522	535	549	643	682	683	594	577	625	638	569
成都	771	807	837	868	846	845	836	843	856	865	901
重庆	1573	1780	1944	1968	2006	2077	2065	2112	2111	2157	2106
大连	171	182	182	188	189	189	189	174	174	180	180
福州	81	107	162	184	179	170	174	179	188	193	197
贵阳	160	175	175	180	187	199	209	231	231	230	259
哈尔滨	121	120	121	99	96	96	106	140	141	145	145
海口	65	63	64	66	64	68	81	98	99	99	118
杭州	111	142	119	112	131	143	139	174	148	138	150
合肥	209	197	205	202	224	203	286	288	318	309	316
呼和浩特	79	91	93	98	95	95	95	94	94	94	94
济南	283	316	258	277	274	277	273	280	294	296	279
昆明	705	804	769	737	756	745	778	796	783	790	797
兰州	92	101	116	112	125	109	109	109	109	103	104
南昌	232	232	240	240	253	252	252	250	250	247	301
南京	170	187	190	203	204	204	212	215	227	253	289
南宁	116	133	113	117	142	155	155	148	143	165	199
宁波	135	315	341	318	333	295	267	249	254	261	276
青岛	307	322	292	305	362	362	365	369	371	375	360
三亚	7	26	26	27	27	25	25	29	29	29	29
沈阳	146	157	221	256	249	261	268	289	280	286	305
石家庄	107	116	235	245	263	261	265	283	290	287	273
苏州	840	278	274	296	406	403	439	440	464	525	547
太原	121	127	124	124	186	187	184	224	229	241	247
天津	412	466	459	438	461	524	565	561	552	575	598
温州	37	28	39	32	78	105	125	124	126	94	108
乌鲁木齐	90	81	90	156	170	246	265	308	329	393	403
无锡	155	166	161	140	131	155	163	176	168	194	204

3-21 续表 1

单位：万平方米

地区	1-2 月	1-3 月	1-4 月	1-5 月	1-6 月	1-7 月	1-8 月	1-9 月	1-10 月	1-11 月	1-12 月
武汉	199	725	392	399	438	499	547	562	585	586	603
西安	171	267	268	264	274	272	274	275	275	279	284
西宁	5	7	12	19	19	17	17	17	15	15	16
厦门	5	7	7	13	13	13	13	13	13	13	13
银川	195	207	251	275	234	234	229	265	298	320	330
郑州	376	425	427	470	473	474	452	501	543	558	610
三四线城市											
安庆	85	96	110	127	102	109	118	116	122	122	141
鞍山	119	160	173	189	180	180	180	180	180	180	180
包头	18	29	27	27	20	20	44	66	66	48	45
保定	103	56	57	128	142	141	148	156	146	146	146
北海	20	18	20	23	20	20	20	21	21	22	22
蚌埠	83	113	139	187	210	209	211	217	206	191	213
沧州	87	96	98	98	109	115	113	113	113	109	112
常德	84	93	144	153	155	150	149	166	166	176	171
常熟	12	12	12	12	12	18	18	18	18	18	21
常州	93	73	80	90	85	85	88	105	113	128	189
池州	47	47	48	67	67	67	67	67	59	59	71
滁州	259	275	275	291	313	303	321	288	300	284	308
慈溪	51	5	92	78	58	54	53	50	50	50	50
大理	10	10	9	9	10	15	58	62	62	82	82
大同	28	28	29	29	35	53	58	60	60	60	60
丹东	27	27	50	36	57	57	59	59	59	56	56
德州	114	115	129	135	147	153	152	179	178	170	184
东莞	107	136	136	139	139	136	141	141	142	166	178
东营	136	135	138	133	128	131	126	137	137	137	137
奉化	--	--	--	--	--	14	14	14	14	28	28
佛山	130	144	142	132	70	71	72	86	87	91	93
抚州	11	11	11	13	60	60	71	71	76	76	52
阜阳	118	102	156	144	154	154	154	162	163	161	181
赣州	89	86	105	102	105	106	106	129	130	104	103
固安	5	5	5	3	37	37	37	38	38	38	38
桂林	87	102	114	118	118	114	114	114	113	115	140
海门	20	20	20	20	20	20	27	29	29	29	29
邯郸	61	71	76	74	103	98	95	99	95	95	94
菏泽	79	81	53	59	68	73	78	78	85	102	106

3-21 续表 2 单位：万平方米

地区	1-2 月	1-3 月	1-4 月	1-5 月	1-6 月	1-7 月	1-8 月	1-9 月	1-10 月	1-11 月	1-12 月
衡水	73	32	23	24	37	36	29	34	34	34	38
湖州	107	120	120	116	128	136	141	141	156	156	157
淮安	54	58	71	80	75	111	148	205	206	206	208
淮北	58	46	34	34	34	34	35	35	35	34	34
淮南	113	136	141	155	153	142	172	172	177	189	194
黄冈	151	155	162	212	215	236	237	211	265	278	269
黄山	82	92	115	119	119	119	120	120	119	142	154
黄石	98	98	112	112	112	112	112	113	109	106	106
惠州	276	528	526	526	545	546	585	585	592	552	545
吉安	39	39	39	35	43	43	47	47	46	45	44
吉林	22	22	22	22	22	22	22	22	32	22	22
济宁	179	195	182	166	156	165	160	168	173	167	165
嘉兴	89	97	136	159	146	142	134	143	134	144	145
江门	191	258	268	263	272	272	279	288	288	297	375
江阴	42	42	44	24	24	51	53	54	47	56	58
焦作	223	229	234	233	236	238	233	245	251	252	233
金华	46	46	51	56	64	58	44	46	43	41	48
锦州	--	--	1	1	5	5	1	5	5	5	5
晋城	4	--	--	--	1	1	1	1	1	2	3
九江	74	74	67	88	88	81	81	84	84	84	85
昆山	84	102	101	101	233	233	233	237	252	279	281
莱芜	--	--	--	--	--	--	--	--	--	--	--
廊坊	189	198	212	214	230	230	241	253	253	272	291
丽水	14	21	21	18	16	20	16	17	14	14	14
连云港	38	59	59	75	78	90	90	88	90	90	116
临海	5	5	5	5	5	5	5	5	5	5	5
临沂	96	122	129	130	129	180	181	185	237	290	274
柳州	107	111	115	122	123	123	108	117	116	113	116
龙岩	38	52	46	48	57	54	54	54	60	57	58
泸州	19	20	20	20	20	25	22	19	19	20	19
六安	100	106	116	117	104	101	106	121	125	123	144
洛阳	190	188	188	183	207	220	213	222	227	259	263
马鞍山	54	53	54	59	57	53	51	55	55	55	54
眉山	80	79	92	91	109	183	189	192	191	263	261
绵阳	35	35	38	41	54	59	69	78	80	67	65
牡丹江	5	5	5	5	5	5	5	5	1	1	1
南充	54	91	97	93	93	93	63	79	80	100	100

3-21　续表 3　　　单位：万平方米

地区	1-2 月	1-3 月	1-4 月	1-5 月	1-6 月	1-7 月	1-8 月	1-9 月	1-10 月	1-11 月	1-12 月
南平	118	128	139	139	139	139	140	140	140	147	147
南通	168	235	242	207	213	218	224	251	265	273	265
南阳	175	170	177	190	178	176	189	191	117	119	117
宁德	32	29	28	28	32	35	30	30	30	26	29
宁海	37	37	47	45	45	36	31	29	32	32	17
平顶山	125	94	91	136	155	155	155	166	179	171	175
萍乡	41	41	49	49	49	49	48	48	48	48	42
莆田	--	--	--	1	1	1	1	2	6	6	7
齐齐哈尔	7	12	14	11	11	11	11	11	12	12	12
秦皇岛	153	150	152	152	149	149	149	152	152	139	160
清远	204	209	234	234	239	242	263	263	245	265	277
衢州	30	53	48	53	52	51	59	98	105	72	90
泉州	94	71	73	91	101	101	106	106	97	97	108
三明	14	14	14	14	14	14	14	11	11	11	11
汕头	15	15	20	15	17	15	15	15	17	17	17
上饶	47	54	54	54	54	54	52	56	77	87	87
韶关	38	34	33	33	33	33	33	33	32	48	65
绍兴	104	120	101	108	120	132	132	129	108	103	100
太仓	21	21	21	35	35	35	35	34	33	46	50
泰安	150	158	159	149	151	152	179	215	249	259	283
泰州	31	47	44	34	38	48	48	48	51	46	51
唐山	271	303	297	301	318	325	328	357	355	352	309
铜陵	63	63	63	79	82	82	82	79	53	43	68
威海	423	452	213	250	251	223	217	214	215	216	205
潍坊	284	332	312	309	324	333	352	351	351	360	350
温岭	3	2	2	5	5	5	5	9	20	20	30
文昌	20	32	47	47	47	47	47	38	38	38	38
芜湖	60	58	58	57	75	75	75	75	74	80	76
香河	45	16	43	44	44	44	44	44	44	45	45
湘潭	100	119	102	96	96	96	102	102	99	106	176
襄阳	40	73	81	81	86	76	76	81	82	82	96
孝感	39	59	67	67	73	73	81	74	77	77	79
忻州	15	14	28	28	28	39	41	41	41	46	52
新乡	225	222	230	230	223	220	221	260	263	263	275
新余	7	7	7	7	7	7	7	7	6	6	10
宿迁	801	801	807	804	851	860	867	866	858	874	881
宿州	122	136	136	150	154	157	156	165	162	150	150

3-21 续表 4

单位：万平方米

地区	1-2 月	1-3 月	1-4 月	1-5 月	1-6 月	1-7 月	1-8 月	1-9 月	1-10 月	1-11 月	1-12 月
徐州	183	218	219	247	251	253	264	270	379	413	371
宣城	125	117	135	133	141	140	143	141	129	132	136
烟台	407	437	453	461	468	477	485	501	628	623	637
盐城	155	183	196	204	244	238	272	286	281	282	275
扬州	71	77	83	116	116	111	100	109	120	126	200
阳江	35	31	31	31	31	31	31	30	30	30	30
阳泉	--	--	--	3	3	3	3	3	3	3	7
宜宾	122	93	94	93	99	115	106	98	114	106	106
宜昌	81	97	99	108	119	113	106	105	125	129	127
宜春	152	165	165	179	181	182	188	185	201	201	210
宜兴	59	59	59	56	56	53	53	55	55	55	60
鹰潭	127	127	137	145	141	56	56	71	71	58	58
余姚	8	48	36	36	66	63	55	47	47	53	53
岳阳	323	314	371	260	276	298	286	291	282	282	279
运城	54	71	56	52	55	65	92	96	93	108	121
枣庄	84	93	38	38	42	38	46	44	37	37	37
湛江	112	123	133	131	134	134	166	164	172	292	288
张家港	606	22	22	22	22	22	22	22	22	22	22
张家口	176	169	171	174	186	205	206	213	220	221	219
漳州	123	136	129	129	151	154	155	159	156	157	168
肇庆	263	273	282	287	287	286	299	294	267	269	280
镇江	71	72	90	115	128	149	155	168	166	168	168
中山	88	103	112	135	135	108	118	112	112	106	89
舟山	23	23	26	29	34	29	29	26	26	64	80
珠海	137	155	156	156	161	161	161	163	165	161	154
株洲	219	206	210	210	226	230	223	229	213	220	235
遵义	301	324	340	293	290	288	288	335	334	328	323

数据来源：国家统计局。

3-22　2020年全国重点城市土地购置面积

单位：万平方米

地区	1–2月	1–3月	1–4月	1–5月	1–6月	1–7月	1–8月	1–9月	1–10月	1–11月	1–12月
一线城市											
北京	16	16	18	19	19	19	51	79	103	114	147
上海	--	--	20	27	24	46	50	65	106	155	274
广州	--	5	20	15	31	53	100	180	218	288	381
深圳	10	21	29	43	69	84	51	76	75	92	172
二线城市											
长春	16	19	34	82	173	195	236	260	274	281	304
长沙	33	45	60	62	106	86	127	161	173	174	245
成都	--	--	31	61	102	102	141	216	238	271	359
重庆	20	48	50	154	383	336	372	473	526	699	813
大连	--	--	--	10	13	13	18	15	23	43	58
福州	--	--	--	9	10	29	44	44	47	69	84
贵阳	2	2	30	35	36	42	61	73	97	148	169
哈尔滨	--	--	17	36	52	62	84	120	195	235	239
海口	--	--	--	--	0.1	0.1	0.1	1	1	3	3
杭州	51	28	9	23	57	79	115	136	187	251	280
合肥	18	54	90	108	316	258	344	407	475	511	539
呼和浩特	--	--	--	--	--	3	8	8	10	30	30
济南	11	18	16	25	25	31	37	41	74	91	106
昆明	4	12	12	11	20	43	57	76	100	173	280
兰州	--	--	--	--	--	1	1	1	6	34	46
南昌	2	2	2	2	24	24	31	64	106	160	229
南京	1	5	24	24	25	40	60	87	96	137	223
南宁	4	11	11	22	85	98	134	140	150	211	492
宁波	12	18	20	56	68	79	105	137	177	224	289
青岛	14	39	53	55	132	166	198	216	251	347	395
三亚	--	--	--	--	--	3	4	5	5	3	12
沈阳	5	5	27	42	107	107	129	190	229	272	280
石家庄	--	--	8	23	85	76	134	162	165	106	143
苏州	18	24	26	26	59	48	83	126	181	216	326
太原	--	3	--	--	44	96	96	118	125	140	178
天津	8	--	26	50	95	108	136	179	270	252	283
温州	9	16	43	62	137	182	214	221	254	274	307
乌鲁木齐	--	3	3	26	95	180	193	252	304	420	430
无锡	5	5	7	7	13	29	35	47	92	131	165

3–22 续表 1 单位：万平方米

地区	1–2 月	1–3 月	1–4 月	1–5 月	1–6 月	1–7 月	1–8 月	1–9 月	1–10 月	1–11 月	1–12 月
武汉	--	--	--	--	--	--	31	59	105	168	203
西安	--	--	24	24	24	28	31	57	63	73	95
西宁	--	--	--	--	11	11	12	12	12	12	12
厦门	--	--	--	5	5	11	11	13	13	15	26
银川	3	3	3	3	6	10	16	36	63	77	103
郑州	46	47	65	90	115	129	144	160	178	225	294
三四线城市											
安庆	8	12	23	32	62	66	76	80	88	111	183
鞍山	--	--	2	2	5	7	7	7	14	17	17
包头	--	25	25	29	34	34	17	53	53	61	61
保定	--	5	8	8	21	28	29	40	40	32	41
北海	--	--	3	5	10	10	10	10	10	14	17
蚌埠	21	55	101	163	197	201	213	237	240	254	312
沧州	--	3	7	20	59	67	81	83	100	94	112
常德	2	12	31	36	62	46	51	82	107	119	141
常熟	3	5	7	8	8	8	8	8	8	8	24
常州	6	4	7	15	8	8	23	49	75	115	121
池州	2	3	3	34	34	34	34	34	42	77	89
滁州	3	3	4	8	23	36	60	80	101	134	178
慈溪	2	--	2	29	12	12	18	35	43	57	69
大理	2	2	2	2	2	2	2	2	2	12	14
大同	--	7	--	--	21	30	35	53	64	64	64
丹东	--	7	4	7	35	35	38	49	50	48	55
德州	4	5	27	40	46	61	73	82	86	91	124
东莞	--	--	--	--	4	4	15	18	32	82	109
东营	--	11	13	14	14	30	40	47	50	75	84
奉化	--	--	--	--	--	--	6	6	11	24	33
佛山	--	8	4	4	5	23	76	127	130	134	157
抚州	1	1	4	4	13	28	35	35	39	39	50
阜阳	19	46	124	143	179	204	209	277	285	294	335
赣州	1	1	1	9	15	38	33	66	70	75	82
固安	--	--	--	4	5	5	5	5	5	1	1
桂林	6	20	38	57	80	89	95	106	111	114	147
海门	--	--	--	--	13	13	26	26	26	32	32
邯郸	12	12	23	26	38	47	47	59	66	70	79
菏泽	--	2	11	11	21	33	33	39	54	69	79

3-22　续表 2　　　　单位：万平方米

地区	1–2 月	1–3 月	1–4 月	1–5 月	1–6 月	1–7 月	1–8 月	1–9 月	1–10 月	1–11 月	1–12 月
衡水	--	--	5	3	7	7	11	16	16	16	18
湖州	21	0.3	13	13	46	58	67	96	114	110	121
淮安	--	11	2	11	19	76	106	123	132	155	180
淮北	17	26	39	39	42	42	42	47	47	37	37
淮南	5	5	12	14	30	46	76	88	92	120	134
黄冈	0.5	1	1	19	21	32	40	47	51	39	40
黄山	2	3	14	31	57	57	92	96	107	139	152
黄石	1	1	1	4	13	15	15	15	15	15	15
惠州	--	4	5	5	9	30	53	54	69	58	73
吉安	9	9	9	12	13	13	28	32	32	22	40
吉林	--	--	--	1	21	32	33	33	39	30	31
济宁	22	31	40	44	66	80	81	105	137	163	182
嘉兴	3	4	4	17	54	57	67	101	107	127	151
江门	4	4	4	20	40	34	38	51	51	68	79
江阴	3	3	5	5	5	18	18	18	34	43	53
焦作	--	--	--	2	2	6	6	14	20	21	26
金华	17	6	20	19	27	38	53	67	77	108	128
锦州	--	--	--	--	11	11	10	35	42	37	37
晋城	--	--	--	--	5	5	5	5	29	45	46
九江	--	--	--	--	16	16	16	26	31	29	29
昆山	--	--	--	--	--	--	--	9	15	25	35
莱芜	--	--	--	--	--	--	--	--	--	--	--
廊坊	--	--	4	16	18	27	27	31	28	17	47
丽水	--	27	33	40	33	63	79	83	89	86	113
连云港	--	--	8	8	8	16	16	25	25	25	58
临海	2	--	--	9	9	10	20	20	29	23	27
临沂	42	47	54	75	75	86	141	146	160	298	286
柳州	12	11	29	51	61	79	83	92	143	90	115
龙岩	2	10	12	7	18	33	33	55	62	54	59
泸州	--	--	--	--	14	23	23	23	25	27	27
六安	11	19	22	80	111	125	139	158	169	170	229
洛阳	--	6	6	13	13	20	27	44	44	60	117
马鞍山	4	4	4	10	26	30	30	37	37	54	55
眉山	3	3	3	3	26	43	49	54	59	151	158
绵阳	--	--	1	1	8	8	16	16	25	33	46
牡丹江	--	--	--	0.2	0.2	1	2	3	3	3	9
南充	--	--	--	--	--	--	--	32	32	44	48

3-22 续表 3　　单位：万平方米

地区	1-2月	1-3月	1-4月	1-5月	1-6月	1-7月	1-8月	1-9月	1-10月	1-11月	1-12月
南平	2	2	2	11	11	11	20	40	43	18	39
南通	--	18	18	18	45	81	103	149	171	202	327
南阳	2	7	12	25	8	8	12	32	35	30	36
宁德	--	--	--	2	6	20	20	31	34	41	61
宁海	7	7	17	24	31	31	34	39	42	43	43
平顶山	0.2	2	2	2	19	15	16	16	3	2	15
萍乡	--	--	--	--	--	--	--	--	--	--	--
莆田	1	1	1	1	12	29	34	68	75	87	96
齐齐哈尔	--	--	--	3	10	10	10	11	40	43	49
秦皇岛	--	11	16	17	17	17	18	27	27	24	49
清远	21	21	21	21	22	22	40	40	48	36	57
衢州	2	28	30	43	41	48	80	102	121	124	149
泉州	--	9	12	12	24	29	38	44	50	52	114
三明	--	2	--	3	9	10	15	21	21	39	39
汕头	4	4	4	4	4	6	6	6	18	25	30
上饶	--	8	8	11	11	17	24	34	34	62	72
韶关	--	0.2	--	--	0.4	1	6	7	14	18	67
绍兴	2	2	2	7	31	94	105	153	180	184	192
太仓	--	2	2	2	2	2	2	10	10	20	25
泰安	23	31	55	55	55	58	102	118	161	183	202
泰州	--	4	4	4	7	17	18	24	35	50	75
唐山	--	--	--	3	3	21	24	27	30	36	49
铜陵	15	23	23	48	48	48	48	60	60	43	43
威海	14	34	40	59	63	85	89	100	117	122	151
潍坊	11	45	96	117	139	165	182	199	199	205	232
温岭	2	2	2	2	20	29	31	45	62	67	72
文昌	--	--	--	--	--	--	--	--	--	7	7
芜湖	--	10	10	10	54	62	62	65	65	66	84
香河	--	--	--	--	--	--	--	--	--	--	--
湘潭	--	8	8	9	9	9	17	17	17	25	33
襄阳	--	--	--	--	3	7	11	35	43	39	67
孝感	--	--	3	3	3	3	3	3	3	13	13
忻州	2	2	10	10	14	25	28	30	33	38	38
新乡	--	2	2	2	7	7	9	18	23	23	50
新余	2	2	2	5	5	5	5	5	5	5	6
宿迁	12	11	11	11	81	90	111	153	161	187	194
宿州	19	51	58	72	102	113	115	164	164	176	223

3-22　续表 4　　　　单位：万平方米

地区	1-2 月	1-3 月	1-4 月	1-5 月	1-6 月	1-7 月	1-8 月	1-9 月	1-10 月	1-11 月	1-12 月
徐州	9	9	10	25	64	76	86	106	192	222	317
宣城	6	20	27	50	70	71	76	77	84	68	80
烟台	11	20	20	31	59	76	84	105	121	147	158
盐城	6	6	33	33	50	50	76	85	113	113	127
扬州	11	20	48	67	68	90	90	115	136	167	231
阳江	--	9	9	9	9	9	9	9	9	9	9
阳泉	--	6	6	6	6	6	6	6	6	7	7
宜宾	7	7	7	7	8	26	26	59	81	81	89
宜昌	25	25	28	28	29	30	32	42	64	91	97
宜春	3	3	5	13	13	13	13	23	29	23	29
宜兴	--	--	--	--	--	3	3	5	13	13	18
鹰潭	--	--	--	4	7	28	28	44	44	16	16
余姚	--	--	--	--	2	2	2	3	8	8	19
岳阳	0.4	1	0.4	1	7	29	29	34	41	36	50
运城	--	--	--	2	4	16	48	52	55	73	82
枣庄	7	22	22	22	22	24	42	63	66	76	92
湛江	--	--	--	7	9	9	14	14	16	17	24
张家港	5	5	6	6	31	20	21	43	46	46	50
张家口	4	4	13	13	13	26	29	35	37	35	63
漳州	--	8	13	14	16	21	26	38	42	58	80
肇庆	3	13	21	21	21	24	35	35	35	35	46
镇江	3	6	6	6	8	19	24	42	42	45	45
中山	--	2	2	10	10	10	21	23	26	27	29
舟山	--	3	3	3	3	3	3	4	4	4	13
珠海	--	2	3	11	13	13	13	7	17	17	26
株洲	2	2	13	13	18	18	20	21	50	59	75
遵义	9	9	14	18	18	18	18	18	25	30	43

数据来源：国家统计局。

3-23 2020年全国重点城市土地购置费

单位：亿元

地区	1-2月	1-3月	1-4月	1-5月	1-6月	1-7月	1-8月	1-9月	1-10月	1-11月	1-12月
一线城市											
北京	213	369	508	776	1010	1232	1432	1668	1881	1973	2025
上海	277	434	624	842	1103	1331	1524	1731	1955	2152	2332
广州	115	211	310	452	809	973	1158	1425	1594	1854	1821
深圳	64	141	254	398	573	736	859	1057	1154	1322	1415
二线城市											
长春	7	53	102	139	258	291	330	355	383	440	417
长沙	35	44	68	109	177	208	254	314	368	411	399
成都	95	238	272	331	417	478	539	598	667	725	766
重庆	16	172	294	501	756	877	960	1118	1215	1324	1423
大连	17	76	91	122	193	201	219	264	276	290	301
福州	95	228	340	443	515	643	721	827	896	966	993
贵阳	31	114	91	112	155	193	212	284	279	348	354
哈尔滨	--	4	12	35	72	97	117	154	161	176	177
海口	3	10	10	22	27	35	38	45	54	62	67
杭州	133	308	465	656	904	1046	1234	1434	1646	1849	1959
合肥	52	128	232	353	426	516	599	663	707	743	760
呼和浩特	--	--	5	21	41	56	71	90	97	90	91
济南	53	121	167	202	239	279	320	380	449	512	504
昆明	25	102	148	203	302	349	422	507	555	599	630
兰州	9	19	32	39	46	57	69	79	88	98	104
南昌	23	34	58	69	114	160	206	242	279	325	367
南京	95	265	471	631	726	865	989	1126	1233	1330	1388
南宁	9	129	162	211	324	347	364	422	455	512	578
宁波	107	183	265	338	403	485	555	651	694	730	737
青岛	23	78	140	208	299	376	438	517	546	569	557
三亚	1	3	5	8	8	9	14	19	28	37	48
沈阳	17	64	172	229	293	345	395	455	512	544	544
石家庄	5	34	59	88	130	162	205	247	286	328	358
苏州	97	294	451	626	754	883	1000	1160	1259	1288	1237
太原	--	26	55	91	138	169	198	226	244	198	158
天津	94	280	460	723	948	1049	1157	1289	1344	1376	1348
温州	73	127	207	237	299	343	398	417	464	533	554
乌鲁木齐	--	2	10	15	27	39	45	69	107	130	130
无锡	22	88	137	166	241	291	341	398	448	517	511

3-23 续表1 单位：亿元

地区	1-2月	1-3月	1-4月	1-5月	1-6月	1-7月	1-8月	1-9月	1-10月	1-11月	1-12月
武汉	3	28	109	218	334	443	555	667	765	828	831
西安	8	60	75	107	198	236	283	347	383	467	532
西宁	--	6	10	22	37	50	56	58	59	59	59
厦门	68	101	146	219	266	324	384	475	543	597	657
银川	--	4	10	17	33	38	48	54	59	67	69
郑州	55	168	282	400	509	624	694	768	844	942	1041
三四线城市											
安庆	9	19	27	32	40	48	57	65	68	73	79
鞍山	3	8	10	12	19	22	22	25	29	31	31
包头	--	14	24	34	55	58	71	72	75	81	66
保定	1	8	15	19	46	57	68	89	98	108	118
北海	--	9	16	29	45	46	46	47	48	49	52
蚌埠	11	22	35	48	65	73	81	89	100	110	120
沧州	2	10	19	30	49	65	75	86	94	99	102
常德	5	8	13	18	24	28	33	43	49	57	69
常熟	8	24	36	52	57	63	70	76	75	80	88
常州	38	121	182	262	378	416	446	509	549	562	532
池州	2	4	7	10	12	14	16	19	20	22	24
滁州	6	13	20	33	45	59	73	89	100	110	120
慈溪	9	14	22	28	32	42	44	52	61	70	71
大理	1	7	16	10	11	12	13	14	15	17	18
大同	--	--	4	18	39	46	55	57	60	60	60
丹东	0.03	1	6	7	25	25	26	32	34	34	36
德州	4	7	13	16	18	22	41	58	69	78	83
东莞	14	50	82	116	152	190	232	282	326	378	428
东营	0.4	4	10	11	22	30	36	40	47	50	52
奉化	8	18	25	29	29	34	39	51	54	54	55
佛山	51	140	197	311	505	576	666	802	885	1053	1104
抚州	1	2	5	6	6	7	9	10	11	11	11
阜阳	22	52	93	125	155	178	201	225	247	269	289
赣州	1	4	11	12	19	24	30	37	41	47	50
固安	--	--	1	4	6	7	7	8	9	9	8
桂林	3	20	30	33	40	48	50	57	60	70	84
海门	3	6	8	10	15	19	27	31	35	39	44
邯郸	1	3	5	8	11	18	22	26	27	30	31
菏泽	--	5	6	6	8	10	12	22	31	34	33

3-23 续表 2

单位：亿元

地区	1–2 月	1–3 月	1–4 月	1–5 月	1–6 月	1–7 月	1–8 月	1–9 月	1–10 月	1–11 月	1–12 月
衡水	2	5	9	12	18	21	26	30	32	35	39
湖州	33	57	84	93	120	163	174	204	218	211	167
淮安	1	6	9	19	42	50	60	64	66	69	77
淮北	4	7	10	14	21	25	28	32	36	39	41
淮南	7	16	24	30	36	43	48	53	60	67	72
黄冈	--	--	--	5	6	9	12	16	20	24	27
黄山	1	4	4	7	13	15	18	21	24	32	40
黄石	0.03	0.3	1	2	3	6	8	13	17	19	20
惠州	11	34	48	70	107	139	167	201	229	255	271
吉安	0.1	1	1	1	2	3	4	4	4	4	4
吉林	--	--	--	--	23	23	25	29	29	29	26
济宁	2	11	15	22	31	39	45	50	52	59	63
嘉兴	51	109	147	208	289	352	411	503	570	611	528
江门	10	24	44	54	101	118	134	157	173	200	226
江阴	1	9	18	27	51	61	72	91	109	123	130
焦作	--	--	1	2	4	4	4	5	7	7	8
金华	21	85	94	121	114	122	142	205	231	239	253
锦州	--	1	2	4	9	9	10	15	15	16	17
晋城	--	1	2	2	5	7	11	16	17	15	14
九江	0.1	2	2	5	6	9	10	11	12	15	15
昆山	6	35	58	77	87	97	108	118	125	128	130
莱芜	--	--	--	--	--	--	--	--	--	--	--
廊坊	2	5	10	17	29	38	46	54	62	70	73
丽水	7	14	23	32	41	53	60	76	88	92	90
连云港	1	10	19	25	35	41	47	52	56	63	66
临海	7	9	9	8	28	26	31	43	53	68	67
临沂	13	25	37	45	53	68	83	94	110	124	132
柳州	4	10	20	39	58	69	78	100	112	129	141
龙岩	5	14	22	36	53	66	72	73	81	83	88
泸州	2	12	13	14	20	21	25	31	34	38	41
六安	10	29	41	54	68	81	95	109	121	133	144
洛阳	2	16	20	25	39	36	50	83	97	107	123
马鞍山	3	5	8	11	15	20	23	27	30	33	37
眉山	17	33	35	41	43	51	57	66	73	76	83
绵阳	2	7	11	16	20	23	30	37	42	52	58
牡丹江	--	0.1	0.2	0.3	0.4	1	1	1	2	2	2
南充	2	5	8	17	28	31	38	46	51	56	61

3-23　续表 3　　单位：亿元

地区	1–2 月	1–3 月	1–4 月	1–5 月	1–6 月	1–7 月	1–8 月	1–9 月	1–10 月	1–11 月	1–12 月
南平	1	2	7	11	20	22	33	40	43	46	49
南通	42	108	136	163	212	284	333	362	410	465	495
南阳	--	--	--	0.04	1	2	2	2	2	4	6
宁德	22	32	33	34	42	48	55	63	69	74	85
宁海	1	1	4	11	15	15	16	19	22	22	23
平顶山	--	3	3	7	9	8	14	19	23	30	37
萍乡	--	--	1	1	1	1	1	1	1	2	2
莆田	1	27	30	30	47	61	73	91	101	118	134
齐齐哈尔	--	0.1	0.1	2	7	9	10	11	11	11	11
秦皇岛	1	3	5	6	14	16	19	24	24	30	34
清远	6	12	18	22	29	34	42	50	56	69	72
衢州	8	18	30	36	50	53	56	66	85	95	91
泉州	14	45	72	111	154	176	194	217	230	248	285
三明	2	10	12	22	30	35	36	46	47	52	54
汕头	8	19	29	61	85	90	94	96	104	129	147
上饶	1	3	5	10	14	17	13	17	19	25	26
韶关	1	1	4	8	12	14	17	18	20	24	29
绍兴	34	75	140	159	188	236	278	335	358	391	370
太仓	3	9	17	36	39	43	49	54	63	77	82
泰安	3	6	12	19	28	35	40	44	50	52	44
泰州	9	17	24	43	62	71	90	122	140	159	176
唐山	0	4	7	12	28	35	41	47	57	66	72
铜陵	3	7	11	15	17	19	21	24	27	31	35
威海	8	15	22	29	39	44	52	58	69	76	78
潍坊	8	27	41	67	88	109	125	147	167	170	162
温岭	8	16	21	22	32	37	42	54	60	62	64
文昌	0.2	1	2	2	2	3	4	4	6	9	9
芜湖	18	26	50	69	84	101	110	124	129	135	141
香河	--	--	0.1	0.3	1	1	2	2	3	5	5
湘潭	1	2	4	5	6	10	12	22	29	30	34
襄阳	1	1	2	5	8	16	22	37	46	52	53
孝感	--	--	1	5	7	10	17	18	25	27	34
忻州	--	0.3	1	2	2	2	4	4	4	4	4
新乡	--	3	3	9	13	18	19	22	25	41	47
新余	0.03	0.1	0.3	--	--	--	--	--	--	--	--
宿迁	6	25	19	32	34	37	41	47	52	58	63
宿州	4	6	15	30	41	53	64	74	81	88	96

3-23 续表 4

单位：亿元

地区	1-2 月	1-3 月	1-4 月	1-5 月	1-6 月	1-7 月	1-8 月	1-9 月	1-10 月	1-11 月	1-12 月
徐州	15	30	49	87	132	158	179	197	224	225	220
宣城	3	8	14	21	32	40	52	61	65	69	74
烟台	3	5	16	30	63	93	122	142	147	159	161
盐城	3	12	14	20	25	32	42	43	56	66	73
扬州	15	41	65	118	133	156	161	185	198	217	240
阳江	--	0.2	2	2	2	2	2	2	2	2	2
阳泉	--	--	--	0.1	0.1	0.1	0.1	1	1	1	1
宜宾	6	16	21	25	32	40	44	51	56	62	65
宜昌	--	1	9	10	15	18	24	27	31	41	43
宜春	0.3	2	2	9	11	13	16	20	21	23	24
宜兴	2	8	12	16	20	24	28	33	39	41	37
鹰潭	0.03	0.2	1	4	8	11	14	18	18	18	18
余姚	11	17	29	39	41	42	42	44	50	53	53
岳阳	1	3	5	6	8	9	11	14	19	21	24
运城	0.1	6	7	9	13	14	15	21	22	22	22
枣庄	1	13	20	23	32	36	44	51	62	78	89
湛江	2	7	18	21	24	26	33	41	50	59	68
张家港	13	26	38	55	83	108	126	130	132	133	133
张家口	1	2	6	12	27	37	45	56	67	76	83
漳州	24	33	53	68	110	125	144	167	179	190	201
肇庆	4	10	28	47	72	80	96	114	126	136	144
镇江	5	14	24	38	61	66	85	99	105	114	122
中山	8	23	37	47	67	80	93	114	120	134	122
舟山	12	43	51	54	58	61	64	74	81	87	87
珠海	8	77	104	183	284	314	359	422	462	506	512
株洲	3	8	11	18	25	30	39	52	62	74	83
遵义	14	22	30	49	81	102	128	137	127	130	137

数据来源：国家统计局。

3-24　2020 年全国重点城市房地产开发投资额

单位：亿元

地区	1-2 月	1-3 月	1-4 月	1-5 月	1-6 月	1-7 月	1-8 月	1-9 月	1-10 月	1-11 月	1-12 月
一线城市											
北京	342	654	884	1279	1759	2131	2480	2935	3331	3618	3940
上海	575	860	1195	1594	2070	2503	2896	3326	3768	4218	4710
广州	276	455	639	880	1361	1651	1950	2355	2666	3063	3294
深圳	240	448	721	1052	1486	1826	2120	2545	2809	3216	3538
二线城市											
长春	11	76	171	284	489	608	727	845	952	1061	1077
长沙	185	292	433	606	857	993	1183	1411	1598	1747	1870
成都	287	601	798	1046	1377	1607	1873	2138	2396	2633	2851
重庆	297	765	1113	1591	2143	2493	2842	3285	3621	3975	4352
大连	45	133	178	251	367	421	495	592	647	702	753
福州	179	417	634	840	1015	1236	1405	1624	1792	1951	2070
贵阳	105	310	343	430	573	695	816	979	1056	1204	1291
哈尔滨	1	16	52	101	191	257	325	424	496	571	622
海口	40	83	106	140	183	220	257	303	346	392	444
杭州	300	565	819	1126	1545	1814	2133	2500	2844	3229	3575
合肥	156	274	419	617	780	964	1128	1265	1365	1464	1549
呼和浩特	2	7	20	48	81	120	154	200	230	243	263
济南	158	345	497	636	798	950	1096	1283	1469	1617	1708
昆明	93	300	468	672	951	1133	1353	1602	1820	2040	2264
兰州	19	56	104	147	213	269	329	395	454	505	554
南昌	88	150	222	281	367	467	585	689	781	880	972
南京	250	521	829	1108	1304	1557	1787	2042	2249	2468	2631
南宁	101	277	355	466	660	748	827	970	1070	1190	1378
宁波	233	373	523	691	867	1044	1203	1410	1547	1703	1866
青岛	117	261	429	647	947	1138	1327	1566	2085	1902	2045
三亚	24	43	63	85	105	124	155	187	224	273	340
沈阳	52	139	318	437	594	721	857	1023	1151	1228	1256
石家庄	28	131	215	383	520	584	669	777	853	952	1039
苏州	301	625	882	1172	1440	1679	1918	2209	2431	2598	2674
太原	40	113	163	248	351	425	506	601	680	688	715
天津	226	482	734	1088	1452	1660	1889	2160	2322	2485	2695
温州	116	206	331	442	594	702	841	921	1020	1156	1218
乌鲁木齐	3	15	40	68	142	177	200	300	424	522	552
无锡	97	263	389	491	654	775	899	1036	1162	1308	1346

3-24 续表 1　　单位：亿元

地区	1–2 月	1–3 月	1–4 月	1–5 月	1–6 月	1–7 月	1–8 月	1–9 月	1–10 月	1–11 月	1–12 月
武汉	69	137	382	662	998	1304	1619	1970	2290	2554	2777
西安	109	258	534	767	880	1007	1181	1415	1594	1841	2065
西宁	--	12	35	70	123	163	195	221	248	263	270
厦门	104	163	242	351	464	558	652	778	878	972	1056
银川	5	22	48	77	125	156	188	227	258	291	311
郑州	195	591	887	1205	1524	1836	2084	2394	2690	3024	3429
三四线城市											
安庆	24	50	76	102	132	159	186	212	225	241	257
鞍山	5	22	29	39	67	77	89	112	127	136	137
包头	5	25	38	55	99	123	148	193	224	241	241
保定	13	59	97	136	293	359	425	502	553	605	626
北海	9	27	42	66	94	107	119	131	139	151	167
蚌埠	45	105	167	235	314	372	426	479	533	583	629
沧州	11	39	70	108	169	220	261	307	335	352	358
常德	24	43	70	95	130	149	176	218	250	290	340
常熟	28	58	84	113	131	152	172	193	205	218	239
常州	103	221	320	410	554	664	775	896	995	1039	1043
池州	8	14	21	30	37	43	50	58	64	72	81
滁州	35	77	117	173	231	286	340	392	433	469	507
慈溪	34	52	72	94	117	148	169	198	225	257	282
大理	4	17	38	40	48	55	67	82	95	106	118
大同	3	13	26	51	96	123	148	164	172	179	184
丹东	4	21	35	50	87	93	96	110	116	120	122
德州	39	69	97	124	156	190	236	287	325	368	410
东莞	72	134	194	257	347	426	509	600	679	780	871
东营	8	20	34	44	80	99	119	135	159	174	188
奉化	18	33	47	58	69	84	102	125	139	153	169
佛山	111	304	448	628	950	1144	1344	1593	1810	2108	2290
抚州	15	29	45	62	78	93	108	121	135	145	148
阜阳	75	171	281	381	477	548	616	683	740	803	858
赣州	38	72	105	132	161	190	223	263	290	314	336
固安	5	15	25	43	61	70	83	101	114	118	123
桂林	26	86	122	152	192	222	242	273	293	329	395
海门	23	32	41	51	70	82	100	117	130	144	158
邯郸	23	72	111	147	217	279	325	378	403	450	476
菏泽	25	65	89	109	141	168	197	241	281	313	314

3-24　续表 2　　单位：亿元

地区	1–2 月	1–3 月	1–4 月	1–5 月	1–6 月	1–7 月	1–8 月	1–9 月	1–10 月	1–11 月	1–12 月
衡水	8	31	53	74	109	134	162	190	208	228	243
湖州	84	134	182	258	326	406	445	517	576	611	629
淮安	31	59	84	120	172	204	244	280	309	338	368
淮北	11	27	47	72	103	126	148	170	189	204	214
淮南	15	53	86	114	146	168	192	217	239	264	288
黄冈	5	10	21	39	61	86	123	159	199	220	243
黄山	11	34	47	63	85	98	111	129	144	162	183
黄石	4	7	18	31	48	64	80	106	123	131	142
惠州	94	197	293	397	541	661	758	897	1001	1116	1252
吉安	12	27	40	53	65	82	92	101	108	113	116
吉林	4	11	14	21	60	75	84	104	110	117	110
济宁	44	107	149	201	265	315	362	413	437	475	507
嘉兴	123	196	289	409	551	663	762	889	985	1073	1101
江门	60	116	180	235	352	418	480	558	623	705	783
江阴	13	40	67	93	135	157	182	216	250	277	299
焦作	6	17	28	49	63	66	70	77	86	93	105
金华	55	119	147	188	253	297	352	441	509	546	567
锦州	1	8	15	21	39	41	45	56	61	65	68
晋城	2	7	10	17	32	41	54	74	90	100	112
九江	14	28	43	62	78	90	106	126	136	150	158
昆山	29	81	124	166	198	228	261	289	314	335	352
莱芜	--	--	--	--	--	--	--	--	--	--	--
廊坊	22	69	115	164	226	277	330	396	444	484	524
丽水	22	44	68	92	124	148	171	204	231	254	273
连云港	29	54	85	124	164	193	223	266	301	334	368
临海	11	15	19	22	46	46	55	70	84	103	107
临沂	56	122	176	226	279	339	399	469	520	586	632
柳州	23	58	87	144	202	221	257	314	354	408	464
龙岩	15	35	51	75	105	127	147	171	193	210	230
泸州	40	76	108	141	195	233	281	331	375	412	446
六安	41	83	118	158	201	240	277	323	362	394	423
洛阳	18	63	99	135	174	197	246	309	362	405	448
马鞍山	20	43	63	88	112	132	153	178	200	222	247
眉山	49	92	124	165	201	239	282	334	389	427	477
绵阳	30	65	91	120	149	174	208	241	275	324	364
牡丹江	--	1	4	10	19	26	35	45	55	58	58
南充	26	51	83	133	184	213	254	298	336	376	420

3-24 续表 3 单位：亿元

地区	1–2 月	1–3 月	1–4 月	1–5 月	1–6 月	1–7 月	1–8 月	1–9 月	1–10 月	1–11 月	1–12 月
南平	11	28	44	61	82	98	130	158	184	211	236
南通	152	287	374	459	574	712	826	927	1050	1162	1260
南阳	12	33	58	81	101	120	141	162	180	201	227
宁德	37	61	77	93	116	134	155	177	199	221	247
宁海	4	6	11	23	33	37	43	52	59	65	73
平顶山	9	23	35	53	61	68	87	103	117	135	157
萍乡	6	10	16	20	26	31	37	39	43	47	52
莆田	24	80	115	141	193	219	246	282	316	353	395
齐齐哈尔	0.01	1	2	9	22	29	35	40	44	48	49
秦皇岛	8	25	39	49	78	93	106	132	153	172	200
清远	50	76	107	133	173	205	249	286	323	365	433
衢州	22	41	62	75	97	108	120	141	169	192	208
泉州	67	161	239	352	474	558	635	720	796	872	963
三明	11	30	40	58	79	93	101	120	128	141	151
汕头	30	67	107	161	225	266	290	326	354	399	454
上饶	20	45	62	81	105	120	137	158	176	199	219
韶关	19	26	41	59	82	97	114	132	148	169	195
绍兴	82	158	263	339	421	515	596	700	774	864	900
太仓	17	36	58	92	105	118	133	149	169	198	217
泰安	23	39	55	79	113	145	162	197	218	238	264
泰州	46	78	110	161	203	234	277	347	399	453	507
唐山	20	68	96	138	216	265	312	355	392	432	461
铜陵	13	29	49	67	83	96	108	125	141	155	172
威海	35	64	93	128	165	191	221	265	317	358	394
潍坊	53	124	187	287	385	472	546	643	735	785	834
温岭	16	29	40	49	74	87	100	121	135	148	164
文昌	5	14	20	31	45	54	65	76	87	99	107
芜湖	48	87	140	189	241	293	335	387	418	451	488
香河	3	6	13	16	23	27	33	40	46	53	57
湘潭	21	41	59	82	107	126	150	183	215	241	280
襄阳	8	13	31	57	87	113	146	190	231	260	284
孝感	4	10	24	35	48	65	85	114	140	152	174
忻州	1	3	5	10	14	18	23	26	29	30	33
新乡	28	60	90	130	171	183	214	247	283	326	360
新余	2	5	7	9	12	14	16	18	20	22	25
宿迁	42	89	105	152	177	207	239	273	304	339	368
宿州	28	62	106	151	199	247	299	341	377	407	453

3-24　续表 4　　　　单位：亿元

地区	1–2 月	1–3 月	1–4 月	1–5 月	1–6 月	1–7 月	1–8 月	1–9 月	1–10 月	1–11 月	1–12 月
徐州	92	153	218	309	412	497	575	656	758	814	867
宣城	17	38	61	87	120	145	175	204	221	241	259
烟台	63	129	198	285	393	489	556	637	702	766	815
盐城	69	113	149	200	254	285	336	378	430	471	517
扬州	75	164	241	340	419	496	547	624	684	750	834
阳江	18	27	38	53	66	78	89	99	109	120	131
阳泉	1	2	4	7	10	12	14	17	19	22	23
宜宾	36	70	99	126	164	200	232	271	305	340	369
宜昌	7	14	38	60	87	109	142	168	194	219	243
宜春	21	42	61	90	111	135	160	184	205	224	235
宜兴	14	34	49	62	78	93	106	122	138	150	145
鹰潭	3	6	11	19	27	34	40	49	52	55	57
余姚	22	33	49	65	75	84	92	113	127	139	153
岳阳	20	34	51	70	92	108	131	156	182	206	228
运城	4	23	32	47	74	85	101	123	137	155	163
枣庄	15	56	80	99	123	144	166	190	224	260	287
湛江	34	54	84	105	136	163	199	237	284	337	390
张家港	34	58	79	108	150	188	217	227	237	242	247
张家口	4	13	32	55	116	157	186	237	282	318	339
漳州	77	158	220	283	378	443	507	574	622	649	678
肇庆	42	81	126	184	257	293	342	401	445	487	523
镇江	54	92	124	175	222	247	293	334	353	380	401
中山	53	86	122	159	215	251	293	349	382	427	457
舟山	25	63	77	97	117	121	134	162	184	208	224
珠海	86	194	249	361	515	593	690	811	894	983	1076
株洲	30	61	97	129	170	202	238	279	322	372	420
遵义	51	99	147	214	298	363	453	549	596	656	702

数据来源：国家统计局。

3-25 2020年全国重点城市商品房销售额

单位：亿元

地区	1-2月	1-3月	1-4月	1-5月	1-6月	1-7月	1-8月	1-9月	1-10月	1-11月	1-12月
一线城市											
北京	220	349	595	860	1146	1522	1930	2344	2614	3000	3657
上海	331	598	978	1458	2210	2679	3306	4219	4923	5442	6047
广州	174	408	595	819	1206	1481	1833	2297	2701	3142	3857
深圳	282	567	852	1168	1672	2041	2478	3155	3585	4138	5165
二线城市											
长春	29	86	163	254	421	534	650	720	782	859	961
长沙	132	258	377	497	849	965	1149	1378	1566	1793	2196
成都	233	669	962	1286	1795	2217	2609	2994	3305	3856	4471
重庆	219	666	1003	1559	2155	2533	2949	3473	3862	4284	5071
大连	37	95	165	236	346	423	531	632	740	845	951
福州	179	397	561	795	1208	1392	1567	1755	1966	2225	2553
贵阳	56	165	235	325	456	546	673	766	877	1006	1151
哈尔滨	9	56	103	154	208	287	387	475	554	653	728
海口	67	107	136	164	233	298	394	465	539	634	734
杭州	309	640	1029	1466	2099	2611	3045	3421	3770	4121	4526
合肥	68	187	327	528	956	1107	1301	1492	1668	1846	2132
呼和浩特	4	13	37	87	127	176	248	296	334	419	456
济南	73	144	259	415	619	759	926	1062	1160	1324	1572
昆明	120	225	353	539	781	962	1173	1366	1577	1774	2080
兰州	15	57	107	177	249	303	375	466	540	636	711
南昌	69	190	304	423	628	852	946	1179	1386	1605	1944
南京	195	414	619	883	1309	1463	1740	2223	2464	2765	3270
南宁	86	187	294	419	609	736	860	1001	1133	1269	1581
宁波	169	412	594	924	1318	1640	1979	2251	2520	2727	2986
青岛	85	273	436	634	920	1110	1266	1496	1687	1844	2142
三亚	9	23	41	54	76	98	112	134	143	158	213
沈阳	96	195	331	484	688	854	1023	1194	1311	1456	1572
石家庄	13	48	87	157	279	392	460	508	530	602	725
苏州	329	621	931	1396	2007	2328	2612	2914	3237	3571	3918
太原	28	106	152	225	327	391	459	554	650	773	841
天津	89	203	377	588	864	1053	1263	1484	1677	1886	2174
温州	67	204	312	498	840	930	1090	1318	1433	1663	1925
乌鲁木齐	4	54	112	160	226	244	245	300	374	497	580
无锡	79	318	489	703	1006	1193	1397	1636	1800	1997	2356

3-25　续表 1　　　　单位：亿元

地区	1–2 月	1–3 月	1–4 月	1–5 月	1–6 月	1–7 月	1–8 月	1–9 月	1–10 月	1–11 月	1–12 月
武汉	33	61	214	505	899	1244	1646	2106	2590	3061	3769
西安	129	325	552	831	1110	1280	1544	1895	2037	2307	2676
西宁	12	24	38	70	100	136	175	220	241	263	288
厦门	56	152	260	385	617	735	872	1093	1187	1369	1521
银川	20	46	91	143	206	252	316	376	432	485	544
郑州	103	294	545	832	1230	1518	1760	2073	2344	2698	3369
三四线城市											
安庆	18	40	53	75	113	143	166	193	227	254	275
鞍山	4	14	24	36	47	60	76	90	103	123	129
包头	11	27	45	65	89	109	125	150	196	236	280
保定	6	33	52	86	138	167	195	227	253	341	467
北海	12	32	46	59	85	99	113	139	155	174	201
蚌埠	28	83	130	183	243	288	339	404	454	497	541
沧州	12	33	52	78	177	213	251	282	324	361	429
常德	24	41	64	94	124	150	177	220	255	290	358
常熟	15	40	63	85	138	161	183	199	227	256	289
常州	59	177	317	472	647	808	969	1120	1203	1284	1443
池州	7	14	22	29	41	50	58	66	77	82	97
滁州	21	77	136	217	319	361	418	478	529	579	677
慈溪	24	91	130	196	274	322	376	418	477	515	577
大理	2	3	9	12	26	36	62	81	94	105	124
大同	4	15	25	43	66	76	86	95	106	124	154
丹东	5	8	15	26	36	45	54	73	85	98	109
德州	23	59	96	143	190	225	270	327	369	419	471
东莞	107	216	318	454	676	902	1077	1338	1507	1714	2017
东营	5	16	30	44	74	89	107	133	146	169	191
奉化	18	40	65	95	160	180	233	265	286	318	346
佛山	69	354	490	645	859	1105	1373	1723	2044	2518	2895
抚州	24	66	92	119	193	221	253	278	304	331	369
阜阳	46	102	173	242	321	386	446	533	607	674	747
赣州	49	117	180	248	335	398	461	561	622	732	850
固安	3	6	15	47	64	79	102	120	147	222	295
桂林	16	56	86	122	170	202	211	250	286	329	408
海门	14	43	69	103	147	181	219	243	264	294	292
邯郸	16	74	100	125	153	187	220	272	291	348	423
菏泽	25	62	94	146	197	239	281	326	377	421	460

3-25 续表 2

单位：亿元

地区	1–2 月	1–3 月	1–4 月	1–5 月	1–6 月	1–7 月	1–8 月	1–9 月	1–10 月	1–11 月	1–12 月
衡水	6	17	34	57	76	93	120	147	170	222	280
湖州	42	102	187	298	452	569	664	763	863	966	1100
淮安	33	70	126	183	307	359	398	474	500	559	683
淮北	6	24	37	51	67	84	100	119	137	149	165
淮南	8	27	40	56	77	93	108	135	152	168	191
黄冈	6	18	30	47	62	80	100	114	138	156	174
黄山	9	19	24	30	52	60	65	86	95	105	133
黄石	2	5	12	26	50	62	74	100	122	140	174
惠州	79	208	309	450	645	909	1148	1414	1621	1829	2126
吉安	14	31	45	60	79	106	129	152	165	186	211
吉林	6	18	31	37	54	72	92	117	129	141	137
济宁	30	82	139	207	293	358	412	521	588	667	735
嘉兴	42	149	284	439	654	830	981	1161	1305	1469	1668
江门	29	63	111	170	243	291	335	396	448	511	594
江阴	17	41	65	113	172	202	244	292	327	357	424
焦作	4	14	23	35	48	54	58	67	74	87	102
金华	35	94	172	291	403	527	639	741	865	979	1137
锦州	1	4	7	11	18	22	25	36	39	42	51
晋城	0.1	4	8	11	15	20	25	39	57	74	79
九江	32	66	98	141	205	235	268	333	369	413	525
昆山	39	61	135	246	341	389	434	484	536	587	611
莱芜	--	--	--	--	--	--	--	--	--	--	--
廊坊	13	38	70	161	331	397	474	563	644	795	958
丽水	33	61	92	120	159	195	249	283	325	358	400
连云港	15	41	75	124	165	205	250	288	341	384	459
临海	8	19	30	46	60	58	71	82	94	105	117
临沂	48	135	207	311	406	502	613	729	819	941	1116
柳州	19	61	86	141	226	247	283	330	367	412	501
龙岩	18	34	52	80	116	142	163	216	242	269	308
泸州	36	115	155	195	270	322	386	488	525	567	614
六安	25	67	107	131	192	232	264	305	343	384	439
洛阳	26	113	154	199	320	361	404	471	508	565	739
马鞍山	11	29	43	64	91	109	131	150	169	192	220
眉山	40	96	146	209	261	319	380	443	493	557	637
绵阳	29	87	119	155	200	237	274	312	350	408	473
牡丹江	1	3	5	10	13	19	28	36	50	61	68
南充	54	131	181	265	350	379	403	450	499	590	702

3-25　续表 3　　　　单位：亿元

地区	1-2 月	1-3 月	1-4 月	1-5 月	1-6 月	1-7 月	1-8 月	1-9 月	1-10 月	1-11 月	1-12 月
南平	12	44	58	82	107	126	147	169	193	226	266
南通	99	341	475	660	968	1173	1380	1575	1736	1902	2111
南阳	15	44	71	107	149	180	215	253	285	323	365
宁德	27	52	78	107	136	168	194	212	234	264	293
宁海	13	19	24	31	46	56	65	77	82	100	103
平顶山	9	29	48	63	83	111	138	163	180	214	250
萍乡	10	17	24	35	45	55	63	72	81	100	120
莆田	24	56	95	123	181	197	227	265	292	339	379
齐齐哈尔	1	6	10	15	22	27	33	40	48	63	68
秦皇岛	8	26	36	93	153	180	213	258	273	304	358
清远	30	67	107	168	219	267	317	369	433	488	548
衢州	13	37	60	86	115	146	174	196	219	238	264
泉州	69	163	261	389	541	650	753	904	1005	1130	1288
三明	12	39	53	80	113	128	149	174	196	217	251
汕头	14	31	51	77	119	142	171	249	279	316	351
上饶	27	69	110	160	214	251	294	340	377	416	480
韶关	16	30	47	72	95	114	130	149	169	186	204
绍兴	110	258	405	546	746	901	1034	1193	1365	1591	1816
太仓	14	32	50	65	85	97	113	152	170	191	213
泰安	13	32	56	96	131	172	211	234	263	312	356
泰州	37	93	142	198	251	297	345	415	497	602	688
唐山	15	33	62	167	250	318	367	420	455	537	614
铜陵	19	27	38	51	65	75	84	98	107	121	138
威海	28	55	84	122	171	196	229	285	331	382	437
潍坊	17	93	157	230	326	422	502	582	661	765	864
温岭	17	37	60	81	103	124	114	133	150	184	211
文昌	3	6	8	12	15	20	21	24	26	32	36
芜湖	16	59	94	143	188	217	278	336	384	437	484
香河	0.3	2	6	8	26	28	30	41	45	51	62
湘潭	14	40	58	77	108	122	139	163	180	232	268
襄阳	14	24	41	66	108	141	181	221	263	302	362
孝感	2	5	13	25	47	62	71	92	104	120	145
忻州	1	2	5	11	17	24	34	39	40	41	43
新乡	19	52	80	117	176	203	238	287	323	381	424
新余	7	16	25	30	38	46	53	58	65	70	78
宿迁	48	94	140	197	264	332	397	456	516	580	676
宿州	25	83	119	154	196	242	271	302	340	373	456

3-25 续表 4 单位：亿元

地区	1–2 月	1–3 月	1–4 月	1–5 月	1–6 月	1–7 月	1–8 月	1–9 月	1–10 月	1–11 月	1–12 月
徐州	55	146	232	331	486	610	745	947	1085	1250	1479
宣城	18	44	60	80	119	139	157	185	206	233	259
烟台	41	142	197	259	396	468	546	611	677	770	887
盐城	57	136	202	286	377	448	532	609	688	788	852
扬州	56	141	212	281	412	451	525	612	707	794	911
阳江	18	40	54	74	93	111	132	148	172	191	210
阳泉	0.5	2	4	6	8	9	12	15	17	22	25
宜宾	30	73	102	138	182	225	266	322	375	438	514
宜昌	7	13	28	41	76	96	111	154	177	188	283
宜春	23	55	83	116	155	190	230	283	321	364	416
宜兴	9	42	61	82	106	127	153	182	205	223	255
鹰潭	10	17	24	30	43	56	64	73	81	83	99
余姚	18	40	59	79	106	160	181	204	241	264	300
岳阳	16	35	64	92	129	155	193	238	275	320	368
运城	4	14	25	36	51	71	87	102	114	132	155
枣庄	15	44	70	94	140	170	212	250	286	330	366
湛江	32	81	111	145	203	249	297	372	430	489	543
张家港	23	51	78	101	152	177	203	226	254	276	305
张家口	5	19	33	56	82	101	122	140	161	197	264
漳州	46	105	166	235	319	374	431	501	577	623	637
肇庆	27	63	95	134	173	217	253	315	372	409	476
镇江	23	56	91	162	233	276	338	395	458	505	573
中山	45	85	135	201	278	353	433	525	606	705	831
舟山	10	25	40	59	78	94	109	123	140	165	181
珠海	59	127	172	231	352	442	559	659	830	960	1120
株洲	34	68	98	156	190	216	241	272	311	362	413
遵义	55	101	138	178	256	303	359	414	482	544	613

数据来源：国家统计局。

3-26　2020年全国重点城市资金来源

单位：亿元

地区	1-2月	1-3月	1-4月	1-5月	1-6月	1-7月	1-8月	1-9月	1-10月	1-11月	1-12月
一线城市											
北京	479	799	1151	1618	2163	2636	3146	3829	4317	4953	5821
上海	902	1150	1506	1978	2549	3048	3465	4088	4439	4921	5554
广州	526	908	1264	1563	2054	2443	2888	3427	3904	4616	5337
深圳	627	937	1201	1589	2198	2603	3030	3464	3828	4206	4836
二线城市											
长春	24	121	207	307	512	693	807	948	1061	1226	1274
长沙	322	513	703	911	1170	1401	1603	1846	2061	2299	2591
成都	446	869	1241	1584	2051	2475	2875	3322	3760	4137	4777
重庆	625	1032	1464	1959	2637	3234	3622	4165	4723	5159	5780
大连	125	226	259	370	530	636	742	870	959	1052	1169
福州	423	639	830	1024	1208	1436	1633	1927	2094	2264	2452
贵阳	90	161	207	272	363	474	574	667	773	892	1078
哈尔滨	28	77	132	202	317	381	462	568	684	762	831
海口	121	138	168	208	248	284	351	406	451	509	558
杭州	486	768	1074	1445	2079	2797	3287	3867	4196	4692	5415
合肥	301	519	726	900	1208	1450	1663	1960	2192	2421	2718
呼和浩特	17	38	59	106	139	190	240	304	363	401	429
济南	438	549	707	889	1188	1425	1586	1855	2074	2281	2507
昆明	164	267	401	565	773	976	1153	1337	1540	1716	2089
兰州	39	91	144	197	262	321	361	424	461	525	580
南昌	149	208	285	351	473	608	773	914	1038	1205	1347
南京	464	872	1136	1485	1888	2175	2563	3016	3435	3864	4590
南宁	264	389	538	716	1016	1181	1311	1445	1597	1744	2062
宁波	280	455	679	985	1326	1698	1960	2244	2480	2814	3249
青岛	382	609	803	1034	1365	1652	1886	2133	2739	2663	2931
三亚	58	104	124	183	230	259	290	358	408	481	521
沈阳	144	218	359	528	729	898	1072	1243	1394	1519	1610
石家庄	63	162	230	415	606	662	789	921	1000	1117	1167
苏州	635	996	1340	1764	2427	2912	3358	3815	4234	4666	5598
太原	82	129	184	272	371	447	540	624	750	836	939
天津	497	848	1184	1439	1868	2177	2527	2936	3270	3627	4076
温州	231	343	512	661	974	1076	1261	1438	1617	1770	1944
乌鲁木齐	15	57	122	192	289	335	358	465	614	736	841
无锡	223	401	552	761	953	1177	1360	1593	1825	2344	2559

3-26 续表 1

单位：亿元

地区	1-2 月	1-3 月	1-4 月	1-5 月	1-6 月	1-7 月	1-8 月	1-9 月	1-10 月	1-11 月	1-12 月
武汉	180	296	576	803	1110	1447	1774	2227	2632	2987	3376
西安	276	570	839	898	1267	1508	1738	2032	2248	2539	2794
西宁	20	40	67	94	138	177	210	246	282	296	318
厦门	107	165	248	393	513	677	777	906	992	1139	1274
银川	30	60	100	146	216	263	321	378	447	528	580
郑州	331	604	854	1235	1547	1824	1970	2336	2599	2890	3285
三四线城市											
安庆	43	74	100	126	167	201	229	257	282	309	338
鞍山	5	19	27	37	64	72	83	104	123	134	139
包头	11	44	63	74	104	134	169	209	246	262	288
保定	26	73	109	191	295	370	435	499	585	616	659
北海	32	39	57	77	99	113	128	141	152	169	199
蚌埠	63	133	171	233	298	357	405	462	490	552	608
沧州	31	60	89	130	220	265	302	335	378	414	442
常德	61	84	118	149	180	218	247	287	319	361	421
常熟	68	91	128	157	211	240	264	284	305	324	392
常州	136	300	456	637	832	1006	1139	1315	1405	1536	1763
池州	11	18	26	39	45	52	60	69	82	101	114
滁州	83	125	164	209	252	321	372	412	449	486	568
慈溪	33	33	98	150	193	232	270	318	371	427	496
大理	9	18	32	37	45	53	64	91	103	114	130
大同	6	21	41	61	97	124	145	170	186	200	211
丹东	7	21	32	45	76	86	94	111	119	125	135
德州	66	88	125	159	195	243	291	345	391	436	487
东莞	157	231	328	450	586	744	911	1150	1337	1629	1928
东营	23	34	50	64	93	115	132	155	179	204	224
奉化	28	52	76	101	157	201	240	263	281	316	357
佛山	389	597	768	1014	1394	1572	1863	2241	2499	2977	3348
抚州	30	56	78	101	149	187	210	233	254	275	293
阜阳	123	205	312	413	503	578	658	767	834	920	1002
赣州	63	108	151	203	261	321	402	465	512	569	641
固安	27	34	41	57	68	79	90	108	118	125	137
桂林	49	89	139	175	229	271	294	336	368	415	489
海门	36	82	103	122	192	222	254	284	297	324	358
邯郸	36	78	128	175	226	283	327	369	404	447	483
菏泽	43	79	115	153	197	228	261	301	345	385	418

3-26　续表 2　　单位：亿元

地区	1-2 月	1-3 月	1-4 月	1-5 月	1-6 月	1-7 月	1-8 月	1-9 月	1-10 月	1-11 月	1-12 月
衡水	12	33	55	74	105	127	153	182	198	215	228
湖州	154	226	315	402	539	677	817	918	991	1078	1185
淮安	60	99	140	204	273	331	378	426	492	506	583
淮北	34	42	59	77	121	137	157	176	199	215	234
淮南	22	48	66	95	132	150	172	192	217	256	282
黄冈	11	28	48	79	101	132	168	194	229	263	284
黄山	24	44	59	72	90	105	122	139	155	175	199
黄石	6	12	24	39	54	75	95	119	138	151	164
惠州	233	383	524	671	869	1097	1345	1586	1759	1942	2168
吉安	18	32	47	60	77	102	124	142	163	175	179
吉林	9	18	25	30	61	97	113	122	135	146	141
济宁	80	140	200	260	349	422	476	552	598	669	734
嘉兴	252	357	499	651	898	1090	1253	1471	1589	1779	1962
江门	123	163	238	324	457	560	637	722	795	885	1010
江阴	38	74	97	133	177	213	259	293	326	650	683
焦作	18	27	38	55	65	69	75	80	87	94	108
金华	113	178	265	413	625	763	863	987	1096	1221	1412
锦州	1	7	13	20	30	33	37	52	55	59	65
晋城	3	9	17	26	39	46	56	74	100	129	139
九江	28	45	70	96	127	172	198	231	250	277	300
昆山	79	127	205	270	343	397	459	512	579	623	700
莱芜	8	--	--	--	--	--	--	--	--	--	--
廊坊	66	123	170	224	308	370	426	503	563	614	728
丽水	39	105	109	131	194	253	346	402	447	512	684
连云港	47	84	117	164	211	261	307	343	380	426	493
临海	12	17	22	48	67	73	88	112	139	165	181
临沂	95	158	226	314	388	472	571	630	711	825	926
柳州	96	123	162	224	288	324	365	419	469	512	576
龙岩	44	59	94	122	163	201	223	255	287	308	340
泸州	57	84	109	134	192	231	279	331	363	394	430
六安	107	144	199	234	276	311	349	390	436	469	524
洛阳	36	89	137	179	214	286	357	424	477	533	595
马鞍山	24	41	59	81	108	129	151	181	201	224	249
眉山	76	141	195	251	304	358	422	472	543	602	667
绵阳	43	84	125	158	212	243	279	320	360	431	498
牡丹江	--	2	5	9	15	20	32	41	49	52	53
南充	54	100	147	227	298	345	379	444	490	547	608

3-26 续表 3

单位：亿元

地区	1–2 月	1–3 月	1–4 月	1–5 月	1–6 月	1–7 月	1–8 月	1–9 月	1–10 月	1–11 月	1–12 月
南平	38	55	73	92	122	138	165	193	213	242	271
南通	251	504	681	830	1095	1327	1492	1672	1878	2023	2366
南阳	23	38	61	89	116	136	159	184	202	223	248
宁德	51	80	102	131	168	193	217	249	273	302	333
宁海	9	11	19	32	46	54	61	71	83	90	98
平顶山	16	25	43	68	83	96	114	130	145	161	186
萍乡	8	15	20	30	37	45	54	59	65	71	81
莆田	40	83	114	146	188	225	253	294	323	355	399
齐齐哈尔	0.3	2	4	11	24	30	38	42	49	54	56
秦皇岛	22	41	57	81	119	150	181	214	243	270	311
清远	100	141	189	248	314	374	433	510	587	675	818
衢州	35	50	89	110	138	155	175	234	260	329	386
泉州	124	225	304	420	566	674	773	919	1010	1096	1277
三明	16	33	45	73	95	114	125	152	165	183	198
汕头	52	78	121	167	236	287	307	342	371	421	474
上饶	54	85	109	144	186	210	231	259	283	315	348
韶关	51	62	80	102	139	159	179	198	215	249	288
绍兴	144	249	347	549	788	967	1067	1267	1383	1550	1705
太仓	40	56	90	121	144	209	268	306	283	341	382
泰安	54	69	92	125	163	206	246	285	344	390	424
泰州	60	110	163	227	275	336	387	462	538	629	700
唐山	61	124	177	224	309	369	431	495	545	598	654
铜陵	34	38	56	73	87	103	112	129	143	154	165
威海	51	81	107	149	183	219	262	314	366	409	459
潍坊	114	203	281	368	458	560	646	749	836	929	1013
温岭	28	44	59	81	103	120	141	175	216	255	310
文昌	14	21	30	35	51	59	64	70	75	85	95
芜湖	64	103	155	194	276	337	388	432	472	513	556
香河	3	4	11	13	20	24	31	38	45	50	59
湘潭	68	88	111	131	150	179	204	235	259	280	322
襄阳	12	32	55	81	126	176	195	235	284	320	383
孝感	8	29	40	57	70	91	110	136	156	183	196
忻州	5	9	11	15	19	22	27	32	38	41	45
新乡	61	72	98	143	184	191	222	262	297	341	370
新余	5	8	12	17	22	28	33	38	42	45	55
宿迁	85	144	196	251	317	375	427	483	527	588	665
宿州	62	112	147	198	244	304	336	387	420	456	530

3-26　续表 4　　　　单位：亿元

地区	1-2 月	1-3 月	1-4 月	1-5 月	1-6 月	1-7 月	1-8 月	1-9 月	1-10 月	1-11 月	1-12 月
徐州	176	259	373	494	654	793	990	1113	1358	1432	1604
宣城	46	85	109	138	169	188	208	232	251	273	301
烟台	140	204	253	330	449	537	632	713	792	863	936
盐城	123	177	221	286	362	425	494	547	646	699	766
扬州	111	185	265	368	463	549	635	724	805	877	1014
阳江	28	42	56	75	96	109	123	140	158	172	189
阳泉	3	4	7	10	15	16	19	23	25	29	33
宜宾	60	97	126	157	206	256	292	343	382	430	511
宜昌	13	25	51	83	127	163	185	218	249	282	308
宜春	34	60	95	132	165	199	230	261	300	327	355
宜兴	35	48	68	88	110	146	164	187	221	242	265
鹰潭	10	13	21	35	42	54	61	71	76	81	87
余姚	28	41	59	75	105	151	165	184	210	255	358
岳阳	42	60	92	113	146	173	198	226	249	285	317
运城	9	28	42	60	85	105	127	163	184	205	221
枣庄	41	60	82	97	119	142	175	207	243	292	335
湛江	65	108	156	192	243	288	330	369	431	487	549
张家港	37	80	101	137	182	222	253	314	343	371	406
张家口	30	43	62	91	139	171	202	240	274	306	341
漳州	135	208	274	338	448	524	598	669	741	807	810
肇庆	67	120	176	227	291	339	401	456	503	548	610
镇江	73	110	151	216	270	363	408	490	555	598	646
中山	120	211	281	381	462	546	638	767	852	936	1025
舟山	29	43	56	78	113	138	154	182	203	234	263
珠海	237	359	451	550	714	875	1051	1203	1350	1488	1765
株洲	77	104	137	184	228	256	283	328	367	408	450
遵义	78	112	154	201	262	302	361	426	480	526	594

数据来源：国家统计局。

3-27 2020年全国重点城市国内贷款

单位：亿元

地区	1–2月	1–3月	1–4月	1–5月	1–6月	1–7月	1–8月	1–9月	1–10月	1–11月	1–12月
一线城市											
北京	212	262	338	485	653	807	893	1042	1120	1266	1423
上海	305	374	448	545	694	796	901	1031	1130	1259	1355
广州	162	283	381	411	563	626	771	842	889	941	1052
深圳	255	379	448	531	698	814	925	1041	1130	1183	1299
二线城市											
长春	0	1	4	6	16	35	37	52	63	75	69
长沙	85	117	150	193	234	266	285	312	340	369	411
成都	99	221	289	353	424	473	518	601	660	701	763
重庆	187	287	375	443	556	640	690	770	870	905	1019
大连	15	56	63	79	103	114	121	139	144	159	182
福州	119	157	169	181	208	223	232	292	304	319	335
贵阳	11	19	22	20	32	37	40	52	59	62	70
哈尔滨	9	11	17	21	22	40	40	43	47	47	48
海口	20	23	26	29	28	33	38	44	48	55	57
杭州	138	194	251	315	483	687	745	870	939	1024	1099
合肥	102	145	206	231	277	306	332	381	418	459	474
呼和浩特	1	6	7	13	17	15	16	28	30	36	36
济南	97	125	168	197	264	342	372	460	510	562	588
昆明	19	34	52	74	93	125	146	166	204	215	243
兰州	9	21	29	35	47	57	65	75	79	82	93
南昌	28	39	52	67	74	91	126	146	173	211	226
南京	120	197	288	358	454	505	587	689	758	828	909
南宁	92	115	143	169	227	264	280	303	328	353	393
宁波	61	84	137	214	270	327	361	413	431	459	529
青岛	110	161	212	272	334	379	415	459	184	568	603
三亚	13	20	23	25	38	41	49	52	55	57	64
沈阳	32	33	57	85	94	100	109	119	135	144	148
石家庄	19	26	30	44	61	65	95	115	118	126	128
苏州	153	251	313	395	555	611	682	785	862	940	1038
太原	30	30	36	41	60	63	63	63	66	75	74
天津	192	283	344	342	419	503	540	624	679	715	775
温州	49	74	109	134	182	217	253	275	301	311	333
乌鲁木齐	3	6	13	22	29	30	30	33	36	48	55
无锡	66	103	124	166	207	257	278	299	357	399	437

3–27　续表 1　　　　单位：亿元

地区	1–2 月	1–3 月	1–4 月	1–5 月	1–6 月	1–7 月	1–8 月	1–9 月	1–10 月	1–11 月	1–12 月
武汉	48	60	151	199	274	352	382	433	499	526	562
西安	37	66	86	79	111	118	123	141	157	176	200
西宁	8	11	11	15	15	17	18	29	29	29	30
厦门	30	32	69	78	82	98	104	108	112	121	129
银川	4	10	10	10	22	24	26	28	35	46	48
郑州	66	114	144	176	206	222	239	277	288	300	336
三四线城市											
安庆	3	10	14	15	20	23	24	26	29	29	29
鞍山	0.5	1	2	2	3	4	4	5	6	6	6
包头	2	2	2	2	2	2	2	2	2	2	2
保定	2	4	5	7	11	17	20	24	31	33	35
北海	1	2	6	10	14	15	15	17	18	18	18
蚌埠	3	9	11	13	17	22	26	30	33	35	40
沧州	7	11	13	16	21	26	26	27	30	31	33
常德	17	18	25	26	27	40	40	41	43	44	50
常熟	15	20	23	24	48	52	53	56	56	57	98
常州	24	57	87	133	151	174	192	206	214	251	286
池州	2	2	3	4	3	3	3	5	6	6	10
滁州	2	6	13	15	16	22	24	27	29	31	38
慈溪	9	9	17	31	33	38	39	45	47	54	67
大理	1	2	2	2	2	3	4	7	8	8	8
大同	--	--	1	1	1	1	1	1	1	1	1
丹东	1	4	5	8	9	11	11	11	13	13	16
德州	2	3	3	7	8	10	13	14	14	15	15
东莞	29	35	57	72	86	96	119	140	168	218	256
东营	--	0.1	0.4	0.4	2	2	2	3	3	3	3
奉化	2	5	14	17	36	47	64	65	63	63	66
佛山	127	159	195	216	274	287	333	391	431	541	572
抚州	5	5	5	6	11	13	13	14	15	16	18
阜阳	9	16	36	42	50	57	60	71	73	79	81
赣州	4	4	5	10	17	20	33	34	38	43	52
固安	12	12	12	12	12	14	16	16	16	16	17
桂林	15	20	25	35	44	43	44	46	46	55	62
海门	6	18	21	21	37	38	43	45	43	43	43
邯郸	3	8	12	17	19	27	30	33	35	35	36
菏泽	6	7	10	11	14	15	16	16	19	20	23

3-27 续表 2

单位：亿元

地区	1–2 月	1–3 月	1–4 月	1–5 月	1–6 月	1–7 月	1–8 月	1–9 月	1–10 月	1–11 月	1–12 月
衡水	0.2	1	2	2	3	4	4	5	6	6	7
湖州	37	42	55	65	76	99	130	140	137	122	135
淮安	4	4	4	9	21	23	26	26	34	32	40
淮北	6	1	3	4	7	8	9	11	14	15	16
淮南	1	2	3	3	7	7	8	9	11	14	16
黄冈	2	5	8	10	15	18	19	20	21	22	22
黄山	2	3	5	7	9	9	9	11	11	11	14
黄石	0.3	1	3	4	4	6	8	15	16	17	18
惠州	48	94	114	136	175	227	285	360	367	364	389
吉安	1	2	2	3	4	5	7	8	8	8	9
吉林	0.3	0.3	0.3	0.3	1	12	12	12	14	14	14
济宁	4	7	11	14	20	23	23	26	29	34	36
嘉兴	52	78	109	126	184	210	227	243	249	281	307
江门	35	40	50	68	94	124	137	151	154	164	181
江阴	8	20	22	34	40	47	59	63	62	83	88
焦作	0.5	1	1	2	2	2	2	2	2	3	3
金华	18	37	49	70	145	173	185	200	201	220	244
锦州	--	--	--	--	--	--	--	--	--	--	--
晋城	1	1	2	2	2	2	3	4	4	4	4
九江	3	4	8	12	12	15	19	21	21	21	21
昆山	20	40	59	64	95	112	131	135	147	154	164
莱芜	--	--	--	--	--	--	--	--	--	--	--
廊坊	22	43	47	56	63	70	74	75	83	85	111
丽水	1	33	16	26	52	60	94	102	108	122	140
连云港	5	9	10	12	12	24	26	28	29	31	31
临海	2	2	2	3	3	4	4	5	5	11	18
临沂	13	14	19	17	18	22	34	36	41	30	32
柳州	23	27	30	44	49	50	58	61	66	74	88
龙岩	3	7	13	17	22	27	28	33	34	35	37
泸州	16	11	11	13	18	20	28	32	32	33	34
六安	4	6	7	11	12	12	13	16	16	15	19
洛阳	6	13	17	18	12	21	26	33	38	35	32
马鞍山	3	3	4	4	4	4	5	8	8	8	9
眉山	9	15	27	34	46	50	66	67	68	68	74
绵阳	4	5	13	13	14	17	17	22	27	30	33
牡丹江	--	1	1	1	1	1	1	1	1	1	1
南充	5	6	8	12	23	30	31	34	39	45	43

3-27　续表 3　　单位：亿元

地区	1–2 月	1–3 月	1–4 月	1–5 月	1–6 月	1–7 月	1–8 月	1–9 月	1–10 月	1–11 月	1–12 月
南平	0.01	2	2	5	8	8	8	11	11	11	11
南通	52	110	144	158	208	218	223	242	278	306	380
南阳	0.2	1	1	2	3	3	4	5	5	5	5
宁德	4	5	7	8	8	8	9	9	13	13	13
宁海	3	3	5	5	6	6	6	6	9	9	9
平顶山	3	4	5	6	7	8	8	10	11	11	11
萍乡	0.3	1	1	2	2	2	2	3	3	3	5
莆田	9	16	18	24	20	27	27	29	36	39	44
齐齐哈尔	0.1	0.2	1	1	3	3	3	3	5	6	6
秦皇岛	0.2	0.2	0.2	0.3	4	4	8	10	10	11	14
清远	28	32	35	51	57	58	69	81	97	107	175
衢州	3	4	6	10	15	18	21	29	30	50	59
泉州	14	21	27	36	60	68	76	91	97	101	112
三明	2	2	3	4	5	5	5	5	6	9	9
汕头	4	4	7	9	11	11	11	12	14	14	14
上饶	8	3	6	12	13	13	12	13	13	15	16
韶关	14	17	17	19	19	19	20	20	20	20	25
绍兴	45	69	82	156	210	234	242	274	288	321	342
太仓	8	17	26	34	36	37	39	52	64	82	86
泰安	16	9	10	12	16	19	21	27	35	35	36
泰州	5	9	12	26	28	33	34	47	48	61	68
唐山	14	20	21	29	38	42	46	57	61	65	66
铜陵	0.4	1	3	3	3	6	6	7	7	7	7
威海	10	11	8	14	14	16	26	28	29	29	31
潍坊	27	38	47	51	58	64	65	72	77	85	89
温岭	8	10	12	22	28	33	33	34	35	43	48
文昌	3	3	3	3	3	6	6	7	7	7	8
芜湖	7	10	22	25	30	32	32	33	35	38	41
香河	--	--	--	--	1	1	1	1	1	1	1
湘潭	18	19	25	26	29	32	33	40	44	45	47
襄阳	1	1	3	6	14	23	22	21	28	30	44
孝感	0.4	1	3	8	9	10	11	12	12	13	15
忻州	2	2	2	2	2	2	2	2	2	2	2
新乡	2	4	4	5	6	6	7	7	7	7	8
新余	0.2	0.2	0.2	0.2	0.2	0.2	1	1	1	1	1
宿迁	5	9	14	16	22	25	31	35	39	41	49
宿州	7	10	15	19	24	28	31	34	35	36	42

3-27 续表 4

单位：亿元

地区	1–2 月	1–3 月	1–4 月	1–5 月	1–6 月	1–7 月	1–8 月	1–9 月	1–10 月	1–11 月	1–12 月
徐州	32	46	54	70	97	128	141	175	211	241	263
宣城	2	3	6	8	9	9	9	11	12	12	14
烟台	26	25	32	36	52	74	86	93	104	107	110
盐城	18	29	33	39	49	56	58	67	78	80	87
扬州	24	44	57	83	98	114	128	132	137	141	159
阳江	0.3	0.3	0.4	1	1	1	2	2	2	2	2
阳泉	--	--	0.1	0.1	0.4	0.4	0.4	0.4	0.4	0.4	0.4
宜宾	6	6	9	9	10	10	10	11	11	13	23
宜昌	6	9	11	11	22	27	29	31	31	36	36
宜春	2	2	8	9	10	13	13	12	13	13	16
宜兴	9	8	11	13	13	21	21	26	30	33	39
鹰潭	0.1	0.2	0.2	4	4	7	8	8	8	8	8
余姚	6	10	10	11	20	24	24	27	30	37	59
岳阳	8	9	12	13	14	20	21	24	21	27	31
运城	0.01	0.01	0.3	0.3	0.5	0.5	0.5	0.5	1	1	2
枣庄	12	6	8	9	11	14	18	21	29	34	36
湛江	15	21	23	30	33	40	43	46	56	59	65
张家港	10	24	25	38	42	44	49	81	85	92	94
张家口	10	12	12	12	17	22	25	28	28	29	38
漳州	16	23	27	30	43	44	45	54	59	59	63
肇庆	19	28	39	38	45	50	65	68	69	76	77
镇江	12	13	22	28	36	69	70	78	87	88	96
中山	24	55	66	80	81	104	111	139	154	162	166
舟山	10	13	14	18	30	39	42	47	50	53	66
珠海	86	124	135	141	150	168	207	224	240	254	291
株洲	25	20	21	28	31	34	34	40	43	45	46
遵义	5	6	10	14	16	17	18	19	20	20	21

数据来源：国家统计局。

3-28 2020年全国重点城市自筹资金

单位：亿元

地区	1-2月	1-3月	1-4月	1-5月	1-6月	1-7月	1-8月	1-9月	1-10月	1-11月	1-12月
一线城市											
北京	79	192	271	379	462	525	639	882	1021	1210	1407
上海	335	443	569	743	909	1072	1183	1403	1559	1749	2004
广州	149	286	406	513	641	779	858	1075	1256	1647	1904
深圳	187	238	271	395	666	719	848	992	1044	1201	1344
二线城市											
长春	5	57	104	157	291	396	464	539	599	725	746
长沙	83	161	197	235	307	357	411	497	582	658	750
成都	132	233	331	416	577	716	868	1019	1182	1288	1405
重庆	133	216	317	442	610	715	813	969	1071	1182	1311
大连	16	68	83	111	175	198	234	276	287	294	310
福州	200	302	394	495	579	705	826	946	1003	1081	1173
贵阳	33	48	52	62	79	122	154	181	225	288	326
哈尔滨	6	20	32	61	125	158	203	256	312	340	362
海口	34	43	56	74	86	85	107	126	145	165	182
杭州	152	215	303	347	507	699	906	1113	1185	1337	1658
合肥	62	103	126	126	189	222	265	348	382	408	469
呼和浩特	3	14	26	47	61	78	92	106	112	119	121
济南	160	214	240	289	390	435	474	549	615	670	718
昆明	37	54	91	116	169	217	242	286	339	369	420
兰州	9	18	31	52	72	98	112	128	140	165	180
南昌	66	74	89	96	127	150	199	259	296	362	410
南京	109	285	289	376	426	486	575	741	836	982	1218
南宁	33	49	74	122	196	230	253	270	305	325	459
宁波	76	136	195	291	361	445	522	609	700	842	991
青岛	132	202	237	286	406	487	562	627	1261	759	784
三亚	25	38	53	91	97	100	106	147	203	261	249
沈阳	49	72	122	156	219	258	322	410	488	553	564
石家庄	17	83	119	243	363	387	429	500	541	599	627
苏州	125	179	276	362	465	550	616	701	848	956	1079
太原	25	52	70	109	133	168	209	228	299	329	353
天津	120	231	338	421	517	540	650	759	847	987	1095
温州	60	86	149	202	362	352	423	460	523	598	664
乌鲁木齐	1	7	20	43	85	104	119	162	248	291	327
无锡	32	77	118	140	170	216	247	316	367	457	514

3-28 续表 1 单位：亿元

地区	1–2 月	1–3 月	1–4 月	1–5 月	1–6 月	1–7 月	1–8 月	1–9 月	1–10 月	1–11 月	1–12 月
武汉	56	88	170	237	320	416	531	728	855	986	1065
西安	126	285	423	415	560	655	742	845	906	1086	1166
西宁	1	5	15	25	44	57	69	78	88	93	97
厦门	54	95	116	213	287	380	433	500	511	585	631
银川	2	3	7	15	24	30	40	46	51	76	78
郑州	174	329	435	643	810	952	1038	1213	1356	1493	1710
三四线城市											
安庆	15	19	26	36	42	47	51	55	59	62	72
鞍山	2	9	12	16	30	32	35	46	55	60	60
包头	5	27	37	43	61	83	108	131	157	165	149
保定	15	46	67	131	212	254	298	343	380	416	437
北海	8	21	28	36	46	49	54	60	62	68	86
蚌埠	31	53	71	101	132	152	168	194	192	226	249
沧州	7	17	25	46	91	103	115	126	144	157	163
常德	16	26	36	44	55	60	72	90	100	119	143
常熟	4	8	24	30	37	46	48	52	55	57	64
常州	28	81	98	128	188	198	212	279	301	350	423
池州	3	5	7	12	13	14	15	16	18	26	29
滁州	45	56	63	81	95	122	141	157	170	188	218
慈溪	5	3	15	23	24	27	34	51	71	87	103
大理	6	11	16	18	21	25	28	29	31	32	40
大同	2	10	24	42	63	79	93	111	120	123	125
丹东	2	8	12	18	41	43	44	55	57	58	61
德州	35	42	57	64	75	94	109	133	150	164	192
东莞	33	41	57	97	113	142	176	249	313	441	538
东营	13	17	21	26	34	47	53	61	70	78	86
奉化	8	20	26	33	45	51	54	68	84	108	130
佛山	103	180	236	366	487	540	658	842	917	1105	1275
抚州	8	13	17	22	29	38	42	48	52	60	64
阜阳	28	45	65	85	102	111	133	167	178	218	243
赣州	18	25	36	48	57	66	88	98	105	117	131
固安	11	15	19	31	37	44	48	56	64	67	70
桂林	8	17	29	41	55	77	82	94	101	111	134
海门	6	15	6	10	26	28	28	34	36	47	57
邯郸	19	42	75	103	141	169	199	228	251	278	301
菏泽	18	36	52	65	82	94	104	119	134	152	159

3-28 续表 2 单位：亿元

地区	1-2 月	1-3 月	1-4 月	1-5 月	1-6 月	1-7 月	1-8 月	1-9 月	1-10 月	1-11 月	1-12 月
衡水	7	20	34	46	68	80	98	117	126	136	144
湖州	19	39	69	89	126	152	162	181	199	225	233
淮安	16	32	42	59	78	101	111	119	124	127	140
淮北	12	17	24	33	54	62	69	74	79	82	84
淮南	11	24	29	45	62	64	71	77	89	111	121
黄冈	4	9	16	36	42	58	79	93	110	133	144
黄山	8	18	20	26	35	41	51	58	66	77	90
黄石	4	7	12	19	27	41	53	64	73	79	85
惠州	48	69	103	132	177	212	253	286	318	377	426
吉安	4	7	11	14	17	20	25	30	35	37	36
吉林	2	3	6	8	31	41	48	54	56	59	60
济宁	36	67	84	108	139	162	180	204	218	242	259
嘉兴	70	96	120	145	221	255	279	339	358	413	445
江门	28	39	67	92	144	172	196	221	251	287	338
江阴	4	14	20	27	37	45	51	60	71	96	106
焦作	14	20	29	43	50	52	55	59	63	64	73
金华	27	35	40	49	75	92	97	138	163	184	253
锦州	1	4	8	13	19	19	22	34	34	36	37
晋城	1	5	8	12	18	21	24	33	42	50	51
九江	8	10	14	22	31	41	47	58	61	69	73
昆山	26	36	59	82	96	101	115	135	157	164	188
莱芜	--	--	--	--	--	--	--	--	--	--	--
廊坊	28	51	79	110	159	187	215	262	293	320	346
丽水	4	18	25	24	28	50	57	67	70	75	89
连云港	10	20	31	43	56	62	69	77	85	95	113
临海	2	2	3	16	22	22	29	48	69	72	77
临沂	29	40	57	86	102	119	137	152	167	223	240
柳州	7	11	16	38	50	66	74	101	121	128	136
龙岩	15	15	30	38	54	67	75	78	88	92	102
泸州	27	44	60	72	105	128	151	179	200	216	229
六安	28	32	38	39	47	53	65	74	80	87	99
洛阳	12	38	60	77	99	125	157	188	218	245	279
马鞍山	10	16	21	29	40	47	54	64	70	77	85
眉山	32	56	66	77	86	91	105	121	136	146	159
绵阳	13	29	39	46	69	73	80	93	103	126	144
牡丹江	--	1	2	4	8	11	16	21	25	26	26
南充	15	27	37	48	58	67	76	104	114	126	145

3-28 续表 3 单位：亿元

地区	1–2 月	1–3 月	1–4 月	1–5 月	1–6 月	1–7 月	1–8 月	1–9 月	1–10 月	1–11 月	1–12 月
南平	22	26	35	41	55	58	70	85	92	104	117
南通	49	136	160	186	241	322	360	392	441	462	540
南阳	14	25	39	57	72	83	95	108	120	131	146
宁德	20	34	39	40	48	55	63	74	81	88	102
宁海	2	2	5	9	13	15	16	19	20	21	24
平顶山	6	10	14	26	31	36	46	51	57	61	70
萍乡	1	1	3	4	4	6	8	8	10	10	11
莆田	19	39	52	64	88	109	127	155	165	182	200
齐齐哈尔	0.2	0.5	1	5	15	19	24	27	30	33	34
秦皇岛	4	9	14	19	27	30	34	37	43	47	49
清远	25	30	40	45	60	76	85	103	124	154	184
衢州	7	15	42	47	53	52	54	88	96	141	167
泉州	26	65	74	111	151	181	199	262	274	288	343
三明	5	14	15	33	41	50	52	69	72	77	83
汕头	28	46	73	130	186	223	235	263	286	320	356
上饶	9	28	27	32	38	45	46	51	55	64	77
韶关	6	7	12	17	22	24	27	30	35	51	74
绍兴	21	46	64	89	160	192	211	291	322	371	423
太仓	9	11	26	38	41	44	46	50	67	86	92
泰安	15	24	35	43	51	66	78	91	108	128	132
泰州	16	24	43	60	69	88	102	123	142	174	191
唐山	28	58	74	89	125	146	168	186	204	236	264
铜陵	12	14	24	32	38	42	46	56	63	68	72
威海	21	36	50	70	86	100	115	143	172	196	225
潍坊	39	79	104	138	169	197	217	258	289	322	357
温岭	7	12	18	21	25	27	32	51	71	80	107
文昌	8	12	19	21	34	36	38	41	41	46	49
芜湖	16	29	40	47	79	105	129	140	148	157	167
香河	2	3	7	7	13	16	20	25	30	33	35
湘潭	35	43	52	63	68	86	98	107	117	125	146
襄阳	3	6	12	18	28	35	42	60	72	85	104
孝感	3	10	15	20	26	39	51	65	79	85	96
忻州	1	4	5	7	10	12	14	17	19	20	22
新乡	26	47	63	93	121	130	147	172	198	226	247
新余	0.2	0.2	1	1	2	3	3	3	3	4	8
宿迁	16	33	41	47	57	58	59	77	79	88	102
宿州	20	37	49	71	86	120	128	141	147	156	193

3-28　续表 4　　单位：亿元

地区	1-2 月	1-3 月	1-4 月	1-5 月	1-6 月	1-7 月	1-8 月	1-9 月	1-10 月	1-11 月	1-12 月
徐州	31	42	69	94	128	142	181	215	269	284	300
宣城	16	26	30	40	47	52	57	62	65	71	81
烟台	80	117	127	170	228	266	316	363	406	446	480
盐城	27	37	44	54	67	77	83	89	112	120	130
扬州	30	42	58	86	96	115	130	165	188	208	256
阳江	7	8	10	12	13	15	17	23	27	29	33
阳泉	2	3	4	6	7	8	9	11	12	13	14
宜宾	20	31	38	48	67	94	104	132	144	158	188
宜昌	2	5	19	38	55	70	79	91	107	119	131
宜春	5	12	15	24	30	33	36	42	48	51	57
宜兴	7	7	11	12	15	24	25	27	36	35	39
鹰潭	2	1	4	10	12	12	12	16	16	17	19
余姚	3	4	7	11	19	21	22	24	26	28	46
岳阳	13	17	22	26	35	40	46	53	59	68	76
运城	3	13	16	22	32	38	46	68	76	83	87
枣庄	14	32	41	47	54	64	82	91	101	117	133
湛江	13	27	52	59	69	77	92	99	116	138	160
张家港	2	11	12	14	17	21	22	30	31	32	34
张家口	11	17	25	41	67	83	98	121	143	163	178
漳州	50	89	129	163	226	270	306	335	378	419	422
肇庆	14	32	55	76	97	108	122	143	158	167	182
镇江	29	38	47	70	80	102	113	131	142	150	155
中山	14	25	39	75	94	98	117	147	159	166	179
舟山	6	7	8	14	22	24	26	39	46	55	59
珠海	46	65	96	135	230	297	341	404	476	526	634
株洲	16	30	37	49	57	62	72	91	100	107	116
遵义	33	48	60	82	111	125	150	175	195	216	234

数据来源：国家统计局。

3-29　2020年全国重点城市定金及预收款

单位：亿元

地区	1-2月	1-3月	1-4月	1-5月	1-6月	1-7月	1-8月	1-9月	1-10月	1-11月	1-12月
一线城市											
北京	130	253	414	593	837	1057	1324	1569	1805	2060	2451
上海	147	210	332	497	711	905	1067	1298	1366	1506	1729
广州	154	252	356	490	634	735	837	1000	1186	1401	1662
深圳	104	172	261	372	460	619	747	862	1019	1134	1424
二线城市											
长春	12	32	48	73	112	133	154	185	215	231	250
长沙	96	145	206	281	374	471	552	638	699	790	913
成都	157	301	438	582	757	923	1071	1215	1372	1542	1881
重庆	172	312	442	629	845	1103	1249	1421	1658	1834	2093
大连	56	66	73	117	163	215	259	313	363	415	475
福州	58	101	159	219	268	316	358	431	506	551	618
贵阳	20	43	63	87	116	147	179	204	234	263	319
哈尔滨	8	33	54	85	121	107	127	154	184	215	227
海口	53	50	60	70	91	117	143	157	178	202	224
杭州	131	257	366	567	805	1036	1186	1388	1540	1713	2029
合肥	73	136	201	279	403	520	605	697	805	911	1061
呼和浩特	7	13	19	34	43	67	88	113	144	161	186
济南	153	155	226	310	413	500	572	651	737	815	933
昆明	51	89	141	208	284	368	418	486	562	631	802
兰州	13	34	54	71	89	103	111	134	147	169	189
南昌	33	57	84	111	159	209	252	287	324	355	396
南京	129	236	323	430	600	711	840	980	1167	1334	1656
南宁	85	134	193	258	370	413	475	537	600	667	761
宁波	108	170	251	345	512	684	807	921	1023	1155	1348
青岛	100	179	266	366	476	592	678	790	868	1014	1191
三亚	18	41	40	56	84	103	116	136	126	138	176
沈阳	45	71	117	175	254	334	401	460	502	537	594
石家庄	16	31	48	72	103	116	154	180	199	230	243
苏州	205	344	466	642	939	1188	1400	1582	1671	1837	2479
太原	12	23	43	76	111	138	169	216	255	285	346
天津	135	261	395	527	726	868	1026	1190	1329	1479	1716
温州	101	141	194	249	332	393	465	566	634	694	768
乌鲁木齐	5	23	50	70	94	107	111	153	193	238	294
无锡	81	142	199	285	381	474	566	662	750	838	932

3–29　续表 1　　　　单位：亿元

地区	1–2 月	1–3 月	1–4 月	1–5 月	1–6 月	1–7 月	1–8 月	1–9 月	1–10 月	1–11 月	1–12 月
武汉	41	90	152	251	356	462	586	728	877	1008	1198
西安	82	144	207	274	402	529	629	738	829	876	1002
西宁	6	17	25	34	53	74	90	102	124	130	144
厦门	8	16	28	52	81	102	118	147	154	186	215
银川	18	34	61	90	126	156	191	225	259	293	331
郑州	54	99	169	281	361	437	440	557	628	687	782
三四线城市											
安庆	17	30	41	52	64	82	96	109	120	131	137
鞍山	2	5	8	13	20	24	30	37	45	49	52
包头	3	9	15	22	28	34	42	51	60	66	67
保定	5	13	20	30	39	59	69	78	113	98	111
北海	19	10	15	20	26	32	39	44	49	56	65
蚌埠	15	30	39	56	71	87	102	118	137	152	166
沧州	11	18	30	41	66	84	99	115	127	141	159
常德	15	23	33	44	56	68	77	91	103	116	132
常熟	30	39	51	64	77	87	99	107	117	128	141
常州	48	104	181	252	336	438	497	560	601	629	704
池州	3	6	7	10	14	17	21	24	30	34	38
滁州	17	32	46	59	75	94	106	116	128	140	162
慈溪	12	14	40	61	89	107	129	145	167	194	228
大理	1	2	4	5	8	10	13	22	27	32	36
大同	2	7	11	13	21	29	34	41	47	53	59
丹东	2	6	9	12	18	22	27	31	34	37	40
德州	17	23	38	51	65	80	94	111	128	147	163
东莞	52	90	124	172	238	317	392	470	531	609	720
东营	6	11	19	26	39	46	51	62	70	81	89
奉化	16	22	27	41	63	85	103	113	122	132	148
佛山	98	162	212	277	413	495	586	668	798	924	1034
抚州	11	28	38	50	78	94	104	114	124	131	141
阜阳	45	70	106	133	166	195	221	253	283	302	333
赣州	19	37	50	66	85	103	125	146	163	183	205
固安	1	3	5	8	10	12	15	22	24	26	34
桂林	13	23	42	48	67	79	89	107	119	133	155
海门	13	32	49	59	86	104	121	137	146	145	166
邯郸	9	17	25	34	41	53	61	67	76	90	98
菏泽	10	16	26	37	50	59	69	81	95	108	119

3-29 续表 2 单位：亿元

地区	1–2 月	1–3 月	1–4 月	1–5 月	1–6 月	1–7 月	1–8 月	1–9 月	1–10 月	1–11 月	1–12 月
衡水	2	8	13	18	23	30	35	42	45	50	54
湖州	43	65	90	126	183	249	317	369	409	472	528
淮安	21	28	46	73	91	110	127	150	172	189	227
淮北	13	18	24	29	45	49	59	68	79	87	96
淮南	5	12	18	26	33	43	51	57	65	72	81
黄冈	2	7	11	16	21	26	33	38	46	51	56
黄山	6	11	15	18	23	28	32	36	41	45	50
黄石	1	2	5	10	13	16	17	21	26	29	34
惠州	64	100	152	210	275	350	458	536	623	709	805
吉安	5	10	14	19	25	31	40	45	53	61	70
吉林	3	9	12	13	18	31	37	39	45	50	48
济宁	24	39	61	83	118	148	175	209	229	259	293
嘉兴	86	112	160	241	316	407	489	595	658	740	838
江门	32	45	66	92	120	149	174	203	234	263	304
江阴	22	28	36	47	66	82	103	120	133	140	151
焦作	2	3	5	8	10	11	13	14	17	20	25
金华	38	63	112	165	246	312	372	421	479	544	627
锦州	0.4	2	3	5	7	8	9	10	14	16	19
晋城	1	3	4	8	12	16	19	26	41	56	63
九江	9	16	23	31	40	53	59	69	77	88	96
昆山	16	25	44	62	81	103	120	140	160	178	204
莱芜	8	--	--	--	--	--	--	--	--	--	--
廊坊	8	17	28	37	56	74	91	113	128	146	188
丽水	24	37	46	56	80	105	145	176	206	241	375
连云港	13	22	33	51	66	86	107	119	138	148	167
临海	4	6	7	12	17	20	26	29	32	39	42
临沂	25	53	79	110	134	171	201	223	253	282	332
柳州	45	54	64	79	96	106	116	129	142	160	190
龙岩	10	14	20	31	43	56	64	78	92	104	118
泸州	10	19	25	31	44	56	67	79	85	95	110
六安	40	62	89	103	119	134	147	163	184	200	221
洛阳	10	20	32	47	62	84	102	121	138	155	177
马鞍山	7	13	21	31	42	50	59	71	81	93	102
眉山	18	38	60	82	104	132	154	177	215	257	294
绵阳	13	25	39	54	73	89	105	118	134	165	197
牡丹江	--	0.3	1	2	3	4	8	9	11	13	14
南充	21	43	65	99	129	148	163	186	206	230	257

3-29　续表 3　　单位：亿元

地区	1-2 月	1-3 月	1-4 月	1-5 月	1-6 月	1-7 月	1-8 月	1-9 月	1-10 月	1-11 月	1-12 月
南平	8	13	18	24	32	41	48	54	62	72	84
南通	82	158	239	311	424	523	607	700	781	839	953
南阳	5	9	16	23	33	39	48	57	62	69	77
宁德	12	17	24	39	56	69	76	87	94	106	118
宁海	1	2	3	6	11	14	17	21	25	29	31
平顶山	5	7	16	24	30	35	41	49	54	61	71
萍乡	4	6	8	14	17	20	23	25	27	29	33
莆田	7	15	27	37	46	50	56	63	69	73	85
齐齐哈尔	0.04	0.4	1	2	3	3	4	5	6	7	7
秦皇岛	9	17	24	36	54	73	88	106	123	136	157
清远	21	38	58	80	105	129	156	183	209	237	267
衢州	18	20	24	32	42	52	64	76	85	81	94
泉州	42	65	93	135	171	213	259	298	338	378	447
三明	4	9	12	16	20	24	28	31	35	40	45
汕头	8	9	13	17	28	41	46	50	54	60	66
上饶	22	34	44	57	74	77	88	100	111	124	143
韶关	20	24	30	41	60	72	82	89	98	106	113
绍兴	46	80	121	202	282	352	398	459	504	560	626
太仓	17	20	27	35	49	105	156	165	107	122	146
泰安	18	26	31	48	62	77	94	108	128	144	166
泰州	23	44	65	87	110	131	154	181	217	248	284
唐山	11	34	62	81	107	135	160	186	203	215	224
铜陵	8	10	14	19	24	29	33	37	41	45	50
威海	15	21	30	41	54	66	79	93	110	123	141
潍坊	26	46	71	99	130	176	221	258	289	322	359
温岭	7	11	15	22	33	41	50	62	73	88	106
文昌	3	4	6	7	10	12	14	16	17	20	24
芜湖	19	31	47	61	80	97	112	129	144	159	177
香河	--	--	4	4	5	6	8	10	12	14	18
湘潭	7	12	17	21	29	33	40	49	55	63	73
襄阳	5	16	24	35	50	76	78	91	107	120	138
孝感	4	12	15	19	23	27	31	35	39	56	52
忻州	1	2	3	4	5	7	9	11	13	15	17
新乡	28	12	21	34	43	41	50	62	70	79	86
新余	2	3	5	8	10	13	15	17	19	20	23
宿迁	25	42	60	86	110	137	165	183	208	239	270
宿州	20	37	43	54	67	80	92	107	123	137	153

3–29 续表 4

单位：亿元

地区	1–2 月	1–3 月	1–4 月	1–5 月	1–6 月	1–7 月	1–8 月	1–9 月	1–10 月	1–11 月	1–12 月
徐州	63	93	143	188	243	300	403	415	536	524	610
宣城	14	24	31	40	53	62	70	79	87	97	106
烟台	22	42	65	83	116	135	155	172	189	208	232
盐城	50	71	92	124	157	188	236	265	307	338	377
扬州	32	58	83	110	154	186	224	262	295	324	366
阳江	9	15	21	29	40	46	51	57	64	71	78
阳泉	1	1	2	4	7	7	9	11	12	15	18
宜宾	24	38	50	63	82	98	116	129	148	170	198
宜昌	3	6	10	18	27	38	43	55	63	74	85
宜春	12	25	38	54	69	80	93	107	125	135	145
宜兴	13	25	36	48	63	79	91	105	121	136	148
鹰潭	6	7	9	12	15	18	22	25	27	29	31
余姚	14	19	30	40	49	77	86	94	107	134	193
岳阳	9	14	29	38	49	58	69	78	85	99	113
运城	3	8	14	24	33	42	52	60	66	75	81
枣庄	8	12	18	24	32	37	45	57	71	86	91
湛江	18	30	41	54	72	89	104	125	147	165	187
张家港	12	25	36	50	71	84	100	116	132	142	165
张家口	5	8	14	21	32	38	47	55	62	68	75
漳州	49	62	74	89	108	124	144	157	171	185	172
肇庆	21	36	50	71	93	114	136	156	177	198	231
镇江	14	30	43	63	86	111	132	162	189	210	233
中山	35	58	83	113	152	188	229	272	313	363	414
舟山	9	15	22	31	40	48	55	63	69	83	93
珠海	70	110	141	175	222	264	335	398	445	499	607
株洲	20	29	42	60	77	90	99	111	132	147	167
遵义	21	29	38	50	62	80	94	118	133	146	172

数据来源：国家统计局。

3-30　2020年全国重点城市个人按揭贷款

单位：亿元

地区	1-2月	1-3月	1-4月	1-5月	1-6月	1-7月	1-8月	1-9月	1-10月	1-11月	1-12月
一线城市											
北京	44	65	83	108	139	159	187	218	244	285	337
上海	56	72	91	120	144	168	190	215	235	242	275
广州	49	79	111	137	204	289	351	416	476	550	641
深圳	72	126	193	259	311	380	435	483	542	587	663
二线城市											
长春	6	18	32	50	70	97	113	128	144	154	167
长沙	45	73	118	159	207	254	295	336	370	411	441
成都	49	95	159	210	269	338	391	454	512	572	692
重庆	85	156	228	323	442	575	644	740	834	920	972
大连	38	34	36	56	80	98	112	124	143	162	180
福州	32	56	79	105	129	154	172	197	215	243	254
贵阳	24	47	65	92	120	150	178	206	231	251	327
哈尔滨	2	10	25	30	41	62	71	96	116	132	159
海口	7	12	15	19	21	25	28	38	42	48	56
杭州	49	83	133	189	246	328	376	421	460	501	503
合肥	58	115	163	219	284	340	388	453	500	543	610
呼和浩特	6	5	6	12	18	29	43	54	73	82	81
济南	20	33	48	67	92	114	131	150	167	188	214
昆明	40	68	99	135	178	228	282	324	367	414	533
兰州	8	15	28	36	50	59	69	83	91	105	113
南昌	20	34	56	73	104	147	187	209	231	262	298
南京	80	109	184	258	326	378	456	508	571	618	691
南宁	43	74	108	144	183	220	254	284	309	335	364
宁波	26	47	79	117	160	216	243	278	309	341	360
青岛	22	40	54	71	102	133	165	185	244	233	253
三亚	1	1	1	2	3	4	5	6	7	8	9
沈阳	15	38	60	105	146	178	203	228	240	256	273
石家庄	11	19	29	51	73	87	104	118	134	151	159
苏州	125	191	238	298	382	452	525	589	643	703	784
太原	10	18	29	43	65	74	87	102	124	138	155
天津	22	41	61	98	137	172	203	235	262	293	339
温州	18	33	41	55	72	85	96	108	117	124	134
乌鲁木齐	6	19	37	52	71	81	82	96	110	125	126
无锡	41	67	94	145	166	196	231	276	303	331	354

3-30 续表 1 单位：亿元

地区	1-2 月	1-3 月	1-4 月	1-5 月	1-6 月	1-7 月	1-8 月	1-9 月	1-10 月	1-11 月	1-12 月
武汉	17	27	51	77	115	161	201	249	294	344	387
西安	18	38	62	76	106	123	151	189	219	250	264
西宁	4	8	14	18	22	26	29	32	35	38	41
厦门	6	9	12	15	24	31	46	61	65	79	96
银川	6	13	21	29	40	49	59	72	87	96	105
郑州	32	54	95	121	156	197	235	267	300	379	423
三四线城市	85	156	228	323	442	575	644	740	834	920	972
安庆	7	12	16	20	27	34	40	48	55	65	77
鞍山	1	3	4	6	7	8	10	13	14	16	18
包头	1	3	4	5	10	13	15	17	19	20	62
保定	3	10	15	21	30	37	44	50	56	65	71
北海	3	5	7	9	12	15	17	19	21	23	24
蚌埠	12	36	44	56	71	86	97	107	120	130	140
沧州	6	11	18	23	35	46	54	58	69	75	78
常德	11	15	22	30	38	45	53	60	66	74	85
常熟	9	14	20	27	33	39	47	53	59	63	69
常州	33	50	80	111	143	179	222	247	264	279	317
池州	3	5	7	11	12	14	17	20	24	27	29
滁州	18	29	40	50	60	75	90	99	109	113	134
慈溪	7	6	25	34	45	56	65	73	82	89	96
大理	1	2	5	6	8	11	14	21	24	27	31
大同	1	2	4	6	10	12	14	13	15	18	20
丹东	2	3	5	5	6	9	10	11	13	14	16
德州	10	17	23	32	41	47	57	68	79	90	94
东莞	31	53	75	96	134	166	197	262	291	329	377
东营	4	6	9	12	17	19	23	26	32	36	40
奉化	1	1	4	6	7	10	10	10	12	13	14
佛山	36	63	85	114	145	169	195	234	240	272	316
抚州	7	10	16	22	29	40	47	53	59	63	66
阜阳	37	67	94	138	168	193	220	248	272	292	312
赣州	22	41	60	79	101	131	152	182	199	220	246
固安	2	3	5	6	8	10	11	14	15	16	17
桂林	11	22	32	40	50	57	64	74	84	98	111
海门	11	16	23	27	38	45	55	60	65	81	85
邯郸	5	10	14	19	23	31	34	37	38	41	45
菏泽	8	18	24	31	42	49	61	73	83	92	103

3-30　续表 2　　单位：亿元

地区	1–2 月	1–3 月	1–4 月	1–5 月	1–6 月	1–7 月	1–8 月	1–9 月	1–10 月	1–11 月	1–12 月
衡水	2	4	6	8	10	13	15	19	20	22	23
湖州	40	63	77	93	116	136	169	187	202	214	238
淮安	13	24	36	48	64	77	91	104	130	121	138
淮北	2	3	4	5	6	8	9	10	11	13	18
淮南	5	9	13	18	27	32	36	42	45	49	52
黄冈	3	6	11	16	22	28	32	36	44	48	52
黄山	3	5	8	9	11	12	14	16	19	21	23
黄石	0.5	1	4	6	9	12	15	17	20	22	23
惠州	60	99	130	167	209	259	298	343	375	410	463
吉安	7	13	18	23	29	42	49	55	61	64	58
吉林	4	5	7	8	11	13	15	16	19	21	18
济宁	12	21	35	46	59	76	84	97	106	115	128
嘉兴	39	57	84	105	132	168	205	235	256	273	295
江门	24	29	42	54	67	80	92	104	112	123	136
江阴	3	7	13	16	24	26	34	37	41	45	49
焦作	2	2	2	3	3	4	4	5	5	7	7
金华	24	37	57	76	103	131	150	171	189	207	221
锦州	0.1	0.3	1	1	2	3	4	4	4	5	5
晋城	0.2	0.3	1	2	2	3	4	5	6	9	10
九江	8	16	24	32	43	61	71	82	89	98	108
昆山	13	22	35	46	55	64	72	80	89	96	107
莱芜	--	--	--	--	--	--	--	--	--	--	--
廊坊	6	9	12	16	25	32	37	44	50	52	65
丽水	9	15	20	25	31	37	46	53	60	70	75
连云港	16	27	35	49	65	77	93	106	114	138	158
临海	0.5	6	9	12	18	20	22	23	27	36	38
临沂	23	44	61	88	120	144	181	198	228	261	283
柳州	13	22	30	41	56	64	73	83	91	101	111
龙岩	16	23	30	35	42	48	53	62	67	70	75
泸州	3	8	10	14	20	22	29	37	40	45	50
六安	21	35	52	63	76	86	96	106	116	126	141
洛阳	9	18	27	36	39	55	70	79	81	95	104
马鞍山	4	8	12	16	21	27	32	37	41	45	51
眉山	15	25	35	50	59	75	85	96	113	121	128
绵阳	12	22	33	41	51	60	72	82	91	104	118
牡丹江	--	0.2	1	2	3	4	7	9	10	11	12
南充	10	19	32	61	80	92	100	110	120	135	150

3-30 续表 3 单位：亿元

地区	1–2 月	1–3 月	1–4 月	1–5 月	1–6 月	1–7 月	1–8 月	1–9 月	1–10 月	1–11 月	1–12 月
南平	8	13	17	20	26	29	35	41	45	50	51
南通	42	70	101	133	173	209	245	276	313	348	391
南阳	2	4	4	5	7	8	9	10	11	13	15
宁德	15	24	32	42	55	60	67	77	84	92	98
宁海	2	3	5	11	16	19	21	25	28	31	32
平顶山	2	4	8	11	13	15	17	19	21	26	30
萍乡	3	5	7	10	13	17	21	23	25	27	31
莆田	5	10	15	20	31	36	39	43	47	52	58
齐齐哈尔	0.04	0.4	1	1	2	3	3	4	4	5	5
秦皇岛	4	9	12	19	26	35	43	51	57	66	79
清远	24	38	53	67	83	100	112	127	139	152	167
衢州	5	11	16	19	24	28	31	36	42	51	60
泉州	39	66	97	123	157	187	212	236	265	291	323
三明	5	8	13	18	26	32	37	41	47	52	56
汕头	1	2	2	3	6	7	9	10	10	13	14
上饶	9	16	28	39	56	69	78	88	96	104	103
韶关	10	13	19	23	35	40	46	53	55	64	68
绍兴	29	51	75	97	129	175	201	228	253	281	296
太仓	6	8	10	12	16	21	26	37	43	48	56
泰安	5	8	13	18	28	37	44	50	62	71	77
泰州	15	27	37	48	62	77	90	104	116	129	141
唐山	6	10	16	20	30	37	50	58	67	72	81
铜陵	9	11	14	16	18	19	21	23	25	26	27
威海	3	8	14	19	23	30	35	40	44	50	53
潍坊	11	26	43	59	77	94	110	128	147	163	172
温岭	7	10	13	15	16	18	26	28	36	42	47
文昌	0.1	0.2	0.2	0.4	0.4	1	1	1	1	2	2
芜湖	20	29	43	57	82	96	109	122	131	144	156
香河	0.1	0.1	0.3	0.5	1	1	1	2	2	2	4
湘潭	7	12	15	17	21	24	28	34	38	43	51
襄阳	3	9	16	21	31	37	45	54	63	73	82
孝感	1	4	7	9	12	14	16	19	20	23	25
忻州	0.5	1	1	1	1	1	1	1	2	3	3
新乡	5	8	9	11	12	13	17	18	21	26	26
新余	2	4	6	7	9	13	15	17	19	20	22
宿迁	37	60	79	101	123	150	167	181	193	211	234
宿州	15	26	38	49	60	70	79	94	103	114	129

3-30　续表 4

单位：亿元

地区	1-2 月	1-3 月	1-4 月	1-5 月	1-6 月	1-7 月	1-8 月	1-9 月	1-10 月	1-11 月	1-12 月
徐州	44	70	98	128	171	207	247	288	319	357	400
宣城	10	29	37	44	53	59	65	70	77	82	87
烟台	9	15	21	30	39	46	57	65	70	79	89
盐城	21	30	41	58	72	86	98	107	126	137	144
扬州	23	35	50	66	82	99	116	131	145	160	182
阳江	8	13	19	24	31	37	42	46	52	56	62
阳泉	--	--	--	--	--	--	--	--	--	--	--
宜宾	11	20	28	34	44	51	60	67	75	85	98
宜昌	3	5	10	15	21	26	32	38	44	49	51
宜春	13	19	32	42	52	69	83	95	107	116	123
宜兴	5	6	9	12	16	19	22	25	29	32	33
鹰潭	3	4	7	9	11	15	19	21	23	26	28
余姚	4	6	9	11	16	28	32	39	45	55	58
岳阳	11	17	26	33	43	49	56	63	76	83	89
运城	3	6	9	12	16	21	25	30	35	40	44
枣庄	6	9	11	14	18	21	25	30	35	47	56
湛江	17	27	38	46	56	68	76	85	96	108	119
张家港	12	18	24	32	45	57	66	71	78	88	95
张家口	4	5	9	14	18	22	25	30	34	37	40
漳州	18	29	38	47	59	70	83	101	110	120	129
肇庆	12	20	26	36	46	57	66	75	84	91	103
镇江	15	22	30	39	51	63	74	97	116	127	139
中山	39	64	84	102	124	144	164	189	202	218	240
舟山	4	7	9	12	16	20	24	27	30	35	36
珠海	29	49	63	76	94	112	131	146	161	177	198
株洲	12	20	30	40	53	60	67	73	79	91	100
遵义	16	27	37	48	60	70	88	102	117	128	149

数据来源：国家统计局。

第四章

2020年全国主要城市新房市场统计

4-1　2020年全国主要城市商品房供求全年汇总统计

城市	销售套数（套）	销售面积（万平方米）	销售价格（元/平方米）	销售额（亿元）	批准上市套数（套）	批准上市面积（万平方米）	可售套数（套）	可售面积（万平方米）	销供比
一线城市									
北京市	121070	1138.06	36803	4188.37	213694	1729.90	325117	2400.39	0.66
上海市	197752	1877.37	36554	6862.47	167225	1507.14	148729	2854.85	1.25
广州市	192948	1533.26	30081	4612.19	154954	1561.26	347369	2343.88	0.98
深圳市	63336	581.86	55799	3246.72	95470	848.74	81982	753.27	0.69
二线城市									
长春市	94508	996.00	9440	940.23	105350	1094.22	153856	1714.51	0.91
成都市	331992	2610.68	12942	3378.80	413677	3076.69	1515101	8375.50	0.85
重庆市	309345	2511.59	11193	2811.17	380703	2876.43	405039	3917.87	0.87
大连市	53992	556.24	15538	864.27	74152	761.95	173199	2455.65	0.73
福州市	121503	958.94	16680	1599.51	227319	1513.11	464270	2689.34	0.63
杭州市 *	108366	1161.41	31328	3638.50	127013	1377.91	107714	1273.21	0.84
合肥市	119980	1100.01	15678	1724.56	120817	879.84	383537	2112.27	1.25
济南市	154415	1217.22	13067	1590.57	130452	839.56	558587	3098.92	1.45
兰州市	81676	908.44	9101	826.81	99486	1218.26	--	--	0.75
宁波市	257825	1965.71	17358	3412.02	291255	2009.79	--	--	0.98
青岛市	154683	1753.17	12338	2163.14	214939	2312.19	318782	3674.77	0.76
三亚市	8397	87.20	30354	264.69	13454	152.75	--	290.00	0.57
沈阳市	142966	1506.38	10743	1618.23	146391	1584.07	335723	3403.69	0.95
苏州市 *	108482	1272.22	24917	3170.02	121542	1441.43	139622	1586.03	0.88
无锡市	64066	692.38	18966	1313.19	60456	647.62	95707	1151.33	1.07
厦门市	45483	428.61	28347	1214.99	65519	508.57	240740	1660.80	0.84
西安市	138566	1329.38	15415	2049.21	209406	1803.87	312892	2689.98	0.74
郑州市	110739	1180.47	14654	1729.84	168798	1575.55	--	2486.18	0.75
三四线城市									
沧州市	28647	304.95	10631	324.20	13589	141.93	--	--	2.15
常熟市	12662	153.43	16560	254.08	12559	153.10	25746	317.83	1.00
常州市	85422	951.02	14553	1384.04	81755	885.83	88885	1064.41	1.07
池州市	10872	98.91	6986	69.10	4430	45.27	23427	156.15	2.18
佛山市	180615	1568.41	14721	2308.85	122870	1161.38	396858	2200.49	1.35
富阳市	15327	159.07	20907	332.56	15273	161.66	11610	120.59	0.98
固安县	8775	91.90	12116	111.35	--	--	--	--	--
衡水市	22853	236.88	8552	202.58	35759	272.69	--	--	0.87
淮北市	18987	209.47	7986	167.28	--	--	15572	372.18	--
黄冈市	6538	79.24	7645	60.58	--	--	7119	81.12	--

4-1 续表 1

城市	销售套数（套）	销售面积（万平方米）	销售价格（元/平方米）	销售额（亿元）	批准上市套数（套）	批准上市面积（万平方米）	可售套数（套）	可售面积（万平方米）	销供比
黄石市	12637	145.39	7803	113.45	14543	165.49	18951	223.86	0.88
惠州市	167097	1735.37	11214	1945.96	143122	1429.51	185654	1845.40	1.21
湖州市	74384	589.29	12476	735.22	--	--	--	--	--
建德市	6572	72.71	18154	132.00	4341	49.46	4616	43.50	1.47
江阴市	23546	306.31	14557	445.91	25623	312.54	--	--	0.98
昆山市	20085	225.13	17720	398.93	17970	205.26	32908	357.73	1.10
廊坊市	20397	199.33	14802	295.04	--	--	--	--	--
临安市	26525	281.75	19441	547.75	26812	269.94	14951	169.84	1.04
丽水市	26417	289.35	13552	392.12	30515	337.17	50342	528.04	0.86
柳州市	50569	392.33	--	--	56373	392.08	--	--	1.00
六安市	24129	261.57	8106	212.03	20440	233.96	56382	590.57	1.12
南平市	5145	43.25	6953	30.07	--	--	7729	86.74	--
莆田市	30925	262.91	--	--	31361	264.46	85670	559.30	0.99
泉州市	112997	1013.54	9328	945.42	147084	1166.08	253873	1490.66	0.87
衢州市	9251	275.30	8133	223.89	--	--	--	--	--
三明市	11449	110.34	9116	100.59	11760	92.16	11896	62.73	1.20
韶关市	19307	193.86	6408	124.22	--	--	42438	323.07	--
绍兴市	18796	234.97	20634	484.83	--	--	--	--	--
宿州市	29757	332.08	6669	221.46	25912	293.24	--	--	1.13
泰安市	26076	296.42	9046	268.13	33579	386.66	51446	609.54	0.77
太仓市	15097	123.83	16556	205.01	25863	200.61	55710	427.91	0.62
泰州市	14405	183.27	12399	227.24	13661	168.79	16782	194.73	1.09
铜陵市	12250	130.12	7310	95.12	15139	130.69	52043	494.93	1.00
桐庐县	4402	45.47	19949	90.71	2094	24.82	8171	77.88	1.83
芜湖市	22860	281.56	11870	334.22	19575	230.01	35487	513.52	1.22
香河县	6145	58.16	10155	59.06	--	--	--	--	--
孝感市	15405	164.58	7314	120.38	--	--	--	--	--
盐城市	40102	467.71	10008	468.08	33120	345.10	--	--	1.36
扬州市	27963	278.59	14016	390.48	29789	302.60	95908	575.40	0.92
宜兴市	14788	192.42	12628	242.98	13053	162.21	31642	414.99	1.19
岳阳市	21662	242.15	9223	223.34	--	--	37101	375.82	--
张家港市	16854	211.02	15395	324.87	19916	226.83	24568	300.11	0.93
肇庆市	85620	755.35	6507	491.48	--	--	--	--	--
镇江市	51467	599.21	11596	694.82	51350	578.30	117603	1298.34	1.04
中山市	104809	793.15	13215	1048.11	69793	419.66	335419	1654.49	1.89

4-1　续表 2

城市	销售套数（套）	销售面积（万平方米）	销售价格（元/平方米）	销售额（亿元）	批准上市套数（套）	批准上市面积（万平方米）	可售套数（套）	可售面积（万平方米）	销供比
舟山市	14331	138.68	16621	230.50	13978	129.50	24238	--	1.07
珠海市	51118	529.00	26689	1411.87	50140	503.62	105868	1152.22	1.05

备注：杭州数据包含萧山余杭；苏州数据包含吴江。

数据来源：中指数据库监测。

4-2 2020 年全国主要城市商品房成交套数统计

单位：套

城市	1月	2月	3月	4月	5月	6月	7月	8月	9月	10月	11月	12月	汇总
一线城市													
北京市	7673	2746	4171	8731	8111	8507	11357	10922	13117	10338	14273	21124	121070
上海市	11698	2304	10747	14062	15306	17283	17547	19377	23204	19529	20305	26390	197752
广州市	16511	2855	7931	11559	12267	19864	17507	15569	23376	19180	20675	25654	192948
深圳市	3517	1664	4086	4301	4462	4814	4776	5943	6889	6259	8858	7767	63336
二线城市													
长春市	5452	1161	6802	7418	7385	9508	9817	9871	12256	8006	8412	8420	94508
成都市	26144	8144	25409	28420	33592	32212	31824	31071	34528	19660	31032	29956	331992
重庆市	21966	81	15078	27296	31600	27357	30365	29666	26668	30342	29835	39091	309345
大连市	2386	482	3599	5172	4435	4990	5647	4255	5101	6152	5711	6062	53992
福州市	6555	4278	8216	9569	9469	11935	11705	10629	13896	11865	10016	13370	121503
杭州市 *	7219	1234	7675	9783	9815	13760	10155	10454	9219	8996	9970	10086	108366
合肥市	6190	1557	8539	10284	9521	10934	11062	9797	11295	11896	13986	14919	119980
济南市	8352	1287	9368	11622	16411	16273	14582	14918	18004	16198	18046	9354	154415
兰州市	3720	1960	6927	7773	7156	8000	7576	9228	6930	7367	8690	6349	81676
宁波市	14354	1224	15553	17352	21151	28970	31876	26572	28264	24400	24764	23345	257825
青岛市	7014	1948	11172	13549	13435	16130	16237	13396	13741	11748	14468	21845	154683
三亚市	980	84	386	530	410	703	762	853	772	993	941	983	8397
沈阳市	10730	1219	11016	14931	16692	17310	16114	16553	8917	9940	9988	9556	142966
苏州市 *	7130	2503	6513	8464	10765	20042	8330	8060	10442	6762	7702	11769	108482
无锡市	3117	1630	4506	5122	5889	6194	6929	7163	5830	5204	6331	6151	64066
厦门市	2661	737	2680	3161	3641	4381	4531	3695	3536	5000	4557	6903	45483
西安市	14020	734	8347	7839	12209	12790	13432	16512	10943	9515	13221	19004	138566
郑州市	7274	1448	4963	9066	12109	10323	11708	9457	9510	10106	9329	15446	110739
三四线城市													
沧州市	1068	139	1712	1920	2037	1771	3345	5761	3049	2206	2647	2992	28647
常熟市	698	215	1003	1241	1008	1050	996	938	928	1436	1429	1720	12662
常州市	9429	1831	6568	8680	7475	8425	9381	7912	8810	5005	5562	6344	85422
池州市	862	373	1003	1005	1130	785	1012	789	690	1377	819	1027	10872
佛山市	8909	2429	5032	14908	15568	16697	18643	14987	19092	20739	20232	23379	180615
富阳市	564	224	679	1473	1710	1294	1719	1862	1402	1716	1516	1168	15327
固安县	515	47	849	718	668	808	513	673	869	926	848	1341	8775
衡水市	1430	105	1300	2289	1779	2406	1628	1943	1751	1982	3065	3175	22853
淮北市	942	312	1826	1369	1631	2422	1217	1681	1266	1333	1813	3175	18987
黄冈市	558	1	153	358	530	428	642	386	762	1000	799	921	6538

4-2　续表1　　单位：套

城市	1月	2月	3月	4月	5月	6月	7月	8月	9月	10月	11月	12月	汇总
黄石市	702	0	224	852	1492	971	1338	1361	1595	1617	1827	658	12637
惠州市	8568	1347	7755	10074	13322	16850	17647	23047	18397	17569	16382	16139	167097
湖州市	2359	585	3313	4309	5514	11372	9690	7426	6697	7798	7585	7736	74384
建德市	--	187	535	673	688	770	827	661	580	501	465	685	6572
江阴市	1480	237	1259	1394	2604	3196	1990	2394	2653	2452	1078	2809	23546
昆山市	1352	166	965	1393	1536	2171	2564	2248	2541	2065	1925	1159	20085
廊坊市	757	253	1020	1473	1932	2073	1619	1770	2458	1692	2150	3200	20397
临安市	777	57	1085	2363	3925	3560	2459	2556	2076	2435	2054	3178	26525
丽水市	2570	292	1516	2037	2123	2071	3189	2995	2528	2227	2715	2154	26417
柳州市	5239	892	4094	3984	4251	4587	3536	4727	3624	4907	4803	5925	50569
六安市	2180	442	3104	2651	1517	1946	1952	1512	1988	2626	1992	2219	24129
南平市	364	118	460	309	377	380	815	421	379	448	437	637	5145
莆田市	1866	810	2532	2019	2063	2711	3248	3518	2562	3429	2649	3518	30925
泉州市	7778	2439	7758	7480	9233	11096	10277	9162	9692	12815	11649	13618	112997
衢州市	448	108	571	804	929	1122	1091	1283	708	617	716	854	9251
三明市	1434	691	481	667	416	1979	1116	1016	855	864	1080	850	11449
韶关市	811	364	1780	1435	2106	1920	2168	1907	1742	2093	1398	1583	19307
绍兴市	787	325	1353	1594	1830	2520	2064	2171	1939	1439	1024	1750	18796
宿州市	--	481	3424	3533	2662	2598	2845	2308	2395	3396	2978	3137	29757
泰安市	1507	181	1225	1607	2302	2188	2765	2622	2902	3780	2718	2279	26076
太仓市	376	113	765	1050	1097	1892	1956	1149	1896	1293	1727	1783	15097
泰州市	686	165	1338	1021	1834	1205	1306	1376	1268	1365	1030	1811	14405
铜陵市	814	451	935	1038	1212	1897	1028	978	1277	970	858	792	12250
桐庐县	239	28	209	274	255	514	761	329	633	344	185	631	4402
芜湖市	791	212	1693	1911	1942	1966	2604	2239	2043	2458	2655	2346	22860
香河县	154	12	64	192	262	664	648	795	881	557	837	1079	6145
孝感市	1136	0	338	1591	2070	1467	1819	1348	1194	1486	1434	1522	15405
盐城市	2116	461	2342	3382	2646	3746	3244	4156	4274	4310	3855	5570	40102
扬州市	2076	126	2847	3433	2757	1242	2213	2464	2359	2244	2443	3759	27963
宜兴市	601	221	994	1075	1585	1205	1317	976	1454	1689	1685	1986	14788
岳阳市	1379	204	909	1780	2094	1873	3609	2116	1749	2174	1663	2112	21662
张家港市	763	401	1178	1097	1450	2133	1346	1689	1654	1668	1402	2073	16854
肇庆市	6439	921	5424	6927	8056	7790	7986	6194	9718	9144	6994	10027	85620
镇江市	3132	378	3582	4626	5444	4782	4820	4019	5131	4583	5342	5628	51467
中山市	6669	3323	9125	8234	9371	8988	8960	10833	8650	9392	11690	9574	104809
舟山市	635	203	904	1429	1414	1438	1054	1232	909	2692	1147	1274	14331
珠海市	2862	403	2929	2896	3238	3754	6532	5102	4718	5176	6316	7192	51118

备注：杭州数据包含萧山余杭；苏州数据包含吴江。

数据来源：中指数据库监测。

4-3 2020年全国主要城市商品房成交面积统计

单位：万平方米

城市	1月	2月	3月	4月	5月	6月	7月	8月	9月	10月	11月	12月	汇总
一线城市													
北京市	74.48	33.36	38.90	72.18	75.98	77.94	99.96	105.95	116.29	101.19	140.06	201.77	1138.06
上海市	113.82	24.61	101.38	130.12	154.82	161.85	167.52	197.10	217.90	176.74	172.03	259.48	1877.37
广州市	116.66	15.81	65.94	89.41	90.78	134.22	127.86	125.86	209.90	150.71	183.12	222.99	1533.26
深圳市	32.15	20.74	39.82	36.36	36.40	48.34	45.27	52.32	61.66	56.48	79.11	73.21	581.86
二线城市													
长春市	56.40	12.35	70.81	77.26	78.30	98.71	104.94	103.85	130.88	81.57	91.32	89.61	996.00
成都市	220.95	76.26	194.69	214.96	244.88	257.28	245.65	268.92	284.75	148.65	234.70	218.99	2610.68
重庆市	151.99	0.90	132.96	210.57	261.96	223.37	248.53	236.82	218.63	257.69	247.05	321.12	2511.59
大连市	24.22	4.79	37.09	53.65	45.70	53.09	58.12	47.08	51.49	59.73	60.83	60.45	556.24
福州市	52.77	38.33	66.58	76.11	76.97	85.28	89.48	83.53	110.97	97.91	82.62	98.39	958.94
杭州市 *	77.86	13.64	93.51	105.31	102.97	152.04	111.82	112.07	95.65	90.57	97.95	108.02	1161.41
合肥市	56.57	16.62	80.07	94.69	85.27	97.85	101.12	87.99	94.52	113.51	135.26	136.54	1100.01
济南市	57.20	10.21	70.90	88.70	124.39	119.07	122.66	116.68	128.15	160.28	131.02	87.96	1217.22
兰州市	41.10	22.60	76.09	88.72	80.17	89.97	87.29	102.41	76.50	82.30	91.26	70.03	908.44
宁波市	114.58	11.08	121.08	139.30	178.39	223.50	251.65	204.93	200.48	187.47	171.90	161.35	1965.71
青岛市	78.99	24.04	124.40	155.04	151.73	183.92	187.28	152.46	152.07	132.74	165.76	244.74	1753.17
三亚市	10.35	0.87	4.28	5.91	4.60	6.86	8.02	8.01	7.98	9.02	10.80	10.50	87.20
沈阳市	112.78	12.63	111.76	151.04	171.75	185.02	168.34	173.82	94.39	107.17	108.31	109.37	1506.38
苏州市 *	82.93	31.05	74.19	93.87	140.76	231.84	98.96	89.11	118.41	81.80	90.50	138.80	1272.22
无锡市	34.03	17.07	54.08	58.20	62.42	68.43	78.97	75.76	64.22	53.49	64.33	61.38	692.38
厦门市	20.09	6.15	22.00	24.29	30.30	39.37	39.44	38.25	32.45	37.36	45.81	93.10	428.61
西安市	123.82	7.19	79.42	74.13	119.97	123.93	135.61	148.99	100.09	88.31	135.01	192.91	1329.38
郑州市	73.27	14.62	51.94	93.80	131.52	106.63	125.14	102.45	104.79	106.07	99.71	170.53	1180.47
三四线城市													
沧州市	11.98	1.63	19.02	21.51	22.55	19.84	33.22	56.15	32.79	24.44	29.38	32.44	304.95
常熟市	8.16	2.49	12.01	13.44	12.34	13.07	13.82	11.65	11.13	17.65	17.55	20.12	153.43
常州市	70.99	17.08	63.87	89.11	92.67	102.91	113.55	97.39	104.05	59.72	64.61	75.07	951.02
池州市	6.55	3.39	9.29	9.45	9.33	7.87	9.48	7.36	6.26	13.64	6.53	9.76	98.91
佛山市	76.02	20.36	60.39	132.54	137.02	157.80	144.01	132.32	160.17	180.11	177.62	190.05	1568.41
富阳市	6.19	2.38	6.49	15.48	17.09	13.99	17.09	18.47	13.91	17.79	16.43	13.76	159.07
固安县	6.05	0.39	8.29	6.99	7.46	8.63	5.16	6.78	8.38	9.32	10.51	13.94	91.90
衡水市	15.03	1.17	14.17	22.48	18.10	24.33	18.05	20.77	18.42	21.11	31.54	31.71	236.88
淮北市	9.77	3.38	21.80	16.07	17.18	23.91	13.74	18.86	14.15	15.01	21.39	34.21	209.47
黄冈市	6.81	0.01	2.04	4.16	6.68	5.23	7.67	4.74	9.75	12.45	10.04	9.66	79.24

4-3　续表1　　单位：万平方米

城市	1月	2月	3月	4月	5月	6月	7月	8月	9月	10月	11月	12月	汇总
黄石市	8.19	0.00	2.69	7.69	16.43	11.63	15.97	16.28	18.58	19.20	20.95	7.78	145.39
惠州市	89.30	14.19	79.88	104.24	136.27	179.26	184.88	240.73	189.48	180.26	169.50	167.38	1735.37
湖州市	21.21	4.96	31.18	36.60	50.68	99.44	62.19	50.42	58.57	54.93	59.08	60.03	589.29
建德市	--	2.03	5.74	7.53	7.76	9.06	8.91	7.42	6.45	5.11	5.37	7.33	72.71
江阴市	21.73	3.01	15.65	18.75	32.49	39.81	25.04	30.59	38.18	31.19	13.59	36.28	306.31
昆山市	14.00	1.81	10.44	17.11	17.26	24.48	27.83	26.50	28.93	22.87	21.49	12.41	225.13
廊坊市	7.48	2.48	10.48	15.02	18.02	20.96	16.53	17.53	22.38	17.03	20.75	30.67	199.33
临安市	8.12	0.68	12.10	25.03	42.57	38.17	27.09	26.65	21.19	25.31	21.78	33.06	281.75
丽水市	27.77	3.51	16.82	21.46	22.28	23.76	34.85	33.10	27.56	24.33	30.30	23.61	289.35
柳州市	32.90	7.17	32.05	31.09	33.08	35.08	26.02	39.70	29.23	45.71	34.18	46.12	392.33
六安市	23.47	4.72	33.96	28.04	17.48	21.19	21.67	15.66	21.05	28.92	21.37	24.04	261.57
南平市	3.86	1.14	3.89	3.01	3.49	3.41	6.33	2.95	3.06	3.64	3.91	4.56	43.25
莆田市	16.15	7.03	23.89	19.23	19.73	24.67	19.45	28.79	16.95	31.75	22.62	32.65	262.91
泉州市	60.48	23.26	70.25	64.78	82.32	92.30	101.16	80.85	93.57	115.98	103.40	125.19	1013.54
衢州市	4.72	1.13	6.42	10.06	10.65	12.46	14.62	169.53	11.27	7.76	15.42	11.26	275.30
三明市	13.06	6.23	4.67	9.21	4.25	18.66	10.21	8.92	7.03	9.22	11.32	7.56	110.34
韶关市	9.85	3.87	18.85	14.47	23.33	18.50	18.59	17.59	18.82	21.81	13.25	14.93	193.86
绍兴市	11.01	4.23	17.79	18.87	22.85	31.18	27.08	26.11	23.36	18.10	12.67	21.72	234.97
宿州市	--	5.20	39.02	39.36	28.92	29.30	32.27	24.70	25.67	38.93	33.84	34.87	332.08
泰安市	17.36	1.75	12.95	17.98	26.59	24.36	30.43	31.44	34.68	41.83	30.93	26.12	296.42
太仓市	3.16	1.41	6.92	9.19	8.15	14.69	15.65	10.78	14.04	10.72	14.34	14.78	123.83
泰州市	9.30	2.06	16.80	13.47	23.18	16.10	16.45	16.89	15.31	17.02	13.08	23.61	183.27
铜陵市	11.56	5.64	10.24	11.55	12.80	15.84	11.30	10.59	11.73	10.16	8.98	9.73	130.12
桐庐县	3.06	0.51	2.28	3.01	3.25	4.10	8.27	3.83	4.66	4.13	1.61	6.76	45.47
芜湖市	9.66	2.48	20.30	23.21	23.37	22.72	32.38	27.67	25.98	29.42	31.84	32.53	281.56
香河县	1.42	0.08	0.66	2.02	2.60	6.43	6.36	7.33	7.90	5.18	7.73	10.45	58.16
孝感市	11.23	0.00	3.61	17.16	22.41	15.51	17.64	14.59	12.99	16.59	15.86	16.99	164.58
盐城市	21.80	4.97	25.85	37.73	30.16	40.11	41.30	50.07	52.74	51.04	45.89	66.05	467.71
扬州市	19.73	1.42	22.01	26.54	21.46	12.96	25.35	28.38	27.77	26.50	28.43	38.04	278.59
宜兴市	7.92	2.74	12.13	14.37	21.67	16.52	17.99	12.92	19.30	20.28	20.85	25.73	192.42
岳阳市	15.74	2.38	10.82	19.48	23.28	20.84	38.70	23.29	19.65	25.34	19.54	23.09	242.15
张家港市	10.73	5.84	15.76	13.64	17.54	29.58	16.85	18.56	20.42	19.80	17.15	25.15	211.02
肇庆市	45.61	8.38	44.53	53.44	70.19	64.07	70.07	53.52	90.12	87.91	65.05	102.46	755.35
镇江市	33.35	4.46	41.95	53.86	64.54	55.77	56.56	48.80	62.61	53.98	58.46	64.87	599.21
中山市	50.96	17.43	66.65	64.29	71.91	72.27	67.33	79.42	70.93	73.68	90.37	67.91	793.15
舟山市	6.85	2.27	9.94	14.81	15.31	14.70	11.07	12.32	9.10	18.68	10.57	13.06	138.68
珠海市	28.26	4.25	29.51	28.81	33.17	38.82	73.28	52.46	48.08	50.63	61.28	80.45	529.00

备注：杭州数据包含萧山余杭；苏州数据包含吴江。

数据来源：中指数据库监测。

4-4 2020年全国主要城市商品房成交价格统计

单位：元/平方米

城市	1月	2月	3月	4月	5月	6月	7月	8月	9月	10月	11月	12月	汇总
一线城市													
北京市	32933	38185	36087	33601	40015	40966	39153	38097	35514	38367	36498	34790	36803
上海市	34788	42195	26157	49841	45926	35031	33632	36884	33093	34765	36779	35161	36554
广州市	29976	26372	29203	29143	27516	28774	28870	29541	30709	30794	31250	31831	30081
深圳市	58958	70692	62344	50827	51301	54893	51905	54180	56914	55943	56909	53252	55799
二线城市													
长春市	9380	9470	9373	9152	9232	9131	10086	9592	9699	9287	9285	9285	9440
成都市	13280	15291	12389	12309	11656	12634	12764	13998	13783	13168	12877	12423	12942
重庆市	9901	11423	11090	10399	10859	10768	11006	11111	11412	11746	11723	12138	11193
大连市	15263	14288	14414	14012	15561	16017	14578	15477	15571	15369	16678	17314	15538
福州市	16982	18888	16372	15321	17626	15224	16103	15566	17180	15942	18835	17272	16680
杭州市 *	30546	32287	36229	30995	30673	31585	31293	30951	30365	30483	30545	30816	31328
合肥市	16393	16249	16555	15438	14991	15516	17591	16294	16166	13456	15623	15258	15678
济南市	13137	13719	14023	14409	13238	12819	14641	14630	12862	10826	11567	13272	13067
兰州市	8514	9791	7981	8906	9064	8962	8872	9297	9259	9389	9494	9891	9101
宁波市	16965	18075	15586	16139	17935	17116	17567	18418	17750	17524	16575	18145	17358
三亚市	32608	35469	30701	31929	31565	27653	33615	29988	30238	28803	27148	30410	30354
沈阳市	9899	10532	10195	10390	11041	11025	11133	11047	11218	10708	10499	10517	10743
苏州市 *	23401	26589	26173	22963	22316	26919	24260	25437	25031	26082	23709	25533	24917
无锡市	17351	18969	17759	18791	18912	19746	19746	19714	19252	19167	18499	18369	18966
厦门市	30600	32971	30565	28009	30008	32928	36595	23409	26987	27387	27082	24660	28347
西安市	14422	15200	15171	14678	15141	14668	15557	15289	15452	16580	15769	16289	15415
郑州市	14188	14423	14446	14271	14090	14731	14963	15295	15034	14823	14734	14535	14654
三四线城市													
沧州市	10332	8264	11520	11781	11212	11565	10325	10055	10001	10546	10839	10428	10631
常熟市	15681	17446	16403	15063	17489	18000	16271	16622	16470	16076	16601	17013	16560
常州市	8623	10473	11450	12888	15793	16524	16044	17590	15871	12925	13933	15285	14553
池州市	6150	7404	6886	6824	6984	7260	7051	7393	6834	7006	6818	7243	6986
佛山市	14115	14205	14662	13828	14484	14889	14517	14851	15411	15055	14625	14947	14721
富阳市	21733	20019	20783	20130	21475	21332	20345	19954	20542	21592	21894	20744	20907
固安县	12059	13203	13431	12248	11369	11403	12523	12808	12166	11801	10610	12952	12116
衡水市	8206	8929	8784	8594	8711	9022	8660	8809	8514	8572	8253	8192	8552
淮北市	7514	6734	6106	7142	7264	7667	7344	8990	9671	9272	8628	8464	7986
黄冈市	7716	8755	8912	7357	7386	6978	7606	7797	8210	7883	7357	7367	7645

4-4　续表 1　　　　单位：元 / 平方米

城市	1月	2月	3月	4月	5月	6月	7月	8月	9月	10月	11月	12月	汇总
黄石市	6271	--	8522	9187	8860	8045	7278	7109	7685	7876	7483	8741	7803
惠州市	10828	10540	10115	10648	11324	11383	11415	11577	11068	11269	11200	11454	11214
湖州市	10527	11904	12156	11762	11634	14205	13841	13779	10975	13776	11250	10642	12476
建德市	--	19887	18032	16004	16995	17120	15975	17512	19517	19189	21277	21557	18154
江阴市	15441	14199	13840	15217	14767	14446	14589	14618	13142	14969	14127	15196	14557
昆山市	16698	18734	18992	16772	15345	18077	18036	17306	18315	17946	18203	19074	17720
廊坊市	14655	16809	14724	16270	16198	15936	14588	14751	14407	14243	13381	14096	14802
临安市	17598	19317	18615	18397	18337	19041	19803	19888	18609	20095	19357	22310	19441
丽水市	12091	12367	12531	12940	13939	12244	14855	15074	14288	13923	12710	13474	13552
六安市	8010	7770	7992	8302	8025	7963	8063	8064	8449	8097	7677	8544	8106
南平市	6547	7577	6999	7665	7894	7504	5926	7352	7032	5800	6897	7559	6953
泉州市	9303	8560	9029	9056	9288	9232	9695	9554	9571	9222	9203	9464	9328
衢州市	11417	16564	15341	13176	13517	15319	15588	4856	16072	12636	8456	12420	8133
三明市	9650	9197	9354	12440	7716	7800	9280	8597	7409	9624	10039	7952	9116
韶关市	6544	6862	5187	6407	6704	6464	6544	6656	6210	6454	6472	6859	6408
绍兴市	20327	18354	17225	18542	19305	20785	22228	22991	20675	20342	22498	21317	20634
宿州市	--	7096	6627	6900	6663	7140	6663	6850	6759	6563	6194	6389	6669
泰安市	8853	8799	9170	9816	9128	9428	9224	8977	8967	8310	9197	9130	9046
太仓市	15525	13566	15821	15014	14426	17907	16907	18085	16834	16415	16816	16281	16556
泰州市	12658	11854	11952	12323	11618	12623	12136	12590	12410	12239	13024	13112	12399
铜陵市	7315	7496	7097	7402	7386	6886	7325	7503	7017	7331	7372	7931	7310
桐庐县	21546	22779	21269	20221	22885	19310	19973	19303	20326	18931	18787	18407	19949
芜湖市	10642	10390	11320	10746	11134	12613	12217	12217	12293	12255	12700	11365	11870
香河县	10243	7697	10166	10415	10281	10310	10091	9968	10145	9944	10209	10232	10155
孝感市	7023	--	6071	6980	6822	7305	7971	7327	7818	7709	7337	7270	7314
盐城市	10225	9709	9898	9732	10155	10531	11827	10749	11107	12571	12057	11945	10008
扬州市	14048	14942	12841	13490	9434	14950	14818	14696	15230	13989	14836	14759	14016
宜兴市	11247	12500	12517	12576	12003	13261	12741	12620	12857	12542	12717	13011	12628
岳阳市	10246	8728	9728	9392	9459	9324	8533	8910	9133	9307	9310	9251	9223
张家港市	16644	15496	14779	15778	14261	14439	15255	15137	15655	15924	16163	16045	15395
肇庆市	6340	5569	6513	6484	6619	6477	6578	6699	6538	6385	6645	6448	6507
镇江市	11729	11160	11531	11960	11410	12309	11709	11220	11694	11456	10996	11615	11596
中山市	12905	12521	12867	12630	12531	12838	13444	13642	13718	13451	13153	14221	13215
舟山市	14591	17246	17431	17611	16652	17186	17834	17467	17655	14833	16303	15444	16621
珠海市	28395	27776	25826	24718	24224	25602	26983	26163	25650	25721	26692	29891	26689

备注：杭州数据包含萧山余杭；苏州数据包含吴江。

数据来源：中指数据库监测

4-5 2020年全国主要城市商品房成交金额统计

单位：亿元

城市	1月	2月	3月	4月	5月	6月	7月	8月	9月	10月	11月	12月	汇总
一线城市													
北京市	245.29	127.40	140.39	242.55	304.02	319.31	391.38	403.65	412.99	388.24	511.20	701.95	4188.37
上海市	395.94	103.83	265.18	648.53	711.02	566.99	563.42	726.97	721.08	614.43	632.71	912.37	6862.47
广州市	349.71	41.68	192.57	260.58	249.79	386.20	369.13	371.80	644.57	464.09	572.27	709.80	4612.19
深圳市	189.55	146.62	248.25	184.81	186.74	265.35	234.97	283.47	350.93	315.97	450.21	389.86	3246.72
二线城市													
长春市	52.90	11.69	66.37	70.71	72.28	90.14	105.84	99.61	126.94	75.75	84.79	83.21	940.23
成都市	293.42	116.60	241.21	264.60	285.42	325.04	313.56	376.43	392.48	195.75	302.24	272.05	3378.80
重庆市	150.49	1.03	147.44	218.96	284.47	240.51	273.53	263.14	249.50	302.69	289.62	389.79	2811.17
大连市	36.97	6.84	53.46	75.17	71.11	85.03	84.73	72.87	80.18	91.80	101.45	104.66	864.27
福州市	89.62	72.39	109.00	116.61	135.66	129.83	144.09	130.02	190.64	156.09	155.61	169.95	1599.51
杭州市 *	237.83	44.04	338.77	326.41	315.83	480.23	349.93	346.87	290.46	276.08	299.18	332.87	3638.50
合肥市	92.73	27.01	132.56	146.19	127.83	151.82	177.88	143.36	152.80	152.73	211.31	208.34	1724.56
济南市	75.15	14.00	99.42	127.81	164.66	152.62	179.59	170.70	164.82	173.51	151.56	116.73	1590.57
兰州市	34.99	22.13	60.73	79.02	72.66	80.62	77.44	95.21	70.83	77.27	86.64	69.27	826.81
宁波市	194.39	20.02	188.71	224.82	319.94	382.55	442.06	377.44	355.86	328.53	284.93	292.77	3412.02
三亚市	33.75	3.10	13.14	18.87	14.52	18.97	26.96	24.02	24.13	25.98	29.32	31.93	264.69
沈阳市	111.64	13.30	113.94	156.92	189.63	203.98	187.42	192.02	105.88	114.77	113.71	115.02	1618.23
苏州市 *	194.06	82.57	194.18	215.56	314.11	624.10	240.08	226.66	296.39	213.36	214.56	354.39	3170.02
无锡市	59.05	32.38	96.04	109.37	118.05	135.12	155.93	149.36	123.63	102.52	119.00	112.74	1313.19
厦门市	61.48	20.28	67.24	68.02	90.93	129.64	144.34	89.53	87.56	102.31	124.06	229.60	1214.99
西安市	178.57	10.94	120.50	108.81	181.65	181.77	210.97	227.80	154.66	146.41	212.90	314.23	2049.21
郑州市	103.96	21.08	75.04	133.86	185.32	157.08	187.24	156.71	157.55	157.23	146.90	247.87	1729.84
三四线城市													
沧州市	12.38	1.35	21.91	25.34	25.28	22.94	34.30	56.46	32.79	25.78	31.84	33.83	324.20
常熟市	12.79	4.35	19.69	20.24	21.58	23.53	22.48	19.37	18.33	28.37	29.13	34.22	254.08
常州市	61.21	17.89	73.13	114.85	146.35	170.05	182.17	171.31	165.13	77.19	90.02	114.74	1384.04
池州市	4.03	2.51	6.40	6.45	6.52	5.71	6.68	5.44	4.28	9.56	4.45	7.07	69.10
佛山市	107.31	28.92	88.54	183.27	198.45	234.95	209.06	196.51	246.84	271.16	259.77	284.07	2308.85
富阳市	13.46	4.77	13.49	31.17	36.70	29.83	34.77	36.85	28.57	38.42	35.98	28.55	332.56
固安县	7.29	0.51	11.13	8.56	8.48	9.84	6.46	8.68	10.20	11.00	11.15	18.05	111.35
衡水市	12.33	1.05	12.45	19.32	15.77	21.95	15.63	18.30	15.68	18.09	26.03	25.98	202.58
淮北市	7.34	2.28	13.31	11.48	12.48	18.33	10.09	16.96	13.68	13.92	18.45	28.96	167.28
黄冈市	5.25	0.01	1.82	3.06	4.93	3.65	5.84	3.70	8.01	9.81	7.38	7.12	60.58

4-5　续表 1　　　　单位：亿元

城市	1 月	2 月	3 月	4 月	5 月	6 月	7 月	8 月	9 月	10 月	11 月	12 月	汇总
黄石市	5.13	0.00	2.29	7.06	14.55	9.36	11.62	11.57	14.28	15.12	15.67	6.80	113.45
惠州市	96.70	14.96	80.80	110.99	154.31	204.05	211.05	278.69	209.71	203.14	189.84	191.72	1945.96
湖州市	22.33	5.90	37.90	43.05	58.96	141.25	86.07	69.47	64.28	75.67	66.46	63.88	735.22
建德市	--	4.04	10.35	12.05	13.19	15.51	14.24	12.99	12.60	9.80	11.42	15.81	132.00
江阴市	33.55	4.27	21.66	28.53	47.97	57.51	36.53	44.72	50.17	46.68	19.19	55.13	445.91
昆山市	23.38	3.40	19.83	28.69	26.49	44.25	50.20	45.86	52.99	41.04	39.13	23.67	398.93
廊坊市	10.96	4.17	15.42	24.44	29.19	33.40	24.12	25.85	32.24	24.26	27.76	43.23	295.04
临安市	14.29	1.31	22.53	46.05	78.05	72.68	53.65	52.99	39.43	50.87	42.15	73.75	547.75
丽水市	33.58	4.34	21.07	27.76	31.06	29.09	51.76	49.89	39.38	33.87	38.51	31.81	392.12
六安市	18.80	3.67	27.14	23.28	14.03	16.87	17.47	12.63	17.78	23.42	16.40	20.54	212.03
南平市	2.53	0.86	2.72	2.31	2.76	2.56	3.75	2.17	2.15	2.11	2.70	3.45	30.07
泉州市	56.27	19.91	63.43	58.67	76.45	85.21	98.08	77.25	89.56	106.96	95.16	118.47	945.42
衢州市	5.39	1.88	9.85	13.26	14.40	19.09	22.78	82.31	18.11	9.80	13.04	13.98	223.89
三明市	12.60	5.73	4.37	11.46	3.28	14.55	9.48	7.67	5.21	8.87	11.36	6.01	100.59
韶关市	6.45	2.65	9.78	9.27	15.64	11.96	12.17	11.71	11.69	14.08	8.58	10.24	124.22
绍兴市	22.39	7.76	30.64	34.98	44.11	64.82	60.19	60.03	48.29	36.82	28.51	46.29	484.83
宿州市	--	3.69	25.86	27.16	19.27	20.92	21.50	16.92	17.35	25.55	20.96	22.28	221.46
泰安市	15.37	1.54	11.88	17.65	24.27	22.96	28.07	28.23	31.10	34.76	28.45	23.85	268.13
太仓市	4.91	1.92	10.95	13.79	11.76	26.31	26.47	19.49	23.64	17.60	24.11	24.06	205.01
泰州市	11.78	2.45	20.09	16.60	26.93	20.33	19.97	21.27	19.00	20.83	17.03	30.96	227.24
铜陵市	8.46	4.23	7.27	8.55	9.45	10.91	8.28	7.95	8.23	7.45	6.62	7.72	95.12
桐庐县	6.59	1.17	4.85	6.08	7.43	7.92	16.52	7.39	9.47	7.82	3.03	12.44	90.71
芜湖市	10.28	2.58	22.98	24.94	26.02	28.66	39.56	33.80	31.94	36.06	40.43	36.97	334.22
香河县	1.45	0.06	0.67	2.10	2.68	6.63	6.42	7.31	8.01	5.15	7.89	10.69	59.06
孝感市	7.89	0.00	2.19	11.98	15.29	11.33	14.06	10.69	10.16	12.79	11.64	12.36	120.38
盐城市	22.29	4.82	25.59	36.71	30.62	42.24	48.85	53.82	58.58	64.16	55.33	78.89	468.08
扬州市	27.71	2.12	28.26	35.81	20.24	19.37	37.56	41.71	42.30	37.08	42.18	56.14	390.48
宜兴市	8.91	3.42	15.18	18.07	26.01	21.91	22.92	16.31	24.82	25.44	26.51	33.48	242.98
岳阳市	16.13	2.08	10.52	18.29	22.02	19.43	33.02	20.75	17.95	23.59	18.19	21.37	223.34
张家港市	17.87	9.06	23.29	21.53	25.01	42.72	25.71	28.09	31.97	31.54	27.72	40.36	324.87
肇庆市	28.91	4.67	29.00	34.65	46.46	41.50	46.09	35.85	58.92	56.13	43.23	66.07	491.48
镇江市	39.12	4.98	48.37	64.41	73.63	68.64	66.23	54.75	73.22	61.83	64.29	75.35	694.82
中山市	65.76	21.82	85.76	81.19	90.11	92.77	90.52	108.35	97.30	99.10	118.86	96.57	1048.11
舟山市	9.99	3.91	17.32	26.08	25.50	25.27	19.73	21.53	16.07	27.70	17.23	20.17	230.50
珠海市	80.26	11.81	76.22	71.22	80.34	99.38	197.74	137.26	123.34	130.24	163.57	240.49	1411.87

备注：杭州数据包含萧山余杭；苏州数据包含吴江。

数据来源：中指数据库监测。

4-6 2020年全国主要城市商品房批准上市套数统计

单位：套

城市	1月	2月	3月	4月	5月	6月	7月	8月	9月	10月	11月	12月	汇总
一线城市													
北京市	16393	2544	4934	20536	17568	23145	12085	15146	27722	11890	23360	38371	213694
上海市	11008	693	7081	12728	12382	13627	15489	18217	22454	12205	10586	30755	167225
广州市	7639	1677	7298	9216	11263	15832	8479	14987	18270	14778	23823	21692	154954
深圳市	1763	0	4383	623	3791	3983	9882	14380	11532	6861	18961	19311	95470
二线城市													
长春市	3140	796	5121	5958	10039	15908	11917	10754	17000	7593	6629	10495	105350
成都市	34581	1554	27703	31882	25508	29036	45525	26576	72520	15507	37999	65286	413677
重庆市	22557	746	11170	32597	32919	43528	40226	29034	36782	40744	33712	56688	380703
大连市	4388	120	1553	8378	6961	5778	6675	5218	8339	14461	6016	6265	74152
福州市	18569	6663	21391	23746	25035	22766	18701	9282	19392	10278	23306	28190	227319
杭州市 *	5610	206	7754	10652	15552	12386	9444	11677	18778	6605	11633	16716	127013
合肥市	4640	3	4408	7958	8651	12968	14532	14184	17490	6673	10575	18735	120817
济南市	9379	497	12088	13935	18041	12920	9157	4592	17649	6707	17785	7702	130452
兰州市	5699	0	2823	4850	2139	13449	11800	12035	12496	10478	8988	14729	99486
宁波市	6567	279	9695	17059	27710	44968	37797	19622	27352	24452	21554	54200	291255
青岛市	15877	4536	13096	24027	23238	24935	24796	10040	17525	15883	21781	19205	214939
三亚市	3159	0	319	0	377	1047	493	579	1652	386	1385	4057	13454
沈阳市	3608	693	8960	9235	17680	16153	21009	19431	17389	8163	13884	10186	146391
苏州市 *	1010	0	4129	10565	12435	20283	6874	8567	14476	9218	13013	20972	121542
无锡市	2163	0	1062	5291	6169	6675	5456	5125	6496	5905	7389	8725	60456
厦门市	323	0	4384	8520	13124	1211	7296	2834	10087	805	1885	15050	65519
西安市	9880	2554	12553	17444	19255	21303	22973	16182	16441	13624	31295	25902	209406
郑州市	5937	0	16286	13560	18900	20539	19894	12287	18893	11051	13372	18079	168798
三四线城市													
沧州市	1971	182	1491	1209	204	0	3573	2128	660	1148	0	1023	13589
常熟市	376	0	565	967	1282	360	2405	163	843	1038	2499	2061	12559
常州市	6173	648	4252	12286	6177	11524	8127	6929	5633	3778	7916	8312	81755
池州市	379	0	416	324	267	226	400	440	283	732	0	963	4430
佛山市	4322	2114	6203	7657	13817	12903	13049	12143	14728	9029	10452	16453	122870
富阳市	562	20	965	1393	1154	1851	982	1592	2966	342	1631	1815	15273
衡水市	2710	0	1832	2784	1752	3584	2429	3453	2433	3910	4484	6388	35759
黄石市	1140	0	378	1000	1430	1186	674	1622	3132	1162	494	2325	14543
惠州市	3873	132	2180	13216	4694	15903	18760	18317	20738	8647	17039	19623	143122
建德市	--	0	174	813	599	590	206	347	858	94	376	284	4341

4-6　续表 1　　　　单位：套

城市	1月	2月	3月	4月	5月	6月	7月	8月	9月	10月	11月	12月	汇总
江阴市	120	0	1348	2318	2909	3277	2302	2631	3204	2290	2604	2620	25623
昆山市	621	0	359	2382	1077	2748	1157	1130	2592	1539	2029	2336	17970
临安市	593	0	575	3573	4038	1594	1926	3957	2704	1631	2899	3322	26812
丽水市	3584	0	1152	2326	2401	1379	3023	2753	3171	3845	1747	5134	30515
柳州市	1416	104	2168	4320	5265	6349	2288	5813	12453	2048	6170	7979	56373
六安市	4149	0	1503	1392	2504	1807	1000	1179	1993	1561	912	2440	20440
莆田市	1281	0	2322	3661	978	4399	1072	2715	4313	1156	3755	5709	31361
泉州市	10400	62	6637	12863	14461	16475	9313	16166	22163	11655	8588	18301	147084
三明市	1060	0	366	465	214	2634	1734	2101	1136	0	955	1095	11760
宿州市	--	0	3016	3576	2345	2072	1622	1057	4510	1744	1897	4073	25912
泰安市	1695	0	1161	2975	2152	3328	3541	4751	4478	3122	3855	2521	33579
太仓市	1227	0	2228	979	1404	8298	1959	484	4962	1316	643	2363	25863
泰州市	245	0	27	773	2421	1505	1204	854	1601	674	628	3729	13661
铜陵市	2259	0	0	2017	375	2632	309	1631	1013	407	1142	3354	15139
桐庐县	6	131	0	48	45	656	22	74	231	153	304	424	2094
芜湖市	1774	266	699	1630	1418	1950	1497	1157	2785	1127	3408	1864	19575
盐城市	571	426	4092	3114	3334	3211	2457	1545	4088	2259	3648	4375	33120
扬州市	3783	0	2611	4212	1293	2053	3026	2657	3161	1026	1161	4806	29789
宜兴市	789	264	859	712	914	799	608	694	1896	1740	2000	1778	13053
张家港市	184	0	605	1312	2250	1232	2522	3417	2619	1837	2501	1437	19916
镇江市	2242	0	1775	7971	2281	5443	3985	3861	8290	1669	6094	7739	51350
中山市	341	0	2206	1615	6144	5850	8049	11917	9259	7552	7528	9332	69793
舟山市	33	0	906	627	0	555	284	4405	2126	3003	1193	846	13978
珠海市	4584	133	1293	3021	5114	5982	2554	4820	4797	6963	4720	6159	50140

备注：杭州数据包含萧山余杭；苏州数据包含吴江。

数据来源：中指数据库监测。

4-7 2020年全国主要城市商品房批准上市面积统计

单位：万平方米

城市	1月	2月	3月	4月	5月	6月	7月	8月	9月	10月	11月	12月	汇总
一线城市													
北京市	122.58	32.05	38.55	163.81	117.45	181.33	117.40	139.56	226.08	125.08	173.49	292.52	1729.90
上海市	88.28	4.46	68.46	115.41	115.52	122.40	129.26	178.13	203.37	111.74	90.64	279.47	1507.14
广州市	74.41	14.75	68.49	86.14	126.03	165.16	92.43	155.58	196.53	134.80	223.48	223.46	1561.26
深圳市	12.27	0.00	43.76	5.59	41.99	42.99	77.36	121.20	112.75	65.71	156.30	168.82	848.74
二线城市													
长春市	35.15	8.75	52.16	63.28	101.29	162.05	135.58	110.36	172.83	80.47	66.43	105.87	1094.22
成都市	205.74	6.45	244.83	241.26	172.01	212.18	343.28	208.46	530.93	135.59	217.41	558.55	3076.69
重庆市	156.63	5.63	93.34	252.57	231.15	289.09	285.69	240.34	301.19	325.17	305.07	390.56	2876.43
大连市	42.54	1.14	21.72	108.64	74.53	62.59	69.24	45.56	74.54	139.97	63.00	58.48	761.95
福州市	133.89	46.75	133.08	178.96	158.98	173.90	113.46	67.36	121.43	70.11	127.83	187.36	1513.11
杭州市 *	57.89	2.93	91.51	112.43	168.24	143.60	101.71	106.88	204.64	68.21	133.91	185.96	1377.91
合肥市	49.66	0.08	34.69	67.23	72.62	95.72	87.84	88.76	139.52	50.66	63.25	129.81	879.84
济南市	55.63	4.89	76.24	112.07	107.04	94.44	61.17	28.23	105.47	42.92	103.97	47.49	839.56
兰州市	66.66	0.00	31.32	52.18	26.45	159.96	151.25	145.93	156.73	137.15	105.76	184.87	1218.26
宁波市	32.73	3.36	71.30	140.83	216.19	281.03	210.26	141.39	201.83	147.89	180.11	382.87	2009.79
青岛市	177.84	56.06	146.77	244.24	237.18	254.27	260.31	102.87	195.45	195.54	231.83	209.83	2312.19
三亚市	32.91	0.00	4.10	0.00	3.56	10.78	5.11	6.95	23.56	4.24	14.99	46.55	152.75
沈阳市	36.70	7.10	97.05	100.15	179.24	177.13	226.40	211.68	197.98	83.60	160.00	107.04	1584.07
苏州市 *	12.17	0.00	41.34	129.33	176.90	237.83	78.81	100.57	163.24	105.66	149.43	246.15	1441.43
无锡市	25.79	0.00	10.89	43.12	80.65	76.94	66.33	52.45	77.58	62.62	79.54	71.71	647.62
厦门市	3.60	0.00	44.51	57.48	102.39	10.87	58.27	16.84	81.35	7.10	13.27	112.89	508.57
西安市	117.88	31.45	95.99	156.65	162.36	198.82	174.80	153.80	167.68	128.24	240.61	175.59	1803.87
郑州市	62.88	0.00	125.18	141.56	157.43	180.09	190.47	114.11	187.45	106.31	137.15	172.92	1575.55
三四线城市													
沧州市	20.60	2.41	15.99	10.13	2.52	0.00	32.32	22.51	8.34	14.74	0.00	12.37	141.93
常熟市	4.34	0.00	6.85	12.55	15.35	4.06	30.81	2.18	12.66	13.92	28.85	21.53	153.10
常州市	57.05	8.61	49.64	108.48	75.19	133.58	96.34	81.17	64.69	33.41	85.75	91.92	885.83
池州市	4.16	0.00	3.18	3.90	3.16	2.01	4.40	4.86	2.97	8.02	0.00	8.61	45.27
佛山市	35.94	21.56	53.28	82.06	117.73	115.05	109.53	113.63	141.21	80.62	115.49	175.28	1161.38
富阳市	7.64	0.22	10.85	13.91	10.61	21.53	9.91	15.63	30.50	3.36	17.83	19.67	161.66
衡水市	20.38	0.00	14.83	22.24	14.72	27.97	18.17	27.84	16.19	27.76	33.38	49.21	272.69
黄石市	13.84	0.00	4.35	12.17	19.28	14.29	7.98	18.10	35.27	10.80	2.99	26.42	165.49
惠州市	40.24	1.43	21.90	137.47	49.50	156.18	178.64	185.42	214.39	86.05	164.47	193.82	1429.51
建德市	--	0.00	2.15	8.41	6.08	6.95	1.85	3.59	12.69	1.10	3.45	3.19	49.46

4-7　续表 1　　　　单位：万平方米

城市	1月	2月	3月	4月	5月	6月	7月	8月	9月	10月	11月	12月	汇总
江阴市	1.14	0.00	21.16	30.22	36.00	40.02	20.48	30.66	41.82	28.20	28.27	34.57	312.54
昆山市	7.40	0.00	3.66	28.76	14.04	28.48	15.36	13.46	27.74	17.23	23.02	26.11	205.26
临安市	7.01	0.00	8.56	32.47	42.42	19.48	19.22	37.65	26.32	17.51	26.98	32.32	269.94
丽水市	39.62	0.00	12.48	23.72	24.65	17.36	32.33	30.10	34.84	42.36	21.01	58.70	337.17
柳州市	16.44	1.39	7.97	32.13	27.22	43.03	25.38	61.31	67.32	17.38	51.10	41.41	392.08
六安市	45.85	0.00	16.67	17.29	29.95	17.71	11.30	14.94	21.56	18.41	11.20	29.08	233.96
莆田市	10.84	0.00	27.10	25.89	11.03	32.43	10.76	25.66	28.24	9.29	27.86	55.36	264.46
泉州市	92.20	0.70	49.97	97.87	117.29	145.67	79.62	130.55	169.98	95.04	62.00	125.19	1166.08
三明市	10.12	0.00	3.54	3.57	1.56	19.37	12.45	19.04	8.25	0.00	6.73	7.53	92.16
宿州市	--	0.00	33.17	40.95	25.83	22.88	19.21	11.02	51.70	19.83	22.03	46.62	293.24
泰安市	16.17	0.00	14.58	30.30	24.84	38.09	37.54	64.19	49.32	35.72	45.98	29.93	386.66
太仓市	9.31	0.00	12.90	6.38	11.26	53.39	21.41	5.78	37.22	13.26	6.16	23.54	200.61
泰州市	4.04	0.00	0.16	10.07	27.97	21.22	11.96	11.61	20.41	8.47	8.28	44.60	168.79
铜陵市	13.82	0.00	0.00	20.17	4.12	13.66	3.86	10.04	10.70	4.92	12.43	36.97	130.69
桐庐县	0.10	1.43	0.00	0.59	0.90	8.87	0.31	0.91	2.34	1.41	2.99	4.97	24.82
芜湖市	20.49	2.99	7.99	20.25	15.72	23.10	19.46	13.23	31.66	14.04	39.43	21.65	230.01
盐城市	5.12	4.23	25.68	22.03	22.92	26.34	28.85	30.25	47.68	26.32	54.52	51.16	345.10
扬州市	35.23	0.00	14.04	35.79	16.21	22.29	35.73	30.94	38.36	11.65	13.09	49.27	302.60
宜兴市	11.05	3.38	11.24	10.10	10.36	10.39	7.84	7.24	23.32	19.30	25.63	22.36	162.21
张家港市	2.06	0.00	7.14	13.27	28.37	15.20	19.69	37.56	30.56	22.42	27.26	23.30	226.83
镇江市	29.61	0.00	19.87	96.71	28.25	54.39	46.81	45.52	80.52	19.71	72.45	84.46	578.30
中山市	3.09	0.00	14.23	13.40	27.73	40.24	57.49	62.10	62.78	36.48	45.73	56.39	419.66
舟山市	0.61	0.00	7.66	5.75	0.00	5.31	1.19	44.09	20.61	18.05	15.74	10.49	129.50
珠海市	42.26	1.90	11.08	26.67	45.35	60.07	33.83	53.85	47.39	69.34	46.23	65.65	503.62

备注：杭州数据包含萧山余杭；苏州数据包含吴江。

数据来源：中指数据库监测。

4-8 2020年全国主要城市商品房可售套数统计

单位：套

城市	1月	2月	3月	4月	5月	6月	7月	8月	9月	10月	11月	12月
一线城市												
北京市	274078	277154	268253	287056	291795	307891	303704	295807	311759	308831	320228	325117
上海市	150558	149711	147980	151905	148072	148165	145412	149327	153375	151897	148541	148729
广州市	300014	299110	297812	300259	301138	308544	306005	306725	317298	318523	334381	347369
深圳市	61574	60060	62234	56534	53063	51333	55467	61466	64676	63378	69495	81982
二线城市												
长春市	142103	141891	140414	138659	140523	146801	150529	151786	156389	155728	153862	153856
成都市	1431508	1424983	1428710	1431692	1423269	1432389	1446755	1442433	1478536	1474927	1482824	1515101
重庆市	338880	339549	336133	341816	343504	359818	369868	370380	372283	382894	387250	405039
大连市	167037	166673	164804	166808	170244	171844	172892	173545	176966	185412	183177	173199
福州市	350731	352061	359970	372971	389635	406831	414196	421431	425733	430505	446863	464270
杭州市 *	85471	84732	84027	85794	91605	89263	88330	89342	100123	97956	99738	107714
合肥市	384601	383827	379988	382567	382547	331972	336832	340599	366975	341200	339612	383537
济南市	500336	500323	507693	496285	502042	492764	492712	500022	497905	537618	547790	558587
青岛市	266508	266753	264906	269092	273612	282309	295934	289504	299779	313387	321558	318782
沈阳市	304119	304805	316460	318842	310124	317818	316887	318145	328303	328765	333322	335723
苏州市 *	112948	110404	109416	112936	116220	116858	117030	118221	124152	128095	133909	139622
无锡市	--	--	--	92368	92764	93326	92005	89098	91160	92023	93060	95707
厦门市	--	--	--	--	181761	177712	180404	176688	183736	231594	241777	240740
西安市	272114	275511	278106	287696	299766	312158	331780	323933	320965	318664	316273	312892
三四线城市												
常熟市	23468	23239	22958	22724	22629	21971	23490	23006	24418	24232	25386	25746
常州市	216330	215028	215851	222357	83329	85155	85141	84163	79453	83574	86678	88885
池州市	23037	22512	22514	22577	22074	21455	21513	21702	22872	23230	22682	23427
佛山市	350369	348913	347968	345639	342142	342150	380021	378668	375399	392845	389671	396858
富阳市	8759	8673	9091	9081	9180	9599	9651	9558	11448	10064	10408	11610
淮北市	31144	31221	31753	32174	--	12877	13112	13521	13577	14918	15314	15572
黄冈市	7707	7706	7685	7654	7999	7997	7848	7716	7666	7626	7321	7119
黄石市	19147	19147	18573	18836	19028	18816	17970	18212	19401	19544	18676	18951
惠州市	152728	150742	173027	177061	172334	176445	175853	174530	173753	178230	181236	185654
建德市	--	4698	4315	5176	5212	5180	4801	4697	4826	4681	4854	4616
江阴市	26141	25904	26109	27101	27544	27932	28339	31489	32356	32194	33720	--
昆山市	34856	34689	34135	34611	34207	35105	33612	32860	32996	31792	31896	32908
临安市	13055	12977	12662	13728	14596	13258	12547	13542	13840	13403	14320	14951

4-8　续表 1　　　　单位：套

城市	1月	2月	3月	4月	5月	6月	7月	8月	9月	10月	11月	12月
丽水市	42499	42499	42227	42142	42654	42843	43323	43414	44990	46808	46253	50342
六安市	61606	61286	59882	58942	58409	57682	56633	56241	57194	55892	55353	56382
南平市	6502	6394	7133	7251	7296	7248	7261	7455	7845	7740	7456	7729
莆田市	89667	88991	87675	88971	87996	88515	86748	85565	87139	85012	85328	85670
泉州市	218350	215803	214420	219528	228642	252062	246478	246478	253213	252364	255325	253873
三明市	12820	12164	11975	11980	12474	12536	12652	13253	13050	12435	12140	11896
韶关市	31553	32358	31076	31867	31631	32012	32930	34375	37077	36154	38343	42438
泰安市	39351	39168	40176	41835	41563	42749	43775	46602	48576	49393	51280	51446
太仓市	43580	43471	45467	45410	45720	52142	52512	51863	55987	56020	54954	55710
泰州市	17185	16995	16311	16293	16636	16503	16926	16266	16483	15987	15586	16782
铜陵市	44742	44309	43544	44840	45228	46647	45895	46602	46681	46078	46470	52043
桐庐县	--	8838	8267	7865	7658	9070	8318	8138	8028	7942	8049	8171
芜湖市	36262	36348	35648	35854	35489	35686	35887	35081	36314	34605	35500	35487
扬州市	102715	96418	102005	102661	101576	87889	88702	93821	94623	93405	95019	95908
宜兴市	34211	34282	34354	33912	33723	32277	32060	31776	32187	31878	32071	31642
岳阳市	33380	33076	32608	33237	32527	34951	33539	32820	35955	35516	36831	37101
张家港市	21983	21582	19828	20031	20745	19733	20896	22635	23598	23743	25247	24568
镇江市	119758	119278	117047	119373	117048	117171	116970	116391	119164	115994	116006	117603
中山市	122635	122278	122694	124730	124643	350603	347382	342696	342142	340364	333436	335419
舟山市	21652	21499	21754	22355	22033	22635	23298	23357	26516	24285	24591	24238
珠海市	109466	109355	97905	98248	103253	104696	98973	98525	98500	103004	106238	105868

备注：杭州数据包含萧山余杭；苏州数据包含吴江。

数据来源：中指数据库监测。

4-9 2020年全国主要城市商品房可售面积统计

单位：万平方米

城市	1月	2月	3月	4月	5月	6月	7月	8月	9月	10月	11月	12月
一线城市												
北京市	2073.59	2087.84	2022.44	2153.35	2133.74	2256.55	2254.89	2194.77	2337.59	2337.64	2377.34	2400.39
上海市	2824.02	2814.71	2800.50	2837.47	2791.58	2826.52	2795.68	2841.27	2892.76	2884.44	2865.33	2854.85
广州市	2034.26	2029.73	2027.00	2037.86	2057.18	2088.51	2068.97	2096.74	2168.07	2169.58	2257.65	2343.88
深圳市	621.20	603.07	614.36	562.18	539.21	542.23	557.29	601.04	629.40	620.64	665.34	753.27
二线城市												
长春市	1606.66	1603.74	1582.19	1573.38	1579.42	1629.04	1662.79	1690.20	1733.78	1724.69	1705.56	1714.51
成都市	7843.15	7773.76	7832.15	7840.45	7771.00	7793.05	7891.55	7832.02	8067.95	8052.36	8045.62	8375.50
重庆市	3559.17	3564.06	3529.47	3576.30	3551.12	3620.83	3661.50	3676.02	3709.70	3780.28	3843.50	3917.87
大连市	2381.65	2378.24	2366.14	2401.96	2439.69	2456.04	2465.88	2462.89	2485.65	2564.32	2547.85	2455.65
福州市	2046.00	2059.72	2100.63	2174.24	2280.73	2394.87	2441.61	2487.52	2496.84	2518.01	2576.46	2689.34
杭州市 *	1003.74	1000.53	989.85	1006.92	1074.03	1052.48	1048.42	1045.08	1157.37	1144.17	1174.16	1273.21
合肥市	2318.56	2305.29	2267.47	2280.43	2277.51	1936.46	1924.05	1921.28	2084.52	1872.60	1835.78	2112.27
济南市	--	--	--	2800.26	2862.06	2836.98	2832.83	2860.49	2855.26	3028.20	3067.10	3098.92
青岛市	3164.18	3164.36	3146.51	3182.51	3209.95	3277.58	3418.00	3332.97	3450.11	3626.81	3705.48	3674.77
三亚市	270.00	--	285.00	280.00	280.00	283.00	270.00	280.00	279.00	280.00	282.00	290.00
沈阳市	3062.70	3115.65	3178.84	3203.78	3099.04	3294.41	3211.22	3326.52	3448.55	3449.33	3503.39	3403.69
苏州市 *	1262.39	1230.95	1211.80	1263.25	1314.02	1330.46	1328.60	1345.91	1409.73	1451.91	1514.29	1586.03
无锡市	--	--	--	1104.57	1124.10	1133.61	1121.56	1090.71	1115.14	1125.81	1139.69	1151.33
厦门市	--	--	--	--	1278.63	1260.14	1278.41	1255.70	1298.27	1628.41	1697.34	1660.80
西安市	2512.57	2527.74	2528.80	2572.48	2647.71	2756.99	2874.81	2805.54	2773.80	2750.75	2721.49	2689.98
郑州市	2080.73	2066.11	2139.34	2187.10	2213.01	2286.47	2351.80	2363.46	2446.11	2446.36	2483.80	2486.18
三四线城市												
常熟市	298.01	295.53	291.58	291.11	291.62	282.29	295.74	289.58	309.43	309.01	315.38	317.83
常州市	1466.72	1457.99	1458.61	1487.69	1042.10	1056.74	1051.95	1036.66	978.62	1012.98	1046.17	1064.41
池州市	158.58	154.25	152.16	149.55	146.04	139.29	139.29	140.78	151.44	151.68	147.27	156.15
佛山市	2000.23	1991.97	1985.58	1991.28	1965.57	1966.31	2107.10	2102.09	2105.01	2180.38	2186.32	2200.49
富阳市	90.23	89.53	94.08	93.84	93.39	96.64	98.51	97.39	118.20	103.63	107.53	120.59
淮北市	287.54	288.23	295.19	297.75	--	337.42	340.86	347.13	345.22	365.46	370.32	372.18
黄冈市	84.95	84.94	84.51	84.19	87.35	87.33	85.91	85.00	83.79	82.90	82.12	81.12
黄石市	232.16	232.16	227.43	228.95	233.26	230.49	220.85	223.16	232.77	235.20	221.47	223.86
惠州市	1563.70	1544.75	1744.77	1793.13	1747.09	1773.85	1750.62	1740.12	1723.03	1767.84	1790.28	1845.40
建德市	--	50.67	47.04	54.10	53.73	53.53	49.23	47.70	46.38	44.66	45.87	43.50
江阴市	398.31	395.29	402.35	414.76	403.95	408.55	405.11	450.73	458.02	455.03	469.71	--

4–9　续表 1　　单位：万平方米

城市	1月	2月	3月	4月	5月	6月	7月	8月	9月	10月	11月	12月
昆山市	384.91	383.42	376.82	361.82	358.73	365.52	356.30	353.89	354.24	342.40	343.44	357.73
临安市	166.65	165.82	165.21	170.11	179.00	163.23	152.74	159.42	162.41	159.39	165.95	169.84
丽水市	453.95	453.95	450.09	445.71	447.40	447.96	452.46	457.66	480.69	495.31	486.22	528.04
六安市	627.70	624.29	611.32	604.23	597.14	591.04	586.01	584.07	596.98	583.23	576.40	590.57
南平市	73.61	72.48	78.83	80.43	81.37	81.29	81.31	83.64	87.90	86.90	83.89	86.74
莆田市	589.53	583.16	572.89	573.40	566.44	566.45	569.02	563.02	571.35	552.96	549.94	559.30
泉州市	1321.37	1295.45	1270.69	1300.81	1362.48	1558.43	1495.73	1479.30	1513.57	1501.24	1521.19	1490.66
三明市	75.12	68.66	66.96	67.57	67.07	67.26	67.38	75.79	75.16	67.82	64.51	62.73
韶关市	296.92	314.21	302.69	312.86	301.61	305.78	298.03	303.01	323.72	311.80	316.29	323.07
泰安市	460.83	459.04	473.07	488.82	487.21	502.97	515.81	557.29	575.14	585.14	606.39	609.54
太仓市	334.59	333.17	344.51	341.85	345.05	383.83	392.27	387.43	422.50	425.09	417.07	427.91
泰州市	201.66	199.12	192.73	192.56	194.66	194.04	196.06	189.23	192.93	186.79	181.95	194.73
铜陵市	467.12	461.95	451.97	463.95	460.65	463.03	455.34	455.56	457.27	453.21	457.80	494.93
桐庐县	--	79.81	78.74	75.52	73.35	88.49	81.74	78.10	76.71	75.09	76.46	77.88
芜湖市	519.57	520.59	512.33	516.10	513.78	517.17	519.53	509.84	521.80	504.71	513.85	513.52
扬州市	594.67	562.00	578.98	588.29	585.85	513.98	524.36	545.18	555.77	540.92	565.45	575.40
宜兴市	441.35	442.33	444.64	443.50	441.34	421.73	419.04	412.93	418.86	414.20	419.85	414.99
岳阳市	351.02	348.71	345.50	352.90	346.12	365.54	351.71	343.85	373.59	367.64	373.48	375.82
张家港市	277.23	271.39	257.32	257.22	268.20	253.75	256.61	275.81	285.88	288.47	302.46	300.11
镇江市	1352.22	1346.94	1325.69	1356.03	1327.85	1316.78	1316.19	1305.56	1319.87	1282.19	1285.33	1298.34
中山市	1313.47	1310.80	1315.91	1331.84	1332.43	1731.02	1717.12	1674.85	1674.05	1671.72	1622.90	1654.49
珠海市	1294.17	1293.27	1167.37	1167.30	1187.37	1198.48	1107.97	1104.46	1105.85	1137.76	1159.01	1152.22

备注：杭州数据包含萧山余杭；苏州数据包含吴江。

数据来源：中指数据库监测。

4–10 2020年全国主要城市商品房销供比统计

城市	1月	2月	3月	4月	5月	6月	7月	8月	9月	10月	11月	12月	汇总
一线城市													
北京市	0.61	1.04	1.01	0.44	0.65	0.43	0.85	0.76	0.51	0.81	0.81	0.69	0.66
上海市	1.29	5.51	1.48	1.13	1.34	1.32	1.30	1.11	1.07	1.58	1.90	0.93	1.25
广州市	1.57	1.07	0.96	1.04	0.72	0.81	1.38	0.81	1.07	1.12	0.82	1.00	0.98
深圳市	2.62	--	0.91	6.50	0.87	1.12	0.59	0.43	0.55	0.86	0.51	0.43	0.69
二线城市													
长春市	1.60	1.41	1.36	1.22	0.77	0.61	0.77	0.94	0.76	1.01	1.37	0.85	0.91
成都市	1.07	11.82	0.80	0.89	1.42	1.21	0.72	1.29	0.54	1.10	1.08	0.39	0.85
重庆市	0.97	0.16	1.42	0.83	1.13	0.77	0.87	0.99	0.73	0.79	0.81	0.82	0.87
大连市	0.57	4.20	1.71	0.49	0.61	0.85	0.84	1.03	0.69	0.43	0.97	1.03	0.73
福州市	0.39	0.82	0.50	0.43	0.48	0.49	0.79	1.24	0.91	1.40	0.65	0.53	0.63
杭州市 *	1.35	4.65	1.02	0.94	0.61	1.06	1.10	1.05	0.47	1.33	0.73	0.58	0.84
合肥市	1.14	212.34	2.31	1.41	1.17	1.02	1.15	0.99	0.68	2.24	2.14	1.05	1.25
济南市	1.03	2.09	0.93	0.79	1.16	1.26	2.01	4.13	1.21	3.73	1.26	1.85	1.45
兰州市	0.62	--	2.43	1.70	3.03	0.56	0.58	0.70	0.49	0.60	0.86	0.38	0.75
宁波市	3.50	3.29	1.70	0.99	0.83	0.80	1.20	1.45	0.99	1.27	0.95	0.42	0.98
青岛市	0.44	0.43	0.85	0.63	0.64	0.72	0.72	1.48	0.78	0.68	0.71	1.17	0.76
三亚市	0.31	--	1.04	--	1.29	0.64	1.57	1.15	0.34	2.13	0.72	0.23	0.57
沈阳市	3.07	1.78	1.15	1.51	0.96	1.04	0.74	0.82	0.48	1.28	0.68	1.02	0.95
苏州市 *	6.82	--	1.79	0.73	0.80	0.97	1.26	0.89	0.73	0.77	0.61	0.56	0.88
无锡市	1.32	--	4.97	1.35	0.77	0.89	1.19	1.44	0.83	0.85	0.81	0.86	1.07
厦门市	5.58	--	0.49	0.42	0.30	3.62	0.68	2.27	0.40	5.26	3.45	0.82	0.84
西安市	1.05	0.23	0.83	0.47	0.74	0.62	0.78	0.97	0.60	0.69	0.56	1.10	0.74
郑州市	1.17	--	0.41	0.66	0.84	0.59	0.66	0.90	0.56	1.00	0.73	0.99	0.75
三四线城市													
沧州市	0.58	0.68	1.19	2.12	8.96	--	1.03	2.49	3.93	1.66	--	2.62	2.15
常熟市	1.88	--	1.75	1.07	0.80	3.22	0.45	5.35	0.88	1.27	0.61	0.93	1.00
常州市	1.24	1.98	1.29	0.82	1.23	0.77	1.18	1.20	1.61	1.79	0.75	0.82	1.07
池州市	1.57	--	2.92	2.43	2.96	3.91	2.16	1.51	2.11	1.70	--	1.13	2.18
佛山市	2.12	0.94	1.13	1.62	1.16	1.37	1.31	1.16	1.13	2.23	1.54	1.08	1.35
富阳市	0.81	10.96	0.60	1.11	1.61	0.65	1.72	1.18	0.46	5.29	0.92	0.70	0.98
衡水市	0.74	--	0.96	1.01	1.23	0.87	0.99	0.75	1.14	0.76	0.94	0.64	0.87
黄石市	0.59	--	0.62	0.63	0.85	0.81	2.00	0.90	0.53	1.78	7.01	0.29	0.88
惠州市	2.22	9.90	3.65	0.76	2.75	1.15	1.03	1.30	0.88	2.09	1.03	0.86	1.21
建德市	--	--	2.67	0.90	1.28	1.30	4.82	2.07	0.51	4.64	1.56	2.30	1.47

4-10　续表1　　　　单位：万平方米

城市	1月	2月	3月	4月	5月	6月	7月	8月	9月	10月	11月	12月	汇总
江阴市	19.12	--	0.74	0.62	0.90	0.99	1.22	1.00	0.91	1.11	0.48	1.05	0.98
昆山市	1.89	--	2.86	0.59	1.23	0.86	1.81	1.97	1.04	1.33	0.93	0.48	1.10
临安市	1.16	--	1.41	0.77	1.00	1.96	1.41	0.71	0.80	1.45	0.81	1.02	1.04
丽水市	0.70	--	1.35	0.90	0.90	1.37	1.08	1.10	0.79	0.57	1.44	0.40	0.86
柳州市	2.00	5.15	4.02	0.97	1.22	0.82	1.03	0.65	0.43	2.63	0.67	1.11	1.00
六安市	0.51	--	2.04	1.62	0.58	1.20	1.92	1.05	0.98	1.57	1.91	0.83	1.12
莆田市	1.49	--	0.88	0.74	1.79	0.76	1.81	1.12	0.60	3.42	0.81	0.59	0.99
泉州市	0.66	33.41	1.41	0.66	0.70	0.63	1.27	0.62	0.55	1.22	1.67	1.00	0.87
三明市	1.29	--	1.32	2.58	2.72	0.96	0.82	0.47	0.85	--	1.68	1.00	1.20
宿州市	--	--	1.18	0.96	1.12	1.28	1.68	2.24	0.50	1.96	1.54	0.75	1.13
泰安市	1.07	--	0.89	0.59	1.07	0.64	0.81	0.49	0.70	1.17	0.67	0.87	0.77
太仓市	0.34	--	0.54	1.44	0.72	0.28	0.73	1.86	0.38	0.81	2.33	0.63	0.62
泰州市	2.31	--	101.94	1.34	0.83	0.76	1.38	1.46	0.75	2.01	1.58	0.53	1.09
铜陵市	0.84	--	--	0.57	3.11	1.16	2.93	1.05	1.10	2.07	0.72	0.26	1.00
桐庐县	31.71	0.36	--	5.08	3.60	0.46	26.99	4.21	1.99	2.93	0.54	1.36	1.83
芜湖市	0.47	0.83	2.54	1.15	1.49	0.98	1.66	2.09	0.82	2.10	0.81	1.50	1.22
盐城市	4.26	1.17	1.01	1.71	1.32	1.52	1.43	1.66	1.11	1.94	0.84	1.29	1.36
扬州市	0.56	--	1.57	0.74	1.32	0.58	0.71	0.92	0.72	2.27	2.17	0.77	0.92
宜兴市	0.72	0.81	1.08	1.42	2.09	1.59	2.29	1.79	0.83	1.05	0.81	1.15	1.19
张家港市	5.21	--	2.21	1.03	0.62	1.95	0.86	0.49	0.67	0.88	0.63	1.08	0.93
镇江市	1.13	--	2.11	0.56	2.28	1.03	1.21	1.07	0.78	2.74	0.81	0.77	1.04
中山市	16.51	--	4.68	4.80	2.59	1.80	1.17	1.28	1.13	2.02	1.98	1.20	1.89
舟山市	11.14	--	1.30	2.58	--	2.77	9.29	0.28	0.44	1.03	0.67	1.24	1.07
珠海市	0.67	2.23	2.66	1.08	0.73	0.65	2.17	0.97	1.01	0.73	1.33	1.23	1.05

备注：杭州数据包含萧山余杭；苏州数据包含吴江。

数据来源：中指数据库监测。

4-11　2020年全国主要城市商品房出清周期统计

单位：月

城市	1月	2月	3月	4月	5月	6月	7月	8月	9月	10月	11月	12月
一线城市												
北京市	24.42	26.70	27.64	30.23	31.41	36.31	33.96	27.96	25.58	24.29	22.24	18.82
上海市	19.35	22.48	24.31	24.73	24.25	24.70	22.66	18.68	16.86	16.09	15.73	14.39
广州市	17.42	19.77	20.82	22.41	24.91	24.44	23.69	19.84	16.72	15.51	14.54	13.78
深圳市	13.29	13.74	14.30	13.37	13.78	15.22	14.74	13.95	13.47	12.39	11.63	12.28
二线城市												
长春市	16.69	20.39	22.30	22.72	23.93	24.82	22.55	19.00	17.51	17.30	16.74	17.08
成都市	35.19	38.50	38.52	37.99	36.50	38.68	38.38	32.95	31.92	33.32	33.52	35.85
重庆市	16.49	19.43	20.88	21.34	20.43	22.13	20.37	16.78	15.90	15.67	16.10	15.37
大连市	76.38	89.41	83.02	73.43	69.61	67.44	58.61	50.14	48.25	48.81	46.27	43.63
福州市	25.57	28.42	31.58	32.94	33.79	36.28	33.85	31.23	28.68	27.77	28.12	28.66
杭州市 *	9.72	10.67	10.83	10.29	11.40	11.58	10.86	9.25	10.21	10.32	10.67	12.40
合肥市	36.18	44.35	40.17	34.91	31.81	26.95	24.27	21.07	22.28	19.36	17.48	18.95
济南市	--	--	--	46.78	41.16	36.18	31.72	26.72	24.49	23.56	23.66	24.90
青岛市	19.88	23.12	24.90	25.21	26.51	27.38	24.82	20.94	21.07	22.66	22.82	21.30
三亚市	31.99	--	34.76	37.09	41.73	51.64	53.05	44.59	40.43	37.74	33.37	32.01
沈阳市	17.05	21.48	24.31	24.18	24.64	26.53	24.07	20.75	21.91	22.98	25.11	26.82
苏州市 *	12.37	13.60	14.16	14.93	14.26	12.19	11.89	11.08	10.94	11.45	12.79	15.41
无锡市	--	--	--	23.35	24.37	23.12	19.84	16.45	16.40	16.75	16.88	17.35
厦门市	--	--	--	--	--	53.17	47.47	38.91	38.16	45.00	43.77	34.80
西安市	20.72	25.74	28.05	29.18	30.69	31.30	31.93	24.68	23.68	23.02	22.31	20.15
郑州市	22.71	30.27	33.12	32.80	29.48	29.08	26.95	23.19	22.09	21.69	23.11	21.05
三四线城市												
常熟市	20.25	26.43	26.75	27.57	28.31	27.54	26.43	22.77	24.62	23.27	22.30	20.75
常州市	16.29	18.62	19.98	19.75	13.80	14.52	13.17	11.12	9.79	10.66	11.58	12.42
池州市	17.14	18.65	18.49	18.93	18.80	18.21	17.11	16.00	18.27	16.87	17.29	17.66
佛山市	18.00	20.89	23.63	23.11	21.78	20.20	19.39	16.51	14.62	14.35	13.78	13.41
富阳市	9.07	10.36	11.21	9.70	8.80	9.41	8.15	6.59	7.39	6.32	6.61	7.43
淮北市	17.83	19.49	18.37	19.63	--	21.98	21.29	18.67	19.93	21.32	20.76	19.03
黄冈市	11.77	14.30	17.98	19.95	21.25	20.99	19.98	16.70	13.15	10.70	9.88	8.96
黄石市	23.33	28.38	33.84	33.28	28.62	29.66	24.35	18.94	16.13	14.39	12.95	13.60
惠州市	10.62	12.01	15.16	16.94	17.34	17.65	15.03	11.28	9.99	9.55	9.39	9.78
江阴市	14.65	16.36	17.81	20.78	20.35	18.65	18.04	16.66	14.87	13.84	15.80	0.98
昆山市	15.07	17.79	21.12	20.58	21.65	25.78	21.61	17.18	14.95	13.90	13.55	15.33

4-11　续表 1　　单位：月

城市	1月	2月	3月	4月	5月	6月	7月	8月	9月	10月	11月	12月
临安市	12.54	15.18	15.92	13.81	10.33	7.73	6.29	5.57	5.39	5.28	6.22	6.57
丽水市	14.99	17.62	20.46	20.41	23.28	23.25	22.14	18.03	17.69	17.92	16.78	18.23
六安市	24.45	28.08	25.97	24.81	25.11	27.52	27.67	25.39	28.63	27.79	26.64	26.70
南平市	14.99	16.14	17.60	22.91	24.51	25.97	22.90	21.72	23.69	22.81	21.62	21.26
莆田市	20.70	22.08	22.13	23.49	27.29	30.70	29.95	24.88	26.61	23.47	22.88	22.05
泉州市	16.29	18.10	18.57	20.05	21.09	23.77	20.68	18.05	17.63	15.91	15.54	14.42
三明市	11.63	9.68	8.99	8.33	8.97	7.19	7.60	8.13	7.74	6.98	5.92	6.94
韶关市	19.91	25.40	22.97	24.54	21.56	20.65	18.32	16.33	17.45	15.77	17.48	18.46
泰安市	16.12	19.26	24.45	28.06	29.16	29.89	27.13	23.26	20.85	18.54	18.79	18.71
太仓市	28.43	38.70	49.93	54.44	55.92	52.87	42.00	35.54	34.97	34.45	31.19	31.98
泰州市	16.12	18.47	17.18	18.05	15.57	14.38	13.36	11.03	11.42	10.68	11.51	11.41
铜陵市	49.48	51.56	47.63	45.89	42.53	41.09	40.55	37.81	37.18	37.55	40.05	47.50
桐庐县	--	34.11	34.38	30.57	28.88	32.77	22.90	18.96	16.97	15.94	17.26	15.96
芜湖市	27.95	34.73	35.21	35.18	32.42	30.49	25.05	20.44	20.15	18.75	18.13	17.13
扬州市	25.79	28.79	29.04	28.35	28.55	29.62	28.67	23.93	23.41	22.78	22.71	19.79
宜兴市	29.33	34.37	39.04	40.17	36.78	33.58	29.43	25.92	24.45	22.87	23.35	21.27
岳阳市	17.61	19.79	22.08	23.81	22.00	23.71	18.27	15.13	15.44	14.60	15.21	15.08
张家港市	18.74	20.27	18.66	19.33	19.38	16.35	15.51	14.78	14.71	14.10	14.83	15.26
镇江市	24.10	29.47	31.53	33.42	31.12	31.11	28.50	24.37	23.15	22.48	22.94	22.56
中山市	16.38	19.18	19.53	20.74	21.69	30.24	28.63	23.82	23.57	23.03	21.45	22.08
珠海市	30.59	36.87	35.61	37.68	42.35	44.16	31.99	25.88	24.16	23.03	21.43	18.88

备注：杭州数据包含萧山余杭；苏州数据包含吴江。

数据来源：中指数据库监测。

4-12 2020年全国主要城市商品住宅供求统计

城市	销售套数（套）	销售面积（万平方米）	销售价格（元/平方米）	销售额（亿元）
长沙市	118039	1494.60	10234	1529.50
贵阳市	60703	698.89	10229	714.91
哈尔滨市	56621	597.81	10274	614.18
海口市	31505	360.67	16208	584.58
呼和浩特市	17018	205.18	11886	243.88
昆明市	68036	823.03	15315	1260.50
南昌市	37077	443.05	13262	587.57
南京市 *	87043	1026.01	25814	2648.58
南宁市	83921	936.87	10884	1019.70
石家庄市	47721	548.59	10934	599.81
太原市	64948	786.16	11310	889.13
天津市	111353	1215.95	16575	2015.39
温州市	91735	1080.34	17663	1908.25
武汉市	174757	1949.58	14214	2771.04
乌鲁木齐市	56391	639.30	8241	526.85
西宁市	28405	317.37	9041	286.94
银川市	39008	492.04	7712	379.44
安庆市	10543	125.66	8334	104.72
鞍山市	14782	155.51	5385	83.74
保定市	22212	241.55	8140	196.61
宝鸡市	34792	423.40	4986	211.11
包头市	21855	276.34	7738	213.84
北海市	18524	160.82	7543	121.31
蚌埠市	18257	216.74	8267	179.17
常德市	23640	270.70	6368	172.38
承德市	7382	89.97	9218	82.93
郴州市	20768	237.78	6099	145.02
滁州市	14593	166.26	7670	127.52
大理市	8036	96.30	11667	112.35
丹东市	7152	76.35	6457	49.30
大庆市	8934	101.34	4706	47.69
大同市	22564	265.22	6233	165.31
德州市	14843	180.46	8320	150.15
东莞市	64630	740.63	24212	1793.24
东营市	30884	451.53	5255	237.29
鄂尔多斯市	10195	155.02	5431	84.19

4-12　续表 1

城市	销售套数（套）	销售面积（万平方米）	销售价格（元/平方米）	销售额（亿元）
鄂州市	14825	163.75	6845	112.08
防城港市	14623	143.85	5341	76.83
阜阳市	31766	373.99	8173	305.68
赣州市	17286	211.49	10477	221.58
桂林市	11052	126.13	8971	113.15
邯郸市	25484	291.73	8725	254.54
衡阳市	30549	382.01	5911	225.80
菏泽市	30825	398.07	5977	237.91
吉安市	11878	145.76	7948	115.85
嘉兴市	28099	328.45	14217	466.95
吉林市	16090	169.72	6812	115.61
荆州市	15000	170.70	7483	127.73
金华市	22618	239.51	15342	367.45
济宁市	33741	440.02	8442	371.46
锦州市	7220	85.18	6417	54.66
九江市	21242	239.80	8059	193.26
开封市	25457	305.33	7215	220.31
乐山市	15509	164.75	5928	97.67
连云港市	50467	613.85	8076	495.74
丽江市	4744	65.41	7262	47.50
临沂市	46013	605.77	9474	573.88
洛阳市	24955	291.05	9204	267.87
泸州市	25019	277.81	6429	178.60
马鞍山市	12993	152.63	9181	140.13
茂名市	22335	278.68	7218	201.14
眉山市	28235	287.85	7412	213.36
梅州市	30765	399.94	6198	247.88
绵阳市	26884	285.83	8374	239.35
牡丹江市	8238	81.12	5651	45.84
南充市	43580	420.59	6831	287.29
南通市	39264	459.82	17878	822.08
南阳市	25951	282.90	6139	173.68
平顶山市	16756	195.97	5559	108.94
秦皇岛市	17903	187.84	11123	208.94
日照市	11219	134.16	8886	119.21
商丘市	29677	354.41	6541	231.81

4–12 续表 2

城市	销售套数（套）	销售面积（万平方米）	销售价格（元 / 平方米）	销售额（亿元）
汕头市	21897	275.17	9118	250.89
宿迁市	28836	362.94	8722	316.56
唐山市	36618	419.35	10532	441.64
潍坊市	44325	589.62	7630	449.86
湘潭市	26152	325.81	5694	185.51
襄阳市	24969	299.05	8779	262.54
咸阳市	32601	367.35	8736	320.92
邢台市	20324	243.68	7107	173.18
新乡市	17579	214.89	6766	145.39
许昌市	26755	336.17	6526	219.39
徐州市	70775	824.82	11031	909.87
烟台市	32284	371.32	11488	426.57
宜昌市	19122	226.64	7702	174.55
宜春市	15341	179.35	6781	121.62
永州市	7132	85.96	6496	55.84
张家口市	14775	162.87	7155	116.53
漳州市	10992	114.57	13813	158.25
湛江市	47522	520.31	9151	476.12
驻马店市	20494	277.96	6066	168.60
株洲市	28475	339.17	6765	229.46
淄博市	34059	435.94	9006	392.62
遵义市	28248	320.23	5934	190.04

备注：南京数据包含溧水高淳。

数据来源：中指数据库监测。

4-13　2020年全国主要城市商品住宅成交套数统计

单位：套

城市	1月	2月	3月	4月	5月	6月	7月	8月	9月	10月	11月	12月	汇总
长沙市	6676	1992	6306	9377	8715	12283	11145	10617	10347	12009	12271	16301	118039
贵阳市	2295	939	4941	7018	5621	6458	4783	5517	4900	7541	4746	5944	60703
哈尔滨市	4356	451	1761	4344	3826	5190	4949	6710	7060	5975	6586	5413	56621
海口市	3524	577	2135	1463	1996	1746	2949	4507	3796	2760	3169	2883	31505
呼和浩特市	259	366	35	669	1216	1626	2009	1701	3298	1113	1409	3317	17018
昆明市	3855	598	3042	4873	7156	7568	6204	6434	7195	6443	6741	7927	68036
南昌市	2770	672	3095	3335	4451	3671	2877	2055	2597	3652	3589	4313	37077
南京市 *	6204	2161	4695	7270	8929	7812	9493	7835	6227	7892	8877	9648	87043
南宁市	6913	754	5079	7188	7505	8731	11393	8945	8256	6420	6443	6294	83921
石家庄市	3044	866	1675	3159	4046	4197	5726	5654	5200	4285	4663	5206	47721
太原市	4303	772	2904	4914	5274	6445	6719	6603	6546	6434	6351	7683	64948
天津市	8335	570	4497	10086	10922	12135	9600	10222	11190	9958	11348	12490	111353
温州市	5055	588	2720	4183	9753	15299	6916	7664	8150	8394	7427	15586	91735
武汉市	11559	0	112	6619	11944	13261	21841	17928	18191	22265	23088	27949	174757
乌鲁木齐市	1702	8	2007	6669	4413	5645	3720	3	3387	11107	9421	8309	56391
西宁市	1694	125	2927	2382	2776	1859	2529	3252	2801	2472	2730	2858	28405
银川市	1946	345	1787	2812	2665	5604	4467	4865	3579	3918	4479	2541	39008
安庆市	555	259	745	367	648	1402	1224	1166	1175	891	1050	1061	10543
鞍山市	520	57	1083	1253	1458	1791	1704	1486	1625	1236	1520	1049	14782
保定市	1068	82	918	1824	1680	2553	2483	2255	2574	1726	2689	2360	22212
宝鸡市	3848	357	2166	4916	3895	2943	3295	2824	2161	2727	2678	2982	34792
包头市	741	228	1588	1847	2213	2257	2335	1838	1976	2182	2174	2476	21855
北海市	1916	276	1153	1267	1515	1740	1507	1461	1540	1724	1842	2583	18524
蚌埠市	1525	174	1642	1723	1750	1605	2119	1559	1311	1687	1691	1471	18257
常德市	1762	332	1446	2414	2496	2117	2162	2126	2585	1906	1668	2626	23640
承德市	203	2	160	395	470	703	876	658	660	693	1009	1553	7382
郴州市	1292	146	1038	1535	1873	2129	1965	1855	1665	2662	1925	2683	20768
滁州市	--	--	1898	2591	1166	2031	1779	838	1090	1186	1052	962	14593
大理市	465	141	259	343	409	588	820	1399	1191	749	847	825	8036
丹东市	722	120	316	676	799	937	776	612	510	509	413	762	7152
大庆市	301	13	407	724	1521	1484	811	876	618	660	626	893	8934
大同市	1089	202	1480	1984	1653	2718	2432	2241	2124	1872	2606	2163	22564
德州市	496	125	626	1032	2201	1224	1388	2135	1735	1272	1202	1407	14843
东莞市	2531	428	2660	3868	4432	7029	6898	7503	6653	6854	6905	8869	64630
东营市	1535	245	912	3051	1030	3601	2459	3929	2259	3203	5655	3005	30884
鄂尔多斯市	727	37	513	934	1242	1828	854	521	716	1155	1135	533	10195

4–13 续表 1

单位：套

城市	1月	2月	3月	4月	5月	6月	7月	8月	9月	10月	11月	12月	汇总
鄂州市	982	0	91	1445	1172	896	1200	1199	1736	1605	2735	1764	14825
防城港市	1119	172	822	1241	1259	1169	1321	1138	1307	1377	1684	2014	14623
阜阳市	1585	722	3302	3291	2958	2761	2883	2807	2778	3497	2540	2642	31766
赣州市	744	197	998	1483	1546	1665	1940	2029	1836	1711	1485	1652	17286
桂林市	476	189	1132	1114	1347	2003	642	918	669	779	999	784	11052
邯郸市	1504	195	1396	1534	1925	2309	2233	2756	2620	2001	4533	2478	25484
衡阳市	1678	874	2132	2383	2749	2505	2416	2160	2734	3597	2877	4444	30549
菏泽市	1409	198	2023	2329	2563	2631	3684	3502	2648	4312	2591	2935	30825
吉安市	680	326	1079	758	1049	944	1162	1033	1063	1830	1029	925	11878
嘉兴市	884	136	1443	1999	2057	4624	3162	3982	2567	2979	2584	1682	28099
吉林市	1060	224	1084	1327	718	1231	2176	1875	1768	1223	1892	1512	16090
荆州市	806	1	393	806	1101	1560	2186	2148	1589	1505	1577	1328	15000
金华市	745	151	1036	1725	2014	2375	3689	2553	2024	1820	2134	2352	22618
济宁市	1586	105	1547	2682	2540	2514	4432	2961	4045	3820	4159	3350	33741
锦州市	459	59	402	666	420	369	1579	824	538	531	802	571	7220
九江市	2065	879	1705	1916	1694	1638	1585	1575	1621	2133	2020	2411	21242
开封市	1104	510	2029	2123	2499	2469	2394	2801	2305	2119	2391	2713	25457
乐山市	1064	551	1566	2004	1152	1211	1314	1347	1327	1259	1278	1436	15509
连云港市	2965	672	2992	3983	4511	4260	5029	5170	4613	4507	4446	7319	50467
丽江市	583	29	249	381	410	442	477	643	407	330	502	291	4744
临沂市	2794	661	2617	3195	3800	4781	5219	4532	5789	3874	4372	4379	46013
洛阳市	1774	887	1465	1866	2622	2874	2749	2056	2318	2185	2194	1965	24955
泸州市	1380	323	3862	2372	2550	2109	2480	3943	857	1433	1638	2072	25019
马鞍山市	746	86	1114	1145	1236	1247	1529	1092	1126	1066	1438	1168	12993
茂名市	1465	609	1465	1286	2257	1562	1561	1871	2019	3398	2668	2174	22335
眉山市	1536	495	2272	3380	2865	2519	2392	2577	2131	2782	2739	2547	28235
梅州市	2130	937	2534	2434	3057	2797	2673	2991	2480	3755	2451	2526	30765
绵阳市	1559	716	2383	2464	2255	2911	2395	2467	2489	2447	1876	2922	26884
牡丹江市	647	164	359	473	510	382	901	848	1028	634	1782	510	8238
南充市	2307	1494	6347	8069	8244	1415	1152	2625	3271	3208	2553	2895	43580
南通市	--	--	2150	2840	3207	3785	6324	4394	2830	3519	4917	5298	39264
南阳市	1458	11	738	1818	2474	2480	3095	2567	2827	2824	2925	2734	25951
平顶山市	929	0	1083	1449	1256	1819	1479	1581	1954	1769	1644	1793	16756
秦皇岛市	1243	218	665	798	1281	1873	2456	2419	2292	1262	1879	1517	17903
日照市	632	61	691	824	481	393	536	1265	1733	1165	1794	1644	11219
商丘市	1834	445	2791	2545	2933	3261	2807	3188	2443	2452	2662	2316	29677
汕头市	999	758	2070	1562	2004	2590	2160	1761	1891	2133	2039	1930	21897

4-13 续表 2

单位：套

城市	1月	2月	3月	4月	5月	6月	7月	8月	9月	10月	11月	12月	汇总
宿迁市	2015	639	1875	1650	2495	1763	4402	3898	2387	2451	2894	2367	28836
唐山市	1566	293	2448	3472	3995	3796	4826	4035	3555	2852	2346	3434	36618
潍坊市	3209	79	2060	4000	3915	4724	4590	4714	4158	4544	3982	4350	44325
湘潭市	1076	624	1310	1698	2373	3952	2119	2400	2036	2599	4348	1617	26152
襄阳市	2113	0	1339	2476	2182	2301	2596	2259	2067	2042	2835	2759	24969
咸阳市	2567	57	1431	3521	3224	2781	2486	2580	2931	2591	4441	3991	32601
邢台市	972	58	1214	2082	2206	1653	1676	1823	1734	1986	2096	2824	20324
新乡市	1035	159	1550	1337	2286	1440	1375	1877	1296	1897	1752	1575	17579
许昌市	1118	106	1790	2476	2229	2727	3288	2652	2791	2225	2927	2426	26755
徐州市	5704	634	3813	5541	5495	7786	7229	7036	7138	6878	6478	7043	70775
烟台市	1114	94	1521	2668	2835	4842	2564	3502	2982	3008	2625	4529	32284
宜昌市	1060	0	669	2207	1601	1850	1784	2001	1790	1876	2130	2154	19122
宜春市	1135	206	1485	1698	1749	1343	1510	1163	1376	1282	1406	988	15341
永州市	851	217	588	590	559	570	477	481	833	862	447	657	7132
张家口市	992	79	455	1067	1208	1434	909	1586	1835	2006	1712	1492	14775
漳州市	323	98	499	819	976	1008	1176	1399	1135	1180	1203	1176	10992
湛江市	2855	1145	3298	2867	3479	4311	4160	4345	4855	5219	5324	5664	47522
驻马店市	1551	129	1923	1882	2277	2695	1673	1730	1614	1371	2014	1635	20494
株洲市	2495	851	2011	2244	4601	1558	2092	2081	2239	3811	2345	2147	28475
淄博市	1136	240	2088	2952	2920	3050	2966	3258	3288	5425	3069	3667	34059
遵义市	1475	332	1889	2374	2664	2657	2791	2628	3122	2880	2467	2969	28248

备注：南京数据包含溧水高淳。

数据来源：中指数据库监测。

4-14 2020年全国主要城市商品住宅成交面积统计

单位：万平方米

城市	1月	2月	3月	4月	5月	6月	7月	8月	9月	10月	11月	12月	汇总
长沙市	84.74	24.95	77.91	115.99	109.44	154.26	142.62	136.95	131.11	151.26	155.28	210.09	1494.60
贵阳市	27.52	10.86	56.20	79.86	64.96	74.07	57.07	64.57	55.55	84.42	54.95	68.86	698.89
哈尔滨市	46.39	4.94	18.86	46.64	40.90	56.49	53.14	69.34	72.28	63.73	67.48	57.62	597.81
海口市	40.52	6.79	24.25	15.68	21.85	19.98	33.67	51.72	44.79	31.82	36.25	33.35	360.67
呼和浩特市	3.13	4.59	0.49	7.66	15.16	19.62	24.91	19.63	38.65	13.85	16.91	40.58	205.18
昆明市	48.26	7.09	37.32	60.91	87.52	91.10	76.40	76.99	87.99	75.75	79.64	94.06	823.03
南昌市	32.51	8.01	36.22	38.60	51.56	44.41	34.81	25.17	31.16	43.51	43.37	53.72	443.05
南京市 *	73.69	24.52	56.33	86.02	104.23	92.80	109.52	90.10	74.12	92.68	102.49	119.51	1026.01
南宁市	73.80	8.30	55.77	79.19	81.83	96.69	126.06	109.46	98.43	70.31	70.08	66.95	936.87
石家庄市	33.99	9.47	20.17	37.06	46.92	50.02	66.07	64.91	58.65	48.03	53.04	60.26	548.59
太原市	51.77	9.43	34.94	59.96	63.27	77.51	82.93	80.84	78.88	78.16	75.27	93.20	786.16
天津市	95.28	6.18	49.05	109.38	118.28	133.60	106.55	110.57	121.38	107.19	122.89	135.60	1215.95
温州市	59.60	7.27	34.08	50.78	116.38	179.32	85.28	85.79	95.68	94.81	88.16	183.19	1080.34
武汉市	134.03	0.00	1.33	74.19	135.83	150.69	246.62	205.45	209.31	247.25	249.09	295.79	1949.58
乌鲁木齐市	19.27	0.08	23.50	77.06	50.14	65.42	42.98	0.04	39.45	126.83	100.32	94.21	639.30
西宁市	18.78	1.52	32.38	26.56	30.17	21.44	28.67	37.04	31.54	28.15	29.17	31.95	317.37
银川市	24.11	4.46	22.97	36.41	34.81	70.13	56.12	61.07	45.12	49.20	56.17	31.47	492.04
安庆市	6.34	3.06	8.80	4.37	7.91	17.11	14.42	13.78	13.86	10.46	12.46	13.09	125.66
鞍山市	5.45	0.61	11.53	13.65	15.41	17.12	18.18	16.18	17.35	13.25	15.77	11.01	155.51
保定市	11.87	0.88	9.98	19.81	18.32	28.23	27.48	24.46	28.04	18.30	28.48	25.70	241.55
宝鸡市	45.42	4.43	26.13	58.66	47.07	35.93	39.73	34.68	27.10	33.44	33.16	37.65	423.40
包头市	9.31	2.88	20.77	24.23	28.45	29.02	30.10	23.66	24.55	26.98	26.12	30.27	276.34
北海市	16.30	2.36	10.45	11.17	13.45	15.60	13.30	12.78	13.53	14.94	15.39	21.55	160.82
蚌埠市	17.57	2.12	19.58	20.66	20.75	19.44	25.44	18.36	15.67	19.82	19.98	17.35	216.74
常德市	18.92	3.54	16.79	28.21	28.29	24.86	24.85	24.83	28.74	22.00	19.13	30.54	270.70
承德市	2.66	0.02	2.10	4.80	6.07	8.74	11.12	8.25	8.30	8.10	12.08	17.73	89.97
郴州市	13.05	1.80	12.10	18.55	21.32	24.58	21.93	21.09	19.17	30.99	21.72	31.48	237.78
滁州市	--	--	21.74	29.71	13.04	23.46	20.96	9.78	12.29	13.33	11.58	10.37	166.26
大理市	5.79	1.64	3.29	4.46	5.59	7.75	10.61	16.22	13.43	9.16	9.68	8.68	96.30
丹东市	7.68	1.18	3.42	7.51	8.12	9.19	8.65	6.50	5.51	5.59	4.66	8.34	76.35
大庆市	3.18	0.17	4.43	8.14	17.64	16.47	9.27	10.52	7.16	7.55	7.20	9.61	101.34
大同市	13.00	2.18	17.01	23.41	19.27	32.71	28.25	26.78	25.32	21.20	30.93	25.16	265.22
德州市	6.41	1.57	7.89	13.02	26.87	15.00	16.91	25.18	21.00	15.34	14.38	16.89	180.46
东莞市	29.10	5.01	30.70	44.17	52.04	82.85	81.13	86.23	77.54	74.68	77.23	99.95	740.63
东营市	22.55	3.72	13.59	49.83	13.75	50.50	36.69	55.49	32.83	44.44	85.43	42.71	451.53
鄂尔多斯市	12.38	0.77	8.05	13.48	18.78	26.54	14.51	7.49	10.78	17.34	17.16	7.74	155.02
鄂州市	9.88	0.00	0.95	16.49	13.33	10.07	12.92	13.70	18.83	17.62	30.32	19.64	163.75

4-14 续表 1

单位：万平方米

城市	1月	2月	3月	4月	5月	6月	7月	8月	9月	10月	11月	12月	汇总
防城港市	10.57	1.64	8.87	12.48	12.48	11.59	12.38	11.01	12.95	12.56	18.72	18.60	143.85
阜阳市	18.78	8.33	38.17	38.57	34.65	33.19	34.01	32.88	32.64	41.08	30.53	31.16	373.99
赣州市	9.19	2.30	12.22	18.16	18.90	20.87	24.28	24.34	22.22	19.84	18.28	20.89	211.49
桂林市	5.87	1.98	13.40	12.95	14.92	23.29	7.31	9.65	7.38	8.86	11.16	9.36	126.13
邯郸市	17.56	2.29	16.00	18.02	22.35	27.39	26.04	31.14	29.82	22.81	50.66	27.65	291.73
衡阳市	20.01	10.66	26.44	29.74	34.25	31.02	30.01	26.90	35.71	45.42	35.37	56.48	382.01
菏泽市	18.23	2.53	25.95	30.05	33.41	34.31	48.08	45.70	34.33	55.71	33.01	36.76	398.07
吉安市	8.34	3.68	13.04	9.61	12.75	11.95	14.35	12.96	12.80	21.79	12.82	11.67	145.76
嘉兴市	10.67	1.55	16.17	22.58	23.84	52.76	38.27	45.94	29.31	37.89	29.11	20.36	328.45
吉林市	11.24	2.33	11.87	14.30	8.08	13.77	23.02	19.83	18.51	12.36	18.93	15.48	169.72
荆州市	9.30	0.01	4.59	9.36	12.73	17.68	24.17	23.59	18.40	17.19	18.54	15.14	170.70
金华市	8.11	1.70	11.39	19.29	22.37	24.95	38.71	26.29	21.10	19.45	21.93	24.22	239.51
济宁市	20.99	1.37	21.45	35.74	33.52	33.29	57.75	38.22	53.28	48.17	53.37	42.87	440.02
锦州市	5.26	0.58	4.34	7.56	4.97	4.44	18.45	10.64	5.83	5.98	10.14	6.99	85.18
九江市	23.86	9.35	18.92	21.15	18.93	18.91	18.75	18.31	18.60	24.37	22.57	26.08	239.80
开封市	13.15	5.89	24.44	24.90	29.50	29.63	28.91	34.09	27.71	25.43	29.05	32.63	305.33
乐山市	11.17	6.08	16.93	21.41	12.12	13.21	14.50	14.12	14.23	13.27	13.23	14.48	164.75
连云港市	37.01	8.21	37.35	50.34	57.06	46.44	61.51	61.24	53.99	55.49	54.68	90.53	613.85
丽江市	7.83	0.40	3.62	5.01	5.18	6.19	6.59	9.49	5.85	4.39	6.70	4.16	65.41
临沂市	35.58	8.60	34.95	42.95	49.87	63.58	68.75	59.87	75.96	50.55	56.21	58.90	605.77
洛阳市	20.26	10.13	16.96	22.20	31.49	35.33	32.97	24.69	25.99	25.01	24.61	21.41	291.05
泸州市	15.70	3.62	42.06	25.92	28.31	23.59	27.81	45.20	9.14	15.55	17.80	23.11	277.81
马鞍山市	8.63	0.97	12.71	13.08	14.19	14.61	17.80	13.21	13.18	12.84	17.51	13.90	152.63
茂名市	17.82	7.58	17.62	16.44	28.59	19.77	20.16	23.55	25.55	41.98	32.78	26.84	278.68
眉山市	15.79	5.22	23.29	35.17	29.21	26.68	24.20	26.17	21.95	27.30	26.98	25.89	287.85
梅州市	27.79	12.20	32.46	32.43	39.72	36.11	35.13	38.96	32.62	47.43	31.88	33.21	399.94
绵阳市	16.79	7.63	25.33	26.35	24.28	30.78	25.83	26.15	26.38	25.56	20.06	30.69	285.83
牡丹江市	6.81	1.91	3.65	5.21	5.45	4.29	9.31	8.94	11.23	6.49	12.88	4.95	81.12
南充市	22.86	14.17	60.42	76.10	79.81	14.18	11.33	25.39	31.71	31.19	24.64	28.79	420.59
南通市	--	--	24.98	34.87	38.96	43.55	76.05	52.44	32.84	39.14	55.23	61.76	459.82
南阳市	16.22	0.12	8.34	20.17	27.16	27.16	34.69	28.86	30.01	30.50	30.78	28.89	282.90
平顶山市	11.23	0.00	12.98	17.16	15.35	21.08	17.23	18.41	22.51	20.31	18.84	20.87	195.97
秦皇岛市	13.50	2.27	7.51	8.49	13.77	20.11	24.94	25.15	23.95	12.72	19.35	16.08	187.84
日照市	7.31	0.58	8.10	9.81	5.70	4.43	5.97	14.74	20.48	14.25	22.49	20.30	134.16
商丘市	21.05	5.68	34.18	32.02	32.42	39.38	33.99	37.56	29.50	29.28	31.71	27.64	354.41
汕头市	11.96	9.92	25.95	19.60	25.40	32.25	26.73	22.24	22.79	27.26	26.63	24.44	275.17
宿迁市	25.37	7.82	23.05	20.44	31.67	22.60	56.70	48.08	30.71	30.17	36.68	29.65	362.94

4-14 续表 2 单位：万平方米

城市	1月	2月	3月	4月	5月	6月	7月	8月	9月	10月	11月	12月	汇总
唐山市	17.48	3.31	27.60	39.59	46.54	45.23	56.73	45.86	39.70	31.48	26.63	39.20	419.35
潍坊市	41.84	1.06	27.07	53.46	50.71	63.31	61.02	63.06	55.68	61.53	53.55	57.33	589.62
湘潭市	13.40	7.48	15.79	20.84	29.71	50.04	25.96	30.42	25.13	32.37	54.95	19.72	325.81
襄阳市	25.22	0.00	15.99	28.71	26.04	28.23	31.65	27.93	24.91	24.42	33.07	32.88	299.05
咸阳市	28.67	0.63	15.49	38.39	35.99	31.64	28.03	29.23	34.15	29.43	50.05	45.65	367.35
邢台市	11.26	0.72	14.25	25.03	26.49	20.42	20.49	21.86	20.79	23.36	25.09	33.92	243.68
新乡市	12.68	2.01	19.36	16.62	27.22	18.01	16.81	23.05	15.90	23.23	20.92	19.08	214.89
许昌市	14.07	1.29	22.58	31.31	28.47	34.31	41.72	33.56	34.96	27.92	35.73	30.25	336.17
徐州市	66.97	7.01	45.05	64.11	63.10	92.43	85.69	82.52	83.30	78.06	74.02	82.56	824.82
烟台市	12.68	1.04	17.34	30.35	32.43	52.84	29.34	39.77	34.74	34.98	32.66	53.15	371.32
宜昌市	12.64	0.00	7.58	26.14	19.71	21.81	21.67	23.44	20.75	22.27	25.23	25.40	226.64
宜春市	12.65	2.48	17.63	18.95	20.27	16.09	18.22	14.38	16.37	15.55	15.30	11.46	179.35
永州市	11.17	2.64	7.18	7.05	6.49	6.50	5.57	5.79	9.88	10.13	5.31	8.25	85.96
张家口市	10.78	0.92	4.95	11.59	13.38	15.86	10.29	18.23	19.87	21.68	19.05	16.27	162.87
漳州市	3.47	1.11	5.36	8.95	10.54	10.83	11.91	14.40	11.06	12.23	12.18	12.53	114.57
湛江市	32.25	13.07	37.82	29.85	38.57	47.33	44.72	46.83	52.95	57.58	57.86	61.48	520.31
驻马店市	21.37	1.82	26.71	25.69	31.44	37.14	23.80	22.96	21.53	18.80	24.49	22.21	277.96
株洲市	30.49	10.78	24.54	27.36	54.72	18.18	24.33	23.91	26.37	45.95	27.73	24.81	339.17
淄博市	14.82	2.85	26.91	37.99	36.90	38.27	38.17	41.83	42.51	71.34	39.12	45.23	435.94
遵义市	16.88	3.78	21.47	26.47	29.87	29.41	31.74	30.56	35.14	32.65	28.40	33.86	320.23

备注：南京数据包含溧水高淳。

数据来源：中指数据库监测。

4-15　2020年全国主要城市商品住宅成交价格统计

单位：元/平方米

城市	1月	2月	3月	4月	5月	6月	7月	8月	9月	10月	11月	12月	汇总
长沙市	9725	9451	9449	9085	9563	9784	10346	10616	10216	10672	10728	11139	10234
贵阳市	10055	10691	10397	10303	10577	9220	10320	10757	10420	9971	10368	10243	10229
哈尔滨市	10410	10290	10102	10434	10469	10378	10258	10034	10268	10717	10168	9794	10274
海口市	15819	16068	15903	16041	15500	15805	15811	16430	16586	16719	16100	16887	16208
呼和浩特市	11176	11829	12487	10864	12159	12065	12056	12089	11410	12456	12340	11811	11886
昆明市	15611	14317	14520	13909	14728	15575	15705	15454	15792	15797	15484	15359	15315
南昌市	12548	13616	13133	13103	13444	14019	13806	13694	14129	13808	12038	12535	13262
南京市 *	26244	30254	21332	25798	25522	25085	24781	24883	25483	26359	26294	28602	25814
南宁市	10721	9934	10963	11244	11168	11182	11032	11204	10164	11019	10781	10139	10884
石家庄市	10280	9123	12048	11540	11145	11804	10243	10627	10959	10973	10836	11070	10934
太原市	11051	11768	11251	11089	11158	11370	11456	11449	11237	11269	11187	11568	11310
天津市	15751	16607	15000	15478	16125	17399	17111	16376	16548	16601	16848	17684	16575
温州市	12575	18215	18071	18117	17712	18790	19546	17495	18367	16195	18449	17179	17663
武汉市	13439	--	14882	13518	13240	13209	13015	14016	15675	15425	14469	14570	14214
乌鲁木齐市	8319	8048	9145	8871	8397	8903	8787	7829	8366	8137	7157	7935	8241
西宁市	8039	8352	9022	8583	8223	7999	8790	9092	9743	10114	9569	9575	9041
银川市	7157	7807	7468	7551	7895	7164	7669	8084	7837	7956	7836	8076	7712
安庆市	8476	8891	8466	8221	8541	8323	8317	7731	8197	8413	8365	8656	8334
鞍山市	5288	4938	5490	5411	5323	4869	5697	5446	5375	5439	5608	5228	5385
保定市	8561	10838	9451	7345	8201	8166	7810	8419	8229	8423	8059	7768	8140
宝鸡市	4543	4916	4901	5025	4894	4944	4826	5091	5250	5039	5399	5151	4986
包头市	7788	7829	7441	7462	7842	7826	7858	7983	7723	7821	7532	7763	7738
北海市	7879	8075	7791	7800	7746	7473	7427	7526	7561	7453	7384	7152	7543
蚌埠市	7921	8268	8006	7976	8357	8497	8044	8415	8211	8281	8615	8694	8267
常德市	6276	6736	6470	6148	6463	6023	6386	6301	6447	6514	6315	6620	6368
承德市	8246	9203	8904	8175	8695	10133	10952	9758	9300	8956	9136	8203	9218
郴州市	6027	5894	6032	6113	5949	6084	6155	5869	5964	6086	6206	6404	6099
滁州市	--	--	7579	7752	7648	8024	8156	7225	7452	7395	7222	7408	7670
大理市	11351	12448	11225	11381	11371	10764	11375	12611	11672	11567	11493	11933	11667
丹东市	5938	5988	5938	6168	6009	6076	6621	6453	6827	6987	7220	7175	6457
大庆市	4793	4656	4242	5064	4860	4342	4964	4168	4992	4895	4892	4780	4706
大同市	6626	6618	6521	6353	6295	6449	5974	6329	6542	5209	6168	6180	6233
德州市	8388	8407	8717	8162	8309	8597	8588	7947	8094	8185	8492	8539	8320
东莞市	22092	23276	22721	22435	22918	23118	22772	23186	24783	26227	25986	26437	24212
东营市	4804	7942	7376	5125	7180	5728	6253	4804	5875	4978	4181	5246	5255
鄂尔多斯市	3878	3714	4353	4539	4572	4845	5458	6474	6465	7020	6232	7002	5431
鄂州市	6976	--	7352	7132	7046	6131	6635	6580	6484	6928	6860	7308	6845

4-15 续表 1

单位：元 / 平方米

城市	1月	2月	3月	4月	5月	6月	7月	8月	9月	10月	11月	12月	汇总
防城港市	5800	6224	5263	5327	5317	5636	5562	5822	5454	5558	4172	5408	5341
阜阳市	8209	8414	8060	8222	8082	8345	8394	8128	8110	8031	8148	8178	8173
赣州市	10149	9980	10026	10110	9955	10531	10874	10526	10723	10346	10522	10982	10477
桂林市	9551	8616	8409	8973	8819	9255	8863	7919	8726	9084	8591	10707	8971
邯郸市	8140	6947	8289	9059	8793	8834	8863	8064	8965	8646	9123	8812	8725
衡阳市	5875	5915	5918	6228	6197	6020	5880	6255	5199	6005	5882	5763	5911
菏泽市	6014	6291	6099	6142	6084	6148	5929	5904	5865	5805	5998	5945	5977
吉安市	8245	8666	7855	7972	7965	7549	7634	7493	7784	8081	8148	8607	7948
嘉兴市	13168	13040	13098	12036	13517	14152	13948	14723	14637	15935	14682	14047	14217
吉林市	6969	7317	6791	7103	7045	7416	6875	6569	6745	6587	6518	6551	6812
荆州市	7216	8459	7223	7250	7472	7451	7325	7370	7622	7877	7596	7592	7483
金华市	15224	16706	14904	16931	15471	16576	13424	16452	14164	14660	15860	15783	15342
济宁市	7753	9036	7891	7613	7973	8794	8185	8556	8132	8750	9430	8876	8442
锦州市	6767	6165	5767	5546	5813	6505	6399	7220	6682	6259	6433	6641	6417
九江市	8113	7324	7898	7883	8042	8291	8179	7978	8381	8185	8240	7852	8059
开封市	7693	7568	7284	7316	7206	7097	7274	7168	7016	7181	7199	7153	7215
乐山市	5449	5758	5524	5982	6030	6120	5924	5748	6174	6253	6136	5956	5928
连云港市	7841	7526	7346	7909	7966	7765	7973	7926	7805	8094	8359	8996	8076
丽江市	5694	7167	6858	7102	7354	7066	8623	7350	7727	8369	6191	8512	7262
临沂市	8794	10763	9348	9554	9102	9744	9796	9200	9380	9169	9088	10385	9474
洛阳市	9107	10593	9687	9336	9379	9254	9281	9018	9088	9273	8936	8233	9204
泸州市	6714	6577	6178	6275	6806	6784	6621	6555	6538	6584	6458	5371	6429
马鞍山市	9271	8668	8256	8386	8678	8713	9099	9977	9214	9412	9954	9874	9181
茂名市	7174	7023	7507	7887	7351	7638	7500	7434	7203	6648	6787	7279	7218
眉山市	7726	7807	7788	7862	8042	7862	7103	7134	7177	6855	6795	7010	7412
梅州市	5938	5858	6112	6115	6158	6298	6229	6082	6327	6280	6367	6340	6198
绵阳市	8104	7950	7972	8326	8544	8454	8688	8485	8085	8322	8517	8629	8374
牡丹江市	5797	5922	5340	5788	6031	6040	5791	5874	6000	5548	4875	5360	5651
南充市	6965	6599	6695	6843	7049	6918	7052	6802	6714	6705	6612	6831	6831
南通市	--	--	16029	18626	17985	15818	18172	18083	17783	16147	16960	21026	17878
南阳市	4292	7793	7377	6186	5433	4896	7267	7546	5876	6752	5572	6084	6139
平顶山市	5456	--	5974	5614	5410	6015	5644	5444	5157	5178	5635	5729	5559
秦皇岛市	10842	10624	11430	11014	11553	11983	10939	11024	11470	10711	10846	10479	11123
日照市	9285	11589	9379	8917	8424	7558	7388	8661	8417	8483	9035	10073	8886
商丘市	6405	6969	6497	6562	6543	6421	6646	6559	6552	6525	6624	6511	6541
汕头市	8823	7642	8277	8800	8897	8865	9414	9173	9587	9114	9780	10044	9118
宿迁市	8556	8342	7547	7615	8342	7939	9326	8189	9209	8776	9886	9356	8722

4-15　续表 2　　　　单位：元 / 平方米

城市	1 月	2 月	3 月	4 月	5 月	6 月	7 月	8 月	9 月	10 月	11 月	12 月	汇总
唐山市	9694	12162	10581	10402	11208	12632	10718	10008	9826	8891	10029	10355	10532
潍坊市	7571	9125	7752	7502	7601	7842	7527	7401	7584	7836	7753	7566	7630
湘潭市	5431	5491	5660	5617	5526	5750	5725	5870	5648	5805	5741	5599	5694
襄阳市	8467	--	8772	8366	8601	8897	8763	8344	8746	9280	9018	9219	8779
咸阳市	8338	8714	8613	8050	8573	8542	8616	8986	9046	8692	9124	9156	8736
邢台市	6579	7765	6734	7047	7237	7392	7017	7036	7244	7216	6946	7250	7107
新乡市	7422	2848	6706	6917	6601	6842	6898	6427	6470	6929	6999	6932	6766
许昌市	6720	6798	6826	6827	6745	6511	6564	6571	6491	6540	6118	6111	6526
徐州市	10414	10002	9147	9845	9600	11689	12337	10653	11053	11196	10855	12926	11031
烟台市	11547	9752	11387	11181	11031	11300	11369	11701	11841	11534	11399	11878	11488
宜昌市	7296	--	6120	6895	7887	7687	7623	7800	7960	8037	8243	8009	7702
宜春市	6345	5832	6075	6442	6754	6608	6899	6797	7135	7390	7168	7342	6781
永州市	6649	6403	6130	6732	6752	6568	6365	6351	6296	6758	6420	6314	6496
张家口市	7866	8212	7519	7120	7115	7169	7404	7161	6959	6978	6998	7050	7155
漳州市	14979	16017	15252	14963	15569	15273	12504	13215	12326	13482	13012	13478	13813
湛江市	9188	9179	9139	9132	9109	9144	9148	9180	9176	9188	9135	9111	9151
驻马店市	6052	6310	6405	6305	6051	5507	6042	6155	6171	6053	6179	6040	6066
株洲市	6065	6714	6680	6722	7223	6717	6839	6709	6812	6845	6837	6509	6765
淄博市	8694	9325	8273	8491	8469	8359	8538	8641	8938	9491	10286	9869	9006
遵义市	5950	5863	5812	5780	5840	6037	6011	6292	5830	5863	6027	5833	5934

备注：南京数据包含溧水高淳。

数据来源：中指数据库监测。

4–16　2020年全国主要城市商品住宅成交金额统计

单位：亿元

城市	1月	2月	3月	4月	5月	6月	7月	8月	9月	10月	11月	12月	汇总
长沙市	82.41	23.58	73.62	105.37	104.65	150.94	147.55	145.39	133.95	161.42	166.59	234.03	1529.50
贵阳市	27.67	11.61	58.43	82.28	68.70	68.30	58.90	69.46	57.89	84.17	56.97	70.53	714.91
哈尔滨市	48.29	5.09	19.05	48.67	42.82	58.62	54.51	69.57	74.21	68.30	68.62	56.43	614.18
海口市	64.11	10.91	38.57	25.16	33.87	31.58	53.23	84.98	74.28	53.20	58.37	56.32	584.58
呼和浩特市	3.50	5.43	0.61	8.33	18.43	23.67	30.03	23.73	44.10	17.25	20.87	47.93	243.88
昆明市	75.33	10.16	54.18	84.71	128.89	141.88	119.99	118.97	138.96	119.66	123.31	144.46	1260.50
南昌市	40.79	10.91	47.57	50.57	69.32	62.26	48.06	34.47	44.02	60.07	52.20	67.33	587.57
南京市 *	193.39	74.19	120.16	221.91	266.03	232.78	271.41	224.20	188.87	244.31	269.50	341.83	2648.58
南宁市	79.12	8.25	61.13	89.04	91.38	108.12	139.07	122.64	100.04	77.47	75.56	67.88	1019.70
石家庄市	34.94	8.64	24.30	42.76	52.30	59.05	67.68	68.98	64.27	52.70	57.48	66.71	599.81
太原市	57.21	11.09	39.31	66.49	70.60	88.13	95.01	92.55	88.64	88.08	84.21	107.81	889.13
天津市	150.08	10.26	73.57	169.30	190.73	232.44	182.32	181.07	200.85	177.94	207.05	239.78	2015.39
温州市	74.95	13.24	61.59	92.00	206.13	336.95	166.69	150.08	175.73	153.54	162.65	314.70	1908.25
武汉市	180.12	--	1.97	100.29	179.84	199.04	320.99	287.96	328.09	381.38	360.40	430.96	2771.04
乌鲁木齐市	16.03	0.06	21.49	68.36	42.10	58.25	37.77	0.03	33.00	103.20	71.80	74.76	526.85
西宁市	15.09	1.27	29.22	22.80	24.81	17.15	25.20	33.68	30.74	28.47	27.91	30.60	286.94
银川市	17.25	3.48	17.16	27.50	27.48	50.24	43.04	49.37	35.36	39.14	44.01	25.41	379.44
安庆市	5.38	2.72	7.45	3.59	6.76	14.24	12.00	10.66	11.36	8.80	10.43	11.33	104.72
鞍山市	2.88	0.30	6.33	7.39	8.20	8.33	10.36	8.81	9.33	7.21	8.84	5.76	83.74
保定市	10.16	0.96	9.43	14.55	15.02	23.05	21.46	20.59	23.07	15.41	22.95	19.96	196.61
宝鸡市	20.63	2.18	12.81	29.48	23.04	17.77	19.17	17.66	14.23	16.85	17.90	19.39	211.11
包头市	7.25	2.25	15.46	18.08	22.31	22.71	23.66	18.89	18.96	21.10	19.67	23.50	213.84
北海市	12.84	1.91	8.14	8.71	10.42	11.66	9.88	9.62	10.23	11.13	11.36	15.41	121.31
蚌埠市	13.91	1.75	15.68	16.48	17.34	16.52	20.46	15.45	12.87	16.41	17.21	15.09	179.17
常德市	11.87	2.38	10.86	17.35	18.28	14.97	15.87	15.64	18.53	14.33	12.08	20.22	172.38
承德市	2.19	0.02	1.87	3.93	5.28	8.86	12.18	8.05	7.72	7.26	11.03	14.54	82.93
郴州市	7.87	1.06	7.30	11.34	12.69	14.95	13.50	12.38	11.43	18.86	13.48	20.16	145.02
滁州市	--	--	16.48	23.03	9.97	18.82	17.09	7.06	9.16	9.86	8.37	7.68	127.52
大理市	6.57	2.04	3.69	5.07	6.36	8.34	12.07	20.46	15.67	10.59	11.13	10.36	112.35
丹东市	4.56	0.70	2.03	4.63	4.88	5.58	5.72	4.19	3.76	3.90	3.36	5.99	49.30
大庆市	1.52	0.08	1.88	4.12	8.57	7.15	4.60	4.39	3.58	3.69	3.52	4.59	47.69
大同市	8.62	1.44	11.09	14.88	12.13	21.10	16.88	16.95	16.56	11.04	19.07	15.55	165.31
德州市	5.38	1.32	6.88	10.63	22.32	12.89	14.52	20.02	17.00	12.56	12.21	14.42	150.15
东莞市	64.28	11.66	69.75	99.10	119.27	191.53	184.74	199.93	192.17	195.87	200.69	264.25	1793.24
东营市	10.83	2.95	10.03	25.54	9.87	28.92	22.95	26.66	19.29	22.12	35.72	22.41	237.29
鄂尔多斯市	4.80	0.29	3.50	6.12	8.59	12.86	7.92	4.85	6.97	12.17	10.70	5.42	84.19
鄂州市	6.89	--	0.70	11.76	9.40	6.17	8.57	9.02	12.21	12.21	20.80	14.35	112.08

4-16　续表 1　　　　单位：亿元

城市	1月	2月	3月	4月	5月	6月	7月	8月	9月	10月	11月	12月	汇总
防城港市	6.13	1.02	4.67	6.65	6.63	6.53	6.88	6.41	7.06	6.98	7.81	10.06	76.83
阜阳市	15.42	7.01	30.76	31.71	28.00	27.69	28.55	26.73	26.47	32.99	24.87	25.48	305.68
赣州市	9.33	2.29	12.25	18.35	18.82	21.98	26.40	25.62	23.83	20.53	19.23	22.95	221.58
桂林市	5.61	1.71	11.27	11.62	13.16	21.55	6.48	7.64	6.44	8.05	9.59	10.03	113.15
邯郸市	14.30	1.59	13.26	16.32	19.65	24.19	23.08	25.11	26.74	19.72	46.22	24.36	254.54
衡阳市	11.76	6.31	15.65	18.52	21.22	18.68	17.65	16.82	18.56	27.27	20.81	32.55	225.80
菏泽市	10.97	1.59	15.83	18.46	20.33	21.10	28.51	26.99	20.13	32.34	19.80	21.86	237.91
吉安市	6.87	3.19	10.24	7.66	10.15	9.02	10.96	9.71	9.96	17.61	10.44	10.04	115.85
嘉兴市	14.05	2.02	21.18	27.18	32.22	74.67	53.37	67.64	42.90	60.38	42.74	28.60	466.95
吉林市	7.83	1.71	8.06	10.16	5.69	10.21	15.83	13.02	12.48	8.14	12.34	10.14	115.61
荆州市	6.71	0.01	3.32	6.78	9.51	13.17	17.71	17.39	14.02	13.54	14.08	11.49	127.73
金华市	12.35	2.84	16.98	32.65	34.61	41.37	51.97	43.26	29.89	28.52	34.78	38.23	367.45
济宁市	16.28	1.24	16.92	27.21	26.72	29.27	47.27	32.70	43.33	42.15	50.32	38.05	371.46
锦州市	3.56	0.36	2.50	4.19	2.89	2.89	11.80	7.68	3.89	3.74	6.52	4.64	54.66
九江市	19.35	6.85	14.94	16.67	15.22	15.68	15.33	14.61	15.59	19.94	18.60	20.48	193.26
开封市	10.12	4.46	17.80	18.22	21.26	21.03	21.03	24.43	19.44	18.26	20.92	23.34	220.31
乐山市	6.08	3.50	9.35	12.81	7.31	8.08	8.59	8.12	8.79	8.30	8.12	8.62	97.67
连云港市	29.02	6.18	27.44	39.81	45.45	36.06	49.05	48.54	42.14	44.91	45.71	81.43	495.74
丽江市	4.46	0.29	2.48	3.56	3.81	4.37	5.68	6.97	4.52	3.67	4.15	3.54	47.50
临沂市	31.29	9.26	32.67	41.04	45.39	61.95	67.35	55.08	71.25	46.35	51.08	61.17	573.88
洛阳市	18.45	10.73	16.43	20.73	29.54	32.70	30.60	22.27	23.62	23.19	21.99	17.62	267.87
泸州市	10.54	2.38	25.98	16.26	19.27	16.01	18.41	29.63	5.97	10.24	11.50	12.41	178.60
马鞍山市	8.01	0.84	10.49	10.97	12.32	12.73	16.20	13.18	12.14	12.09	17.43	13.73	140.13
茂名市	12.78	5.32	13.22	12.97	21.02	15.10	15.12	17.51	18.40	27.91	22.25	19.54	201.14
眉山市	12.20	4.07	18.14	27.65	23.49	20.98	17.19	18.67	15.76	18.72	18.34	18.15	213.36
梅州市	16.50	7.15	19.84	19.83	24.46	22.74	21.88	23.70	20.64	29.79	20.30	21.05	247.88
绵阳市	13.60	6.06	20.19	21.94	20.74	26.02	22.44	22.19	21.33	21.27	17.09	26.48	239.35
牡丹江市	3.95	1.13	1.95	3.02	3.29	2.59	5.39	5.25	6.74	3.60	6.28	2.65	45.84
南充市	15.92	9.35	40.45	52.08	56.26	9.81	7.99	17.27	21.29	20.91	16.29	19.67	287.29
南通市	--	--	40.04	64.95	70.07	68.88	138.20	94.82	58.40	63.20	93.66	129.86	822.08
南阳市	6.96	0.09	6.15	12.47	14.76	13.30	25.21	21.78	17.64	20.60	17.15	17.57	173.68
平顶山市	6.13	--	7.76	9.63	8.30	12.68	9.72	10.02	11.61	10.51	10.62	11.96	108.94
秦皇岛市	14.63	2.42	8.59	9.35	15.91	24.10	27.28	27.73	27.47	13.63	20.98	16.85	208.94
日照市	6.79	0.67	7.59	8.74	4.80	3.35	4.41	12.76	17.24	12.09	20.32	20.45	119.21
商丘市	13.48	3.96	22.20	21.01	21.21	25.29	22.59	24.64	19.33	19.11	21.00	17.99	231.81
汕头市	10.55	7.58	21.48	17.25	22.60	28.59	25.16	20.40	21.85	24.84	26.04	24.55	250.89
宿迁市	21.71	6.52	17.40	15.56	26.42	17.94	52.88	39.37	28.28	26.48	36.26	27.74	316.56

4-16 续表 2

单位：亿元

城市	1月	2月	3月	4月	5月	6月	7月	8月	9月	10月	11月	12月	汇总
唐山市	16.95	4.02	29.20	41.18	52.16	57.14	60.80	45.89	39.01	27.99	26.71	40.59	441.64
潍坊市	31.68	0.96	20.98	40.11	38.55	49.65	45.93	46.67	42.22	48.22	41.52	43.37	449.86
湘潭市	7.28	4.11	8.94	11.70	16.42	28.77	14.86	17.86	14.19	18.79	31.55	11.04	185.51
襄阳市	21.36	--	14.02	24.02	22.40	25.12	27.73	23.30	21.79	22.66	29.82	30.32	262.54
咸阳市	23.90	0.55	13.35	30.91	30.85	27.03	24.15	26.26	30.89	25.58	45.66	41.79	320.92
邢台市	7.41	0.56	9.59	17.64	19.17	15.10	14.38	15.38	15.06	16.86	17.43	24.60	173.18
新乡市	9.41	0.57	12.98	11.50	17.97	12.32	11.59	14.81	10.28	16.10	14.64	13.22	145.39
许昌市	9.45	0.88	15.42	21.37	19.20	22.34	27.38	22.05	22.69	18.26	21.86	18.49	219.39
徐州市	69.75	7.01	41.21	63.12	60.58	108.04	105.72	87.91	92.08	87.39	80.35	106.71	909.87
烟台市	14.64	1.02	19.75	33.94	35.78	59.71	33.36	46.54	41.13	40.34	37.23	63.13	426.57
宜昌市	9.22	--	4.64	18.02	15.55	16.77	16.52	18.28	16.52	17.90	20.79	20.34	174.55
宜春市	8.03	1.45	10.71	12.21	13.69	10.63	12.57	9.77	11.68	11.49	10.97	8.42	121.62
永州市	7.43	1.69	4.40	4.75	4.38	4.27	3.55	3.68	6.22	6.85	3.41	5.21	55.84
张家口市	8.48	0.76	3.72	8.26	9.52	11.37	7.62	13.05	13.82	15.13	13.33	11.47	116.53
漳州市	5.20	1.78	8.18	13.39	16.41	16.54	14.89	19.03	13.63	16.48	15.84	16.88	158.25
湛江市	29.63	12.00	34.56	27.26	35.13	43.28	40.91	42.99	48.59	52.90	52.86	56.01	476.12
驻马店市	12.93	1.15	17.11	16.20	19.03	20.45	14.38	14.13	13.29	11.38	15.13	13.42	168.60
株洲市	18.49	7.24	16.39	18.39	39.52	12.21	16.64	16.05	17.97	31.45	18.96	16.15	229.46
淄博市	12.88	2.66	22.26	32.26	31.25	31.99	32.59	36.15	37.99	67.71	40.24	44.64	392.62
遵义市	10.04	2.22	12.48	15.30	17.45	17.75	19.08	19.23	20.48	19.14	17.12	19.75	190.04

备注：南京数据包含溧水高淳。

数据来源：中指数据库监测。

4-17　2020 年全国部分城市商品住宅批准上市套数统计

单位：套

城市	1 月	2 月	3 月	4 月	5 月	6 月	7 月	8 月	9 月	10 月	11 月	12 月	汇总
长沙市	3497	1150	6567	8368	8055	9376	8180	6277	10933	6911	10864	15501	95679
南京市 *	4698	0	6421	7631	5878	14401	5349	8488	16661	10378	10606	12980	103491
温州市	6459	0	2864	7133	9760	14311	9220	10029	15805	8276	9624	10558	104039
武汉市	9909	0	1106	6156	14199	20219	20519	18642	36650	18776	25380	29764	201320
东莞市	1447	484	2248	3056	2550	3680	5924	6963	7165	7117	4823	9912	55369
梅州市	6264	4	1607	4530	3102	3641	3587	3145	4930	2510	2955	3177	39452
烟台市	1040	166	1054	2336	3711	5431	3718	5816	5644	2766	6618	3706	42006
湛江市	6344	228	1164	3156	3977	5741	4453	3967	11112	4263	3796	5723	53924

备注：南京数据包含溧水高淳。

数据来源：中指数据库监测。

4-18　2020 年全国部分城市商品住宅批准上市面积统计

单位：万平方米

城市	1 月	2 月	3 月	4 月	5 月	6 月	7 月	8 月	9 月	10 月	11 月	12 月	汇总
长沙市	38.10	14.44	81.93	106.66	102.12	119.95	104.40	77.04	142.86	89.60	141.49	205.23	1223.82
南京市 *	55.97	0.00	76.66	84.63	67.09	164.15	59.74	100.50	196.20	126.90	129.01	158.74	1219.59
天津市	58.76	13.38	35.78	71.97	132.64	166.69	120.68	121.87	194.83	97.27	167.98	124.32	1306.17
温州市	81.90	0.00	30.45	82.77	116.64	170.01	107.97	106.65	171.86	91.02	113.16	120.94	1193.37
武汉市	117.69	0.00	12.98	78.97	179.81	247.08	237.50	219.86	420.57	229.94	298.08	333.63	2376.11
东莞市	15.49	6.07	26.21	37.34	29.72	44.76	65.89	77.82	75.70	72.58	53.44	112.08	617.10
梅州市	82.97	0.01	20.81	59.17	41.80	44.67	45.73	42.74	64.83	32.88	37.28	43.22	516.11
湘潭市	27.67	0.00	19.26	31.60	22.71	44.51	17.95	49.58	27.47	57.05	8.90	37.28	343.98
烟台市	11.71	2.30	11.75	34.64	39.85	61.60	43.57	61.91	65.68	34.13	74.74	42.68	484.56
宜昌市	6.28	0.00	1.62	9.93	16.49	8.95	9.79	9.86	21.51	11.79	9.34	16.61	122.17

备注：南京数据包含溧水高淳。

数据来源：中指数据库监测。

4-19 2020年全国部分城市商品住宅可售套数统计

单位：套

城市	1月	2月	3月	4月	5月	6月	7月	8月	9月	10月	11月	12月
长沙市	52247	54467	56169	58186	58478	59722	58595	59300	63105	58032	63833	66079
南京市 *	45097	44319	46559	47563	44662	47466	46954	48809	55637	56000	58509	62141
温州市	47221	46990	46768	49105	48659	48710	51288	53058	59175	58911	62459	59786
武汉市	111338	--	112342	111374	113795	115196	116111	118043	135978	135187	139643	145580
东莞市	158338	158005	158307	157634	153909	148275	146311	146798	151849	155134	150130	151686
东营市	11233	11374	11051	11791	9940	8959	8261	10930	10771	10682	10619	10321
烟台市	41066	42147	40877	39428	42606	40134	42766	47878	50138	50993	52540	53571

备注：南京数据包含溧水高淳。

数据来源：中指数据库监测。

4-20 2020年全国部分城市商品住宅可售面积统计

单位：万平方米

城市	1月	2月	3月	4月	5月	6月	7月	8月	9月	10月	11月	12月
长沙市	597.17	617.85	637.02	666.75	668.17	684.81	668.77	677.79	725.37	668.62	735.13	767.29
南京市 *	565.84	556.91	586.61	588.93	557.99	586.04	574.61	597.70	675.09	683.12	716.57	746.43
天津市	2004.52	2011.72	1998.45	1961.04	1975.40	2008.46	2022.59	2033.91	2107.37	2097.44	2142.53	2131.24
温州市	631.13	628.21	623.07	647.50	641.40	645.82	671.19	685.18	753.19	745.79	788.65	751.83
武汉市	1391.37	--	1404.08	1397.33	1440.30	1448.65	1461.29	1488.00	1692.36	1700.45	1760.60	1825.33
东营市	165.45	166.98	163.23	174.26	151.29	136.25	124.77	173.96	173.52	173.83	172.29	163.88
烟台市	478.17	490.57	476.30	459.33	500.17	471.31	501.55	556.48	584.68	595.05	611.53	624.31

备注：南京数据包含溧水高淳。

数据来源：中指数据库监测。

4-21　2020 年全国部分城市商品住宅销供比统计

城市	1 月	2 月	3 月	4 月	5 月	6 月	7 月	8 月	9 月	10 月	11 月	12 月	汇总
长沙市	2.22	1.73	0.95	1.09	1.07	1.29	1.37	1.78	0.92	1.69	1.10	1.02	1.22
南京市 *	1.32	--	0.73	1.02	1.55	0.57	1.83	0.90	0.38	0.73	0.79	0.75	0.84
天津市	1.62	0.46	1.37	1.52	0.89	0.80	0.88	0.91	0.62	1.10	0.73	1.09	0.93
温州市	0.73	--	1.12	0.61	1.00	1.05	0.79	0.80	0.56	1.04	0.78	1.51	0.91
武汉市	1.14	--	0.10	0.94	0.76	0.61	1.04	0.93	0.50	1.08	0.84	0.89	0.82
东莞市	1.88	0.83	1.17	1.18	1.75	1.85	1.23	1.11	1.02	1.03	1.45	0.89	1.20
梅州市	0.33	1220.00	1.56	0.55	0.95	0.81	0.77	0.91	0.50	1.44	0.86	0.77	0.77
湘潭市	0.48	--	0.82	0.66	1.31	1.12	1.45	0.61	0.91	0.57	6.17	0.53	0.95
烟台市	1.08	0.45	1.48	0.88	0.81	0.86	0.67	0.64	0.53	1.02	0.44	1.25	0.77
宜昌市	2.01	--	4.69	2.63	1.20	2.44	2.21	2.38	0.96	1.89	2.70	1.53	1.86

备注：南京数据包含溧水高淳。

数据来源：中指数据库监测。

4-22　2020 年全国部分城市商品住宅出清周期统计

单位：月

城市	1 月	2 月	3 月	4 月	5 月	6 月	7 月	8 月	9 月	10 月	11 月	12 月
长沙市	5.06	6.02	7.05	7.33	7.45	7.24	6.42	5.52	5.51	4.86	5.06	4.96
南京市 *	6.21	6.53	7.50	7.90	7.06	8.04	7.28	6.65	7.27	7.27	7.65	7.61
天津市	16.98	19.99	22.76	22.54	22.90	23.55	23.20	19.45	18.07	18.04	18.31	18.16
温州市	8.52	9.84	11.38	13.11	11.11	8.66	8.51	7.45	7.37	6.81	7.52	7.13
武汉市	6.59	--	10.02	12.52	14.79	17.52	14.41	10.97	9.93	8.54	8.07	7.53
东营市	10.25	11.86	11.41	8.42	7.77	5.31	4.45	4.75	4.35	4.46	3.38	3.30
烟台市	13.56	16.62	18.71	19.60	21.01	19.28	18.42	16.52	15.98	15.93	16.36	16.67

备注：南京数据包含溧水高淳。

数据来源：中指数据库监测。

第五章

2020年全国主要城市二手房市场统计

5-1 2020年全国主要城市二手房供求全年汇总统计

城市	成交套数（套）	成交面积（平方米）	参考成交价（元/平方米）	成交金额（万元）	套均面积（平方米/套）
一线城市					
北京市	150510	13562014.63	58411	79216782.64	90.11
上海市	263865	21496322.27	47822	102798969.66	81.47
广州市	100251	9365413.01	30960	28995255.08	93.42
深圳市	87924	7479015.57	67087	50174717.35	85.06
二线城市					
长春市	53381	4412990.47	9767	4310238.45	82.67
长沙市	25599	2695776.55	11061	2981840.41	105.31
成都市	132348	12227230.14	15474	18919950.52	92.39
重庆市	128214	11292457.88	12364	13961686.56	88.08
大连市	61548	4755183.55	15036	7149697.77	77.26
福州市	20362	1941106.92	26146	5075148.18	95.33
贵阳市	10490	1084568.33	9437	1023462.80	103.39
哈尔滨市	45063	3724068.2	11567	4307585.77	82.64
海口市	9665	938676.81	16607	1558841.14	97.12
杭州市	78454	7570716.88	32311	24461884.64	96.5
合肥市	57026	5348830.25	17926	9588299.55	93.80
呼和浩特市	18978	1683691.46	11979	2016867.80	88.72
济南市	31932	3055874.83	17697	5407971.32	95.70
昆明市	29624	2854975.06	13965	3987022.66	96.37
兰州市	11080	1005085.58	13096	1316255.97	90.71
南昌市	15667	1563151.86	14692	2296572.68	99.77
南京市	89713	7801247.57	28270	22054278.74	86.96
南宁市	27630	2622886.54	12179	3194430.28	94.93
宁波市	60238	5680294.71	23956	13607840.43	94.30
青岛市	40778	3697769.83	21039	7779736.84	90.68
三亚市	1429	126612.53	27432	347327.43	88.6
沈阳市	98072	7376768.06	10587	7809670.11	75.22
石家庄市	21074	1912770.83	16137	3086602.15	90.76
苏州市	47299	4779068.79	23988	11466086.42	101.04
太原市	14701	1353414.69	11841	1602543.33	92.06
天津市	100392	8601597.38	19880	17099648.26	85.68
温州市	27149	2678173.37	21986	5888191.25	98.65
乌鲁木齐市	39529	3742250.33	8665	3242691.46	94.67
无锡市	54263	5148873.42	15258	7856098.42	94.89

5-1 续表

城市	成交套数（套）	成交面积（平方米）	参考成交价（元/平方米）	成交金额（万元）	套均面积（平方米/套）
武汉市	74231	7072825.36	17401	12307490.60	95.28
西安市	61103	5778923.09	15087	8718646.35	94.58
西宁市	2464	251804.09	8248	207686.63	102.19
厦门市	28064	2782204.33	42808	11910100.70	99.14
银川市	16788	1694954.34	6769	1147321.93	100.96
郑州市	37584	3578313.8	15199	5438556.81	95.21
三四线城市					
宝鸡市	4849	465849.3	4951	230628.01	96.07
保定市	6736	642598.26	10708	688100.99	95.40
北海市	8129	780513.26	6004	468632.80	96.02
常州市	43771	4380853.59	14537	6368550.90	100.09
大同市	3693	358134.26	6384	228640.52	96.98
东莞市	16099	1559492.55	23749	3703700.03	96.87
佛山市	38810	4237032.3	14390	6097188.05	109.17
赣州市	6640	744180.47	10494	780964.40	112.08
桂林市	5550	557017.77	7592	422898.16	100.36
邯郸市	6946	636385.53	10105	643058.60	91.62
衡水市	5001	474045.62	7657	362990.06	94.79
湖州市	10605	993710.82	9171	911331.82	93.70
淮安市	32984	3405077.76	9786	3332203.71	103.23
黄冈市	288	30133.43	6671	20103.04	104.63
惠州市	19262	2089297.21	12006	2508476.27	108.47
吉林市	16669	1323332.98	7287	964270.40	79.39
济宁市	8599	895171.11	9203	823857.78	104.10
嘉兴市	22673	2471056.97	10593	2617526.13	108.99
江门市	6912	698697.85	8623	602495.01	101.08
金华市	16193	1604812.82	16264	2610097.33	99.11
九江市	6920	685318.60	7922	542876.46	99.03
廊坊市	3705	355902.77	13287	472892.53	96.06
乐山市	4547	421161.29	5409	227816.84	92.62
连云港市	17419	1893489.69	11024	2087296.77	108.70
临沂市	11722	1260764.45	10599	1336297.51	107.56
柳州市	8068	770194.25	8835	680473.11	95.46
六安市	6439	653294.10	7035	459583.57	101.46
泸州市	3544	352459.97	7252	255589.95	99.45
洛阳市	11303	1110284.54	9953	1105032.32	98.23

5-1　续表

城市	成交套数（套）	成交面积（平方米）	参考成交价（元/平方米）	成交金额（万元）	套均面积（平方米/套）
马鞍山市	16149	1444046.52	7381	1065920.89	89.42
眉山市	4606	503618.37	6472	325921.03	109.34
绵阳市	10441	1023170.61	8496	869284.04	98.00
南充市	5265	516319.12	6940	358319.12	98.07
南通市	21516	2192166.43	17462	3827882.38	101.89
莆田市	2413	274450.19	13739	377072.10	113.74
秦皇岛市	19350	1636381.54	10171	1664317.15	84.57
泉州市	7870	864540.96	14582	1260632.17	109.85
日照市	7058	677324.33	9505	643795.48	95.97
汕头市	9233	980926.23	10294	1009722.83	106.24
绍兴市	16946	1774427.76	15415	2735216.25	104.71
宿迁市	11442	1179878.02	9474	1117843.41	103.12
台州市	6772	719741.77	14764	1062661.46	106.28
泰安市	6904	692758.41	10714	742234.32	100.34
泰州市	12467	1303225.73	10872	1416823.74	104.53
唐山市	23817	1893450.12	11404	2159312.65	79.50
威海市	8239	748039.9	10208	763632.76	90.79
芜湖市	16249	1562738.49	10732	1677064.28	96.17
襄阳市	3220	310404.6	8759	271877.98	96.40
新乡市	2079	225443.6	7346	165612.90	108.44
徐州市	24319	2262091.1	12346	2792836.07	93.02
烟台市	20378	1772925.39	11968	2121922.36	87.00
盐城市	18643	1981049.23	12375	2451493.08	106.26
扬州市	14758	1348453.72	14339	1933503.47	91.37
宜昌市	7334	740151.48	8269	612044.70	100.92
岳阳市	2686	287139.89	7109	204141.60	106.90
张家口市	1622	150016.93	9341	140126.16	92.49
漳州市	7941	742668.36	12348	917038.58	93.52
镇江市	15426	1463393.31	8397	1228860.54	94.87
中山市	10853	1194863.74	11758	1404924.96	110.10
珠海市	25360	2469372.56	20691	5109493.12	97.37
淄博市	4793	506739.38	8798	445848.50	105.72

5-2 2020年全国主要城市二手房月度供求套数统计

单位：套

城市	1月	2月	3月	4月	5月	6月	7月	8月	9月	10月	11月	12月	统计
一线城市													
北京市	7676	3235	6863	11464	14275	15534	14555	14389	15483	12869	15400	18767	150510
上海市	10200	4142	13511	21459	24809	24415	24999	25661	27224	24607	27953	34885	263865
广州市	12904	747	4088	6406	8000	8846	9631	10864	10067	7680	10365	10653	100251
深圳市	6924	1558	7410	7063	7946	9849	12355	10474	8125	4624	5327	6269	87924
二线城市													
长春市	3550	463	3486	4866	4230	5832	4986	5987	6433	3918	4965	4665	53381
长沙市	1187	357	1204	1963	2137	2618	2962	2812	2768	2056	2683	2852	25599
成都市	7587	1227	6277	11911	10855	13189	15779	15044	15671	9045	12360	13403	132348
重庆市	7905	110	6748	10507	11449	10597	17184	14226	14636	9739	12390	12723	128214
大连市	3078	344	2638	4269	5877	7732	6986	5188	6480	4838	7557	6561	61548
福州市	1485	377	1113	1765	2003	2117	2124	1857	2027	1574	1865	2055	20362
贵阳市	580	87	674	1049	750	858	935	932	870	738	1413	1604	10490
哈尔滨市	2537	308	622	3568	3214	5321	6201	6163	5359	4524	4685	2561	45063
海口市	621	35	394	694	706	876	1295	1149	1130	757	933	1075	9665
杭州市	3612	348	4887	8018	8113	7692	8456	7940	7299	6612	7761	7716	78454
合肥市	2199	19	2499	4267	5230	5821	5819	5655	5619	4842	6614	8442	57026
呼和浩特市	1251		691	1150	1747	2100	2378	2451	2235	1518	1664	1793	18978
济南市	1868	343	1803	3302	3106	3347	3410	3098	3146	2375	2801	3333	31932
昆明市	1884	330	1614	2858	2925	2817	3391	3215	2917	2214	2791	2668	29624
兰州市	627	30	636	1077	941	1228	1158	1166	1245	779	1151	1042	11080
南昌市	576	17	280	788	1078	1281	2236	2006	1993	1691	1827	1894	15667
南京市	5950	452	6090	8223	8928	10176	10444	8682	8757	5468	8543	8000	89713
南宁市	1862	78	2016	2094	2178	4302	3121	2949	2953	1831	2246	2000	27630
宁波市	2790	718	3616	4785	5609	7374	8833	6639	6126	4224	4676	4848	60238
青岛市	2329	673	2274	3726	3861	4420	4600	3960	4113	3003	3899	3920	40778
三亚市	97	5	82	93	95	139	199	145	151	108	155	160	1429
沈阳市	5772	1177	6177	17113	8996	9777	8601	10692	5168	7808	9377	7414	98072
石家庄市	1419	138	1066	2042	2123	2199	2330	2101	2038	1596	1919	2103	21074
苏州市	4469	429	3788	3692	3606	5037	4586	4881	4581	3089	4771	4370	47299
太原市	842	32	559	1296	1146	1707	1747	1559	1665	1252	1528	1368	14701
天津市	8278	39	3692	7728	9527	11326	9979	10147	10819	7556	10972	10329	100392
温州市	1405	274	1586	2528	2878	2878	2927	2714	2411	2054	2497	2997	27149
乌鲁木齐市	4686	8	1567	4072	4234	5190	3114		5020	5376	6262		39529
无锡市	3370	129	2852	5764	5898	6287	6006	5918	5992	3185	4575	4287	54263

5-2　续表 1　　　　单位：套

城市	1 月	2 月	3 月	4 月	5 月	6 月	7 月	8 月	9 月	10 月	11 月	12 月	统计
武汉市	5157			1770	4156	7178	10357	9229	10564	7506	9043	9271	74231
西安市	3366	104	1718	4223	5472	6335	6293	6908	7726	5066	7423	6469	61103
西宁市	143	17	140	223	204	259	257	275	245	192	241	268	2464
厦门市	2147	492	1590	2019	2275	2973	3173	2787	2464	2045	2706	3393	28064
银川市	965	13	631	1506	1485	1669	1776	2072	2041	1483	1775	1372	16788
郑州市	3098	11	705	3106	3412	4088	4057	4294	4241	2963	4151	3458	37584
三四线城市													
宝鸡市	334	2	208	453	434	523	492	593	532	375	494	409	4849
保定市	343	39	121	474	663	736	725	710	820	521	808	776	6736
北海市	735	24	368	736	766	782	824	903	744	596	822	829	8129
常州市	2602	58	2255	4138	4420	5279	4698	4805	5423	2566	4017	3510	43771
大同市	212	2	243	306	296	346	396	428	394	288	389	393	3693
东莞市	1115	169	1413	1523	1596	2295	2506	1128	1558	766	888	1142	16099
佛山市	1752	540	1787	2523	3127	3456	4274	4485	4457	3513	4164	4732	38810
赣州市	552	60	387	567	561	661	691	636	678	543	674	630	6640
桂林市	328	60	19	1162	559	544	611	550	462	354	449	452	5550
邯郸市	555	59	370	708	577	673	766	638	750	642	717	491	6946
衡水市	346	58	328	542	470	455	516	482	509	397	447	451	5001
湖州市	492	139	633	915	987	995	1190	1178	1064	985	1051	976	10605
淮安市	1487	224	1570	2712	2966	3067	3110	3236	3473	2747	3999	4393	32984
黄冈市										87	103	98	288
惠州市	1104	154	886	1186	1374	1696	2022	2382	2349	1917	2114	2078	19262
吉林市	1089	122	1267	1893	582	1271	1849	2097	1832	1525	1639	1503	16669
济宁市	518	24	398	871	728	767	981	884	901	674	881	972	8599
嘉兴市	831	89	1150	1734	1829	2428	3185	2666	2305	1809	2294	2353	22673
江门市	451	127	428	556	586	602	715	641	669	452	781	904	6912
金华市	618	100	697	1413	1545	1550	1951	1797	1598	1490	1656	1778	16193
九江市		86	344	738	737	803	797	724	758	553	683	697	6920
廊坊市	209	14	143	284	358	341	402	346	382	329	420	477	3705
乐山市		7	335	512	423	503	508	456	482	438	463	420	4547
连云港市	1128	48	635	1533	1466	1664	1597	1761	1800	1447	1992	2348	17419
临沂市		18	503	1128	1203	1570	1633	1279	1367	756	1151	1114	11722
柳州市	302	65	566	781	823	864	947	838	815	701	700	666	8068
六安市			436	741	729	710	785	665	608	498	655	612	6439
泸州市		4		385	146	453	468	706	346	347	326	363	3544
洛阳市	639	9	597	1152	1240	1275	1425	1247	1219	770	870	860	11303

5-2 续表 2 单位：套

城市	1月	2月	3月	4月	5月	6月	7月	8月	9月	10月	11月	12月	统计
马鞍山市	806	68	944	1609	1623	1522	1675	1445	1399	1420	1767	1871	16149
眉山市		43	286	463	394	582	582	504	444	367	454	487	4606
绵阳市	681	159	741	1034	932	1029	1215	958	1023	800	881	988	10441
南充市	417	93	365	578	487	499	580	519	474	373	474	406	5265
南通市	1827	179	1340	2274	2344	2481	2141	2217	2178	1459	1895	1181	21516
莆田市		35	189	190	218	247	291	250	233	214	275	271	2413
秦皇岛市	1000	65	587	1728	1777	1955	2123	2501	2463	1550	1767	1834	19350
泉州市	543	146	395	565	554	697	787	747	883	709	880	964	7870
日照市	414	69	432	675	677	859	844	620	590	588	661	629	7058
汕头市	595	227	458	780	825	887	1130	868	947	635	905	976	9233
绍兴市	854	246	1022	1542	1743	2152	2186	1883	1543	1304	1298	1173	16946
宿迁市	876	167	612	1091	1195	1441	1412	1291	1187	760	731	679	11442
台州市	264	72	432	699	688	982	1064		751	579	636	605	6772
泰安市	377	10	205	579	697	976	813	667	716	496	681	687	6904
泰州市	857	16	582	1145	1219	1262	1201	1289	1209	906	1387	1394	12467
唐山市	1871	25	641	1907	2557	2743	3154	2918	2539	1608	1966	1888	23817
威海市	705	132	368	816	871	954	77	972	974	798	774	798	8239
芜湖市	597	45	813	1161	1307	1215	1966	1940	1852	1646	1991	1716	16249
襄阳市			56	333	447	448	472	555	338	179	194	198	3220
新乡市	112		107	181	238	178	252	250	134	193	233	201	2079
徐州市	1336	64	866	1771	2260	2642	2653	2819	2792	1941	2796	2379	24319
烟台市	1197	188	912	1897	1898	2214	2412	2309	1974	1613	1859	1905	20378
盐城市	915	217	1183	1507	1412	1711	1826	2052	1977	1545	2188	2110	18643
扬州市	668		743	1545	1484	1501	1794	1552	1602	1152	1408	1309	14758
宜昌市	269		26	520	586	745	880	1449	745	581	754	779	7334
岳阳市			141	287	134	329	375	318	310	238	273	281	2686
张家口市	56	2	29	103	148	183	163	208	217	155	183	175	1622
漳州市		127	585	812	883	841	897	811	861	537	754	833	7941
镇江市	994	16	1031	1532	1554	1615	1499	1586	1539	1157	1560	1343	15426
中山市	742	114	659	659	755	898	1031	1133	1290	1011	1225	1336	10853
珠海市	1351	292	1354	1921	2057	2253	3178	2939	2582	2350	2478	2605	25360
淄博市		53	326	440	553	549	555	527	476	453	417	444	4793

5-3　2020 年全国主要城市二手房月度供求成交面积统计

单位：万平方米

城市	1 月	2 月	3 月	4 月	5 月	6 月	7 月	8 月	9 月	10 月	11 月	12 月	统计
一线城市													
北京市	69	29	62	101	125	138	133	131	143	117	139	169	1356
上海市	81	33	104	166	199	199	208	214	226	202	230	288	2150
广州市	116	7	37	59	73	83	90	102	95	73	98	102	937
深圳市	59	13	62	60	65	83	104	89	71	41	45	54	748
二线城市													
长春市	29	4	28	39	35	48	42	51	54	32	41	39	441
长沙市	13	4	13	20	22	28	32	30	29	21	28	30	270
成都市	70	12	58	107	100	122	146	139	146	84	114	124	1223
重庆市	72	1	58	92	99	93	152	125	130	86	108	112	1129
大连市	24	3	20	32	45	59	54	41	51	37	59	51	476
福州市	15	4	10	16	18	20	20	18	20	15	18	19	194
贵阳市	6	1	7	11	8	9	10	10	9	8	14	16	108
哈尔滨市	21	3	5	28	26	44	51	51	45	38	40	22	372
海口市	6	0.4	4	7	7	8	12	12	11	7	9	11	94
杭州市	34	4	45	74	77	75	83	77	72	65	77	76	757
合肥市	21	0.2	23	39	48	55	55	53	53	46	62	80	535
呼和浩特市	11		6	10	15	19	21	21	20	14	15	16	168
济南市	18	3	17	31	30	32	33	30	31	23	26	32	306
昆明市	18	3	15	27	27	27	32	34	28	21	26	26	285
兰州市	6	0.3	6	9	9	11	11	11	11	7	11	10	101
南昌市	6	0.1	3	8	11	13	23	20	20	17	18	19	156
南京市	52	4	52	71	76	88	92	77	77	49	74	69	780
南宁市	18	1	20	20	21	41	30	28	28	17	21	19	262
宁波市	26	7	34	44	52	69	83	64	59	40	45	46	568
青岛市	21	6	20	33	34	40	42	37	38	27	36	36	370
三亚市	1	0.05	1	1	1	1	2	1	1	1	1	1	13
沈阳市	42	9	46	126	67	75	66	78	40	61	71	56	738
石家庄市	13	1	10	18	19	20	21	19	19	15	18	19	191
苏州市	45	4	38	37	35	50	47	50	47	31	49	44	478
太原市	8	0.3	5	12	10	15	16	14	16	12	14	13	135
天津市	70	0.4	31	66	80	98	87	88	93	64	92	89	860
温州市	14	3	15	24	28	29	29	28	24	20	25	28	268
乌鲁木齐市	46	0.09	14	37	38	49	28		48	52	61		374
无锡市	32	1	27	54	55	60	57	57	58	30	43	41	515

5-3 续表 1 单位：万平方米

城市	1月	2月	3月	4月	5月	6月	7月	8月	9月	10月	11月	12月	统计
武汉市	49			17	40	68	97	88	102	72	86	89	707
西安市	31	1	16	39	51	61	60	66	73	48	70	62	578
西宁市	2	0.2	1	2	2	3	3	3	3	2	2	3	25
厦门市	21	5	16	20	22	29	32	28	25	20	27	33	278
银川市	10	0.1	6	15	15	17	18	21	21	15	18	15	169
郑州市	29	0.1	6	29	32	39	39	41	41	28	40	33	358
三四线城市													
宝鸡市	3	0.03	2	4	4	5	5	6	5	4	5	4	47
保定市	3	0.4	1	5	6	7	7	7	8	5	8	7	64
北海市	7	0.2	3	7	7	8	8	9	7	6	8	7	78
常州市	27	1	22	40	44	52	47	49	55	25	40	35	438
大同市	2	0.02	2	3	3	3	4	4	4	3	4	4	36
东莞市	11	2	14	14	15	22	24	11	15	8	9	11	156
佛山市	20	6	20	28	34	37	46	49	48	38	45	52	424
赣州市	6	1	4	6	6	8	8	7	7	6	8	7	74
桂林市	3	1	0.2	11	8	5	6	5	4	3	4	4	56
邯郸市	5	1	3	6	5	6	7	6	7	6	7	5	64
衡水市	3	1	3	5	4	4	5	5	5	4	4	4	47
湖州市	5	1	6	8	9	10	12	11	10	9	10	9	99
淮安市	15	2	16	28	30	32	33	34	36	28	41	46	341
黄冈市										1	1	1	3
惠州市	12	2	10	13	15	19	23	26	25	20	23	22	209
吉林市	9	1	10	15	5	10	15	17	15	12	13	12	132
济宁市	5	0.2	4	9	7	8	10	9	9	7	9	10	90
嘉兴市	9	1	12	18	20	26	35	29	25	20	25	26	247
江门市	5	1	4	6	6	6	8	6	7	5	8	9	70
金华市	6	1	7	14	15	15	19	18	16	15	17	18	160
九江市		1	3	7	7	8	8	7	7	6	7	7	69
廊坊市	2	0.1	1	3	3	3	4	3	4	3	4	5	36
乐山市		0.08	3	5	4	5	5	4	4	4	4	4	42
连云港市	12	1	7	17	16	18	18	19	20	16	22	26	189
临沂市		0.2	5	12	13	17	18	14	15	8	13	12	126
柳州市	3	1	5	7	8	8	9	8	8	7	7	7	77
六安市			4	8	7	7	8	7	6	5	7	6	65
泸州市		0.03		4	2	5	5	7	3	3	3	4	35
洛阳市	6	0.09	6	11	12	13	14	12	12	8	9	9	111

5-3　续表 2　　单位：万平方米

城市	1月	2月	3月	4月	5月	6月	7月	8月	9月	10月	11月	12月	统计
马鞍山市	7	1	8	15	15	14	15	13	13	12	16	17	144
眉山市		1	3	5	5	6	6	5	5	4	5	5	50
绵阳市	7	2	7	10	9	10	12	9	10	8	9	10	102
南充市	4	1	4	6	5	5	6	5	5	4	5	4	52
南通市	20	2	14	23	24	25	22	23	22	15	19	11	219
莆田市		0.4	2	2	2	3	4	3	2	2	3	3	27
秦皇岛市	9	1	5	15	15	16	18	21	21	13	15	16	164
泉州市	6	2	4	6	6	8	9	8	10	8	10	11	86
日照市	4	1	4	6	6	8	8	6	6	6	6	6	68
汕头市	7	2	5	8	9	9	12	9	10	7	10	10	98
绍兴市	9	3	10	15	18	23	23	20	16	14	14	12	177
宿迁市	9	2	6	11	12	15	15	13	12	8	7	7	118
台州市	3	1	4	7	7	10	11		8	6	7	7	72
泰安市	4	0.1	2	6	7	10	8	7	7	5	7	7	69
泰州市	9	0.1	6	12	13	13	12	14	13	9	15	15	130
唐山市	15	0.2	5	15	20	22	25	23	21	13	15	15	189
威海市	6	1	3	7	8	9	1	9	9	7	7	7	75
芜湖市	6	1	8	11	13	12	18	18	17	16	19	17	156
襄阳市			1	3	4	4	5	5	3	2	2	2	31
新乡市	1		1	2	3	2	3	3	1	2	3	2	23
徐州市	12	1	9	17	21	25	25	27	26	18	25	22	226
烟台市	11	2	8	16	17	19	21	20	18	14	16	16	177
盐城市	10	2	12	16	15	18	19	22	21	16	23	23	198
扬州市	6		7	14	14	14	18	14	14	10	13	12	135
宜昌市	3		0.3	5	6	8	9	14	7	6	8	8	74
岳阳市			1	3	1	3	4	3	3	3	3	3	29
张家口市	1	0.02	0.3	1	1	2	2	2	2	1	2	2	15
漳州市		1	5	7	8	8	8	8	8	5	7	8	74
镇江市	9	0.2	10	15	15	15	14	15	15	11	14	13	146
中山市	8	1	7	7	8	10	11	13	14	11	13	15	119
珠海市	13	3	13	18	20	22	31	29	25	23	24	25	247
淄博市		1	4	5	6	6	6	6	5	5	4	5	51

5-4　2020年全国主要城市二手房月度供求成交参考价统计

单位：元/平方米

城市	1月	2月	3月	4月	5月	6月	7月	8月	9月	10月	11月	12月	统计
一线城市													
北京市	57255	59996	57876	55917	58429	60240	58486	57049	57891	58543	58828	59782	58411
上海市	45003	45970	44447	44546	45436	46647	47226	47669	49051	49058	50326	51106	47822
广州市	31662	31212	29498	29056	29019	29694	30378	31365	30982	31940	31583	32996	30960
深圳市	62556	63885	64391	65543	64050	65866	67106	69102	70299	69603	69284	71780	67087
二线城市													
长春市	9644	9553	9570	9590	9857	9805	9854	9912	9757	9738	9766	9831	9767
长沙市	11121	11753	10936	10758	10731	10907	11118	11187	11068	11146	11280	11134	11061
成都市	14984	14866	14727	15200	14997	15139	15534	15700	15722	15716	15898	15931	15474
重庆市	11741	12442	12197	12028	12356	12316	12523	12446	12455	12485	12507	12524	12364
大连市	14900	16720	14905	14562	14524	14952	14843	15132	15000	15140	15528	15434	15036
福州市	26137	25735	25731	25810	25970	25973	26017	26302	25938	26436	26508	26727	26146
贵阳市	9438	9397	9575	9599	9271	9226	9539	9540	9505	9426	9306	9421	9437
哈尔滨市	11229	11646	11796	11489	11436	11466	11479	11520	11667	11716	11796	11713	11567
海口市	16389	14749	16081	15704	16285	16275	16312	16631	17186	16967	16907	17224	16607
杭州市	31823	32192	31552	30990	31352	31996	32474	32935	33071	33235	32796	32745	32311
合肥市	17196	20004	17424	17074	17250	17359	17486	17888	18178	18388	18771	18701	17926
呼和浩特市	11532		11502	12098	11821	11859	12320	12240	11934	12059	11890	11959	11979
济南市	18147	18416	17556	17661	18056	17757	17406	17563	17606	17589	17570	17778	17697
昆明市	13841	13690	13500	13654	13584	13955	14034	13867	14239	14393	14128	14342	13965
兰州市	13152	12964	12471	12693	13181	12928	13247	13208	13113	13086	13418	13264	13096
南昌市	14703	12944	14329	14715	14749	14606	14639	14685	14784	14557	14789	14770	14692
南京市	26892	30239	27436	27990	27771	28207	28707	27997	28688	28339	28791	29377	28270
南宁市	11724	10360	11802	11635	12203	12257	12194	12409	12449	12352	12414	12266	12179
宁波市	22406	22674	22393	22895	23437	23899	24019	24153	24352	24509	24855	25601	23956
青岛市	21919	20802	20781	20324	20708	21149	21012	21422	21321	20977	20917	21058	21039
三亚市	28956	28965	27624	27685	27750	27151	27017	26983	26801	27742	26731	28056	27432
沈阳市	10355	10183	10125	10287	10376	10495	10696	10929	10716	10889	10812	10948	10587
石家庄市	15802	15635	15756	16046	16170	16251	16266	16214	16378	16265	15991	16102	16137
苏州市	22937	24655	23210	23793	24722	23943	23760	24255	24363	24358	24226	24348	23992
太原市	11807	12247	12137	11774	11760	11601	11769	11951	11929	11988	11925	11774	11841
天津市	19899	19301	21474	19608	19402	19747	19819	19667	19830	19807	20190	20135	19880
温州市	21134	23525	20621	21287	22225	22029	21770	21775	22223	22420	22389	22857	21986
乌鲁木齐市	8636	10611	8574	8545	8630	8639	8413		8532	8958	8791		8665
无锡市	14052	15212	14188	13888	14816	15618	15874	16229	16202	15314	15212	15231	15258

5-4　续表 1　　　　单位：元 / 平方米

城市	1 月	2 月	3 月	4 月	5 月	6 月	7 月	8 月	9 月	10 月	11 月	12 月	统计
武汉市	17159			17373	17013	16933	16830	17080	17641	17941	17847	17861	17401
西安市	14204	14702	14413	14280	14356	15017	15145	15208	15298	15680	15511	15511	15087
西宁市	8010	8510	8219	8488	8481	8733	8495	8489	8076	7901	7817	7834	8248
厦门市	43501	43851	42125	41188	42213	42907	42629	42710	41840	43858	42969	44048	42808
银川市	6288	5754	6345	6252	6538	6459	6751	6759	6987	7019	6887	7735	6769
郑州市	14796	15257	14849	15296	15169	15195	15241	15120	15331	15328	15188	15351	15199
三四线城市													
宝鸡市	5000	4077	4879	4921	4975	4959	5075	4922	4974	4948	4871	4906	4951
保定市	10907	11110	10459	10593	11125	10840	10598	10695	10643	10494	10601	10669	10708
北海市	6210	5874	6675	6077	6033	5951	5912	5844	6187	5825	5869	5845	6004
常州市	14080	14965	14183	14063	14327	14678	14489	14712	15077	14643	14326	14828	14537
大同市	6461	5872	6225	7205	6430	6282	6120	6345	6049	6187	6288	6738	6384
东莞市	20685	20674	20141	20872	21838	22615	25622	24693	25687	27180	26715	28107	23749
佛山市	14425	13801	14396	14265	14221	14040	14340	14360	14170	14304	14479	15124	14390
赣州市	10150	10208	10319	10113	10385	10501	10577	10495	10543	10630	10704	10856	10494
桂林市	7604	7719	7009	7236	7503	7592	7663	7636	7905	7962	7710	7775	7592
邯郸市	10030	9984	10237	10252	10264	10214	10274	10274	9953	9909	9897	9886	10105
衡水市	7586	7482	7585	7627	7661	7587	7739	7716	7746	7594	7635	7714	7657
湖州市	9284	9490	9522	9429	9332	9168	9321	9179	9010	9050	8748	9026	9171
淮安市	9497	9700	9336	9359	9351	9433	9573	9907	10076	9990	10112	10255	9786
黄冈市										6978	6607	6461	6671
惠州市	11958	13618	12099	11956	12046	11897	11812	12114	11971	12059	11874	12159	12006
吉林市	7144	7037	7343	7332	7350	7290	7462	7367	7293	7186	7177	7161	7287
济宁市	9219	9529	9237	9050	9190	9147	9396	9315	9173	9344	9064	9119	9203
嘉兴市	9773	9597	10207	10498	10426	10531	10733	10956	10862	10713	10436	10555	10593
江门市	8813	8917	8371	8361	8432	8617	8492	9022	8872	8641	8702	8454	8623
金华市	16856	17070	16235	16080	15802	15898	16273	15951	16332	16637	16722	16373	16264
九江市		7437	7672	7746	7732	7869	8036	7849	8126	7832	8145	8130	7922
廊坊市	13421	11885	12746	13380	12904	12990	13635	13485	13274	13215	13252	13526	13287
乐山市		4626	5384	5257	5369	5474	5433	5603	5397	5488	5388	5307	5409
连云港市	10409	9068	10500	10665	10548	10758	10812	10871	11079	11634	11615	11540	11024
临沂市		10505	9853	10287	10704	10547	10637	10583	10925	10661	10877	10420	10599
柳州市	8796	8874	8755	8763	8855	8904	8792	9063	8805	8806	8735	8835	8835
六安市			7742	7290	6952	6773	7099	6803	6981	6923	7058	6917	7035
泸州市		6758		7605	7201	7391	7287	7040	7113	7254	7235	7212	7252
洛阳市	9722	9424	9617	9855	9843	9897	9919	10081	9904	9918	10394	10222	9953

5–4 续表 2

单位：元 / 平方米

城市	1月	2月	3月	4月	5月	6月	7月	8月	9月	10月	11月	12月	统计
马鞍山市	6902	7056	6920	7125	7360	7392	7345	7454	7553	7518	7605	7601	7381
眉山市		7390	7346	7593	6329	6390	6212	6216	6409	6242	6098	6099	6472
绵阳市	8122	8307	8345	8233	8513	8499	8488	8576	8648	8645	8581	8722	8496
南充市	6919	7278	6958	6966	7081	7002	6908	7092	6898	6747	6851	6761	6940
南通市	16466	16726	17035	17144	17403	17321	17260	17275	18161	18079	18100	18439	17462
莆田市		14645	14994	14898	13712	14118	12888	13555	13898	13437	13014	13611	13739
秦皇岛市	10207	11040	10053	10158	10042	10135	10089	10312	10274	10221	10092	10125	10171
泉州市	13918	13978	13732	13660	14155	13987	14353	14657	14603	15018	15307	15760	14582
日照市	9767	10187	10242	9586	9663	9732	9454	9389	9381	9253	9181	9089	9505
汕头市	9631	11022	10090	10009	10714	10240	10208	10127	10446	10344	10366	10550	10294
绍兴市	14929	15430	15640	15642	15421	15552	15343	15445	15608	15140	15120	15499	15415
宿迁市	8819	8809	9224	9494	9681	9567	9744	9609	9688	9367	9263	9267	9474
台州市	15821	15770	14164	14451	14288	14188	14660		16050	15037	14706	14688	14764
泰安市	10475	13465	10481	10738	10634	9965	10564	10912	11260	10899	10851	11184	10714
泰州市	10642	9995	10706	10769	10793	10840	10697	10932	10991	10955	11010	11065	10872
唐山市	11121	14317	11938	11403	11171	11412	11533	11713	11670	10913	11229	11314	11404
威海市	9811	10411	9970	10267	10047	10260	10364	10492	10552	10554	9838	9911	10208
芜湖市	11511	10755	11178	10439	10898	10962	10690	10648	10567	10564	10433	10935	10732
襄阳市			8836	8713	8839	8822	8873	8596	8467	8828	8791	9014	8759
新乡市	7502		7216	7204	7419	7293	7183	7402	7381	7329	7607	7228	7346
徐州市	11848	11518	11817	11888	11955	12104	12210	12634	12763	12622	12710	12537	12346
烟台市	11663	11718	11464	11615	11832	11920	11953	12551	12008	12190	11884	12137	11968
盐城市	11688	11286	11606	11881	12207	12256	12099	12129	12625	12588	12866	13322	12375
扬州市	14003		14156	14128	13934	14250	14355	14451	14395	14361	14464	15023	14339
宜昌市	8223		8435	8313	8181	8508	8374	8100	8543	7926	8126	8418	8269
岳阳市			7195	7255	7159	7432	7194	7052	7007	6780	6808	7173	7109
张家口市	9684	12534	10744	9835	10490	9497	8863	9221	9366	8810	9100	8776	9341
漳州市		12535	12442	12325	12208	12075	12471	12340	12157	12681	12534	12385	12348
镇江市	8066	8625	8019	8307	8411	8701	8375	8524	8372	8241	8424	8659	8397
中山市	11494	11925	11533	11528	11564	11338	11619	12025	11955	11689	11993	12009	11758
珠海市	20093	21593	19664	19316	19789	20086	20822	21127	21023	20802	21560	21761	20691
淄博市		9238	8939	8933	8594	8734	8789	8917	9005	8681	8700	8714	8798

5-5 2020年全国主要城市二手房月度供求成交金额统计

单位：亿元

城市	1月	2月	3月	4月	5月	6月	7月	8月	9月	10月	11月	12月	合计
一线城市													
北京市	395	176	357	564	729	834	780	750	827	683	815	1012	7922
上海市	364	150	461	741	902	930	981	1022	1110	990	1159	1469	10280
广州市	369	23	110	172	212	245	274	319	296	234	310	335	2900
深圳市	367	86	402	392	415	548	700	616	501	283	315	391	5017
二线城市													
长春市	28	4	27	37	34	47	41	50	53	31	40	38	431
长沙市	14	4	14	22	24	30	35	33	32	24	32	34	298
成都市	104	17	86	163	150	184	227	219	230	132	182	198	1892
重庆市	84	1	71	110	123	114	191	156	162	108	136	140	1396
大连市	35	4	30	47	66	88	81	62	77	56	91	78	715
福州市	38	9	27	42	48	53	53	47	51	40	47	51	508
贵阳市	6	1	7	10	7	8	9	9	9	7	13	15	102
哈尔滨市	23	3	6	32	29	50	58	59	52	45	47	26	431
海口市	10	1	6	11	11	14	20	19	19	12	15	18	156
杭州市	107	11	141	229	242	239	269	255	237	215	252	249	2446
合肥市	36	0.4	40	67	82	95	96	95	96	84	117	149	959
呼和浩特市	13		7	12	18	22	26	26	24	16	18	19	202
济南市	32	6	30	54	54	57	57	53	54	40	46	57	541
昆明市	25	4	21	37	37	38	45	47	39	30	37	37	399
兰州市	7	0.4	7	12	11	14	14	14	15	9	15	13	132
南昌市	8	0.2	4	11	16	19	33	29	29	25	27	28	230
南京市	139	12	143	197	211	247	264	216	222	138	212	204	2205
南宁市	21	1	23	23	25	50	36	35	35	21	26	23	319
宁波市	58	15	75	101	122	164	200	154	144	98	111	118	1361
青岛市	46	12	42	67	71	85	88	79	81	57	75	75	778
三亚市	3	0.1	2	2	2	3	5	3	3	3	3	4	35
沈阳市	44	9	47	130	70	79	71	86	43	66	77	61	781
石家庄市	20	2	16	29	31	33	34	31	31	24	28	31	309
苏州市	103	11	89	88	86	119	111	122	115	76	118	108	1147
太原市	9	0.4	6	14	12	18	19	17	19	14	17	15	160
天津市	138	1	67	130	156	193	173	173	185	128	187	180	1710
温州市	30	7	31	51	63	64	64	61	54	45	55	65	589
乌鲁木齐市	40	0.1	12	31	33	42	24		41	47	54		324
无锡市	45	2	38	75	82	93	91	93	94	45	65	62	786

5-5 续表 1 单位：亿元

城市	1月	2月	3月	4月	5月	6月	7月	8月	9月	10月	11月	12月	合计
武汉市	84			30	68	115	163	150	179	129	154	160	1231
西安市	45	1	23	55	74	91	90	101	112	76	109	96	872
西宁市	1	0.1	1	2	2	2	2	2	2	2	2	2	21
厦门市	93	22	68	81	95	123	137	120	105	89	114	145	1191
银川市	6	0.07	4	9	10	11	12	14	14	10	12	11	115
郑州市	43	0.2	9	45	49	59	59	62	62	43	60	51	544
三四线城市													
宝鸡市	2	0.01	1	2	2	2	2	3	3	2	2	2	23
保定市	4	0.4	1	5	7	8	7	7	8	5	8	8	69
北海市	4	0.1	2	4	4	5	5	5	4	3	5	4	47
常州市	37	1	32	57	63	77	69	72	83	37	57	52	637
大同市	1	0.01	1	2	2	2	2	3	2	2	2	3	23
东莞市	23	3	27	30	33	50	61	28	39	21	23	31	370
佛山市	29	8	29	39	49	52	67	70	68	54	66	79	610
赣州市	6	1	4	6	7	8	8	8	8	7	8	8	78
桂林市	2	0.5	0.1	8	6	4	4	4	4	3	3	3	42
邯郸市	5	1	3	6	5	6	7	6	7	6	7	4	64
衡水市	3	0.4	2	4	3	3	4	3	4	3	3	3	36
湖州市	4	1	5	8	8	9	11	10	9	8	9	8	91
淮安市	14	2	15	26	28	30	31	33	36	28	42	47	333
黄冈市										1	1	1	2
惠州市	15	2	12	15	18	22	27	32	30	24	27	27	251
吉林市	6	1	7	11	4	7	11	12	11	9	9	8	96
济宁市	5	0.2	4	8	7	7	10	9	8	7	8	10	82
嘉兴市	9	1	13	19	21	28	38	32	28	21	26	27	262
江门市	4	1	3	5	5	5	6	6	6	4	7	8	60
金华市	11	2	11	22	24	24	31	29	25	25	28	29	261
九江市		1	3	6	6	6	6	6	6	4	5	5	54
廊坊市	3	0.2	2	4	4	4	5	5	5	4	5	6	47
乐山市		0.04	2	3	2	2	3	2	2	2	2	2	23
连云港市	13	1	7	18	17	19	19	21	22	18	25	30	209
临沂市		0.2	5	12	14	18	19	14	16	9	14	13	134
柳州市	2	1	5	6	7	7	8	7	7	6	6	6	68
六安市			3	5	5	5	6	5	4	3	5	4	46
泸州市		0.02		3	1	3	3	5	2	2	2	3	26
洛阳市	6	0.08	5	11	12	12	14	12	12	8	9	9	111

5–5　续表 2　　　　单位：亿元

城市	1月	2月	3月	4月	5月	6月	7月	8月	9月	10月	11月	12月	合计
马鞍山市	5	0.4	6	10	11	10	11	10	9	9	12	13	107
眉山市		0.4	2	4	3	4	4	3	3	2	3	3	33
绵阳市	5	1	6	8	8	9	10	8	9	7	7	9	87
南充市	3	1	3	4	3	3	4	4	3	2	3	3	36
南通市	32	3	23	39	41	44	38	40	41	27	34	21	383
莆田市		1	3	3	3	4	5	4	3	3	4	4	38
秦皇岛市	9	1	5	15	15	17	18	22	21	13	15	16	166
泉州市	8	2	6	9	9	11	13	12	14	11	15	17	126
日照市	4	1	4	6	6	8	8	6	5	5	6	6	64
汕头市	6	3	5	8	10	10	12	9	10	7	10	11	101
绍兴市	13	4	16	24	28	35	36	31	25	21	21	19	274
宿迁市	8	2	6	11	12	14	14	13	12	7	7	7	112
台州市	5	1	6	11	10	14	17		13	10	10	10	106
泰安市	4	0.1	2	6	8	10	8	7	8	5	7	8	74
泰州市	10	0.2	7	13	14	14	13	15	14	10	16	16	142
唐山市	17	0.3	6	17	23	25	29	27	24	14	17	17	216
威海市	6	1	3	7	8	9	1	9	10	8	7	7	76
芜湖市	7	1	9	12	14	13	20	19	18	17	19	19	168
襄阳市			0.5	3	4	4	4	4	3	1	2	2	27
新乡市	1		1	1	2	1	2	2	1	2	2	2	17
徐州市	15	1	10	20	25	30	30	34	33	23	32	27	279
烟台市	12	2	9	19	20	23	25	25	21	18	19	20	212
盐城市	11	3	14	19	18	22	23	27	27	21	30	30	245
扬州市	8		9	19	19	19	26	20	21	15	18	18	193
宜昌市	2		0.2	4	5	6	8	12	6	5	6	7	61
岳阳市			1	2	1	3	3	2	2	2	2	2	20
张家口市	0.5	0.02	0.3	1	1	2	1	2	2	1	2	1	14
漳州市		2	7	9	10	9	10	9	10	7	9	10	92
镇江市	8	0.1	8	12	12	13	12	13	12	9	12	11	123
中山市	9	1	8	8	9	11	13	15	17	13	16	18	140
珠海市	27	6	26	35	40	45	65	61	52	47	53	55	511
淄博市		0.5	3	4	5	5	5	5	5	4	4	4	45

5-6 2020年全国主要城市二手房月度供求套均面积统计

单位：平方米/套

城市	1月	2月	3月	4月	5月	6月	7月	8月	9月	10月	11月	12月	统计
一线城市													
北京市	89.91	90.48	89.96	87.97	87.41	89.12	91.57	91.38	92.23	90.62	89.98	90.23	90.11
上海市	79.36	78.89	76.78	77.56	80.05	81.63	83.11	83.52	83.14	82	82.36	82.42	81.47
广州市	90.28	97.24	91.59	92.45	91.5	93.29	93.8	93.6	94.77	95.21	94.83	95.31	93.42
深圳市	84.69	86.3	84.33	84.68	81.59	84.54	84.49	85.11	87.65	88.07	85.34	86.93	85.06
二线城市													
长春市	81.55	81.1	81.04	80.21	82.16	82.06	84.08	84.64	84.2	81.23	82.58	83.83	82.67
长沙市	107.39	106.46	105.23	103.05	103.97	106.09	107	106.19	104.88	103.39	105.12	105.52	105.31
成都市	91.84	94.56	92.73	90.2	91.91	92.24	92.77	92.72	93.35	92.68	92.37	92.68	92.39
重庆市	90.89	98.48	85.78	87.38	86.86	87.65	88.61	87.97	88.77	88.81	87.52	88.04	88.08
大连市	77.26	74.12	76.18	74.83	76.79	76.34	77.96	78.76	78.72	76.91	77.86	77.13	77.26
福州市	99.15	95.51	93.34	92.58	92.23	96.12	96.42	96.26	96.45	97.32	95.66	93.3	95.33
贵阳市	103.28	107.51	106.51	103.68	103.58	104.62	104.37	105.3	103.67	106.09	100.04	100.84	103.39
哈尔滨市	82.38	88.17	80.63	78.15	80.08	82.23	81.63	83.03	83.47	84.8	84.82	85.01	82.64
海口市	94.54	105.37	97.33	96.97	95.34	95.11	95.43	100.37	97.48	96.94	96.81	99.77	97.12
杭州市	93.06	100.98	91.61	92.27	95.1	97.03	98.02	97.5	98.16	97.67	98.84	98.71	96.5
合肥市	95	106.84	92.06	91.88	91.21	94.12	94.15	94.33	94.17	94.43	94.4	94.63	93.8
呼和浩特市	88.53		88.11	86.9	87.41	88.95	88.55	87.4	89.78	89.33	90.25	90.01	88.72
济南市	95.03	98.49	95.93	93.41	95.96	95.65	95.51	97.05	97.5	96.78	94.2	95.47	95.7
昆明市	96.51	99.09	95.49	94.65	93.34	96.61	95.21	105.8	95.04	95.48	94.3	95.9	96.37
兰州市	90.59	100.32	87.25	86.29	91.55	89.87	91.45	91.08	91.03	88.06	94.02	94.14	90.71
南昌市	97.89	78.81	97.31	96.1	100.32	99.32	101.06	99.35	99.27	99.85	100.08	101.53	99.77
南京市	87	90.07	85.48	85.74	85.18	86.09	88.19	88.77	88.3	88.81	86.24	86.69	86.96
南宁市	95.58	97.4	96.8	95.13	94.71	95.22	94.65	94.86	94.36	93.29	94.87	94.7	94.93
宁波市	93.37	94.4	93.15	91.99	92.85	93.1	94.18	95.86	96.29	95.08	95.45	95.24	94.3
青岛市	91.07	88.85	88.22	87.97	88.79	90.99	91.17	92.97	92.01	89.87	91.99	91.31	90.68
三亚市	99.97	91.15	105.41	94.37	87.24	85.13	91	84.16	83.07	86.45	84	85.66	88.6
沈阳市	73.61	75.46	74.44	73.64	75.03	76.71	76.93	73.36	77.05	77.59	75.98	74.95	75.22
石家庄市	89.67	88.85	93.05	87.94	90.89	91.31	90	90.4	91.52	92.17	91.59	91.16	90.76
苏州市	100.36	100.95	100.85	100.29	97	98.76	101.44	103.43	103.1	101.24	102.46	101.56	101.04
太原市	93.35	97.71	91.61	90.2	90.09	89.5	91.39	92.56	94.98	92.41	93	93.31	92.06
天津市	84.07	97.19	84.85	85.47	84.43	86.36	87.42	86.62	86.15	85.31	84.26	86.48	85.68
温州市	100.29	104.95	95.55	94.8	98.07	100.92	99.7	102.82	100.28	97.08	99.21	95.05	98.65
乌鲁木齐市	97.78	111.1	91.35	90.43	90.64	94.14	91.14		95.8	97.44	97.55		94.67
无锡市	95.66	100.81	94.79	93.15	93.56	95.02	95.08	97.08	96.66	93.26	93.53	95.01	94.89

5-6　续表 1　　　　　　　　　　　　　　　　　　　　　　　　　　　　　　单位：平方米 / 套

城市	1 月	2 月	3 月	4 月	5 月	6 月	7 月	8 月	9 月	10 月	11 月	12 月	统计
武汉市	94.91			96.35	95.58	94.26	93.47	95.14	96.16	95.58	95.64	96.5	95.28
西安市	93.08	95.21	91.73	91.46	93.71	95.65	94.68	95.74	94.67	95.4	94.81	95.46	94.58
西宁市	106.72	111.64	99.56	102.95	107.37	97.93	99.92	104.28	105.63	103.01	99.47	98.86	102.19
厦门市	99.79	100.99	101.85	97.35	98.41	96.53	101.05	100.58	102.06	98.89	98.37	96.7	99.14
银川市	100.86	97.57	102.78	99.68	100.61	100.21	100.27	100.16	101.2	100.57	99.59	106.89	100.96
郑州市	93.75	88.85	89.14	94.54	94.69	94.65	95.45	95.78	96.1	95.25	95.78	96.73	95.21
三四线城市													
宝鸡市	101.64	129	95.89	95.82	98.41	93.99	95.21	93.51	96.96	94.95	95.04	97.78	96.07
保定市	96.7	93.07	99.82	98.19	95.25	95.7	94.49	94.07	96.86	96.56	94.05	93.52	95.4
北海市	96.29	80.08	94.88	96.06	95.58	99.22	98.96	97.54	97.43	96.09	95.21	88.97	96.02
常州市	102.15	99.66	98.61	97.29	99.12	99.24	100.96	102.52	101.77	98.45	98.79	100.86	100.09
大同市	95.28	82.78	90.28	95.33	93.76	99.51	95.6	94.65	97.79	99.05	99.91	102.26	96.98
东莞市	100.15	97.66	95.77	94.54	95.86	97.05	95.58	100.91	97.59	99.34	96.9	95.22	96.87
佛山市	112.81	108.4	111.61	109.5	109.66	106.46	108.52	109.45	107.94	108.14	109.23	110.7	109.17
赣州市	109.96	121.6	105.03	110.89	111.88	113.97	112.99	113.29	110.08	115.1	111.79	114.22	112.08
桂林市	97.99	102.28	90.06	95.44	138.62	94.49	93.41	96.54	97.06	96.14	98.04	97.72	100.36
邯郸市	88.08	99.63	88.45	89.54	92.03	92	91.7	91.31	92.72	94.02	93.37	91.95	91.62
衡水市	96.46	91.1	95.61	96.38	94.72	91.5	92.72	93.67	94.22	95.88	95.98	96.96	94.79
湖州市	97.45	93.21	87.11	91.52	90.41	95.77	96.78	92.58	93.25	94.12	94.73	95.98	93.7
淮安市	102.12	97.77	100.44	102.5	102.59	104.58	104.83	103.57	103.12	102.68	103.49	103.66	103.23
黄冈市										106.46	103.33	104.37	104.63
惠州市	110.55	115	111.99	109.19	110.06	110.9	112.09	109.96	106.49	101.84	107.19	106.33	108.47
吉林市	79.3	82.04	79.26	79.82	82.17	80.32	78.87	79.93	79.77	78.26	78.11	78.9	79.39
济宁市	102.72	101.71	103.66	99.63	101.12	106.54	105.95	105.48	101.94	104.55	104.43	107.68	104.1
嘉兴市	108.39	108.18	107.89	105.15	109.45	107.77	110.43	109.44	109.94	108.46	109.04	110.44	108.99
江门市	100.95	105.66	96.73	101.53	98.42	97.42	106.36	100.86	99.69	100.13	102.76	102.51	101.08
金华市	102.01	107.69	98.79	97.21	98.65	98.09	97.76	100.34	97.58	100.5	100.91	99.28	99.11
九江市		92.78	100.7	97.05	99.23	99.28	99.8	102.51	98.59	100.32	97.79	96.8	99.03
廊坊市	94.77	100.1	93.81	93.46	95.95	97.05	97.28	97.28	98.93	93.96	94.7	96.54	96.06
乐山市		109.66	87.39	93.73	92.8	90.61	95.4	94.55	90.57	92.83	94.39	92.15	92.62
连云港市	107.26	116.09	109.02	107.65	108.48	106.68	110.93	107.14	108.66	109.7	108.72	110.48	108.7
临沂市		130.1	105.32	103.74	108.72	107.26	108.61	106.23	107.84	109.11	109.45	107.86	107.56
柳州市	93.39	95.74	96.91	94.57	93.71	92.79	94.46	96.8	96.18	96.41	97	98.08	95.46
六安市			100.83	101.37	100.09	102.84	103.2	101.85	99.28	100.36	102.29	101.57	101.46
泸州市		78.98		101.24	108	103.65	100.8	98.82	91.47	97.74	97.74	99.38	99.45
洛阳市	97.74	97.74	94.28	96.48	97.85	98.36	97.24	99.16	97.08	100.09	100.31	102.18	98.23

5-6 续表 2 单位：平方米 / 套

城市	1月	2月	3月	4月	5月	6月	7月	8月	9月	10月	11月	12月	统计
马鞍山市	89.17	89.07	88.74	90.42	90.83	90.18	89.94	88.75	89.44	87.02	89.06	89.39	89.42
眉山市		117.83	107.19	115.82	116.95	108.87	108.06	105.88	107.49	106.4	108.81	107.59	109.34
绵阳市	96.69	104.95	95.6	97.9	98.56	98.76	96.57	97.54	99.65	99.5	96.62	98.83	98
南充市	100.29	102.89	98.83	96.2	98.55	99.44	96.35	96.86	99.9	99.06	98.34	95.01	98.07
南通市	107.33	105.16	102.82	99.23	101.29	101.75	103.94	104.08	102.8	101.82	98.11	95.1	101.89
莆田市		114.27	116.18	114.91	108.46	117.32	132.86	105.1	106.99	105.32	111.74	114.04	113.74
秦皇岛市	85.98	92.83	86.05	85.48	84.13	84.06	83.2	84.33	84.71	84.34	85.08	84.54	84.57
泉州市	111.07	110.65	108.72	110.14	110.75	111.83	111.94	108.68	108.45	107.38	109.58	109.93	109.85
日照市	94.74	97.04	94.82	95	94.73	95.02	95.17	98.11	97.2	95.89	95.82	99.12	95.97
汕头市	111.69	108.44	106.92	103.75	107.81	107.02	104.6	105.68	104.71	105.27	105.71	107.06	106.24
绍兴市	104.81	102.62	100	100.16	104.05	105.76	106.93	105.7	105.15	104.14	107.99	104.91	104.71
宿迁市	101.99	102.59	103.03	103.68	102.23	102.5	103.67	102.06	104.01	105.24	101.47	105.45	103.12
台州市	109.84	110.31	97.22	106.85	103.59	101.43	107.98		109.07	109.4	107.85	109.93	106.28
泰安市	100.92	104.29	99.16	102.23	102.92	102.19	98.81	98.14	98.94	101.45	99.97	98.47	100.34
泰州市	106.23	93.19	105.59	101.66	105.63	101.62	102.57	105.7	106.31	104.27	105.99	105.02	104.53
唐山市	80.17	86.35	78.88	79.88	78.86	79.07	79.6	78.7	80.91	79.79	77.79	80.77	79.5
威海市	89.44	92.71	87.01	88.9	90.24	89.21	110.94	91.99	92.57	89.97	91.6	92.32	90.79
芜湖市	101.16	118.26	97.83	98.37	97.6	100.63	93.34	93.9	94.09	95.44	93.41	99.34	96.17
襄阳市			97.32	91.65	99.02	99.01	100.18	91.84	93.91	93.76	99.01	100.15	96.4
新乡市	104.15		102.28	102.81	107.37	109.49	111.26	112.76	108.96	108.28	111.81	106.48	108.44
徐州市	92.66	106.26	98.16	96.96	92.49	93.88	93.06	94.29	92.35	91.87	90.54	90.67	93.02
烟台市	88.03	89.89	87.2	84.42	87.66	87.11	87.02	85.99	89.15	89.11	86.12	85.82	87
盐城市	105.5	102.7	104.31	105.73	104.86	106.03	104.8	107.7	107.62	106.49	107.22	107	106.26
扬州市	88.24		88.82	87.92	92.47	90.53	99.55	89.98	90.21	89.66	90.43	92.59	91.37
宜昌市	96.11		100.28	98.81	99.78	100.87	102.8	99.95	99.49	101.88	103.2	103.03	100.92
岳阳市			102.64	101.76	109.19	103.08	107.97	109.59	104.69	107	108.03	114.47	106.9
张家口市	89.47	90.82	92	94.73	96.07	93.24	93.46	90.38	89.75	92.53	93.98	91.83	92.49
漳州市		95.37	91.81	92.12	92.62	93.4	92.72	94.37	95.77	97.15	93.39	92.39	93.52
镇江市	95.01	108.23	95.18	96.22	95.45	94.26	95.85	94.12	95.63	93.06	91.88	96.79	94.87
中山市	111.37	109.04	109.54	107.2	105.22	106.17	110.38	112.65	109.02	112.53	109.79	113.66	110.1
珠海市	97.75	100.98	96.34	95.63	97.93	98.54	97.5	98.15	95.81	96.97	98.78	96.68	97.37
淄博市		101.24	108.88	102.46	104.8	102.98	104.54	104.54	105.9	109.5	106.33	110.01	105.72

企业篇

第六章　中国上市房地产企业经营情况统计

6-1　2020 年沪深上市房企流动资产

单位：元人民币

企业简称	2020 年第一季度	2020 年第二季度	2020 年第三季度	2020 年第四季度
保利发展（600048）	962334051695	997358834954	1049057908641	1136225521226
北辰实业（601588）	82723189978	83593547974	85892987327	74591610095
城建发展（600266）	106576000919	109834456943	116131460099	114474910109
*ST 华业（600240）[①]	3266327067	3818510581	3833412505	3485448669
金隅集团（601992）	176923877529	189019660235	191092225514	182669632169
大龙地产（600159）	3968661766	3717283308	3974302350	4009760115
首开股份（600376）	273243650290	273443997186	284196900861	281769105237
万通发展（600246）	7067893985	6743486405	6530816587	6257535343
*ST 中迪（000609）	3595755815	4420859653	4428513929	3727289689
中关村（000931）	2060068865	2005327243	2024825607	1996055867
北汽蓝谷（600733）	45405944209	39026118409	35816502259	29660085147
财信发展（000838）	18182325753	18172451745	17559074203	17709910403
长春经开（600215）	2746367726	2697947443	2622569433	2649360695
大悦城（000031）	142023060003	148254376231	148973906319	149264047324
粤宏远 A（000573）	1756289052	1632343019	1747641447	1802420285
东旭蓝天（000040）	17048345024	15992795979	15328106391	12873883556
泛海控股（000046）	137997168725	140603072252	139981250992	134700447766
格力地产（600185）	28517952357	27730006486	29618900770	29883597195
冠城大通（600067）	19498774118	20550494230	20068317840	19047135911
光大嘉宝（600622）	12473629601	13013648685	14498909978	14605346852
光明地产（600708）	79919524520	81659723765	82985045503	84022728916
世荣兆业（002016）	7844678240	7540209419	7444739354	6878543543
广宇集团（002133）	12689398048	13341747139	12902510805	14297618630
ST 粤泰（600393）	13026296286	12687420160	12548136487	11578447871
珠江股份（600684）	20953491345	22037994056	23159146815	27380699369
ST 海投（000616）	3074269332	2721837974	1610143810	542332137
海南高速（000886）	2175358249	2130554080	2280463405	2014234535
京粮控股（000505）	3052677137	3129967930	3838772770	3386429770
滨江集团（002244）	130652446377	138416347362	153353082993	156902431490
合肥城建（002208）	17751979244	17523560565	17092379982	17186889832
黑牡丹（600510）	25242654818	27409977932	27981503444	28462871499
福星股份（000926）	40174602800	40810063710	41196890815	42137621369
华丽家族（600503）	2827786750	2975093937	3057749685	2715481667
华联控股（000036）	9723903848	9960410883	7930120671	8329895452
华夏幸福（600340）	435502937701	455610794239	461393662056	441094575541
华远地产（600743）	52482533197	56803460459	59777458074	56826980993

① *ST华业（600240）已于2020年2月5日退市，仍对外披露了2020年度全年财务数据。

6-1 续表 1

单位：元人民币

企业简称	2020 年第一季度	2020 年第二季度	2020 年第三季度	2020 年第四季度
嘉凯城（000918）	12414833191	12157883714	12110161587	8021949866
大港股份（002077）	3373461517	3116717661	1355567725	1140878660
凤凰股份（600716）	4993789767	4984005169	4974497353	6174865070
中南建设（000961）	261756984650	278348327235	294617623924	299822471676
金地集团（600383）	287741952110	298857982656	303960115001	322573153220
金科股份（000656）	296638669906	326547630118	339986135802	332114349073
金融街（000402）	112393005974	113506508080	116184308319	116384440773
京能置业（600791）	12620117376	13662213710	17000116945	17462481616
京投发展（600683）	36891780756	37336070751	38115534353	38166919297
九鼎投资（600053）	2353138662	2220356130	2193692273	2019502275
莱茵体育（000558）	853313749	688187077	700177165	673989605
鲁商发展（600223）	56490380225	57721062383	59444782081	59116788821
绿地控股（600606）	997318241827	1017662882615	1000025817720	1226473596186
*ST 绿景（000502）	138911473	137406733	133459423	127387254
美都能源（600175）①	4367002608	4024323866	3814387681	3423891674
美好置业（000667）	21279471004	20620081128	22259588997	21645360894
南京高科（600064）	15956699746	16888009218	17232274319	18610591564
栖霞建设（600533）	17466506705	18154536170	16538276520	19024367458
宁波富达（600724）	2251724425	1888376511	2050831083	2188321480
荣安地产（000517）	38758137885	45114242984	55591240457	64338503377
荣丰控股（000668）	2369053301	2356851001	2152003269	2387758700
荣盛发展（002146）	234990524909	240595452413	254141892349	266710479267
三湘印象（000863）	10889736027	13433281120	9238932859	8109646021
沙河股份（000014）	1909084834	1844857592	2035075655	2298350518
爱旭股份（600732）	2582885726	2612498898	4428826789	3245250343
城投控股（600649）	30915501834	34963134049	37518347506	50966308243
大名城（600094）	37555934163	35330677768	36651320538	32208792583
岩石股份（600696）	333546860	248374324	257487865	305849109
华鑫股份（600621）	25453983644	25514252789	25016475298	25610439199
浦东金桥（600639）	7713285538	11126744071	12939519825	13215350798
上海临港（600848）	21894248439	23473943905	22754190630	22241836267
凌云 B 股（900957）	223616101	242077020	251737032	246874783
陆家嘴（600663）	40238421407	40592062486	42765526367	43782561795
上实发展（600748）	33677203172	33814980816	35388865332	36090054095
市北高新（600604）	12506786941	12385294379	11121380526	11238866705
外高桥（600648）	16964320592	16352407876	18696716554	20285163313
万业企业（600641）	5289212423	5272895507	5580543060	4780957909

① 美都能源（600175）已于2020年8月14日退市，仍对外披露了2020年度全年财务数据。

6-1　续表 2　　　　单位：元人民币

企业简称	2020 年第一季度	2020 年第二季度	2020 年第三季度	2020 年第四季度
新黄浦（600638）	12098389146	13728676850	15735397222	17085388377
亚通股份（600692）	2154635644	2627213889	2604715568	2306858782
张江高科（600895）	14509654048	14826472057	15857245039	11840624653
华侨城 A（000069）	321367865934	333358104478	350091279809	372293879413
深深房 A（000029）	3771256119	3765279107	3971970221	4141815885
皇庭国际（000056）	1690089779	1544103922	1299892093	1169936561
天健集团（000090）	35154692864	38079526971	39659916912	43360034849
深物业 A（000011）	9954373936	9632582285	10839464698	10595039258
深振业 A（000006）	12072876859	11664583807	11856486755	11766743483
中洲控股（000042）	40316233178	41089474012	41110418286	39077485710
香江控股（600162）	17847973115	19604913644	20613498308	20478338895
顺发恒业（000631）	7244210579	6975187713	6903182472	6676071956
蓝光发展（600466）	192803843114	209103322283	216128269152	239549887065
宋都股份（600077）	37744143754	37905612036	39186180152	38877922368
苏宁环球（000718）	14702248008	13495958041	13554266999	12375836451
苏州高新（600736）	42557321086	46429995017	44686305256	42828405587
泰禾集团（000732）	175752954566	177986805520	181554955586	169020078168
天地源（600665）	27325330480	30189241614	32611990091	32752691354
津滨发展（000897）	6661456816	6452479979	6418905739	6482683495
天房发展（600322）	23005485292	23510519277	23227704509	20205472636
*ST 松江（600225）	7951180877	8520912715	8535638809	5488417672
天保基建（000965）	7218871134	7744363818	7841045986	8225646017
万科 A（000002）	1449790966627	1509594566657	1503850304031	1547387061235
万泽股份（000534）	790788569	715740831	650376884	811293405
闻泰科技（600745）	24774100759	22582621744	26421352829	24928606624
卧龙地产（600173）	6569872837	6615320234	7111050533	6905772344
西藏城投（600773）	11224135024	12331754995	12671404303	12263358741
厦门国贸（600755）	89510062756	93247722372	108092056945	94596215538
学大教育（000526）	1336362192	1222020675	1357852863	1285907308
*ST 新光（002147）	7850937706	7947507398	7541565181	5565570808
新湖中宝（600208）	93793099817	97354088474	97199154081	79852445251
新华联（000620）	30308539377	30010875887	29879805220	28222049833
信达地产（600657）	81868370836	89194914464	89595391543	82736847760
雅戈尔（600177）	41246083021	35850454812	40753744115	45514494429
阳光城（000671）	288088395943	296027588774	312339141606	301487553918
阳光股份（000608）	803370220	814756507	962274595	434201590
*ST 银亿（000981）	10432938306	8541447637	8889841477	8201206307

6-1 续表 3　　　　单位：元人民币

企业简称	2020 年第一季度	2020 年第二季度	2020 年第三季度	2020 年第四季度
*ST 云城（600239）	54760463296	54034310389	52325593237	51025136594
招商蛇口（001979）	492405169756	522117279628	556750142887	575526504411
浙江广厦（600052）	2586727430	2545486464	2480375937	2516454933
*ST 中房（600890）	230521787	202542391	188036859	168532027
中国宝安（000009）	19905727595	19286793179	20889908381	21167803567
中国高科（600730）	1299476370	1320549618	1340307485	1348834070
葛洲坝（600068）①	126217840410	130360373895	141025200041	144500285174
中国国贸（600007）	1987402113	2136822135	2159157968	2383253643
中国铁建（601186）	765307359000	795096801000	832647215000	860767806000
中国武夷（000797）	21684486206	22245503576	22732328890	21609558516
中航高科（600862）	4549941703	5169208046	4855833999	4393323817
中华企业（600675）	36639438036	36075475645	36881202861	35963534991
中交地产（000736）	55575751674	71150709751	90737088129	95246063494
中润资源（000506）	1081194403	1133843254	1162207274	865204900
中体产业（600158）	3099898856	4200695445	4258330916	4165456985
中天金融（000540）	75282482112	76839110807	79905522857	79699649785
ST 中珠（600568）	2094594738	2089027915	2093702459	2099488356
迪马股份（600565）	66072727717	66575682689	77954428379	70872528421
渝开发（000514）	6292230405	6322353065	6414825541	6397496288
华发股份（600325）	241644137064	246474242274	276121400952	292500571500

数据来源：企业公告。

① 葛洲坝（600068）已于2021年9月13日退市，仍对外披露了2020年度全年财务数据。

6-2　2020年香港上市房企流动资产（港币）

单位：元港币

企业简称	2020年第二季度	2020年第四季度
保利置业集团（0119）	129819218310	150167189594
太古地产（1972）	17101588200	23519353600
天安中国（0028）	11191578731	13129110646
新鸿基地产（0016）	220266470400	259096870800
中信股份（0267）	3167504047800	3334007657600
汤臣集团（0258）	9241797641	9195075011
长实集团（1113）	170743688800	162205776000
五矿地产（0230）	40263717843	51074373610
上实城市开发（0563）	33281743960	34069324659
深圳控股（0604）	65949877675	72180392922
嘉华国际（0173）	29943198455	34590797693
莱蒙国际（3688）	14561494959	14697393533
恒基地产（0012）	121114099800	105253020800
恒隆地产（0101）	10862152800	15043600000
路劲（1098）	62546309964	60572585366
华南城（1668）	47550628189	47512132809
九龙仓集团（0004）	57254652200	51685180800
新世界发展（0017）	163670005560	166487153460
合生创展集团（0754）	159060265178	178641398390
沿海家园（1124）	7256088440	7837183771
嘉里建设（0683）	26903941248	39407733165
百仕达控股（1168）	3097105570	3515783158
上海证大（0755）	11717656028	6547059722

数据来源：企业公告。

6-3 2020年香港上市房企流动资产（人民币）

单位：元人民币

企业简称	2020年第二季度	2020年第四季度
远洋集团（3377）	190418815000	190791101000
华润置地（1109）	553668700000	574053189000
中国奥园（3883）	269397539000	290649419000
明发集团（0846）	55538373000	56418152000
朗诗绿色生活（0106）	17355944000	17495097000
恒盛地产（0845）	29364509000	25798205000
大发地产（6111）	28420045000	29609946000
景瑞控股（1862）	42441083000	56211056000
天山发展控股（2118）	27305366000	25313025000
佳源国际控股（2768）	53260697000	59082302000
美的置业（3990）	233455933000	254533571000
德信中国（2019）	68954197000	86265621000
融信中国（3301）	196259892000	204359136000
花样年控股（1777）	72312061000	76223800000
银城国际控股（1902）	32206090000	36955670000
世茂集团（0813）	422729272000	455558422000
时代中国控股（1233）	149970743000	166063144000
旭辉控股集团（0884）	303955119000	316858665000
龙光集团（3380）	193332959000	193134060000
新城发展（1030）	405205927000	421821718000
正荣地产（6158）	172784025000	199239714000
中国金茂（0817）	228370242000	225225768000
碧桂园（2007）	1706590000000	1742156000000
SOHO中国（0410）	6079023000	5184356000
北大资源（0618）	38464884000	36448273000
中国海外发展（0688）	588757022000	636253178000
祥生控股集团（2599）		153557352000
三盛控股（2183）	31661422000	51619034000
佳兆业集团（1638）	212566349000	228106695000
力高集团（1622）	67701303000	81973565000
中梁控股（2772）	235642868000	246750891000
瑞安房地产（0272）	36293000000	40571000000
融创中国（1918）	755162076000	834938512000
五洲国际（1369）①	9335873000	
富力地产（2777）	322391302000	327775880000
中骏集团控股（1966）	107153955000	111526838000

① 五洲国际（1369）已于2020年12月8日退市，仍披露至2020年度第二季度财务数据。

6–3　续表 1　　　　单位：元人民币

企业简称	2020 年第二季度	2020 年第四季度
上置集团（1207）	5943566000	5619486000
阳光 100 中国（2608）	43062829000	44713205000
太阳城集团（1383）	2293747000	3092411000
金辉控股（9993）		162445338000
绿城中国（3900）	337164744000	369072494000
建业地产（0832）	146290840000	144684281000
中国恒大（3333）	1928043000000	1904934000000
雅居乐集团（3383）	220062298000	220495397000
龙湖集团（0960）	556093436000	576776175000
禹洲集团（1628）	141402991000	147233030000
绿地香港（0337）	94497561000	145442006000
新力控股集团（2103）	81626815000	76636048000
众安集团（0672）	24168600000	29453076000
合景泰富集团（1813）	127324825000	137801902000
当代置业（1107）	59579257000	68145837000
越秀地产（0123）	186915704000	211628781000
弘阳地产（1996）	78838598000	92332282000
宝龙地产（1238）	106468959000	121488932000
首创置业（2868）①	165285508000	169225285000

数据来源：企业公告。

① 首创置业（2868）已于2021年9月30日退市，仍披露了2020年度全年财务数据。

6-4 2020年沪深上市房企资产

单位：元人民币

企业简称	2020年第一季度	2020年第二季度	2020年第三季度	2020年第四季度
保利发展（600048）	1058354273689	1095165010942	1147900080950	1251374919086
北辰实业（601588）	93624822280	94636289964	97000233419	86443456322
城建发展（600266）	122671571053	126446327661	133097302127	131364043980
*ST华业（600240）[①]	7027699464	6656840724	6667189995	6009132411
金隅集团（601992）	284019853891	296474156517	298808514745	291352383390
大龙地产（600159）	4314526541	4063652687	4317528506	4373778900
首开股份（600376）	317276172909	318852715666	330291103236	327842916395
万通发展（600246）	12348575654	11996894302	11755539877	11582215557
*ST中迪（000609）	4303090807	4636755291	4643448351	3882019070
中关村（000931）	3421929316	3390280414	3495462858	3455089205
北汽蓝谷（600733）	58703679638	52524696215	49856114848	43625748639
财信发展（000838）	18591329790	18568978013	17979439300	18173585445
长春经开（600215）	2850615685	2803751663	2742517823	2823467176
大悦城（000031）	192228931588	197250377134	198066402669	199871387965
粤宏远A（000573）	2948740810	2798060509	3000711684	3109257117
东旭蓝天（000040）	30844713439	30276780246	30311285106	26201168827
泛海控股（000046）	179062134292	183454598073	182705672910	180990832220
格力地产（600185）	33903346030	34698898294	36811224757	37470008241
冠城大通（600067）	25628291547	26665174066	26204513743	24511762702
光大嘉宝（600622）	28087881399	28647497356	32301970981	33877031187
光明地产（600708）	82225176327	83860975273	85088713737	88220251568
世荣兆业（002016）	8791136062	8479469125	8453407030	7757698228
广宇集团（002133）	13747609830	14635174488	14132719106	15652293181
ST粤泰（600393）	14484729883	14144289897	13867069901	13914276446
珠江股份（600684）	25193150741	25193924778	26303458514	30305559301
ST海投（000616）	6038024508	5840158573	5980214380	5819189271
海南高速（000886）	3226198011	3239501859	3280195642	3226570220
京粮控股（000505）	5243335859	5334498958	6057365761	5695504494
滨江集团（002244）	141011282154	151816947483	167232858817	172015527939
合肥城建（002208）	19062677176	18928797455	18494891730	18661302717
黑牡丹（600510）	30725526076	32841114614	33423266418	33744928407
福星股份（000926）	50381545699	51501953250	51850000366	52454852157
华丽家族（600503）	6128872067	6267187204	6363799437	5664392085
华联控股（000036）	12170911747	12411374911	10372694844	10844473802
华夏幸福（600340）	474931445868	498593909956	506812975472	488762358827
华远地产（600743）	58159906548	61699824746	64752423363	61636712398

① *ST华业（600240）已于2020年2月5日退市，仍对外披露了2020年度全年财务数据。

6-4 续表 1 单位：元人民币

企业简称	2020 年第一季度	2020 年第二季度	2020 年第三季度	2020 年第四季度
嘉凯城（000918）	18047956707	17753654994	17645214989	13492670529
大港股份（002077）	5415231933	5123997328	4657235520	4490365832
凤凰股份（600716）	8632430193	8383519583	8284628392	8725324252
中南建设（000961）	302503396669	322903075269	340613618613	359253452733
金地集团（600383）	354703602063	371055876963	379789356655	401629585060
金科股份（000656）	327242521868	367241955374	383262505413	381157978538
金融街（000402）	164063589765	165494603719	169276565907	169207915756
京能置业（600791）	13443676508	14408815933	17681192482	18183723531
京投发展（600683）	46456219814	46970019293	48071780519	49809537392
九鼎投资（600053）	3776888815	3605427670	3577759678	3362559594
莱茵体育（000558）	2353961258	2173081301	2182577112	2165881489
鲁商发展（600223）	58421537434	59778836697	61477400515	61498584743
绿地控股（600606）	1130399381210	1171217481371	1164801172222	1397336286405
*ST 绿景（000502）	244656507	242645122	238149408	231581145
美都能源（600175）①	14267235895	12418119036	11872393817	5199650044
美好置业（000667）	28411930581	27913721726	29574552672	28314202163
南京高科（600064）	29297000155	30329493956	30964836294	32618608743
栖霞建设（600533）	20233422907	20996609251	19647497102	22117636723
宁波富达（600724）	4192053108	3799519412	3935631507	4156802715
荣安地产（000517）	41676182857	48120166154	58781704564	67767966376
荣丰控股（000668）	2713969049	2706389956	2383877646	2619251905
荣盛发展（002146）	254562098772	260510988835	274704954955	288610872443
三湘印象（000863）	12830897789	15404081786	11141005979	9661682770
沙河股份（000014）	2029518530	1967553062	2171386738	2433688819
爱旭股份（600732）	8504359687	8690235611	11985134399	12701957035
城投控股（600649）	40092292660	44101488523	47425892530	61524143105
大名城（600094）	42726097334	40753943197	42130342132	37832958123
岩石股份（600696）	424384390	338226305	345646429	403008584
华鑫股份（600621）	26590630850	27161508143	26554841700	27266933189
浦东金桥（600639）	24270523750	27805600018	29814197115	30030121056
上海临港（600848）	37164872360	38756702028	40238812007	41810203699
凌云 B 股（900957）	1002619190	1013554427	1017557673	1008561997
陆家嘴（600663）	94584495406	93757038251	96482902482	101354354265
上实发展（600748）	40101806194	40154976245	41674338509	42479137088
市北高新（600604）	19497609009	19377120241	18726204132	19109142595
外高桥（600648）	33663030653	33073172541	35162661032	39296170603
万业企业（600641）	7039916854	7024368287	7396401591	7714758912

① 美都能源（600175）已于2020年8月14日退市，仍对外披露了2020年度全年财务数据。

6-4 续表 2

单位：元人民币

企业简称	2020 年第一季度	2020 年第二季度	2020 年第三季度	2020 年第四季度
新黄浦（600638）	14920513687	16569738814	18648902632	20092913489
亚通股份（600692）	2646806379	3138656909	3109879075	2818058796
张江高科（600895）	26884712134	28000941976	29336765076	32819730583
华侨城 A（000069）	403354395522	414190873136	432690978642	456588251975
深深房 A（000029）	4499382506	4485810300	4685440083	4936916747
皇庭国际（000056）	12403956884	12398201449	12207971520	11756759580
天健集团（000090）	39982158736	43227799515	45044150201	48998633233
深物业 A（000011）	11287993362	10948847073	12215328317	12207356913
深振业 A（000006）	15330094970	14968401509	15402180509	15434760023
中洲控股（000042）	45923231441	46579761037	46572292000	44443757648
香江控股（600162）	22798044636	24632941250	25824109922	25623925893
顺发恒业（000631）	8216937360	7754139000	7675179440	7447804897
蓝光发展（600466）	211927872165	227994851105	232961908026	258264128343
宋都股份（600077）	41511739780	41637699279	43035333752	43017114617
苏宁环球（000718）	17841449846	16662458898	16773113461	15971545466
苏州高新（600736）	50556159064	56912319167	55515378366	54590181242
泰禾集团（000732）	223425414741	225515785227	228883617232	216832586290
天地源（600665）	28358990219	31312155512	33857067524	33955338364
津滨发展（000897）	6878630141	6678459708	6671415180	6936791924
天房发展（600322）	25352897866	25879321040	25568680626	22943660778
*ST 松江（600225）	11987878124	12776859541	12910856750	9546099444
天保基建（000965）	8877359909	9393040334	9504072624	9951287948
万科 A（000002）	1739794796343	1806186613769	1814465741942	1869177094006
万泽股份（000534）	2206933443	2033968001	2027416601	2125769142
闻泰科技（600745）	59281970266	57189491221	61020069664	59890549959
卧龙地产（600173）	7624252226	7670287592	8140022473	7865149583
西藏城投（600773）	13252521552	14344937989	14669620185	14518379179
厦门国贸（600755）	107012949984	110847688010	126333752978	113415874139
学大教育（000526）	3487799266	3391005383	3552379778	3515113653
*ST 新光（002147）	13595708136	13600728018	13157728455	11052093964
新湖中宝（600208）	145044079620	152491775629	152766653040	135684563271
新华联（000620）	52075443397	51823206014	51595655675	50391037663
信达地产（600657）	96213061103	99245042966	101660984073	94278648054
雅戈尔（600177）	80934729066	75799665920	75322073371	80015085418
阳光城（000671）	325501174181	339247843253	356278529217	352301853055
阳光股份（000608）	5623618682	5634211263	5786303020	5923791941
*ST 银亿（000981）	24863895647	22842681243	23082389927	22144740046

6-4　续表 3　　　　　　　　　　　　　　　　　　　　　　　　　　　　单位：元人民币

企业简称	2020 年第一季度	2020 年第二季度	2020 年第三季度	2020 年第四季度
*ST 云城（600239）	85753492948	82773513443	80520655575	80336922201
招商蛇口（001979）	634082237029	667916563819	706325334357	737157339985
浙江广厦（600052）	3990645588	3930344710	3912585812	3861041584
*ST 中房（600890）	306181263	276889026	277120802	252368818
中国宝安（000009）	30239161749	29639145062	31493483783	31856615638
中国高科（600730）	2236306420	2237456863	2256186739	2298289270
葛洲坝（600068）①	226321779772	234408200433	250617304119	259404704107
中国国贸（600007）	11967518193	12045109332	11990134473	12090123296
中国铁建（601186）	1095439699000	1145163270000	1197788293000	1242792799000
中国武夷（000797）	23276587247	23844334841	24340625304	23353697870
中航高科（600862）	6756646607	7282665751	6948056838	6525512379
中华企业（600675）	51488971086	50715500376	51571485188	49344217779
中交地产（000736）	57944473156	73732963973	93127332327	99503326150
中润资源（000506）	2641271593	2700092929	2694763775	2323131341
中体产业（600158）	3908321921	5332901833	5444136230	5343922845
中天金融（000540）	122486520479	125104981273	133241133194	138451063744
ST 中珠（600568）	4740579253	4692879446	4657853517	4525334909
迪马股份（600565）	74358440910	75568132897	87709297924	81727740444
渝开发（000514）	7558241484	7599175253	7680996537	7642254282
华发股份（600325）	260089286310	265415944860	297700222626	321844234776

数据来源：企业公告。

① 葛洲坝（600068）已于2021年9月13日退市，仍对外披露了2020年度全年财务数据。

6-5 2020年香港上市房企总资产（港币）

单位：元港币

企业简称	2020年第二季度	2020年第四季度
保利置业集团（0119）	155388754317	172977304992
太古地产（1972）	302666050800	283944899200
天安中国（0028）	37235714637	35869536515
新鸿基地产（0016）	723418518600	728738835400
中信股份（0267）	7743121976800	8197880844800
汤臣集团（0258）	17034187501	17157829648
长实集团（1113）	458628187400	438223644800
五矿地产（0230）	45220689406	57555119459
上实城市开发（0563）	54800828675	56745652589
深圳控股（0604）	121142343041	128155335162
嘉华国际（0173）	64110043457	68804221104
莱蒙国际（3688）	22405034305	22876268525
恒基地产（0012）	415375043800	388050819200
恒隆地产（0101）	177490974600	177843545600
路劲（1098）	86594815755	86921194499
华南城（1668）	100994103277	101882884436
九龙仓集团（0004）	215361452000	213846352000
新世界发展（0017）	531675932640	548218935060
合生创展集团（0754）	226495712140	253213314694
沿海家园（1124）	7905813279	8425934877
嘉里建设（0683）	162512251309	164759330106
百仕达控股（1168）	9997207757	9467312413
上海证大（0755）	16098855853	12381485386

数据来源：企业公告。

6-6　2020年香港上市房企总资产（人民币）

单位：元人民币

企业简称	2020年第二季度	2020年第四季度
远洋集团（3377）	254071685000	259689332000
华润置地（1109）	815326900000	869041400000
中国奥园（3883）	298587136000	325678456000
明发集团（0846）	75354585000	76106159000
朗诗绿色生活（0106）	25697642000	24700795000
恒盛地产（0845）	54670939000	51813827000
大发地产（6111）	33567425000	35070447000
景瑞控股（1862）	54112752000	68319243000
天山发展控股（2118）	29707772000	27704821000
佳源国际控股（2768）	66145912000	72288999000
美的置业（3990）	256037221000	283754474000
德信中国（2019）	78876435000	96603301000
融信中国（3301）	220740541000	233248787000
花样年控股（1777）	99883257000	105550206000
银城国际控股（1902）	37338842000	44629444000
世茂集团（0813）	546106447000	589753150000
时代中国控股（1233）	171180529000	191502387000
旭辉控股集团（0884）	352847673000	379299406000
龙光集团（3380）	240217297000	243513648000
新城发展（1030）	512371608000	544488072000
正荣地产（6158）	192397068000	221385501000
中国金茂（0817）	390108754000	387756174000
碧桂园（2007）	1963269000000	2015809000000
SOHO中国（0410）	70267408000	70704235000
北大资源（0618）	39547969000	38190572000
中国海外发展（0688）	764001315000	823657371000
祥生控股集团（2599）		159739582000
三盛控股（2183）	34116717000	56576382000
佳兆业集团（1638）	292430712000	309898559000
力高集团（1622）	70979910000	85974178000
中梁控股（2772）	257414127000	270833290000
瑞安房地产（0272）	110394000000	115475000000
融创中国（1918）	996401388000	1108405204000
五洲国际（1369）[①]	14569744000	
富力地产（2777）	437655068000	442185215000
中骏集团控股（1966）	161582295000	170614421000

① 五洲国际（1369）已于2020年12月8日退市，仅披露至2020年第二季度财务数据。

6-6 续表 1

单位：元人民币

企业简称	2020 年第二季度	2020 年第四季度
上置集团（1207）	15315938000	14188039000
阳光 100 中国（2608）	58957543000	60958202000
太阳城集团（1383）	5830044000	9031098000
金辉控股（9993）		185661488000
绿城中国（3900）	375584710000	414281848000
建业地产（0832）	164165571000	163900777000
中国恒大（3333）	2299097000000	2301159000000
雅居乐集团（3383）	301809687000	313765058000
龙湖集团（0960）	728642897000	765158825000
禹洲集团（1628）	167754741000	178198057000
绿地香港（0337）	108574782000	164988568000
新力控股集团（2103）	102759441000	96627871000
众安集团（0672）	35683368000	41819964000
合景泰富集团（1813）	217897450000	232198379000
当代置业（1107）	72013675000	81911871000
越秀地产（0123）	235285471000	263196000000
弘阳地产（1996）	101695846000	119045170000
宝龙地产（1238）	173026082000	195131513000
首创置业（2868）①	202408431000	210549900000

数据来源：企业公告。

① 首创置业（2868）已于2021年9月30日退市，仍披露了2020年度全年财务数据。

6-7　2020年沪深上市房企流动负债

单位：元人民币

企业简称	2020年第一季度	2020年第二季度	2020年第三季度	2020年第四季度
保利发展（600048）	588394365687	611751891206	655853811187	751758005946
北辰实业（601588）	47101205168	49956132279	50938200537	41545836158
城建发展（600266）	42300761821	44600980647	46791892832	46340168082
*ST华业（600240）[①]	6709116475	7093486474	7184474330	6527940596
金隅集团（601992）	129215325042	127502144548	125114815827	118810244025
大龙地产（600159）	1935677599	1695402555	1921715516	1913391783
首开股份（600376）	154237929932	149825508890	160660707207	147866201834
万通发展（600246）	1861442229	1878507947	1766536850	1720826598
*ST中迪（000609）	1756698661	2004917031	1767243568	1831527764
中关村（000931）	1274862997	1215883803	1259653210	1355915955
北汽蓝谷（600733）	29550469099	23537650679	21773203891	21770826410
财信发展（000838）	12684958461	13329845771	12077366776	12733215214
长春经开（600215）	266749905	232287246	255210404	337269736
大悦城（000031）	83269387979	89867205100	87241092300	97963667316
粤宏远A（000573）	747366878	644280925	684098405	1240286639
东旭蓝天（000040）	12182566785	11660935604	11808054864	9772313452
泛海控股（000046）	101524540039	104608623652	101138328970	113619017983
格力地产（600185）	9098682789	12678793693	15606237120	15086053496
冠城大通（600067）	14514540458	14695584910	11425949908	10625253847
光大嘉宝（600622）	8265822791	8665427766	9200721807	9493477588
光明地产（600708）	40089562178	41410232768	46479798007	55310130704
世荣兆业（002016）	4790875055	4389213837	4245475253	3412643735
广宇集团（002133）	7818895264	8521066076	8155286451	8955690416
ST粤泰（600393）	5117125176	4820949346	4663658366	5957354422
珠江股份（600684）	12460055022	15460616019	16242218234	20757339856
ST海投（000616）	594433819	373741948	466365497	481850275
海南高速（000886）	383585236	373118184	400744135	345085494
京粮控股（000505）	2083643480	2240218574	2920016363	2456821356
滨江集团（002244）	90852048992	98942943051	111072619014	112310031515
合肥城建（002208）	11210090877	11167301792	9576956155	10736922805
黑牡丹（600510）	16574073973	18361736182	19053897480	18383654402
福星股份（000926）	23750139180	26744725082	26311773923	31126417973
华丽家族（600503）	2015453312	2113168177	2135840484	1544533478
华联控股（000036）	4055739817	4656877892	2508781810	3005870141
华夏幸福（600340）	273314202341	298073389235	297022126621	285589074591
华远地产（600743）	37185911352	41295162091	43352192222	40089581653

① *ST华业（600240）已于2020年2月5日退市，仍对外披露了2020年度全年财务数据。

6-7 续表 1 单位：元人民币

企业简称	2020 年第一季度	2020 年第二季度	2020 年第三季度	2020 年第四季度
嘉凯城（000918）	11791302003	11781389228	12530860172	8521812506
大港股份（002077）	2044179362	1730297673	1169524102	1018681966
凤凰股份（600716）	1449853034	1392018784	1323642862	2014850932
中南建设（000961）	218699868920	233382915586	247274792989	253200647012
金地集团（600383）	210035437994	222442792501	229975544304	228994794476
金科股份（000656）	189726612815	231022266572	246454046876	239952452583
金融街（000402）	50557061793	54349052647	60592478958	51884846423
京能置业（600791）	3033507312	4291611287	5556708069	8261607270
京投发展（600683）	19026452272	19282696666	14157165536	15417860698
九鼎投资（600053）	710741607	827318269	728352711	581220575
莱茵体育（000558）	551856382	411939696	339352048	406168176
鲁商发展（600223）	48480559791	49946298099	49896042354	50485791052
绿地控股（600606）	796200259740	820528693082	802271253836	1023050351434
*ST 绿景（000502）	35520263	34855673	35523471	38702074
美都能源（600175）①	4742798645	4436103146	4221718975	3332106981
美好置业（000667）	16093167013	16008048769	18165962767	14158471714
南京高科（600064）	14550739026	15251510414	15499882772	16868075370
栖霞建设（600533）	11709550678	11597905933	9915530604	11550538360
宁波富达（600724）	723428912	660468520	657792168	671183122
荣安地产（000517）	30032257617	34980735129	44258327940	46197795326
荣丰控股（000668）	1637909579	1629212227	1340521559	1577356750
荣盛发展（002146）	178755298465	176251262863	180840780952	187831602260
三湘印象（000863）	4731919982	7389267205	4571634093	4139607716
沙河股份（000014）	910007119	835631185	1049681212	1359994122
爱旭股份（600732）	3912699465	4222938630	4790662563	4812775936
城投控股（600649）	8925890375	9239662084	11526522267	26856459942
大名城（600094）	23428833795	20983545007	22452029743	16836961091
岩石股份（600696）	142039818	53816812	59316990	69338812
华鑫股份（600621）	17737134784	17325798824	16981762687	17271936033
浦东金桥（600639）	5382998031	8760984149	11707669917	11814139916
上海临港（600848）	9395920527	11465553323	12176803058	15648184827
凌云 B 股（900957）	100734044	102728205	76763849	82534418
陆家嘴（600663）	42484629393	42158687987	44681769746	43481778445
上实发展（600748）	19383593697	18315457925	18029433286	18558862924
市北高新（600604）	5094627137	5709632185	6750119079	6615846991
外高桥（600648）	16162819985	14208961681	16504313867	18676749710
万业企业（600641）	491623569	374024883	701911451	824446413

① 美都能源（600175）已于2020年8月14日退市，仍对外披露了2020年度全年财务数据。

6-7　续表 2　　单位：元人民币

企业简称	2020 年第一季度	2020 年第二季度	2020 年第三季度	2020 年第四季度
新黄浦（600638）	7447039500	8887891977	11054422339	11449061980
亚通股份（600692）	1442898088	1845808664	1934167765	1708619273
张江高科（600895）	5922986231	5376572387	6040216960	10493279174
华侨城 A（000069）	214973984949	210371302024	223177484376	230142471307
深深房 A（000029）	932486217	1021461164	1118944910	1262747317
皇庭国际（000056）	2155007887	2267464554	2303493433	4761157202
天健集团（000090）	21200861960	22754671222	24288856681	28889478544
深物业 A（000011）	4778141583	3986895583	5291239129	4727259896
深振业 A（000006）	3871821001	4234716768	4495241572	4154819374
中洲控股（000042）	26832593740	24803428236	23773719895	21689149574
香江控股（600162）	14164984407	16398089197	17296747253	16799764429
顺发恒业（000631）	1289017474	936842574	833603394	847761430
蓝光发展（600466）	128520066690	142763705250	144444178178	166786844784
宋都股份（600077）	28700626182	29983954048	30595843407	31314633417
苏宁环球（000718）	7109958250	6410810783	7176471706	6233498416
苏州高新（600736）	21380970106	25529280993	24496777422	22467114353
泰禾集团（000732）	158169821839	165541202771	172237045201	131560254011
天地源（600665）	15156701604	17303478853	19030119716	19461991537
津滨发展（000897）	5514886710	5192896267	4667947998	4904403880
天房发展（600322）	14984277993	17773407908	18426916550	14693830863
*ST 松江（600225）	9848073473	10917155515	11960162181	12156648419
天保基建（000965）	2244061654	2087602787	2288759191	3988437008
万科 A（000002）	1265384979819	1315939370662	1317539097359	1317492688870
万泽股份（000534）	709009572	574701429	565527009	666903908
闻泰科技（600745）	24570151329	21779249951	21687724152	21477761249
卧龙地产（600173）	4758290650	4866600327	5260174588	4690672682
西藏城投（600773）	4290915294	4903385716	5596398637	5687126945
厦门国贸（600755）	69589319759	70362890420	80776803929	63823327605
学大教育（000526）	3398521006	3242100410	3418894834	3372382671
*ST 新光（002147）	5148436842	8352310305	7978367541	4521978439
新湖中宝（600208）	53705915052	57124247316	56991163972	59778603551
新华联（000620）	25016700752	24448671271	24973302451	30001228507
信达地产（600657）	50449857777	52332067792	51371572959	50965898129
雅戈尔（600177）	53289992671	47180631303	45121571506	46350618297
阳光城（000671）	189864402610	207991477621	222879883365	218042545457
阳光股份（000608）	1037169525	1173734916	1352675149	1241366162
*ST 银亿（000981）	15608527297	13156477797	12311030361	13967419779

6-7 续表 3 单位：元人民币

企业简称	2020 年第一季度	2020 年第二季度	2020 年第三季度	2020 年第四季度
*ST 云城（600239）	59238601477	57798605244	57114988656	66108131265
招商蛇口（001979）	302893094348	356753339262	387147047510	373786863390
浙江广厦（600052）	363288849	446971553	362649325	368801167
*ST 中房（600890）	36411104	23314483	16942257	21263127
中国宝安（000009）	13505388054	12990004545	11770274207	11554416640
中国高科（600730）	77235861	79443264	79031245	82823037
葛洲坝（600068）①	105830600396	118306332967	128484298010	131326258102
中国国贸（600007）	1522893464	1780988321	1533712211	1430351210
中国铁建（601186）	681267024000	718836079000	750001833000	769624571000
中国武夷（000797）	14014221518	15157036689	15580081440	13088542579
中航高科（600862）	1886847006	2468981738	2082151326	1881541176
中华企业（600675）	23100531612	22586145799	23061124353	20857740781
中交地产（000736）	31448640654	35336113224	45266833734	43773970908
中润资源（000506）	1148612773	1200917103	1358946100	1723416197
中体产业（600158）	1661497096	2217149389	2268013866	1557779266
中天金融（000540）	42465865449	38797104211	41205773307	46957298879
ST 中珠（600568）	751166152	726254806	704516483	459196501
迪马股份（600565）	52554026871	52119058919	62085230173	52402237302
渝开发（000514）	2924251753	2936737200	3035835057	3208347535
华发股份（600325）	135334798397	136542674358	158256879477	155776792823

数据来源：企业公告。

① 葛洲坝（600068）已于2021年9月13日退市，仍对外披露了2020年度全年财务数据。

6-8　2020年香港上市房企流动负债（港币）

单位：元港币

企业简称	2020年第二季度	2020年第四季度
保利置业集团（0119）	69273203196	88856768458
太古地产（1972）	10123212200	8906652800
天安中国（0028）	8488966054	6941502493
新鸿基地产（0016）	72860788800	88912182800
中信股份（0267）	6017102879200	6356590492800
汤臣集团（0258）	4581434460	4736500394
长实集团（1113）	48921704000	59604636800
五矿地产（0230）	14799754435	25289810688
上实城市开发（0563）	18687800467	20588966362
深圳控股（0604）	53599612682	56397877379
嘉华国际（0173）	7580319388	12268357514
莱蒙国际（3688）	8423752034	9371885072
恒基地产（0012）	53110556400	46065817600
恒隆地产（0101）	13388617200	16052678400
路劲（1098）	38749427606	37261739850
华南城（1668）	42323505499	40388898776
九龙仓集团（0004）	40186859800	38459436800
新世界发展（0017）	127038324900	139393425960
合生创展集团（0754）	77924856751	79938439299
沿海家园（1124）	2517640696	3854648702
嘉里建设（0683）	15507448535	17351267200
百仕达控股（1168）	1148739337	1697416307
上海证大（0755）	12506314816	7536958058

数据来源：企业公告。

6-9 2020年香港上市房企流动负债（人民币）

单位：元人民币

企业简称	2020年第二季度	2020年第四季度
远洋集团（3377）	118254654000	130085497000
华润置地（1109）	440982400000	443850606000
中国奥园（3883）	198936646000	206152113000
明发集团（0846）	53382532000	53280081000
朗诗绿色生活（0106）	11542211000	11511999000
恒盛地产（0845）	46038539000	43894176000
大发地产（6111）	19777588000	18265276000
景瑞控股（1862）	32707463000	43163789000
天山发展控股（2118）	24080220000	21962837000
佳源国际控股（2768）	39629858000	39241476000
美的置业（3990）	175237421000	195885152000
德信中国（2019）	51499323000	62336475000
融信中国（3301）	126845907000	133737711000
花样年控股（1777）	51396966000	50985047000
银城国际控股（1902）	25785115000	30395911000
世茂集团（0813）	302812361000	320096247000
时代中国控股（1233）	99774661000	108109389000
旭辉控股集团（0884）	196755014000	206870639000
龙光集团（3380）	137537082000	120771336000
新城发展（1030）	390265106000	383234578000
正荣地产（6158）	112032691000	132258549000
中国金茂（0817）	225966626000	197079975000
碧桂园（2007）	1453993000000	1492959000000
SOHO中国（0410）	5678947000	6006594000
北大资源（0618）	38834504000	38681670000
中国海外发展（0688）	260217678000	303962200000
祥生控股集团（2599）		119436583000
三盛控股（2183）	27326226000	33910844000
佳兆业集团（1638）	134795912000	127781055000
力高集团（1622）	50248919000	57672218000
中梁控股（2772）	201200501000	209636277000
瑞安房地产（0272）	32766000000	39541000000
融创中国（1918）	644256783000	683915445000
五洲国际（1369）①	18405607000	
富力地产（2777）	228476374000	242227439000
中骏集团控股（1966）	102362800000	94053910000

① 五洲国际（1369）已于2020年12月8日退市，仅披露至2020年度第二季度财务数据。

6-9　续表 1　　　　单位：元人民币

企业简称	2020 年第二季度	2020 年第四季度
上置集团控股（1207）	5429257000	5221588000
阳光 100 中国（2608）	28834129000	31476987000
太阳城集团（1383）	3571526000	1741171000
金辉控股（9993）		112610812000
绿城中国（3900）	219577566000	238213902000
建业地产（0832）	131650472000	130638558000
中国恒大（3333）	1476641000000	1507253000000
雅居乐集团（3383）	164374397000	168610572000
龙湖集团（0960）	379756276000	399508215000
禹洲集团（1628）	91762152000	95015583000
绿地香港（0337）	79047436000	127149404000
新力控股集团（2103）	70626911000	61961100000
众安集团（0672）	18066035000	17280796000
合景泰富集团（1813）	120033413000	121113896000
当代置业（1107）	48288413000	55386694000
越秀地产（0123）	107602018000	131585459000
弘阳地产（1996）	57073332000	66451344000
宝龙地产（1238）	88076612000	89330138000
首创置业（2868）①	73296416000	91844304000

数据来源：企业公告。

① 首创置业（2868）已于2021年9月30日退市，仍披露了2020年度全年财务数据。

6-10 2020年沪深上市房企负债

单位：元人民币

企业简称	2020年第一季度	2020年第二季度	2020年第三季度	2020年第四季度
保利发展（600048）	822552731968	850504754138	894740875908	984737035098
北辰实业（601588）	73312722914	74991829734	77413492487	66714372633
城建发展（600266）	95223150357	98671938772	105113188876	103385527891
*ST华业（600240）①	13714402348	15036347092	15274252279	14932272668
金隅集团（601992）	202050247169	203474849001	203740083905	196896196534
大龙地产（600159）	1935677599	1695402555	1921715516	1914276700
首开股份（600376）	259831822027	257452778759	267962327569	263666861569
万通发展（600246）	4226515355	4205340519	4087548354	3977660485
*ST中迪（000609）	2780133038	3098334275	3128280169	2643776697
中关村（000931）	1577398196	1507779125	1599083451	1544251333
北汽蓝谷（600733）	41382790802	36531905911	34880854346	32242210013
财信发展（000838）	15748199177	15824190944	15155079125	15262072209
长春经开（600215）	270662763	236170670	259071887	341803873
大悦城（000031）	149427844583	154899612842	154165667128	154225122797
粤宏远A（000573）	1223440960	1115129694	1317717657	1533999775
东旭蓝天（000040）	17363339927	17039414295	16993088043	14005941901
泛海控股（000046）	145339121917	146956509316	144450018527	146010488560
格力地产（600185）	26000338258	26429493583	28373254683	29039131288
冠城大通（600067）	16677182200	17748128188	16797292796	15202263962
光大嘉宝（600622）	18529113270	19251302164	22587286647	23932344055
光明地产（600708）	67292796574	69149944716	70352131329	73600089291
世荣兆业（002016）	5488573241	4919286479	4645503685	3707635168
广宇集团（002133）	9928102727	10870669305	10315451675	11477370479
ST粤泰（600393）	7943663674	7603621510	7411160732	8749135268
珠江股份（600684）	21292936483	21456283965	22748158619	27157088210
ST海投（000616）	1685284438	1503800945	1592637562	489274938
海南高速（000886）	441916829	427238259	453998116	392843787
京粮控股（000505）	2214422318	2362371184	3041547497	2596330990
滨江集团（002244）	117791657412	128882166570	141424031531	143970554722
合肥城建（002208）	14586003951	14424402716	12886829446	12660354962
黑牡丹（600510）	20925137130	23020674807	23249729061	23489442934
福星股份（000926）	37999004017	38982360905	39388194256	40171805719
华丽家族（600503）	2044170657	2188077500	2213875118	1886218280
华联控股（000036）	6078059488	6729486999	4572334341	5019023054
华夏幸福（600340）	397074106905	414520082607	415870963349	397332364319
华远地产（600743）	48897412254	52547247760	55474942966	52086004640

① *ST华业（600240）已于2020年2月5日退市，仍对外披露了2020年度全年财务数据。

6-10　续表 1　　　　单位：元人民币

企业简称	2020 年第一季度	2020 年第二季度	2020 年第三季度	2020 年第四季度
嘉凯城（000918）	14719393246	14739411773	15013022763	11127482900
大港股份（002077）	2507731302	2189299059	1641777774	1407810074
凤凰股份（600716）	2135700116	2028114108	1969520410	2654606759
中南建设（000961）	270710394426	288935883388	303204250467	310890286772
金地集团（600383）	274824501782	292139554986	297691467706	307591777584
金科股份（000656）	272827357258	308195154573	320673445636	307659644342
金融街（000402）	124843310919	127115318128	130220475486	129402854049
京能置业（600791）	9425680011	10487399773	13803289851	14366140089
京投发展（600683）	42117398947	40293628817	41247646270	41399263200
九鼎投资（600053）	1054579658	876485457	781316475	630494031
莱茵体育（000558）	1082888866	914075316	921487669	946439899
鲁商发展（600223）	53508026851	54766706625	55391862599	54981173661
绿地控股（600606）	998562090596	1036647935819	1032284585033	1242062409029
*ST 绿景（000502）	35520263	34855673	35523471	40551607
美都能源（600175）①	4780309521	4884435461	4665226589	3751943642
美好置业（000667）	21253470251	20767676688	22669837424	21471738994
南京高科（600064）	16031013794	16802713091	17089100114	18509307867
栖霞建设（600533）	16137818030	16907926441	15507193324	17869291915
宁波富达（600724）	729397097	666286577	663393259	677710140
荣安地产（000517）	34816352849	40833251831	51459257157	57236045878
荣丰控股（000668）	1676356511	1668745512	1340522895	1577356750
荣盛发展（002146）	209584213259	215557892958	226515018608	236849507193
三湘印象（000863）	7146022401	9756454540	6566654640	4986620197
沙河股份（000014）	1063757119	985631185	1209993712	1479915921
爱旭股份（600732）	5858416259	5987980385	6585642686	6868123171
城投控股（600649）	19555063151	23648052289	26685801154	40174747403
大名城（600094）	28430562233	26515643128	27820175547	23713018816
岩石股份（600696）	147769452	59690777	63862000	74031734
华鑫股份（600621）	19922499775	20279874178	19545231268	20242728750
浦东金桥（600639）	13860962583	17597428172	19308121078	19048615482
上海临港（600848）	20609972355	21935169196	22921230171	24140398504
凌云 B 股（900957）	523594044	525588205	523863849	509834418
陆家嘴（600663）	64201029303	64217363364	66192791218	67576767808
上实发展（600748）	26867451625	26865992628	28427821261	28871552646
市北高新（600604）	10906201332	11116681575	10500990665	10730914367
外高桥（600648）	22685537739	22101057482	24108969625	28060354015
万业企业（600641）	685427345	567528538	896365443	1043493683

① 美都能源（600175）已于2020年8月14日退市，仍对外披露了2020年度全年财务数据。

6-10 续表 2　　单位：元人民币

企业简称	2020 年第一季度	2020 年第二季度	2020 年第三季度	2020 年第四季度
新黄浦（600638）	10642388631	12224604830	14297060290	15585309994
亚通股份（600692）	1783696910	2251672678	2222835619	1870427709
张江高科（600895）	13452424609	14125745805	15458370425	18308095047
华侨城 A（000069）	307202487598	319569930097	329139239211	346212728757
深深房 A（000029）	945364706	1029735421	1127111549	1279829492
皇庭国际（000056）	6845428714	6829327124	6837806981	6923231922
天健集团（000090）	29447222578	32240989842	33900066788	37961344304
深物业 A（000011）	7893917333	7717551931	9018421657	8426235433
深振业 A（000006）	8019257084	7802388971	7940226332	7596761856
中洲控股（000042）	38005868082	38390408572	38440445893	36246929386
香江控股（600162）	17118739478	19177619287	20408288500	19950357312
顺发恒业（000631）	1581276528	1216553989	1100797795	1102494866
蓝光发展（600466）	171130822481	184319836890	186137948998	211868064374
宋都股份（600077）	35861767599	35839844806	37457385378	37295378168
苏宁环球（000718）	9071989648	8330345581	8243616304	7272150152
苏州高新（600736）	35479792134	41488854433	40226565434	39121954287
泰禾集团（000732）	190046401832	193593542019	197374640727	196766105835
天地源（600665）	24280500556	27221991898	29842427637	29723275340
津滨发展（000897）	5522178266	5200178229	5175229960	5411685842
天房发展（600322）	19923720814	20475598511	20138755135	20347767713
*ST 松江（600225）	11512594015	12386394755	12577257884	12859605197
天保基建（000965）	3469448057	4019253275	4107448781	4561159035
万科 A（000002）	1465683669931	1514930506718	1511823329619	1519332620662
万泽股份（000534）	1214282904	1065400242	1042489199	1134034517
闻泰科技（600745）	37345564821	34368708845	32284492449	30816047136
卧龙地产（600173）	4772022664	4880323568	5273900791	4707209520
西藏城投（600773）	9748425054	10828257584	11134105142	10936694985
厦门国贸（600755）	79042798416	82184754660	94311553288	78553257077
学大教育（000526）	3410968416	3253971222	3430189048	3383100287
*ST 新光（002147）	10869378624	10920844320	11121656441	11264715856
新湖中宝（600208）	109749823281	114804103453	114870208394	97156404705
新华联（000620）	42572717146	42768305752	42674293470	42051715192
信达地产（600657）	72828018424	75795084169	78129061597	70068047292
雅戈尔（600177）	54225337751	48560627689	47382946680	51308191966
阳光城（000671）	271834530973	283752698955	301108869270	293044597999
阳光股份（000608）	2277805608	2318282580	2496697533	2299817774
*ST 银亿（000981）	18108492752	15780763527	15520856391	16018775208

6-10　续表 3　　单位：元人民币

企业简称	2020 年第一季度	2020 年第二季度	2020 年第三季度	2020 年第四季度
*ST 云城（600239）	80467580349	78237103165	76921163879	78474573220
招商蛇口（001979）	403892317797	445677800117	480320410716	483800193166
浙江广厦（600052）	468720904	548824367	474524014	481070777
*ST 中房（600890）	36411104	23314483	16942257	21263127
中国宝安（000009）	19472525724	18745168812	18680552759	18611186207
中国高科（600730）	278655844	288276964	291135523	322104308
葛洲坝（600068）①	160493718900	167169903077	179411142281	180062969767
中国国贸（600007）	4190560136	4448363325	4187545547	4074330379
中国铁建（601186）	831549800000	877218287000	921612130000	929153709000
中国武夷（000797）	17334373136	18075109380	18680504185	17459935829
中航高科（600862）	2389422234	3002313830	2590914181	2124852076
中华企业（600675）	34415177280	33533418042	34344576013	31880115773
中交地产（000736）	51257735985	64988380583	81716911854	86610877317
中润资源（000506）	1602428456	1655987241	1704969889	1749493272
中体产业（600158）	1916901941	2473665767	2569914785	1867063976
中天金融（000540）	101575246149	103751588107	111694694518	116778839628
ST 中珠（600568）	870711446	839542040	813200663	545442455
迪马股份（600565）	59829251960	60334946613	72060635849	63438649863
渝开发（000514）	3847398654	3849216637	3955858133	3806963631
华发股份（600325）	213119542934	215076922185	245745757727	258498860056

数据来源：企业公告。

① 葛洲坝（600068）已于2021年9月13日退市，仍对外披露了2020年度全年财务数据。

6-11　2020 年香港上市房企总负债（港币）

单位：元港币

企业简称	2020 年第二季度	2020 年第四季度
保利置业集团（0119）	122681926238	139979853875
太古地产（1972）	41679355400	39308611200
天安中国（0028）	14394648748	13169010061
新鸿基地产（0016）	204668800800	189453774400
中信股份（0267）	6926034526400	7349007737600
汤臣集团（0258）	5985441695	6034929290
长实集团（1113）	129681791800	129172976000
五矿地产（0230）	29861627268	38694857568
上实城市开发（0563）	33574772728	35273522970
深圳控股（0604）	78565751168	81525773485
嘉华国际（0173）	26295731936	31079533085
莱蒙国际（3688）	13850466949	14330458458
恒基地产（0012）	123028586200	108478032000
恒隆地产（0101）	48723496200	53128524800
路劲（1098）	59936359891	59113170173
华南城（1668）	68048353060	66979040376
九龙仓集团（0004）	84466665000	76264950400
新世界发展（0017）	283351304220	292699760720
合生创展集团（0754）	155279696184	170847474605
沿海家园（1124）	3947204755	4676615844
嘉里建设（0683）	59115244346	59848554362
百仕达控股（1168）	2692511386	2540627130
上海证大（0755）	15033377493	11924976298

数据来源：企业公告。

6-12　2020 年香港上市房企总负债（人民币）

单位：元人民币

企业简称	2020 年第二季度	2020 年第四季度
远洋集团（3377）	186927655000	189784005000
华润置地（1109）	589853169000	612799222000
中国奥园（3883）	256493176000	271425810000
明发集团（0846）	57812419000	58592909000
朗诗绿色生活（0106）	20211879000	19205656000
恒盛地产（0845）	49096639000	46225337000
大发地产（6111）	26352619000	26283879000
景瑞控股（1862）	44700367000	57022377000
天山发展控股（2118）	27489981000	25491418000
佳源国际控股（2768）	52673343000	54831271000
美的置业（3990）	221348230000	243535086000
德信中国（2019）	66004155000	79992497000
融信中国（3301）	179448629000	182589784000
花样年控股（1777）	79505911000	81226564000
银城国际控股（1902）	32448047000	39367673000
世茂集团（0813）	414311613000	437258398000
时代中国控股（1233）	137110351000	155618973000
旭辉控股集团（0884）	280206210000	295657156000
龙光集团（3380）	187993913000	182842183000
新城发展（1030）	450669156000	463018100000
正荣地产（6158）	159161437000	183782547000
中国金茂（0817）	298026651000	285929092000
碧桂园（2007）	1728273000000	1758806000000
SOHO 中国（0410）	32945016000	33157222000
北大资源（0618）	38957421000	38898530000
中国海外发展（0688）	456636792000	495308051000
祥生控股集团（2599）		143702546000
三盛控股（2183）	32266137000	50414478000
佳兆业集团（1638）	230179204000	231179185000
力高集团（1622）	59970781000	73026503000
中梁控股（2772）	231968331000	240651140000
瑞安房地产（0272）	64623000000	68742000000
融创中国（1918）	862521041000	930574721000
五洲国际（1369）①	18892678000	
富力地产（2777）	351759550000	350179872000
中骏集团控股（1966）	131510646000	131461807000

①　五洲国际（1369）已于2020年12月8日退市，仅披露至2020年第二季度财务数据。

6-12 续表 1

单位：元人民币

企业简称	2020 年第二季度	2020 年第四季度
上置集团（1207）	9894290000	9717146000
阳光 100 中国（2608）	46959183000	48788186000
太阳城集团（1383）	6370081000	4430491000
金辉控股（9993）		149549082000
绿城中国（3900）	301461284000	329691775000
建业地产（0832）	151077683000	149318742000
中国恒大（3333）	1982642000000	1950728000000
雅居乐集团（3383）	230166402000	236795336000
龙湖集团（0960）	553137948000	572434672000
禹洲集团（1628）	136746753000	143895127000
绿地香港（0337）	91712314000	142846736000
新力控股集团（2103）	86607525000	77564182000
众安集团（0672）	24956135000	30406027000
合景泰富集团（1813）	172485912000	178281688000
当代置业（1107）	62823715000	70934204000
越秀地产（0123）	177359624000	198919885000
弘阳地产（1996）	81539112000	91641586000
宝龙地产（1238）	131981576000	143330347000
首创置业（2868）①	156934840000	163219964000

数据来源：企业公告。

① 首创置业（2868）已于2021年9月30日退市，仍披露了2020年度全年财务数据。

6-13　2020年沪深上市房企营业收入

单位：元人民币

企业简称	2020年第一季度	2020年第二季度	2020年第三季度	2020年第四季度
保利发展（600048）	23822994137	73677439925	117404057037	245261970600
北辰实业（601588）	2484153878	3348745211	4825420558	17995982446
城建发展（600266）	741744010	3438216326	5808587845	13890861807
*ST华业（600240）①	13474459	17833603	25019083	69400377
金隅集团（601992）	13718585532	40928098135	71836549163	108004884351
大龙地产（600159）	7648124	224341531	483073616	987136508
首开股份（600376）	3818513171	18026236595	24406629168	44226427382
万通发展（600246）	218583770	561496402	1031570303	1362421997
*ST中迪（000609）	14958568	60174929	93271464	106197700
中关村（000931）	327478471	764975280	1243975861	1789615901
北汽蓝谷（600733）	1666852497	3112084660	3921693473	5272466221
财信发展（000838）	161150995	1559360440	3221492364	6051713044
长春经开（600215）	12185917	42437781	111027798	168954737
大悦城（000031）	5458737756	12186840535	17804093864	38445284256
粤宏远A（000573）	118316325	302935201	530038412	826058865
东旭蓝天（000040）	559073338	1326923470	2504387546	3471428400
泛海控股（000046）	161645521	322869170	957977330	14056819200
格力地产（600185）	673792094	2978390052	4250149415	6388966673
冠城大通（600067）	852096072	2342951963	5602761509	8891814904
光大嘉宝（600622）	822274461	1924315351	3021780498	3937361887
光明地产（600708）	591420731	2288105689	4963951249	14984750775
世荣兆业（002016）	420798397	1137920425	1861144382	2947576077
广宇集团（002133）	659477077	1727538576	3878695432	5233546724
ST粤泰（600393）	2661985071	2765353270	2994310927	3016013897
珠江股份（600684）	210886865	1458552728	1978929828	2475053555
ST海投（000616）	13828402	30369976	41951301	1254775377
海南高速（000886）	7367008	20649975	49336050	120238200
京粮控股（000505）	1719261112	3750773068	5679115769	8741749912
滨江集团（002244）	3780652296	10307344544	12899831093	28596799810
合肥城建（002208）	1476021353	2105061865	4260792809	5359282219
黑牡丹（600510）	2264984380	3574582036	6731209254	10211603633
福星股份（000926）	1311288572	3168292042	4087256027	7501140799
华丽家族（600503）	477611715	582096826	976223782	1079571219
华联控股（000036）	1485052222	2101751648	2524458301	2705064945
华夏幸福（600340）	19518479793	37371903950	56733617694	101208520745
华远地产（600743）	326049692	1316872657	2755204583	7730701744

① *ST华业（600240）已于2020年2月5日退市，仍对外披露了2020年度全年财务数据。

6-13 续表 1

单位：元人民币

企业简称	2020 年第一季度	2020 年第二季度	2020 年第三季度	2020 年第四季度
嘉凯城（000918）	156870911	315306482	645642910	999918419
大港股份（002077）	208356197	385317017	531142760	860346913
凤凰股份（600716）	49543738	150778919	274370949	894108012
中南建设（000961）	11585047184	29692978199	45856592475	78600848307
金地集团（600383）	7267945830	19727731772	40205424162	83656711004
金科股份（000656）	7626845690	30305505331	47725579384	87807385800
金融街（000402）	2245162787	5867050220	10517898673	18121373449
京能置业（600791）	82234421	109924624	147130760	312809131
京投发展（600683）	991658052	2047798155	3089175287	8864424166
九鼎投资（600053）	71011338	140482305	274803131	336346886
莱茵体育（000558）	18491555	55179860	97262404	140024540
鲁商发展（600223）	1405641085	3546345476	7035478934	13615482089
绿地控股（600606）	79593727367	209843341429	320901355738	481295857300
*ST 绿景（000502）	3801172	7919879	12179289	14740140
美都能源（600175）①	336278493	1045843398	2157169902	2548962033
美好置业（000667）	66896695	1934440297	2185259916	4252900000
南京高科（600064）	745566431	2126529044	2407474212	2903536226
栖霞建设（600533）	852890716	1094009828	2607827316	3294698995
宁波富达（600724）	396099192	1070721562	1667529185	2340298385
荣安地产（000517）	498593913	3249841141	4059521723	11177718085
荣丰控股（000668）	9691512	22995473	44002489	109583338
荣盛发展（002146）	8207666947	26153915429	43661529306	71511321745
三湘印象（000863）	371926841	494226789	3376834805	4889415800
沙河股份（000014）	86873001	210547136	230253594	346673403
爱旭股份（600732）	1832850195	3694674678	6256109014	9663743813
城投控股（600649）	54603609	143895399	182104270	6564925813
大名城（600094）	2382404889	7669010749	9510784627	14836942772
岩石股份（600696）	12181049	22907952	43948631	79717680
华鑫股份（600621）	32556139	71532872	112980882	1791635900
浦东金桥（600639）	1596143138	2008072538	2407366314	3593224863
上海临港（600848）	1216114903	2112141948	3027731614	3929556278
凌云 B 股（900957）	23763129	55800087	79596829	99405595
陆家嘴（600663）	4153517607	6626956640	8700945216	14474727210
上实发展（600748）	1590670653	4492756530	5294233966	8048761865
市北高新（600604）	708546565	829126656	956137405	1202345645
外高桥（600648）	1726933147	4284866710	6202206317	10218714200
万业企业（600641）	317142015	474766127	563907330	931490072

① 美都能源（600175）已于2020年8月14日退市，仍对外披露了2020年度全年财务数据。

6-13　续表 2　　　　单位：元人民币

企业简称	2020 年第一季度	2020 年第二季度	2020 年第三季度	2020 年第四季度
新黄浦（600638）	297555385	491448143	642930949	1194129801
亚通股份（600692）	29005588	123651889	214055738	1002509078
张江高科（600895）	134269527	356618694	602291132	779198155
华侨城 A（000069）	6818121891	17107977139	33393577803	81868090075
深深房 A（000029）	256842392	596258495	1217660803	1615009714
皇庭国际（000056）	138052807	271124448	517711142	685729753
天健集团（000090）	4306087221	7259856478	9960551357	17124707926
深物业 A（000011）	861546080	1421077768	1753697717	4104374646
深振业 A（000006）	652209471	1201825564	1603457728	2935111850
中洲控股（000042）	680879179	3516911549	5707323157	10697019545
香江控股（600162）	391652461	1060279915	1644630369	4982150889
顺发恒业（000631）	244708438	368190142	524773092	581138355
蓝光发展（600466）	5311505733	15803713817	31375739962	45591283800
宋都股份（600077）	848054929	2430946299	3518664901	7161415261
苏宁环球（000718）	775330546	1840560636	2479431821	4287442671
苏州高新（600736）	844797762	1451862740	2659269485	10040974432
泰禾集团（000732）	479504093	2462915983	2807037232	3614534476
天地源（600665）	491375927	957921276	1541159025	5303654894
津滨发展（000897）	60154081	805116070	1195203653	1841962204
天房发展（600322）	676110754	1205975948	1946579979	2752869629
*ST 松江（600225）	38005682	453380223	661687954	1082401809
天保基建（000965）	377881557	488537662	716288076	819730385
万科 A（000002）	47774342785	146349506730	241491467191	419111677714
万泽股份（000534）	169266661	230984776	372138257	552561979
闻泰科技（600745）	11339513390	24118300787	38340313410	51706626950
卧龙地产（600173）	352585277	485787338	947685872	2281298897
西藏城投（600773）	351836039	614905551	977572737	1863821495
厦门国贸（600755）	50590196734	130622509982	226232198831	351088945885
学大教育（000526）	599945206	1296399320	1935434042	2429882904
*ST 新光（002147）	304838647	785485556	1189532786	1792665400
新湖中宝（600208）	1533647171	4734452631	8025097352	13792021062
新华联（000620）	349057219	1724665851	3555645375	7083884200
信达地产（600657）	6795035656	10224974817	12241863119	25863802944
雅戈尔（600177）	3894869398	6957532710	8660386953	11475570512
阳光城（000671）	6714870840	24120259470	38063909357	82727656600
阳光股份（000608）	44121081	88103767	127137528	570162656
*ST 银亿（000981）	920886785	4948491216	6273586206	7959664200

6-13 续表 3 单位：元人民币

企业简称	2020 年第一季度	2020 年第二季度	2020 年第三季度	2020 年第四季度
*ST 云城（600239）	1535029697	2831930712	3704988903	4393259537
招商蛇口（001979）	11797130981	24319610426	50117791947	129620818400
浙江广厦（600052）	1421130	19628542	176697467	186440120
*ST 中房（600890）	84086	168171	252257	10903962
中国宝安（000009）	1613873154	3975994700	6937768614	10593850772
中国高科（600730）	24284887	50533774	74291648	102997164
葛洲坝（600068）[①]	14974422478	43479024109	75204261169	112611172877
中国国贸（600007）	730050802	1433676180	2234775797	3097760404
中国铁建（601186）	145102647000	370789433000	624007869000	910324763000
中国武夷（000797）	498331173	974971121	1825938699	5819649303
中航高科（600862）	770582583	1768697858	2337117187	2911744235
中华企业（600675）	1324600653	4974386121	5967188666	11552089318
中交地产（000736）	2099452481	6002221100	8027184218	12299998320
中润资源（000506）	87694481	193592559	289460529	425054400
中体产业（600158）	83539797	795091180	1065289695	1996330290
中天金融（000540）	2501653574	4870537808	6003448965	7132587233
ST 中珠（600568）	132678079	320420071	498228589	727473785
迪马股份（600565）	1673143087	4281864237	6397026935	21270775309
渝开发（000514）	45708125	89421077	144089737	624012309
华发股份（600325）	9034350782	22866061384	28761747257	51006301499

数据来源：企业公告。

① 葛洲坝（600068）已于2021年9月13日退市，仍对外披露了2020年度全年财务数据。

6-14　2020 年香港上市房企主营业务收入（港币）

单位：元港币

企业简称	2020 年第二季度	2020 年第四季度
保利置业集团（0119）	11864422053	26325919597
太古地产（1972）	5983683400	11200012800
天安中国（0028）	762938358	1985704704
新鸿基地产（0016）	34677313800	75495250200
中信股份（0267）	126774439600	272516812800
汤臣集团（0258）	282021384	782643395
长实集团（1113）	26715123200	50348720000
五矿地产（0230）	2441633288	6448041274
上实城市开发（0563）	2898056528	5349825651
深圳控股（0604）	3764665786	15824614058
嘉华国际（0173）	7678698961	9874057693
莱蒙国际（3688）	232027348	483962922
恒基地产（0012）	9995336200	21056832000
恒隆地产（0101）	3821665600	7551676800
路劲（1098）	7475592597	20363440285
华南城（1668）	6244833909	9558623741
九龙仓集团（0004）	5070283400	17671075200
新世界发展（0017）	29081609520	53897724520
合生创展集团（0754）	9806884425	28926865882
沿海家园（1124）	30567337	109527778
嘉里建设（0683）	3578288343	12225167443
百仕达控股（1168）	169340706	323596883
上海证大（0755）	398626941	3870268445

数据来源：企业公告。

6-15 2020年香港上市房企主营业务收入（人民币）

单位：元人民币

企业简称	2020年第二季度	2020年第四季度
远洋集团（3377）	19374264000	56510626000
华润置地（1109）	44868621000	179587269000
中国奥园（3883）	28243000000	67793792000
明发集团（0846）	7691877000	12858570000
朗诗绿色生活（0106）	2852686000	8991903000
恒盛地产（0845）	396950000	2807674000
大发地产（6111）	3471589000	9188494000
景瑞控股（1862）	3154371000	12782429000
天山发展控股（2118）	1450927000	5394276000
佳源国际控股（2768）	8559230000	18363185000
美的置业（3990）	20936620000	52483611000
德信中国（2019）	7649353000	15668775000
融信中国（3301）	21066011000	48302505000
花样年控股（1777）	9241495000	21758844000
银城国际控股（1902）	4553860000	10679634000
世茂集团（0813）	64552722000	135352755000
时代中国控股（1233）	14924520000	38576694000
旭辉控股集团（0884）	23022350000	71798663000
龙光集团（3380）	31034969000	71079729000
新城发展（1030）	37905194000	146118718000
正荣地产（6158）	14542163000	36126089000
中国金茂（0817）	12096586000	60053878000
碧桂园（2007）	184957000000	462856000000
SOHO中国（0410）	1452719000	2191637000
北大资源（0618）	2654962000	9085402000
中国海外发展（0688）	88625398000	185789528000
祥生控股集团（2599）		46638413000
三盛控股（2183）	1595298000	8778600000
佳兆业集团（1638）	22296842000	55770181000
力高集团（1622）	6702984000	12451999000
中梁控股（2772）	23766642000	65940566000
瑞安房地产（0272）	1450000000	4597000000
融创中国（1918）	77341665000	230587337000
五洲国际（1369）①	513535000	
富力地产（2777）	33591036000	85891778000
中骏集团控股（1966）	15135207000	32572605000

① 五洲国际（1369）已于2020年12月8日退市，仅披露至2020年第二季度财务数据。

6-15　续表 1　　单位：元人民币

企业简称	2020 年第二季度	2020 年第四季度
上置集团（1207）	110556000	289201000
阳光 100 中国（2608）	3598388000	5759692000
太阳城集团（1383）	93748000	199291000
金辉控股（9993）		34875174000
绿城中国（3900）	23896208000	65782531000
建业地产（0832）	13018858000	43304417000
中国恒大（3333）	266631000000	507248000000
雅居乐集团（3383）	33527374000	80245252000
龙湖集团（0960）	51141340000	184547296000
禹洲集团（1628）	14006915000	10411604000
绿地香港（0337）	6400299000	33734423000
新力控股集团（2103）	8703375000	28069007000
众安集团（0672）	1092827000	7438948000
合景泰富集团（1813）	13483183000	29742063000
当代置业（1107）	8710301000	15740529000
越秀地产（0123）	23713884000	46234259000
弘阳地产（1996）	9623812000	20158701000
宝龙地产（1238）	17169969000	35495300000
首创置业（2868）①	8665015000	20275252000

数据来源：企业公告。

① 首创置业（2868）已于2021年9月30日退市，仍披露了2020年度全年财务数据。

6-16 2020年沪深上市房企利润总额

单位：元人民币

企业简称	2020年第一季度	2020年第二季度	2020年第三季度	2020年第四季度
保利发展（600048）	4872263078	17446404846	24415050612	52548628300
北辰实业（601588）	329151566	293169214	296400869	1159900068
城建发展（600266）	-904063801	34914995	853023387	1503646326
*ST华业（600240）①	-126405333	-496944408	-724500325	-1082895163
金隅集团（601992）	-179739738	3365220522	6256549037	7794403259
大龙地产（600159）	-18873219	17089832	55577727	137670671
首开股份（600376）	686464468	2624922557	2876248843	6409071516
万通发展（600246）	22585403	46381922	102901842	156458269
*ST中迪（000609）	-62788342	-76400855	-26065907	-74367482
中关村（000931）	-20927363	112060304	79257585	200200020
北汽蓝谷（600733）	-487246989	-1982283090	-3057218929	-6561408265
财信发展（000838）	-303478409	343986750	360925874	3108892078
长春经开（600215）	10294416	24761064	113606602	120135383
大悦城（000031）	-2538113013	178892237	6377388932	9814109860
粤宏远A（000573）	-56901119	-31803836	82658547	265125814
东旭蓝天（000040）	-431297181	296842566	476318237	547736979
泛海控股（000046）	-1693132120	-655075967	279038107	8336237440
格力地产（600185）	77409363	565508691	786148130	720427900
冠城大通（600067）	-51684397	-49413082	663861207	746689073
光大嘉宝（600622）	141250733	241002257	568271243	648410950
光明地产（600708）	-231278880	-38050394	57386752	689222451
世荣兆业（002016）	417466716	324385107	612953239	673459088
广宇集团（002133）	555041979	555803406	693964305	-940535249
ST粤泰（600393）	285494066	259055278	204006252	-1115829701
珠江股份（600684）	-98042380	26367601	30114545	-562162596
ST海投（000616）	4452199	-183517514	-193338679	-63830455
海南高速（000886）	-33641162	-70245221	-107041974	-157067510
京粮控股（000505）	328948834	187095821	-86859812	-246540910
滨江集团（002244）	-2546048030	1584238083	-4703120631	-3157140189
合肥城建（002208）	-832779062	-663356517	-824757102	76115603
黑牡丹（600510）	498136798	763605789	1563817828	1744046512
福星股份（000926）	-545498157	1765375392	2681911234	5362661281
华丽家族（600503）	149636573	150154831	286373350	192325065
华联控股（000036）	-22100033	554024241	-805749749	-539008527
华夏幸福（600340）	4528606339	9570437228	11899853913	8050801291
华远地产（600743）	-21327179	161286858	314148292	634370122

① *ST华业（600240）已于2020年2月5日退市，仍对外披露了2020年度全年财务数据。

6-16　续表 1　　　　单位：元人民币

企业简称	2020 年第一季度	2020 年第二季度	2020 年第三季度	2020 年第四季度
嘉凯城（000918）	−194623700	−211890933	−195725717	−421704348
大港股份（002077）	−2384972	77157526	142551727	332770759
凤凰股份（600716）	−34032020	1438439	88728395	103166118
中南建设（000961）	315592612	2034221600	714065544	8467448835
金地集团（600383）	2949650732	6020663637	11731727908	20034120067
金科股份（000656）	−5935206420	−2450142798	1109428161	14507907188
金融街（000402）	−4592840369	−1612964855	148428358	9889877868
京能置业（600791）	2592902	−34860056	−66848266	−64204700
京投发展（600683）	136289251	293853041	336127473	1431684433
九鼎投资（600053）	30934042	68837757	163441097	103900551
莱茵体育（000558）	−15688049	−11117849	5934082	13155102
鲁商发展（600223）	126197689	373004741	633337853	853502935
绿地控股（600606）	6392193884	15286639243	22834461649	30751537400
*ST 绿景（000502）	−3763104	−6763311	−11847448	−15228665
美都能源（600175）①	235052393	−1856090349	−2033578621	−8237956525
美好置业（000667）	−608583683	−220109582	66066041	73810657
南京高科（600064）	690524176	1722395228	2159376890	2371131903
栖霞建设（600533）	144554938	259068637	391601913	409284047
宁波富达（600724）	62233267	276266196	451207557	700576726
荣安地产（000517）	−345998902	−2824502535	−2860562833	−10728252477
荣丰控股（000668）	−63093457	−83874310	−102287098	−94702432
荣盛发展（002146）	−4917614717	−3901474088	−7616576331	1366658580
三湘印象（000863）	−11608492	2832917920	2324462022	2825894876
沙河股份（000014）	−25224627	−42658722	118693785	259151612
爱旭股份（600732）	86243336	150025181	431064194	911276433
城投控股（600649）	45956383	184862237	398701079	1093539377
大名城（600094）	207697701	490378489	543979269	752808846
岩石股份（600696）	2864639	5530681	8239954	11372455
华鑫股份（600621）	108110443	683151088	871396563	941472400
浦东金桥（600639）	593934841	719912995	905623232	1474661244
上海临港（600848）	347047462	1209958787	1862444262	2198513327
凌云 B 股（900957）	2156253	11804443	17989225	23178624
陆家嘴（600663）	1854075904	3291497768	4304682849	6682497694
上实发展（600748）	278431812	674192114	716311041	1322358822
市北高新（600604）	239436469	176456293	137696733	237990794
外高桥（600648）	185891096	543946160	654752091	1055780400
万业企业（600641）	106295664	241462798	299172077	416537725

① 美都能源（600175）已于2020年8月14日退市，仍对外披露了2020年度全年财务数据。

6-16 续表 2 单位：元人民币

企业简称	2020 年第一季度	2020 年第二季度	2020 年第三季度	2020 年第四季度
新黄浦（600638）	55931485	113804570	126724309	383713276
亚通股份（600692）	-12988557	-5875198	-5441173	92919626
张江高科（600895）	407758066	1213061535	1322330137	2368158092
华侨城 A（000069）	-12787082688	-9594699639	-2237883364	21218614689
深深房 A（000029）	-435258964	-212242799	97409818	285164013
皇庭国际（000056）	7075421	149320842	335009927	475412423
天健集团（000090）	-1317778192	-1299361021	-3223227468	-157583423
深物业 A（000011）	-609307577	-1623182139	-452766957	385497782
深振业 A（000006）	-247987933	-234927180	-44125449	-167505495
中洲控股（000042）	625038052	541225377	117273377	1227711579
香江控股（600162）	-72096140	-66338969	-34900748	576699062
顺发恒业（000631）	10452569	-416495864	-915234666	-1806263870
蓝光发展（600466）	708909928	2050150395	3845948018	5266127500
宋都股份（600077）	89692293	218807467	253688474	485786851
苏宁环球（000718）	-281686907	-118693598	31566088	98384434
苏州高新（600736）	51831710	108601917	161416653	525588833
泰禾集团（000732）	-2930525791	-909068482	-1532062499	-2948831541
天地源（600665）	48916909	82140407	151086209	453140862
津滨发展（000897）	148805444	247788225	477935584	775291529
天房发展（600322）	54830863	46259883	83991236	-2690411487
*ST 松江（600225）	-242053088	-404671625	-473994015	-4037166901
天保基建（000965）	-162046294	-384014705	-962149055	-1109287591
万科 A（000002）	-2953862230	22605962037	33380868586	53188022244
万泽股份（000534）	106796911	-7283909	-37760076	142422523
闻泰科技（600745）	843981687	2086091588	2793492555	2651575734
卧龙地产（600173）	116069647	172714778	274789586	666787128
西藏城投（600773）	44053120	87597281	124249700	202067085
厦门国贸（600755）	768704881	2209293259	2962417418	3723621066
学大教育（000526）	102532631	113637610	316703810	167297921
*ST 新光（002147）	-42927666	66864120	-24775047	233616448
新湖中宝（600208）	142978274	2608514732	3196773105	3735573197
新华联（000620）	233297223	1224523057	2698592654	3115417243
信达地产（600657）	969087137	1894773514	2168005919	3060634209
雅戈尔（600177）	1187121631	3232159451	7294676429	9399623475
阳光城（000671）	1272196750	15385320096	21815017492	21353512745
阳光股份（000608）	18030351	22930021	122671369	372214126
*ST 银亿（000981）	176536969	191453851	206338887	514248988

6-16　续表 3　　单位：元人民币

企业简称	2020 年第一季度	2020 年第二季度	2020 年第三季度	2020 年第四季度
*ST 云城（600239）	−111837110	−783287462	−1059875827	−2559534423
招商蛇口（001979）	−16396899027	−2990565572	10244987509	27622006655
浙江广厦（600052）	−95685383	−112314842	−3211202	−58463643
*ST 中房（600890）	−12181558	−28377173	−21773172	−50079387
中国宝安（000009）	114905873	250205787	729783602	655142170
中国高科（600730）	14627507	10042482	25633476	46604109
葛洲坝（600068）①	772130471	2303258877	4936019205	7692214733
中国国贸（600007）	272994711	543688530	818581041	1105079902
中国铁建（601186）	4501638000	13432396000	21755153000	31490552000
中国武夷（000797）	−1719294527	−1062432770	1263389576	1713304749
中航高科（600862）	207760340	376399886	466945206	516477513
中华企业（600675）	201651148	1518386848	1582045817	2603207340
中交地产（000736）	−9018759201	−9685388730	−14202778568	−18740017674
中润资源（000506）	42188741	35577641	21119496	133229486
中体产业（600158）	−40384417	65011130	71671410	185687324
中天金融（000540）	1681212833	3729918800	11423714399	12813596518
ST 中珠（600568）	−20766860	−15865449	−20010115	42489649
迪马股份（600565）	187613732	331420532	304478235	2657604605
渝开发（000514）	−1514280679	−1569296870	−1523225904	−1415274581
华发股份（600325）	1238249857	2740160362	3214936640	6252644823

数据来源：企业公告。

① 葛洲坝（600068）已于2021年9月13日退市，仍对外披露了2020年度全年财务数据。

6-17 2020年香港上市房企除税前利润（港币）

单位：元港币

企业简称	2020年第二季度	2020年第四季度
保利置业集团（0119）	2794695271	5713491110
太古地产（1972）	1470574000	4928409600
天安中国（0028）	294327622	769838451
新鸿基地产（0016）	17312230800	27868747400
中信股份（0267）	42513289600	82239468800
汤臣集团（0258）	25527703	342330058
长实集团（1113）	10591786400	21213369600
五矿地产（0230）	375580033	680357856
上实城市开发（0563）	959412525	1562343715
深圳控股（0604）	660573620	6845240285
嘉华国际（0173）	3109780821	4090448678
莱蒙国际（3688）	−232147004	−291701926
恒基地产（0012）	4181545200	10700102400
恒隆地产（0101）	−1761035200	−726300800
路劲（1098）	1474316200	3983715283
华南城（1668）	1180987738	2875443932
九龙仓集团（0004）	−1250444600	8017923200
新世界发展（0017）	6053995560	9859604960
合生创展集团（0754）	6034664821	15687726976
沿海家园（1124）	−58015289	−242147264
嘉里建设（0683）	1682880129	7716914861
百仕达控股（1168）	−250898192	−302333859
上海证大（0755）	−438130578	−681326538

数据来源：企业公告。

6-18　2020年香港上市房企除税前利润（人民币）

单位：元人民币

企业简称	2020年第二季度	2020年第四季度
远洋集团（3377）	3996183000	10050314000
华润置地（1109）	19329163000	60172049000
中国奥园（3883）	6120068000	13608527000
明发集团（0846）	1614717000	2446220000
朗诗绿色生活（0106）	306999000	521739000
恒盛地产（0845）	513080000	620330000
大发地产（6111）	371067000	1250222000
景瑞控股（1862）	670941000	2339006000
天山发展控股（2118）	42309000	221140000
佳源国际控股（2768）	2722044000	6049004000
美的置业（3990）	3711165000	7570354000
德信中国（2019）	1799926000	3105460000
融信中国（3301）	2480674000	4901373000
花样年控股（1777）	1417998000	3926113000
银城国际控股（1902）	462419000	674399000
世茂集团（0813）	14962841000	33591586000
时代中国控股（1233）	3046441000	9122478000
旭辉控股集团（0884）	6342551000	16169767000
龙光集团（3380）	10249216000	19497786000
新城发展（1030）	5861556000	26385564000
正荣地产（6158）	2382780000	5826905000
中国金茂（0817）	5779716000	9644177000
碧桂园（2007）	35887000000	85529000000
SOHO中国（0410）	337674000	1600066000
北大资源（0618）	−393674000	−1276881000
中国海外发展（0688）	33373292000	69203550000
祥生控股集团（2599）		5018917000
三盛控股（2183）	429229000	1689989000
佳兆业集团（1638）	4759422000	10502356000
力高集团（1622）	1128227000	2126311000
中梁控股（2772）	3636832000	10364822000
瑞安房地产（0272）	−1975000000	−415000000
融创中国（1918）	18855738000	57535425000
五洲国际（1369）①	−647577000	
富力地产（2777）	6628510000	15911683000
中骏集团控股（1966）	3559836000	6563047000

①　五洲国际（1369）已于2020年12月8日退市，仅披露至2020年第二季度财务数据。

6-18 续表 1

单位：元人民币

企业简称	2020 年第二季度	2020 年第四季度
上置集团（1207）	-37412000	-966665000
阳光 100 中国（2608）	615078000	1831200000
太阳城集团（1383）	-204394000	675188000
金辉控股（9993）		6536759000
绿城中国（3900）	4648362000	10753528000
建业地产（0832）	1457305000	4935267000
中国恒大（3333）	36825000000	68245000000
雅居乐集团（3383）	11386802000	21471928000
龙湖集团（0960）	13637134000	46369743000
禹洲集团（1628）	2739478000	146999000
绿地香港（0337）	1670802000	7100165000
新力控股集团（2103）	2098773000	5086189000
众安集团（0672）	371898000	1677937000
合景泰富集团（1813）	5364121000	10062908000
当代置业（1107）	1427136000	2866767000
越秀地产（0123）	5407124000	10200242000
弘阳地产（1996）	1565375000	3159337000
宝龙地产（1238）	6014955000	13283387000
首创置业（2868）①	1166911000	1819053000

数据来源：企业公告。

① 首创置业（2868）已于2021年9月30日退市，仍披露了2020年度全年财务数据。

6-19　2020年沪深上市房企净利润

单位：元人民币

企业简称	2020年第一季度	2020年第二季度	2020年第三季度	2020年第四季度
保利发展（600048）	3607624698	13322233109	18326744049	--
北辰实业（601588）	244145638	187309502	189374244	575983412
城建发展（600266）	−713690211	206361501	777668053	1102647073
*ST华业（600240）①	−126405333	−496944755	−724500672	−1082133051
金隅集团（601992）	−215699605	2187593966	4425237312	5155905572
大龙地产（600159）	−19083483	11817869	39380727	103069936
首开股份（600376）	537662151	1946414127	2195367787	4184317880
万通发展（600246）	5690318	14352442	55902769	75742649
*ST中迪（000609）	−17992522	−7147901	−30937989	--
中关村（000931）	−12418378	25551790	43432188	--
北汽蓝谷（600733）	−432942902	−1866081981	−2882911915	−6476399870
财信发展（000838）	−37002801	58219828	157228768	258875094
长春经开（600215）	7333232	18212945	85077744	83295112
大悦城（000031）	461816840	964467508	1468118177	1122703856
粤宏远A（000573）	−7031731	−10128903	−10402431	−120369187
东旭蓝天（000040）	−51835729	−282458846	−201878345	--
泛海控股（000046）	−136396318	−351047477	−384720683	--
格力地产（600185）	55252552	422222075	597175396	557659028
冠城大通（600067）	−72988723	−104520566	413667199	352922048
光大嘉宝（600622）	80142668	121448599	337719200	378746869
光明地产（600708）	−233322802	−185715894	−147877631	132890745
世荣兆业（002016）	140417834	398037658	645758358	833880129
广宇集团（002133）	11247992	64255941	149668189	327864496
ST粤泰（600393）	200969220	182458257	128049865	−1061539233
珠江股份（600684）	−82432373	−552466	−10863384	−617076129
ST海投（000616）	−9086927	−30184449	−33486807	--
海南高速（000886）	−9058100	20099980	84426705	--
京粮控股（000505）	39714462	95308036	140995841	219224495
滨江集团（002244）	793961364	1570884759	1597134755	3547770022
合肥城建（002208）	357716258	411037452	570105000	900111760
黑牡丹（600510）	353132995	550478054	1161149713	1276328582
福星股份（000926）	166254136	255242134	240139042	290854217
华丽家族（600503）	110067978	104822646	210147847	124925415
华联控股（000036）	446756035	629365297	747837888	772928134
华夏幸福（600340）	3075059686	6557265608	8049807126	4805739682
华远地产（600743）	−21057253	133414397	278337808	279838774

① *ST华业（600240）已于2020年2月5日退市，仍对外披露了2020年度全年财务数据。

6-19 续表 1　　单位：元人民币

企业简称	2020 年第一季度	2020 年第二季度	2020 年第三季度	2020 年第四季度
嘉凯城（000918）	−315619910	−621257466	−1014397359	−1282452899
大港股份（002077）	7168104	41925742	122685219	125723781
凤凰股份（600716）	−35300553	−5231940	61547404	57889175
中南建设（000961）	743752882	2369844169	4062727040	7804066140
金地集团（600383）	2248079384	4722617120	9024398689	15240631976
金科股份（000656）	505652000	4258819434	5576794345	--
金融街（000402）	246604016	388001718	1064815777	2218467924
京能置业（600791）	−5569080	−40641217	−73987992	−73185576
京投发展（600683）	113828147	238774105	257018392	1063345903
九鼎投资（600053）	31658828	45183390	128729108	81401430
莱茵体育（000558）	−15398691	−24888180	−20639431	−73207268
鲁商发展（600223）	65178478	283149542	461757402	638889393
绿地控股（600606）	4500361853	10803052780	16695697902	--
*ST 绿景（000502）	−716313	−2063108	−7226620	--
美都能源（600175）①	164708426	−1784278493	−1956004973	−8099648116
美好置业（000667）	−128440165	−92301817	−337052525	--
南京高科（600064）	627506188	1506440511	1900298930	2104886152
栖霞建设（600533）	144865443	217413228	281270306	316621275
宁波富达（600724）	47837402	216629314	355634727	562489054
荣安地产（000517）	14042442	740509706	750552790	1777729909
荣丰控股（000668）	−13758116	−16985268	−21629548	--
荣盛发展（002146）	834984827	2891850871	4336522805	7773910385
三湘印象（000863）	21064273	33745299	107709134	--
沙河股份（000014）	9838225	28215834	18096983	9134688
爱旭股份（600732）	80049127	136738284	373878818	806217464
城投控股（600649）	43207153	139875915	275687852	769379398
大名城（600094）	149081745	362896593	402872140	522951482
岩石股份（600696）	1967788	4028704	6316139	7848435
华鑫股份（600621）	81261304	545887418	658071743	--
浦东金桥（600639）	441714272	543700159	682346856	--
上海临港（600848）	268998239	916427436	1374476441	1630803387
凌云 B 股（900957）	2156253	11097329	16824931	21858686
陆家嘴（600663）	1327766427	2424547670	3184763687	--
上实发展（600748）	201060081	454341757	472204899	850239330
市北高新（600604）	166852885	97293532	62068332	181912628
外高桥（600648）	113241099	406626649	485902678	--
万业企业（600641）	77975095	180816485	223913501	295025896

① 美都能源（600175）已于2020年8月14日退市，仍对外披露了2020年度全年财务数据。

6-19　续表 2　　单位：元人民币

企业简称	2020 年第一季度	2020 年第二季度	2020 年第三季度	2020 年第四季度
新黄浦（600638）	41962023	90193525	97387481	315092473
亚通股份（600692）	-12989605	-6326141	-6467026	65369134
张江高科（600895）	291758291	914520813	1005834332	--
华侨城 A（000069）	775288625	2055636900	5435825754	15722913760
深深房 A（000029）	28148663	97309458	198875857	289962754
皇庭国际（000056）	3605623	13951778	33353370	-319660680
天健集团（000090）	981183899	1240603459	1371309721	1488788948
深物业 A（000011）	128432726	177863449	141489399	731337870
深振业 A（000006）	140609341	231841925	527783564	--
中洲控股（000042）	-96806437	108565670	49794716	159964418
香江控股（600162）	-60965268	-58750109	-48874169	263330776
顺发恒业（000631）	83002393	146134912	199033907	252795919
蓝光发展（600466）	519906089	1511405472	2865095356	--
宋都股份（600077）	51613233	112656686	128195935	320634966
苏宁环球（000718）	259110862	645822523	843206363	1012994211
苏州高新（600736）	18063169	56985129	119673531	374931726
泰禾集团（000732）	-539139588	-1568801900	-1973021214	--
天地源（600665）	35660673	60283417	131412814	348776905
津滨发展（000897）	60437674	182267277	200171018	229091879
天房发展（600322）	27534523	2080000	28282962	-2803509437
*ST 松江（600225）	-241634735	-407652484	-472553159	-4116024803
天保基建（000965）	90942492	79005736	101842519	95347589
万科 A（000002）	2430274853	18629194388	30071542918	59298116445
万泽股份（000534）	44936861	45443335	61802979	68835202
闻泰科技（600745）	695263800	1750629494	2303101102	2459606006
卧龙地产（600173）	88728506	131172868	205092193	484375306
西藏城投（600773）	23189778	48068596	66903234	106479573
厦门国贸（600755）	607384789	1724227433	2299455260	2906914097
学大教育（000526）	-16077924	43716843	29751704	42776621
*ST 新光（002147）	-253320977	-327936791	-1015818475	--
新湖中宝（600208）	128269913	2458936512	2901768585	3290976077
新华联（000620）	-347351441	-578551936	-694842527	--
信达地产（600657）	636993742	1110017005	1342980684	1744457510
雅戈尔（600177）	1028578137	2859684014	5557508146	7206579494
阳光城（000671）	446591107	1770708303	3028307092	--
阳光股份（000608）	-12185153	-39667939	-66035607	115408181
*ST 银亿（000981）	-394187302	38262875	61209936	--

6-19 续表 3 单位：元人民币

企业简称	2020 年第一季度	2020 年第二季度	2020 年第三季度	2020 年第四季度
*ST 云城（600239）	-230554791	-906568320	-1309067764	-3093538402
招商蛇口（001979）	665077577	1242105943	3410331005	--
浙江广厦（600052）	-70359452	-84919000	11257285	-46833706
*ST 中房（600890）	-12181558	-28377173	-21773172	-50846026
中国宝安（000009）	114245818	339647804	818893958	1067788613
中国高科（600730）	13209670	4738982	20503550	31516033
葛洲坝（600068）①	525620565	1565717799	3514995714	5293446316
中国国贸（600007）	203898623	407083936	612926855	826130846
中国铁建（601186）	3534577000	10887021000	17386839000	25708674000
中国武夷（000797）	29560630	-63234075	-101572214	490304143
中航高科（600862）	185633596	321594756	400349663	429848043
中华企业（600675）	184308016	1133863215	1187890055	1983806343
中交地产（000736）	88570951	407863382	781354453	896012579
中润资源（000506）	-19228044	-46082199	-77615833	--
中体产业（600158）	-40400612	35366922	49452300	128762539
中天金融（000540）	156312637	503396887	643127911	710024575
ST 中珠（600568）	-23615659	-26488508	-37342517	14591075
迪马股份（600565）	102245753	273636713	416540532	2076167776
渝开发（000514）	-28991892	25388776	25881693	135182700
华发股份（600325）	904358002	2140006187	2520437471	4559884934

数据来源：企业公告。

① 葛洲坝（600068）已于2021年9月13日退市，仍对外披露了2020年度全年财务数据。

6-20　2020 年香港上市房企净利润（港币）

单位：元港币

企业简称	2020 年第二季度	2020 年第四季度
保利置业集团（0119）	756658733	1582302259
太古地产（1972）	939888600	3447193600
天安中国（0028）	182867247	520139939
新鸿基地产（0016）	13812340200	21484081400
中信股份（0267）	24674587600	47658124800
汤臣集团（0258）	5222821	147274109
长实集团（1113）	5809224000	13745011200
五矿地产（0230）	49595793	94570592
上实城市开发（0563）	137960849	439117424
深圳控股（0604）	294653706	3133155610
嘉华国际（0173）	2334559973	2750718262
莱蒙国际（3688）	–193086366	–238389933
恒基地产（0012）	2588575600	8577587200
恒隆地产（0101）	–2317295800	–2163753600
路劲（1098）	392793056	1449948877
华南城（1668）	574267355	2041578910
九龙仓集团（0004）	–1590229400	3251942400
新世界发展（0017）	911297340	1001269080
合生创展集团（0754）	4659979553	11474231328
沿海家园（1124）	–57164707	–237524866
嘉里建设（0683）	980930402	4547335645
百仕达控股（1168）	–274416416	–381340742
上海证大（0755）	–427389907	–968490557

数据来源：企业公告。

6-21　2020年香港上市房企净利润（人民币）

单位：元人民币

企业简称	2020年第二季度	2020年第四季度
远洋集团（3377）	1222806000	2866283000
华润置地（1109）	11542141000	29809959000
中国奥园（3883）	2416088000	5907550000
明发集团（0846）	752878000	1075004000
朗诗绿色生活（0106）	141937000	-100572000
恒盛地产（0845）	59927000	81003000
大发地产（6111）	140909000	338859000
景瑞控股（1862）	293630000	958092000
天山发展控股（2118）	-21519000	-160354000
佳源国际控股（2768）	1461801000	3275473000
美的置业（3990）	2024099000	4326482000
德信中国（2019）	700043000	1192502000
融信中国（3301）	908431000	2428123000
花样年控股（1777）	96238000	977420000
银城国际控股（1902）	102503000	182627000
世茂集团（0813）	5265571000	12627679000
时代中国控股（1233）	1536559000	4941190000
旭辉控股集团（0884）	3368806000	8031895000
龙光集团（3380）	6157484000	13016635000
新城发展（1030）	1758454000	10178247000
正荣地产（6158）	875845000	2650744000
中国金茂（0817）	3769745000	3880986000
碧桂园（2007）	14132000000	35022000000
SOHO中国（0410）	203872000	535604000
北大资源（0618）	-458084000	-2025393000
中国海外发展（0688）	20526531000	43903954000
祥生控股集团（2599）		2646006000
三盛控股（2183）	171891000	809237000
佳兆业集团（1638）	2768697000	5447125000
力高集团（1622）	445093000	1295966000
中梁控股（2772）	1205787000	3743429000
瑞安房地产（0272）	-1622000000	-740000000
融创中国（1918）	10959122000	35643778000
五洲国际（1369）[①]	-641309000	
富力地产（2777）	3792275000	9004814000
中骏集团控股（1966）	2114397000	3803238000

① 五洲国际（1369）已于2020年12月8日退市，仅披露至2020年第二季度财务数据。

6-21 续表 1 单位：元人民币

企业简称	2020 年第二季度	2020 年第四季度
上置集团（1207）	-51243000	-918778000
阳光 100 中国（2608）	-6746000	438036000
太阳城集团（1383）	-118594000	786396000
金辉控股（9993）		3127526000
绿城中国（3900）	2095812000	3796477000
建业地产（0832）	726982000	1801508000
中国恒大（3333）	6540000000	8076000000
雅居乐集团（3383）	5127482000	9474597000
龙湖集团（0960）	6338613000	20002025000
禹洲集团（1628）	1019367000	116992000
绿地香港（0337）	650115000	2608307000
新力控股集团（2103）	822045000	1960352000
众安集团（0672）	307997000	827874000
合景泰富集团（1813）	3515813000	6676592000
当代置业（1107）	398136000	739001000
越秀地产（0123）	1994723000	4247860000
弘阳地产（1996）	677418000	1660967000
宝龙地产（1238）	2219545000	6093216000
首创置业（2868）①	850221000	981825000

数据来源：企业公告。

① 首创置业（2868）已于2021年9月30日退市，仍披露了2020年度全年财务数据。

6-22 2020年沪深上市房企经营活动产生的现金流量净额

单位：元人民币

企业简称	2020年第一季度	2020年第二季度	2020年第三季度	2020年第四季度
保利发展（600048）	-30100935409	-25243844314	-18157958031	15150477620
北辰实业（601588）	-660927139	-385571068	56822647	251508726
城建发展（600266）	-1118804369	-2425011224	-4418881282	-903764004
*ST华业（600240）①	21014352	53852721	85734660	121832646
金隅集团（601992）	-3789733435	2797695765	1551403825	15455733791
大龙地产（600159）	-167595475	-58770537	221572163	480008619
首开股份（600376）	-4709804867	-7788108153	-3753967508	5589654392
万通发展（600246）	36499990	137764901	331363336	1224419649
*ST中迪（000609）	267778	-523507	-523507	--
中关村（000931）	--	--	--	--
北汽蓝谷（600733）	-3557189670	-6673480611	-7227222810	-6621357412
财信发展（000838）	--	--	--	--
长春经开（600215）	-17644009	-21817141	22690832	56633196
大悦城（000031）	--	-19549189	-19549189	-48462253
粤宏远A（000573）	--	--	--	--
东旭蓝天（000040）	--	--	--	--
泛海控股（000046）	18007836	237868900	776603878	--
格力地产（600185）	-445064628	3503897	1845812883	1819913453
冠城大通（600067）	-504600763	-398994214	-29840467	129256211
光大嘉宝（600622）	-70710468	147125511	920195281	1385811197
光明地产（600708）	-1245370444	-807838774	1750467638	4171897924
世荣兆业（002016）	--	--	--	--
广宇集团（002133）	451065	2073494	950676	20576114
ST粤泰（600393）	2417434896	55609138	20155467	272478216
珠江股份（600684）	-84456997	60014300	-835350808	702647171
ST海投（000616）	--	--	--	--
海南高速（000886）	8172320	18414827	25468382	--
京粮控股（000505）	-14186448	-76876667	-57915198	-16467791
滨江集团（002244）	-21575223	115087332	108213584	59444772
合肥城建（002208）	--	--	--	--
黑牡丹（600510）	-221483093	85205690	-385261366	928025191
福星股份（000926）	-2459616	264530096	262628234	176334575
华丽家族（600503）	-215536962	-242702328	171566067	235074526
华联控股（000036）	--	--	--	-60537762
华夏幸福（600340）	-12511801287	-18540338071	-25072514828	-23159667028
华远地产（600743）	-1559818782	1380449479	1946838164	6314489370

① *ST华业（600240）已于2020年2月5日退市，仍对外披露了2020年度全年财务数据。

6-22　续表 1　　　　单位：元人民币

企业简称	2020 年第一季度	2020 年第二季度	2020 年第三季度	2020 年第四季度
嘉凯城（000918）	−2034959	−5430453	1070264	−7723990
大港股份（002077）	−3023417	−4242042	−1817002	16348530
凤凰股份（600716）	−175534234	−144741742	−95231295	915997129
中南建设（000961）	−3477071	3816167	2477862	289418279
金地集团（600383）	−8575347119	−3277380612	1112095296	7515456836
金科股份（000656）	--	203490852	203490852	--
金融街（000402）	--	--	239803672	−427997783
京能置业（600791）	−370905210	788289030	−1003743349	−518719182
京投发展（600683）	409386529	2020776105	5825416277	9869146502
九鼎投资（600053）	−40041123	−220264813	−213584371	−326083141
莱茵体育（000558）	--	--	--	−602521
鲁商发展（600223）	−1015130299	−52334530	1551488269	4448018884
绿地控股（600606）	−7991269099	4133517729	5003642824	44719606717
*ST 绿景（000502）	--	--	--	--
美都能源（600175）①	−8307395	−49938358	−42882629	−160789770
美好置业（000667）	--	4994237	4994237	--
南京高科（600064）	33770736	−1122315057	−2038522473	−2177567888
栖霞建设（600533）	−233111307	−998075784	278956545	−233667493
宁波富达（600724）	108371289	515950894	592172613	763817182
荣安地产（000517）	−115159476	−130548502	−150072675	−147267523
荣丰控股（000668）	--	--	--	--
荣盛发展（002146）	−2145550	−240316	−596363	24598739
三湘印象（000863）	−24830699	−56564585	−717137006	--
沙河股份（000014）	--	--	--	--
爱旭股份（600732）	50400623	548295232	−70145071	270906614
城投控股（600649）	−3187197225	−3565395325	−1544116071	1071524212
大名城（600094）	2079423118	1912138363	−2599919788	−2416795530
岩石股份（600696）	135860623	134541626	183817318	56664550
华鑫股份（600621）	2267502801	1208734928	144067756	515567188
浦东金桥（600639）	−1674727826	674685974	2900256878	3268397248
上海临港（600848）	−878882203	−565895230	−644492019	−853172395
凌云 B 股（900957）	9277118	12849070	49052996	55851870
陆家嘴（600663）	−2232032623	−1875536320	−2916516492	−702444458
上实发展（600748）	−503152496	−249815300	490213200	814435135
市北高新（600604）	−173417678	−1644828017	−1329687696	−1544780919
外高桥（600648）	320452015	244929804	1755031622	4184304343
万业企业（600641）	−78550345	−45324294	265300345	500129004

① 美都能源（600175）已于2020年8月14日退市，仍对外披露了2020年度全年财务数据。

6-22 续表 2

单位：元人民币

企业简称	2020 年第一季度	2020 年第二季度	2020 年第三季度	2020 年第四季度
新黄浦（600638）	-365860626	95424331	818124922	1351771248
亚通股份（600692）	-13830459	340954848	525896887	710976812
张江高科（600895）	-445475163	-749801385	-1223141600	164607764
华侨城 A（000069）	--	--	--	-9053631
深深房 A（000029）	--	--	--	--
皇庭国际（000056）	--	--	--	-125936962
天健集团（000090）	2892523	5363468	5833811	-517197
深物业 A（000011）	--	--	--	--
深振业 A（000006）	1854345	866986	1162040	--
中洲控股（000042）	--	--	--	--
香江控股（600162）	-46871443	230725111	396252412	597328921
顺发恒业（000631）	--	--	--	--
蓝光发展（600466）	-3932229440	-8376579765	-9849929829	-6127011606
宋都股份（600077）	-4374859126	-4666865693	-2790027363	193000513
苏宁环球（000718）	--	-127569	-127569	12134520
苏州高新（600736）	-3201455176	-4581468534	1961200575	4205544629
泰禾集团（000732）	-2855552	22164111	24198009	--
天地源（600665）	-720838917	657859641	1187952514	3876529049
津滨发展（000897）	--	--	--	--
天房发展（600322）	-103438455	1367637453	3092662678	3373686702
*ST 松江（600225）	65679462	17708830	134769531	513058684
天保基建（000965）	--	--	--	--
万科 A（000002）	7139005	27199646	228278	5333532
万泽股份（000534）	--	--	--	19997059
闻泰科技（600745）	-24581195	673163890	4621319868	6614463310
卧龙地产（600173）	33253753	-154248849	179057359	-93060728
西藏城投（600773）	-462150024	-35974350	379965234	774537450
厦门国贸（600755）	-4065930647	-4130430430	-5553615078	-1684676267
学大教育（000526）	--	-797725	-3762431	-4552272
*ST 新光（002147）	-36216	-21557	-22419	--
新湖中宝（600208）	-1001786584	-546379680	-640168733	5039415978
新华联（000620）	--	--	--	--
信达地产（600657）	-991781809	2535365803	5693662081	7361073970
雅戈尔（600177）	777566301	633608039	2218116452	2205669257
阳光城（000671）	2323309	2671077	2671077	--
阳光股份（000608）	--	--	--	-2620373
*ST 银亿（000981）	--	--	--	--

6-22　续表 3　　单位：元人民币

企业简称	2020 年第一季度	2020 年第二季度	2020 年第三季度	2020 年第四季度
*ST 云城（600239）	186526902	791671080	1398306662	557909180
招商蛇口（001979）	−11627712	−8422742	−14694940	--
浙江广厦（600052）	−26832704	−26497543	−24483726	−21136019
*ST 中房（600890）	−15336664	−45251233	−56982557	−85976967
中国宝安（000009）	147797147	2709963	1296123	510294065
中国高科（600730）	−13247989	−111859552	−110151950	−222565166
葛洲坝（600068）①	−3377542186	−1059621888	−392765263	6364161032
中国国贸（600007）	357345265	574514941	1098301021	1406522534
中国铁建（601186）	−42398833000	−48078512000	−31207044000	40109248000
中国武夷（000797）	−1038094	−1576180	−1438418	−2378424
中航高科（600862）	−224090884	−170510813	−123635835	155680980
中华企业（600675）	−300355741	−1070161139	1593585830	2600121329
中交地产（000736）	--	--	--	--
中润资源（000506）	--	--	--	--
中体产业（600158）	−120950391	−283480873	33626371	116707459
中天金融（000540）	−79289189	−103514397	−53623620	−28250897
ST 中珠（600568）	60217574	77581769	177953434	248153578
迪马股份（600565）	−2590889935	−528579893	−1665154759	2220359303
渝开发（000514）	−27118035	−25862862	−18016839	−32252135
华发股份（600325）	3507726267	9038537881	15967982586	29108543110

数据来源：企业公告。

① 葛洲坝（600068）已于2021年9月13日退市，仍对外披露了2020年度全年财务数据。

6-23 2020年香港上市房企经营活动产生的现金流量净额（港币）

单位：元港币

企业简称	2020年第二季度	2020年第四季度
保利置业集团（0119）	-5219871831	-5118638973
太古地产（1972）	1532685200	4602710400
天安中国（0028）	-868335584	-603325366
新鸿基地产（0016）	22051908600	43722631200
中信股份（0267）	67096537200	162618160000
汤臣集团（0258）	-83153196	270740195
长实集团（1113）	10361609600	20448355200
五矿地产（0230）	-2017881453	-1946009798
上实城市开发（0563）	-199913118	2733992304
深圳控股（0604）	3696333419	-3350186576
嘉华国际（0173）	642691075	-157552570
莱蒙国际（3688）	-706384284	-406641763
恒基地产（0012）	-3400588200	5951795200
恒隆地产（0101）	1427644200	2872380800
路劲（1098）	-1050572585	-843927866
华南城（1668）	1216279845	
九龙仓集团（0004）	2543819000	8641548800
新世界发展（0017）	-8020186980	-9398611980
合生创展集团（0754）	-27295386125	-25713616883
沿海家园（1124）	-519183410	
嘉里建设（0683）	-565360804	5011254179
百仕达控股（1168）	58193627	239573222
上海证大（0755）	162403433	270476774

数据来源：企业公告。

6-24　2020年香港上市房企经营活动产生的现金流量净额（人民币）

单位：元人民币

企业简称	2020年第二季度	2020年第四季度
远洋集团（3377）	310213000	11416559000
华润置地（1109）	-3530957000	22327730000
中国奥园（3883）	-12284555000	-15659056000
明发集团（0846）	824395000	489258000
朗诗绿色生活（0106）	246987000	1732907000
恒盛地产（0845）	2480021000	3782520000
大发地产（6111）	-3848208000	-3899696000
景瑞控股（1862）	-839962000	-1524058000
天山发展控股（2118）	634290000	885496000
佳源国际控股（2768）	163708000	1995600000
美的置业（3990）	-6695322000	-2033168000
德信中国（2019）	871914000	91072000
融信中国（3301）	-988152000	-6948392000
花样年控股（1777）	2222805000	3552043000
银城国际控股（1902）	1794931000	1427910000
世茂集团（0813）	-1948351000	6841671000
时代中国控股（1233）	2664871000	1307804000
旭辉控股集团（0884）	-1196872000	17142384000
龙光集团（3380）	5412333000	1230886000
新城发展（1030）	-12802437000	-6626579000
正荣地产（6158）	-1441978000	-3017541000
中国金茂（0817）	25757529000	31339156000
碧桂园（2007）	-16072000000	-21631000000
SOHO中国（0410）	427284000	209041000
北大资源（0618）	-18178000	
中国海外发展（0688）	7056059000	9697382000
祥生控股集团（2599）		-16088549000
三盛控股（2183）	-3022778000	-5527855000
佳兆业集团（1638）	3691634000	4530090000
力高集团（1622）	-745002000	-1194279000
中梁控股（2772）	-7854724000	440560000
瑞安房地产（0272）	3640000000	9588000000
融创中国（1918）	22439343000	73710110000
五洲国际（1369）①	329301000	
富力地产（2777）	-2931526000	19324332000
中骏集团控股（1966）	-4054593000	-3377814000

①　五洲国际（1369）已于2020年12月8日退市，仅披露至2020年第二季度财务数据。

6-24 续表 1 单位：元人民币

企业简称	2020 年第二季度	2020 年第四季度
上置集团（1207）	−134258000	−241086000
阳光 100 中国（2608）	415019000	1362407000
太阳城集团（1383）	−367152000	−503482000
金辉控股（9993）		2649914000
绿城中国（3900）	−7344682000	−3103732000
建业地产（0832）	4727116000	4774464000
中国恒大（3333）	3613000000	110063000000
雅居乐集团（3383）	7521046000	3307254000
龙湖集团（0960）	18451197000	36729846000
禹洲集团（1628）	3702877000	−5919148000
绿地香港（0337）	−1394280000	−1928652000
新力控股集团（2103）	1979871000	947621000
众安集团（0672）	−4270741000	−6680926000
合景泰富集团（1813）	143013000	1130800000
当代置业（1107）	−310596000	−608783000
越秀地产（0123）	205389000	15956314000
弘阳地产（1996）	−3430755000	−5566793000
宝龙地产（1238）	1079793000	−12013151000
首创置业（2868）①	−951290000	7222404000

数据来源：企业公告。

① 首创置业（2868）已于2021年9月30日退市，仍披露了2020年度全年财务数据。

6-25　2020年沪深上市房企投资活动产生的现金流量净额

单位：元人民币

企业简称	2020年第一季度	2020年第二季度	2020年第三季度	2020年第四季度
保利发展（600048）	-4990722392	-9054070450	-10861550739	-6927440135
北辰实业（601588）	-3024973	764190416	715470171	409122842
城建发展（600266）	68381339	136171231	-80996071	-350123645
*ST华业（600240）①	--	1099124	1099124	-163000
金隅集团（601992）	-1464475077	-1170284254	-2176341451	-2564926845
大龙地产（600159）	565670	-184205	-193409	-759566
首开股份（600376）	-1400840860	-2147403976	-3652357931	-3371473447
万通发展（600246）	-45310134	-62316363	-86179388	-180573693
*ST中迪（000609）	-110659392	-46329238	-46168798	91837013
中关村（000931）	-29937315	-62149678	-108369471	-138982925
北汽蓝谷（600733）	-393740371	370943008	3720713673	2996336069
财信发展（000838）	-463124187	-784238527	-925866517	-1169506472
长春经开（600215）	225949431	211000317	-456821718	538015278
大悦城（000031）	-501457670	346547803	-1989351694	-1053699577
粤宏远A（000573）	-6781917	21757891	-48637757	-45858380
东旭蓝天（000040）	-27427300	-659040479	-1296600440	-964015542
泛海控股（000046）	311169532	552085886	6868197391	10279332755
格力地产（600185）	-41740343	-1841405228	-2104434919	-2144394319
冠城大通（600067）	-26307230	-77904739	-184572584	-69186776
光大嘉宝（600622）	-507485104	-828910063	-2043518062	-1737923368
光明地产（600708）	128567339	808304492	1374884958	2090772536
世荣兆业（002016）	-152552378	528952364	86506462	-112077791
广宇集团（002133）	-5093021	-257353743	-174922832	-2662138
ST粤泰（600393）	55605059	127180827	169355664	235311849
珠江股份（600684）	240547859	743394292	1005649697	1745100150
ST海投（000616）	9466288	783834188	-317553947	-417102867
海南高速（000886）	106285229	48138186	403567476	429279394
京粮控股（000505）	196545406	-394163918	-439126198	35319121
滨江集团（002244）	-339924275	-2786848481	-2169671089	-3138786604
合肥城建（002208）	-193257502	46108772	40842052	9990657
黑牡丹（600510）	-49327720	-44920579	-23536160	-188900153
福星股份（000926）	7606825	23660660	67713590	122447237
华丽家族（600503）	-92742077	-290384153	29166386	129520574
华联控股（000036）	344831584	-519631882	688078120	-169864783
华夏幸福（600340）	-112030990	-2883105061	-4679926804	-4882577453
华远地产（600743）	-14392615	765629585	780811375	937044495

① *ST华业（600240）已于2020年2月5日退市，仍对外披露了2020年度全年财务数据。

6-25 续表 1 单位：元人民币

企业简称	2020 年第一季度	2020 年第二季度	2020 年第三季度	2020 年第四季度
嘉凯城（000918）	38656536	84491632	67840096	460219683
大港股份（002077）	307928127	378343087	475156551	469107379
凤凰股份（600716）	517501933	493697521	598475761	683126244
中南建设（000961）	−2735650493	−7122936927	−8408991237	−13909508168
金地集团（600383）	−859881918	−2748300555	−5544441045	−10036574211
金科股份（000656）	−750049352	−8241885286	−9288467803	−17107953302
金融街（000402）	−11913100	69275608	−35236792	−423008191
京能置业（600791）	17387023	99280527	188872068	251268412
京投发展（600683）	91488343	87324196	99679483	−1305328473
九鼎投资（600053）	1119742	66531619	75596988	86148024
莱茵体育（000558）	145679039	165560770	139043018	110992409
鲁商发展（600223）	−287249541	−289469099	−100095270	95227060
绿地控股（600606）	−8159065847	−10859660777	−15799021803	−1892025298
*ST 绿景（000502）	--	−5842	−13648	1191390
美都能源（600175）①	−34031114	43619818	75960732	−1672109
美好置业（000667）	−132068737	−393961637	−450157301	974513229
南京高科（600064）	−863264192	−98349443	−128542122	−69689047
栖霞建设（600533）	−109869306	556656111	−331524073	1163126719
宁波富达（600724）	−207132619	−43945927	715765316	967803802
荣安地产（000517）	186567852	630352701	1353644371	856906630
荣丰控股（000668）	4351200	4845405	190949219	196253932
荣盛发展（002146）	156906686	−695450369	−1799119466	−2274635949
三湘印象（000863）	3656998	7146357	8085673	−16861736
沙河股份（000014）	−40017	−188947	−600247	−6546673
爱旭股份（600732）	−119768222	−339527435	−1431483559	−2595185995
城投控股（600649）	−87843440	−135594674	−397114773	−141683308
大名城（600094）	225310525	211331522	193565029	180362510
岩石股份（600696）	--	376864	1426675	41272119
华鑫股份（600621）	53861462	−131948349	−67350229	−225975330
浦东金桥（600639）	116489427	−1170224949	−2223493235	−2756583187
上海临港（600848）	−1068574636	−1897627781	−1892883938	−2294789236
凌云 B 股（900957）	−207764	−258332	−266355	−17370435
陆家嘴（600663）	357468890	158456079	1162854039	−2356879563
上实发展（600748）	−854498	14095795	13038327	−350358720
市北高新（600604）	−1124669	−46381544	−138876940	−128933125
外高桥（600648）	−65728143	−452712174	−331693354	−361791231
万业企业（600641）	−593452584	−1279496270	−178203978	−1369480374

① 美都能源（600175）已于2020年8月14日退市，仍对外披露了2020年度全年财务数据。

6-25　续表 2　　单位：元人民币

企业简称	2020 年第一季度	2020 年第二季度	2020 年第三季度	2020 年第四季度
新黄浦（600638）	206091143	300045896	227841054	524054589
亚通股份（600692）	−432187	3200310	3978510	−19794071
张江高科（600895）	−444827536	−611795397	−1278701715	−2806544419
华侨城 A（000069）	−1742224272	−5841110397	−6480771586	654860967
深深房 A（000029）	−27008	1020263040	1020818810	1019075007
皇庭国际（000056）	218893600	48944809	−204882238	−102223296
天健集团（000090）	−38173113	−276924215	−392665022	−602005117
深物业 A（000011）	−3384963	−482080259	−494199797	−48346722
深振业 A（000006）	−576197431	−1528000	282504501	−525801906
中洲控股（000042）	−63787096	167464477	131351586	177145075
香江控股（600162）	38345454	−18730827	−210608950	−202571779
顺发恒业（000631）	32285042	537753984	554641045	518776959
蓝光发展（600466）	−600483862	−2200626168	−3689895841	−4789777889
宋都股份（600077）	344003122	637662510	965680973	−655087686
苏宁环球（000718）	220327840	218709427	218867932	−317151469
苏州高新（600736）	−288886049	−1259890786	−1699698482	−3695351118
泰禾集团（000732）	−263041028	−874409441	−444336848	951862571
天地源（600665）	1021545	4439183	−22551550	14902241
津滨发展（000897）	60111032	57142165	31336986	185003233
天房发展（600322）	54719471	60910621	128724139	50522279
*ST 松江（600225）	889374531	269992329	415575836	−39292455
天保基建（000965）	−8160	−85244	2757581	2530626
万科 A（000002）	6609254009	1158821525	6189573771	5797067128
万泽股份（000534）	−30142647	150554129	83079822	164967426
闻泰科技（600745）	22958130	−697826866	−3673451169	−3214453213
卧龙地产（600173）	33475000	32036111	31110605	−469295280
西藏城投（600773）	−14594841	−14204775	−11179163	−148666561
厦门国贸（600755）	−5209996337	−2867087050	−3514130259	675005601
学大教育（000526）	−97036816	−140715765	146307369	246787133
*ST 新光（002147）	7055668	−13597348	123957207	83580601
新湖中宝（600208）	−163260582	−1679746351	−494329676	−2081753247
新华联（000620）	−64715194	−188176947	−156057862	−231657454
信达地产（600657）	−1519570782	−847062685	−1441503482	1837730068
雅戈尔（600177）	1173418959	2230057651	8255775449	5822132914
阳光城（000671）	−4210812433	−8918286001	−11947582100	−17721448536
阳光股份（000608）	--	−2431854	−3072704	6233528
*ST 银亿（000981）	−181825503	−134787054	−118529335	−641050180

6-25 续表 3 单位：元人民币

企业简称	2020 年第一季度	2020 年第二季度	2020 年第三季度	2020 年第四季度
*ST 云城（600239）	74150857	1554398709	2997811490	3382346644
招商蛇口（001979）	1273894738	-1709153277	-4444491588	-4817975739
浙江广厦（600052）	311529468	304990468	320515189	351555643
*ST 中房（600890）	50536667	51358662	49820758	59405930
中国宝安（000009）	-190227063	-113439697	-658168874	224614688
中国高科（600730）	-87009992	-105647533	-69056727	-117353692
葛洲坝（600068）①	-2729724663	-5486462265	-12149924736	-13169602652
中国国贸（600007）	-80127071	-122948330	-172214090	-270895581
中国铁建（601186）	-8371935000	-14556930000	-25938892000	-50297671000
中国武夷（000797）	-42510198	-63993711	-113813689	-222921432
中航高科（600862）	-38134811	-55433753	-82579984	-997699549
中华企业（600675）	193896391	200044979	-482494019	-513521475
中交地产（000736）	159700406	-1992894487	-1242637365	-1538903964
中润资源（000506）	-10403397	-16043666	-19571011	-80798132
中体产业（600158）	6959390	180516728	177843196	230378222
中天金融（000540）	-3242013760	-6656297522	-13278376851	-15661854688
ST 中珠（600568）	-34078878	80041302	79032889	157682676
迪马股份（600565）	465839211	859594235	1257983541	581116394
渝开发（000514）	-347084	41386693	41201516	39535125
华发股份（600325）	-7833170477	-24881802484	-37259095965	-61012166419

数据来源：企业公告。

① 葛洲坝（600068）已于2021年9月13日退市，仍对外披露了2020年度全年财务数据。

6-26　2020年香港上市房企投资活动产生的现金流量净额（港币）

单位：元港币

企业简称	2020年第二季度	2020年第四季度
保利置业集团（0119）	1533842478	2147630227
太古地产（1972）	63938000	7082905600
天安中国（0028）	−329508137	794468717
新鸿基地产（0016）	−45263878200	−44817797800
中信股份（0267）	−115288434600	−215590147200
汤臣集团（0258）	247957044	140388138
长实集团（1113）	−3095512600	−6113382400
五矿地产（0230）	194970710	194134397
上实城市开发（0563）	−1003324230	−1182469040
深圳控股（0604）	−457943137	355443027
嘉华国际（0173）	−3749507	−1217266675
莱蒙国际（3688）	17634100	23658218
恒基地产（0012）	4553299000	−819718400
恒隆地产（0101）	−1350918600	−1848153600
路劲（1098）	−737998885	−4466381299
华南城（1668）	2607982	
九龙仓集团（0004）	−4396194200	−11965027200
新世界发展（0017）	−13351809420	−15595756960
合生创展集团（0754）	851237650	−4192284803
沿海家园（1124）	405650098	
嘉里建设（0683）	−1898331094	−3517298038
百仕达控股（1168）	−449984683	−403032141
上海证大（0755）	2701837	−31705597

数据来源：企业公告。

6-27 2020年香港上市房企投资活动产生的现金流量净额（人民币）

单位：元人民币

企业简称	2020年第二季度	2020年第四季度
远洋集团（3377）	7771611000	2274020000
华润置地（1109）	-20283004000	-32844827000
中国奥园（3883）	-10959686000	-42530508000
明发集团（0846）	-670543000	261168000
朗诗绿色生活（0106）	-876168000	-89001000
恒盛地产（0845）	-517402000	-1101584000
大发地产（6111）	679853000	-131179000
景瑞控股（1862）	-615783000	-661422000
天山发展控股（2118）	-14872000	-4857000
佳源国际控股（2768）	467514000	-1263822000
美的置业（3990）	3547505000	-7249129000
德信中国（2019）	-5899734000	-9203885000
融信中国（3301）	518919000	2488823000
花样年控股（1777）	-3517078000	-11637394000
银城国际控股（1902）	-1469794000	-6460831000
世茂集团（0813）	-1649034000	-23245016000
时代中国控股（1233）	-2861833000	-7745028000
旭辉控股集团（0884）	-6455994000	-37340968000
龙光集团（3380）	-16038781000	-273741000
新城发展（1030）	-560301000	-17539837000
正荣地产（6158）	-1927036000	-1838876000
中国金茂（0817）	-11939097000	-303330000
碧桂园（2007）	-7874000000	-5917000000
SOHO 中国（0410）	-1937869000	-1579099000
北大资源（0618）	-2793000	
中国海外发展（0688）	-2780041000	-2540320000
祥生控股集团（2599）		2181480000
三盛控股（2183）	-374525000	-1293743000
佳兆业集团（1638）	-7822533000	-25889833000
力高集团（1622）	410395000	-1842716000
中梁控股（2772）	-7060130000	-13299942000
瑞安房地产（0272）	-1729000000	-1747000000
融创中国（1918）	-10411361000	-17227465000
五洲国际（1369）①	-161778000	
富力地产（2777）	1572083000	2885119000
中骏集团控股（1966）	-2421088000	-4319277000

① 五洲国际（1369）已于2020年12月8日退市，仅披露至2020年第二季度财务数据。

6-27　续表 1　　　　单位：元人民币

企业简称	2020 年第二季度	2020 年第四季度
上置集团（1207）	633380000	459361000
阳光 100 中国（2608）	907169000	991928000
太阳城集团（1383）	−772589000	−1319845000
金辉控股（9993）		−2431022000
绿城中国（3900）	−8594578000	−11885959000
建业地产（0832）	−664977000	−1365766000
中国恒大（3333）	−12678000000	−24128000000
雅居乐集团（3383）	−5169014000	776142000
龙湖集团（0960）	−15525931000	−41403314000
禹洲集团（1628）	−2273003000	−8837301000
绿地香港（0337）	−1463008000	1125299000
新力控股集团（2103）	−2351371000	−3414298000
众安集团（0672）	−103540000	−4910000
合景泰富集团（1813）	−4659187000	−3744779000
当代置业（1107）	−981397000	−1830094000
越秀地产（0123）	−3303641000	−9796937000
弘阳地产（1996）	2841348000	−818987000
宝龙地产（1238）	−4185905000	−5238014000
首创置业（2868）①	−372064000	641533000

数据来源：企业公告。

① 首创置业（2868）已于2021年9月30日退市，仍披露了2020年度全年财务数据。

6-28 2020 年沪深上市房企筹资活动产生的现金流量净额

单位：元人民币

企业简称	2020 年第一季度	2020 年第二季度	2020 年第三季度	2020 年第四季度
保利发展（600048）	17462963960	20815244452	12542067949	-1877937096
北辰实业（601588）	-2827656	401982183	-268295594	-1605833504
城建发展（600266）	-360909466	2236349762	4676383285	2174972325
*ST 华业（600240）①	-39520260	-75555611	-102267299	-144233127
金隅集团（601992）	5460060028	9167431855	3260751029	-6071820325
大龙地产（600159）	-42986542	-486291828	-485483162	-631055537
首开股份（600376）	13191127134	11680186877	11842089135	7877374744
万通发展（600246）	-112450893	-394234820	-707816924	-875192006
*ST 中迪（000609）	73198122	-13163907	-96959353	-243164665
中关村（000931）	-17798841	-126873145	-33521751	-110547014
北汽蓝谷（600733）	4251619780	4253451225	2435822908	158509163
财信发展（000838）	129665153	-125404067	-110663228	-1882587713
长春经开（600215）	--	-23274791	-23251644	-163830312
大悦城（000031）	9182280868	7527305406	1481928541	-4404190447
粤宏远 A（000573）	107136133	-67520724	58092209	44472366
东旭蓝天（000040）	-56610704	312205958	691205044	60223617
泛海控股（000046）	1073461374	2603219501	-5971298812	-15932959778
格力地产（600185）	559237982	1355325474	1088983872	374204307
冠城大通（600067）	14467070	504778746	-199262771	-814361509
光大嘉宝（600622）	11907464	1021736588	851508409	703266793
光明地产（600708）	-801275519	-2850903842	-5018424516	-6532003373
世荣兆业（002016）	-216533066	-416808059	-578804920	-793426564
广宇集团（002133）	65823493	154495114	-265129108	801395320
ST 粤泰（600393）	-2373491625	-97476162	-155155309	-344440771
珠江股份（600684）	-844359351	-807364457	-324855160	-179739020
ST 海投（000616）	-31008579	-31058579	-39777173	-45017052
海南高速（000886）	534470	-129814	-250086	-48790057
京粮控股（000505）	32599716	231674478	697846752	11732691
滨江集团（002244）	3565153935	5611522409	7259806676	12808915083
合肥城建（002208）	172503006	-172509506	922206345	18083390
黑牡丹（600510）	518182833	223738339	398672230	369276741
福星股份（000926）	-1350318615	-2695306852	-4844228610	-6079867703
华丽家族（600503）	-4996727	33580628	-12233800	-496520202
华联控股（000036）	-31684860	35180705	-592232765	-657256755
华夏幸福（600340）	16089382071	19646199790	25283977935	12844336646
华远地产（600743）	-1051301934	-1374112000	-941349407	-6555689026

① *ST华业（600240）已于2020年2月5日退市，仍对外披露了2020年度全年财务数据。

6–28　续表 1　　　　单位：元人民币

企业简称	2020 年第一季度	2020 年第二季度	2020 年第三季度	2020 年第四季度
嘉凯城（000918）	−492518374	−491151427	−456561109	−594541731
大港股份（002077）	−482648007	−551591972	−766681239	−928830203
凤凰股份（600716）	−533762708	−533762708	−627368767	−428820159
中南建设（000961）	4404824292	8502906760	12711540779	13716808564
金地集团（600383）	7766926797	10940008900	9940048160	11722419548
金科股份（000656）	7254457560	11484124981	4641920208	10461938620
金融街（000402）	2296211008	1284332917	2235417855	−1675475233
京能置业（600791）	−95509382	−660779714	1167078342	369723729
京投发展（600683）	−672489236	−2320015780	−5502998537	−5760012850
九鼎投资（600053）	−80780037	−97261955	−112696576	−163398044
莱茵体育（000558）	−18003381	−188072473	−171177719	−163938714
鲁商发展（600223）	1790156164	63415069	−560647540	−3550832250
绿地控股（600606）	5617409196	3294468134	1689342738	−34917740654
*ST 绿景（000502）	--	--	--	--
美都能源（600175）①	−81291130	−107338098	−127032794	−58964724
美好置业（000667）	−310186724	−220101747	−462507287	−1307671879
南京高科（600064）	−330927876	495397893	645530135	1142915462
栖霞建设（600533）	147081678	461214149	−763796756	−894546911
宁波富达（600724）	−541887403	−1096867362	−1144306436	−1185419986
荣安地产（000517）	−6486431	1173752654	1385113137	11061274223
荣丰控股（000668）	112498833	102229344	−269394124	−265018551
荣盛发展（002146）	1338573157	3975948371	6024544642	3547513685
三湘印象（000863）	−66739361	−462162017	−1096302216	−2326614311
沙河股份（000014）	112077000	130487762	111858657	92084589
爱旭股份（600732）	77880762	−40348702	2825421781	3212222326
城投控股（600649）	966186781	4601067106	4794210861	13160487880
大名城（600094）	−477763110	313861842	1311165468	1089964360
岩石股份（600696）	−90388264	−102375923	−103260998	−104308678
华鑫股份（600621）	−358565913	−173431850	821031558	1094344935
浦东金桥（600639）	1732888716	2526946584	1444435815	405431852
上海临港（600848）	159722665	1724174326	1982338611	66191210
凌云 B 股（900957）	−26085302	−34135132	−43051634	−58430273
陆家嘴（600663）	4548754387	3011036967	2550209981	3344061005
上实发展（600748）	264856754	883178122	857807121	−419067137
市北高新（600604）	961159061	1101744350	687972297	306137517
外高桥（600648）	−184337856	−270585518	−544408942	341937547
万业企业（600641）	5004733	560958	128515	20380974

① 美都能源（600175）已于2020年8月14日退市，仍对外披露了2020年度全年财务数据。

6-28 续表 2 单位：元人民币

企业简称	2020 年第一季度	2020 年第二季度	2020 年第三季度	2020 年第四季度
新黄浦（600638）	−316652669	−233812676	−298072275	−267174048
亚通股份（600692）	−78098094	−149973345	−409933477	−570207481
张江高科（600895）	767015991	1180399061	2400083710	3283901369
华侨城 A（000069）	20573198852	16368677867	14997573042	2692517776
深深房 A（000029）	--	−166923900	−166923900	−141677164
皇庭国际（000056）	−68363104	−166841055	−171996151	−340999542
天健集团（000090）	1344132213	3832742170	4770396177	4598839669
深物业 A（000011）	772655600	1874915832	1817536375	548934426
深振业 A（000006）	75357866	−308113837	−392329275	−414116713
中洲控股（000042）	−52634064	893626544	434617625	−262233286
香江控股（600162）	−941547445	−96801827	−193858882	−510868523
顺发恒业（000631）	−15996354	−192786223	−208533761	−504743082
蓝光发展（600466）	4514971782	10177149713	12898830880	15534812623
宋都股份（600077）	3926641454	4057626882	1769915061	2025389905
苏宁环球（000718）	194392460	−631662583	−525404091	−766311897
苏州高新（600736）	3509583020	4876070396	−732112050	223172029
泰禾集团（000732）	−3762641355	−6370549695	−6869433630	−7720400064
天地源（600665）	−126216198	12222631	−347034292	−1230685535
津滨发展（000897）	−187221914	−149862574	−263979172	−551743347
天房发展（600322）	−113603564	−1014193901	−3208205328	−3248413578
*ST 松江（600225）	−884675939	−280353951	−511361949	−519108267
天保基建（000965）	15770783	668828967	693581976	762478289
万科 A（000002）	3562890818	4534294372	−31775844084	−32504259939
万泽股份（000534）	101369600	−41439960	−75681925	−103171263
闻泰科技（600745）	−2127322026	−1883170089	−455781791	−2000567427
卧龙地产（600173）	--	−105192504	−105192504	−105521887
西藏城投（600773）	−277684134	51732805	−387343631	−897892694
厦门国贸（600755）	10308672111	8880370853	11643351582	7762459716
学大教育（000526）	−95635818	−173235414	−172635414	−172635411
*ST 新光（002147）	5544881	−45714496	−61740101	−229447607
新湖中宝（600208）	−817955340	2466149406	588765505	−4488358026
新华联（000620）	−539891782	−1284136629	−3156535123	−3275922887
信达地产（600657）	2131420597	1698255054	−24317436	−2540097224
雅戈尔（600177）	2067530466	−3622926760	−6415198597	−6703949509
阳光城（000671）	−1519720942	−4348448299	−7999501921	623142660
阳光股份（000608）	−29650888	−21776422	40995875	−218578331
*ST 银亿（000981）	−86809071	−150467595	156165489	157074834

6-28 续表 3 单位：元人民币

企业简称	2020 年第一季度	2020 年第二季度	2020 年第三季度	2020 年第四季度
*ST 云城（600239）	-1090873223	-2747715818	-5047531066	-4614304081
招商蛇口（001979）	11206956971	-5649105883	-8098076643	-7894222518
浙江广厦（600052）	-273186326	-311255381	-353606764	-225723977
*ST 中房（600890）	--	0	--	0
中国宝安（000009）	-180959111	-209576531	625456745	330218623
中国高科（600730）	26643	-43295	-45687	-45687
葛洲坝（600068）①	-2063279893	1124357395	9333895003	10507238985
中国国贸（600007）	-25044717	-55363289	-481298608	-505624628
中国铁建（601186）	32933633000	32589447000	39963680000	38239029000
中国武夷（000797）	2142467661	1856755020	-565728331	-1058560271
中航高科（600862）	-4454639	-9085250	-286440329	-332953581
中华企业（600675）	-1509848240	-2522523294	-3858651826	-4168185491
中交地产（000736）	8422456124	16016508807	21000200036	22840019629
中润资源（000506）	-13767480	-23395459	-38228318	-50105458
中体产业（600158）	7412271	-65354094	-23922228	-4438620
中天金融（000540）	105072012	1085332102	2690678232	2404879972
ST 中珠（600568）	54182840	-55902817	-66637237	-116258697
迪马股份（600565）	1189682928	-1369006288	1975946763	-270532031
渝开发（000514）	1053335923	989383348	952688834	823866854
华发股份（600325）	15473719012	21569781022	41425763072	48786271903

数据来源：企业公告。

① 葛洲坝（600068）已于2021年9月13日退市，仍对外披露了2020年度全年财务数据。

6–29 2020年香港上市房企筹资活动产生的现金流量净额（港币）

单位：元港币

企业简称	2020年第二季度	2020年第四季度
保利置业集团（0119）	8002364078	14177289782
太古地产（1972）	–4951541400	–6575420800
天安中国（0028）	–104561465	560037670
新鸿基地产（0016）	23770053000	10340601400
中信股份（0267）	–22770148600	30312748800
汤臣集团（0258）	–479381549	–470748118
长实集团（1113）	–8214206200	–16310208000
五矿地产（0230）	1607421415	5445167990
上实城市开发（0563）	87045193	–1641165446
深圳控股（0604）	3849586411	7970661469
嘉华国际（0173）	–923110355	3081379536
莱蒙国际（3688）	13121904	–95725267
恒基地产（0012）	–184506800	–9048041600
恒隆地产（0101）	–163498600	1939888000
路劲（1098）	2583205721	3849327754
华南城（1668）	–397008962	
九龙仓集团（0004）	–4080157800	–4637216000
新世界发展（0017）	22390700160	26062316220
合生创展集团（0754）	29188648763	41696777440
沿海家园（1124）	–12596165	
嘉里建设（0683）	1460471796	1527567120
百仕达控股（1168）	–20292094	–70320730
上海证大（0755）	–210482983	–492101194

数据来源：企业公告。

6-30　2020 年香港上市房企筹资活动产生的现金流量净额（人民币）

单位：元人民币

企业简称	2020 年第二季度	2020 年第四季度
远洋集团（3377）	2729928000	-5366226000
华润置地（1109）	20753662000	36326589000
中国奥园（3883）	14571781000	47606579000
明发集团（0846）	-511685000	-560495000
朗诗绿色生活（0106）	-149681000	-926122000
恒盛地产（0845）	-1949891000	-2619591000
大发地产（6111）	3183002000	5110538000
景瑞控股（1862）	1074930000	2422140000
天山发展控股（2118）	-1032405000	-1930794000
佳源国际控股（2768）	1178369000	2334895000
美的置业（3990）	3939879000	8803935000
德信中国（2019）	7615511000	14324117000
融信中国（3301）	767292000	9016844000
花样年控股（1777）	3328932000	12713458000
银城国际控股（1902）	1325238000	5656990000
世茂集团（0813）	13524953000	25299345000
时代中国控股（1233）	5264971000	14295428000
旭辉控股集团（0884）	8426579000	13115239000
龙光集团（3380）	12695428000	1685530000
新城发展（1030）	13474361000	23648553000
正荣地产（6158）	8381397000	12430342000
中国金茂（0817）	-14714198000	-8784605000
碧桂园（2007）	-36353000000	-54136000000
SOHO 中国（0410）	1041793000	573535000
北大资源（0618）	-550216000	
中国海外发展（0688）	13047286000	8035193000
祥生控股集团（2599）		22409513000
三盛控股（2183）	4533841000	12518954000
佳兆业集团（1638）	9336529000	30418063000
力高集团（1622）	-688510000	1731855000
中梁控股（2772）	19495261000	23792933000
瑞安房地产（0272）	-1131000000	-3869000000
融创中国（1918）	-4815806000	-35378495000
五洲国际（1369）①	-304415000	
富力地产（2777）	-3696024000	-19415258000
中骏集团控股（1966）	6420933000	5731613000

① 五洲国际（1369）已于2020年12月8日退市，仅披露至2020年第二季度财务数据。

6-30 续表 1

单位：元人民币

企业简称	2020 年第二季度	2020 年第四季度
上置集团（1207）	-278695000	-356908000
阳光 100 中国（2608）	-891093000	-1691786000
太阳城集团（1383）	2554567000	3879046000
金辉控股（9993）		11397905000
绿城中国（3900）	25904391000	28069208000
建业地产（0832）	-1285803000	-3205026000
中国恒大（3333）	-633000000	-76885000000
雅居乐集团（3383）	2481761000	4440180000
龙湖集团（0960）	14550690000	20896923000
禹洲集团（1628）	4499508000	10336894000
绿地香港（0337）	1326663000	-1797780000
新力控股集团（2103）	3094507000	2513341000
众安集团（0672）	2805390000	8364102000
合景泰富集团（1813）	1639889000	-7808847000
当代置业（1107）	1285291000	5409250000
越秀地产（0123）	873679000	-1963892000
弘阳地产（1996）	1450694000	10238182000
宝龙地产（1238）	5136005000	22360584000
首创置业（2868）①	6122399000	1986438000

数据来源：企业公告。

① 首创置业（2868）已于2021年9月30日退市，仍披露了2020年度全年财务数据。

6-31　2020 年中国房地产企业权益拿地金额 TOP100

单位：亿元

排名	企业全称	权益拿地金额
1	保利发展控股集团股份有限公司	1549.92
2	碧桂园控股有限公司	1538.79
3	万科企业股份有限公司	1431.48
4	中国海外发展有限公司	1312.06
5	中国恒大集团	1152.12
6	龙湖集团控股有限公司	1104.62
7	华润置地有限公司	1008.56
8	绿城中国控股有限公司	896.4
9	新城发展控股有限公司	879.85
10	绿地控股集团股份有限公司	836.37
11	招商局蛇口工业区控股股份有限公司	814.27
12	金地(集团)股份有限公司	792.79
13	建发房地产集团有限公司	712.86
14	融创中国控股有限公司	691.89
15	旭辉控股（集团）有限公司	586.32
16	珠海华发实业股份有限公司	540.62
17	杭州滨江房产集团股份有限公司	516.27
18	江苏中南建设集团股份有限公司	501.23
19	阳光城集团股份有限公司	494.25
20	金科地产集团股份有限公司	456.91
21	龙光集团有限公司	442.15
22	正荣地产集团有限公司	404.66
23	四川蓝光发展股份有限公司	384.15
24	中骏集团控股有限公司	378.38
25	中交地产股份有限公司	359.87
26	美的置业控股有限公司	358.47
27	中梁控股集团有限公司	355.43
28	中国金茂控股集团有限公司	352.59
29	宝龙地产控股有限公司	341
30	荣安地产股份有限公司	300.31
31	佳兆业集团控股有限公司	286.03
32	世茂集团控股有限公司	285.2
33	华夏幸福基业股份有限公司	280.98
34	融信中国控股有限公司	276.72
35	荣盛房地产发展股份有限公司	263.57
36	德信中国控股有限公司	255.09
37	中国铁建股份有限公司	253.42
38	深圳华侨城股份有限公司	253.17
39	卓越置业集团有限公司	246.24

6-31 续表 1 单位：亿元

排名	企业全称	权益拿地金额
40	北京首都开发股份有限公司	241.9
41	四川新希望房地产开发有限公司	241.4
42	雅居乐集团控股有限公司	235.08
43	远洋集团控股有限公司	231.13
44	大连万达集团股份有限公司	230.5
45	中国奥园集团股份有限公司	230.34
46	金辉控股（集团）有限公司	227.93
47	越秀地产股份有限公司	222.33
48	祥生控股（集团）有限公司	218.2
49	合景泰富集团控股有限公司	208.84
50	大华（集团）有限公司	203.22
51	时代中国控股有限公司	193.43
52	中国电建地产集团有限公司	193.41
53	禹洲集团控股有限公司	188.57
54	合生创展集团有限公司	184.34
55	宝能地产股份有限公司	181.15
56	上海红星美凯龙房地产集团有限公司	169.81
57	保利置业集团有限公司	161.97
58	华鸿嘉信控股集团有限公司	157.91
59	北京金隅集团股份有限公司	146.32
60	广州市敏捷房地产开发有限公司	139.1
61	重庆华宇集团有限公司	138.29
62	联发集团有限公司	137.67
63	大悦城控股集团股份有限公司	131.41
64	众安集团有限公司	130.01
65	路劲基建有限公司	129.03
66	三盛控股（集团）有限公司	125.87
67	中铁置业集团有限公司	119.73
68	佳源国际控股有限公司	115.89
69	花样年控股集团有限公司	115.52
70	重庆市迪马实业股份有限公司	114.03
71	广东海伦堡地产集团有限公司	102.94
72	厦门国贸集团股份有限公司	98.53
73	新力控股（集团）有限公司	98.01
74	鲁能集团有限公司	96.08
75	星河控股集团有限公司	93.74
76	隆基泰和置业有限公司	91.78
77	首创置业股份有限公司	91.76
78	雅戈尔集团股份有限公司	91.73
79	建业地产股份有限公司	91.5

6-31　续表 2　　单位：亿元

排名	企业全称	权益拿地金额
80	弘阳地产集团有限公司	87.59
81	桂林彰泰实业集团有限公司	84.55
82	河南正商置业有限公司	83.6
83	领地控股集团有限公司	79.72
84	上海大名城企业股份有限公司	78.33
85	广州富力地产股份有限公司	76.94
86	石榴置业集团股份有限公司	72.74
87	粤海控股集团有限公司	66.86
88	景瑞控股有限公司	66.82
89	大发地产集团有限公司	57.98
90	中国中信股份有限公司	57.3
91	上海陆家嘴金融贸易区开发股份有限公司	54.6
92	北京城建投资发展股份有限公司	53.89
93	融侨集团股份有限公司	53.54
94	深圳控股有限公司	52.45
95	嘉华国际集团有限公司	47.9
96	新世界发展有限公司	47.41
97	银城国际控股有限公司	45.19
98	上海实业城市开发集团有限公司	43.18
99	力高地产集团有限公司	42.89
100	中建信和地产有限公司	39.91

数据来源：企业公告、中指数据库。

6-32 2020年中国房地产企业权益拿地面积TOP100

单位：万平方米

排名	企业全称	权益拿地面积
1	碧桂园控股有限公司	4799.30
2	中国恒大集团	4034.78
3	绿地控股集团股份有限公司	2800.91
4	新城发展控股有限公司	2574.75
5	保利发展控股集团股份有限公司	2504.45
6	万科企业股份有限公司	2166.98
7	龙湖集团控股有限公司	1534.88
8	融创中国控股有限公司	1341.06
9	华润置地有限公司	1198.10
10	江苏中南建设集团股份有限公司	1132.24
11	金科地产集团股份有限公司	1093.86
12	金地(集团)股份有限公司	1025.38
13	中骏集团控股有限公司	1011.63
14	中国海外发展有限公司	1010.19
15	大连万达集团股份有限公司	953.39
16	绿城中国控股有限公司	917.69
17	招商局蛇口工业区控股股份有限公司	884.53
18	旭辉控股（集团）有限公司	879.53
19	阳光城集团股份有限公司	853.86
20	四川蓝光发展股份有限公司	781.43
21	中梁控股集团有限公司	753.42
22	建发房地产集团有限公司	667.83
23	荣盛房地产发展股份有限公司	619.69
24	中交地产股份有限公司	617.01
25	宝龙地产控股有限公司	599.28
26	世茂集团控股有限公司	592.86
27	深圳华侨城股份有限公司	587.16
28	中国金茂控股集团有限公司	576.78
29	雅居乐集团控股有限公司	560.07
30	上海红星美凯龙房地产集团有限公司	559.73
31	宝能地产股份有限公司	537.02
32	美的置业控股有限公司	490.80
33	正荣地产集团有限公司	486.77
34	华夏幸福基业股份有限公司	478.72
35	中国铁建股份有限公司	467.50
36	中铁置业集团有限公司	454.74
37	佳兆业集团控股有限公司	451.78
38	建业地产股份有限公司	442.64
39	河南正商置业有限公司	417.10

6-32　续表 1　　单位：万平方米

排名	企业全称	权益拿地面积
40	金辉控股（集团）有限公司	410.06
41	卓越置业集团有限公司	394.77
42	龙光集团有限公司	389.43
43	珠海华发实业股份有限公司	367.18
44	中国奥园集团股份有限公司	360.11
45	大悦城控股集团股份有限公司	319.09
46	重庆市迪马实业股份有限公司	298.11
47	领地控股集团有限公司	293.51
48	合景泰富集团控股有限公司	291.74
49	祥生控股（集团）有限公司	282.42
50	杭州滨江房产集团股份有限公司	273.34
51	广州市敏捷房地产开发有限公司	260.98
52	广州富力地产股份有限公司	260.81
53	远洋集团控股有限公司	253.15
54	大华（集团）有限公司	251.37
55	融信中国控股有限公司	249.80
56	中国电建地产集团有限公司	249.22
57	四川新希望房地产开发有限公司	244.58
58	广东海伦堡地产集团有限公司	236.66
59	德信中国控股有限公司	232.35
60	禹洲集团控股有限公司	232.12
61	新力控股（集团）有限公司	223.30
62	三盛控股（集团）有限公司	221.58
63	时代中国控股有限公司	221.52
64	越秀地产股份有限公司	221.45
65	荣安地产股份有限公司	217.16
66	佳源国际控股有限公司	209.30
67	星河控股集团有限公司	206.98
68	重庆华宇集团有限公司	198.70
69	华鸿嘉信控股集团有限公司	187.73
70	隆基泰和置业有限公司	178.41
71	桂林彰泰实业集团有限公司	177.73
72	保利置业集团有限公司	169.87
73	厦门国贸集团股份有限公司	163.09
74	众安集团有限公司	158.35
75	力高地产集团有限公司	145.01
76	北京首都开发股份有限公司	135.34
77	弘阳地产集团有限公司	135.27
78	花样年控股集团有限公司	132.16
79	联发集团有限公司	118.37

6–32 续表 2 单位：万平方米

排名	企业全称	权益拿地面积
80	鲁能集团有限公司	117.03
81	首创置业股份有限公司	98.16
82	石榴置业集团股份有限公司	95.60
83	北京金隅集团股份有限公司	87.89
84	粤海控股集团有限公司	84.17
85	路劲基建有限公司	79.46
86	大发地产集团有限公司	76.56
87	融侨集团股份有限公司	66.10
88	嘉华国际集团有限公司	65.56
89	中建信和地产有限公司	62.23
90	雅戈尔集团股份有限公司	58.46
91	深圳控股有限公司	55.15
92	景瑞控股有限公司	52.41
93	北京城建投资发展股份有限公司	51.30
94	中国中信股份有限公司	51.28
95	上海大名城企业股份有限公司	50.84
96	银城国际控股有限公司	45.51
97	合生创展集团有限公司	41.73
98	上海实业城市开发集团有限公司	26.33
99	新世界发展有限公司	18.87
100	上海陆家嘴金融贸易区开发股份有限公司	14.11

数据来源：企业公告、中指数据库。

6-33　2016年~2020年中国房地产企业发布销售金额排行榜

单位：亿元

排名	企业全称	2016年	2017年	2018年	2019年	2020年
1	中国恒大集团 *	3647.70	5298.80	6069.50	6308.40	7232.50
2	万科企业股份有限公司 *	3733.70	5009.60	5513.40	6010.60	7041.50
3	融创中国控股有限公司 *	1506.30	3620.10	4608.30	5562.10	5752.60
4	碧桂园控股有限公司 *	3088.40	5508.00	5018.80	5522.00	5706.60
5	保利发展控股集团股份有限公司 *	2100.87	3092.27	4048.17	4618.48	5028.48
6	中国海外发展有限公司 *	2550.04	3065.00	3875.00	3880.00	3607.20
7	绿地控股集团股份有限公司 *	2106.48	2320.70	3012.40	3771.68	3584.00
8	世茂集团控股有限公司 *	650.60	1264.72	2210.98	2708.01	3003.10
9	华润置地有限公司 *	681.20	1007.70	1761.76	2600.70	2850.35
10	招商局蛇口工业区控股股份有限公司 *	881.40	1560.80	2006.40	2425.00	2776.08
11	龙湖集团控股有限公司 *	1080.40	1521.00	2106.81	2425.00	2706.10
12	新城发展控股有限公司 *	739.34	1127.79	1705.84	2204.74	2509.63
13	金地（集团）股份有限公司 *	--	--	1628.56	2110.31	2426.80
14	中国金茂控股集团有限公司 *	1006.30	1408.10	1623.30	2106.00	2311.00
15	旭辉控股（集团）有限公司 *	530.00	1040.00	1520.00	2006.00	2310.00
16	江苏中南建设集团股份有限公司 *	373.00	963.00	1466.10	1960.50	2238.30
17	金科地产集团股份有限公司 *	319.00	630.00	1188.00	1860.00	2233.00
18	阳光城集团股份有限公司 *	485.00	693.00	1280.00	1608.07	2180.11
19	绿城中国控股有限公司 *	1203.25	1200.51	1291.76	1431.72	2147.00
20	融信中国控股有限公司 *	246.00	502.35	1218.80	1413.17	1551.73
21	正荣地产集团有限公司 *	608.60	818.60	1310.60	1381.90	1419.01
22	广州富力地产股份有限公司 *	958.00	1033.00	1012.00	1354.00	1387.90
23	雅居乐集团控股有限公司 *	--	--	1628.56	2110.31	1381.90
24	中国奥园集团股份有限公司 *	503.80	705.60	1095.10	1300.30	1330.10
25	远洋集团控股有限公司 *	494.80	684.13	934.55	1254.18	1310.40
26	荣盛房地产发展股份有限公司 *	256.00	455.90	913.00	1180.60	1270.97
27	中国铁建股份有限公司 *	528.20	897.10	1026.70	1179.70	1265.00
28	美的置业控股有限公司 *	512.24	679.30	1015.63	1153.56	1261.60
29	龙光集团有限公司 *	301.00	581.52	855.00	1015.37	1206.90
30	珠海华发实业股份有限公司 *	631.03	691.90	1007.27	1013.44	1205.00
31	北京首都开发股份有限公司 *	--	--	1628.56	2110.31	1074.55
32	佳兆业集团控股有限公司 *	201.46	304.15	536.75	1011.50	1068.96
33	禹洲集团控股有限公司 *	287.20	434.20	718.00	960.22	1049.67
34	合景泰富集团控股有限公司 *	357.25	310.17	582.00	922.73	1036.00
35	四川蓝光发展股份有限公司 *	--	--	1628.56	2110.31	1035.36
36	中骏集团控股有限公司 *	--	--	1628.56	2110.31	1015.37
37	时代中国控股有限公司 *	455.10	558.50	706.40	808.10	1003.81
38	华夏幸福基业股份有限公司	235.24	332.47	513.58	805.01	963.00
39	越秀地产股份有限公司 *	293.28	416.29	605.95	783.60	957.63

6-33 续表 1 单位：亿元

排名	企业全称	2016 年	2017 年	2018 年	2019 年	2020 年
40	弘阳地产集团有限公司 *	232.06	403.06	560.06	751.15	865.00
41	宝龙地产控股有限公司 *	302.52	408.69	577.83	721.14	815.51
42	建业地产股份有限公司	199.62	261.59	398.64	710.82	712.10
43	首创置业股份有限公司 *	--	--	1628.56	2110.31	708.60
44	大悦城控股集团股份有限公司 *	176.42	208.82	410.36	603.50	694.00
45	保利置业集团有限公司 *	182.19	301.11	379.25	484.58	521.00
46	花样年控股集团有限公司 *	349.00	379.00	408.00	432.00	492.07
47	当代置业（中国）有限公司 *	283.49	284.11	381.49	405.00	422.10
48	朗诗绿色地产有限公司	122.06	201.64	301.73	362.10	411.30
49	力高地产集团有限公司 *	165.72	221.86	321.57	362.03	409.75
50	金融街控股股份有限公司 *	276.00	235.70	307.00	319.13	402.00
51	景瑞控股有限公司 *	101.35	131.97	219.86	274.12	255.07
52	众安集团有限公司	169.07	224.71	309.68	265.58	221.50
53	上海大名城企业股份有限公司	167.85	183.73	252.36	251.59	215.00
54	信达地产股份有限公司 *	81.05	92.28	149.75	212.58	210.33
55	新湖中宝股份有限公司	226.00	223.00	282.00	190.00	200.00
56	五矿地产有限公司 *	137.79	150.55	143.58	188.96	193.60
57	中国葛洲坝集团股份有限公司 *	112.89	121.06	129.06	180.14	192.37
58	华远地产股份有限公司 *	102.00	159.26	101.31	172.58	191.39

备注：标星号房企仅公布权益销售金额。

数据来源：企业公告、中指数据库。

6-34　2016年~2020年中国房地产企业发布销售面积排行榜

单位：万平方米

排名	企业全称	2016年	2017年	2018年	2019年	2020年
1	中国恒大集团 *	4469.00	5029.90	5243.50	5846.30	8085.60
2	万科企业股份有限公司 *	2765.40	3595.20	4037.70	4112.20	4667.50
3	融创中国控股有限公司 *	758.20	2203.30	3056.20	3828.50	4102.10
4	保利发展控股集团股份有限公司 *	1598.66	2242.37	2766.11	3123.12	3409.19
5	新城发展控股有限公司 *	575.00	928.28	1812.06	2432.00	2348.85
6	金科地产集团股份有限公司 *	499.00	843.00	1342.00	1905.00	2240.00
7	中国海外发展有限公司 *	1304.40	1446.00	1593.45	1794.42	1917.31
8	世茂集团控股有限公司 *	491.85	606.22	1068.70	1465.62	1712.56
9	江苏中南建设集团股份有限公司 *	--	--	1266.38	1713.27	1685.30
10	龙湖集团控股有限公司 *	602.00	1016.70	1236.30	1423.80	1616.20
11	旭辉控股（集团）有限公司 *	291.63	629.17	956.94	1203.55	1538.51
12	华润置地有限公司 *	776.28	957.32	1198.93	1324.83	1418.73
13	招商局蛇口工业区控股股份有限公司 *	471.15	570.01	827.35	1169.44	1243.53
14	四川蓝光发展股份有限公司 *	282.00	609.27	802.00	1095.30	1205.07
15	金地(集团)股份有限公司 *	658.20	766.70	877.80	1079.00	1194.80
16	荣盛房地产发展股份有限公司 *	601.73	635.57	983.40	1098.07	1174.45
17	中国金茂控股集团有限公司 *	--	--	790.70	1002.30	1129.08
18	美的置业控股有限公司 *	--	--	790.70	1002.30	1111.40
19	雅居乐集团控股有限公司 *	530.20	735.70	797.70	891.10	1025.00
20	正荣地产集团有限公司 *	--	379.54	644.30	843.95	889.75
21	绿城中国控股有限公司 *	483.00	444.00	398.00	522.00	825.00
22	中骏集团控股有限公司 *	165.99	191.46	414.89	632.47	736.78
23	力高地产集团有限公司 *	112.50	124.60	248.80	258.76	475.62

数据来源：企业公告、中指数据库。

6-35　2020年中国房地产企业发布销售金额排行榜

单位：亿元

排名	企业全称	1月	2月	3月	4月	5月	6月	7月	8月	9月	10月	11月	12月
1	保利置业集团有限公司	30	2	21	86	52	58	33	57	55	88	34	58
2	新城发展控股有限公司	112	55	143	181	224	261	210	206	240	278	291	311
3	时代中国控股有限公司	67	11	47	47	75	80	79	89	103	110	129	168
4	花样年控股集团有限公司	14	10	21	32	38	60	48	51	53	55	50	--
5	融创中国控股有限公司	186	122	309	338	452	546	523	642	689	704	694	548
6	碧桂园控股有限公司	329	209	470	490	561	610	543	609	646	539	571	128
7	中国恒大集团	406	447	621	652	602	761	503	515	1416	403	461	446
8	越秀地产股份有限公司	31	12	48	55	112	117	64	77	70	147	111	113
9	世茂集团控股有限公司	102	65	203	212	220	302	290	296	322	301	315	375
10	禹洲集团控股有限公司	34	12	57	96	108	121	110	115	117	115	100	64
11	合景泰富集团控股有限公司	52	17	62	65	92	81	92	96	103	125	123	129
12	中骏集团控股有限公司	50	19	60	61	91	119	77	92	120	111	102	112
13	广州富力地产股份有限公司	62	25	80	92	106	145	107	109	140	161	146	215
14	远洋集团控股有限公司	35	30	90	80	82	101	90	91	160	161	161	228
15	中国奥园集团股份有限公司	51	20	73	87	103	176	96	109	121	152	153	193
16	正荣地产集团有限公司	70	32	77	105	125	151	136	123	143	136	150	171
17	深圳控股有限公司	11	1	14	11	9	30	10	11	7	4	9	--
18	中国海外发展有限公司	203	127	268	280	268	576	215	288	349	289	384	398
19	中国金茂控股集团有限公司	105	25	130	191	201	376	214	215	160	185	200	308
20	旭辉集团股份有限公司	98	25	101	130	202	251	220	256	--	200	257	310
21	当代置业（中国）有限公司	20	9	24	18	33	37	40	41	46	50	50	53
22	景瑞控股有限公司	5	3	17	11	18	22	20	35	25	32	31	35
23	阳光100中国控股有限公司	2	1	4	4	6	6	14	4	14	16	15	18
24	首创置业股份有限公司	43	8	24	33	88	141	33	39	77	61	55	108
25	龙光集团有限公司	61	27	71	98	116	91	111	130	131	135	117	120
26	绿城中国控股有限公司	46	21	104	143	122	238	121	162	201	280	294	441
27	绿地香港控股有限公司	4	25	8	13	52	30	20	42	29	46	41	234
28	合生创展集团有限公司	5	8	18	15	20	65	30	31	--	--	47	56
29	建业地产股份有限公司	41	17	76	75	84	136	59	80	103	102	--	--
30	华润置地有限公司	110	55	224	189	212	318	240	272	290	260	289	391
31	弘阳地产集团有限公司	20	12	28	58	89	109	92	72	88	77	97	123
32	佳源国际控股有限公司	16	7	7	16	31	39	22	31	29	40	34	35
33	融信中国控股有限公司	74	30	78	97	128	196	141	120	156	147	188	215
34	美的置业控股有限公司	52	26	75	88	124	117	105	131	120	136	128	159
35	雅居乐集团控股有限公司	50	30	77	107	138	149	106	120	121	150	110	224
36	龙湖集团控股有限公司	101	70	211	221	221	288	210	242	300	280	285	278
37	佳兆业集团控股有限公司	41	26	48	65	91	90	95	94	161	118	125	167
38	德信中国控股有限公司	11	9	34	60	60	84	56	67	61	33	77	84
39	宝龙地产控股有限公司	35	13	32	58	74	103	75	72	81	81	95	96

6-35　续表 1　　　　　单位：亿元

排名	企业全称	1 月	2 月	3 月	4 月	5 月	6 月	7 月	8 月	9 月	10 月	11 月	12 月
40	中梁控股集团有限公司	74	31	82	92	151	247	119	169	182	160	180	201
41	金地(集团)股份有限公司	122	30	130	168	228	338	209	217	258	200	152	374
42	保利发展控股集团股份有限公司	236	201	274	376	471	689	486	439	503	554	403	398
43	万科企业股份有限公司	549	280	549	480	613	734	590	587	545	523	575	1015
44	招商局蛇口工业区控股股份有限公司	119	25	217	196	224	326	229	268	298	260	293	321
45	荣盛房地产发展股份有限公司	50	11	77	78	114	152	77	102	75	112	174	249
46	阳光城集团股份有限公司	102	45	137	167	181	269	180	204	189	228	180	300
47	江苏中南建设集团股份有限公司	60	50	107	156	185	257	178	203	236	--	252	288

数据来源：企业公告、中指数据库。

6-36 2020年中国房地产企业发布销售面积排行榜

单位：万平方米

排名	企业全称	1月	2月	3月	4月	5月	6月	7月	8月	9月	10月	11月	12月
1	保利置业集团有限公司	13	1	13	41	25	38	22	30	34	36	21	35
2	新城发展控股有限公司	106	43	137	164	204	223	198	205	228	269	252	320
3	时代中国控股有限公司	44	7	39	35	52	57	57	62	68	76	83	93
4	花样年控股集团有限公司	12	9	19	32	29	35	31	35	36	33	29	--
5	融创中国控股有限公司	136	89	229	249	320	381	373	458	491	510	517	351
6	碧桂园控股有限公司	379	252	571	589	665	729	637	712	759	633	661	147
7	中国恒大集团	450	514	695	713	637	855	539	532	1642	491	509	510
8	越秀地产股份有限公司	12	5	18	23	42	51	26	31	33	51	42	44
9	世茂集团控股有限公司	59	37	115	121	126	172	164	169	185	171	179	214
10	禹洲集团控股有限公司	21	8	37	60	64	70	68	70	73	71	59	25
11	合景泰富集团控股有限公司	28	11	39	42	51	49	60	66	58	67	72	67
12	中骏集团控股有限公司	33	14	43	47	55	82	62	70	66	74	102	91
13	广州富力地产股份有限公司	53	21	66	82	88	116	100	98	115	132	122	160
14	远洋集团控股有限公司	17	14	46	44	45	52	48	49	69	89	89	142
15	中国奥园集团股份有限公司	43	20	74	86	102	186	92	107	121	118	148	191
16	正荣地产集团有限公司	45	21	50	70	83	98	90	77	82	85	92	98
17	深圳控股有限公司	3	0	4	4	4	9	4	6	3	2	6	--
18	中国海外发展有限公司	110	71	150	148	148	327	122	137	158	171	173	203
19	中国金茂控股集团有限公司	58	20	79	102	120	169	120	101	85	87	77	112
20	旭辉集团股份有限公司	63	14	62	82	114	156	153	182	--	137	161	220
21	当代置业（中国）有限公司	20	7	22	19	32	36	40	39	45	50	49	46
22	景瑞控股有限公司	2	1	6	5	8	10	10	17	11	16	16	13
23	阳光100中国控股有限公司	2	1	3	4	6	5	11	3	13	14	15	13
24	首创置业股份有限公司	15	3	8	9	27	37	11	13	53	28	27	62
25	龙光集团有限公司	38	19	49	66	70	63	69	67	82	80	71	71
26	绿城中国控股有限公司	17	9	35	52	45	93	47	68	73	101	107	164
27	绿地香港控股有限公司	4	20	9	20	38	21	15	26	21	36	27	193
28	合生创展集团有限公司	3	8	16	15	15	23	12	15	--	--	12	15
29	建业地产股份有限公司	42	33	117	102	111	183	88	114	143	150	--	--
30	华润置地有限公司	50	34	131	111	127	178	113	125	117	176	160	95
31	弘阳地产集团有限公司	15	9	20	40	62	70	69	54	58	55	66	73
32	佳源国际控股有限公司	14	6	8	17	37	26	20	29	27	33	27	30
33	融信中国控股有限公司	34	13	30	45	71	65	61	61	76	73	94	103
34	美的置业控股有限公司	50	23	75	84	110	97	95	107	100	121	104	146
35	雅居乐集团控股有限公司	30	19	57	69	100	131	76	85	100	112	86	161
36	龙湖集团控股有限公司	61	43	121	131	129	170	123	144	177	167	173	178
37	佳兆业集团控股有限公司	21	13	26	43	60	47	56	53	97	66	71	95
38	德信中国控股有限公司	7	4	17	35	26	33	24	25	30	14	44	53
39	宝龙地产控股有限公司	22	9	21	37	48	67	50	47	53	53	63	63

6-36　续表 1　　单位：万平方米

排名	企业全称	1 月	2 月	3 月	4 月	5 月	6 月	7 月	8 月	9 月	10 月	11 月	12 月
40	中梁控股集团有限公司	73	22	64	84	145	153	93	137	145	126	144	164
41	金地（集团）股份有限公司	61	13	53	83	100	174	107	108	124	103	79	190
42	保利发展控股集团股份有限公司	158	131	201	244	318	441	322	282	347	412	263	290
43	万科企业股份有限公司	334	173	378	304	387	502	394	423	371	366	394	642
44	招商局蛇口工业区控股股份有限公司	44	11	93	86	101	162	104	110	109	122	127	173
45	荣盛房地产发展股份有限公司	50	12	73	70	93	136	70	93	75	103	170	230
46	阳光城集团股份有限公司	87	43	137	134	152	173	110	125	109	146	107	205
47	江苏中南建设集团股份有限公司	46	38	80	113	141	192	123	157	181	--	198	222

数据来源：企业公告、中指数据库。

企业篇

第七章　中国上市物业服务企业经营情况统计

7-1 上市物业服务企业2016-2020年合约面积

单位：百万平方米

公司名称	2016年	2017年	2018年	2019年	2020年
彩生活（01778）	357.52	404.27	542.30	550.10	551.66
中海物业（02669）	–	–	–	–	–
中奥到家（01538）	60.00	66.70	70.45	71.97	72.00
绿城服务（02869）	–	378.00	362.50	445.60	534.80
祈福生活服务（03686）	5.95	6.91	9.62	9.66	9.71
浦江中国（01417）	–	–	–	–	–
雅生活服务（03319）	–	126.10	229.80	356.24	522.60
碧桂园服务（06098）	207.13	329.50	505.00	684.70	905.70
新城悦服务（01755）	47.66	67.81	112.20	152.77	203.10
佳兆业美好（02168）	25.14	29.67	32.19	53.80	77.30
旭辉永升服务（01995）	22.64	33.37	65.55	110.56	181.20
奥园健康（03662）		–	–	–	–
滨江服务（03316）	10.20	13.70	20.78	26.81	35.50
和泓服务（06093）	6.81	7.20	8.16	8.20	22.50
鑫苑服务（01895）	–	21.97	26.33	37.03	–
蓝光嘉宝服务（02606）	–	52.25	73.60	116.90	210.00
银城生活服务（01922）	9.97	14.02	22.30	30.76	42.80
保利物业（06049）	135.35	184.50	361.54	498.12	567.20
时代邻里（09928）	–	19.82	27.71	49.29	81.70
华发物业服务（00982）	–	–	–	–	27.60
宝龙商业（09909）	15.62	18.40	21.71	28.40	34.60
兴业物联（09916）	–	–	–	–	4.80
烨星集团（01941）	5.08	6.36	6.84	7.26	11.00
建业新生活（09983）	–	34.12	70.35	114.70	186.60
金融街物业（01502）	–	14.15	17.47	21.37	28.10
弘阳服务（01971）	–	12.23	15.79	27.58	39.90
正荣服务（06958）	–	16.21	24.87	37.00	87.40
卓越商企服务（06989）	–	13.10	20.10	33.20	44.70
第一服务控股（02107）	–	11.36	17.84	25.72	37.30
世茂服务（00873）	–	45.68	60.39	100.87	201.10
合景悠活（03913）	–	15.30	21.20	29.60	53.40
金科服务（09666）	–	139.10	189.77	248.56	277.20
融创服务（01516）	–	57.44	96.90	157.71	264.00
恒大物业（06666）	–	326.69	422.54	505.12	565.00
佳源服务（01153）	–	26.14	32.87	38.80	49.70
华润万象生活（01209）	–	66.91	97.25	118.09	142.90

7-1 续表 1 单位：百万平方米

公司名称	2016 年	2017 年	2018 年	2019 年	2020 年
远洋服务（06677）	–	35.61	50.43	59.40	71.10
建发物业（02156）	–	20.33	28.40	34.69	47.20
荣万家（02146）	–	56.84	63.43	77.44	90.20
宋都服务（09608）	–	–	–	–	11.30
新希望服务（03658）	–	–	9.72	11.93	15.32
越秀服务（06626）	–	–	27.10	33.12	46.09
中骏商管（00606）	–	–	17.90	22.50	36.60
朗诗绿色生活（01965）	–	–	14.36	21.76	23.66
领悦服务集团（02165）	–	–	14.24	27.93	36.24
德信服务集团（02215）	–	–	28.28	31.11	38.03
融信服务（02207）	–	–	20.79	27.56	38.20
康桥悦生活（02205）	–	–	20.95	29.60	39.03
南都物业（603506）	–	38.85	55.43	60.61	70.02
新大正（002968）	51.38	60.10	62.72	–	80.00
招商积余（001914）	–	–	–	–	–
特发服务（300917）	–	–	–	–	–

7-2 上市物业服务企业 2016-2020 年管理面积

单位：百万平方米

公司名称	2016 年	2017 年	2018 年	2019 年	2020 年
彩生活（01778）	–	293.60	363.20	359.70	361.10
中海物业（02669）	93.50	128.30	140.90	151.40	182.30
中奥到家（01538）	44.60	54.56	56.91	65.35	65.60
绿城服务（02869）	105.20	137.80	170.40	212.40	250.50
祈福生活服务（03686）	–	–	–	–	–
浦江中国（01417）	4.47	4.91	5.45	6.59	–
雅生活服务（03319）	50.06	78.34	138.12	233.99	374.80
碧桂园服务（06098）	91.06	122.76	181.51	276.10	377.00
新城悦服务（01755）	27.49	36.28	42.89	60.15	101.00
佳兆业美好（02168）	20.57	24.01	26.87	46.21	57.50
旭辉永升服务（01995）	16.12	26.48	40.24	65.15	102.00
奥园健康（03662）	7.08	8.57	10.43	15.08	42.20
滨江服务（03316）	6.89	8.60	11.63	14.37	20.00
和泓服务（06093）	5.44	5.91	6.35	6.64	17.90
鑫苑服务（01895）	10.75	13.68	15.66	20.06	–
蓝光嘉宝服务（02606）	24.18	43.99	60.63	71.72	130.00
银城生活服务（01922）	6.61	10.77	15.46	26.08	39.10
保利物业（06049）	81.82	106.18	190.52	286.95	380.10
时代邻里（09928）	13.10	16.00	18.80	38.43	68.80
华发物业服务（00982）	–	–	–	–	16.70
宝龙商业（09909）	14.42	15.65	16.58	18.49	23.00
兴业物联（09916）	0.69	1.22	1.61	2.40	3.10
烨星集团（01941）	2.87	3.75	4.58	4.92	7.60
建业新生活（09983）	16.79	20.36	25.69	56.98	100.00
金融街物业（01502）	–	13.19	16.41	19.86	24.70
弘阳服务（01971）	–	9.07	9.90	15.75	27.00
正荣服务（06958）	–	9.45	12.60	22.94	41.30
卓越商企服务（06989）	–	11.36	14.55	23.53	32.00
第一服务控股（02107）	–	7.09	10.56	13.69	19.10
世茂服务（00873）	–	42.62	44.95	68.17	146.10
合景悠活（03913）	–	10.87	11.77	18.35	41.60
金科服务（09666）	–	62.38	89.74	120.53	156.20
融创服务（01516）	–	19.99	28.56	52.96	135.10
恒大物业（06666）	–	138.35	185.41	237.86	300.00
佳源服务（01153）	–	14.03	19.21	26.14	31.50
华润万象生活（01209）	–	61.16	77.73	92.09	106.60
远洋服务（06677）	–	29.50	37.30	40.53	45.50

7-2 续表 1 单位：百万平方米

公司名称	2016 年	2017 年	2018 年	2019 年	2020 年
建发物业（02156）	–	15.81	18.76	20.67	25.60
荣万家（02146）	–	36.21	41.58	50.31	59.70
宋都服务（09608）	–	3.17	3.82	5.95	8.20
新希望服务（03658）	–	–	5.02	6.54	10.20
越秀服务（06626）	–	–	17.45	19.60	29.85
中骏商管（00606）	–	–	10.60	11.80	16.20
朗诗绿色生活（01965）	–	–	9.07	15.03	17.35
领悦服务集团（02165）	–	–	8.01	14.18	20.22
德信服务集团（02215）	–	–	18.82	20.65	24.91
融信服务（02207）	–	–	10.57	15.88	19.93
康桥悦生活（02205）	–	–	8.73	12.25	15.72
南都物业（603506）	–	–	–	–	–
新大正（002968）	–	52.50	53.67	–	–
招商积余（001914）	–	–	122.21	–	190.90
特发服务（300917）	–	–	–	–	22.74

数据来源：企业公告。

7-3　上市物业服务企业 2016-2020 年营业总收入

单位：亿元

公司名称	2016 年	2017 年	2018 年	2019 年	2020 年
彩生活（01778）	13.42	16.29	36.14	38.45	35.96
中海物业（02669）	25.63	33.58	41.55	54.66	65.45
中奥到家（01538）	6.35	9.78	10.23	15.19	17.52
绿城服务（02869）	37.22	51.40	67.10	85.82	101.06
祈福生活服务（03686）	2.90	3.65	3.42	3.97	4.21
浦江中国（01417）	3.09	3.63	3.92	4.82	7.64
雅生活服务（03319）	12.45	17.61	33.77	51.27	100.26
碧桂园服务（06098）	23.58	31.22	46.75	96.45	156.00
新城悦服务（01755）	5.73	8.66	11.50	20.24	28.66
佳兆业美好（02168）	5.39	6.69	8.96	12.62	17.30
旭辉永升服务（01995）	4.80	7.25	10.76	18.78	31.20
奥园健康（03662）	2.65	4.36	6.19	9.01	14.08
滨江服务（03316）	2.26	3.49	5.09	7.02	9.60
和泓服务（06093）	1.69	1.96	2.24	2.48	4.16
鑫苑服务（01895）	2.28	2.97	3.93	5.34	–
蓝光嘉宝服务（02606）	6.58	9.23	14.64	21.00	27.34
银城生活服务（01922）	2.27	3.06	4.68	6.96	9.62
保利物业（06049）	25.64	32.40	42.29	59.67	80.37
时代邻里（09928）	3.73	5.19	6.96	10.81	17.58
华发物业服务（00982）	1.56	1.91	2.47	5.27	10.86
宝龙商业（09909）	7.53	9.73	12.00	16.20	19.21
兴业物联（09916）	0.47	0.76	1.31	1.84	2.13
烨星集团（01941）	1.17	1.92	2.51	2.74	2.61
建业新生活（09983）	3.49	4.61	6.94	17.54	26.54
金融街物业（01502）	–	7.57	8.75	9.97	11.31
弘阳服务（01971）	–	2.57	3.49	5.03	7.68
正荣服务（06958）	–	2.73	4.56	7.16	11.03
卓越商企服务（06989）	–	9.47	12.23	18.36	25.25
第一服务控股（02107）	–	3.79	4.96	6.25	7.72
世茂服务（00873）	–	10.43	13.29	24.89	50.26
合景悠活（03913）	–	4.63	6.59	11.25	15.17
金科服务（09666）	–	10.47	15.24	23.28	33.59
融创服务（01516）	–	11.12	18.42	28.27	46.23
恒大物业（06666）	–	43.99	59.03	73.33	105.09
佳源服务（01153）	–	2.10	3.31	4.55	6.15
华润万象生活（01209）	–	31.29	44.32	58.68	67.79
远洋服务（06677）	–	12.13	16.10	18.30	20.23

7-3 续表 1

单位：亿元

公司名称	2016 年	2017 年	2018 年	2019 年	2020 年
建发物业（02156）	–	4.47	6.09	8.01	10.29
荣万家（02146）	–	7.09	8.79	12.51	18.07
宋都服务（09608）	–	0.84	1.33	2.22	2.57
新希望服务（03658）	–	–	2.58	3.81	5.88
越秀服务（06626）	–	–	7.63	8.96	11.68
中骏商管（00606）	–	–	3.97	5.75	8.05
朗诗绿色生活（01965）	–	–	3.10	4.33	6.01
领悦服务集团（02165）	–	–	1.69	2.80	4.28
德信服务集团（02215）	–	–	3.98	5.13	6.92
融信服务（02207）	–	2.64	4.14	5.18	7.50
康桥悦生活（02205）	–	–	2.29	3.63	5.76
南都物业（603506）	5.78	8.20	10.59	12.44	14.13
新大正（002968）	6.22	7.68	8.86	10.55	13.18
招商积余（001914）	63.23	58.93	66.56	60.78	86.35
特发服务（300917）	3.70	5.08	6.99	8.91	11.09

数据来源：企业公告。

7–4　上市物业服务企业 2016–2020 年毛利润

单位：亿元

公司名称	2016 年	2017 年	2018 年	2019 年	2020 年
彩生活（01778）	5.86	7.31	12.82	13.55	12.08
中海物业（02669）	6.36	8.02	8.49	10.90	11.95
中奥到家（01538）	1.57	2.97	2.82	4.03	4.42
绿城服务（02869）	7.16	9.46	11.98	15.47	19.23
祈福生活服务（03686）	1.20	1.52	1.66	1.76	1.84
浦江中国（01417）	0.61	0.67	0.67	0.74	1.17
雅生活服务（03319）	3.12	5.91	12.90	18.83	29.73
碧桂园服务（06098）	8.00	10.36	17.62	30.52	53.00
新城悦服务（01755）	1.62	2.42	3.39	6.00	8.81
佳兆业美好（02168）	1.62	2.04	2.77	3.78	5.28
旭辉永升服务（01995）	1.05	1.83	3.09	5.55	9.80
奥园健康（03662）	0.83	1.48	2.09	3.37	4.81
滨江服务（03316）	0.42	0.90	1.35	1.97	2.97
和泓服务（06093）	0.50	0.66	0.80	0.84	1.49
鑫苑服务（01895）	0.62	1.01	1.34	2.02	–
蓝光嘉宝服务（02606）	2.13	3.36	4.87	7.60	9.76
银城生活服务（01922）	0.49	0.51	0.68	1.12	1.62
保利物业（06049）	4.28	5.81	8.51	12.11	14.99
时代邻里（09928）	0.87	1.30	1.90	3.05	5.31
华发物业服务（00982）	0.68	0.87	1.13	2.29	3.03
宝龙商业（09909）	1.64	2.53	3.26	4.28	5.95
兴业物联（09916）	0.22	0.38	0.62	0.79	0.87
烨星集团（01941）	0.38	0.68	0.82	0.94	0.63
建业新生活（09983）	0.61	1.05	1.61	5.76	8.61
金融街物业（01502）	–	1.46	1.62	1.91	2.44
弘阳服务（01971）	–	0.58	0.70	1.27	2.14
正荣服务（06958）	–	0.70	1.21	2.44	3.83
卓越商企服务（06989）	–	2.33	2.94	4.33	6.64
第一服务控股（02107）	–	1.23	1.65	2.18	2.67
世茂服务（00873）	–	2.87	3.90	8.38	15.78
合景悠活（03913）	–	1.04	1.83	4.20	6.39
金科服务（09666）	–	2.81	3.91	6.36	9.97
融创服务（01516）	–	2.33	4.24	7.20	12.75
恒大物业（06666）	–	4.33	7.23	17.55	40.06
佳源服务（01153）	–	0.46	0.79	1.09	1.87
华润万象生活（01209）	–	4.07	6.65	9.42	18.27
远洋服务（06677）	–	2.51	3.23	3.77	5.11

7-4 续表 1

单位：亿元

公司名称	2016 年	2017 年	2018 年	2019 年	2020 年
建发物业（02156）	–	1.17	1.41	1.83	2.52
荣万家（02146）	–	1.20	1.51	2.29	5.08
宋都服务（09608）	–	0.25	0.38	0.65	0.78
新希望服务（03658）	–	–	1.10	1.60	2.47
越秀服务（06626）	–	–	1.98	2.43	4.03
中骏商管（00606）	–	–	1.37	2.12	3.57
朗诗绿色生活（01965）	–	–	0.83	1.01	1.61
领悦服务集团（02165）	–	–	0.45	0.86	1.45
德信服务集团（02215）	–	–	0.95	1.45	2.36
融信服务（02207）	–	0.60	1.14	1.67	2.16
康桥悦生活（02205）	–	–	0.54	1.11	1.77
南都物业（603506）	1.57	2.00	2.34	2.79	3.08
新大正（002968）	1.44	1.64	1.88	2.23	2.82
招商积余（001914）	12.76	12.51	13.07	11.10	11.75
特发服务（300917）	0.89	1.11	1.47	1.66	2.30

数据来源：企业公告。

7-5　上市物业服务企业 2016-2020 年营业利润

单位：亿元

公司名称	2016 年	2017 年	2018 年	2019 年	2020 年
彩生活（01778）	3.35	5.45	10.63	10.77	10.85
中海物业（02669）	3.33	4.38	5.72	7.64	10.10
中奥到家（01538）	0.27	1.56	1.53	2.48	2.64
绿城服务（02869）	4.17	4.85	5.16	6.44	11.69
祈福生活服务（03686）	0.41	0.84	1.05	1.30	1.64
浦江中国（01417）	0.35	0.27	0.20	0.12	0.37
雅生活服务（03319）	2.17	3.98	10.71	17.13	26.61
碧桂园服务（06098）	4.77	5.81	10.39	20.38	38.27
新城悦服务（01755）	0.66	1.06	2.29	3.96	6.55
佳兆业美好（02168）	0.86	0.98	1.12	2.09	3.37
旭辉永升服务（01995）	0.47	1.04	1.33	3.30	6.00
奥园健康（03662）	0.60	1.09	1.10	2.30	3.73
滨江服务（03316）	0.29	0.78	0.95	1.40	2.76
和泓服务（06093）	0.26	0.31	0.42	0.23	0.87
鑫苑服务（01895）	0.55	0.96	1.18	1.41	1.85
蓝光嘉宝服务（02606）	1.30	2.38	3.87	5.85	8.15
银城生活服务（01922）	0.32	0.30	0.47	0.71	1.16
保利物业（06049）	2.08	3.02	4.59	6.70	9.22
时代邻里（09928）	0.38	0.55	0.91	1.53	3.27
华发物业服务（00982）	0.07	0.03	0.07	0.37	1.92
宝龙商业（09909）	1.12	1.54	2.31	2.94	4.79
兴业物联（09916）	0.15	0.26	0.46	0.47	0.61
烨星集团（01941）	0.25	0.49	0.53	0.44	0.32
建业新生活（09983）	0.68	1.02	1.18	3.24	5.74
金融街物业（01502）	–	−6.45	−7.54	1.44	1.98
弘阳服务（01971）	–	0.40	0.46	0.79	1.12
正荣服务（06958）	–	0.32	0.58	1.59	2.65
卓越商企服务（06989）	–	1.83	2.05	3.31	4.98
第一服务控股（02107）	–	0.56	0.72	1.07	1.25
世茂服务（00873）	–	1.79	2.03	5.28	10.38
合景悠活（03913）	–	0.58	1.05	2.49	4.44
金科服务（09666）	–	1.35	2.05	4.57	7.76
融创服务（01516）	–	1.40	1.76	3.62	8.33
恒大物业（06666）	–	−41.62	−55.43	−59.78	−70.64
佳源服务（01153）	–	0.38	0.64	0.79	1.21
华润万象生活（01209）	–	5.16	5.72	4.97	11.35
远洋服务（06677）	–	1.82	3.19	4.68	5.08

7-5 续表 1 单位：亿元

公司名称	2016 年	2017 年	2018 年	2019 年	2020 年
建发物业（02156）	–	0.43	0.57	0.78	1.30
荣万家（02146）	–	0.74	1.21	1.41	3.75
宋都服务（09608）	–	0.18	0.29	0.45	0.48
新希望服务（03658）	–	–	0.53	0.82	1.35
越秀服务（06626）	–	–	1.35	2.01	3.08
中骏商管（00606）	–	–	0.51	1.07	2.23
朗诗绿色生活（01965）	–	–	0.75	0.92	1.28
领悦服务集团（02165）	–	–	0.19	0.46	0.89
德信服务集团（02215）	–	–	0.48	0.82	2.39
融信服务（02207）	–	0.12	0.50	1.02	1.22
康桥悦生活（02205）	–	–	0.35	0.89	1.50
南都物业（603506）	0.84	1.03	1.33	1.75	1.96
新大正（002968）	0.35	0.88	1.04	1.24	1.55
招商积余（001914）	2.83	3.01	12.20	4.02	5.99
特发服务（300917）	0.40	0.53	0.75	0.89	1.43

数据来源：企业公告。

7-6　上市物业服务企业 2016-2020 年净利润

单位：亿元

公司名称	2016 年	2017 年	2018 年	2019 年	2020 年
彩生活（01778）	1.88	3.21	4.85	4.99	5.02
中海物业（02669）	2.26	3.07	4.02	5.38	7.00
中奥到家（01538）	-0.06	0.91	0.96	1.09	1.32
绿城服务（02869）	2.86	3.87	4.83	4.77	7.10
祈福生活服务（03686）	0.20	0.56	0.73	0.96	1.29
浦江中国（01417）	0.31	0.36	0.25	0.18	0.26
雅生活服务（03319）	1.61	2.90	8.01	12.31	17.54
碧桂园服务（06098）	3.24	4.02	9.23	16.71	26.86
新城悦服务（01755）	0.43	0.73	1.50	2.82	4.52
佳兆业美好（02168）	0.58	0.71	0.54	1.64	2.22
旭辉永升服务（01995）	0.34	0.76	1.01	2.24	3.90
奥园健康（03662）	0.41	0.70	0.78	1.62	2.50
滨江服务（03316）	0.22	0.58	0.70	1.15	2.20
和泓服务（06093）	0.19	0.22	0.17	0.14	0.56
鑫苑服务（01895）	0.26	0.69	0.76	0.81	-
蓝光嘉宝服务（02606）	1.02	1.85	2.89	4.30	5.33
银城生活服务（01922）	0.24	0.21	0.27	0.33	0.67
保利物业（06049）	1.46	2.19	3.28	4.91	6.74
时代邻里（09928）	0.20	0.34	0.64	0.96	2.33
华发物业服务（00982）	0.03	-	-	0.04	0.37
宝龙商业（09909）	0.63	0.79	1.33	1.79	3.05
兴业物联（09916）	0.11	0.19	0.34	0.35	0.44
烨星集团（01941）	0.18	0.36	0.37	0.26	0.21
建业新生活（09983）	0.11	0.23	0.19	2.34	4.27
金融街物业（01502）	-	0.79	0.87	1.05	1.04
弘阳服务（01971）	-	0.29	0.33	0.59	0.70
正荣服务（06958）	-	0.20	0.40	1.05	1.72
卓越商企服务（06989）	-	1.09	1.26	1.79	3.25
第一服务控股（02107）	-	0.40	0.51	0.77	0.95
世茂服务（00873）	-	1.09	1.46	3.85	6.93
合景悠活（03913）	-	0.44	0.80	1.85	3.23
金科服务（09666）	-	1.14	1.64	3.74	6.18
融创服务（01516）	-	0.43	0.98	2.70	6.26
恒大物业（06666）	-	1.07	2.39	9.30	26.48
佳源服务（01153）	-	0.18	0.36	0.50	0.65
华润万象生活（01209）	-	3.88	4.23	3.65	8.18
远洋服务（06677）	-	1.04	1.37	2.07	2.58

7-5 续表 1

单位：亿元

公司名称	2016 年	2017 年	2018 年	2019 年	2020 年
建发物业（02156）	–	0.31	0.48	0.68	1.06
荣万家（02146）	–	0.42	0.75	1.10	2.64
宋都服务（09608）	–	0.14	0.21	0.35	0.33
新希望服务（03658）	–	–	0.41	0.64	1.10
越秀服务（06626）	–	–	0.45	0.91	1.99
中骏商管（00606）	–	–	0.27	0.70	1.56
朗诗绿色生活（01965）	–	–	0.25	0.34	0.66
领悦服务集团（02165）	–	–	0.12	0.32	0.65
德信服务集团（02215）	–	–	0.22	0.49	0.97
融信服务（02207）	–	0.07	0.34	0.72	0.85
康桥悦生活（02205）	–	–	0.22	0.60	0.88
南都物业（603506）	0.63	0.75	0.96	1.20	1.45
新大正（002968）	0.28	0.71	0.89	1.05	1.32
招商积余（001914）	1.37	–0.35	8.24	2.70	4.09
特发服务（300917）	0.30	0.37	0.55	0.68	1.08

数据来源：企业公告。

7-7　上市物业服务企业 2016-2020 年营业总收入同比增长率

单位：%

公司名称	2016 年	2017 年	2018 年	2019 年	2020 年
彩生活（01778）	62.16	21.36	121.87	6.40	-6.46
中海物业（02669）	0.75	1.85	23.73	30.83	19.75
中奥到家（01538）	51.17	53.91	4.65	48.53	15.32
绿城服务（02869）	27.53	38.10	30.54	27.90	17.75
祈福生活服务（03686）	10.94	11.67	-6.50	16.08	6.15
浦江中国（01417）	5.54	17.47	7.97	22.76	58.62
雅生活服务（03319）	33.21	41.46	91.78	51.84	95.54
碧桂园服务（06098）	41.02	32.37	49.76	106.30	61.75
新城悦服务（01755）	43.25	51.10	32.73	72.49	41.62
佳兆业美好（02168）	12.78	24.12	33.86	40.87	37.11
旭辉永升服务（01995）	43.70	51.12	48.33	74.55	66.13
奥园健康（03662）	47.91	64.25	41.94	45.56	56.32
滨江服务（03316）	42.21	54.59	45.87	37.77	36.81
和泓服务（06093）	-	15.97	14.50	10.61	67.50
鑫苑服务（01895）	-	30.17	32.56	35.75	-
蓝光嘉宝服务（02606）	-	40.27	58.61	43.41	30.17
银城生活服务（01922）	-	34.54	52.88	48.77	38.27
保利物业（06049）	-	26.37	30.52	41.08	34.70
时代邻里（09928）	-	39.19	34.06	55.42	62.62
华发物业服务（00982）	-15.13	19.25	29.28	4.44	14.08
宝龙商业（09909）	-	29.26	23.37	34.99	18.56
兴业物联（09916）	-	60.90	72.27	40.50	15.79
烨星集团（01941）	-	64.42	31.12	8.92	-4.45
建业新生活（09983）	-	31.88	50.69	152.80	51.31
金融街物业（01502）	-	-	-100.00	13.92	13.43
弘阳服务（01971）	-	-	35.72	44.13	52.66
正荣服务（06958）	-	-	67.23	56.96	53.97
卓越商企服务（06989）	-	-	29.13	50.10	37.53
第一服务控股（02107）	-	-	30.67	26.06	23.55
世茂服务（00873）	-	-	27.51	87.24	101.91
合景悠活（03913）	-	-	42.24	70.66	34.88
金科服务（09666）	-	-	45.54	52.74	44.31
融创服务（01516）	-	-	65.68	53.53	63.49
恒大物业（06666）	-	-	-	-	-
佳源服务（01153）	-	-	57.89	37.32	35.22
华润万象生活（01209）	-	-	41.61	32.41	15.52
远洋服务（06677）	-	-	32.75	13.62	10.59

7-7 续表1

单位：%

公司名称	2016年	2017年	2018年	2019年	2020年
建发物业（02156）	–	–	36.14	31.66	28.36
荣万家（02146）	–	–	20.07	38.66	40.96
宋都服务（09608）	–	–	58.35	67.34	15.39
新希望服务（03658）	–	–	–	47.52	54.59
越秀服务（06626）	–	–	–	17.51	30.31
中骏商管（00606）	–	–	–	44.89	40.17
朗诗绿色生活（01965）	–	–	–	39.55	38.85
领悦服务集团（02165）	–	–	–	65.65	52.94
德信服务集团（02215）	–	–	–	28.91	34.99
融信服务（02207）	–	–	56.58	25.33	44.75
康桥悦生活（02205）	–	–	–	58.48	58.63
南都物业（603506）	22.73	41.85	29.18	17.55	13.58
新大正（002968）	18.48	23.49	15.41	19.05	25.01
招商积余（001914）	14.57	–6.88	12.94	–8.68	42.07
特发服务（300917）	–	37.21	37.71	27.50	24.40

数据来源：企业公告。

7-8　上市物业服务企业 2016-2020 年营业利润同比增长率

单位：%

公司名称	2016 年	2017 年	2018 年	2019 年	2020 年
彩生活（01778）	27.78	62.61	75.79	-5.66	0.23
中海物业（02669）	104.54	26.56	27.53	36.29	22.50
中奥到家（01538）	-26.93	482.50	0.10	24.46	11.98
绿城服务（02869）	46.88	16.25	6.53	24.73	50.61
祈福生活服务（03686）	-26.70	77.44	21.29	27.43	24.39
浦江中国（01417）	-16.32	-23.58	-27.54	-38.50	208.68
雅生活服务（03319）	147.25	83.48	170.14	56.85	46.07
碧桂园服务（06098）	62.75	21.75	74.17	95.27	83.69
新城悦服务（01755）	61.10	61.68	92.47	81.03	63.66
佳兆业美好（02168）	-3.79	14.95	13.55	87.06	50.82
旭辉永升服务（01995）	119.39	124.00	27.45	148.48	81.56
奥园健康（03662）	58.31	76.88	8.06	105.87	52.86
滨江服务（03316）	93.35	164.14	22.66	46.14	81.29
和泓服务（06093）	-	18.28	37.14	-23.16	221.04
鑫苑服务（01895）	-	74.67	19.05	21.32	-
蓝光嘉宝服务（02606）	-	82.34	60.50	50.46	24.57
银城生活服务（01922）	-	-5.68	33.34	36.19	98.53
保利物业（06049）	-	45.48	51.78	45.97	37.64
时代邻里（09928）	-	48.29	77.71	66.01	121.68
华发物业服务（00982）	-61.62	108.56	153.11	-42.03	47.16
宝龙商业（09909）	-	39.80	51.93	23.91	55.20
兴业物联（09916）	-	71.95	72.45	3.21	29.59
烨星集团（01941）	-	96.57	3.65	-14.91	-24.51
建业新生活（09983）	-	63.55	14.37	181.20	67.75
金融街物业（01502）	-	-	-799.01	20.67	43.22
弘阳服务（01971）	-	-	13.76	73.78	37.79
正荣服务（06958）	-	-	92.39	180.21	59.10
卓越商企服务（06989）	-	-	12.03	61.26	50.22
第一服务控股（02107）	-	-	28.17	48.28	16.59
世茂服务（00873）	-	-	32.65	180.16	72.13
合景悠活（03913）	-	-	82.23	136.48	78.31
金科服务（09666）	-	-	51.65	121.21	69.20
融创服务（01516）	-	-	25.81	106.37	125.30
恒大物业（06666）	-	-	-31.30	-8.87	-15.11
佳源服务（01153）	-	-	77.62	41.60	47.78
华润万象生活（01209）	-	-	10.81	-13.19	128.61
远洋服务（06677）	-	-	89.09	63.03	1.44

7-8 续表 1

单位：%

公司名称	2016 年	2017 年	2018 年	2019 年	2020 年
建发物业（02156）	–	–	34.33	37.82	72.41
荣万家（02146）	–	–	84.25	49.66	114.73
宋都服务（09608）	–	–	60.17	57.75	–5.90
新希望服务（03658）	–	–	–	52.92	69.38
越秀服务（06626）	–	–	–	63.24	58.41
中骏商管（00606）	–	–	–	110.58	108.32
朗诗绿色生活（01965）	–	–	–	58.36	18.09
领悦服务集团（02165）	–	–	–	129.48	99.37
德信服务集团（02215）	–	–	–	107.88	233.87
融信服务（02207）	–	–	358.57	113.71	22.84
康桥悦生活（02205）	–	–	–	172.93	68.43
南都物业（603506）	141.08	22.47	28.46	31.91	11.75
新大正（002968）	–31.40	151.30	18.28	19.44	25.62
招商积余（001914）	–49.96	6.35	305.00	–67.09	49.11
特发服务（300917）	–	30.85	42.22	18.28	61.29

数据来源：企业公告。

7-9　上市物业服务企业 2016-2020 年归属母公司股东的净利润同比增长率

单位：%

公司名称	2016 年	2017 年	2018 年	2019 年	2020 年
彩生活（01778）	11.49	70.76	51.26	2.79	0.63
中海物业（02669）	93.33	29.15	31.07	33.40	30.15
中奥到家（01538）	-158.50	1518.60	6.12	12.99	21.13
绿城服务（02869）	44.34	35.70	24.73	-1.22	48.81
祈福生活服务（03686）	-41.90	125.08	29.04	31.82	34.37
浦江中国（01417）	-10.13	15.99	-29.27	-29.93	47.23
雅生活服务（03319）	147.31	80.32	176.48	53.64	42.55
碧桂园服务（06098）	47.05	23.93	129.79	80.97	60.78
新城悦服务（01755）	95.11	69.40	104.88	85.35	60.41
佳兆业美好（02168）	0.68	22.93	-25.10	203.20	35.42
旭辉永升服务（01995）	115.91	127.51	31.50	122.68	74.39
奥园健康（03662）	52.35	70.10	12.03	107.92	54.10
滨江服务（03316）	92.75	158.12	22.75	63.42	91.44
和泓服务（06093）	-	16.74	-22.79	-18.32	308.59
鑫苑服务（01895）	-	167.52	9.61	6.86	-
蓝光嘉宝服务（02606）	-	83.26	57.00	48.44	24.15
银城生活服务（01922）	-	-12.66	32.73	21.18	103.15
保利物业（06049）	-	50.77	49.68	49.34	37.31
时代邻里（09928）	-	69.05	87.96	51.62	141.51
华发物业服务（00982）	-75.70	101.19	-89.53	-87.54	-61.28
宝龙商业（09909）	-	24.87	69.66	33.95	70.80
兴业物联（09916）	-	67.85	77.50	2.78	23.68
烨星集团（01941）	-	104.45	2.93	-29.95	-19.99
建业新生活（09983）	-	112.96	-16.83	1101.55	82.34
金融街物业（01502）	-	-	9.61	20.87	-0.74
弘阳服务（01971）	-	-	14.90	79.02	18.10
正荣服务（06958）	-	-	95.16	165.97	62.92
卓越商企服务（06989）	-	-	15.31	41.93	82.06
第一服务控股（02107）	-	-	28.31	51.94	22.69
世茂服务（00873）	-	-	34.39	163.02	80.21
合景悠活（03913）	-	-	80.49	132.03	74.75
金科服务（09666）	-	-	44.36	131.42	68.53
融创服务（01516）	-	-	128.84	174.55	131.83
恒大物业（06666）	-	-	124.35	289.10	184.66
佳源服务（01153）	-	-	94.98	40.36	30.29
华润万象生活（01209）	-	-	8.90	-13.71	124.07

7-9 续表 1

单位：%

公司名称	2016 年	2017 年	2018 年	2019 年	2020 年
远洋服务（06677）	–	–	31.67	50.56	24.76
建发物业（02156）	–	–	55.56	42.53	55.64
荣万家（02146）	–	–	94.90	52.68	132.93
宋都服务（09608）	–	–	49.58	68.23	–7.07
新希望服务（03658）	–	–	–	55.58	71.70
越秀服务（06626）	–	–	–	100.90	118.04
中骏商管（00606）	–	–	–	155.59	122.31
朗诗绿色生活（01965）	–	–	–	34.59	92.80
领悦服务集团（02165）	–	–	–	168.85	103.23
德信服务集团（02215）	–	–	–	120.90	96.76
融信服务（02207）	–	–	418.11	96.59	21.47
康桥悦生活（02205）	–	–	0.00	175.89	46.87
南都物业（603506）	184.75	18.85	22.69	24.09	21.01
新大正（002968）	–45.28	160.45	24.66	18.60	25.61
招商积余（001914）	–59.77	–6.74	468.85	–66.59	52.03
特发服务（300917）	–	16.89	48.93	26.12	52.01

数据来源：企业公告。

7-10　上市物业服务企业2016–2020年经营活动产生的现金流量净额同比增长率

单位：%

公司名称	2016年	2017年	2018年	2019年	2020年
彩生活（01778）	34.79	-46.32	116.81	3.56	51.63
中海物业（02669）	5.21	21.15	-55.54	34.05	297.13
中奥到家（01538）	8001.95	91.68	-59.46	374.91	-19.11
绿城服务（02869）	-22.94	34.27	24.15	40.11	43.13
祈福生活服务（03686）	55.22	2.88	28.34	-10.25	22.25
浦江中国（01417）	-25.14	40.92	-241.76	101.66	11492.29
雅生活服务（03319）	540.74	-16.45	207.40	81.18	63.77
碧桂园服务（06098）	8225.47	-11.59	74.92	110.32	10.94
新城悦服务（01755）	2.63	111.11	-3.14	193.49	44.49
佳兆业美好（02168）	102.94	1303.89	1820.21	-39.16	-33.45
旭辉永升服务（01995）	187.36	89.52	-7.87	191.05	39.40
奥园健康（03662）	-42.63	63.55	492.36	-24.01	212.58
滨江服务（03316）	2587.07	41.59	5.22	5.61	100.38
和泓服务（06093）	–	111.18	48.86	-53.42	-15.18
鑫苑服务（01895）	–	-50.00	25.07	-49.82	214.09
蓝光嘉宝服务（02606）	36.35	-47.03	132.35	70.26	110.77
银城生活服务（01922）	–	-13.61	-20.94	196.19	-35.72
保利物业（06049）	–	-53.11	19.69	60.47	-20.97
时代邻里（09928）	–	631.76	4683.22	-176.88	-110.20
华发物业服务（00982）	-72.20	-15.60	106.72	-145.39	-687.85
宝龙商业（09909）	–	15.07	10.02	49.78	49.04
兴业物联（09916）	–	142.56	-13.38	33.72	-54.06
烨星集团（01941）	–	-10.48	-102.15	7176.56	-71.56
建业新生活（09983）	–	–	59.17	110.32	0.20
金融街物业（01502）	–	–	12.46	31.71	29.60
弘阳服务（01971）	–	–	-65.67	304.34	54.31
正荣服务（06958）	–	–	-21.05	131.66	28.00
卓越商企服务（06989）	–	–	-306.25	-212.65	135.01
第一服务控股（02107）	–	–	-16.82	48.91	44.23
世茂服务（00873）	–	–	21.70	64.59	79.52
合景悠活（03913）	–	–	15.26	268.89	5.45
金科服务（09666）	–	–	74.01	-8.15	-52.10
融创服务（01516）	–	–	90.57	346.45	44.81
恒大物业（06666）	–	–	436.33	-135.55	-1504.79
佳源服务（01153）	–	–	-3504.74	-55.30	-5.26
华润万象生活（01209）	–	–	115.91	-60.14	142.35

7-10 续表 1

单位：%

公司名称	2016 年	2017 年	2018 年	2019 年	2020 年
远洋服务（06677）	–	–	–63.14	439.86	74.89
建发物业（02156）	–	–	276.37	55.95	84.58
荣万家（02146）	–	–	42.18	–60.19	–56.44
宋都服务（09608）	–	–	0.73	–24.21	48.78
新希望服务（03658）	–	–	–	92.32	46.24
越秀服务（06626）	–	–	–	435.68	118.42
中骏商管（00606）	–	–	–	–15.47	557.80
朗诗绿色生活（01965）	–	–	–	24.95	–20.75
领悦服务集团（02165）	–	–	–	–199.48	–1267.27
德信服务集团（02215）	–	–	–	188.98	427.53
融信服务（02207）	–	–	–5.95	200.22	306.66
康桥悦生活（02205）	–	–	–	5.33	51.52
南都物业（603506）	–68.38	177.57	–12.00	24.63	–3530.09
新大正（002968）	10.46	21.65	41.19	–54.87	23830.16
招商积余（001914）	333.62	9.62	–50.01	–71.98	17568.65
特发服务（300917）	–	–	–21.38	14.41	8044.89

数据来源：企业公告。

7-11 上市物业服务企业2016-2020年净资产收益率（摊薄）同比增长率

单位：%

公司名称	2016年	2017年	2018年	2019年	2020年
彩生活（01778）	17.82	19.22	-7.10	24.44	12.40
中海物业（02669）	15.51	4.91	31.04	35.29	42.33
中奥到家（01538）	-10.30	23.28	10.84	21.78	20.80
绿城服务（02869）	1072.60	14.09	20.74	22.84	140.76
祈福生活服务（03686）	111.87	12.28	25.83	23.67	26.51
浦江中国（01417）	-21.05	257.43	11.25	-0.07	39.29
雅生活服务（03319）	194.76	385.72	273.80	18.07	33.07
碧桂园服务（06098）	87.65	42.35	51.07	143.79	184.51
新城悦服务（01755）	1121.99	62.55	358.66	10.14	45.79
佳兆业美好（02168）	33.32	31.20	65.71	36.09	86.28
旭辉永升服务（01995）	25.04	45.83	268.91	36.04	145.73
奥园健康（03662）	54.14	37.29	13.78	570.13	25.25
滨江服务（03316）	72.95	107.56	66.15	293.30	18.14
和泓服务（06093）	–	34.87	-5.31	105.30	98.96
鑫苑服务（01895）	–	67.04	44.90	124.64	–
蓝光嘉宝服务（02606）	–	67.54	7.75	381.64	19.75
银城生活服务（01922）	–	63.10	40.10	66.47	60.56
保利物业（06049）	–	28.76	73.15	639.00	21.95
时代邻里（09928）	–	386.34	146.22	736.91	95.91
华发物业服务（00982）	4.28	37.66	7.26	-37.96	-186.37
宝龙商业（09909）	–	442.05	138.58	590.31	36.46
兴业物联（09916）	–	252.74	39.34	-5.95	177.49
烨星集团（01941）	–	20.55	71.67	-13.17	206.81
建业新生活（09983）	–	-3.37	-2.28	292.18	612.00
金融街物业（01502）	–	–	-3.65	71.05	170.64
弘阳服务（01971）	–	–	191.99	333.15	231.48
正荣服务（06958）	–	–	272.65	137.06	980.46
卓越商企服务（06989）	–	–	69.34	25.66	614.29
第一服务控股（02107）	–	–	37.19	-19.56	143.69
世茂服务（00873）	–	–	210.86	-81.26	2783.23
合景悠活（03913）	–	–	66.33	98.89	653.21
金科服务（09666）	–	–	27.79	54.94	1336.15
融创服务（01516）	–	–	133.38	1923.72	1855.35
恒大物业（06666）	–	–	43.14	122.71	459.84
佳源服务（01153）	–	–	2588.51	59.81	221.28
华润万象生活（01209）	–	–	112.00	54.74	1108.15

7-11 续表 1

单位：%

公司名称	2016 年	2017 年	2018 年	2019 年	2020 年
远洋服务（06677）	–	–	42.14	–16.91	365.92
建发物业（02156）	–	–	16.11	200.33	133.71
荣万家（02146）	–	–	278.33	126.72	67.51
宋都服务（09608）	–	–	–69.39	963.73	39.71
新希望服务（03658）	–	–	–	14.78	–65.67
越秀服务（06626）	–	–	–	46.08	183.52
中骏商管（00606）	–	–	–	23.80	53.59
朗诗绿色生活（01965）	–	–	–	–56.00	104.57
领悦服务集团（02165）	–	–	–	142.51	–2.78
德信服务集团（02215）	–	–	–	45.88	–40.67
融信服务（02207）	–	–	557.57	194.35	–48.87
康桥悦生活（02205）	–	–	–	102.08	162.41
南都物业（603506）	–16.24	–0.79	–45.58	9.82	5.80
新大正（002968）	–40.75	27.36	2.47	–57.80	11.31
招商积余（001914）	–61.01	–8.88	390.89	–79.73	46.11
特发服务（300917）	–	–5.01	2.93	–9.68	–50.79

数据来源：企业公告。

7-12　上市物业服务企业 2016-2020 年总资产净利率

单位 %

公司名称	2016 年	2017 年	2018 年	2019 年	2020 年
彩生活（01778）	5.57	7.39	6.59	5.13	5.10
中海物业（02669）	9.56	10.01	11.30	13.70	13.35
中奥到家（01538）	-0.70	7.75	7.46	6.71	6.63
绿城服务（02869）	11.50	10.38	10.19	6.89	6.58
祈福生活服务（03686）	8.98	17.62	18.21	19.01	20.43
浦江中国（01417）	11.15	11.44	6.72	4.21	4.70
雅生活服务（03319）	10.19	13.14	16.34	14.75	15.02
碧桂园服务（06098）	16.62	13.52	20.52	18.78	12.36
新城悦服务（01755）	9.03	10.42	12.71	15.03	16.41
佳兆业美好（02168）	4.78	5.23	4.77	13.96	13.58
旭辉永升服务（01995）	7.65	12.76	9.16	11.27	10.93
奥园健康（03662）	16.04	15.48	14.55	17.20	12.72
滨江服务（03316）	12.47	18.52	14.92	13.07	16.23
和泓服务（06093）	9.36	10.09	6.84	4.87	12.25
鑫苑服务（01895）	8.98	19.06	14.55	10.77	-
蓝光嘉宝服务（02606）	14.65	21.19	24.92	18.08	12.85
银城生活服务（01922）	10.37	7.80	7.95	6.12	8.03
保利物业（06049）	9.24	11.90	14.08	9.69	7.92
时代邻里（09928）	4.19	5.00	2.81	3.74	11.21
华发物业服务（00982）	2.11	0.15	0.01	0.88	4.41
宝龙商业（09909）	3.20	4.23	6.79	6.78	8.02
兴业物联（09916）	22.99	21.26	21.17	17.24	13.46
烨星集团（01941）	9.81	18.26	15.58	10.19	6.13
建业新生活（09983）	0.80	1.73	1.46	16.79	14.93
金融街物业（01502）	-	10.91	11.75	12.13	7.72
弘阳服务（01971）	-	20.98	16.46	14.70	8.47
正荣服务（06958）	-	2.79	5.02	15.27	13.71
卓越商企服务（06989）	-	10.93	10.57	9.08	8.69
第一服务控股（02107）	-	7.36	8.37	11.06	9.82
世茂服务（00873）	-	5.13	5.50	11.36	9.57
合景悠活（03913）	-	3.69	6.60	11.63	10.44
金科服务（09666）	-	4.57	4.96	9.11	9.77
融创服务（01516）	-	2.07	5.29	13.79	8.22
恒大物业（06666）	-	2.88	5.01	13.99	21.60
佳源服务（01153）	-	10.42	8.64	6.69	7.31
华润万象生活（01209）	-	10.01	8.79	5.68	6.25
远洋服务（06677）	-	8.31	4.90	4.86	7.11

7-12 续表 1

单位 %

公司名称	2016 年	2017 年	2018 年	2019 年	2020 年
建发物业（02156）	–	1.93	3.15	4.56	8.01
荣万家（02146）	–	2.07	3.56	5.52	14.34
宋都服务（09608）	–	13.63	15.29	18.19	13.15
新希望服务（03658）	–	–	7.09	6.74	11.50
越秀服务（06626）	–	–	1.68	3.22	7.41
中骏商管（00606）	–	–	2.05	5.75	14.05
朗诗绿色生活（01965）	–	–	2.46	3.38	8.20
领悦服务集团（02165）	–	–	7.34	15.23	23.71
德信服务集团（02215）	–	–	7.08	12.99	21.85
融信服务（02207）	–	4.15	17.50	23.39	21.14
康桥悦生活（02205）	–	–	8.72	17.62	13.25
南都物业（603506）	13.79	10.90	8.91	8.15	8.63
新大正（002968）	11.02	22.18	20.05	14.07	11.85
招商积余（001914）	0.62	–0.17	5.09	1.81	2.49
特发服务（300917）	21.78	13.11	17.05	15.90	13.68

数据来源：企业公告。

7-13　上市物业服务企业2016–2020年净资产收益率

单位：%

公司名称	2016年	2017年	2018年	2019年	2020年
彩生活（01778）	13.82	20.17	14.85	14.23	12.21
中海物业（02669）	33.32	36.68	40.70	40.76	38.22
中奥到家（01538）	–1.44	20.62	18.23	17.51	17.62
绿城服务（02869）	30.85	21.31	22.76	18.79	14.84
祈福生活服务（03686）	13.56	23.58	25.14	26.59	28.53
浦江中国（01417）	48.56	26.95	11.51	7.75	11.00
雅生活服务（03319）	87.53	33.08	23.24	21.20	25.90
碧桂园服务（06098）	40.61	32.92	50.14	43.77	26.94
新城悦服务（01755）	132.95	62.66	30.11	31.70	41.02
佳兆业美好（02168）	28.53	26.54	13.18	27.99	23.17
旭辉永升服务（01995）	22.25	37.07	17.58	21.87	19.32
奥园健康（03662）	61.68	73.03	66.18	33.47	26.61
滨江服务（03316）	52.48	70.28	48.09	25.39	28.09
和泓服务（06093）	29.87	29.69	20.51	11.28	23.90
鑫苑服务（01895）	25.06	50.21	36.06	20.05	–
蓝光嘉宝服务（02606）	39.02	53.89	67.14	32.59	22.41
银城生活服务（01922）	73.86	49.02	43.94	34.05	45.51
保利物业（06049）	48.08	63.73	63.42	17.19	12.00
时代邻里（09928）	346.90	147.54	88.68	19.28	17.78
华发物业服务（00982）	3.42	0.20	0.02	1.86	166.04
宝龙商业（09909）	354.00	137.70	81.73	19.66	16.31
兴业物联（09916）	46.57	34.53	32.87	29.91	20.22
烨星集团（01941）	41.47	76.89	53.30	31.62	13.39
建业新生活（09983）	12.79	23.97	17.23	96.25	27.87
金融街物业（01502）	–	34.14	37.73	33.86	14.36
弘阳服务（01971）	–	167.09	97.96	45.75	15.53
正荣服务（06958）	–	140.02	115.48	127.24	23.27
卓越商企服务（06989）	–	66.35	56.27	53.04	18.18
第一服务控股（02107）	–	16.33	18.15	27.56	21.15
世茂服务（00873）	–	27.11	17.73	51.92	20.74
合景悠活（03913）	–	36.75	49.81	63.27	19.34
金科服务（09666）	–	45.40	57.94	93.81	16.05
融创服务（01516）	–	–58.28	–400.41	137.75	12.45
恒大物业（06666）	–	19.14	35.33	72.72	45.32
佳源服务（01153）	–	–452.39	73.86	39.84	20.06
华润万象生活（01209）	–	123.50	86.21	42.98	12.12
远洋服务（06677）	–	28.54	31.68	44.95	21.06

7-13 续表 1

单位：%

公司名称	2016 年	2017 年	2018 年	2019 年	2020 年
建发物业（02156）	–	65.44	90.20	57.93	36.58
荣万家（02146）	–	59.22	60.20	39.83	52.03
宋都服务（09608）	–	54.17	124.07	77.04	32.77
新希望服务（03658）	–	–	11.13	16.14	38.62
越秀服务（06626）	–	–	26.59	42.49	45.59
中骏商管（00606）	–	–	9.76	22.53	36.11
朗诗绿色生活（01965）	–	–	19.31	35.13	68.60
领悦服务集团（02165）	–	–	31.30	46.36	66.17
德信服务集团（02215）	–	–	22.68	39.61	85.75
融信服务（02207）	–	88.54	139.35	93.89	101.97
康桥悦生活（02205）	–	–	69.46	135.26	86.84
南都物业（603506）	26.62	26.41	14.37	15.78	16.70
新大正（002968）	25.17	32.06	32.85	13.86	15.43
招商积余（001914）	3.95	3.60	17.69	3.59	5.24
特发服务（300917）	29.06	27.61	28.42	25.67	12.63

数据来源：企业公告。

7-14　上市物业服务企业 2016-2020 年资产负债率

单位：%

公司名称	2016 年	2017 年	2018 年	2019 年	2020 年
彩生活（01778）	61.90	60.80	67.65	56.78	55.77
中海物业（02669）	71.66	75.79	68.26	64.27	64.74
中奥到家（01538）	59.13	55.78	54.82	61.05	56.93
绿城服务（02869）	47.46	51.89	55.00	65.33	45.62
祈福生活服务（03686）	25.91	28.12	27.15	29.62	27.40
浦江中国（01417）	76.71	41.62	38.11	47.76	49.15
雅生活服务（03319）	84.02	41.29	24.48	30.70	38.05
碧桂园服务（06098）	56.10	55.65	57.81	53.71	48.21
新城悦服务（01755）	80.47	76.76	44.14	56.04	57.47
佳兆业美好（02168）	84.89	74.36	51.99	46.75	35.04
旭辉永升服务（01995）	66.16	65.16	39.54	50.45	35.35
奥园健康（03662）	75.52	80.56	74.89	38.95	58.42
滨江服务（03316）	76.93	71.45	66.48	39.64	42.88
和泓服务（06093）	68.66	63.75	69.22	46.37	46.64
鑫苑服务（01895）	64.16	60.64	58.66	37.73	–
蓝光嘉宝服务（02606）	62.40	58.62	63.26	35.45	44.14
银城生活服务（01922）	85.91	82.61	81.10	82.47	80.07
保利物业（06049）	80.27	81.05	72.84	32.34	33.86
时代邻里（09928）	98.12	95.02	97.05	40.09	33.49
华发物业服务（00982）	41.50	34.61	37.31	69.65	135.04
宝龙商业（09909）	99.09	94.49	89.44	48.65	52.09
兴业物联（09916）	50.64	33.79	36.84	47.22	26.48
烨星集团（01941）	76.34	76.16	66.35	69.26	45.45
建业新生活（09983）	92.46	92.57	92.65	73.92	36.06
金融街物业（01502）	–	66.66	69.01	59.20	37.25
弘阳服务（01971）	–	87.44	81.00	59.72	34.96
正荣服务（06958）	–	98.01	93.65	75.80	29.97
卓越商企服务（06989）	–	78.54	73.73	82.14	33.95
第一服务控股（02107）	–	53.43	49.25	61.58	44.36
世茂服务（00873）	–	81.08	60.95	93.46	38.19
合景悠活（03913）	–	89.97	83.57	79.75	29.21
金科服务（09666）	–	89.76	92.10	87.66	15.20
融创服务（01516）	–	103.56	98.50	78.08	24.87
恒大物业（06666）	–	84.97	86.36	76.20	41.78
佳源服务（01153）	–	102.30	84.53	81.01	44.93
华润万象生活（01209）	–	91.90	88.39	85.47	34.67
远洋服务（06677）	–	70.28	87.79	89.41	33.67

7-14 续表 1

单位：%

公司名称	2016 年	2017 年	2018 年	2019 年	2020 年
建发物业（02156）	–	96.81	95.90	88.58	62.20
荣万家（02146）	–	96.49	90.96	79.17	65.88
宋都服务（09608）	–	74.85	95.38	61.08	58.29
新希望服务（03658）	–	–	36.42	67.88	75.42
越秀服务（06626）	–	–	93.20	90.96	68.45
中骏商管（00606）	–	–	78.85	68.14	51.89
朗诗绿色生活（01965）	–	–	86.13	93.61	79.16
领悦服务集团（02165）	–	–	70.68	55.30	61.38
德信服务集团（02215）	–	–	67.66	66.49	80.13
融信服务（02207）	–	96.44	83.94	71.68	86.90
康桥悦生活（02205）	–	–	87.41	85.29	81.47
南都物业（603506）	58.72	64.89	51.86	54.45	52.17
新大正（002968）	58.62	42.81	45.96	24.15	30.77
招商积余（001914）	78.25	75.94	63.09	51.51	49.09
特发服务（300917）	62.10	53.85	47.79	44.83	26.50

数据来源：企业公告。

7-15　上市物业服务企业 2016-2020 年净资产负债率

单位：%

公司名称	2016 年	2017 年	2018 年	2019 年	2020 年
彩生活（01778）	170.68	164.67	217.20	137.56	132.01
中海物业（02669）	252.84	314.95	216.84	182.36	186.62
中奥到家（01538）	168.77	140.07	130.87	170.50	144.67
绿城服务（02869）	91.74	111.98	126.22	202.21	87.48
祈福生活服务（03686）	36.07	39.12	37.27	42.08	37.73
浦江中国（01417）	352.85	73.06	63.88	95.97	129.82
雅生活服务（03319）	570.51	70.43	32.95	46.55	72.30
碧桂园服务（06098）	135.82	136.16	141.20	122.64	103.29
新城悦服务（01755）	595.63	405.92	81.08	133.40	148.58
佳兆业美好（02168）	561.92	290.07	108.16	91.01	55.30
旭辉永升服务（01995）	195.50	187.06	65.66	108.91	57.02
奥园健康（03662）	309.78	416.23	299.79	63.90	143.66
滨江服务（03316）	335.32	251.75	202.01	66.09	76.55
和泓服务（06093）	219.05	175.87	224.84	86.47	93.12
鑫苑服务（01895）	179.00	154.05	142.80	60.73	-
蓝光嘉宝服务（02606）	166.20	144.60	184.01	56.12	83.09
银城生活服务（01922）	611.77	476.46	434.24	468.68	452.92
保利物业（06049）	417.73	443.57	286.11	48.44	51.81
时代邻里（09928）	8,116.71	2,079.06	3,428.63	67.16	51.57
华发物业服务（00982）	70.94	52.93	64.05	245.53	-385.42
宝龙商业（09909）	10,945.27	1,713.81	847.10	94.75	109.36
兴业物联（09916）	102.59	51.03	58.34	89.47	36.01
烨星集团（01941）	322.73	319.51	197.15	225.28	83.34
建业新生活（09983）	1,469.35	1,134.09	1,051.27	292.82	56.95
金融街物业（01502）	-	208.50	227.51	147.80	60.50
弘阳服务（01971）	-	696.32	426.44	154.87	56.10
正荣服务（06958）	-	4,917.14	1,473.11	359.68	43.42
卓越商企服务（06989）	-	476.90	360.23	536.73	52.57
第一服务控股（02107）	-	118.49	105.05	182.44	82.24
世茂服务（00873）	-	428.65	156.10	1,429.09	64.58
合景悠活（03913）	-	897.03	508.73	406.87	41.77
金科服务（09666）	-	892.45	1204.50	743.50	18.02
融创服务（01516）	-	-2910.04	6575.87	482.84	33.27
恒大物业（06666）	-	565.13	633.13	322.56	71.85
佳源服务（01153）	-	-4443.17	546.29	455.30	84.35
华润万象生活（01209）	-	1134.12	761.26	588.39	53.06
远洋服务（06677）	-	241.46	760.40	889.29	51.32

7-15 续表 1　　单位：%

公司名称	2016 年	2017 年	2018 年	2019 年	2020 年
建发物业（02156）	–	3290.42	2337.33	780.19	168.94
荣万家（02146）	–	2757.73	1007.32	380.04	193.06
宋都服务（09608）	–	297.54	2063.08	158.04	141.29
新希望服务（03658）	–	–	57.24	211.37	306.87
越秀服务（06626）	–	–	1472.23	1042.51	268.46
中骏商管（00606）	–	–	375.29	219.63	111.17
朗诗绿色生活（01965）	–	–	677.08	1465.61	379.74
领悦服务集团（02165）	–	–	301.57	142.66	184.67
德信服务集团（02215）	–	–	216.76	196.07	469.90
融信服务（02207）	–	2058.31	467.49	246.54	659.46
康桥悦生活（02205）	–	–	696.38	641.03	503.06
南都物业（603506）	1.42	1.86	1.09	1.21	1.11
新大正（002968）	1.41	0.75	0.85	0.32	0.45
招商积余（001914）	4.17	3.47	1.72	1.06	0.96
特发服务（300917）	1.68	1.21	0.96	0.85	0.37

数据来源：企业公告。

7-16 上市物业服务企业 2016-2020 年流动比率

单位 %

公司名称	2016 年	2017 年	2018 年	2019 年	2020 年
彩生活（01778）	1.91	1.64	1.26	1.34	1.24
中海物业（02669）	1.62	1.36	1.36	1.47	1.45
中奥到家（01538）	1.46	1.40	1.26	1.12	1.09
绿城服务（02869）	1.84	1.37	1.31	1.25	1.84
祈福生活服务（03686）	3.65	3.45	3.63	3.47	3.20
浦江中国（01417）	1.04	2.00	2.18	1.42	1.25
雅生活服务（03319）	1.18	1.38	3.47	2.55	1.87
碧桂园服务（06098）	1.73	1.75	1.49	1.59	1.64
新城悦服务（01755）	1.15	1.22	2.20	1.69	1.61
佳兆业美好（02168）	1.21	1.33	1.97	1.99	2.78
旭辉永升服务（01995）	1.33	1.39	2.41	1.52	2.48
奥园健康（03662）	1.28	1.21	1.26	1.97	1.42
滨江服务（03316）	1.25	1.34	1.46	2.28	2.13
和泓服务（06093）	1.10	1.31	1.25	1.76	1.72
鑫苑服务（01895）	1.53	1.63	1.39	2.36	–
蓝光嘉宝服务（02606）	1.29	1.34	1.17	2.49	1.79
银城生活服务（01922）	1.35	1.26	1.07	1.12	1.13
保利物业（06049）	1.17	1.17	1.25	3.01	2.84
时代邻里（09928）	0.70	0.84	1.66	2.15	2.24
华发物业服务（00982）	2.02	2.01	2.05	1.21	0.65
宝龙商业（09909）	0.80	0.78	0.91	2.15	2.20
兴业物联（09916）	1.99	2.94	2.70	2.11	3.91
烨星集团（01941）	1.29	1.29	1.48	1.39	2.08
建业新生活（09983）	1.86	2.35	1.66	1.34	2.74
金融街物业（01502）	–	1.40	1.35	1.63	2.68
弘阳服务（01971）	–	1.06	1.18	1.57	2.70
正荣服务（06958）	–	3.28	2.75	1.08	3.26
卓越商企服务（06989）	–	1.17	1.26	1.05	3.49
第一服务控股（02107）	–	1.66	1.66	1.51	2.16
世茂服务（00873）	–	1.71	1.82	0.94	2.09
合景悠活（03913）	–	1.10	1.17	1.11	3.15
金科服务（09666）	–	1.15	1.14	1.19	6.56
融创服务（01516）	–	0.92	0.97	1.21	3.73
恒大物业（06666）	–	1.15	1.13	1.29	2.37
佳源服务（01153）	–	0.92	1.15	1.14	2.07
华润万象生活（01209）	–	0.87	0.91	1.00	3.23
远洋服务（06677）	–	1.31	0.73	0.67	2.69

7-16 续表 1

单位 %

公司名称	2016 年	2017 年	2018 年	2019 年	2020 年
建发物业（02156）	–	4.93	3.94	3.18	1.56
荣万家（02146）	–	1.06	1.10	1.21	1.46
宋都服务（09608）	–	1.51	0.85	1.44	1.54
新希望服务（03658）	–	–	2.76	3.39	1.23
越秀服务（06626）	–	–	1.73	1.60	1.21
中骏商管（00606）	–	–	1.25	1.44	1.88
朗诗绿色生活（01965）	–	–	2.68	1.76	1.22
领悦服务集团（02165）	–	–	1.24	1.49	1.36
德信服务集团（02215）	–	–	1.20	1.35	1.19
融信服务（02207）	–	1.00	1.15	1.37	1.12
康桥悦生活（02205）	–	–	1.11	1.13	1.69
南都物业（603506）	1.60	1.30	1.58	1.41	1.33
新大正（002968）	1.37	1.75	1.81	3.56	2.64
招商积余（001914）	1.30	1.15	1.51	1.43	0.97
特发服务（300917）	1.17	1.36	1.69	1.91	3.58

数据来源：企业公告。

7-17　上市物业服务企业2016-2020年流动资产周转率

单位：%

公司名称	2016年	2017年	2018年	2019年	2020年
彩生活（01778）	0.66	0.61	0.83	0.71	0.65
中海物业（02669）	1.13	1.17	1.27	1.51	1.35
中奥到家（01538）	0.98	1.33	1.27	1.55	1.50
绿城服务（02869）	1.76	1.78	1.98	1.90	1.46
祈福生活服务（03686）	1.38	1.22	0.90	0.85	0.85
浦江中国（01417）	1.32	1.42	1.25	1.52	2.21
雅生活服务（03319）	1.40	1.37	0.91	0.80	1.26
碧桂园服务（06098）	1.25	1.09	1.16	1.30	0.93
新城悦服务（01755）	1.29	1.32	1.02	1.14	1.14
佳兆业美好（02168）	0.63	0.57	0.81	1.16	1.16
旭辉永升服务（01995）	1.28	1.40	1.08	1.18	1.09
奥园健康（03662）	1.08	1.00	1.21	1.20	0.91
滨江服务（03316）	1.33	1.17	1.12	0.87	0.78
和泓服务（06093）	2.24	1.14	1.08	1.08	1.17
鑫苑服务（01895）	1.61	0.83	0.85	0.83	–
蓝光嘉宝服务（02606）	2.40	1.37	1.71	1.08	0.84
银城生活服务（01922）	2.16	1.30	1.62	1.46	1.28
保利物业（06049）	3.48	1.87	1.97	1.24	0.99
时代邻里（09928）	2.31	1.02	0.33	0.46	1.11
华发物业服务（00982）	1.22	1.11	1.07	1.39	1.54
宝龙商业（09909）	1.26	0.91	1.00	0.76	0.59
兴业物联（09916）	1.95	0.86	0.83	0.92	0.67
烨星集团（01941）	1.36	1.01	1.09	1.12	0.82
建业新生活（09983）	0.97	0.52	0.66	1.46	0.99
金融街物业（01502）	–	2.33	1.32	1.29	0.90
弘阳服务（01971）	–	4.05	1.84	1.33	1.01
正荣服务（06958）	–	0.79	0.61	1.20	0.99
卓越商企服务（06989）	–	2.11	1.13	1.14	0.80
第一服务控股（02107）	–	1.59	0.96	1.02	0.84
世茂服务（00873）	–	1.01	0.51	0.79	0.87
合景悠活（03913）	–	0.78	0.56	0.78	0.55
金科服务（09666）	–	1.25	0.78	0.90	0.59
融创服务（01516）	–	1.59	1.25	1.54	0.70
恒大物业（06666）	–	2.44	1.27	1.13	0.87
佳源服务（01153）	–	2.54	0.83	0.64	0.75
华润万象生活（01209）	–	3.18	1.66	1.47	0.65
远洋服务（06677）	–	2.18	1.54	1.82	1.08

7–17 续表 1

单位：%

公司名称	2016 年	2017 年	2018 年	2019 年	2020 年
建发物业（02156）	–	0.57	0.41	0.56	0.81
荣万家（02146）	–	1.13	0.64	0.79	1.07
宋都服务（09608）	–	1.86	1.18	1.40	1.17
新希望服务（03658）	–	–	0.96	0.42	0.67
越秀服务（06626）	–	–	0.62	0.34	0.50
中骏商管（00606）	–	–	0.60	0.48	0.74
朗诗绿色生活（01965）	–	–	0.61	0.44	0.78
领悦服务集团（02165）	–	–	2.40	1.61	1.93
德信服务集团（02215）	–	–	3.27	1.63	1.72
融信服务（02207）	–	3.54	2.24	1.74	1.93
康桥悦生活（02205）	–	–	1.93	1.15	0.92
南都物业（603506）	1.37	1.35	1.19	1.07	1.15
新大正（002968）	3.03	3.10	2.74	1.78	1.46
招商积余（001914）	0.48	0.50	0.82	1.09	1.48
特发服务（300917）	1.84	2.49	2.82	2.57	1.56

数据来源：企业公告。

7-18　上市物业服务企业 2016-2020 年固定资产周转率

单位：%

公司名称	2016 年	2017 年	2018 年	2019 年	2020 年
彩生活（01778）	7.72	9.32	17.82	17.50	18.70
中海物业（02669）	85.33	108.49	109.54	112.22	104.82
中奥到家（01538）	21.11	26.62	26.63	31.41	20.93
绿城服务（02869）	22.69	18.09	19.86	18.00	15.83
祈福生活服务（03686）	19.48	19.17	20.40	27.15	26.65
浦江中国（01417）	126.54	167.27	136.37	118.65	38.78
雅生活服务（03319）	20.18	26.62	44.81	42.85	48.40
碧桂园服务（06098）	58.96	51.33	48.81	45.40	19.99
新城悦服务（01755）	55.02	57.63	95.97	234.33	247.52
佳兆业美好（02168）	72.31	97.01	120.62	94.65	91.95
旭辉永升服务（01995）	151.19	80.55	51.74	41.99	41.98
奥园健康（03662）	56.01	84.30	64.05	53.00	44.25
滨江服务（03316）	34.57	45.29	61.69	65.61	69.84
和泓服务（06093）	87.35	103.50	92.90	50.75	40.20
鑫苑服务（01895）	57.09	73.46	88.88	115.19	–
蓝光嘉宝服务（02606）	85.55	103.51	102.08	114.23	58.40
银城生活服务（01922）	22.01	22.48	21.69	31.02	45.35
保利物业（06049）	51.70	58.58	55.61	62.79	61.64
时代邻里（09928）	38.74	26.24	24.02	34.08	40.24
华发物业服务（00982）	35.59	43.58	56.17	92.74	72.67
宝龙商业（09909）	4.57	5.59	6.73	17.96	229.44
兴业物联（09916）	146.82	58.58	57.31	82.03	100.02
烨星集团（01941）	62.77	91.57	105.36	101.57	25.14
建业新生活（09983）	48.61	38.22	36.51	89.55	71.36
金融街物业（01502）	–	56.18	63.67	61.11	52.34
弘阳服务（01971）	–	54.76	55.76	58.67	66.38
正荣服务（06958）	–	89.96	115.86	115.07	150.81
卓越商企服务（06989）	–	23.86	27.48	35.16	42.30
第一服务控股（02107）	–	129.25	139.41	108.71	102.10
世茂服务（00873）	–	202.63	173.04	205.30	45.65
合景悠活（03913）	–	161.18	195.68	253.41	228.91
金科服务（09666）	–	37.96	49.28	69.11	99.62
融创服务（01516）	–	96.03	120.22	117.70	105.19
恒大物业（06666）	–	112.81	117.95	123.98	189.26
佳源服务（01153）	–	29.85	44.29	40.32	36.74
华润万象生活（01209）	–	23.57	28.38	30.69	29.30
远洋服务（06677）	–	57.48	70.00	72.91	88.94

7-18　续表 1　　单位：%

公司名称	2016 年	2017 年	2018 年	2019 年	2020 年
建发物业（02156）	–	73.46	87.91	95.26	56.53
荣万家（02146）	–	110.46	119.92	115.86	110.13
宋都服务（09608）	–	18.16	8.31	8.67	11.09
新希望服务（03658）	–	–	34.69	38.24	39.80
越秀服务（06626）	–	–	34.68	31.39	30.66
中骏商管（00606）	–	–	54.75	79.03	86.88
朗诗绿色生活（01965）	–	–	96.28	136.89	158.15
领悦服务集团（02165）	–	–	213.12	337.91	478.39
德信服务集团（02215）	–	–	28.15	36.31	50.45
融信服务（02207）	–	44.92	79.95	139.46	80.22
康桥悦生活（02205）	–	–	78.14	66.59	67.57
南都物业（603506）	19.69	29.14	32.26	32.90	36.76
新大正（002968）	59.28	64.15	16.53	9.68	10.46
招商积余（001914）	16.24	9.31	10.82	10.11	14.57
特发服务（300917）	65.50	83.90	97.73	113.78	135.41

数据来源：企业公告。

7-19　上市物业服务企业2016-2020年总资产周转率

单位：%

公司名称	2016年	2017年	2018年	2019年	2020年
彩生活（01778）	0.40	0.38	0.49	0.40	0.37
中海物业（02669）	1.08	1.10	1.17	1.39	1.25
中奥到家（01538）	0.70	0.84	0.79	0.94	0.88
绿城服务（02869）	1.50	1.38	1.41	1.24	0.94
祈福生活服务（03686）	1.28	1.14	0.86	0.79	0.67
浦江中国（01417）	1.11	1.16	1.04	1.14	1.37
雅生活服务（03319）	0.79	0.80	0.69	0.61	0.86
碧桂园服务（06098）	1.21	1.05	1.04	1.08	0.72
新城悦服务（01755）	1.19	1.23	0.97	1.08	1.04
佳兆业美好（02168）	0.44	0.49	0.80	1.07	1.06
旭辉永升服务（01995）	1.09	1.21	0.98	0.95	0.87
奥园健康（03662）	1.04	0.97	1.15	0.95	0.72
滨江服务（03316）	1.27	1.12	1.08	0.80	0.71
和泓服务（06093）	1.69	0.90	0.91	0.88	0.90
鑫苑服务（01895）	1.58	0.81	0.75	0.71	–
蓝光嘉宝服务（02606）	1.90	1.06	1.26	0.88	0.66
银城生活服务（01922）	2.00	1.16	1.36	1.29	1.15
保利物业（06049）	3.26	1.76	1.81	1.18	0.94
时代邻里（09928）	1.56	0.77	0.31	0.42	0.85
华发物业服务（00982）	1.03	0.83	0.78	1.08	1.30
宝龙商业（09909）	0.77	0.52	0.61	0.62	0.50
兴业物联（09916）	1.89	0.84	0.81	0.90	0.66
烨星集团（01941）	1.30	0.97	1.06	1.08	0.77
建业新生活（09983）	0.51	0.34	0.52	1.26	0.93
金融街物业（01502）	–	2.08	1.18	1.15	0.84
弘阳服务（01971）	–	3.76	1.74	1.25	0.93
正荣服务（06958）	–	0.75	0.58	1.04	0.88
卓越商企服务（06989）	–	1.90	1.03	0.93	0.67
第一服务控股（02107）	–	1.41	0.81	0.89	0.80
世茂服务（00873）	–	0.98	0.50	0.74	0.69
合景悠活（03913）	–	0.77	0.55	0.71	0.49
金科服务（09666）	–	0.84	0.46	0.57	0.53
融创服务（01516）	–	1.07	0.99	1.44	0.61
恒大物业（06666）	–	2.38	1.24	1.10	0.86
佳源服务（01153）	–	2.38	0.80	0.61	0.69
华润万象生活（01209）	–	1.61	0.92	0.91	0.52
远洋服务（06677）	–	1.93	0.58	0.43	0.56

7-19 续表 1

单位：%

公司名称	2016 年	2017 年	2018 年	2019 年	2020 年
建发物业（02156）	–	0.56	0.40	0.54	0.78
荣万家（02146）	–	0.70	0.42	0.63	0.98
宋都服务（09608）	–	1.64	0.97	1.15	1.03
新希望服务（03658）	–	–	0.89	0.40	0.62
越秀服务（06626）	–	–	0.56	0.32	0.43
中骏商管（00606）	–	–	0.59	0.47	0.73
朗诗绿色生活（01965）	–	–	0.60	0.43	0.75
领悦服务集团（02165）	–	–	2.08	1.33	1.56
德信服务集团（02215）	–	–	2.52	1.35	1.56
融信服务（02207）	–	3.36	2.14	1.70	1.86
康桥悦生活（02205）	–	–	1.83	1.06	0.86
南都物业（603506）	1.27	1.18	0.98	0.84	0.84
新大正（002968）	2.48	2.39	2.01	1.41	1.18
招商积余（001914）	0.28	0.29	0.41	0.41	0.53
特发服务（300917）	–	1.81	2.16	2.10	1.40

数据来源：企业公告。

7-20　上市物业服务企业 2016-2020 年存货周转率

单位：%

公司名称	2016 年	2017 年	2018 年	2019 年	2020 年
彩生活（01778）	329.39	182.95	389.76	597.66	–
中海物业（02669）	5651.15	523.59	141.26	19.21	10.44
中奥到家（01538）	639.58	866.05	663.60	614.39	186.65
绿城服务（02869）	496.48	60.89	26.31	22.37	23.96
祈福生活服务（03686）	17.13	16.79	15.49	25.18	20.07
浦江中国（01417）	2180.92	2836.69	1705.38	1802.47	3307.22
雅生活服务（03319）	32.42	56.18	128.08	235.50	451.92
碧桂园服务（06098）	281.83	361.76	399.60	588.56	136.56
新城悦服务（01755）	38.06	62.10	131.21	148.22	141.05
佳兆业美好（02168）	–	–	–	–	–
旭辉永升服务（01995）	7.88	23.18	–	–	–
奥园健康（03662）	2031.83	2725.30	4824.49	1544.51	1410.52
滨江服务（03316）	354.27	703.34	923.59	29.82	15.52
和泓服务（06093）	6973.53	6336.88	3129.52	1886.69	1880.04
鑫苑服务（01895）	–	–	–	–	–
蓝光嘉宝服务（02606）	188.12	161.27	179.32	202.95	160.35
银城生活服务（01922）	207.24	302.08	533.70	776.96	278.81
保利物业（06049）	2108.32	2086.74	100.07	84.74	134.94
时代邻里（09928）	113.59	169.23	281.17	294.23	412.08
华发物业服务（00982）	–	–	–	611.42	523.09
宝龙商业（09909）	–	–	–	–	–
兴业物联（09916）	–	–	554.48	–	–
烨星集团（01941）	–	–	–	–	–
建业新生活（09983）	–	–	–	227.48	254.89
金融街物业（01502）	–	–	–	–	–
弘阳服务（01971）	–	18099.18	12139.52	13909.11	19086.69
正荣服务（06958）	–	–	–	–	–
卓越商企服务（06989）	–	–	–	–	805.75
第一服务控股（02107）	–	481.88	230.45	247.44	577.18
世茂服务（00873）	–	–	–	5.97	12.68
合景悠活（03913）	–	–	–	–	–
金科服务（09666）	–	267.63	292.97	316.35	213.90
融创服务（01516）	–	33.27	38.85	32.69	54.32
恒大物业（06666）	–	–	–	–	–
佳源服务（01153）	–	1025.15	1660.26	676.17	619.80
华润万象生活（01209）	–	73.63	52.70	46.53	32.81
远洋服务（06677）	–	14.78	13.29	11.03	11.73

7-20 续表 1

单位：%

公司名称	2016 年	2017 年	2018 年	2019 年	2020 年
建发物业（02156）	–	437.16	409.75	250.02	279.76
荣万家（02146）	–	31.19	41.62	62.91	57.50
宋都服务（09608）	–	–	3532.37	1013.54	735.99
新希望服务（03658）	–	–	1783.55	3508.56	1993.51
越秀服务（06626）	–	–	978.01	1033.09	964.99
中骏商管（00606）	–	–	–	–	–
朗诗绿色生活（01965）	–	–	422.00	287.55	244.07
领悦服务集团（02165）	–	–	–	–	131.50
德信服务集团（02215）	–	–	50.79	27.18	31.75
融信服务（02207）	–	–	–	–	–
康桥悦生活（02205）	–	–	–	–	–
南都物业（603506）	1260.70	1131.67	1184.04	140.91	92.61
新大正（002968）	1890.69	1549.00	1516.01	1617.22	697.27
招商积余（001914）	0.59	0.81	1.55	2.89	4.62
特发服务（300917）	112.63	163.96	236.93	269.75	266.72

数据来源：企业公告。

7-21　上市物业服务企业 2016-2020 年净利润 / 营业总收入

单位：%

公司名称	2016 年	2017 年	2018 年	2019 年	2020 年
彩生活（01778）	16.10	21.53	14.34	13.93	15.07
中海物业（02669）	8.83	9.15	9.78	9.96	10.81
中奥到家（01538）	-0.53	10.16	10.45	8.81	8.60
绿城服务（02869）	7.92	7.63	6.94	5.50	7.33
祈福生活服务（03686）	7.96	15.71	21.27	24.16	30.58
浦江中国（01417）	9.87	9.96	6.69	4.25	4.84
雅生活服务（03319）	13.58	17.05	24.01	25.19	19.68
碧桂园服务（06098）	14.95	14.11	19.98	17.82	17.83
新城悦服务（01755）	9.10	10.59	14.19	14.91	17.06
佳兆业美好（02168）	10.78	10.68	5.97	13.24	13.27
旭辉永升服务（01995）	7.00	10.54	9.32	13.26	14.19
奥园健康（03662）	15.46	16.04	12.65	18.11	17.97
滨江服务（03316）	9.78	16.48	13.82	16.37	22.94
和泓服务（06093）	11.08	11.16	7.52	5.56	14.42
鑫苑服务（01895）	11.39	23.40	19.34	15.34	-
蓝光嘉宝服务（02606）	15.50	20.14	20.28	21.15	20.12
银城生活服务（01922）	10.20	6.48	5.79	4.78	7.30
保利物业（06049）	5.82	6.93	7.95	8.43	8.66
时代邻里（09928）	5.38	6.58	9.22	8.82	13.47
华发物业服务（00982）	2.04	0.18	0.91	1.15	2.22
宝龙商业（09909）	8.36	8.08	11.11	11.02	16.00
兴业物联（09916）	24.30	25.34	26.11	19.10	20.41
烨星集团（01941）	15.07	18.57	14.82	9.46	7.94
建业新生活（09983）	2.46	-0.75	-2.56	12.98	16.60
金融街物业（01502）	-	10.92	10.46	11.37	10.23
弘阳服务（01971）	-	11.17	9.45	11.35	9.55
正荣服务（06958）	-	7.44	8.66	15.24	15.88
卓越商企服务（06989）	-	14.40	12.80	12.72	14.10
第一服务控股（02107）	-	11.03	10.68	13.42	13.20
世茂服务（00873）	-	10.43	11.00	15.45	14.41
合景悠活（03913）	-	9.53	12.09	16.45	21.33
金科服务（09666）	-	10.86	10.76	16.08	18.85
融创服务（01516）	-	3.86	5.34	9.55	13.54
恒大物业（06666）	-	2.42	4.05	12.69	25.19
佳源服务（01153）	-	8.75	10.80	11.04	11.38
华润万象生活（01209）	-	12.41	9.54	6.22	12.06
远洋服务（06677）	-	8.66	8.94	11.22	12.98

7–21 续表 1

单位：%

公司名称	2016 年	2017 年	2018 年	2019 年	2020 年
建发物业（02156）	–	7.26	7.97	8.52	10.39
荣万家（02146）	–	5.91	8.52	8.82	14.60
宋都服务（09608）	–	16.63	15.71	15.84	12.80
新希望服务（03658）	–	–	15.92	16.83	18.66
越秀服务（06626）	–	–	6.20	10.40	17.44
中骏商管（00606）	–	–	8.78	13.45	20.18
朗诗绿色生活（01965）	–	–	9.98	7.93	10.91
领悦服务集团（02165）	–	–	8.33	12.63	16.41
德信服务集团（02215）	–	–	5.65	9.86	15.28
融信服务（02207）	–	2.47	8.17	13.79	11.34
康桥悦生活（02205）	–	–	9.48	16.58	15.95
南都物业（603506）	10.90	9.20	9.06	9.67	10.28
新大正（002968）	4.45	9.29	10.00	9.97	10.01
招商积余（001914）	2.17	–0.59	12.38	4.44	4.73
特发服务（300917）	8.15	7.22	7.91	7.59	9.77

数据来源：企业公告。

7-22　上市物业服务企业2016-2020年营业总成本/营业总收入

单位：%

公司名称	2016年	2017年	2018年	2019年	2020年
彩生活（01778）	56.35	55.14	64.51	64.75	66.42
中海物业（02669）	75.18	76.10	79.57	80.05	81.73
中奥到家（01538）	75.32	69.63	72.42	73.45	74.80
绿城服务（02869）	80.76	81.59	82.15	81.97	80.97
祈福生活服务（03686）	58.56	58.51	51.35	55.56	56.35
浦江中国（01417）	80.39	81.59	82.82	84.60	84.65
雅生活服务（03319）	74.96	66.46	61.80	63.28	70.35
碧桂园服务（06098）	66.07	66.83	62.32	68.35	66.03
新城悦服务（01755）	71.76	72.04	70.52	70.36	69.27
佳兆业美好（02168）	69.95	69.47	69.07	70.01	69.50
旭辉永升服务（01995）	78.20	74.78	71.28	70.42	68.60
奥园健康（03662）	68.89	65.95	66.27	62.58	65.81
滨江服务（03316）	81.38	74.21	73.51	71.93	69.04
和泓服务（06093）	70.14	66.27	64.14	66.11	64.19
鑫苑服务（01895）	72.98	65.91	66.04	62.21	–
蓝光嘉宝服务（02606）	67.62	63.62	66.76	63.80	64.31
银城生活服务（01922）	78.30	83.30	85.48	83.92	83.12
保利物业（06049）	83.29	82.08	79.87	79.71	81.35
时代邻里（09928）	76.80	75.05	72.62	71.77	69.80
华发物业服务（00982）	56.44	54.36	54.40	56.61	72.10
宝龙商业（09909）	78.16	73.96	72.85	73.56	69.05
兴业物联（09916）	52.81	49.77	52.47	57.28	59.31
烨星集团（01941）	67.34	64.59	67.46	65.47	75.72
建业新生活（09983）	82.60	77.14	76.85	67.15	67.58
金融街物业（01502）	–	80.76	81.53	80.80	78.42
弘阳服务（01971）	–	77.43	80.01	74.66	72.09
正荣服务（06958）	–	74.23	73.49	65.86	65.23
卓越商企服务（06989）	–	75.35	75.94	76.39	73.71
第一服务控股（02107）	–	67.48	66.71	65.18	65.36
世茂服务（00873）	–	72.48	70.64	66.33	68.61
合景悠活（03913）	–	77.50	72.24	62.68	57.91
金科服务（09666）	–	73.21	74.35	72.69	70.31
融创服务（01516）	–	79.01	76.98	74.52	72.41
恒大物业（06666）	–	90.16	87.75	76.07	61.88
佳源服务（01153）	–	78.18	76.18	76.11	69.58
华润万象生活（01209）	–	86.98	84.98	83.94	73.05
远洋服务（06677）	–	79.28	79.94	79.41	74.73

7-22 续表 1

单位：%

公司名称	2016 年	2017 年	2018 年	2019 年	2020 年
建发物业（02156）	–	73.83	76.85	77.11	75.53
荣万家（02146）	–	83.05	82.81	81.72	71.92
宋都服务（09608）	–	70.25	71.74	70.84	69.67
新希望服务（03658）	–	–	57.39	58.09	57.95
越秀服务（06626）	–	–	74.11	72.84	65.47
中骏商管（00606）	–	–	65.45	63.05	55.72
朗诗绿色生活（01965）	–	–	73.35	76.64	73.25
领悦服务集团（02165）	–	–	73.08	69.20	66.18
德信服务集团（02215）	–	–	76.09	71.74	65.95
融信服务（02207）	–	77.45	72.52	67.74	71.17
康桥悦生活（02205）	–	–	76.43	69.40	69.33
南都物业（603506）	86.73	88.33	90.32	88.34	88.17
新大正（002968）	94.41	88.81	88.77	88.81	89.67
招商积余（001914）	105.51	107.65	100.71	93.65	94.33
特发服务（300917）	89.42	89.90	88.99	90.39	87.98

数据来源：企业公告。

7-23　2020年香港上市物业服务企业营业总收入

单位：亿元

公司名称	2020年中	2020年末
彩生活（01778）	17.79	35.96
中海物业（02669）	28.50	65.45
中奥到家（01538）	8.39	17.52
绿城服务（02869）	44.00	101.06
祈福生活服务（03686）	1.75	4.21
浦江中国（01417）	3.40	7.64
雅生活服务（03319）	40.02	100.26
碧桂园服务（06098）	62.71	156.00
新城悦服务（01755）	12.22	28.66
佳兆业美好（02168）	7.41	17.30
旭辉永升服务（01995）	13.45	31.20
奥园健康（03662）	5.47	14.08
滨江服务（03316）	4.16	9.60
和泓服务（06093）	1.60	4.16
鑫苑服务（01895）	2.61	5.59
蓝光嘉宝服务（02606）	11.66	27.34
银城生活服务（01922）	4.17	9.62
保利物业（06049）	36.01	80.37
时代邻里（09928）	7.02	17.58
华发物业服务（00982）	5.57	10.86
宝龙商业（09909）	8.69	19.21
兴业物联（09916）	0.91	2.13
烨星集团（01941）	1.40	2.61
建业新生活（09983）	10.61	26.54
金融街物业（01502）	5.09	11.31
弘阳服务（01971）	3.23	7.68
正荣服务（06958）	4.44	11.03
卓越商企服务（06989）	–	25.25
第一服务控股（02107）	–	7.72
世茂服务（00873）	15.65	50.26
合景悠活（03913）	0.00	15.17
金科服务（09666）	13.70	33.59
融创服务（01516）	17.91	46.23
恒大物业（06666）	45.64	105.09
佳源服务（01153）	2.80	6.15
华润万象生活（01209）	31.34	67.79
远洋服务（06677）	9.04	20.23
建发物业（02156）	4.52	10.29

7-23 续表 1

单位：亿元

公司名称	2020 年中	2020 年末
荣万家（02146）	7.65	18.07
宋都服务（09608）	1.17	2.57
新希望服务（03658）	–	5.88
越秀服务（06626）	–	11.68
中骏商管（00606）	–	8.05
朗诗绿色生活（01965）	–	6.01
领悦服务集团（02165）	–	4.28
德信服务集团（02215）	–	6.92
融信服务（02207）	3.18	7.50
康桥悦生活（02205）	–	5.76

数据来源：企业公告。

7-24 2020 年 A 股上市物业服务企业营业总收入

单位：亿元

企业名称	2020 第一季度	2020 第二季度
南都物业（603506）	3.33	6.60
新大正（002968）	2.75	5.67
招商积余（001914）	17.53	38.68
特发服务（300917）	2.29	4.88

数据来源：企业公告。

7-25　2020年香港上市物业服务企业毛利润

单位：亿元

公司名称	2020年中	2020年末
彩生活（01778）	5.81	12.08
中海物业（02669）	5.12	11.95
中奥到家（01538）	2.34	4.42
绿城服务（02869）	9.05	19.23
祈福生活服务（03686）	0.72	1.84
浦江中国（01417）	0.59	1.17
雅生活服务（03319）	12.75	29.73
碧桂园服务（06098）	23.33	53.00
新城悦服务（01755）	3.64	8.81
佳兆业美好（02168）	2.51	5.28
旭辉永升服务（01995）	4.13	9.80
奥园健康（03662）	2.20	4.81
滨江服务（03316）	1.37	2.97
和泓服务（06093）	0.55	1.49
鑫苑服务（01895）	1.04	2.29
蓝光嘉宝服务（02606）	4.08	9.76
银城生活服务（01922）	0.81	1.62
保利物业（06049）	7.34	14.99
时代邻里（09928）	1.99	5.31
华发物业服务（00982）	1.84	3.03
宝龙商业（09909）	2.55	5.95
兴业物联（09916）	0.46	0.87
烨星集团（01941）	0.55	0.63
建业新生活（09983）	3.68	8.61
金融街物业（01502）	1.05	2.44
弘阳服务（01971）	0.85	2.14
正荣服务（06958）	1.55	3.83
卓越商企服务（06989）	–	6.64
第一服务控股（02107）	–	2.67
世茂服务（00873）	5.32	15.78
合景悠活（03913）	–	6.39
金科服务（09666）	4.33	9.97
融创服务（01516）	4.65	12.75
恒大物业（06666）	17.38	40.06
佳源服务（01153）	0.86	1.87
华润万象生活（01209）	7.55	18.27
远洋服务（06677）	2.57	5.11

7-25 续表 1 单位：亿元

公司名称	2020 年中	2020 年末
建发物业（02156）	1.10	2.52
荣万家（02146）	2.19	5.08
宋都服务（09608）	0.32	0.78
新希望服务（03658）	–	2.47
越秀服务（06626）	–	4.03
中骏商管（00606）	–	3.57
朗诗绿色生活（01965）	–	1.61
领悦服务集团（02165）	–	1.45
德信服务集团（02215）	–	2.36
融信服务（02207）	0.94	2.16
康桥悦生活（02205）	–	1.77

数据来源：企业公告。

7-26 2020 年 A 股上市物业服务企业毛利润

单位：亿元

企业名称	2020 第一季度	2020 第二季度
南都物业（603506）	0.87	1.53
新大正（002968）	0.57	1.22
招商积余（001914）	2.16	5.35
特发服务（300917）	0.43	1.00

数据来源：企业公告。

7-27 2020 年香港上市物业服务企业营业利润

单位：亿元

公司名称	2020 年中	2020 年末
彩生活（01778）	3.42	10.85
中海物业（02669）	3.91	10.10
中奥到家（01538）	1.08	2.64
绿城服务（02869）	5.00	11.69
祈福生活服务（03686）	0.47	1.64
浦江中国（01417）	0.33	0.37
雅生活服务（03319）	11.41	26.61
碧桂园服务（06098）	18.14	38.27
新城悦服务（01755）	2.66	6.55
佳兆业美好（02168）	1.61	3.37
旭辉永升服务（01995）	2.68	6.00
奥园健康（03662）	1.59	3.73
滨江服务（03316）	1.39	2.76
和泓服务（06093）	0.30	0.87
鑫苑服务（01895）	0.78	1.85
蓝光嘉宝服务（02606）	2.95	8.15
银城生活服务（01922）	0.44	1.16
保利物业（06049）	5.56	9.22
时代邻里（09928）	1.19	3.27
华发物业服务（00982）	0.66	1.92
宝龙商业（09909）	1.93	4.79
兴业物联（09916）	0.33	0.61
烨星集团（01941）	0.39	0.32
建业新生活（09983）	2.40	5.74
金融街物业（01502）	0.84	1.98
弘阳服务（01971）	0.32	1.12
正荣服务（06958）	0.88	2.65
卓越商企服务（06989）	–	4.98
第一服务控股（02107）	–	1.25
世茂服务（00873）	3.04	10.38
合景悠活（03913）	–	4.44
金科服务（09666）	3.64	7.76
融创服务（01516）	3.16	8.33
恒大物业（06666）	15.00	–70.64
佳源服务（01153）	0.52	1.21
华润万象生活（01209）	4.68	11.35
远洋服务（06677）	1.98	5.08

7-27 续表 1

单位：亿元

公司名称	2020 年中	2020 年末
建发物业（02156）	0.86	1.30
荣万家（02146）	1.46	3.75
宋都服务（09608）	0.22	0.48
新希望服务（03658）	–	1.35
越秀服务（06626）	–	3.08
中骏商管（00606）	–	2.23
朗诗绿色生活（01965）	–	1.28
领悦服务集团（02165）	–	0.89
德信服务集团（02215）	–	2.39
融信服务（02207）	0.59	1.22
康桥悦生活（02205）	–	1.50

数据来源：企业公告。

7-28 2020 年 A 股上市物业服务企业营业利润

单位：亿元

企业名称	2020 第一季度	2020 第二季度
南都物业（603506）	0.44	0.99
新大正（002968）	0.29	0.63
招商积余（001914）	0.75	2.49
特发服务（300917）	0.24	0.63

数据来源：企业公告。

7-29　2020 年香港上市物业服务企业净利润

单位：亿元

公司名称	2020 年中	2020 年末
彩生活（01778）	2.36	5.47
中海物业（02669）	2.80	5.78
中奥到家（01538）	0.63	1.51
绿城服务（02869）	3.74	6.02
祈福生活服务（03686）	0.36	0.88
浦江中国（01417）	0.18	0.29
雅生活服务（03319）	7.58	15.96
碧桂园服务（06098）	13.15	22.27
新城悦服务（01755）	1.89	3.83
佳兆业美好（02168）	1.19	1.99
旭辉永升服务（01995）	1.71	3.58
奥园健康（03662）	1.11	1.85
滨江服务（03316）	1.03	1.70
和泓服务（06093）	0.21	0.33
鑫苑服务（01895）	0.55	1.17
蓝光嘉宝服务（02606）	2.35	5.02
银城生活服务（01922）	0.30	0.53
保利物业（06049）	4.00	5.93
时代邻里（09928）	0.84	1.38
华发物业服务（00982）	0.16	-0.54
宝龙商业（09909）	1.45	2.36
兴业物联（09916）	0.23	0.38
烨星集团（01941）	0.30	0.43
建业新生活（09983）	1.84	3.18
金融街物业（01502）	0.58	1.25
弘阳服务（01971）	0.23	0.58
正荣服务（06958）	0.60	1.40
卓越商企服务（06989）	-	2.34
第一服务控股（02107）	-	0.84
世茂服务（00873）	2.45	5.30
合景悠活（03913）	-	1.85
金科服务（09666）	2.94	5.11
融创服务（01516）	2.51	4.67
恒大物业（06666）	11.49	16.71
佳源服务（01153）	0.36	0.58
华润万象生活（01209）	3.39	5.11
远洋服务（06677）	1.51	2.37

7-29 续表 1

单位：亿元

公司名称	2020 年中	2020 年末
建发物业（02156）	0.61	1.00
荣万家（02146）	1.05	1.62
宋都服务（09608）	0.16	0.38
新希望服务（03658）	–	1.10
越秀服务（06626）	–	2.04
中骏商管（00606）	–	1.63
朗诗绿色生活（01965）	–	0.66
领悦服务集团（02165）	–	0.70
德信服务集团（02215）	–	1.06
融信服务（02207）	0.41	0.85
康桥悦生活（02205）	–	0.92

数据来源：企业公告。

7-30 2020 年 A 股上市物业服务企业净利润

单位：亿元

企业名称	2020 第一季度	2020 第二季度
南都物业（603506）	0.32	0.72
新大正（002968）	0.25	0.54
招商积余（001914）	0.51	1.55
特发服务（300917）	0.18	0.47

数据来源：企业公告。

7-31　2020年香港上市物业服务企业经营活动产生的现金流量净额

单位：亿元

公司名称	2020年中	2020年末
彩生活（01778）	2.23	8.26
中海物业（02669）	0.10	12.20
中奥到家（01538）	–0.18	2.17
绿城服务（02869）	0.39	13.16
祈福生活服务（03686）	0.68	1.05
浦江中国（01417）	–0.02	0.83
雅生活服务（03319）	10.99	26.20
碧桂园服务（06098）	6.44	36.14
新城悦服务（01755）	–0.18	7.87
佳兆业美好（02168）	0.38	1.82
旭辉永升服务（01995）	2.40	7.09
奥园健康（03662）	1.06	5.31
滨江服务（03316）	1.43	3.18
和泓服务（06093）	–0.23	0.17
鑫苑服务（01895）	1.32	1.78
蓝光嘉宝服务（02606）	1.97	8.89
银城生活服务（01922）	–0.63	0.68
保利物业（06049）	1.03	5.49
时代邻里（09928）	0.36	0.87
华发物业服务（00982）	–0.11	0.89
宝龙商业（09909）	2.62	7.95
兴业物联（09916）	0.01	0.26
烨星集团（01941）	–0.33	0.18
建业新生活（09983）	0.36	2.81
金融街物业（01502）	0.47	1.90
弘阳服务（01971）	0.96	1.71
正荣服务（06958）	–0.05	1.60
卓越商企服务（06989）	–	4.34
第一服务控股（02107）	–	0.85
世茂服务（00873）	4.16	9.64
合景悠活（03913）	–	2.74
金科服务（09666）	0.11	1.13
融创服务（01516）	–0.18	10.24
恒大物业（06666）	0.36	51.73
佳源服务（01153）	0.13	0.49
华润万象生活（01209）	–2.57	11.03
远洋服务（06677）	0.66	3.61

7-31 续表 1

单位：亿元

公司名称	2020 年中	2020 年末
建发物业（02156）	0.01	2.87
荣万家（02146）	0.56	0.15
宋都服务（09608）	0.14	0.55
新希望服务（03658）	–	1.65
越秀服务（06626）	–	4.50
中骏商管（00606）	–	3.02
朗诗绿色生活（01965）	–	0.93
领悦服务集团（02165）	–	1.15
德信服务集团（02215）	–	2.58
融信服务（02207）	0.09	2.56
康桥悦生活（02205）	–	0.56

数据来源：企业公告。

7-32 2020 年 A 股上市物业服务企业经营活动产生的现金流量净额

单位：亿元

企业名称	2020 第一季度	2020 第二季度
南都物业（603506）	–0.08	0.09
新大正（002968）	–1.01	–0.23
招商积余（001914）	–8.17	–5.33
特发服务（300917）	–0.42	0.25

数据来源：企业公告。

7-33　2020 年香港上市物业服务企业投资活动产生的现金流量净额

单位：亿元

公司名称	2020 年中	2020 年末
彩生活（01778）	-1.23	-2.93
中海物业（02669）	4.56	1.56
中奥到家（01538）	-0.69	-0.81
绿城服务（02869）	-7.52	-22.64
祈福生活服务（03686）	-1.30	-0.92
浦江中国（01417）	-0.24	-0.97
雅生活服务（03319）	2.00	-8.94
碧桂园服务（06098）	-12.67	-46.32
新城悦服务（01755）	-0.54	-0.95
佳兆业美好（02168）	-0.07	-2.40
旭辉永升服务（01995）	0.19	-0.13
奥园健康（03662）	-0.13	-2.25
滨江服务（03316）	1.03	0.41
和泓服务（06093）	0.30	-0.10
鑫苑服务（01895）	-5.40	-
蓝光嘉宝服务（02606）	-1.70	-5.09
银城生活服务（01922）	-0.46	-3.01
保利物业（06049）	0.36	0.60
时代邻里（09928）	-0.37	-6.32
华发物业服务（00982）	-2.54	-3.71
宝龙商业（09909）	0.12	-0.08
兴业物联（09916）	-0.01	-0.01
烨星集团（01941）	-	1.00
建业新生活（09983）	0.27	-5.33
金融街物业（01502）	-0.48	0.21
弘阳服务（01971）	1.45	-0.52
正荣服务（06958）	-0.13	-0.17
卓越商企服务（06989）	-	8.47
第一服务控股（02107）	-	1.34
世茂服务（00873）	6.96	1.76
合景悠活（03913）	-	-1.42
金科服务（09666）	4.24	22.31
融创服务（01516）	-9.59	-13.71
恒大物业（06666）	0.51	9.10
佳源服务（01153）	0.03	2.43
华润万象生活（01209）	0.29	-19.33
远洋服务（06677）	3.01	28.23

7–33 续表 1

单位：亿元

公司名称	2020 年中	2020 年末
建发物业（02156）	11.05	14.97
荣万家（02146）	6.37	6.05
宋都服务（09608）	0.02	0.01
新希望服务（03658）	–	2.89
越秀服务（06626）	–	10.26
中骏商管（00606）	–	5.55
朗诗绿色生活（01965）	–	1.20
领悦服务集团（02165）	–	–0.11
德信服务集团（02215）	–	0.65
融信服务（02207）	–0.09	0.67
康桥悦生活（02205）	–	–2.14

数据来源：企业公告。

7–34 2020 年 A 股上市物业服务企业投资活动产生的现金流量净额

单位：亿元

企业名称	2020 第一季度	2020 第二季度
南都物业（603506）	1.62	–0.26
新大正（002968）	0.01	–3.08
招商积余（001914）	–0.05	–0.09
特发服务（300917）	–	–0.02

数据来源：企业公告。

7-35　2020年香港上市物业服务企业筹资活动产生的现金流量净额

单位：亿元

公司名称	2020年中	2020年末
彩生活（01778）	-3.71	2.27
中海物业（02669）	-0.17	-1.92
中奥到家（01538）	0.52	-1.02
绿城服务（02869）	35.80	29.77
祈福生活服务（03686）	-0.05	-0.34
浦江中国（01417）	0.42	-0.02
雅生活服务（03319）	-6.25	-8.76
碧桂园服务（06098）	35.88	97.62
新城悦服务（01755）	-0.02	-1.43
佳兆业美好（02168）	4.10	3.32
旭辉永升服务（01995）	12.83	12.72
奥园健康（03662）	0.70	3.77
滨江服务（03316）	-0.80	-0.72
和泓服务（06093）	0.90	0.91
鑫苑服务（01895）	-0.25	-
蓝光嘉宝服务（02606）	-1.23	-1.91
银城生活服务（01922）	0.44	3.52
保利物业（06049）	5.43	3.02
时代邻里（09928）	-0.05	6.47
华发物业服务（00982）	4.35	3.29
宝龙商业（09909）	0.55	0.44
兴业物联（09916）	1.80	1.72
烨星集团（01941）	1.53	1.33
建业新生活（09983）	20.90	20.04
金融街物业（01502）	-1.00	5.53
弘阳服务（01971）	-0.38	3.74
正荣服务（06958）	-0.03	11.51
卓越商企服务（06989）	-	16.41
第一服务控股（02107）	0.00	2.57
世茂服务（00873）	-2.02	40.10
合景悠活（03913）	-	24.85
金科服务（09666）	-	42.03
融创服务（01516）	10.53	86.29
恒大物业（06666）	-0.36	58.38
佳源服务（01153）	-0.06	2.89
华润万象生活（01209）	-0.11	105.44
远洋服务（06677）	-0.64	-14.20

7–35 续表 1

单位：亿元

公司名称	2020 年中	2020 年末
建发物业（02156）	2.25	−9.54
荣万家（02146）	−1.16	−2.46
宋都服务（09608）	−0.01	−0.01
新希望服务（03658）	–	−3.90
越秀服务（06626）	–	−12.54
中骏商管（00606）	–	−4.26
朗诗绿色生活（01965）	–	−5.55
领悦服务集团（02165）	–	−0.67
德信服务集团（02215）	–	−1.98
融信服务（02207）	−0.03	−1.45
康桥悦生活（02205）	–	2.36

数据来源：企业公告。

7–36 2020 年 A 股上市物业服务企业筹资活动产生的现金流量净额

单位：亿元

企业名称	2020 第一季度	2020 第二季度
南都物业（603506）	–	–
新大正（002968）	–	−0.45
招商积余（001914）	−2.07	−6.18
特发服务（300917）	–	–

数据来源：企业公告。

7-37　2020年香港上市物业服务企业流动资产合计

单位：亿元

公司名称	2020年中	2020年末
彩生活（01778）	52.26	61.34
中海物业（02669）	42.30	57.36
中奥到家（01538）	13.07	12.00
绿城服务（02869）	92.99	86.09
祈福生活服务（03686）	4.47	4.87
浦江中国（01417）	4.81	3.78
雅生活服务（03319）	85.18	91.00
碧桂园服务（06098）	157.23	232.88
新城悦服务（01755）	23.16	29.85
佳兆业美好（02168）	16.84	18.30
旭辉永升服务（01995）	34.38	39.31
奥园健康（03662）	13.45	20.46
滨江服务（03316）	12.30	13.68
和泓服务（06093）	4.22	4.71
鑫苑服务（01895）	8.74	–
蓝光嘉宝服务（02606）	30.21	35.37
银城生活服务（01922）	6.69	8.62
保利物业（06049）	85.03	88.99
时代邻里（09928）	14.12	19.10
华发物业服务（00982）	11.60	9.11
宝龙商业（09909）	31.98	37.19
兴业物联（09916）	3.95	4.23
烨星集团（01941）	4.14	4.04
建业新生活（09983）	37.39	40.27
金融街物业（01502）	8.80	16.31
弘阳服务（01971）	5.07	10.17
正荣服务（06958）	5.02	18.30
卓越商企服务（06989）	–	43.34
第一服务控股（02107）	–	11.60
世茂服务（00873）	32.67	84.17
合景悠活（03913）	–	37.72
金科服务（09666）	37.67	84.92
融创服务（01516）	27.24	110.08
恒大物业（06666）	84.07	168.03
佳源服务（01153）	7.83	8.66
华润万象生活（01209）	47.88	163.32
远洋服务（06677）	41.03	27.28

7–37 续表 1

单位：亿元

公司名称	2020 年中	2020 年末
建发物业（02156）	19.66	10.44
荣万家（02146）	16.71	17.37
宋都服务（09608）	2.23	2.53
新希望服务（03658）	–	4.88
越秀服务（06626）	–	18.76
中骏商管（00606）	–	10.92
朗诗绿色生活（01965）	–	5.93
领悦服务集团（02165）	–	2.38
德信服务集团（02215）	–	4.21
融信服务（02207）	4.39	4.03
康桥悦生活（02205）	–	8.54

数据来源：企业公告。

7–38 2020 年 A 股上市物业服务企业流动资产合计

单位：亿元

企业名称	2020 一季	2020 中报
南都物业（603506）	13.01	12.09
新大正（002968）	8.22	8.30
招商积余（001914）	54.06	53.61
特发服务（300917）	–	4.71

数据来源：企业公告。

7-39 2020年香港上市物业服务企业总资产

单位：亿元

公司名称	2020年中	2020年末
彩生活（01778）	94.74	102.96
中海物业（02669）	45.38	61.94
中奥到家（01538）	21.33	20.70
绿城服务（02869）	130.46	130.79
祈福生活服务（03686）	6.21	6.94
浦江中国（01417）	7.30	6.56
雅生活服务（03319）	128.30	139.75
碧桂园服务（06098）	180.50	312.04
新城悦服务（01755）	25.70	33.14
佳兆业美好（02168）	17.84	19.75
旭辉永升服务（01995）	41.86	46.67
奥园健康（03662）	16.22	25.49
滨江服务（03316）	13.53	15.03
和泓服务（06093）	5.03	6.13
鑫苑服务（01895）	9.85	–
蓝光嘉宝服务（02606）	36.24	48.18
银城生活服务（01922）	7.82	9.81
保利物业（06049）	87.82	94.44
时代邻里（09928）	16.95	26.49
华发物业服务（00982）	13.01	10.31
宝龙商业（09909）	36.28	45.20
兴业物联（09916）	4.00	4.30
烨星集团（01941）	4.24	4.28
建业新生活（09983）	38.64	42.50
金融街物业（01502）	9.85	17.25
弘阳服务（01971）	5.48	11.08
正荣服务（06958）	6.39	19.76
卓越商企服务（06989）	–	49.30
第一服务控股（02107）	–	12.12
世茂服务（00873）	40.23	109.05
合景悠活（03913）	–	42.29
金科服务（09666）	38.13	85.52
融创服务（01516）	43.08	129.57
恒大物业（06666）	85.60	170.64
佳源服务（01153）	8.56	9.41
华润万象生活（01209）	72.55	190.76
远洋服务（06677）	44.59	30.92

7-39 续表 1

单位：亿元

公司名称	2020 年中	2020 年末
建发物业（02156）	20.64	10.97
荣万家（02146）	17.86	18.60
宋都服务（09608）	2.53	2.81
新希望服务（03658）	–	5.91
越秀服务（06626）	–	24.11
中骏商管（00606）	–	11.18
朗诗绿色生活（01965）	–	6.16
领悦服务集团（02165）	–	2.91
德信服务集团（02215）	–	4.45
融信服务（02207）	4.46	4.23
康桥悦生活（02205）	–	9.01

数据来源：企业公告。

7-40 2020 年 A 股上市物业服务企业总资产

单位：亿元

企业名称	2020 一季	2020 中报
南都物业（603506）	16.76	17.41
新大正（002968）	9.90	9.99
招商积余（001914）	–	159.32
特发服务（300917）	–	5.51

数据来源：企业公告。

7-41　2020年香港上市物业服务企业流动负债合计

单位：亿元

公司名称	2020年中	2020年末
彩生活（01778）	44.81	49.50
中海物业（02669）	27.83	39.53
中奥到家（01538）	12.10	11.01
绿城服务（02869）	50.53	46.86
祈福生活服务（03686）	1.76	1.52
浦江中国（01417）	3.64	3.03
雅生活服务（03319）	47.52	48.65
碧桂园服务（06098）	110.28	142.33
新城悦服务（01755）	14.78	18.56
佳兆业美好（02168）	5.96	6.59
旭辉永升服务（01995）	13.18	15.83
奥园健康（03662）	6.99	14.43
滨江服务（03316）	5.94	6.43
和泓服务（06093）	2.10	2.73
鑫苑服务（01895）	3.80	–
蓝光嘉宝服务（02606）	12.56	19.74
银城生活服务（01922）	5.95	7.61
保利物业（06049）	27.89	31.30
时代邻里（09928）	7.08	8.52
华发物业服务（00982）	17.14	13.92
宝龙商业（09909）	14.83	16.89
兴业物联（09916）	0.87	1.08
烨星集团（01941）	1.79	1.94
建业新生活（09983）	11.33	14.68
金融街物业（01502）	5.65	6.08
弘阳服务（01971）	3.05	3.77
正荣服务（06958）	4.19	5.62
卓越商企服务（06989）	–	12.43
第一服务控股（02107）	–	5.37
世茂服务（00873）	27.08	40.26
合景悠活（03913）	–	11.98
金科服务（09666）	25.21	12.95
融创服务（01516）	22.66	29.50
恒大物业（06666）	56.68	71.05
佳源服务（01153）	6.57	4.18
华润万象生活（01209）	48.84	50.55
远洋服务（06677）	40.54	10.16

7–41 续表 1

单位：亿元

公司名称	2020 年中	2020 年末
建发物业（02156）	7.94	6.68
荣万家（02146）	11.36	11.89
宋都服务（09608）	1.52	1.64
新希望服务（03658）	–	3.97
越秀服务（06626）	–	15.56
中骏商管（00606）	–	5.80
朗诗绿色生活（01965）	–	4.87
领悦服务集团（02165）	–	1.75
德信服务集团（02215）	–	3.54
融信服务（02207）	3.96	3.61
康桥悦生活（02205）	–	5.04

数据来源：企业公告。

7–42 2020 年 A 股上市物业服务企业流动负债合计

单位：亿元

企业名称	2020 一季	2020 中报
南都物业（603506）	9.10	9.68
新大正（002968）	2.02	2.26
招商积余（001914）	51.65	56.81
特发服务（300917）	–	2.28

数据来源：企业公告。

7-43 2020年香港上市物业服务企业总负债

单位：亿元

公司名称	2020年中	2020年末
彩生活（01778）	52.99	57.42
中海物业（02669）	28.35	40.10
中奥到家（01538）	13.19	11.78
绿城服务（02869）	62.26	59.67
祈福生活服务（03686）	2.10	1.90
浦江中国（01417）	3.89	3.23
雅生活服务（03319）	52.14	53.18
碧桂园服务（06098）	112.64	150.45
新城悦服务（01755）	15.08	19.04
佳兆业美好（02168）	6.18	6.92
旭辉永升服务（01995）	14.04	16.50
奥园健康（03662）	7.29	14.89
滨江服务（03316）	5.95	6.44
和泓服务（06093）	2.18	2.86
鑫苑服务（01895）	3.85	-
蓝光嘉宝服务（02606）	12.96	21.27
银城生活服务（01922）	6.19	7.85
保利物业（06049）	28.18	31.97
时代邻里（09928）	7.33	8.87
华发物业服务（00982）	17.15	13.92
宝龙商业（09909）	18.33	23.55
兴业物联（09916）	0.90	1.14
烨星集团（01941）	1.82	1.94
建业新生活（09983）	12.06	15.33
金融街物业（01502）	6.07	6.43
弘阳服务（01971）	3.07	3.87
正荣服务（06958）	4.50	5.92
卓越商企服务（06989）	-	16.74
第一服务控股（02107）	-	5.38
世茂服务（00873）	27.45	41.64
合景悠活（03913）	-	12.35
金科服务（09666）	25.24	13.00
融创服务（01516）	25.42	32.22
恒大物业（06666）	56.78	71.30
佳源服务（01153）	6.62	4.23
华润万象生活（01209）	63.20	66.13
远洋服务（06677）	40.79	10.41

7-43 续表 1

单位：亿元

公司名称	2020 年中	2020 年末
建发物业（02156）	17.16	6.82
荣万家（02146）	11.75	12.26
宋都服务（09608）	1.52	1.64
新希望服务（03658）	–	4.46
越秀服务（06626）	–	16.50
中骏商管（00606）	–	5.80
朗诗绿色生活（01965）	–	4.88
领悦服务集团（02165）	–	1.79
德信服务集团（02215）	–	3.57
融信服务（02207）	3.97	3.67
康桥悦生活（02205）	–	7.34

数据来源：企业公告。

7-44 2020 年 A 股上市物业服务企业总负债

单位：亿元

企业名称	2020 一季	2020 中报
南都物业（603506）	9.10	9.69
新大正（002968）	2.10	2.35
招商积余（001914）	79.27	77.79
特发服务（300917）	–	2.36

数据来源：企业公告。

7-45　2013 年中国物业服务百强企业经营数据

管理规模	管理面积均值	1511	万平方米
	在管项目数量均值	85	个
	单个项目管理面积均值	17.77	万平方米
	百强企业市场份额	16.28	%
	TOP10 企业市场份额	4.85	%
	进入城市数量均值	22	个
	单位城市项目均数	3.82	个
	单个城市管理面积均值	68.68	万平方米
经营绩效	营业收入均值	29387.60	万元
	基础物业服务收入	19939.90	万元
	多种经营服务收入	9447.70	万元
	净利润均值	2427.10	万元
	基础物业服务净利润均值	927.20	万元
	多种经营净利润均值	1499.90	万元
	单盘收入均值	345.74	万元
	单位面积收入均值	19.45	元 / 平方米
服务质量	收缴率	95.40	%
	续约率	99	%

数据来源：中指研究院。

7–46 2014年中国物业服务百强企业经营数据

管理规模	管理面积均值	1609.08	万平方米
	在管项目数量均值	94	个
	单个项目管理面积均值	17.12	万平方米
	百强企业市场份额	19.50	%
	TOP10 企业市场份额	6.18	%
	不同层级管理面积情况 >TOP10	10197	万平方米
	进入城市数量均值	24	个
	单位城市项目均数	3.92	个
	单个城市管理面积均值	67.05	万平方米
经营绩效	营业收入均值	42501.50	万元
	基础物业服务收入	33799.20	万元
	多种经营服务收入	8702.30	万元
	净利润均值	3194.46	万元
	基础物业服务净利润均值	1097.90	万元
	多种经营净利润均值	2096.56	万元
	营业成本均值	37096.84	万元
	单盘收入均值	452.14	万元
	单位面积收入均值	26.41	元 / 平方米
服务质量	收缴率	93.02	%
	续约率	98.82	%
发展潜力	合同储备项目个数均值	49	个
	合同储备项目面积均值	721.32	万平方米

数据来源：中指研究院。

7-47　2015年中国物业服务百强企业经营数据

管理规模	管理面积均值	2361.48	万平方米
	在管项目数量均值	154	个
	单个项目管理面积均值	15.33	万平方米
	百强企业市场份额	28.42	%
	TOP10企业市场份额	7.64	%
	TOP10管理面积均值	13332.60	万平方米
	TOP11~30管理面积均值	3059.47	万平方米
	TOP31~50管理面积均值	1598.21	万平方米
	TOP51~100管理面积均值	1141.42	万平方米
	进入城市数量均值	27	个
	单位城市项目均数	5.71	个
	单个城市管理面积均值	87.46	万平方米
经营绩效	营业收入均值	54076.96	万元
	基础物业服务收入	45032.04	万元
	多种经营服务收入	9044.92	万元
	TOP10营业收入	22.18	亿元
	TOP11~30营业收入	8.51	亿元
	TOP31~50营业收入	3.93	亿元
	TOP51~100营业收入	2.44	亿元
	净利润均值	3916.93	万元
	基础物业服务净利润均值	2699.67	万元
	多种经营净利润均值	1217.26	万元
	营业成本均值	43239.94	万元
	营业成本率	79.96	%
	毛利润	10837.02	万元
	毛利率	20.04	%
	单盘收入均值	351.15	万元
	单位面积收入均值	22.90	元/平方米
	人均在管面积	4538.77	平方米
	人均产值	10.39	万元
	人员成本	56.79	%
	物业共用部分共用设施设备日常运行和维护成本	9.62	%
	清洁卫生成本	8.38	%
	秩序维护成本	5.08	%
	办公成本	2.75	%
	绿化养护成本	2.45	%
	物业共用部分共用设施设备及公众责任保险成本	1.02	%
	其他成本	13.92	%

7–47 续表 1 单位：亿元

服务质量	收缴率	94.09	%
	续约率	98.80	%
	绿化外包项目比例	25.66	%
	秩序维护外包项目比例	19.76	%
	清洁外包项目比例	38.16	%
	设备维修保养外包项目比例	24.11	%
	本科及以上人员占比	8.34	%
	大专人员占比	17.17	%
	中专人员占比	22.93	%
	高中及以下人员占比	51.55	%
发展潜力	合同储备项目个数均值	54	个
	合同储备项目面积均值	785.65	万平方米
社会责任	百强企业员工数	105	万人
	外包岗位数	38	万人
	纳税总额	63.14	亿元
	员工工资	4.72	万元 / 年
	捐赠总额	14.41	万元
	保障房项目数量	779	个
	保障房在管物业总面积	11429.43	万平方米

数据来源：中指研究院。

7-48　2016 年中国物业服务百强企业经营数据

管理规模	管理面积均值	2725.09	万平方米
	在管项目数量均值	166	个
	单个项目管理面积均值	16.42	万平方米
	百强企业市场份额	29.44	%
	TOP10 企业市场份额	10.18	%
	TOP10 管理面积均值	18838.96	万平方米
	TOP11-30 管理面积均值	3705.02	万平方米
	TOP31-50 管理面积均值	1622.67	万平方米
	TOP51-100 管理面积均值	1146.56	万平方米
	进入城市数量均值	28	个
	单位城市项目均数	5.93	个
	单个城市管理面积均值	97.32	万平方米
	单体超过 100 万平方米的项目数量	259	个
	单体在 50-100 万平方米的项目数量	1433	个
经营绩效	营业收入均值	62783.58	万元
	基础物业服务收入	51931.65	万元
	多种经营服务收入	10851.93	万元
	TOP10 营业收入	31.40	亿元
	TOP11-30 营业收入	10.38	亿元
	TOP31-50 营业收入	3.99	亿元
	TOP51-100 营业收入	2.46	亿元
	净利润均值	4578.98	万元
	基础物业服务净利润均值	2782.07	万元
	多种经营净利润均值	1796.91	万元
	净利润率	7.29	%
	TOP10 净利润	20268.31	万元
	TOP11-30 净利润	7339.48	万元
	TOP31-50 净利润	2847.46	万元
	TOP51-100 净利润	1593.77	万元
	营业成本均值	49454.82	万元
	营业成本率	78.77	%
	毛利润	13328.76	万元
	毛利率	21.23	%
	单盘收入均值	378.21	万元
	单位面积收入均值	23.04	元 / 平方米
	人均在管面积	5256.56	平方米
	人均产值	12.11	万元
	人均净利润	0.88	万元
	人员成本	53.43	%
	物业共用部分共用设施设备日常运行和维护成本	10.25	%

7-48 续表 1 单位：亿元

经营绩效	清洁卫生成本	9.03	%
	秩序维护成本	5.34	%
	办公成本	3.81	%
	绿化养护成本	2.69	%
	物业共用部分共用设施设备及公众责任保险成本	0.92	%
	其他成本	14.55	%
服务质量	收缴率	94.10	%
	续约率	98.21	%
	绿化外包项目比例	42.31	%
	秩序维护外包项目比例	23.99	%
	清洁外包项目比例	59.23	%
	设备维修保养外包项目比例	35.22	%
	本科及以上人员占比	9.25	%
	大专人员占比	16.84	%
	中专人员占比	22.03	%
	高中及以下人员占比	51.88	%
发展潜力	合同储备项目个数均值	60	个
	合同储备项目面积均值	820.32	万平方米
社会责任	百强企业员工数	103.68	万人
	外包岗位数	39.74	万人
	纳税总额	77.74	亿元
	员工工资	5.08	万元 / 年
	捐赠总额	16.20	万元
	保障房项目数量	623	个
	保障房在管物业总面积	12895.42	万平方米

数据来源：中指研究院。

7-49　2017 年中国物业服务百强企业经营数据

管理规模	管理面积均值	3163.83	万平方米
	在管项目数量均值	178	个
	单个项目管理面积均值	17.77	万平方米
	百强企业市场份额	32.42	%
	TOP10 企业市场份额	11.60	%
	TOP10 管理面积均值	21588.21	万平方米
	TOP11-30 管理面积均值	4976.96	万平方米
	TOP31-50 管理面积均值	1988.74	万平方米
	TOP51-100 管理面积均值	1167.68	万平方米
	进入城市数量均值	28	个
	单位城市项目均数	6.35	个
	单个城市管理面积均值	112.99	万平方米
	单体超过 100 万平方米的项目数量	285	个
	单体在 50-100 万平方米的项目数量	1596	个
经营绩效	营业收入均值	74209.92	万元
	基础物业服务收入	60703.71	万元
	多种经营服务收入	13506.21	万元
	基础物业服务收入占比	81.80	%
	多种经营服务收入占比	18.20	%
	TOP10 营业收入	37.08	亿元
	TOP11-30 营业收入	13.25	亿元
	TOP31-50 营业收入	4.75	亿元
	TOP51-100 营业收入	2.77	亿元
	净利润均值	5733.65	万元
	基础物业服务净利润均值	3343.87	万元
	多种经营净利润均值	2389.78	万元
	净利润率	7.73	%
	基础物业服务净利润占比	58.32	%
	多种经营净利润占比	41.68	%
	TOP10 净利润	28521.56	万元
	TOP11-30 净利润	10162.32	万元
	TOP31-50 净利润	3458.81	万元
	TOP51-100 净利润	1789.33	万元
	营业成本均值	57653.69	万元
	营业成本率	77.69	%
	毛利润	16556.23	万元
	毛利率	22.31	%
	单盘收入均值	416.91	万元
	单位面积收入均值	23.46	元 / 平方米
	人均在管面积	5912.97	平方米

7-49 续表 1 单位：亿元

经营绩效	人均产值	13.99	万元
	人均净利润	1.08	万元
	人员成本	55.84	%
	物业共用部分共用设施设备日常运行和维护成本	10.03	%
	清洁卫生成本	8.14	%
	秩序维护成本	4.89	%
	办公成本	3.41	%
	绿化养护成本	2.38	%
	物业共用部分共用设施设备及公众责任保险成本	0.93	%
	其他成本	14.38	%
服务质量	收缴率	94.14	%
	续约率	98.48	%
	绿化外包项目比例	43.14	%
	秩序维护外包项目比例	24.68	%
	清洁外包项目比例	60.25	%
	设备维修保养外包项目比例	36.84	%
	本科及以上人员占比	9.85	%
	大专人员占比	18.24	%
	中专人员占比	22.23	%
	高中及以下人员占比	49.68	%
发展潜力	合同储备项目个数均值	64	个
	合同储备项目面积均值	925.36	万平方米
	TOP10 储备面积	3264.23	万平方米
	TOP11-30 储备面积	679.56	万平方米
	TOP31-50 储备面积	262.01	万平方米
	TOP51-100 储备面积	155.01	万平方米
	TOP10 储备项目个数	175.23	个
	TOP11-30 储备项目个数	62.35	个
	TOP31-50 储备项目个数	32.78	个
	TOP51-100 储备项目个数	25.60	个
社会责任	百强企业员工数	106.10	万人
	外包岗位数	46.92	万人
	纳税总额	90.64	亿元
	员工工资	5.54	万元 / 年
	捐赠总额	17.20	万元
	保障房项目数量	711	个
	保障房在管物业总面积	14325.40	万平方米

数据来源：中指研究院。

7-50　2018 年中国物业服务百强企业经营数据

管理规模	管理面积均值	3718.13	万平方米
	在管项目数量均值	192	个
	单个项目管理面积均值	19.37	万平方米
	百强企业市场份额	38.85	%
	TOP10 企业市场份额	11.35	%
	TOP10 管理面积均值	23918.48	万平方米
	TOP11-30 管理面积均值	6363.54	万平方米
	TOP31-50 管理面积均值	2324.44	万平方米
	TOP51-100 管理面积均值	1260.51	万平方米
	进入城市数量均值	29	个
	单位城市项目均数	6.64	个
	单个城市管理面积均值	128.21	万平方米
	单体超过 100 万平方米的项目数量	382	个
	单体在 50-100 万平方米的项目数量	2046	个
经营绩效	营业收入均值	88617.59	万元
	基础物业服务收入	71326.86	万元
	多种经营服务收入	17290.65	万元
	基础物业服务收入占比	80.49	%
	多种经营服务收入占比	19.51	%
	TOP10 营业收入	48.83	亿元
	TOP11-30 营业收入	16.73	亿元
	TOP31-50 营业收入	5.57	亿元
	TOP51-100 营业收入	2.99	亿元
	净利润均值	7221.40	万元
	基础物业服务净利润均值	4022.68	万元
	多种经营净利润均值	3198.72	万元
	净利润率	8.15	%
	基础物业服务净利润占比	55.70	%
	多种经营净利润占比	44.30	%
	TOP10 净利润	44199.88	万元
	TOP11-30 净利润	13758.77	万元
	TOP31-50 净利润	4275.78	万元
	TOP51-100 净利润	2087.79	万元
	营业成本均值	67743.08	万元
	营业成本率	76.44	%
	毛利润	20874.43	万元
	毛利率	23.56	%
	单盘收入均值	461.55	万元
	单位面积收入均值	23.83	元 / 平方米
	人均指标情况 > 在管面积	6990.94	平方米

7-50 续表 1 单位：亿元

经营绩效	人均指标情况 > 产值	15.15	万元
	人均指标情况 > 净利润	1.23	万元
	人员成本	57.84	%
	物业共用部分共用设施设备日常运行和维护成本	9.80	%
	清洁卫生成本	7.74	%
	秩序维护成本	4.66	%
	办公成本	3.09	%
	绿化养护成本	2.16	%
	物业共用部分共用设施设备及公众责任保险成本	0.91	%
	其他成本	13.80	%
服务质量	收缴率	93.75	%
	续约率	98.26	%
	绿化外包项目比例	43.34	%
	秩序维护外包项目比例	24.90	%
	清洁外包项目比例	60.38	%
	设备维修保养外包项目比例	37.01	%
	本科及以上人员占比	10.46	%
	大专人员占比	19.76	%
	中专人员占比	22.53	%
	高中及以下人员占比	47.25	%
发展潜力	合同储备项目个数均值	70	个
	合同储备项目面积均值	1029.07	万平方米
	TOP10 储备面积	10105.62	万平方米
	TOP11-30 储备面积	1103.46	万平方米
	TOP31-50 储备面积	494.36	万平方米
	TOP51-100 储备面积	304.54	万平方米
	TOP10 储备项目个数	634.37	个
	TOP11-30 储备项目个数	74.95	个
	TOP31-50 储备项目个数	34.48	个
	TOP51-100 储备项目个数	25.71	个
社会责任	百强企业员工数	117.01	万人
	外包岗位数	51.76	万人
	纳税总额	108.62	亿元
	员工工资	6.04	万元 / 年
	保障房项目数量	797	个
	保障房在管物业总面积	15776.56	万平方米

数据来源：中指研究院。

7-51　2019年中国物业服务百强企业经营数据

管理规模	管理面积均值	4278.83	万平方米
	在管项目数量均值	212	个
	单个项目管理面积均值	20.18	万平方米
	百强企业市场份额	43.61	%
	TOP10 企业市场份额	9.22	%
	TOP10 管理面积均值	22077.68	万平方米
	TOP11-30 管理面积均值	8021.24	万平方米
	TOP31-50 管理面积均值	2638.24	万平方米
	TOP51-100 管理面积均值	1355.68	万平方米
	进入城市数量均值	31	个
	单位城市项目均数	6.84	个
	单个城市管理面积均值	138.27	万平方米
	单体超过 100 万平方米的项目数量	486	个
	单体在 50-100 万平方米的项目数量	2288	个
经营绩效	营业收入均值	104015.43	万元
	基础物业服务收入	81704.92	万元
	多种经营服务收入	22310.13	万元
	基础物业服务收入占比	78.55	%
	多种经营服务收入占比	21.45	%
	TOP10 营业收入	56.76	亿元
	TOP11-30 营业收入	21.42	亿元
	TOP31-50 营业收入	6.41	亿元
	TOP51-100 营业收入	3.25	亿元
	净利润均值	9112.36	万元
	基础物业服务净利润均值	4904.45	万元
	多种经营净利润均值	4207.92	万元
	净利润率	8.76	%
	基础物业服务净利润占比	53.82	%
	多种经营净利润占比	46.18	%
	TOP10 净利润	66071.47	万元
	TOP11-30 净利润	18449.13	万元
	TOP31-50 净利润	5090.74	万元
	TOP51-100 净利润	2338.74	万元
	营业成本均值	79029.08	万元
	营业成本率	75.98	%
	毛利润	24985.96	万元
	毛利率	24.02	%
	单盘收入均值	490.64	万元
	单位面积收入均值	24.31	元 / 平方米
	人均在管面积	8182.33	平方米

7-51 续表 1 单位：亿元

经营绩效	人均产值	19.89	万元
	人均净利润	1.74	万元
	人员成本	59.09	%
	物业共用部分共用设施设备日常运行和维护成本	9.70	%
	清洁卫生成本	7.48	%
	秩序维护成本	4.55	%
	办公成本	2.89	%
	绿化养护成本	2.06	%
	物业共用部分共用设施设备及公众责任保险成本	0.88	%
	其他成本	13.35	%
服务质量	收缴率	93.06	%
	续约率	98.35	%
	绿化外包项目比例	43.49	%
	秩序维护外包项目比例	24.92	%
	清洁外包项目比例	60.50	%
	设备维修保养外包项目比例	36.88	%
	本科及以上人员占比	10.98	%
	大专人员占比	21.42	%
	中专人员占比	22.85	%
	高中及以下人员占比	44.75	%
发展潜力	合同储备项目个数均值	95	个
	合同储备项目面积均值	1685.07	万平方米
	TOP10 储备面积	20300.61	万平方米
	TOP11-30 储备面积	2200.78	万平方米
	TOP31-50 储备面积	775.25	万平方米
	TOP51-100 储备面积	330.06	万平方米
	TOP10 储备项目个数	1044	个
	TOP11-30 储备项目个数	121	个
	TOP31-50 储备项目个数	49	个
	TOP51-100 储备项目个数	26	个
社会责任	百强企业员工数	127.60	万人
	外包岗位数	55.15	万人
	纳税总额	126.10	亿元
	员工工资	6.45	万元 / 年
	保障房项目数量	894	个
	保障房在管物业总面积	17519.87	万平方米

数据来源：中指研究院。

7–52　2020年中国物业服务百强企业经营数据

管理规模	管理面积均值	4878.72	万平方米
	在管项目数量均值	244	个
	单个项目管理面积均值	19.99	万平方米
	百强企业市场份额	49.71	%
	TOP10 企业市场份额	10.56	%
	TOP10 管理面积	26439.90	万平方米
	进入城市数量均值	34	个
	单位城市项目均数	7.18	个
	单个城市管理面积均值	143.49	万平方米
经营绩效	营业收入均值	117339.37	万元
	基础物业服务收入	91442.57	万元
	多种经营服务收入	25896.80	万元
	基础物业服务收入占比	77.93	%
	多种经营服务收入占比	22.07	%
	TOP10 营业收入	71.77	亿元
	净利润均值	10454.94	万元
	基础物业服务净利润均值	5405.40	万元
	多种经营净利润均值	5049.54	万元
	净利润率	8.91	%
	基础物业服务净利润占比	51.70	%
	多种经营净利润占比	48.30	%
	TOP10 净利润	105852.48	万元
	营业成本均值	88567.76	万元
	营业成本率	75.48	%
	毛利润	28771.61	万元
	毛利率	24.52	%
	单盘收入均值	480.90	万元
	单位面积收入均值	24.05	元 / 平方米
	人员成本	58.32	%
	物业共用部分共用设施设备日常运行和维护成本	9.75	%
	清洁卫生成本	8.53	%
	秩序维护成本	4.01	%
	办公成本	2.99	%
	绿化养护成本	2.06	%
	物业共用部分共用设施设备及公众责任保险成本	0.85	%
	其他成本	13.49	%
服务质量	收缴率	93.57	%
	续约率	98.39	%
	本科及以上人员占比	11.23	%
	大专人员占比	22.77	%
	中专人员占比	22.68	%
	高中及以下人员占比	43.32	%

7-52 续表 1 单位：亿元

发展潜力	合同储备项目个数均值	105	个
	合同储备项目面积均值	1830.51	万平方米
	TOP10 储备面积	17091.33	万平方米
	TOP11-30 储备面积	2764.41	万平方米
	TOP31-50 储备面积	968.69	万平方米
	TOP51-100 储备面积	361.01	万平方米
	TOP10 储备项目个数	1082	个
	TOP11-30 储备项目个数	127	个
	TOP31-50 储备项目个数	52	个
	TOP51-100 储备项目个数	27	个
社会责任	百强企业员工数	148.32	万人
	外包岗位数	59.02	万人
	纳税总额	154.75	亿元

数据来源：中指研究院。

政策篇

第八章　2020年房地产及相关政策

8-1　2020年宏观经济政策

时间	地区	政策内容	政策来源
1月16日	全国	一线城市新建商品住宅销售价格涨幅回落；二手住宅涨幅略有扩大。二三线城市新建商品住宅销售价格环比涨幅微扩，同比涨幅回落；二手住宅涨幅均相同或回落。	国家统计局公布2019年12月份70个大中城市商品住宅销售价格变动情况
1月17日	全国	2019年，全国房地产开发投资132194亿元，同比增长9.9%，增速比1~11月份回落0.3个百分点，比2018年加快0.4个百分点。其中，住宅投资97071亿元，增长13.9%，增速比1~11月份回落0.5个百分点，比2018年加快0.5个百分点。 2019年，商品房销售面积171558万平方米，同比下降0.1%，1~11月份为增长0.2%，2018年为增长1.3%。其中，住宅销售面积增长1.5%。商品房销售额159725亿元，增长6.5%，增速比1~11月份回落0.8个百分点，比2018年回落5.7个百分点。其中，住宅销售额增长10.3%。 2019年，房地产开发企业到位资金178609亿元，同比增长7.6%，增速比1~11月份加快0.6个百分点，比2018年加快1.2个百分点。其中，国内贷款25229亿元，增长5.1%；利用外资176亿元，增长62.7%；自筹资金58158亿元，增长4.2%；定金及预收款61359亿元，增长10.7%；个人按揭贷款27281亿元，增长15.1%。	国家统计局公布2019年1~12月份全国房地产开发投资和销售情况
2月17日	全国	一线城市商品住宅销售价格环比涨幅略有扩大，二三线城市涨幅稳中有落。 一线城市商品住宅销售价格同比小幅上涨，二三线城市涨幅连续回落。	国家统计局公布2020年1月份70个大中城市商品住宅销售价格变动情况
3月10日	全国	2020年2月份，全国居民消费价格同比上涨5.2%。其中，城市上涨4.8%，农村上涨6.3%；食品价格上涨21.9%，非食品价格上涨0.9%；消费品价格上涨7.9%，服务价格上涨0.6%。1~2月平均，全国居民消费价格比上年同期上涨5.3%。	国家统计局发布了2020年2月份居民消费价格指数
3月11日	全国	2月末，广义货币(M2)余额203.08万亿元，同比增长8.8%，增速分别比上月末和上年同期高0.4个和0.8个百分点；狭义货币(M1)余额55.27万亿元，同比增长4.8%，增速分别比上月末和上年同期高4.8个和2.8个百分点；流通中货币(M0)余额8.82万亿元，同比增长10.9%。当月净回笼现金5062亿元。	中国人民银行发布《2020年2月金融统计数据报告》
3月16日	全国	一二三线城市新建商品住宅销售价格环比持平或涨幅回落、二手住宅销售价格涨跌互现。 一二三线城市新建商品住宅和二手住宅销售价格同比涨幅稳中趋落。	国家统计局公布2020年2月份70个大中城市商品住宅销售价格变动情况
3月16日	全国	1~2月份，全国房地产开发投资10115亿元，同比下降16.3%。其中，住宅投资7318亿元，下降16.0%。 1~2月份，商品房销售面积8475万平方米，同比下降39.9%。 1~2月份，房地产开发企业到位资金20210亿元，同比下降17.5%。	国家统计局公布2020年1~2月份全国房地产开发投资和销售情况
4月10日	全国	2020年3月份，全国居民消费价格同比上涨4.3%。其中，城市上涨4.0%，农村上涨5.3%；食品价格上涨18.3%，非食品价格上涨0.7%；消费品价格上涨6.2%，服务价格上涨1.1%。一季度，全国居民消费价格比去年同期上涨4.9%。	国家统计局发布了2020年3月份居民消费价格指数
4月10日	全国	3月末，广义货币(M2)余额208.09万亿元，同比增长10.1%，增速分别比上月末和上年同期高1.3个和1.5个百分点；狭义货币(M1)余额57.51万亿元，同比增长5%，增速分别比上月末和上年同期高0.2个和0.4个百分点；流通中货币(M0)余额8.3万亿元，同比增长10.8%。一季度，净投放现金5833亿元。	中国人民银行发布《2020年一季度金融统计数据报告》
4月16日	全国	一二三线城市新建商品住宅销售价格环比涨幅略有扩大、二手住宅销售价格环比微涨。 一二三线城市新建商品住宅销售价格同比涨幅回落，二手住宅销售价格仅一线城市涨幅微扩。	国家统计局公布2020年3月份70个大中城市商品住宅销售价格变动情况

8-1 续表 1

时间	地区	政策内容	政策来源
4 月 17 日	全国	1~3 月份，全国房地产开发投资 21963 亿元，同比下降 7.7%。其中，住宅投资 16015 亿元，下降 7.2%。 1~3 月份，商品房销售面积 21978 万平方米，同比下降 26.3%。 1~3 月份，房地产开发企业到位资金 33566 亿元，同比下降 13.8%。	国家统计局公布 2020 年 1~3 月份全国房地产开发投资和销售情况
4 月 17 日	全国	初步核算，一季度国内生产总值 206504 亿元，按可比价格计算，同比下降 6.8%。分产业看，第一产业增加值 10186 亿元，下降 3.2%；第二产业增加值 73638 亿元，下降 9.6%；第三产业增加值 122680 亿元，下降 5.2%。 统筹疫情防控和经济社会发展成效显著，3 月份主要经济指标降幅明显收窄。	国新办举行 2020 年一季度国民经济运行情况发布会
5 月 6 日	全国	会议推出 8 个方面 90 项政策措施，同时会议强调，进一步落实落细已出台的支持企业特别是小微企业和个体工商户纾困发展各项政策，让企业得到更多实惠，稳定就业岗位，减轻疫情对农民工在内的劳动者就业和收入的影响，保障基本民生等。	李克强主持召开国务院常务会议
5 月 12 日	全国	4 月份，全国居民消费价格同比上涨 3.3%，1~4 月平均，全国居民消费价格比去年同期上涨 4.5%。 4 月份，全国工业生产者出厂价格同比下降 3.1%；工业生产者购进价格同比下降 3.8%。1~4 月平均，工业生产者出厂价格比去年同期下降 1.2%，工业生产者购进价格下降 1.5%。	国家统计局发布 2020 年 4 月份居民消费价格指数
5 月 15 日	全国	1~4 月份，全国房地产开发投资 33103 亿元，同比下降 3.3%，降幅比 1~3 月份收窄 4.4 个百分点；商品房销售面积 33973 万平方米，同比下降 19.3%，降幅比 1~3 月份收窄 7.0 个百分点；商品房销售额 31863 亿元，下降 18.6%，降幅比 1~3 月份收窄 6.1 个百分点。	国家统计局公布 2020 年 1~4 月份全国房地产开发投资和销售情况
5 月 15 日	全国	今年下一阶段，积极的财政政策要更加积极有为，稳健的货币政策要更加灵活适度，就业优先政策要全面强化。要加大宏观政策实施力度，着力稳企业保就业。要依靠改革激发市场主体活力，增强发展新动能。要实施扩大内需战略，推动经济发展方式加快转变。要确保实现脱贫攻坚目标，促进农业丰收农民增收。要推进更高水平对外开放，稳住外贸外资基本盘。	习近平主持中共中央政治局会议，讨论政府工作报告
5 月 18 日	全国	各线城市新建商品住宅和二手房销售价格环比均上涨，二线城市新建商品住宅和二手房销售价格环比涨幅比上月均有所扩大；三线城市新建商品住宅价格环比涨幅居各线城市首位。	国家统计局公布 2020 年 4 月份 70 个大中城市商品住宅销售价格变动情况
5 月 18 日	全国	推进要素价格市场化改革。完善城镇建设用地价格形成机制和存量土地盘活利用政策，推动实施城镇低效用地再开发，在符合国土空间规划前提下，推动土地复合开发利用、用途合理转换。 构建有效协调的宏观调控新机制。科学稳健把握宏观政策逆周期调节力度，更好发挥财政政策对经济结构优化升级的支持作用，健全货币政策和宏观审慎政策双支柱调控框架。稳妥推进房地产税立法。构建区域协调发展新机制，完善京津冀协同发展、长江经济带发展、长江三角洲区域一体化发展、粤港澳大湾区建设、黄河流域生态保护和高质量发展等国家重大区域战略推进实施机制，形成主体功能明显、优势互补、高质量发展的区域经济布局。 加快建立多主体供给、多渠道保障、租购并举的住房制度，改革住房公积金制度。	中共中央国务院发布关于新时代加快完善社会主义市场经济体制的意见

8-1　续表2

时间	地区	政策内容	政策来源
5月22日	全国	2019年全国生产总值99.1万亿元，增长6.1%。城镇新增就业1352万人，调查失业率在5.3%以下。居民人均可支配收入超过3万元，居民消费价格上涨2.9%，常住人口城镇化率首次超过60%。供给侧结构性改革继续深化，重要领域改革取得新突破，减税降费2.36万亿元。 不设全年经济增速具体目标，有利于引导各方面集中精力抓好“六稳”“六保”。要优先稳就业保民生，坚决打赢脱贫攻坚战，努力实现全面建成小康社会目标任务；城镇新增就业900万人以上，城镇调查失业率6%左右，城镇登记失业率5.5左右；居民消费价格涨幅3.5%左右；进出口促稳提质，国际收支基本平衡；居民收入增长与经济增长基本同步。	两会政府工作报告
5月26日	全国	央行行长表示，下一步人民银行将继续深化LPR改革，疏通货币市场利率向贷款利率的传导渠道，推动降低贷款实际利率，支持实体经济发展。同时，有序推进存量贷款基准转换。易纲在接受媒体采访时表示，利率是最重要的金融要素价格，推进利率市场化改革是金融领域最重要的改革之一，目标是要完善主要由市场决定价格机制，稳妥推进存贷款基准利率与市场利率并轨。	央行行长两会媒体采访
6月9日	全国	国家确定新增减税降费2.5万亿元，其中减免社保费将为市场主体减负1.6万多亿元，大部分在下半年实现；建立特殊转移支付机制，将新增财政资金通过增加中央对地方转移支付、安排政府性基金转移支付等方式，第一时间全部下达市县。	李克强主持召开国务院常务会议
6月10日	全国	5月份，全国居民消费价格同比上涨2.4%，1~5月平均，全国居民消费价格比去年同期上涨4.1%。 5月份，全国工业生产者出厂价格同比下降3.7%；工业生产者购进价格同比下降5.0%。1~5月平均，工业生产者出厂价格比上年同期下降1.7%，工业生产者购进价格下降2.2%。	国家统计局发布2020年5月份居民消费价格指数
6月11日	全国	针对“中小微企业贷款延期还本付息政策再延长至明年3月底，对普惠型小微企业贷款应延尽延，对其他困难企业贷款协商延期。”意见要求，人民银行、银保监会牵头，6月底前出台相关政策，年内持续推进。 针对“完善考核激励机制，鼓励银行敢贷、愿贷、能贷，大幅增加小微企业信用贷、首贷、无还本续贷，利用金融科技和大数据降低服务成本，提高服务精准性”，意见要求，人民银行、银保监会、国家发展改革委牵头，6月底前出台相关政策，年内持续推进。 针对“发挥中心城市和城市群综合带动作用，培育产业、增加就业。”意见要求，国家发展改革委牵头，年内持续推进。 针对“坚持房子是用来住的、不是用来炒的定位，因城施策，促进房地产市场平稳健康发展。完善便民、无障碍设施，让城市更宜业宜居。”意见要求，住房城乡建设部牵头，年内持续推进。 针对“继续推动西部大开发、东北全面振兴、中部地区崛起、东部率先发展。深入推进京津冀协同发展、粤港澳大湾区建设、长三角一体化发展。”意见要求，国家发展改革委牵头，年内持续推进。 针对“为保市场主体，一定要让中小微企业贷款可获得性明显提高，一定要让综合融资成本明显下降”，意见要求，人民银行、银保监会、财政部等按职责分工负责，适时出台相关政策，年内持续推进。	国务院发布关于落实《政府工作报告》重点工作部门分工的意见
6月15日	全国	1~5月份，全国房地产开发投资45920亿元，同比下降0.3%，降幅比1~4月份收窄3.0个百分点；商品房销售面积48703万平方米，同比下降12.3%，降幅比1~4月份收窄7.0个百分点；商品房销售额46269亿元，下降10.6%，降幅比1~4月份收窄8.0个百分点。	国家统计局公布2020年1~5月份全国房地产开发投资和销售情况

8-1 续表 3

时间	地区	政策内容	政策来源
6 月 15 日	全国	各线城市新建商品住宅销售价格环比涨幅均略有扩大，二手住宅涨幅与上月相同或微扩；一线城市新建商品住宅销售价格同比涨幅与上月相同，二手住宅涨幅有所扩大；二三线城市涨幅延续回落态势。	国家统计局公布 2020 年 5 月份 70 个大中城市商品住宅销售价格变动情况
6 月 17 日	全国	会议要求，抓住合理让利这个关键，保市场主体，稳住经济基本盘。进一步通过引导贷款利率和债券利率下行、发放优惠利率贷款、实施中小微企业贷款延期还本付息、支持发放小微企业无担保信用贷款、减少银行收费等一系列政策，推动金融系统全年向各类企业合理让利 1.5 万亿元。 综合运用降准、再贷款等工具，保持市场流动性合理充裕，加大力度解决融资难，缓解企业资金压力，全年人民币贷款新增和社会融资新增规模均超过上年。 遵循市场规律，完善资金直达企业的政策工具和相关机制。按照有保有控要求，确保新增金融资金主要流向制造业、一般服务业尤其是中小微企业，更好发挥救急纾困、“雪中送炭”效应，防止资金跑偏和“空转”，防范金融风险。 增强金融服务中小微企业能力和动力。合理补充中小银行资本金。督促银行完善内部考核激励机制，提升普惠金融在考核中的权重。加大不良贷款核销处置力度。严禁发放贷款时附加不合理条件。	李克强主持召开国务院常务会议
6 月 18 日	全国	央行以利率招标方式开展了 1200 亿元逆回购操作。此次逆回购包含两个期限品种——7 天期和 14 天期，中标利率分别为 2.2%、2.35%，上次分别为 2.2%、2.55%。	央行开展逆回购
6 月 18 日	全国	6 月 18 日，在第十二届陆家嘴论坛上，国务院副总理刘鹤、中国人民银行行长易纲、银保监会主席郭树清等均发表重要讲话。 刘鹤副总理：稳健的货币政策更加灵活适度，从经济发展实际出发，加强逆周期调节，坚持总量政策适度，保持流动性合理充裕，促进金融与实体经济良性循环，全力支持做好“六稳”“六保”工作。 易纲行长：通过数量型货币政策工具扩大总量供给，重点解决融资难的问题，下半年，货币政策还将保持流动性合理充裕，预计将带动全年人民币贷款新增近 20 万亿元，社会融资规模的增量将超过 30 万亿元。通过利率市场化改革，引导市场利率持续下降，推动金融部门向企业合理让利，着力缓解融资贵的问题，预计金融系统将在今年为企业让利 1.5 万亿。 郭树清主席：强化政策性金融在逆周期调节中的作用，今年政策性银行安排信贷规模比去年多增近 1 万亿元，债券发行规模也将增加，可用资金大幅提升。	第十二届陆家嘴论坛金融系统领导发表讲话
7 月 7 日	全国	人民银行联合银保监会在北京召开金融支持稳企业保就业工作座谈会。会议要求，各金融机构要把支持稳企业保就业作为当前和今后一段时期工作的重中之重。 要把握好信贷投放节奏，与市场主体实际需求保持一致，确保信贷资金平稳投向实体经济。要着力提升小微金融服务能力，完善内部转移定价、分支行综合绩效考核权重等激励机制，加强金融科技运用，提高风险评估能力。要落实尽职免责要求，让基层行和业务人员真正敢贷、愿贷、能贷、会贷。 要落实有扶有控的差异化信贷政策，重点支持制造业、战略性新兴产业等，提高制造业中长期贷款占比。要落实好中小微企业贷款延期还本付息政策，对普惠小微贷款要应延尽延。要加大小微企业信用贷款支持力度，注重审核第一还款来源，丰富信用贷款产品体系，提高信用贷款发放效率。	央行联合银保监会召开金融支持稳企业保就业工作座谈会

8-1　续表4

时间	地区	政策内容	政策来源
7月9日	全国	6月份，全国居民消费价格同比上涨2.5%，上半年，全国居民消费价格比去年同期上涨3.8%。 6月份，全国工业生产者出厂价格同比下降3.0%；工业生产者购进价格同比下降5.0%。上半年，工业生产者出厂价格比去年同期下降1.9%，工业生产者购进价格下降2.6%。	国家统计局发布2020年6月居民消费价格指数和工业生产者出厂价格
7月16日	全国	国家统计局发布上半年国民经济主要指标运行情况，据初步核算，上半年国内生产总值456614亿元，按可比价格计算，同比下降1.6%。分季度看，二季度同比增长3.2%，经济增速实现由负转正，经济整体呈现快速回升态势。就业物价总体平稳，6月份全国城镇调查失业率为5.7%，连续两个月小幅下降。	国家统计局发布上半年国民经济主要指标运行情况
7月16日	全国	一线城市新建商品住宅和二手房住宅销售价格环比涨幅回落，二三线城市涨幅略有扩大；一线城市新建商品住宅和二手住宅销售价格同比涨幅有所扩大，二三线城市涨幅延续回落态势。	国家统计局公布2020年6月份70个大中城市商品住宅销售价格变动情况
7月16日	全国	1~6月份，全国房地产开发投资62780亿元，同比增长1.9%，较1~5月份扩大2.2个百分点；商品房销售面积69404万平方米，同比下降8.4%，降幅比1~5月份收窄3.9个百分点；商品房销售额66895亿元，下降5.4%，降幅比1~5月份收窄5.2个百分点；房地产开发企业到位资金83344亿元，同比下降1.9%，降幅比1~5月份收窄4.2个百分点；房地产开发景气指数为99.85，比5月份提高0.50点。	国家统计局公布2020年1~6月份全国房地产开发投资和销售情况
7月16日	全国	上半年，全国居民人均可支配收入15666元，比上年同期名义增长2.4%，扣除价格因素，实际下降1.3%。其中，城镇居民人均可支配收入21655元，增长（以下如无特别说明，均为同比名义增速）1.5%，扣除价格因素，实际下降2.0%；农村居民人均可支配收入8069元，增长3.7%，扣除价格因素，实际下降1.0%。 上半年，全国居民人均消费支出9718元，比上年同期名义下降5.9%，扣除价格因素，实际下降9.3%。其中，城镇居民人均消费支出12485元，下降8.0%，扣除价格因素，实际下降11.2%；农村居民人均消费支出6209元，下降1.6%，扣除价格因素，实际下降6.0%。	国家统计局公布2020年上半年居民收入和消费支出情况
7月30日	全国	中共中央政治局召开会议，会议分析研究当前经济形势，部署下半年经济工作，强调要坚持房子是用来住的、不是用来炒的定位，促进房地产市场平稳健康发展。	中共中央政治局召开会议
8月3日	全国	一是货币政策要更加灵活适度、精准导向，切实抓好已出台稳企业保就业各项政策落实见效。综合运用多种货币政策工具，引导广义货币供应量和社会融资规模增速明显高于去年。 二是守住底线，继续打好防范化解重大金融风险三年攻坚战。 三是坚定不移推动金融业稳妥有序开放。 四是不断深化金融领域体制机制改革。 五是继续做好金融管理和金融服务工作。	央行2020年下半年工作电视会议
8月6日	全国	稳健的货币政策更加灵活适度、精准导向，保持货币供应量和社会融资规模合理增长。牢牢坚持房子是用来住的、不是用来炒的定位，坚持不将房地产作为短期刺激经济的手段，坚持稳地价、稳房价、稳预期，保持房地产金融政策的连续性、一致性、稳定性，实施好房地产金融审慎管理制度。	央行发布《2020年第二季度中国货币政策执行报告》

8-1 续表 5

时间	地区	政策内容	政策来源
8月10日	全国	7月份，全国居民消费价格同比上涨2.7%，1~7月平均，全国居民消费价格比去年同期上涨3.7%； 7月份，全国工业生产者出厂价格同比下降2.4%；工业生产者购进价格同比下降3.3%。1~7月平均，工业生产者出厂价格比上年同期下降2.0%，工业生产者购进价格下降2.7%。	国家统计局发布2020年7月份居民消费价格指数
8月15日	全国	1~7月份，全国房地产开发投资75325亿元，同比增长3.4%，增速比1~6月份提高1.5个百分点；商品房销售面积83631万平方米，同比下降5.8%，降幅比1~6月份收窄2.6个百分点；商品房销售额81422亿元，下降2.1%，降幅比1~6月份收窄3.3个百分点。	国家统计局公布2020年1~7月份全国房地产开发投资和销售情况
8月24日	全国	要以畅通国民经济循环为主构建新发展格局。推动形成以国内大循环为主体、国内国际双循环相互促进的新发展格局是根据我国发展阶段、环境、条件变化提出来的，是重塑我国国际合作和竞争新优势的战略抉择。 要坚持供给侧结构性改革这个战略方向，扭住扩大内需这个战略基点，使生产、分配、流通、消费更多依托国内市场，提升供给体系对国内需求的适配性，形成需求牵引供给、供给创造需求的更高水平动态平衡。 新发展格局决不是封闭的国内循环，而是开放的国内国际双循环。我国在世界经济中的地位将持续上升，同世界经济的联系会更加紧密，为其他国家提供的市场机会将更加广阔，成为吸引国际商品和要素资源的巨大引力场。	习近平总书记主持召开经济社会领域专家座谈会
9月9日	全国	8月份，全国居民消费价格同比上涨2.4%，较上月回落0.3个百分点，环比上涨0.4%，较上月回落0.2个百分点。1~8月，全国居民消费价格比上年同期上涨3.5%。 8月份，全国工业生产者出厂价格同比下降2.0%；工业生产者购进价格同比下降2.5%。1~8月平均，工业生产者出厂价格比上年同期下降2.0%，工业生产者购进价格下降2.7%。	国家统计局发布2020年8月居民消费价格指数和工业生产者出厂价格
9月14日	全国	各线城市新建商品住宅销售价格环比涨幅略微扩大，二线城市二手住宅销售价格环比涨幅回落；一线城市新建商品住宅和二手住宅销售价格同比涨幅有所扩大，二三线城市同比涨幅回落或与上月相同。	国家统计局公布2020年8月份70个大中城市商品住宅销售价格变动情况
9月15日	全国	8月份，全国规模以上工业增加值同比增长5.6%，环比增长1.02%，增速比7月份加快0.8个百分点。1~8月份，全国规模以上工业增加值同比增长0.4%，增速实现由负转正。 8月份，全国服务业生产指数同比增长4.0%，比7月份上升0.5个百分点。1~8月份，服务业生产指数同比下降3.6%，降幅比1~7月份收窄1.1个百分点。 8月份，社会消费品零售总额33571亿元，同比增长0.5%，增速年内首次由负转正；环比增长1.25%。1~8月份，社会消费品零售总额238029亿元，同比下降8.6%，降幅比1~7月份收窄1.3个百分点。 1~8月份，全国城镇新增就业781万人，与上年同期相比少增203万人。8月份，全国城镇调查失业率为5.6%，比上月下降0.1个百分点。	国家统计局发布8月份国民经济运行情况

8-1　续表 6

时间	地区	政策内容	政策来源
9 月 15 日	全国	1~8 月份，全国房地产开发投资 88454 亿元，同比增长 4.6%，增速比 1~7 月份提高 1.2 个百分点；商品房销售面积 98486 万平方米，同比下降 3.3%，降幅比 1~7 月份收窄 2.5 个百分点；商品房销售额 96943 亿元，增长 1.6%，1~7 月份为下降 2.1%；房地产开发企业到位资金 117092 亿元，同比增长 3.0%，增速比 1~7 月份提高 2.2 个百分点；房地产开发景气指数为 100.33，比 7 月份提高 0.24 点。	国家统计局公布 2020 年 1~8 月份全国房地产开发投资和销售情况
9 月 21 日	全国	北京自贸区：（一）推动投资贸易自由化便利化；（二）深化金融领域开放创新；（三）推动创新驱动发展；（四）创新数字经济发展环境；（五）高质量发展优势产业；（六）探索京津冀协同发挥在那新路径；（七）加快转变政府职能。 湖南自贸区（长沙、岳阳、郴州）：（一）加快转变政府职能；（二）深化投资领域改革；（三）推动贸易高质量发展；（四）深化金融领域开放创新；（五）打造联通长江经济带和粤港澳大湾区的国际投资贸易走廊；（六）探索中非经贸合作新路径新机制；（七）支持先进制造业高质量发展。 安徽自贸区（合肥、芜湖、蚌埠）：（一）加快转变政府职能；（二）深化投资领域改革；（三）推动贸易高质量发展；（四）深化金融领域开放创新；（五）推动创新驱动发展；（六）推动产业优化升级；（七）积极服务国家重大战略。 浙江自贸区（宁波、杭州、金义）：（一）建立以投资贸易自由化便利化为核心的制度体系；（二）高质量建设现代化开放型经济体系；（三）构建安全高效的风险防控体系。	国务院关于印发北京、湖南、安徽自由贸易试验区总体方案及浙江自由贸易试验区 扩展区域方案的通知
10 月 7 日	全国	新华社报道称，“十三五”期间，我国户籍制度改革进展顺利、成效显著。公安部数据显示，1 亿人落户任务提前完成，1 亿多农业转移人口自愿有序实现了市民化，户籍人口城镇化率由 2013 年的 35.93% 提高到 2019 年的 44.38%。	新华社报道“十三五”期间户籍改革成效
10 月 12 日	全国	国务院总理李克强主持召开部分地方政府主要负责人视频座谈会。李克强指出当前国内外环境依然复杂严峻，不确定性增多，完成全年目标任务仍需艰苦努力。既要坚定信心，又要把困难问题分析透，真抓实干，巩固经济稳定恢复增长态势。要坚持以习近平新时代中国特色社会主义思想为指导，贯彻新发展理念，按照推动高质量发展、构建新发展格局的要求，在抓好常态化疫情防控中，持续做好“六稳”工作、落实“六保”任务，依靠改革开放破解发展难题，坚决打赢脱贫攻坚战，努力实现全年经济正增长，确保完成今年主要目标任务。	国务院总理李克强主持召开部分地方政府主要负责人视频座谈会
10 月 15 日	全国	9 月份，全国居民消费价格同比上涨 1.7%，较上月回落 0.7 个百分点，环比上涨 0.2%，较上月回落 0.2 个百分点。1~9 月，全国居民消费价格比去年同期上涨 3.3%。 9 月份，全国工业生产者出厂价格同比下降 2.1%，环比上涨 0.1%；工业生产者购进价格同比下降 2.3%，环比上涨 0.4%。1~9 月平均，工业生产者出厂价格比去年同期下降 2.0%，工业生产者购进价格下降 2.6%。	国家统计局发布 2020 年 9 月居民消费价格指数和工业生产者出厂价格

8-1 续表 7

时间	地区	政策内容	政策来源
10 月 19 日	全国	前三季度，我国 GDP 为 72.3 万亿元，按不变价格计算，比上年同期增长 0.7%，上半年为下降 1.6%，累计增速年内首次实现由负转正。其中，三季度我国 GDP 为 26.6 万亿元，按不变价格计算，比上年同期增长 4.9%，增速比二季度提高 1.7 个百分点，经济整体保持稳步回升态势。 前三季度，全国规模以上工业增加值同比增长 1.2%，上半年为下降 1.3%。其中，三季度同比增长 5.8%，比二季度加快 1.4 个百分点。9 月份，规模以上工业增加值同比增长 6.9%，增速比 8 月份加快 1.3 个百分点，连续 6 个月增长；环比增长 1.18%。 前三季度，服务业实现稳步复苏。三季度，服务业增加值增长 4.3%，增速比二季度加快 2.4 个百分点。其中，9 月份增长 5.4%，比 8 月份加快 1.4 个百分点。 前三季度，社会消费品零售总额 273324 亿元，同比下降 7.2%，降幅比上半年收窄 4.2 个百分点；其中三季度增长 0.9%，季度增速年内首次转正。9 月份，社会消费品零售总额 35295 亿元，同比增长 3.3%，增速比 8 月份加快 2.8 个百分点，连续 2 个月增长。 前三季度我国货物贸易进出口总值 23.12 万亿元，同比增长 0.7%，实现今年外贸进出口累计增速首次转正。第三季度进出口总值 8.88 万亿元，其中出口 5 万亿元，进口 3.88 万亿元，均创下季度历史新高。 前三季度，全国城镇新增就业人员 898 万人，完成全年目标任务的 99.8%。9 月份，全国城镇调查失业率为 5.4%，比 8 月份下降 0.2 个百分点。	国家统计局发布前三季度国民经济运行情况
10 月 20 日	全国	各线城市新建商品住宅和二手住宅销售价格环比涨幅回落或与上月相同。二三线城市新建商品住宅和二手住宅销售价格同比涨幅延续回落态势。	国家统计局公布 2020 年 9 月份 70 个大中城市商品住宅销售价格变动情况
10 月 20 日	全国	副总理刘鹤在世界 VR 产业云峰会上表示：新型基建是重要支撑，统筹推进：① 5G、物联网、工业互联网等通信网络基建；②人工智能、云计算、区块链等新技术基建；③深化制造、教育、医疗、健康、文娱、商贸物流等行业的应用场景探索。	刘鹤副总理在 2020 世界 VR 产业大会云峰会上致辞
10 月 22 日	全国	中央政治局常务委员会召开会议，强调要贯彻落实新发展理念，紧扣推动高质量发展，着力构建以国内大循环为主体、国内国际双循环相互促进的新发展格局。	中央政治局常务委员会会议
10 月 23 日	全国	民政部举行 2020 年第四季度例行新闻发布会。会上介绍，根据相关预测，“十四五”期间，全国老年人口将突破 3 亿，将从轻度老龄化迈入中度老龄化。5 到 10 年后，全国第一代独生子女父母将进入中高龄。	民政部举行 2020 年第四季度例行新闻发布会
10 月 27 日	全国	农业农村部副部长刘焕鑫出席新闻发布会，会上表示：农业农村部正组织编制“十四五”农业农村发展规划，重点围绕高标准农田、现代种业、仓储保鲜冷链物流设施、数字农业农村、动植物疫病防控、重大科学基础设施等方面，加大投入力度；下一步还将围绕完善农村产权制度和要素市场化配置机制，推出重大改革举措。	农业农村部副部长刘焕鑫出席新闻发布会
10 月 29 日	全国	2020 年 10 月 26~29 日，中国共产党第十九届中央委员会第五次全体会议在京召开，全会听取和讨论了习近平总书记作的工作报告，并审议通过了《中共中央关于制定国民经济和社会发展第十四个五年规划和二〇三五年远景目标的建议》。	十九届五中全会，审议通过了《中共中央关于制定国民经济和社会发展第十四个五年规划和二〇三五年远景目标的建议》

8-1　续表 8

时间	地区	政策内容	政策来源
11 月 10 日	全国	10 月份，全国居民消费价格同比上涨 0.5%，涨幅比 9 月份回落 1.2 个百分点；环比下降 0.3%。1~10 月份，全国居民消费价格同比上涨 3.0%，涨幅比 1~9 月份回落 0.3 个百分点。 10 月份，全国工业生产者出厂价格同比下降 2.1%，降幅与 9 月份持平；环比持平。工业生产者购进价格同比下降 2.4%，降幅比 9 月份扩大 0.1 个百分点；环比上涨 0.2%。1~10 月份，全国工业生产者出厂价格和工业生产者购进价格同比分别下降 2.0%、2.6%。	国家统计局发布 2020 年 10 月居民消费价格指数和工业生产者出厂价格指数
11 月 16 日	全国	10 月份，全国规模以上工业增加值同比增长 6.9%，增速与 9 月份持平；环比增长 0.78%。1~10 月份，全国规模以上工业增加值同比增长 1.8%，较 1~9 月份加快 0.6 个百分点。 10 月份，全国服务业生产指数同比增长 7.4%，比 9 月份上升 2.0 个百分点。1~10 月份，服务业生产指数同比下降 1.6%，降幅比 1~9 月份收窄 1.0 个百分点。 10 月份，社会消费品零售总额 38576 亿元，同比增长 4.3%，比 9 月份加快 1.0 个百分点；环比增长 0.68%。1~10 月份，社会消费品零售总额 311901 亿元，同比下降 5.9%，降幅比 1~9 月份收窄 1.3 个百分点。 10 月份，货物进出口总额 28370 亿元，同比增长 4.6%。其中，出口 16194 亿元，增长 7.6%；进口 12176 亿元，增长 0.9%。进出口相抵，贸易顺差 4018 亿元。1~10 月份，货物进出口总额 259521 亿元，同比增长 1.1%。其中，出口 143296 亿元，增长 2.4%；进口 116224 亿元，下降 0.5%。贸易结构持续优化。 1~10 月份，全国城镇新增就业 1009 万人，提前完成全年目标任务。10 月份，全国城镇调查失业率为 5.3%，比 9 月份下降 0.1 个百分点。	国家统计局发布 10 月份国民经济数据
12 月 15 日	全国	1~11 月份，全国房地产开发投资 129492 亿元，同比增长 6.8%，增速比 1~10 月份提高 0.5 个百分点。其中，住宅投资 95837 亿元，增长 7.4%，增速提高 0.4 个百分点。 1~11 月份，商品房销售面积 150834 万平方米，同比增长 1.3%，增速比 1~10 月份提高 1.3 个百分点。 1~11 月份，房地产开发企业到位资金 171099 亿元，同比增长 6.6%，增速比 1~10 月份提高 1.1 个百分点。	国家统计局发布 2020 年 1~11 月份全国房地产开发投资和销售情况

8-2 2020年金融财政政策

时间	地区	政策内容	政策来源
1月1日	全国	为支持实体经济发展，降低社会融资实际成本，中国人民银行决定于2020年1月6日下调金融机构存款准备金率0.5个百分点（不含财务公司、金融租赁公司和汽车金融公司）。 中国人民银行将继续实施稳健的货币政策，保持灵活适度，不搞大水漫灌，兼顾内外平衡，保持流动性合理充裕，货币信贷、社会融资规模增长同经济发展相适应，激发市场主体活力，为高质量发展和供给侧结构性改革营造适宜的货币金融环境。	央行决定于2020年1月6日下调金融机构存款准备金率
1月1日	全国	此次降准是全面降准，体现了逆周期调节，释放长期资金约8000多亿元，有效增加金融机构支持实体经济的稳定资金来源，降低金融机构支持实体经济的资金成本，直接支持实体经济。此次降准保持流动性合理充裕，有利于实现货币信贷、社会融资规模增长同经济发展相适应。 此次降准增加了金融机构的资金来源，大银行要下沉服务重心，中小银行要更加聚焦主责主业，都要积极运用降准资金加大对小微、民营企业的支持力度。在此次全面降准中，仅在省级行政区域内经营的城市商业银行、服务县域的农村商业银行、农村合作银行、农村信用合作社和村镇银行等中小银行获得长期资金1200多亿元，有利于增强立足当地、回归本源的中小银行服务小微、民营企业的资金实力。同时，此次降准降低银行资金成本每年约150亿元，通过银行传导可降低社会融资实际成本，特别是降低小微、民营企业融资成本。 此次降准与春节前的现金投放形成对冲，银行体系流动性总量仍将保持基本稳定，保持灵活适度，并非大水漫灌，体现了科学稳健把握货币政策逆周期调节力度，稳健货币政策取向没有改变。	央行有关负责人就降准支持实体经济发展答记者问
1月2日	全国	积极的财政政策要大力提质增效，更加注重结构调整。要把减税降费政策落实落细，在执行过程中深化完善，力求更好成效。 要完善相关工作机制，积极稳妥防范和化解地方政府债务风险。坚持市场化法治化原则，依法处置和化解金融风险。 按照“资金跟项目走”的原则，安排用好地方政府专项债券，尽快形成实物工作量。	韩正召开财税部门座谈会
1月3日	全国	加强重点领域风险防控。银行保险机构要落实“房住不炒”的定位，严格执行房地产金融监管要求，防止资金违规流入房地产市场，抑制居民杠杆率过快增长，推动房地产市场健康稳定发展。 发挥银行保险机构在优化融资结构中的重要作用。银行保险机构要健全与直接融资发展相适应的服务体系，运用多种方式为直接融资提供配套支持，提高直接融资比重。有效发挥理财、保险、信托等产品的直接融资功能，培育价值投资和长期投资理念，改善资本市场投资者结构。大力发展企业年金、职业年金、各类健康和养老保险业务，多渠道促进居民储蓄有效转化为资本市场长期资金。鼓励各类合格投资机构参与市场化法治化债转股。 继续做好地方政府隐性债务风险化解，依法明确存量债务偿债责任，规范支持地方政府债券发行和配套融资，严禁违法违规提供新增融资。加大对脱离主业盲目扩张、高负债经营企业风险的排查监测。稳妥化解集团客户信用风险，有序退出“僵尸企业”，推动企业部门结构性去杠杆。	银保监会《关于推动银行业和保险业高质量发展的指导意见》

8-2　续表 1

时间	地区	政策内容	政策来源
1 月 2~3 日	全国	坚持以供给侧结构性改革为主线，实施稳健货币政策，坚决打赢防范化解重大金融风险攻坚战，深化金融改革开放，全面做好“六稳”工作，统筹推进稳增长、促改革、调结构、惠民生、防风险、保稳定，为经济高质量发展创造良好的货币金融环境。 保持稳健的货币政策灵活适度。加强逆周期调节，保持流动性合理充裕，促进货币信贷、社会融资规模增长同经济发展相适应。继续深化利率市场化改革，完善贷款市场报价利率传导机制。 坚决打赢防范化解重大金融风险攻坚战。突出重点，继续依法依规做好重点金融机构风险处置工作。持续开展互联网金融风险专项整治，基本化解互联网金融存量风险，建立健全监管长效机制。加快建立房地产金融长效管理机制。 以缓解小微企业融资难融资贵问题为重点，加大金融支持供给侧结构性改革力度。用好定向降准、再贷款再贴现、宏观审慎评估和征信管理等政策工具，切实推动改进小微企业融资。加大对重点领域和薄弱环节的信贷支持。	2020 年中国人民银行工作会议
1 月 7 日	全国	要尽快研究出台进一步缓解中小企业融资难融资贵的相关举措。要围绕疏通货币政策传导机制，综合运用多种货币信贷政策工具，实行差异化监管安排，完善考核评价机制，对金融机构履行好中小企业金融服务主体责任形成有效激励。要深化金融供给侧结构性改革，健全具有高度适应性、竞争力、普惠性的现代金融体系。要多渠道补充中小银行资本金，促进提高对中小企业信贷投放能力。要继续完善政府性融资担保体系，加快涉企信用信息平台建设，拓宽优质中小企业直接融资渠道，切实缓解中小企业融资面临的实际问题。	国务院金融稳定发展委员会召开第十四次会议
1 月 11 日	全国	坚决落实“房住不炒”要求，严格执行授信集中度等监管规则，严防信贷资金违规流入房地产领域。 要大力做好“六稳”相关工作，推动提升金融服务实体经济质效，引导资金更多投向重点领域和薄弱环节。抓紧出台商业银行小微企业金融服务监管评价办法，普惠型小微企业贷款综合融资成本要再降 0.5 个百分点，贷款增速要高于各项贷款平均增速，5 家大型银行普惠型小微企业贷款增速高于 20%。	2020 年全国银行业保险业监督管理工作会议
1 月 13 日	全国	2020 年，银保监会将继续做好风险防控工作，坚决打赢防范化解金融风险攻坚战，严守不发生系统性风险底线。坚决落实“房住不炒”要求，严格执行授信集中度等监管规则，严防信贷资金违规流入房地产市场，持续遏制房地产金融化泡沫化。	银行保险业运行、服务实体经济和防范化解风险新闻发布会
1 月 13 日	全国	全面做好“六稳”工作，统筹推进稳增长、促改革、调结构、惠民生、防风险、保稳定。着力提高宏观调控的前瞻性、针对性、有效性，用好逆周期调节工具，保持经济运行在合理区间，推动高质量发展。 加快发行和用好地方政府专项债券，推动在建工程建设和具备条件项目及早开工，带动扩大有效投资。要疏通货币政策传导机制，发挥好年初降准、合理增加流动性的政策效应，引导金融机构加大对制造业、民营企业、中小微企业信贷支持，进一步降低企业综合融资成本。	李克强主持召开国务院第四次全体会议
1 月 15 日	全国	要实施好宏观政策，提振市场预期，确保经济运行在合理区间。积极的财政政策要把减税、节支作为关键，巩固和拓展减税降费成效。 稳健的货币政策要保持流动性合理充裕，疏通传导机制，更有效缓解小微企业融资难融资贵问题。	李克强主持召开专家学者和企业界人士座谈会

8-2 续表 2

时间	地区	政策内容	政策来源
1月16日	全国	要推动商业银行转变经营理念。要继续严格控制房地产在新增信贷资源上的占比，实施信贷资源的增量优化和存量调整，推动金融机构加大对小微企业信贷投放，引导商业银行按照金融供给侧改革要求，切实转变经营思想，找准经营策略，培养经营能力，把经营的重心和信贷资源更多地配置到小微企业的融资领域。 在经济下行期，面临社会信用收缩压力，人民银行也需要科学稳健逆周期调节，防范信用收缩与经济下行叠加共振的风险。2020年人民银行将继续实施稳健的货币政策，保持广义货币M2和社会融资规模增长同经济发展相适应。	2019年金融统计数据新闻发布会
1月26日	全国	对受疫情影响暂时失去收入来源的人群，要在信贷政策上予以适当倾斜，灵活调整住房按揭、信用卡等个人信贷还款安排，合理延后还款期限。	银保监会《关于加强银行业保险业金融服务配合做好新型冠状病毒感染的肺炎疫情防控工作的通知》
2月1日	全国	保持流动性合理充裕。人民银行继续强化预期引导，通过公开市场操作、常备借贷便利、再贷款、再贴现等多种货币政策工具，提供充足流动性，保持金融市场流动性合理充裕，维护货币市场利率平稳运行。人民银行分支机构对因春节假期调整受到影响的金融机构，根据实际情况适当提高2020年1月下旬存款准备金考核的容忍度。引导金融机构加大信贷投放支持实体经济，促进货币信贷合理增长。 为受疫情影响较大的地区、行业和企业提供差异化优惠的金融服务。金融机构要通过调整区域融资政策、内部资金转移定价、实施差异化的绩效考核办法等措施，提升受疫情影响严重地区的金融供给能力。对受疫情影响较大的批发零售、住宿餐饮、物流运输、文化旅游等行业，以及有发展前景但受疫情影响暂遇困难的企业，特别是小微企业，不得盲目抽贷、断贷、压贷。对受疫情影响严重的企业到期还款困难的，可予以展期或续贷。通过适当下调贷款利率、增加信用贷款和中长期贷款等方式，支持相关企业战胜疫情灾害影响。各级政府性融资担保再担保机构应取消反担保要求，降低担保和再担保费。对受疫情影响严重地区的融资担保再担保机构，国家融资担保基金减半收取再担保费。 完善受疫情影响的社会民生领域的金融服务。对因感染新型肺炎住院治疗或隔离人员、疫情防控需要隔离观察人员、参加疫情防控工作人员以及受疫情影响暂时失去收入来源的人群，金融机构要在信贷政策上予以适当倾斜，灵活调整住房按揭、信用卡等个人信贷还款安排，合理延后还款期限。 加强制造业、小微企业、民营企业等重点领域信贷支持。金融机构要围绕内部资源配置、激励考核安排等加强服务能力建设，继续加大对小微企业、民营企业支持力度，要保持贷款增速，切实落实综合融资成本压降要求。增加制造业中长期贷款投放。	央行、财政部、银保监会、证监会、外汇局《关于进一步强化金融支持防控新型冠状病毒感染肺炎疫情的通知》
2月1日	全国	对疫情防控重点保障企业贷款给予财政贴息支持。对2020年新增的疫情防控重点保障企业贷款，在人民银行专项再贷款支持金融机构提供优惠利率信贷的基础上，中央财政按人民银行再贷款利率的50%给予贴息，贴息期限不超过1年。 加大对受疫情影响个人和企业的创业担保贷款贴息支持力度。 优化对受疫情影响企业的融资担保服务。鼓励金融机构对疫情防控重点保障企业和受疫情影响较大的小微企业提供信用贷款支持，国家融资担保基金对于受疫情影响严重地区的政府性融资担保、再担保机构，减半收取再担保费。	财政部《关于支持金融强化服务做好新型冠状病毒感染肺炎疫情防控工作的通知》

8-2　续表 3

时间	地区	政策内容	政策来源
2月3日	全国	各级党委和政府要继续为实现今年经济社会发展目标任务而努力。疫情严重的地区要集中精力抓好疫情防控工作，其他地区要在做好防控工作的同时统筹抓好改革发展稳定各项工作，特别是要抓好涉及决胜全面建成小康社会、决战脱贫攻坚的重点任务。 要密切监测经济运行状况，聚焦疫情对经济运行带来的冲击和影响，围绕做好“六稳”工作，做好应对各种复杂困难局面的准备。要在做好防控工作的前提下，全力支持和组织推动各类生产企业复工复产，加大金融支持力度，加大企业复产用工保障力度，用好用足援企稳岗政策，加大新投资项目开工力度，积极推进在建项目。	习近平主持中央政治局常务委员会会议
2月7日	全国	近年来，在多种政策措施的共同作用下，我国的宏观杠杆率保持基本稳定，宏观的总体杠杆率水平已经近十个季度维持在250%左右。结构性的去杠杆取得明显的效果，企业杠杆率的水平一直在趋于下降状态，较2017年高点，这两年下降了5~6个点，家庭部门和政府部门的杠杆率水平的增速也是趋于下降状态。在实施货币政策时，要综合考虑经济增长、杠杆率、通胀预期、汇率等内外部平衡多重因素。在疫情的背景下，在经济面临下行压力的背景下，保持经济增长更具有重要性。人民银行在货币政策方面将认真研判，把握好度，平衡好货币政策支持经济增长和稳杠杆的关系； 在货币政策方面，一是要加大逆周期调节的强度，保持流动性合理充裕，为实体经济提供良好的货币金融环境。二是要进一步深化利率市场化改革，完善市场报价利率传导机制，提高货币政策的传导效率，降低社会融资成本。三是继续发挥结构性货币政策工具的作用，像定向降准、再贷款、再贴现这样一些结构性货币政策工具的引导作用，加大对国民经济重点领域和薄弱环节的支持力度。 继续落实落细各项减税降费政策，进一步巩固和拓展减税降费成效，按照“三个确保”要求密切关注各行业税负变化，特别是针对新型冠状病毒感染肺炎疫情的影响，及时研究解决企业反映的突出问题，坚决把该减的税减到位，把降的费降到位，持续发挥减税降费的政策效应。	支持疫情防控相关财税政策、缓解小微企业融资难融资贵发布会
2月11日	全国	近期财政部提前下达2020年新增地方政府债务限额8480亿元，其中一般债务限额5580亿元、专项债务限额2900亿元。加上此前提前下达的专项债务1万亿元，共提前下达2020年新增地方政府债务限额18480亿元。相关地区要做好专项债券发行使用工作，早发行、早使用，加大项目储备，严防项目风险加强监管措施，更好发挥专项债券作用，尽早形成对经济的有效拉动。	财政部提前下达2020年新增地方政府债务限额18480亿元
2月11日	全国	各地各部门要建立企业应对疫情专项帮扶机制，纾解企业特别是民营、小微企业困难。通过减免国有物业房租、下调贷款利率、延期还本付息、完善税收减免政策等，实施临时性支持措施。 推动重大项目尽早开工和建设。各地要加快项目前期工作，做好用工、土地、资金、用能等保障。 在加强疫情防控工作的同时，要统筹推进经济社会发展各项任务，做好“六稳”工作，加强经济运行调度和调节，及时出台和落实相关政策，维护经济社会正常运行。	李克强主持召开国务院常务会议

8-2 续表 4

时间	地区	政策内容	政策来源
2 月 12 日	全国	今年是全面建成小康社会和“十三五”规划收官之年。各级党委和政府要努力把新冠肺炎疫情影响降到最低，保持经济平稳运行和社会和谐稳定，努力实现党中央确定的各项目标任务。 要加大宏观政策调节力度，针对疫情带来的影响，研究制定相应政策措施。要更好发挥积极的财政政策作用，加大资金投入，保障好各地疫情防控资金需要。要继续研究出台阶段性、有针对性的减税降费措施，缓解企业经营困难。要保持稳健的货币政策灵活适度，对防疫物资生产企业加大优惠利率信贷支持力度，对受疫情影响较大的地区、行业和企业完善差异化优惠金融服务。 要积极扩大内需、稳定外需。要聚焦重点领域，优化地方政府专项债券投向，用好中央预算内投资，调动民间投资积极性，加快推动建设一批重大项目。	习近平主持中央政治局常委会会议
2 月 15 日	全国	加大对受困小微民营企业扶持力度。围绕增量、扩面、降价、提质的总体要求，确保小微企业的整体信贷增长不受疫情冲击。力争今年的普惠型小微企业的贷款综合融资成本在 2019 年的基础上继续下降。更加精准做好续贷，缓解受困小微企业的流动资金压力。 加大对重点领域复工复产的信贷保障和投放。引导金融机构进一步加大对企业复工复产的信贷支持，进一步提高企业信用贷款和中长期贷款比重，并且将融资成本保持在合理水平。 加快推动一批重点项目的建设。首先要更好地发挥政策性金融的逆周期调节作用，加快信贷投放节奏，合理增加政策性金融机构 2020 年人民币贷款和发债规模，优化区域信贷结构，聚焦重点领域重大工程，加快对一批重大项目建设的信贷投放。二是研究运用已收回专项建设资金支持制造业等重大领域，加大对新投资项目的开工力度，积极做好在建项目资金供给。	金融系统全力支持抗击疫情和恢复生产新闻发布会
2 月 16 日	全国	今年积极的财政政策从“质”和“量”两方面发力，加强逆周期调节、巩固和拓展减税降费成效、保持合理适度财政支出强度是一方面，优化资金配置和结构、提高使用效益是另一方面，而且更可持续。在当前财政收支平衡压力持续增大、加力空间有限的情况下，为确保民生得到有效改善，必须坚持节用裕民，在结构调整中更加突出政策的“提质”要求和“增效”导向。 风险防控，通过财政风险控制体系，防范化解地方财政风险隐患。当前，地方政府债务风险总体可控，但风险隐患依然不少。要有效防控地方政府隐性债务风险，健全常态化监测机制，及时发现和处置潜在风险。用好地方政府专项债券，坚持“资金跟着项目走”，优化投向结构，扩大使用范围，在项目上储备一批、发行一批、建设一批、接续一批，尽快扩大有效投资，形成对经济的有效拉动。 促进城乡区域协调发展。要完善相关财税政策，构建财政支持实施乡村振兴战略的政策体系和体制机制，推动城乡区域融合发展。支持国家重大区域战略落地，抓紧研究出台黄河流域生态保护和高质量发展等财税支持政策，做好雄安新区起步阶段规划建设、粤港澳大湾区建设、东北地区振兴等财税支持政策措施的落地工作。	财政部部长刘昆发表文章《积极的财政政策要大力提质增效》
2 月 17 日	全国	对按月申报的纳税人，除湖北省外，纳税申报期限进一步延至 2 月 28 日（星期五）。 受疫情影响到 2 月 28 日仍无法办理纳税申报或延期申报的纳税人，可在及时向税务机关书面说明正当理由后，补办延期申报手续并同时办理纳税申报。	国家税务总局《关于进一步延长 2020 年 2 月份纳税申报期限有关事项的通知》
2 月 17 日	全国	受疫情影响较大的困难行业企业 2020 年度发生的亏损，最长结转年限由 5 年延长至 8 年。	财政部、国家税务总局《关于支持新型冠状病毒感染的肺炎疫情防控有关税收政策的公告》

8–2　续表 5

时间	地区	政策内容	政策来源
2月18日	全国	阶段性减免企业养老、失业、工伤保险单位缴费，以减轻疫情对企业特别是中小微企业的影响，使企业恢复生产后有一个缓冲期。除湖北外各省份，从2月到6月可对中小微企业免征上述三项费用，从2月到4月可对大型企业减半征收；湖北省从2月到6月可对各类参保企业实行免征。同时，6月底前，企业可申请缓缴住房公积金，在此期间对职工因受疫情影响未能正常还款的公积金贷款，不作逾期处理。	李克强主持召开国务院常务会议
2月19日	全国	实施好稳健货币政策，科学稳健把握逆周期调节力度，保持流动性合理充裕，促进货币信贷、社会融资规模增长同经济发展相适应。灵活运用多种货币政策工具，以适度的货币增长支持高质量发展，有效支持经济运行在合理区间。增强调控前瞻性、精准性、主动性和有效性，根据经济增长和价格形势变化及时预调微调，精准把握好调控的度，加强预期引导。 加大对新冠肺炎疫情防控的货币信贷支持力度。对受疫情影响严重的企业到期还款困难的，可予以展期或续贷。通过适当下调贷款利率、增加信用贷款和中长期贷款等方式，支持相关企业战胜疫情灾害影响。强化对疫情防控相关领域的金融服务，对受疫情影响较大的地区、行业和企业提供差异化优惠的金融服务。 健全基准利率和市场化利率体系，完善LPR传导机制，推进存量浮动利率贷款定价基准转换，促进银行积极有序运用LPR定价，转变传统定价思维，坚决打破贷款利率隐性下限，疏通货币政策传导。 继续打好防范化解重大金融风险攻坚战。着力推动完善防范化解金融风险长效机制建设，用改革的办法推进金融业高质量发展，牢牢守住不发生系统性风险的底线。	央行发布2019年第四季度中国货币政策执行报告
2月20日	全国	1年期LPR为4.05%，与前期数值相比下调10个基点；5年期以上LPR为4.75%，与前期数值相比下调5个基点。	央行公布2月份贷款市场报价利率（LPR）
2月21日	全国	要建立与疫情防控相适应的经济社会运行秩序，有序推动复工复产，使人流、物流、资金流有序转动起来，畅通经济社会循环。要制定明确的疫情分区分级标准。 积极的财政政策要更加积极有为，发挥好政策性金融作用。稳健的货币政策要更加灵活适度，缓解融资难融资贵，为疫情防控、复工复产和实体经济发展提供精准金融服务。 要深化对外开放和国际合作。要加强同经贸伙伴的沟通协调，优先保障在全球供应链中有重要影响的龙头企业和关键环节恢复生产供应，维护全球供应链稳定。	习近平主持召开中央政治局会议
2月21日	全国	促进金融市场平稳健康发展。 保持房地产金融政策的连续性、一致性和稳定性，继续“因城施策”落实好房地产长效管理机制，促进市场平稳运行。	人民银行召开2020年金融市场工作电视电话会议
2月24日	全国	稳健的货币政策会更加的灵活适度，继续保持流动性合理。要更大力度的运用好结构性货币政策的工具。我们还要充分利用好普惠性的货币政策工具，近期还要动态调整定向降准的政策。同时更加充分的发挥好政策性金融的作用，人民银行会更大力度的支持三家政策性银行继续发挥作用。	人民银行副行长陈雨露在国新办发布会上的讲话
2月25日	全国	房地产金融政策没有调整和改变，但是会对房地产市场融资情况进一步监测，动态掌握。 房地产金融政策原本也是遵循“一城一策”的原则，各地方可根据其疫情和自己地区的情况进行安排，但不能违反相关规定。	银保监会媒体通气会上银保监会首席风险官兼新闻发言人肖远企的发言
2月25日	全国	鼓励金融机构根据企业申请，对符合条件、流动性遇到暂时困难的中小微企业包括个体工商户贷款本金，给予临时性延期偿还安排。 增加再贷款、再贴现额度5000亿元，重点用于中小银行加大对中小微企业信贷支持。	李克强主持召开国务院常务会议

8-2 续表 6

时间	地区	政策内容	政策来源
2 月 27 日	全国	央行副行长刘国强表示，央行正着手增加再贷款、再贴现额度 5000 亿元，重点用于中小银行加大对中小微企业信贷支持。同时，下调支农、支小再贷款利率 0.25 个百分点至 2.5%。	国务院联防联控机制举行新闻发布会
2 月 27 日	全国	央行副行长刘国强表示，下一步要用好已有的支持政策，继续用好专项再贷款政策向中小银行倾斜；综合运用公开市场操作、常备借贷便利、中期借贷便利等货币政策工具；择机实施 2019 年普惠金融定向降准动态考核，释放长期流动性。	国务院新闻办公室新闻发布会
3 月 1 日	全国	对于 2020 年 1 月 25 日以来到期的困难中小微企业（含小微企业主、个体工商户）贷款本金，以及 2020 年 1 月 25 日至 6 月 30 日中小微企业需支付的贷款利息，银行业金融机构应根据企业申请，给予企业一定期限的临时性延期还本付息安排。还本付息日期最长可延至 2020 年 6 月 30 日，免收罚息。 银行业金融机构应为湖北地区配备专项信贷规模，实施内部资金转移定价优惠，力争 2020 年普惠型小微企业综合融资成本较上年平均水平降低 1 个百分点以上。	银保监会、人民银行、国家发展改革委、工业和信息化部、财政部发布《关于对中小微企业贷款实施临时性延期还本付息的通知》
3 月 3 日	全国	充分发挥宏观政策、外贸外资、金融稳定协调机制作用，及时出台有力有效的应对措施，增强内生动力，努力保持全年经济运行在合理区间。 确定支持交通运输、快递等物流业纾解困难加快恢复发展的措施。 决定加大对地方财政支持，提高保基本民生保工资保运转能力。	李克强主持召开国务院常务会议
3 月 3 日	全国	稳健的货币政策更加注重灵活适度，保持流动性合理充裕，完善宏观审慎评估体系，释放 LPR 改革潜力。 坚持房子是用来住的、不是用来炒的定位和“不将房地产作为短期刺激经济的手段”要求，保持房地产金融政策的连续性、一致性、稳定性。	人民银行会同财政部、银保监会召开金融支持疫情防控和经济社会发展座谈会暨电视电话会
3 月 4 日	全国	把复工复产与扩大内需结合起来，把被抑制、被冻结的消费释放出来，把在疫情防控中催生的新型消费、升级消费培育壮大起来，使实物消费和服务消费得到回补。 加大公共卫生服务、应急物资保障领域投入，加快 5G 网络、数据中心等新型基础设施建设进度。要注重调动民间投资积极性。	习近平主持召开中共中央政治局常务委员会会议
3 月 10 日	全国	统筹推进疫情防控和经济社会发展，必须坚持扩大对外开放，多措并举稳外贸稳外资；各地区各部门要在分区分级实施精准防控的同时，有序推动全产业链加快复工复产。 近段时间，有关部门按照国务院要求，引导金融机构实施 3000 亿元专项再贷款和 5000 亿元再贷款再贴现政策，以优惠利率资金有力支持了疫情防控物资保供、农业和企业特别是小微企业复工复产。要进一步把政策落到位，加快贷款投放进度，更好保障防疫物资保供、春耕备耕、国际供应链产品生产、劳动密集型产业、中小微企业等资金需求。适当下放信用贷款审批权限。	李克强主持召开国务院常务会议
3 月 13 日	全国	为支持实体经济发展，降低社会融资实际成本，中国人民银行决定于 2020 年 3 月 16 日实施普惠金融定向降准，对达到考核标准的银行定向降准 0.5 至 1 个百分点。在此之外，对符合条件的股份制商业银行再额外定向降准 1 个百分点，支持发放普惠金融领域贷款。以上定向降准共释放长期资金 5500 亿元。	中国人民银行

8-2 续表 7

时间	地区	政策内容	政策来源
3月16日	全国	同时发力扩大投资和扩张消费，即继续加大消费提质扩容等政策的支持力度，加大如产业升级、补齐公共服务、应急体系等短板领域中有效投资的力度，使经济运行保持总体平稳。 财政政策上，适当提高赤字率，将进一步推动减税降费。货币政策方面，保持流动性合理充裕，努力降低企业的贷款成本，精准帮扶企业。 2月份，一二三线城市新建商品住宅销售价格环比持平或涨幅回落、二手住宅销售价格涨跌互现。	国新办举行2020年1~2月份国民经济运行情况发布会
3月17日	全国	目前房贷政策整体没有变化，个别地方和银行作出的首付比例和贷款利率的调整都在政策允许的范围内。只要保持在总体房贷政策的范围内，每个地方都可以按照“一城一策”的原则进行调整。目前看，地方和银行的房贷政策调整都没有突破总体政策要求。	银保监会首席风险官兼办公厅主任、新闻发言人肖远企就热点话题发表看法
3月17日	全国	截至3月15日，金融机构累计发放优惠利率贷款共1114亿元，对支持企业复工复产发挥了重要作用。 人民银行各分支机构要进一步管好用好再贷款再贴现政策，重点支持现阶段亟需解决、受疫情影响较大的“难点”和“痛点”；各分支机构要加强监督管理，确保资金发放依法合规，防止“跑冒滴漏”；要更加注重发挥市场在资源配置中的决定性作用，促进商业性贷款等市场化融资方式与再贷款再贴现政策在支持实体经济发展上的有机结合。	人民银行召开电视电话会议进一步部署运用再贷款再贴现支持复工复产工作
3月18日	全国	受国内外多种因素影响，当前我国经济下行压力持续加大。各级党委和政府要增强紧迫感，加快建立同疫情防控相适应的经济社会运行秩序，积极有序推进企事业单位复工复产，努力把疫情造成的损失降到最低限度。	习近平主持召开中共中央政治局常务委员会会议
3月20日	全国	中国人民银行授权全国银行间同业拆借中心公布，2020年3月20日贷款市场报价利率（LPR）为：1年期LPR为4.05%，5年期以上LPR为4.75%。	2020年3月20日全国银行间同业拆借中心受权公布贷款市场报价利率（LPR）公告
3月22日	全国	分阶段把握货币政策的力度、节奏和重点，始终保持流动性的合理充裕，特别是要实现M2和社会融资规模增速与名义GDP增速的基本匹配。 充分发挥好结构性货币政策的独特作用，要引导金融机构特别对产业链的核心企业以及上下游的中小微、民营企业加大信贷支持力度。 充分发挥政策性金融作用，要用好3500亿元的政策性银行的专项信贷额度，以优惠的利率对小微、民营企业的复工复产复业，对春耕备耕的关键领域、对生猪的生产、对外贸领域特别是国际供应链的产品生产给予大力度的信贷支持。 加大对中小银行补充资本，发行金融债券的支持，目的是要进一步提升商业银行整体信贷投放意愿和能力。 继续推进贷款市场报价利率（LPR）改革，以此引导贷款实际利率不断下行。要积极引导银行体系适当让利给实体经济，让“稳经济”和“稳金融”实现共赢。	国务院新闻办公室举行新闻发布会
3月23日	全国	继续统筹推进疫情防控和经济发展工作，加大逆周期调节力度。积极的财政政策要更加积极有为，稳健的货币政策要更加注重灵活适度。 着力稳定就业和促进中小企业发展，稳固市场主体的基本盘。 统筹好国内国际两个大局，稳定外贸外资和产业链。 按照推动经济高质量发展要求，深化供给侧结构性改革。	国家统计局副局长盛来运人民日报撰文：疫情冲击不改中国经济长期向好大势
3月24日	全国	加快落实扶持中小微企业、个体工商户的已定政策措施。引导金融机构提高信用贷款、续贷和中长期贷款比重，推动新增贷款更多支持首次获得贷款的中小微企业。鼓励大企业、头部企业运用获得的融资，以预付款等形式向上下游中小微企业支付现金，带动共同发展。	李克强主持召开国务院常务会议

8-2 续表 8

时间	地区	政策内容	政策来源
3 月 27 日	全国	要加大宏观政策调节和实施力度。要抓紧研究提出积极应对的一揽子宏观政策措施，积极的财政政策要更加积极有为，稳健的货币政策要更加灵活适度，适当提高财政赤字率，发行特别国债，增加地方政府专项债券规模，引导贷款市场利率下行，保持流动性合理充裕。 要落实好各项减税降费政策，加快地方政府专项债发行和使用，加紧做好重点项目前期准备和建设工作。 要充分发挥再贷款再贴现、贷款延期还本付息等金融政策的牵引带动作用，疏通传导机制，缓解融资难融资贵，为疫情防控、复工复产和实体经济发展提供精准金融服务。	习近平主持召开中共中央政治局会议
4 月 3 日	全国	中国人民银行决定对农村信用社、农村商业银行、农村合作银行、村镇银行和仅在省级行政区域内经营的城市商业银行定向下调存款准备金率 1 个百分点，于 4 月 15 日和 5 月 15 日分两次实施到位，每次下调 0.5 个百分点，共释放长期资金约 4000 亿元。	中国人民银行
4 月 14 日	全国	要在扩大实施前期有效政策基础上，多措并举加大积极财政政策实施力度，并抓紧按程序再提前下达一定规模的地方政府专项债。 研究进一步加强金融对实体经济特别是中小微企业支持。帮扶制造业和服务业企业缓解房租、用工等成本压力。	李克强主持召开国务院常务会议
4 月 15 日	全国	从 2020 年 4 月 15 日开始，人民银行对农村金融机构和仅在省级行政区域内经营的城市商业银行定向下调存款准备金率，分两次实施到位。同时，人民银行开展中期借贷便利（MLF）操作 1000 亿元。	中国人民银行
4 月 16 日	全国	易纲表示中国疫情防控形势持续向好，生产生活秩序加快恢复。中国经济增长保持韧性，长期向好的基本面没有改变。 中国支持基金组织在全球金融安全网中发挥核心作用，继续促进国际宏观经济政策协调，并为成员国抗击疫情提供有力支持，促进全球经济增长和金融市场稳定。	中国人民银行行长易纲出席第 41 届国际货币与金融委员会视频会议
4 月 17 日	全国	要以更大的宏观政策力度对冲疫情影响。积极的财政政策要更加积极有为，提高赤字率，发行抗疫特别国债，增加地方政府专项债券，提高资金使用效率，真正发挥稳定经济的关键作用。稳健的货币政策要更加灵活适度，运用降准、降息、再贷款等手段，保持流动性合理充裕，引导贷款市场利率下行，把资金用到支持实体经济特别是中小微企业。 要积极扩大国内需求。要释放消费潜力，做好复工复产、复商复市，扩大居民消费，适当增加公共消费。要积极扩大有效投资，实施老旧小区改造，加强传统基础设施和新型基础设施投资，促进传统产业改造升级，扩大战略性新兴产业投资。	习近平主持召开中共中央政治局会议
4 月 20 日	全国	中国人民银行授权全国银行间同业拆借中心公布 2020 年 4 月 20 日贷款市场报价利率（LPR）：1 年期 LPR 为 3.85%，5 年期以上 LPR 为 4.65%。	全国银行间同业拆借中心
4 月 22 日	全国	银保监会强调贷款一定要按照申请贷款时的用途真实使用资金，不能挪用。通过房产抵押申请的贷款，包括经营和按揭贷款必须要真实遵循申请时的资金用途，银行一定要监控资金流向，确保资金运用在申请贷款时的标的上，对于违规把贷款流入到房地产市场的行为要坚决予以纠正。	国务院新闻办公室新闻发布会
4 月 24 日	全国	人民银行根据金融机构需求情况，对当日到期的 2674 亿元定向中期借贷便利（TMLF）进行了续做，续做金额为 561 亿元，中标利率为 2.95%。	中国人民银行

8-2　续表 9

时间	地区	政策内容	政策来源
5 月 6 日	上海	保障重点领域和重大项目有序开复工。坚持“房住不炒”定位，支持金融机构按照市场化原则，依法合规做好旧区改造、保障性住房、轨道交通等重大项目的配套融资服务。	金融委办公室地方协调机制（上海市）关于做好企业复工复产和稳外贸稳外资稳投资金融服务的若干意见
5 月 7 日	全国	《财政部、税务总局关于支持个体工商户复工复业增值税政策的公告》规定的税收优惠政策实施期限延长到 2020 年 12 月 31 日。	财政部、税务总局延长小规模纳税人减免增值税政策执行期限
5 月 10 日	全国	报告指出，一季度稳健的货币政策更加灵活适度：今年以来三次降低存款准备金率释放了 1.75 万亿元的长期资金，保持流动性合理充裕；促进贷款市场报价利率（LPR）推广运用，推进存量浮动利率贷款定价基准转换，降低贷款实际利率等。	中国人民银行公布 2020 年第一季度中国货币政策执行报告
5 月 11 日	全国	4 月末，广义货币 (M2) 余额 209.35 万亿元，同比增长 11.1%，狭义货币 (M1) 余额 57.02 万亿元，同比增长 5.5%；4 月份人民币贷款增加 1.7 万亿元，同比多增 6818 亿元；4 月份人民币存款增加 1.27 万亿元，同比多增 1.01 万亿元。	中国人民银行公布 4 月金融统计数据
5 月 11 日	全国	4 月，全国发行地方政府债券 2868 亿元。其中，发行一般债券 1668 亿元，发行专项债券 1200 亿元。2020 年 1~4 月，全国发行地方政府债券 18973 亿元。其中，发行一般债券 6733 亿元，发行专项债券 12240 亿元。 截至 4 月末，全国地方政府债务余额 230402 亿元。其中，一般债务 124468 亿元，专项债务 105934 亿元。	财政部发布 4 月地方政府债券发行和债务余额情况
5 月 12 日	全国	国务院关税税则委员会组织决定，对第二批对美加征关税商品，第二次排除其中部分商品，对附件清单所列商品，自 2020 年 5 月 19 日至 2021 年 5 月 18 日（一年），不再加征我为反制美 301 措施所加征的关税。对已加征的关税税款予以退还，相关进口企业应自排除清单公布之日起 6 个月内按规定向海关申请办理。	国务院关税税则委员会关于第二批对美加征关税商品第二次排除清单的发布公告
5 月 14 日	全国	文章指出，2020 年积极的财政政策要更加积极有为，大力提质增效，加大逆周期调节力度，扎实做好“六稳”工作，全面落实“六保”任务，确保完成决战决胜脱贫攻坚目标任务，全面建成小康社会。	财政部部长刘昆在人民日报发表署名文章《积极的财政政策要更加积极有为》
5 月 16 日	全国	文章指出：为疫情防控和金融市场平稳运行营造良好的货币金融环境，在总量上超预期投放流动性，在价格上，有序引导货币、信贷等金融市场利率下行；积极应对疫情冲击，全力落实“六保”任务等。	《求是》杂志刊发中国人民银行行长易纲文章《用好金融支持政策、推动疫情防控和经济社会发展》
5 月 18 日	全国	4 月份，债券市场共发行各类债券 4.8 万亿元；银行间货币市场成交共计 122.7 万亿元，同比增长 42.23%；同业拆借月加权平均利率为 1.11%，较上月下行 29 个基点；质押式回购月加权平均利率为 1.11%，较上月下行 33 个基点。	中国人民银行公布 4 月金融市场运行情况
5 月 20 日	全国	中国人民银行授权全国银行间同业拆借中心公布，5 月 20 日贷款市场报价利率（LPR）为：1 年期 LPR 为 3.85%，5 年期以上 LPR 为 4.65%。	全国银行间同业拆借中心公布 5 月贷款市场报价利率（LPR）
5 月 22 日	全国	积极的财政政策要更加积极有为。今年赤字率拟按 3.6% 以上安排，财政赤字规模比去年增加 1 万亿元，同时发行 1 万亿元抗疫特别国债。 稳健的货币政策要更加灵活适度。综合运用降准降息、再贷款等手段，引导广义货币供应量和社会融资规模增速明显高于去年。保持人民币汇率在合理均衡水平上基本稳定。创新直达实体经济的货币政策工具，务必推动企业便利获得贷款，推动利率持续下行。	两会政府工作报告

8–2 续表 10

时间	地区	政策内容	政策来源
6月4日	全国	5月，全国发行地方政府债券13025亿元。其中，发行一般债券2715亿元，发行专项债券10310亿元。2020年1~5月，全国发行地方政府债券31997亿元。其中，发行一般债券9448亿元，发行专项债券22549亿元。 截至5月末，全国地方政府债务余额242075亿元。其中，一般债务126115亿元，专项债务115960亿元。	财政部发布5月地方政府债券发行和债务余额情况
6月10日	全国	5月末，广义货币(M2)余额210.02万亿元，同比增长11.1%，狭义货币(M1)余额58.11万亿元，同比增长6.8%；5月份人民币贷款增加1.48万亿元，同比多增2984亿元；5月份人民币存款增加2.31万亿元，同比多增1.09万亿元。	中国人民银行公布5月金融统计数据
6月11日	全国	财政部今年财政拨款收支总预算858016.06万元。 收入全部为一般公共预算拨款，无政府性基金预算拨款，包括：一般公共预算当年拨款收入740198.73万元、上年结转117817.33万元。 支出包括：一般公共服务支出148185.15万元、外交支出652206.45万元、教育支出18079.91万元、科学技术支出9，077.88万元、文化旅游体育与传媒支出2144.26万元、社会保障和就业支出18964.83万元、卫生健康支出1895.89万元、住房保障支出7461.69万元。	财政部发布2020年部门预算说明
6月12日	全国	根据政府工作报告的要求，今年通过特殊转移支付机制直达基层的资金重点是新增财政赤字1万亿和抗疫特别国债1万亿，总共加起来2万亿元。 2万亿直达市县资金主要分解为四大部分。一是特殊转移支付给市县部分；二是政府性基金预算转移部分；三是列入政策转移支付的增量和存量部分；四是新增地方财政赤字部分。	财政部副部长许宏才在国务院政策例行吹风会上，介绍建立特殊转移支付机制有关情况
6月17日	全国	2019年，住房公积金缴存额23709.67亿元；全年住房公积金提取人数5648.56万人，提取额16281.78亿元；发放个人住房贷款286.04万笔，发放金额12139.06亿元。 截至2019年末，缴存余额65372.43亿元，个人住房贷款余额55883.11亿元，保障性住房建设试点项目贷款余额6.96亿元，国债余额20.84亿元，住房公积金结余资金9461.52亿元。	住房和城乡建设部、财政部、中国人民银行联合发布了《全国住房公积金2019年年度报告》
6月24日	全国	《通知》明确，对连续三年市场乱象整治工作进行“回头看”。一看主体责任是否落实到位，二看实体经济是否真正受益，三看整改措施是否严实有效，四看违法违规是否明显遏制，五看合规机制是否健全管用。 针对“房住不炒”政策，提出表内外资金直接或变相用于土地出让金或土地储备融资；未严格审查房地产开发企业资质，违规向“四证”不全的房地产开发项目提供融资；个人综合消费贷款、经营性贷款、信用卡透支等资金挪用于购房；流动性贷款、并购贷款、经营性物业贷款等资金被挪用于房地产开发；代销违反房地产融资政策及规定的信托产品等资管产品等市场乱象是整治“回头看”工作要点。	银保监会发布《关于开展银行业保险业市场乱象整治“回头看”工作的通知》
7月1日	全国	人民银行会同发展改革委和证监会联合发布《中国人民银行发展改革委证监会关于公司信用类债券违约处置有关事宜的通知》，旨在加快完善规则统一的债券市场基础性制度，构建市场化、法治化的债券违约处置机制。	央行等三部门：加快完善规则统一的债券违约处置机制
7月1日	全国	央行于7月1日起下调再贷款、再贴现利率。其中，支农再贷款、支小再贷款利率下调0.25个百分点，调整后，3个月、6个月和1年期支农再贷款、支小再贷款利率分别为1.95%、2.15%和2.25%。再贴现利率下调0.25个百分点至2%。此外，央行还下调金融稳定再贷款利率0.5个百分点，调整后，金融稳定再贷款利率为1.75%，金融稳定再贷款（延期期间）利率为3.77%。	央行下调再贷款、再贴现利率

8-2　续表 11

时间	地区	政策内容	政策来源
7月8日	全国	6月，全国发行地方政府债券 2867 亿元。其中，发行一般债券 1691 亿元，发行专项债券 1176 亿元。2020 年 1~6 月，全国发行地方政府债券 34864 亿元。其中，发行一般债券 11139 亿元，发行专项债券 23725 亿元。 截至 6 月末，全国地方政府债务余额 241583 亿元。其中，一般债务 124822 亿元，专项债务 116761 亿元。	财政部发布 6 月地方政府债券发行和债务余额情况
7月10日	全国	央行举行 2020 年上半年金融统计数据新闻发布会，会上公布，6 月末社会融资规模存量同比增长 12.8%。广义货币 (M2) 同比增长 11.1%；狭义货币 (M1) 同比增长 6.5%；流通中货币 (M0) 余额 7.95 万亿元，同比增长 9.5%。同时，货币政策司副司长郭凯表示，货币政策的立场仍然是稳健的，货币政策更加灵活适度，现在更加强调“适度”这两个字。	人民银行举行 2020 年上半年金融统计数据新闻发布会
7月14日	全国	银保监会向系统内各级派出机构和银行保险机构印发《关于近年影子银行和交叉金融业务监管检查发现主要问题的通报》，通报问题主要集中在“资管新规”“理财新规”执行不到位、业务风险隔离不审慎、非标投资业务管控不力等方面。银保监会强调要通过整改影子银行和交叉金融业务突出问题，进一步疏通融资渠道，引导资金更高质量服务实体经济，为复工复产和实体经济发展提供精准金融服务。	银保监会印发《关于近年影子银行和交叉金融业务监管检查发现主要问题的通报》
7月16日	全国	6 月份，债券市场共发行各类债券 4.2 万亿元；银行间货币市场成交共计 91.1 万亿元，同比增长 22.43%，同业拆借月加权平均利率为 1.85%，较上月上行 60 个基点；质押式回购月加权平均利率为 1.89%，较上月下行 60 个基点。 6 月末，上证综指收于 2984.67 点，较上月末上涨 132.32 点，涨幅为 4.64%；深证成指收于 11992.35 点，较上月末上涨 1246.27 点，涨幅为 11.6%。	中国人民银行公布 6 月金融市场运行情况
7月20日	全国	中国人民银行授权全国银行间同业拆借中心公布，7 月 20 日贷款市场报价利率（LPR）为：1 年期 LPR 为 3.85%，5 年期以上 LPR 为 4.65%。	全国银行间同业拆借中心公布 7 月贷款市场报价利率（LPR）
8月3日	全国	优先支持位于《京津冀协同发展规划纲要》《河北雄安新区规划纲要》《长江经济带发展规划纲要》《粤港澳大湾区发展规划纲要》《长江三角洲区域一体化发展规划纲要》《海南自由贸易港建设总体方案》等国家重大战略区域范围内的基础设施项目。支持位于国务院批准设立的国家级新区、国家级经济技术开发区范围内的基础设施项目。 优先支持基础设施补短板项目，鼓励新型基础设施项目开展试点。 酒店、商场、写字楼、公寓、住宅等房地产项目不属于试点范围。	国家发展改革委办公厅关于做好基础设施领域不动产投资信托基金（REITs）试点项目申报工作的通知
8月4日	全国	7 月，全国发行地方政府债券 2722 亿元。其中，发行一般债券 1764 亿元，发行专项债券 959 亿元。2020 年 1~7 月，全国发行地方政府债券 37586 亿元。其中，发行一般债券 5629 亿元，发行专项债券 22661 亿元。 截至 7 月末，全国地方政府债务余额 241616 亿元。其中，一般债务 124704 亿元，专项债务 116912 亿元。	财政部发布 7 月地方政府债券发行和债务余额情况
8月11日	全国	7 月末，广义货币 (M2) 余额 212.55 万亿元，同比增长 10.7%，狭义货币 (M1) 余额 59.12 万亿元，同比增长 6.9%；7 月份人民币贷款增加 9927 亿元，同比少增 631 亿元；7 月份人民币存款增加 803 亿元，同比少增 5617 亿元。	中国人民银行公布 7 月金融统计数据

8–2 续表 12

时间	地区	政策内容	政策来源
8 月 16 日	全国	房地产泡沫是威胁金融安全的最大“灰犀牛”。近年来，各地区各部门根据“房住不炒”和“一城一策”精神，优化金融资源配置，严防资金违规流入房地产市场。2019 年与 2016 年相比，房地产贷款增速下降 12 个百分点，新增房地产贷款占全部新增贷款的比重下降 10 个百分点。既满足房地产行业平稳发展的正常需要，又避免因资金过度集中出现更大风险。	《求是》刊发银保监会主席郭树清文章《坚定不移打好防范化解金融风险攻坚战》
8 月 17 日	全国	保持流动性合理充裕但不搞大水漫灌，而是有效发挥结构性直达货币政策工具精准滴灌作用，确保新增融资重点流向实体经济特别是小微企业。深化市场报价利率改革，引导贷款利率继续下行。落实落细运用再贷款再贴现资金发放优惠利率贷款、支持发放信用贷款等措施。	李克强主持召开国务院常务会议
8 月 18 日	全国	聚焦县城及县级市城区，特别是 120 个县城新型城镇化建设示范地区，兼顾镇区常住人口 10 万以上的非县级政府驻地特大镇、2015 年以来“县改区”“市改区”形成的地级及以上城市市辖区，重点对以下领域建设项目提供信贷支持。分别是：县城产业平台公共配套设施；县城新型基础设施；县城其他基础设施等。	国家发改委联合六家银行发布《关于信贷支持县城城镇化补短板强弱项的通知》
8 月 19 日	全国	为维护银行体系流动性合理充裕，央行以利率招标方式开展 7 天期 1500 亿元逆回购操作，中标利率 2.20%。	央行开展逆回购
8 月 25 日	全国	央行货币政策司司长孙国峰表示，疫情带来的不确定性增加，金融市场情绪难免受一些影响，货币政策需要有更大的确定性来应对各种不确定性。并提出“三不变”：稳健货币政策的取向不变；保持灵活适度的操作要求不变，既不让市场缺钱，也不让市场的钱溢出来；坚持正常货币政策的决心不变。	国务院政策例行吹风会
9 月 2 日	全国	下一步要坚持稳健的货币政策灵活适度，保持政策力度和可持续性，不搞大水漫灌，引导资金更多流向实体经济，以促进经济金融平稳运行。会议要求，对金融控股公司监管要依法依规、稳妥有序推进实施，防范化解风险，增强金融服务实体经济能力。	李克强主持召开国务院常务会议
9 月 6 日	全国	2020 中国国际金融论坛在北京召开，会上银保监会副主席周亮表示：将银保监会将稳妥的处置高风险中小金融机构，严格遵循房住不炒的定位，规范房地产贷款业务，防止房地产市场过度金融化，同时还要落实资管新规的要求，防止影子银行的反弹，通过打击违法违规金融活动，牢牢守住金融风险，不发生系统性金融风险的底线。	中国国际金融论坛
9 月 10 日	全国	国家主席习近平主持召开中央财经委会议，提出：①必须把建设现代流通体系作为一项重要战略任务来抓；②深化供给侧结构性改革，充分发挥市场在资源配置中的决定性作用，更好发挥政府作用；③统筹推进现代流通体系硬件和软件建设，发展流通新技术新业态新模式。	中央财经委会议
9 月 11 日	全国	8 月末，社会融资规模存量为 277 万亿元，同比增长 13.3%。广义货币（M2）余额 214 万亿元，同比增长 10.4%；狭义货币（M1）余额 60 万亿元，增长 8.0%，增速比 7 月末高 1.1 个百分点；流通中货币（M0）余额 8 万亿元，增长 9.4%。 8 月末，人民币贷款余额 167 万亿元，同比增长 13.0%，增速与 7 月末持平。8 月份，人民币贷款增加 1.28 万亿元，同比多增 694 亿元。	人民银行发布 2020 年 8 月金融统计数据报告
9 月 12 日	全国	9 月 12 日，央行公布 8 月金融统计数据报告。8 月末，广义货币 (M2) 余额 213.7 万亿元，同比增长 10.4%，增速比上月末低 0.3 个百分点，比上年同期高 2.2 个百分点。8 月份人民币贷款增加 1.3 万亿元，同比多增 694 亿元。	央行公布 8 月金融统计数据报告

8-2　续表 13

时间	地区	政策内容	政策来源
9月14日	全国	银保监会召开新闻通气会。会上表示，将持续开展30多个重点城市房地产贷款专项检查，压缩对杠杆率过高、财务负担过重房企的过度授信，加大对“首付贷”、消费贷资金流入房市的查处力度，引导银行资金重点支持棚户区改造等保障性民生工程和居民合理自住购房需求。保障性安居工程贷款余额稳步增长，房地产金融化泡沫化倾向得到有效遏制，助推房地产民生属性逐步回归。	银保监会召开新闻通气会
9月14日	全国	央行副行长发文称：①人民银行正稳步推进数字人民币的研发试点工作；②数字人民币主要定位于M0，应坚持央行中心化管理，发行和流通要按照现金进行规范管理；③试点地区的数字人民币也要进行大额存取现登记。	央行副行长发文称，人民银行正在稳步推进数字人民币的研发试点工作
9月14日	全国	国务院政策例行吹风会上，央行副行长潘功胜介绍，重点房企资金监测和融资管理规则建设的目的，在于增强房企融资管理的市场化、规则化和透明化；从微观层面，有利于房企形成稳定的金融政策预期，合理安排自身的经营活动和融资行为，矫正盲目扩张的经营行为，增强自身的抗风险能力。未来将不断完善规则，稳步扩大适用范围。	国务院例行吹风会
9月16日	全国	银保监会印发《关于加强小额贷款公司监督管理的通知》。通知指出，小额贷款公司贷款不得用于以下事项：股票、金融衍生品等投资；房地产市场违规融资；法律法规、银保监会和地方金融监管部门禁止的其他用途。	银保监会印发《关于加强小额贷款公司监督管理的通知》
9月21日	全国	中国人民银行授权全国银行间同业拆借中心公布，9月21日贷款市场报价利率（LPR）为：1年期LPR为3.85%，5年期以上LPR为4.65%。	全国银行间同业拆借中心公布9月贷款市场报价利率（LPR）
9月23日	全国	中共中央办公厅、国务院办公厅印发了《关于调整完善土地出让收入使用范围优先支持乡村振兴的意见》。《意见》指出：将提高土地出让收入用于农业农村的比例，目标到“十四五”期末，以省（自治区、直辖市）为单位核算，该比例将达到50%以上。	中共中央办公厅、国务院办公厅印发了《关于调整完善土地出让收入使用范围优先支持乡村振兴的意见》
9月28日	全国	央行货币政策委员会2020年第三季度例会，会议认为，今年以来统筹疫情防控和经济社会发展工作取得重大成果，经济稳步恢复。稳健的货币政策体现了前瞻性、精准性和时效性，大力支持疫情防控、复工复产和实体经济发展，金融风险有效防控，金融服务实体经济的质量和效率逐步提升。存量浮动利率贷款定价基准转换顺利完成，贷款市场报价利率改革红利持续释放，货币传导效率增强，贷款利率明显下降，人民币汇率总体稳定，双向浮动弹性提升，发挥了宏观经济稳定器功能。	央行货币政策委员会2020年第三季度例会
10月9日	全国	①支持优质企业上市，全面推行、分步实施证券发行注册制；②促进市场化并购重组，完善上市公司资产重组、收购和分拆上市等制度，支持境内上市公司发行股份购买境外优质资产，允许更多符合条件的外国投资者对境内上市公司进行战略投资；③鼓励和支持混合所有制改革试点企业上市；④严厉打击通过财务造假、利益输送、操纵市场等方式恶意规避退市行为。	国务院印发《关于进一步提高上市公司质量的意见》
10月14日	全国	央行举办2020年第三季度金融统计数据新闻发布，会议指出9月末M2余额是216.41万亿元，同比增长10.9%，增速分别比上月末和上年同期高0.5和2.5个百分点；M1余额是60.23万亿元，同比增长8.1%，增速分别比上月末和上年同期高0.1和4.7个百分点。 央行有关部门相关负责人表示，货币政策坚持稳健取向不变，维护正常货币政策空间。下一阶段将根据形势变化，综合运用多种货币政策工具，保持流动性合理充裕。此外，央行将会同住建部和其他相关部门，稳步扩大房企融资新规适用范围。	央行举办2020年第三季度金融统计数据新闻发布

8-2 续表 14

时间	地区	政策内容	政策来源
10 月 15 日	全国	央行等部门发布进一步强化中小微企业金融服务的指导意见：用好再贷款再贴现政策，引导金融机构重点支持中小微企业，并进一步对中小微企业贷款实施阶段性延期还本付息。	央行等部门发布进一步强化中小微企业金融服务的指导意见
10 月 19 日	全国	央行营业管理部发布《北京地区房地产行业反洗钱和反恐怖融资工作暂行办法》公开征求意见稿。提出房地产开发企业、中介要对客户身份及信息识别核实、划分风险等级、对可疑交易上报等要求。	央行营业管理部发布《北京地区房地产行业反洗钱和反恐怖融资工作暂行办法》公开征求意见稿
10 月 21 日	全国	在 2020 年金融街论坛年会上，央行副行长表示，央行将重点健全房地产金融、外汇市场、债券市场、影子银行以及跨境资金流动等重点领域宏观审慎监测、评估和预警体系，分步实施宏观审慎压力测试并将其制度化。目前正在根据防范房地产金融风险和“稳地价、稳房价、稳预期”的需要，研究房地产贷款集中度、居民债务收入比、房地产贷款风险权重等政策工具，进一步完善促进房地产市场健康发展的长效机制。 央行行长易纲：①保持货币供应与名义国内生产总值增速基本匹配；②长时间实施正常货币政策，为经济主体提供正向激励；③预期明年 GDP 增速回升，宏观杠杆率趋稳。 银保监会主席郭树清：①全面增强金融普惠性；②继续支持金融科技的发展，密切关注和评估核心技术对金融业的影响；③高度重视金融科技带来的网络安全、寡头垄断等风险挑战。 证监会主席易会满：加快构建更加成熟更加定型的资本市场基础制度体系，不断提升我国资本市场的吸引力和国际竞争力；支持北京资本市场改革开放和高质量发展。	2020 年金融街论坛年会
10 月 24 日	全国	财政部副部长邹加怡出席第二届外滩金融峰会发表演讲，强调要有效防范全球金融体系中的系统性风险，把握好逆周期调节和金融稳定的关系，协调好金融监管与经济发展的关系。明年全球经济可能加快复苏，要适时调整金融监管政策。 央行行长易纲在第二届外滩金融峰会上表示，①我国将持续推动金融业开放，增强人民币汇率弹性；②全面实施准入前国民待遇加负面清单管理制度，加强宏观审慎管理，提高金融监管的专业性和有效性，建好各类“防火墙”。	第二届外滩金融峰会
10 月 31 日	全国	银保监会信托部日前向各地银保监局下发《关于开展新一轮房地产信托业务专项排查的通知》，要求继续严控房地产信托规模，按照“实质重于形式”原则强化房地产信托穿透监管，严禁通过各类形式变相突破监管要求，严禁为资金违规流入房地产市场提供通道，切实加强房地产信托风险防控工作。	银保监会下发《关于开展新一轮房地产信托业务专项排查的通知》
11 月 6 日	全国	下阶段，稳健的货币政策将更加灵活适度、精准导向，根据形势变化和市场需求及时调节政策力度、节奏和重点。一方面特殊时期出台的政策将适时适度调整，另一方面对于需要长期支持的领域进一步加大政策支持力度。 人民银行将搞好跨周期政策设计，创新和完善结构性货币政策工具体系，精准设计激励相容机制，引导金融机构加大对符合新发展理念相关领域的支持力度，持续增加小微企业首贷、信用贷、无还本续贷，以创新驱动高质量供给引领和创造新需求，加快构建以国内大循环为主体、国内国际双循环相互促进的新发展格局。	国务院政策例行吹风会
11 月 13 日	全国	为规范保险资金直接投资未上市企业股权行为，加大保险资金对各类企业的股权融资支持力度，银保监会发布《关于保险资金财务性股权投资有关事项的通知》通知指出，保险资金所投资的标的企业，不得直接从事房地产开发建设，包括开发或者销售商业住宅。	银保监会发布《关于保险资金财务性股权投资有关事项的通知》

8-2　续表 15

时间	地区	政策内容	政策来源
11 月 16 日	全国	中国人民银行开展了 8000 亿元 1 年期中期借贷便利（MLF）操作（含对 11 月 5 日和 16 日两次 MLF 到期的续做），中标利率为 2.95%，与 10 月持平。这是央行连续 4 个月超额续做 MLF，8000 亿元的规模也创下了单日 MLF 操作规模新高。	央行连续四个月超额续做 MLF~~ 量增价稳维护流动性合理充裕
11 月 17 日	全国	要管理好房地产市场风险，建立长效机制。在房地产行业政策把握上，要坚持稳字当头，稳中求进，着力稳地价、稳房价、稳预期，加强对房地产市场融资状况的全面监测，按照“因城施策”原则，强化对房地产金融的逆周期宏观审慎管理，监测居民债务收入比和房地产贷款的集中度。在稳定需求的同时，优化土地供给，促进供求平衡，实现房地产市场平稳可持续发展。要进一步理顺中央和地方财税关系，完善地方税体系，建立依法合规、规范透明、自我约束的地方政府债务融资机制，减少对土地财政的依赖。	央行行长易纲发表研究文章《再论中国金融资产结构及政策含义》
11 月 25 日	全国	要充分认识加快构建新发展格局的重大意义：这是适应我国经济发展阶段变化的主动选择，是应对错综复杂的国际环境变化的战略举措，是发挥我国超大规模经济体优势的内在要求。 准确把握好供给与需求的关系，国内大循环和国内国际双循环的关系及深化改革与推动改革的关系。 推动供给创造和引领需求，实现供需良性互动。房地产业影响投资和消费，事关民生和发展。要坚持房子是用来住的、不是用来炒的定位，坚持租购并举、因城施策，完善长租房政策，促进房地产市场平稳健康发展。 对金融体系进行结构性调整，大力提高直接融资比重，改革优化政策性金融，完善金融支持创新的政策。 推动新型城镇化和城乡区域协调发展。要发挥中心城市和城市群带动作用，实施区域重大战略，建设现代化都市圈，形成一批新增长极。	刘鹤在人民日报发表文章《加快构建以国内大循环为主体、国内国际双循环相互促进的新发展格局》
11 月 26 日	全国	《报告》指出下一阶段主要政策思路：一是稳健的货币政策更加灵活适度、精准导向，完善货币供应调控机制，根据宏观形势和市场需要，科学把握货币政策操作的力度、节奏和重点，既保持流动性合理充裕，不让市场缺钱，又坚决不搞“大水漫灌”，不让市场的钱溢出来；二是进一步落实和发挥好再贷款、再贴现和直达实体经济的货币政策工具的牵引带动作用，强化对稳企业保就业的金融支持；三是构建金融有效支持实体经济的体制机制，牢牢坚持房子是用来住的，不是用来炒的定位，坚持不将房地产作为短期刺激经济的手段，坚持稳地价、稳房价、稳预期，保持房地产金融政策的连续性、一致性、稳定性，实施好房地产金融审慎管理政策；四是深化利率、汇率市场化改革，提高金融资源配置效率，促进融资成本进一步下行，提高货币政策传导效率；五是加强金融市场基础制度建设，切实发挥好金融市场在稳增长、调结构、促改革和防风险方面的作用；六是进一步推进金融机构改革，不断完善公司治理，优化金融供给；七是健全金融风险预防、预警、处置、问责制度体系。	央行发布《2020 年第三季度中国货币政策执行报告》
11 月 30 日	全国	央行开展 2000 亿元中期借贷便利（MLF）操作和 1500 亿元逆回购操作。MLF 期限为 1 年，中标利率 2.95%，逆回购期限为 7 天，中标利率 2.2%。公告同时称，将于 12 月 15 日开展中期借贷便利（MLF）操作（含对 12 月 7 日和 16 日两次 MLF 到期的一次性续作），具体操作金额将根据市场需求等情况确定。	央行
12 月 9 日	全国	11 月末，广义货币（M2）余额 217.2 万亿元，同比增长 10.7%，增速分别比上月末和上年同期高 0.2 个和 2.5 个百分点；狭义货币（M1）余额 61.86 万亿元，同比增长 10%，增速分别比上月末和上年同期高 0.9 个和 6.5 个百分点；流通中货币（M0）余额 8.16 万亿元，同比增长 10.3%。当月净投放现金 557 亿元。	央行发布 2020 年 11 月金融统计数据报告

8–2 续表 16

时间	地区	政策内容	政策来源
12 月 22 日	全国	会议指出：要完善现代金融监管体系，保持宏观杠杆率基本稳定，前瞻应对不良资产反弹，精准防控重点领域金融风险，强化反垄断和防止资本无序扩张。	银保监会党委扩大会议
12 月 23 日	全国	按照“立法先行、充分授权、分步推进”的原则，积极稳妥推进房地产税立法和改革。建立健全个人收入和财产信息系统。	财政部长刘昆发文《建立现代财税体制（深入学习贯彻党的十九届五中全会精神）》
12 月 31 日	全国	《通知》明确了房地产贷款集中度管理制度的机构覆盖范围、管理要求及调整机制。综合考虑银行业金融机构的资产规模、机构类型等因素，分档设置房地产贷款余额占比和个人住房贷款余额占比两个上限，对超过上限的机构设置过渡期，并建立区域差别化调节机制。 建立房地产贷款集中度管理制度，是健全我国宏观审慎管理制度和完善房地产金融管理长效机制的重要举措，有助于提高金融体系韧性和稳健性，有助于银行业金融机构优化信贷结构，有助于房地产市场的平稳健康发展，有助于推动金融、房地产同实体经济均衡发展。	中国人民银行中国银行保险监督管理委员会发布《关于建立银行业金融机构房地产贷款集中度管理制度的通知》

8-3　2020年住房与土地政策

时间	地区	政策内容	政策来源
2月16日	全国	坚持“房住不炒”的定位，落实房地产长效管理机制，深入开展中央财政支持住房租赁市场发展试点、城镇老旧小区改造等工作，推动完善基本住房保障体系。	财政部部长刘昆发表文章《积极的财政政策要大力提质增效》
2月17日	全国	1月份，各地坚决贯彻落实党中央、国务院决策部署，坚持房子是用来住的、不是用来炒的定位，不将房地产作为短期刺激经济的手段，全面落实城市主体责任，房地产市场保持总体平稳态势。	国家统计局发布对1月份商品住宅销售价格变动情况统计数据的解读
2月19日	全国	坚持房子是用来住的、不是用来炒的定位，按照“因城施策”的基本原则，加快建立房地产金融长效管理机制，不将房地产作为短期刺激经济的手段。	央行发布2019年第四季度中国货币政策执行报告
2月24日	全国	只要基层网点尽到相当的责任就要给它免责，企业的贷款目前把握三个原则：一是企业是不是诚实守信的企业；二是企业生产经营活动是不是有市场、有订单的；三是银行贷款是不是真正用于生产经营活动，而不是违规流向房地产、资本市场。	国务院联防联控机制新闻发布会
3月1日	全国	将国务院可以授权的永久基本农田以外的农用地转为建设用地审批事项授权各省、自治区、直辖市人民政府批准。 试点将永久基本农田转为建设用地和国务院批准土地征收审批事项委托部分省、自治区、直辖市人民政府批准。永久基本农田转为建设用地审批事项，以及永久基本农田、永久基本农田以外的耕地超过三十五公顷的、其他土地超过七十公顷的土地征收审批事项，国务院委托部分试点省、自治区、直辖市人民政府批准。首批试点省份为北京、天津、上海、江苏、浙江、安徽、广东、重庆，试点期限1年，具体实施方案由试点省份人民政府制订并报自然资源部备案。	国务院发布《国务院关于授权和委托用地审批权的决定》
3月5日	全国	坚决防止盲目抢工期。各地要督促建设单位切实保障工程项目合理工期安排，严禁盲目抢工期、赶进度等行为。要充分考虑疫情对工期造成的影响，科学确定工期及每个阶段所需的合理时间，严格执行合理工期。	住建部办公厅《关于加强新冠肺炎疫情防控期间房屋市政工程开复工质量安全工作的通知》
3月10日	全国	自动延续企业资质。对勘察设计、建筑施工、工程监理等企业资质，有效期在6月30日前期满的，自动延续到7月31日。在此期间，可继续参加工程建设和招投标等活动。 鼓励以银行保函等替代保证金，减少企业资金占用；同时鼓励银行对资信良好的建筑企业在授信额度、贷款利率等方面给予支持。	国务院联防联控机制新闻发布会
3月11日	全国	确定2019年棚户区改造工作拟激励支持的城市名单如下：江苏省徐州市、湖北省武汉市、浙江省绍兴市、安徽省合肥市、内蒙古自治区巴彦淖尔市、湖南省常德市、山东省济南市、河南省平顶山市、河北省石家庄市、江西省宜春市。	住建部发布《2019年棚户区改造工作拟激励城市名单公示》
3月18日	全国	对2019年已下达尚未竣工的存量任务以及农村危房改造“回头看”排查出的新增任务等农村危房改造扫尾任务逐户建立台账，确保所有建档立卡贫困户需改造的危房2020年6月底前全部竣工。	住房城乡建设部办公厅、国务院扶贫办综合司发布关于统筹做好疫情防控和脱贫攻坚保障贫困户住房安全相关工作的通知
3月22日	全国	银保监会将坚决落实房住不炒的要求，促进房地市场平稳健康发展，同时配合地方政府稳妥处置地方隐性债务问题。	国务院新闻办公室举行新闻发布会

8-3 续表 1

时间	地区	政策内容	政策来源
3 月 26 日	全国	对因疫情不可抗力导致工期延误，施工单位可根据实际情况依法与建设单位协商，合理顺延合同工期。停工期间或工期延误增加的费用，发承包双方按照有关规定协商处理。 因疫情防控发生的防疫费用，可计入工程造价。因疫情造成的人工、建材价格上涨等成本，发承包双方应加强协商沟通，按照合同约定的调价方法调整合同价款。 严禁政府和国有投资工程以各种方式要求施工单位带资承包。建设单位应按照合同约定按时足额支付工程款，不得形成新的拖欠。	住房和城乡建设部办公厅关于印发房屋市政工程复工复产指南的通知
3 月 30 日	全国	在国土空间规划确定的城镇和村庄、集镇建设用地范围内经依法批准占用耕地，以及在国土空间规划确定的城镇和村庄、集镇建设用地范围外的能源、交通、水利、矿山、军事设施等建设项目经依法批准占用耕地的，分别由县级人民政府、农村集体经济组织和建设单位负责补充数量和质量相当的耕地。 国土空间规划应当统筹并合理安排集体经营性建设用地布局和用途，引导优先使用存量集体经营性建设用地，严格控制新增集体经营性建设用地规模。鼓励乡村重点产业和项目使用集体经营性建设用地。 建设项目需要使用土地的，建设单位原则上应当一次申请办理建设用地审批手续，确需分期建设的项目，可以根据可行性研究报告确定的方案等，分期申请建设用地，分期办理建设用地审批手续。	自然资源部关于《中华人民共和国土地管理法实施条例（修订草案）》（征求意见稿）公开征求意见的公告
4 月 9 日	全国	推进土地要素市场化配置。建立健全城乡统一的建设用地市场；深化产业用地市场化配置改革；鼓励盘活存量建设用地；完善土地管理体制。 引导劳动力要素合理畅通有序流动。深化户籍制度改革；畅通劳动力和人才社会性流动渠道；完善技术技能评价制度；加大人才引进力度。	中共中央国务院发布《关于构建更加完善的要素市场化配置体制机制的意见》
4 月 14 日	全国	推进城镇老旧小区改造，是改善居民居住条件、扩大内需的重要举措。2020 年各地计划改造城镇老旧小区 3.9 万个，涉及居民近 700 万户，比去年增加一倍，重点是 2000 年底前建成的住宅区。各地要统筹负责，按照居民意愿，重点改造完善小区配套和市政基础设施，提升社区养老、托育、医疗等公共服务水平。 建立政府与居民、社会力量合理共担改造资金的机制，中央财政给予补助，地方政府专项债给予倾斜，鼓励社会资本参与改造运营。	李克强主持召开国务院常务会议
5 月 9 日	全国	签约内容显示，中国建设银行预计将提供不少于 1900 亿元的贷款，支持广州、杭州、济南、郑州、福州、苏州 6 个城市在未来三年内以市场化运作方式筹集约 80 万套（间）政策性租赁住房。	中国建设银行支持发展政策性租赁住房签约仪式
5 月 19 日	全国	《通知》强调，各地要认真落实有关宅基地和集体建设用地确权登记系列文件要求，充分发挥乡村基层组织作用，推动解决宅基地“一户多宅”、缺少权属来源材料、超占面积、权利主体认定等问题，按照房地一体要求，统一确权登记、统一颁发证书，努力提高登记率；各地要通过不动产登记系统，办理房地一体的宅基地和集体建设用地使用权登记。	自然资源部印发通知加快推进宅基地和集体建设用地使用权确权登记

8-3　续表 2

时间	地区	政策内容	政策来源
6 月 2 日	全国	对完成 2019 年批而未供和闲置土地处置任务的省份，在核算计划指标基础上再奖励 10%；对任一项任务未完成的核减 20%；2020 年共奖励 1.7 万亩土地计划指标，共 10 省市获得表扬，其中，杭州、武汉、昆明等市县获得奖励 0.2 万亩。	自然资源部印发《关于 2020 年土地利用计划管理的通知》
6 月 2 日	全国	《意见》提出，电子不动产登记证书证明与纸质不动产登记证书证明具有同等法律效力，各地要积极推广应用；今年年底前，全国所有市县一般登记业务办理时间力争全部压缩至 5 个工作日以内，当事人签订买卖合同后即可申请办理不动产登记；对预售商品房全面开展预告登记，积极推进存量房预告登记，防止“一房二卖”。	自然资源部、税务总局、银保监会联合出台《关于协同推进“互联网 + 不动产登记”方便企业和群众办事的意见》
7 月 20 日	全国	国务院办公厅印发《关于全面推进城镇老旧小区改造工作的指导意见》(以下简称《意见》)，要求按照党中央、国务院决策部署，全面推进城镇老旧小区改造工作，满足人民群众美好生活需要，推动惠民生扩内需，推进城市更新和开发建设方式转型，促进经济高质量发展。 工作目标：2020 年新开工改造城镇老旧小区 3.9 万个，涉及居民近 700 万户；到 2022 年，基本形成城镇老旧小区改造制度框架、政策体系和工作机制；到“十四五”期末，结合各地实际，力争基本完成 2000 年底前建成需改造城镇老旧小区改造任务。 《意见》指出：(一)合理落实居民出资责任。(二)加大政府支持力度，支持各地通过发行地方政府专项债券筹措改造资金。(三)持续提升金融服务力度和质效，支持城镇老旧小区改造规模化实施运营主体采取市场化方式，运用公司信用类债券、项目收益票据等进行债券融资，但不得承担政府融资职能，杜绝新增地方隐性债务；商业银行依法合规对实施城镇老旧小区改造的企业和项目提供信贷支持。(四)推动社会力量参与，通过政府采购、新增设施有偿使用、落实资产权益等方式，吸引各类专业机构等社会力量，投资参与各类需改造设施的设计、改造、运营。(五)落实税费减免政策。	国务院办公厅发布《关于全面推进城镇老旧小区改造工作的指导意见》
7 月 29 日	全国	截至 6 月末，全国新开工改造城镇老旧小区 1.59 万个，占年度目标任务(3.9 万个)的 40.4%，较 5 月末提高了 21 个百分点；涉及居民 332.94 万户，占年度目标任务(约 700 万户)的 47.1%，较 5 月末提高了近 22 个百分点。 其中，开工进展较快的地区：甘肃 100%，河北 98.9%，山东 77.6%，上海 76.4%，安徽 73.5%；开工进展较慢的地区：吉林 16.1%，四川 16.0%，内蒙古 13.9%，湖北 12.0%，海南 0.6%。	住建部公布全国城镇老旧小区改造情况

8-4 2020年区域发展政策

时间	地区	政策内容	政策来源
1月3日	全国	要推进兰州—西宁城市群发展，推进黄河“几”字弯都市圈协同发展，强化西安、郑州国家中心城市的带动作用，发挥山东半岛城市群龙头作用，推动沿黄地区中心城市及城市群高质量发展。 推动成渝地区双城经济圈建设，有利于在西部形成高质量发展的重要增长极，打造内陆开放战略高地，对于推动高质量发展具有重要意义。要尊重客观规律，发挥比较优势，推进成渝地区统筹发展，促进产业、人口及各类生产要素合理流动和高效集聚，强化重庆和成都的中心城市带动作用，使成渝地区成为具有全国影响力的重要经济中心、科技创新中心、改革开放新高地、高品质生活宜居地，助推高质量发展。	习近平主持召开中央财经委员会第六次会议
1月17日	全国	尊重规律，合理把握开发节奏。保持历史耐心和战略定力，高质量高标准推动新区规划建设。准确定位、突出优势和特色，处理好有所为与有所不为、先为与后为、快为与慢为的关系，尊重城市发展规律，合理把握开发节奏，促进绿色低碳发展，坚决防止盲目建设和无序扩张。 加强规划统领与约束。推动各新区尊重科学、尊重规律、着眼长远，高质量编制发展规划。严控开发强度，实施建设用地总量和强度双控，注重规划留白留绿。 深入推进智慧城市建设，提升城市精细化管理水平。优化主城区与新区功能布局，推动新区有序承接主城区部分功能。坚持房子是用来住的、不是用来炒的定位，落实职住平衡要求，严禁大规模无序房地产开发，支持合理自住需求，坚决遏制投机炒房行为。	国务院《关于支持国家级新区深化改革创新加快推动高质量发展的指导意见》
1月19日	全国	推动城镇落户，关键是使稳定就业的农业转移人口等重点人群，使他们在城镇能够更加便捷落户，同时扩大城镇基本公共服务对常住人口的覆盖范围，切实提升农业转移人口市民化质量，保证全面完成1亿人落户目标。 扎实推进城市群和都市圈建设，今年将大力推动成渝地区双城经济圈建设，促进各地区城市群发展，指导地方开展都市圈规划编制工作，着力提高重点都市圈交通基础设施联通水平，规范发展特色小镇和特色小城镇。	国家发改委举行1月份新闻发布会介绍宏观经济运行情况并回应热点问题
3月17	全国	以北京城市副中心建设为统领，着力打造国际一流和谐宜居之都示范区、新型城镇化示范区、京津冀区域协同发展示范区。 到2025年，协同发展机制建立并有效发挥作用，环境治理、基础设施、公共服务、工程技术等领域形成统一的标准体系。城乡空间和功能格局进一步优化，重点生态修复与建设工程基本完成，轨道交通建设取得突破性进展，非首都功能疏解和产业园区共建取得实质进展，公共服务落差逐步缩小。到2035年，协同发展的体制机制更加完善，高效一体的空间格局基本形成，生态环境质量根本改善，智能绿色的交通体系基本形成，创新引领的现代经济体系基本建立，基本公共服务基本实现均等化，绿色城市、森林城市、海绵城市、智慧城市基本建成。 高效利用城乡建设用地。按照减量提质发展思路，合理控制城乡建设用地总量和开发强度。 完善住房保障制度。建立多主体供给、多渠道保障、租购并举的住房制度。根据产业布局、人口流动情况，因地制宜发展共有产权住房和公租房，形成供需匹配、结构合理、流转有序、支出与收入相适应的住房保障体系，完善住房保障监督管理机制，努力满足实有就业人口住房保障需求。 严控房地产无序开发。坚决摒弃以房地产开发为主的发展方式，制定更加严格的房地产项目准入条件和年度开发总量约束机制。根据就业增长、配套设施情况，合理确定住房供地数量、布局和时序，严控房地产开发总量，引导房地产理性发展。加强交界地区房地产开发全过程联动监管，严厉打击房地产企业囤地炒地。 创新人口人才管理政策。通州区严格执行北京市人口积分落户制度。河北省实施北三县户籍制度单列管理。推进实施“人才资源共享工程”。	国家发改委发布《北京市通州区与河北省三河、大厂、香河三县市协同发展规划》

8-4　续表 1

时间	地区	政策内容	政策来源
4 月 9 日	全国	提高农业转移人口市民化质量。督促城区常住人口 300 万以下城市全面取消落户限制；推动城区常住人口 300 万以上城市基本取消重点人群落户限制；促进农业转移人口等非户籍人口在城市便捷落户；推动城镇基本公共服务覆盖未落户常住人口；大力提升农业转移人口就业能力；加大“人地钱挂钩”配套政策的激励力度。 优化城镇化空间格局。加快发展重点城市群；编制成渝地区双城经济圈建设规划纲要；大力推进都市圈同城化建设等。 提升城市综合承载能力。补齐城市公共卫生短板；改善城市公用设施；实施新型智慧城市行动；加快推进城市更新等。 加快推进城乡融合发展。加快推进国家城乡融合发展试验区改革探索；全面推开农村集体经营性建设用地直接入市等。	国家发改委关于印发《2020 年新型城镇化建设和城乡融合发展重点任务》的通知
5 月 14 日	全国	《意见》从促进粤港澳大湾区跨境贸易和投融资便利化、扩大金融业对外开放、促进金融市场和金融基础设施互联互通、提升粤港澳大湾区金融服务创新水平、切实防范跨境金融风险等五个方面提出 26 条具体措施。	中国人民银行、银保监会、证监会、外汇局发布《关于金融支持粤港澳大湾区建设的意见》
5 月 17 日	全国	意见总体要求表明：确保到 2020 年西部地区生态环境、营商环境、开放环境、创新环境明显改善，与全国一道全面建成小康社会；到 2035 年，西部地区基本实现社会主义现代化，基本公共服务、基础设施通达程度、人民生活水平与东部地区大体相当，努力实现不同类型地区互补发展、东西双向开放协同并进、民族边疆地区繁荣安全稳固、人与自然和谐共生。	中共中央、国务院关于新时代推进西部大开发形成新格局的指导意见
5 月 22 日	全国	加快落实区域发展战略。继续推动西部大开发、东北全面振兴、中部地区崛起、东部率先发展。深入推进京津冀协同发展、粤港澳大湾区建设、长三角一体化发展。推进长江经济带共抓大保护。编制黄河流域生态保护和高质量发展规划纲要。推动成渝地区双城经济圈建设。促进革命老区、民族地区、边疆地区、贫困地区加快发展。	两会政府工作报告
6 月 1 日	全国	《方案》要求，到 2025 年，初步建立以贸易自由便利和投资自由便利为重点的自由贸易港政策制度体系；到 2035 年，自由贸易港制度体系和运作模式更加成熟；到本世纪中叶，全面建成具有较强国际影响力的高水平自由贸易港。加快金融改革创新，支持住房租赁金融业务创新和规范发展，支持发展房地产投资信托基金（REITs）。稳步拓宽多种形式的产业融资渠道，放宽外资企业资本金使用范围。创新科技金融政策、产品和工具。	中共中央国务院印发《海南自由贸易港建设总体方案》
6 月 6 日	全国	上海、江苏、浙江、安徽一市三省在浙江湖州签约重大合作事项 19 项，涉及产业合作、科技创新、生态环保、交通互联等多个领域，为长三角高质量一体化发展蓄力。	长三角一体化发展重大合作事项签约仪式
6 月 16 日	深圳	深圳正在加速推进前海深港现代服务业合作区、深港科技创新合作区、光明科学城、深港口岸经济带、西丽湖国际科教城、沙头角深港国际旅游消费合作区等 7 大重点平台建设；积极推进建设国际科技创新中心、深港金融市场互联互通、基础设施互联互通、构建具有国际竞争力的现代产业体系等重点领域的布局与发展；在金融、就业、居住、人才引进、教育等方面提供了多项政策支持；并成立了市委推进粤港澳大湾区建设领导小组以及 7 个专责小组负责推进粤港澳大湾区建设。	深圳市委大湾区办正式发布《粤港澳大湾区建设深圳指引》
6 月 19 日	四川	撤销新津县，设立成都市新津区，以原新津县的行政区域为新津区的行政区域，辖 8 个镇（街道），总面积 330 平方公里，户籍人口 31.88 万人。	四川省政府发布《四川省人民政府关于同意撤销新津县设立成都市新津区的批复》

8–4 续表 2

时间	地区	政策内容	政策来源
6 月 19 日	吉林	将四平市代管的县级公主岭市改由长春市代管。	吉林省政府印发《吉林省人民政府关于变更县级公主岭市代管关系的通知》
6 月 22 日	山东	撤销蓬莱市、长岛县，设立烟台市蓬莱区，以原蓬莱市、长岛县的行政区域为蓬莱区的行政区域。	山东省政府公布《关于调整烟台市部分行政区划的通知》
6 月 23 日	河北	同意邢台市桥东区更名为襄都区，襄都区人民政府驻南长街街道顺德路 229 号。 同意邢台市桥西区更名为信都区。 同意撤销邢台县，将原邢台县的豫让桥街道、晏家屯镇、祝村镇、东汪镇划归邢台市襄都区管辖，将原邢台县的南石门镇、羊范镇、皇寺镇、会宁镇、西黄村镇、路罗镇、将军墓镇、浆水镇、宋家庄镇、太子井乡、龙泉寺乡、北小庄乡、城计头乡、白岸乡、冀家村乡划归邢台市信都区管辖。 同意撤销任县，设立邢台市任泽区，以原任县的行政区域为任泽区的行政区域，任泽区人民政府驻任城镇人民街 389 号。 同意撤销南和县，设立邢台市南和区，以原南和县的行政区域为南和区的行政区域，南和区人民政府驻和阳镇和阳大街 285 号。	河北省政府发布《国务院批复同意河北省调整邢台市部分行政区划》
8 月 4 日	全国	为提升粤港澳大湾区城际交通供给质量，服务粤港澳大湾区建设，同意在粤港澳大湾区有序实施一批城际铁路项目。 近期到 2025 年，大湾区铁路网络运营及在建里程达到 4700 公里，全面覆盖大湾区中心城市、节点城市和广州、深圳等重点都市圈；远期到 2035 年，大湾区铁路网络运营及在建里程达到 5700 公里，覆盖 100% 县级以上城市。	发改委发布关于粤港澳大湾区城际铁路建设规划的批复
8 月 12 日	全国	到 2035 年，率先建成服务安全优质、保障坚强有力、实力国际领先的现代化铁路强国。全国铁路网 20 万公里左右，其中高铁 7 万公里左右。20 万人口以上城市实现铁路覆盖，其中 50 万人口以上城市高铁通达。 发展快捷融合的城际和市域铁路网。在经济发达、人口稠密的城镇化地区构建多层次、大容量、通勤式、一体化的快捷轨道网，打造城市群综合交通网的主骨干。城市群中心城市之间及与其他主要城市间发展城际铁路，服务快速通勤及商贸出行。都市圈超大、特大城市中心城区与郊区、周边城镇组团间发展快速市域（郊）铁路，服务公交化便捷通勤出行。	中国国家铁路集团出台《新时代交通强国铁路先行规划纲要》
8 月 20 日	全国	中共中央总书记、国家主席、中央军委主席习近平 20 日在合肥主持召开扎实推进长三角一体化发展座谈会并发表重要讲话，强调要深刻认识长三角区域在国家经济社会发展中的地位和作用，结合长三角一体化发展面临的新形势新要求，坚持目标导向、问题导向相统一，紧扣一体化和高质量两个关键词抓好重点工作，真抓实干、埋头苦干，推动长三角一体化发展不断取得成效。要坚决防止借机炒作房地产，毫不动摇坚持房子是用来住的、不是用来炒的定位，落实长效机制，确保房地产市场平稳健康发展。	习近平总书记主持召开扎实推进长三角一体化发展座谈会
10 月 11 日	全国	近日，中共中央办公厅、国务院办公厅印发《深圳建设中国特色社会主义先行示范区综合改革试点实施方案（2020~2025 年）》，内容涵盖 27 条改革措施，涉及完善要素市场化配置体制机制、完善科技创新环境制度等方面；在支持土地管理制度上深化探索方面提出：①推进二三产业混合用地；②支持盘活利用存量工业用地；③探索利用存量建设用地进行开发建设的市场化机制，完善闲置土地使用权收回机制；④深化深汕特别合作区等区域农村土地制度改革等。	中共中央办公厅国务院办公厅印发《深圳建设中国特色社会主义先行示范区综合改革试点实施方案（2020 — 2025 年）》

8-4　续表 3

时间	地区	政策内容	政策来源
10 月 14 日	全国	习近平总书记出席深圳特区成立四十周年庆典，回顾了深圳特区设立四十周年来的辉煌改革历程和发展成果，总结了十条宝贵的发展经验，并提出了六项明确要求。 六项要求包括：坚定不移贯彻新发展理念；与时俱进全面深化改革；锐意开拓全面扩大开放；创新思路推动城市治理体系和治理能力现代化；真抓实干践行以人民为中心的发展思想；积极作为深入推进粤港澳大湾区建设。	习近平总书记在深圳特区建立 40 周年庆祝大会上发表讲话
10 月 16 日	全国	中共中央政治局召开会议，审议《成渝地区双城经济圈建设规划纲要》。会议强调，要全面落实党中央决策部署，突出重庆、成都两中心城市的协同带动，注重体现区域优势和特色，使成渝地区成为具有全国影响力的重要经济中心、科技创新中心、改革开放新高地、高品质生活宜居地，打造带动全国高质量发展的重要增长极和新的动力源。	中共中央政治局召开会议，审议《成渝地区双城经济圈建设规划纲要》
10 月 23 日	全国	人力资源社会保障部正式印发《关于支持海南自由贸易港人力资源和社会保障事业创新发展的实施意见》（简称《实施意见》），突出政策制度集成创新，支持海南先行先试，从就业创业、社会保障、人才人事、劳动关系、公共服务等方面提出若干政策措施。	人力资源社会保障部正式印发《关于支持海南自由贸易港人力资源和社会保障事业创新发展的实施意见》
10 月 26 日	海南	海南出台《海南自由贸易港制度集成创新行动方案（2020–2022 年）》，支持自贸港制度集成创新，提出 18 项行动任务。要点包括：①推进大部门制改革；②实施进出口商品管制负面清单管理；③推动各类贸易融合发展，建设区域性离岸新型国际贸易中心；④分阶段开放资本项目，建立自贸港跨境融资宏观审慎管理体系，建立健全新的跨境融资管理体制。	海南出台《海南自由贸易港制度集成创新行动方案（2020–2022 年）》
10 月 27 日	佛山	佛山市自然资源局发布《三龙湾高端创新集聚区启动区控制性详细规划（NH–A–03–01、02、06、SD–D–03–01 编制单元）》批前公示，公示时间为今年 10 月 27 日至 11 月 26 日。规划文件将平南、平胜等板块划入三龙湾启动区范畴，片区将通过三旧改造，释放大片商住用地。其中，纯宅地约有 10 宗、住宅兼容商业用地约有 10 宗，至少新增 4 宗中小学教育用地。	佛山市自然资源局发布《三龙湾高端创新集聚区启动区控制性详细规划（NH–A–03–01、02、06、SD–D–03–01 编制单元）》批前公示
10 月 28 日	北京	北京市出台《关于建立更加有效的区域协调发展新机制的实施方案》，将立足首都城市定位，全面落实区域协调发展各项任务，促进区域协调发展向更高水平迈进；并提出到 2020 年，区域协调发展新机制在促进资源要素流动、加快区域合作中发挥积极作用，初步形成京津冀协同发展的新局面；到 2035 年，区域协调发展新机制在促进南北区域均衡和缩小城乡发展差距等领域发挥重要作用，首都核心功能更加优化，京津冀世界级城市群构架基本形成。	北京市出台《关于建立更加有效的区域协调发展新机制的实施方案》
10 月 29 日	全国	最高人民检察院印发《最高人民检察院关于全面履行检察职能依法服务和保障自由贸易试验区建设的意见》，就检察机关依法履行法律监督职能，努力为自贸试验区建设提供优质高效的法治服务和保障提出了 15 条具体举措。内容涵盖：①强化企业知识产权司法保护；②深入研究涉自贸试验区案件的特点；③积极推动自贸试验区综合监管制度建设等。	最高人民检察院印发《最高人民检察院关于全面履行检察职能依法服务和保障自由贸易试验区建设的意见》
11 月 15 日	长江经济带	长江经济带覆盖沿江 11 省市，横跨我国东中西三大板块，人口规模和经济总量占据全国“半壁江山”，生态地位突出，发展潜力巨大，应该在践行新发展理念、构建新发展格局、推动高质量发展中发挥重要作用。 要推进以人为核心的新型城镇化，处理好中心城市和区域发展的关系，推进以县城为重要载体的城镇化建设，促进城乡融合发展。 强化铁路、公路、航空运输网络。要加强全方位对外开放，深度融入“一带一路”建设，推进国内国际双循环相互促进。	习近平总书记主持召开全面推动长江经济带发展座谈会并发表重要讲话

8-5　2020 年市场调控监管政策

时间	地区	政策内容	政策来源
1 月 1 日	重庆	2020 年主城区个人新购高档住房是指成交建筑面积价格达到 19587 元 / 平方米及以上的住房。	重庆调整主城区个人新购高档住房价格标准
1 月 3 日	佛山	服务型公寓建筑标准层层高不超过 3.6 米，其建筑立面参照公共建筑进行设计，阳台不得外挑并应当封闭；商务办公类建筑每一分隔单元的套内面积不得小于 200 平方米（首层除外）。建筑平面布局不得采用住宅套型设计，不得设置厨房等居住空间，卫生间等必须集中设置，不得预留、违规增设可用于住宅用途的排水、排污、排烟机燃气等管道。	佛山《关于进一步加强服务型公寓规划建设管理规范商务办公类项目管理和销售行为的通知》
1 月 4 日	唐山	购房人购买新建商品住房，自网签之日起 42 个月内不得上市交易。 为进一步规范房地产开发企业销售商品房行为，唐山将依法严厉查处房地产开发企业违法违规销售行为、价格违法行为和委托不符合条件的房地产中介服务机构代理销售商品房行为。	唐山就加强市中心区（路南区、路北区、高新区）商品房销售管理有关事项发出通知
1 月 6 日	甘肃	明确房地产市场中长期发展目标和年度工作目标，加强房地产市场供需双向调节，避免将住房作为短期刺激经济增长的工具和手段，努力使地价、房价、房租水平保持在合理区间。要加强房地产市场监测评价和预警分析，加强商品住房销售价格和资金管理，落实差别化住房信贷、税收政策，实现房地产市场平稳运行。	甘肃部署加强房地产市场调控监测
1 月 9 日	武汉	市住房保障和房管局回复网友提问时指出，按照《市人民政府关于加强长江新城规划区域管理的通告》，“长江新城起步区内严格执行国家房地产调控政策和我市中心城区住房限购政策相关规定。”相关区域不再执行限售政策。	武汉长江新城起步区取消二手房限售政策
1 月 10 日	杭州	房地产开发企业预售全装修交付商品住宅的，应在项目开发建设的商品住宅房源内按照不同装修标准分别提供不少于 1 套交付样板房，并公开展示。交付样板房保留时间自全装修商品住宅交付购房者之日起不少于 6 个月，或者自建设项目竣工验收合格之日起不少于 2 年。	杭州《关于加强全装修交付商品住宅项目管理的通知》
1 月 11 日	达州	恢复购房补助。从 2020 年 1 月 1 日起（以网签备案时间为准），凡购房者购买建筑面积低于 140 平方米的新建普通住房，按房屋产权证登记的建筑面积，由市、区财政对各自供应土地的开发楼盘给予 100 元 / 平方米的补助；放宽商品房预售许可办理条件。开发楼盘规划设计 10 层以下的，修建至 2 层，规划设计 10 层以上的，修建至 5 层，即可办理房屋预售许可；降低商品房预售监管资金留存额度。首次使用商品房预售监管资金至项目竣工备案期间，若开发企业信用等级为优秀，2 年内无举报投诉，可按已办理预售的总建筑面积为基数，10 万平方米（含）以下按 200 元 / 平方米、10 万平方米以上按 100 元 / 平方米留存预售监管资金。 全面推行货币化补偿安置。市中心城区征地拆迁原则上实行货币安置，建立货币化补偿安置动态调控机制。	四川达州《关于印发中心城区稳地价稳房价稳预期确保房地产业平稳健康发展十二条政策措施的通知》

8-5　续表 1

时间	地区	政策内容	政策来源
1 月 17 日	海口	项目未按期交付使用或存在不能按期交付风险的，将按规定通知监管银行暂停拨付监管账户内的全部预售资金，并启动应急措施，协调相关部门监督监管账户内资金的使用。并将未按期交房的开发企业计入企业诚信度不良行为记录，限制该企业后期项目的后续办理及取消预售资金的便捷使用。	海口《关于加强预售商品房交付管理的通知》
1 月 22 日	武汉	2020~2022 年，武汉市新增供应住房总计 7019 万平方米、82.9 万套（间）。其中，商品住房 5072 万平方米、50.7 万套，市场租赁住房 1112.5 万平方米、22.25 万套（间），公共租赁住房 157.5 万平方米、3.15 万套（间）（其中新建公共租赁住房 0.75 万套（间）、37.5 万平方米；货币补贴 2.4 万 / 户次），拆迁安置住房 677 万平方米、6.8 万套。2020~2022 年，新增供应租赁住房套（间）数与新增供应商品住房套数比达到 3:7。120 平方米以下中小套型商品住房供应比例提高至 75%。2020~2022 年，武汉市计划新增供应商品住房用地 648 公顷，将优先满足住房用地需要，商品住房用地实施精准投放，保障性住房用地做到应供尽供。 中心城区土地资源有限，以存量更新土地为主。东湖高新技术开发区和武汉经济技术开发区产业发展较为完善，流动人口及新毕业留汉大学生比例较高，住房需求旺盛，土地资源相对丰富，应加大产业园区、就业密集区、生活中心区的住宅供给，可结合轨道等重大基础设施建设时序，有序引导住宅用地供应。东西湖区、蔡甸区、江夏区、黄陂区和新洲区等 5 个新城区重点围绕已运营轨道线路及待开通轨道线路、规划产业园、规划中心等地区供应商品住宅。大学毕业生安居房主要在开发区和新城区统筹布置，其中武汉经济技术开发区、东湖高新区、黄陂区、蔡甸区等 4 个区已经先期启动。	《武汉市住房发展规划（2020–2022 年）》
1 月 22 日	武汉	在武汉市无自有住房、符合武汉市住房限购政策规定、自购房之日起前 3 年内在武汉市无住房交易记录的意向购房家庭可优先选购 1 套新建商品住房。 武汉市汉阳区国博片（江堤北板块、江堤南板块、国博中心板块）、武昌区白沙洲片（白沙洲板块）、洪山区青菱片（青菱板块）、武汉东湖新技术开发区光谷东片（生物城板块、光谷中心板块）、东西湖常青花园片（将军路板块、常青花园板块）、蔡甸区中法片区（蔡甸东板块、蔡甸南板块）、黄陂区盘龙城片（盘龙城东板块、盘龙城西板块），预售备案均价低于 20000 元 / 平方米（不含 20000 元 / 平方米）的新建商品住房项目中户型建筑面积低于 140 平方米（不含 140 平方米）的准售房源按 100% 的比例纳入优先选房范围。	《武汉市刚需无房家庭首次购买新建商品住房优先选房操作规程》（征求意见稿）
2 月 5 日	南京	针对商办项目，应严格依据经批准的控制性详细规划出具规划条件，土地出让合同中应增加禁止条款“受让人擅自改变土地性质、规划用途，将商办项目改为“类住宅”的，出让有权解除合同，并无偿收回土地使用权”。 地上建筑总面积 5000 平方米以上的商办项目，地上商办建筑自持比例不小于 50%，可配建不大于地上商办建筑面积 30% 的酒店式公寓（可分割销售）；5000 平方米以下的，地上商办建筑自持比例不小于 50%。商办项目可分割销售部分，可分割销售的最小单元建筑面积不得小于 300 平方米；配建酒店式公寓可分割销售的最小单元建筑面积不得小于 45 平方米。	南京《关于进一步加强商业办公类建设项目全过程管理的实施意见》

8-5 续表 2

时间	地区	政策内容	政策来源
2 月 12 日	无锡	已经领取施工许可证范围内的楼栋，因疫情影响施工建设的，申请预售时原形象进度要求调整为按投资额计算，预售部分完成 25% 以上投资即可（装配式建筑的形象进度要求不变）。每一批次申请销售规模原则上高层商品房不少于 2 万平方米、多层商品房不少于 1 万平方米；已经领取施工许可证范围内的楼栋，因疫情影响施工建设的，预售资金监管主管部门可依企业申请，对正常执行资金监管办法的企业批准其可跨一个节点申请提前拨付重点监管资金。完成不动产首次登记前，累计申请使用额度不超过重点入账监管资金的 95%。 无锡市实施疫情防控一级响应措施期间无法现场交付土地和按期缴纳出让金的，企业可申请延迟交地和延期缴纳出让金。因疫情影响造成已出让土地延期复工，不能按期开竣工的，开竣工时间相应顺延，无锡市实施疫情防控一级响应措施期间不计违约责任；不能如期竣工验收和交付的房地产开发项目，交付期限顺延。	无锡《关于应对新型冠状病毒感染的肺炎疫情保障城乡有序建设的政策意见》
2 月 13 日	成都	参保单位职工个人在 2020 年 3 月底前购房时，因受疫情影响，提供的连续缴纳社保证明里未能正常显示 2020 年 1 月、2 月、3 月社保缴纳金额的，视为连续缴纳，其购房资格不受影响。 参保单位职工个人在 2020 年 4 月 1 日及以后购房时，因受疫情影响，企业和经营主体未能按时缴纳 2020 年 1 月、2 月社会保险费的，在 3 月底之内补缴社会保险的，参保职工个人购房资格不受影响。	成都《关于住房限购审核中有关疫情期间社会保险缴纳时间认定的通知》
2 月 15 日	福州	疫情防控期间，经营性房地产项目达到投资总额的 25% 以上，按规定予以办理商品房预售审批手续（安置型商品房仍按原规定执行）。经营性房地产项目缴纳 50% 土地出让金后，可以预办理不动产登记，待缴清全部土地出让金后正式登记。加快商品房合同网签备案，促进商品房销售，支持企业及时回笼资金。 受疫情影响的开发建设项目按疫情一级响应时间顺延开竣工期限，已签订商品房买卖合同的，交房期限响应顺延，免除企业违约责任。受疫情影响的开发建设项目，在疫情一级响应期间内应缴纳的土地出让金，延缓至结束疫情一级响应后 10 日内缴交。	福州《关于有效应对疫情促进城市开发建设平稳发展的措施》
2 月 17 日	沈阳	保障土地供应完善管理服务。土地出让金缴款时间在疫情一级响应期间内的，该期款项缴款时间可延期至一级响应期结束后第五个工作日，期间不计违约金。1 月 25 日后出让（含正在公告）的地块，首付款应按竞买文件约定的时间缴纳，余款参照上述意见执行。缴款时间在一级响应结束后的 5 个工作日内不计违约金。交地时间根据土地出让金缴款到位时间顺延。对受疫情影响未能按时交地的，疫情一级响应期间不计入违约期。 积极促进商品房入市和销售。在疫情防控一级响应期间，将每期申报商品房预售许可面积不低于 2 万平方米调整为可按每栋楼申报（别墅项目除外），但不得将每栋楼拆分。	沈阳《沈阳市应对新型冠状病毒肺炎疫情保障房地产市场平稳健康发展政策措施》
2 月 17 日	厦门	加大对房地产开发企业的资金支持力度，适当调整商品房预售资金的监管方式。房地产开发企业凭银行担保函，或提供属于上市公司的控股公司（或母公司）的担保函，抵顶不高于担保函额度的预售监管资金。 疫情防控期间，支持国有企业对自持运营的长租公寓适当减免两个月租金，倡导机构化租赁企业适当减免或延期支付两个月租金。	厦门《厦门市人民政府关于应对新型冠状病毒感染的肺炎疫情支持企业共渡难关若干措施的通知》

8-5　续表 3

时间	地区	政策内容	政策来源
2月18日	龙岩	调整商品房预售条件。疫情防控期间，已取得施工许可证，因疫情影响施工建设进度的新建商品房项目，投入开发建设的资金达到工程建设总投资的25%，并已确定施工进度和竣工交付日期的项目，预售形象进度要求调整为：中高层及以下（即9层及以下）建筑主体施工形象进度达到地面2层；高层（即10层及以上）建筑主体施工形象进度达到地面1层；超高层（即建筑高度100米及以上）建筑主体施工形象进度达到地面 ±0.00（装配式建筑的形象进度要求不变）。达到上述条件的，可申请办理商品房预售许可。经营性房地产项目缴纳50%土地出让金后，可以预办理不动产登记，待缴清全部土地出让金后正式登记。 调整预售资金监管方式。允许注册资本不低于2000万元，且近期无群体性信访事件及违法违规行为的开发企业，凭商业银行或我市经备案的建设工程担保机构出具的担保函，抵顶不高于担保函额度的预售监管资金，担保时限不得超过三个月，预支的监管资金只能用于本项目建设，且监管账户累计使用额度不超过入账重点监管资金的80%。	龙岩《关于印发龙岩中心城市有效应对疫情促进房地产市场平稳健康发展若干措施的通知》
2月19日	焦作	调整商品房预售管理办法。因疫情影响施工建设的，开发企业申请商品房预售时，预售部分完成高层正负零、多层2层以上即可。 降低土地竞买履约保证金、分期缴纳土地出让价款。疫情防控期间，新出让土地全部按起始价的20%确定竞买保证金，出让合同签订后一个月内缴纳土地出让总价款的50%，余款可按合同约定分期缴纳，缴款期限最长不超过一年；调整开竣工时间。建筑和房地产企业在项目建设过程中确因疫情影响不能按时履约的，如不能按合同工期交地、动工、竣工、交房等情况，可按照“不可抗力”因素有关规定及合同约定合理分担，合同工期、交房期限等在疫情防控期间允许适当延长。 积极提供金融支持。引导银行业金融机构对建筑和房地产企业保持信贷适度增长，不盲目抽贷、断贷、压贷，缓解企业资金流动性紧张。要采取有力措施帮助建筑和房地产企业渡过疫情防控困难期。	焦作《关于有效应对疫情促进建筑和房地产业平稳发展的若干意见》
2月19日	衡阳	对购买新建商品房和存量住房，签订网签协议并缴纳契税，所缴契税税率为1%的，由市财政按所交契税对购房人予以全额补贴；所缴契税税率为1.5%的，由市财政按所交契税的2/3对购房人予以补贴；所缴契税税率为2%以上（含2%）的，由市财政按所交契税的50%对购房人予以补贴。 市直非参公事业单位、市委党校以及在衡阳市中心城区登记注册、办理社保手续的社会组织和经济组织从衡阳市行政区域外全职引进的青年人才和高层次人才（55岁以下）；驻衡本科院校及附属医院从衡阳市行政区域外全职引进的博士生、高层次人才（55岁以下）；驻衡专科院校和衡阳技师学院从衡阳市行政区域外全职引进的高级技师、硕士研究生、博士生、高层次人才（55岁以下），在衡阳市行政区域内购买首套商品住房，给予购房补贴，其中，非“双一流”大学全日制本科生一次性购房补贴5万元。 对出让的房地产项目用地，可以根据规划分期缴纳土地价款，办理相应不动产登记手续。 加快按揭楼盘贷款发放进度，开发项目取得商品房预售许可证的，房屋形象进度达到1/5的，预抵押到位后，即可发放个人住房公积金贷款。	衡阳《关于促进房地产市场平稳健康发展的若干政策（试行）》

8-5 续表 4

时间	地区	政策内容	政策来源
2 月 20 日	贵阳	对复工复产的房地产开发企业，在提供银行保函，或属于上市公司的控股公司（或母公司）有效担保函的前提下，其开发项目可申请提前支取重点监管的预售资金用于保障本项目工程建设，额度不超过重点监管资金余额的 50%。	贵阳《关于疫情防控期间支持住房城乡建设领域稳定发展若干措施的通知》
2 月 20 日	莆田	降低预售许可条件。2020 年 6 月 30 日前，对于注册资本 2000 万元以上，且企业信用等级 A 级以上、近期无群体信访和重复投诉等违法违规行为的，其商品房项目地上形象进度达到 15% 即可申办《商品房预售许可证》，有地下室的地下一层可相当地上二层。 加大监管资金支持。适当调整商品房预售资金的监管方式，房地产开发企业凭商业银行或保险公司的担保函，抵顶不高于担保函额度的预售监管资金。 对已经签订土地出让合同的地块，按合同约定应在疫情一级响应期间缴交的土地出让金，可申请延缓至解除疫情一级响应后 10 日内缴交。对已签订《国有建设用地使用权出让合同》的宗地，受疫情影响不能按时开竣工的，受让人可申请延期开竣工，可按疫情一级响应时间天数顺延。	莆田《关于有效应对疫情保障房地产市场平稳发展的实施意见》
2 月 21 日	马鞍山	对个人在本市市区购买 90 平方米及以下普通住房（含二手住房），且该住房属于家庭（成员范围包括购房人、配偶以及未成年子女）唯一住房的，给予购房人商品住房价值或存量房（二手住房）核价单核定价值 1% 的补贴。 对高层次人才（具有大学本科及以上学历或中级及以上专业技术资格或技师及以上职业资格的个人）在本市市区内购买 90 平方米以上至 144 平方米以下普通商品住房（不含二手房），且该住房属于家庭唯一住房的，给予购房人商品住房价值 1.5% 补贴。 购房补贴政策期限为一年，自 2020 年 3 月 1 日至 2021 年 2 月 28 日止。	马鞍山《关于继续实行首套普通住房交易购房补贴有关事项的通知》
2 月 21 日	驻马店	调整土地竞买保证金缴纳比例。经市政府批准的工业、物流等重点项目用地，土地竞买保证金按评估价款的 20% 缴纳；经市政府批准的群众安置用地、纯商业用地，土地竞买保证金按评估价款的 30% 缴纳；其他用地，土地竞买保证金由原来按评估价款的 50% 缴纳调整为按评估价款的 40% 缴纳。 发挥住房公积金支持作用。一是调整住房公积金贷款额度。要适时适度提高住房公积金贷款额度，将各县缴存职工的住房公积金最高贷款额度，由 45 万元提高到 50 万元。市住房公积金管理委员会要根据房价实际，不断提高个人住房公积金贷款的最高额度。二是调整住房公积金贷款首付比例。将缴存职工首套房贷款最低首付比例由 30% 下调为 20%，二套房贷款首付比例仍执行 30% 不变。	驻马店《关于进一步规范促进房地产业平稳健康发展的意见》
2 月 24 日	浙江	对非“限购”城市，各分支机构可根据当地“限购”“限贷”和监管政策情况，将非“限购”城市居民家庭购买首套个人住房的首付贷款比例从原来的三成（30%）调降至二成（20%）。	浙商银行下发调整个人贷款的通知
2 月 24 日	钦州	依法给予税费减免、办理延期纳税申报和延期缴纳税款；实施契税补贴，2020 年 3 月 1 日至 31 日期间在我市本级购买新建商品房（含住宅、商业、办公）的，按已缴契税为基数，契税补贴比例为 100%。 降低土地竞买保证金比例、放宽土地出让价款缴付期限及预办理不动产登记手续；允许变更出让价款缴纳期限。 自即日起至 2020 年 10 月 1 日期间，申请预售时形象进度调整为按投资额计算，预售部分投入开发建设的资金达到工程建设总投资的 25% 以上即可；顺延工期和交付期限，不计违约责任。	钦州《关于有效应对新冠肺炎疫情促进房地产市场平稳健康发展政策措施的通知》

8–5　续表 5

时间	地区	政策内容	政策来源
2 月 26 日	滁州	疫情防控一级响应期间，商业（3 层及以下）、低层住宅的预售条件调整为形象进度正负零；商业（3 层以上）的预售条件调整为形象进度 1/2 主体结构。 疫情防控一级响应期间，适用合同不可抗力有关规定。因受疫情影响导致的建设工程延误，应当合理顺延工期，并免除工期延误的违约责任，由此造成的损失和费用增加由建设单位、施工企业合理分担。	滁州《关于应对疫情支持房地产和建筑业企业发展的通知》
2 月 27 日	石家庄	受疫情影响未能正常按时足额缴存住房公积金的企业，可在疫情解除后两个月内补缴，视同企业职工连续正常缴存。 在疫情防控期间至结束后 6 个月内，市、县行政审批（住建）部门对已取得施工许可的项目可调整预售许可审批条件，将形象进度要求调整为预售楼栋完成投资不低于 25%。同时，预售重点资金监管比例由 40% 下调至 30%。	石家庄《应对新冠肺炎疫情防控期间支持我市建筑业和房地产业复工复业若干措施》
2 月 27 日	抚州	对宗地已成交，《成交确认书》延期签订时限为疫情消除日后 5 个工作日内；《土地出让合同》延期签订时限为疫情消除日后 10 个工作日内。土地出让金延期缴纳时限为疫情消除日后 15 个工作日内。 因疫情影响施工建设的，适当降低预售商品房形象进度标准，高层、小高层房屋预售形象进度由原来的 1/3 调整为 1/4，多层房屋预售形象进度由原来达到主体封顶形象进度调整为 1/2。 2020 年 3 月 1 日至 6 月 30 日，住房公积金贷款最高额度阶段性提高至 60 万元。7 月 1 日起恢复至目前的最高额度 50 万元。 竣工交付时间依据合同约定顺延三个月，顺延期间不计违约责任。	抚州《抚州市有效应对疫情促进房地产市场平稳健康发展实施意见》
3 月 1 日	安徽	有序推进复工复产。 依法变更合同约定。疫情影响属于合同约定中的不可抗力情形。施工合同、商品房买卖合同约定的时限应合理顺延，顺延时间原则上自安徽省决定启动重大公共卫生事件一级响应之日起至各市、县（区）确定建设工程项目复工复产之日止，也可根据实际情况，双方协商解决。 防疫成本纳入工程造价，发承包双方应及时就产生的防疫成本办理工程签证，并在工程结算中予以认定；优化房屋交易方式，鼓励房地产开发企业、经纪机构通过自有平台、进驻电商等线上形式进行促销或居间代理。优化房屋网签备案系统，简化合同网签备案流程，压缩办理时间，推动不见面办理。推进住房租赁合同网上备案。	安徽省住房和城乡建设厅下发《关于统筹推进疫情防控有序推动企业复工开工的通知》
3 月 1 日	桂林市临桂区	2020 年 2 月 24 日起，房地产开发项目申报预售许可证的，其预售楼栋形象进度达到形象进度的 10% 时，可申请办理商品房预售许可。 2020 年 2 月 24 日起，预售款监管资金留存由原来的 15% 降至 10%，各项目商品房预售资金重点监管额度内的资金可提前释放 50%，2020 年 2 月 24 日以后申请预售许可的项目，预售资金重点监管额度依现行标准基础下浮 50%。 2020 年 2 月 24 日至 6 月 30 日止在临桂区辖区内购买新建商品房且缴纳契税及合同备案的，可享受全额契税补贴（购房合同水印码日期与完税发票日期均需在 2020 年 2 月 24 日至 6 月 30 日之间）。	临桂区人民政府办公室发布《关于临桂区房地产企业扶持有关问题的批复》

8–5 续表 6

时间	地区	政策内容	政策来源
3月3日	常州	受疫情影响办理纳税申报困难的房地产开发企业、房屋中介企业、房屋租赁企业、建筑业企业，由企业申请，依法办理延期申报。 国有建设用地使用权出让竞得人因疫情影响无法按期签订《成交确认书》或《国有建设用地使用权出让合同》的，可申请最迟延期至我市疫情防控一级响应措施解除后 5 个工作日内签订。 新申请预售的新建商品住房项目，在工程进度达到正负零、完成主体结构 1/2、完成主体结构封顶、完成外立面装饰、完成交付使用备案节点时，预售资金托管受限额度分别为初始托管总额的 65%、50%、40%、25%、0%。	常州市政府办公室关于应对新冠肺炎疫情保障房地产业稳定发展的意见
3月3日	吉林	全面落实国家税收扶持政策，对纳税人提供公共交通运输服务、生活服务，以及为居民提供必需生活物资快递收派服务取得的收入，免征增值税。 自 2020 年 2 月起，免征中小微企业的企业基本养老保险、失业保险、工伤保险等三项社会保险单位缴费部分，免征期限不超过 5 个月；对大型企业等其他参保单位（不含机关事业单位）三项社会保险单位缴费部分可减半征收，减征期限不超过 3 个月。 对承租国有资产类经营用房的中小企业，可以减免或减半征收 1 至 3 个月的租金；对存在资金支付困难的中小企业，可以延期收取租金，延迟期限由双方协商确定。 房地产企业无法按约定签订《土地出让合同》、缴纳土地出让金的，经申请可延期至疫情解除后 3 个月内履行相关约定义务，不收取滞纳金，不记入企业诚信档案。 预售资金监管最高监管比例不超过应监管额度的 5%。允许企业采取保函的形式替代预售监管现金。企业申请商品房预售许可证时，完成投资按照投入开发建设的资金达到工程建设总投资的 25% 以上计算。	吉林省印发《关于应对疫情影响支持服务业健康发展的若干政策举措》
3月4日	广州	促进房地产市场平稳健康发展。优化完善商品房预售款监管，允许房地产开发经营企业凭商业银行现金保函，申请划拨商品房预售款专用账户资金。加大住房租赁市场扶持力度，加快拨付对住房租赁企业的奖补资金。	广州市人民政府关于印发广州市坚决打赢新冠肺炎疫情防控阻击战努力实现全年经济社会发展目标任务若干措施的通知
3月4日	东莞	自 2020 年 3 月 5 日起，市发展改革局不再受理新建商品住房销售价格备案申报，开发企业向市住房城乡建设局申请办理商品住房项目的预售许可证时，在提交的预售方案中进行新建商品住房销售价格首次申报。 取得预售许可证或现售备案证书 180 天后，开发企业可以向市住房城乡建设局申请对未售出房屋的申报价格进行调整，调高幅度不超过 5%，调低幅度不限。	东莞市《关于进一步优化新建商品住房销售价格申报管理的通知》
3月6日	江门	2020 年出让的土地，在签订合同后 1 个月内缴纳出让价款的 50% 作为首付款，余款可约定分期缴纳，最迟不得超过签订合同后一年。 2020 年 12 月 31 日前，商品房预售监管款留存比例由 5% 调减至 3%。 受疫情影响办理纳税申报困难的房地产开发企业、房地产经纪机构，可由企业依法申请办理延期申报；确有特殊困难而不能按期缴纳税款的，可依法申请办理延期缴纳税款，最长不超过 3 个月；至疫情结束。 项目因疫情防控影响开工、竣工的，开工、竣工时间相应顺延。因疫情防控影响工期，造成不能如期竣工验收并交付业主的项目，按属不可抗力情形不负违约责任。	江门市人民政府办公室印发《关于促进房地产市场平稳健康发展的若干措施》的通知

8-5 续表 7

时间	地区	政策内容	政策来源
3 月 6 日	山东	各地要坚持“房子是用来住的、不是用来炒的”这一定位，落实城市主体责任制，稳地价稳房价稳预期，完善“住房市场和住房保障”两个体系，着力构建多主体供给、多渠道保障、租购并举的住房制度，加强房地产市场风险防控，保持市场稳定。 2020 年 6 月 30 日前，已领取施工许可证的房地产开发项目，因疫情影响施工建设的，在完成基础工程前提下，适度降低申请商品房预售许可的建设进度条件。已领取商品房预售许可证的项目，视情增加 1~2 个商品房预售监管资金拨付节点，并适度降低各拨付节点监管资金留存比例。 因疫情影响不能按时完成竣工综合验收备案和交付的房地产开发项目，依法适用不可抗力有关规定，根据实际情况合理顺延交房日期。	山东省住房和城乡建设厅下发《关于统筹推进住建领域疫情防控和经济社会发展工作的实施意见》
3 月 7 日	海南	继续坚持“房住不炒”的定位，坚持全域限购政策不改变，坚持房地产调控目标不动摇、力度不放松、政策不走样，保持政策的连续性、稳定性，支持合理自住需求，坚决遏制投机炒房，保持房地产市场稳定。 健全住房供应和保障体系，满足居住需求。通过加大公共租赁住房保障力度，满足困难群众的基本住房需要；通过发展安居型商品住房，满足居民家庭基本住房需求。 鼓励存量商品住宅用地或项目转型发展为安居型商品住房、商业、办公等经营性房地产或租赁住房。 本地居民购买多套住房的限购政策，对在海南已拥有 2 套及以上住房的本省户籍和常住居民家庭（含夫妻双方及未成年子女），停止向其销售安居型商品住房和市场化商品住房。 改革商品住房预售制度，自文件印发之日起，新出让土地建设的商品住房，实行现房销售制度。	海南省印发《关于建立房地产市场平稳健康发展城市主体责任制的通知》
3 月 11 日	深圳	对已批未开盘、已批在售项目的房地产开发企业，允许视疫情防控情况现场开盘、开放线下售楼处；推进房屋线上交易系统建设；加快商品房网签进度。 缓解企业短期资金压力。申请预售的商品房项目，不再要求提交项目资本金余额证明。具备房地产开发一级资质的企业，在保证工程质量、工程进度、建筑工程款等项目相关费用按期足额支付前提下，可向监管银行申请解冻不超过预售资金总额的 20%；房地产一级开发企业下属项目公司，母公司承诺对其权利义务承担无限连带责任的，可向监管银行申请解冻不超过预售资金总额的 20%。 顺延项目交付时间和开发资质办理时间。受疫情影响不能如期交付的房地产开发项目，商品房买卖合同中原确定的交房日期可根据本地疫情结束时间顺延。	深圳市住房和建设局关于发布《关于应对新冠肺炎疫情支持房地产企业加快复工复产的若干措施》的通知
3 月 15 日	济南	对以出让方式供地的符合二星级及以上标准的绿色建设项目，房地产开发用地（包含商服用地和商品住宅用地）可按起始价的 50% 确定竞买保证金，按照成交价的 20% 缴纳定金；其他用地原则上可按起始价的 20% 确定竞买保证金，出让合同签订后一个月内缴纳至土地出让价款的 50%，用地单位出具承诺书后，余款可按合同约定分期缴纳，缴款期限最长不超过一年并支付相应利息。 对符合二星级及以上绿色建筑标准的住宅项目，在取得《建筑工程施工许可证》后且施工进度达到主体施工正负零时，可提前申请办理《商品房预售许可证》。	济南新旧动能转换先行区发布《关于促进济南绿色建设国际产业园发展十条政策》

8-5 续表 8

时间	地区	政策内容	政策来源
3 月 19 日	河北	河北各地住房和城乡建设局(住房保障和房产管理局)要在单位官方网站显著位置开辟“五证齐全”商品房项目专栏，及时、准确对外发布所有在售项目的相关信息，并添加检索功能，方便群众进行查询。 河北各市(含定州、辛集市)将于 3 月 30 日前完成信息发布工作，县(市、区)将于 4 月 30 日前完成信息发布。新取得《商品房预(销)售许可证》的项目，信息发布时间将在 10 日内完成。	河北印发关于建立“五证齐全”商品房项目发布制度的通知
3 月 19 日	江苏	新建商品房等项目组织交房时，在相关准备工作完成的前提下，不动产登记机构与税务、金融机构等部门联动，在交房现场为提出申请的购房人办理不动产登记、颁发不动产权证书，实现购房人收房同时即可领取产权证书。 对四至清晰、权属无纠纷，土地出让金、税款等规定税费缴纳完毕的出让土地，在用地单位申请且符合登记条件的前提下，不动产登记机构可在完成土地交付手续当天，为用地单位办理不动产登记、颁发不动产权证书。	江苏省印发《关于在全省推广“交房(地)即发证”不动产登记模式提升服务质量的通知》
3 月 23 日	武汉	以区为单位，根据疫情风险等级动态调整，在落实防护措施情况下，支持房地产企业实行差别化分批复工复产，全面加强办公场所、经营场所、施工现场的防疫管理，有序组织房地产企业开展线上线下营销活动。 2020 年 10 月 1 日以前取得施工许可证的房地产开发项目，其开发投资额达到 25% 以上，且高层建筑形象进度达到 1/4 以上、多层(含六跃七层)及低层建筑形象进度达到正负零，即可申请办理预售许可。 2020 年 10 月 1 日之前，在重点监管资金增加“项目主体结构达到三分之二进度”拨付节点，累计拨付额度不超过重点监管资金标准的 55%。 非本市户籍购房人因受疫情影响未能按时缴纳社保或个税需缓缴的，其缓缴期可视为连续缴纳，补缴时限不超过 6 个月。	武汉市《关于支持房地产开发企业复工复产确保我市房地产市场平稳健康发展的六条措施》
3 月 23 日	长春	在房地产开发企业新申请办理商品房预售许可证时，有地下室的工程形象进度达到标高正负零即可办理，无地下室的达到地上 2 层即可办理。 对已缴存商品房预售资金且依法依规诚信经营的房地产开发企业，如有新建或者续建项目，允许申请提取监管账户内资金余额不超过 50% 的资金用于工程建设。新销售的商品房暂停预售资金监管。	长春市发布《关于有效应对疫情支持房地产开发企业共克时艰的政策措施》
3 月 23 日	玉林	2020 年购买新建商品房实施契税补贴政策。 契税补贴范围为(一)普通居民：在我市本级购买的新建商品房(含住宅、商业、办公);(二)在岗医护人员：在我市本级购买的新建商品住房(不含商业、办公用房);(三)市本级包括：玉州区、福绵区、玉东新区。 契税补贴比例为:(一)普通居民：购买新建商品房的按已缴契税为基数，3 月份进行商品房买卖合同备案的契税补贴比例为 50%，4 月份进行商品房买卖合同备案的契税补贴比例为 40%，5 月份进行商品房买卖合同备案的契税补贴比例为 30%。其中，购买新建商业及办公用房的，最高补贴不超过 1.5 万元;(二)在岗医护人员：购买新建商品住房的按照实际缴纳契税给予 100% 同等金额补助。	玉林市印发《玉林市本级购买新建商品房契税 + 补贴政策实施细则》

8-5　续表 9

时间	地区	政策内容	政策来源
3 月 24 日	益阳	对个人购买市中心城区 144 平方米以下的新建商品住房（不含车位、车库、杂物间）的，按缴纳不动产契税的 50% 对购房人给予补助。 优化预售许可办理流程。信用等级为 A 级或相应信用等级的房地产开发企业，所建商品房项目预售许可要求的工程形象进度，按照建设项目总投资达到 25% 以上、形象进度达到正负零、完成栋间地下室的标准掌握。 房地产开发企业应当根据开发建设成本、合理利润等因素申报商品住宅销售最高价、均价、最低价；降低预售资金专用账户留存额度，信用等级为 A 级或相应信用等级的房地产开发企业留存额度调减为重点监管额度的 5%~10%。	益阳市政府印发《关于促进市中心城区房地产市场平稳健康发展的政策措施》
3 月 24 日	深圳	企业销售未完工开发产品的企业所得税计税毛利率：开发项目位于深圳市辖区内的，计税毛利率为 15%，属于经济适用房、限价房和危改房的，计税毛利率为 3%。 开发产品的成本利润率：企业发生开发产品视同销售行为，采取按开发产品成本利润率的方法确认利润时，开发项目位于深圳市辖区内的，成本利润率为 15%。	国家税务总局深圳市税务局关于房地产开发经营业务企业所得税计税毛利率等有关问题的公告
3 月 26 日	大理	取消商品房预售许可形象进度要求，严格按照建设部令 131 号《城市商品房预售管理办法》规定核发商品房预售许可证，加快预售资金使用申请审核速度，审核时间原则上 1~2 个工作日内完成。 各县市可根据实际情况推行土地出让金分期缴纳，在疫情持续期间不计违约期。切实做到住房公积金贷款对符合条件的房地产项目全覆盖，切实做到首套刚需住房和第二套改善性住房应贷尽贷。	大理州印发《关于“战疫情”促进房地产业平稳健康发展的通知》
3 月 27 日	江门	本市户籍家庭购房，限购三套；非本市户籍家庭限购两套，且首套需半年社保或个税，二套需一年社保或个税；港澳台居民家庭在 2019 年 11 月 1 日后无购房记录的，可新增购买一套；经商务部门认定的重点招商企业非本市户籍员工家庭，提供劳动合同可购一套。 中级职称以上（含中级）专业技术人才、中级以上（含中级）技能型人才的非本市户籍居民家庭，提供社保和劳动合同可购一套。经市人才主管部门同意引进或纳入政府管理服务备案的非本市户籍院士、领军人才等紧缺适用高层次人才，提供人社部门证明可购一套。	江门市发布《关于我市限购区域内新建商品住房购房资格的通告》
3 月 27 日	成渝地区	成渝两地间已初步建立了跨区域转移接续和互认互贷机制，职工在成渝地区间转移住房公积金的，由“两地跑”变为“一地办”，办理时间由 1 个月压缩为 2~3 个工作日，办理要件简化为 1 张表，真正实现了“账随人走、钱随账走”。	成渝地区双城经济圈住房公积金一体化发展座谈会
3 月 27 日	柳州	新建商品房开发项目申请预售许可的，投入开发建设的资金达工程建设总投资 25% 以上，且申请预售楼栋工程形象进度达到地面 ±0 即可办理。 新建商品房开发项目获得五方竣工验收后，按照原预售资金监管政策执行资金监管的，可以申请使用资金监管账户余额的 40%~60%。 个人住房公积金贷款最高贷款额度上限调整为 40 万元，首次使用公积金购房（含一手房、二手房）首付比例调整为不低于 20%、结清首套公积金贷款后第二次使用公积金购房首付比例调整为不低于 30%。 鼓励支持居民家庭或者个人开展改善型购房需求，取消对居民家庭或者个人已购的商品住宅需取得不动产权证满 2 年后才允许转让的限制。	柳州市公布《进一步促进柳州房地产市场平稳健康发展的若干措施的通知》

8–5 续表 10

时间	地区	政策内容	政策来源
3月30日	贵阳	严禁房地产开业企业、房地产中介机构违规提供购房首付融资，不得为购房人垫付首付款或采取首付分期等其他方式变相垫付首付款。 要求房地产项目依法依规一次性公开全部销售房源，严格按照申报价格明码标价销售，严格执行明码标价、一房一价制度，不得擅自调整住宅预售许可证可申报价格。	贵阳市住建局发布《关于进一步加强商品房购房首付、网签、过度营销等销售行为监管的通知》
3月30日	岳阳	对出让的房地产项目用地涉及多个有独立指标的分地块且只签订了一个《国有建设用地使用权出让合同》的，房地产开发企业可根据规划分地块分期缴纳土地价款，办理相应不动产登记手续。 房地产开发企业可在办理建设工程规划许可证和商品房预售许可证前分别缴纳报建费用的50%。 对房地产开发企业已办理了用地不动产登记且领取了建设工程规划许可证、施工许可证，投入开发建设的资金达到工程建设总投资的25%以上，且多层建筑工程进度达到设计形象进度的三分之一及以上、高层建筑工程进度达到设计形象进度的四分之一及以上的楼栋，可办理《商品房预售许可证》。	岳阳市发布《岳阳市有效应对新冠肺炎疫情促进中心城区房地产市场平稳健康发展的十条措施》
4月9日	深圳市南山区	各中介机构及从业人员切勿背离中央关于“坚持房子是用来住的，不是用来炒”的定位，应恪守国家法律法规和职业道德，按照中央、省、市相关法律与政策为房屋买卖双方提供专业意见及合理建议。 凡房地产中介机构及从业人员参与恶意炒作、哄抬房价的，主管部门将联合相关执法部门依法严格查处，严肃追究其法律责任，各中介机构及从业人员切勿以身试法。	深圳市南山区住房和建设局《关于严禁恶意炒作哄抬房价维护房地产市场平稳的通知》
4月11日	上海	加快土地出让收入安排和使用。对急需用款的旧改项目先行预拨100亿元资金。加快启动市、区联手土地储备项目和新一轮市、区联合旧区改造项目。 加强建设项目用地保障。提前向各区下达50%建设用地减量化指标，强化各区减量化指标对重大项目落地的保障。贯彻落实新实施的《土地管理法》要求，制订上海征地补偿操作规程，确保征地工作依法合规。	上海市人民政府办公厅印发《上海市扩大有效投资稳定经济发展的若干政策措施》
4月15日	资兴	鼓励合理住房消费。给予契税补贴，2020年4月1日至12月31日期间在我市中心城区购买新建商品房住宅且已缴清契税的，按契税50%给予补贴；给予特定人群购房安家补贴，2020年4月1日至12月31日期间，对本市户籍农民进城购房、外地在资创新创业并注册或在资公司工作两年以上的人才购房以及来资工作的大学生、中级以上职称专业技术人才购房，年内在我市中心城区购买70~144平米首套新建商品房住宅的，一次性给予1万元/户购房安家补贴。 支持稳定房地产投资。延期缴纳土地出让金，年内新成交和已成交但未交清土地出让金的土地（含规划调整提高容积率需补交出让金的土地），可延期缴纳土地出让金，延期缴纳土地出让金期限不超过6个月，缴款期限不超过一年；6月30日之前不计算土地利息和违约金。	资兴市人民政府办公室发布关于印发《资兴市支持促进房地产健康稳定发展若干措施》的通知
4月16日	赤峰	存量房（含车位等）进行交易的，取得不动产权证后即可上市交易。 购买新建商品住宅、进行存量房交易的，以家庭为单位，使用公积金贷款未超过两次的，可申请房屋价格总额80%的贷款，最高贷款额度80万元。	内蒙古赤峰市出台《疫情防控期间稳定住房消费若干措施》

8-5　续表 11

时间	地区	政策内容	政策来源
4 月 17 日	深圳	延长城市更新单元计划有效期、原有地价测算规定使用期限；缓解企业资金压力；加快商品房供应；允许延期缴纳土地出让价款；促进城市更新工作提速提效。	深圳市住建局发布《关于应对新冠肺炎疫情促进城市更新等相关工作的通知》
4 月 21 日	周口	整治内容包括：违规收取、强制收取、多收取天然气初装费（2017 年 1 月 10 日起市中心城区范围内的新建、扩建和改建项目办理《建设工程规划许可证》后继续收取的）、有线电视安装费、住宅专项维修资金（代收后挪用或不及时上缴主管部门的）、物业费、不动产权证书代办费等费用，强制收取合同约定之外的费用且拒不退还的。 以欺骗诱导手段收取业主购房定金、押金不开具正规收据且不退还的。 在取得商品房预售许可前，以认购、认筹、预订、排号、充卡、吸收会员等方式向购房人收取或者变相收取定金、预订款、诚意金等费用的。 未按商品房预售备案价格（或高出预售备案价格）销售商品房，或者以附加条件限制购房人合法权利（如捆绑车位、储藏室、装修）等方式，变相实行价外加价的等。	周口市住房和城乡建设局《关于开展房地产市场乱象专项整治行动的通知》
4 月 22 日	深圳	要坚持房住不炒，继续严格执行房地产市场调控政策不松动，严格落实限购、限价、限贷、限售、限户型五限政策，严控严管炒楼现象。	深圳五部门联合举行新闻发布会
4 月 28 日	武汉	买卖双方已签订商品房买卖合同且约定交付时间在 2020 年 1 月 24 日及以后的商品房项目，受疫情影响不能如期交付的，依法适用不可抗力有关规定，根据实际情况合理顺延交付时间；顺延时间原则上最长不超过 3 个月，买卖双方当事人另有约定的除外。 因疫情影响导致商品房购房人失去收入来源或收入减少造成还贷困难的，经购房人申请，可合理适当延后还款期限，延后期限原则上最长不超过 3 个月。鼓励金融机构与购房人协商，适当为受疫情影响暂时失去收入来源的购房人减免个人住房贷款利息，减轻其还款资金压力。 对于经买卖双方协商明确并经房管部门确认交付时间在 2020 年 8 月 31 日前的商品房项目，购房人符合我市买房落户或户口迁移的有关政策，但确因疫情影响无法及时办理不动产权证书以及落户或户口迁移手续的，购房人可凭商品房买卖合同向房屋所在区申请子女接受义务教育，由区教育部门先行统筹安排入学。	武汉市住房保障房管局、市教育局、人行武汉分行营业管理部关于印发《关于应对新冠肺炎疫情做好商品房交付有关工作的指导意见》的通知
5 月 8 日	上海	下列建设用地使用权交易，应当在土地交易市场进行：（一）国有建设用地使用权和集体经营性建设用地使用权出让、出租；（二）开发区成片开发的国有建设用地使用权分割转让；（三）其他根据法律法规规定在土地交易市场进行建设用地使用权交易的；（四）合同约定在土地交易市场进行建设用地使用权交易的。	上海市人民政府关于印发《上海市土地交易市场管理办法》的通知
5 月 9 日	全国	银保监会发布《商业银行互联网贷款管理暂行办法（征求意见稿）》，《意见稿》规定，商业银行对符合相应条件的贷款应采取受托支付方式，并精细化受托支付限额管理。贷款资金用途应当明确、合法，不得用于购房、股票、债券、期货、金融衍生品和资产管理产品投资，不得用于固定资产和股本权益性投资等。	银保监会发布商业银行互联网贷款管理暂行办法征求意见稿

8-5 续表 12

时间	地区	政策内容	政策来源
5月13日	深圳	以下情形的土地供应方案由市规划和自然资源部门审核后报市政府审批：（一）居住用地（不含通过城市更新、棚户区改造方式出让的居住用地）；（二）作价出资用地；（三）市投市建项目用地；（四）以划拨或者协议方式供应的只租不售的创新型产业用房和科研项目用地；（五）未完善征（转）地补偿手续用地流转方案；（六）置换用地；（七）占用国有储备土地总面积3000平方米及以上的留用土地、征地返还用地、安置房用地。 区政府及其职能部门负责辖区内市、区政府审批的建设用地批后监管，具体包括：（一）建设用地开工竣工管理；（二）闲置土地的调查、认定和处置；（三）征缴地价款及利息、滞纳金；（四）土地动态监测与监管；（五）市政府决定的其他事项； 以下职权由区政府及其职能部门行使：（一）临时用地和临时建筑的审批（含临时用地规划许可证办理、临时用地合同签订、土地复垦管理和临时建设工程规划许可证办理等）；（二）探矿权人与采矿权人之间勘查作业区范围和矿区范围争议的裁决。	深圳市人民政府关于《深圳市人民政府关于规划和自然资源行政职权调整的决定》
5月14日	成都	《草案》第三章预售管理的第十三条（预售许可条件）作出了7项规定。具体如下：（一）已取得国有土地不动产权利证书和建设工程规划许可证、建设工程施工许可证；（二）已办理建设工程质量和安全监督手续，明确具体的竣工日期，且已履行或正在履行土地出让中的建设条件；（三）七层以下（含本数）的商品房已封顶，七层以上的商品房已完成地面以上二分之一层数且不低于七层；若开发企业信用等级为A级以上的，七层以下（含本数）的商品房可完成地面以上二分之一层数，七层以上商品房可完成地面以上三分之一层数且不低于五层；（四）商品房及其土地使用权未设定他项权利且未被司法机关或者行政机关查封、扣押；（五）已报备本批次的商品房预售方案；（六）项目资本金账户余额不低于项目资本金5%；（七）法律、法规、规章规定的其他条件。	成都市发布《成都市商品房销售管理办法（草案）》（征求意见稿）
5月15日	上海	聚焦优质项目，优化产业用地供给。对10亿元以上的重大产业项目、国家战略类产业项目、市级战略性重点产业项目、市级以上制造业创新中心和企业技术中心，以及各区认定的重大产业项目，可采用50年出让年期。地价实行底线管理，工业用地出让最低可按照全国工业用地最低价出让标准执行，研发用地出让最低可按照全市研发用地基准地价执行。支持产业用地带方案出让和标准地出让等多种方式。 提高土地利用强度，提升产业用地配套功能。工业用地容积率一般不低于2.0，使用特殊工艺的工业用地容积率可根据实际情况确定；研发总部类用地可按照功能需求，参照同地区的商办用地确定容积率。相对集中布局标准厂房类工业用地和通用类研发用地，通用类研发用地容积率不低于3.0。加大土地收储、基础设施建设和功能配套力度，做到“地等项目”。鼓励园区平台加快建设高品质标准厂房和研发用房，做到“房等项目”。园区平台、领军企业的标准厂房类工业用地、通用类研发用地除配套设施以外的物业可转让不超过50%。单一用途产业用地内，可建其他产业用途和生活配套设施的比例提高至地上总建筑面积的30%，其中生活配套设施的比例不超过15%。	上海市人民政府办公厅关于同意《关于加快特色产业园区建设促进产业投资的若干政策措施》的通知

8–5　续表 13

时间	地区	政策内容	政策来源
5 月 18 日	武汉	新版合同在全装修商品房交付标准、装修装饰价款、房屋抵押详情、房屋权利状况承诺、资金监管账户详情等多个方面进行新增和补充。 在计价方面，装修装饰价款也纳入合同，购房人可按购房总价申请按揭贷款，解决了装修价款不能贷款的问题。 新版合同还明确了精装修交房标准，不符合标准的买房可要求赔偿双倍的装饰、设备差价等；完善了预售资金监管、首期维修资金缴存、违约利息计算方式（LPR）相关设施设备交付条件、质量及保修责任等条款；增加了供暖条款，要求交付时供热系统符合供热配建标准，使用城市集中供热的，纳入城市集中供热管网。 在住宅专项维修资金方面，新版合同对首次交存进行了明确。购房人在办理房屋交付使用手续前，应当持《武汉市住宅专项维修资金交存通知书》到指定的维修资金交存窗口或专户管理银行所属营业网点进行交存，凭已交存首期住宅专项维修资金的专用票据办理房屋交付使用手续。 新版合同还提出关于质量及保修责任的细则，如买卖双方解除合同，出卖人应当自解除合同通知送达之日起 15 日内退还买受人已付房价款。	武汉市房管局发布《武汉市商品房买卖合同》
5 月 19 日	北京	房地产开发企业要进一步落实主体责任，按照市、区疫情防控工作部署，建立售楼场所疫情防控工作机构，制定职责明确、运转有效、预案完备的常态化疫情防控工作方案，确保售楼场所疫情防控不留死角。 要规范售楼场所和样板间空调系统使用，优先采用开窗通风方式，确保场所内部空气流通；确需使用空调系统的，要保持全新风运行，并定期对过滤网、送（回）风口等部位进行消毒。要保证厢式电梯换气扇、地下车库通风系统等封闭空间主动通风设施运转正常。 要严格管控销售现场人员数量，分时分批引导顾客进入售楼场所。现场销售接待实行独立区域一对一服务，一个销售人员只接待一组客户（原则上不超过 2 人）；不得安排 2 组以上客户同时参观样板间；不得举办现场推介、抽奖摇号等聚集性活动。对需现场签约的，要采取预约制，严控现场人员密度，有序引导客户签订购房合同。	北京市住房和城乡建设委发布《关于进一步做好常态化疫情防控期间房地产开发项目售楼场所管理的通知》
5 月 19 日	上海	上海将拓展用地空间。保障新增养老服务设施用地需求，对新建养老服务设施项目符合《划拨用地目录》的，采取划拨方式供地；营利性养老服务设施项目，以租赁、先租后让、出让方式供应，鼓励优先以租赁、先租后让方式供应。降低养老用地成本，制订体现均质性、公益性和社会性的养老用地新地价，引导整体地价水平与标准厂房类工业基准地价相当。积极发展老年宜居产业。倡导终身住宅理念，推动政府保障性住房适合终身居住，支持社会资本设计开发更多适合老年人居住的商业住宅产品。鼓励建设年轻人、老年人融合居住的综合社区和长租公寓，打造代际融合、充满活力的长者社区。支持市场主体利用自有土地、房屋，开发建设为老年人提供集居住、生活照料、医疗照护等一体的养老社区设施。	上海市政府办公厅发布《上海市人民政府办公厅关于促进本市养老产业加快发展的若干意见》

8–5 续表 14

时间	地区	政策内容	政策来源
5月22日	无为	5月20日，安徽省无为市出台《关于应对新冠肺炎疫情防控促进建筑业和房地产业健康有序发展的通知》,《通知》提出取消商品住房2年限售政策，完善商品房项目预售管理，调整商品房住房价格备案等涉及房地产市场的政策。5月22日，无为市政府网站发布关于暂停执行《通知》中涉及支持房地产企业发展的条款的通知。	安徽无为市暂停执行取消商品房2年限售等政策
5月22日	全国	深入推进新型城镇化；发挥中心城市和城市群综合带动作用，培育产业、增加就业。坚持房子是用来住的、不是用来炒的定位，因城施策，促进房地产市场平稳健康发展。完善便民设施，让城市更宜业宜居。	两会政府工作报告
5月26日	全国	银保监有关部门负责人表示，会按照“六稳”和“六保”要求，统筹做好疫情防控、服务经济社会发展、防范化解金融风险各项工作，坚决打赢防范化解重大风险攻坚战。同时，坚决落实“房住不炒”要求，持续遏制房地产金融化泡沫化。	银保监会持续遏制房地产金融泡沫化
6月3日	成都	资料齐全符合条件的商品房买卖合同网签备案及变更、注销，市、区（市）县住房城乡建设部门将原先3个工作日的办理时限缩短至1个工作日。 情节严重或拒不停止违规行为的，可暂停该房地产开发企业商品房买卖合同网签功能，计入其信用档案并公开披露：提供虚假信息资料办理商品房买卖合同备案及其变更、注销或存在其他虚假交易情形的；利用合同备案及其变更、注销等业务向购房人收取费用的；为购房人提供不实资料的。	成都市住建局出台《成都市商品房买卖合同网签备案办法》
6月5日	河北	《办法》共分为5个部分，具体是:（一）监管对象及内容：重点为房地产开发企业行政许可事项，以及房地产开发企业、物业服务企业、经纪机构市场经营行为。（二）监管主体：审批部门监督；企业监管。（三）监管措施：通过强化层级监管、定期检查审批卷宗、加强审批信息公示等方式，加强对审批事项监督管理；通过“双随机、一公开”检查、加大违法违规行为查处力度、加强社会监管等方式，加强对企业市场经营行为的监管；将具有严重失信行为的企业记入“黑名单”管理，采取重点监管、信用约束、联合惩戒等措施，形成“一处失信、处处受制”的失信惩戒长效机制。（四）监管程序：构建以企业自查、县级全查、省市抽查的多重检查机制。（五）监管结果运用：对行政机关及其工作人员的违法违规行为，依法依纪严肃处理；对企业的违法违规行为，根据情节严重程度，采取限期整改、集中曝光、记入“黑名单”等方式进行查处。	河北省住建厅制定《河北省房地产行业监督管理办法》
6月5日	深圳	要求各房地产经纪机构每月7日前上报上一月二手商品房成交价格等相关信息。 对于不报、漏报、瞒报、错报的机构，市房地产主管部门可依法视情况采取约谈、警告、暂停网签权限等处理措施，并纳入房地产行业诚信系统予以联合惩戒。	深圳市住建局发布关于定期报送二手商品房成交信息的通知
6月11日	深圳市光明区	严格落实“房住不炒”政策要求，持续加大商品房供应，预计今明两年光明区每年将供应新建商品住房不少于80万平方米，新建商品住房价格将会在较长时间内保持平稳。	深圳市光明区发布消息，将加大住房供应量

8-5　续表 15

时间	地区	政策内容	政策来源
6月15日	海南	《方案》要求改革商品住房预售制度，实行现房销售制度，坚决做到任何项目不附带商品房用地；设立不动产投资收购基金和房地产投资信托基金（REITs），防范化解房地产风险。	海南省发布“关于贯彻落实《海南自由贸易港建设总体方案》的决定”
7月2日	全国	住建部近日会同最高人民法院、公安部、人民银行、国家税务总局、银保监会印发《关于加强房屋网签备案信息共享提升公共服务水平的通知》，通知要求各地住建部门进一步完善房屋网签备案系统，加快推进市、县房屋网签备案系统联网，加强城市房地产市场运行情况监测，促进房地产市场平稳健康发展。	住建部等6部门印发《关于加强房屋网签备案信息共享提升公共服务水平的通知》
7月2日	河北	自7月1日起，在河北省范围内对住房和城乡建设领域涉企经营许可事项实行“证照分离”改革全覆盖清单管理，改革将按照实行告知承诺、优化审批服务2种方式分类推进。	河北住建领域8项涉企经营许可事项实行“证照分离”
7月2日	杭州	7月2日，杭州市住房保障和房产管理局发布《关于进一步明确商品住房公证摇号公开销售有关要求的通知》，支持自住需求，抑制投机炒房。具体措施：（一）通过高层次人才家庭优先购房方式取得的住房，自商品住房合同网签备案之日起，5年内不得上市交易；（二）对“无房家庭”的认定进行了补充：户籍所在地属于本市非限购范围内（临安区、桐庐县、建德市、淳安县）的购房家庭，除需符合原有要求外，还需满足“自意向登记日前一年起已在本市限购范围内连续缴纳城镇社会保险或个人所得税满12个月”的要求；（三）房地产开发企业公证摇号公开销售新建商品住房，应对“无房家庭”给予倾斜，提供一定比例的房源保障；（四）对购房意向登记的有关要求进行了调整，明确一户购房家庭同时只能参与一个新建商品房项目的购房意向登记。	杭州市住房保障和房产管理局发布《关于进一步明确商品住房公证摇号公开销售有关要求的通知》
7月2日	东莞	7月2日，东莞市出台《关于进一步加强商品住房预（销）售管理的通知》，《通知》要求：2020年8月1日起，申请预售的商品住房项目（含前期已办过预售和首次办理预售的项目），总建筑面积30000平方米及以下的，须一次性申请预售；总建筑面积30000平方米以上但剔除地下室面积后不足30000平方米的，须一次性申请预售；总建筑面积30000平方米以上分期申请预售的，每期申请预售的建筑面积须不少于30000平方米，尾期建筑面积低于30000平方米的须一次性申请预售。此外，《通知》指出要加强商品住房销售价格指导和商品住房项目销售监管（加大力度打击捂盘惜售行为，严格规范商品住房认购行为）。	东莞市出台《关于进一步加强商品住房预（销）售管理的通知》
7月6日	宁波	《通知》从保持土地市场平稳、调整限购区域范围、强化金融政策监管、保障自住住房需求以及强化市场销售管理等方面提出稳定房地产市场的“十条”新政。新政自7月7日起实施，涉及调整土地竞价规则、扩大限购区域范围等要点。	宁波市资规、住建、人民银行、银保监四部门联合印发《关于进一步保持和促进我市房地产市场平稳健康发展的通知》
7月8日	海南	海南省住房和城乡建设厅8日发布消息称，该省持续开展房地产市场整治，严厉查处虚假宣传、违规销售、骗购住房等违法违规行为。近期海口、三亚等市县查处7家违规销售商品住宅的房地产企业和中介机构、4名通过虚假手段骗购住房的个人，分别给予取消购房资格、列入黑名单、进行罚款、暂停网签资格等处罚。	海南省持续开展房地产市场整治，严厉查处虚假宣传、违规销售、骗购住房等违法违规行为

8-5 续表 16

时间	地区	政策内容	政策来源
7月10日	大连	《通知》提出，对开发企业销售、网签行为进一步规范，要求各开发企业明确告知房屋抵押情况，约定解除抵押时间，收取购房人首付款或全款的同时签订《商品房买卖合同》并网签备案；购买商品房要向指定账户交付购房款，实行预售资金监管的项目，所有购房款应当存入《商品房预售许可证》中载明的预售资金监管银行的监管专用账户。	大连市住建局发布《关于规范商品房销售和网签备案行为的通知》
7月15日	深圳	要点包括：调整商品住房限购年限，深户购房需落户满3年并提供连续36个月及以上的社保或个税证明，夫妻离异三年以内，拥有住房套数按照离异前家庭套数计算；完善差别化住房信贷措施，已有一套住房的，购买非普通住宅，首付八成起；个人住房转让增值税免征年限由2年调整到5年，同时也细化了普通住宅认证标准——容积率1.0以上 & 套内面积120平以下或建筑面积144平以下 & 成交价低于750万。	深圳市住房建设局等八部门联合出台《关于进一步促进我市房地产市场平稳健康发展的通知》
7月16日	全国	国务院国资委秘书长、新闻发言人彭华岗表示，下半年，国务院国资委在指导央企做好疫情防控的同时，有力有序地做好重大项目的落实落地。坚决守住不发生系统性风险的底线，继续严控非主业投资比例和投向，持续加大金融、房地产等高风险领域项目的监管力度。	国务院国资委秘书长、新闻发言人彭华岗表示，将持续加大房地产领域项目的监管力度
7月16日	常州	常州市住建局、发改委、市场监管局、地方金融监管局四部门联合出台《关于进一步加强市区房地产经纪机构经纪服务与收费行为管理的通知》，进一步加强市区房地产经纪机构经纪服务与收费行为管理，对于不按规定明码标价、巧立名目收取费用、发布不实房源信息、开展非法金融活动等房产中介违法违规行为，将联手进行集中整治。	常州市住建局等四部门联合出台《关于进一步加强市区房地产经纪机构经纪服务与收费行为管理的通知》
7月22日	宁波	《通知》指出，符合条件的“无房家庭”可在市六区优先认购1套商品住房，该套住房要求在取得不动产权属证书满5年后方可转让。	宁波住建局、自然资源和规划局联合发布《关于进一步完善商品住房销售行为切实保障居民自住需求的通知》
7月23日	南京	南京市住房保障和房产局与南京市发展和改革委员会、南京市公安局、南京市规划和自然资源局、南京市城乡建设委员会、南京市市场监督管理局及南京市地方金融监督管理局联合发布《关于促进我市房地产市场平稳健康发展的通知》。 土地出让方式上，《通知》强调要加大住宅用地供应，特别是加大中低价位、中小套型住宅用地供应，优先满足刚性需求，稳定土地市场预期。同时，提出要继续严格执行“限房价、竞地价”政策，尤其是热点区域，要提高土地市场准入条件，对报名单位资格进行筛选，控制参与土地竞买企业数量。对于南京户籍但无房家庭的刚性购房需求，《通知》明确，商品住宅项目开盘销售，须提供每批次不低于30%比例的房源保障。此外，针对离异购房，《通知》规定，夫妻离异的，任何一方自夫妻离异之日起2年内购买商品住房的，其拥有住房套数按离异前家庭总套数计算。	南京市住房保障和房产局等7部门联合发布《关于促进我市房地产市场平稳健康发展的通知》

8-5 续表 17

时间	地区	政策内容	政策来源
7月23日	福州	福州市城乡建设局等部门联合发布“关于印发《福州市商品房预售资金监管办法（试行）的通知》”。《监管方法》包括商品房预售资金监管账户设立与缴存、监管额度及资金使用及监管措施。 《监管方法》第四条指出，房地产开发企业应选择在项目所在地（市级区域内）的商业银行作为商品房预售资金监管银行，设立商品房预售资金监管账户，签订《商品房预售资金监管协议》。《商品房预售资金监管协议》由市城乡建设局、市住房保障和房产管理局、开发企业和监管银行共同签订，共同监管。同一本预售许可证内的商品房同时只能设立一个监管账户。《监管方法》第五条指出，新建商品房项目预售资金应全部存入监管账户。房地产开发企业应当在《商品房买卖合同》明确监管账户信息，协助购房人直接将购房价款存入监管账户。购房人应依法依规，购买取得商品房预售许可证的商品房项目，并按照合同约定直接将购房价款存入监管账户。	福州市城乡建设局等部门联合发布《福州市商品房预售资金监管办法（试行）》
7月24日	全国	国务院副总理韩正主持召开房地产工作座谈会，会上表示：“房地产长效机制实施以来，取得明显成效，值得充分肯定。要坚持从全局出发，进一步提高认识、统一思想，牢牢坚持房子是用来住的、不是用来炒的定位，坚持不将房地产作为短期刺激经济的手段，坚持稳地价、稳房价、稳预期，因城施策、一城一策，从各地实际出发，采取差异化调控措施，及时科学精准调控，确保房地产市场平稳健康发展”。	房地产工作座谈会
7月24日	海口	海口市就《海口市安居型商品住房管理办法（草案）》向社会征求意见。《办法》明确，安居型商品住房配售实行“一个家庭限购一次且限购一套”政策，符合条件的3类海口居民家庭和7类引进人才可申购一套。同时，安居型商品住房以100平方米以下为主，最大不超过120平方米。 而购买安居型商品住房以家庭为单位申请，申请人的配偶、未成年子女应当列为共同申请人。未成年子女列为共同申请人的，不影响其成年后单独组成家庭或者达到规定年龄后以单身居民身份申请海口市安居型商品住房。引进人才和年满28周岁的单身居民符合《办法》规定条件的，则可以个人名义申请安居型商品住房。但是，申购家庭成员已购买了单位房改公有住房、单位职工集资合作建房、经济适用住房、限价商品住房、涉公商品住房等政策性住房，不得再申请购买安居型商品住房。	海口市住建局发布关于公开征求《海口市安居型商品住房管理办法（草案）》意见的公告
7月25日	东莞	《通知》指出：①加大住宅用地和住房供应力度。②调整商品住房限购政策（非本市户籍首套房需2年内缴纳满12个月社保；非本市户籍二套房需3年内缴纳满24个月社保）。③调整商品住房转让年限（商品住房获证三年后可交易）。④调整住房公积金贷款政策。⑤加强商品住房价格监管。⑥规范房地产金融秩序。⑦规范房地产市场交易秩序。⑧加大房地产信息公开力度。⑨加强宣传舆论引导。	东莞市住建局等12部门联合发布《关于进一步促进我市房地产市场平稳健康发展的通知》

8-5 续表 18

时间	地区	政策内容	政策来源
7 月 28 日	浙江	《办法》规定：小区配套幼儿园只能举办成公办园或普惠性民办园，不得办成营利性幼儿园。配套幼儿园属于公共教育资源，任何单位和个人不得擅自拆改或闲置，不得出租、出售、转让、抵押或改变用途。 《办法》要求：建设单位分期建设有配套幼儿园项目的住宅小区时，配套的幼儿园应当与住宅小区第一期同步规划、设计、立项、建设和竣工移交。各地发展改革、自然资源、建设、教育等行政部门按照职责分工，做好配套幼儿园建设管理相关工作，对存在配套幼儿园缓建、缩建、停建、不建和建而不交等问题的，在整改到位之前，住宅小区不得办理竣工验收备案手续。	浙江省教育厅等四部门发布修订后的《浙江省城镇住宅小区配套幼儿园建设管理办法》
7 月 28 日	上海	住建部与上海市人民政府签署了共建超大城市精细化建设和治理中国典范合作框架协议。根据协议，双方将以上海“人民城市人民建，人民城市为人民”的生动实践为基础，聚焦城市治理体系、住房制度、城市建设体制机制等方面 14 项具体工作，以世界城市日为平台，通过部市合作，推动城市转型发展、绿色发展和高质量发展，为推动国家治理体系和治理能力现代化贡献上海智慧、上海样本，为世界超大城市建设和治理提供中国经验、中国方案。	住建部与上海市人民政府签署共建超大城市精细化建设和治理中国典范合作框架协议
7 月 28 日	柳州	《通知》指出，此次检查对象主要为市区范围内房地产开发企业、房地产中介机构（估价、经纪）等，重点检查下列违法违规行为：①发布虚假房源信息、恶意炒作哄抬房价；②房企无证销售、捆绑搭售或捂盘惜售等；③中介机构隐瞒真实房屋交易信息、赚取差价等。	柳州市住建局发布《关于开展 2020 年房地产市场秩序专项整治的通知》
7 月 28 日	南京	南京市司法局、南京市住房保障和房产局联合发布《关于做好人才优先选房及支持刚性购房需求工作的通知》，针对人才优先选房及支持刚性购房需求，发布摇号与选房的具体细则。 《通知》指出，摇号对象为人才、无住房家庭（本市户籍）、普通购房人。摇号共分四轮进行。第一轮，确定优先选房的人才名单及选房顺序。第二轮，确定享有优先保障资格的无住房家庭名单，进入第四轮一般选房顺序摇号。第三轮，由公证机构将“第一轮未入围人才、第二轮未入围无住房家庭和普通购房人”摇出顺序号，确定入围第四轮摇号的人员名单。第四轮，由公证机构将“第二轮确定的入围无住房家庭、第三轮确定的入围摇号人员”摇出一般选房顺序。	南京市司法局、南京市住房保障和房产局联合发布《关于做好人才优先选房及支持刚性购房需求工作的通知》
7 月 30 日	合肥	《通知》规定，在合肥市区范围内，不动产权证或其他合法权属证明用途为商业（办公）、工业（厂房、仓储）、科研教育等非居住类型，且近期内无征收计划的已建成闲置存量房屋，可以改建为租赁住房。改建规模原则上不少于 50 套（间）且建筑面积 3000 平方米以上。	合肥市住房保障和房产管理局等发布《关于非住宅改建为租赁住房工作的通知》
8 月 4 日	海口	未取得预售许可的商品房项目，房地产开发企业不得预售，不得以认购、预定等方式向买受人收取或变相收取定金、预定款等性质的费用，不得开展任何展销活动。 取得预售许可的商品房项目，房企要在 10 日内一次性公开全部准售房源及每套房屋价格，并严格按照申报价格，明码标价对外销售。 房企不得采取捂盘惜售、化整为零、饥饿营销、雇人排队等手段制造销售旺盛虚假氛围；房地产经纪机构和执业人员不得炒卖房号，不得在代理过程中赚取差价，不得通过签订“阴阳合同”违规交易。	海口市住建部发布《关于打击捂盘惜售等违规行为进一步规范房地产市场秩序的通知》

8-5　续表 19

时间	地区	政策内容	政策来源
8 月 11 日	乐山	整治重点包括 12 种违法违规行为： 在取得商品房预售许可证或商品房现售证前，以意向金、诚意金及其他形式收取预订款性质费用或者认购（筹）款等费用的； 采取售后返租或变相售后返租方式销售商品房的； 对规划用途为非住宅类的房屋，宣传可用于居住，诱导购房人购买的； 违反商品房销售明码标价规定，不实行一套一标，在标价之外加价收取未予标明的费用，利用标价进行商品房销售价格欺诈等损害消费者合法权益的； 对销售的精装房装修材料的品牌名称、系列款式、价格型号、生产厂家等信息未公开公示的；精装修的样板房与实际交付精装房屋不一致，签订合同前又未作出书面提醒说明的；预售精装房集中交付期未满，擅自拆除精装样板房的（因特殊原因确需拆除，应保全资料证据）； 未组织竣工验收或竣工验收不合格，擅自交付使用的； 委托没有代理资格的机构代理销售商品房的； 将查封冻结等禁止销售或者未解除商品房买卖合同前作为合同标的物的商品房再行销售给他人的；将未满足上市交易条件的保障性住房对外销售的； 代理销售房屋时，收取购房人房款未以房地产开发企业名义全额开具发票的； 未按合同约定期限交房；若延期交房系新冠肺炎疫情等不可抗力使工期受到影响，但却未提前与购房户沟通协商延期交房期限，自定时间强行交房的； 聘用或者指派未办理实名登记的人员以房地产经纪人员名义或者其他方式从事商品房销售代理业务的；以其他机构名义或者允许其他机构或个人以本机构名义开展业务的； 泄露或者不当使用客户信息，谋取不当利益的。	四川乐山住建局联合多部门发布《关于开展房地产市场突出问题专项整治的通知》
8 月 11 日	宁波	在全市范围内开展为期三个月的房地产市场专项整治工作，进一步规范房地产开发企业及中介机构经营行为，维护群众合法权益，促进房地产市场平稳健康发展。本次整治工作重点查处房地产开发企业及其从业人员不正当经营行为；房地产中介机构及其从业人员不正当经营行为。	宁波市住房和城乡建设局等五部门联合印发《关于开展房地产市场专项整治工作的通知》
8 月 13 日	三亚	整治工作内容包括： 未在交易场所醒目位置公示备案价格表及公示信息不全，没有按照规定公示相关收费项目或超出收费项目收费的； 采取“先登记支付房款，后补交社保或个税”方式销售或购房的； 未按政府备案价格要求销售商品房，或者以捆绑装修等方式变相涨价的； 未取得预售许可证销售商品房，以认购、预定、排号等方式向购房人收取定金、预订款等费用的； 通过捏造、散布不实信息，或者曲解有关房地产调控政策等方式，误导购房人市场预期的； 未在销售现场处悬挂商品房预售许可证、公示商品房买卖合同范本及房地产限购政策的；委托代理销售的，中介机构未在销售现场明显处展示委托销售相关文书及收费标准的； 中介机构未在经营场所醒目位置标明房产中介服务项目、内容和收费标准； 中介机构为不符合交易条件的保障性住房和禁止交易的房屋（未办证的拆迁安置房等）提供经纪服务行为。	三亚市开展房地产市场专项整治

8–5 续表 20

时间	地区	政策内容	政策来源
8 月 20 日	全国	会议指出，为进一步落实房地产长效机制，实施好房地产金融审慎管理制度，增强房地产企业融资的市场化、规则化和透明度，形成了重点房地产企业资金监测和融资管理规则。市场化、规则化、透明化的融资规则，有利于房地产企业形成稳定的金融政策预期，合理安排经营活动和融资行为，增强自身抗风险能力，也有利于推动房地产行业长期稳健运行，防范化解房地产金融风险，促进房地产市场持续平稳健康发展。	住建部与中国人民银行召开重点房地产企业座谈会
8 月 20 日	长春	逾期未开工或者竣工的，将向房地产开发建设单位发出督查开工建设函，并追究违约责任。未按合同约定开工建设，未动工开发满一年的，按照土地出让或者划拨价款的 20% 征缴土地闲置费。未动工开发满两年的，无偿收回房地产开发建设单位国有建设用地使用权。 房地产开发企业存在逾期办理产权、逾期交房、违规交房等问题且未整改完毕的，该企业（包括其股东参股的企业、其母公司和子公司参股的企业）所有开发项目的预售资金初始监管额度按最高额度予以监管。 严厉查处哄抬房价、捂盘惜售、虚假宣传、违规销售等扰乱房地产市场秩序行为，一经查实的案件，依法严肃处理，并予以曝光。	长春市未登记房屋确权专项整治工作领导小组印发《关于进一步加强房地产开发建设项目全过程监管的通知》
8 月 21 日	西安	“托管式”租赁企业在开展业务前需与本市范围内的商业银行签订《住房租赁资金监管协议书》，并由企业在监管银行开立存量住房租赁交易资金监管专用账户。租赁企业在我市只能开设唯一监管专用账户，该账户不得支取现金、不得归集其他性质的资金。 住房租赁行业管理部门对“托管式”租赁企业的监管专用账户日常收支情况进行监督。 住房租赁监管资金的释放以房屋产权人足额收到住房租赁企业支付的租金为依据，由租赁企业通过服务平台申请释放已付租赁周期内监管账户收到的租金。 租赁合同期满后，交易双方在 10 个工作日内未提出异议则该合同对应的资金监管解除，向企业释放账户租金余额。	西安市印发《西安市住房租赁资金监督管理实施意见（试行）》
8 月 26 日	全国	要进一步统一思想认识，提高政治站位，把思想和行动统一到以习近平同志为核心的党中央决策部署上来，毫不动摇坚持房子是用来住的、不是用来炒的定位，坚持不将房地产作为短期刺激经济的手段，保持调控政策连续性稳定性，确保房地产市场平稳健康发展。 切实落实城市主体责任，提高工作的主动性，及时采取针对性措施，确保实现稳地价、稳房价、稳预期目标。要高度重视当前房地产市场存在的突出问题，始终绷紧房地产市场调控这根弦。要坚持问题导向，精准施策，从源头上解决问题。住房供需矛盾突出的城市要增加住宅及用地供应，支持合理自住需求，坚决遏制投机炒房。要整顿规范市场秩序，做好舆论和预期引导。 落实省级监控和指导责任，加强对辖区内城市房地产市场监测和评价考核，及时发现新情况、新问题，加大指导力度，指导城市采取针对性措施，确保城市主体责任落到实处。 沈阳、长春、成都、银川、唐山、常州等城市政府及所在省（自治区）住房和城乡建设厅负责同志参加会商。	住房和城乡建设部在北京召开部分城市房地产工作会商会

8-5　续表 21

时间	地区	政策内容	政策来源
8 月 26 日	深圳市深汕特别合作区	居民家庭在合作区持有的商品住房和商务公寓总套数不得超过 2 套，成年单身人士（含离异）在合作区持有的商品住房和商务公寓总套数不得超过 1 套。 企事业单位、社会组织等非自然人不得在合作区购买商品住房。 企业购买商务公寓的，按照企业在合作区纳税额确定可购买套数。 在合作区购买的商品住房不计入购房者在深圳市其他区（新区）购买商品住房的套数限购范围；在深圳市其他区（新区）购买的商品住房、商务公寓不计入购房者在合作区购买商品住房、商务公寓的套数限购范围。 在合作区购买商品住房和商务公寓的，自取得不动产权利证书之日起 5 年内禁止转让。	深圳市深汕特别合作区管理委员会关于振业时代花园二期、赤湖纯水岸花园等商品房项目销售的通知
8 月 30 日	无锡	完善商品住房限购政策，夫妻离异后 2 年内购买商品住房的，其拥有住房套数按离异前家庭在本市市区范围内拥有住房套数计算。 发挥税收调控作用，将市区（不含棚户区改造重点地区）个人住房转让增值税征免年限由 2 年调整到 5 年。 经江苏省市场利率定价自律机制商定，调整无锡市区差别化住房信贷政策，对已拥有一套住房且相应购房贷款未结清的居民家庭，再次申请商业性个人住房贷款购买商品住房的，最低首付比例调整为不低于 60%。 全面落实住房价格申报制度，探索合同备案价、贷款核定价、纳税申报价“三价合一”的核查机制。	无锡市发布《市政府办公室关于进一步促进我市房地产市场平稳健康发展的通知》
9 月 1 日	全国	住建部印发政务公开工作要点。坚持“房子是用来住的、不是用来炒的”定位，落实城市主体责任，稳地价、稳房价、稳预期。加强房地产市场监管信息公开，严格规范房地产开发和中介市场秩序，防止虚假宣传、恶意炒作等加剧市场波动。深化住房保障相关政策措施执行情况公开。	住建部印发政务公开工作要点
9 月 3 日	东莞	《通知》包括：关于二手商品住房在途交易的认定。关于商品住房限购政策。关于商品住房限转让年限的认定：2017 年 4 月 11 日零时以前完成网签的商品住房，无限转让年限要求；2017 年 4 月 11 日零时至 2020 年 7 月 24 日 24 时期间完成网签的商品住房，须取得不动产权证满 2 年后方可交易转让（含赠与）；2020 年 7 月 25 日零时以后完成网签的商品住房，须取得不动产权证满 3 年后方可交易转让（含赠与）。	东莞市住建局等 6 部门联合发布《关于进一步贯彻落实商品住房限购、限转让政策的通知》
9 月 4 日	杭州	《通知》对土地市场、住房贷款、税收政策、限购政策、无房家庭认定等方面内容作了进一步明确规定。完善住房限购政策，明确以父母投靠成年子女方式落户本市的，须满 3 年方可作为独立购房家庭在本市限购范围内购买新建商品住房和二手住房；调整无房家庭认定标准，明确 30 周岁以上未婚单身且在本市限购范围内无自有住房记录的购房人、离异单身满 3 年且在本市限购范围内无自有住房记录满 3 年的购房人，可认定为无房家庭；对热点商品住房项目，加大无房家庭房源倾斜比例，房源倾斜比例达到 80% 的商品住房项目，无房家庭以优先购买方式取得的住房，自买卖合同网签备案之日起 5 年内不得上市交易。	杭州市房地产平稳健康发展领导小组办公室发布《关于进一步促进房地产市场平稳健康发展的通知》

8–5 续表 22

时间	地区	政策内容	政策来源
9月6日	沈阳	通知要求，严格住房用地出让溢价率管控；严格差别化信贷税收政策；制定严格的房地产开发项目竞配建管理办法，加强全过程监管；依法严格整治未许先售行为；严格执行个人购买首套商品住房首付比例不低于30%规定，第二套商品住房首付比例提高到50%。首付款须一次性支付，禁止分期支付和“首付贷”。将个人住房转让增值税免征年限由2年调整到5年。	沈阳市房产局、沈阳市自然资源局等联合发布通知
9月7日	全国	《条例》中再次明确指出，出租人应当为承租人提供必要的居住空间。厨房、卫生间、阳台和地下储藏室等非居住空间，不得出租用于居住。《条例》规定，房地产经纪机构及其从业人员不得有包括发布虚假房源信息；隐瞒影响住房租赁的重要信息；违规提供金融产品和服务；为依法不得出租的住房提供经纪服务等。	住建部发布《住房租赁条例（征求意见稿）》
9月9日	全国	在中国数字建筑峰会上，住建部市场监管司副司长廖玉平表示：①未来将重点推动装配式建筑发展；②逐步实现机器代替人工，提升建造水平；③加快打造建筑产业互联网平台等。实现到2035年，助力我国智能建造与智能建造协同发展。	中国数字建筑峰会
9月10日	深圳	《通知》指出，深圳市将进一步完善房地产信息平台功能，通过数据共享机制为商业银行提供购房人婚姻登记（含结婚、离异）信息的查询便利。商业银行办理个人住房贷款业务，应通过房地产信息平台，查询借款人婚姻状况和购房家庭（包括借款人、配偶及未成年子女）成员名下在本市拥有的住房套数，作为贷款审核依据，有效落实差别化住房信贷政策要求。	中国人民银行深圳市中心支行、深圳银保监局、深圳市住房和建设局联合发布《关于建立婚姻信息查询机制完善住房贷款管理的通知》
9月12日	常州	《通知》明确，在土地市场调控方面，常州市在年初公布计划规模的基础上将进一步增加普通住宅用地的供应量，优化供应结构。在限购限贷方面，凡在《通知》施行后新购买常州市区（不含金坛区）商品住房的，自取得不动产权证后满4年方可上市交易，新购买商品住房的时间以商品房合同网签备案时间为准；已拥有一套住房且相应购房贷款未结清的居民家庭，二套房最低首付款比例调整为不低于60%。	常州市正式开始执行《关于进一步促进我市房地产市场平稳健康发展的通知》
9月14日	成都	通知强调：增加住宅用地供应，宅地占经营性用地的比重不低于60%，供需紧张区域不低于70%；提高公证摇号中棚改、无房居民家庭优先的比例，棚改优先最低比例由10%提高到20%，无房居民家庭由棚改优先后剩余房源的50%提高到60%；个人住房转让增值税征免年限由2年调整到5年。	成都市政府办公厅出台《关于保持我市房地产市场平稳健康发展的通知》
9月15日	全国	1~8月，全国房地产开发投资88454亿元，同比增长4.6%，增速比1~7月份提高1.2个百分点；商品房销售面积98486万平方米，同比下降3.3%，降幅比1~7月份收窄2.5个百分点；商品房销售额96943亿元，增长1.6%，1~7月份为下降2.1%；房地产开发企业到位资金117092亿元，同比增长3.0%，增速比1~7月份提高2.2个百分点。	国家统计局公布2020年1~8月份全国房地产开发投资和销售情况
9月15日	福建	《意见》强调，规范预售资金缴存和拨付行为，专款用于工程建设，不得挪用于买地或偿债，确保开发商按时交付竣工验收合格的商品房。	福建省住建厅公布《关于加强商品房预售资金监管工作的指导意见》

8-5　续表 23

时间	地区	政策内容	政策来源
9 月 23 日	长春	要点包括：①本年度宅地供应同比增长 10% 以上；②部分区域采取“限房价、竞地价”，“限自持、竞地价”方式出让宅地；③继续实施商品住房价格指导；④调整信贷政策，首套首付不得低于 3 成，二套不得低于 4 成，三套及以上停贷（此前首套 2 成、二套 3 成、三套不贷）。	长春市人民政府办公厅发布《关于落实城市主体责任，进一步加强房地产市场调控的通知》
9 月 23 日	东莞	《通知》指出：①首套房最高贷款额度由 120 万元降至 90 万元，二套房最高贷款额度由 80 万降至 50 万元；②增加购买外市二手房申请提取公积金的条件，购买外市二手房应办出不动产权证满 6 个月方可申请提取；③将停止受理物业管理费提取。	东莞市住房公积金管理委员会发布《关于调整部分住房公积金贷款和提取规定的通知》
9 月 24 日	深圳	《计划》主要内容：2020 年全市新增拆除重建类城市更新单元计划用地规模 679 万㎡，土地整备任务完成 1500 万㎡，新增规划配建人才住房、安居型商品房和公共租赁住房 29456 套。	深圳市规划和自然资源局发布《深圳市 2020 年度城市更新和土地整备计划》
9 月 25 日	全国	《通知》指出：促进特色小镇规范健康发展，要求实行清单管理，择优予以倾斜支持，要加强对主导产业薄弱的指导，对以“特色小镇”之名单纯进行大规模房地产开发的，要坚决淘汰除名。	国家发改委发布《关于促进特色小镇规范健康发展意见的通知》
9 月 26 日	长沙	《方案》规定，2021 年 1 月 1 日起，长沙市芙蓉区、天心区、岳麓区、开福区、雨花区内，尚未申请预售许可的新建商品住宅项目必须实施交房交证。	长沙市发布《长沙市新建商品房交房交证实施方案》
9 月 28 日	唐山	《通知》内容包括： 实行“限房价、竞地价”的土地出让政策，实施比例不低于供地面积的 50%，对于“限房价、竞地价”出让方式供应的地块，将已确定的房屋销售价格写入土地出让合同。房屋销售时，不得超出确定的销售价格办理商品住房销售价格备案。 建立在建房地产开发项目清单，按项目节点加快商品住房入市。商品住房项目达到预售条件的，必须在 30 日内办理预售许可；已办理商品住房销售价格备案的，必须在 10 日内办理预售许可；已办理预售许可的，必须在 10 日内一次性对外公开销售。 不得以排号摇号、发放 VIP 卡、招募会员、存款等形式登记预订。取得预售许可后认购的，除直系亲属外，实际购买人必须与认购人一致，房地产开发企业不得办理更名手续。 对差别化住房信贷政策调整如下：对在市中心区已拥有 1 套住房的居民家庭，为改善居住条件购买第二套住房申请商业性个人住房贷款，首付款比例不低于 50%；对购买第三套及以上住房的居民家庭，暂停发放商业性个人住房贷款。	唐山市人民政府办公室发布《关于加强房地产市场调控工作的通知》
9 月 29 日	银川	非本地限购 1 套商品住房，限售 2 年。 继续执行差别化信贷，首套首付比例不低于 20%，二套首付比例不低于 40%，二套以上停贷。	银川市人民政府发布《关于促进房地产市场平稳健康发展的通知》
10 月 3 日	苏州	《通知》对装修单价、样板房等均做出明确规定，并明确指出为确保成品住房装修基本品质和功能，装修综合单价不宜低于土地出让楼面单价 5%~10% 且不低于 1000 元 / 平方米（具体由属地政府在土地出让条件中约定）。	苏州市住房和城乡建设局发布《关于规范全市新建成品住房建设销售管理的通知》

8–5 续表 24

时间	地区	政策内容	政策来源
10 月 9 日	徐州	《通知》包含加强商品住房土地精准供应、加强商品住房销售价格备案管理、强化装修行为及装修价格监管、落实房地产金融政策、继续坚持商品住房限制交易政策、大力推进住房保障工作、加强房地产市场监测分析、积极营造良好的舆论环境等八方面内容。 其中加强商品住房销售价格备案管理指出新备案商品住宅项目，宗地建筑面积在 10 万平方米以下的，实行一次性价格备案；宗地建面高于 10 万平方米的，可分期进行价格备案，每次备案不低于 10 万平方米，最后一期不足 10 万平方米，据实备案；备案价格一年内不得调整。	徐州市住房和城乡建设局、徐州市发展和改革委员会等五部门联合发布《关于进一步促进市区房地产市场平稳健康发展的通知》
10 月 9 日	绍兴	《通知》要求：①各区、县严格执行“限地价、竞配建”政策，控制溢价率和楼面地价。②市区范围（含越城区、柯桥区、上虞区和镜湖新区）新建商品住房备案价格实行“双备案”制度，须经区联席会议审议通过后提交市联席会议审议确定。新开盘项目价格备案须综合考虑同区域内其他类似房源价格或“地价 + 成本”等因素，加推盘项目价格备案不得高于首次备案的商品住房价格。③严格分期销售管理，申请预售的商品住房项目建筑面积 3 万平方米及以下的，须一次性申请预售；建筑面积 3 万平方米以上分期申请预售的，每期预售建筑面积不少于 3 万平方米。④严格规范市场秩序。⑤严格落实主体责任。	绍兴市政府发布《关于进一步促进房地产市场平稳运行的通知》
10 月 9 日	苏州	《通知》明确：①装修限价不宜低于土地出让楼面单价 5%~10% 且不低于 1000 元 / ㎡（土地出让文件确定）；②装修方案纳入施工图审查范围；③样板房在项目交付 3 个月后方可拆除。	苏州住建局发布《关于规范全市新建成品住房建设销售管理的通知》
10 月 16 日	银川	《监管办法（试行）》提出：①房企须在监管银行设立新建商品房预售资金监管专用账户，房款直接存入项目监管账户，不得直接收取任何性质的房价款；②一个预售项目只允许设立一个监管账户；③该办法适用于兴庆区、金凤区和西夏区三个行政区。	银川市住房和城乡建设局发布《银川市新建商品房预售资金监管办法（试行）》
10 月 19 日	全国	1~9 月份，全国房地产开发投资 103484 亿元，同比增长 5.6%，增速比 1~8 月份提高 1.0 个百分点；商品房销售面积 117073 万平方米，同比下降 1.8%，降幅比 1~8 月份收窄 1.5 个百分点；商品房销售额 115647 亿元，增长 3.7%，增速提高 2.1 个百分点；房地产开发企业到位资金 136376 亿元，同比增长 4.4%，增速比 1~8 月份提高 1.4 个百分点；房地产开发景气指数为 100.43，比 8 月份提高 0.11 点。	国家统计局公布 2020 年 1~9 月份全国房地产开发投资和销售情况
10 月 19 日	合肥	明确发展和规范住房租赁市场，加快建立租购并举的住房制度。提出增加租赁住房有效供应，支持竞自持新建、非住宅改建、园区企业配建、成套住宅改造、国企引领示范。	合肥市人民政府办公室发布《关于加快发展和规范合肥市住房租赁市场的通知》
10 月 21 日	北京	北京住建委宣布，北京市近日陆续启动住房限购政策执行、商品房预售资金监管、住房租赁合同备案等三个专项检查，全面覆盖新房、二手房及租赁三个市场，以规范房地产市场秩序。	北京市开展租赁市场专项检查
10 月 22 日	南京	南京市多部门联合发布《关于进一步支持住房租赁市场平稳健康发展的公告》。公告提出企事业单位、社会团体以及其他组织向专业化规模化住房租赁企业出租住房或出租经批准的“商改租”“工改租”住房，用于居住的，房产税暂减按 4% 的税率征收；住房租赁企业向个人出租住房，小规模纳税人、一般纳税人可按照 5% 的征收率减按 1.5% 计算缴纳应纳税额。	南京市多部门联合发布《关于进一步支持住房租赁市场平稳健康发展的公告》

8–5　续表 25

时间	地区	政策内容	政策来源
10 月 22 日	全国	“十三五”时期，我国保障性安居工程建设持续推进。2016 年至 2019 年底，全国棚改开工 2157 万套，已超额完成我国“十三五”规划纲要明确的目标任务。住有所居，承载着老百姓最朴实的期待与梦想。我国“十三五”规划纲要提出，城镇棚户区住房改造 2000 万套。根据住房和城乡建设部提供的数据，2016 年至 2020 年，全国棚改预计开工 2300 多万套，将帮助 5000 多万居民“出棚进楼”，预计完成投资约 7 万亿元，有利于促进城市更新和以人为核心的新型城镇化。	“十三五”时期全国超额完成 2000 万套棚改目标任务
10 月 23 日	全国	住建部部长在《人民日报》刊文称，住房发展向住有所居目标大步迈进。坚持房子是用来住的、不是用来炒的定位，加快建立多主体供给、多渠道保障、租购并举的住房制度，不断完善住房市场体系和住房保障体系，居民住房条件显著改善。房地产市场保持平稳健康发展，基本实现“稳地价、稳房价、稳预期”目标。	住建部部长在《人民日报》刊文
10 月 30 日	成都	成都公共资源交易中心公布一则土地拍卖公告，将于 2020 年 11 月 25 日拍卖成华区、新都区各一宗住宅用地，且两地块均以“限房价 + 限地价 + 竞配建”的形式出让。这是近年来成都土拍首次采取“限地价 + 限房价 + 续竞配建并无偿移交统筹住房”的拍卖方式。	成都推成华区、新都区宅地首设“限地价 + 限房价”条件
10 月 30 日	衢州	主要内容：①住宅用地采取“限房价 + 限地价 + 竞配建”方式公开出让；②热点住宅地块出让前明确限售五年；③申请预售规模建面不少于 3 万㎡；④提高租房提取公积金额度，每户每年最高提取不超过 2.4 万元。	衢州市住建局发布《关于进一步促进市区房地产市场平稳健康发展的通知》
11 月 3 日	浙江	房地产承销机构对外销售的商品房价格，应当与该项目申报的“一房一价”一致，不得以任何形式拆分购房款，不得使用虚假或不规范的价格标识、标价方式误导消费者，不得出现预售商品房“售后包租”等商业宣传，不得捏造或者散布不实信息恶意炒作，不得变相捂盘惜售扰乱市场秩序。	浙江省发布《住房和城乡建设厅关于进一步规范商品房委托销售行为的通知》
11 月 3 日	郑州	郑州市住房保障和房地产管理局通报 2020 年郑州市房地产市场乱象整治暨“双随机一公开”检查工作的情况，共检查在售房地产开发项目 391 个、房屋租赁企业 160 家、房地产经纪机构 381 家、房地产估价机构 29 家；开出责令限期整改通知书 55 份。其中对问题较为严重的 67 家企业，进行通报批评，“贝壳”平台也位列其中。	郑州市发布《关于 2020 年郑州市房地产市场乱象整治工作的情况通报》
11 月 3 日	台州	保持土地市场平稳。根据商品住房库存量和市场供求变化情况，优化住宅用地供应规模、布局和节奏，实行差别化供地，市区要加大土地做地力度。建立房价地价联动机制，严格执行商品住房预售价格备案制度，实行“限地价、竞自持（或配建）”土地出让方式，严格控制溢价率和楼面地价。 实行住房限售政策。市区新购住房（含新建商品住房和二手住房），自取得不动产权证书满 3 年后方可转让。 加强商品房预售管理。分期申请预售的商品房项目，每期预售建筑面积不少于 3 万平方米（尾期除外）。已取得预售许可的，要在 10 日内一次性公开全部准售房源及每套房屋备案价格，销售价格不得高于备案价格。 加强房地产市场监管监测。加强部门联合执法，对发布虚假广告或房源信息、制造虚假信息恶意炒作、哄抬房价、捂盘惜售、不执行明码标价规定、信贷资金违规入市等扰乱市场秩序的行为，相关部门依法依规严肃处理。	台州市发布《关于促进房地产市场平稳健康发展的通知》

8-5 续表 26

时间	地区	政策内容	政策来源
11 月 4 日	丽水	加强加大房源、供地信息宣传发布；加强备案制度，分期预售的商品住宅，严格执行预售备案价格续推不涨原则；加强分期预售管理，申请预售的商品房（含首开和续推），每期预售建筑面积不少于 5 万平方米；加强规范市场秩序，进一步规范房地产经纪行业，不定期开展“大检查、大整顿、大提升”专项行动。	丽水市发布《关于进一步促进丽水市区新建商品房市场健康发展的通知》
11 月 13 日	漳州市漳州招商局经济技术开发区	会议指出，目前开发区相关部门正根据若干措施的要求，出台具体细则或举措，如举办周末集市、出台入区企业员工及在校大学生购房支持政策、优化海上巴士等，进一步完善交通、商业等综合服务配套措施，不断增添城市人气商气，从而促进形成“人、产、城”共生互利、健康融合发展格局。	漳州招商局经济技术开发区召开房地产企业座谈会
11 月 16 日	厦门	未来将坚决贯彻房子是用来住的、不是用来炒的定位，坚持租购并举、因城施策，以优化住房供应、稳定住房价格、提升居住品质、完善配套设施为抓手，促进住房高质量发展，加强人才住房供给和保障，助推城市产业经济动能转换，增强城市吸引力、创造力、竞争力。 保持住房价格总体平稳，新建商品住宅价格年度涨幅不超过 5%，住房租金价格年度涨幅不高于城镇居民人均可支配收入增长幅度。	厦门市住房保障和房屋管理局发布《厦门市住房发展规划（2021~2025 年）》
11 月 16 日	海口	通知第二条明确，房地产开发企业、存量房（二手房）出卖人在与购房人确定购房意向前，购房人应具备购房资格。通知要求，不具备购房资格的购房人，房地产开发企业、存量房（二手房）出卖人不得收取意向购房人（未申请购房资格）的任何费用。若开发企业或卖房人收取意向购房人的任何费用，视为违规交易。	海口市房屋交易管理与产权管理中心发布《关于规范申请购房资格的通知》
11 月 18 日	哈尔滨	据新闻报道，哈尔滨市将印发《关于疫情期间促进我市房地产市场平稳健康发展相关政策的通知》，提出十四条具体扶持措施确保全市房地产业和建筑业平稳健康发展。其中包括，积极引导和鼓励企业根据市场情况，采取打折促销、团购等方式让利销售新建商品房。	哈尔滨市将印发《关于疫情期间促进我市房地产市场平稳健康发展相关政策的通知》
11 月 23 日	江西	《通知》要求，将商品房预售资金列入监管范围，购房人全部房款存入专用账户，包括明确监管范围、设立监管账户、明确监管期限、规范资金缴存、建立信息系统、规范资金拨付、明确相关责任、制定监管办法、制定监管办法等 10 个方面。	江西省住房和城乡建设厅和江西省银保监局近日印发《关于进一步加强商品房预售资金监管工作的通知》
11 月 23 日	清远	通知提出，采取“可无理由退房”方式销售的，应明确退款时限；不得以零首付等手段吸引、诱导购房人买房；不得返本销售或变相返本销售商品房；不得以捆绑搭售或附加条件等限定方式，变相价外加价。	清远市住房和城乡建设局发布《关于进一步规范商品房销售信息公示及售前告知行为的通知》
11 月 24 日	成都	《通知》表示，优先保障无房家庭和棚改住户购房需求。登记购房人数在当期准售房源数 3 倍及以上的，全部房源仅向已报名登记的无房居民家庭及棚改货币化安置住户销售，其中无房居民家庭房源不低于房源数的 70%，剩余房源用于棚改货币化安置住户选购。登记购房人数在当期准售房源数 1.2 倍以内的商品住房项目，由开发企业自行组织有序销售。而登记购房人数在当期准售房源数 1.2 倍至 3 倍之间的，按原有规定公证摇号排序选房，棚改货币化安置住户及无房居民家庭选购后剩余房源用于普通购房家庭选购。	成都市住建局、司法局联合出台《关于完善商品住房公证摇号排序选房有关规定的补充通知》
11 月 30 日	淮安	规范房地产市场，提到在营销和销售环节不得价外加价、囤积房源等以及要坚持信息透明、及时上传网签信息等。	淮安发布“六不准”“六要”

8–5　续表 27

时间	地区	政策内容	政策来源
12 月 1 日	西安	全市范围内所有已出让、新出让土地的商品房开发项目，开发企业申请商品房预售许可，原则上地上 7 层及以下的多层建筑，工程形象进度须主体结构工程封顶；7 层以上的，须达到地上规划总层数的 1/3，且不得少于 7 层。 首先是调整购买第二套住房的商业贷款首付比例。西安市已拥有住房面积在 144 平方米以上的居民家庭：购买第二套住房面积在 144 平方米及以下的，商业贷款首付比例不低于 60%；购买第二套住房面积在 144 平方米以上的，商业贷款首付比例不低于 70%。其次是调整公积金贷款首付比例。对结清首次住房公积金贷款后，再次申请使用住房公积金贷款购买住房的：购房面积在 144 平方米及以下的，首付比例不低于 50%；购房面积在 144 平方米以上的，首付比例不低于 55%。 在加强预售资金监管方面，加快互联网＋监管建设，负责住房贷款的商业银行应将贷款资金全额划转至预售资金监管账户，严禁私自留存或划转至开发企业其他账户。	西安市住房和城乡建设局、西安市金融工作局、西安住房公积金管理中心、西安市自然资源和规划局联合发布《关于进一步加强房地产市场调控的通知》
12 月 1 日	昆明	预售资金监管范围，即昆明市五华、盘龙、官渡、西山、呈贡区及三个国家级开发（度假）区范围内（“主城中心区”）办理商品房预售许可的项目，其预售资金的收存、支出、使用均按照本通知进行监督管理。房地产开发企业可在预售资金中提取 5% 的办公和管理支出。商品房预售资金按照专款专用原则，实行分阶段、按比例动态监管，重点监管资金额度为项目预售总额的 30%。具有一级资质且在昆明市从事房地产开发经营业绩较好、无不良行为记录的房地产开发企业，所开发项目的重点监管资金比例可下调为 25%。在 1 年内发生 1 次不良行为的，其新建、在建项目的重点监管资金比例上调为 30%。	昆明市人民政府办公室关于加强商品房预售资金监管工作的通知（试行）
12 月 7 日	唐山	《通知》强调房地产开发企业申请办理商品房预售许可时，应在预售方案中明确预售资金监管方案，并提交预售资金监管协议，同时不得直接收存房价款。购房人将全部购房款或者首付款存入监管账户后，方可打印商品房买卖合同；购房人贷款的，放款机构应当将购房贷款直接存入监管账户。	《唐山市商品房预售资金监管办法修订草案（征求意见稿）》
12 月 8 日	成都	开发企业在申请商品房预售许可前，应当选定一家监管银行的综合性支行，以商品房项目为单位开设一个预售款监管账户。申请预售许可时，工程形象进度要求为正负零的商品房，监管额度不低于预售挂牌价款总额的百分之二十五；其余工程形象进度要求的商品房，监管额度不低于预售挂牌价款总额的百分之十五。预售款监管额度与开发企业信用等级挂钩，如在成都市住房和城乡建设领域信用信息平台公示的信用等级为 A++ 级且提供银行保函的，监管额度下浮百分之四十等。	成都市人民政府办公厅关于印发成都市商品房预售款监管办法的通知
12 月 11 日	宁波	《通知》提出，两类购买资格从严，父母投靠成年子女落户我市未满 2 年、父母投靠成年子女落户市六区未满 2 年、离异单身未满 2 年，在限购区域购买住房时需满足限制性条件； 规范合同更名和住房赠与行为，无房家庭优先认购新建商品住房的，除增加购房人配偶或者变更为购房人配偶外，不得办理商品房买卖合同购房人变更备案手续。同时，加强住房赠与交易管理。 调整二套房信贷首付比例，市六区已有 1 套住房且相应贷款未结清的居民家庭，再次购买住房、申请商业性个人住房贷款的，贷款首付比例不得低于 60%；市六区已有 1 套住房且相应贷款已结清的居民家庭，再次购买住房、申请商业性个人住房贷款的，贷款首付比例不得低于 40%。	宁波银保监局等四部门联合印发《关于进一步保持和促进我市房地产市场平稳健康发展的补充通知》

8–5　续表 28

时间	地区	政策内容	政策来源
12 月 16 日	南昌	审定规划报建图时需对自持部分进行认定并划定位置及范围；审核新建商品房销售许可时应核减自持房面积，待达到条件后方可办理预售证；不再办理开发商自留住宅备案，自留房按原审批价格上市。	南昌市住房保障和房产管理局发布《关于进一步规范房地产开发企业自持房和自留房管理工作的通知》
12 月 17 日	青岛	经济适用住房购房人按照自愿原则，通过申请补缴土地收益价款的方式，取得所购经济适用住房的完全产权，住房性质变更为普通商品住房。不申请取得完全产权的，不需要补缴土地收益价款，住房性质保持不变。	青岛发布《关于规范经济适用住房取得完全产权有关事宜的通知》
12 月 22 日	济南	预售人与预购人订立商品房预售合同并网签后，根据合同相关约定，预购人凭预售人出具的《商品房预售资金监管收存通知单》将预售资金存入监管账户；签订定金合同的，预购人凭预售人出具的《商品房定金监管收存通知单》将定金存入监管账户，正式合同签订后自动转为购房款。 预购人申请按揭贷款（含商业贷款和住房公积金贷款）的，预购人将首付款存入监管账户，并书面委托贷款银行将发放的按揭贷款足额转入监管账户。 按照建成层数达到地上规划总层数二分之一时，监管资金留存比例为 60%；主体结构验收时，监管资金留存比例为 30%；竣工验收备案时，监管资金原则上留存比例为 15%；取得竣工综合验收备案时，监管终止。	济南市商品房预售资金监管办法（征求意见稿）
12 月 24 日	浙江	要求提高政治站位，确保“一条心”完成调控任务，把落实房地产长效机制、稳定住房价格放在全省经济社会发展全局来统筹；建立完善“月监测、季评价、年考核”制度。科学统筹谋划，推动“一盘棋”落实长效机制，指导设区市有序编制实施“一城一策”方案；启动重点县（市）“一县一策”方案编制等。	浙江省住房和城乡建设厅发布《指导城市落实主体责任编制房地产市场平稳健康发展长效机制方案》
12 月 25 日	江苏	此次设立的商品房买卖合同纠纷联动化解机制中，包含了诉调对接机制，意即，同级法院可以采取立案前委派、立案后委托、诉中邀请等方式，引导当事人通过同级消保委解决纠纷；纠纷化解时限机制，即江苏省消费者权益保护委员会调解成功的案件，当事人可以在调解协议生效之日起 30 天内向同级法院申请司法确认。	江苏设商品房买卖合同纠纷联动化解机制

8-6　2020 年住房保障政策

时间	地区	政策内容	政策来源
1 月 7 日	广州	广州市户籍申购人应具有广州市城镇户籍满 10 年；具有国家承认的国内院校本科及以上学历并获得学士及以上学位，或者取得国家承认的境外院校学士及以上学位、属于广州市公布的中高级专业技术职称和执业资格目录、属于高技能人才和紧缺工种（职业）目录、持有有效的广州市人才绿卡主卡人员的，可以不受户籍或户籍年限限制。申购前在广州市连续缴纳基本养老保险满 60 个月。单身人士申购的，应当年满 30 周岁。 购房人产权份额不低于 50%。采用土地出让时“限房价、竞地价”等方式集中新建的共有产权住房销售时，限定的最高销售单价超过同地段、同类型商品住房的市场评估价的 85% 时，开发建设单位可以向市住房保障办公室或相应的区住房保障部门申请转为商品住房，按权限报市、区政府审批同意后优先面向共有产权住房供应对象出售，不再作为共有产权住房管理，但承购人购买后不得再次申购共有产权住房。 共有产权住房产权流转实行封闭运行，满足广州市规定住房限售年限的，承购人可以向代持管理机构提出转让所持产权份额的申请，受让人应当具有购买共有产权住房资格，代持管理机构在同等条件下享有优先购买的权利。承购人所持产权份额转让产生的增值收益归承购人享有，转让价格低于原购买价格的差价代持管理机构不予补偿；按规定自愿转让并腾退已购共有产权住房后可以再次购买，已购的共有产权住房满足限售年限后可以申请换购，再次购买或换购仅限一次。	《广州市共有产权住房管理办法》
1 月 8 日	重庆	重庆市需实施改造提升的老旧小区，主要是 2000 年以前建成，且公共设施落后、影响居民基本生活、居民改造意愿强烈的住宅小区。经全面摸底调查，这种老旧小区有 7394 个、面积 1.02 亿平方米。2020 年，重庆市计划启动实施 1700 个、3000 万平方米城市老旧小区改造项目。	重庆市老旧小区改造和社区服务提升工作会
1 月 10 日	上海	非上海市户籍家庭同时符合居住证持证和积分、住房、婚姻、缴纳社会保险、缴纳个人所得税、收入和财产等条件的，可以申请购买共有产权保障住房。 上海市城镇户籍家庭或者个人购买共有产权保障住房，取得不动产权证满 5 年后，共有产权保障住房可以上市转让或者由购房人、同住人购买政府产权份额。上市转让或者购买政府产权份额后，住房性质转变为商品住房；非上海市户籍家庭购买共有产权保障住房，取得不动产权证满 5 年后，其交易管理按相关规定执行，但购房人的户口迁入上海市的，按上海市户籍规定执行。	上海关于修改《上海市共有产权保障住房管理办法》的决定
1 月 13 日	河南	2021 年 6 月底前完成 2000 年以前建成的城镇老旧小区改造提质工作，实现城镇老旧小区设施配套、功能完善、环境整洁、管理到位的总体目标。 各级财政部门要统筹使用中央财政预算内投资和城镇老旧小区改造专项补助资金，把城镇老旧小区改造提质资金纳入政府年度预算。各级政府要加大资金投入，专项用于城镇老旧小区改造提质；要坚决遏制增加政府隐性债务。	河南《关于推进城镇老旧小区改造提质的指导意见》
1 月 14 日	盐城市阜宁县	农房拆除给予 350 元 / 平方的补助（仅主房和厨房，不包括其他附属用房）。退出宅基地给予每宗 1 万元的补助。 到县城，益林、东沟镇区新购商品房（含二手房）的，每户再补助 5 万元；到其他集镇新购商品房（含二手房）的，每户再补助 3 万元。在县安置房超市购买商品房的，由安置房超市再补助 3 万元 / 宅，由开发企业再给予团购优惠 2 万元 / 宅；在县安置房超市购买安置房的，由安置房超市再补助 3 万元 / 宅，由开发企业再给予团购优惠 1 万元 / 宅。 享受上述政策对象为 2020 年 1 月 1 日后进城入镇新购房的农户，政策有限期截至 2020 年 12 月 31 日。	阜宁县《农民进城入镇购房优惠政策》

8-6 续表 1

时间	地区	政策内容	政策来源
1 月 15 日	成都	保障性安居工程资金纳入财政预算管理，严格按照不低于当年度土地出让净收益 10% 的比例用于保障性安居工程。鼓励社会资本、金融机构积极参与保障性住房、人才公寓、产业功能区配套住房、棚改安置房、租赁住房建设及运营管理，依法落实税费减免等优惠政策。 人才公寓采取先租后售、共有产权、优惠出售等方式面向高端人才租售或面向重点企业定向提供；鼓励市属国有企业将中心城区闲置和低效利用的厂房、商业办公用房等，经批准改建为租赁住房。鼓励在新出让商品房建设用地中适度新建、合理配建租赁住房，支持在 TOD 项目中根据产业布局等情况配建一定比例的租赁住房，增加开发商自持租赁房源比例。	成都《关于进一步完善住房保障体系加快实现住有所居的实施意见》
2 月 13 日	佛山	符合条件的佛山市户籍居民及新市民可申请配售共有产权住房。其中新市民即本人在佛山市常年生活或工作，持有佛山市居住证，在佛山连续购买社保 5 年及以上，家庭成员及本人在佛山没有自有住房的非佛山户籍家庭或个人，以及在粤工作和生活且家庭成员在佛山没有自有住房的港澳居民家庭或个人。 承购人的产权份额为共有产权住房销售价格占评估价格的比例，原则上不低于 50%。承购人取得共有产权住房不动产权证书满 5 年的（以不动产权证书登记日期为准），允许转让其所持有的产权份额。承购人所持产权份额收益归承购人所有。转让时成交价格低于购买时成交价格，代持机构不予补偿差价。	佛山关于征求《关于推进共有产权住房政策探索试点工作的实施意见（修改稿）》意见的公告
3 月 4 日	河北	年内改造老旧小区 1369 个，完善小区基础设施和公共服务配套。棚户区改造新开工 58488 套，实现既有棚户区清零。严格依法依规开展城中村改造，新启动 192 个城中村改造项目，全省列入计划的 882 个项目全部启动。	河北省印发《2020 年提升规划建设管理水平促进城市高质量发展的实施方案》
3 月 24 日	广州	利用集体、国有建设用地建设租赁住房的，按以下标准给予补贴：（一）建设普通租赁住房的，按建筑面积 750 元 / 平方米给予补贴；（二）建设集体宿舍型租赁住房的，按建筑面积 800 元 / 平方米给予补贴。 商业、办公、工业、酒店用房等非住宅，经批准改造为租赁住房的，按以下标准给予补贴：（一）改造为普通租赁住房的，按建筑面积 500 元 / 平方米给予补贴；（二）改造为集体宿舍型租赁住房的，按建筑面积 550 元 / 平方米给予补贴。 城中村租赁住房品质化提升、建筑面积合计不少于 2000 平方米且相对集中的项目，按建筑面积 300 元 / 平方米给予补贴。 闲置住房经品质化提升作为租赁住房，且建筑面积合计不少于 2000 平方米的项目，按建筑面积 350 元 / 平方米给予补贴。	广州市住房和城乡建设局、广州市财政局关于印发广州市发展住房租赁市场奖补实施办法的通知
4 月 14 日	兰州	加大保障性住房建设力度。进一步加大公租房建设力度，通过在划拨土地上政府统建和商品房开发项目中配建两种方式筹集公共租赁住房。加快推进棚户区改造；积极落实保障性住房建设资金。 完善住房保障配套政策。加大人才住房保障，按照相关规定对新引进人才提供实物保障、购房补贴和租赁补贴等三种形式的住房保障；加大公共租赁住房货币化保障；鼓励通过市场化租赁住房解决住房困难；落实对租赁主体的税收优惠政策；支持培育养老房地产健康发展；支持缴存职工提取住房公积金支付房租。 保持房地产市场平稳健康发展。全面贯彻国家各项房地产市场调控政策，严格执行我市现行的房地产市场调控措施，切实落实价格备案、限购、限贷、限售等各项房地产市场调控政策，加强新建商品住房价格备案工作，有效控制商品房销售价格的上涨幅度。因域施策、精准调控，根据市场运行情况，调整商业地产贷款的首付款比例，由现行的 70% 调整为 50%。	兰州市人民政府办公室关于进一步深化城镇住房制度改革完善住房供应体系的实施意见

8-6　续表 2

时间	地区	政策内容	政策来源
4 月 22 日	深圳	本年度计划安排商品住房用地供应 125 公顷，包括新供应用地 50 公顷，更新整备用地 75 公顷，拟建设商品住房 6.3 万套、建筑面积 563 万平方米。其中新供应用地拟建设 2.5 万套、建筑面积约 225 万平方米；更新整备用地拟建设 3.8 万套、建筑面积约 338 万平方米； 2020 年上半年实现年度目标 50% 的居住用地出让，力争实现年内供应、年内开工，加快达到预售入市条件，以有效及时增加商品住房的供应，确保房地产市场平稳健康发展。	深圳市住房和建设局关于印发《深圳市住房发展 2020 年度实施计划》的通知
4 月 22 日	武汉	江岸、江汉、硚口、汉阳、武昌、青山、洪山、武汉东湖新技术开发区、武汉经济开发区（不包含汉南区）、市东湖生态旅游风景区、东西湖区金银湖、金银潭、吴家山片、江夏区纸纺、庙山、大桥、藏龙岛片、长江新城近期起步区、武汉新港空港综合保税区和武汉阳逻经济开发区，已建成闲置低效的商业、办公、厂房等非住宅存量房屋，可以改造为租赁住房。	武汉市住房保障和房屋管理局发布《关于允许商业和办公用房等存量房改造为租赁住房的通知》
5 月 6 日	北京	配租家庭为 2020 年 4 月 30 日（含）前已按照“三级审核、两级公示”程序通过市级备案取得海淀区保障性住房备案资格（以 GLH 或 GX 形式开头的备案号）且尚未配租的城镇低保家庭（含分散供养的特困家庭）、低收入家庭、患大病或做过大手术家庭、重度残疾家庭和计划生育特殊困难家庭。	北京市关于面向海淀区具有保障房资格的低保低收入等特殊困难家庭开展公共租赁住房专项配租工作的公告
5 月 6 日	岳阳	补贴范围和对象为：市直行政、企事业单位和岳阳楼区、岳阳经济技术开发区、城陵矶新港区、南湖新区范围内具有城市非农业户口低收入家庭的无房户和住房困难户（区属行政、企事业单位的职工由各区自行负责）。补贴对象分为家庭申请人和单身申请人。家庭申请人是指已办理合法婚姻登记的家庭、离异或丧偶并带子女的单亲家庭；单身申请人是指年满 30 周岁（含）以上的未婚人员、离异 2 年（含）以上或丧偶不带子女的人员。 同时符合下列条件的申请人可以享受一次经济适用住房货币补贴：具有本市主城区城镇户籍，并在市主城区工作或经常居住；无自有产权住房或现有产权住房建筑面积低于 50 平方米的住房困难户。申请人自申请之日起前 5 年内出售、赠与、出租自有产权住房的，不属于无自有产权住房的情形；家庭人均可支配收入低于我市主城区上一年度城镇居民人均可，支配收入。 补贴标准：低收入无房户每户一次性补贴 6 万元；低收入住房困难户每户一次性补贴 5 万元。	岳阳市住房和城乡建设局关于印发《2020 年度岳阳市主城区经济适用住房货币补贴实施方案》的通知
5 月 7 日	东莞	培育市场供应主体：发展住房租赁企业；建立健全住房租赁企业备案制度；鼓励房地产开发企业开展住房租赁业务；规范房地产中介机构；支持和规范个人出租住房；规范城中村住房租赁。 鼓励住房租赁消费：完善住房租赁支持政策；明确各方权利义务。 完善公共租赁住房：推进公租房货币化；提高公租房运营保障能力。 规范租赁住房筹集：积极盘活存量住房；规范改建房屋用于租赁；严格限制新建租赁住房；优化租赁住房空间布局。 加大政策支持力度：强化组织领导；健全法规制度；落实属地责任；加强行业管理；强化登记备案；发挥平台作用。	东莞市人民政府关于印发《东莞市关于加快培育和发展住房租赁市场的实施意见》的通知
5 月 14 日	北京	明确年内开工老旧小区综合整治项目 80 个，完成老旧小区综合整治项目 50 个，完成固定资产投资 12.8 亿元。老旧小区综合整治工作也被列入《2020 年度街道工作和“吹哨报到”改革重点任务清单》。	北京市住建委联合市规自委、市财政局等 7 部门共同印发《2020 年老旧小区综合整治工作方案》
5 月 14 日	杭州	杭州今年计划改造老旧小区 300 个，改造面积超 1200 万平方米，受益居民将超 15 万户。截至目前已基本建成 25 个，已开工 42 个，完成方案审查或招标工作的 160 个，其他项目正在深化完善改造方案。	杭州市政府新闻办、市建委联合召开杭州市老旧小区综合改造提升民生实事新闻发布会

8-6 续表 2

时间	地区	政策内容	政策来源
5月14日	广州	全市集体土地范围内符合登记发证条件的农村宅基地、集体建设用地及地上永久存续的、结构完整的农村主要房屋，不包括简易房、棚房、农具房、圈舍、厕所等临时性建筑物和构筑物。集体所有土地上开发的商品住房，一律不予确权登记。 已登记的农村宅基地、集体建设用地，按照“不变不换”原则，之前依法颁发的宅基地证、集体建设用地使用证等继续有效，不重新登记。不动产统一登记实施后已经组织完成房地一体权籍调查的，可以换发房地一体的不动产权证书。对于宅基地已登记、农房没有登记，群众有换发不动产权证意愿的，申请人可提交农房补充调查信息，向登记机构申请办理不动产登记。	广州市规划和自然资源局关于印发《广州市“房地一体”农村宅基地和集体建设用地确权登记发证工作方案》的通知
5月18日	北京	北京市老旧小区综合整治项目按照自下而上的原则，采取基层组织、居民申请、社会参与、政府支持的方式，由街道办事处、乡镇政府上报，区政府审核，经市老旧小区综合整治联席会议审议通过后列入改造计划。 老旧小区改造前，街道、乡镇要先充分获取居民对老旧小区整治的诉求，并会同项目实施主体组织相关部门对小区专业管线情况进行摸排，再制定改造整治方案和物业管理方案。随后，统筹整合各类资源，广泛征求民意，最终确定改造整治设计方案和实施方案并付诸实施。 有意愿加装电梯的业主应当具有占有和使用该住宅的权利，并能够出示相关证据。拟加装电梯的住宅应满足建筑物结构安全、消防安全、建筑节能等规范、标准要求；既有多层住宅加装电梯的意向及初步方案应当充分听取拟加装电梯范围内全体业主的意见，并经专有部分占该单元住宅总建筑面积三分之二以上的业主且占总人数三分之二以上的业主同意，且其他业主不持反对意见。	北京市住房和城乡建设委员会联合北京市规划和自然资源委员会等五部门联合印发《北京市老旧小区综合整治工作手册》
6月8日	三亚	全面查找保障性住房建设、分配和后续管理环节存在的问题，以点带面，深入整改，以加强项目建设规范化，打击违规炒卖、转租、转借保障性住房的行为，净化保障性住房建设与管理领域的环境，不断提高保障性住房管理精细化水平。	三亚市住房和城乡建设局在全市保障性住房领域开展专项整治
6月10日	陵水	项目建设规模及建设时限上，2020年至2022年三年计划动工建设安居型商品住房2500套，其中2020年计划动工建设文黎安居型商品住房（一期）项目1000套，2021年计划动工建设老县委片区安居型商品住房项目700套，2022年计划动工建设文黎安居型商品住房（二期）项目800套。 销售价格上，安居型商品住房的销售价格根据建设成本（包含土地成本、开发成本、管理费用、投资利息、税费等）、房价收入比及商品住房市场价格等因素综合考虑确定，在项目可运作、可持续前提下，销售价格原则上不超过8000元/平方米。	海南省陵水黎族自治县印发《陵水黎族自治县安居型商品住房建设工作实施方案》
6月10日	广州	2020年十件民生实事安排建议中涉及住房保障内容：（一）继续推进100个以上老旧小区微改造项目；（二）新建改建、盘活存量租赁住房房源2万套；（三）出台实施共有产权住房政策，完善配套细则，加快房源筹集，推进新造、鸦岗等共有产权住房项目施工建设。	广州市发布2020年政府工作报告
6月12日	沈阳、南京、青岛、合肥、长沙	根据初步测算，建行预计提供不少于1100亿元的贷款，支持5个城市在未来三年内以市场化运作方式筹集约40万套（间）政策性租赁住房，解决约80万新市民的安居问题。	中国建设银行分别与沈阳、南京、青岛、合肥、长沙签订《发展政策性租赁住房战略合作协议》
7月8日	贵州	《贵州省城镇老旧小区改造项目审批指导意见（试行）》，提出精简城镇老旧小区改造项目立项、用地、规划、施工、验收等审批手续，优化申报材料，压缩审批时限，提高审批效率，明确城镇老旧小区改造范围及改造内容，扎实推进本省城镇老旧小区改造。	贵州省住建厅印发《贵州省城镇老旧小区改造项目审批指导意见（试行）》

8-6　续表 3

时间	地区	政策内容	政策来源
7 月 28 日	广东	广东省住房和城乡建设厅联合省发展改革委、财政厅、自然资源厅和中国人民银行广州分行、中国银行保险监督管理委员会广东监管局印发《关于因地制宜发展共有产权住房的指导意见》，明确共有产权房由政府与承购人共同出资，承购人产权份额原则上不低于 50%，以及共有产权住房建筑面积不超过 120 平方米等。广东共有产权住房面向符合当地规定条件的城镇无房家庭（含单身居民）供应。各地应将符合条件的人才、城镇稳定就业的外来务工人员、在粤工作和生活的港澳居民纳入共有产权住房的供应范围，每户家庭只能购买一套。该《意见》自 2020 年 9 月 1 日起施行，有效期 5 年。	广东省住房和城乡建设厅等六部门发布《关于因地制宜发展共有产权住房的指导意见》
9 月 7 日	北京	为培育发展住房租赁市场安排专项资金：①集体土地建设租赁住房补助标准为：成套住房 4.5 万元 / 套，非成套住房 3 万元 / 间，集体宿舍 5 万元 / 间（使用面积 20 ㎡以上，居住人数 4 至 8 人）；②改建租赁住房补助标准为：使用面积 15 ㎡以下的 1 万元 / 间、使用面积 15 ㎡及以上的 2 万元 / 间；③获得补助的项目均需承诺首期租金不得高于或变相高于周边同类房屋的均价，3 年内租金等费用的涨幅符合相关限制条件等。	北京市住房和城乡建设委员会、北京市财政局印发《北京市发展住房租赁市场专项资金管理暂行办法》
9 月 8 日	辽宁	《办法》规定对老旧小区改造工作成效明显的城市开展激励支持，最高可获得省级老旧小区配套补助资金 500 万元等三项奖励。	辽宁省住建厅会同省发改委、省财政厅制定并下发《辽宁省对老旧小区改造工作真抓实干成效明显地区开展激励支持暂行办法》
9 月 25 日	西安	《新规》规定，新建商品住房项目必须配建一定比例的公租房。配建公共租赁住房以商品住房项目实物配建为主，也可以相对集中建设，由建设单位自行选择；建设单位选择实物配建公共租赁住房的，按照《西安市商品住房项目配建公共租赁住房实施细则》有关规定执行。实物配建按照不低于宗地住宅建筑面积 15% 比例配建。新出让住宅用地，易地集中建设资金缴纳标准按宗地住宅部分出让起始价格 10% 的标准执行。	西安市发布《商品住房配建公共租赁住房新规》

8-7 2020 年公积金政策

时间	地区	政策内容	政策来源
1月2日	武汉	缴存职工家庭购买首套普通自住住房的，最高贷款额度为70万元；购买第二套改善性自住住房的，最高贷款额度为50万元。	武汉《关于公布2020年上半年我市住房公积金个人住房贷款最高贷款额度的通知》
1月10日	亳州	单职工缴存最高贷款额度由30万元提高到33万元，双职工缴存最高贷款额度由40万元提高到43万元。	亳州提高公积金贷款额度
1月13日	聊城	对贷款的部分条件进行了收紧。购房手续时限由3年以内调整为1年以内；根据住房公积金互助性原则，由原来的购房后将公积金余额提取为零即可立即申请办理贷款，调整为需保留12个月公积金余额可办理贷款；对公积金缴存时间由连续缴存6个月可申请公积金贷款，调整为连续缴存12个月可申请公积金贷款。 为了方便购房职工办理组合贷款，对贷款年限进行了延长，从目前的最长期限25年，延长至最长期限30年。	聊城《调整住房公积金贷款、提取相关政策规定》
1月13日	衡阳	降低贷款首付款比例。职工购买首套、第二套自住住房申请使用住房公积金的，贷款最低首付款比例由原来购房总价款的30%、50%分别调整为20%、30%。 加快按揭楼盘贷款发放进度和办理速度。开发项目取得商品房预售许可证，房屋形象进度达到1/5的，预抵押到位后，即可发放个人住房公积金贷款。对A级信用企业按揭楼盘，在资料齐备情况下，办理时限压缩30%。	衡阳关于贯彻执行《关于促进房地产市场平稳健康发展的若干政策》的实施细则
1月17日	长沙	职工申请住房公积金贷款时，家庭已注销的房产其中1套不论面积大小不计入家庭住房套数。 组合贷款总额由管理中心和商业银行共同审核确定，首套房最高贷款额度不超过购房总价或房屋评估价值的70%，第二套房最高贷款额度不超过购房总价或房屋评估价值的40%。	长沙《关于调整住房公积金业务政策的通知》《长沙住房公积金个人住房组合贷款管理办法》
1月21日	青岛	购买首套住房的，贷款额度不超过房屋总价款的70%，首付款比例不低于30%；购买二套住房的，贷款额度不超过房屋总价款的60%，首付款比例不低于40%；购买新建住房的，房屋总价款不含配套费、装修费等；购买再交易住房的（即二手房），房龄10年以上（不含10年）的，房龄增加以5年为一档，首付款比例相应提高10%。 借款申请人及配偶均符合申请公积金贷款缴存条件，购买新建住房的，贷款最高额度为60万元；购买再交易住房的，贷款最高额度为50万元。借款申请人仅本人符合申请公积金贷款缴存条件的，贷款额度不超过最高贷款额度的60%。购买新建住房的，贷款最高额度为36万元；购买再交易住房的，贷款最高额度为30万元。	《青岛市个人住房公积金贷款管理办法》《关于明确个人住房公积金贷款有关事项的通知》征求意见
1月22日	长春	申请公积金贷款的，应当具备连续、足额缴存住房公积金12个月（含）以上的贷款条件；公积金贷款可申请额度在不超过单笔贷款最高额度的前提下，首次贷款的，为借款人和共同借款人住房公积金个人账户余额之和的20倍。第2次申请公积金贷款的，首付款比例不得低于购房款总额的50%。停止3次及以上公积金贷款；暂停公积金贷款的异地贷款政策。 取消公积金贷款首付款提取政策。	长春《关于调整住房公积金个人住房贷款和提取政策的通知》
1月23日	商丘	申请人单方连续足额缴存住房公积金6个月（含）以上的，最高贷款额度从30万元调整到40万元；夫妻双方连续足额缴存住房公积金满6个月（含）以上的，单笔最高贷款额度从50万元调整到60万元。首套房不超过所购房屋总价的80%、二套房不超过所购房屋总价的70%。	商丘调整住房公积金贷款政策

8-7　续表1

时间	地区	政策内容	政策来源
2月4日	东莞	取消建造、翻建、大修住房提取额度限制。取消“单价2000元/平方米、建筑面积不超144平方米预（决）算金额”的限制，由申请人据实申报。 租住东莞市自住住房，月缴存额高于350元，可申请提取70%当月缴存额及不超过1800元的住房公积金。	《东莞市住房公积金提取管理办法》
2月5日	长春	申请公积金贷款的，应当具备连续、足额缴存住房公积金12个月（含）以上的贷款条件。公积金贷款可申请额度在不超过单笔贷款最高额度的前提下，首次贷款的，为借款人和共同借款人住房公积金个人账户余额之和的20倍；第2次贷款的，为借款人和共同借款人住房公积金个人账户余额之和的10倍。 第2次申请公积金贷款的，首付款比例不得低于购房款总额的50%；停止3次及以上公积金贷款。	长春《关于调整住房公积金个人住房贷款及提取相关政策的通知》
2月5日	嘉兴	取消购房类提取住房公积金的时间限制。取消购买自住住房需在一年内提取住房公积金的时间限制，缴存职工购买自住住房后凭有关证明材料（或数据共享）可提取一次本人及直系亲属的住房公积金，提取金额不超过购买自住住房行为发生之日一年内的账户余额（应扣除公积金贷款留存额）。	嘉兴《关于做好疫情防控期间住房公积金服务保障工作的通知》
2月7日	武汉	对参加武汉市疫情防控的医护人员、工作人员，在一定期限内提供住房公积金使用倾斜政策：购买自住房贷款的，参照武汉市高层次领军人才的支持政策，提高可贷额度，降低缴存时限要求；支援武汉防疫工作的外地医护人员，在汉购房申请异地公积金贷款时，不受户籍地限制。对疫情防控一线工作人员不能本人到场办理提取业务的，将代办人放宽至单位住房公积金经办人员。	武汉《关于做好疫情防控期间住房公积金服务保障工作的通知》
2月12日	深圳	对因新冠肺炎住院治疗或隔离人员、疫情防控需要隔离观察人员和参加疫情防控工作人员（以下统称职工），受到疫情影响无法正常偿还住房公积金贷款（以下简称公积金贷款）的，可申请办理延长公积金贷款期限，延长后的期限不得超过公积金贷款规定最长贷款期限。 上述职工因单位未能在疫情防控期间连续按时缴存住房公积金，而在申请公积金贷款前6个月内发生补缴情形的，视同正常缴存，可申请公积金贷款。	深圳《关于做好疫情防控工作加强住房公积金服务保障的通知》
2月23日	南宁	职工个人及家庭只拥有一套住房，且该住房建筑面积在120平方米（含）以内的，允许其在购买建筑面积为144平方米（含）以内的第二套住房时申请使用住房公积金贷款。 职工个人及家庭已使用一次住房公积金贷款并已结清的，目前无房或所拥有的唯一住房建筑面积在120平方米（含）以内的，允许其在购买建筑面积为144平方米（含）以内的住房时再次申请使用住房公积金贷款。	南宁《南宁住房公积金管理委员会关于调整住房公积金贷款有关政策的通知》
2月25日	东莞	借款申请人、共同申请人可贷额度分别计算后累加。有下列任一情形，可贷额度在计算公式计算额度的基础上最高可上浮20%，但不得超过本办法第十条规定限额，且上浮额度不累加： （一）购买装配式住宅。 （二）本市认定的特色人才。 （三）申请贷款时往前推算已连续满5年未提取公积金。装配式住宅、特色人才依照本市相关实施办法及配套细则进行认定。 公积金贷款期限以年为单位，最短期限为1年，最长期限为30年。	东莞《东莞市住房公积金个人住房贷款管理办法》

8–7 续表 2

时间	地区	政策内容	政策来源
2 月 27 日	北京	受新冠肺炎疫情影响的企业，可按规定申请在 2020 年 6 月 30 日前缓缴住房公积金，缓缴期间缴存时间连续计算，不影响职工正常提取和申请住房公积金贷款。 住房公积金缴存人受新冠肺炎疫情影响，2020 年 6 月 30 日前，以提供租房合同、房租发票方式申请租房提取住房公积金的，提取额度调整为以缴存人实际支付的房租金额确定，不受缴存人月缴存额的限制。 2020 年 6 月 30 日前，住房公积金贷款的借款人因受新冠肺炎疫情影响未能正常还款的，不作逾期处理，不作为逾期记录报送征信部门，已报送的予以调整。	北京《关于妥善应对新冠肺炎疫情落实住房公积金阶段性支持政策的通知》
3 月 2 日	兰州	未能按月缴存 2020 年 1、2 月份住房公积金的单位，可在 3 月份一并办理汇缴，视同连续按月正常缴存，不影响职工住房公积金提取、贷款权益。 受疫情影响导致生产经营困难的企业，可执行阶段性降低缴存比例政策，缴存单位可以申请降低单位和个人住房公积金缴存比例，但最低不得低于 5%。 受疫情影响的企业，可申请在 2020 年 6 月 30 日前缓缴住房公积金，7 月份起恢复足额、正常缴存，并补缴缓缴期间的住房公积金。	兰州市发布《住房公积金管理中心应对疫情实施住房公积金阶段性支持政策》
3 月 3 日	上海	2020 年 6 月 30 日前，住房公积金缴存企业因受疫情影响，无法按时足额缴存住房公积金的，经企业职工代表大会或者工会讨论通过后，可以向上海市公积金管理中心（以下简称市公积金中心）申请缓缴。 对购房提取、翻建修提取、提前结清贷款提取等有受理时限要求的住房公积金提取业务，在疫情期间受理时限期满的，依职工申请，可延长受理时限至疫情结束后的 3 个月。 因受新冠肺炎疫情影响，经市公积金中心认定的申请缓缴 2020 年 2 月至 6 月期间住房公积金的企业职工和自愿缴存者。缓缴的企业职工和自愿缴存者申请住房公积金贷款的，缓缴期间视为连续缴存，其他贷款申请条件不变。	上海市公积金管理中心关于印发《〈关于本市妥善应对新冠肺炎疫情实施住房公积金阶段性支持政策的通知〉实施细则》的通知
3 月 5 日	无锡	通知发布之日起至 2020 年 6 月 30 日，允许受疫情影响的企业延期办理住房公积金缴存业务。在此期间企业未能及时缴存住房公积金的，补缴后可视同正常缴存；职工申请公积金贷款的，视同连续缴存。 企业延期缴存住房公积金期满后，应恢复缴存并补缴，补缴住房公积金的期限应对应延期缴存住房公积金的期限。即恢复缴存后每个月至少缴存 2 个月的住房公积金，且最晚不超过 2020 年 12 月 31 日。	无锡市发布《关于妥善应对新冠肺炎疫情实施住房公积金阶段性支持政策的通知》相关业务指引
3 月 18 日	咸宁	企业在与职工充分协商的前提下，可在 2020 年 6 月 30 日前自愿缴存住房公积金。继续缴存的，可按 3%（原 5% 及以上）的标准缴纳；缓缴停缴的，缓缴停缴期间缴存时间连续计算。 受新冠肺炎疫情影响的职工，2020 年 6 月 30 日前住房公积金贷款不能正常还款的，不作逾期处理，不作为逾期记录报送征信部门，已报送的予以调整。 恢复已暂停的咸宁市行政区域外异地公积金缴存职工贷款业务。	咸宁市发布《关于落实支持经济社会发展相关政策措施的通知》
3 月 18 日	浙江	受新冠肺炎疫情影响的企业，必须在与职工充分协商的前提下，经职工代表大会或工会讨论通过后，方可按规定申请在 2020 年 6 月 30 日前缓缴住房公积金；影响严重和较为严重的地区，实施住房公积金阶段性自愿缴存政策（自主确定缴存比例或停缴）的，企业也必须经职工代表大会或工会讨论通过后，方可申请。 受新冠肺炎疫情影响的职工，2020 年 6 月 30 日前，住房公积金贷款不能正常还款的，不作逾期处理，不作为逾期记录报送征信部门，已报送的予以调整；职工缓缴、停缴期间缴存时间连续计算，不影响正常提取和申请住房公积金贷款。	浙江省《关于做好妥善应对新冠肺炎疫情实施住房公积金阶段性支持政策相关工作的通知》

8-7　续表 3

时间	地区	政策内容	政策来源
4月1日	嘉兴	住房公积金贷款的最长期限不超过借款申请人退休年龄，根据实际情况可延长至法定退休后 5 年。 购买新建商品住房的贷款期限最长为 30 年；购买二手房的贷款期限最长为 30 年，房龄加贷款年限不超过 50 年，且不超过该住房土地使用年限。 建造住房的贷款期限最长为 30 年，用作抵押物的住房房龄加贷款年限不超过 50 年，且不超过该住房土地使用年限。	嘉兴市公积金中心关于印发《嘉兴市住房公积金缴存管理办法》等三个办法的通知
4月15日	佛山	缴存职工个人可申请两次住房公积金贷款；首次贷款还清前，不得再次申请。不得向已有两次住房公积金贷款使用记录的职工发放贷款。	佛山市住房公积金管理中心关于调整我市住房公积金抵押贷款政策的通知
5月6日	广州	对于已经批准降低缴存比例、缓缴、阶段性停缴单位的职工，以及受疫情影响导致失业或未失业但暂时失去收入来源的缴存人，可在 2020 年 6 月 30 日前申请多提取一次住房公积金，用于缓解支付房租压力，提取额度按 2020 年 2 月至 6 月期间每月 600 元计算，可一次性提取不超过 3000 元，且不超过本人账户余额。	广州住房公积金管理中心《关于实施租房提取住房公积金阶段性支持措施的通知》
5月28日	佛山	《通知》指出，2020 年度（2020 年 7 月 1 日至 2021 年 6 月 30 日），佛山的租房和无房提取住房公积金标准延续上一年度的标准。租房提取公积金，住房建筑面积最高不超过 144 平方米（或套内面积 120 平方米），每平方米租金标准最高不超过 35 元 / 月。超出上述标准部分，由个人承担。无房提取公积金，每年可提取额度最高为 6930 元，每一年度可提取一次。	佛山市住房公积金管理中心发布《关于 2020 年度佛山市租房和无房提取住房公积金标准的通知》
6月9日	长沙	明确增加配偶作为共同借款人，承担偿还贷款的连带责任；对已婚缴存职工，支持其首套房及二套改善型住房贷款，对单身职工，支持其首套房住房贷款。 进一步优化二手房贷款流程，增设先申请贷款再完成过户的全新的模式。由长沙公积金中心合作的担保公司免费为交易双方办理产权过户和抵押手续提供担保，长沙公积金中心依据担保公司的《担保意见书》受理、审批借款申请人贷款。	长沙住房公积金管理委员会发布《长沙住房公积金个人住房贷款管理办法》
7月2日	深圳	为减轻疫情期间缴存职工支付房租压力，深圳市自今年 7 月 1 日起至 12 月 31 日，阶段性提高租房提取比例，职工提取住房公积金用于支付房租的，每月可提取额由申请当月应缴存额的 65% 上调为 80%，预计全市将增加约 25 亿元提取资金支持职工租房。	深圳市阶段性提高公积金租房提取比例
7月8日	北京	《通知》明确：2020 年住房公积金继续执行 5%~12% 的邀存比例政策。2020 年住房公积金年度北京地区公积金缴存基数上下限不作调整，住房公积金月缴存基数上限为 27786 元，月缴存额上限为 6668 元，职工和单位月缴存额上限 3334 元，月缴存基数下限仍为 2200 元。	北京住房公积金管理委员会发布《关于 2020 住房公积金年度住房公积金缴存有关问题的通知》
7月14日	内蒙古	《通知》指出，要严格执行“职工个人住房公积金贷款只能用于缴存职工购买、建造、翻建、大修普通自住住房”的规定，取消借款人“同户籍”家庭成员购房也可使用公积金贷款的政策；同时停止向购买第三套及以上住房的缴存职工家庭发放住房公积金个人住房贷款。	内蒙古自治区住房资金管理中心发布《关于调整住房公积金贷款相关政策的通知》
7月17日	长春	长春市住房公积金管理委员会在官网发布关于调整住房公积金个人住房贷款第二次贷款利率的通知。通知表明，自 2020 年 8 月 1 日起，新增第二次申请住房公积金个人住房贷款的，贷款利率执行同期首套住房公积金个人住房贷款利率的 1.1 倍。	长春住房公积金管理委员会发布关于调整住房公积金个人住房贷款第二次贷款利率的通知
8月3日	阜阳	停止向购买第三套及以上住房的职工受理和发放住房公积金贷款。	安徽阜阳市住房公积金管理中心《关于落实住建部等国家部委有关住房公积金贷款政策的通知》

8–7 续表 4

时间	地区	政策内容	政策来源
8月6日	芜湖	住房公积金缴存人在我市已办理住房公积金个人贷款的，在贷款结清前，借款人（含共同借款人）不得办理销户提取和异地转移转出业务，住房公积金个人账户余额应优先用于偿还住房公积金贷款。 根据住房和城乡建设部、财政部、中国人民银行、中国银行业监督管理委员会《关于规范住房公积金个人住房贷款政策有关问题的通知》（建金 [2010]179 号）等文件规定，第二次申请住房公积金个人贷款购买普通自住住房的，最低首付款比例为 30%，贷款利率不得低于同期首次住房公积金个人贷款利率的 1.1 倍。 住房公积金个人贷款最短期限为 1 年。贷款发放 1 年后，借款人方可申请提前还款。	安徽芜湖市住房公积金管理中心《关于规范住房公积金使用政策有关问题的通知》
8月8日	新疆	在降低企业生产经营成本上，乌鲁木齐市各企业今年全年可适当降低住房公积金缴纳比例，最低可降至 5%；9 月 30 日前办理施工许可证的项目，按照今年实际工程量比重减免城市基础设施配套费。	新疆新闻办召开新闻发布会
8月20日	上海、江苏、浙江、安徽	将率先从 9 个方面开展合作，推动一体化发展，包括：长三角跨地区购房信息协查、长三角地区异地贷款证明信息互认、购房提取异常地区警示公告、12329 服务热线知识库共享、以铁路职工为对象试点异地贷款冲还贷业务、在长三角生态绿色一体化发展示范区内试点统一购房提取业务政策、按照国家标准分步推进业务同质规范化、合作开展资金融通使用等课题研究以及开展人员学习交流培训等。	上海、江苏、浙江、安徽共同签署《长三角住房公积金一体化战略合作框架协议》
8月18日	海南	提高住房公积金个人住房贷款最高额度。 购买新建自住住房。借款人夫妻双方均在我省缴存住房公积金的家庭，贷款最高额度为 100 万元；借款人仅单方在我省缴存的，贷款最高额度为 70 万元。 购买二手自住住房。借款人夫妻双方均在我省缴存住房公积金的家庭，贷款最高额度为 70 万元；借款人仅单方在我省缴存的，贷款最高额度为 40 万元。 省外缴存住房公积金的职工在本省购置住房。借款人夫妻双方或借款人仅单方在省外缴存住房公积金的，在我省购买新建或二手自住住房申请使用住房公积金贷款（以下简称异地贷款），贷款最高额度分别参照上述相应贷款类型的最高额度标准的 60% 执行。 商转公贷款。在我省缴存住房公积金的借款人参照购买新建自住住房的贷款最高额度执行；在省外缴存住房公积金的借款人参照异地贷款的最高额度执行。同时，商转公贷款额度不得超过原商业贷款余额。	海南省住房公积金管理局发布《关于调整住房公积金个人住房贷款业务有关规定的通知》
9月14日	苏州	苏州市发布《“苏州经验”加速长三角住房公积金一体化》文章，文章指出：为推动长三角住房公积金一体化加速落地，苏州率先推出全市业务通办服务，以市内“小通办”助力长三角“大通办”，为一体化融合发展，探索可复制、可推广的“苏州经验”。	苏州市发布《“苏州经验”加速长三角住房公积金一体化》文章
9月25日	长江中游20城	长江中游城市群住房公积金合作会议在武汉市举行，20 个城市共同签署《长江中游城市群住房公积金管理中心合作公约》，达成共识：大力发展住房公积金异地个人贷款业务，拓宽住房公积金异地互认互贷范围；不断完善住房公积金异地个人贷款风险协防机制；探索建立住房公积金信息共享核查机制；持续深化住房公积金异地转移接续；加强住房公积金信息系统异地灾备合作，并推动建立住房公积金从业人员交流培训机制等。	长江中游 20 城签署《长江中游城市群住房公积金管理中心合作公约》
10月15日	无锡	职工家庭第二套自住住房公积金个人住房贷款利率，按照同期首套住房公积金个人住房贷款利率的 1.1 倍执行。（当前首套公积金贷款利率 5 年期内 2.75%，6~30 年期利率 3.25%）	无锡市住房公积金管理中心发布关于调整第二套住房公积金个人住房贷款利率的通知

8-7　续表 5

时间	地区	政策内容	政策来源
10 月 22 日	武汉	武汉住房公积金管理中心调整住房公积金个人住房贷款政策，对住房公积金流动性实施风险管理，若个贷率超 85%，则实施“分级预警，适度调控，保障刚需”政策，分三个级别实施响应措施。据悉，目前全市个贷率为 89.07%，预计异地公积金贷款和商转公会受到影响。	《武汉住房公积金管理中心关于调整住房公积金个人住房贷款政策的通知》
11 月 4 日	武汉	武汉住房公积金个贷率为 90.29%，根据《武汉住房公积金流动性风险管理暂行办法》规定，从 2020 年 11 月 5 日起，启动流动性风险防控二级响应。	《武汉住房公积金管理中心关于启动武汉住房公积金流动性风险防控二级响应的通知》
11 月 9 日	江西	住房公积金中心发布消息，恢复办理商业性住房贷款转住房公积金贷款业务，并明确指出申请转为公积金贷款的房产必须是家庭首套房或二套房，家庭第三套（及以上）房产不予受理。	江西省恢复办理商业性住房贷款转住房公积金贷款业务
11 月 13 日	南宁	降低住房公积金贷款的申请门槛。自愿缴存人员由原来的“正常连续汇缴住房公积金满 12 个月，可申请住房公积金贷款”修改为“正常连续汇缴住房公积金满 6 个月，可申请住房公积金贷款”。 贷款额度按多存多贷、长存多贷原则确定，与自愿缴存人员的缴存余额、月缴存额、缴存时长、社会贡献等缴存贡献因素挂钩并设置缴存积分。积分倍数为基础倍数和加分倍数之和。基础倍数为 8 倍，加分倍数上限为 6 倍，根据缴存时长、住房情况、社会贡献等缴存积分累加计算。 自愿缴存人员停缴住房公积金满 6 个月的，可以选择自愿销户。	南宁住房公积金管理中心发布《广西区直住房公积金管理中心关于印发个人自愿缴存住房公积金实施办法（修订）的通知》
11 月 17 日	宁波	宁波市公积金中心发布消息，即日起，商业性个人住房按揭贷款纳入住房公积金逐月划转范围。职工只要与市住房公积金中心签订委托协议，即可办理偿还商业性个人住房按揭贷款委托提取住房公积金业务。	宁波市发布《宁波公积金提取更方便市本级开通商贷委提业务》
11 月 25 日	北京	新管理办法拟明确规定，租房提取不再要求房租超出家庭工资收入 5%；取消公积金提取“单位办理”的限制，可以由职工个人办理，也可由单位或被委托人代为办理；提取额到账时间由 3 日调整为 1 个工作日；取消公积金提取次数的限制等。	北京住房公积金管理中心发布关于对《北京住房公积金缴存管理办法（修订征求意见稿）》公开征求意见的公告
11 月 30 日	深圳	通知明确了新参加工作职工和新调入职工的缴存基数认定标准，规范其他住房消费提取和异地购房提取条件等。其中，办理其他住房消费提取须在深有房；职工在省内或户籍地购房方可办理购房提取业务。	深圳发布《关于进一步规范我市住房公积金缴存提取等业务管理有关事项的通知（征求意见稿）》
12 月 2 日	兰州 西宁	《备忘录》立足推进兰西城市群高质量发展，着力建设长效工作机制、建立信息共享机制、深入推进两地互认互贷、联动治理违规提取使用住房公积金、协同开展涉及住房公积金领域的司法扣划工作、研究跨区域住房公积金政策的差异性和协同性六个方面，将有力推动兰西两市公积金系统实现信息共享、政策协同和执法互助，合力加强公积金制度体系建设，共同维护企业和缴存职工合法权益。	兰州西宁两地签订《推动兰西城市群建设住房公积金合作备忘录》

8-8 2020年土地政策

时间	地区	政策内容	政策来源
2月8日	湖州市南浔市	允许延期签订成交确认书和土地出让合同。对土地已成交，按约定在2020年1月23日（含）之后签订《成交确认书》或《土地出让合同》的，竞得人可申请延期签订。延期签订时间：签订《土地成交确认书》的按疫情消除日后5个工作日内；签订《土地出让合同》的按疫情消除日后10个工作日内。 允许延期缴纳出让金。对土地已成交，按约定在2020年1月23日（含）后缴纳土地出让金的，受让人可申请延期缴纳。延期天数为2020年1月23日（含）至疫情消除日（含）的天数再加10个工作日。 允许办理开竣工延期。对已交付的宗地，受疫情影响未能按时开竣工的，用地单位可申请延期开工或延期竣工的期限视疫情情况原则上不超过6个月。延期审批手续适当从简，且不视为企业第一次延期。对于在疫情期间需办理土地复核验收或规划核实的用地单位，可申请延期。在2020年1月23日（不含）之前发生违约的，疫情期间不计入违约责任。 允许终止或中止交易。对正在拍卖出让的地块，经属地政府申请，可终止或中止网上交易，待疫情消除后再按相关规定重新拍卖或继续拍卖。	湖州市南浔区《关于做好全区疫情防控支持用地企业稳定发展的意见》
2月11日	杭州	已签订《土地出让合同》地块，按合同约定应在2020年1月31日至2020年2月20日期间缴纳土地出让金的，经申请可顺延21天缴纳；已交付尚未开工或竣工的地块，疫情持续期间不计入企业自身原因的开竣工违约责任。	杭州《关于做好疫情防控保障服务企业稳定发展的通知》
2月12日	西安	疫情防控期间，新出让土地原则上可按起始价的20%确定竞买保证金，出让合同签订后一个月内缴纳土地出让价款的50%，用地单位出具承诺书后，余款可按合同约定分期缴纳，缴款期限最长不超过一年。	《西安市政府关于有效应对疫情促进经济平稳发展若干措施》
2月12日	上海	受疫情影响，未能按土地出让合同约定缴付土地价款和交付土地的，不作为违约行为，不计滞纳金和违约金，受让人可以向出让人申请延期缴付或分期缴付。土地出让合同关于开竣工、投达产的履约时间要求根据疫情自动顺延。	上海《关于全力应对疫情支持服务企业发展的若干土地利用政策》
2月12日	南昌	至2020年12月31日期间出让的宗地，土地出让金缴纳期限全部调整为：商品住宅或商住混合用地出让金缴纳期限为6个月，其他项目用地出让金缴纳期限为12个月，但签订土地出让合同一个月内须缴纳50%；至2020年12月31日期间出让的宗地，土地出让竞买保证金比例全部调整为20%。 对已签订《国有建设用地使用权出让合同》的宗地，按约定在2020年1月24日（含）后缴纳土地出让金的，受让人可申请延期缴纳。对已签订《国有建设用地使用权出让合同》的宗地，受疫情影响不能按时开竣工的，受让人可申请延期开竣工。	南昌《关于防控疫情期间适当调整土地供应工作支持企业稳定发展的通知》
2月12日	浙江	企业因疫情影响无法按约定签订《成交确认书》《土地出让合同》或缴纳出让金的，经申请可以延期至疫情消除后签约、缴纳，不收取滞纳金，不记入企业诚信档案。疫情防控期间，暂不开展实地履约巡查，因疫情影响未能按期交地、动工、竣工的，不计入违约期并不收取违约金。	浙江《关于全力做好疫情防控和企业复工复产资源要素保障服务的通知》
2月13日	天津	延期缴纳土地出让金。对已签订土地出让合同或在此期间新取得建设用地使用权的企业，可自动延期缴纳土地出让金，延期期间不产生滞纳金（或违约金）。 项目开竣工期限顺延。自2020年1月24日启动天津市重大突发公共卫生事件一级响应以来，对已供应的建设项目用地，建设用地使用权出让合同或划拨决定书约定、规定的开、竣工期限自动顺延。	天津《关于印发落实天津市打赢新冠肺炎疫情防控阻击战进一步促进经济社会发展若干措施实施细则的通知》

8-8 续表 1

时间	地区	政策内容	政策来源
2月13日	南京	缴款时间在一级响应期内的，该期款项缴款时间可延期至一级响应结束后的第三个工作日，期间不计利息或违约金；如届时企业仍有困难，可再延长不超过30日（自然日）缴纳。鼓励有条件的企业提前缴款、提前开工，加快项目开发建设，地块所在区政府（管委会）应给予积极支持；确有困难的，可申请延期开竣工时间。	南京《关于疫情期间土地出让合同履行有关事项的通知》
2月13日	广西	允许土地出让金延期缴纳。各地要加强对土地市场的研判，对受疫情影响不能如期缴纳土地出让金的，经本级人民政府批准同意后，可适当延期缴纳。 加大项目用地指标保障力度。按各市2019年新增建设用地年度计划指标总量的30%，提前预支计划指标给各市支配使用。扩大自治区用地指标核销范围，将“五网”基础设施重大项目全部纳入自治区本级统一保障。	广西《关于印发支持打赢疫情防控阻击战促进经济稳增长若干措施的通知》
2月13日	济南	允许延期缴纳土地出让金。对已签订《土地出让合同》的医疗卫生用地及工业、仓储等产业用地，按合同约定应在2020年1月23日（含）至疫情消除日（含）期间缴纳土地出让金的，可依受让人申请，延期到疫情消除日（不含）后10个工作日内缴纳；其他用地项目，按合同约定应在2020年1月23日（含）至疫情消除日（含）期间缴纳土地出让金的，可依受让人申请，在合同约定缴纳土地出让金期限的基础上延期1个月缴纳，并按照同期中国人民银行贷款利率支付出让金利息。 暂缓开（竣）工现场核验。受疫情影响未能按期开（竣）工的，自2020年1月23日（含）至我市疫情消除日后10日不计入违约责任。	济南《关于做好疫情防控期间土地要素保障和规划服务工作的若干措施》
2月13日	绍兴	对于受本次疫情影响未能按期交地、动工、竣工的，疫情持续期间不计入违约期。已签订《土地出让合同》，按约定在一级响应期间需缴纳土地出让金的，受让人可申请延期缴纳，可延期至疫情一级响应结束之日后10个工作日内缴纳。	绍兴《疫情防控期间支持服务用地企业七条措施》
2月14日	合肥	适当调整土地出让金缴纳期限。对已签订的国有建设用地出让合同约定在合肥市突发公共卫生事件一级响应期间缴纳土地出让金的，因受疫情影响无法按时缴纳的，可按程序与市、县（市）自然资源和规划部门签订补充合同，出让金顺延至合肥市突发公共卫生事件一级响应结束之日后10个工作日内缴纳。 适当调整开竣工期限。对于受本次疫情影响未能按期交地、动工、竣工的，合肥市突发公共卫生事件一级响应期间不计入违约期。	合肥《关于有效应对疫情支持企业履行土地出让合同有关事项的通知》
2月19日	苏州	调整超过市场指导价报价规则。住宅（商住）地块不统一要求设置竣工预售许可调整价，超过市场指导价的，不统一要求项目工程结构封顶后申请预售许可；进入一次报价的，不统一要求工程竣工验收后申请预售许可。 已成交须工程结构封顶或竣工验收后预售、销售的住宅（商住）用地，开发企业预售、销售的时间节点可适当提前，以按照正常工期测算的预售、销售时点为基准，提前时间按疫情防控一级响应天数计算，具体由住建部门核定。 延长土地出让金缴纳时限。在苏州市疫情防控一级响应期间苏州市自然资源和规划局公告挂牌出让的经营性用地，第二期出让金缴纳时间可在原规定缴纳时间基础上顺延，交地时间相应顺延，顺延天数为地块成交之日（不含成交当日）到苏州市疫情防控一级响应解除之日（含解除当日）的天数；调整交地、开竣工等履约要求。	苏州《关于做好土地出让相关工作有效应对疫情的通知》

8-8 续表 2

时间	地区	政策内容	政策来源
2 月 19 日	河南	已取得施工许可证的房地产项目，因疫情影响施工建设的，申请预售时原形象进度要求调整为按投资额计算，预售部分的投资达到 25% 以上可办理预售许可。 疫情防控期间，新出让土地可按起始价的 20% 确定竞买保证金，出让合同签订起一个月内缴纳土地出让价款的 50%，余款可申请延期缴纳，最长不超 1 年。	河南《关于应对新冠肺炎疫情影响防范和化解房地产市场风险的若干意见》
2 月 21 日	青岛	减轻住房公积金缴存负担。2020 年 6 月底前，受疫情影响无法正常按月缴存住房公积金的企业和自由职业者，可以暂缓缴存住房公积金，9 月底前应及时足额补缴，职工住房公积金缴存时间连续计算；加大建设用地供给力度。疫情防控期间，新出让的房地产开发用地（含商服用地和商品住宅用地），可按起始价的 50% 确定竞买保证金，按照成交价的 20% 缴纳定金；其他用地可按起始价的 20% 确定竞买保证金，出让合同签订后 1 个月内缴纳至土地出让价款的 50%，用地单位出具承诺书后，余款可按合同约定分期缴纳，缴款期限最长不超过 1 年并支付相应利息。疫情防控期间新出让的用地、已出让未签订土地出让合同的用地、已签订土地出让合同尚未缴清土地出让金的用地，疫情防控期间均可不计入土地出让金收缴期限。 将“先落户、后就业”政策放宽到毕业学年在校大学生，已落户的可享受本市购房、申请人才公寓等政策。	青岛《关于应对新冠肺炎疫情进一步促进企业恢复正常生产经营的实施意见》
2 月 27 日	广州市花都区	通过公开出让取得土地的单位均可先行向市规划和自然资源局花都区分局申请规划服务，由市规划和自然资源局花都区分局开展设计方案批复和建设工程规划许可证核发的模拟审批，对符合要求的单位分别出具模拟审批复函。竞得土地的单位在取得土地证明文件后即可换发正式批复文件。	广州花都区《关于实施“拍地即拿证”机制的通知》
6 月 5 日	南京	南京市采取“限房价、竞地价”出让方式，即对住宅、商住等涉及住宅用地的地块，在土地出让公告中同时公布土地出让最高限价和地块所建商品住宅（毛坯）销售价格。 最新挂牌 8 幅地块，均设置毛坯房的销售限价，且最高售价不得超过毛坯房销售限价的 110%。这是南京首批挂牌的“限房价竞地价”的地块。	南京市出台“限房价 + 竞地价”新政
6 月 11 日	苏州	通报指出，多家房企涉及“由同一自然人、法人或其他组织直接绝对控股的公司不得参与同一商住或住宅地块竞买”的规定，属于违规参与竞买行为。	苏州市自然资源和规划局发布 4 条房企土地违规竞买处理决定
6 月 19 日	湖北	大力消化批而未供和闲置土地。2020 年，全省提供批而未供和闲置土地分别不少于 23.05 万亩和 4.24 万亩，更大力度支持项目落地。 持续推动城镇低效土地开发利用。结合国土空间规划和用途管制要求，分类、分对象、分时段研究制定支持政策，加快推动城镇低效用地再开发利用。将城镇老旧小区改造纳入范围，重点改造完善小区配套和市政基础设施，提升社区养老、托育、医疗等公共服务水平。 稳妥推进农村集体经营性建设用地入市。持续推进“乡村振兴”战略，保护和激活农村集体经济组织与农民财产权益，围绕新农村产业发展要求，开展集体经营性建设用地现状和入市需求调查，为入市提供基础。	湖北省人民政府制定《大力盘活存量建设用地服务高质量发展若干措施》

8-8 续表3

时间	地区	政策内容	政策来源
6月21日	海口	严禁将商品住宅用地与其他产业项目用地捆绑或搭配供应，严禁以项目招拍挂、协议出让代替土地招拍挂实施土地供应。对混合用地，应明确各类用途比例，按主导用途对应的用地性质确定供地方式，实行整体供应。 规范土地出让金征缴管理。除有明确规定外，不得减免、缓缴土地出让金，不得以土地换项目、先征后返、补贴等形式变相减免土地出让金。土地出让成交后，未按合同约定足额缴纳土地出让金的，不动产登记机构不予核发不动产权证或不动产登记证明，不得按土地出让金缴纳比例办理土地使用权分期分割登记手续。对土地受让人拖欠土地出让金的，要及时追缴土地出让金及违约金，经催缴仍未足额缴纳的，依法依约追究违约责任。	海口市政府发布《海口市人民政府办公室关于规范自然资源和规划管理的意见》
6月23日	武汉	用足增量，保障建设用地指标。坚持土地要素跟着项目走，及时配置疫情防控、单独选址以及省级重点项目用地指标，批次用地均应明确到具体项目。统筹安排批而未供土地处置、闲置土地处置、增减挂钩指标使用，实现“开工必保”。 盘活存量，加大土地储备力度。鼓励引进社会资本，拓宽土地储备资金来源；加大土地储备力度，各储备机构要严格落实土地储备计划和供应计划，积极配合做好房屋土地征收工作，局系统各单位、机关各处室要切实做好土地储备服务工作。 完善措施，稳步推进土地供应。创新用地推介方式；综合核算土地储备成本；合理确定土地出让起始价；兼容性地块分用途定价；允许分期出让土地；完善产业用地出让方式	武汉市自然资源和规划局出台《加强土地资源要素保障支持加快恢复我市经济建设发展若干措施》
8月11日	北京	村民一户只能拥有一处宅基地，严禁城镇居民到农村购买宅基地和宅基地上房屋，严禁社会资本利用宅基地建设别墅大院和私人会馆，严禁借租赁、盘活利用之名违法违规圈占、买卖或变相买卖宅基地。	北京市人民政府关于落实户有所居加强农村宅基地及房屋建设管理的指导意见
8月18日	南京	调整竞价成交方式。严格控制地价水平，明确住宅（商住）用地竞价达到土地出让最高限价时仍有竞价的，不再竞争人才房面积，改为通过现场摇号方式确定竞得人，所有接受最高限价的竞买人均可参加摇号，成交价为最高限价加一个加价幅度。 严格开发资质要求。提高市场准入条件，要求报名参与住宅（商住）用地的竞买人应具备房地产三级及以上开发资质（不含暂定资质）。 提高竞买资金要求。防止市场过度竞争，提高住宅（商住）用地竞买保证金比例，根据地块区域土地市场竞争情况，由出让起始价的20%调整为20%~80%，热点区域不低于50%，并要求一个月内付清全部土地成交价款。 严格竞买资金审查。加强资金监管，要求住宅（商住）用地的竞买保证金及后续购地资金须为竞买人自有资金，竞买人须按要求提供符合条件的相关材料，通过审查后方可报名。 限制竞买地块数量。鼓励市场参与主体多元化，要求在同一批次出让公告中，同一竞买人及同一集团所属成员企业不得竞得（含联合竞买）两块及以上的住宅（商住）地块，其他用途的地块除外。	南京市发布《2020年宁出第09号土地出让公告》
8月19日	江苏	落实分级指导监督和调控责任，明确房地产市场平稳健康发展城市主体责任，部重点加强对南京、无锡、苏州市住宅用地供应监测、评价和考核，省厅负责其他城市住宅用地供应的监控指导、督促检查、评价考核。 合理安排供地规模结构和布局，要求各地做好年度住宅用地供应计划编制及实施工作，根据住房发展规划和住房建设年度计划，保障供地规模，优化供地结构，把握供地时序，均衡合理布局。 及时公布住宅用地信息，发布年度住宅用地供应计划，公布地块成交结果，落实公开信息责任，引导市场预期。	江苏省自然资源厅发布《省厅部署做好住宅用地供应分类调控工作》

8-8 续表 4

时间	地区	政策内容	政策来源
11 月 2 日	全国	要坚持农村土地农民集体所有制不动摇，坚持家庭承包经营基础性地位不动摇。要运用农村承包地确权登记颁证成果，扎实推进第二轮土地承包到期后再延长 30 年工作，保持农村土地承包关系稳定并长久不变。	习近平总书记对推进农村土地制度改革、做好农村承包地管理工作作出重要指示
11 月 4 日	广西	严格落实农村宅基地“一户一宅”制度，农村村民一户只能拥有一处宅基地。明确农村新增宅基地申请条件及面积标准。农村村民住宅用地，由乡（镇）人民政府审核批准。	广西发布关于规范农村新增宅基地审批和建房管理的通知
11 月 5 日	全国	土地征收成片开发方案应当充分征求成片开发范围内农村集体经济组织和农民的意见，并经集体经济组织成员的村民会议三分之二以上成员或者三分之二以上村民代表同意。未经集体经济组织的村民会议三分之二以上成员或者三分之二以上村民代表同意，不得申请土地征收成片开发。	自然资源部发布《土地征收成片开发标准（试行）》
11 月 9 日	深圳	最高人民法院召开新闻发布会，发布《最高人民法院关于支持和保障深圳建设中国特色社会主义先行示范区的意见》。《意见》提出支持土地管理制度改革，依法妥善处理涉历史遗留用地、城市更新、建设用地出让及转让等纠纷，促进深圳土地资源合理流转。	《最高人民法院关于支持和保障深圳建设中国特色社会主义先行示范区的意见》
11 月 16 日	广州	广州市人民政府发布《广州市闲置土地处理办法》，其中所涉及闲置土地包括已完善建设用地手续的闲置土地和未完善建设用地手续的闲置土地，经认定土地闲置满 1 年的，市土地行政主管部门可按标准计收土地闲置费。已完善建设用地手续的闲置土地，闲置期间累计满 2 年的，政府可以无偿收回。对于未完善建设用地手续的闲置土地，且闲置期间累计满 2 年的，政府可以注销建设用地批准文件，前期投入费用不予补偿。	广州发布《广州市闲置土地处理办法》
11 月 25 日	海南	《办法》规定，根据国务院的授权决定，征收以下土地的，由省政府审批：永久基本农田；永久基本农田以外的耕地超过 35 公顷的；其他土地超过 70 公顷的。前款规定的审批事项，省政府不得委托给市县政府或其他机构办理。	海南省发布《海南省实施国务院授权土地征收审批事项管理办法》
11 月 26 日	全国	自然资源部等 7 部门明确，宅基地使用权可以依法由城镇户籍的子女继承并办理不动产登记。	自然资源部等 7 部门明确宅基地继承问题
12 月 2 日	广西	《通知》要求，严格落实“一户一宅”要求。依法认定农村宅基地的取得资格，不得以户籍分户作为宅基地取得资格的前置条件；严格用地标准，农村宅基地面积应符合平原地区和城市郊区每户不得超过 100 平方米，丘陵地区、山区每户不得超过 150 平方米的上限。农村村民住宅建设用地要符合现行土地利用总体规划或国土空间规划和村庄规划，应充分利用存量土地、少占或不占耕地、不占用永久基本农田、不占用生态保护红线或符合生态保护红线管控规则，节约集约用地，符合地质安全、防洪排涝等安全防控要求。	广西壮族自治区发布《关于做好我区农村村民住宅建设合理用地保障工作的通知》

8-9　2020 年城市规划政策

时间	地区	政策内容	政策来源
1 月 5 日	济南	济南将加快推进综合性交通枢纽建设，强化与各市的交通联系，打造高效便捷的“一小时都市圈”。明确提出，将“率先在济泰同城化、济淄同城化和济南齐河全面融合等方面实现突破”。 推动建设黄河下游城市群。推动济南都市圈和郑州都市圈对接合作，引领带动山东中西部地区和中原地区协同发展；加快交通设施互联互通，强化区域联系与协作，共建“一带一路”陆海双向开放大通道；推动沿黄各市加强产业协作，共建沿黄产业协作示范带。 将全面放开落户限制，加快农村转移人口市民化，推动城镇人口合理集聚，提高人口城镇化水平。并且，建设国家城乡融合发展试验区。	《济南建设国家中心城市三年行动计划(2020~2022 年)》
1 月 8 日	浙江	到 2025 年，常住人口城镇化率达到 75%，中心区城乡居民收入水平差距缩小到 1.8 ： 1，中心区人均 GDP 与全省平均水平基本相当。新增轨道里程数 1500 公里、高速公路里程数 1100 公里；与沪苏皖省际轨道接口总数达到 13 个，省际高速接口总数达到 16 个。 高水平建设大湾区，共同构建长三角产业创新协同体系。以环杭州湾经济区为核心，加快集聚高端创新要素，大力发展高端产业，加强科技体制改革和创新体系建设合作，建设一批高能级创新合作平台，打造全国发展强劲活跃增长极的主载体和长三角高质量一体化发展的领航地。集中建设一批高能级战略平台，率先打造杭州钱塘新区、宁波前湾新区、绍兴滨海新区、湖州南太湖新区等标志性创新大平台。加快建设一批国家和省级新型工业化产业示范基地；加强与上海自由贸易试验区新片区联动，推动省际毗邻区域和省内都市区跨市域协同发展，着力打造一批全方位融合、一体化发展协同板块。	《浙江省推进长江三角洲区域一体化发展行动方案》
1 月 10 日	上海	到 2025 年，上海“五个中心”核心功能和服务辐射能级显著增强，跨区域多领域深化合作达到较高水平，长三角一体化发展的体制机制全面建立。 加快编制上海大都市圈空间协同规划，围绕上海和苏州、无锡、常州、南通、宁波、嘉兴、舟山、湖州的“1+8”区域范围构建开放协调的空间格局，发挥空间规划的引领作用，加强在功能、交通、环境等方面的衔接，促进区域空间协同和一体化发展。鼓励支持虹桥 - 昆山 - 相城、嘉定 - 昆山 - 太仓、金山 - 平湖、枫泾 - 嘉善等跨省市城镇合作。推进崇明东平 - 南通海永 - 南通启隆、嘉定安亭 - 青浦白鹤 - 苏州花桥、金山枫泾 - 松江新浜 - 嘉兴嘉善 - 嘉兴平湖等三个跨省城镇圈协调发展，进一步实现功能布局融合、基础设施统筹、公共服务资源共建共享。 聚焦重点区域率先突破。高水平建设示范区，引领长三角一体化发展，统一编制示范区总体方案，按照程序报批实施。共同编制示范区国土空间规划和控制性详细规划。争取国家加大对地方政府债券发行的支持力度，争取中央分配新增地方债券额度向示范区倾斜；高标准建设上海自贸试验区新片区，带动长三角新一轮改革开放，着力发展总部经济，建设亚太供应链管理中心，完善新型国际贸易与国际市场投融资服务的系统性制度支撑体系，吸引全球或区域资金管理中心等总部型机构集聚；高品质建设上海虹桥商务区，全力打造国际开放枢纽，加快建设国际化的中央商务区，聚焦发展总部经济、创新经济、会展经济，推动功能融合、产业联动的国际企业总部园区建设，打造长三角高端商务活动集聚区。	上海贯彻《长江三角洲区域一体化发展规划纲要》实施方案

8–9 续表 1

时间	地区	政策内容	政策来源
1 月 14 日	山东	聚力打造青岛国际性综合交通枢纽，烟台和潍坊全国性交通枢纽，威海和日照区域性交通枢纽。形成高速铁路“半岛环”和高等级公路“一张网”，打造胶东“一小时经济圈”。 培育形成以青岛市为龙头、湾区经济为带动、临港经济为支撑的产业功能布局，打造世界先进的海洋科教核心区和现代海洋产业集聚区。支持胶东五市依托重点港湾，协同发展以先进制造业、海洋新兴产业、高端服务业为重点的湾区经济，打造泛胶州湾黄海经济带和泛莱州湾渤海经济带；构建以青岛市为科技创新策源地，烟台、威海、潍坊、日照等市为支点的创新共同体。加快山东半岛国家自主创新示范区建设，推动日照高新区加快升级国家高新区；支持青岛市和烟台市打造海上合作战略支点、威海市打造中韩物流枢纽、潍坊市打造国际动力城、日照市打造中亚航贸服务中心。依托青岛胶东国际机场高水平建设胶东临空经济示范区。 加快社会保障接轨衔接，推行住房公积金转移接续和异地贷款；加快消除城乡、市域间户籍壁垒，支持青岛市全面放开放宽落户条件，取消重点群体落户限制。支持批而未供土地调整和闲置低效用地盘活再利用，推动有偿调剂使用城乡建设用地增减挂钩节余指标。	山东《关于加快胶东经济圈一体化发展的指导意见》
1 月 15 日	河北雄安新区	本次起步区规划范围西依萍河、北靠荣乌高速、东接白沟引河、南临白洋淀，规划面积约 198 平方公里，其中城市建设用地约 100 平方公里；集中承接北京疏解出的高校、科研院所、医疗机构、企业总部、金融机构、事业单位等，为缓解北京“大城市病”、建设北京和河北新的两翼作出雄安贡献；到 2022 年，起步区重大基础设施全面建设。到 2025 年，企业总部、金融机构、科研院所、医疗机构、事业单位、高等院校等北京非首都功能疏解承接初见成效。到 2035 年，承接北京非首都功能成效显著，高端高新产业引领发展。到本世纪中叶，起步区全面建成高质量高水平的社会主义现代化城市主城区，各项发展指标率先达到国际领先水平，支撑雄安新区成为京津冀世界级城市群的重要一极。 原则上按照新区规划建设区每平方公里 1 万人的要求，科学确定起步区、启动区人口密度。起步区城市地上建设规模为 1 亿平方米左右。启动区地上总建设规模控制在 2800 万平方米，其中居住功能 910 万平方米，就业功能约 1505 万平方米，支撑保障功能约 245 万平方米，预留功能约 140 万平方米。 坚持房子是用来住的、不是用来炒的定位，建立多主体供给、多渠道保障、租购并举的住房制度。坚持保障基本、兼顾差异、满足多层次个性化需求，建立公共租赁房、共有产权房、市场租赁房、商品住房等住房供给体系。制定多层次住房供给政策，完善房地产市场调控和监督体系，严控大规模房地产开发，遏制投机炒房。 推动起步区与雄县、容城、安新、昝岗、寨里五组团、外围特色小城镇等区域统一规划、统一建设、统一管理，强化统筹衔接、协调联动、有序实施。严控开发边界，划定生态廊道，严守起步区与外围组团间的生态隔离，避免组团粘连。	雄安新区《河北雄安新区启动区控制性详细规划》《河北雄安新区起步区控制性规划》
2 月 4 日	山东	进一步抓好重点项目建设，围绕 2020 年省重大项目、新旧动能转换优选项目、“双招双引”项目等省级重点项目，落实清单式管理、责任化推进要求，全年完成投资 4000 亿元以上。各市、县（市区）要尽快确定本级重点项目，发挥好重大项目的支撑带动作用。同时，发挥好政府投资引导带动作用，加快债券资金拨付使用。	山东《关于加强经济运行调度分析加快重点项目建设和投资进度有关工作的通知》
2 月 6 日	山西	用好国家加大信贷规模、降低贷款利率、展期续贷、快速审批授信等金融支持政策，协调金融机构加大对项目建设的融资。加快用好专项债券，已安排今年提前批次专项债券的 158 个项目，原则上一季度全部开工建设，形成更多实物投资量。	山西《关于加快项目建设和投资进度有关工作的通知》

8-9　续表 2

时间	地区	政策内容	政策来源
2 月 12 日	广西	着力打造面向东盟的国际投资贸易先导区、金融开放门户核心区、沿边开放引领区、向海经济集聚区、现代服务业开放创新区和西部陆海新通道门户港，奋力将广西自贸试验区建设成为引领中国～东盟开放合作的高标准高质量自由贸易试验园区。 设立广西高层次人才“一站式”服务平台，实施广西自贸试验区高层次人才住房保障项目，对外国及港澳台高端人才在商品房购买资格、人才公寓出租、公积金贷款买房、子女基础教育阶段的招生入学及手续办理、就医社保服务及国际化医疗等方面提供便利。探索建立“创新人才房源库”机制，采取实物配置和货币补贴等方式，改善人才居住条件。	广西《关于印发中国（广西）自由贸易试验区建设实施方案的通知》
2 月 12 日	云南	把扩大有效投资作为对冲疫情影响、保持经济平稳运行的关键一招。围绕全年固定资产投资任务目标，夯实项目支撑，确保法定统计口径下综合交通投资增长 20%、水利投资增长 20%、工业投资增长 20%、能源投资增长 15%、教育投资增长 10%、房地产投资增长 10% 以上。推动昆明投资持续向好，玉溪、红河、楚雄投资增速明显回升并不低于全省平均水平，曲靖继续保持较快增长，大理、保山、德宏、文山、普洱、临沧等滇西、沿边地区投资保持较高增速。	云南《关于应对新冠肺炎疫情稳定经济运行 22 条措施的意见》
3 月 3 日	上海	规划浦东新区的功能定位为中国改革开放的示范区，上海建设“五个中心”和国际文化大都市的核心承载区，全球科技创新的策源地，世界级旅游度假目的地，彰显卓越全球城市吸引力、创造力、竞争力的标杆区域。 将形成一个主城区（由中心城区和川沙主城片区组成），5 个城市副中心（包括 4 个主城副中心和 1 个南汇新城中心，中心城内提升花木～龙阳路城市副中心功能，新增金桥、张江城市副中心，川沙主城片区内新增川沙城市副中心）。 落实规划建设用地“负增长”，坚持最严格的节约用地制度和最严格的耕地保护制度，到 2035 年，规划建设用地规模不超过 805 平方公里，耕地保有量不低于 22.4 万亩；要严守人口规模，到 2035 年，常住人口调控目标不超过 558 万人，其中城镇常住人口 539 万人左右。	上海市规划和自然资源局公布了《上海市浦东新区国土空间总体规划（2017~2035）》
3 月 24 日	宁波	坚持产业科创、基础设施、公共服务、生态发展、对外开放、市场环境六大领域一体化齐头并进，努力建成长三角一体化发展先行区，当好浙江省推进长三角一体化发展排头兵，为长三角区域建设成为发展强劲活跃增长极贡献宁波力量。 到 2025 年，全市域、全领域、全方位、高质量融入一体化发展新格局基本形成，交通互联、产业协同、要素共享、环境互保、社保互联等格局进一步形成，推进长三角一体化发展继续走在前列，基本建成长三角一体化发展先行区。 到 2035 年，我市现代化经济体系建设基本建成，基础设施实现更高水平互联互通，公共服务实现更高质量共建共享，生态发展、对外开放、市场环境一体化水平进一步提高，沪甬合作更加深入紧密，长三角一体化发展先行区地位作用更加凸显。	宁波市发布《宁波市推进长江三角洲区域一体化发展行动计划》
4 月 1 日	江苏	《江苏实施方案》明确了江苏需要落地落实的重点任务、重要事项、重大政策共 60 条，是江苏贯彻实施长三角一体化发展国家战略的“任务书”和“线路图”。 到 2025 年，区域一体化发展取得实质性进展，产业创新、生态环保、市场开放、公共服务等领域基本实现一体化发展，跨界区域、城市乡村等区域板块一体化发展达到较高水平，全面建立一体化发展体制机制，打造具有全球影响力的科技产业创新中心和具有国际竞争力的先进制造业基地，在长三角更高质量一体化发展新征程中走在前列。到 2035 年，区域一体化发展达到较高水平，现代化经济体系基本建成，成为最具影响力和带动力的强劲活跃增长极。城乡区域深度融合发展格局基本形成，公共服务水平优质化并趋于均衡，综合交通基础设施全面达到世界先进水平，一体化发展体制机制更加完善，走在全国更高质量一体化发展前列。 聚焦“一体化”合力构建区域协调发展新格局。主动服务、积极支持上海发挥龙头作用，充分集成江苏优势，加强与浙皖战略协同，深化“1+3”重点功能区建设，在长三角一体化框架下加速全省域一体化发展。	江苏省发布《< 长江三角洲区域一体化发展规划纲要 > 江苏实施方案》

8-9 续表 3

时间	地区	政策内容	政策来源
5月6日	四川	方案由两部分组成，一部分包括简阳市所辖的13个镇（街道）所属行政区域面积729平方公里，现有常住人口54.2万人，2019年地区生产总值165亿元；另一部分包括天府新区简阳片区191平方公里，委托成都东部新区集中统一管理。 在规划方面，区位优势明显，成都天府国际机场将于2021年投入运营，达成铁路、遂成铁路和成渝客专通车运营；产业加速集聚，已开工建设先进汽车科创空间、民航科技创新示范区、航空商贸产业园等项目，普洛斯、吉利集团、安博物流等世界500强企业顺利入驻，成功签约引进一大批产业化项目。 在空间布局上，包括双城一园、一轴一带。其中空港新城依托成都天府国际机场，集聚航空经济、国际金融、国际商贸、国际消费、科技创新、国际教育和文化交往功能；简州新城集聚创新研发、智能制造、商务办公、特色文创功能，建设以成都东部新区铁路枢纽站为核心的成渝地区双城经济圈开放创新服务平台。 该区发展目标为到2035年，常住人口达到160万人，地区生产总值达到3200亿元。	四川省发展和改革委员会关于印发《成都东部新区总体方案》的通知
6月7日	宁波	《实施办法》为规范集体经营性建设用地入市，构建城乡统一的建设用地市场，赋予了集体经营性建设用地与国有建设用地同等进入土地市场的权利，为集体经营性建设用地流转在制度上打开了通道。 使用集体经营性建设用地的项目原则上为整体经营的工业、商服、旅游、民宿等项目。可整体转让，但不可分割转让。禁止房地产开发或变相开发，实施用途管制和处置。 集体经营性建设用地是指在土地利用总体规划、村庄规划、生态保护规划中确定为工业、商服等经营性用途并经依法登记的集体建设用地，不包括居住用途的集体建设用地。同时明确，入市地块须位于土地利用总体规划确定的城镇扩展边界外。 集体经营性建设用地使用权出让（出租）应采用招标、拍卖或者挂牌方式公开交易。集体经营性建设用地使用权出让年限不得超过国家规定国有建设用地同类土地用途的最高年限。集体经营性建设用地使用权出租年限最长不得超过20年。	宁波市政府印发《余姚市集体经营性建设用地入市实施办法（试行）》
9月9日	武汉	武汉市自然资源和规划局发布《武汉市疫后重振规划（三年行动规划）》，房地产部分主要内容：提出武汉要建成全国高铁网络中心，打造一批地铁小镇、通航产业园等枢纽型功能区，加快长江新区和4大国家级产业基地、大健康产业基地建设。	武汉市自然资源和规划局发布《武汉市疫后重振规划（三年行动规划）》
11月17日	全国	推动物业服务企业大力发展线上线下社区服务业，满足居民多样化需求。 加强城镇老旧小区改造。力争到“十四五”期末基本完成2000年前建成的需改造城镇老旧小区改造任务。 推进以县城为重要载体的城镇化建设。建立健全以县为单元统筹城乡的发展体系、服务体系、治理体系，促进一二三产业融合发展，统筹布局县城、中心镇、行政村基础设施和公共服务设施。 坚持房子是用来住的、不是用来炒的定位，着力解决住房结构性供给不足的矛盾，完善住房市场体系和住房保障体系，基本建立多主体供给、多渠道保障、租购并举的住房制度，推动实现全体人民住有所居。	住建部官网刊登文章《实施城市更新行动》
12月17日	全国	加强市域（郊）铁路与干线铁路、城际铁路、城市轨道交通一体化衔接，提出创新市域（郊）铁路市场化投融资模式，全面放开市场准入，培育多元投资主体，支持城市政府与企业共同出资成立一体化投资主体。	国务院办公厅转发国家发展改革委等单位发布关于推动都市圈市域（郊）铁路加快发展意见的通知

8-9　续表 4

时间	地区	政策内容	政策来源
12 月 18 日	全国	将选取山东、浙江和湖南等 14 个省市作为第一批试点清单，将所有住宅用地、商服用地的土地出让收入，提取 1.5% 作为老旧小区改造专项资金。	住房和城乡建设部印发城镇老旧小区改造可复制政策机制清单（第一批）
12 月 29 日	全国	实施城市更新行动，总体目标是建设宜居城市、绿色城市、韧性城市、智慧城市、人文城市，不断提升城市人居环境质量、人民生活质量、城市竞争力，走出一条中国特色城市发展道路。 坚持房子是用来住的、不是用来炒的定位，着力解决住房结构性供给不足的矛盾，完善住房市场体系和住房保障体系，基本建立多主体供给、多渠道保障、租购并举的住房制度，推动实现全体人民住有所居。 城市治理是国家治理体系和治理能力现代化的重要内容，要大幅提升城市科学化、精细化、智能化治理水平，切实提高特大城市风险防控能力。	住建部部长王蒙徽发文《实施城市更新行动》

8-10 2020年人口与人才政策

时间	地区	政策内容	政策来源
1月2日	三门峡	“十三五”期间，户籍人口城镇化率年均提高2个百分点以上，年均转户4.6万人以上。到2020年，全市户籍人口城镇化率提高到37%以上，各地户籍人口城镇化率与常住人口城镇化率差距比2015年缩小2个百分点以上。	三门峡《关于印发推动非户籍人口在城市落户实施方案的通知》
1月6日	苏州	具有大专学历或职业技能等级三级资格，年龄不超过35周岁，在苏就业并按规定连续缴纳（不含补缴）社会保险6个月以上的人员，在人事档案转入后可申请办理落户。 有来苏就业意愿并具有全日制本科学历及学士以上学位人员，在人事档案转入后可申请办理落户。博士研究生、正高级职称人员年龄不超过55周岁，硕士研究生、副高级职称人员年龄不超过50周岁，本科学历男性年龄不超过45周岁，本科学历女性年龄不超过40周岁。	《苏州市人民政府关于调整人才落户相关政策的通知（草案）》
1月6日	济南	全日制博士、硕士研究生补贴条件包括：2019年9月（含）“双创19条”政策出台后，申请家庭在济购买家庭唯一住房（不含购买直系亲属住房），且距毕业之日不超过5年；至购房之日3年内在济无其他住房登记信息和住房交易记录等。 全日制博士、硕士研究生享受一次性购房补贴，补贴额度分别为15万元、10万元。另外，A类人才实行“一人一策、一事一议”，B、C、D类人才购房补贴标准为购房金额的50%，最高分别为100万元、70万元、40万元。	《济南市人才购房补贴申请发放实施细则（试行）》
1月7日	江苏	到2020年，努力实现800万农业转移人口在城镇落户，户籍人口城镇化率与常住人口城镇化率差距比2013年缩小2个百分点以上。 南京市要在取消落户指标限制、统一积分落户的基础上，积极探索实施精准化积分指标，有效解决普通劳动者落户问题。苏州市要认真对照国家特大城市积分落户政策，坚持分类施策，区分市辖区和县级市等不同区域，抓紧制定全市范围内统一的差别化积分落户政策，引导人口在城市内部合理分布、有序流动。	江苏《关于推动非户籍人口在城市落户的实施意见》
1月21日	绍兴	对来柯桥区工作后首次购房且在柯桥区未享受过住房优惠政策或房改政策的顶尖人才（含外国顶尖人才）、国家级领军人才、省级领军人才、市级领军人才、新引进的高级人才，分别给予200万元、120万元、100万元、70万元、40万元的房票补贴或购房补助（除顶尖人才之外，其他人才购房自筹比例不低于20%）。 对新引进到柯桥区企业（国有集体企业除外）工作的全日制博士研究生、副高职称人员及高级技师、全日制硕士研究生、全日制“双一流”高校本科毕业生、全日制其他普通高校本科毕业生，分别给予40万元、20万元、20万元、10万元、5万元房票补贴或购房补助。	绍兴《关于加强柯桥区高层次人才队伍建设打造人才生态最优区的若干意见》
2月8日	威海	自2020年起将大学毕业生“521生活津贴”发放范围扩大到全市所有正常经营且缴纳社保的企业，对企业新引进的博士研究生和新引进毕业3年内的硕士研究生和本科毕业生，每月分别发放5000元、2000元和1000元生活津贴。	威海《关于充分发挥人才工作职能支持企业抗疫情稳经营的六条措施》
2月20日	苏州市相城区	疫情期间及应急响应解除后6个月内，名校优生一次性奖励范围扩大至全区所有正常经营的企业，对新引进的世界知名（世界前300强高校）或“双一流”建设高校（学科）全日制博士、硕士和本科学历的应届毕业生给予2万~4万元奖励。 对有来相就业意愿的全日制本科及以上学历的人才，放宽有关限制；畅通人才购房绿色通道，将工作满3个月的高技能人才纳入人才证明开具范围，在区内购房不受户籍、社保、积分等限制条件的影响；协调解决一线专家人才子女就读区内公办学校。	苏州相城区《相城区保障企业复工复产关爱人才六条措施》

8-10　续表 1

时间	地区	政策内容	政策来源
2月24日	杭州	对全球本科以上所有应届大学生，在发放本科1万元、硕士3万元、博士5万元一次性生活补助的基础上，再给予每年1万元租房补贴，最多可享受6年。加快人才专项租赁住房建设，到明年底前新建5万套。提高高层次人才购房补贴，给予A类顶尖人才“一人一议”最高800万元购房补贴；B、C、D类人才分别给予200万元、150万元、100万元购房补贴等等。新政还包括加强抗疫人才重点招引、对境内外高层次人才实施专项奖励、支持高层次人才优先购房。	杭州“人才生态37条”的有关补充意见
3月1日	深圳	下列满足房屋结构安全、消防安全和地质安全条件的房源可以筹集作为人才住房和公共租赁住房，并向符合条件的对象进行供应：（一）住宅或商务公寓；（二）商业用房按规定改建成的租赁住房；（三）城中村房源；（四）经依法处理后的没收类违法建筑；（五）其他社会存量用房。 下列未纳入过安居工程年度实施计划的房源，可以纳入安居工程年度实施计划的筹集任务统计范围：（一）产业园区配套宿舍；（二）城市更新、棚户区改造、土地整备等各类拆旧建新项目中的搬迁安置房；（三）享受区政府租房补租的对象所承租的社会存量用房。	深圳市住房和建设局关于发布《深圳市人才住房和公共租赁住房筹集管理办法（试行）》的通知
3月2日	江苏	实施万名博士后集聚计划，发挥博士后设站单位主体作用，每年引进培养2000名海内外优秀博士后人才，用5年时间集聚培养博士后人才10000名。 大力吸引优秀海外博士到我省从事博士后研究工作。围绕产业链、创新链，建立健全更具竞争力的优秀留学回国博士招收引进机制。扩大外籍博士后招收规模，鼓励设站单位与国外一流高校和科研机构联合招收和培养外籍博士后。 加大对企业类设站单位博士后人才招收引进支持力度。企业类设站单位引进博士后人才支付的住房补贴、安家费及科研启动经费，可按规定在税前扣除。 吸引鼓励省内外各类优秀博士后出站后在江苏工作。	江苏省发布《省政府办公厅关于推动博士后工作高质量发展的意见》
3月3日	山东	放开农业转移人口落户限制。加快推动已在城镇就业的农业转移人口落户，济南、青岛中心城区尽快放开落户限制。 推动农村土地有序流转。完善农村承包地“三权分置”制度，落实第二轮土地承包到期后再延长30年政策，依法平等保护并进一步放活土地经营权，强化流转管理和服务。 推动集体经营性建设用地入市。在符合国土空间规划、用途管制和依法取得前提下，允许农村集体经营性建设用地入市，允许就地入市或异地调整入市；允许村集体在农民自愿前提下，依法把有偿收回的闲置宅基地、废弃的集体公益性建设用地转变为集体经营性建设用地入市。	中共山东省委山东省人民政府贯彻《中共中央、国务院关于建立健全城乡融合发展体制机制和政策体系的意见》加快推进城乡融合发展的实施意见
3月3日	温州	市县两级已筹集1700多套房源（其中市本级300套左右），共计18万平方米左右。 申请对象为：全职在我市用人单位工作且经市委人才工作领导小组办公室认定为温州市高层次人才分类目录ABCDE类人才、全职在我市中小学（幼儿园）、医疗卫生机构工作，具有全日制本科以上学历，且贡献积分值达到100分以上、全职在我市企业、民办非企业单位、中介机构工作，具有全日制本科以上学历或具有《温州市紧缺专业人才需求目录》范围的中级及以上专业技术职称、技师以上职业资格，且近两年年工资薪金所得额达到10万元及以上。	2020年温州市首批人才住房配售申请公告新闻发布会
3月5日	广州	本市普通高等学校、中等职业学校、技工院校根据国家招生计划招收录取的全日制普通学历教育的非广州户籍学生，可迁入学校学生集体户口。 已设立工作单位集体户的国家机关、各类企事业单位录用或聘用人员，符合广州市入户条件或有广州市户口（含原在公共集体户口需迁入的）但无合法住宅类房屋及直系亲属可以投靠的，可迁入工作单位集体户口。 符合广州市入户条件或有广州市户口但无合法住宅类房屋及直系亲属可以投靠的，且在各级人才服务中心、人力资源市场签订人事代理、户口代理或各类劳务派遣公司订立劳动合同的人员，可迁入人力资源市场集体户口。 符合广州市入户条件或有广州市户口（含原在人力资源市场集体户口需迁入的）但无合法住宅类房屋及直系亲属可以投靠的，可迁入公共集体户口。	《广州市集体户口管理规定》审议通过

8-10 续表 2

时间	地区	政策内容	政策来源
3 月 10 日	泸州	对符合条件的农民工、退役军人、高校毕业生和外地来泸就业创业人员以及购买标准化厂房的领办企业给予置业补助。	泸州市发布《泸州市合力应对疫情影响鼓励农民工在泸置业发放置业补助实施细则》
3 月 12 日	天津	高等职业院校毕业、在本市用人单位就业，符合下列要求之一：①不超过 30 周岁；②具有高级职业资格或在津工作满 1 年，不超过 35 周岁；③具有技师职业资格，不超过 40 周岁；④具有高级技师职业资格，不超过 50 周岁。 中等职业学校毕业、在津工作满 1 年，符合下列要求之一：①具有高级职业资格，不超过 35 周岁；②具有技师职业资格，不超过 40 周岁；③具有高级技师职业资格，不超过 50 周岁。	天津市公布《市人社局市公安局市教委关于优化调整技能型人才引进工作的通知》
3 月 17 日	广州市白云区	纳入政策的范围与对象：（一）持有广州人才绿卡；（二）持有白云区“云聚英才卡”；（三）在白云区辖内的大专院校（高校、中职技工学校）学习连续满一年；（四）在白云区工作连续满一年，具备中级或以上专业技术职称，或具有大专及大专以上学历，或在白云区注册企业担任中高级管理职务。 对持有广州人才绿卡、白云区“云聚英才卡”的各类人才，提供落户服务。对持卡人及其配偶、未独立生活的子女开设绿色通道，简化程序，优先办理户口迁入我区。 对持有广州人才绿卡、白云区“云聚英才卡”的各类人才，提供入学服务。 对持有广州人才绿卡、白云区“云聚英才卡”的各类人才在本市没有住房，在我区有居住需求的，可申请租住我区人才公寓。 上述人才在白云区江高、人和、太和、钟落潭四镇范围内享受广州市户籍居民同等待遇，具体操作指南由各相关部门制定。	广州市白云区下发《广州市白云区住房建设和交通局关于白云区完善人才政策的通知》
3 月 18 日	苏州	有来苏就业意愿并符合以下条件之一的人员，在人事档案转入后可申请办理落户：（一）在国（境）外取得学士及以上学位并取得国家教育部学历学位认证的留学人员；（二）具有全日制本科学历及学士学位以上人员；（三）具有高级专业技术职称的人员。以上人员中博士研究生、正高级专业技术职称人员年龄不超过 55 周岁，硕士研究生、副高级专业技术职称人员年龄不超过 50 周岁，本科学历人员年龄不超过 45 周岁。 在苏就业并按规定缴纳社会保险的以下人员，在人事档案转入后可申请办理落户：（一）具有硕士研究生学历或硕士学位及以上（含留学人员）、高级专业技术职称、国家职业资格（职业技能等级）一级条件之一的人员；（二）具有本科学历（含留学人员）、中级专业技术职称、国家职业资格（职业技能等级）二级条件之一的人员，年龄不超过 45 周岁。以上人员如符合本通知第一条规定的条件，可按该条件申请办理落户。 具有大专学历或国家职业资格（职业技能等级）三级，年龄不超过 35 周岁，在苏稳定就业并在申报单位连续缴纳（不含补缴）社会保险 6 个月以上的人员，在人事档案转入后可申请办理落户。	苏州市下发《市政府关于调整人才落户相关政策的通知》
3 月 18 日	佛山	具有中专学历或大专学历或国家职业资格四级（中级工）证书或国家职业资格五级（初级工）证书的人才可申领优粤佛山卡 T 卡，其他人才按照《佛山市人民政府关于印发优粤佛山卡服务管理暂行办法的通知》申领优粤佛山卡 A 卡、B 卡、C 卡。	佛山市人力资源和社会保障局发布关于新冠肺炎疫情期间优化优粤佛山卡 T 卡申领工作的通知
4 月 1 日	三亚	拔尖人才住房租赁补贴 5000 元 / 月，购房补贴 6 万元 / 年；其他类高层次人才住房租赁补贴 3000 元 / 月，购房补贴 3.6 万元 / 年。 硕士毕业生以及具有中级专业职称、技师职业资格、执业医师资格或具有国家和本省已明确规定可聘任中级专业技术职务的执业资格人才，住房租赁补贴 2000 元 / 月，购房补贴 2.4 万元 / 年。 本科毕业生住房租赁补贴 1500 元 / 月，购房补贴 1.8 万元 / 年。	三亚市发布《人才租房购房补贴服务指南》

8-10　续表 3

时间	地区	政策内容	政策来源
4 月 2 日	沈阳	技工学校、职业院校及以上在校生和毕业生。 取得国家认可的初级以上职业资格证书、技能等级证书的人员；在沈与用人单位依法签订《劳动合同》的就业人员。 在我市缴纳职工医疗保险或养老保险的灵活就业人员。 在沈投资创业取得《营业执照》的经营者。 在沈购房并取得合法房屋手续的，符合以上条件之一的，均可落户。 具有沈阳户籍的居民，其父母、配偶、子女均可投靠落户。	沈阳市人民政府办公室转发市公安局《关于全面取消人才落户限制进一步放开落户政策补充意见的通知》
4 月 8 日	南京	放宽落户门槛。研究生及以上学历、45 周岁以下本科学历人员（含留学回国人员、非全日制研究生，下同），凭学历证书即可落户。 保障人才安居。符合申领条件的博士、硕士、学士按每人每月 2000 元、800 元、600 元享受最长 36 个月的住房租赁补贴。	南京市人民政府通报《关于支持促进高校毕业生在宁就业创业十项措施》
4 月 8 日	重庆	在主城都市区，符合下列情形且在本市参加社会保险年限达到对应务工经商年限的，本人及其共同居住生活的配偶、未成年子女、年老父母（男性年满 60 周岁、女性年满 55 周岁），可在相应地区申请登记常住户口：①主城区：在本市务工 3 年以上，或投资创业 1 年以上；②主城区外的其他地区：在本市务工 2 年以上，或者投资创业。	重庆市人民政府办公厅关于印发《重庆市户口迁移登记实施办法》
4 月 10 日	无锡	大力度支持高校毕业生来锡落户。①年龄不超过 45 周岁，有意来锡发展、符合下列条件的人员可以申请“先落户后就业”：海外留学归国、经教育部学历学位认证具有学士及以上学位的；具有全日制普通高校本科及以上学历的；取得副高及以上职称或二级及以上国家职业资格（职业技能等级）的。②在锡就业并缴纳社保的下述人员可以申请直接落户：海外留学归国、经教育部学历学位认证具有学士及以上学位的；具有本科及以上学历的；具有中级及以上职称的；具有二级及以上国家职业资格（职业技能等级）的；具有大专学历，年龄不超过 35 周岁的。	无锡市发布《关于促进高校毕业生来锡就业创业的若干措施》
4 月 14 日	南昌	全面取消在我市城镇地域落户的参保年限、居住年限、学历要求等迁入条件限制，实行以群众申请为主、不附加其他条件、同户人员可以随迁的“零门槛”准入政策。 允许在我市租赁房屋人员申请落户在派出所社区集体户。 放宽落户地址限制，允许在部分非住宅（公寓、商住楼）和单位自建员工宿舍地址上落户。 全面将户口迁入我市城镇地域审批权限下放至派出所，实行准迁业务“一门办、即时办”。	南昌市人民政府办公厅印发《关于全面放开我市城镇落户限制的实施意见的通知》
4 月 15 日	苏州市工业园区	调整申请条件。在园区就业、创业并连续缴纳社保或个税 12 个月及以上，个人及家庭（含未成年子女）在苏州大市无自有住房且 1 年内无住房交易记录的本科和硕士人才，以及在苏州大市无自有住房的博士、园区人才办认定的高层次紧缺人才和特殊人才。 调整供应房源。对园区范围内新取得预（销）售许可（备案）的单套建筑面积 160 平方米以下的商品住房，房地产开发企业应该将不少于其总建筑面积 60% 的房源，优先出售给符合条件的园区人才。经园区人才办认定的特殊人才，可以提出申请优先购买单套建筑面积超过 160 平方米的商品住房。 调整认购期和公示期。优先购买商品住房一次性集中认购期不少于 7 日；通过资格复核的申请人名单公示期为 2 日。	苏州市工业园区管委会《关于调整完善人才优先购买商品住房政策的通知》
4 月 17 日	中山	放宽基础性人才入户条件，并对毕业 5 年内的全日制本科毕业生，在我市企业工作满 1 年且已落户中山的，每人一次性发放政府津贴 1 万元，填补现行政策空白，让企业急需的基础性人才也享受人才政策红利。 解决人才住房之忧，提出健全市、镇（区）两级人才安居房供给体系、提供租金补贴、加大住房公积金个人住房贷款支持力度。明确本科及以上学历人才、中级职称及以上专业技术人才租住人才安居房分类享受最高 100% 租金补贴，享受期 3 年。第一到第六层次高层次人才可上浮 5 倍的贷款额度。	中山市发布《关于加强人才政策支持和服务保障的具体措施》

8-10 续表 4

时间	地区	政策内容	政策来源
4 月 18 日	杭州	提供专项补贴支持。对来杭工作的全球本科及以上学历应届毕业生（含毕业5 年内的回国留学人员、外国人才）发放一次性生活补贴，其中本科 1 万元、硕士 3 万元、博士 5 万元。应届大学毕业生在富阳区、临安区、桐庐县、淳安县、建德市等西部区、县（市）工作满 3 年后，再给予本科 1 万元、硕士3 万元、博士 5 万元的一次性生活补贴。对来杭工作的本科及以上学历应届毕业生，在杭州市无房且未享受公共租赁住房、人才租赁房等住房优惠政策的，每户每年发放 1 万元租房补贴，共发放 3 年。 加大创业项目资助。高层次留学回国人员（团队）在杭创业创新项目，可申请 3 万 ~100 万元资助。	杭州市人民政府办公厅关于印发《杭向未来・大学生创业创新三年行动计划（2020~2022 年）的通知》
4 月 20 日	济南	完善社会保障体系。全面放开户口迁移条件限制，引导农业转移人口和其他有意愿的常住人口落户。 调整住房公积金提取制度，租房定额提取额度提高至每年每人 12000 元，住房公积金偿还购房贷款本息的提取时间缩短为还款满一月后提取一次。 提高居民养老保险基础养老金标准和中小微企业失业保险金稳岗返还比例。	济南市人民政府印发《关于促进消费扩容提质进一步激发消费潜力的实施意见》
4 月 22 日	苏州市吴江区	根据《吴江区人才安居乐居办法（试行）》（吴办发〔2018〕16 号）文件规定经认定的 A 至 F 类人才，人才本人及其家庭（含未成年子女）在苏州大市范围内无自有住房；人才在本办法实施后，将家庭拥有的住房转移至原配偶或未成年子女名下造成无自有住房的，自该住房不动产转移登记满两年后方可申请优购房资格。 房地产开发企业应在预（销）售许可前，随机抽取不少于项目当期预（销）售许可住房套数 30% 的房源作为人才优购房。	苏州市吴江区人才工作领导小组办公室发布《吴江区人才优先购买商品住房的实施办法》
4 月 27 日	云南	加快推进新型城镇化发展。优化全省城镇空间布局，以城市群为主体形态，以大中小城市、小城镇为依托，加快推进新型城镇化发展步伐，为城乡融合发展提供城镇空间载体支撑。加强城市更新和基础设施建设，增强城镇综合承载能力和可持续发展能力。加快滇中城市群发展，支持昆明加快建设区域性国际中心城市，促进各级城镇协调发展。 加快农业转移人口市民化。全面放开全省城镇地区户口迁移政策，取消昆明市主城区落户限制，探索建立以经常居住地登记户口的政策措施。畅通社区集体户口和民营企业集体户口落户通道，积极稳妥做好易地扶贫搬迁人员户口迁移。继续推进居住证制度全覆盖，完善以居住证为载体的城镇常住人口基本公共服务提供机制。完善农业转移人口市民化的转移支付分配办法，对吸纳包括易地扶贫搬迁城镇集中安置对象在内的农业转移人口较多地区适当增加转移支付，实施农业转移人口市民化财政奖励政策。全面落实城镇建设用地增加规模与吸纳农业转移人口落户数量挂钩政策。	中共云南省委、云南省人民政府关于建立健全城乡融合发展体制机制政策措施的实施意见
4 月 28 日	南京市江北新区	拓展海外人才引进渠道。设立海外人才首访驿站，为首次到访新区的海外人才提供咨询解答、生活过渡、就业对接、创业孵化等一站式服务。加大海外留学生引进力度，符合条件的最高给予每人 4 万元一次性生活补贴。 大力引进海内外优秀博士后人才。企业类设站单位引进博士后人才年龄可放宽至 40 周岁，支付的住房补贴、安家费及科研启动经费，可按规定在税前扣除。 完善市场化认定机制。探索以薪资待遇、股权分红、任职经历等社会化评价作为人才认定标准，加大中间类人才支持力度。	南京江北新区发布《关于促进自贸区人才发展、优化升级“创业江北”人才计划十策实施办法》

8-10　续表 5

时间	地区	政策内容	政策来源
4 月 28 日	浙江	取消父母投靠落户年龄限制，与成年子女共同居住生活的父母，可以投靠落户（杭州市城区除外）。 放开直系亲属、配偶或配偶父母间投靠落户限制。 允许在直系亲属所有的房屋产权内落户。 支持孵化器、众创空间、特色小镇等设立集体户，取消集体宿舍的条件限制，允许人才公寓、酒店式公寓设立集体户，推行设立社区（村）公共集体户。 省内户口迁移不再使用迁移证件（大中专院校学生户口迁入、迁出学校等除外）。	浙江省公安厅发布《浙江省常住户口登记管理规定》
4 月 30 日	济南	在降低落户门槛方面，《措施》提出，对有在济南从业、居住意愿的外地人员，全面取消在城区、镇区落户迁入条件限制，实行以群众申请为主、按户口迁入途径分类登记备案的迁入政策。 在畅通落户渠道方面，《措施》提出，对无自有产权住房的申请迁入人员，可按迁入途径及原因自主申请通过单位集体户、人才集体户、社区集体户、近亲属家庭户、经房主同意的合法产权租赁住房等方式落户。 在简化落户手续方面，《措施》提出，拟申请落户人员只需凭居民户口簿、居民身份证和相关凭证材料即可向拟落户地派出所提出申请，申请人的配偶、子女、双方父母户口均可按意愿随迁。	济南市出台《关于深化户籍制度改革加快人才集聚的若干措施》
5 月 6 日	宁波	放宽“高层次人才专户 B 类家庭户”设立条件：全日制普通高校本科及以上学历毕业 15 年内的毕业生在我市合法稳定就业并按规定缴纳社保，在我市无合法稳定住所的，可将户口迁至“高层次人才专户 B 类家庭户”，并允许配偶、未成年子女随迁；取消硕士、中级专业技术人员、技师等人才申请本人、配偶、未婚子女户口迁至 B 类人才专户时缴纳社保年限的要求。 放宽居住就业落户条件：①在本市合法稳定就业，申请落户时按规定参加本市社会保险，并且本人或配偶在市区城镇范围内有合法稳定住所的，在我市申领《浙江省居住证》后即可申请在合法稳定住所处落户，取消社保缴纳年限限制。②市区租赁落户缴纳社保年限由“5 年”下调至“3 年”，“在城镇地区租住在同一社区满 5 年”放宽至“在城镇地区租住在同一街道（镇）满 3 年”。③现户口在省内且在市区城镇范围内有合法稳定住所申请落户的，省内户口登记时间与本市户口登记时间由原来的“满 5 年”和“满 3 年”统一放宽至“满 1 年”。 放宽投资创业落户条件：投资创业落户缴纳税款或社保年限由“3 年”下调至“申请落户时按规定缴纳税款或参加本市社会保险”。户口登记在宁波市区的退休人员，在市内城镇范围内无合法稳定住所，且退休前在我市合法稳定就业并缴纳社保的，可申请落商业用房或办公用房所在地社区集体户，取消缴纳社保要求。 舟山户籍同城待遇：给予舟山户籍人员迁移户口同城待遇，舟山市区户籍等同于宁波市区户籍，舟山县市户籍等同于宁波县市户籍。	宁波市公安局关于公开征求全面放宽我市落户条件意见建议的公告
5 月 9 日	山东	《通知》指出，将加大力度吸引毕业生来鲁留鲁，全省全面放开对高校在校生、毕业生的落户限制，全省 16 市均可先落户后就业。同时创新人才招录招聘方式，优化空中宣讲、远程面试、网上签约等新模式，为留学回国毕业生开通就业服务“绿色通道”。	山东省人力资源和社会保障厅等 13 部门联合印发《关于做好 2020 年高校毕业生就业工作的通知》
5 月 12 日	广州	对符合条件的杰出人才、优秀人才、精英人才，按在本区实际购房金额的 80% 分别给予最高 500 万元、300 万元、200 万元购房补贴。对未享受购房补贴的杰出人才、优秀人才、精英人才每年分别给予 15 万元、10 万元、5 万元万能津贴。对杰出人才、优秀人才、精英人才按在本区法人单位年度所得个人收入应纳税所得额的 10% 给予每年最高 500 万元收入奖励。 对新入户本区且属于首次入户广州，在本区企业工作满 1 年的人才，按照博士研究生或副高级以上专业技术职称人员 5 万元、硕士研究生 3 万元、全日制本科毕业生 2 万元的标准，给予入户奖励。 对创新创业领军人才，给予最高 1000 万元创业资助和最高 1000 万元投资奖励，对创业英才，给予最高 100 万元项目奖励等。	广州市黄埔区、广州开发区、广州高新区聚集“黄埔人才”实施办法

8-10 续表 6

时间	地区	政策内容	政策来源
5 月 12 日	郑州	郑州市青年人才首次购房补贴。适用对象：新引进落户、我市户籍未迁出户口的全日制博士研究生、35 岁以下的硕士研究生、“双一流”建设高校的本科毕业生，在我市首次购买住房；补贴标准：博士每人 10 万元，硕士每人 5 万元，本科毕业生每人 2 万元。 非郑户籍人才购房。适用对象：在郑工作并拥有全日制本科以上学历或副高级职称 (高级技师) 以上的非郑户籍人才，在郑州购买首套自住商品住宅；政策待遇：在郑州购买首套自住商品住宅的，在限购审查时只审查学历、职称和教育、人社部门的认定情况，以及购房人就业状况，不再审核社保和个税证明的缴纳期限。 购房合同中所列明的购房人必须是符合条件的人才本人。依据本办法规定，只是在限购审核时不再审核社保和个税证明的缴纳期限，仍受其他限购、限售等调控政策的约束。	郑州市政府办公厅印发《郑州市青年人才首次购房补贴发放及非郑户籍人才购房实施办法》
5 月 13 日	北京	2020 年 5 月 13 日 ~6 月 12 日，《北京市积分落户管理办法》（征求意见稿）和《北京市积分落户操作管理细则》（征求意见稿）在首都之窗网站公示，面向社会征求意见，时间为 30 天。 政策总体保持稳定，政策导向不变，指标体系不变，继续保持“4+2+7”的积分落户指标体系框架稳定，坚持赋分原则不变。 本次修订对 7 个导向指标中的 6 个予以精简优化，具体概括为“321”，即优化了 3 个指标，精简了 2 个指标，调整了 1 类内容：对教育背景、职住区域、年龄指标进行优化；对创新创业和纳税 2 个指标进行精简；对减分内容进行调整。	北京市对积分落户政策进行修订，并开始公开征求意见
5 月 28 日	济南	按人才途径落户。取消中专学历人员参保限制、技术技能职级限制，扩大了人才落户范围。 按院校学生途径落户。全面实施大学生留济创业就业工程，扩展院校在校学生在济落户范围。 按居住途径落户。以合法稳定住所为基本原则，有效解决在济居住生活人员落户问题。 按就业途径落户。与居住落户相承接，拓展了在济有合法稳定职业但无合法稳定住所人员落户通道，按照“就业地或居住地落户”原则。 按投靠途径落户。充分考虑亲属之间的亲情关系，坚持以人为本，以投亲靠友的方式解决群众落户问题。 按其他情形落户。这是对按意愿落户政策提供的兜底落户途径。对通过上述途径仍存在落户障碍的灵活就业人员，可选择在现借住地社区集体户落户。	济南市发布《济南市公安局贯彻落实 < 济南市委办公厅济南市政府办公厅关于深化户籍制度改革加快人才集聚的若干措施 > 全面放开落户限制实施细则》
6 月 2 日	南宁	降低人才购房补贴门槛，不再受引入时间限制。D、E 类人才，2018 年 7 月 31 日以后首次购买住房的，均可享最高 40 万元、20 万元购房补贴。 对于购买第一套住房房屋总价低于购房补贴标准的，购房补贴金额按照房屋总价执行，房屋总价高于购房补贴标准的，按照前款规定的相应类别的购房补贴标准执行。 高层次人才已经享受产业领域急需紧缺青年人才生活补助的，购房补贴金额还应当扣除已经享受的生活补助金额。	南宁市住房和城乡建设局发布关于调整《南宁市高层次人才购房补贴申请业务指南》的通知
6 月 4 日	西安	《意见》从优化环境、拓宽渠道、完善扶持措施以及加强组织保障等四方面，提出了 20 条试行意见，其中包括：（一）放宽落户条件：在校大学生持学生证、身份证即可办理落户手续。具有本科以下学历、年龄在 45 周岁（含）以下的毕业大学生（含留学回国大学生），持有毕业证书原件（留学生持《国外学历学位认证书》原件）及身份证即可办理落户手续；具有本科（含）以上学历的，不受年龄限制；（二）强化安居保障。大学生经西安市人社局认定，最高可在 3 年内享受 D 类人才 1000 元 / 月租房补贴、E 类人才 300 元 / 月租房补贴，或申请共有产权房。	西安市发布《关于试行促进大学生在西安就业创业的意见》

8-10　续表 7

时间	地区	政策内容	政策来源
6 月 5 日	江门	全面取消落户限制。实行以群众申请为主，不附加任何条件，按户口迁入途径分类登记备案的“零门槛”准入政策；在江门无自有合法产权的申请人，可落户在就业单位、社区公共集体户，也可落户在亲属、朋友家庭户。 该政策 7 月 5 日正式实施，有效期 5 年。	广东江门市出台《江门市进一步推进户籍制度改革实施方案（修订）》
6 月 5 日	南京市江北新区	实施区块链顶尖人才集聚计划，经认定的可享受最高 500 万元项目扶持和最高 300 万元购房补贴。重点培育引进区块链高层次人才，新注册落地的区块链科技型企业，直接纳入高层次人才科技贡献奖励范围；对在区块链科技型企业任职三年以上且符合条件的年薪收入应纳税所得额超过 50 万元的高层次人才，根据其个人上一年度对江北新区（自贸区）的经济贡献予以奖励。对经认定的区块链相关专业毕业生，在江北新区（自贸区）区块链企业从事相关工作的人才，最高给予每人 4 万元的一次性生活补贴。	南京江北新区出台《江北新区（自贸区）促进区块链产业发展若干政策措施》
6 月 5 日	厦门	自 2020 年 7 月 6 日起，高级技能落户需 1 年以上社保、中级工落户需 2 年社保，且本市无自有房产的落户，由公安部门以电脑自动派位，均衡随机分配到岛外各区人才集体户落户。	厦门市发布《重点群体来厦落户实施细则》
6 月 8 日	衢州	给予博士研究生 60 平方米购房补贴（100 万元左右）、给予硕士研究生最高 30 平方米购房补贴（50 万元左右）、给予本科生最高 15 平方米购房补贴（25 万元左右），教师、医生岗位的，按照相同层次人士补助标准的 120% 执行。	浙江衢州发布人才新政
6 月 8 日	潍坊	明确纳入人才安居工程的保障范围，对纳入保障范围、符合申请条件的各类人才，执行以下补贴标准:（一）A、B、C、D 类高层次人才，分别一次性给予 300 万元、50 万元、30 万元、15 万元购房补贴;（二）博士研究生、硕士研究生、本科毕业生、大专毕业生分别一次性给予 30 万元、10 万元、5 万元、2 万元购房补贴;（三）毕业时已取得预备技师、高级工职业资格的高级技校或技师学院全日制毕业生，参照本科毕业生、专科毕业生补贴标准，分别一次性给予 5 万元、2 万元购房补贴。	潍坊市委、市政府印发《潍坊市人才安居工程实施意见》
6 月 10 日	张家口	全面取消张家口市城镇户口落户限制，凡有意愿落户张家口市城镇的公民，持本人居民身份证、户口簿均可办理落户。 充分尊重群众自主定居城镇意愿，实行以群众申报为主，不附加任何条件，对有意来张家口就业、居住、生活的非户籍人口，可在我市城镇申报登记常住户口。 简化手续材料，除必需的证明材料外，无需提交法定身份证件能够证明的、公安机关通过内部信息能够查询确认的、没有公开公示的证明材料。	张家口市公安局等十一部门联合制定下发了《关于进一步深化户籍制度改革的意见》
6 月 12 日	惠州	稳定居住就业创业入户。全面取消居住和就业创业入户限制，凡拥有自有合法产权住所、合法租赁房屋、缴纳社会保险、已领取营业执照等条件之一，无时间限定，本人可以在实际居住地申请入户，其直系亲属可以随迁。 引进人才入户。降低引进人才入户门槛，学历型人才放宽至大中专以上学历，技能型人才放宽至初级等级以上专业职称和技能等级，并且不与缴纳社会保险和签订劳动合同挂钩。 允许落户惠州重点建设项目单位自愿选择在我市任一辖区设立集体户，对落户惠州重点建设项目单位人员和粤港澳大湾区建设人才入户零门槛。 增设“大中专学生毕业、退学、休学入（复）户”项，增加“毕业生可以根据本人意愿，迁入本市就业创业地（或实际居住地）常住户口”内容。	惠州市公安局发布关于征求《惠州市户口登记、迁移准入条件（试行）》（修订稿）意见的通告
6 月 19 日	海南	实行落户自由。全面放开对高校毕业生的落户限制，允许离校三年内的全日制本科学历及以上的高校毕业生在我省先落户后就业（三沙市除外），相应享受引进人才落户待遇。省外户籍的高校毕业生在落户时可选择投靠亲属或集体户落户，本省户籍高校毕业生和本省高校省外户籍毕业生同等享受引进人才落户待遇。 提供安居保障。2018 年 5 月 13 日后新引进的全日制 50 岁以下博士毕业生、40 岁以下硕士毕业生、35 岁以下本科毕业生可凭在我省就业创业的相关证明材料申请住房租赁补贴或购房补贴，住房租赁补贴累计发放不超过 36 个月，每季度集中受理和发放一次。	海南省人社厅、省委人才发展局等多部门联合印发《吸引留住高校毕业生建设海南自由贸易港的若干政策措施》

8-10 续表 8

时间	地区	政策内容	政策来源
6 月 20 日	义乌	取消本市户籍要求。取消适用条件中“具有本市户籍”的规定。 调整在义工作（社保缴纳）满 2 年以上要求。取消适用条件中“在义工作满 2 年以上”、“在义缴纳职工基本养老（医疗）保险 2 年以上”的规定。其中申报时连续社保缴纳时间已满 2 年的，承诺享受政策后继续在义工作 5 年及以上；社保缴纳时间未满 2 年的，承诺服务年限 =7 年—已服务本市用人单位年限。 调整按揭贷款首付款比例要求。取消人才购房补助政策兑现时“所购住房办理按揭抵押的，首付款（含优惠款）不少于购房总价的 50%”的规定，但优惠款须全额用于首付。	义乌市人民政府发布关于调整《义乌市人才购房补助实施办法》部分条款的通知
7 月 3 日	珠海	珠海市人力资源与社会保障局官网发布《关于进一步放宽珠海人才引进及入户条件的通知》(征求意见稿)，提出拟在全市范围内实施“毕业 5 年内”先落户后就业；满足条件的非全日制大专以上学历可落户等新规。 具体包括：放宽学历条件，具有国家教育部承认的大专（高职）以上学历人员予以纳入人才引进；放宽年龄条件，学历人才、职称人才、具有国家职业资格等级的技能人才、重点企业一线优秀员工的引进年龄统一为男性 50 周岁以下、女性 45 周岁以下。取消部分技能型人才的限制条件，取消引进三、四级技能人才须“与工作岗位匹配”的限制条件等条件，取消四级须符合“《2018–2019 年珠海市技能人才紧缺职业（工种）目录》”的限制条件，取消珠海技工院校和中等职业院校毕业生须“连续缴纳社会保险费一年以上的限制条件”。	珠海市人力资源与社会保障局官网发布《关于进一步放宽珠海人才引进及入户条件的通知》
7 月 9 日	苏州	《关于征求我市户籍制度改革相关文件修改意见的公告》阐明《苏州市流动人口积分管理办法》《苏州市流动人口积分管理计分标准》《苏州市户籍准入管理办法》的主要修订内容，包括但不限于扩大积分落户和积分入医适用范围、扩大户籍准入范围等。	苏州市公安局发布《关于征求我市户籍制度改革相关文件修改意见的公告》
7 月 31 日	东莞	《通知》指出，每年招拍挂出让的住宅用地、政府主导的城市更新单元(项目)改造方向为住宅用地的，原则上应配建不少于住宅总建筑面积 10% 的安居房，用于人才住房等用途。符合条件的各类人才可享有不同级别的综合补贴，且可同时申请租购人才住房。如诺贝尔奖获得者、院士等前沿科技顶尖人才和国际一流战略科学家可向东莞市人力资源社会保障局申请人才安居，享受 200 平方米左右免租 8 年的人才住房。在东莞市全职工作满 8 年、贡献突出的，可无偿获赠该住房。	东莞市住建局印发《东莞市人才安居办法（试行）》的通知
8 月 3 日	天津	完善天津居住证积分指标体系，提高社会保险和居住指标分值，确保长期在津工作生活的群体优先落户。深入实施“海河英才”行动计划，加大“学历型、资格型、技能型、创业型、急需型”五类人才引进力度，重点保障符合我市产业发展需求的人才在津落户。	天津市人社局印发《天津市关于促进劳动力和人才社会性流动体制机制改革的若干措施》
8 月 10 日	广州市白云区	每年在广州市白云区创业或工作超过 6 个月的，非广州市户籍的境内居民，香港特别行政区、澳门特别行政区居民，台湾地区居民以及外国人，持中国护照、拥有国外永久（长期）居留权且国内无户籍的留学人员和其他人员，在广州市有合法住所，符合以下条件之一，可申请人才绿卡。 ①符合广州市明确的人才绿卡申领条件的高层次人才； ②经白云区人才工作领导小组认定或审核确认的高层次人才； ③具有全日制普通高等教育研究生学历并有博士以上学位，或具有双一流大学（A 类和 B 类）全日制普通高等教育研究生学历并有硕士学位的人才；或具有全球前 500 名的境外一流大学研究生以上学历并有硕士以上学位的人员； ④符合白云区经济社会发展需要，经区发展改革、科工商信、投资促进等有关部门认定的重点产业人才。	广州市白云区印发《广州市白云区落实广州市人才绿卡行政审核事权实施办法（暂行）》

8-10　续表 9

时间	地区	政策内容	政策来源
8 月 12 日	广州市荔湾区	符合本区经济社会发展需要、每年在本区创业或工作超过 6 个月、在本市有合法住所，具有以下条件之一的人才，可申领广州市人才绿卡。 ①经荔湾区人才工作领导小组或区有关部门认定评定的区高层次人才、创新创业领军人才（团队）、紧缺人才、产业领军人才、产业精英、名校长、名教师、名医生、名工匠等类别人才； ②具有全日制普通高等教育研究生学历并有博士学位的人才（含港澳台籍）；或具有双一流大学（A 类和 B 类）全日制普通高等教育研究生学历并有硕士学位的人才（含港澳台籍）；或具有全球前 500 名的境外一流大学全日制研究生学历并有硕士以上学位的人才（含港澳台籍）； ③在特定企业担任高层管理或骨干技术岗位人员。	广州市荔湾区印发《广州市荔湾区落实 < 广州市人才绿卡制度 > 实施办法》
8 月 25	吉林	全面取消城市租房落户对缴纳社保年限限制，非户籍人口只要在居住地城区或建制镇有合法稳定住所（含租房居住）即可申请落户。 取消投亲落户限制，配偶、子女、父母相互投靠落户城镇的，不受年龄限制，可根据本人意愿办理投亲落户。 畅通人才和民营企业职工落户渠道，大中专院校毕业生、国民教育同等学力人员及留学归国人员、技术技能人才不受稳定就业、稳定住所等条件限制，可在工作地、居住地、直系亲属户口所在地城镇申请落户。 民营企业、个体工商户不受纳税额度、缴纳社保年限和经营场所等条件限制，企业经营者和员工可在工作地、居住地城镇申请落户。配偶、子女、父母相互投靠落户城镇的，可根据本人意愿办理投亲落户。	吉林省出台《吉林省全面深化户籍制度改革的意见》
9 月 4 日	南京	政策放宽人才安居适用对象范围（可优先摇号购房但需限售 5 年），其中 C 类新增优秀专家、市文化名人等，D 类和 E 类新增获得市优秀青年教师、市青年文化人才等。	南京人力资源和社会保障局发布《南京市人才安居办法适用对象（目录）》2020 年修订版
9 月 10 日	河南	《重点任务》提出：将全面取消除郑州市中心城区之外的其他市县和省辖市落户限制，并推进郑州国家中心城市建设，促进洛阳与平顶山、三门峡、济源一体化发展。	河南省城镇化工作暨城乡融合发展工作领导小组印发《2020 年河南省新型城镇化建设和城乡融合发展重点任务》
9 月 15 日	郑州	郑州市委、市政府共同印发《关于实施“黄河人才计划”加快建设人才强市的意见》。该项政策对于不同类型的人才引进给予不同程度的补贴，并对一些科技、创新型企业的落地给予了一定的补贴：最高首次购房补贴达 300 万元，对符合条件的博士、硕士和“双一流”高校本科毕业生，分别给予 10 万元、5 万元、2 万元的首次购房补贴。	郑州市委、市政府共同印发《关于实施“黄河人才计划”加快建设人才强市的意见》
9 月 17 日	中山市翠亨新区	中山市翠亨新区发布《中山翠亨新区人才聚集发展的若干措施》（征求意见稿），内容包括：①对引进顶尖人才，在市级人才政策基础上，额外给予最高 500 万元安家补贴或提供最高 200 ㎡免租人才住房，全职工作满 5 年，无偿赠送所租住房；②未来三年筹建 5000 套以上高标准人才公寓，领军、拔尖、精英人才分别免租（最高 10 年）入住 150、100、70 ㎡人才公寓；③实施高学历人才生活补贴，最高 6 万元；④建设以“翠亨人才城”为载体的人才服务产业聚集区；⑤推动港澳人才在新区创新创业，可享“港人港税、澳人澳税”政策等。	中山市翠亨新区发布《中山翠亨新区人才聚集发展的若干措施》（征求意见稿）
9 月 23 日	上海	上海市高校招生和就业工作联席会议发布《2020 年非上海生源应届普通高校毕业生进沪就业申请本市户籍评分办法》，《办法》指出：将之前“以北京大学、清华大学为试点，探索建立对本科阶段为国内高水平大学的应届毕业生，符合基本申报条件可直接落户”的政策，范围扩大至在沪“世界一流大学建设高校”，即上海交大、复旦、同济、华东师大四所高校的应届本科毕业生符合基本申报条件即可直接落户；博士、“双一流”硕士符合基本申报条件即可落户。	上海市高校招生和就业工作联席会议发布《2020 年非上海生源应届普通高校毕业生进沪就业申请本市户籍评分办法》

8-10 续表 10

时间	地区	政策内容	政策来源
9 月 28 日	太原	符合《中共太原市委办公厅太原市人民政府办公厅关于放宽人才户口迁入政策的通知》〔并办发（2018）30 号〕适用对象规定的人才购房，可购二套房，享受本市城镇居民购房待遇，不受相关限购政策限制。	太原市房产交易服务中心发布《关于推进人才购房“放管服效”改革有关事项的通知》
9 月 29 日	合肥	主要提到了重点产业、重点人群，通过提供人才免费租房、补贴购房以及发放岗位补贴、柔性引才奖补等措施。新政策将于 10 月 1 日起施行，试行至 2022 年 12 月 31 日。该政策与合肥市已出台的政策不一致的，按照新政策执行。 主要内容：高层次人才，自行租住的，有补贴并不受落户条件限制。新来合肥市重点产业企业工作的博士、硕士和全日制本科毕业生，自行租住的，有补贴并不受落户条件限制。	合肥市委办公室、合肥市政府办公室印发了《关于进一步吸引优秀人才支持重点产业发展的若干政策（试行）》
10 月 16 日	厦门	厦门市发布《新引进本地高校全日制本科毕业生生活补贴办事指南》指出，2020 年厦门本地高校全日制应届本科毕业生留在厦门可申领 1 万元补贴。 申报条件除 2020 年厦门本地高校全日制应届本科毕业生，年龄不超过 30 周岁外，还需同时满足其他条件，包括具有厦门户口；经市组织、人社、教育部门核准已办理人事关系入厦；申请时在厦缴纳社会保险费满三个月以上（含三个月）并且社会保险关系仍在申报单位；与单位签订 1 年以上劳动合同。	厦门市发布《新引进本地高校全日制本科毕业生生活补贴办事指南》
11 月 2 日	福州市福州新区	人才住房按人才标准及社会贡献大小，分别以销售或租赁的方式供应（即配售、配租）。 配售型人才住房户型面积控制在 60~120 平方米。配售型人才住房价格按政府指导价执行，以预售时点备案价 7 折或现房销售时点市场价 7 折出售；购房人享有 100% 限制物权，原则上限制物权期为 10 年；购房人自取得房屋不动产权证之日起不满 5 年的不得上市交易。 配租型人才住房户型面积控制在 30~90 平方米，实施分档租金，最高可免租金。配租型人才住房租期一般不超过 3 年。	福建福州新区发布《福州滨海新城人才住房实施细则（试行）》
11 月 11 日	常州市武进区	升级版“武进英才”计划全新发布。包括对创业人才，将给予 100 万 ~200 万元创业启动资金和不低于 20 万元的购房补贴，以及股权融资特别奖励；实施“青年人才托举计划”；对入选“龙城英才计划”农业乡土人才的给予最高 12000 元社保补助等。	常州武进人才周开幕发布武进英才“升级版”
11 月 17 日	苏州	放宽青年人才落户限制，符合条件的本科生“先落户后就业”。 简化青年人才落户和居留流程。 完善青年人才乐居保障，3 年内建成不少于 10 万套人才公寓；给予人才一次性生活（租房）补贴，博士不低于 5 万 / 人，硕士不低于 3 万 / 人。 扩大人才优购房规模：鼓励各地新建商品住宅项目按不少于项目档期预（销）售许可住房套数 20% 的比例，优先满足人才家庭首次购房。在苏州就业、创业并连续缴纳社保或个税 12 个月及以上，符合本地人才乐居工程认定标准等人才，可享受 1 次优先购房服务且仅限购买一套住房。	苏州发布《姑苏人才“青春无忧”计划》
11 月 17 日	云南	《意见》提出，以户籍制度和公共服务引导跨区域流动，全面放开全省城镇、城区户口迁移政策，实施全省统一的城镇地区户口迁移政策，制定具有可操作性的政策措施，加快推动农业转移人口重点群体落户城镇。此外，全面落实居住证制度，推进城镇基本公共服务常住人口全覆盖。全面落实支持农业转移人口市民化的财政政策，推动城镇建设用地增加规模与吸纳农业转移人口落户数量挂钩，推动中央、省预算内投资安排向吸纳农业转移人口落户数量较多的城镇倾斜。	云南省发布《关于促进劳动力和人才社会性流动体制机制改革的实施意见》
11 月 17 日	保定	保定将对首次落户保定主城区的高校毕业生和技能人才，每人发放 1000 元落户奖励；对在保定市就业或创业的高校毕业生，分别给予博士 15 万元、硕士 10 万元、学士 5 万元的“安家”补贴。	保定将出台《关于支持高校毕业生和技能人才在保就业创业的若干措施》

8–10　续表 11

时间	地区	政策内容	政策来源
11 月 19 日	丽水	《通知》显示，对引进硕士研究生、“双一流”高校本科毕业生和其他普通高校本科学历的人才分别给予购房补贴。国内“双一流”高校及海外名校 QS 排名前 100 位高校全日制硕士研究生、本科毕业生补贴标准分别为 35 万元 / 人、25 万元 / 人，其他高校全日制硕士研究生、本科毕业生补贴标准分别为 25 万元 / 人、10 万元 / 人。对引进的博士研究生，给予 50 万元购房补贴。引进人才享受购房补贴后 5 年内其所购房产限制上市交易，未满服务期离职的，应按未满服务期月数退回购房补贴。	丽水发布《关于加强引进高校毕业生工作的若干意见》
11 月 26 日	珠海	放宽了学历条件。由全日制大专（高职）以上学历，放宽为含教育部学信网可查询的非全日制大专（高职）以上学历，人社部可查询的技工院校高级工班及以上毕业生。 放宽和统一了年龄条件：男性 50 周岁以下、女性 45 周岁以下。 取消部分技能型人才的限制条件。取消引进三级、四级国家职业资格证书技能人才须“与工作岗位匹配”的限制条件；取消四级国家职业资格证书须“符合《2018~2019 年珠海市技能人才紧缺职业（工种）目录》”的限制条件；取消我市技工院校和中等职业院校毕业生须“连续缴纳社会保险费一年以上”的限制条件。 放宽了“先落户后就业”人才引进条件。将“先落户后就业”条件由“毕业三年内”统一放宽为“毕业五年内”。	珠海市人民政府办公室发布《关于进一步放宽我市人才引进及入户条件的通知》
11 月 26 日	烟台	对首次新引进到本地企业工作且缴纳社保一年以上，并在烟台新购商品住房的博士研究生、硕士研究生、“双一流”高校和全球前 200 名高校（QS）的学士本科生，分别给予 20 万元、10 万元、5 万元一次性购房补贴。对首次新引进到本地机关事业单位（含中央、省属驻烟单位）工作的正高级专业技术职务人员、博士研究生（含副高级专业技术职务人员）、硕士研究生，分别给予 6 万元、4 万元、2 万元一次性购房补贴。对符合租房条件的，根据相关政策提供相应人才公寓。	烟台发布《关于进一步加快人才集聚引领高质量发展的九条政策措施》
12 月 14 日	福州	全面放开落户限制，实现落户“零门槛”：不设学历、年龄、就业创业限制 全面放开近亲属投靠条件，实现投靠“零门槛”：除院校学生集体户外，凡具有福州市户籍的人员，其近亲属均可申请投靠落户。 降低集体户设立条件：（一）机关、团体、学校、企业、事业单位从业人数满 5 人的可申请设立单位集体户；（二）各人才公寓可申请设立集体户；（三）商住楼可以楼座为单位申请设立集体户。	福州市人民政府办公厅印发关于进一步降低落户条件壮大人口规模若干措施的通知
12 月 14 日	青岛	符合下列条件之一的，本人、配偶及未成年子女申请依次选择在合法固定住所、单位集体户、区或市人才集体户申请落户： 学历人才。取得博士学位人员；50 周岁以下，取得硕士学位人员；45 周岁以下，具有国家承认的本科学历或学士学位的人员；40 周岁以下，具有国家承认的大专学历人员以及技工院校、职业院校毕业生。 技术技能人才。正高级职称人员；55 周岁以下，副高级职称、高级技师职业资格（或相应职业技能等级）人员；45 周岁以下，中级职称、技师职业资格（或相应职业技能等级）人员；40 周岁以下，初级职称、高级工职业资格（或相应职业技能等级）；35 周岁以下，取得初级工、中级工职业资格（或相应职业技能等级），在青岛市按规定连续缴纳社会保险满 1 年的人员。	青岛市研究审议《关于进一步深化户籍制度改革的意见（征求意见稿）》
12 月 16 日	广州	在广州市白云区、黄埔区、花都区、番禺区、南沙区、从化区和增城区 7 个行政区内，拥有国内普通高校全日制本科学历或学士学位（单证），或拥有国内普通高校全日制大专学历，或全日制技师学院预备技师班、高级工班毕业人员；年龄在 28 周岁及以下；申报时须在差别化入户实施范围区域内连续缴纳社会保险满 12 个月可将户籍迁入广州市。	广州市人力资源和社会保障局关于公开征求《广州市差别化入户市外迁入管理办法》意见的通告

8-10 续表 12

时间	地区	政策内容	政策来源
12 月 17 日	无锡	符合下列条件之一的人员，可以申请将本人户口迁入本市：（包括无锡市区及江阴市、宜兴市，下同）：（一）经有关部门批准调动的干部职工和根据国家相关政策规定引进的各类人才、高校毕业生；（二）经退役军人事务部门批准接收安置的军队退役军人（含转业干部、离退休人员）及随迁家属子女；（三）经驻锡部队师、旅级以上政治部门批准的军队干部随军家属。 符合下列条件之一的人员，可以申请将本人、配偶及未成年子女户口迁入本市：（一）在本市有所有权住宅、合法稳定就业并依法缴纳社会保险的人员；（二）在本市有合法稳定住所（含租赁，即经房产管理部门登记备案的租赁房屋，下同），或者合法稳定就业且参加城镇社会保险的高校和职业院校毕业生（放宽至毕业 3 年内）、留学归国人员及技术工人。	无锡市发布《市政府关于印发无锡市户籍准入登记规定的通知》
12 月 22 日	苏州	设置积分落户规则，增加社保和居住年限比重，优先解决好在城镇就业、居住 5 年以上和举家迁徙的农业转移人口，以及新生代农民工的落户问题。落实租赁房屋常住人口在社区公共户落户政策，经房屋所有权人同意可以在房屋所在地落户，也可以在房屋所在地的社区落户。实施省内特大城市苏州与南京在积分落户时，实现居住证年限和社保年限积累互认。	苏州市政府办公室关于进一步推动非户籍人口在城市落户的实施意见
12 月 25 日	广州	符合《广州市人民政府办公厅关于印发广州市引进人才入户管理办法的通知》（穗府办规〔2020〕10 号）第五条第（四）项条件“具有国内普通高校全日制大学本科学历并有学士学位”的规定，且毕业院校属“双一流”建设高校的在职人才，在办理引进人才入户时，其社保要求由《广州市人力资源和社会保障局关于印发广州市引进人才入户管理办法实施细则的通知》（穗人社规字〔2019〕2 号）第九条的“申办时须在本市连续缴纳社会保险费满 6 个月”调整为“申办时须在本市缴纳社会保险费”。	广州市人力资源和社会保障局关于放宽“双一流”高校大学本科学历人才入户社保年限的通知

8-11 2020年物业管理行业政策

时间	地区	政策内容	政策来源
2月	无锡	政府定价范围限定为住宅前期物业服务收费标准；物业服务企业公开收益收支情况；业主要求承租车位、车库的，建设单位不得只售不租，期满后可以优先续租；电梯到达起始层的住户，免收电梯运营维护费。	《无锡市物业服务收费管理实施办法》
3月	北京	前期物业服务合同期限最长不超过2年；物业服务收费实行市场调节价并适时调整；业主大会确定或者调整物业服务方式、服务内容、服务标准和服务价格；选聘，解聘物业服务人或者不再接受事实服务等。	《北京市物业管理条例》
4月	兰州	普通住宅物业服务由高到低分为四个等级，四星级最高，星级服务等级越高，对应的物业服务收费基准价标准越高。	《兰州市普通住宅物业服务收费基准价标准》
5月	全国	业主的建筑物区分所有权、物业服务合同的规定纳入《民法典》；物业服务收支项目要求公开；业主共同决定事项应当由专有部分面积占比三分之二以上的业主且人数占比三分之二以上的业主参与表决；业主依照法定程序共同决定解聘物业服务人的，可以解除物业服务合同。	《中华人民共和国民法典》
6月	山东	出售公有住房应从售房款中提取维修资金，业主按照建筑面积交存维修资金，维修资金的使用分为计划使用、一般使用和应急使用；维修资金可按照计划使用程序，用于购买电梯维修更新改造有关保险。	《山东省住宅专项维修资金管理办法》
7月	贵阳	对已建和在建项目进行全面梳理，若存在有未建立房屋完整楼盘表情况的，到属地住建房地产交易管理部门完善房屋楼盘表情况；在规定日期内清理企业旗下所开发项目的配套建筑维修资金交存情况。	《关于完善房屋楼盘及维修资金相关事宜的通知》
8月	天津	市民政局负责建立健全旧楼区长效管理机制，指导、监督、协调旧楼区长效管理工作；市城市管理委负责指导、推动旧楼区内的生活垃圾清扫、收集、运输、处置，旧楼区内绿化设施的养护等环境卫生工作。	《天津市人民政府办公厅关于进一步加强我市旧楼区提升改造后长效管理的意见》
8月	西宁	规范物业管理活动，维护物业管理各方的合法权益，改善业主的生活和工作环境，促进和谐社区建设。	《西宁市物业管理条例》
8月	北京	健全物业管理体制，完善政策标准体系；巩固新冠肺炎疫情防控；提高业主委员会组建率、物业服务覆盖率。	《关于加强北京市物业管理工作提升物业服务水平三年行动计划》
9月	海口	制定全市物业管理的相关政策措施；指导和监督各区开展物业管理行政监管工作；建立完善全市物业管理宣传和培训机制；建立全市物业服务企业信用体系；负责前期物业服务招投标的指导和监督工作。	《海口市物业管理若干规定》
10月	贵阳	重点监督检查物业企业营业执照是否有效，企业人员配备是否符合要求；检查企业是否建立健全物业服务管理的各项制度；重点检查物业服务企业是否存在“在管未报”和“已报未管”情况。	《贵阳市住房和城乡建设局关于开展对全市物业服务企业市场行为监督检查工作的通知》
11月	全国	补齐居家社区养老服务设施短板；推行“物业服务＋养老服务”居家社区养老模式；丰富居家社区养老服务内容；积极推进智慧居家社区养老服务；完善监督管理和激励扶持措施。	住房和城乡建设部等6部门
12月	珠海	督促物业服务企业开展生活垃圾分类工作，住宅小区生活垃圾分类管理内容应当纳入前期物业合同、物业服务合同示范文本。	《珠海经济特区生活垃圾分类管理条例》

8-12　2020年其他重要政策

时间	地区	政策内容	政策来源
1月2日	安徽	聚焦促进房地产市场平稳健康发展，着力完善住房市场体系和保障体系。聚焦城市更新和功能品质提升，系统化推进基础设施建设。聚焦推动乡村振兴； 2020年，全省新开工棚户区改造19.997万套、基本建成15.254万套，改造城镇老旧小区700个以上。	安徽全省住房城乡建设工作会议
1月2日	全国	深入推进不动产登记法制建设，加快制订不动产登记法；确保农村不动产确权登记任务基本完成，不得通过登记将农村违法用地合法化。	自然资源部不动产登记信息共享集成现场会召开
1月3日	济南	决定取消现行的商品房预售许可证核发时工程施工进度要求现场踏勘环节，优化调整为告知承诺制审批模式。	济南《关于对商品房预售许可证核发时工程施工进度要求实施告知承诺制审批的通知》
1月6日	河南	坚持“稳”字当头，构建租购并举的住房体系。认真做好房地产调控，着力稳地价、稳房价、稳预期。持续推进保障性住房建设。持续开展棚改逾期回迁问题专项整治，年底前要基本清零； 大力提升中心城市能级和竞争力，集中力量做强郑州、洛阳“双引擎”，增强区域中心城市辐射带动力。指导支持郑州市对标一线城市和国际标准，全面提升城市设计和建设管理水平，推进郑州大都市区建设，加快打造国家高质量发展区域增长极。加快洛阳都市圈建设，打造全省高质量发展新的动力源和增长极。	河南全省住房和城乡建设工作电视电话会议
1月6日	全国	第七次全国人口普查是中国特色社会主义进入新时代后的一次重大国情国力调查，要明确目标任务，全面查清我国人口数量、结构、分布、城乡住房等情况，准确反映人口变化趋势性特征，为科学制定国民经济和社会发展规划，完善人口发展战略和政策，推动经济高质量发展，促进人的全面发展，提供科学准确的统计信息支持。	韩正出席第七次全国人口普查领导小组全体会并讲话
1月7日	河北	坚持房子是用来住的、不是用来炒的定位，因城施策，稳地价、稳房价、稳预期，促进房地产市场平稳健康发展； 实施城中村、老旧小区改造三年行动计划，加强电梯、管网、消防、停车场等配套建设，改造城中村192个、城市老旧小区1369个。有效盘活房屋资源，大力发展租赁房。加大城市困难群众住房保障力度。	河北省政府工作报告
1月7日	武汉	落实城市主体责任，加快构建房地产市场平稳健康发展长效机制； 加强城市更新和存量住房改造提升。开展老旧小区改造行动，完成260个以上老旧小区改造任务。新开工建设棚户区改造住房2.5万套、建成2.5万套。大力发展租赁住房，建设筹集公租房3000套，筹集租赁房源10万套（间）。	武汉政府工作报告
1月7日	浙江	聚焦“房住不炒”，着力保持房地产市场平稳健康发展。要长期坚持“房子是用来住的、不是用来炒的”和不作为短期刺激经济增长手段的定位，全面落实因城施策和稳地价、稳房价、稳预期的长效调控机制，注重夯实房地产发展基础，深层次改革完善住房公积金制度，狠抓房地产调控不动摇，保持政策连续性稳定性； 高标准推进棚户区改造，加快完善以公租房保障为主体、棚户区改造、政策性租赁住房为补充的城镇住房保障体系，全面实施老旧小区改造。	浙江全省住房城乡建设工作会议
1月8日	全国	对政府投资项目，没有明确资金来源的一律不得审批，查处无预算上项目、未批先建、由施工单位垫资建设等违规行为。	李克强主持召开国务院常务会
1月8日	深圳	2020年要加大住房用地供应，增加住房供给，确保房地产市场平稳健康发展。持续开展大规模公共住房建设行动，建设筹集公共住房不少于8万套，确保完成“十三五”期间建设筹集40万套的目标。	深圳政府工作报告
1月9日	山东	全面取消城区常住人口300万以下的城市落户限制，放宽城区常住人口300万至500万的大城市落户条件，全面实施居住证制度，建立健全城乡融合发展体制机制和政策体系，指导济青片区（3市10区）开展国家城乡融合发展试验区建设。	山东全省住房城乡建设工作会

8-12　续表 1

时间	地区	政策内容	政策来源
1 月 9 日	山西	着力稳地价、稳房价、稳预期，促进房地产市场平稳健康发展。坚持“房住不炒”的定位，进一步夯实城市主体责任，全面落实因城施策，坚决防范化解市场风险； 继续培育健全住房租赁市场。持续推进城镇保障性安居工程建设，棚户区住房改造新开工 2.7 万套，基本建成 5.3 万套。	山西全省住房城乡建设工作会
1 月 9 日	长沙	完善住房保障体系。坚持“房住不炒”，健全稳地价、稳房价、稳预期长效管理调控机制，始终保持相对较低房价优势。推进住房租赁试点城市建设，筹集租赁房源 2.5 万套，发放租赁补贴 2000 户，重点保障特困户、新市民、被征地农民住房需求。发挥好住房公积金支持中低收入群体购房作用； 纵深推进城市体检，加强城市更新和存量住房改造提升，实施优化城市人居环境三年行动计划，启动“城中村”改造 3 个，改造棚户区 5116 户，完成老城区有机更新片区 6 个。	长沙政府工作报告
1 月 11 日	福建	推动房地产市场平稳健康发展。聚焦稳地价、稳房价、稳预期，落实城市主体责任，完善长效调控机制，盘活土地和房屋资源，大力发展租赁住房，稳步推进棚户区改造，新增公租房 2.47 万套、租赁住房 1.3 万套。	福建省政府工作报告
1 月 11 日	重庆	防范化解房地产领域风险，落实稳地价、稳房价、稳预期长效管控机制，逐步建立租购并举的住房制度，促进房地产市场平稳健康发展； 推动成渝地区双城经济圈建设，努力在西部形成高质量发展的重要增长极。紧扣目标定位，尊重客观规律，发挥比较优势，推进成渝地区统筹发展，促进产业、人口及各类生产要素合理流动和高效集聚，使成渝地区成为具有全国影响力的重要经济中心、科技创新中心、改革开放新高地、高品质生活宜居地。	重庆政府工作报告
1 月 12 日	安徽	完善房地产市场差别化调控措施，大力发展住房租赁市场，继续实施城镇棚户区改造和公租房建设，棚户区改造基本建成 15.3 万套。	安徽省政府工作报告
1 月 12 日	北京	保持房地产市场平稳健康发展。坚持“房住不炒”，进一步完善长效管理调控机制； 完成商品住宅土地入库 600 公顷，建设筹集各类政策性住房 4.5 万套。在重点产业园区周边、轨道交通沿线，加快集体土地租赁住房建设，努力满足在京就业创业人才、城市运行保障人员等租赁需求。进一步规范非居住建筑改建租赁住房，稳定住房租赁市场秩序。优化共有产权住房分配政策。继续做好棚户区改造工作。大力推进老旧小区综合整治，实现新开工 80 个项目。	北京政府工作报告
1 月 12 日	湖北	落实因城施策，稳地价、稳房价、稳预期，促进房地产市场平稳健康发展； 加强城市更新和存量住房改造提升，完成 4.7 万套棚户区、2737 个老旧小区改造，加强租赁住房建设。	湖北省政府工作报告
1 月 12 日	浙江	促进房地产市场平稳健康发展，坚持房子是用来住的、不是用来炒的定位，落实城市政府主体责任，加强房地产市场调控，发展住房租赁业，完善住房保障体系； 加强城市有机更新和存量住房改造提升，改造 500 个城镇老旧小区。	浙江省政府工作报告
1 月 13 日	湖南	坚持“房子是用来住的、不是用来炒的”，完善住房市场体系和保障体系，推进住房租赁市场发展试点，建立健全房地产市场平稳健康发展长效机制； 加快实施以促进人的城镇化为核心、提高质量为导向的新型城镇化战略，促进城市群、大中小城市和小城镇合理布局、协调发展，力争城镇化率达到 58%。以中心城市引领城市群发展，拓展湘江新区新片区，增强长沙辐射带动能力。	湖南省政府工作报告

8-12 续表 2

时间	地区	政策内容	政策来源
1月13日	山西	健全住房保障体系。坚持“房住不炒”定位，落实城市主体责任，保持房地产市场稳定。加快建立多主体供给、多渠道保障、租购并举的住房制度，大力发展住房租赁市场。基本完成棚户区住房改造5.3万套。	山西省政府工作报告
1月15日	广东	坚持因城施策，促进房地产市场平稳健康发展；加强城市困难群众住房保障，新建棚户区改造安置住房1万套； 加快推进新型城镇化，放开放宽除广州、深圳以外的城市落户限制，做强做优县域经济，不断提升中心城区、县城和中心镇承载能力；深入推进粤港澳大湾区建设，支持深圳建设先行示范区和广州实现老城市新活力，加快构建“一核一带一区”区域发展新格局。以支持深圳同等力度支持广州，强化省会城市、产业发展和宜居环境功能，建设现代化国际化营商环境，全面提升城市发展能级。	广东省政府工作报告
1月15日	江苏	坚持房子是用来住的、不是用来炒的定位，落实城市主体责任，进一步稳地价、稳房价、稳预期，促进房地产市场平稳健康发展； 完成500个老旧小区综合整治，持续推进老旧多层住宅加装电梯，新开工城镇棚户区改造18万套、基本建成8万套。完成苏北10万户农民住房条件改善。	江苏省政府工作报告
1月15日	四川	落实房地产市场城市主体责任制，以长效机制确保实现“三稳”目标。	四川全省住房城乡建设工作会
1月16日	海南	加大住房保障力度。坚持房子是用来住的、不是用来炒的定位，严格落实地方政府主体责任，因城施策，稳地价、稳房价、稳预期，促进房地产市场平稳健康发展。加强城市更新和存量住房改造提升，大力推进保障性安居工程，开工改造棚户区住房8000套，改造城镇老旧小区惠及2万户。稳妥推进安居型商品住房建设； 构建租购并举的住房制度，多渠道筹集租赁住房房源，鼓励存量商品住宅用地转型建设租赁住房，支持专业化住房租赁企业发展，盘活存量空置住房。盘活土地存量，坚持和完善“增存挂钩”、耕地占补市场化交易、存量商品住宅用地消化和转型利用等机制，确保闲置土地、批而未供土地再下降15%。	海南省政府工作报告
1月17日	深圳	坚持房地产调控不动摇，保持房地产市场平稳健康发展； 2020年，将建设筹集公共住房8万套、供应4万套，全力完成“十三五”期间公共住房建设筹集任务。促进房屋租赁市场规范发展。	深圳全市住建系统2020年工作部署会
1月20日	海南	2020年，省住房城乡建设厅将继续坚持房子是用来住的、不是用来炒的定位，继续严格执行全域限购等政策，坚持房地产调控目标不动摇、力度不放松、政策不走样，保持政策的连续性、稳定性。加快建立房地产市场平稳健康发展长效机制，落实市县主体责任制，因城施策，全面落实稳地价、稳房价、稳预期责任，保持房地产市场平稳健康发展。同时健全和完善住房市场体系和住房保障体系，加快解决本地居民和引进人才住房问题，稳妥推进安居型商品住房建设，加快实施基层教育卫生人员住房保障。多渠道筹集租赁住房房源，构建租购并举的住房制度。	海南省住建厅厅长霍巨燃就房地产转型发展情况答记者问
1月20日	全国	严把主业投资方向。严格执行国有资产投资监督管理有关规定，坚持聚焦主业，严控非主业投资。不得为规避主业监管要求，通过参股等方式开展中央企业投资项目负面清单规定的商业性房地产等禁止类业务。	国资委《关于中央企业加强参股管理有关事项的通知》
1月26日	江西	规范有序健康发展房地产业，加大保障性住房建设力度，有效调控房地产市场，合理引导商品房开发，抑制投机性购房，支持和引导居民自住和改善型住房消费； 进一步加大保障性住房建设力度。财政投入40亿元，新增廉租住房5.9万套；财政安排4亿元，对城镇低收入住房困难家庭实施廉租住房租赁补贴。新建经济适用房34.4万平方米。加大城市棚户区、农村危房、国有林场危旧房和重点煤矿沉陷区棚户区改造力度，全年改造城市棚户区1344万平方米。	江西省政府工作报告

8-12　续表 3

时间	地区	政策内容	政策来源
1月29日	上海	坚持房子是用来住的、不是用来炒的定位，着力稳地价、稳房价、稳预期，促进房地产市场平稳健康发展； 坚持留改拆并举，统筹推进历史风貌保护、城市更新、旧区改造与大居建设、住房保障，完成55万平方米、2.8万户中心城区成片二级旧里以下房屋改造，继续花大力气推进旧住房综合改造和里弄房屋修缮保护，新增供应各类保障房6万套。新建和转化租赁房源10万套，新增代理经租房源8万套。	上海政府工作报告
2月3日	全国	加大住房公积金个人住房贷款支持力度。疫情防控一线工作者申请中央国家机关住房公积金个人住房贷款的，信贷政策上予以适当倾斜。疫情防控期间，疫情防控一线工作者不能正常还款的，不作逾期处理、不计罚息。	中央国家机关住房资金管理中心《关于配合做好疫情防控工作加强中央国家机关住房公积金服务保障的通知》
2月5日	全国	2020年是全面建成小康社会目标实现之年，是全面打赢脱贫攻坚战收官之年。党中央认为，完成上述两大目标任务，脱贫攻坚最后堡垒必须攻克，全面小康"三农"领域突出短板必须补上； 完善农村基本经营制度，开展第二轮土地承包到期后再延长30年试点，在试点基础上研究制定延包的具体办法。鼓励发展多种形式适度规模经营，健全面向小农户的农业社会化服务体系。制定农村集体经营性建设用地入市配套制度。严格农村宅基地管理，加强对乡镇审批宅基地监管，防止土地占用失控。以探索宅基地所有权、资格权、使用权"三权分置"为重点，进一步深化农村宅基地制度改革试点。全面推开农村集体产权制度改革试点。探索拓宽农村集体经济发展路径，强化集体资产管理。	国务院《关于抓好"三农"领域重点工作确保如期实现全面小康的意见》
3月2日	天津	优化子女教育保障。符合天津产业发展定位的北京转移来津项目，项目所在区为其在职职工中非本市户籍子女提供义务教育保障，对学前教育阶段适龄儿童根据本市公办、民办学前教育资源情况进行安排； 鼓励职工来津工作落户。符合天津产业发展定位的北京转移来津项目，其职工符合"海河英才"行动计划落户条件的，直接办理落户；在企业就职满1年及以上的其他全日制本科及以上学历职工，并在津缴纳社会保险的，不受年龄限制，可在津落户；项目落地即可申报战略性新兴产业领军企业，被认定后按照"企业提名单、政府接单办"办理落户；30周岁及以下的中高职毕业职工，可在津落户。	天津市发改委网站发布《天津市发改委关于印发支持天津市重点平台服务京津冀协同发展政策措施（试行）的通知》
3月5日	成都	指导文化旅游企业把职工安全健康放在第一位，奋发自强有序复工复产。对安全有序复工复产的企业防疫体系建设投入给予30%、最高不超过10万元的补助； 对文化旅游行业纳税人缴纳房产税、城镇土地使用税确有困难的，经申报核准，依法予以减征或者免征。对受疫情影响申报困难的文化旅游企业，依法办理延期申报。对确有特殊困难不能按期缴纳税款的文化旅游企业，依法办理延期缴纳税款，最长不超过3个月。受疫情影响较大的住宿和旅行社等旅游困难行业，企业2020年度发生的亏损，最长结转年限由5年延长至8年； 受疫情影响生产经营出现严重困难的文化旅游企业可申请缓缴社会保险费，缓缴期限原则上不超过6个月，缓缴期间免收滞纳金；对受疫情影响导致经营困难的文化旅游企业，经行业主管部门认定，可申请降低住房公积金缴存比例或者缓缴，降比、缓缴期限均不超过1年。	成都市《关于应对新冠肺炎疫情影响促进文化旅游业健康发展的若干措施》
3月9日	上海	用好专项再贷款政策，相关银行对列入名单的疫情防控重点保障企业提供优惠利率贷款，贴息后企业融资成本不高于1.6%； 支持银行应贷尽贷快贷，提高中小微企业信用贷款和中长期贷款的占比以及"首贷率"； 浦发银行、上海银行、上海农商银行按照风险自担原则，对符合条件的企业发放优惠贷款，贷款利率参照同期贷款市场报价利率（LPR）至少减25基点，其他在沪银行可参照执行； 推动银行根据企业情况定制个性化融资方案，2020年普惠型贷款综合融资成本再降0.5个百分点。	上海市金融工作局发布支持中小微企业复工复产复市金融举措

8-12 续表 4

时间	地区	政策内容	政策来源
3 月 26 日	广东	对符合延期缴纳税款条件的企业，准许延长不超过 3 个月的税款缴纳期限。对纳税确有困难的企业，依法合理予以减免房产税、城镇土地使用税。落实好自 2020 年 3 月 1 日至 5 月 31 日，小规模纳税人增值税征收率由 3% 降至 1% 的政策； 对于 2020 年 1 月 25 日以来到期的困难中小企业贷款本金，银行业金融机构应根据企业延期还本申请，通过贷款展期、续贷等方式，给予企业一定期限的临时性延期还本安排，还本日期最长可延至 2020 年 6 月 30 日。	广东省印发《关于应对疫情影响加大对中小企业支持力度的若干政策措施》的通知
3 月 30 日	洛阳	生产经营出现困难的企业，可申请降低住房公积金缴存比例，最低可降至 5%；符合条件的企业可以缓缴住房公积金，缓缴期限最长 1 年； 2020 年 3 月至 5 月，增值税小规模纳税人增值税征收率由 3% 下调至 1%。	洛阳市印发《关于应对疫情支持中小微企业个体工商户纾困发展的通知》
6 月 2 日	全国	《通知》要求，抓紧补上疫情暴露出的县城城镇化短板弱项，大力提升县城公共设施和服务能力，促进公共服务设施提标扩面、环境卫生设施提级扩能、市政公用设施提挡升级、产业培育设施提质增效，适应农民日益增加的到县城就业安家需求，扩大有效投资、释放消费潜力、拓展市场纵深，为坚定实施扩大内需战略和新型城镇化战略提供重要支撑。	发改委印发《国家发展改革委关于加快开展县城城镇化补短板强弱项工作的通知》
6 月 16 日	全国	6 月 16 日，发改委新闻发言人孟玮在 6 月份例行新闻发布会上，介绍了未来新型城镇化建设的重点工作，主要分为 4 个方面：（一）推动各类城市放开、放宽落户限制；（二）推动常住人口基本公共服务均等化，完善以居住证为载体，与居住年限等条件相挂钩的基本公共服务提供机制；（三）加强县城公共基础设施建设；（四）推动老旧小区等改造，推进城市更新。	发改委 6 月份例行新闻发布会
7 月 28 日	全国	《通知》提到，将加快落实新型城镇化建设补短板强弱项工作，有序推进县城智慧化改造；加快交通、水电气热等市政领域数字终端、系统改造建设。 根据建设原则，对于县城市政建设、公共服务、社会治理、应急安全等公共领域公益性建设项目，政府支持引导建设。对于有一定收益的智慧化建设项目，积极调动市场化资源投入，充分激发市场活力，形成良性市场化机制模式。 《通知》表示，各地要统筹用好财政资金与社会资本支持建设。一是加大财政资金向县城智慧化改造建设倾斜力度；二是拓展社会资金渠道。	国家发改委网站发布《国家发展改革委办公厅关于加快落实新型城镇化建设补短板强弱项工作有序推进县城智慧化改造的通知》
8 月 22 日	无锡	共有产权保障房以中小户型为主，原则上一室户面积不超过 65 平方米，二室户面积不超过 90 平方米。考虑到国家人口政策的变化，《暂行办法》同时规定，共有产权保障房项目中，可少量配置建筑面积 95 平方米左右的三室户，仅向有不同性别子女且子女均大于 8 周岁（含 8 周岁）的申请家庭供应。 申请共有产权保障房的家庭需要同时符合以下条件：申请人必须具有完全民事行为能力，夫妻双方及未婚子女为一个申请家庭，单身家庭提出申请的，年满 35 周岁；具有本市市区户籍满 5 年；人均月可支配收入在规定标准以下；人均住房建筑面积在规定标准以下；家庭金融资产、车辆等情况，符合本市市区住房保障中等偏下收入家庭的认定标准。	无锡住建局印发《无锡市市区共有产权保障房管理暂行办法》
8 月 24 日	重庆、四川	全面对接深化四川重庆合作推动成渝地区双城经济圈建设工作方案等部署的重要改革任务，聚焦制约成渝地区双城经济圈高质量建设发展的深层次矛盾和体制性障碍。 提出探索经济区和行政区适度分离综合改革、完善川渝自贸试验区协同开放示范区体制机制、推进城乡融合发展改革示范、健全生态环境联防联控机制等 11 项需两省市协同推进的重大改革举措。	重庆、四川联合印发《关于推动成渝地区双城经济圈建设的若干重大改革举措》

8-12　续表 5

时间	地区	政策内容	政策来源
11 月 3 日	全国	推动金融、房地产同实体经济均衡发展，实现上下游、产供销有效衔接。 促进住房消费健康发展。 完善现代税收制度，健全地方税、直接税体系，优化税制结构，适当提高直接税比重，深化税收征管制度改革。 健全城乡统一的建设用地市场，积极探索实施农村集体经营性建设用地入市制度。 推动区域协调发展。推动西部大开发形成新格局，推动东北振兴取得新突破，促进中部地区加快崛起，鼓励东部地区加快推进现代化。……推进京津冀协同发展、长江经济带发展、粤港澳大湾区建设、长三角一体化发展，打造创新平台和新增长极。推动黄河流域生态保护和高质量发展。高标准、高质量建设雄安新区。 实施城市更新行动，……合理确定城市规模、人口密度、空间结构，促进大中小城市和小城镇协调发展。 坚持房子是用来住的、不是用来炒的定位，租购并举、因城施策，促进房地产市场平稳健康发展。 深化户籍制度改革，完善财政转移支付和城镇新增建设用地规模与农业转移人口市民化挂钩政策。 优化行政区划设置，发挥中心城市和城市群带动作用。 推进成渝地区双城经济圈建设。 推进以县城为重要载体的城镇化建设。 稳步推进海南自由贸易港建设，建设对外开放新高地。 推动共建“一带一路”高质量发展。 探索通过土地、资本等要素使用权、收益权增加中低收入群体要素收入。多渠道增加城乡居民财产性收入。 制定人口长期发展战略，优化生育政策，增强生育政策包容性。 积极开发老龄人力资源，发展银发经济。	《中共中央关于制定国民经济和社会发展第十四个五年规划和二〇三五年远景目标的建议》全文发布
11 月 13 日	重庆	通知明确，住房租赁资金监管的适用范围为在本地通过受托经营、转租方式、自有房源等方式从事住房租赁经营业务的企业（以下简称“住房租赁企业”）。 通知发布日起，在营住房租赁企业在渝机构总部应在一个月内与住房租赁资金监管银行签订资金监管协议，开立监管账户，用于归集在渝所有分支机构需监管资金；住房租赁企业应梳理存量房源和存量租金收支情况，向房源所在地住房城乡建设部门书面报告。新开业住房租赁企业申请企业备案及开业信息申报前需签订资金监管协议，开立监管账户，企业备案及开业信息申报时，同步提交监管协议及账户信息。 凡是承租人向住房租赁企业支付租金周期超过三个月的，住房租赁企业收到的租金和以房屋租赁贷款方式获得的资金均应纳入监管。承租人向住房租赁企业支付租金周期在三个月以内的，由承租人自主决定是否将租金存入监管账户管理。 监管账户开设后，新产生的租赁关系，在住房租赁合同签订并备案后，住房租赁企业与承租人和承办银行签订住房租赁资金监管协议，监管协议中的承租人、月租金金额、支付周期、租期、监管期限等应与备案的房屋租赁合同保持一致。	重庆市住建委联合重庆监管局等多部门发布《关于实施住房租赁资金监管加强住房租赁企业合规经营的通知》
11 月 17 日	深圳	对住房租赁企业经营行为提出如下要求：一、加强住房租赁行业监督管理；二、严格落实信息公示制度；三、切实规范从业人员管理；四、确保房源信息发布真实；五、依法从严处罚违法租赁行为；六、慎重选择租金收取模式；七、建立健全纠纷调处机制。	深圳市住房和建设局发布《关于切实规范住房租赁企业经营行为的紧急通知》
11 月 17 日	西安	加快推进政策性租赁住房建设管理与市场化租赁住房运行管理协调发展：一是完善住房租赁机制体制；二是增加租赁住房市场供应；三是培育规模化规范化市场供应主体；四是搭建住房租赁服务平台；五是稳定住房租金水平；六是加强住房租赁市场监管；七是大力促进住房租赁合同网签备案。	西安发布《西安市住房租赁试点工作实施方案》

8-12 续表 6

时间	地区	政策内容	政策来源
11月19日	嘉兴	全职在秀洲区用人单位工作，且用人单位为注册纳税均在秀洲区的企业及民办非等具有公益性的社会组织，服务受益对象在秀洲区的各单位，高校毕业未满3年，且未享受过购房补贴等人才安居和其他住房保障政策的新就业无房职工（公务员及事业单位在编人员除外），可以发放租房补贴为保障方式。租房补贴标准为400元/月，补贴时间为1年。	嘉兴市秀洲区人民政府办公室发布《关于加强新就业职工公共租赁住房保障的通知》
11月23日	浙江	深入实施人才强省、创新强省首位战略，加快建设高水平创新型省份。 突出扩内需、畅通双循环，加快探索构建新发展格局，促进住房消费健康发展。 推动经济发展质量变革、效率变革、动力变革，加快建设具有国际竞争力的现代产业体系。 推动有效市场和有为政府更好结合，加快构建充满活力的市场经济体制机制。 深入实施新型城镇化战略和乡村振兴战略，加快推进城乡一体化。全面提升中心城市能级。唱好杭州、宁波“双城记”，大力培育国家中心城市。促进大中小城市和小城镇协调发展。坚持房子是用来住的、不是用来炒的定位，租购并举、因城施策，有效增加保障性住房供给，促进房地产市场平稳健康发展。推进以县城为重要载体的城镇化建设，推进县域经济向城市经济升级。分类引导小城镇发展，统筹推进中心镇发展改革、小城市培育试点，增强新发展能力和服务能力。深化户籍制度改革，完善财政转移支付和城镇新增建设用地规模与农业转移人口市民化挂钩政策，强化基本公共服务保障，加快农业转移人口市民化。健全城乡统一的建设用地市场，探索实施集体经营性建设用地入市配套制度。探索宅基地所有权、资格权、使用权分置实现形式，有效盘活利用闲置宅基地和闲置农房。	《中共浙江省委关于制定浙江省国民经济和社会发展第十四个五年规划和二〇三五年远景目标的建议》发布
11月24日	南京	《细则》适用范围是南京市已建成并具有一定规模的商业、研发、办公、酒店（宾馆）、厂房等存量房屋。改建项目应当以整栋、整单元、整层（应具备独立交通空间）为基本改建单位。	南京市城乡建设委员会发布《南京市存量房屋改建为租赁房屋办理实施细则（试行）》
11月24日	西安	将对西安市的住房租赁企业进行信用分级，并根据信用等级进行奖励和惩戒，主要针对在西安市城市规划区内国有土地上依法注册开展住房租赁活动的企业，其信用信息的采集、审核、评价、发布及应用管理适用本办法。住房租赁企业信用信息基础分值50分。信用信息评价得分=基本信息分+良好信用信息分-不良信用信息分。信用分值和信用等级随着企业信用积分变化情况在“住房租赁交易服务平台”动态更新，供社会公众查询。	西安市发布关于公开征求《西安市住房租赁企业信用信息管理办法》（征求意见稿）
11月25日	武汉	《通知》规定：住房租赁企业不得以隐瞒、欺骗、强迫等方式要求承租人使用住房租金消费贷款，不得以租金分期、租金优惠等名义诱导承租人使用住房租金消费贷款，不得将住房租金消费贷款相关内容嵌入住房租赁合同。	武汉市住房保障房管局关于进一步加强住房租赁行业监督管理的紧急通知
12月3日	全国	要牢牢坚持房子是用来住的、不是用来炒的定位，不把房地产作为短期刺激经济的手段，时刻绷紧房地产市场调控这根弦，从实际出发不断完善政策工具箱，推动房地产市场平稳健康发展。要加强“十四五”时期住房发展顶层设计，研究好住房市场和住房保障两个体系，更好发挥规划的导向作用。完善相关法规和政策，加强日常监管，促进住房租赁市场健康发展。	韩正在住房城乡建设部召开座谈会
12月7日	北京	《建议》提出，完善多主体供给、多渠道保障、租购并举的住房保障体系。坚持“房住不炒”定位，完善房地产市场平稳健康发展长效机制。有序均衡供应住宅用地，加大保障性住房供给。鼓励存量低效商办项目改造，深入推进集体土地租赁住房试点，持续规范和发展住房租赁市场。优化住房供应空间布局，促进职住平衡。	《中共北京市委关于制定北京市国民经济和社会发展第十四个五年规划和二〇三五年远景目标的建议》

8–12　续表 7

时间	地区	政策内容	政策来源
12 月 7 日	重庆、四川	方案明确，双方将在建立常态化联络机制、推进完善住房保障体系、协同解决新市民住房问题、共同推动保障信息公开、推动租住管理刚柔并济等方面进行合作，逐步实现川渝地区公租房网上申请，共同推动公租房保障范围城镇常住人口全覆盖，实现无差别受理、同标准办理。	川渝联合发布《深化川渝住房保障合作工作方案》
12 月 8 日	海南	《建议》提出，建立闲置房屋盘活利用机制，支持发展度假和康养型民宿。健全多层次住房保障和供应体系。坚持“房住不炒”的定位，租购并举、因城施策，促进房地产市场平稳健康发展。加快安居型商品住房、公共租赁住房、市场化租赁住房、人才住房等各类住房建设，切实解决好本地居民和引进人才基本住房需求。推动商务地产、旅游地产、商业地产、工业地产等鼓励类地产转型发展。	《中共海南省委关于制定国民经济和社会发展第十四个五年规划和二〇三五年远景目标的建议》
12 月 10 日	广东	《通知》提出，为全日制应届毕业生提供免费过渡服务，加大货币补贴与实物保障；降低青年租购房门槛，将通过降低户籍、社保等门槛，为青年人才购房提供便利，如广州市将本科以上新就业大学生纳入住房保障范围，在黄埔区，青年人才工作半年即可买房；在深圳，青年落户门槛降至大专文凭；在佛山，本科毕业青年人才有工作证明即可购房。力争到 2022 年，珠三角地区城市每年新增房源中面向全日制普通高等院校（含海外留学）应届毕业生的比例不少于 20%，非珠三角地区城市不少于 10%。	共青团广东省委员会与广东省住房和城乡建设厅联合印发《关于开展“青年安居计划”高校应届毕业生住房保障服务行动的通知》
12 月 10 日	上海	建议提到，在加快优化市域空间格局方面，建议上海着眼于融入新发展格局，加快形成“中心辐射、两翼齐飞、新城发力、南北转型”空间新格局，推动土地、能耗等指标向重点区域倾斜，更好促进城市资源要素科学配置、合理流动。构筑更加公平可靠的多层次社会保障体系。坚持房子是用来住的、不是用来炒的定位，建立健全房地产市场平稳健康发展长效机制，优化“四位一体”住房保障体系，完善租赁住房政策，增加租赁住房供应。坚持能快则快、攻坚突破，加快推进旧区改造、城中村改造，持续推进住宅小区综合治理，支持推动物业管理规范有序。	《中共上海市委关于制定上海市国民经济和社会发展第十四个五年规划和二〇三五年远景目标的建议》
12 月 11 日	全国	会议要求，强化反垄断和防止资本无序扩张，促进房地产市场平稳健康发展。	中央政治局会议
12 月 18 日	全国	总结 2020 年经济工作，分析当前经济形势，部署 2021 年经济工作。会议提出：要坚持房子是用来住的、不是用来炒的定位，因地制宜、多策并举；要高度重视保障性租赁住房建设，加快完善长租房政策。	中央经济工作会议
12 月 21 日	全国	住建部召开全国住房和城乡建设工作会议，会议全面总结 2020 年和“十三五”住房和城乡建设工作，分析面临的形势和问题，提出 2021 年工作总体要求和重点任务。	全国住房和城乡建设工作会议
12 月 24 日	北京	《通知》明确了政策调整范围，即“利用本市国有土地上的规划用途为住宅的居住小区内房屋，按日或者小时收费，提供住宿休息服务的经营场所”，并按区域实行差异化管理，首都功能核心区内禁止经营短租住房。同时，明确了经营短租住房的管理要求，主要包括：经营短租住房的条件；短租住房经营者的安全责任；互联网平台核验责任；物业服务企业或房屋管理单位的管理责任；监管职责。	北京市四部门联合印发《关于规范管理短租住房的通知》
12 月 31 日	深圳	完善住房供应和保障体系。坚持“房住不炒”，多措并举促进房地产市场平稳健康发展。构建完善“4+2+2+2”住房供应和保障体系，加强保障性租赁住房建设，逐步使租购住房在享受公共服务上具有同等权利，规范发展长租房市场。推动土地供应向租赁住房建设倾斜，单列租赁住房用地计划，探索利用集体建设用地和企事业单位自有闲置土地建设租赁住房。整顿租赁市场秩序，规范市场行为，对租金水平进行合理调控。健全公共住房分配管理、封闭流转和各类公共住房定价机制，完善公共住房租后监管制度。坚持稳地价、稳房价、稳预期，促进房地产市场平稳健康发展，有效防范化解房地产市场风险。建立健全经济适用、品质优良、绿色环保的住房标准体系，提升物业现代化管理水平，加快老旧小区改造。持续改善城中村居住环境和配套服务，打造整洁有序、安全舒适的新型社区。	《中共深圳市委关于制定深圳市国民经济和社会发展第十四个五年规划和二〇三五年远景目标的建议》

报告篇

报告一　2021中国房地产百强企业研究

一、研究背景与目的

中国房地产 TOP10 研究组自 2004 年以来开展中国房地产百强企业研究，已连续进行了 18 年。研究组紧随行业发展脉搏，深入研究房地产企业经营规律，为促进行业良性运行、企业快速成长发挥了重要作用，相关研究成果已成为评判房地产企业经营实力及行业地位的重要依据。

2020 年中央经济工作会议指出，2021 年是“十四五”规划开局之年，要“坚持稳中求进工作总基调，以推动高质量发展为主题，以深化供给侧结构性改革为主线，加快构建以国内大循环为主体、国内国际双循环相互促进的新发展格局”；“坚持房子是用来住的、不是用来炒的定位，因地制宜、多策并举，促进房地产市场平稳健康发展”。在此背景下，房地产行业所面临的机遇与挑战将有新的变化，房地产企业应强化风险意识，增强内生动力，推动企业实现高质量发展。为此，研究组启动“2021 中国房地产百强企业研究”，以“强基固本，砥砺前行”为主题，发掘行业中综合实力强、成长潜力大、经营稳健、社会责任感强的优秀房地产企业群体，鼓励企业创新业务模式、优化资源配置，引领行业持续健康发展。

在分析总结历年研究经验及房地产企业发展现状的基础上，研究组进一步完善了研究方法和评价指标体系，继续从规模性、盈利性、成长性、稳健性、融资能力、运营效率和社会责任感等七个方面全面、客观地评价企业的综合实力，引导企业不断优化发展模式，推动行业健康、良性运行。

中国房地产百强企业研究目的包括以下三点。

（1）通过企业规模性、盈利性、成长性、稳健性、融资能力、运营效率和社会责任等指标的量化研究，发掘综合实力强、经营稳健以及具备较强社会责任感的优秀企业群体；

（2）通过系统研究，打造“中国房地产百强企业”品牌，提升企业知名度和影响力，发挥百强企业的行业示范效应，推动房地产企业做强做好做大；

（3）通过企业评价，鼓励企业为社会多做贡献，以营造行业重视社会责任的氛围，发挥房地产业作为国民经济重要支柱产业和重要民生行业的作用。

二、研究方法体系

（一）标准和门槛值

中国房地产百强企业研究坚持以数据为依据，坚持客观、公正、准确、全面的研究原则。TOP10 研究组依照国际惯例，对中国房地产百强企业设立如下筛选标准和门槛值。

（1）依法设立并登记注册的房地产开发经营企业作为本次的研究对象；

（2）按照国际惯例，对进入研究的企业给予一个门槛指标，研究组根据近5年百强企业实际状况，确定近3年房地产业务销售额均值达到30亿元或销售面积均值达到30万平方米为入选门槛值；

（3）为了引导房地产开发企业做强做好做大，研究组鼓励以集团的名义参与；

（4）符合上述1~3条，但是有严重拖欠工程款，或有重大偷漏税等违规行为问题的企业，取消评审资格。

（二）评价指标体系

2021中国房地产百强企业研究以2018~2020年度为研究时间段，涵盖7个二级指标34个三级指标，全面考量企业综合实力。

评价指标体系的设计主要把握以下几个基本原则。

（1）企业规模与运营效率相结合。规模与效率是企业向前发展的双驱动力，规模经济的获取离不开高效率的经营管理，基于资金密集型特性，房地产企业只有在不断提高经营管理的运转效率，更好地实现资本的良性增值循环的基础上，才能稳健扩张规模；在市场波动明显的情况下，较高周转率对于企业的稳健经营更是具有重要意义。研究组采用净资产、房地产业务收入、总资产周转率、存货周转率等指标，综合反映企业规模化发展与运营效率的情况。

（2）成长潜力与经营稳健相结合。房地产是资金密集型行业，也是一个容易受政策影响的行业。企业的高杠杆运营，在市场调整期往往带来资金链断裂的巨大压力；而一旦市场向好，企业为补偿资本所承受的风险，又容易诱发提高房价、盲目囤地，进一步推高了行业的不确定性风险，增加了企业的经营难度。此次研究继续强调企业成长潜力的培育必须建立在稳健经营的前提下，注重短期财务风险的控制，处理好稳健经营与快速成长之间的关系，以维护整个行业的平稳健康发展。

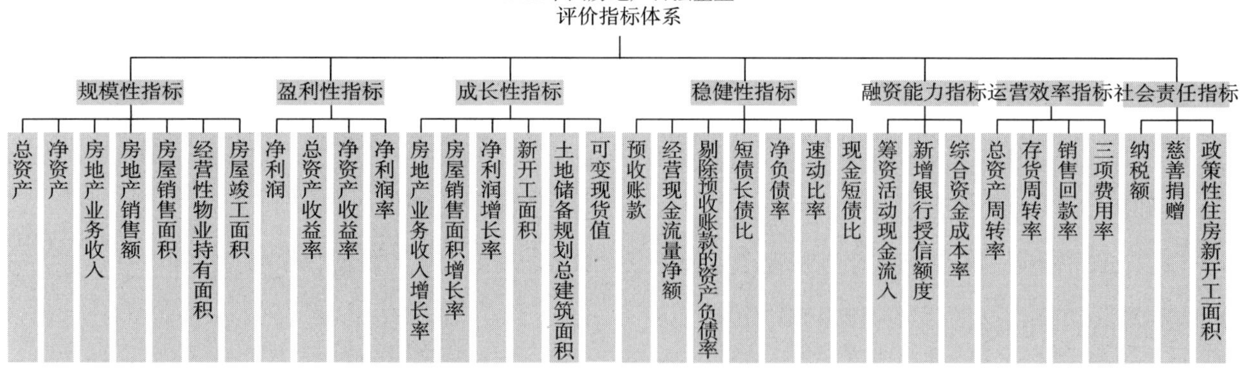

图1　2021中国房地产百强企业评价指标体系

（3）盈利能力与社会责任相结合。企业必须稳步盈利才能实现永续经营，研究组对房地产企业盈利能力的评价，将从净利润、净资产收益率、净利润率等角度来进行，更全面地衡量企业在不同市场形势下的盈利状况及成本控制水平。同时从纳税、政策性住房新开工面积、慈善捐赠三个基本层面引导企业重视社会责任，积极构建和谐社会，并将其作为企业综合实力评价的重要内容。

（4）融资能力与综合实力相结合。融资能力对于房地产企业有着极其重要的意义，项目的获取、运营等环节都离不开强大的融资能力支持。本次研究通过筹资活动现金流入、本年新增银行授信额度及综合资金成本率三个指标来分析企业的融资实力，表现突出的企业其综合实力指数相应提高。

在 2021 中国房地产百强企业研究中，中国房地产 TOP10 研究组根据企业规模与运营效率相结合、成长潜力与经营稳健相结合、盈利能力与社会责任相结合、融资能力与综合实力相结合的原则，全面客观地评价企业的综合实力。

（三）数据来源和复核

数据来源：

（1）房地产开发企业填报数据；

（2）中房指数系统（CREIS）数据库；

（3）房地产企业对外公布的信息（包括公司年报、企业网站公布的信息和对外派发的宣传资料）；

（4）有关政府部门（包括建委、房管局和统计局等）的公开数据；

（5）2018 年、2019 年、2020 年中国房地产百强企业研究收集企业数据资料；

（6）2018 年、2019 年、2020 年中国房地产上市公司研究收集企业数据资料；

（7）2018 年、2019 年、2020 年中国房地产品牌价值研究收集企业数据资料。

数据复核：

企业填报数据须如实客观，研究组将对填报数据进行复核。

（1）企业财务数据通过会计师事务所出具的报表进行复核；

（2）通过税单复核企业经营收入及利润；

（3）对收集的数据坚持交叉复核：通过各地房地产交易中心公开的项目交易情况复核企业提供的销售数据；通过统计局的企业直报数据进行交叉复核；对有疑问的数据研究组可要求进行现场复核。

企业填报数据经过复核存在疑义或未提供数据的企业未纳入本次研究范畴。

（四）计量评价方法

（1）在研究方法上，为增加研究的严谨性，采用因子分析（Factor Analysis）的方法。因子分析是一种从变量方差—协方差结构入手，在尽可能多地保留原始信息的基础上，用少数新变量解释原始变量方差的多元统计分析方法。它将原始变量分解为公共因子和特殊因子之和，并通过因子旋转，得到符合现实意义的公共因子，然后用这些公共因子去解释原始变量的方差。计算中国房地产百强综合实力时，主要是计算各构成要素的相关矩阵，通过相关矩阵得到特征值、累计特征值及因子载荷。根据最初几个特征值在全部特征值的累计百分率大于或等于某百分比的原则，确定公共因子的具体个数。然后再根据因子载荷矩阵确定各个因子的现实意义并进行重新命名，最后根据不同企业各个因子的得分及载荷矩阵，通过加权累加构成 2021 中国房地产百强综合实力指数。

（2）企业按评价指标体系排序出现相同时，依照慈善捐赠数据确定排序；当上述累加计算又基本相同时，按西部、中部、东部排序确定。

三、主要研究成果

（一）2021 中国房地产百强企业

在 2021 中国房地产百强企业研究中，中国房地产 TOP10 研究组根据近 5 年百强企业实际状况，初选了 500 家符合要求的开发企业，依据企业规模与运营效率相结合、成长潜力与经营稳健相结合、盈利能力与社会责任相结合、融资能力与综合实力相结合的原则，运用因子分析法及相关数学模型，对全国 500 家房地产企业（集团）的规模性、盈利性、成长性、稳健性、融资能力、运营效率和社会责任等 7 个方面的 34 个指标和其他数据信息进行深入地分析研究，科学全面地计算出房地产企业的综合实力指数，研究产生了 2021 中国房地产综合实力百强企业。

表 1　　“2021 中国房地产百强企业”名单

恒大地产集团有限公司	广州市敏捷投资有限公司	北京鸿坤伟业房地产开发有限公司
碧桂园控股有限公司	红星地产	实地地产集团
万科企业股份有限公司	金辉集团股份有限公司	爱家集团
保利发展控股集团	四川新希望房地产开发有限公司	领地集团有限公司
融创中国控股有限公司	佳源集团	上海城建置业发展有限公司
中海地产（中国海外发展）	中冶置业集团有限公司	时代大地控股集团有限公司
华润置地有限公司	宝龙地产控股有限公司	财信地产发展集团股份有限公司
招商局蛇口工业区控股股份有限公司	越秀地产股份有限公司	龙记泰信实业集团有限公司
绿城中国控股有限公司	联发集团有限公司	郑州绿都地产集团股份有限公司
龙湖集团控股有限公司	东原房地产开发集团有限公司	杭州宋都房地产集团有限公司
新城控股集团股份有限公司	重庆华宇集团有限公司	恒泰集团
世茂集团控股有限公司	苏宁置业集团有限公司	天山房地产开发集团有限公司
阳光城集团股份有限公司	武汉城市建设集团有限公司	睿古地产集团
中国金茂控股集团有限公司	俊发集团有限公司	北京城建投资发展股份有限公司
金科地产集团股份有限公司	隆基泰和置业有限公司	华董（中国）有限公司
荣盛房地产发展股份有限公司	花样年集团（中国）有限公司	深业集团有限公司
雅居乐集团控股有限公司	景瑞地产（集团）有限公司	正黄集团有限公司
正荣集团有限公司	当代置业（中国）有限公司	金侨投资控股有限公司
广州富力地产股份有限公司	星河控股集团有限公司	四川圣桦集团有限公司
龙光集团有限公司	中国葛洲坝集团房地产开发有限公司	合能投资有限公司
四川蓝光发展股份有限公司	德信中国控股有限公司	华夏阳光地产有限公司
绿地控股集团股份有限公司	北京金隅集团股份有限公司	众安集团有限公司
杭州滨江房产集团股份有限公司	福星惠誉控股有限公司	潍坊恒信建设集团有限公司
佳兆业集团控股有限公司	三盛集团有限公司	鲁商健康产业发展股份有限公司
奥园集团有限公司	仁恒置地集团有限公司	东投地产集团有限公司
祥生实业集团有限公司	杭州市城建开发集团有限公司（大家房产）	润达丰控股集团有限公司
远洋集团控股有限公司	华鸿嘉信控股集团有限公司	儒辰集团
中国铁建房地产集团有限公司	北京北辰实业股份有限公司	华景川集团有限公司
新力控股（集团）有限公司	德杰集团	鼎瓯集团
合景泰富集团	荣安地产股份有限公司	四川恒邦双林实业集团有限公司
大悦城控股集团股份有限公司	光明房地产集团股份有限公司	荔园集团
珠海华发实业股份有限公司	美好置业集团股份有限公司	永同昌集团
中骏集团控股有限公司	康桥集团	
上海中建东孚投资发展有限公司	上海建工房产有限公司	

（二）百强企业整体发展特点分析

1. 销售总额超十万亿，头部阵营趋于固化

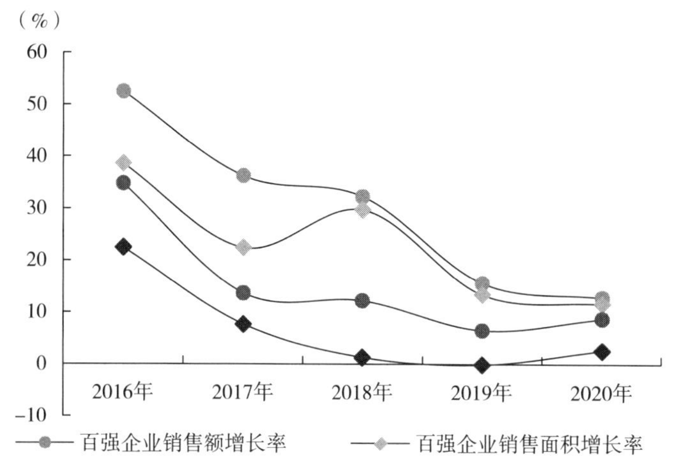

图 2　百强企业 2016~2020 年销售增长情况

2020 年，全国商品房销售额为 173613 亿元，同比增长 8.7%，增速较上年上升 2.2 个百分点，销售面积为 176086 万平方米，同比增长 2.6%，增速较上年上升 2.7 个百分点。2020 年，百强企业快速适应市场变化，把握城市复苏机会加大推盘，联动线上与线下资源，助力项目快速去化，销售规模稳步提升，销售总额超十万亿元，销售总额、销售面积分别达 109771.6 亿元、79634.7 万平方米，同比增长 12.8% 和 11.6%，增长率分别高于同期全国增幅 4.1、9.0 个百分点，继续跑赢大势。

2. 把握城市复苏轮动机遇，快推盘强营销促增长

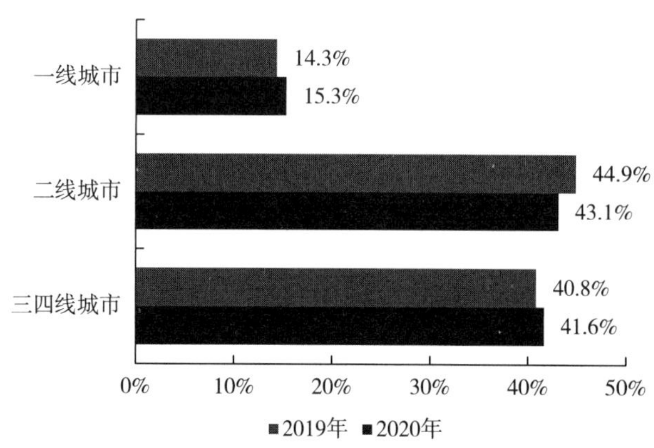

图 3　百强代表企业 2019、2020 年各等级城市销售额分布

2020 年，在疫情冲击叠加楼市调控背景下，百强企业把握热点城市政策窗口期，抓住城市复苏机遇积极抢收，实现了销售业绩的稳步增长，一线及三四线城市成交占比提升。从 50 家百强代表企业重点项目销售情况来看，一线城市受供应改善、需求释放等因素影响，销售额占比较上年小幅上升 1.0 个百分点至 15.3%；二线城市占比为 43.1%，较上年下降 1.8 个百分点；三四线城市全年受疫情影响相对较小，叠加宏观信贷环境宽松及地方支持政策等因素，销售额占比增长 0.8 个百分点至 41.6%。

3. 盈利能力持续下行，优秀企业控成本强管理保增收

2020 年百强企业营业收入与净利润保持增长态势，增速较上年有所放缓。销售业绩的稳步增长带动营业收入和净利润的增长态势，百强企业营业收入均值达 596.9 亿元，净利润均值达 71.5 亿元，分别同比增长 18.3%、9.8%，增速较上年减少 2.8、4.4 个百分点。由于营业成本上涨，百强企业净利润均值增速不及营业收入均值增速，"增收少增利"现象持续。

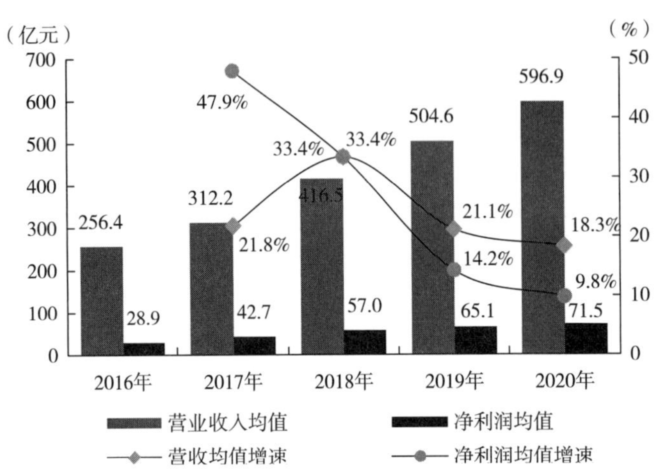

图 4　百强企业 2016~2020 年营业收入与净利润均值变化情况

4. 投资聚焦核心城市群，多元化融资保发展

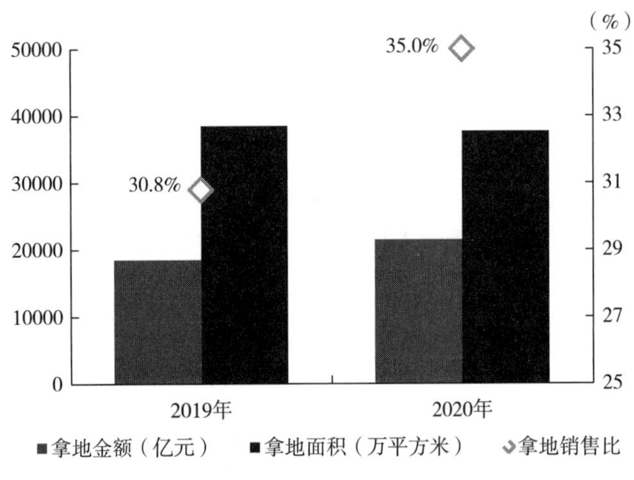

图 5　百强代表企业 2019~2020 年拿地总量及拿地销售比

2020 年初受新冠肺炎疫情影响，土地市场热度较低，企业拿地积极性受挫。随着疫情得到控制，土地市场逐步升温，全年百强企业投资强度有所加大。百强企业布局继续回归一二线，拿地聚焦热点城市群，长三角、粤港澳成为新增土储的主要区域。百强企业继续发力旧改、产业、文旅、轨交领域，多渠道获取项目资源。与此同时，百强企业积极拓展股权融资渠道，通过赴港上市、增发配股、引入战投等方式补充资金。

5. 三道红线下降档初显成效，促回款保障资金链安全

百强企业积极降负债，但负债水平仍处于高位。2020 年，百强企业资产负债率均值、剔除预收账款后的资产负债率均值分别为 78.7%、70.9%，较上年下降 0.7、0.9 个百分点，净负债率均值为 94.6%，较上

年下降 9.6 个百分点。在房地产金融审慎管理和偿债高峰双重压力下，房企需在发展中解决降负债问题，将更加依赖销售端资金来源，理性拿地、加快周转将成为企业必要动作。

6. 精准布局降低经营风险，高价地去化压力逐步释放

随着融资环境的再度收紧，“三道红线”势必倒逼房企去杠杆、降负债，受其影响房企对自身资金使用将更加审慎，多数房企将通过销售回款、降低现金支出等方式改善财务状况。在这样的环境预期下，对于企业而言，是否有充足的可售货值则是关乎长久发展的关键所在；与此同时，货值的分布结构也很大程度上决定了其去化程度与销售回款，因此保持充足的可售货值和良好的货值结构，才能保障企业稳定发展。

7. 积极依法纳税，履行企业公民责任

2020 年，百强企业积极依法纳税，纳税额稳步增加。百强企业纳税额均值达 72.7 亿元，同比增长 10.3%，其中税金及附加均值为 45.8 亿元，所得税均值为 26.8 亿元，同比分别增长 11.4%、8.4%。此外，百强企业持续加大社会公益领域投入，在保障房、教育、养老等多方面积极履行企业公民责任。

8. 多举措筑牢疫情战线，助力打赢疫情防控战役

百强企业一手抓疫情防控，一手抓复工复产，助力打赢经济发展和疫情防控两场战役。在抗击疫情这场人民战争中，百强企业充分发挥自身优势，积极履行社会责任，获得社会各界认可和表扬。

四、2021 中国房地产百强企业 TOP10 研究

中国房地产 TOP10 研究组在百强企业研究的基础上，基于对企业规模性、盈利性、成长性等方面的深入研究，评价产生了 2021 中国房地产百强企业“综合实力 TOP10”“规模性 TOP10”“盈利性 TOP10”“成长性 TOP10”“稳健性 TOP10”“融资能力 TOP10”“运营效率 TOP10”“年度社会责任感企业”和“年度扶贫标杆企业”。

表 2　　2021 中国房地产百强企业“综合实力 TOP10”

排名	公司名称
1	恒大地产集团有限公司
2	碧桂园控股有限公司
3	万科企业股份有限公司
4	保利发展控股集团
5	融创中国控股有限公司
6	中海地产（中国海外发展）
7	华润置地有限公司
8	招商局蛇口工业区控股股份有限公司
9	绿城中国控股有限公司
10	龙湖集团控股有限公司

2020 年，综合实力 TOP10 企业把握城市轮动复苏机遇，实现业绩稳步增长，经营水平持续提升，行业地位稳固。

表 3　　2021 中国房地产百强企业“规模性 TOP10”

排名	公司名称
1	碧桂园控股有限公司
2	恒大地产集团有限公司
3	万科企业股份有限公司
4	融创中国控股有限公司
5	保利发展控股集团
6	中海地产（中国海外发展）
7	世茂集团控股有限公司
8	华润置地有限公司
9	绿城中国控股有限公司
10	招商局蛇口工业区控股股份有限公司

2020 年，规模性 TOP10 企业的资产和销售规模持续扩大，总资产均值 12159 亿元，同比增长 14.8%，销售额及营业收入均值分别为 4807.2 亿元和 2536.9 亿元，强者恒强态势依旧。

表 4　　2021 中国房地产百强企业“盈利性 TOP10”

排名	公司名称
1	中海地产（中国海外发展）
2	保利发展控股集团
3	融创中国控股有限公司
4	龙光集团有限公司
5	中国金茂控股集团有限公司
6	雅居乐集团控股有限公司
7	中冶置业集团有限公司
8	杭州滨江房产集团股份有限公司
9	合景泰富集团
10	阳光城集团股份有限公司

2020 年，盈利性 TOP10 企业的利润水平稳步提升，净利润均值同比增 25.9% 至 206.5 亿元，是同期百强企业净利润均值的 2.9 倍。同时，盈利性 TOP10 企业拥有较好盈利质量，净资产收益率均值为 18.6%，高出百强企业均值 4.2 个百分点。

表 5　　2021 中国房地产百强企业“成长性 TOP10”

排名	公司名称
1	中国金茂控股集团有限公司
2	绿城中国控股有限公司
3	祥生实业集团有限公司
4	四川蓝光发展股份有限公司
5	新力控股（集团）有限公司
6	中国铁建房地产集团有限公司
7	奥园集团有限公司
8	北京金隅集团股份有限公司
9	荣安地产股份有限公司
10	龙记泰信实业集团有限公司

2020 年，成长性 TOP10 企业销售额均值增长率为 19.7%，营业收入均值增长率达 30.7%，超过同期百强企业均值 12.4 个百分点。

表 6　　2021 中国房地产百强企业“稳健性 TOP10”

排名	公司名称
1	阳光城集团股份有限公司
2	金科地产集团股份有限公司
3	上海建工房产有限公司
4	中冶置业集团有限公司
5	当代置业（中国）有限公司
6	佳兆业集团控股有限公司
7	苏宁置业集团有限公司
8	花样年集团（中国）有限公司
9	爱家集团
10	广州市敏捷投资有限公司

2020 年，稳健性 TOP10 企业资产负债率均值为 75.9%，低于同期百强企业均值 2.8 个百分点，杠杆率低于行业平均水平；稳健性 TOP10 企业在 2020 年的现金短债比均值为 2.05，显著高于同期百强企业平均水平，短期偿债能力较强。

表 7　　2021 中国房地产百强企业“融资能力 TOP10”

排名	公司名称
1	恒大地产集团有限公司
2	保利发展控股集团
3	中国金茂控股集团有限公司
4	荣盛房地产发展股份有限公司
5	新城控股集团股份有限公司
6	花样年集团（中国）有限公司
7	杭州滨江房产集团股份有限公司
8	当代置业（中国）有限公司
9	大悦城控股集团股份有限公司
10	景瑞地产（集团）有限公司

2020 年，在金融监管从严的背景之下，融资能力 TOP10 企业凭借自身综合实力优势，与金融机构达成合作、积极发行信用债，同时坚持探索新型融资渠道，为企业稳定健康发展提供强有力的支持。

表 8　　2021 中国房地产百强企业“运营效率 TOP10”

排名	公司名称
1	融创中国控股有限公司
2	恒大地产集团有限公司
3	红星地产
4	广州富力地产股份有限公司
5	奥园集团有限公司
6	祥生实业集团有限公司
7	荣盛房地产发展股份有限公司
8	联发集团有限公司
9	龙记泰信实业集团有限公司
10	景瑞地产（集团）有限公司

2020 年，运营效率 TOP10 企业不断优化布局结构，把握主流需求，加快销售回款保障现金流，同时企业不断优化管理模式，提升企业运营效率。

表 9　　2020 ~2021 中国房地产“年度社会责任感企业”

公司名称
保利发展控股集团
绿城中国控股有限公司
宝龙地产控股有限公司
祥生实业集团有限公司
大悦城控股集团股份有限公司
上海建工房产有限公司
中冶置业集团有限公司
财信地产发展集团股份有限公司
上海中建东孚投资发展有限公司
武汉城市建设集团有限公司

2020 年，年度社会责任感企业积极履行纳税义务，投身社会公益活动，聚焦儿童权益保护、城市更新、抗击疫情等多领域开展公益活动，全方位回馈社会。

表 10　　2020~ 2021 中国房地产“年度扶贫标杆企业”

公司名称
恒大集团
碧桂园控股有限公司
佳兆业集团控股有限公司
正荣集团有限公司
奥园集团有限公司
宝龙地产控股有限公司
上海中建东孚投资发展有限公司
财信地产发展集团股份有限公司
金辉集团股份有限公司
中国铁建房地产集团有限公司

2020 年，扶贫标杆企业积极响应党和政府号召，踊跃参与精准扶贫，投入大量人力物力，带动被帮扶对象脱贫，获得了社会各界的认可和肯定，彰显了负责任企业的形象。

表 11　　2021 中国房地产百强之星

公司名称	公司名称
龙光集团有限公司	天山房地产开发集团有限公司
北京金隅集团股份有限公司	北京鸿坤伟业房地产开发有限公司
广州市敏捷投资有限公司	汇景控股有限公司
中国葛洲坝集团房地产开发有限公司	朗基地产集团有限公司
三盛集团有限公司	睿古地产集团
龙记泰信实业集团有限公司	德杰集团
金侨投资控股有限公司	粤港湾控股有限公司
北京北辰实业股份有限公司	上海城建置业发展有限公司
隆基泰和置业有限公司	

表 12

北京市 TOP10	重庆市 TOP10	武汉市 TOP10	河北省 TOP10	河南省 TOP10	山东省 TOP10
首开股份	融创中国	武汉城建集团	华夏幸福	建业地产	融创中国
中海地产（中国海外发展）	金科股份	中建三局地产	荣盛发展	碧桂园	万科
万科	龙湖集团	福星惠誉	隆基泰和	正商集团	碧桂园
天恒集团	万科	美好置业	天山集团	康桥集团	龙湖集团
中国金茂	恒大地产	武汉城投	融创中国	恒大地产	山东旭辉银盛泰

续表

北京市 TOP10	重庆市 TOP10	武汉市 TOP10	河北省 TOP10	河南省 TOP10	山东省 TOP10
保利发展	保利发展	联投置业	万科	万科	恒大地产
华润置地	华宇集团	百步亭集团	保利发展	永威置业	中海地产（中国海外发展）
远洋地产	旭辉集团	奥山控股	安联地产	东方今典	济宁城投嘉华
金地集团	香港置地	卓尔智城	远洋地产	同信地产集团	华润置地
绿城中国	阳光城	恺德控股	沧州天成	博群集团	中国金茂

结　语

2020 年，百强企业把握城市复苏轮动机会大力推盘，整合线上与线下资源创新营销，销售总额首次突破十万亿元，市场份额稳步提升。百强企业一方面积极在热点城市群及重点城市拓储，同时在金融监管不断强化的背景下创新融资方式，保证企业发展的土地和资金需求；另一方面注重风险管控，加速销售回款，在发展中降杠杆，同时加速高价地项目去化，强化现金流管理，以内生式增长促进高质量发展。

副报告一　2021 中国房地产企业发展战略研究

2020 年，在新冠疫情冲击下，中国经济依然实现了正增长，房地产市场实现了超预期增长。在行业环境趋稳、监管强化、整体市场空间仍存、企业发展降速的市场背景下，房地产行业进入全面竞争时代。一方面，房企应强基固本，全面提升经营质效，通过精投资、优产品、强运营等方面能力提升，修炼内功以达到规模、盈利、风险的平衡。另一方面，房企应响应国家战略发展需要，布局优势产业，并通过在商业、产业、养老、文旅等领域中的强运营，把握发展机遇增强自身综合发展实力。

1. 审慎管理，稳健增长

（1）房地产金融审慎管理是里程碑

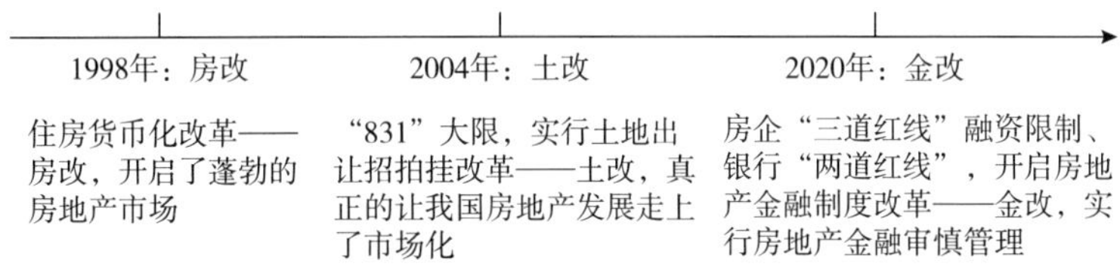

图 6　中国房地产制度发展脉络

2020 年对房企实施“三道红线”融资限制、对银行“两道红线”实施房地产贷款集中度管理，建立房地产金融审慎制度，对我国房地产制度建设具有里程碑意义，将再次深刻影响我国房地产发展。总体来看，我国房地产制度建设呈现出“房改”—“土改”—“金改”的脉络特征。

（2）房地产市场呈现弱周期性

房地产市场量价波动减弱。从数据来看，全国商品房销售面积增速逐渐收窄，尤其在近三年，增速均在 3% 以下，变动较小；同样的，近几年百城价格同比涨幅也在收窄，2019 年和 2020 年分别增长 3.3% 和 3.5%，周期性明显减弱。

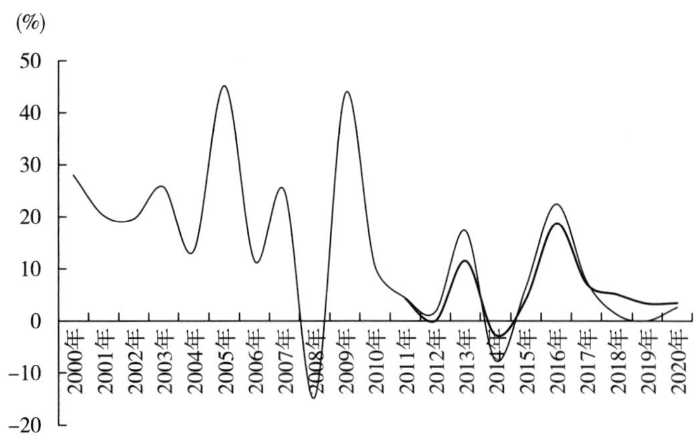

图 7 2000~2020 年全国商品房销售面积增速和百城价格涨幅

（3）房地产市场呈现“慢牛”特征

未来 10 年我国房地产市场发展将呈现出“慢牛”市场。一方面，在城市化和经济增长驱动下，我国房地产市场仍有向上发展空间；另一方面，房地产金融审慎管理下，将会降低房地产市场风险，房地产市场将会呈现弱周期性。

2. 强基固本，提质增效

（1）稳投资精布局，抓住城市机遇

重点城市群因规划利好、人口规模、经济支撑等方面更具优势，长期来看需求端更具韧性，房地产发展也存在明显优势，未来，抓住结构性机遇将成为推动房企稳定增长的重要手段。目前发展程度较高的五大城市群常住人口占全国比例为 41%，GDP 占比高达 54%，商品房销售额、销售面积占比分别为 58%、46%。

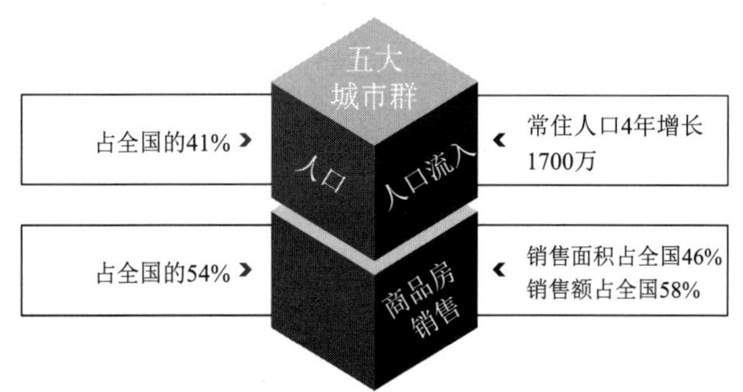

图 8 五大城市群经济、人口、房地产市场占比情况

（2）优产品细设计，提升居住体验

房地产市场野蛮生长阶段已过，进入回归经营的平稳发展期，企业竞争也逐渐回归到产品本身。而随着中等收入群体规模扩大、新生代人群逐步入市、疫情等因素影响，需求端对于住宅提出了更高的要求。在此背景下，房企应紧跟时代变化，精准把握当下人居新需求，以不断提升的产品品质和更加合理的空间设计满足客户需求，从而赢得口碑与市场。

表 13 产品力优秀企业

企业名称
绿城中国控股有限公司
中国金茂控股集团有限公司
正荣集团有限公司

续表

阳光城集团股份有限公司
中冶置业集团有限公司
雅居乐集团控股有限公司
杭州市城建开发集团有限公司（大家房产）
俊发集团有限公司
杭州宋都房地产集团有限公司
康桥集团
上海中建东孚投资发展有限公司
实地地产集团
仁恒置地集团有限公司
江苏龙信置业有限公司
当代置业（中国）有限公司

（3）数字化赋能管理，区域变革提高效能

目前，中国房地产市场进入管理红利时代，倒逼企业从各角度优化内部管理，实现高效运转。总体来看，房企主要从数字化应用以及组织架构变革两个角度进行提升，通过优化架构推动企业持续的增长，并通过与新技术的结合，提升管理和企业运转效率。

3. 综合运营，稳健前行

（1）商业地产：把握内循环机遇，借力科技创新发展

2020 年，优秀房企运营、品牌、资源优势凸显，持续加大城市及项目布局力度，扩大商业版图。一方面，优秀房企继续拓展增量市场，加大商业地产布局；另一方面，部分优秀房企掘金存量市场，通过轻资产输出、合作以及收并购等方式改造升级存量商业。

（2）产业地产：顺应创新产业风口，升级园区服务体系

在政策鼓励新兴产业发展趋势下，优秀房企抢占产业发展红利，创新丰富园区服务体系，积极利用数字化手段提升运营效率，在增强招商吸引力的情况下，增强“留商”实力。

表 14　　产业园区运营优秀企业

企业名称
北京联东投资（集团）有限公司
招商局蛇口工业区控股股份有限公司
金科产业投资发展集团有限公司
宝能城市发展建设集团有限公司
中新苏州工业园区开发集团股份有限公司
武汉银湖科技发展有限公司
荣盛兴城投资有限责任公司
上海张江高科技园区开发股份有限公司
粤港湾控股有限公司
苏州新区高新技术产业股份有限公司
海伦堡中国控股有限公司
华南城控股有限公司
雅居乐集团控股有限公司
上海临港经济发展（集团）有限公司
永同昌集团

房企坚持主导产业核心作用，实现多业态融合配置，推动产城小镇高质量发展。通过产业的聚集，吸引人才、资金、多元业态，通过齐全的生活配套、优美的自然环境提升小镇服务体验。

表 15　　中国产城（小镇）运营优秀企业

企业名称
绿城理想小镇建设集团有限公司
佳兆业集团控股有限公司
华侨城集团公司
荣盛房地产发展股份有限公司
雅居乐集团控股有限公司

（3）特色地产：科技赋能升级体验，构筑差异化竞争力

随着居民消费结构的快速升级，房企围绕地产开发主业，通过整合企业内外部资源，逐渐涉足教育、科技、养老、医疗、文化旅游、代建、城市更新等领域，实现地产业务与特色产业的融合共生发展，进一步丰富产品和服务体系，增强企业综合实力。优秀特色地产运营商，结合自身优势资源，在地产业务基础上，差异化发展特色业务，构建企业“护城河”。

表 16　　特色地产运营优秀企业

企业名称	特色领域
金辉集团股份有限公司	城市综合运营商
中冶置业集团有限公司	城市开发运营商
当代置业（中国）有限公司	绿色科技地产
新力控股（集团）有限公司	生态地产
东原房地产开发集团有限公司	社区运营
德杰集团	地产 + 医疗
美好置业集团股份有限公司	绿色科技地产
东投地产集团有限公司	教育地产
鼎瓯集团	大健康产业运营商
荔园集团	绿色科技地产
睿古地产集团	创新艺术康养
江西永康置业有限公司	县域精装住宅
金域控股股份有限公司	森 + 社区引领者

房企凭借先进的开发、运营、管理等经验进行代建等轻资产模式输出，以轻资产方式不断提升企业经营规模。

表 17　　代建运营优秀企业

企业名称
绿城房地产建设管理集团有限公司
河南中原建业城市发展有限公司
蓝城房产建设管理集团有限公司
金地集团开发管理公司
当代节能置业股份有限公司
联发集团有限公司
招商局蛇口工业区控股股份有限公司
中天美好集团有限公司
杭州宋都房地产集团有限公司
上海檀宫企业发展有限公司

除了传统的棚改项目、保障性住房项目外，城市更新、未来社区等成为政府代建的重要业务补充，未来政府代建仍将是我国代建市场的重要支柱。

表 18　　政府代建运营优秀企业

企业名称
蓝城房产建设管理集团有限公司
金地（集团）股份有限公司
华润置地有限公司
招商局蛇口工业区控股股份有限公司
浙江昆仑置业集团有限公司

优秀房企积极打造创新主题 IP 实景落地，以文旅 IP 为轴打造产业生态链，加速推进文旅融合发展。

表 19　　文旅地产运营优秀企业

企业名称
融创文化旅游发展集团有限公司
华侨城集团有限公司
荣盛康旅投资有限公司
中国金茂控股集团有限公司
祥源控股集团有限责任公司
四川恒邦双林实业集团有限公司
汉华文旅控股有限公司
上海翼天文化旅游发展集团有限公司
鼎龙集团
睿古地产集团

优秀房企整合各方资源，以特色化主题公园为核心，营造多元文旅休闲生态。

表 20　　文旅产业优秀企业

企业名称
恒大童世界集团
万达集团
碧桂园
雅居乐集团控股有限公司
世茂集团控股有限公司
复星集团
长隆集团
宋城集团
港中旅集团
华强方特文化科技集团

（4）城市更新：“十四五”政策新风口，房企将迎来更大发展契机

在城市更新方面，优秀房企紧抓政策利好深化城市更新布局力度，发挥企业自有优势，致力产业服务与城市更新协同发展。

表 21 城市更新优秀企业

企业名称
佳兆业集团控股有限公司
深圳卓越城市更新集团有限公司
保利发展控股集团
星河控股集团有限公司
俊发集团有限公司
深圳市花样年城市发展运营（集团）有限公司
上海中建东孚投资发展有限公司
联发集团有限公司
上海建工房产有限公司
中国新城市商业发展有限公司
福星惠誉控股有限公司
中国铁建房地产集团有限公司
奥园集团有限公司
海伦堡城市更新集团
时代中国
合景泰富集团
武汉城市建设集团有限公司
中国葛洲坝集团房地产开发有限公司
京投发展股份有限公司
鲁商健康产业发展股份有限公司

结　语

当前正值“十四五”开端，面临新的发展环境，房企应积极革新发展模式，重塑发展动能，强基固本，提升自身发展韧性，在新时期书写波澜壮阔的新篇章。

副报告二　2021中国房地产服务优秀企业研究

2020年，中央坚持“房住不炒”调控基调不变，受新冠疫情影响，我国整体经济和房地产行业受到较大冲击。在新竞争格局下，房地产服务行业亦迎来新的机遇和挑战。一方面，房地产市场增长驶入慢速轨道，开发企业竞争持续加剧，为房地产服务企业发展带来巨大挑战；另一方面，房地产市场交易规模保持平稳增长，行业集中度不断提升，房地产服务企业紧抓窗口期，激活存量市场的发展空间，为业务拓展营造新的发展契机。

1. 策划代理企业：稳健运营、渠道下沉、资源整合

表 22 2021中国房地产策划代理百强优秀企业

企业名称
合富辉煌集团控股有限公司
深圳世联行地产顾问股份有限公司
保利地产投资顾问有限公司
同策房产咨询股份有限公司

续表

企业名称
新联康（中国）有限公司
江苏新景祥网络科技股份有限公司
思源地产服务集团
方圆房地产服务集团有限公司
成都正合地产顾问股份有限公司
北京伟业联合房地产顾问有限公司
北京麒麟天成资产管理有限公司
上海策源置业顾问股份有限公司
上海华燕房盟网络科技股份有限公司
北京上古新锐房地产经纪有限公司
广州市中地行房产代理有限公司
北京亚豪房地产经纪有限公司
高策地产服务机构
经纬物业（中国）有限公司
厦门蓝火置业集团有限公司
广州旺地房地产发展顾问有限公司

优秀策划代理企业在聚焦一二线城市的同时继续向热点区域三四线城市渗透，并积极顺应以移动互联为代表的新技术发展趋势，整合外部流量平台与线下资源，打造联动服务平台，提升服务的深度和广度，挖掘市场发展潜力。

（1）快速下沉抢占市场，优秀企业稳步增长

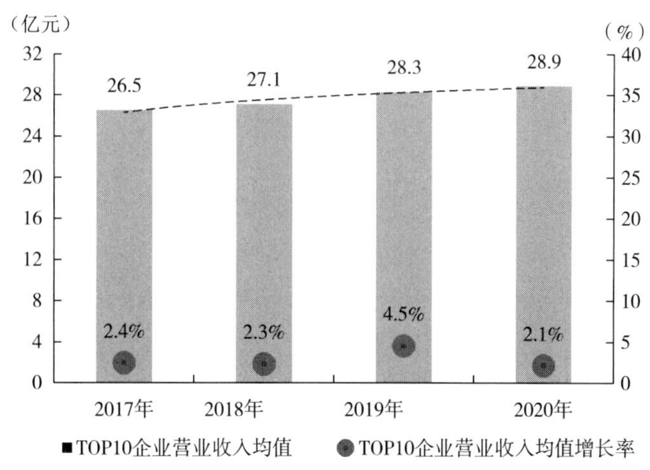

图 9　2017~2020 年 TOP10 企业营业收入均值及增长率

2020 年，全国商品房销售规模稳步提升，但代表企业营收增速有所放缓。从策划代理 TOP10 企业来看，2020 年营业收入均值为 28.9 亿元，同比上升 2.1%，增速较 2019 年下降 2.4 个百分点。

（2）加强渠道资源融合，深化服务变革

策划代理企业通过移动互联、大数据、人工智能等技术的应用，完善平台服务功能，内外兼修协同联动，全面链接线上线下优质资源，加强渠道资源融合，提升服务效率，扩大营销动能。同时，策划代理企业与优秀同行企业携手合作，通过强强联合，进行资源整合，实现优势互补，扩大战略布局，增加客源流量。

（3）行业变革契机，重塑服务价值新格局

策划代理企业应不断夯实自身核心优势，在做好经纪业务的基础上，顺应时代需求发展，探索多元业务，紧扣市场脉搏，创新服务模式及服务范围，打造房地产营销的多链条综合服务。

2. 金融服务企业：顺势而为，主动拥抱监管，提升资产、运营管理能力，提高风险把控能力

（1）地产基金：加大股权投资力度，持续拓展投资领域

表 23　中国房地产基金综合能力优秀企业

企业简称	企业简称
光控安石	信保基金
国寿资本	中城投资
晨曦基金	毅达汇景
中保产业基金	五牛控股
合凡资产	朗姿韩亚资管
华金资管	高和资本
保利资本	陆浦投资

房地产基金企业主动拥抱监管，持续提升金融服务水平，并呈现出以下发展特点：主动提升资产、运营管理能力，加大权益性投资力度；继续拓展投资领域，持续发力产业地产投资，探索城市更新、老旧小区改造等领域投资机会；随着房地产企业“三道红线”的落地实施，部分踩线房企为降低负债率出让项目权益，房地产基金收并购机会有所增加。

（2）地产信托：监管继续从严，回归价值投资

表 24　中国房地产信托综合能力优秀企业

企业名称
中信信托有限责任公司
光大兴陇信托有限责任公司
中融国际信托有限公司
中国对外经济贸易信托有限公司
建信信托有限责任公司

2020 年，在监管不断趋严的形势下，房地产信托主动调整发展策略，加强项目风险管控，加大项目主动管理，深耕优势领域，拥抱长期资金，建设更完善的产品体系。

结　语

在行业发展趋稳、监管强化、整体市场空间仍存的新时代背景下，中国房地产行业告别了土地红利时代、金融红利时代，进入管理红利时代，过去惯用的发展模式也备受挑战，这就要求房企既要低头看路，强化自身资源禀赋和经营模式，也要抬头看天，紧跟国家政策方向，在纷繁的市场变化中洞察潜力市场机会，重塑企业发展动能。正值“十四五”开端，面临新的发展环境，房企应积极革新发展模式，重塑发展动能，强基固本，提升自身发展韧性，在新时期书写波澜壮阔的新篇章。

报告二　2021中国房地产品牌价值研究

一、研究背景与方法体系

（一）研究背景与目的

2021年上半年，随着宏观经济活动的复苏，房地产市场也逐渐恢复到常态。在“房住不炒”基调下，品牌企业以回归居住本质为导向，积极响应政府号召，紧跟客户需求，持续提升品牌影响力。品牌凝聚产品力，匠心打造构筑品质人居。品牌彰显服务力，升级服务增强客户黏性。在新形势下，升级品牌战略、发挥品牌整合效能、提升品牌竞争力，将成为优秀品牌企业高质量发展的重要保障。

2021中国房地产品牌价值研究全面启动以来，中指研究院中国房地产TOP10研究组在深入理解国家政策的基础上，针对中国房地产企业的整体发展状况，进一步完善了2020中国房地产品牌价值研究的方法体系，为更加客观地评价企业品牌实力提供了理论与实践依据，通过品牌价值的客观评价彰显优秀企业的品牌发展成就，促进企业有效提升品牌建设水平，推动中国房地产行业健康有序发展。

2021中国房地产品牌价值研究的目的：

（1）客观量化房地产企业品牌价值，判断房地产企业品牌的行业地位，为企业定位品牌、规划品牌、管理品牌提供科学依据；

（2）挖掘房地产企业品牌价值内涵，发挥品牌价值在业绩评价、投资融资、兼并收购及对外合作等活动中的作用，帮助企业吸纳、聚集、整合社会资源；

（3）推动社会和消费者全面认知房地产品牌价值，建立房地产企业品牌良好的社会形象，建立房地产企业产品与消费者之间的品牌契约关系，帮助企业提升消费者的品牌忠诚；

（4）定期跟踪房地产企业品牌价值变化，指导企业及时调整品牌管理策略和措施，促进企业无形资产的保值、增值。

（二）研究方法体系

1. 研究对象

2021中国房地产品牌价值研究将继承2020中国品牌价值研究思路，重点对公司品牌和构建公司品牌的重要组成部分——项目品牌（产品品牌）以及专业领先品牌进行深入量化与分析；其中，公司品牌与项目品牌分别划分为全国性品牌和区域性品牌。研究对象具体包括：

（1）在全国范围内有较强影响力和知名度的房地产企业；

（2）在全国范围内有较强影响力和知名度的房地产项目；

（3）在某一地区范围内有较强影响力和知名度的房地产企业；

（4）在某一地区范围内有较强影响力和知名度的房地产项目；

（5）在某一专业领域有较强影响力的房地产企业或房地产项目。

2. 研究方法

在研究方法上，TOP10 研究组充分借鉴国内专家学者以及国外著名品牌价值评估机构 Interbrand 和 Brand Finance 的研究经验和操作实务，并结合中国宏观经济发展条件和房地产行业发展特点，基于现金流折现法（DCF：Discounted Cash Flow）和无形资产评估的理论方法，建立了一套实操性较强的研究体系，客观全面地评价中国房地产品牌价值。

该研究体系中对房地产品牌价值的主要评估流程有：

（1）公司财务分析：对未来经营收入和净收益进行预测

TOP10 研究组在全面分析宏观经济环境、政策环境的基础上，对中国房地产行业的市场状况和企业进入主要城市的市场进行深入分析，并根据企业经营业绩、区域布局、土地储备及发展潜力，预测企业未来 3~5 年的经营收入及其发展趋势。

考虑到房地产业是一个有着比较明显经营周期性的产业，为防止品牌价值受经营周期波动的影响过大，TOP10 研究组将对企业过去 3 年净利润进行加权平均，得到企业的基准净收益，再结合企业的发展趋势，预测企业未来 3~5 年的净收益。

（2）BVA 分析：计算品牌对公司收益的贡献

在计算房地产品牌贡献率（BVA 系数）时，TOP10 研究组假设房地产品牌的价格溢价由其产品或公司品牌、技术等因素所贡献，并采用"品牌作用指数（Role of Branding Index）"的方法来决定品牌资产所创造的收益。

（3）品牌风险分析：确定品牌折现系数

房地产品牌价值评估的关键环节是对品牌进行风险分析以确定品牌未来收益的折现系数。折现系数的确定首先需要对房地产品牌进行风险分析得到品牌强度系数，由品牌强度系数得到对应的品牌贝塔系数，再运用资产定价模型相关原理，计算得到房地产品牌未来收益的折现系数。

（4）计算品牌价值

TOP10 研究组采用资产评估中未来收益折现公式（DCF），将房地产品牌未来 3 年的品牌收益进行折现，并对 3 年后的品牌收益作年金化处理，从而计算出相应的房地产品牌价值。

BVA 系数、品牌强度系数和品牌贝塔系数是中国房地产品牌价值研究体系中的三个重要模型。

BVA 系数模型。TOP10 研究组通过分析房地产品牌对销售市场溢价和资本市场溢价的贡献度得到品牌贡献率。因此，BVA 系数由品牌对房地产销售市场溢价的贡献率 BVA_1 系数和品牌对资本市场溢价的贡献率 BVA_2 系数组成。

其中，BVA1 系数是指假设某房地产开发项目的价格溢价是由品牌、技术等因素所贡献的，因此，

BVA1 系数由该品牌销售溢价总和占该品牌销售收入比例，乘以品牌在销售市场的作用指数 RBI1 得到：

$$BVA_1 = \frac{S_1 \times (P_1 - AVP_1) + S_2 \times (P_2 - AVP_2) + \cdots\cdots + S_i \times (P_i - AVP_i)}{S_1 \times P_1 + S_2 \times P_2 + \cdots\cdots S_i \times P_i} \times RBI_1 \quad (1)$$

公式（1）中：S 为项目销售面积，P 为项目销售均价，AVP 为同质条件下的周边项目销售均价，其中，同质条件是指某一时间段内项目在区位特征、产品特征、环境特征等方面相接近。

BVA2 系数是指品牌对资本市场溢价的贡献率，TOP10 研究组通过计算房地产公司的 Tobin Q 值来反映其在资本市场的溢价水平，乘以品牌在资本市场作用指数 RBI_2，得到 BVA_2 系数。

$$BVA_2 \text{ 系数} = (\text{Tobin Q}-1) \times RBI_2 \quad (2)$$

公式（2）中：Tobin Q 值是房地产上市公司资本市场溢价水平，非房地产上市公司 Tobin Q 值为 1。Tobin Q 值的计算公式如下：

$$\text{Tobin Q} = \frac{MV}{RC} = \frac{MV_E + MV_L}{RC} \quad (3)$$

公式（3）中：MV 表示公司的市场价值，RC 表示公司的重置成本，MV_E 表示公司所有者权益的市场价值，MV_L 表示公司负债的市场价值。

品牌强度系数模型。TOP10 研究组在研究品牌价值评估相关理论的基础上，结合中国房地产行业发展状况和市场运行特性，对中国房地产品牌强度指标结构及指标含义作如下设定：

a. 品牌强度指标结构图

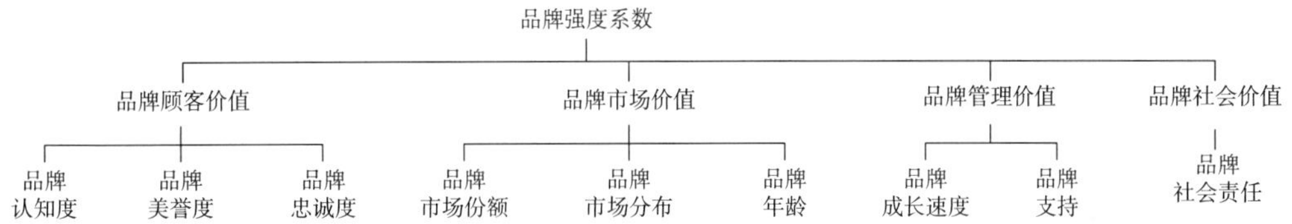

b. 品牌强度指标的含义

序号	品牌强度系数	指标含义
1	品牌认知度	反映消费者对房地产品牌内涵 / 价值的认识和理解的情况
2	品牌美誉度	反映消费者心目中对房地产品牌的口碑和信任程度的情况
3	品牌忠诚度	反映消费者在购买决策中，多次表现出来对某品牌有偏向性行为反应，通过消费者再次购买、推荐购买和缺货忠诚等来反映
4	品牌市场份额	反映房地产品牌的销售额、销售面积等指标的市场占有率情况
5	品牌市场分布	反映房地产品牌的区域市场分布情况和进入城市的数量
6	品牌年龄	反映房地产品牌进入市场的时间，较早进入市场的品牌往往拥有更多的忠诚消费者，具有更强的品牌效应
7	品牌成长速度	反映房地产品牌在房屋销售额方面的增长速度
8	品牌支持	反映品牌获得品牌投入费用、重点投资、持续推广和支持等情况
9	品牌社会责任	反映房地产品牌在依法纳税、慈善捐赠、公益事业等方面的表现

为了更加全面、准确地衡量房地产企业的品牌强度系数，TOP10 研究组将根据房地产品牌区域扩张和进入城市的状况，针对各房地产品牌主要进入城市的消费者，深入开展品牌三度（认知度、美誉度和忠诚度）问卷调查，调查对象将覆盖不同年龄、不同收入的消费群。为了进一步保证品牌三度调研数据的准确与全面，研究组结合中指研究院房地产顾客满意度研究成果对相关数据进行复核，综合评定了企业的品牌三度水平。

品牌贝塔系数模型。TOP10 研究组利用资产定价模型（Capital Asset Pricing Model），确定品牌收益折现率：

$$E(Rj) - Rf = (Rm - Rf) * \beta j \quad (4)$$

公式（4）中的贝塔系数综合考虑了行业风险和品牌风险，其中，行业风险系数由房地产上市公司板块数据测算。

公式（4）中的行业预期回报率是通过对房地产企业以及进行房地产投资的金融机构等的调查获得。

3. 数据来源

（1）经中指研究院中国房地产 TOP10 研究组复核的房地产企业填报的数据；

（2）2021 中国房地产企业 / 项目品牌认知度、品牌美誉度和品牌忠诚度的调查结果；

（3）中指研究院中国房地产 TOP10 研究组 2004~2021 中国房地产百强企业研究企业资料库；

（4）中指研究院中国房地产 TOP10 研究组 2003~2021 中国房地产上市公司研究企业资料库；

（5）中指研究院中国房地产 TOP10 研究组 2004~2020 中国房地产品牌价值研究企业资料库；

（6）中指研究院房地产顾客满意度研究资料库；

（7）中国房地产指数系统（CREIS）数据库及监测数据；

（8）相关政府部门（包括建委、房管局和统计局等）的公开数据。

4. 数据复核

企业填报的数据须如实客观，同时，TOP10 研究组将对企业填报的数据进行复核。

（1）企业财务数据通过会计师事务所出具的报表进行复核；

（2）通过税单复核企业经营收入及利润；

（3）对收集的数据坚持交叉复核：通过各地房地产交易中心公开的项目交易情况复核企业提供的销售数据；通过统计局的企业直报数据进行交叉复核；对有疑问的数据研究组可要求进行现场复核。

二、2021 中国房地产品牌价值研究成果

（一）2021 中国房地产公司品牌价值 TOP10

中海地产、万科、保利发展等企业依托强大的品牌吸聚力，以地产为主业，围绕城市综合运营，加速向产业新城、文旅小镇、智慧社区等领域延伸，以品牌为驱动打造综合运营模式，持续巩固行业领导品牌地位；碧桂园、融创中国、华润置地等企业持续输出先进的产品理念和专业化运营能力，以产品力塑造高品质品牌内涵，建立品牌声浪，增强品牌生命力，实现品牌价值的再跨越。

表 1　　2021 中国房地产行业领导公司品牌

品牌	企业名称	品牌价值（亿元）	品牌	企业名称	品牌价值（亿元）
中海地产	中海企业发展集团有限公司	1392	碧桂园	碧桂园控股有限公司	1006
万科	万科企业股份有限公司	1353	融创中国	融创中国控股有限公司	962
保利发展	保利发展控股集团股份有限公司	1349	华润置地	华润置地有限公司	915

2021中国房地产公司品牌价值TOP10（混合所有）：全国品牌TOP10企业注重产品力打造，持续为产品注入品质、科技、绿色等元素；围绕房地产开发的多元协同业务，实现品牌价值的快速增长，2021品牌价值均值为467.6亿元。

表2　　2021中国房地产公司品牌价值TOP10（混合所有）

品牌	企业名称	品牌价值（亿元）
绿城	绿城中国控股有限公司	906
金科集团	金科地产集团股份有限公司	686
雅居乐地产	雅居乐地产置业有限公司	545
阳光城	阳光城集团股份有限公司	462
正荣地产	正荣地产集团有限公司	408
新城控股	新城控股集团股份有限公司	389
富力集团	广州富力地产股份有限公司	352
荣盛发展	荣盛房地产发展股份有限公司	345
远洋集团	远洋控股集团（中国）有限公司	305
佳兆业	佳兆业集团控股有限公司	276

2021中国房地产公司品牌价值TOP10（央企）：央企品牌企业围绕产品和服务，打造品牌生活服务商；基于房地产业务，延伸多元业务品牌，品牌价值持续壮大，2021品牌价值均值达319.6亿元。

表3　　2021中国房地产公司品牌价值TOP10（央企）

品牌	企业名称	品牌价值（亿元）
中国金茂	中国金茂控股集团有限公司	691
中国铁建地产	中国铁建房地产集团有限公司	503
中粮大悦城	大悦城控股集团股份有限公司	401
中国中铁置业	中铁置业集团有限公司	342
保利置业	保利置业集团有限公司	325
中冶置业	中冶置业集团有限公司	268
中国葛洲坝地产	中国葛洲坝集团房地产开发有限公司	176
中建东孚	上海中建东孚投资发展有限公司	168
中交房地产	中交房地产集团有限公司	163
电建地产	中国电建地产集团有限公司	159

2021中国房地产公司品牌价值TOP10（国企）：2020年，在新冠疫情影响和行业竞争加剧双重压力下，国有品牌企业主动服务国家战略，通过全产业链模式，实现品牌价值的不断增长，2021品牌价值均值达231.8亿元。

表4　　2021中国房地产公司品牌价值TOP10（国企）

品牌	企业名称	品牌价值（亿元）
首开	北京首都开发控股（集团）有限公司	531
华发股份	珠海华发实业股份有限公司	307
首创	首创置业有限公司	298
金融街控股	金融街控股股份有限公司	293
北京城建地产	北京城建投资发展股份有限公司	284
兴城人居	成都兴城人居地产投资集团股份有限公司	135
上海建工房产	上海建工房地产有限公司	132
联发集团	联发集团有限公司	130
武汉地产集团	武汉地产开发投资集团有限公司	129
京投发展	京投发展股份有限公司	78

2021 中国房地产公司品牌价值 TOP50（11~50）企业以为客户提供高品质生活为核心理念，聚焦生活品质，提升产品与服务质量，塑造美好生活，铸造品牌核心价值，焕新品牌文化。

表 5　2021 中国房地产公司品牌价值 TOP50（11~50）

品牌	企业名称	品牌	企业名称
世茂集团	世茂集团控股有限公司	君一控股	青岛君一控股集团有限公司
中国奥园	中国奥园集团股份有限公司	大家房产	杭州市城建开发集团有限公司
华发股份	珠海华发实业股份有限公司	珠江投资	广东珠江投资股份有限公司
福星惠誉	福星惠誉控股有限公司	天地源	天地源股份有限公司
旭辉集团	旭辉集团股份有限公司	领地集团	领地集团有限公司
中南置地	江苏中南建设集团股份有限公司	龙记泰信	龙记泰信实业集团有限公司
星河地产集团	深圳星河地产集团有限公司	鸿坤集团	北京鸿坤伟业房地产开发有限公司
重庆华宇集团	重庆华宇集团有限公司	正黄集团	正黄集团有限公司
当代置业	当代置业（中国）有限公司	华鸿嘉信	华鸿嘉信控股集团有限公司
敏捷集团	广州市敏捷投资有限公司	深业集团	深业集团有限公司
花样年	花样年集团（中国）有限公司	禹洲地产	禹洲地产股份有限公司
俊发集团	俊发集团	圣桦集团	四川圣桦集团有限公司
祥生控股集团	祥生控股（集团）有限公司	绿都地产集团	郑州绿都地产集团股份有限公司
金辉集团	金辉控股（集团）有限公司	鑫苑中国	鑫苑（中国）置业有限公司
佳源集团	佳源集团	南山地产	深圳市南山房地产开发有限公司
实地地产集团	实地地产集团	金侨控股	金侨投资控股有限公司
恒信集团	潍坊恒信建设集团有限公司	宁夏中房集团	宁夏中房实业集团有限公司
新希望地产	四川新希望房地产开发有限公司	仁恒置地	仁恒置地集团有限公司
康桥集团	郑州康桥房地产开发有限责任公司	财信发展	财信地产发展集团股份有限公司
大名城	上海大名城企业股份有限公司	百丰地产集团	百丰房地产开发集团有限公司

品牌企业把握政策导向，加大在核心区域的布局力度，根据地域文化、环境特点，打造契合需求的产品，推动品牌价值的持续增长。

表 6　2021 中国重点城市群房地产公司品牌价值 TOP10

京津冀		粤港澳大湾区	
品牌	企业名称	品牌	企业名称
金隅集团	北京金隅集团股份有限公司	龙光集团	龙光集团有限公司
金侨控股	金侨投资控股有限公司	佳兆业	佳兆业集团控股有限公司
天山集团	天山房地产开发集团有限公司	珠光集团	广东珠光集团有限公司
天恒集团	北京天恒置业集团有限公司	珠实地产	广州珠江实业集团有限公司
京投发展	京投发展股份有限公司	时代中国	时代中国控股有限公司
北京住总集团	北京住总集团有限责任公司	汇景控股	汇景控股有限公司
华远地产	华远地产股份有限公司	粤港湾控股	粤港湾控股有限公司
北科建集团	北京科技园建设（集团）股份有限公司	力高集团	力高地产集团有限公司
安联地产	河北安联房地产开发有限公司	方直集团	广东方直集团有限公司
泰达建设	天津泰达建设集团有限公司	正方集团	珠海正方集团有限公司

续表

长三角		山东半岛	
品牌	企业名称	品牌	企业名称
景瑞地产	景瑞地产（集团）有限公司	儒辰集团	山东儒辰控股集团有限公司
时代集团	时代大地控股集团有限公司	鲁商发展	鲁商健康产业发展股份有限公司
上海城建置业	上海城建置业发展有限公司	海信地产	青岛海信房地产股份有限公司
大华集团	大华（集团）有限公司	山钢地产	山东钢铁集团房地产有限公司
爱家集团	爱家集团	山东高创	山东高创建设投资集团有限公司
宋都集团	杭州宋都房地产集团有限公司	中垠地产	中垠地产有限公司
中天美好集团	中天美好集团有限公司	兴业集团	日照兴业集团有限公司
众安集团	众安集团有限公司	威高地产	威海威高房地产开发有限公司
华董中国	华董中国有限公司	星空地产	山东星空地产集团有限公司
伟星置业	安徽伟星置业有限公司	建邦集团	山东建邦集团有限公司

表 7　　2021 中国中部房地产公司品牌价值 TOP10

品牌	企业名称	品牌	企业名称
建业地产	建业住宅集团（中国）有限公司	中建信和	中建信和地产有限公司
武汉地产集团	武汉地产开发投资集团有限公司	东投地产集团	东投地产集团有限公司
康桥集团	郑州康桥房地产开发有限责任公司	东方今典房地产集团	河南东方今典房地产集团有限公司
百步亭	百步亭集团有限公司	武汉城投	武汉市城市建设投资开发集团有限公司
美好置业	美好置业集团股份有限公司	恺德集团	武汉恺德控股集团有限公司

表 8　　2021 中国西部房地产公司品牌价值 TOP10

品牌	企业名称	品牌	企业名称
德杰集团	重庆德杰地产集团有限公司	和喜安筑	四川和喜安筑置业集团有限公司
润达丰滨江	润达丰控股集团有限公司	泽京集团	重庆泽京房地产开发有限公司
海成集团	重庆海成实业（集团）有限公司	紫薇地产	西安紫薇地产开发有限公司
广汇置业	广汇置业服务有限公司	明信集团	成都明信房地产集团有限公司
宁夏中房集团	宁夏中房实业集团有限公司	康田集团	重庆康田置业（集团）有限公司

（二）2021 中国房地产产品品牌价值 TOP10

伴随着房地产行业政策的不断深化与调整，人们对产品质量的要求不断提升，房地产企业紧跟政府步调的同时，不断提高产品和服务质量，依托科技创新打造低碳绿色、健康智慧的高品质生活。

表 9　　2021 中国房地产住宅开发专业领先品牌

品牌	企业名称	专业领域
当代置业	当代置业（中国）有限公司	绿色科技地产
阳光城	阳光城集团股份有限公司	绿色智慧家
金隅集团	北京金隅集团股份有限公司	品质地产
财信发展	财信地产发展集团股份有限公司	城市品质住宅
实地地产集团	实地地产集团	智慧人居
天阳地产	天阳地产有限公司	城市品质住宅
合能地产	合能投资有限公司	梦想人居筑造商
德商集团	成都德商置业有限公司	精品住宅开发
华夏阳光	华夏阳光地产有限公司	精品住宅
天地源	天地源股份有限公司	文化地产

续表

品牌	企业名称	专业领域
阳光大地	阳光大地置业集团有限公司	城市品质住宅
龙记泰信	龙记泰信实业集团有限公司	品质地产
泽信控股集团	北京泽信控股集团有限公司	精工美宅
鸿坤集团	北京鸿坤伟业房地产开发有限公司	创新型城市运营商
金侨控股	金侨投资控股有限公司	品质人居
华晟集团	上海华晟基业实业有限公司	城市品质住宅
力高集团	力高地产集团有限公司	健康建筑地产
正商集团	河南正商置业有限公司	品质住宅
星联集团	星联芒果集团有限公司	健康地产
青岛城建	青岛城市建设集团房地产开发有限公司	品质地产

表 10　　　　2021 中国房地产综合开发专业领先品牌

品牌	企业名称	专业领域
北辰实业	北京北辰实业股份有限公司	复合地产
佳兆业	佳兆业集团控股有限公司	城市更新
中粮大悦城	大悦城控股集团股份有限公司	城市运营与美好生活服务商
星河控股集团	星河控股集团有限公司	城市运营
天山集团	天山房地产开发集团有限公司	城市综合运营
东投地产集团	东投地产集团有限公司	教育地产
鲁商发展	鲁商健康产业发展股份有限公司	大健康产业
景茂集团	四川省景茂置业集团有限公司	人居产城运营商
天鸿控股	北京天鸿控股（集团）有限公司	城市综合运营
领航控股	领航控股集团有限公司	艺术地产
东方今典房地产集团	河南东方今典房地产集团有限公司	城市综合运营
高速地产集团	安徽省高速地产集团有限公司	美好生活服务商

住宅开发专业领先品牌企业依托先进的科技基因打造专业领先产品，链接自然、科技、人文与生活，潜心营造美好生活。综合开发专业领先品牌企业紧跟国家政策步调，坚持专业化发展的战略方向，引导行业综合经营创新模式，提升品牌影响力。

表 11　　　　2021 中国房地产项目品牌价值 TOP10

住宅项目	精品项目	系列项目
正荣府	绿城・桂冠东方城	当代 MOM Λ
阳光城象屿・登云湖	台山东原・印江山	荣盛府邸系列
中冶・盛世国际广场	新希望・D10 天际	上海建工房产海玥系
联发・嘉和府	北辰三角洲	三盛・督府系
华宇锦绣玺岸	新希望・锦麟誉	中国铁建地产西派系
昆山江湾四季	华夏・澜台府	新希望・锦麟系
江阴云麓上城	康桥山海云图	金辉大城系
宁夏中房・萨尔斯堡	光谷洺悦天玺	合能・铂悦系
圣桦・樾系	时代上品系	鸿坤原乡系
无锡悦阳九玺	正黄翡翠公园	华董璞丽府系

续表

住宅项目	精品项目	系列项目
上饶华晟天璟	华宇大发御璟云玺	金地褐石系
融创·银城滴翠园	东投·铂瑞	旭辉铂悦系

住宅项目品牌价值 TOP10 以品质宜居为核心，结合科技智能、人文景观、智慧健康，给予客户良好的居住环境，享受更舒适的居住生活，提升项目品牌价值。精品项目品牌价值 TOP10 体现了企业重点关注产品品质，重塑精品住宅新标准，凸显项目品牌价值。系列项目品牌价值 TOP10 坚持锻造产品线，提高产品力，规范化、标准化、智能化打造产品系列项目，扩大品牌影响力。

表 12　　2021 中国绿色健康项目优秀品牌

项目品牌	企业名称
麓湖生态城	成都万华投资集团有限公司
济南万科繁荣里	万科企业股份有限公司
无锡中奥滨河境	上海中奥实业发展有限公司
阳光城佛山半岛	阳光城集团股份有限公司
南京海玥名都	上海建工房地产有限公司

绿色健康项目优秀品牌充分利用环境自然资源，以“健康 + 绿色”为核心，升级产品力，给人们提供安全、健康、舒适的生活空间。

（三）2021 中国商业地产品牌价值 TOP10

2021 年，随着疫情之后经济持续恢复，商业地产企业既迎来经济双循环下的发展机遇，也面临同质化竞争及消费新特征带来的挑战。新消费和办公趋势以及互联网新技术的应用，加速了商业地产行业形成新的发展格局。商业地产品牌企业不断丰富产品体系扩大市场覆盖度，构建全渠道运营模式，提升精细化运营质量，实现数字智能转型，丰富了客户体验，打造出迎合新时代的行业新生态。

表 13　　2021 中国商业地产领导品牌

品牌	企业名称
万达	大连万达商业管理集团股份有限公司
龙湖商业	龙湖集团控股有限公司
中海商业	中海商业发展（深圳）有限公司

商业地产领导品牌积极探索存量激活模式，采用互联网、大数据精准获客持续引流，同时以精细化运营提升消费体验，提高自有品牌影响力，保持行业领先优势。

表 14　　2021 中国商业地产公司品牌价值 TOP10

品牌	企业名称
华润万象生活	华润万象生活有限公司
宝龙地产	宝龙地产控股有限公司
新城控股	新城控股集团股份有限公司
星盛商业	星盛商业管理股份有限公司
碧桂园文商旅	碧桂园文商旅集团
中骏商管	上海中骏商业管理有限公司
保利商业	保利商业地产投资管理有限公司
中国金茂	中国金茂控股集团有限公司

续表

品牌	企业名称
新建元圆融发展	苏州圆融发展集团有限公司
益田旅游商业	深圳市益田旅游商业集团股份有限公司

表 15　　2021 中国商业地产项目品牌价值 TOP10

品牌	企业名称
宝龙广场	宝龙地产控股有限公司
苏宁广场	苏宁置业集团有限公司
吾悦广场	新城控股集团股份有限公司
COCO Park	星盛商业管理股份有限公司
诺德中心	北京中铁诺德房地产开发有限公司
圆融时代广场	苏州圆融发展集团有限公司
圣桦时代广场	四川圣桦集团有限公司
开元广场	浙江开元商业管理集团股份有限公司
中骏世界城	上海中骏商业管理有限公司
苏州中心	苏州恒泰控股集团有限公司

表 16　　2021 中国商业地产运营优秀品牌

品牌	企业名称
万达	大连万达商业管理集团股份有限公司
龙湖商业	龙湖集团控股有限公司
中粮大悦城	大悦城控股集团股份有限公司
星盛商业	星盛商业管理股份有限公司
银泰置地集团	银泰置地（集团）有限公司

商业地产公司品牌企业聚焦智慧商业，创新数字化商业消费业态，提高绿色低碳生活与办公体验。商业地产项目作为商业地产品牌企业的核心产品，积极迎合消费升级和产业转型趋势，通过打造沉浸体验式消费、智慧办公等实现了品牌差异化发展，品牌竞争优势持续提升。商业地产运营优秀品牌一方面通过搭建数字化运营平台，实现企业和项目的数字化管理，提升运营效率；另一方面，依托自身强大的号召力，持续与优质品牌建立稳定合作关系，提升招商能力，保障商业项目稳定运营。

表 17　　2021 西安商业地产公司领先品牌

品牌	企业名称
西安赛格	西安赛格商业运营管理有限公司
迈科	迈科投资控股有限公司
莱安集团	莱安地产集团有限公司
陕旅集团	陕西旅游集团西安旅游文化产业有限公司
西咸城投集团	陕西西咸新区城建投资集团有限公司

西安商业地产品牌企业深挖城市消费潜力，打造多元产品线，赋能城市商业发展，提升品牌竞争力。

（四）2021 中国房地产优秀特色品牌

伴随购房人群的不断年轻化，消费趋势的多元化，个性、品质、超级体验、效率成为房地产品牌发展的重要内涵。一方面，品牌企业依托内部品牌资源，持续发掘运营商发展潜力，打造更具内部资源优势的特色品牌；另一方面，品牌企业积极引入外部资源，发展新兴产业，降低运营风险，为绿色城市发展发力。

表 18 **2021 中国产业园区运营商优秀品牌**

品牌	企业名称
联东 U 谷	北京联东投资（集团）有限公司
金科产业集团	金科产业投资发展集团有限公司
华北集团	天津华北集团有限公司
中交城乡	中交城乡开发建设有限公司
中电科	中电科建设发展有限公司

表 19 **2021 中国产业新城运营商优秀品牌**

品牌	企业名称
中新集团	中新苏州工业园区开发集团股份有限公司
荣盛产业新城	荣盛兴城投资有限责任公司
新建元	苏州新建元控股集团有限公司

表 20 **2021 中国特色小镇运营优秀品牌**

品牌	企业名称
绿城小镇集团	绿城理想小镇建设集团有限公司
华侨城	华侨城集团公司
雅居乐地产	雅居乐地产置业有限公司
荣盛发展	荣盛房地产发展股份有限公司
粤港湾控股	粤港湾控股有限公司

表 21 **2021 中国特色小镇运营优秀项目品牌**

项目品牌	企业名称
绿城·川菜小镇	绿城理想小镇建设集团有限公司
春风十里小镇	祥生控股（集团）有限公司
北纬 37° 康旅示范小镇	鼎瓯文化旅游发展集团有限公司
雅居乐威海冠军体育小镇	雅居乐地产置业有限公司

表 22 **2021 中国房地产城镇化运营领先品牌**

品牌	企业名称
蓝城	蓝城集团

产业园区运营商优秀品牌赋能绿色品牌理念，以智能化服务驱动品牌价值。产业新城运营商优秀品牌依靠科技力量和资源资本优势构建绿色科技平台，提升产业精准运营，增强品牌影响力。特色小镇运营优秀品牌围绕美好和谐的发展理念，不断提升全产业链运营力，挖掘乐活宜产宜业的基因，通过科技创新引领打造特色小镇品牌，提升品牌实力。特色小镇运营优秀项目品牌精细化打造宜 + 体系，以社会文化与自然和谐发展的理念，开启小镇项目绿色发展模式。房地产城镇化运营领先品牌顺应国内城镇化发展进程和节奏，积极打造城镇绿色平台，聚集优势资源，打造宜 + 和乐 + 的城镇 + 品牌体系。

表 23 **2021 中国房地产产品力优秀品牌**

品牌	企业名称	品牌	企业名称
中海地产	中海企业发展集团有限公司	中铁诺德	北京中铁诺德房地产开发有限公司
雅居乐地产	雅居乐地产置业有限公司	泽信控股集团	北京泽信控股集团有限公司
远洋集团	远洋控股集团（中国）有限公司	富康集团	贵州富康实业（投资）集团有限公司
正荣地产	正荣地产集团有限公司	华夏阳光	华夏阳光地产有限公司
中国奥园	中国奥园集团股份有限公司	儒辰集团	山东儒辰控股集团有限公司
康桥集团	郑州康桥房地产开发有限责任公司	东投地产集团	东投地产集团有限公司

表 24　　2021 中国房地产优秀原创产品品牌

项目品牌	企业名称
滨江 A+ 系	杭州滨江房产集团股份有限公司
祥生·府系	祥生控股（集团）有限公司
东原·印系	东原集团
上境系	河南正商置业有限公司

产品力优秀品牌以产品力战略引领，打造绿色、健康、科技智慧的品牌产品，增强品牌溢价能力。原创产品品牌以体验 + 为核心打造具有绿色文化品牌特色的产品，契合人们对美好产品的追求，为品牌赋能。

三、2021 中国房地产品牌价值研究成果分析

（一）抓机遇强运营，全国品牌价值增长 16.1%

2021 年，国内疫情防控效果得到进一步巩固，经济发展稳中向好，房地产市场稳步发展，很好地充当了经济持续增长的“稳定器”。随着“三道红线”“两道红线”以及“两集中三批次”等政策的发布实施，行业对品牌企业的运营能力等方面提出了更高的要求。在此背景下，品牌企业积极布局热点城市，精准把握城市的结构性机遇，扩大品牌影响力；利用品牌优势，积极整合资源，强化要素集聚，全面释放品牌效应；打造穿越周期的产品力，实现品牌价值的可持续增长，品牌企业的市场地位和综合实力进一步增强。

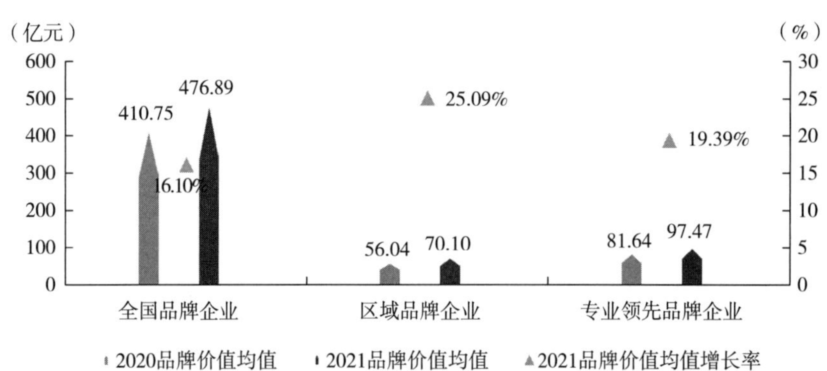

图 1　2021 全国、区域、专业领先品牌企业品牌价值均值及其变化

2021 全国品牌企业[①]品牌价值均值为 476.89 亿元，同比增长 16.1%。其中行业领导公司品牌中海地产、万科、保利发展、碧桂园、融创中国和华润置地的品牌价值分别达 1392 亿元、1353 亿元、1349 亿元、1006 亿元、962 亿元和 915 亿元，品牌价值稳步增长，持续保持行业领先地位。2021 区域品牌企业品牌价值均值为 70.10 亿元，同比增长 25.09%。2021 专业领先品牌企业品牌价值均值达到 97.47 亿元，同比增长 19.39%。

1. 品牌价值边际效应递增，持续增厚品牌资产

随着房地产调控政策不断显现成效，市场理性回归，房地产行业步入弱周期、低速增长阶段。消费者更加趋向于选择形象佳、声誉好的具有品牌竞争力的企业，行业呈现出向品牌企业集中的趋势。品牌的马太效

① 2021年全国品牌企业范围数量36家。

应在一定程度上有利于品牌的良性竞争和行业的可持续发展，随着品牌的扩张，品牌价值的边际效应也随之显现。

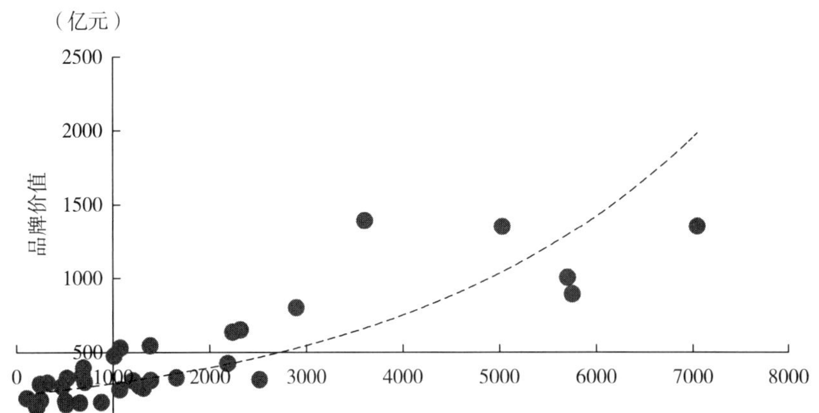

图 2 2021 全国品牌企业品牌价值的边际效应

品牌价值与业绩之间的关系，存在边际效应递增的规律。

2. 品牌信任作用逐渐显现，汇聚资源提升实力

继“三道红线”和“两道红线”等金融监管措施之后，国家自然资源部发布重点城市供地“两集中”文件，品牌企业融资端、投资端均受到严格限制，结合销售端个人房贷限制，行业发展速度将维持中低速增长。在此背景下，行业整体发展在经历调整后将更趋良性，行业格局趋于固化，拥有充足土储和强运营的企业有望脱颖而出。品牌是高品质与高质量的象征，品牌企业以品牌信任聚集优势资源，通过对资源的控制和运用，增强企业的经营能力，特别是在融资新政及集中供地政策出台的背景下，品牌企业更受政府、资本市场以及客户的青睐，在当下市场更能发力扩张，获取更多的品牌价值。

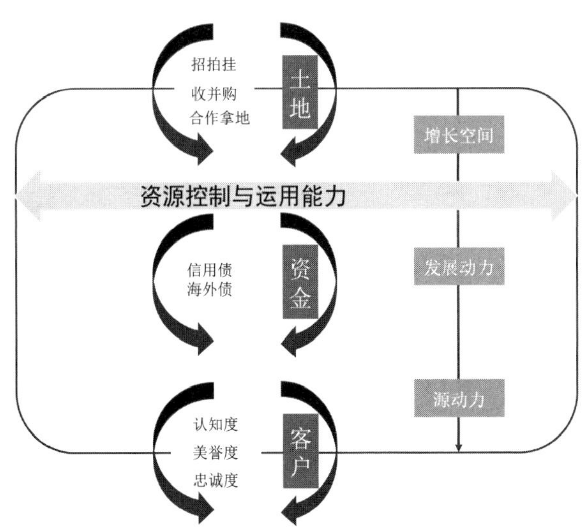

图 3 品牌信任的作用

2021 中国房地产品牌价值研究中，研究组以品牌企业的“品牌三度”为维度进行了问卷调查，结果显示：全国品牌企业的认知度、美誉度和忠诚度均值分别为 52.54%、70.24% 和 58.37%，“品牌三度”继续保持稳步提升，其中品牌忠诚度和美誉度增长明显。

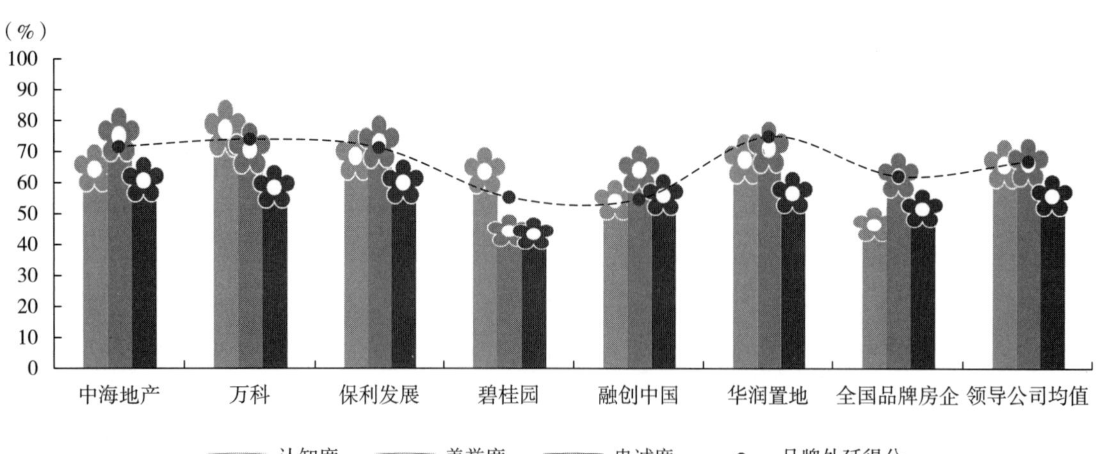

图 4　全国房地产品牌企业 2021“品牌三度”分析

表 25　2021 中国房地产顾客满意度领先品牌

品牌	企业名称	品牌	企业名称
绿城	绿城中国控股有限公司	大家房产	杭州市城建开发集团有限公司
融创中国	融创中国控股有限公司	建业地产	建业住宅集团（中国）有限公司
中海地产	中海企业发展集团有限公司	安徽置地	安徽置地投资有限公司
万科	万科企业股份有限公司	康桥集团	郑州康桥房地产开发有限责任公司
正荣地产	正荣地产集团有限公司	宋都集团	杭州宋都房地产集团有限公司

3. 产品力筑牢品牌竞争力，市场份额稳步提升

随着房地产行业进入平稳发展阶段，行业逐渐从土地红利、金融红利步入管理红利时代。在此背景下，品牌企业逐步摒弃追求规模扩张的传统发展模式，更加重视质量的增长，提高产品力正式成为竞争的核心。品牌企业立足产品价值重塑，对产品进行不断地研发迭代，以高品质产品赢得市场，市场占有率不断提升，品牌覆盖能力和品牌强度持续增强。2021 年，十家品牌企业 2020 年在 10 个重点城市的销售额占有率均值为 27.0%，较 2019 年提升了 3.0 个百分点。

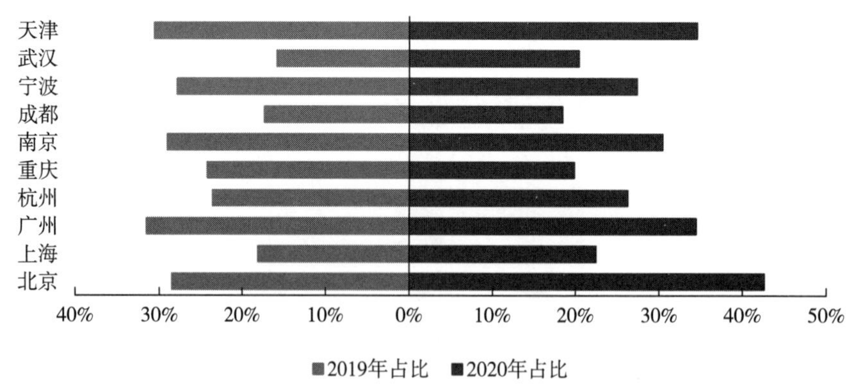

图 5　十家全国品牌企业 2019~2020 年在 10 个重点城市的销售额占有率情况

注：本处选取的十家全国品牌企业分别为中海、万科、保利、碧桂园、融创、华润置地、绿城、金科、阳光城、中国金茂。

（二）加强轻资产和综合运营，促进品牌延伸

1. 品牌价值边际效应递增，持续增厚品牌资产

伴随着房地产行业进入管理红利时代，以品牌、技术、管理、资本为输出要素的轻资产运营模式加速

发展。品牌企业日益注重轻资产领域深耕，运营模式不断升级，业务力度持续加强甚至登陆资本市场，持续扩大品牌影响力、提升品牌效益。

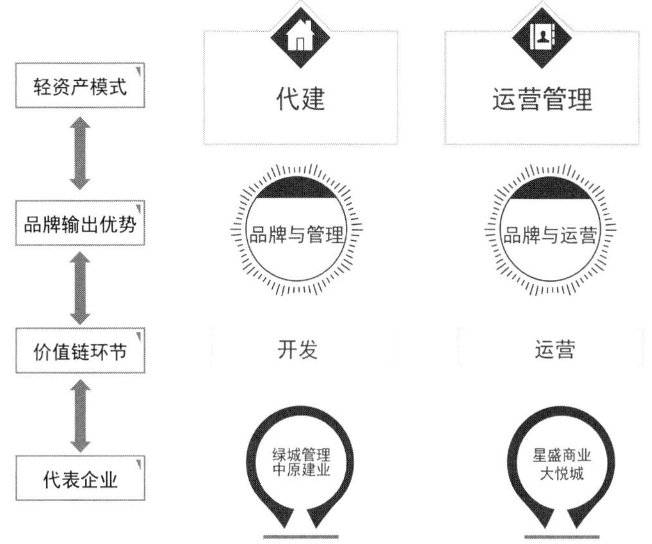

图 6 房地产品牌企业轻资产运营特点

表 26 2021 中国房地产代建领先品牌

品牌	企业名称	品牌	企业名称
绿城管理	绿城管理控股有限公司	朗诗集团	朗诗集团股份有限公司
中原建业	河南中原建业城市发展有限公司	滨江集团	杭州滨江房产集团股份有限公司
金地集团	金地（集团）股份有限公司	开元建设	杭州开元建设管理有限公司
雅居乐房管公司	雅居乐房地产建设管理集团有限公司	鲁商建设管理	山东省鲁商建设管理有限公司
联发集团	联发集团有限公司	天健集团	深圳市天健（集团）股份有限公司

代建领先品牌以良好的品牌影响力和优秀的产品力加速代建领域的品牌输出，实现品牌价值快速提升和经营效益的稳健发展。如中原建业以代建促业绩提升，2021 年上半年，新增合约建筑面积 573 万平方米，同比增长 21.5%，其中在管项目的合约销售金额约 168 亿元，同比增长 30.0%。

表 27 2021 中国房地产共建领先品牌

品牌	企业名称
蓝绿双城	蓝绿双城科技集团有限公司

品牌企业以“资本共建”为核心，深耕资产管理新蓝海。

2. 增强综合运营能力，提升品牌的影响力

随着房地产行业竞争加剧，单一运营模式已不再适合企业生存发展需要，以品牌为驱动的综合运营模式日益成为企业发展方向。品牌企业依托强大的品牌吸聚力，加速内外部品牌资源聚合，在“宜产”与“宜居”两个方向发力，向产业新城、文旅小镇、智慧社区等领域延伸，最终，通过升级空间结构、完善生活配套、加速产业发展助力城市更新、乡村振兴，带动区域经济发展的同时，承担企业的社会责任，扩大品牌影响力。

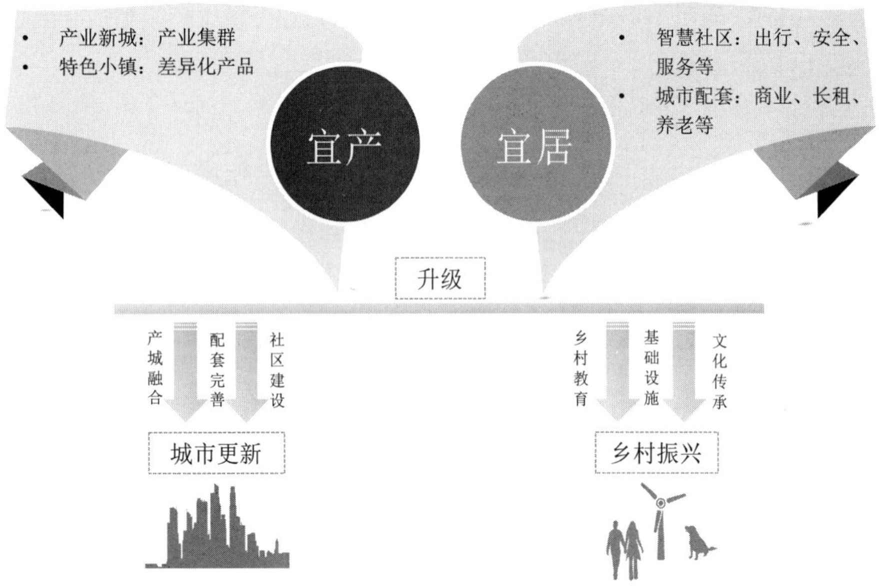

图 7　综合运营实现路径

表 28　2021 中国文旅地产优秀品牌

品牌	企业名称
融创中国	融创中国控股有限公司
荣盛康旅	荣盛康旅投资有限公司
恒邦双林集团	四川恒邦双林实业集团有限公司

表 29　2021 中国产业运营项目优秀品牌

项目品牌	企业名称
中节能·首座系列	中节能实业发展有限公司
荣盛固安产业新城	荣盛兴城投资有限责任公司
苏高新南大创新园	苏州苏高新集团有限公司
苏州 2.5 产业园	苏州新建元控股集团有限公司
江苏医疗器械科技产业园	苏州医疗器械产业发展有限公司

文旅地产优秀品牌企业深度挖掘各类资源，以多产业联动，打造全周期文旅产业链条，实现品牌价值的提升。产业运营项目优秀品牌企业坚持可持续发展道路，不断提升招商能力，以产业聚合度提升产业项目价值。

表 30　2021 康旅产业运营优秀品牌

品牌	企业名称
鼎瓯集团	鼎瓯文化旅游发展集团有限公司

康旅产业运营优秀品牌企业挖掘客户深层需求，为用户提供一体化文旅服务。

表 31　2021 中国绿色生态城区发展运营商领先品牌

品牌	企业名称
中节能实业	中节能实业发展有限公司
亿达中国	亿达中国控股有限公司
临港集团	上海临港经济发展（集团）有限公司
朗诗集团	朗诗集团控股有限公司
中新集团	中新苏州工业园区开发集团股份有限公司

中节能实业作为国内领先的绿色生态城区发展运营商品牌，以推进节能减排和环境保护为己任，秉持“绿色领航，实业兴邦”的理念，确立了“绿色园区开发、绿建科技服务、绿建运营服务”三驾马车齐头并进的发展战略，积极推动绿色生态城区发展进程。

表 32　　2021 中国会展项目领先品牌

项目品牌	企业名称
中铁·长春博览城	中铁置业集团有限公司

会展项目领先品牌企业积极推进以会展为核心的城市片区开发政企合作新模式。

表 33　　2021 中国房地产城市更新领先品牌

品牌	企业名称
佳兆业	佳兆业集团控股有限公司
卓越城市更新集团	卓越城市更新集团
上海建工房产	上海建工房地产有限公司
花样年	深圳市花样年城市发展运营（集团）有限公司
福星惠誉	福星惠誉控股有限公司
中建信和	中建信和地产有限公司

表 34　　2021 中国乡村振兴领先品牌

品牌	企业名称
佳兆业	佳兆业集团控股有限公司
卓越集团	卓越置业集团有限公司
中国城乡	中国城乡控股集团有限公司
鼎龙集团	广东鼎龙实业集团有限公司
石家庄文化旅游集团	石家庄文化旅游投资集团有限公司

表 35　　2021 中国房地产社会责任感标杆品牌

品牌	企业名称
上海建工房产	上海建工房地产有限公司

城市更新领先品牌、乡村振兴领先品牌和房地产社会责任感标杆品牌企业积极响应国家号召，凭借自身综合实力，以提升区域经济发展、焕新城市面貌为己任，通过城市更新、乡村振兴等领域建设，承担起企业的社会责任，与城市和区域共生共荣。

表 36　　2021 中国房地产新锐品牌

品牌	企业名称	品牌	企业名称
华晟集团	上海华晟基业实业有限公司	朴石集团	上海朴石企业发展集团有限公司
中丞控股	安徽中丞控股集团有限公司	正方集团	珠海正方集团有限公司
星联集团	星联芒果集团有限公司		

新锐品牌企业聚焦房地产主业，坚持多元化协同发展，注重区域深耕的同时不断扩大全国化版图，强化品牌竞争力。

（三）构建线上“直播”体系，增强品牌渗透力

1. 围绕直播打造传播体系，加强品牌传播

随着疫情常态化，线上传播成为重要传播渠道，房地产品牌传播也进入“直播”时代。品牌企业通过2020年直播试水后，开始在直播体系搭建方面深入探索，通过在直播工具、内容、形式和管理方面入手，打造线上传播矩阵，加强对传播质量和持久性的建设力度，为品牌传播持续赋能。

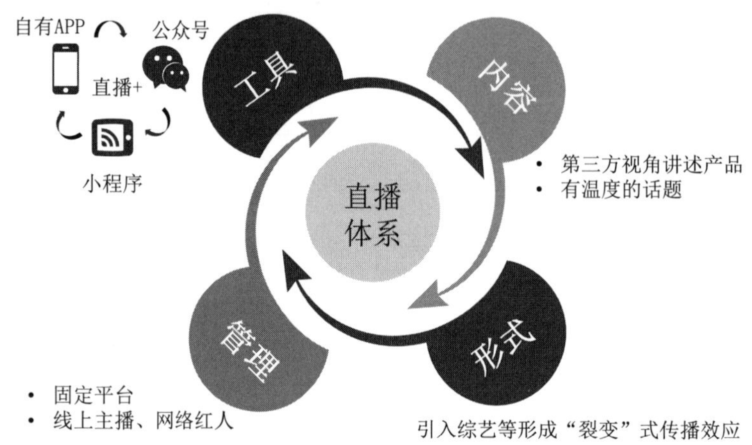

图 8　品牌企业直播体系构建模式

品牌投入占比小幅上升，线上营销费用上升显著。品牌企业加大线上传播力度，品牌投入略有上升。2020年，全国及区域品牌企业品牌投入均值分别为63.53亿元和14.23亿元，占销售额的比重分别为2.89%和2.38%，与上年相比小幅上升。

2. 迎合时代IP形象加速推，提升传播效能

伴随消费群体日益年轻化，品牌企业转变思维，以更积极的心态拥抱新青年消费群体，不断为品牌传播融入更年轻、更时尚、更潮流的思想元素。品牌企业通过打造适合新一代年轻人的产品，迎合Z世代的消费需求，并持续在IP形象打造方面发力，通过形象衍生、周边打造等形式深化IP形象，同时跨界试水“盲盒”文化，吸引年轻受众，提升品牌传播效能。

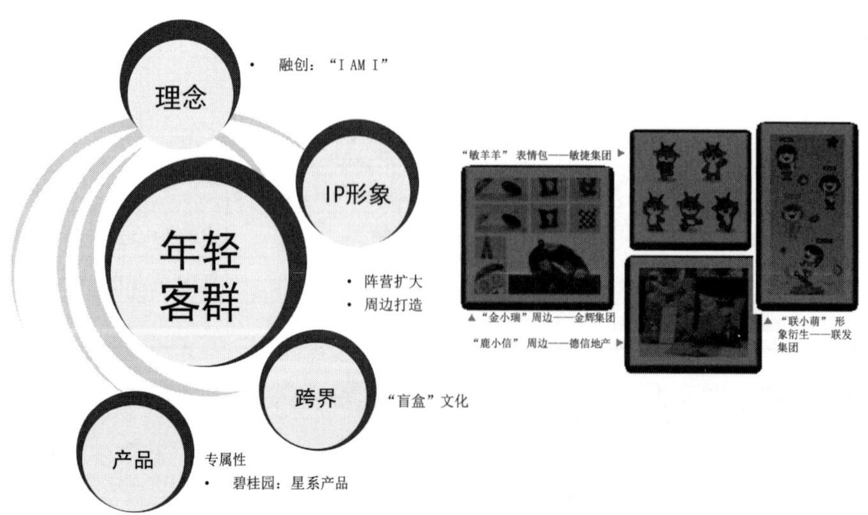

图 9　围绕年轻客群的品牌传播形式

（四）谱系战略逐渐深化，担时代使命塑品牌形象

1. 品牌组合逐渐深化，“一干多枝”构品牌谱系

在新冠疫情的持续影响下，品牌企业针对不同的业务类型进行调整，优化品牌组合谱系，持续在品牌延伸的过程中提升品牌价值。

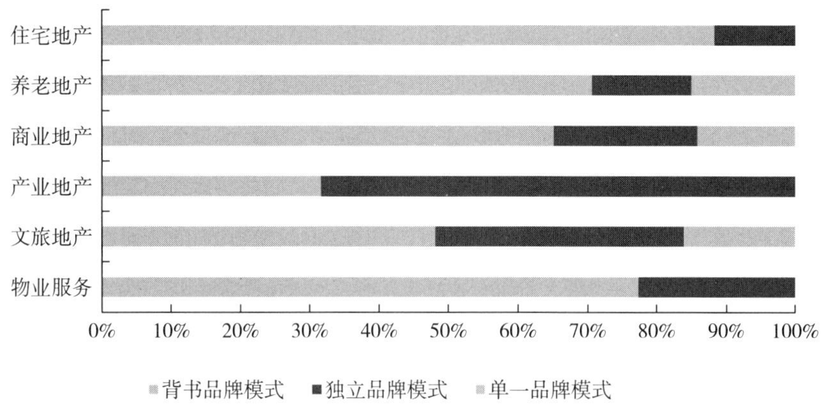

图 10 2021 品牌企业不同业务类型的品牌组合模式

在品牌谱系管理的战略规划中，品牌企业采用“一干多枝”的战略体系，构建“树大根深、枝繁叶茂”的品牌家族繁荣景象。通过以地产开发作为主干领域深耕细作，进行品牌升级与开发；不断向新兴领域进行拓展延伸枝桠，实现品牌谱系的多元化发展；最后，以枝桠领域的拓展反哺主干领域，巩固主干粗壮如虬，构建茂盛的品牌谱系。

图 11 “一干多枝”品牌战略体系

2. 舆情管理体系完善，舆情监测降低品牌风险

品牌企业紧跟政府步调，严格贯彻落实政府文件要求，降低企业经营风险。品牌企业积极响应国家政策相关要求，房地产贷款增速持续下降，优化了全社会资源配置。同时，品牌企业核心经营财务指标的改善有利于房地产行业的稳健经营，有效预防系统性金融风险。在舆情风险方面，中指风险测评 SaaS 工具

对全国 233 家品牌企业舆情事件进行监测，根据 2021 年 1~8 月品牌企业舆情事件监测结果，全国品牌企业舆情风险得分均值为 5.705 分。

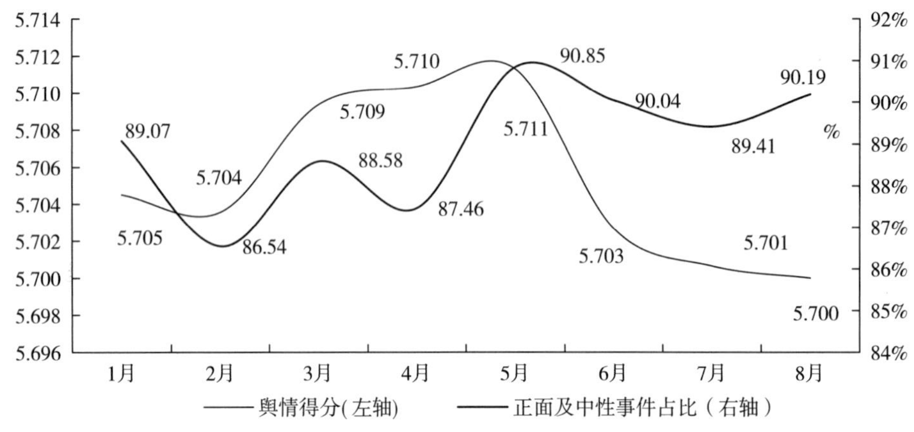

图 12　2021 年 1~8 月品牌企业舆情风险监测情况

3. 守初心增民生福祉，塑造有担当的品牌形象

在中国房地产市场进入下半场的宏观背景下，品牌企业拥有了新的时代使命，即增进民生福祉，为群众创造高品质生活。品牌企业通过参与扶贫攻坚、乡村振兴、绿色生活等关乎社会民生的公益活动，积极践行社会责任，提升了自身有担当、有坚守的品牌形象。

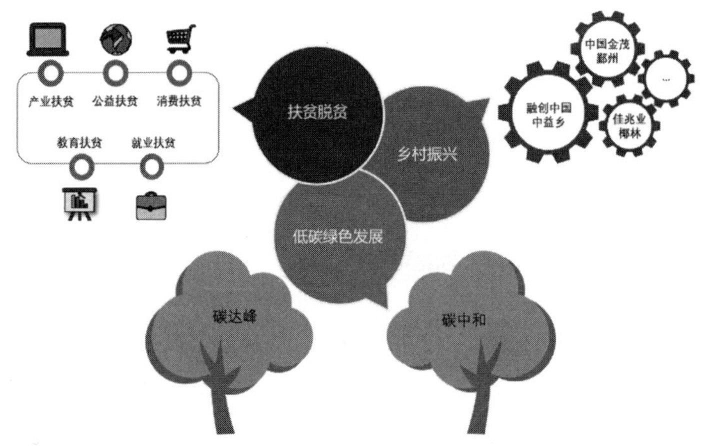

图 13　品牌企业时代使命表现

结　语

2020 年，房地产调控政策持续收紧，重点房企资金监测和融资管理、房地产贷款集中度管理等政策相继出台，标志着行业正式步入管理红利时代。品牌企业打造高品质的产品和优质的服务，进一步优化品牌基因；纵横延伸壮大品牌家族，打造立体化的品牌谱系创造新价值，持续输出品牌赋能企业发展。

2021 年，随着疫情防控形势的持续好转，我国国民经济整体呈现稳中加固、稳中向好态势。2021 年政府工作报告指出，“坚持房子是用来住的、不是用来炒的定位，稳地价、稳房价、稳预期”，房地产行业步入平稳发展新阶段。品牌企业实现有质量的增长，主动拥抱管理红利时代，挖掘品牌价值增长潜力，品牌价值持续绽放。第一，品牌企业依托强大的品牌势能，聚集优质资源，以产品力为抓手，打造强劲的品牌力，创新引领品牌价值逆势增长；第二，品牌企业借助直播持续输出品牌，迎合主力消费群体焕新品牌内涵，实现品牌传播效能与渗透力的协同增长；第三，品牌企业借助数字工具赋能企业管理，数字化舆情提升品牌管理效能。

中国房地产行业告别了土地红利时代、金融红利时代，进入管理红利时代，优质资源将加速向品牌企业聚拢，品牌赋能企业发展，打造企业强有力的核心竞争力。正值“十四五”开局之年，面临新的发展环境，品牌企业应积极把握行业发展新机遇，在新时期开拓品牌新格局。

专题：绿色发展 品牌焕新——房企践行 ESG 理念打造绿色品牌

近年来，绿色理念持续深入，房地产品牌企业作为社会主要的投资与服务主体，对于如何把握绿色发展机遇，成为重要的历史课题。品牌企业乘绿色发展机遇，践行 ESG 发展理念，打造绿色品牌。绿色品牌应能为绿色消费者创造消费价值，且能通过传递绿色产品的相关信息达到刺激潜在绿色消费者消费目的。房地产绿色品牌，通过科技、健康、低碳、可持续的品牌特征，传递绿色发展的价值。

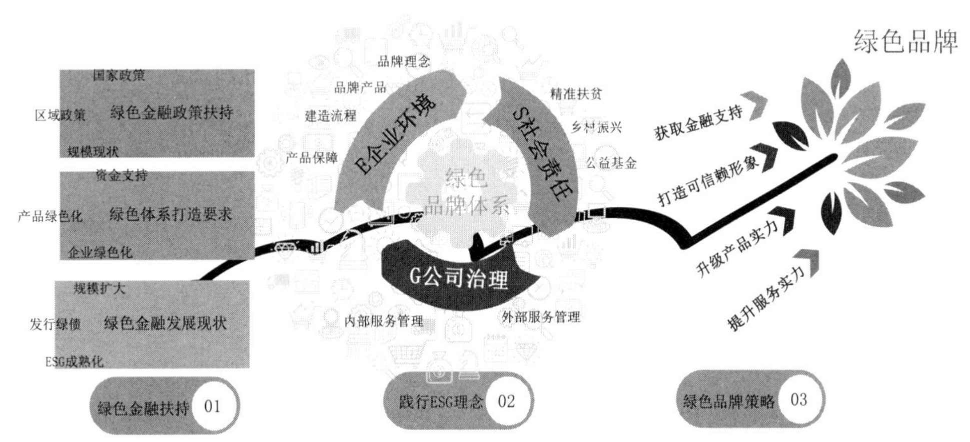

图 14 践行 ESG 理念的绿色品牌发展路径

品牌企业借绿色发展的东风，围绕高质量发展，践行 ESG 理念，获取绿色金融支持。在绿色金融扶持方面，政府出台系列绿色金融支持政策，完善绿色金融制度及标准。在绿色品牌发展策略方面，企业应深入贯彻 ESG 发展理念，升级科技、健康、低碳的产品，提升产品力和服务力，提升企业的核心竞争优势，打造绿色品牌竞争力。

一、乘势绿色发展，房企迎新机遇

2020 年下半年以来，在中央坚持“房住不炒”、强化房地产金融审慎管理的基调下，传统融资渠道收紧，以绿色贷款、绿色债券等为代表的绿色金融不断为品牌企业开辟新融资渠道。政策方面，品牌企业根据 ESG 理念，依托绿色金融标准，使企业绿色品牌发展有章可循；企业方面，根据 ESG 要求，品牌企业从绿色项目品牌向绿色企业品牌发展。

图 15 ESG 要求多方聚绿迎绿色品牌发展新机

绿色金融体系、制度、标准等落地，助力 ESG 理念落地和房企绿色发展。其一，绿色金融体系、标准发布、制度不断推进，推动品牌企业绿色发展。新版《绿色债券支持项目目录 (2021 年版)》，首次统一了绿色债券相关管理部门对绿色项目的界定标准。其二，区域性政策推动绿色建筑与绿色金融的融合发展。央行和海南省相继推出了《关于金融支持粤港澳大湾区建设的意见》、《绿色债券支持项目目录 (2021 年版)》等政策为融合发展提供参考。其三，品牌企业获得绿色金融支持力度持续提升，助力房企绿色发展提速。2020 年，我国绿色信贷余额超 11 万亿元，居世界首位。预计 2021 年，我国绿色信贷融资余额规模将继续保持在 10~11 万亿元，占绿色融资总额的 90% 以上。

绿色金融成为品牌企业发展的融资新途径，为转型期房企提供有力支持。其一，绿色金融为品牌企业持续稳健发展提供资金支持，为品牌企业绿色发展保驾护航。传统融资渠道受限，绿色金融快速发展，且仍有较大发展空间。截至 2020 年底，房企绿色债券发行规模不足 300 亿元，在房企 1.2 万亿元的发债总规模中占比不到 3%。其二，房企积极建立 ESG 治理框架，参与绿色融资。碧桂园投入资源建设 ESG 数据采集平台，将往年通过线下统计的 ESG 指标管理工作迁移至线上平台。其三，绿色金融有效规范企业绿色发展，品牌企业积极发行绿色债券，助力企业品牌绿色化。品牌企业根据绿色金融标准框架体系，建立符合自身绿色发展要求的绿色体系，积极发行绿色债券和票据等。

二、践行 ESG 理念，打造绿色品牌

当前我国从高速发展向高质量发展阶段迈进，国内外对于环境保护愈加重视。ESG 作为一种与时俱进的价值观念，从环境、社会、管理三个维度出发，客观反映了企业非财务指标的健康度。品牌房企积极践行 ESG 理念，从品牌理念、产品设计及建造、社会责任和管理服务等方面，打造绿色品牌。

（一）内外双线绿色发展，构建绿色品牌体系

1. 品牌理念注入绿色内涵，品牌向绿色化进阶

品牌房企加速品牌绿色现代化进程，品牌理念注入绿色基因。其一，高举绿色发展口号。如金茂坚持“精工优质、绿色健康、智慧科技”的高端品质地产定位，升级绿色战略，打造“臻绿”生活模式。其二，绿色发展作为企业核心价值观。佳兆业以“专业、创新、价值、责任”为企业核心价值观，围绕改善

民生、低碳环保，致力于服务人民对美好生活的追求。其三，企业文化更加注重绿色环保。品牌企业将绿色可持续理念根植于公司文化建设中，在工作中注重节能降耗、绿色出行，并开展绿色文化宣传，营造低碳绿色的公司氛围。

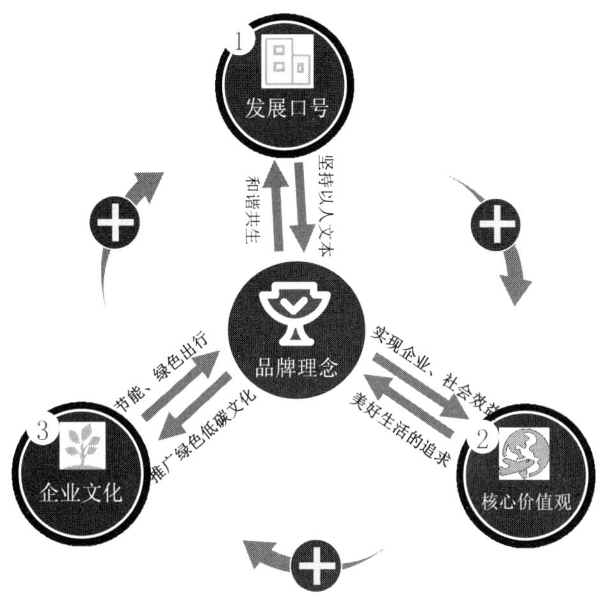

图 16 品牌理念注入绿色基因

2. 打造绿色产品系列，提高客户产品体验

运用智慧科技及绿色环保手段，用心打造高品质客户体验。北京颐和金茂府在已有府系 2.0 科技系统的基础上，创新应用两项“黑科技”，为业主打造舒适、健康的家居环境。西安保利心语项目响应了国家低碳环保政策，通过雨水回收利用、太阳能生活热水、垃圾分类回收以及人车分流等进一步提升客户生活品质。

3. 建造流程绿色化，顺应时代发展需求

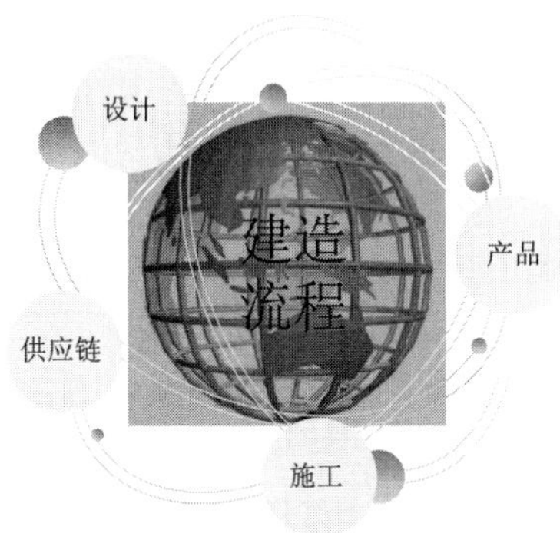

图 17 绿色品牌建造流程

品牌企业构建绿色化设计和施工流程，助力企业打造绿色品牌产品及空间。其一，设计绿色化。品牌企业秉承绿色设计理念，参照国家标准，采用绿色技术等设计原则进行绿色产品设计，使产品绿色化发展。其二，供应链绿色化。品牌企业通过协同供应链上相关原材料、消费等各环节绿色升级，提升资源能源利用效率，助力形成绿色供应链体系。同时，对不合格的供方，予以相应的处理。其三，强化绿色施

工。品牌企业将绿色理念贯穿施工全流程，加强绿色施工管控，通过绿色技术和材料使用打造绿色品牌产品。其四，产品智能化。当代置业绿色科技产品技术不断升级，专设研发设计院自主研发升级科技建筑系统，不断提升企业绿色品牌定力。

4. 构建绿色保障体系，提升绿色品牌价值

图 18　绿色保障体系

品牌企业紧随时代步伐，在原有绿色建造技术基础上，构建产品的绿色保障体系，打造绿色产品。其一，加强发展装配式建筑。万科持续迭代升级建造体系，实现工业化体系迭代升级，同时，开展装配式建筑新体系研究，探索应用叠合墙板新体系，并在 2020 年实现装配式住宅占总开工量的 85.7%。其二，重视产品的绿色认证。品牌企业面对低碳环保绿色发展的大背景下，编制符合自身发展的绿色建筑管理标准和规范指引，推进建筑绿色化发展。其三，积极应用云计算、物联网等新技术。世茂智慧社区集成云计算、大数据等科技技术，将社区服务、设备管理、业主生活有机的整合为一体，为业主与用户提供智慧化社区生活环境。

（二）承担企业公民责任，为社会注入温暖

品牌企业作为城市的建设者在满足人们美好生活向往的同时，作为企业公民，积极承担社会责任。品牌企业积极参与精准扶贫、乡村振兴、公益基金方面，投身于公益事业之中。

品牌企业积极响应脱贫攻坚号召。在脱贫攻坚的路上，品牌企业通过选派志愿者，支持贫困地区建设。志愿者常年驻扎在现场，负责规划、建设及管理协调等工作，发展新型农村集体经济，致力于把欠发达地区建设具成有农业发展活力的社会主义新村镇。

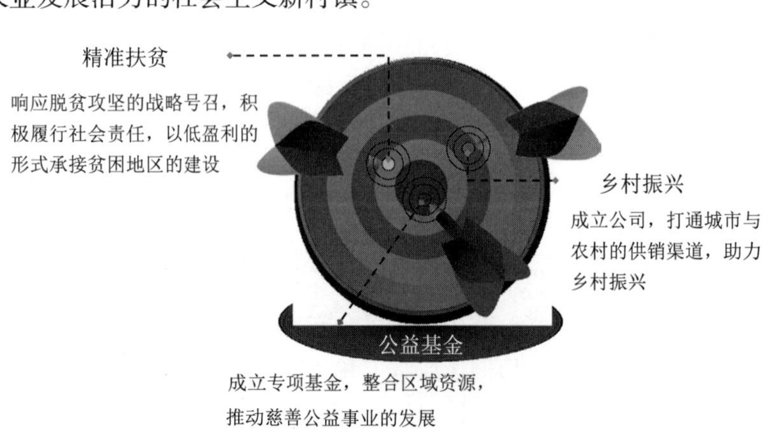

图 19　承担社会责任的形式

品牌企业积极参与助力乡村振兴。在参与乡村振兴过程中，品牌企业通过上下游企业搭建商业桥梁，让全国最偏远的地区的农民能参与进来，将好产品通过集散地快速运到城镇。

品牌企业推动慈善公益事业的发展。品牌企业通过组建教育扶贫基金、产业投资基金和专项捐款等，搭建公益平台。企业通过感化和引导，让更多人参与其中，集中和整合社会资源，发挥更大的社会作用。

（三）建立服务管理体系，形成绿色品牌闭环

品牌企业注重服务管理体系的打造，外部以社区服务管理为切入点，内部以组织服务管理为抓手，辅以现代科技智慧化手段，形成绿色品牌闭环。

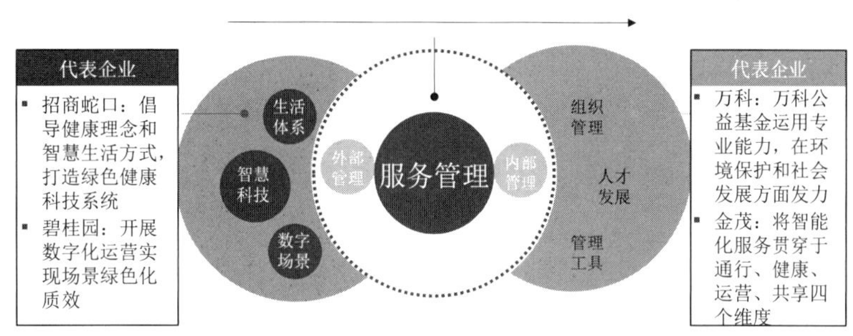

图 20　服务管理模式

1. 科技助力绿色服务升级，构建绿色品牌服务闭环

房地产品牌企业以人为本，依托绿色科技打造绿色健康生活空间，以绿色生活空间、绿色科技、绿色生活场景为核心，构建绿色服务闭环。其一，打造绿色生活体系，助力绿色服务体验升级。品牌房企围绕绿色低碳健康打造绿色生活体系，聚焦社区和健康住宅两大维度，打造绿色健康产品和服务。其二，绿色智慧科技赋能生活服务打造和管理。品牌企业借助绿色科技，打造绿色健康生活空间，升级客户绿色生活体验。其三，营造场景数字化，提升绿色服务体验质地。碧桂园积极开展数字化运营，依托数字化、信息化新成果，提升运行效率，同时降低数字化建设投入和运营成本，实现品牌企业场景绿色化质效。

2. 管理方式绿色革新，提升改善管理效率

品牌企业升级绿色生态系统，以系统科学的管理模式打造绿色品牌。其一，成立绿建工作小组，推进绿色项目的研发和管理。品牌企业依托自身在绿色建筑方面的开发经验，成立了绿建工作小组，依托绿色金融机遇发展绿色建筑，聚焦绿色项目的开发和认证，积极参与智慧城市建设。其二，人才发展上，建立完备的人才评价机制，形成因材施用的良性企业环境。品牌企业基于人才评价标准，对各层级员工进行评价，将评价结果贯穿人才发展全流程。并建立干部能力素质模型，将模型应用于选拔、培训等各领域。其三，管理工具上以科技系统和智能化服务为主，打造智能、环保的商务办公环境。2020 年，中国金茂旗下 J SPACE 项目，将智能化服务贯穿于通行、健康、运营、共享四个维度，实现无障碍门禁、打卡，为使用者提供智慧、舒适的办公环境。

三、绿色品牌发展策略

品牌企业依托绿色技术和绿色金融的扶持，走上高质量发展之路。一方面，践行 ESG 理念，打造具有绿色品牌特色的产品和服务；另一方面，依托绿色金融的扶持，升级绿色科技实力，以实力赢得企业发展的良机。

图 21　绿色品牌发展策略

深化践行 ESG 理念，完善 ESG 治理框架。①建立 ESG 治理架构，借助数字化手段落实绿色建筑规划。②进行 ESG 信息披露，尤其突出绿色环保绩效。③与金融机构积极沟通，推动绿色金融创新工具广泛应用。④推动项目参与绿色认证。⑤稳步推动房企绿色升级。

打造稳健、可持续的品牌形象，增强企业品牌信赖。一方面通过可持续的绿色品牌打造，彰显可信赖的品牌形象；另一方面通过绿色品牌形象拓展企业的资源，以更具价值的品牌协同力增强品牌认同和延伸价值。

升级绿色、健康、科技智慧的产品，提升核心竞争优势。一方面，通过产品技术体系升级、研发平台升级等形成产品闭环机制；另一方面，品牌企业通过企业文化和品牌特色的融合，打造鲜明的品牌特性和 IP。

提升健康、舒适、科技感的绿色服务场景，增强客户体验。一方面，通过社区服务升级，打造健康安全的服务体系；另一方面，通过客户反馈机制强化服务效能，提升绿色住区和对商业场景的体验。

结　语

“绿水青山就是金山银山”，伴随健康中国、美丽中国等高质量发展的推进，打造房地产绿色品牌成为行业发展的必然趋势。随着 ESG 理念的深入，以互联网、数字信息技术加持，打造高效的资源和能源利用的绿色品牌体系，促品牌理念升级、产品提升和服务优化，增强房企绿色品牌竞争力和持续发展实力，使品牌企业发展与时俱进。

报告三　2021中国房地产服务品牌价值研究

一、研究背景与目的

2021 年以来，相关部门陆续出台规范性和鼓励性政策，以引导和支持物业行业良性发展。“十四五”规划纲要六次提及物业，随后商务部等 12 部委发文明确提出鼓励有条件的物业服务企业向养老、托育、家政、邮政快递、前置仓等领域延伸，推动“物业服务 + 生活服务”。在政策的指引下，物业服务企业在规模扩张和业务发展的同时，更加注重服务品质的提升和品牌核心价值的塑造，以实现均衡可持续发展。

中指研究院自 2005 年起开展中国房地产服务品牌的研究。17 年来，通过深入挖掘优秀房地产服务品牌成功要素，积极探索中国房地产服务品牌可持续发展之路，研究成果引起社会各界广泛关注，对品牌企业提升品牌形象、沉淀品牌资产、强化行业地位发挥了重要作用。

二、研究对象与方法

（一）研究对象

（1）在全国范围内有较强影响力和知名度的房地产服务企业；

（2）在某一地区范围内有较强影响力和知名度的房地产服务企业；

（3）在某一专业领域有较强影响力的房地产服务企业；

（4）中国房地产策划代理百强企业、中国物业服务百强企业等。

（二）评价指标体系

在研究方法上，中指研究院充分借鉴国内专家学者以及国外著名品牌价值评估机构 Interbrand 和 Brand Finance 的研究经验和操作实务，并结合宏观经济发展条件和房地产行业发展特点，基于现金流折现法（DCF）和无形资产评估的理论方法，建立了一套实操性较强的研究体系，客观全面地评价房地产服务企业品牌价值。

该研究体系中对房地产服务品牌价值的主要评估流程有：

第一，公司财务分析：对未来经营收入进行预测。

在房地产服务品牌价值评估过程中，对未来营业收入准确可信的预测直接影响到房地产服务品牌价值的大小。

中指研究院在全面分析宏观经济环境、政策环境的基础上，对房地产服务行业的市场状况和企业进入主要城市的市场进行深入分析，并根据企业的经营业绩、区域布局、业务范围等，预测企业未来 3~5 年的营业收入。

第二，BVA 分析：计算品牌对公司收益的贡献。

在计算房地产服务品牌贡献率（BVA 系数）时，假设房地产服务品牌的价格溢价由其服务、品牌、技术等因素所贡献，并采用“品牌作用指数”（Role of Branding Index）的方法来决定品牌资产所创造的收益。“品牌作用指数”是指品牌贡献占溢价的比重，通过专家咨询法（Delphi）来确定。

第三，品牌风险分析：确定品牌折现系数。

房地产服务品牌价值评估的关键环节是对品牌进行风险分析以确定品牌未来收益的折现系数。折现系数的确定首先需要对房地产服务品牌进行风险分析得到品牌强度系数，由品牌强度系数得到对应的品牌贝塔系数，再运用资产定价模型相关原理，计算得到房地产服务品牌未来收益的折现系数。

其中：品牌强度系数反映了房地产服务品牌将其预期收益转化为现实收益过程中抵御风险的能力。品牌强度系数越大，抗风险能力越强；反之亦然。品牌强度系数由品牌强度指标决定，是各品牌强度指标得分的总和。

第四，计算品牌价值。

中指研究院采用资产评估中未来收益折现公式（DCF：Discounted Cash Flow），将房地产服务品牌未来 3 年的品牌收益进行折现，并对 3 年后的品牌收益作年金化处理，从而计算出相应的房地产服务品牌价值。

在上述评估过程中，BVA 系数、品牌强度系数和品牌贝塔系数三个模型最为重要，分别对其阐述如下：

（1）BVA 系数模型

TOP10 研究组通过分析房地产品牌对销售市场溢价和资本市场溢价的贡献度得到品牌贡献率。因此，BVA 系数由品牌对房地产销售市场溢价的贡献率 BVA_1 系数和品牌对资本市场溢价的贡献率 BVA_2 系数组成。

其中，BVA_1 系数是指假设某房地产开发项目的价格溢价是由品牌、技术等因素所贡献的，因此，BVA_1 系数由该品牌销售溢价总和占该品牌销售收入比例，乘以品牌在销售市场的作用指数 RBI_1 得到：

$$BVA_1 = \frac{S_1 \times (P_1 - AVP_1) + S_2 \times (P_2 - AVP_2) + \cdots\cdots + S_1 \times (P_i - AVP_i)}{S_1 \times P_1 + S_2 \times P_2 + \cdots\cdots S_i \times P_i} \times RBI_1 \quad (1)$$

公式（1）中：S 为服务 / 产品总量，P 为单位服务 / 产品均价，AVP 为同质条件下的服务 / 产品均价，其中，同质条件是指某一时间段内服务 / 产品在区位特征、服务 / 产品特征、环境特征等方面相接近。

BVA_2 系数是指品牌对资本市场溢价的贡献率，TOP10 研究组通过计算房地产公司的 Tobin Q 值来反映其在资本市场的溢价水平，乘以品牌在资本市场作用指数 RBI_2，得到 BVA_2 系数。

$$BVA_2 \text{系数} = (\text{Tobin Q}-1) \times RBI_2 \quad (2)$$

公式（2）中：Tobin Q 值是房地产上市公司资本市场溢价水平，非房地产上市公司 Tobin Q 值为 1。

Tobin Q 值的计算公式如下：

$$\text{Tobin Q} = \frac{MV}{RC} = \frac{MV_E + MV_L}{RC} \quad (3)$$

公式（3）中：MV 表示公司的市场价值，RC 表示公司的重置成本，MV_E 表示公司所有者权益的市场价值，MV_L 表示公司负债的市场价值。

公式（1）与公式（2）之和为品牌贡献率（BVA 系数），即：

$$\text{BVA 系数} = \text{BVA1 系数} + \text{BVA2 系数} \quad (4)$$

（2）品牌强度系数模型

中指研究院在研究品牌强度相关理论的基础上，结合中国房地产行业发展状况和市场运行特性，对中国房地产服务品牌强度指标结构及指标含义作如下设定：

a. 品牌强度指标结构图：

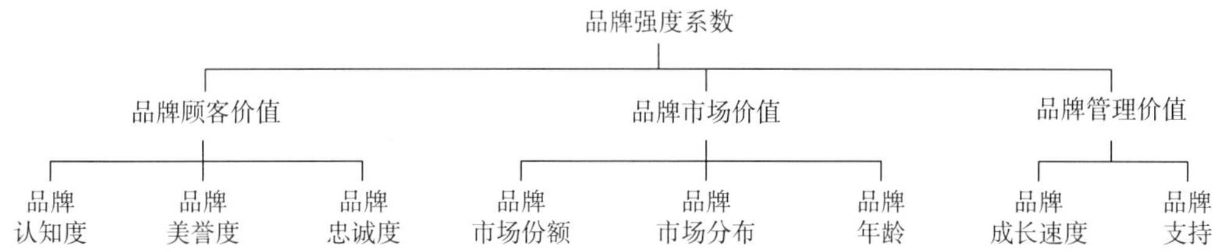

b. 品牌强度指标的含义：

序号	品牌强度系数	指标含义
1	品牌认知度	反映客户对品牌内涵 / 价值的认识和理解的情况
2	品牌美誉度	反映客户心目中对品牌的口碑和信任程度的情况
3	品牌忠诚度	反映客户在购买决策中，多次表现出来对某品牌有偏向性的行为反应，通过客户的再次购买、推荐购买和缺货忠诚等来反映
4	品牌市场份额	反映品牌的销售面积、销售额、个案数量等指标的市场占有率情况
5	品牌市场分布	反映品牌的区域分布、业务布局和客户数量方面的情况
6	品牌年龄	反映品牌进入市场的时间，较早进入市场的品牌往往拥有更多的忠诚消费者，具有更强的品牌效应
7	品牌成长速度	反映品牌在营业收入、利润等方面的增长速度
8	品牌支持	反映品牌在品牌投入费用、重点投资、持续推广以及公益事业投入等方面获得支持的情况

中指研究院根据房地产服务品牌区域布局和客户分布的状况，针对各服务品牌主要进入城市的客户，开展深入的品牌三度（认知度、美誉度和忠诚度）问卷调查，全面准确地衡量房地产服务企业的品牌认知度、美誉度和忠诚度。

（3）品牌贝塔系数模型

中指研究院利用资产定价模型（Capital Asset Pricing Model），确定品牌收益折现率：

$$E(R_j) - R_f = (Rm - R_f) * \beta_j \quad (5)$$

其中，贝塔系数综合考虑了行业风险和品牌风险，行业预期回报率是通过对房地产服务企业以及相关机构的调查获得。

（三）数据来源

（1）经中指研究院复核的房地产服务企业填报的数据；

（2）2021 中国房地产服务品牌认知度、品牌美誉度和品牌忠诚度的调查结果；

（3）2005~2021 中国房地产策划代理百强企业及策划代理品牌价值研究企业资料库；

（4）2008~2021 物业服务百强企业及品牌价值研究企业资料库；

（5）中指研究院房地产顾客满意度研究资料库；

（6）中国房地产指数系统（CREIS）数据库及监测数据；

（7）相关政府部门（包括建委、房管局和统计局等）的公开数据。

（四）数据复核

（1）企业填报的数据须如实客观，同时对填报数据进行复核；

（2）企业财务数据通过会计师事务所出具的审计报告进行复核；

（3）通过税单复核企业经营收入及利润；

（4）对收集的数据坚持交叉复核：通过各地房地产交易中心公开的项目交易情况复核企业提供的销售数据；通过统计局的企业直报数据进行交叉复核；对有疑问的数据可要求进行现场复核。

三、2021 中国物业服务品牌价值研究成果

2021 年，品牌企业把握发展新契机，主动适应新形势，围绕客户需求积极谋变，进行高质量扩张，促进品牌企业在健康、持续的发展中增强品牌效益，全面提升品牌竞争力。

表 1　　2021 中国物业服务专业化运营领先品牌企业

品牌名称	企业名称	品牌名称	企业名称
碧桂园服务	碧桂园生活服务集团股份有限公司	金地智慧服务	深圳市金地物业管理有限公司
保利物业	保利物业服务股份有限公司	雅生活集团	雅生活智慧城市服务股份有限公司
融创服务	融创服务控股有限公司	中海物业	中海物业管理有限公司
金科服务	金科智慧服务集团股份有限公司	建业新生活	河南建业新生活服务有限公司
时代邻里	时代邻里控股有限公司	富力物业	富力物业服务集团
金融街物业	金融街物业股份有限公司	苏宁银河物业	江苏银河物业管理有限公司
合生活科技集团	合生活科技集团有限公司	远洋服务	远洋服务控股有限公司
龙光服务	深圳市前海龙光智慧服务控股有限公司	金茂物业	中化金茂物业管理（北京）有限公司
滨江服务	滨江服务集团有限公司	海尚海服务	青岛海尚海生活服务集团有限公司
珠江城市服务	广州珠江城市管理服务集团股份有限公司	新力服务	新力服务（控股）有限公司
敏捷物业	广州敏捷新生活物业管理有限公司	中南服务	江苏中南物业服务有限公司
中冶物业	中冶置业集团物业服务有限公司	东原仁知服务	东原仁知城市运营服务集团股份有限公司
宝石花物业	宝石花物业管理有限公司	永旺永乐	永旺永乐（江苏）物业服务有限公司
金辉物业	金辉物业服务有限公司	华宇优家	华宇优家智慧生活服务集团有限公司

续表

品牌名称	企业名称	品牌名称	企业名称
京城佳业	北京京城佳业物业股份有限公司	华发物业	珠海华发物业管理服务有限公司
新鸥鹏教育服务	重庆新鸥鹏物业管理（集团）有限公司	星河智善生活集团	深圳星河智善生活股份有限公司
新希望服务	新希望物业服务集团有限公司	苏新服务	苏新美好生活服务股份有限公司
优居美家物业	优居美家物业服务有限责任公司	大华物业	大华集团上海物业管理有限公司
天朗物业	西安天朗物业管理有限公司	天泰物业	青岛天泰爱家物业服务有限公司
鸿荣源物业	深圳市鸿荣源物业服务有限公司	天山物业	天山物业服务有限公司
建屋物业	苏州工业园区建屋物业发展有限公司	金侨服务	金世纪物业发展有限公司
鲁商服务	鲁商生活服务股份有限公司	恒泰第一太平	苏州工业园区恒泰第一太平物业管理有限公司
实地物业	广东实地物业管理有限公司	和顺物业	广东和顺物业管理有限公司
合创嘉锦	上海合创嘉锦物业管理有限公司	滨江鼎信物业	四川滨江鼎信物业服务有限公司

专业化运营领先品牌企业保持高水平的扩张速度，通过承接兄弟开发企业项目、收并购、市场化外拓等多种手段，持续扩大管理规模，同时形成住宅、商业、办公、医院、学校等多业态管理模式，打造多业态子品牌。

表 2　　2021 中国物业服务市场化运营领先品牌企业

品牌名称	企业名称
长城物业	长城物业集团股份有限公司
金科服务	金科智慧服务集团股份有限公司
彩生活服务集团	彩生活服务集团有限公司
佳兆业美好	佳兆业美好集团（佳兆业物业管理（深圳）有限公司）
财信智慧服务	财信智慧生活服务集团有限公司
嘉宝服务	四川蓝光嘉宝服务集团股份有限公司
新力服务	新力服务（控股）有限公司
高地	上海高地物业管理有限公司
融信服务	融信服务集团股份有限公司
明德物业	山东明德物业管理集团有限公司
银城生活	南京银城物业服务有限公司
德信服务集团	德信服务集团有限公司
弘阳服务	弘阳服务集团有限公司
鑫苑服务	鑫苑科技服务集团有限公司
明喆集团	明喆集团有限公司
和泓服务	和泓服务集团有限公司
德商产投服务	成都德商产投物业服务有限公司
深华物业	深圳市深华物业集团有限公司

物业服务市场化运营领先品牌企业积极参与竞标，并通过与第三方开发商建立战略合作关系，获取更多市场化项目，保持自身独立性，提升市场的知名度和认可度。

（一）资本促进资源聚合，品牌价值整体提升 37%

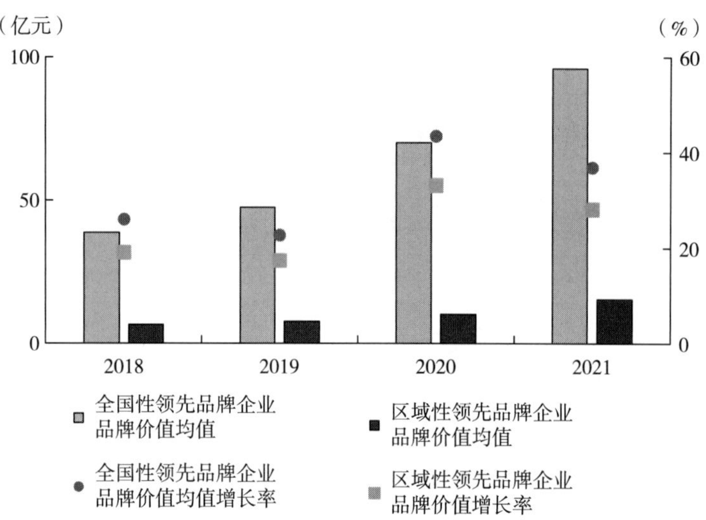

图 1　2018~2021 物业服务品牌企业品牌价值均值及增长率

2021 年全国性物业服务领先品牌企业品牌价值均值为 93.15 亿元，同比增长 36.82%；区域性物业服务品牌企业品牌均值为 15.35 亿元，同比增长 28.11%。

1. 资本加持强化品牌认知，品牌溢价效应显著

品牌企业紧抓发展机遇，一方面，充分利用资本市场，做大做强，促进品牌价值快速提升；另一方面，依托自身品牌优势，加速企业规模化发展及服务创新升级，持续增强品牌效益。

表 3　2021 值得资本市场关注的物业品牌

品牌名称	企业名称
长城物业	长城物业集团股份有限公司
奥园健康	奥园健康生活集团
富力物业	富力物业服务集团
华宇优家	华宇优家智慧生活服务集团有限公司
嘉源服务	厦门合嘉源生活服务集团有限责任公司
禹洲物业	禹洲物业服务有限公司
中湘美好	中湘美好城市运营服务集团有限公司

物业服务品牌发轫于开发品牌，从开发品牌中脱颖而出，赢得了社会公众的认可和资本市场的关注。

2. 资本虹吸促进规模扩张，夯实品牌竞争力

表 4　2021 中国专项物业服务优秀品牌

业态	品牌名称	企业名称
商业物业	高地	上海高地物业管理有限公司
	华宇优家	华宇优家智慧生活服务集团有限公司
	合创嘉锦	上海合创嘉锦物业管理有限公司
	融汇悦生活	融汇悦生活集团有限公司

续表

业态	品牌名称	企业名称
写字楼物业	金融街物业	金融街物业股份有限公司
公建物业	雅生活集团	雅生活智慧城市服务股份有限公司
产业物业	特发服务	深圳市特发服务股份有限公司
医院物业	明喆集团	明喆集团有限公司
	高地	上海高地物业管理有限公司
	海南第一成美物业	海南第一成美物业管理股份有限公司
	明运后勤服务	安徽明运后勤管理服务有限责任公司
教育物业	明德物业	山东明德物业管理集团有限公司
	新鸥鹏教育服务	重庆新鸥鹏物业管理（集团）有限公司
	雅生活集团	雅生活智慧城市服务股份有限公司
案场物业	安信物业	广西安信物业服务有限公司

专项物业服务优秀品牌开辟细分蓝海市场，专注于细分业态的物业管理及品牌塑造，提升专业市场的品牌影响力。

表 5　2021 中国物业服务区域品牌企业

区域	品牌名称	企业名称
华东	朗诗绿色生活	南京朗诗物业管理有限公司
	乐富强物业	安徽乐富强物业管理有限公司
	万邦物业	江苏万邦物业服务有限公司
粤港澳大湾区	金地智慧服务	深圳市金地物业管理有限公司
	佳兆业美好	佳兆业美好集团（佳兆业物业管理（深圳）有限公司）
	华发物业	珠海华发物业管理服务有限公司
	星河智善生活集团	深圳星河智善生活股份有限公司
华中	建业新生活	河南建业新生活服务有限公司
	康桥悦生活	康桥悦生活服务集团有限公司
	新力服务	新力服务（控股）有限公司
	兴业物联	河南兴业物联网管理科技有限公司
	金地智慧服务	深圳市金地物业管理有限公司武汉分公司
	中建物业	湖南中建物业服务有限公司
	东投美城服务	东投美城物业服务（集团）有限公司
	中湘美好	中湘美好城市运营服务集团有限公司
东北	金地智慧服务	沈阳市金地物业管理有限公司
西南	中天城投物业	中天城投集团物业管理有限公司
	俊发七彩服务	俊发七彩服务有限公司
	新鸥鹏教育服务	重庆新鸥鹏物业管理（集团）有限公司
	融汇悦生活	融汇悦生活集团有限公司
	金瑞物业	广西金瑞物业服务有限公司
	康田智慧服务	重庆康田智慧生活服务有限公司
	滨江鼎信物业	四川滨江鼎信物业服务有限公司
	同森生活	成都同森物业管理有限公司
西北	金地智慧服务	金地智慧服务集团西安公司

品牌企业借助区域品牌优势持续进行区域深耕，扩大区域品牌影响力。

表 6　　2021 中国部分省市物业服务优秀品牌企业

山东	浙江	河南	安徽	江西	广西
金地智慧服务	绿城服务	建业新生活	绿城服务	新力服务	荣和物业
中海物业	滨江服务	康桥悦生活	中海物业	恒兴物业	华保盛集团
保利物业	金地智慧服务	兴业物联	金地智慧服务	金地智慧服务	广西印象物业
华润万象生活	德信服务集团	金地智慧服务	华润万象生活	燕兴物业	富翔鸿基物业
卓越商企服务	佳源服务	长城物业	珍宝岛物业	东投美城服务	中铁建物业
海南	上海	北京	天津	西安	昆明
融创服务	大华物业	中海物业	融创服务	中海物业	俊发七彩服务
雅生活集团	旭辉永升服务	保利物业	保利物业	龙湖智慧生活	融创服务
保利物业	金地智慧服务	金茂物业	金地智慧服务	融创服务	金地智慧服务
中南服务	阳光智博服务	远洋服务	仁恒物业	金地智慧服务	招商积余
珠江格瑞物业	新城悦服务	首开城市运营服务集团	金侨服务	中铁建物业	银海物业

随着物业服务优秀品牌企业的不断扩张，对重点省市的持续深耕，部分地区品牌企业已经在当地成功塑造了优质的品牌形象，提升当地市场竞争力。

3. 资本助推企业创收提效，品牌加持实现效益高增长

品牌企业依托规模优势，巩固基础盘，升级服务模式，确保服务品质，进而夯实企业的品牌竞争力。品牌效应与品质服务为企业的创收及快速发展提供有力支撑，已构成企业的核心竞争力之一。

（二）推动品牌“四化”建设，促进品牌价值释放

2020 年，全国性物业服务品牌企业品牌投入均值 1210 万元，同比增长 21.00%。

1. 服务标准化：品质统一筑服务根基，高效复制强品牌实力

品牌企业通过服务标准化，清晰地界定服务内容，建立一套完善的服务标准和流程，实现服务体系的快速复制和扩张。

表 7　　2021 中国物业服务标准化运营领先品牌企业

品牌名称	企业名称
中海物业	中海物业管理有限公司
彩生活服务集团	彩生活服务集团有限公司
富力物业	富力物业服务集团
金茂物业	中化金茂物业管理（北京）有限公司
禹洲物业	禹洲物业服务有限公司

2. 标准产品化：“无形服务”化为“有形产品”，服务感知强化品牌认同

标准产品化是服务标准化之后的主要方向，品牌企业通过无形服务产品的“有形化”，向业主传达服务特色，让业主感知到服务的实体化存在，提升业主享用服务产品的体验感，进而提升品牌企业提供服务的能力，扩大品牌影响力。

表 8　　2021 物业服务平台优秀品牌

企业名称	平台名称	平台特色
合生活科技集团	合生活	国际领先的科技生态运营商
长城物业	一应云	开放・合作・共享
彩生活服务集团	彩之云	彩惠人生物业费减免
金地智慧服务	想家	智享联盟
远洋服务	亿管家	共建、共享、共同运营空间智慧生态圈
财信智慧服务	怡加生活	多元服务 共享怡然
苏宁银河物业	悦居会	多业态多场景服务
弘阳服务	弘生活 APP	“住商联动”新模式
瓯客生活服务集团	瓯客生活	“身、心、智”一体化健康生活平台

优秀平台运营企业借力先进技术实现创新发展，整合优质资源实现高效运营，打造优秀的生态平台系统。

3. 产品品牌化：纵横联合延伸服务链条，多元子品牌持续扩容

表 9　　2021 中国物业服务品质领先品牌

品牌名称	企业名称
中海物业	中海物业管理有限公司
融创服务	融创服务控股有限公司
雅生活集团	雅生活智慧城市服务股份有限公司
阳光智博服务	上海阳光智博生活服务集团股份有限公司
华发物业	珠海华发物业管理服务有限公司
世邦泰和物业	世邦泰和（上海）物业管理有限公司
明德物业	山东明德物业管理集团有限公司
石榴物业	石榴物业服务集团有限公司

物业服务品牌企业专注于服务品质的打造，夯实品牌发展基础，不断迎合业主的多元化需求，探索更多贴近民生的服务模式，延伸多种经营服务品牌，丰富品牌内涵。

表 10　　2021 中国多种经营物业服务优秀品牌

品牌名称	企业名称
建业新生活	河南建业新生活服务有限公司
荣万家生活服务	荣万家生活服务股份有限公司
佳兆业美好	佳兆业美好集团（佳兆业物业管理（深圳）有限公司）
弘阳服务	弘阳服务集团有限公司
光大物业	东莞市光大物业管理有限公司

此外，品牌物企已开始认识到多元业务对品牌协同的意义，并开始延伸出商办等相关子品牌，实现多品牌之间的联动，突破自身的服务边界，形成发展合力。

4. 品牌价值化：提升品牌三度 + 矩阵式传播，抢占品牌价值高地

2021 年，通过对物业服务品牌企业的品牌三度进行综合调查分析，结果显示，物业服务品牌企业的

品牌三度综合得分为56%，品牌三度实现稳步提升，其中品牌认知度和忠诚度增长明显。

物业服务满意度领先品牌企业坚持围绕业主需求提供服务，通过标准化、精细化、科技化手段增强业主服务感知，提升满意度水平。

表 11　　2021 中国物业服务满意度优秀品牌

品牌名称	企业名称	品牌名称	企业名称
高地	上海高地物业管理有限公司	长城物业	长城物业集团股份有限公司
鑫苑服务	鑫苑科技服务集团有限公司	弘阳服务	弘阳服务集团有限公司
新鸥鹏教育服务	重庆新鸥鹏物业管理（集团）有限公司	绿地泉服务	山东绿地泉物业服务有限公司

高端物业服务领先品牌企业主要围绕高端客群提供高标准、差异化服务，打造高端服务产品。同时，加强智慧社区建设，增强用户体验，形成高端服务体系。

表 12　　2021 中国高端物业服务领先品牌

品牌名称	企业名称
融创服务	融创服务控股有限公司
金茂物业	中化金茂物业管理（北京）有限公司
富力物业	富力物业服务集团
高地	上海高地物业管理有限公司
奥园健康	奥园健康生活集团
雅生活集团	雅生活智慧城市服务股份有限公司

（三）积极践行社会责任，品牌影响力助力服务空间延伸

1. 勇担抗灾责任、加强基层治理，公众品牌形象深入人心

“红色物业”企业不同于现有市场化的物业服务企业，既要坚持公益属性，为市场失灵、自治失效的老旧小区提供基本物业服务，又要发挥企业市场主体作用，积极参与市场竞争，实现可持续发展。

表 13　　2021 中国部分省市红色物业服务优秀品牌

省市	品牌名称	企业名称
北京	远洋服务	远洋服务控股有限公司
重庆	融创服务	融创物业服务集团有限公司重庆分公司
	两江物业	重庆两江新区物业管理有限公司
福建	嘉源服务	厦门合嘉源生活服务集团有限责任公司
广东	雅生活集团	雅生活智慧城市服务股份有限公司
	奥园健康	奥园健康生活集团
海南	海南鲁能物业	海南鲁能物业服务有限公司
湖北	嘉信物业	武汉嘉信物业管理有限公司
	金地智慧服务	深圳市金地物业管理有限公司武汉分公司
湖南	中建物业	湖南中建物业服务有限公司
江苏	苏宁银河物业	江苏银河物业管理有限公司
	弘阳服务	弘阳服务集团有限公司

续表

省市	品牌名称	企业名称
陕西	金地智慧服务	金地智慧服务集团西安公司
	东岭物业	陕西东岭物业管理有限公司
	居安易置业	陕西居安易置业有限公司
	艾邦物业	陕西艾邦物业管理有限公司
	长岭物业	陕西长岭实业有限公司
	凌云物业	宝鸡凌云物业管理有限责任公司
	大管家物业	宝鸡市大管家物业管理有限公司
	新城宝物业	宝鸡新城宝物业管理服务有限公司
	正能物业	宝鸡国资正能物业管理有限公司
	宝石花物业	宝石花物业管理有限公司宝鸡分公司

物业服务品牌企业注重响应国家号召，参与红色物业建设，充分体现品牌的使命感。

表 14　　2021 中国城市更新物业服务优秀品牌企业

品牌名称	企业名称
富力物业	富力物业服务集团
卓越商企服务	卓越商企服务集团有限公司
鸿荣源物业	深圳市鸿荣源物业服务有限公司

城市更新领域前景广阔，城市更新物业服务优秀品牌企业相关业务蓬勃发展，这不仅为企业打开了新的市场空间，也促进了品牌影响力的提升。

表 15　　2021 中国物业服务 ESG 发展优秀品牌企业

品牌名称	企业名称
碧桂园服务	碧桂园生活服务集团股份有限公司
中海物业	中海物业管理有限公司
招商积余	招商局积余产业运营服务股份有限公司
朗诗绿色生活	南京朗诗物业管理有限公司
弘阳服务	弘阳服务集团有限公司

物业服务 ESG 发展优秀品牌企业践行社会责任，提升品牌势能。

表 16　　2021 中国物业管理行业最佳雇主

品牌名称	企业名称
中海物业	中海物业管理有限公司
建业新生活	河南建业新生活服务有限公司
荣万家生活服务	荣万家生活服务股份有限公司
时代邻里	时代邻里控股有限公司
和泓服务	和泓服务集团有限公司

在物业服务企业加速转型的风口，人才的竞争形势愈发激烈。品牌企业致力于选拔优秀人才，提升员工素质，在奠定高品质服务基础上，为企业可持续发展不断注入新鲜“血液”。

2. 发力城市服务、拓展外延空间，增强品牌社会效益

表 17　　2021 中国城市服务优秀物业品牌企业

品牌名称	企业名称
金地智慧服务	深圳市金地物业管理有限公司
金科服务	金科智慧服务集团股份有限公司
龙光服务	深圳市前海龙光智慧服务控股有限公司
弘阳服务	弘阳服务集团有限公司
星河智善生活集团	深圳星河智善生活股份有限公司
中湘美好	中湘美好城市运营服务集团有限公司

得益于政策的支持，越来越多的品牌企业逐渐介入城市服务领域。品牌企业积极投身城市精细化治理工程，向城市服务运营商升级转型，凸显品牌的创新引领能力。

（四）取他人之长以善己：探究不同类型企业的品牌升级之道

1. 规模领先型：匠铸物业品牌，构建“1+N”多元品牌体系

规模领先型物业服务企业具有明显的规模优势、品牌优势和市场地位，开发商背书品牌仍是其打造品牌影响力的重要基础。随着行业的高速发展，物业服务品牌的独立性更加凸显，规模领先型品牌企业明确战略方向，开启市场化之路，全面打造独立物业品牌形象。

2. 区域深耕型：提升美誉度和区域密度，做实服务放大品牌效应

区域深耕型品牌企业主要采取省域化发展战略，区域深耕优势突出。一方面，区域深耕型品牌企业借力兄弟公司在区域内的项目资源优势，在某一区域或省内凭借先天项目的积累；另一方面，围绕已有项目开展收并购和外拓，通过第三方外拓的方式以及并购等举措将项目下沉到省内的县级区域，提高市场份额和区域品牌影响力。

3. 特色服务型：构筑专业服务壁垒，建立差异化强势品牌

特色服务型品牌企业明晰企业打法，避免同质化竞争，树立行业典型的独特品牌形象。在差异化定位时，企业通过对公司的发展历程和发展现状进行客观评估，挖掘公司的特色和优势，并集中反映在品牌定位之中。

表 18　　2021 中国物业服务特色品牌企业

品牌名称	企业名称	品牌特色
佳兆业美好	佳兆业美好集团（佳兆业物业管理（深圳）有限公司）	城市服务 + 智能化运营
高地	上海高地物业管理有限公司	蜂巢服务
金融街物业	金融街物业股份有限公司	商务物业管理
苏宁银河物业	江苏银河物业管理有限公司	智慧社区多种经营
鲁能物业	鲁能物业服务有限公司	绿色物业 + 物业酒店式服务

续表

品牌名称	企业名称	品牌特色
财信智慧服务	财信智慧生活服务集团有限公司	智慧城市服务运营商
朗诗绿色生活	南京朗诗物业管理有限公司	有温度的社区
中南服务	江苏中南物业服务有限公司	中南美好 We 生活
中天城投物业	中天城投集团物业管理有限公司	科技引领多元「蜜服务」
东原仁知服务	东原仁知城市运营服务集团股份有限公司	GSN：高端外企服务 + 盛康：专业医疗后勤服务
金辉物业	金辉物业服务有限公司	科技 + 人文
华宇优家	华宇优家智慧生活服务集团有限公司	“双管家”服务（物业管家 + 健康管家）
京城佳业	北京京城佳业物业股份有限公司	施工现场物业化
合能生活服务	合能生活服务集团	美好生活服务商
天山物业	天山物业服务有限公司	精细化服务
中节能物业	中节能物业管理有限公司	G.R.E.E.N. 体系
中建物业	湖南中建物业服务有限公司	优 + 生活服务商
宋都服务	宋都服务集团有限公司	金牌管家社会基层治理服务
中信泰富物业	中信泰富（上海）物业管理有限公司	高端商办管理
大家服务	浙江大家物业服务集团有限公司	多元社区文化服务商
天朗物业	西安天朗物业管理有限公司	用心创造幸福生活
新速达社区服务	重庆新速达物业服务集团股份有限公司	智慧社区服务运营商
唐人嘉服务	厦门唐人嘉物业服务有限公司	幸福人文住居服务
融汇悦生活	融汇悦生活集团有限公司	复合大盘运营服务
华川物业	杭州华川物业管理有限公司	融绘智慧社区，创享美好生活
世纪金马智慧服务	重庆世纪金马智慧生活服务有限公司	康养 + 佳生活
金侨服务	金世纪物业发展有限公司	美好 + 生活服务模式
汇景物业	东莞市汇景物业服务有限公司	社区优质生活智造者
实地物业	广东实地物业管理有限公司	科技智慧 + 温度情怀
晖永物业	浙江晖永物业管理服务有限公司	福管家、悦生活
深盛佳物业	贵州深盛佳物业管理有限公司	政府楼宇管理专家
融创服务集团晋鲁大区	融创物业服务集团有限公司山东分公司	数字智慧社区
天臻物业	湖南天臻物业管理有限公司	产业园区运营商
安信物业	广西安信物业服务有限公司	五心生活服务

物业服务特色品牌企业立足服务本质，追求服务的永续精进，打造品牌硬核口碑。

表 19　　2021 中国新锐成长型物业服务品牌

品牌名称	企业名称
俊发七彩服务	俊发七彩服务有限公司
海源怡生活	重庆海源怡生活服务集团有限公司
阳光物业	四川阳光大地物业服务集团有限公司
汇景物业	东莞市汇景物业服务有限公司
正中企业服务	深圳正中企业服务有限公司

新锐成长型品牌企业根据自身的情况打造各具特色的服务品牌，建立区域品牌影响力。汇景物业坚持

"规范管理，顾客满意，持续改进"的质量管理方针，夯实服务基础，塑造优质品牌，开创"四保一服务＋N"的工作平台模式，打造优质社区生活。

四、2021 中国房地产关联服务品牌

（一）2021 中国房地产销售服务品牌

2020 年，在新冠疫情和房地产调控不放松的背景下，全国商品房销售额 17.4 万亿元，同比增长 8.7%。房企把握市场复苏轮动机遇，收入规模再创新高，但"增收不增利"现象加剧，行业集中度不断提升。

表 20　　2021 中国房地产销售服务领先品牌

品牌名称	企业名称
合富辉煌	合富辉煌集团控股有限公司
世联行	深圳世联行地产顾问股份有限公司
保利投顾	保利地产投资顾问有限公司
同策集团	同策房产咨询股份有限公司
新联康	新联康（中国）有限公司
新景祥	江苏新景祥网络科技股份有限公司
方圆生活服务集团	方圆生活服务集团有限公司
正合股份	成都正合地产顾问股份有限公司
麒麟天成	北京麒麟天成资产管理有限公司
中地行	广州中地行房产代理有限公司

房地产销售服务领先品牌凭借强大的品牌号召力，以专业的服务能力和资源整合优势，实现业绩的稳步提升。房地产销售服务品牌企业更加注重"体验、品质、个性、口碑"的持续打造。

（二）2021 其他关联服务品牌

1. 2021 中国房地产金融服务品牌

表 21　　2021 中国房地产基金优秀品牌企业

企业简称	企业简称
信保基金	大家祥驰
光控安石	优钺资管
国寿资本	洛德基金
中城投资	蔚然控股
五牛控股	中冀投资

房地产基金品牌企业顺应监管要求、回归投资本源，持续加大股权投资力度，不断提高风险控制和主动管理能力。房地产基金品牌企业顺应行业变革，积极开展战略合作、拓展业务领域，创新基金产品，择机布局"地产＋"项目。

1. 2021 中国房地产全产业链优秀品牌

房地产全产业链服务优秀品牌企业顺应房地产行业发展动向，赋能房地产服务的转型升级，通过与房地产开发及物业服务等产业的协同发展，并将服务触角延伸至业主端，提升用户的体验和产品满意度，树立良好品牌形象，增强品牌影响力。

表 22 2021 中国房地产全产业链服务优秀品牌

品牌类别	品牌名称	企业名称
科技赋能	海纳云	青岛海纳云科技控股有限公司
家居品牌	老板电器	杭州老板电器股份有限公司
	九牧	九牧厨卫股份有限公司
	柏厨家居	宁波柏厨集成厨房有限公司

表 23 2021 中国物业生态链优质服务商

品牌名称	企业名称
雅观科技	杭州雅观科技有限公司
金蝶我家云	金蝶我家云网络科技有限公司
真弘元物业	重庆真弘元物业服务有限公司

五、结语

房地产服务行业已经迈入精细化、专业化运营阶段，优势资源加速向品牌企业聚集，不断涌现的新技术、新思维为物业品牌塑造提供了更多的工具与变革可能，持续推动品牌价值内涵式增长。未来，房地产服务品牌企业应紧跟市场需求与国家战略调整带来的新机遇，适时调整品牌战略，以服务力和品牌力为抓手，提升品牌能级，在激烈的市场竞争中实现跨越式发展。

报告四　2021中国房地产上市公司TOP10研究

一、研究背景与方法体系

（一）研究背景与目的

中国房地产TOP10研究组自2003年开展中国房地产上市公司TOP10研究以来，已连续进行了19年，其研究成果引起了社会各界特别是机构投资者的广泛关注，中国房地产上市公司TOP10研究的相关成果已成为投资者评判上市公司综合实力、发掘证券市场投资机会的重要标准。

2020年，资本市场跌宕起伏，总体以“提质增效、协同改革”为主旋律。资本市场顶层设计全面优化和全面深改为房地产上市公司实现可持续发展提供良好的外部条件。同时房地产行业年初受新冠疫情冲击后，二季度以来稳步恢复。在此背景下，房地产上市公司分化加剧，优秀公司精准把握资本市场改革机遇，把握城市复苏轮动机遇、推动产品服务优化，实现业绩的稳步增长，彰显出高投资潜力。2021年是“十四五”规划开局之年，当前和今后一个时期，房地产行业机遇与挑战将有新的发展变化，房地产上市公司应增强机遇意识和风险意识，趋利避害，推动公司实现高质量发展。在2021中国房地产上市公司研究中，中国房地产TOP10研究组在总结历年研究经验的基础上，进一步完善了研究方法和指标体系，本着“客观、公正、准确、全面”的原则，发掘成长质量佳、投资价值大的优秀房地产上市公司，探索不同市场环境下房地产上市公司的价值增长方式，为投资者提供科学全面的投资参考依据。

中国房地产上市公司TOP10研究的目的是：

（1）客观反映中国房地产上市公司的整体发展水平和最新动态，促进房地产上市公司做大做强做优；

（2）发掘综合实力强、最具财富创造能力及投资价值、财务稳健等表现优异的房地产上市公司；扩大企业在机构投资者当中的影响力，拓展企业融资渠道，帮助企业更快更好地发展；

（3）通过系统研究和客观评价，打造“中国房地产上市公司TOP10”品牌，引领房地产行业投资良性循环和健康发展。

（二）研究方法体系

1.研究对象

（1）依法设立且公司股份于2021年3月31日前在上海证券交易所、深圳证券交易所及香港联交所等境内外证券交易所公开上市的房地产企业（业务收入主要来自中国大陆，且收入构成需满足下款条件）。

由于在不同交易所上市的企业采用的会计准则存在一定差异，研究组将根据上市地点分别对在内地、香港上市的房地产企业进行研究。

（2）主营业务收入构成满足以下条件之一：①房地产相关业务收入（包括房地产开发与销售、园区开发与管理，下同）所占比重不低于50%或所占比重虽低于50%但比其他业务收入比重均高出30%（源自《上市公司分类与代码》，中国证监会2005年3月颁布）；②如果公司收入来自两个行业，房地产相关业务收入占其总收入60%以上或其收入和利润均占整体比重超过50%，或按历史和未来趋势来看，房地产业务为企业提供最主要的收入和利润。如果公司业务收入来自三个或以上行业，房地产相关业务收入或者利润占整体比重超过50%（源自全球行业分类标准，Global Industry Classification Standard，摩根士丹利公司和标准普尔公司联合发布，简称GICS)。

2. 评价指标体系

在2021中国房地产上市公司TOP10研究中，中国房地产TOP10研究组从经营规模、财富创造能力（EVA）、投资价值、财务稳健性四个方面对企业进行评价，对同一家企业在四个指标体系中的得分按一定的权重值（权重来自于对四项得分的“方差－协方差分析”）进行加总，最终得到企业的综合实力得分，评价得出“2021中国房地产上市公司综合实力TOP10”。

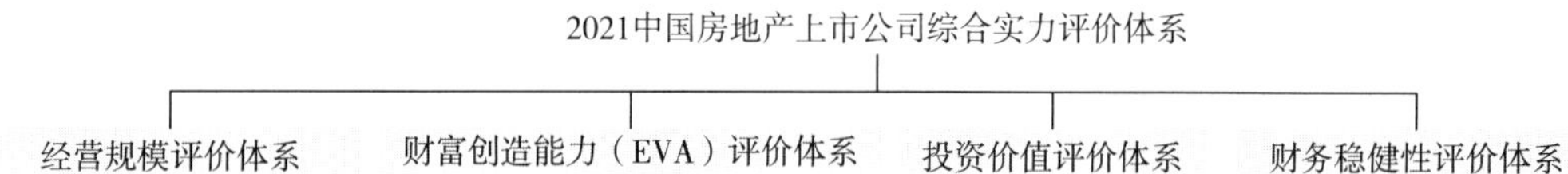

（1）经营规模评价体系

TOP10研究组以总资产、营业收入、利润总额和总市值作为经营规模的评价指标，指标体系如下：

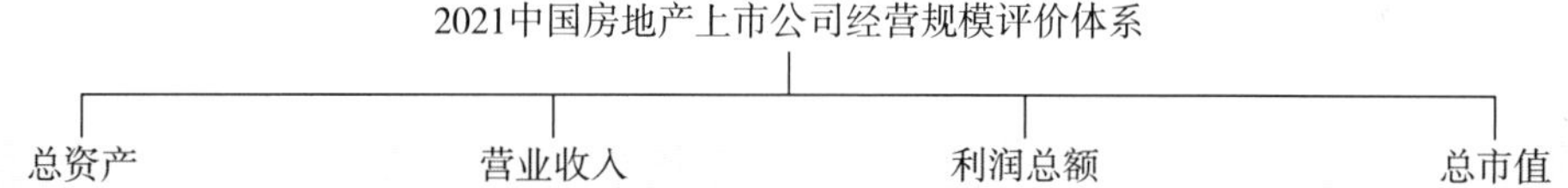

（2）财富创造能力（EVA）评价体系

TOP10研究组沿用了2003~2020年连续使用的财富创造能力EVA（Economic Value Added）评价理论和方法，再次对房地产上市公司的经营绩效进行EVA评价：

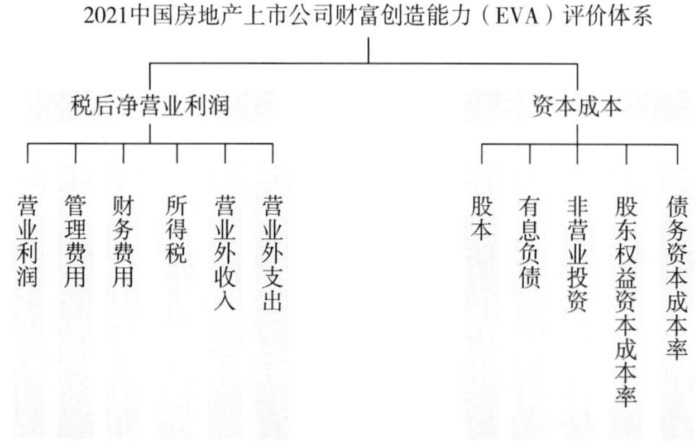

（3）投资价值评价体系

本次研究中，研究组从盈利能力、成长能力、运营效率等公司基本面的深入分析出发，系统分析企业在资本市场的表现，结合企业的业绩预测，全面评价企业的投资价值。指标体系如下：

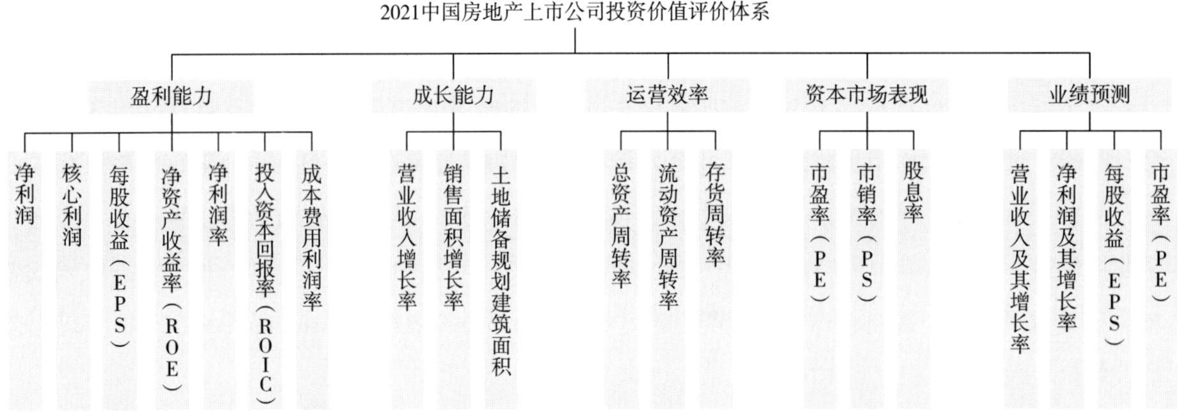

（4）财务稳健性评价体系

流动性风险（liquidity risk）是中国房地产上市公司面临的主要风险。所以，研究组将从企业的现金流风险出发，兼顾企业的中长期偿债能力指标资产负债率和净负债率，综合分析企业的财务稳健性。指标体系如下：

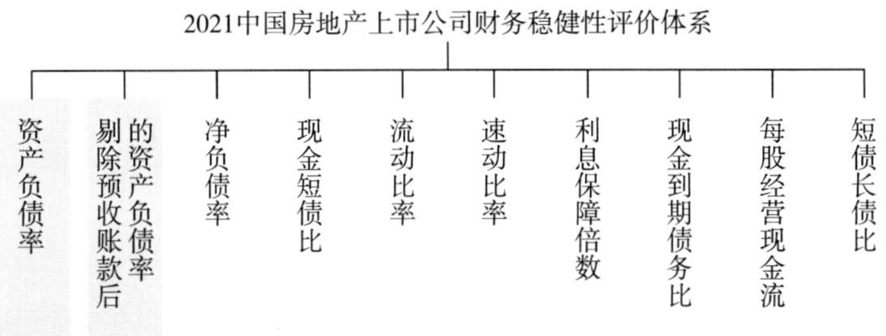

（5）公司治理评价体系

研究组在充分借鉴国内外专家学者以及相关公司治理绩效评价研究的基础上，结合我国现实性的公司治理研究环境，实施量化指标分析评估，全面客观的评价上市公司的治理水平。指标体系如下：

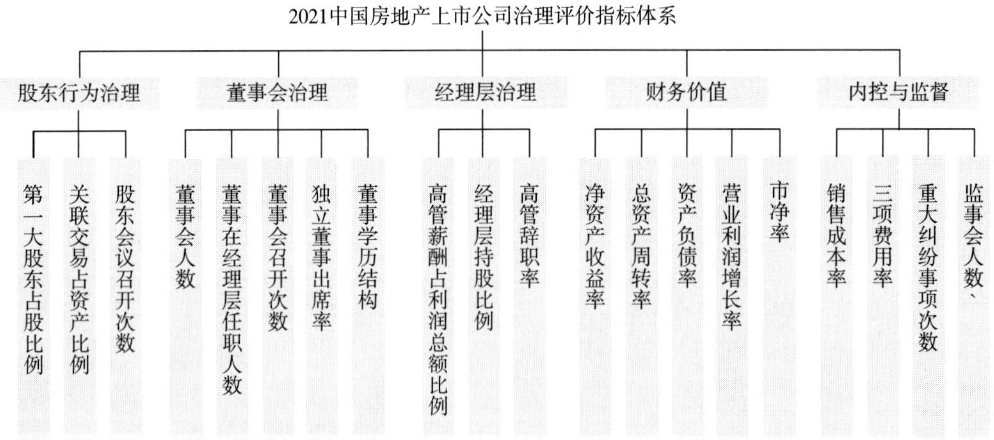

3. 数据来源

①中国房地产指数系统（CREIS）数据库；②房地产上市公司对外公布信息（包括公司年报、公告、公司网站公布信息和对外派发资料）；③政府部门（包括建委、房管局和统计局等）公开数据；④ 2018

年、2019年、2020年中国房地产上市公司研究收集企业数据资料；（5）2018年、2019年、2020年、2021年中国房地产百强企业研究收集企业数据资料。

4. 计量评价方法

研究方法上，为增加研究的严谨性，采用因子分析（Factor Analysis）方法进行。因子分析是一种从变量方差—协方差结构入手，在尽可能多地保留原始信息的基础上，用少数新变量解释原始变量方差的多元统计分析方法。它将原始变量分解为公共因子和特殊因子之和，并通过因子旋转，得到符合现实意义的公共因子，然后用这些公共因子去解释原始变量的方差。

设x_1，x_2，…，x_p是初始变量，F_1，…，F_m表示因子变量，使用统计软件SPSS可以计算出每个研究对象的各个因子的得分，然后计算出因子综合得分：

$$A=(\alpha_1 F_1+\ldots+\alpha_m F_m)/\sum\alpha_i,\quad i=1,\ldots,m$$

其中α表示各个因子变量的方差贡献率。

二、2021中国房地产开发上市公司TOP10研究结果

（一）综合实力TOP10

表1　2021沪深上市房地产公司综合实力TOP10

2021排名	股票代码	股票简称
1	000002.SZ	万科A
2	600048.SH	保利地产
3	001979.SZ	招商蛇口
4	600383.SH	金地集团
5	002146.SZ	荣盛发展
6	600376.SH	首开股份
7	600325.SH	华发股份
8	600208.SH	新湖中宝
9	601992.SH	金隅集团
10	000402.SZ	金融街

表2　2021中国大陆在港上市房地产公司综合实力TOP10

2021排名	股票代码	股票简称
1	3333.HK	中国恒大
2	0688.HK	中国海外发展
3	2007.HK	碧桂园
4	1918.HK	融创中国
5	3383.HK	雅居乐集团
6	2777.HK	富力地产
7	6158.HK	正荣地产
8	0123.HK	越秀地产
9	1813.HK	合景泰富集团
10	1233.HK	时代中国控股

（二）财富创造能力 TOP10

表 3 2021 沪深上市房地产公司财富创造能力 TOP10

2021 排名	股票代码	股票简称
1	000002.SZ	万科 A
2	600048.SH	保利地产
3	001979.SZ	招商蛇口
4	600383.SH	金地集团
5	002146.SZ	荣盛发展
6	600606.SH	绿地控股
7	000402.SZ	金融街
8	600376.SH	首开股份
9	601588.SH	北辰实业
10	600565.SH	迪马股份

表 4 2021 中国大陆在港上市房地产公司财富创造能力 TOP10

2021 排名	股票代码	股票简称
1	0688.HK	中国海外发展
2	3333.HK	中国恒大
3	1918.HK	融创中国
4	2777.HK	富力地产
5	6158.HK	正荣地产
6	1638.HK	佳兆业集团
7	1238.HK	宝龙地产
8	1908.HK	建发国际集团
9	1862.HK	景瑞控股
10	0272.HK	瑞安房地产

（三）财务稳健性 TOP10

表 5 2021 沪深上市房地产公司财务稳健性 TOP10

2021 排名	股票代码	股票简称
1	000002.SZ	万科 A
2	001979.SZ	招商蛇口
3	600048.SH	保利地产
4	000671.SZ	阳光城
5	601992.SH	金隅集团
6	000402.SZ	金融街
7	002146.SZ	荣盛发展
8	000926.SZ	福星股份
9	000838.SZ	财信发展
10	600208.SH	新湖中宝

表 6 2021 中国大陆在港上市房地产公司财务稳健性 TOP10

2021 排名	股票代码	股票简称
1	0688.HK	中国海外发展
2	1109.HK	华润置地
3	1918.HK	融创中国
4	1238.HK	宝龙地产

续表

2021 排名	股票代码	股票简称
5	0884.HK	旭辉控股集团
6	3383.HK	雅居乐集团
7	1638.HK	佳兆业集团
8	0672.HK	众安集团
9	1966.HK	中骏集团控股
10	1233.HK	时代中国控股

（四）投资价值 TOP10

表 7　　2021 沪深上市房地产公司投资价值 TOP10

2021 排名	股票代码	股票简称
1	600048.SH	保利地产
2	001979.SZ	招商蛇口
3	000671.SZ	阳光城
4	600466.SH	蓝光发展
5	601992.SH	金隅集团
6	600325.SH	华发股份
7	601588.SH	北辰实业
8	002146.SZ	荣盛发展
9	600376.SH	首开股份
10	600823.SH	世茂股份

表 8　　2021 中国大陆在港上市房地产公司投资价值 TOP10

2021 排名	股票代码	股票简称
1	3333.HK	中国恒大
2	1918.HK	融创中国
3	1638.HK	佳兆业集团
4	1238.HK	宝龙地产
5	2599.HK	祥生控股集团
6	1813.HK	合景泰富集团
7	1777.HK	花样年控股
8	1862.HK	景瑞控股
9	1396.HK	粤港湾控股
10	0672.HK	众安集团

表 9　　2021 中国上市公司商业运营 TOP10

2021 排名	股票代码	股票简称
1	1109.HK	华润置地
2	0960.HK	龙湖集团
3	1238.HK	宝龙地产
4	2777.HK	富力地产
5	601155.SH	新城控股
6	000402.SZ	金融街
7	3883.HK	中国奥园
8	002024.SZ	苏宁易购
9	0817.HK	中国金茂
10	600823.SH	世茂股份

（五）公司治理 TOP10

表 10　2021 中国房地产上市公司治理 TOP10

2021 排名	股票代码	股票简称
1	3333.HK	中国恒大
2	000002.SZ	万科 A
3	0688.HK	中国海外发展
4	600376.SH	首开股份
5	6158.HK	正荣地产
6	601992.SH	金隅集团
7	000402.SZ	金融街
8	3383.HK	雅居乐集团
9	0119.HK	保利置业集团
10	2118.HK	天山发展控股

表 11　2021 中国房地产上市公司十大金牌 CEO

股票代码	股票简称	CEO
3333.HK	中国恒大	夏海钧
1918.HK	融创中国	汪孟德
601155.SH	新城控股	梁志诚
6158.HK	正荣地产	黄仙枝
3383.HK	雅居乐集团	王海洋
1638.HK	佳兆业集团	麦帆
1238.HK	宝龙地产	许华芳
1862.HK	景瑞控股	徐海峰
000926.SZ	福星股份	冯东兴
1622.HK	力高集团	黄若青

表 12　2021 中国房地产上市公司十大金牌 CFO

股票代码	股票简称	CFO
0688.HK	中国海外发展	吕世杰
2007.HK	碧桂园	伍碧君
1918.HK	融创中国	高曦
600048.SH	保利地产	周东利
1109.HK	华润置地	郭世清
0960.HK	龙湖集团	赵轶
001979.SZ	招商蛇口	黄均隆
6158.HK	正荣地产	陈伟健
000656.SZ	金科股份	李华
000926.SZ	福星股份	冯俊秀

表 13　2021 中国房地产上市公司十大金牌董秘

股票代码	股票简称	董秘
000002.SZ	万科 A	朱旭
600048.SH	保利地产	黄海

续表

股票代码	股票简称	董秘
001979.SZ	招商蛇口	刘宁
000671.SZ	阳光城	徐慜婧
600606.SH	绿地控股	王晓东
000656.SZ	金科股份	张强
600383.SH	金地集团	徐家俊
0884.HK	旭辉控股集团	罗泰安
002146.SZ	荣盛发展	陈金海
000926.SZ	福星股份	汤文华

表 14　2021 中国房地产行业十大金牌分析师

机构名称	分析师
广发证券	乐加栋
海通证券	涂力磊
中信证券	陈聪
兴业证券	阎常铭
华泰证券	陈慎
中信建投	竺劲
天风证券	陈天诚
华创证券	鲁星泽
招商证券	赵可
中金公司	张宇

三、中国房地产开发上市公司整体发展状况分析

（一）经营规模：行业增速创新低，阵营间表现分化

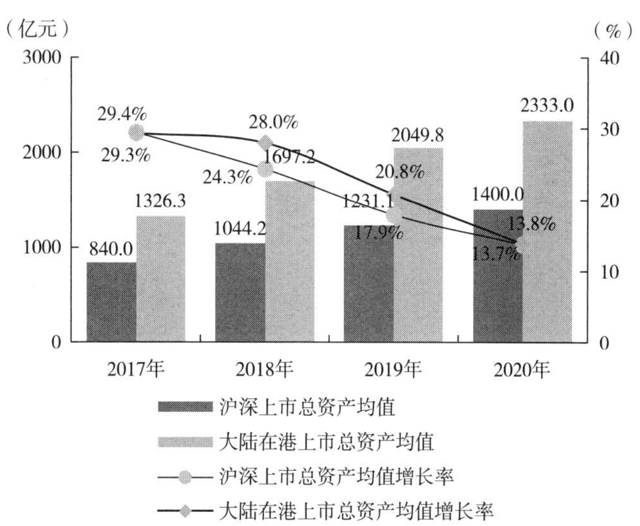

图 1　2020 年房地产上市公司总资产均值及增长率

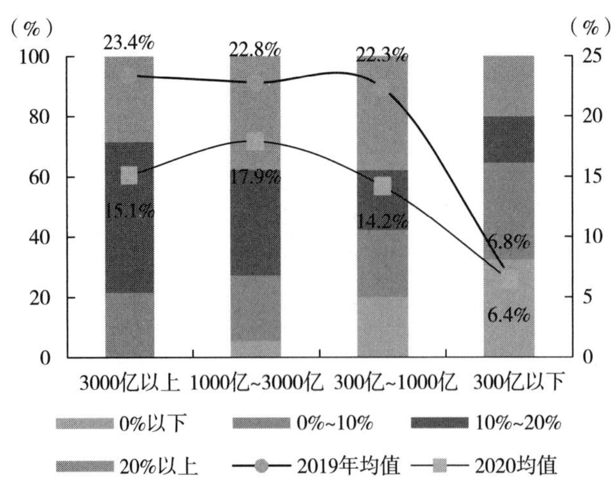

图 2　2020 年房地产上市公司分阵营总资产同比增长率

2020 年，房地产上市公司总资产规模增速持续放缓。其中，沪深上市房地产公司总资产均值为 1400.0 亿元，同比增长率为 13.7%，增速较上年回落 4.2 个百分点；大陆在港上市房地产公司总资产均值同比增长 13.8% 至 2333.0 亿元，同比增速较上年回落 7.0 个百分点。沪深及大陆在港上市房地产公司总资产增速创近几年新低。

（二）盈利能力：高价地和结转滞后，盈利水平明显下行

1. 增收不增利局面加剧，净利润增速跌降至冰点

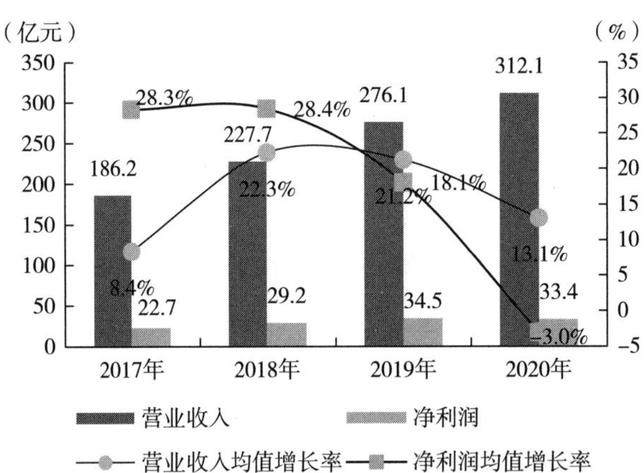

图 3　2020 年沪深上市房地产公司营业收入及净利润

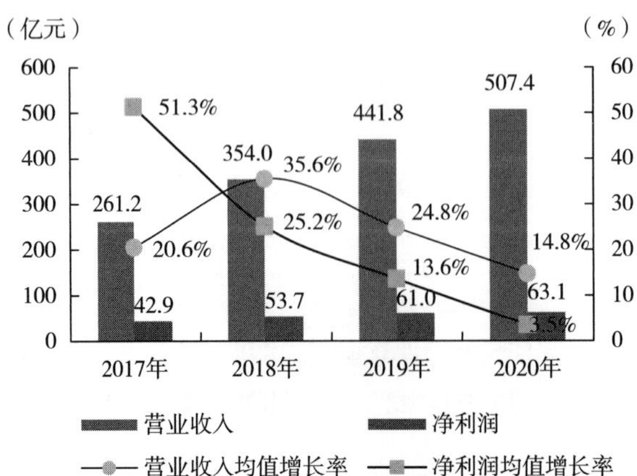

图 4　2020 年大陆在港上市房地产公司营业收入及净利润

2020 年，由于营业成本上涨，上市房地产企业净利润均值增速不及营业收入均值增速，增收少增利现象持续。其中，沪深、大陆在港上市房地产公司营业收入均值分别为 312.1 亿元、507.4 亿元，同比增长 13.1% 和 14.8%；净利润均值分别为 33.4 亿元、63.1 亿元，同比分别下降 3.0%、增长 3.5%。

2020 年，受到新冠疫情、房地产调控政策从严、各类成本居高不下等因素影响，沪深、大陆在港上市房地产公司净利润率均值分别为 11.5%、12.3%，较上年下降 2.4 个百分点和 2.9 个百分点，其中大陆在港上市房地产公司净利润率高于沪深 0.8 个百分点；净资产收益率均值分别减少 2.2 和 3.3 个百分点，降至 8.0% 和 11.2%。

2. 三费小幅下降，周转速度基本保持稳定

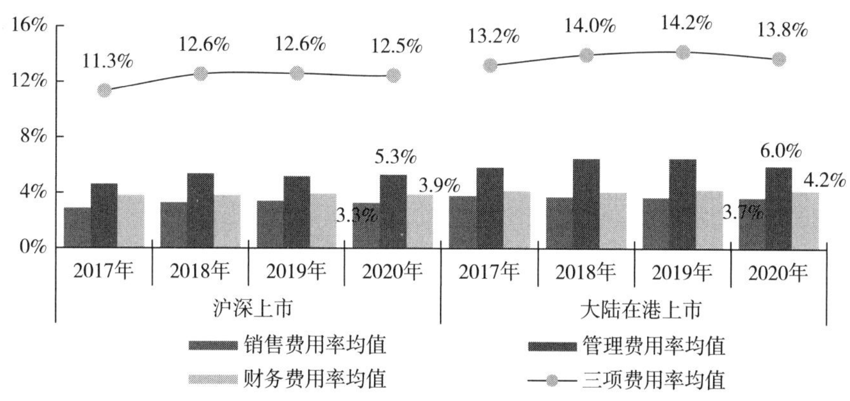

图 5　201~2020 年沪深及大陆在港上市房地产公司三项费用率均值

2020 年，在新冠疫情和房地产行业步入高质量发展的大背景下，房地产上市公司普遍严格管控三项费用率指标。2020 年沪深、大陆在港上市房地产公司三项费用率均值分别为 12.5% 和 13.8%，分别同比下降 0.1 个、0.4 个百分点。

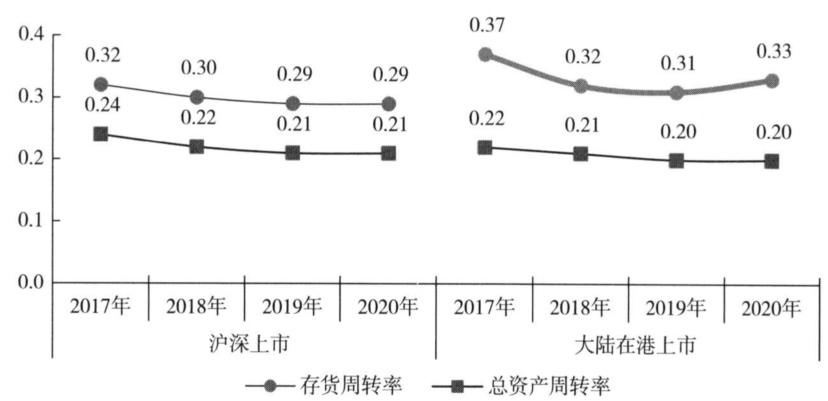

图 6　2017~2020 年沪深及大陆在港上市房地产公司存货周转率与总资产周转率均值

2020 年房地产市场进入深度调控阶段，上市房企的资金与项目周转速度基本保持稳定。具体来看，沪深上市存货周转率为 0.29，总资产周转率为 0.21，存货周转率与总资产周转率均与上年持平；大陆在港上市房地产公司存货周转率与总资产周转率分别为 0.33、0.20，存货周转率较上年上升 0.02 个百分点。

（三）财务稳健性：三道红线调控初显成效，企业改善现金流

1. 三道红线下负债水平显著下降，短期偿债能力有所增强

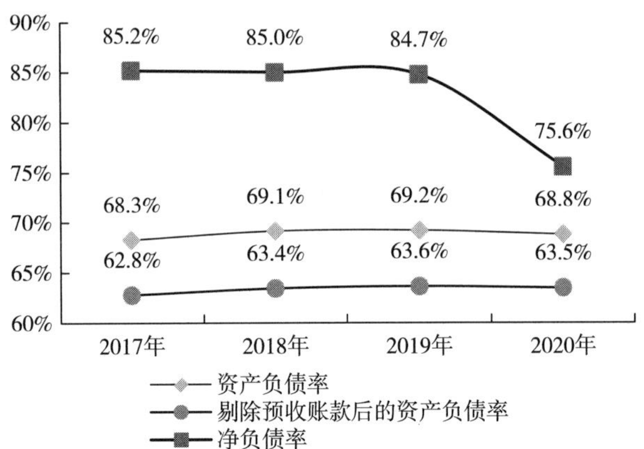

图 7　2017~2020 年沪深上市房地产公司负债率情况

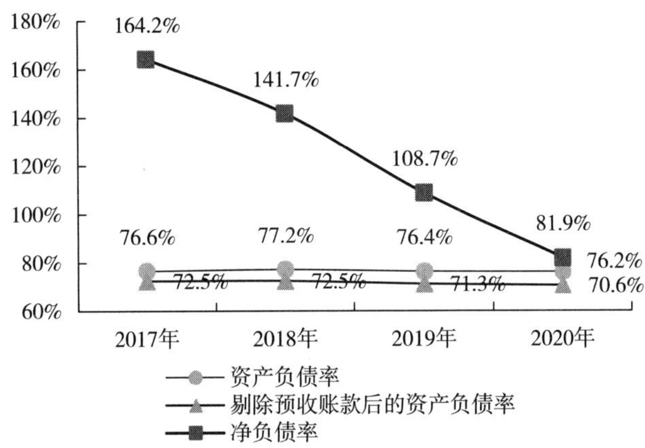

图 8　2017~2020 年大陆在港上市房地产公司负债率情况

2020 年，在“三道红线”影响下，房地产上市公司的负债水平有所下降。沪深及大陆在港上市房地产公司资产负债率均值分别同比下降 0.4 个、0.2 个百分点至 68.8%、76.2%。2020 年全年销售额再创新高，房地产上市公司积极营销、抢抓回款，沪深及大陆在港上市房地产公司剔除预收账款后的资产负债率分别为 63.5%、70.6%，较上年下降 0.1、0.7 个百分点。房地产上市公司积极降杠杆，净负债率出现较为明显的下降，资产负债结构进一步改善。沪深及大陆在港上市房地产公司净负债率分别为 75.6%、81.9%，较上年下降 9.1 个、26.8 个百分点。

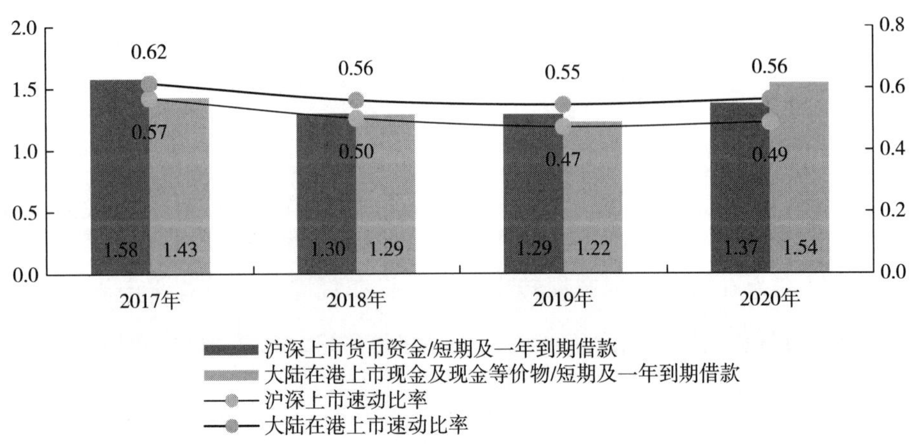

图 9　2017~2020 年沪深及大陆在港上市房地产公司现金短债比与速动比率

2020 年，受益于充裕的销售回款，房地产上市公司的货币资金实现同比增长，有效增强企业的短期偿债能力，为防范资金风险提供保障。沪深及大陆在港上市房地产公司现金短债比较上年分别上升 0.08、0.32 至 1.37、1.54；速动比率均值分别为 0.49、0.56。

2. 抢抓回款多元融资，现金流稳定增长

房地产上市公司加强现金流管控，为资金安全保驾护航。2020 年，沪深及大陆在港上市房地产公司现金及现金等价物净增加额均值分别同比增加 11.5 亿元、2.1 亿元至 20.7 亿元、27.2 亿元。

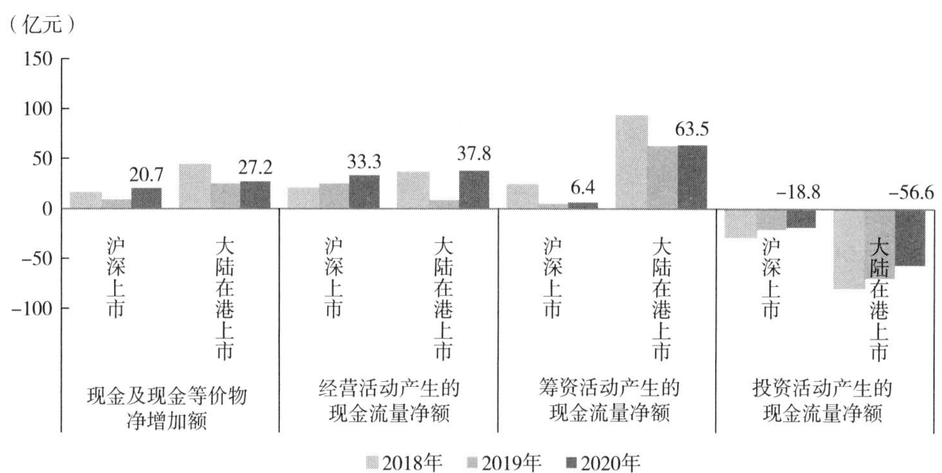

图 10　2018~2020 年沪深及大陆在港上市房地产公司现金流净额均值

（四）股东回报：企业间显著分化，龙头逆势提升

1. 每股收益水平分化显著，龙头房企逆势提升

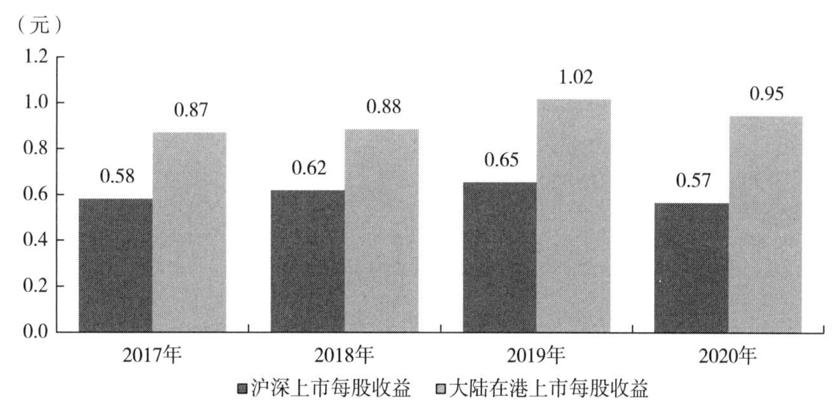

图 11　2017~2020 年沪深及大陆在港上市房地产公司每股收益均值

2020 年，受新冠疫情和房地产调控影响，房地产上市公司盈利能力略有下滑，股东收益水平回落，但不同规模企业间分化显著。沪深上市房地产公司每股收益均值为 0.57 元，较上年下降 13.4%；大陆在港上市房地产公司均值则为 0.95 元，同比下降 6.9%。

2. 经济增加值（EVA）略有下行，龙头企业价值创造能力持续强化

2020 年，沪深上市房地产 EVA 均值同比下降 8.1% 至 10.1 亿元，大陆在港 EVA 均值同比下降 6.8% 至 6.8 亿元。沪深和大陆在港房地产上市公司两个阵营的企业财富创造能力出现分化，沪深及大陆在港上

市房地产公司 NOPAT 均值分别为 37.0 亿元、47.9 亿元，同比下降 5.4%、增长 11.1%；沪深及大陆在港上市房地产公司的资本成本均值分别为 27.0 亿元、41.1 亿元，同比下降 4.4%、增长 14.8%。

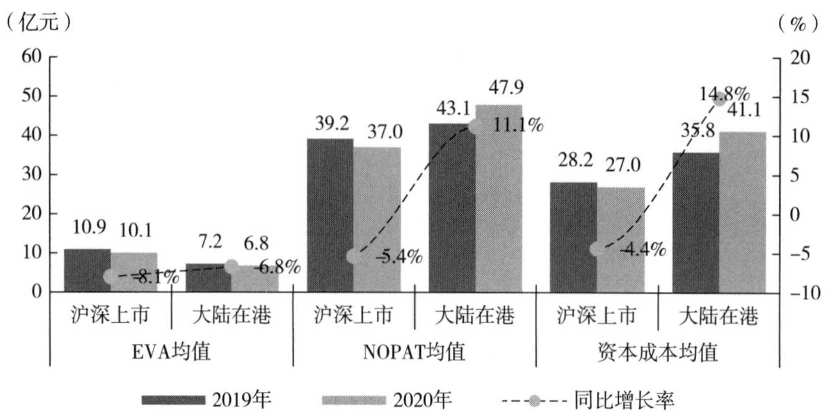

图 12 2019~2020 年沪深及大陆在港上市房地产公司 EVA、NOPAT 与资本成本均值

3. 稳定分红保护股东利益，股东回报水平持续提高

2020 年，房地产上市公司股东回报意识大幅增强，保持持续稳定分红，保护中长期股东利益。沪深与大陆在港上市房地产公司股息率同比增加 0.7 个百分点、1.3 个百分点至 3.3% 和 6.2%。

（五）市值管理：行业整体估值下滑，价值经营促进企业市值增长

1. 政策调控持续收紧，板块估值开始下调

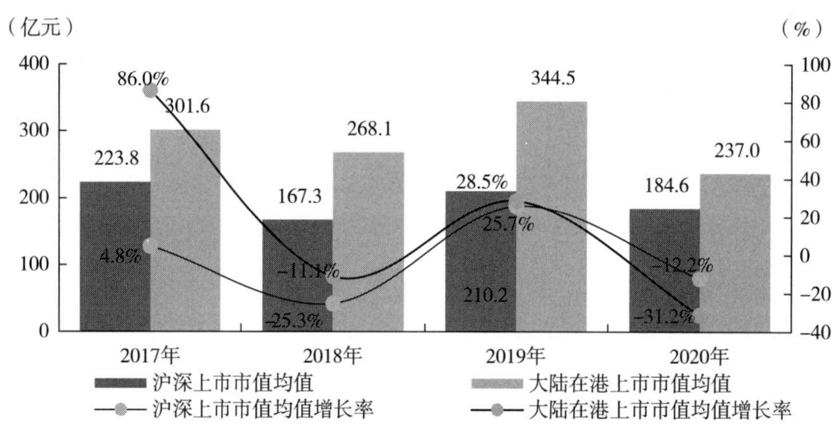

图 13 2017~2020 年沪深及大陆在港上市房地产公司市值均值及其增长率

2020 年，随着新冠疫情爆发，国家宏观经济面临较大下行压力，中央坚持“房住不炒”以及不以房地产作为短期刺激经济的手段，房地产金融政策持续从严，“三道红线”“两道红线”陆续出台，投资者对房地产板块风险预期增加，房地产上市公司市值呈现下跌态势。沪深上市房地产公司市值均值为 184.6 亿，同比下降 12.2%；大陆在港上市房地产公司市值均值为 237.0 亿，同比下降 31.2%。

上市公司的经营状况和主营业务的表现是资本市场估值的基础。创造价值能力强、财务风险低、多元化发展、城市布局聚焦热点区域的公司更受资本市场投资者的青睐。①主营业务是决定企业市值的基础，2020 年主营业务收入高的龙头企业市值相对较高，品牌效应得以彰显。②随着“三道红线”政策的发布，降杠杆成为房地产的主基调，财务结构优秀的房企更易受到资本市场认可。③多元化业务助力企业长期发展，帮助企业寻找第二条成长曲线，这类公司更易受到资本市场关注。④重点布局热点城市群、一二线城

市的房企预计未来发展前景较好，资本市场表现较为优秀。

2. 多种价值经营策略提升企业价值，促进市值增长

2020年，随着房地产长效管理机制的逐步落实，中国房地产行业正处在向精细化管理转变的道路上，上市房企完善公司的市值管理方式，通过分拆上市、并购重组、股票回购、股权激励等方式获取资本市场关注，帮助企业实现市值增长。

（六）投资价值：板块走势韧性变弱，关注聚焦都市圈的企业

1. 房地产板块震荡下行，估值仍有提升空间

2020年，房地产板块整体下行，沪深及港股房地产上市公司表现整体不如大盘。随着疫情逐步得到管控，中央实行稳健的货币政策，灵活精准促进经济复苏，A股资本市场开始反弹，年末中证A股收盘于3836.97点，同比上升24.61%。然而房地产板块受调控不断加码影响，震荡下行，申万地产指数年末收盘于3826.41点，同比下降10.85%。港股受全球资本市场影响2020年整体表现平庸，恒生指数年末收盘于27231.13点，同比下降4.60%，港股房地产板块整体随大盘波动，表现弱于大盘，恒生地产指数年末收盘于32127.32点，同比下降20.10%。

A股房地产上市公司估值优于H股，目前房地产上市公司整体市盈率与市销率持续震荡，估值处在较低位置。2020年，沪深上市房地产公司市盈率均值同比下降0.3至13.4，大陆在港上市房地产公司市盈率同比下降0.5至6.2。同期沪深与大陆在港上市房地产公司市销率同比分别降低0.3、0.2至2.3、0.9。进入2021年，随着疫情得到缓解，国家经济持续良好复苏，沪深及大陆在港上市房地产公司市盈率与市销率均开始回升，但整体来看仍然处于较低位置，沪深及大陆在港上市房地产公司估值仍有待修复，未来仍有上升空间。

2. 以价值投资为核心，龙头、热点区域布局及多元化发展的企业更受青睐

随着资本市场的持续震荡，房地产行业监管加强，资本市场对房地产行业股票的价值评估以及选择更加严谨慎重，重心逐渐转移到企业本身。龙头企业、主营业务布局热点区域、财务表现稳健优秀以及布局多元化的企业受到资本市场的广泛关注。第一，龙头企业将受益于行业集中度加速提升，成长潜力值得重视。第二，契合城市群发展逻辑的公司受期待，未来发展潜力大。第三，盈利能力强、财务状况良好的公司受资本市场青睐。第四，企业培育第二增长曲线，带动企业估值增长。

专题　2021中国房地产金融环境分析

（一）金融监管加强，政策更加精准

1. 房地产金融监管趋严，房企融资环境紧缩

从政策端来看，近五年货币政策保持灵活稳健，金融风险管理愈加严格。2016年以来，房地产金融监管力度逐步加强。2016年12月，中央经济工作会议明确指出坚持“房住不炒”的定位，2017年加强房

地产金融监管力度，规范房企融资行为，房地产传统融资渠道加速去杠杆、去通道。2018 年中央进一步强调“房住不炒”定位，建立健全长效机制。2019 年到 2020 年，房地产金融监管愈发完善，供需端金融政策缩紧，落实房地产发展长效管理机制，实施房地产金融审慎管理制度。资金端，房地产行业整体融资环境呈现紧缩趋势。

2.2020 年以来房地产金融监管日趋严格，融资监管更加精准

2020 年以来，中央坚持“房住不炒”的主基调，实施好房地产金融宏观审慎管理制度，建立全口径、常态化的房地产融资监测、分析和校正机制，推出房地产贷款集中度管理制度，有力推进防范化解房地产金融风险，房地产金融监管更加精准。

（二）房地产金融审慎管理下融资收紧，房企多手段筹集发展资金

1. 房地产贷款增速首次低于各项贷款增速，开发贷款增速回落

2020 年，在稳健灵活的货币政策下，为推动支持复工复产金融政策落实，银行加大对重点行业和中小企业的支持力度，加大对实体经济支持力度，叠加房地产金融监管加强，房地产贷款增幅保持平稳回落。据央行数据显示，2020 年全年人民币房地产贷款余额 49.58 万亿元，同比增长 11.7%，增速较上年末回落 3.1 个百分点，已经连续 29 个月回落；低于同期人民币各项贷款余额增速 1.1 个百分点，是 8 年来首次低于各项贷款增速；全年增加 5.17 万亿元，占同期人民币各项贷款增量的 26.1%，比上年全年水平低 7.9 个百分点。2021 年一季度末，人民币房地产贷款余额 50.03 万亿元，同比增长 10.9%，低于各项贷款增速 1.7 个百分点，比上年末增速低 0.6 个百分点；一季度增加 1.67 万亿元，占同期各项贷款增量的 21.7%，比上年全年水平低 3.7 个百分点。

2. 房企抓住融资窗口，信用债发行规模同比大增

2020 年，房地产行业信用债融资规模达到了 5883.43 亿元，同比上升 22.0%。从信用债种类来看，公司债占比最大，达 46.5%，其次是中期票据和短期融资券，占比分别为 22.7% 和 21.2%。2021 年第一季度房企发债继续上升，信用债发行规模为 1732.62 亿元，同比上升 7.0%。

表 15　　2021 值得资本市场关注的房地产公司

企业名称	企业名称
恒大地产集团	财信发展
中国海外发展有限公司	合能投资有限公司
碧桂园控股有限公司	润达丰控股集团有限公司
金隅集团	恒达集团（控股）有限公司
花样年控股	天山发展（控股）有限公司
北辰实业	港龙中国地产集团有限公司
湖北福星科技股份有限公司	信达地产
禹洲集团	

3. 海外融资规模大降，融资成本下降

2020年全年，受国内政策以及国外疫情影响，内地房地产企业共发行海外债193只，融资总额为4416.6亿元，同比下降19.5%，平均利率为8.0%，融资成本整体下降。2020年受海内外疫情不同步的影响，第一季度房企海外债发行数量全年最高，共发行67只。第二季度房企海外债发行数量全年最低，共发行25只。在国内环境受疫情影响最严重时期，海外资本市场为国内房地产企业提供了有力的支持，但后期随着国外疫情爆发以及国内房地产金融监管不断加强，行业资金呈现紧平衡状态，房企海外债融资规模明显下降。

2021年第一季度，房企海外债收缩明显，海外债发行规模达1235.29亿元，同比下降29.6%，融资成本为6.9%，同比下降2.1个百分点。不同房企融资成本分化明显，其中龙头优质房企融资成本进一步下降。

4. 信托“去通道”不断推进，融资规模下降

2020年初，银保监会进一步明确了信托公司压缩通道及融资类信托业务的目标要求。根据中国信托业协会发布的数据，截至2020年末，资金信托为16.31万亿元，同比下降9.09%。其中，受房地产金融监管力度不断加强，房地产资金信托余额为2.28万亿元，与2019年相比大幅下降，降幅达15.75%，占比持续下降，为13.97%，低于2019年的15.07%。

5. 资产证券化规模同比上升，供应链ABS成主要渠道

2020年房地产行业资产证券化产品共发行357只，总发行规模3122.44亿元，同比上升8.4%。2021年第一季度，房地产行业资产证券化产品共发行160只，总发行规模975.97亿，同比上升65.14%。房地产供应链ABS发行量快速增加。2020年房地产供应链ABS发行额为1846.7亿元，较上年增加18.0%，所占整体比重同比上升5.1个百分点，达到59.1%。2021年一季度，房企共发行107只供应链ABS产品，规模达575.33亿元，占比59.0%。预计2021年，供应链ABS规模或将进一步扩大，将成为资产证券化主要发行品种。

6. 加大股权融资，减轻资金压力

2020年随着金融监管政策不断收紧，房企资金面显著承压，部分中小房企赴港IPO，缓解资金压力，扩大企业规模，提升品牌影响力。2020年，共有7家房企实现赴港IPO，包括祥生控股、金辉控股、港龙中国地产等。部分房企通过配股融资或者引入战略投资增加资本金，帮助企业减轻资金压力，满足降杠杆和稳发展双重目标。此外，部分房企通过将旗下其他板块分拆上市，减少板块对母公司的资金依赖，降低负债水平。

7. 降杠杆和稳发展双重承压，多措并举改善长期财务弹性

在房地产金融审慎管理下，为完成降负债和稳发展的双目标，房企坚持在发展中解决降负债问题，改善长期财务弹性。房企正式将严控风险提到战略目标高度上，未来将更加注重规模、效益及防风险三者的

均衡发展，以期在稳定中谋求可持续发展。一方面，房企更加依赖经营性现金流入，坚持量入为出、审慎拿地、加大营销、紧抓回款。从全国房地产企业开发到位资金来看，销售端现金流入对房企资金平衡的作用愈发重要。另一方面，房企拓展多元融资渠道，紧抓融资窗口。此外，部分房企通过战略性出售部分资产，通过增发配股、引进战略投资者、分拆资产上市等方式做大股本，改善资本结构，增强融资能力。同时，提升资金使用效率将使房企获得更大资金弹性，以获得更好发展空间。

表 16　　2021 中国房地产上市公司产品力领先企业

股票代码	股票简称	领先领域
1918.HK	融创中国	高端精品
000671.SZ	阳光城	绿色健康
1233.HK	时代中国控股	艺术社区
600325.SH	华发股份	优 + 体系
1777.HK	花样年控股	艺术科技

（三）迎接绿色金融潮流，探索房企融资新渠道

1. 绿色金融体系加快建立，绿色金融快速发展

2021 年是中国发展“碳中和”元年，在“30・60 目标”下，中央和地方出台多项政策支持和推动绿色金融发展，绿色金融市场快速发展。全国性政策从绿色金融体制机制建立、标准统一、鼓励措施等角度出发推动绿色金融发展，各地纷纷出台绿色金融实验区建设、绿色债券贴息、推动绿色建筑发展等鼓励措施，推动绿色金融落地。绿色建筑快速发展衍生绿色金融相应需求。

2. 房企掀起绿色债券融资高潮，未来发展空间值得期待

房企绿色债券发行规模扩大，仍有较大空间。据研究组统计，2020 年，我国房地产企业绿色债券发行规模约为 296.8 亿元，在房企发债总规模中占比约为 3.0%，高于整个市场中绿色债券的占比，但仍有较大的发展空间。

3. 加强 ESG 信息披露，迎接绿色金融潮流

近年来，ESG（环境、社会责任和公司治理）理念愈发受到国内外资本市场以及公司的重视和认同，其反映了企业在促进经济可持续发展、履行环境与社会责任等方面的贡献，已经成为衡量企业可持续发展能力、实现企业长远价值以及影响投资者决策的关键因素。中国房地产 ESG 发展优秀企业逐渐重视 ESG 信息披露，积极倡导 ESG 管理理念与实践，积极履行 ESG 相关职责，得到资本市场的广泛关注。

表 17　　2021 中国房地产 ESG 发展优秀企业

股票代码	股票简称
000002.SZ	万科 A
0688.HK	中国海外发展
1918.HK	融创中国
600376.SH	首开股份
001979.SZ	招商蛇口
6158.HK	正荣地产

续表

股票代码	股票简称
1238.HK	宝龙地产
3380.HK	龙光集团
601588.SH	北辰实业
000838.SZ	财信发展

报告五　2021中国物业服务百强企业研究

第一部分　研究背景与目的

由中指研究院与中国房地产TOP10研究组开展的“中国物业服务百强企业研究”，自2008年以来已连续进行14年，这14年中，研究组紧扣行业发展脉搏，深入研究物业服务企业经营规律，为促进行业良性运行、企业快速成长发挥了重要作用，相关研究成果已成为评判物业服务企业综合实力及行业地位的重要标准，对促进市场资源向物业服务百强企业聚集、推动开发企业与物业服务百强企业强强联合起到了重要作用。

2021年“十四五”规划纲要中六处提及“物业”，包括“推动生活性服务业向高品质和多样化升级，加快发展物业等服务业”，“提高物业服务覆盖率、服务质量和标准化水平”等。同时，年初住建部、发改委等十部委印发《关于加强和改进住宅物业管理工作的通知》明确“鼓励有条件的物业服务企业向养老、托幼、家政、健康、房屋经纪、快递收发等领域延伸，探索‘物业服务+生活服务’模式”。物业服务是现代服务业的重要内容，也是社区治理体系的重要组成部分，不断优化的服务品质，是增强社区和谐与人民群众幸福感的有效方式。同时，借助政策、科技、消费和资本的春风，物业服务企业将服务边界从社区内部延伸至整个城市，并以更加多样的服务满足不断变化的客户需求，逐渐成为城市级“好管家”。

中指研究院以“高速·高质·高密·高效”为主题，全面启动“2021中国物业服务百强企业研究”，发掘一批规模大、实力强、服务品质高的物业服务企业，发挥示范带头作用，引领行业快速、健康发展。在总结14年研究经验的基础上，中指研究院进一步完善了“2021中国物业服务百强企业研究”方法体系，更加全面、客观地评价企业的综合实力。

2021中国物业服务百强企业研究的目的：

（1）科学评价企业的真实实力，发掘一批综合实力强、服务水平优、业主满意度高的优秀物业服务企业；

（2）系统总结优秀企业的服务理念和经营模式，供广大物业服务企业学习借鉴，促进物业服务企业提升运作水平和服务质量；

（3）以客观的数据和研究结果，反映行业最新状况和主流企业的发展态势，为有关部门制定研究政策和加强管理提供参考，为金融机构选择投资标的提供决策依据。

第二部分　百强企业研究方法体系

（一）评价指标体系

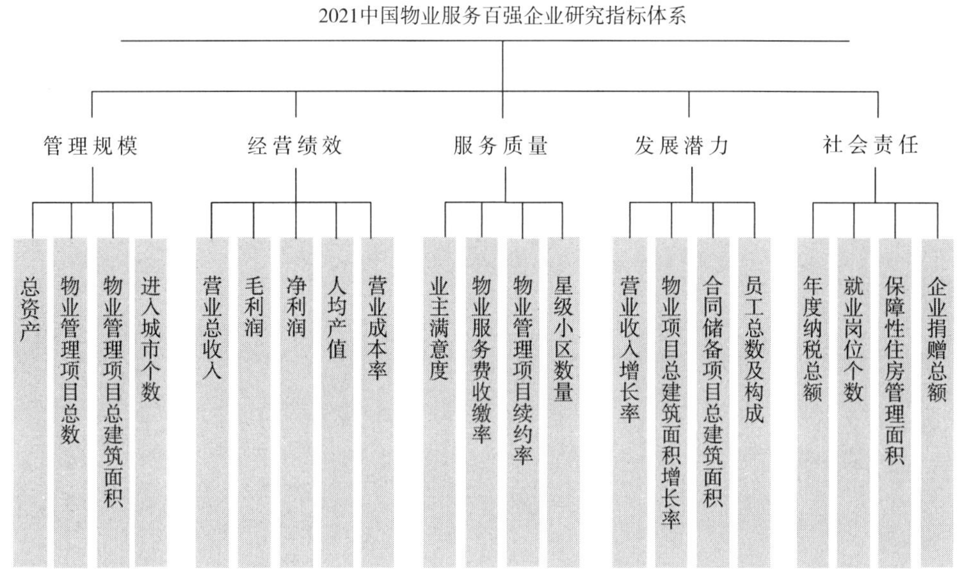

（二）评价指标体系设计原则

指标体系的设计遵循以下三个准则。

（1）管理规模与服务质量相结合。管理规模的持续扩大是物业服务企业提升市场占有率、获得稳定业绩的主要方式，而良好的服务质量是企业绩效提升的有力支撑，只有实现管理规模与服务质量的结合，才能实现企业的持续健康发展。中指研究院继续采用总资产、物业管理项目总数、总建筑面积、进入城市个数来评价企业的管理规模，在服务质量的评定方面，引入“星级小区数量”指标，与业主满意度、物业服务费收缴率及物业管理项目续约率结合，来综合评价企业的服务质量。

（2）经营绩效与发展潜力相结合。经营绩效不仅是关注企业盈利能力和运营能力的重要指标，也是企业市场拓展和发展速度的重要保障，是否具有丰富的储备项目、完善的人才结构展现出企业未来的发展潜力，营业成本率的控制则体现了企业的成本控制水平，对经营绩效有较大影响。

（3）经营业绩与社会责任相结合。作为与业主日常生活密切相关的行业，物业服务企业在构建和谐社会方面发挥了重要的作用。企业对社会的积极贡献有利于提高群众对于物业服务企业的认知度，树立企业品牌形象，促进企业快速发展。中指研究院采用年度纳税总额、就业岗位个数、保障性住房管理面积和企业捐赠总额四个指标评价企业的社会责任贡献，引导行业重视社会责任。

（三）计量评价方法

采用因子分析（Factor Analysis）的方法。因子分析是一种从变量方差—协方差结构入手，在尽可能多地保留原始信息的基础上，用少数新变量解释原始变量方差的多元统计分析方法。它将原始变量分解为公共因子和特殊因子之和，并通过因子旋转，得到符合现实意义的公共因子，然后用这些公共因子去解释原始变量的方差。计算中国物业服务百强综合实力时，主要是计算各构成要素的相关矩阵，通过相关矩阵得到特征值、累计特征值及因子载荷。根据最初几个特征值在全部特征值的累计百分率大于或等于某百分比的原则，确定公共因子的具体个数。然后再根据因子载荷矩阵确定各个因子的现实意义并进行重新命名，最后根据不同企业各个因子得分及载荷矩阵，通过加权累加构成2021中国物业服务百强综合实力指数。

（四）门槛值

（1）依法设立、具有独立法人资格；

（2）按照国际惯例和国内目前行业整体发展现状，中指研究院确定现阶段入选门槛值为：近三年平均在管项目数量不低于10个或平均在管项目总建筑面积不低于50万平方米；

（3）为了引导物业服务企业做大做强，中指研究院鼓励企业以集团的名义参与。

（五）复核审查

（1）企业财务数据通过会计师事务所出具的报表进行复核；

（2）对收集的数据坚持交叉复核：通过公开信息及统计局经济普查数据对企业填报数据交叉复核；对有疑问的数据中指研究院将进入社区进行业主一对一访谈现场复核；

（3）根据企业历史数据交叉复核。

企业填报数据经过复核存在疑义或未提供数据的企业未纳入本次研究范畴。

（六）实施原则

（1）自愿、诚信原则。此次活动由企业自愿参加，参加企业必须填报真实数据，并签署承诺书，对承诺内容负责。一经发现弄虚作假，取消评选资格。

（2）客观、公平、公正原则。中指研究院本着公平、公正的原则对企业申报的数据进行审查，对企业发展情况做出客观分析和全面评价。

（3）保密原则。活动过程中涉及的所有上报数据、审查结果均不得外传，如有泄漏，由责任人承担相应法律后果。

第三部分　2021中国物业服务百强企业名单

排名	企业名称	排名	企业名称
1	碧桂园生活服务集团股份有限公司	10	长城物业集团股份有限公司
2	恒大物业	11	新城悦服务集团有限公司
3	绿城物业服务集团有限公司	11	四川蓝光嘉宝服务集团股份有限公司
4	雅生活智慧城市服务股份有限公司	11	河南建业新生活服务有限公司
5	保利物业服务股份有限公司	11	上海永升物业管理有限公司
6	融创服务控股有限公司	11	富力物业服务集团
7	彩生活服务集团	12	时代邻里控股有限公司
8	中海物业管理有限公司	12	远洋服务控股有限公司
9	深圳市金地物业管理有限公司	12	佳兆业美好集团有限公司
10	金科智慧服务集团股份有限公司	12	深圳市前海龙光智慧服务控股有限公司
10	华润万象生活有限公司	12	合生活科技集团有限公司

续表

排名	企业名称	排名	企业名称
13	幸福基业物业服务有限公司	24	厦门合嘉源生活服务集团有限责任公司
13	南都物业服务集团股份有限公司	24	北京京城佳业物业股份有限公司
13	山东省诚信行物业管理有限公司	24	青岛海尚海生活服务集团有限公司
13	财信智慧生活服务集团有限公司	25	德信盛全物业服务有限公司
14	卓越商企服务集团有限公司	26	北京中水物业管理有限公司
14	山东明德物业管理集团有限公司	26	世邦泰和（上海）物业管理有限公司
14	奥园健康生活集团	27	福建伯恩物业集团有限公司
15	鲁能物业服务有限公司	27	楷林商务服务集团有限公司
15	上海高地物业管理有限公司	28	禹洲物业服务有限公司
15	广东中奥物业管理有限公司	29	重庆新鸥鹏物业管理（集团）有限公司
15	鑫苑科技服务集团有限公司	29	浙江佳源物业服务集团有限公司
15	合景悠活集团控股有限公司	30	北京金辉锦江物业服务有限公司
16	金融街物业股份有限公司	30	河北隆泰物业服务有限责任公司
16	越秀服务集团有限公司	30	贵州宏立城物业服务有限公司
16	阳光城物业服务有限公司	31	北京中铁慧生活科技服务有限公司
17	荣万家生活服务股份有限公司	32	宝石花物业管理有限公司
17	杭州滨江物业管理有限公司	32	建发物业服务集团有限公司
17	中化金茂物业管理（北京）有限公司	33	山东绿地泉物业服务有限公司
17	江苏银河物业管理有限公司	33	浙江祥生物业服务有限公司
18	重庆天骄爱生活服务股份有限公司	34	重庆新隆信物业管理有限公司
18	正荣服务集团有限公司	35	阳光恒昌物业服务股份有限公司
18	江苏中南物业服务有限公司	35	宁波新日月酒店物业股份有限公司
18	北京宾至嘉宁国际物业管理集团有限公司	36	宁波奥克斯物业服务有限公司
18	南京银城物业服务有限公司	37	康桥悦生活服务集团有限公司
19	融信世欧物业服务集团有限公司	37	重庆加州物业服务有限公司
19	广州敏捷新生活物业管理有限公司	37	上海新湖绿城物业服务有限公司
19	广州珠江城市管理集团有限公司	38	北京科住物业管理有限公司
19	弘阳服务集团有限公司	38	和泓服务集团有限公司
20	东原仁知服务集团	38	大悦城控股·中粮地产集团深圳物业管理有限公司
20	新力服务（控股）有限公司	39	厦门联发（集团）物业服务有限公司
21	广州方圆现代生活服务股份有限公司	39	深圳星河智善生活股份有限公司
21	珠海华发物业管理服务有限公司	40	领悦物业服务集团有限公司
22	成都蜀信物业服务有限公司	40	优居美家物业服务有限责任公司
22	中铁建物业管理有限公司	40	北京鸿坤瑞邦物业管理有限公司
22	广州海伦堡物业管理有限公司	41	合能生活服务集团
22	华宇优家智慧生活服务集团有限公司	42	浙江安远物业管理有限公司
23	俊发七彩服务有限公司	43	华侨城物业（集团）有限公司
23	深业集团（深圳）物业管理有限公司	43	江苏中住物业服务开发有限公司
23	第一服务控股有限公司	44	新希望物业服务集团有限公司
23	路劲物业服务集团有限公司	44	深圳历思联行物业管理有限公司
23	中天城投集团物业管理有限公司	45	四川悦华置地物业管理有限公司
24	南京朗诗物业管理有限公司	45	永旺永乐（江苏）物业服务有限公司

续表

排名	企业名称	排名	企业名称
45	上海光明生活服务集团有限公司	58	深圳市莱蒙物业服务有限公司
45	广州市万盈物业服务有限公司	58	中铁诺德生活服务有限公司
45	重庆海源物业管理有限公司	59	上海家趣物业服务发展有限公司
46	上海房德新鑫发展集团	59	北京天鸿尊逸物业服务（集团）有限公司
46	重庆两江新区物业管理有限公司	59	武汉小竹物业管理有限公司
46	潍坊恒信物业管理有限公司	59	绿城绿发生活服务集团有限公司
47	中电建物业管理有限公司	60	北京晟邦物业管理有限公司
47	北京网信物业管理有限公司	60	青岛天泰爱家物业服务有限公司
48	北京瑞赢酒店物业管理有限公司	61	深圳德诚物业服务有限公司
48	苏新美好生活服务股份有限公司	61	长春赢时物业服务股份有限公司
48	河北帝华物业服务有限公司	61	云南城投物业服务有限公司
49	阳光壹佰物业发展有限公司	62	贵州绿地物业管理有限责任公司
49	杭州宋都物业经营管理有限公司	62	豪之英不动产管理集团有限公司
49	银川中房物业集团股份有限公司	62	西安天朗物业管理有限公司
49	河南兴业物联网管理科技有限公司	63	浙江大家物业服务集团有限公司
50	金服物业服务集团有限公司	63	苏州市会议中心物业管理股份有限公司
50	众安智慧生活服务有限公司	63	杭州绿宇物业管理有限公司
50	北京万通鼎安国际物业服务有限公司	64	湖南中建物业服务有限公司
50	重庆融汇物业管理有限公司	64	北京首万物业服务有限公司
51	河南绿都物业服务有限公司	64	海南珠江格瑞物业管理有限公司
52	无锡顺茂物业管理有限公司	65	上海盛高物业管理有限公司
52	重庆市长安物业管理有限公司	65	银丰物业管理有限公司
53	贵州好生活智慧物业股份有限公司	65	武汉百步亭花园物业管理有限公司
53	惠之美生活服务集团有限公司	66	上海大发物业管理有限公司
53	苏州优尼科物业管理有限公司	66	河南亚新物业服务有限公司
54	四川邦泰物业服务有限公司	66	中节能物业管理有限公司
54	北京金泰物业管理有限公司	67	北京国瑞物业服务有限公司
54	成都德商产投物业服务有限公司	67	重庆新速达物业服务集团股份有限公司
54	广西华保盛物业服务集团有限公司	67	上海证大物业管理有限公司
55	北京北大资源物业经营管理集团有限公司	68	苏州市天翔物业管理有限公司
55	云南鸿园电力物业服务有限公司	68	杭州新天地园区运营服务有限公司
55	成都市金港物业管理有限责任公司	68	和昌物业服务集团有限公司
55	大华集团上海物业管理有限公司	68	浙江鸿翔物业管理服务有限公司
55	泰华锦业生活服务有限公司	69	金鹏祥和物业管理有限公司
56	江西燕兴物业管理有限公司	69	武汉地产集团东方物业管理有限公司
56	泛海物业管理有限公司	69	武汉嘉信物业管理有限公司
56	中信泰富（上海）物业管理有限公司	69	宁波荣安物业服务有限公司
56	中湘美好城市服务集团有限公司	70	和信行物业服务有限公司
57	上海复瑞物业管理有限公司	70	方直心生活服务集团有限公司
57	中冶置业集团物业服务有限公司	71	石榴物业服务集团
57	云南巨和物业服务有限公司	71	武汉中建三局物业管理有限责任公司
58	昆明银海物业服务有限公司	72	深圳市鸿荣源物业服务有限公司

续表

排名	企业名称	排名	企业名称
72	葛洲坝物业管理有限公司	86	深圳市抱朴物业服务有限公司
72	南昌恒兴物业管理有限公司	86	安徽乐富强物业管理有限公司
73	浙江中大普惠物业有限公司	87	湘潭金世纪物业发展有限公司
74	厦门住总物业管理有限公司	87	深圳市绿景物业管理有限公司
75	成都明宇环球商业管理有限公司	87	贵州一桓物业管理有限责任公司
75	武汉福赛德物业管理有限公司	88	浙江宜居物业管理有限公司
76	华地好生活集团	88	安徽新地锐意物业服务有限公司
76	浙江天阳物业管理有限公司	88	江苏保华物业管理有限公司
77	浙江金昌物业服务有限公司	89	武汉新城物业管理有限公司
77	万怡物业服务有限公司	89	东莞市汇景物业服务有限公司
77	四川汇德物业服务有限公司	90	北京东亚时代物业管理有限公司
77	广西江宇物业服务有限责任公司	91	河南约翰物业服务有限公司
78	天山物业服务有限公司	91	广东鼎龙物业服务有限公司
78	浙江鸿城物业股份有限公司	91	重庆国强物业服务有限公司
78	安徽省恒泰物业管理有限责任公司	92	河南今典物业服务有限公司
78	四川阳光大地物业服务集团有限公司	92	深圳市赤湾物业管理有限公司
79	厦门唐人嘉物业服务有限公司	93	浙江金成物业管理有限公司
79	重庆凯美物业管理有限公司	93	深圳市宝实物业发展有限公司
79	绿益物业服务集团有限公司	94	贵州深盛佳物业管理有限公司
79	杭州理想四维物业管理有限公司	94	深圳荣晟智慧物业集团有限公司
80	江苏雨润物业服务有限公司	95	深圳市中集物业服务有限公司
80	中天美好生活服务集团有限公司	95	江西美城物业管理有限公司
80	北京首钢物业管理有限公司	95	上海爱家物业管理有限公司
80	陕西德杰物业管理有限公司	96	安徽珍宝岛物业管理有限公司
81	成都优品道物业管理有限公司	96	成都优筑万佳物业服务有限公司
81	苏州工业园区建屋物业发展有限公司	97	南京亿文物业管理有限责任公司
81	重庆康田智慧生活服务有限公司	97	南京汇仁恒安物业管理有限公司
81	四川圣诚物业服务有限公司	97	贵阳欣和逸居物业管理有限公司
82	成都市朗基生活服务有限公司	97	成都市创和物业有限公司
82	重庆世纪金马金辉物业服务有限公司	98	山东儒辰生活服务有限公司
83	深圳市恒基物业管理有限公司	98	广西安信物业服务有限公司
84	贵阳兴隆物业管理有限公司	99	湖南天臻物业管理有限公司
84	深圳市万厦世纪物业管理有限公司	99	福建晶洁物业服务有限公司
85	国瑞阳光物业管理集团有限公司	99	山西中惠宜家智慧物业服务有限公司
85	广西金瑞物业服务有限公司	100	沈阳格林豪森物业管理有限公司
85	桂林市兴进物业服务有限责任公司	100	江苏洁霸物业管理有限公司
86	杭州华川物业管理有限公司	100	辽宁百特物业管理有限公司

一、管理规模：管理面积均值达 4879 万平方米，市场份额提升至 49.71%

（一）百强企业管理面积增长 14.02%，TOP10 管理面积增长 27.57%

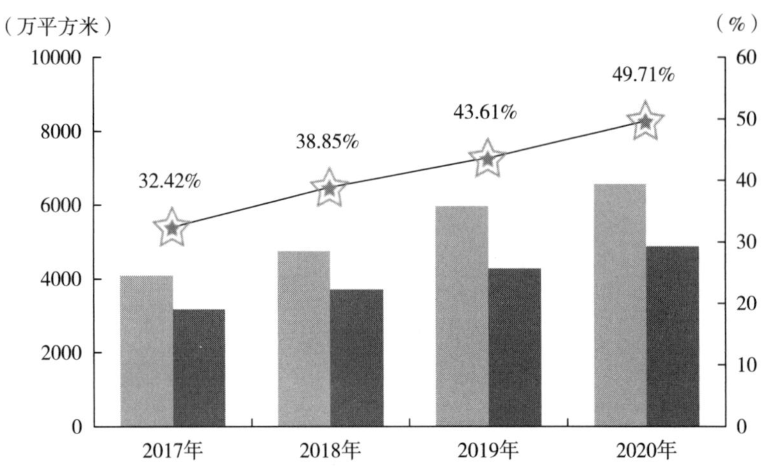

图 1　2017~2020 年百强企业合约管理面积、管理面积及市场份额变化情况

2020 年，百强企业管理项目数量均值为 244 个，同比增长 15.09%；管理面积均值达 4878.72 万平方米，同比增速达 14.02%；百强企业市场份额上升至 49.71%，较上年增加 6.10 个百分点。

TOP10 企业管理面积均值 2.64 亿平方米，同比增长 27.57%①，强者恒强态势显著。

（二）依托兄弟公司项目，以点扩面辐射周边，实现规模高速高效增长

首先，百强企业积极承接兄弟企业独立开发或合作开发的项目，使得管理面积的增长得到有效保障。其次，百强企业进驻兄弟企业开发项目后，借助优质服务、专业管理及高效运营，不断累积良好的品牌口碑，通过标杆项目“以点扩面”，为挖掘本土存量市场奠定良好基础。此外，百强企业利用兄弟公司与政府、国企之间的紧密联系，成立合资合作平台或项目层面的合资公司，协助获取政府类、公建类的项目、城市服务项目，同时也有助于规避并购整合的高对价问题。

（三）五成以上新增面积来自外拓，并购和竞标贡献各半，市场化拓展成效显著

2020 年，百强企业新增管理面积中超过 5 成来源于市场化拓展，其中，并购和通过项目竞标的增长贡献各半，可见外拓成效明显。2020 年，百强企业共发生超百宗并购案例，远超 2019 年的 70 余宗，交易金额超 100 亿元，涉及超 3 亿平方米管理面积。百强企业围绕上下游产业链开启并购，挖掘垂直领域潜力，开拓增值业务，打造服务闭环，全面提升盈利空间。此外，百强企业还通过及时掌握市场公开信息，寻求合作机会等方式，以优质的服务及专业高效的管理模式，赢得招标方青睐，全面提升外拓比例。

（四）注重核心优势区域深耕，单城市管理面积均值超 140 万平方米

2020 年，百强企业 58.93% 的管理面积位于五大城市群，较 2019 年上升 2.77 个百分点，其中，长三角城市群管理面积占比最高达 19.35%；粤港澳、长江中游城市群面积比例分别为 11.31%、9.98%，较

① 此处数据为TOP10企业2020年管理面积较2019年的同比增速。

2019 年分别增长 1.06、0.7 个百分点，增速较快；成渝和京津冀城市群在管面积比例分别为 9.85% 和 8.64%，增速较为平稳。2020 年，百强企业总体进驻城市已覆盖全国，进入城市数量均值达 34 个，较 2019 年增加 3 个，管理版图进一步扩张。2020 年，百强企业单个城市项目数量均值为 7.18 个，同比增长 4.94%，单个城市管理面积均值 143.49 万平方米，较上一年度增长 3.96%。

二、经营绩效：营收均值 11.73 亿元，基础物业服务占比 78%，增值服务利润贡献突出

（一）营收增长 12.81%，低于在管面积增速，规模先行，收入可期

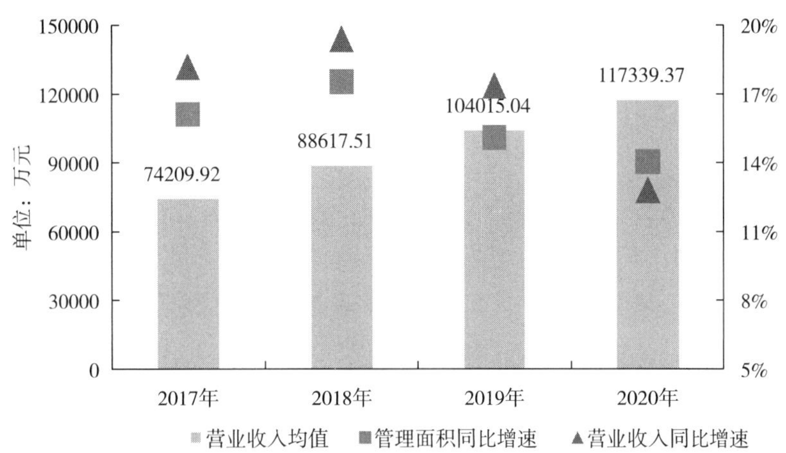

图 2 2017~2020 年百强企业营业收入均值与增速及管理面积增速情况

2020 年，百强企业营业收入均值实现 11.73 亿元，同比增长 12.81%。

（二）增值服务收入占比呈现分化趋势，TOP10 企业运营能力明显优于百强企业

1. 巩固基本盘，基础收入占比微降至 78%，TOP10 企业基础服务收入贡献 64.61%

图 3 2018~2020 年百强企业与 TOP10 企业收入构成变化

2020 年，百强企业积极稳固基本盘，基础物业服务收入继续增高，达到 9.14 亿元，同比增长 11.92%，业绩贡献度为 77.93%；多种经营收入均值 2.59 亿元，同比增幅达 16.08%，增长弹性更高。

百强企业基础服务收入占比逐年缓慢下降，2018~2020 年累计下降 2.56 个百分点；相较而言，TOP10 营收结构的改善节奏更快，2020 年，TOP10 企业的基础服务收入占比达 64.16%，低于百强企业超 13 个百分点，体现出 TOP10 企业在营收结构优化方面更多的主观能动性。

2. 非业主增值服务仍是多种经营收入主要贡献力量，案场服务、前介服务占比最高

2020 年，百强企业非业主增值服务收入均值实现 1.42 亿元，占多种经营收入的比重为 54.91%。

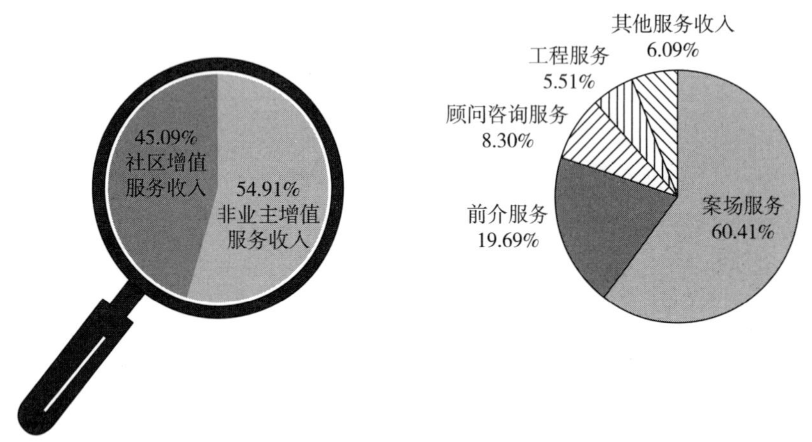

图 4　2020 年百强企业多种经营收入及非业主增值服务收入结构

非业主增值服务收入中的占比最高，达 60.41%；前介服务亦为主要服务领域，包括开荒保洁、查验、开办等，占比达 19.69%；顾问咨询、工程服务收入占比均低于 10%。

3. 社区增值服务收入同比增长 15.49%，社区零售、家政类生活服务收入增长最快

2020 年，百强企业社区增值服务收入同比增长 15.49%，占多种经营收入的比重 45.09%。百强企业社区增值服务收入主要来源于围绕业主提供的生活服务、围绕业主资产提供的资产管理服务和对社区空间的运营服务等，基本各占 20% 以上。

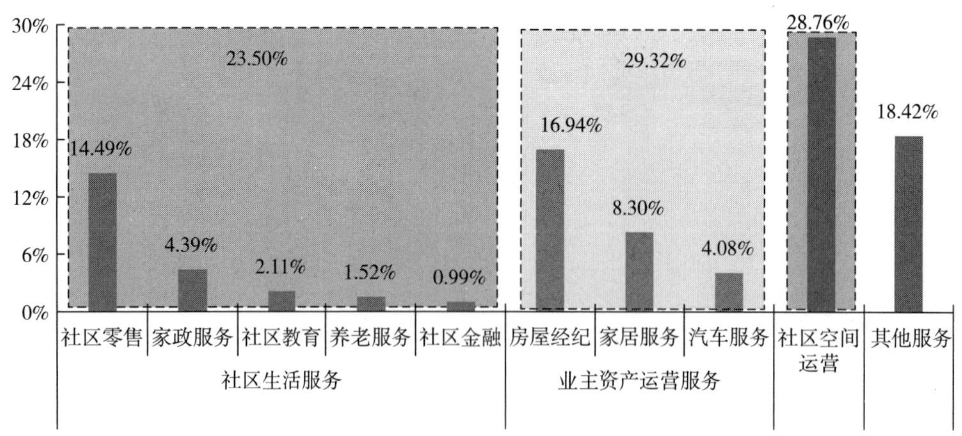

图 5　2020 年百强企业社区增值服务收入占比情况

（三）发挥规模效应降成本，拓展高价值项目增收益，净利润均值突破 1 亿元

2020 年，百强企业毛利润和净利润均值分别为 2.88 亿元和 1.05 亿元，同比分别增长 15.15% 和

14.73%。2017~2020 年，百强企业多种经营收入贡献从 18.20% 提升至 22.07%，净利润贡献从 41.68% 提升至 48.30%，都呈现逐年上升的态势，且利润贡献的提高要显著快于收入贡献。

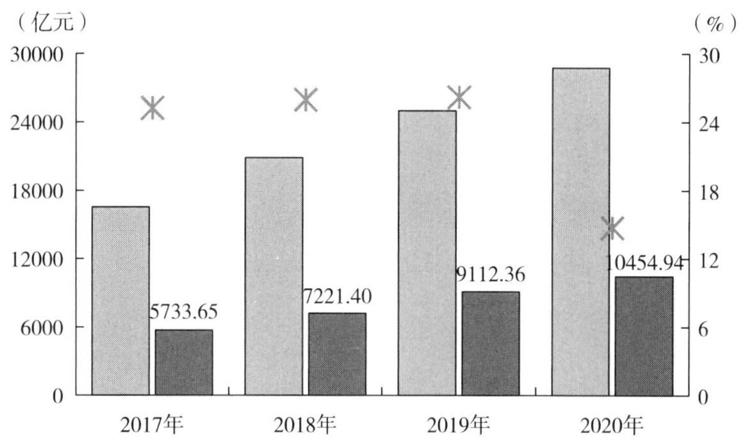

图 6　2017~2020 年百强企业毛利润、净利润及增速情况

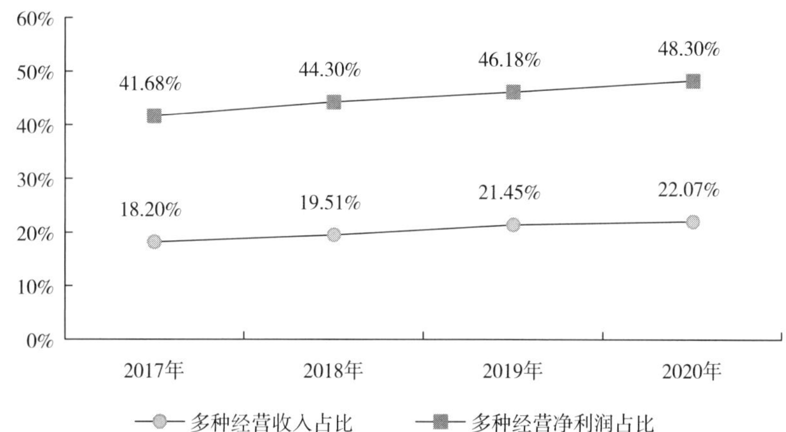

图 7　2017~2020 年百强企业多种经营收入占比和净利润占比情况

2020 年，百强企业整体盈利能力进一步实现小幅提升，净利润率为 8.91%，较上年增加 0.15 个百分点。

2020 年，百强企业营业成本均值为 8.86 亿元，同比增加 12.07%，其中，人力成本占比达 58.32%，较 2019 年下降 0.77 个百分点。

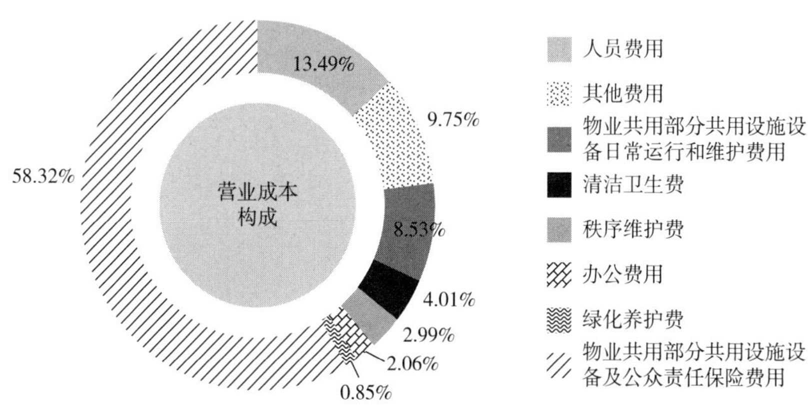

图 8　2020 年百强企业营业成本构成情况

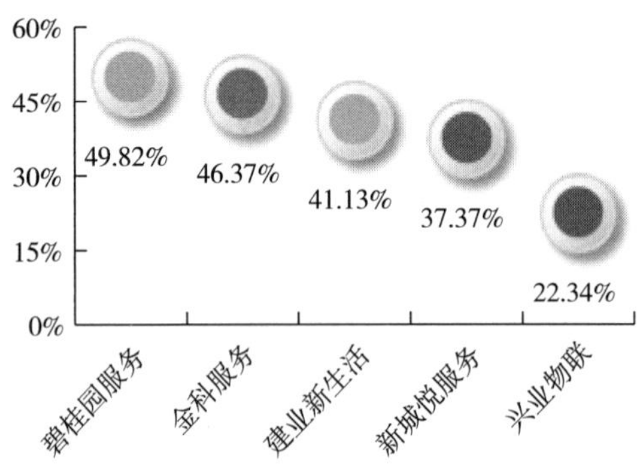

图 9　2020 年部分百强企业员工成本占比

三、服务质量：标准升级，服务升维，人才加码，提升行业综合服务水平

（一）主动服务赢得业主认可，收缴周期缩短，收缴率与续约率维持高位

百强企业始终奋战在抗疫一线，配合医疗工作者，采取一系列防控措施，同时，百强企业主动提高自身服务意识，以服务客户为己任，充分发挥社区优势，进一步提升服务品质。2020 年，百强企业物业服务费收缴率均值为 93.57%，续约率均值为 98.39%。

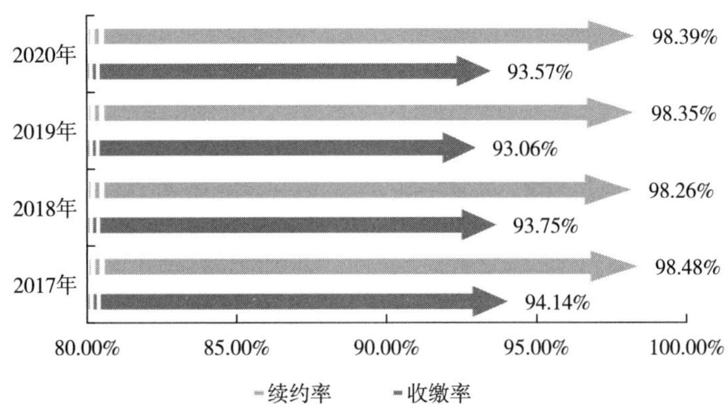

图 10　2017~2020 年百强企业物业服务费收缴率与项目续约率情况

（二）吸引各路英才，人才结构优化助力行业生产力水平提升

2020 年，百强企业招收应届本科毕业生数量达 16813 人；同时百强企业从业人员本科及以上人员占比 11.23%，增长 0.25 个百分点；大专学历人员占比 22.77%，增长 1.35 个百分点，高中学历人员 22.68%，降低 0.17 个百分点；中专及以下人员占比 43.32%，降低 1.43 个百分点。

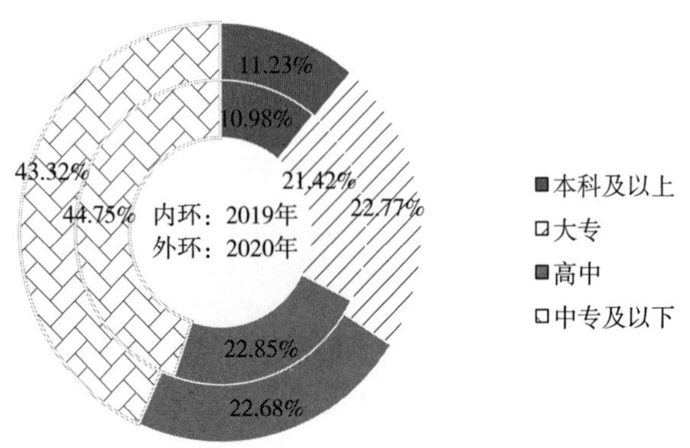

图 11　2019~2020 年百强企业人才结构对比

四、发展潜力：立足现有储备，紧抓资本机遇，延伸服务边界，深挖增值服务

（一）TOP10 企业平均储备量高达 1.71 亿平方米，头部效应显著

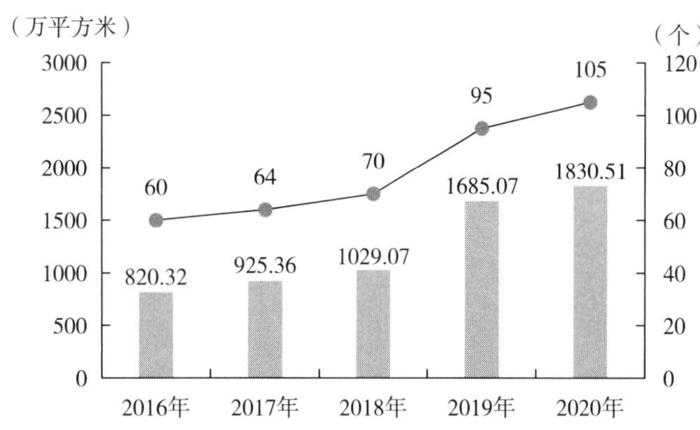

图 12　2016~2020 年百强企业合同储备面积均值及储备项目数量均值

2020 年，百强企业的合同储备项目数量均值为 105 个，合同储备项目面积均值为 1830.51 万平方米，同比增长分别为 10.53% 和 8.63%。

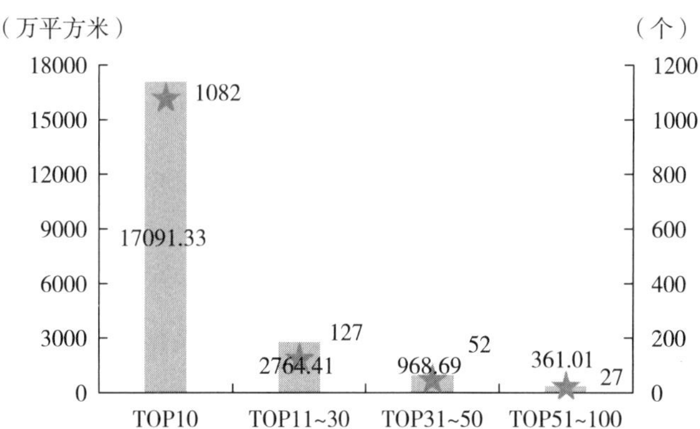

图 13　2020 年百强企业不同层级合同储备项目情况

（二）非住宅市场容量大、专业门槛高，百强企业逐鹿各细分赛道

2020 年，8 成以上的百强企业进入商业物业领域，7 成以上的企业进入办公物业领域，5 成左右企业服务产业园区物业、公众物业、学校物业等。百强企业凭借丰富的管理经验及专业化服务，逐渐赢得市场认可，非住宅业态管理面积呈现逐年上升态势。

百强企业积极挖掘全新服务市场，不断开辟服务新领域。百强企业紧抓“城市精细化管理”的机遇，以多年积累的服务经验，开始涉足城市服务。

（三）利用“人 + 场”优势，响应政策号召，深度布局增值服务

百强企业在稳固传统服务的基础上，跟随多元化需求，借助自身优质资源，及时推出丰富的服务，打通上下游产业，进一步扩充盈利渠道。2020 年百强企业增值服务均值为 2.59 亿元，同比增长 16.08%，占总营业收入的 22.07%，仍有较大的提升空间。

（四）资本赋能，上市企业融资净额累计近千亿，扩规模、智慧化建设弹药充足

港股物业板块的总市值从2020年初的1500亿增加至2021年3月31日的9778.8亿元，超5倍规模增长。从2020年新上市物业服务企业募集资金用途来看，用于收并购及战略投资的资金占比呈扩大趋势，比例较之前上市企业的50%~60%提高至60%~70%，这将进一步加剧行业集中度；其次，上市物业服务企业更加重视数字化运营系统和智慧社区平台的建设，预计将10%~20%的资金用于构建社区生态系统；此外，上市企业预计将在拓展增值服务或提高员工综合水平方面花费10%~15%的资金，其余资金将用于运营资金及一般企业用途。

五、社会责任：国难当头显担当，社区治理有作为，就业稳定有保障

（一）提供就业岗位148万个，热心公益活动，积极践行社会责任

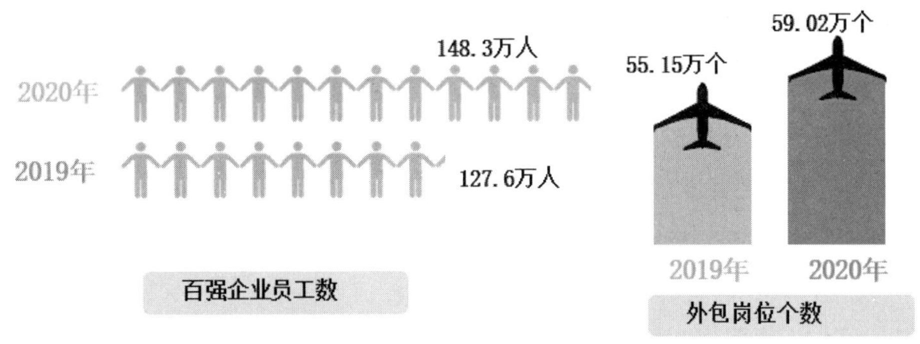

图14　2019~2020年百强企业员工总数、外包岗位总数情况

2020年，百强企业提供就业岗位148.3万个，同比增长16.24%，提供外包岗位59.02万个，同比增长7.01%，其中多数为秩序维护、保洁、绿化等基础服务岗位，在解决基层就业，在促进社会和谐稳定方面发挥了重要作用。

近年来，百强企业公益投入力度不断增强，公益项目愈加多元，通过投身力所能及的社会公益活动中，为社会的发展贡献自己微薄的力量。从内容来看，主要涉及社区公益、扶贫助困、教育助学、医疗健康、灾害救助、绿色环保等公益领域。

第五部分　2021中国物业服务百强企业TOP10研究

近年来，在城镇化持续推进、居民消费升级、鼓励性政策出台的背景下，科技赋能与资本红利逐步显现，物业管理行业迈入快速发展期。中指研究院在“2021中国物业服务百强企业研究”的基础上，对各分项指标表现突出的优秀企业进行深入的专项研究，从行业整体及企业特定角度，分析其具体优势和特点，总结成功经验，供广大物业服务企业及相关从业人员参考。

1.2021 中国物业服务百强企业服务规模 TOP10

表 1　　2021 中国物业服务百强企业服务规模 TOP10

序号	企业名称
1	碧桂园生活服务集团股份有限公司
2	保利物业服务股份有限公司
3	雅生活智慧城市服务股份有限公司
4	彩生活服务集团
5	恒大物业
6	深圳市金地物业管理有限公司
7	中海物业管理有限公司
8	长城物业集团股份有限公司
9	金科智慧服务集团股份有限公司
10	华润万象生活有限公司

2021 服务规模 TOP10 企业仍然以扩规模为发展主题，通过收并购以及承接兄弟开发公司项目等手段，并利用自身资源发力细分领域，实现规模的快速增长。

（1）服务规模 TOP10 管理面积均值达 2.75 亿平方米，头部企业增速明显

表 2　　服务规模 TOP10 企业管理面积及进入城市情况

指标名称	服务规模 TOP10	百强企业
管理面积均值（万平方米）	27524.89	4878.72
项目数量均值（个）	1504	244
进入城市均值（个）	210	34

2020 年，服务规模 TOP10 企业管理面积均值为 2.75 亿平方米，管理项目数量均值 1504 个，领先优势明显。服务规模 TOP10 企业加快抢占市场份额的同时也在区域进行不断深耕，从各方面入手扩大服务半径，巩固市场地位。2020 年，服务规模 TOP10 企业进入城市数量均值达 210 个。

（2）承接兄弟公司项目仍是主要扩张手段，收并购迎来爆发期

第一，通过承接兄弟公司项目，规模实现大幅增长。2020 年，恒大地产集团新开工面积 8237 万平方米，竣工面积 7392 万平方米，为恒大物业管理规模的大幅增长奠定基础；同时恒大物业凭借高品质的服务和良好的业界口碑，通过与地方城投，区域性开发商进行合作，市场化拓展取得显著成绩。

第二，2020 年以来，借助资本的力量，服务规模 TOP10 企业掀起收并购高潮，显著提升企业规模。碧桂园服务收购蓝光嘉宝服务 64.62% 股份，进军西南市场，快速提升市场份额。雅生活集团进一步完善全区域、全业态、全产业链的均衡布局，稳步开展对股权合作企业的整合工作，顺利完成了包括对中民物业等企业的收购，并积极参与第三方外拓和国有企业混合所有制改革。

第三，得益于科技赋能，服务规模 TOP10 企业多维度输出服务，将平台化服务延伸至更大范围，构建智慧化社区生态。金科服务的天启大数据引擎集软硬件数据、物联互联数据和用户基础数据于一体，实现了“人 + 云 + 端”的社区生态闭环，成为“服务决策 AI 大脑”，并已运用到产业园区、中高端楼宇等多种城市场景。

（3）进军非住宅多业态、城市公共服务市场，开拓新蓝海

部分服务规模TOP10企业，除了继续扩张住宅管理面积以外，也在城市服务及其他物业等多个领域跑马圈地。保利物业充分利用自身资源，大力发展公众物业，打造“镇兴中国”物业服务品牌，实现高校、城镇景区、城市公共设施、轨道交通等非住宅业态全面覆盖。截至2020年底，保利物业公众物业的在管面积达2.01亿平方米，占总管理面积的比重达52.96%，奠定企业在国内公共服务领域的领先优势。

2.2021 中国物业服务百强企业成长性领先企业

表3 2021中国物业服务百强企业成长性领先企业

企业名称	企业名称
融创服务控股有限公司	浙江祥生物业服务有限公司
雅生活智慧城市服务股份有限公司	宁波荣安物业服务有限公司
新城悦服务集团有限公司	江苏中南物业服务有限公司
新力服务（控股）有限公司	上海高地物业管理有限公司
深圳市前海龙光智慧服务控股有限公司	浙江佳源物业服务集团有限公司
和泓服务集团有限公司	众安智慧生活服务有限公司
奥园健康生活集团	第一服务控股有限公司
河南建业新生活服务有限公司	上海家趣物业服务发展有限公司
阳光城物业服务有限公司	北京国瑞物业服务有限公司
上海永升物业管理有限公司	华宇优家智慧生活服务集团有限公司

受益于资本青睐和科技的持续赋能，2021成长性领先企业在管理规模、经营绩效和储备项目方面实现高速增长，同时探索多元增值服务也为企业带来更多良性成长空间。

表4 成长性领先企业指标对比情况

指标名称	成长性领先企业	百强企业
物业项目管理面积均值增长率（%）	31.60	14.02
营业收入均值增长率（%）	34.65	12.81
毛利润均值增长率（%）	29.35	15.15
净利润均值增长率（%）	37.68	14.73
合同储备项目建筑面积均值（万平方米）	4093.19	1830.51

（1）成长性领先企业管理面积均值增长62.60%，市场外拓能力显著增强

受益于兄弟开发企业的支持以及资本加持带来的收并购高潮助推，2021年，成长性领先企业管理面积均值的增长率达31.60%，高出百强企业17.58个百分点。新城悦服务2020年来自于新城控股的在管面积达6015.2万平方米，较上一年净增1735.5万平方米（增速达40.6%）；旭辉永升服务2020年来自第三方开发商的在管面积达7990.7万平方米，同比增速高达68.35%，是来自旭辉集团在管面积的3.68倍。

（2）营收及利润分别增长34.65%和37.68%，增值服务愈发重要

2020年，成长性领先企业营业收入均值增长率为34.65%，毛利润增速和净利润增速分别为29.35%和37.68%，具有明显的高成长性。营收的快速增长得益于在管面积的迅速扩张，同时多元增值服务贡献突出。新城悦服务、旭辉永升服务等企业2020年多种经营收入占比均超过40%，在总营业收入中占据重要地位。

（3）储备面积均值达 4093.19 万平方米，未来成长空间显著

2021 成长性领先企业合同储备项目面积均值达 4093.19 万平方米，既是未来发展的基础也是高成长空间的体现。2020 年，融创服务的储备面积高达 1.29 亿平方米，未来将有效转化成企业的在管面积；建业新生活的储备面积达 0.87 亿平方米，接近其现有在管面积总和。高储备面积折射出企业未来的高增长性，是未来发展的有效保障。成长性领先企业储备项目的积累主要来自于兄弟开发企业承接项目、收并购及第三方开发商市场竞标等。

3.2021 中国物业服务百强企业经营绩效 TOP10

表 5　　2021 中国物业服务百强企业经营绩效 TOP10

序号	企业名称
1	碧桂园生活服务集团股份有限公司
2	恒大物业
3	雅生活智慧城市服务股份有限公司
4	金科智慧服务集团股份有限公司
5	华润万象生活有限公司
6	保利物业服务股份有限公司
7	上海永升物业管理有限公司
8	中海物业管理有限公司
9	深圳市金地物业管理有限公司
10	绿城物业服务集团有限公司

经营绩效 TOP10 净利率均值为 13.89%，高于百强企业近 5 个百分点。企业通过扩大管理规模、发展多元增值服务和完善业态布局来实现规模效应和协同效应，同时深化科技应用，提高企业工作效率，降本增效，表现出良好的盈利能力。

（1）经营绩效 TOP10 企业毛利率均值 25.18%, 盈利能力优势凸显

表 6　　经营绩效 TOP10 企业指标对比情况

指标名称	经营绩效 TOP10	百强企业
营业收入均值（万元）	774061.0	117339.37
毛利润均值（万元）	213281.72	28771.61
净利润均值（万元）	115123.38	10454.94
毛利率均值（%）	26.45	24.52
净利率均值（%）	13.89	8.91
营业成本率（%）	73.55	75.48

2020 年，经营绩效 TOP10 企业营业收入均值达 77.41 亿元；毛利润和净利润均值分别是 21.33、11.51 亿元；毛利率和净利率的均值都高于百强企业，盈利能力突出。

（2）营业成本率仅为 73.55%，科技赋力降本增效

2020 年，经营绩效 TOP10 企业的营业成本率为 73.55%，低于同期百强企业 1.93 个百分点。5G、人工智能、大数据、物联网等技术的应用升级了物业管理的运作方式，既提升了物业服务的质量，提高了效率，降低了成本，更促进了大规模组织多业务、跨地域的管控能力。经营绩效 TOP10 企业在技术落地应

用方面引领行业发展，如碧桂园服务所打造的云－边－端 AI 全栈解决方案正是顺应行业发展趋势，利用人工智能和物联网的深度融合，将物业服务场景智能化，并下放至边缘端，应用范围已覆盖前台、后台、决策、运营四方面近 30 个场景，通过 AI 全栈的解决方案，可以实现人力成本的下降、工作效率的提升以及服务水平的优质化。

4.2021 中国物业服务百强服务质量领先企业

表 7　　2021 中国物业服务百强服务质量领先企业

企业名称	企业名称
深圳市金地物业管理有限公司	广州海伦堡物业管理有限公司
金科智慧服务集团股份有限公司	鲁能物业服务有限公司
融创服务控股有限公司	金融街物业股份有限公司
保利物业服务股份有限公司	第一服务控股有限公司
雅生活智慧城市服务股份有限公司	阳光城物业服务有限公司
恒大物业	南京朗诗物业管理有限公司
四川蓝光嘉宝服务集团股份有限公司	深圳市彩生活物业管理有限公司
越秀服务集团有限公司	山东明德物业管理集团有限公司
长城物业集团股份有限公司	山东省诚信行物业管理有限公司
新城悦服务集团有限公司	奥园健康生活集团
融信世欧物业服务集团有限公司	荣万家生活服务股份有限公司
中化金茂物业管理（北京）有限公司	世邦泰和（上海）物业管理有限公司
合景悠活集团控股有限公司	上海盛高物业管理有限公司

2021 服务质量领先企业全面提升服务维度，扩大服务范围的同时保证优质的服务水准，依托科技应用带来的平台式、场景式服务以及人才结构的不断优化，赢得业主和社会的认可。

（1）持续扩大服务半径，提升服务品质

2021 服务质量领先企业一方面积极拓宽服务半径，开发创新社区增值服务、资产管理服务等多元化业务项目；另一方面不断优化服务理念，提升服务品质。朗诗绿色生活推广“有温度的社区”服务理念，凭借人性化的服务模式和服务理念，探索出“物业服务＋生活服务”模式，推动社区、城市多元化发展，满足人们多样化、多层次的居住生活需求，“特色化绿建物业服务＋一站式生活服务＋社区文化建设”三方面有机结合，刷新物企服务的内容和边界。

（2）科技应用改变服务体验，创造全新服务模式

2021 服务质量领先企业积极拥抱科技应用，注重数字化运营系统和智慧社区平台的建设，积极打造线上化、即时化、全景化物业服务体验，为业主带来全新、高效、智能的生活体验。2020 年 11 月 3 日，雅生活集团更名为“雅生活智慧城市服务股份有限公司”，强调智慧化，通过与科技巨头深度合作，网络化技术赋能，积极推进“智慧城市服务商”战略；2021 年 2 月 28 日，新城悦服务智慧运营中心揭幕，组建专业团队，与当地公安智慧警务平台互联互通，在社区中落地科技应用，为业主提供温暖安全的服务体验。

（3）完善人才培养和激励机制，激发员工潜能

2021 服务质量领先企业重视引进更多高科技创新型、复合型人才，同时关注员工的整体素养及职业

发展。企业通过不断优化内部培训系统、薪酬架构，完善激励计划等一系列手段，增强员工的归属感和认同感，激发员工的积极性和创造性。2020 年 5 月 29~31 日，蓝光嘉宝服务领航计划—城市总训战营正式开营。城市总经理训战营学员共计 42 名，来自嘉宝总部及各区域公司中高层管理团队，学员将在 6 个月时间内，通过案例化、场景化物业实战沙盘演练“训战结合”的方式，针对性学习提升城市公司运营能力，学习 10 余项专题课程。合格学员将加入到蓝光嘉宝服务全国各区域及城市公司核心管理团队，切实提高公司服务品质与人员综合素质。

5.2021 中国物业服务百强满意度领先企业

表 8　　2021 中国物业服务百强满意度领先企业

企业名称	企业名称
绿城物业服务集团有限公司	重庆加州物业服务有限公司
金科智慧服务集团股份有限公司	正荣服务集团有限公司
融创服务控股有限公司	青岛海尚海生活服务集团有限公司
恒大物业	广州海伦堡物业管理有限公司
中海物业管理有限公司	南京朗诗物业管理有限公司
雅生活智慧城市服务股份有限公司	江苏中南物业服务有限公司
深圳市开元国际物业管理有限公司	安徽省恒泰物业管理有限责任公司
富力物业服务集团	奥园健康生活集团
俊发七彩服务有限公司	山东明德物业管理集团有限公司
珠海华发物业管理服务有限公司	禹洲物业服务有限公司
广州方圆现代生活服务股份有限公司	重庆新隆信物业管理有限公司
鲁能物业服务有限公司	厦门联发（集团）物业服务有限公司
上海高地物业管理有限公司	方直心生活服务集团有限公司

2021 满意度领先企业以业主满意度为中心，重视基础物业服务，内外兼修提升服务质量，在规模快速扩张的同时，保证服务质量，赢得业主的广泛认可。

（1）收缴率均值维持高位，服务获得高度评价

2021 满意度领先企业业主对于服务费的缴纳情况反映出对满意度领先企业的高度认可。融创服务通过深入挖掘社区资源，着重建设线上线下一体化平台，构建涵盖“业主生活需求 + 房屋资产服务 + 社区空间运营”的多元服务业务体系，具体为业主提供包括快递到家、家政保洁、到家维修、二手租售、美居软装、文化旅游等在内的服务内容，以深度的服务收获业主信任；绿城服务秉承“幸福生活服务商”的企业愿景，以业主满意度为导向，融合管家服务，通过幸福里共治共建、云助和绿城生活 APP 智慧体系等为服务焕新赋能，在坚守服务品质的同时，以一老一小一健康为服务核心，打造全新服务体系，赢得业主满意体验，收缴率高达 97.52%。

（2）把握业主需求变化发展多元业务，助力业主满意度提升

满意度领先企业立足于服务客户生活的点点滴滴，根据业主服务需求，提升服务品质，进而提高业主的黏合度和满意度。恒大物业积极与母公司在多个业务板块深度合作，最大限度发挥协同效应，并依据小区的不同特性，针对性地为小区业主提供更加个性化、专业化的特色增值服务。恒大物业正统筹已掌握的社区及住户资源，在医疗、养老、教育、旅游、餐饮，新零售及社区零售等领域加强与投资者及其第三方

合作单位的接洽，打造更加丰富完善的社区生活平台，提升业主满意度。

6.2021 中国物业服务年度社会责任感企业

表 9　　2021 中国物业服务年度社会责任感企业

企业名称	企业名称
保利物业服务股份有限公司	大华集团上海物业管理有限公司
华润万象生活有限公司	深圳市宝实物业发展有限公司
北京京城佳业物业股份有限公司	上海家趣物业服务发展有限公司
中铁建物业管理有限公司	重庆两江新区物业管理有限公司
厦门联发（集团）物业服务有限公司	南京朗诗物业管理有限公司
上海光明生活服务集团有限公司	武汉中建三局物业管理有限责任公司
中天城投集团物业管理有限公司	中冶置业集团物业服务有限公司
武汉地产集团东方物业管理有限公司	湖南中建物业服务有限公司
阳光城物业服务有限公司	银川中房物业集团股份有限公司

2021 社会责任感企业践行社会责任，积极参与疫情防控工作，展现企业担当，提供工作岗位，解决就业问题，同时履行纳税义务，为社会的安定团结贡献力量。

（1）全力参与抗疫，展现企业担当

在 2020 年的新冠大考中，社会责任感企业直面疫情，勇于担当。保利物业与业主同心战“疫”，步步为营，始终奋战在一线，24 小时全面迎战，针对售楼处和社区内道闸、电梯、单元门、游乐设施、小区出入口、天台地面、公厕、果皮箱周边、绿化带及生活垃圾桶等园区设施设备进行深度的清洁及消毒；开展“封闭式管理”，所有出入口禁止无关人员进入，并设立体温检测点，每天出入社区必须测量体温；同时设置外卖和快递的统一放置点位，业主可以下楼领取，特殊情况物业也可以派送上门。从卫生消杀、自身防护、业户监控、社区管理到疫情通报，为业主全面打造清洁家园。

（2）提供大量就业岗位，稳定社会团结

2021 社会责任感企业提供就业岗位数量均值为 10512 个，企业既解决部分应届毕业生的就业问题，同时也在低学历人员、下岗待业人员、转业军人以及农村务工人员等的就业问题方面做出了突出贡献。疫情期间，保利物业积极响应稳岗就业政策，通过“绿色通道”“指挥官计划”“同行者计划”“暖心旅程”四大招聘行动招募全国各类专业管理岗位及项目管理岗位。创新校招形式，开展央视频 APP 国聘行动、光明网 2020 企业校招光明大直播招聘，为社会提供更多就业岗位。

（3）依法履行纳税义务，践行企业责任

2021 社会责任感企业依法履行纳税义务，积极践行企业社会责任，2020 年纳税均值达 11939.99 万元，是百强企业均值的 2.43 倍。其中华润万象生活纳税开支为 3.2 亿元，较 2019 年度增加 1.86 亿元，增幅达 146%。

7.2021 中国物业管理行业市场化运营领先企业

2021 市场化运营领先企业继续加大市场外拓步伐，丰富管理业态，同时借助科技赋能，创新和升级服务模式，积极推进智慧化、平台化服务，多方面提升企业市场化竞争力。

表 10 **2021 中国物业管理行业市场化运营领先企业**

企业名称	企业名称
长城物业集团股份有限公司	南京银城物业服务有限公司
广东中奥物业管理有限公司	阳光恒昌物业服务股份有限公司
北京中水物业管理有限公司	福建伯恩物业集团有限公司
北京万通鼎安国际物业服务有限公司	合景悠活集团控股有限公司
财信智慧生活服务集团有限公司	正荣服务集团有限公司
新力服务（控股）有限公司	融信世欧物业服务集团有限公司
上海高地物业管理有限公司	南京朗诗物业管理有限公司

（1）多元化市场外拓渠道，提升企业运营能力

2021 市场化运营领先企业整合自身品牌和资源优势，通过股权合作、战略联盟、招投标等运营模式，积极拓展优质项目，推动企业规模快速发展。中奥到家通过数年的积累整合，形成了一套具有“中奥”特色的服务和外拓模式。2020 年，新签约 528 万平方米合约面积，与 2019 年同期相比，新增合约建筑面积约 4.3 万平方米，新增项目数 29 个，全部来自外拓，并将总部入驻佛山顺德，以适应公司快速发展的需要，分享大湾区红利。

（2）科技入场，平台化运用扩大服务生态

2021 市场化运营领先企业通过智慧手段，搭建智能平台，集聚社区周边各种服务资源，实现传统服务模式向现代化物业服务转型升级，不断强化市场拓展能力。2020 年底，住房和城乡建设部等多部委联合发文，提出“探索‘物业服务 + 生活服务’模式”，长城物业迅速响应“红色物业”指导精神，依托“一应云联盟”，率先在数字化转型方向探索变革，为业主与联盟成员提供多元化、差异化、定制化的服务，升级服务体验，延展业务想象力。

8.2021 中国专项物业服务优秀企业

表 11 **2021 中国专项物业服务优秀企业**

商业物业管理	
深圳市万象美物业管理有限公司	大悦城控股·中粮地产集团深圳物业管理有限公司
华润万象生活有限公司	富力物业服务集团
深圳市金地物业管理有限公司	远洋服务控股有限公司
江苏银河物业管理有限公司	越秀服务集团有限公司
深圳历思联行物业管理有限公司	上海高地物业管理有限公司
深圳星河智善生活股份有限公司	中铁诺德生活服务有限公司
办公物业管理	
金融街物业股份有限公司	南都物业服务集团股份有限公司
卓越商企服务集团有限公司	阳光恒昌物业服务股份有限公司
楷林商务服务集团有限公司	广西华保盛物业服务集团有限公司
海纳万商物业管理有限公司	万怡物业服务有限公司
上海高地物业管理有限公司	豪之英不动产管理集团有限公司
上海中企物业管理有限公司	山东省诚信行物业管理有限公司
上海证大物业管理有限公司	江苏新鑫物业管理有限公司
江苏中住物业服务开发有限公司	北京网信物业管理有限公司
北京金泰物业管理有限公司	广西军之港物业服务有限公司

续表

产业园区物业管理	
幸福基业物业服务有限公司	深圳星河智善生活股份有限公司
深圳市金地物业管理有限公司	中节能物业管理有限公司
东原仁知服务集团	成都市朗基生活服务有限公司
宝石花物业管理有限公司	江苏新鑫物业管理有限公司
北京首钢物业管理有限公司	浙江安远物业管理有限公司
医院物业管理	
宁波奥克斯物业服务有限公司	东原仁知服务集团
贵州一桓物业管理有限责任公司	贵州绿地物业管理有限责任公司
山东明德物业管理集团有限公司	爱玛客服产业（中国）有限公司
教育物业管理	
山东明德物业管理集团有限公司	浙江浙大新宇物业集团有限公司
南都物业服务集团股份有限公司	江苏新鑫物业管理有限公司
贵州绿地物业管理有限责任公司	贵州一桓物业管理有限责任公司

2021 专项物业服务优秀企业以基础物业服务为基础，积极提升服务质量，在充分利用兄弟开发公司资源的基础上，积极拓展和把握市场细分领域，在细分市场领域提供优质、专业的服务，获得了极高的细分市场声誉。

（1）商办物业领域，优秀物业服务企业通过打造多元化场景、建设智能化系统、秉持以人为本的管理理念、配套多元化服务等手段进一步提升管理能力和服务品质。万象美物业以“信息化管理、零距离服务”为定位，坚持“管理创新无止境、服务创新无止境、品质创新无止境、科技创新无止境”，潜心研究客户需求，执着探索服务内涵，全面演绎现代信息化物业管理魅力，极力营造有品位的、时尚的、人文的商业氛围，彻底满足商业物业服务需求，最终提升整个物业增值空间。

（2）办公物业领域，优秀物业服务企业在做好保洁、保安、访客接待、会议服务等基础上，主动提升设备管理要求，加强标准化建设，加快智慧化服务布局。金融街物业以“服务精英、福泽大众”为使命，在一流管理理念的支撑下，深耕专业化信息管理平台、绿色能源管理、5C 服务体系等方面，建立起了核心竞争优势体系。

（3）医院物业领域，优秀物业服务企业结合医疗、教研、保健等医院工作的特点，应用专业的现代化管理手段，为医疗机构的良好运转及病患就医提供基础保障。奥克斯物业通过现代科学管理、制度创新等手段，形成现代的医院物业管理模式，为医院提供清洁、舒适、健康的诊疗环境和细致、快捷、规范的后勤保洁服务，致力成为优秀的医院后勤管理一体化服务供应商。

（4）教育物业领域，优秀物业服务企业为大中院校师生的教学、科研、生活和学习提供专业化服务，积极履行社会责任，树立教育物业领域的服务标杆。明德集团作为国内校企合作的先锋，秉承“人才至上”的理念，在部分高校开设“明德物业班”，为学生提供实训基地，实施“订单式教育”“零距离就业”，学校也为公司输送品学兼优的学生，为公司人才梯队建设奠定了良好的基础，设立“明德奖学金”，激励奋发有为的学子，回报高校，回报社会。

（5）产业园区物业领域，优秀物业服务企业在“四保”服务的基础上，将业务范围拓展至能源管理、餐饮管理、金融租赁、物流、咨询、创投等多种增值服务，在倡导绿色可持续发展的同时着力降低运营成本，助力园区内企业高效运营。金地物业旗下金地商服已服务全国几十个产业园区，涵盖软件研发、高端智造、医疗、物流、金融、文创等产业。金地商服从专业化、国际化、标准化和科技化等维度不断提升业务能力，拓展服务内容，加强品牌建设。斯卡伊 · 安远通过科技赋能、持续创新，为客户提供全生命周期的产业园区管理，结合综合设施管理＋物联网的模式，致力于提供全方位的安全与风险管理、环境清洁管理、智慧设施运维等服务。先后与博世集团、SK 集团、三星集团、LG 集团、丰田汽车、宜家等企业建立合作。中节能物业聚焦绿色园区建设，将“绿色生态服务＋资产管理服务＋园区运营服务”有机结合，致力于成为国内领先的建筑全生命周期综合服务运营商。

9.2021 中国特色物业服务领先企业

表 12　　2021 中国特色物业服务领先企业

企业名称	特色领域
恒大物业	智慧生活服务领先企业
雅生活智慧城市服务股份有限公司	社区商业
保利物业服务股份有限公司	星云企服—商办服务品牌
融创服务控股有限公司	归心服务—未来社区
深圳市金地物业管理有限公司	企业总部服务及集团化科技管控平台
金科智慧服务集团股份有限公司	城市服务
长城物业集团股份有限公司	一应云
富力物业服务集团	社区增值服务
时代邻里控股有限公司	多元业态综合服务商
远洋服务控股有限公司	高端商写
佳兆业美好集团有限公司	多元智慧业态
合生活科技集团有限公司	中国领先的科技生态运营商
河南同信物业管理有限公司	友邻社区服务商
上海高地物业管理有限公司	蜂巢服务
金融街物业股份有限公司	商务物业服务
越秀服务集团有限公司	社区运营服务
阳光城物业服务有限公司	绿色智慧家
中化金茂物业管理（北京）有限公司	MOCO 服务体系
重庆天骄爱生活服务股份有限公司	商住产一体化全息服务运营商
湖南大田物业管理服务有限公司	机场物业
广州敏捷新生活物业管理有限公司	心服务
广州方圆现代生活服务股份有限公司	东方管家
江西美城物业管理有限公司	智慧教育社区
华宇优家智慧生活服务集团有限公司	主题 IP 社区商业运营
中天城投集团物业管理有限公司	科技引领多元「蜜服务」
厦门合嘉源生活服务集团有限责任公司	智能城市生活服务
深圳九颂物业服务有限公司	高端服务
北京京城佳业物业股份有限公司	施工现场物业化
第一服务控股有限公司	中国绿色科技物业创新企业
北京金辉锦江物业服务有限公司	科技＋人文
河北隆泰物业服务有限责任公司	360 度，贴身管家服务
重庆新隆信物业管理有限公司	专业化智慧服务集成商
北京科住物业管理有限公司	科教综合保障服务
厦门联发（集团）物业服务有限公司	智慧物业
深圳历思联行物业管理有限公司	高端品牌智慧服务领先企业
广州市万盈物业服务有限公司	城市更新服务
海南现代物业服务有限公司	品质家政及绿化服务
阳光壹佰物业发展有限公司	人文社区建设
江西嘉福物业集团有限公司	城市高品质生活服务商

续表

企业名称	特色领域
银川中房物业集团股份有限公司	中部行业地位领先
重庆融汇物业管理有限公司	复合大盘运营服务
北京北大资源物业经营管理集团有限公司	科创服务
北京天诺物业管理有限责任公司	引领胡同物业服务创新发展
大华集团上海物业管理有限公司	超大型社区综合运营专家
中湘美好城市服务集团有限公司	城乡服务运营商
上海家趣物业服务发展有限公司	360 度全生命周期服务
北京天鸿尊逸物业服务（集团）有限公司	乡镇物业服务
北京晟邦物业管理有限公司	满意度物业服务
深圳德诚物业服务有限公司	高端楼宇服务 + 智慧安防服务体系
西安天朗物业管理有限公司	“三位一体”全维生活服务体系
武汉百步亭花园物业管理有限公司	红色物业
河南亚新物业服务有限公司	河南省红色物业服务优秀企业
杭州新天地园区运营服务有限公司	城市美好园区综合服务提供商
深圳市鸿荣源物业服务有限公司	有温度的服务、幸福社区
天山物业服务有限公司	精细化服务
湘潭金世纪物业发展有限公司	美好 + 生活服务
深圳市绿景物业管理有限公司	城市更新物业管理
东莞市汇景物业服务有限公司	科创文旅综合服务商引领者
贵州深盛佳物业管理有限公司	公建物业服务
深圳市中集物业服务有限公司	智慧城市产城融合运营服务领先
广西安信物业服务有限公司	多元社区服务

2021 中国特色物业服务领先企业通过借力大数据、人工智能、云计算等高新科技，深挖增值服务内涵，发挥特色经营优势，持续加深服务特色优势，提升市场竞争力。在 2021 中国物业服务百强企业研究中，研究组通过对服务模式、服务理念、服务体系、服务领域等方面综合评价，挖掘出一批表现突出的特色物业服务企业。

（1）拓展业态，抢占城市服务等赛道。金科服务以丰富的从业经验整合行业资源，深入城市服务纵深，为政府公建在内的多种业态提供全面、专业高效的综合服务。此外金科服务不断探索城市空间服务领域。从 2018 年 6 月，为盐城国家技术产业开发区提供全方位、全生命周期的物业服务开始，金科服务已陆续进入湖北利川、四川雅安名山区、安徽宣城、西藏昌都经济开发区、四川内江经开区、湖南浏阳经开区等地。湖南大田物业着力民用机场项目的航空高端物业服务，每天接待近 10 万世界各地人员的往来，为崭新的湖南自贸区、140 平方公里航空城、国际一流航空港贡献服务品质与人文力量。中湘美好秉承“让物业更有价值，让生活更加美好”的企业使命，以物业服务和资产经营为主业，专业公司为支撑，上下游产业联动，为建筑物提供全生命周期全价值链专业服务，打造独特的企业核心竞争力，凭借省属国有企业品牌优势和“1257 生态圈”业务链优势，致力成为“新时代中国城乡服务运营商”的行业领跑品牌。新天地服务整合产业资源打造核心服务能力，开创行业发展新模式，致力成为卓越的城市美好园区综合服务提供商。

（2）科技引领，赋能智慧物业服务。恒大物业一直坚定地走在打造智能化健康社区的道路上，把智能科技与人性化服务相融合，为业主提供更有安全感、更具便捷性和舒适性的居住环境，解决用户居住的核心诉求。以科技为砖墙，通过不断探索 5G 通信、大数据、人工智能、云计算等前沿技术，力求给予客户更理想更自在的生活体验，以足够的诚意与实力构筑美好生活场景，蝶变智慧人居新生活。第一服务控股定位于通过科技创新促进舒适人居环境的物业管理服务提供商，致力于为住宅及非住宅物业客户提供数字互联、绿色、健康的人居体验。

（3）聚焦高端，精雕细琢品质服务。阳光城物业始终坚持着五大服务体系，28 项服务标准，将当代人居所需与绿色智慧家结合，只为“家”的安全与舒适。早在 2018 年阳光城物业就启动了“品质工程”，提出以“绿色健康、便捷安全、家文化”为核心的“绿色智慧家”产品体系，力求全方位提升品质。

（4）积极创新，开展社区便民服务。上海高地物业以服务业主为核心，通过内部孵化、外部扩展的形式，引入更多社区相关的衍生资源和配套服务功能，不断丰富蜂巢社区模块，不断完善社区生态系统，让客户足不出户，不出社区就能享受到便捷、舒适的一站式生活场景。中天城投集团物业推行“24 小时”全天候物业服务模式，为业主提供全天候安全保障，以“24 小时”不间断的贴心服务践行“用心用情服务您”的理念，竭诚为业主服务，在服务中时刻体现对业主的关注和人性化关怀。

10.2021 中国主要城市物业服务优秀企业

2021 年随着宏观经济发展水平的恢复提升，全国重点区域、主要城市的房地产市场平稳发展，物业管理市场仍然存在广阔发展空间。城市物业服务优秀企业积极布局热点城市，持续进行现有区域的深耕和潜力城市的扩张，在主要城市占据较大的市场份额，具有较强的市场竞争力。

表 13　　2021 中国主要城市物业服务优秀企业

北京 TOP10	上海 TOP10	深圳 TOP10	重庆 TOP10	成都 TOP10	杭州 TOP10	武汉 TOP10	天津 TOP10
首开城运集团	大华物业	招商积余	金科服务	蓝光嘉宝服务	绿城服务	金地物业	融创服务
京城佳业	高地	中海物业	融创服务	保利物业	滨江物业	保利物业	金地物业
金地物业	旭辉永升服务	彩生活	天骄爱生活	华润万象生活	融创服务	彩生活	保利物业
幸福基业	新城悦服务	金地物业	财信智慧服务集团	蜀信物业	南都物业	世茂服务	格调物业
中海物业	保利物业	深业物业	东原仁知服务集团	合能生活服务	龙湖智慧服务	华润万象生活	仁恒物业
大悦城控股物业	金地物业	华润万象生活	华宇优家	德商产投服务	德信盛全服务	丽岛物业	旭辉永升服务
远洋服务	龙湖智慧服务	佳兆业美好	华润万象生活	中铁建物业	宋都服务	惠之美集团	中海物业
华润万象生活	世茂服务	星河智善生活	旭辉永升服务	荣万家生活服务	众安智慧生活	小竹物业	联发物业
金茂物业	光明服务	鸿荣源物业	中海物业	新城悦服务	大家服务	百步亭花园物业	华厦物业
鸿坤物业	中海物业	卓越商企服务	蓝光嘉宝服务	大悦城控股物业	新城悦服务	东方物业	金世纪物业
青岛 TOP10	无锡 TOP10	郑州 TOP10	西安 TOP10	昆明 TOP10	沈阳 TOP10	贵阳 TOP10	太原 TOP10
融创服务	金科服务	建业新生活	中海物业	俊发七彩服务	龙湖智慧服务	中天城投物业	怡安居物业
海尚海服务	龙湖智慧服务	康桥悦生活	龙湖智慧服务	银海物业	华润万象生活	宏立城物业	第一服务控股
保利物业	无锡顺茂物业	金科服务	天朗物业	巨和物业	中海物业	碧桂园服务	恒大物业
龙湖智慧服务	怡庭物业	绿城服务	华润万象生活	鸿园物业	碧桂园服务	中铁建物业	天力物业
绿城服务	绿城服务	龙湖智慧服务	保利物业	云南城建物业集团	保利物业	贵州绿地物业	滨汾物业
天泰物业	开元物业	恒大物业	经发物业	浩洋物业	恒大物业	美的物业	保利物业
金地物业	新城悦服务	碧桂园服务	天地源物业	融创服务	绿城服务	保利物业	碧桂园服务
中海物业	阳光壹佰物业	中海物业	碧桂园服务	金地物业	汇置穗港物业	贵州天能物业	蓝泰物业
金茂物业	华润万象生活	雅生活集团	长城物业	蓝光嘉宝服务	格林豪森物业	贵州一桓物业	晋美万联
卓越商企服务	长城物业	长城物业	永绿物业	亿展资产	百特物业	兴隆物业	山投物业

依托于自身特有的大数据体系，金科服务对核心区域持续深耕，对热点城市集中布局，凭借高品质的服务标准、多年坚持的邻里文化以及持续在科技物业方面的探索实践，进一步巩固了区域内竞争优势，2021 年再次获得重庆综合实力第一、无锡综合实力第一、郑州综合实力前五。财信智慧服务集团 2021 年跻身重庆市场综合实力第四位，其以服务为基础，以技术为依托，以社群为链接，打造具有财信特色的社区综合服务生态。提炼了“怡 + 生活”系列品牌，努力为业主提供优质优价的多元化服务，增加用户体验，提升客户获得感，让业主幸福居住，共享怡然。融创服务以“至善・致美”为服务理念，聚焦核心城市中高端物业，确立了领先的市场地位。2021 年融创服务获得重庆综合实力第二、西安综合实力第三，昆明和太原综合实力 TOP1010。

世茂服务以用户为先，以品质为核，以数智化驱动，打造“OCEAN X 深蓝服务系统”及“OCEAN OS 深蓝管理系统”。围绕“用户”与“资产”缔造增值服务生态系统，重点布局智慧科技服务、不动产增值、社区教育、社区新生活等版块，以“线上平台 + 线下空间”相融合的服务模式，创新构建“0–2KM 世茂社区新生态”，为业主与用户带来深蓝品质、智慧互联、多元人文的全新服务体验。世茂服务控股位列武汉与上海综合实力 TOP10 榜单之中。

大华集团上海物业管理公司在总结大华集团各物业公司多年探索与实践经验的基础上，吸收了物业管理的先进经验并结合大华地区物业管理的实际情况，融合了大华集团企业文化，公司已经形成了具有大华物业特色的管理思想和服务特色，促进了企业的稳步发展，位居上海综合实力 TOP10 榜首。

新城悦服务从用户需求出发，满足用户不断升级的美好生活需求，持续为用户创造价值，积极响应十部委《关于加强和改进住宅物业管理工作的通知》政策号召，探索“物业服务 + 生活服务”模式，满足居民多样化多层次的居住生活需求，在上海、成都、杭州、无锡等四个城市都跻身 TOP10 综合实力排行榜。

俊发七彩服务连续八年昆明市场占有率第一，在“科技赋能、智慧物业”的发展背景下，打造出两大金牌服务体系、八大核心服务标准以及两大移动端智慧服务平台，全方位为客户营造美好生活体验。云南城建物业集团以优质服务为基础，不断拓展服务边界，打造互联网 + 智慧社区运营模式，实现线上线下无缝服务，综合实力持续提升，位居昆明市场综合实力第五。

第六部分　结　语

多年来，物业管理行业承载着为社区居民创造美好生活的使命，踏准时代节拍，一路高歌猛进。2020 年，行业的发展得到了资本市场的认可和社会各界的赞扬。2021 年是国家“十四五”规划开局之年，物业管理行业在国家战略层面受到空前的重视，鼓励和指导性政策文件纷纷出台，物业管理行业正迈入发展的黄金时代。一方面，物业服务企业形成进一步融入国家与社会治理的趋势，服务、业态类型更趋多样化，另一方面，业主和社会对管理服务的品质和规范形成了更高的要求。

百强企业始终保持锐意进取、改革创新的精神，敢闯敢干、一往无前的奋斗姿态；抓住发展机遇，在高新技术的助力下，完成了对服务品质的精进和客户需求的深入挖掘，取得了更广阔的发展空间。管理规模方面，百强企业重点发力并购与项目外拓，加速规模扩张，并以兄弟开发企业项目为基础保障，规模化扩张再进一程。经营绩效方面，基础服务仍是收入基石，可喜的是，增值服务逐渐成为百强企业的利润支柱，虽然人力成本持续刚性上升，但百强企业通采取渠道优化成本结构、提升经营能力等措施，有效保障了利润空间。服务质量方面，百强企业以业主满意度为抓手，更加注重服务品质，在优化服务理念的同时升级服务体系，使物业费收缴率、项目续约率继续保持高水平。社会责任方面，百强企业积极参与社会基层治理，逐步承担起更多的城市服务、社区管理以及疫情防控等公共服务职能，缓解社会基层就业压力，积极投身社会公益，认真践行社会责任。

未来，对物业服务企业而言，要通过持续完善标准、扩展服务内容、更新管理手段、推进技术升级、创新品牌、赋能系统管理、提升从业人员素质等方式，实现行业转型升级、高质量发展的目标。征程万里风正劲，笃力奋楫开新篇！

专题：高速·高质·高密·高效，迎接物业黄金十年

——中国物业服务企业发展路径探索

过去一年，对于物业管理行业而言是挑战和机遇并存的一年，这一年物业管理行业从业人员在大疫之下勇担重责，众志成城共克时艰，依靠专业的服务能力、无畏的付出获得社会广泛认可；这一年里国家发展规划以及相关政策文件明确了物业管理行业未来的发展方向，为行业的快速增长和规范发展创造了空前的有利条件；这一年，行业里更多企业走上资本舞台，迎来前所未有的发展机遇，截至目前共44家企业登陆资本市场，资本价值进一步凸显；这一年，物业服务企业在智能化和增值服务建设道路上亦更加理性、坚定和深入；这一年，更多物业服务企业积极出圈城市服务，迈向更广袤的星辰大海。今年以来，物业管理行业在产业定位、业务扩容及资本市场布局方面均迈出了坚实的一步，形成了充满新生与裂变的全新发展格局。

我们认为物业管理行业正在步入黄金发展十年。第一，密集发布的相关政策推动物业管理行业进入发展快车道。2020年12月住建部等部门发布了《关于推动物业服务企业加快发展线上线下生活服务的意见》，随后2021年十部委发布了《关于加强和改进住宅物业管理工作的通知》，更重要的是，2021年发布的《中华人民共和国国民经济和社会发展第十四个五年规划和2035年远景目标纲要》中六次提及物业管理行业和物业服务，物业管理行业在国家发展战略中的地位受到空前重视。第二，类比上游的房地产开发行业，物业服务企业平均规模快速增长，在资本市场发力，收并购活跃，行业集中度加速提升，这些都是行业处于黄金发展阶段初期的典型表现。第三，2020年全国物业管理面积259.1亿平方米，预计“十四五”期间我国商品房销售面积和竣工房屋面积仍然保持较稳定的增速，增长空间巨大；业务模式方面，从行业服务模式的成熟度、业态的丰富度以及创新空间来看，物业管理行业的发展潜力不可限量。

2021年是“十四五”规划的开局之年，又恰逢物业管理行业发展的四十周年，在这一关键的历史节点上，如何总结过去，谋划未来，事关行业的可持续健康发展。基于此，中指研究院对目前部分重点物业服务企业进行深入研究，通过剖析优秀企业发展路径，总结发展经验，以期为物业服务企业梳理发展方向，提供参考意见。

一、速度：乘风疾驰，五年追赶地产十年

（一）四家企业冲破“百亿营收”大关，规模追逐战愈演愈烈

现阶段，随着行业格局的加速演变，扩规模成为物业服务企业的发展共识。对于企业而言，要追求规模，要在潜力巨大的市场里获得成功，快速扩张是根本。为了实现快速扩张，物业服务企业均付出了成倍的时间和精力，在能力和资源尽可能兼顾的基础上，将资源更多集中在速度上面，加速占领市场。从2020年行业的并购热潮中亦能明显看到企业在追逐规模化发展上的拼劲。从管理规模量级来看，多家企业如旭辉永升服务、新城悦服务、建业新生活等，都从过往的几千万平方米迅速破亿，实现跨越式增长。

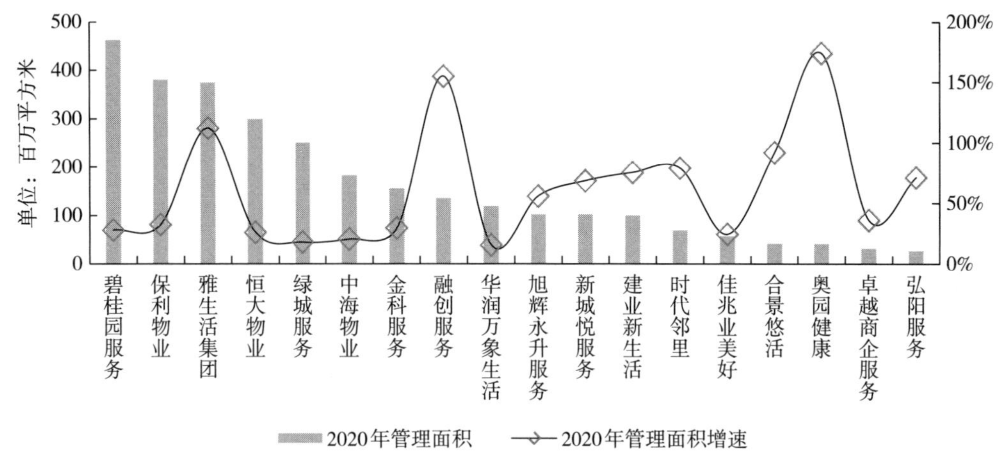

图15　2020年部分上市物业服务企业在管面积及增速情况

截至目前，16家上市物业服务企业2020年的管理规模超过1亿平方米，碧桂园服务、保利物业、雅生活集团、恒大物业、彩生活在管面积超过3亿平方米，13家企业管理面积位于3000万平方米至1亿平方米之间，少数企业不足1000万平方米；这些企业的规模增速多数都在30%以上，企业间规模的追逐愈加激烈。

与此同时，行业内又一里程碑诞生，2020年4家上市企业营收突破百亿元，其中，碧桂园服务、恒大物业、绿城服务、雅生活集团分别实现营收156.00亿元、105.09亿元、101.06亿元及100.26亿元。

（二）“十四五”期间加倍努力，高速增长，TOP10企业市占率有望突破三成

根据“中国房地产业中长期发展动态模型”，结合国内外宏观经济环境，商品房竣工面积，产业园区和医院、学校、交通枢纽站等建成面积综合测算，以2020年全国管理面积为基准，综合推算，到2025年全国物业管理规模将达到347.6亿平方米。

如前所述，物业管理行业现阶段的发展整体相当于房地产行业十年前，且物业百强TOP10的市场份额与房地产百强TOP10份额的增长轨迹也印证了这一点。对于物业服务企业而言，要想在“十四五”期间追赶上地产过去十年的发展积累，按照TOP10的市场份额来推算，物业百强TOP10的份额要达到目前房地产TOP10企业的份额27.5%，到2025年，物业百强TOP10企业的总面积就需要达到近96亿平方米。

按照目前头部企业的并购动作，未来5年，物业百强TOP10企业有望继续保持高频率的收购，因而管理面积大概率保持高速增长。我们假设TOP10企业按照2020年增速（27.57%）持续增长五年，测算到

2025 年，物业百强 TOP10 企业管理面积总值预计近 90 亿平方米，基本达成目标。

二、广度：从多业态布局到多业务拓展，推动服务边界及内涵延伸

（一）以住宅为基本盘，基于服务和资源优势，广泛布局商办、公建、城市服务等领域

近年来，住宅领域竞争日益激烈。越来越多的物业服务企业将优势从住宅业态广泛延伸，开拓新的服务及盈利空间。非住宅物业具备市场规模大、物业费均价高、收缴率高、提价相对容易等诸多优势，成为众多物业服务企业布局的领域。

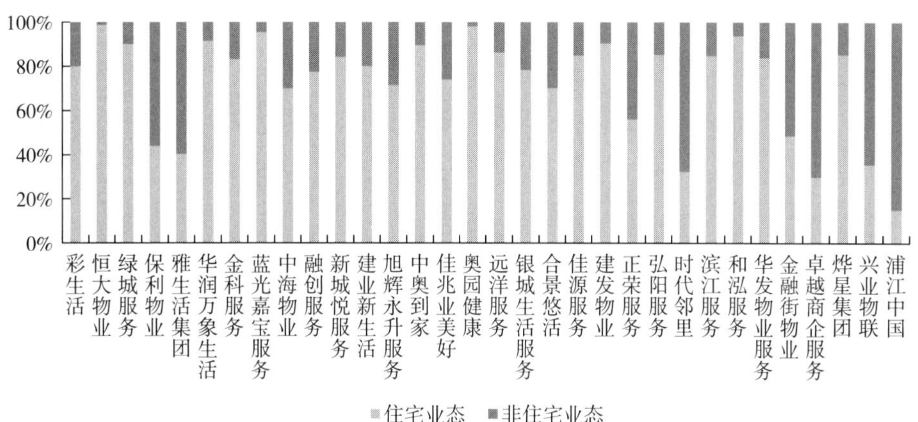

图 16　2020 年部分物业服务企业的非住宅业态管理面积占比

优秀的物业服务企业积极进行战略深入调整和业态延伸布局，依托自身多年积淀的物业服务经验、良好的口碑及资源禀赋等，通过招投标、收并购和合作等方式，切入商业、办公、产业园区和交通枢纽等细分赛道；同时，积极承接政府机构、国有企业、事业单位等相关的物业管理服务，持续深入全业态布局。

目前非住宅业态竞争格局分散，涵盖的业态类型较为多元，服务要求不尽相同，各个细分领域之间存在一定资源和技术壁垒，准入门槛更高。商业及办公楼成为众多企业首先发力的方向，以学校、医院等为代表的公建业态，物业服务市场化程度不一，发展步调差异大，有较大的整合空间。

值得注意的是，非住宅物业服务对象和服务内容更加复杂，各类业态的服务标准和增值服务类型存在差异，对于非住宅物管公司的业务覆盖广度和管理能力提出更高挑战，具有丰富经验的物业服务企业更加受到青睐。

在推进“城市精细化管理”的进程中，物业服务企业进军城市服务的潮流应运而生。城市服务，本质上是将公共空间和公共资源当作一个整体，由物业服务企业进行统筹管理。城市服务的兴起，是物业服务企业主动拓展业务边界，挑战更复杂业态的结果，也是政府需求与物业服务企业能力匹配的结果。

目前，城市服务的主要服务内容包括市政园林、城乡环卫、市政设施管护、环境治理、老旧小区改造、后勤服务等。多数物业服务企业主要通过环卫业务切入城市服务领域，在切入方式上也主要通过并购或与地方政府达成战略合作等形式，探索城市服务蓝海。

但同时，城市服务对物业服务企业的规模和资源统筹调度能力有一定的要求，专业性要求更高，进入门槛相对来说也更高。当前，城市服务仅在个别城市试点进行指向性合作，由物业服务企业总包多种专项服务，有助于政府降本增效，未来具备较大想象空间。

（二）围绕“空间、资产、人”，开拓多元增值服务

2021 年，十部委通知明确鼓励物业服务企业探索“物业服务 + 生活服务”模式，满足居民多样化多层次居住需求。物业服务企业在 2020 年疫情考验下的价值充分彰显，进而被赋予了“基层社会治理单元”的内涵，社会地位持续提升，加之与业主长期建立的信任关系，使其可以参与服务业主家庭生活的各个方面。同时，我国的住宅小区具有非常明显的连片式、高密度、集中化特点，这也使得物业服务企业布局增值服务具有非常大的潜力。

面对快速演变的市场环境和竞争压力，物业服务企业在做好基础服务的基础上，积极围绕社区里的“人”“物”和“空间”，布局多样化的增值服务，便捷业主生活，凸显“最后一百米”价值。这些增值服务主要可以概括为三大类。第一类是聚焦业主生活需求的社区生活类服务，物业服务企业通常以社区服务平台为枢纽，打通线上线下，提升渠道和供应链能力，为业主提供社区零售、团购、家政服务、餐饮等服务，第二类是围绕业主资产的运营管理服务，针对业主的房屋、车等资产，提供房屋代理、家装、汽车养护等业务；第三类是对社区闲置空间进行充分利用，如出入通道、车库、电梯、自助售货机等，盘活社区资源，提升空间资源业务收入，同时与业主共享收益。

三、深度：提升物业服务密度，深挖增值服务，构筑护城河

除了比拼扩规模速度和服务广度外，物业服务企业在 2020 年普遍加大了对于业务深度的重视程度，一方面通过聚焦优势区域，提升在优势地区的渗透率，另一方面深挖自身已建立比较优势的增值服务与特色业务，进而不断创造价值；此外，部分针对细分业态或领域做精做专，打造成特色品牌，构筑起服务壁垒，也能在多变的市场环境中站稳脚跟。

（一）立足根据地，渗透区域内城市，下沉县域市场

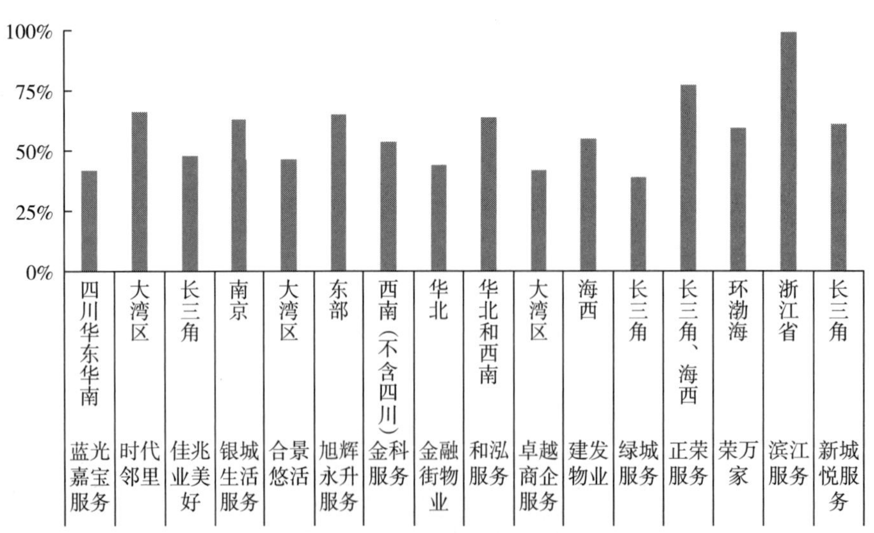

图 17　2020 年部分物业服务企业在管面积优势区域占比

2020 年，物业服务企业聚焦重点城市，深耕精拓，实现纵深发展。规模较大的企业，本土市场市占率已经较高，开始聚焦其他区域深耕；对于中小型企业而言，立足现有优势区域的同时积极外拓、

渗透周边城市，稳扎稳打，逐步提升区域密度，也能为以后增值服务的开展奠定基础。不论大型企业还是中小型企业，都有更多企业将“聚焦优质、优势区域密度”从战略层面上升到更加重要的高度。

长期来看，行业内企业基础服务能力和利润水平可能会因为服务密度的不同而出现明显的差异化。服务密度关系到物业服务企业的集约化管理在成本端的优化空间，同时也关系到企业在特定城市的议价能力。目前百强企业单城市管理面积均值超 140 万平方米，未来仍有进一步提升的空间。

（二）整合资源，精耕“贴心”“贴身”的增值服务

面对快速演变的市场环境和竞争压力，物业服务企业纷纷将深度挖掘增值服务业务作为利润增长的重要引擎，整合各类资源，开发社区增值创新服务项目，如社区增值服务项下创新推出的生活服务、健身服务、养老服务、文化教育服务、智慧社区解决方案等，非业主增值服务则以前介服务、协销服务、案场服务和咨询服务等为代表。同时，有选择地对重点业务进行深拓，进而带动增值服务收入占比和利润稳步上升。

物业服务企业未来要抓住“人 + 场”的优势，提供更多贴心的、知信度高的服务。基于业主信任构建的服务，为业主切实着想的服务，才是未来真正有价值、能够长远开展的服务。

（三）做精专业，做强品牌，构筑服务壁垒

除在地域和增值服务方面做深业务，部分企业特别是细分领域的物业服务企业更加聚焦细分业态，锁定核心业态领域，集中优势力量和资源，深入探索学校物业、酒店物业、办公物业、公众物业、医院物业等细分市场，通过业务的聚焦和深耕加强自身长处，逐渐形成自己的经营模式和服务特色。

作为未来利润率提升的主要发力点，物业服务企业主要从拓深增值服务、深耕区域优势、扎根专业市场三个维度开发业务深度，并出现一定的分化现象，如全国性企业布局相对均衡，而区域性企业更加注重特色服务的挖掘和区域优势的巩固，某种程度上也代表了未来的行业演进趋势。

四、厚度：练好内功，以人为本，科技赋能，推动高质量发展

（一）做强团队，健全机制，释放人才潜能

随着社会经济发展和住户对服务质量要求的提高，物业服务企业更着力于加强服务人员和住户的情感连接，以专业而有温度的服务增加用户黏性，主要体现在引进吸收培养优秀人才，提升人员素质，加码人才队伍建设方面。2020 年，物业服务企业均加码人才团队拓建，通过激励体系、培养计划等引进培育高素质人才。

机制是物业服务企业高品质服务落地的关键保障。近年来，物业服务企业在扩规模的同时，不断加强自身各类机制的建立，如组织架构更新、薪酬激励机制、人才培养机制、业务管理机制和监督考核机制等。健全的机制有利于形成规模效应，快速复制标准化服务并推广。

（二）服务体系标准化、立体化，全方位升级服务品质

作为物业服务企业四大业务板块中收入贡献最大的部门，基础物业服务板块直接体现了物业服务企业服务客户的能力和水平。近几年，为了快速消化整合新拓得的项目，物业服务企业将各类服务标准化、规范化，统一管理，并在服务理念上不断升级，形成标准化、立体化的多层次服务体系。

物业服务企业通过升级服务理念，改善服务质量，拉近业主与物管企业之间的关系，为服务增加了人文底蕴。

（三）智能化、平台化形成合力，构建系统化服务能力

2021 年 3 月 5 日，第十三届全国人民代表大会第四次会议在京开幕，会上明确了“十四五”时期政府工作的主要任务，其中提到多个主要目标和重大任务，对物业服务企业开展业务提出了新的要求，同时政府工作报告中关于社区治理服务、城市公共服务、社区养老和智能化建设等的相关内容也为物业服务企业指出新方向，增值服务作为与科技结合最为紧密业务之一，具有相当的开发提升潜力。

科技与增值服务结合主要体现在管理数字化，服务智能化、平台化等方面，物业服务企业基于互联网与大数据物联网等技术，打通线上线下网络，通过搭建智能服务平台，提升用户体验，实现降本增效。然而由于搭建智慧社区平台前期投入大，后期维护难，导致很多物业公司难以在技术和资金方面持续投入，陷入了科技转型难的困境。

随着科技的推进，处于平台高速发展期的物业服务企业通常采用标准化运营及加大科技系统投入的方式，降低管理费率或成本费率，以此提升物业单位面积的运营效率，减少单位面积的员工配置。科技手段除了为物业服务企业带来降本增效的成果外，还能全面提升服务效能。未来，物业服务企业将会进一步应用 IoT、AI 技术等，积极推进智慧社区建设，探索新技术应用，通过建立精准用户画像，向业主提供智能化产品和智能化服务，助力企业增值服务。

物业服务企业通过将社区服务、非业主服务、公共服务和城市服务等多项业务整合分类，形成不同的品牌并分级标准化，再根据客户需求搭建出多样化、有层次的品牌产品服务体系，不仅能有效降低成本，提高效率，最大化规模效应，也能显著提升客户体验。由此构成的企业“厚度”或将成为提高利润率，实现高效可持续发展的潜在发力点。

五、黄金十年：海阔凭鱼跃，天高任鸟飞

物业管理行业正加速步入黄金时代。新的时代背景对行业也提出了新的要求：物业服务企业既要做到抬头看天，在纷繁复杂的市场变化中洞察潜力市场机会，也要随时低头看路，结合自身资源禀赋寻求长远发展的路径，更要调整姿态，重塑企业核心能力才能跟上时代步伐。

未来，物业管理行业格局将在竞争加剧、优胜劣汰加速的背景中进一步变化，行业中各类型企业的发展分化也已显现，全国性大型物业服务企业主要以加速扩张规模为主，同时积极布局多业态业务，强调科技赋能，进军城市公共服务领域；区域性中型物业服务企业多采取背靠关联公司，深耕地方市场，发挥区域优势，通过外拓与收并购扩规模的发展路线；地方小型物业服务企业由于扩张能力较弱，侧重发展特色

业务，增强比较优势，提升自身在资本市场的估值。三种类型的物业服务企业共同构建了行业中高成长、多层次、有重点的缤纷生态圈。

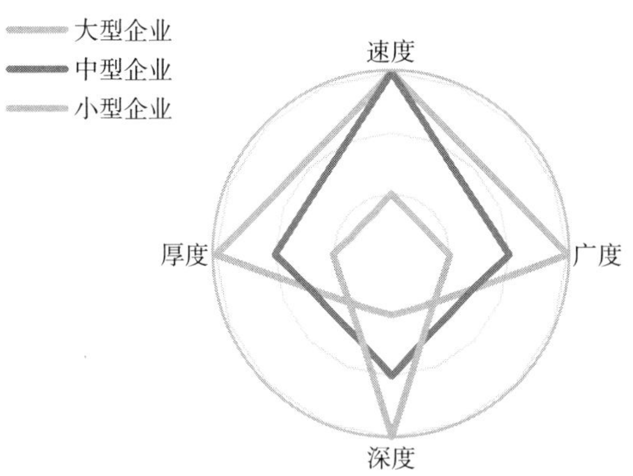

图 18 大中小型物业服务企业发展路径比较

在风云变幻的物业管理市场中，企业需要通过前瞻性的眼光与积极高效的自我调节，参考行业内优秀企业的经验，明确自身定位，找到“速度、广度、深度、厚度”四维度的平衡点，遵循正确的发展路径，才能赢得成功突围的机会，行稳致远。

报告六　2020年百城住宅价格指数报告

中国房地产指数阅读与使用说明

中国房地产指数系统（China Real Estate Index System，简称 CREIS）是一套以价格指数形式反映全国及各主要城市房地产市场运行状况和发展趋势的指标体系和分析方法，该指数系统由城市综合指数、城市新建住宅指数、写字楼指数、商铺指数、二手住宅销售及租赁价格指数等系列指数组成。中国房地产指数系统具有以下功能：（1）单个城市指数能够反映多种因素的综合影响下，本地房地产市场供求关系的变化；（2）两个或两个以上城市指数比较，既能显示城市房地产平均价格水平的差异和不同城市房地产走势，也能说明各类物业在不同城市的供求状况以及不同城市的房地产发展方向。

此外，自 2009 年 12 月起，中国房地产指数系统启动“百城价格指数”研究，每月发布 100 个城市的新建住宅价格指数，成为中国覆盖范围最广、涵盖城市最多的房屋价格指数系统。2020 年 7 月，中国房地产指数系统拓展“百城价格指数”研究，每月发布 100 个城市的二手住宅价格指数，进一步丰富“百城价格指数”体系。

一、百城新建住宅价格指数编制规则

百城新建住宅价格指数反映全国 100 个重点城市在不同时点在售新建住宅价格水平及其随时间变化情况，其中价格水平以该市在售新建住宅样本楼盘报价均值表示。

1. 样本

（1）样本选择及其退出

- “百城新建住宅价格指数”监测的样本包括商品住宅、别墅、保障性住房。
- 对 100 个城市进行全样本监测，已获得政府颁发的销售许可证的在售楼盘全部纳入计算范围。在每月采集数据前，定期添加当月新开盘项目。
- 当项目的一期房源销售完毕，新一期尚未开盘时，以上一期价格填充样本表格，列入计算。
- 当项目所有分期的全部剩余房源少于 5%，可以退出样本。
- 项目的建筑规模限制：一线城市不低于 3 万平方米，二、三、四线城市均不低于 1 万平方米

（2）样本覆盖范围

城区、郊区以及房地产市场较为发达的下辖县市，根据各城市实际情况确定。

（3）样本价格

➢ 样本价格：为项目实际价格，即项目对外报价减去优惠后的价格。项目对外报价为单位建筑面积价格，对于按使用面积进行报价的项目，按典型项目的平均使用率进行换算。项目对外报价优先使用该项目在售房源的平均对外报价，如无法获取在售房源均价，则以在售房源主力户型均价作为项目对外报价。在获得价格的同时，进一步了解在售房源的建筑形态（如多层、小高层和高层等）及其均价，尽量保持统计口径一致。当在售房源建筑形态发生变化时，需修改统计口径并进行说明。

➢ 价格优惠：主要考虑价格折扣和现金优惠两种。其中价格折扣以按揭购房优惠力度计算；现金优惠一般以 100 平方米计算折扣；为了计算方便起见，暂时不考虑赠送家电等实物优惠。

➢ 若项目推出少量特价房（占比不超过 5%），不考虑此类短期少量特价因素；否则，以特价房价格作为当月价格。

➢ 如果单个样本当期价格环比变化幅度过大，需进一步核实，追问是否由于产品类型发生变化所致或真实涨价或降价。

（4）样本权重

若项目土地使用证注明为单一物业类型，或某类物业占项目总建筑面积超过 80% 且其他物业总面积不符合成为单一样本的规模要求，则将该项目作为该类物业的样本项目，项目总建筑面积即为该类物业的建筑面积；若项目包括多种物业形态且各类物业的建筑面积符合相关标准，则将其拆分为不同的项目。为了避免单个项目对价格计算结果产生过大影响，根据其总规模和单价并结合市场实际情况对其建筑面积进行拆分，将拆分后的建筑面积作为该项目的权重。2012 年 12 月起，采用新的规则确定项目权重并对历史价格进行修正，结合样本价格档次确定项目年消化时间，计算其年均消化面积，作为该项目的权重。详见《关于“百城新建住宅价格指数”改进的说明》。

2. 计算模型

本研究采用加权平均的方式来计算单个城市及百城新建住宅价格指数，自 2011 年 9 月起同时采用中位数的方式进行计算，具体如下。

（1）全国及单个城市平均价格计算方法如下。

$$P_j^t = \frac{\sum P_{ij}^t \cdot Q_{ij}}{\sum Q_{ij}}$$

其中 P_j^t 代表第 j 个城市在第 t 期的平均价格，P_{ij}^t 代表第 j 个城市第 i 个项目在第 t 期的价格，Q_{ij} 为该项目调整后建筑面积。

（2）全国及单个城市的价格中位数计算方法如下。

取各城市全部样本项目价格的中位数。中位数是指将数据按大小顺序排列成一个数列，居于数列中间位置的那个数据。若总共有偶数个数据，则为最中间两个数据的算术平均值。

3. 数据采集和复核

（1）采集时间：每月 25 日。

（2）采集方法：通过中指研究院和房天下分布在各城市的直属人员实地调查采集项目数据信息；企业

填报数据；中介及经纪代理公司提供的数据信息；政府及企业公开信息。

（3）数据补充与复核：由于各方面原因实在无法取得价格等基础资料的项目，采用以下方式补充：将没有价格数据的物业依据同类型、同档次物业的价格推算（可据业内人士确定价格上下限取其中值，或采用评估价）。将总体样本中有价格数据的项目抽取部分典型样本（可参考业内有关专家的意见）构成先验总体。

本研究通过各地分析师电话复核、总部分析师抽查复核、总部专职人员归纳整理的三级复核系统对采集的数据进行复核确认，以确保样本数据准确客观。

二、百城二手住宅价格指数编制规则

百城二手住宅价格指数是反映全国 100 个重点城市在不同时点二手住宅价格水平及其不同时点的变化情况，其中价格水平以 100 个城市二手住宅挂牌价均值表示。

1. 样本

（1）样本选择及定期更新：

➢ "百城二手住宅价格指数"监测的样本包括商品住宅、别墅、保障性住房。

➢ 对 100 个城市固定样本进行监测，固定样本小区覆盖城市市辖区挂牌房源的 80%，具体方法如下：按某市辖区挂牌房源量的 80% 选择固定样本小区，即按 2020 年 1-6 月月均挂牌套数从多到少依次选取，使得选取小区的月均挂牌套数加总等于该市辖区所有小区月均挂牌套数总和的 80%，被选取的小区即为该市辖区的固定样本小区；

➢ 样本补充：若某一市辖区选样后样本不足 10 个，则将该市辖区所有具有连续挂牌的小区补充为固定样本小区。

➢ 定期更新：为保证样本的代表性，百城二手住宅价格指数对固定样本进行定期更新，以确保样本涵盖城市所有市辖区重点活跃小区，剔除部分代表性差、活跃度低的小区。

（2）样本覆盖范围：城市有连续二手住宅挂牌的全部市辖区，根据各城市实际情况确定。

（3）样本价格：为二手住宅样本小区挂牌均价，如果单个样本当期价格环比变化幅度过大，需进一步核实，选择保留或剔除样本小区。

2. 计算模型

本研究采用简单平均和中位数的方式来计算全国、单个城市及城市市辖区二手住宅价格指数，具体如下：

（1）全国、单个城市、市辖区平均价格计算方法

➢ 基于各样本小区价格均值，计算单个城市、市辖区二手住宅平均价格，具体计算公式如下：

$$P_j^t = \frac{\sum P_{ij}^t}{N}$$

其中，P_j^t 为第 i 个城市在第 t 期的二手住宅平均价格，P_{ij}^t 为第 i 个城市第 j 个样本小区在第 t 期的二手住宅平均价格，N 为该城市固定样本数量。市辖区二手住宅平均价格计算方法与此相同。

➢ 全国二手住宅平均价格由各城市均价简单平均计算得出，具体计算公式如下：

$$P_j^t = \frac{\sum P_{ij}^t}{N}$$

其中，P^t 为全国第 t 期二手住宅平均价格，P_{ij}^t 为第 i 个城市在第 t 期的二手住宅平均价格，N 为城市总量，即 100。

（2）全国、单个城市、市辖区价格中位数计算方法

中位数是指将数据按大小顺序排列成一个数列，居于数列中间位置的那个数据。若总共有偶数个数据，则为最中间两个数据的算术平均值。全国二手住宅价格中位数为 100 个城市二手住宅价格的中位数，城市（市辖区）价格中位数为该城市（市辖区）所有样本小区价格的中位数。

3. 数据采集和复核

（1）采集时间：每月 25 日。

（2）采集方法：依托房天下及链家、安居客、58 同城等二手住宅平台网站公开挂牌数据，每月定期提取样本信息。

（3）数据复核：通过各地分析师电话复核、总部分析师抽查复核、总部专职人员归纳整理的三级复核系统，对固定样本数据进行复核确认，以确保样本数据准确客观。

“中国房地产指数系统百城价格指数”样本城市替换说明

2010 年起，中国房地产指数系统启动“百城价格指数”研究，每月发布 100 个城市新建住宅价格指数，用以反映全国各主要城市房地产市场运行状况及发展趋势。百城价格指数运行十年，中指研究院基于房地产市场发展变化情况及市场活跃度，于 2020 年 6 月对百城中部分样本城市进行替换，将日照、营口、宝鸡、吉林、鞍山、鄂尔多斯六个样本城市，替换为临沂、阜阳、漳州、济宁、肇庆、张家口。百城新建住宅整体价格水平自 2020 年 7 月 1 日起采用新百城新建住宅价格水平对外发布，同环比均为可比口径。新建及二手住宅价格指数样本城市一致。

“中国主要城市二手住宅销售价格指数”改进说明

中国房地产指数系统于 2005 年起对外发布“中国主要城市主城区二手住宅销售价格指数”，用以描述十大重点城市主城区二手住宅平均挂牌价格的发展趋势。十五年来，“中国主要城市主城区二手住宅销售价格指数”被诸多机构作为二手住宅市场信息来源，为房地产领域的研究和房地产市场的分析做出重要贡献。

随着中国城市化进程的不断推进，城市规模不断扩大，房地产市场快速发展，越来越多的城市开始进入存量房时代，房地产市场的需求也逐步从主城区外扩，尤其是最具代表性的主要城市，主城区外的其他市辖区受到的关注与日俱增。故中国房地产指数系统基于二手住宅市场发展现状，于 2020 年 7 月发布“百城二手住宅价格指数”，并于 7 月起，采用“百城二手住宅价格指数”计算结果发布“中国主要城市二手住宅销售价格指数”，不再发布“中国主要城市主城区二手住宅销售价格指数”。

表 1　　2020 年百城新建住宅价格指数

城市	202001	202002	202003	202004	202005	202006	202007	202008	202009	202010	202011	202012
百城新建住宅价格	15209	15173	15195	15233	15280	15461	15528	15605	15643	15705	15755	15795
包头	6223	6197	6230	6272	6294	6280	6302	6351	6367	6386	6403	6415
保定	8868	8846	8906	8939	8959	8901	8914	8925	8937	8938	8981	8977
北海	8192	8121	8112	8108	8102	8121	8144	8140	8139	8123	8109	8105
北京	42730	42585	42619	42564	42559	42640	42804	43014	42973	43307	43529	43555
常熟	14827	14758	14814	14862	14842	14893	14980	15025	15112	15164	15165	15220
常州	11586	11594	11605	11729	11810	11884	11960	12055	12138	12156	12209	12253
长春	9121	9098	9066	9070	8986	9041	9117	9179	9221	9260	9273	9276
长沙	8719	8706	8660	8674	8694	8716	8760	8798	8821	8875	8886	8943
成都	11188	11139	11239	11332	11355	11416	11482	11562	11628	11699	11760	11849
重庆（主城区）	10850	10771	10779	10834	10881	10937	11033	11126	11137	11192	11185	11253
大连	13429	13371	13402	13511	13484	13513	13592	13610	13556	13565	13560	13588
德州	6704	6687	6727	6758	6729	6750	6785	6785	6806	6773	6739	6739
东莞	16716	16796	16900	16862	16931	17030	17292	17361	17537	17822	18026	18255
东营	5871	5872	5870	5858	5870	5871	5892	5902	5920	5937	5918	5944
佛山	13249	13129	13119	13086	13099	13111	13114	13140	13109	13179	13200	13288
福州	17173	17087	16981	17055	17048	17069	17049	17079	16945	16992	17006	16977
赣州	8264	8285	8388	8325	8311	8331	8366	8221	8198	8183	8193	8207
广州	21870	21852	21829	21903	21943	22010	22399	22561	22584	22703	22755	23033
贵阳	6812	6814	6837	6841	6879	6899	6934	6948	6951	6944	6945	6965
桂林	6780	6729	6701	6656	6651	6626	6661	6626	6628	6602	6608	6612
哈尔滨	9785	9757	9678	9663	9622	9649	9702	9761	9763	9766	9791	9797
海口	14556	14447	14495	14512	14566	14545	14619	14669	14682	14820	14905	14977
邯郸	6578	6561	6541	6549	6575	6580	6664	6733	6791	6796	6839	6879
杭州	26053	26034	26415	26469	26743	27016	27276	27553	27775	27822	28082	28302
合肥	13174	13079	13071	13081	13090	13168	13282	13342	13413	13431	13478	13510
菏泽	5604	5602	5596	5616	5611	5581	5581	5580	5560	5536	5519	5508
衡水	6879	6789	6772	6716	6699	6714	6727	6738	6760	6738	6712	6677
呼和浩特	8255	8214	8214	8201	8268	8337	8404	8408	8434	8450	8473	8515
湖州	11009	10997	10991	10986	10995	10991	10946	10975	10981	11035	11040	11105
淮安	6076	6078	6073	6048	6071	6094	6128	6135	6135	6161	6201	6210
惠州	10372	10346	10369	10398	10409	10480	10562	10635	10737	10833	10883	10913
济南	11344	11280	11247	11235	11270	11313	11284	11348	11432	11501	11552	11589
嘉兴	11963	11978	12025	12159	12190	12348	12360	12428	12514	12653	12737	12753
江门	8084	8023	8071	7997	8064	8133	8195	8256	8320	8318	8372	8417
江阴	9843	9844	9870	9958	10020	10104	10182	10228	10286	10349	10382	10418
金华	11198	11198	11198	11199	11201	11256	11456	11522	11610	11728	11828	11911
昆明	10886	10832	10847	10893	10911	10994	11127	11183	11243	11249	11195	11213

续表

城市	202001	202002	202003	202004	202005	202006	202007	202008	202009	202010	202011	202012
昆山	15611	15545	15508	15498	15523	15503	15522	15628	15671	15681	15724	15741
兰州	8944	8879	8804	8829	8833	8838	8898	8951	8995	8981	9012	9044
廊坊	12025	12012	12022	12015	12086	12076	12120	12202	12282	12333	12363	12314
连云港	7349	7356	7465	7484	7503	7501	7528	7502	7493	7519	7520	7531
聊城	6492	6499	6517	6514	6524	6495	6525	6551	6544	6555	6513	6533
柳州	9206	9217	9189	9211	9186	9254	9252	9318	9312	9285	9313	9294
洛阳	8251	8236	8256	8242	8238	8202	8209	8225	8231	8212	8209	8152
马鞍山	7171	7161	7161	7219	7202	7256	7243	7260	7289	7303	7303	7330
绵阳	6598	6583	6585	6641	6690	6720	6730	6743	6756	6754	6777	6803
南昌	12634	12605	12602	12555	12543	12571	12591	12604	12650	12689	12678	12707
南京	22744	22604	22640	22659	22760	22959	23180	23247	23380	23523	23723	23882
南宁	10954	10837	10848	10838	10840	10917	10982	11072	11154	11124	11099	11127
南通	13651	13708	13694	13681	13707	13754	13803	13872	13919	14005	14086	14136
宁波	17405	17411	17479	17552	17548	17781	18107	18227	18321	18447	18436	18421
秦皇岛	9395	9363	9370	9379	9398	9469	9486	9548	9585	9599	9619	9622
青岛	13349	13290	13301	13296	13310	13321	13337	13387	13399	13408	13414	13439
泉州	8728	8706	8707	8701	8712	8730	8767	8783	8829	8823	8824	8820
三亚	24299	24283	24349	24562	24522	24542	24538	24559	24527	24485	24539	24586
汕头	10832	10806	10805	10835	10800	10851	10852	10854	10846	10839	10812	10787
上海	47783	47836	47955	48259	48740	49354	49369	49716	49705	49921	50097	50158
绍兴	14942	14940	15050	15192	15305	15447	15586	15750	15799	15810	15766	15783
深圳	54416	54546	54562	54577	54558	54577	54566	54739	54614	54512	54344	54212
沈阳	9451	9450	9493	9559	9572	9622	9698	9719	9783	9828	9829	9825
石家庄	11414	11417	11447	11513	11546	11562	11603	11667	11758	11826	11900	11915
苏州	17276	17234	17282	17347	17439	17464	17516	17586	17649	17673	17758	17778
宿迁	5534	5539	5549	5559	5524	5467	5465	5482	5490	5495	5509	5516
台州	13221	13232	13230	13233	13244	13269	13354	13453	13549	13559	13555	13612
太原	9860	9769	9768	9806	9821	9863	9901	9954	10008	10000	10043	10100
泰州	7845	7851	7851	7870	7890	7924	7974	7962	7962	7962	7982	8029
唐山	8136	8139	8182	8253	8290	8359	8416	8453	8460	8473	8516	8552
天津	14969	14908	14859	14845	14833	14823	14814	14806	14822	14831	14887	14909
威海	8816	8736	8784	8817	8844	8835	8817	8852	8907	8929	8923	8958
潍坊	6591	6505	6481	6518	6523	6554	6572	6609	6646	6662	6682	6690
温州	19140	19126	19226	19355	19496	19664	19723	19739	19640	19672	19652	19699
乌鲁木齐	7998	7966	7977	7962	7961	8016	8022	8054	8036	8084	8116	8131
无锡	12695	12683	12767	12833	12942	13049	13108	13134	13205	13283	13383	13481
芜湖	8259	8258	8252	8261	8244	8255	8325	8333	8366	8413	8441	8443

续表

城市	202001	202002	202003	202004	202005	202006	202007	202008	202009	202010	202011	202012
武汉	12537	12486	12488	12480	12505	12603	12705	12812	12933	13001	13017	13122
西安	10191	10197	10224	10358	10429	10484	10527	10602	10687	10791	10836	10868
西宁	7017	7014	7014	7066	7073	7095	7139	7190	7217	7243	7275	7291
厦门	29133	28977	28971	28827	28873	28837	28809	29012	28986	28896	28983	29007
湘潭	5449	5410	5421	5430	5422	5421	5426	5434	5455	5439	5460	5453
新乡	5762	5700	5700	5726	5721	5692	5681	5705	5716	5660	5678	5699
徐州	8625	8584	8550	8604	8609	8691	8759	8829	8904	9026	9084	9084
烟台	9061	9067	9024	9046	9062	9114	9135	9139	9213	9233	9235	9265
盐城	8214	8234	8235	8220	8224	8268	8261	8282	8306	8336	8297	8307
扬州	12271	12291	12318	12360	12446	12505	12606	12711	12731	12754	12758	12846
宜昌	7722	7704	7709	7718	7701	7738	7748	7770	7804	7817	7782	7786
银川	5969	5983	6011	6035	6065	6095	6143	6190	6285	6315	6343	6377
湛江	10554	10545	10487	10531	10543	10601	10603	10608	10582	10618	10664	10713
张家港	10936	10900	10922	10889	10909	10968	10997	11010	11014	11032	11012	11038
镇江	9385	9351	9355	9354	9361	9430	9422	9429	9436	9440	9443	9453
郑州	11995	11931	11982	11962	12030	12122	12160	12203	12224	12244	12218	12247
中山	10131	10077	10056	10070	10050	10036	10026	10064	10153	10188	10270	10273
珠海	21219	21078	20973	21164	21158	21327	21377	21497	21441	21552	21512	21505
株洲	6137	6086	6089	6064	6087	6090	6097	6111	6115	6105	6120	6140
淄博	7795	7739	7737	7759	7746	7739	7764	7801	7811	7796	7793	7807
阜阳	/	/	/	/	/	7590	7614	7551	7545	7575	7550	7556
济宁	/	/	/	/	/	7488	7544	7552	7607	7646	7694	7693
临沂	/	/	/	/	/	9286	9278	9372	9434	9460	9482	9512
张家口	/	/	/	/	/	8928	8925	8820	8722	8711	8669	8621
漳州	/	/	/	/	/	11082	11066	11109	11152	11135	11129	11107
肇庆	/	/	/	/	/	7448	7361	7348	7315	7305	7315	7293
鞍山	5255	5209	5215	5241	5239	/	/	/	/	/	/	/
宝鸡	5209	5204	5197	5218	5201	/	/	/	/	/	/	/
鄂尔多斯	8213	8213	8213	8213	8218	/	/	/	/	/	/	/
吉林	5770	5755	5805	5820	5789	/	/	/	/	/	/	/
日照	8039	8080	8070	8143	8213	/	/	/	/	/	/	/
营口	4554	4552	4544	4547	4544	/	/	/	/	/	/	/

注：2020 年 6 月，百城新建住宅价格指数基于市场活跃度对城市样本进行更新。6 个城市（日照、吉林、鞍山、宝鸡、营口、鄂尔多斯）因市场活跃度下降而退出列表，选择市场更为活跃更具代表性的城市（临沂、济宁、肇庆、漳州、张家口、阜阳）进行替换。

表 2　　2020 年百城二手住宅价格指数

城市	202006	202007	202008	202009	202010	202011	202012
百城二手住宅价格	15301	15304	15331	15360	15403	15448	15492
包头	7727	7771	7808	7819	7816	7831	7838
保定	10822	10824	10782	10752	10698	10653	10609
北海	6890	6860	6818	6836	6732	6688	6621
北京	67282	67182	67096	67172	67191	67207	67284
常熟	15357	15240	15224	15185	15117	14977	14963
常州	15810	15901	16006	16105	16249	16345	16433
长春	10017	10042	10037	10006	10002	9992	9979
长沙	11412	11368	11345	11346	11345	11362	11369
成都	17446	17435	17483	17557	17656	17766	17867
重庆(主城区)	13343	13285	13257	13251	13255	13279	13286
大连	15534	15542	15576	15630	15693	15727	15746
德州	8827	8721	8677	8655	8637	8614	8620
东莞	18115	18213	18441	18694	19016	19378	19764
东营	8779	8783	8779	8779	8779	8779	8779
佛山	13928	13840	13725	13663	13718	13750	13777
福州	28324	28279	28271	28265	28242	28217	28184
阜阳	8484	8519	8494	8463	8436	8419	8412
赣州	11166	11225	11256	11288	11320	11407	11498
广州	34858	34658	34636	34773	34943	35161	35415
贵阳	9126	9141	9125	9120	9086	9049	9017
桂林	8123	8092	8082	8061	8089	8076	8057
哈尔滨	10710	10777	10838	10820	10788	10766	10741
海口	13828	13895	14042	14138	14145	14171	14174
邯郸	9362	9322	9347	9338	9321	9284	9280
杭州	34063	34023	34085	34201	34366	34553	34706
合肥	16517	16603	16647	16718	16792	16895	16982
菏泽	6587	6581	6577	6569	6492	6390	6328
衡水	8090	8092	8070	8056	8023	7967	7945
呼和浩特	10629	10642	10716	10760	10752	10756	10808
湖州	9656	9600	9628	9611	9614	9618	9555
淮安	10038	10124	10198	10313	10441	10605	10804
惠州	10297	10333	10353	10375	10442	10490	10530
济南	18308	18210	18131	18095	18093	18102	18097
济宁	9464	9387	9400	9423	9473	9481	9535
嘉兴	11413	11409	11416	11458	11483	11460	11465
江门	8780	8733	8703	8666	8640	8629	8612
江阴	11584	11564	11623	11643	11679	11653	11633

续表

城市	202006	202007	202008	202009	202010	202011	202012
金华	17106	17191	17308	17392	17446	17557	17727
昆明	14375	14361	14357	14388	14399	14419	14437
昆山	16120	16200	16237	16291	16319	16371	16446
兰州	12362	12433	12431	12451	12443	12408	12393
廊坊	12375	12364	12345	12289	12263	12229	12235
连云港	10690	10746	10806	10801	10844	10947	11059
聊城	10240	10295	10329	10353	10324	10345	10337
临沂	11235	11140	11124	11131	11145	11128	11103
柳州	9315	9309	9309	9302	9361	9354	9331
洛阳	9673	9717	9739	9769	9769	9780	9765
马鞍山	8391	8444	8521	8565	8629	8739	8784
绵阳	8870	8831	8798	8797	8802	8845	8882
南昌	13442	13372	13368	13364	13343	13311	13308
南京	34014	34055	34130	34288	34496	34700	34818
南宁	12740	12700	12683	12680	12705	12708	12716
南通	16113	16130	16292	16405	16537	16665	16752
宁波	24574	24777	25073	25380	25780	26220	26520
秦皇岛	10356	10274	10244	10287	10331	10310	10314
青岛	23696	23532	23417	23323	23292	23220	23164
泉州	14347	14496	14550	14564	14642	14766	14899
三亚	28403	28352	28337	28428	28329	28367	28352
汕头	11316	11339	11345	11374	11423	11491	11510
上海	53497	53598	53702	53891	54351	55011	55543
绍兴	16960	16979	17058	17110	17184	17194	17213
深圳	69618	69896	70728	71449	72657	73854	74984
沈阳	12843	12768	12759	12747	12759	12770	12749
石家庄	15367	15298	15256	15226	15168	15092	15062
苏州	27799	27688	27529	27464	27356	27283	27213
宿迁	10132	10203	10275	10307	10305	10319	10319
台州	14911	15046	15193	15236	15313	15328	15387
太原	11655	11696	11691	11664	11678	11681	11700
泰州	10913	10921	10899	10911	10901	10907	10896
唐山	11646	11763	11895	11946	12010	12053	12073
天津	25937	25795	25691	25582	25500	25404	25304
威海	9101	9116	9178	9208	9236	9318	9276
潍坊	7635	7573	7545	7522	7525	7521	7512
温州	23559	23664	23757	23800	23869	23917	23971

续表

城市	202006	202007	202008	202009	202010	202011	202012
乌鲁木齐	9051	9039	9038	8999	9042	9066	9118
无锡	17389	17375	17424	17537	17666	17755	17854
芜湖	11937	11984	11990	11988	12017	12041	12098
武汉	18620	18573	18599	18636	18648	18642	18609
西安	14842	14811	14822	14886	15014	15133	15248
西宁	9808	9808	9857	9808	9808	9828	9828
厦门	49900	49843	49882	49801	49769	49783	49843
湘潭	5369	5307	5290	5290	5296	5286	5285
新乡	7826	7819	7839	7846	7885	7898	7850
徐州	12339	12422	12546	12655	12866	12966	13066
烟台	11762	11840	11925	11936	11919	11896	11890
盐城	11747	11838	11975	12099	12276	12477	12692
扬州	15066	15163	15187	15196	15212	15228	15261
宜昌	9151	9129	9117	9133	9105	9069	9011
银川	6833	6898	6939	6952	7004	7049	7102
湛江	9399	9404	9385	9381	9372	9400	9400
张家港	12762	12777	12793	12768	12736	12704	12711
张家口	8831	8760	8692	8601	8553	8511	8451
漳州	13469	13534	13537	13528	13550	13572	13547
肇庆	7407	7419	7414	7430	7399	7404	7380
镇江	9201	9156	9124	9088	9051	9069	9094
郑州	16266	16151	16043	16000	15940	15870	15824
中山	10615	10614	10605	10587	10606	10636	10636
珠海	22718	22685	22713	22759	22813	22853	22912
株洲	5989	5983	5944	5930	5919	5900	5892
淄博	9830	9823	9833	9838	9789	9781	9785

数据来源：中指数据 CREIS。

“百城价格指数”

1月百城住宅均价：环比上涨0.27%，同比上涨3.39%

中指研究院报道：根据中国房地产指数系统百城价格指数对100个城市新建住宅的全样本调查数据，2020年1月，全国100个城市（新建）住宅平均价格为15209元/平方米，环比上涨0.27%，涨幅较上月回落0.15个百分点。从涨跌城市个数看，62个城市环比上涨，34个城市环比下跌，4个城市与上月持平。与上月相比，本月价格环比上涨的城市数量减少7个，其中涨幅在1%以上的城市有4个，较上月减少5个；本月价格环比下跌的城市数量增加9个，其中跌幅在1%以上的城市有1个，较上月增加1个。同比来看，全国100个城市（新建）住宅均价较上年同期上涨3.39%，涨幅较上月扩大0.05个百分点。按中位数计算，全国100个城市（新建）住宅价格中位数为9618元/平方米，环比下跌0.01%，同比上涨6.29%。另外，北京、上海等十大城市（新建）住宅均价为27432元/平方米，环比上涨0.30%；同比上涨2.51%，涨幅较上月扩大0.20个百分点。

政策方面，国务院办公厅在关于支持国家级新区的《意见》中指出，要坚持房子是用来住的、不是用来炒的定位，落实职住平衡要求，严禁大规模无序房地产开发，支持合理自住需求，坚决遏制投机炒房行为。银保监会强调严格执行房地产金融监管要求，严防信贷资金违规流入房地产领域。地方层面，浙江省、山西省、北京等地相继发布2020年政府工作报告，均提出要坚持“房住不炒”，保持房地产市场平稳健康发展；唐山发布网签限售新政，明确购房人购买新建商品住房，自网签之日起42个月内不得上市交易；达州、衡阳等地因地制宜优化楼市调控政策，保障自住需求。

从市场表现来看，供应方面，重点城市整体推盘量有所减少。需求方面，多数城市如青岛、重庆等去化表现一般。价格方面，百城住宅均价环比涨幅有所回落。

展望未来，房地产调控仍坚持以“稳”为主，稳地价、稳房价、稳预期的政策导向不变，以因城施策为核心的长效管理调控机制将进入全面落实阶段。预计未来，房地产市场整体将保持平稳发展，但各线城市间存在分化，一线和重点二线城市受调控政策影响市场将保持温和平稳态势，部分无产业支撑、人口基础薄弱的三四线城市，受后续需求不足影响，房价上涨动力较弱，面临一定调整压力。

● 百城（新建）住宅价格环比涨跌幅分析

2020年1月，住宅价格环比上涨的城市个数为62个，较上月减少7个。具体来看，温州环比上涨1.93%；成都、福州和绍兴涨幅在1.0%~1.5%之间；常州、无锡、兰州、南宁、西安和烟台涨幅在0.8%（含）~1.0%之间。其他环比上涨的52个城市中，上海、徐州等12个城市涨幅在0.5%~0.8%（含）之间；江阴、佛山等40个城市涨幅在0.5%以内。鄂尔多斯、绵阳、淄博以及宝鸡新房价格与上月持平。

2020年1月，住宅价格环比下跌的城市个数为34个，较上月增加9个。其中，保定环比下跌1.03%；赣州、洛阳、海口、潍坊以及郑州环比跌幅在0.5%~1.0%之间；汕头、唐山、济南和南通跌幅在0.3%-0.5%之间。其他环比下跌的24个城市中，北京、湘潭等13个城市跌幅在0.1%（含）~0.3%（含）之间；北海、湛江等11个城市跌幅在0.1%以内。

● 百城（新建）住宅价格同比涨跌幅分析

2020年1月，住宅价格同比上涨的城市个数为86个，上涨城市数量较上月减少2个。其中，南通、绍兴、成都住宅价格同比分别上涨 19.45%、18.43% 和 15.71%；温州、江阴、邯郸、石家庄、无锡以及常州涨幅在 10%~15% 之间；沈阳、唐山等 26 个城市涨幅在 5%~10% 之间；马鞍山、日照等 51 个城市涨幅在 5% 以内。

2020 年 1 月，中山、济南等 13 个城市住宅价格同比下跌，下跌城市数量较上月增加 2 个。其中，中山、济南同比分别下跌 4.17% 和 2.45%；株洲、保定、厦门和海口跌幅在 1.0%~2.0% 之间；廊坊、宝鸡等 7 个城市跌幅在 1% 以内。

- 十大城市（新建）住宅价格涨跌情况

根据百城价格指数对北京、上海等十大城市（新建）住宅的全样本调查数据显示，2020 年 1 月十大城市住宅均价为 27432 元 / 平方米，环比上涨 0.30%。十大城市中，6 个城市环比上涨，上涨城市个数较上月减少 2 个；4 个城市环比下跌，下跌城市个数较上月增加 2 个。具体来看，成都、上海和武汉环比分别上涨 1.28%、0.80%、0.54%；杭州、南京和广州涨幅则均在 0.1%~0.3% 之间。环比下跌的城市中，北京、深圳、重庆（主城区）以及天津跌幅均在 0.1%（含）~0.3%（含）之间。

同比来看，十大城市住宅价格同比上涨 2.51%，涨幅较上月扩大 0.20 个百分点。十大城市同比无一下跌。具体来看，成都和杭州住宅价格同比分别上涨 15.71%、7.80%；重庆（主城区）、武汉、南京、上海、天津同比涨幅在 1.0%~5.0% 之间；广州、深圳和北京涨幅均在 1% 以内。

- 十大城市主城区二手住宅价格涨跌情况

根据对北京等十大城市主城区二手住宅活跃样本的调查，2020 年 1 月，十大城市主城区二手住宅样本平均价格为 38547 元 / 平方米，环比下跌 0.01%，同比上涨 0.27%。

环比来看，2020 年 1 月十大城市主城区二手住宅平均价格下跌 0.01%。十大城市中，6 个城市环比下跌，较上月减少 2 个；4 个城市环比上涨，上涨城市个数较上月增加 2 个。具体来看，重庆环比下跌 0.35%；广州、北京、天津、杭州和南京跌幅在 0.1%~0.3% 之间。环比上涨城市中，深圳和成都二手住宅价格环比分别上涨 0.76%、0.34%；武汉和上海涨幅则均在 0.1%（含）以内。

同比来看，2020 年 1 月十大城市主城区二手住宅平均价格上涨 0.27%。十大城市中，3 个城市同比上涨，7 个城市同比下跌，上涨和下跌城市个数与上月持平。具体来看，深圳、南京和上海分别上涨 4.14%、2.42%、1.22%。同比下跌城市中，重庆和天津同比分别下跌 4.94%、4.68%；杭州、广州、武汉、成都和北京跌幅在 3% 以内，其中北京同比下跌 0.44%。

表 3　　2020 年 1 月百城新建住宅价格指数

城市	环比涨跌	样本平均价格（元 / 平方米）	样本价格中位数（元 / 平方米）	城市	环比涨跌	样本平均价格（元 / 平方米）	样本价格中位数（元 / 平方米）
温州	1.93%	19140	17000	吉林	0.14%	5770	6300
成都	1.28%	11188	11275	镇江	0.13%	9385	9800
福州	1.17%	17173	18800	广州	0.12%	21870	22750
绍兴	1.12%	14942	14800	芜湖	0.11%	8259	9000
常州	0.98%	11586	13000	珠海	0.10%	21219	24500
无锡	0.90%	12695	13000	合肥	0.07%	13174	13000
兰州	0.89%	8944	8000	台州	0.07%	13221	12500
南宁	0.84%	10954	11000	宜昌	0.04%	7722	7300
西安	0.82%	10191	9620	哈尔滨	0.03%	9785	9200

续表

城市	环比涨跌	样本平均价格（元/平方米）	样本价格中位数（元/平方米）	城市	环比涨跌	样本平均价格（元/平方米）	样本价格中位数（元/平方米）
烟台	0.80%	9061	8200	营口	0.02%	4554	4300
上海	0.80%	47783	42000	宿迁	0.02%	5534	5000
徐州	0.79%	8625	8550	包头	0.02%	6223	5950
南昌	0.77%	12634	12000	鄂尔多斯	0.00%	8213	7321
江门	0.70%	8084	9000	绵阳	0.00%	6598	6400
宁波	0.60%	17405	15000	淄博	0.00%	7795	7200
张家港	0.59%	10936	11000	宝鸡	0.00%	5209	5000
新乡	0.58%	5762	6200	柳州	–0.01%	9206	8600
大连	0.56%	13429	11900	昆明	–0.03%	10886	11100
武汉	0.54%	12537	12496	威海	–0.03%	8816	7800
桂林	0.53%	6780	6200	株洲	–0.05%	6137	6000
马鞍山	0.52%	7171	6550	东营	–0.05%	5871	5600
长沙	0.51%	8719	8700	沈阳	–0.05%	9451	8600
江阴	0.49%	9843	9250	石家庄	–0.06%	11414	11000
佛山	0.46%	13249	13950	聊城	–0.06%	6492	7000
扬州	0.45%	12271	11000	盐城	–0.09%	8214	8500
邯郸	0.44%	6578	6300	湛江	–0.09%	10554	10550
鞍山	0.44%	5255	4800	北海	–0.09%	8192	7500
连云港	0.42%	7349	6800	天津	–0.10%	14969	14000
银川	0.42%	5969	5600	菏泽	–0.11%	5604	6000
德州	0.42%	6704	6300	廊坊	–0.11%	12025	12000
惠州	0.42%	10372	11710	中山	–0.14%	10131	12500
嘉兴	0.41%	11963	11725	贵阳	–0.16%	6812	8045
金华	0.40%	11198	10890	太原	–0.17%	9860	9600
西宁	0.40%	7017	6700	重庆（主城区）	–0.17%	10850	10625
泰州	0.33%	7845	6800	常熟	–0.18%	14827	14200
泉州	0.32%	8728	8168	淮安	–0.18%	6076	7000
杭州	0.28%	26053	23000	昆山	–0.20%	15611	16000
东莞	0.28%	16716	18000	深圳	–0.22%	54416	56000
乌鲁木齐	0.26%	7998	7500	湘潭	–0.24%	5449	5000
衡水	0.22%	6879	6388	北京	–0.30%	42730	45000
秦皇岛	0.21%	9395	9000	南通	–0.31%	13651	13650
青岛	0.21%	13349	12000	济南	–0.32%	11344	12250
厦门	0.21%	29133	33000	唐山	–0.32%	8136	7500
苏州	0.20%	17276	20000	汕头	–0.40%	10832	10000
湖州	0.19%	11009	10500	郑州	–0.53%	11995	13900

续表

城市	环比涨跌	样本平均价格（元/平方米）	样本价格中位数（元/平方米）	城市	环比涨跌	样本平均价格（元/平方米）	样本价格中位数（元/平方米）
长春	0.19%	9121	9000	潍坊	-0.75%	6591	6800
日照	0.17%	8039	6600	海口	-0.76%	14556	13000
南京	0.17%	22744	25000	洛阳	-0.85%	8251	8500
三亚	0.16%	24299	23000	赣州	-0.89%	8264	8100
呼和浩特	0.15%	8255	7550	保定	-1.03%	8868	7840

表 4　　2020 年 1 月十大城市新建住宅价格指数变化情况

城市	环比涨跌	同比涨跌	样本平均价格（元/平方米）	样本价格中位数（元/平方米）
北京	-0.30%	0.33%	42730	45000
上海	0.80%	1.24%	47783	42000
广州	0.12%	0.96%	21870	22750
深圳	-0.22%	0.35%	54416	56000
天津	-0.10%	1.03%	14969	14000
武汉	0.54%	4.77%	12537	12496
杭州	0.28%	7.80%	26053	23000
南京	0.17%	3.55%	22744	25000
成都	1.28%	15.71%	11188	11275
重庆（主城区）	-0.17%	4.81%	10850	10625

表 5　　2020 年 1 月十大城市主城区二手住宅价格指数变化情况

城市	环比涨跌	同比涨跌	样本平均价格（元/平方米）	样本价格中位数（元/平方米）
北京	-0.27%	-0.44%	55173	59237
上海	0.07%	1.22%	54101	59446
广州	-0.27%	-1.73%	31279	33513
深圳	0.76%	4.14%	44275	53694
天津	-0.21%	-4.68%	24463	26294
武汉	0.10%	-1.61%	19069	18215
杭州	-0.19%	-2.48%	28563	35778
南京	-0.12%	2.42%	36741	34621
成都	0.34%	-1.12%	14981	15690
重庆（主城区）	-0.35%	-4.94%	9885	12892

注：历史数据请查看：http://www.cih-index.com

数据来源：中指数据 CREIS。

“百城价格指数”

2 月百城住宅均价：环比下跌 0.24%，同比上涨 3.05%

中指研究院报道：根据中国房地产指数系统百城价格指数对 100 个城市新建住宅的全样本调查数据，2020 年 2 月，全国 100 个城市（新建）住宅平均价格为 15173 元 / 平方米，环比下跌 0.24%。从涨跌城市个数看，26 个城市环比上涨，72 个城市环比下跌，2 个城市与上月持平。与上月相比，本月价格环比上涨的城市数量减少 36 个，其中涨幅在 1.0% 以上的城市有 0 个，较上月减少 4 个；本月价格环比下跌的城市数量增加 38 个，其中跌幅在 1.0% 以上的城市有 4 个，较上月增加 3 个。同比来看，全国 100 个城市（新建）住宅均价较上年同期上涨 3.05%，涨幅较上月收窄 0.34 个百分点。按中位数计算，全国 100 个城市（新建）住宅价格中位数为 9604 元 / 平方米，环比下跌 0.15%，同比上涨 5.07%。另外，北京、上海等十大城市（新建）住宅均价为 27383 元 / 平方米，环比下跌 0.18%；同比上涨 2.28%，涨幅较上月收窄 0.23 个百分点。

政策方面，财政部、统计局、央行重申坚持“房住不炒”定位；中央政治局会议指出，积极的财政政策要更加积极有为，稳健的货币政策要更加灵活适度。地方层面，多地灵活“因城施策”，供需两端密集出台政策稳预期、促发展。为应对疫情带来的影响，促进房地产市场平稳健康发展，包括无锡、杭州、上海、南昌、浙江、天津、广西、济南、合肥、苏州、河南等在内的多省市从供给侧和企业端优化房地产相关政策，涉及延缓企业土地出让金缴纳、阶段性放宽预售条件等。此外，南宁、驻马店等城市对住房公积金政策进行了调整，其中驻马店将住房公积金缴存职工首套房贷款最低首付比例由 30% 下调为 20%。

从市场表现来看，受疫情影响，重点城市整体推盘量有所减少，同时，全国多省市在线下售楼处暂停开放的情况下，各项目纷纷开通网上售楼处推动需求入市。价格方面，受疫情影响，部分项目推出促销优惠活动，百城住宅均价环比出现阶段性小幅下跌。

展望未来，稳地价、稳房价、稳预期的楼市调控基调不会改变，中央将继续坚持“房住不炒”定位，各地方政府在全面落实“因城施策”的基本原则下，根据自身实际情况对政策进行预调微调。预计未来，随着疫情得到有效缓解，因疫情积压的购房需求将会重新入市，房地产市场或将有所回暖，但整体将保持平稳。

● 百城（新建）住宅价格环比涨跌幅分析

2020 年 2 月，住宅价格环比上涨的城市个数为 26 个，较上月减少 36 个。具体来看，日照、东莞以及南通环比分别上涨 0.51%、0.48% 和 0.42%；赣州、盐城、深圳、银川、扬州、嘉兴以及柳州涨幅在 0.1%~0.3% 之间。其他环比上涨的 16 个城市中，上海、聊城环比均上涨 0.11%；连云港、宿迁等 14 个城市涨幅在 0.1%（含）以内。金华、鄂尔多斯新房价格与上月持平。

2020 年 2 月，住宅价格环比下跌的城市个数为 72 个，较上月增加 38 个。其中，衡水、潍坊、新乡和南宁环比跌幅在 1.0%~1.5% 之间；太原、威海、佛山、鞍山、北海以及株洲跌幅在 0.8%~1.0% 之间。其他环比下跌的 62 个城市中，江门、桂林等 17 个城市跌幅在 0.5%（含）~0.8% 之间；徐州、常熟等 33 个城市跌幅在 0.1%（含）~0.5% 之间；无锡、湛江等 12 个城市跌幅在 0.1% 以内。

● 百城（新建）住宅价格同比涨跌幅分析

2020 年 2 月，住宅价格同比上涨的城市个数为 85 个，上涨城市数量较上月减少 1 个。其中，南通和绍兴同比分别上涨 20.01%、17.71%；成都、江阴、温州、石家庄以及常州涨幅在 10%~15% 之间；无锡、邯郸等 22 个城市涨幅在 5%~10% 之间；聊城、长沙等 56 个城市涨幅在 5% 以内。

2020 年 2 月，中山、济南等 14 个城市住宅价格同比下跌，下跌城市数量较上月增加 1 个。其中，中山、济南同比分别下跌 4.15% 和 3.30%；海口、株洲、保定、乌鲁木齐、珠海和厦门跌幅在 1.0%~3.0% 之间；湘潭、汕头等 6 个城市跌幅在 1% 以内。

- 十大城市（新建）住宅价格涨跌情况

根据百城价格指数对北京、上海等十大城市（新建）住宅的全样本调查数据显示，2020 年 2 月十大城市住宅均价为 27383 元 / 平方米，环比下跌 0.18%。十大城市中，8 个城市环比下跌，下跌城市个数较上月增加 4 个；2 个城市环比上涨，上涨城市个数较上月减少 4 个。具体来看，重庆（主城区）和南京环比分别下跌 0.73%、0.62%；成都、天津、武汉以及北京环比跌幅在 0.3%~0.5% 之间；广州和杭州跌幅则在 0.1% 以内。本月深圳和上海住宅价格环比上涨，涨幅分别为 0.24%、0.11%。

同比来看，十大城市住宅价格同比上涨 2.28%，涨幅较上月收窄 0.23 个百分点。十大城市中，除北京同比下跌 0.01% 外，其余城市同比均上涨。具体来看，成都和杭州住宅价格同比分别上涨 14.56%、7.77%；武汉、重庆（主城区）、南京和上海同比涨幅在 1.0%~5.0% 之间；天津、广州以及深圳涨幅均在 1% 以内。

- 十大城市主城区二手住宅价格涨跌情况

根据对北京等十大城市主城区二手住宅活跃样本的调查，2020 年 2 月，十大城市主城区二手住宅样本平均价格为 38503 元 / 平方米，环比下跌 0.11%，同比上涨 0.29%。

环比来看，2020 年 2 月十大城市主城区二手住宅平均价格下跌 0.11%。十大城市中，8 个城市环比下跌，较上月增加 2 个；2 个城市环比上涨，上涨城市个数较上月减少 2 个。具体来看，重庆和北京环比分别下跌 0.65%、0.42%；天津、广州和杭州跌幅在 0.1%~0.3%（含）之间；南京、武汉和上海跌幅则均在 0.1% 以内。深圳和成都二手住宅价格环比上涨，涨幅分别为 0.39%、0.19%。

同比来看，2020 年 2 月十大城市主城区二手住宅平均价格上涨 0.29%。十大城市中，3 个城市同比上涨，7 个城市同比下跌，上涨和下跌城市个数与上月持平。具体来看，深圳、南京和上海分别上涨 5.26%、2.16%、1.89%。同比下跌城市中，天津和重庆同比分别下跌 4.86%、4.49%；杭州、广州、北京、武汉和成都跌幅在 3% 以内，其中成都同比下跌 0.38%。

表 6　2020 年 2 月百城新建住宅价格指数

城市	环比涨跌	样本平均价格（元 / 平方米）	样本价格中位数（元 / 平方米）	城市	环比涨跌	样本平均价格（元 / 平方米）	样本价格中位数（元 / 平方米）
日照	0.51%	8080	8250	苏州	−0.24%	17234	19800
东莞	0.48%	16796	17631	保定	−0.25%	8846	7840
南通	0.42%	13708	13800	惠州	−0.25%	10346	11800
赣州	0.25%	8285	8100	泉州	−0.25%	8706	8168
盐城	0.24%	8234	8500	长春	−0.25%	9098	9000
深圳	0.24%	54546	56000	德州	−0.25%	6687	5950
银川	0.23%	5983	5800	邯郸	−0.26%	6561	6300
扬州	0.16%	12291	11000	吉林	−0.26%	5755	6350

续表

城市	环比涨跌	样本平均价格（元 / 平方米）	样本价格中位数（元 / 平方米）	城市	环比涨跌	样本平均价格（元 / 平方米）	样本价格中位数（元 / 平方米）
嘉兴	0.13%	11978	11150	哈尔滨	-0.29%	9757	9000
柳州	0.12%	9217	8600	张家港	-0.33%	10900	11000
上海	0.11%	47836	42000	北京	-0.34%	42585	45000
聊城	0.11%	6499	7000	秦皇岛	-0.34%	9363	9000
连云港	0.10%	7356	6800	镇江	-0.36%	9351	9800
宿迁	0.09%	5539	5000	乌鲁木齐	-0.40%	7966	7500
台州	0.08%	13232	12500	武汉	-0.41%	12486	12213
泰州	0.08%	7851	6780	天津	-0.41%	14908	14000
常州	0.07%	11594	13050	包头	-0.42%	6197	5800
烟台	0.07%	9067	8100	昆山	-0.42%	15545	16000
西安	0.06%	10197	9721	大连	-0.43%	13371	11780
唐山	0.04%	8139	7450	成都	-0.44%	11139	11359
宁波	0.03%	17411	15000	青岛	-0.44%	13290	12000
淮安	0.03%	6078	7000	常熟	-0.47%	14758	14000
贵阳	0.03%	6814	8000	徐州	-0.48%	8584	8500
石家庄	0.03%	11417	11242	昆明	-0.50%	10832	11800
东营	0.02%	5872	5600	呼和浩特	-0.50%	8214	7550
江阴	0.01%	9844	9250	福州	-0.50%	17087	18253
金华	0.00%	11198	11000	中山	-0.53%	10077	12500
鄂尔多斯	0.00%	8213	7321	郑州	-0.53%	11931	14000
沈阳	-0.01%	9450	8600	厦门	-0.54%	28977	33000
芜湖	-0.01%	8258	9200	济南	-0.56%	11280	12250
绍兴	-0.01%	14940	14550	南京	-0.62%	22604	24500
菏泽	-0.04%	5602	6000	珠海	-0.66%	21078	24000
西宁	-0.04%	7014	6700	湘潭	-0.72%	5410	5000
营口	-0.04%	4552	4300	淄博	-0.72%	7739	7200
三亚	-0.07%	24283	23000	合肥	-0.72%	13079	13000
杭州	-0.07%	26034	22700	兰州	-0.73%	8879	8000
温州	-0.07%	19126	17000	重庆（主城区）	-0.73%	10771	10200
广州	-0.08%	21852	22500	海口	-0.75%	14447	13000
湛江	-0.09%	10545	10750	桂林	-0.75%	6729	6000
无锡	-0.09%	12683	13000	江门	-0.75%	8023	9000
宝鸡	-0.10%	5204	5000	株洲	-0.83%	6086	6000
廊坊	-0.11%	12012	12000	北海	-0.87%	8121	7500
湖州	-0.11%	10997	10500	鞍山	-0.88%	5209	4800
马鞍山	-0.14%	7161	6500	佛山	-0.91%	13129	13524

续表

城市	环比涨跌	样本平均价格（元 / 平方米）	样本价格中位数（元 / 平方米）	城市	环比涨跌	样本平均价格（元 / 平方米）	样本价格中位数（元 / 平方米）
长沙	-0.15%	8706	8780	威海	-0.91%	8736	7800
洛阳	-0.18%	8236	8675	太原	-0.92%	9769	9600
绵阳	-0.23%	6583	6500	南宁	-1.07%	10837	10500
南昌	-0.23%	12605	12000	新乡	-1.08%	5700	6200
宜昌	-0.23%	7704	7000	潍坊	-1.30%	6505	6600
汕头	-0.24%	10806	10000	衡水	-1.31%	6789	6438

表 7　2020 年 2 月十大城市新建住宅价格指数变化情况

城市	环比涨跌	同比涨跌	样本平均价格（元 / 平方米）	样本价格中位数（元 / 平方米）
北京	-0.34%	-0.01%	42585	45000
上海	0.11%	1.40%	47836	42000
广州	-0.08%	0.49%	21852	22500
深圳	0.24%	0.45%	54546	56000
天津	-0.41%	0.70%	14908	14000
武汉	-0.41%	4.66%	12486	12213
杭州	-0.07%	7.77%	26034	22700
南京	-0.62%	2.72%	22604	24500
成都	-0.44%	14.56%	11139	11359
重庆（主城区）	-0.73%	3.96%	10771	10200

表 8　2020 年 2 月十大城市主城区二手住宅价格指数变化情况

城市	环比涨跌	同比涨跌	样本平均价格（元 / 平方米）	样本价格中位数（元 / 平方米）
北京	-0.42%	-1.53%	54942	58511
上海	-0.01%	1.89%	54095	59272
广州	-0.15%	-2.14%	31233	33391
深圳	0.39%	5.26%	44450	53928
天津	-0.30%	-4.86%	24390	26199
武汉	-0.03%	-1.35%	19063	18105
杭州	-0.14%	-2.44%	28523	35365
南京	-0.08%	2.16%	36713	34384
成都	0.19%	-0.38%	15009	15922
重庆（主城区）	-0.65%	-4.49%	9821	12724

注：历史数据请查看：http://www.cih-index.com

数据来源：中指数据 CREIS。

“百城价格指数”

3 月百城住宅均价：环比上涨 0.14%，同比上涨 2.95%

中指研究院报道：根据中国房地产指数系统百城价格指数对 100 个城市新建住宅的全样本调查数据，

2020年3月，全国100个城市（新建）住宅平均价格为15195元/平方米，环比上涨0.14%。从涨跌城市个数看，56个城市环比上涨，37个城市环比下跌，7个城市与上月持平。与上月相比，本月价格环比上涨的城市数量增加30个，其中涨幅在1.0%以上的城市有3个，较上月增加3个；本月价格环比下跌的城市数量减少35个，其中跌幅在1.0%以上的城市有0个，较上月减少4个。同比来看，全国100个城市（新建）住宅均价较上年同期上涨2.95%，涨幅较上月收窄0.10个百分点。按中位数计算，全国100个城市（新建）住宅价格中位数为9586元/平方米，环比下跌0.19%，同比上涨4.56%。另外，北京、上海等十大城市（新建）住宅均价为27453元/平方米，环比上涨0.26%；同比上涨2.39%，涨幅较上月扩大0.11个百分点。

政策方面，3月3日央行会同财政部、银保监会召开电视电话会，重申坚持房子是用来住的、不是用来炒的定位和“不将房地产作为短期刺激经济的手段”要求，保持房地产金融政策的连续性、一致性、稳定性。地方层面，为保证房地产市场平稳健康发展，山东、吉林、深圳、武汉、江门、常州等省市针对供给侧，从优化商品房预售许可、降低预售监管资金、分期缴纳土地出让金等方面入手，出台楼市政策应对疫情影响，扶持房地产行业发展。佛山、温州、桂林市临桂区等地从需求端优化房地产相关政策，涉及提供购房契税补贴、人才住房保障以及放松人才政策等。海南省本月调控升级，本省户籍和常住居民家庭限购2套住房，并宣布新出让土地建设的商品住房实行现房销售制度。

从市场表现来看，新冠肺炎疫情虽未完全解除，但随着各地复工复产的有序推进，重点城市整体推盘量较上月增加。同时，多地售楼部陆续开放，市场成交处于逐步复苏阶段。价格方面，百城住宅均价环比微幅上涨，价格整体保持平稳。

展望未来，中央总体要求和政策目标仍是稳地价、稳房价、稳预期，各地方政府将在坚持“房住不炒”定位前提下，继续因城施策，根据自身情况进行政策优化和微调，保障房地产市场平稳健康发展。预计未来，在房地产政策主基调依然“稳”字当头背景下，房价走势将总体平稳。

● 百城（新建）住宅价格环比涨跌幅分析

2020年3月，住宅价格环比上涨的城市个数为56个，较上月增加30个。具体来看，连云港、杭州以及赣州环比分别上涨1.48%、1.46%和1.24%；成都、吉林、绍兴、保定、无锡、东莞以及江门涨幅在0.6%（含）~1.0%之间。其他环比上涨的46个城市中，德州、威海、包头、唐山及温州涨幅在0.5%~0.6%（含）之间；银川、沈阳等41个城市涨幅在0.5%以内。金华、鄂尔多斯等7个城市新房价格与上月持平。

2020年3月，住宅价格环比下跌的城市个数为37个，较上月减少35个。其中，兰州、哈尔滨、福州、湛江、长沙和珠海环比跌幅在0.5%（含）~1.0%之间；烟台、桂林、徐州、潍坊跌幅在0.3%~0.5%之间。其他环比下跌的27个城市中，长春、天津环比跌幅分别为0.35%和0.33%；邯郸、柳州等13个城市跌幅在0.1%（含）~0.3%（含）之间；淮安、佛山等12个城市跌幅在0.1%以内。

● 百城（新建）住宅价格同比涨跌幅分析

2020年3月，住宅价格同比上涨的城市个数为81个，上涨城市数量较上月减少4个。其中，绍兴和南通同比分别上涨17.61%、16.85%；成都、温州、江阴、石家庄涨幅均在10%~15%之间；杭州、无锡等21个城市涨幅在5%~10%之间；吉林、武汉等54个城市涨幅在5%以内。

2020年3月，中山、济南等18个城市住宅价格同比下跌，下跌城市数量较上月增加4个。其中，中山、济南同比分别下跌4.11%和3.48%；株洲、珠海、保定和海口跌幅在1.0%~3.0%之间；汕头、廊坊等12个城市跌幅在1%以内。

● 十大城市（新建）住宅价格涨跌情况

根据百城价格指数对北京、上海等十大城市（新建）住宅的全样本调查数据显示，2020 年 3 月十大城市住宅均价为 27453 元 / 平方米，环比上涨 0.26%。十大城市中，8 个城市环比上涨，上涨城市个数较上月增加 6 个；2 个城市环比下跌，下跌城市个数较上月减少 6 个。具体来看，杭州和成都环比分别上涨 1.46%、0.90%；上海、南京环比涨幅在 0.1%~0.3% 之间；北京、重庆（主城区）、深圳和武汉涨幅则在 0.1% 以内。本月天津和广州住宅价格环比下跌，跌幅分别为 0.33%、0.11%。

同比来看，十大城市住宅价格同比上涨 2.39%，涨幅较上月扩大 0.11 个百分点。十大城市中，除天津和北京同比分别下跌 0.40%、0.05% 外，其余城市同比均上涨。具体来看，成都和杭州住宅价格同比分别上涨 13.81%、9.42%；武汉、重庆（主城区）、南京和上海同比涨幅在 1.0%~5.0% 之间；深圳、广州涨幅则均在 1% 以内。

● 十大城市主城区二手住宅价格涨跌情况

根据对北京等十大城市主城区二手住宅活跃样本的调查，2020 年 3 月，十大城市主城区二手住宅样本平均价格为 38504 元 / 平方米，环比持平，同比上涨 0.16%。

环比来看，2020 年 3 月十大城市主城区二手住宅平均价格与上月持平。十大城市中，6 个城市环比下跌，较上月减少 2 个；4 个城市环比上涨，上涨城市个数较上月增加 2 个。具体来看，北京和天津环比分别下跌 0.35%、0.28%；重庆、武汉和广州跌幅在 0.1%~0.2% 之间；南京跌幅为 0.06%。深圳、上海、成都和杭州二手住宅价格环比上涨，涨幅分别为 0.51%、0.20%、0.04% 和 0.02%。

同比来看，2020 年 3 月十大城市主城区二手住宅平均价格上涨 0.16%。十大城市中，3 个城市同比上涨，7 个城市同比下跌，上涨和下跌城市个数与上月持平。具体来看，深圳、上海和南京分别上涨 5.52%、2.27%、1.75%。同比下跌城市中，天津和重庆同比分别下跌 5.25%、4.44%；广州、杭州、北京、武汉和成都跌幅在 3% 以内，其中成都同比下跌 0.45%。

表 9　　2020 年 3 月百城新建住宅价格指数

城市	环比涨跌	样本平均价格（元 / 平方米）	样本价格中位数（元 / 平方米）	城市	环比涨跌	样本平均价格（元 / 平方米）	样本价格中位数（元 / 平方米）
连云港	1.48%	7465	6800	镇江	0.04%	9355	9800
杭州	1.46%	26415	23000	绵阳	0.03%	6585	6500
赣州	1.24%	8388	8200	深圳	0.03%	54562	56000
成都	0.90%	11239	11500	武汉	0.02%	12488	12496
吉林	0.87%	5805	6400	盐城	0.01%	8235	8500
绍兴	0.74%	15050	14500	泉州	0.01%	8707	8168
保定	0.68%	8906	7920	金华	0.00%	11198	11000
无锡	0.66%	12767	13000	鄂尔多斯	0.00%	8213	7321
东莞	0.62%	16900	17800	泰州	0.00%	7851	6800
江门	0.60%	8071	9000	西宁	0.00%	7014	6700
德州	0.60%	6727	5950	马鞍山	0.00%	7161	6500
威海	0.55%	8784	7800	呼和浩特	0.00%	8214	7550
包头	0.53%	6230	5800	新乡	0.00%	5700	6200
唐山	0.53%	8182	7450	汕头	−0.01%	10805	10000

续表

城市	环比涨跌	样本平均价格（元/平方米）	样本价格中位数（元/平方米）	城市	环比涨跌	样本平均价格（元/平方米）	样本价格中位数（元/平方米）
温州	0.52%	19226	17100	太原	−0.01%	9768	9550
银川	0.47%	6011	5800	台州	−0.02%	13230	12500
沈阳	0.46%	9493	8600	厦门	−0.02%	28971	33000
郑州	0.43%	11982	14000	南昌	−0.02%	12602	12000
嘉兴	0.39%	12025	11250	淄博	−0.03%	7737	7200
宁波	0.39%	17479	15000	东营	−0.03%	5870	5600
常熟	0.38%	14814	14025	湖州	−0.05%	10991	10500
贵阳	0.34%	6837	8120	合肥	−0.06%	13071	13000
海口	0.33%	14495	13000	芜湖	−0.07%	8252	9200
苏州	0.28%	17282	19772	佛山	−0.08%	13119	13676
聊城	0.28%	6517	7500	淮安	−0.08%	6073	7000
三亚	0.27%	24349	23000	南通	−0.10%	13694	13900
西安	0.26%	10224	9702	广州	−0.11%	21829	23000
江阴	0.26%	9870	9500	菏泽	−0.11%	5596	6000
石家庄	0.26%	11447	11500	北海	−0.11%	8112	7400
上海	0.25%	47955	42000	日照	−0.12%	8070	8000
洛阳	0.24%	8256	8675	宝鸡	−0.13%	5197	5000
大连	0.23%	13402	12000	营口	−0.18%	4544	4300
惠州	0.22%	10369	11800	中山	−0.21%	10056	12500
扬州	0.22%	12318	11000	昆山	−0.24%	15508	16000
湘潭	0.20%	5421	5000	衡水	−0.25%	6772	6388
张家港	0.20%	10922	11000	济南	−0.29%	11247	12250
宿迁	0.18%	5549	5000	柳州	−0.30%	9189	8500
南京	0.16%	22640	24750	邯郸	−0.30%	6541	6300
昆明	0.14%	10847	11500	天津	−0.33%	14859	14000
乌鲁木齐	0.14%	7977	7500	长春	−0.35%	9066	9000
鞍山	0.12%	5215	4800	潍坊	−0.37%	6481	6550
南宁	0.10%	10848	10500	徐州	−0.40%	8550	8500
常州	0.09%	11605	13000	桂林	−0.42%	6701	6000
廊坊	0.08%	12022	12000	烟台	−0.47%	9024	8100
青岛	0.08%	13301	12000	珠海	−0.50%	20973	24750
北京	0.08%	42619	45000	长沙	−0.53%	8660	8800
秦皇岛	0.07%	9370	9000	湛江	−0.55%	10487	10500
重庆（主城区）	0.07%	10779	10625	福州	−0.62%	16981	18252
宜昌	0.06%	7709	7000	哈尔滨	−0.81%	9678	9000
株洲	0.05%	6089	6000	兰州	−0.84%	8804	8000

表 10　　2020 年 3 月十大城市新建住宅价格指数变化情况

城市	环比涨跌	同比涨跌	样本平均价格（元 / 平方米）	样本价格中位数（元 / 平方米）
北京	0.08%	–0.05%	42619	45000
上海	0.25%	1.77%	47955	42000
广州	–0.11%	0.35%	21829	23000
深圳	0.03%	0.50%	54562	56000
天津	–0.33%	–0.40%	14859	14000
武汉	0.02%	4.73%	12488	12496
杭州	1.46%	9.42%	26415	23000
南京	0.16%	2.57%	22640	24750
成都	0.90%	13.81%	11239	11500
重庆（主城区）	0.07%	3.52%	10779	10625

表 11　　2020 年 3 月十大城市主城区二手住宅价格指数变化情况

城市	环比涨跌	同比涨跌	样本平均价格（元 / 平方米）	样本价格中位数（元 / 平方米）
北京	–0.35%	–2.28%	54752	58827
上海	0.20%	2.27%	54205	60139
广州	–0.11%	–2.44%	31199	33709
深圳	0.51%	5.52%	44678	54599
天津	–0.28%	–5.25%	24322	26228
武汉	–0.13%	–1.22%	19037	18230
杭州	0.02%	–2.31%	28528	35891
南京	–0.06%	1.75%	36692	34240
成都	0.04%	–0.45%	15015	15869
重庆（主城区）	–0.18%	–4.44%	9803	12797

注：历史数据请查看：http://www.cih-index.com

数据来源：中指数据 CREIS。

“百城价格指数”

4 月百城住宅均价：环比上涨 0.25%，同比上涨 2.93%

中指研究院报道：根据中国房地产指数系统百城价格指数对 100 个城市新建住宅的全样本调查数据，2020 年 4 月，全国 100 个城市（新建）住宅平均价为 15233 元 / 平方米，环比上涨 0.25%。从涨跌城市个数看，67 个城市环比上涨，32 个城市环比下跌，1 个城市与上月持平。与上月相比，本月价格环比上涨的城市数量增加 11 个，其中涨幅在 1.0% 以上的城市有 3 个，城市数量与上月持平；本月价格环比下跌的城市数量减少 5 个，其中跌幅在 0.5%（含）以上的城市有 5 个，较上月减少 1 个。同比来看，全国 100 个城市（新建）住宅均价较上年同期上涨 2.93%，涨幅较上月收窄 0.02 个百分点。按中位数计算，全国 100 个城市（新建）住宅价格中位数为 9611 元 / 平方米，环比上涨 0.26%，同比上涨 4.30%。另外，北京、上海等十大城市（新建）住宅均价为 27535 元 / 平方米，环比上涨 0.30%；同比上涨 2.58%，涨幅较上月扩大 0.19 个百分点。

政策方面，4 月 17 日，中共中央政治局召开会议，再次重申要坚持“房子是用来住的、不是用来炒的”定位，促进房地产市场平稳健康发展。4 月 22 日，银保监会要求银行监控资金流向，确保资金运用在申请贷款时的标的上，对于违规使贷款流入房地产市场的行为要坚决予以纠正。地方层面，各地政府在坚持“房住不炒”定位前提下，更加灵活地因城施策。沈阳、南京、重庆、南昌、无锡、中山等地优化人才政策，加大人才住房保障；嘉兴等地对公积金贷款政策进行适度调整。此外，央行深圳支行和央行上海总部均强调严禁资金违规进入房地产市场。

从市场表现来看，供应方面，随着各行业复工复产的持续推进，重点城市整体推盘量继续提升。需求方面，各城市去化差异较大，成都、杭州整体去化较好，南昌去化一般。价格方面，百城住宅均价环比小幅上涨，涨幅低于上年同期水平。

展望未来，楼市调控主基调保持不变，中央将继续坚持“房住不炒”定位，保持房地产金融政策的连续性、一致性和稳定性。在政府“稳地价、稳房价、稳预期”的政策导向下，地方政府仍将灵活地因城施策，保障房地产市场平稳运行。

● 百城（新建）住宅价格环比涨跌幅分析

2020 年 4 月，住宅价格环比上涨的城市个数为 67 个，较上月增加 11 个。具体来看，西安、嘉兴以及常州环比分别上涨 1.31%、1.11% 和 1.07%；绍兴、珠海、日照、江阴、三亚、唐山以及绵阳涨幅在 0.8%~1.0% 之间。其他环比上涨的 57 个城市中，成都、大连和马鞍山环比涨幅分别为 0.83%、0.81%、0.81%；西宁、沈阳等 11 个城市涨幅在 0.5%（含）~0.8% 之间；德州、新乡等 43 个城市涨幅在 0.5% 以内。本月，鄂尔多斯新房价格与上月持平。

2020 年 4 月，住宅价格环比下跌的城市个数为 32 个，较上月减少 5 个。其中，江门、衡水、赣州、桂林和厦门环比跌幅在 0.5%（含）~1.0% 之间；淮安、株洲、南昌、张家港和佛山跌幅在 0.2%~0.5% 之间。其他环比下跌的 22 个城市中，东莞、东营环比跌幅分别为 0.22% 和 0.20%；乌鲁木齐、盐城等 8 个城市跌幅在 0.1%~0.2% 之间；南通、天津等 12 个城市跌幅在 0.1% 以内。

● 百城（新建）住宅价格同比涨跌幅分析

2020 年 4 月，住宅价格同比上涨的城市个数为 79 个，上涨城市数量较上月减少 2 个。其中，绍兴和南通同比分别上涨 16.06%、15.56%；成都、温州、江阴涨幅则在 10%~15% 之间；石家庄、杭州等 18 个城市涨幅在 5%~10% 之间；金华、吉林等 56 个城市涨幅在 5% 以内。

2020 年 4 月，中山、济南等 20 个城市住宅价格同比下跌，下跌城市数量较上月增加 2 个。其中，中山、济南同比分别下跌 4.53% 和 3.09%；珠海、株洲等 6 个城市跌幅在 1.0%~3.0% 之间；湘潭、汕头等 12 个城市跌幅在 1% 以内。

● 十大城市（新建）住宅价格涨跌情况

根据百城价格指数对北京、上海等十大城市（新建）住宅的全样本调查数据显示，2020 年 4 月十大城市住宅均价为 27535 元 / 平方米，环比上涨 0.30%。十大城市中，7 个城市环比上涨，上涨城市个数较上月减少 1 个；3 个城市环比下跌，下跌城市个数较上月增加 1 个。具体来看，成都、上海和重庆（主城区）环比分别上涨 0.83%、0.63% 和 0.51%；广州、杭州环比涨幅在 0.2%（含）~0.4% 之间；南京、深圳涨幅则在 0.1% 以内。环比下跌的城市中，北京、天津和武汉环比分别下跌 0.13%、0.09% 和 0.06%。

同比来看，十大城市住宅价格同比上涨 2.58%，涨幅较上月扩大 0.19 个百分点。十大城市中，除天津和北京同比分别下跌 1.05%、0.15% 外，其余城市同比均上涨。具体来看，成都和杭州住宅价格同比分别上涨 13.73%、9.35%；重庆（主城区）、武汉、南京和上海同比涨幅在 2.0%~4.0% 之间；深圳、广州涨幅则均在 1% 以内。

● 十大城市主城区二手住宅价格涨跌情况

根据对北京等十大城市主城区二手住宅活跃样本的调查，2020 年 4 月，十大城市主城区二手住宅样本平均价格为 38585 元 / 平方米，环比上涨 0.21%，同比上涨 0.22%。

环比来看，2020 年 4 月十大城市主城区二手住宅平均价格上涨 0.21%。十大城市中，5 个城市环比上涨，较上月增加 1 个；5 个城市环比下跌，下跌城市个数较上月减少 1 个。具体来看，深圳和南京环比分别上涨 1.24%、0.54%；成都、上海和杭州涨幅在 0.2%–0.4% 之间。环比下跌城市中，北京、广州、天津、重庆和武汉二手住宅价格跌幅均在 0.3% 以内，其中武汉环比下跌 0.03%。

同比来看，2020 年 4 月十大城市主城区二手住宅平均价格上涨 0.22%。十大城市中，3 个城市同比上涨，7 个城市同比下跌，上涨和下跌城市个数与上月持平。具体来看，深圳、上海和南京分别上涨 6.46%、2.31%、2.00%。同比下跌城市中，天津和重庆同比分别下跌 5.26%、4.28%；北京、广州、杭州、武汉和成都跌幅在 3% 以内，其中成都同比下跌 0.52%。

表 12　　2020 年 4 月百城新建住宅价格指数

城市	环比涨跌	样本平均价格（元 / 平方米）	样本价格中位数（元 / 平方米）	城市	环比涨跌	样本平均价格（元 / 平方米）	样本价格中位数（元 / 平方米）
西安	1.31%	10358	9800	宿迁	0.18%	5559	5000
嘉兴	1.11%	12159	11450	湘潭	0.17%	5430	5094
常州	1.07%	11729	12800	长沙	0.16%	8674	8850
绍兴	0.94%	15192	14500	中山	0.14%	10070	12000
珠海	0.91%	21164	23250	邯郸	0.12%	6549	6300
日照	0.90%	8143	8000	海口	0.12%	14512	13000
江阴	0.89%	9958	9500	宜昌	0.12%	7718	7000
三亚	0.87%	24562	25000	芜湖	0.11%	8261	9260
唐山	0.87%	8253	7450	秦皇岛	0.10%	9379	9000
绵阳	0.85%	6641	6500	南京	0.08%	22659	24300
成都	0.83%	11332	11461	合肥	0.08%	13081	13000
大连	0.81%	13511	12000	营口	0.07%	4547	4300
马鞍山	0.81%	7219	6800	贵阳	0.06%	6841	8120
西宁	0.74%	7066	7050	长春	0.04%	9070	9000
沈阳	0.70%	9559	8600	深圳	0.03%	54577	56150
包头	0.67%	6272	5800	台州	0.02%	13233	12750
温州	0.67%	19355	19135	金华	0.01%	11199	10290
上海	0.63%	48259	42000	鄂尔多斯	0.00%	8213	7345
徐州	0.63%	8604	8380	镇江	−0.01%	9354	9500
石家庄	0.58%	11513	11000	青岛	−0.04%	13296	12000
潍坊	0.57%	6518	6500	湖州	−0.05%	10986	10500

续表

城市	环比涨跌	样本平均价格（元 / 平方米）	样本价格中位数（元 / 平方米）	城市	环比涨跌	样本平均价格（元 / 平方米）	样本价格中位数（元 / 平方米）
无锡	0.52%	12833	13000	聊城	–0.05%	6514	6100
重庆（主城区）	0.51%	10834	10200	北海	–0.05%	8108	7500
鞍山	0.50%	5241	4800	廊坊	–0.06%	12015	12000
德州	0.46%	6758	5950	武汉	–0.06%	12480	12496
新乡	0.46%	5726	6200	昆山	–0.06%	15498	16000
福州	0.44%	17055	17229	泉州	–0.07%	8701	8500
昆明	0.42%	10893	11100	南宁	–0.09%	10838	10500
湛江	0.42%	10531	10500	天津	–0.09%	14845	13700
宁波	0.42%	17552	15000	南通	–0.09%	13681	13900
宝鸡	0.40%	5218	5000	济南	–0.11%	11235	13200
银川	0.40%	6035	5800	北京	–0.13%	42564	45000
太原	0.39%	9806	9600	哈尔滨	–0.15%	9663	8869
苏州	0.38%	17347	20000	呼和浩特	–0.16%	8201	7550
威海	0.38%	8817	7800	郑州	–0.17%	11962	13860
保定	0.37%	8939	8200	洛阳	–0.17%	8242	8675
菏泽	0.36%	5616	5800	盐城	–0.18%	8220	8400
扬州	0.34%	12360	11000	乌鲁木齐	–0.19%	7962	7500
广州	0.34%	21903	23000	东营	–0.20%	5858	5600
常熟	0.32%	14862	14100	东莞	–0.22%	16862	17500
淄博	0.28%	7759	7500	佛山	–0.25%	13086	14500
兰州	0.28%	8829	8000	张家港	–0.30%	10889	11000
惠州	0.28%	10398	11900	南昌	–0.37%	12555	12000
汕头	0.28%	10835	10000	株洲	–0.41%	6064	5900
吉林	0.26%	5820	5900	淮安	–0.41%	6048	6740
连云港	0.25%	7484	6800	厦门	–0.50%	28827	33000
烟台	0.24%	9046	8000	桂林	–0.67%	6656	6000
泰州	0.24%	7870	6800	赣州	–0.75%	8325	7800
柳州	0.24%	9211	8700	衡水	–0.83%	6716	6314
杭州	0.20%	26469	23000	江门	–0.92%	7997	8850

表 13　　2020 年 4 月十大城市新建住宅价格指数变化情况

城市	环比涨跌	同比涨跌	样本平均价格（元 / 平方米）	样本价格中位数（元 / 平方米）
北京	–0.13%	–0.15%	42564	45000
上海	0.63%	2.55%	48259	42000
广州	0.34%	0.21%	21903	23000
深圳	0.03%	0.47%	54577	56150
天津	–0.09%	–1.05%	14845	13700

续表

城市	环比涨跌	同比涨跌	样本平均价格（元 / 平方米）	样本价格中位数（元 / 平方米）
武汉	–0.06%	3.22%	12480	12496
杭州	0.20%	9.35%	26469	23000
南京	0.08%	2.84%	22659	24300
成都	0.83%	13.73%	11332	11461
重庆（主城区）	0.51%	3.31%	10834	10200

表 14　2020 年 4 月十大城市主城区二手住宅价格指数变化情况

城市	环比涨跌	同比涨跌	样本平均价格（元 / 平方米）	样本价格中位数（元 / 平方米）
北京	–0.29%	–2.57%	54596	59150
上海	0.35%	2.31%	54392	60180
广州	–0.16%	–2.55%	31148	33832
深圳	1.24%	6.46%	45232	54988
天津	–0.16%	–5.26%	24283	25814
武汉	–0.03%	–1.06%	19031	18608
杭州	0.21%	–2.34%	28588	35915
南京	0.54%	2.00%	36891	35296
成都	0.38%	–0.52%	15072	15581
重庆（主城区）	–0.12%	–4.28%	9791	12904

注：历史数据请查看：http://www.cih-index.com

数据来源：中指数据 CREIS。

“百城价格指数”

5 月百城住宅均价：环比上涨 0.31%，同比上涨 2.99%

中指研究院报道：根据中国房地产指数系统百城价格指数对 100 个城市新建住宅的全样本调查数据，2020 年 5 月，全国 100 个城市（新建）住宅平均价格为 15280 元 / 平方米，环比上涨 0.31%。从涨跌城市个数看，66 个城市环比上涨，34 个城市环比下跌。与上月相比，本月价格环比上涨的城市数量减少 1 个，其中涨幅在 1.0%（含）以上的城市有 2 个，较上月减少 1 个；本月价格环比下跌的城市数量增加 2 个，其中跌幅在 0.5%（含）以上的城市有 3 个，较上月减少 2 个。同比来看，全国 100 个城市（新建）住宅均价较上年同期上涨 2.99%，涨幅较上月扩大 0.06 个百分点。按中位数计算，全国 100 个城市（新建）住宅价格中位数为 9597 元 / 平方米，环比下跌 0.15%，同比上涨 3.73%。另外，北京、上海等十大城市（新建）住宅均价为 27672 元 / 平方米，环比上涨 0.50%；同比上涨 3.01%，涨幅较上月扩大 0.43 个百分点。

政策方面，5 月 22 日，李克强总理在两会政府工作报告中重申坚持“房子是用来住的、不是用来炒的”定位，因城施策，促进房地产市场平稳健康发展；同时指出深入推进新型城镇化，发挥中心城市和城市群综合带动作用，培育产业、增加就业。地方层面，各地方政府在“房住不炒”基本原则下，根据各城市房地产市场实际情况，灵活调整楼市相关政策，山东、郑州等地降低人才引进门槛、加大人才购房补贴力度；东莞、广州等地优化公积金提取政策，保障居民基本住房需求。

从市场表现来看，供应方面，房企加速推盘，重点城市整体推盘量明显增加。需求方面，多数城市市场交易逐步恢复，杭州、上海等市场整体去化较好，其中上海改善性购房需求释放较为积极。价格方面，百城住宅均价环比小幅上涨，但同比增速仍明显低于上年同期水平。

展望未来，中央将继续坚持“房子是用来住的，不是用来炒的”定位，强化住房的居住功能。地方政府在总基调指导下，因城施策将更加灵活，未来房地产市场将继续恢复，但部分三四线城市受人口、产业等多重因素影响，市场需求恢复或相对缓慢。

● 百城（新建）住宅价格环比涨跌幅分析

2020 年 5 月，住宅价格环比上涨的城市个数为 66 个，较上月减少 1 个。具体来看，杭州和上海环比分别上涨 1.04%、1.00%；日照、无锡、江门、呼和浩特、绍兴、绵阳、温州以及扬州涨幅在 0.7%（含）~0.9% 之间。其他环比上涨的 56 个城市中，常州、西安等 8 个城市涨幅在 0.5%（含）~0.7% 之间；唐山、南京等 48 个城市涨幅在 0.5% 以内。

2020 年 5 月，住宅价格环比下跌的城市个数为 34 个，较上月增加 2 个。其中，长春、宿迁以及吉林环比跌幅分别为 0.93%、0.63% 和 0.53%；德州、哈尔滨、宝鸡、汕头、柳州、衡水、马鞍山、宜昌和芜湖跌幅在 0.2%~0.5% 之间。其他环比下跌的 22 个城市中，大连、中山等 8 个城市跌幅在 0.1%（含）~0.2%（含）之间；菏泽、新乡等 14 个城市跌幅在 0.1% 以内。

● 百城（新建）住宅价格同比涨跌幅分析

2020 年 5 月，住宅价格同比上涨的城市个数为 81 个，上涨城市数量较上月增加 2 个。其中，绍兴同比上涨 15.81%；南通、江阴、成都、温州和杭州涨幅则在 10%~15% 之间；常州、石家庄等 13 个城市涨幅在 5%~10% 之间；东莞、菏泽等 62 个城市涨幅在 5% 以内。

2020 年 5 月，中山、济南等 19 个城市住宅价格同比下跌，下跌城市数量较上月减少 1 个。其中，中山、济南同比分别下跌 4.50% 和 2.35%；乌鲁木齐、株洲等 9 个城市跌幅在 1.0%~2.0% 之间；兰州、广州等 8 个城市跌幅在 1% 以内。

● 十大城市（新建）住宅价格涨跌情况

根据百城价格指数对北京、上海等十大城市（新建）住宅的全样本调查数据显示，2020 年 5 月十大城市住宅均价为 27672 元 / 平方米，环比上涨 0.50%。十大城市中，7 个城市环比上涨，3 个城市环比下跌，上涨和下跌城市个数均与上月持平。具体来看，杭州、上海环比分别上涨 1.04% 和 1.00%；南京和重庆（主城区）环比涨幅在 0.4%~0.5% 之间；成都、武汉和广州涨幅则在 0.2%（含）以内。环比下跌的城市中，天津、深圳和北京环比分别下跌 0.08%、0.03% 和 0.01%。

同比来看，十大城市住宅价格同比上涨 3.01%，涨幅较上月扩大 0.43 个百分点。十大城市中，除天津、广州和北京同比分别下跌 1.01%、0.48% 和 0.29% 外，其余城市同比均上涨。具体来看，成都和杭州住宅价格同比分别上涨 12.93%、10.12%；上海、南京、重庆（主城区）和武汉同比涨幅在 2.0%~4.0% 之间；深圳同比上涨 0.79%，为唯一同比涨幅在 1% 以内的城市。

● 十大城市主城区二手住宅价格涨跌情况

根据对北京等十大城市主城区二手住宅活跃样本的调查，2020 年 5 月，十大城市主城区二手住宅样本平均价格为 38743 元 / 平方米，环比上涨 0.41%，同比上涨 0.46%。

环比来看，2020 年 5 月十大城市主城区二手住宅平均价格上涨 0.41%。十大城市中，9 个城市环比上涨，较上月增加 4 个；1 个城市环比下跌，下跌城市个数较上月减少 4 个。具体来看，深圳和南京环比分别上涨 1.25%、0.50%；上海、杭州、成都、北京和天津涨幅在 0.1%–0.5% 之间；重庆和广州二手住宅平均价格涨幅相对较小，均在 0.1% 以内。本月仅武汉二手住宅平均价格环比下跌，跌幅为 0.23%。

同比来看，2020 年 5 月十大城市主城区二手住宅平均价格上涨 0.46%。十大城市中，3 个城市同比上涨，上涨城市个数与上月持平；6 个城市同比下跌，下跌城市个数较上月减少 1 个。具体来看，深圳、上海和南京分别上涨 7.96%、2.72%、2.09%。成都二手住宅平均价格同比持平。同比下跌城市中，天津和重庆同比分别下跌 5.08%、4.11%；北京、杭州、广州和武汉跌幅在 3% 以内，其中武汉同比下跌 1.29%。

表 15　　2020 年 5 月百城新建住宅价格指数

城市	环比涨跌	样本平均价格（元 / 平方米）	样本价格中位数（元 / 平方米）	城市	环比涨跌	样本平均价格（元 / 平方米）	样本价格中位数（元 / 平方米）
杭州	1.04%	26743	23000	湛江	0.11%	10543	10400
上海	1.00%	48740	42000	惠州	0.11%	10409	11800
日照	0.86%	8213	8000	青岛	0.11%	13310	12275
无锡	0.85%	12942	13000	佛山	0.10%	13099	14500
江门	0.84%	8064	8750	西宁	0.10%	7073	5850
呼和浩特	0.82%	8268	7600	台州	0.08%	13244	12750
绍兴	0.74%	15305	14500	湖州	0.08%	10995	10000
绵阳	0.74%	6690	6500	潍坊	0.08%	6523	6500
温州	0.73%	19496	19270	镇江	0.07%	9361	9500
扬州	0.70%	12446	11250	合肥	0.07%	13090	13000
常州	0.69%	11810	12800	鄂尔多斯	0.06%	8218	7336
西安	0.69%	10429	9800	徐州	0.06%	8609	8380
江阴	0.62%	10020	9500	盐城	0.05%	8224	8400
廊坊	0.59%	12086	12500	兰州	0.05%	8833	8000
郑州	0.57%	12030	13800	南宁	0.02%	10840	10500
贵阳	0.56%	6879	6970	金华	0.02%	11201	10290
苏州	0.53%	17439	20000	北京	–0.01%	42559	45000
银川	0.50%	6065	5900	乌鲁木齐	–0.01%	7961	7500
唐山	0.45%	8290	7500	宁波	–0.02%	17548	15000
南京	0.45%	22760	24300	珠海	–0.03%	21158	23750
重庆（主城区）	0.43%	10881	10625	深圳	–0.03%	54558	56000
东莞	0.41%	16931	17500	鞍山	–0.04%	5239	4800
邯郸	0.40%	6575	5950	福州	–0.04%	17048	17229
淮安	0.38%	6071	6600	洛阳	–0.05%	8238	8000
株洲	0.38%	6087	6000	营口	–0.07%	4544	4300

续表

城市	环比涨跌	样本平均价格（元 / 平方米）	样本价格中位数（元 / 平方米）	城市	环比涨跌	样本平均价格（元 / 平方米）	样本价格中位数（元 / 平方米）
海口	0.37%	14566	13000	北海	–0.07%	8102	7444
包头	0.35%	6294	6000	桂林	–0.08%	6651	6000
济南	0.31%	11270	13500	天津	–0.08%	14833	14000
威海	0.31%	8844	7900	新乡	–0.09%	5721	5850
石家庄	0.29%	11546	11500	菏泽	–0.09%	5611	5800
嘉兴	0.25%	12190	11500	南昌	–0.10%	12543	12000
泰州	0.25%	7890	6800	常熟	–0.13%	14842	14100
连云港	0.25%	7503	6900	湘潭	–0.15%	5422	5000
长沙	0.23%	8694	9000	三亚	–0.16%	24522	25000
保定	0.22%	8959	8200	淄博	–0.17%	7746	7500
东营	0.20%	5870	5600	赣州	–0.17%	8311	7800
成都	0.20%	11355	11000	中山	–0.20%	10050	12000
秦皇岛	0.20%	9398	9000	大连	–0.20%	13484	12800
武汉	0.20%	12505	12498	芜湖	–0.21%	8244	9120
南通	0.19%	13707	14500	宜昌	–0.22%	7701	7000
张家港	0.18%	10909	11244	马鞍山	–0.24%	7202	6800
广州	0.18%	21943	23000	衡水	–0.25%	6699	6000
烟台	0.18%	9062	8050	柳州	–0.27%	9186	8700
昆明	0.17%	10911	11000	汕头	–0.32%	10800	11000
昆山	0.16%	15523	16000	宝鸡	–0.33%	5201	5500
厦门	0.16%	28873	33000	哈尔滨	–0.42%	9622	8800
聊城	0.15%	6524	6200	德州	–0.43%	6729	6500
太原	0.15%	9821	9500	吉林	–0.53%	5789	5900
沈阳	0.14%	9572	8600	宿迁	–0.63%	5524	5000
泉州	0.13%	8712	8500	长春	–0.93%	8986	8800

表 16　　2020 年 5 月十大城市新建住宅价格指数变化情况

城市	环比涨跌	同比涨跌	样本平均价格（元 / 平方米）	样本价格中位数（元 / 平方米）
北京	–0.01%	–0.29%	42559	45000
上海	1.00%	3.79%	48740	42000
广州	0.18%	–0.48%	21943	23000
深圳	–0.03%	0.79%	54558	56000
天津	–0.08%	–1.01%	14833	14000
武汉	0.20%	2.17%	12505	12498
杭州	1.04%	10.12%	26743	23000
南京	0.45%	3.61%	22760	24300
成都	0.20%	12.93%	11355	11000
重庆（主城区）	0.43%	3.25%	10881	10625

表 17　　2020 年 5 月十大城市主城区二手住宅价格指数变化情况

城市	环比涨跌	同比涨跌	样本平均价格（元 / 平方米）	样本价格中位数（元 / 平方米）
北京	0.22%	–2.87%	54718	58687
上海	0.44%	2.72%	54631	59983
广州	0.05%	–2.44%	31165	33779
深圳	1.25%	7.96%	45795	56857
天津	0.14%	–5.08%	24317	26354
武汉	–0.23%	–1.29%	18986	18463
杭州	0.42%	–2.71%	28709	35613
南京	0.50%	2.09%	37076	35490
成都	0.34%	0.00%	15123	15835
重庆（主城区）	0.06%	–4.11%	9797	12825

注：历史数据请查看：http://www.cih–index.com

数据来源：中指数据 CREIS。

“百城价格指数”

6 月百城均价：新建住宅环比上涨 0.53%，同比上涨 3.16%；二手住宅环比上涨 0.30%，同比上涨 2.34%

中指研究院报道：根据中国房地产指数系统百城价格指数对全国 100 个城市新建及二手住宅的调查数据，2020 年 6 月，全国 100 个城市新建住宅平均价格为 15461 元 / 平方米，环比上涨 0.53%，涨幅较上月扩大 0.22 个百分点。从涨跌城市个数看，77 个城市环比上涨，23 个城市环比下跌。同比来看，全国 100 个城市新建住宅平均价格较上年同期上涨 3.16%，涨幅较上月扩大 0.17 个百分点。全国 100 个城市二手住宅平均价格为 15301 元 / 平方米，环比上涨 0.30%，涨幅较上月收窄 0.18 个百分点。从涨跌城市个数看，69 个城市环比上涨，30 个城市环比下跌，1 个城市与上月持平。同比来看，全国 100 个城市二手住宅平均价格较上年同期上涨 2.34%。

政策方面，6 月 17 日，国务院常务会议召开，会议要求综合运用降准、再贷款等工具，保持市场流动性合理充裕。地方层面，为满足居民自住需求并保障区域房地产市场平稳运行，南宁、西安、厦门、江门、张家口、惠州等地均从人才落户、人才购房补贴等方面适度调整楼市相关政策。河北、成都、深圳等省市继续加强房地产市场监管；三亚市住房和城乡建设局将在全市保障性住房领域开展专项整治。此外，住房保障体系建设继续稳步推进，广州将继续推进老旧小区改造等工程并加快房源筹集；建设银行分别与沈阳、南京等 5 城市签订《发展政策性租赁住房战略合作协议》，解决约 80 万新市民安居问题。

从市场表现来看，新建住宅方面，年中业绩冲刺在即，房企加速推盘，重点城市整体推盘量较上月有所增加；多数城市市场交易逐步恢复，叠加部分城市出台人才购房补贴政策，使得住房需求进一步释放。二手住宅方面，3 月以来二手住宅成交量持续回升，部分城市成交量已恢复至上年同期水平，6 月百城二手住宅平均价格同环比均上涨。值得注意的是，市场走势与疫情变化密切相关，北京 6 月中旬以来疫情防控升级，导致部分项目带看受限，短期或对二手住宅市场产生一定抑制作用。

展望未来，稳房价、稳地价、稳预期的楼市调控目标依旧不变。各地方政府将在秉持“房子是用来住的，不是用来炒的”原则下，继续灵活因城施策，以保障房地产市场平稳健康发展。预计未来，市场恢复态势将延续，而疫情仍是导致市场不确定性的主要因素。

一、6 月百城新建住宅价格指数

2020 年 6 月，全国 100 个城市[①]新建住宅平均价格为 15461 元 / 平方米，环比上涨 0.53%，同比上涨 3.16%。其中，一线城市环比上涨 0.75%，同比上涨 2.57%；二线城市环比上涨 0.51%，同比上涨 3.79%；三线代表城市环比上涨 0.28%，同比上涨 2.84%。长三角区域楼市复苏态势较为明显，宁波、嘉兴、上海、杭州等城市新建住宅价格环比涨幅居百城前列。

● 百城新建住宅价格环比涨跌幅分析

2020 年 6 月，新建住宅价格环比上涨的城市个数为 77 个，较上月增加 11 个。具体来看，宁波、嘉兴、上海和杭州环比分别上涨 1.33%、1.30%、1.26% 和 1.02%；徐州、绍兴等 33 个城市环比涨幅在 0.5%~1.0% 之间；银川、金华等 40 个城市涨幅均在 0.5% 以内。

2020 年 6 月，新建住宅价格环比下跌的城市个数为 23 个，较上月减少 11 个。其中，宿迁环比下跌 1.03%；肇庆、济宁、保定、菏泽以及新乡环比跌幅在 0.5%~1.0% 之间；聊城、洛阳等 11 个城市跌幅在 0.1%（含）~0.5% 之间；淄博、廊坊等 6 个城市跌幅均在 0.1% 以内。

● 百城新建住宅价格同比[②]涨跌幅分析

2020 年 6 月，新建住宅价格同比上涨的城市个数为 78 个。其中，绍兴、江阴、南通、温州和成都涨幅在 10%~15% 之间；无锡、常州等 14 个城市涨幅在 5%（含）~10% 之间；惠州、苏州等 59 个城市涨幅均在 5% 以内。

2020 年 6 月，中山、乌鲁木齐等 16 个城市住宅价格同比下跌。其中，中山同比下跌 4.14%；乌鲁木齐、济南等 11 个城市跌幅在 1.0%~2.0% 之间；厦门、海口等 4 个城市跌幅均在 1% 以内。

● 十大城市新建住宅价格涨跌情况

根据百城新建住宅价格指数对北京、上海等十大城市样本调查数据显示，2020 年 6 月十大城市新建住宅平均价格为 27868 元 / 平方米，环比上涨 0.71%，涨幅较上月扩大 0.21 个百分点。十大城市中，9 个城市环比上涨，上涨城市数量较上月增加 2 个；1 个城市环比下跌，下跌城市数量较上月减少 2 个。具体来看，上海、杭州环比分别上涨 1.26% 和 1.02%；南京、武汉、成都和重庆（主城区）环比涨幅在 0.5%~1.0% 之间；广州、北京以及深圳环比分别上涨 0.31%、0.19%、0.03%。天津为唯一环比下跌城市，跌幅为 0.07%。

同比来看，十大城市新建住宅平均价格同比上涨 3.35%，涨幅较上月扩大 0.34 个百分点。十大城市中，除天津、北京同比分别下跌 1.50%、0.47% 外，其余城市同比均上涨。具体来看，成都、杭州和上海新建住宅价格同比分别上涨 11.70%、8.30%、5.28%；南京、重庆（主城区）和武汉同比涨幅在 2.0%~5.0%

① 2020年6月起，百城新建住宅价格指数基于市场活跃度对城市样本进行更新：6个城市（日照、吉林、鞍山、宝鸡、营口、鄂尔多斯）因市场活跃度下降而退出列表，选择市场更为活跃更具代表性的城市（临沂、济宁、肇庆、漳州、张家口、阜阳）进行替换。6月百城新建住宅价格指数同环比均为可比口径。新建及二手住宅价格指数样本城市一致。

② 新增6个城市暂无同比涨跌幅。

之间；深圳和广州同比涨幅相对较小，分别为 0.63% 和 0.08%。

二、6 月百城二手住宅价格指数[①]

2020 年 6 月，全国 100 个城市二手住宅平均价格为 15301 元 / 平方米，环比上涨 0.30%，同比上涨 2.34%。其中，一线城市二手住宅价格环比上涨 0.76%，同比上涨 4.41%；二线城市环比上涨 0.31%，同比上涨 1.92%；三线代表城市环比上涨 0.14%，同比上涨 2.05%。

● 百城二手住宅价格环比涨跌幅分析

2020 年 6 月，二手住宅价格环比上涨的城市个数为 69 个，较上月减少 4 个。具体来看，深圳、无锡、东莞、潍坊环比涨幅均超过 1.0%，分别为 1.48%、1.20%、1.13%、1.04%；沈阳、佛山、广州等 20 个城市涨幅在 0.5%~1.0% 之间；苏州、湖州、盐城等 38 个城市涨幅介于 0.1%~0.5% 之间；其他环比上涨的 7 个城市涨幅均在 0.1% 以内。本月，东营二手住宅价格与上月持平。

2020 年 6 月，二手住宅价格环比下跌的城市个数为 30 个，较上月增加 4 个。其中，威海环比跌幅为 1.24%；烟台、徐州、呼和浩特等 7 个城市环比跌幅在 0.5%（含）~1.0% 之间；泰州、肇庆、惠州等 15 个城市跌幅在 0.1%~0.5% 之间；北海、包头、洛阳等 7 个城市跌幅均在 0.1% 以内。

● 百城二手住宅价格同比涨跌幅分析

2020 年 6 月，二手住宅价格同比上涨的城市个数为 64 个。具体来看，深圳、临沂、宁波等 8 个城市同比涨幅均在 10.0% 以上，其中深圳同比上涨 14.55%，涨幅最大；江阴、沈阳、常州等 11 个城市涨幅在 5.0%~10.0% 之间；淮安、南宁、西宁等 35 个城市涨幅在 1.0%~5.0% 之间；东营、珠海、德州等 10 个城市涨幅在 1.0% 以内。本月，湖州二手住宅价格与去年同期持平。

2020 年 6 月，张家口、肇庆等 35 个城市二手住宅价格同比下跌。其中，张家口同比下跌 7.00%，跌幅最大；肇庆、北海、保定等 20 个城市跌幅在 1.0%（含）~6.0% 之间；三亚、江门、呼和浩特等 14 个城市跌幅均在 1.0% 以内。

● 十大城市二手住宅价格涨跌情况

根据百城二手住宅价格指数对北京、上海等十大城市样本调查数据显示，2020 年 6 月十大城市二手住宅平均价格为 36868 元 / 平方米，环比上涨 0.66%，涨幅较上月收窄 0.31 个百分点。十大城市中，全部城市环比上涨，上涨城市个数较上月增加 1 个。具体来看，深圳环比上涨 1.48%；广州、成都、重庆（主城区）等 5 个城市涨幅在 0.5%~1.0% 之间，其中广州环比上涨 0.82%；上海、南京、武汉、北京环比涨幅均在 0.5% 以内，分别为 0.47%、0.39%、0.24% 和 0.21%。

同比来看，十大城市二手住宅平均价格同比上涨 3.47%。十大城市中，6 个城市同比上涨，4 个城市同比下跌。具体来看，深圳同比上涨 14.55%，涨幅最大；南京、成都、上海、杭州同比涨幅在 2.0%~5.0% 之间，其中南京同比上涨 4.31%；武汉同比上涨 0.70%，涨幅最小；北京同比下跌 1.69%，跌幅最大；重

① 2010年起，中国房地产指数系统启动“百城价格指数”研究，每月发布100个城市新建住宅价格指数，成为中国覆盖范围最广、城市最多的房屋价格指数系统。随着中国城市化进程的不断推进，房地产市场快速发展，越来越多的城市开始进入存量房时代，故中国房地产指数系统基于二手住宅市场发展现状，于2020年7月起，发布“百城二手住宅价格指数”，进一步丰富“百城价格指数”体系。

庆（主城区）、天津、广州跌幅分别为0.88%、0.73%、0.42%。

表18　　2020年6月百城新建住宅价格指数

城市	环比涨跌	样本平均价格（元/平方米）	样本价格中位数（元/平方米）	城市	环比涨跌	样本平均价格（元/平方米）	样本价格中位数（元/平方米）
宁波	1.33%	17781	16000	漳州	0.31%	11082	11850
嘉兴	1.30%	12348	11600	德州	0.31%	6750	6700
上海	1.26%	49354	42000	西宁	0.31%	7095	7050
杭州	1.02%	27016	23240	广州	0.31%	22010	23500
徐州	0.95%	8691	8440	贵阳	0.29%	6899	7013
绍兴	0.93%	15447	14500	哈尔滨	0.28%	9649	8820
南京	0.87%	22959	25038	长沙	0.25%	8716	8875
温州	0.86%	19664	19315	赣州	0.24%	8331	7750
江门	0.86%	8133	9000	北海	0.23%	8121	7500
江阴	0.84%	10104	9500	衡水	0.22%	6714	6000
呼和浩特	0.83%	8337	7500	南昌	0.22%	12571	12000
唐山	0.83%	8359	7600	大连	0.22%	13513	13000
无锡	0.83%	13049	13000	泉州	0.21%	8730	8300
珠海	0.80%	21327	24500	北京	0.19%	42640	45000
武汉	0.78%	12603	12500	台州	0.19%	13269	12000
郑州	0.76%	12122	13950	苏州	0.14%	17464	20000
昆明	0.76%	10994	10500	石家庄	0.14%	11562	11500
秦皇岛	0.76%	9469	9000	芜湖	0.13%	8255	9120
马鞍山	0.75%	7256	6800	福州	0.12%	17069	17500
柳州	0.74%	9254	8700	佛山	0.09%	13111	14500
镇江	0.74%	9430	9500	青岛	0.08%	13321	12500
南宁	0.71%	10917	10500	三亚	0.08%	24542	25000
乌鲁木齐	0.69%	8016	7660	邯郸	0.08%	6580	6100
惠州	0.68%	10480	12000	兰州	0.06%	8838	8096
常州	0.63%	11884	12650	株洲	0.05%	6090	6000
临沂	0.62%	9286	8500	深圳	0.03%	54577	56000
长春	0.61%	9041	8800	东营	0.02%	5871	5300
合肥	0.60%	13168	12750	湘潭	−0.02%	5421	5018
东莞	0.58%	17030	18000	连云港	−0.03%	7501	6740
烟台	0.57%	9114	8050	湖州	−0.04%	10991	10000
湛江	0.55%	10601	10400	天津	−0.07%	14823	14000
张家港	0.54%	10968	11500	廊坊	−0.08%	12076	12400
成都	0.54%	11416	11000	淄博	−0.09%	7739	7500
盐城	0.54%	8268	8400	威海	−0.10%	8835	7600
西安	0.53%	10484	10000	厦门	−0.12%	28837	33500
沈阳	0.52%	9622	9000	昆山	−0.13%	15503	15000

续表

城市	环比涨跌	样本平均价格（元 / 平方米）	样本价格中位数（元 / 平方米）	城市	环比涨跌	样本平均价格（元 / 平方米）	样本价格中位数（元 / 平方米）
重庆（主城区）	0.51%	10937	10795	中山	-0.14%	10036	12000
银川	0.49%	6095	6000	海口	-0.14%	14545	14000
金华	0.49%	11256	10290	包头	-0.22%	6280	6030
宜昌	0.48%	7738	7050	桂林	-0.38%	6626	6000
潍坊	0.48%	6554	6590	阜阳	-0.39%	7590	7732
扬州	0.47%	12505	11500	张家口	-0.42%	8928	8500
汕头	0.47%	10851	11000	洛阳	-0.44%	8202	8000
绵阳	0.45%	6720	6650	聊城	-0.44%	6495	6100
泰州	0.43%	7924	6890	新乡	-0.51%	5692	5350
太原	0.43%	9863	9800	菏泽	-0.53%	5581	5800
济南	0.38%	11313	13500	保定	-0.65%	8901	8500
淮安	0.38%	6094	6833	济宁	-0.93%	7488	7800
常熟	0.34%	14893	14300	肇庆	-0.99%	7448	7300
南通	0.34%	13754	15200	宿迁	-1.03%	5467	5350

表 19　　2020 年 6 月十大城市新建住宅价格指数变化情况

城市	环比涨跌	同比涨跌	样本平均价格（元 / 平方米）	样本价格中位数（元 / 平方米）
北京	0.19%	-0.47%	42640	45000
上海	1.26%	5.28%	49354	42000
广州	0.31%	0.08%	22010	23500
深圳	0.03%	0.63%	54577	56000
天津	-0.07%	-1.50%	14823	14000
武汉	0.78%	2.68%	12603	12500
杭州	1.02%	8.30%	27016	23240
南京	0.87%	4.31%	22959	25038
成都	0.54%	11.70%	11416	11000
重庆（主城区）	0.51%	2.92%	10937	10795

表 20　　2020 年 6 月百城二手住宅价格指数

城市	环比涨跌	样本平均价格（元 / 平方米）	样本价格中位数（元 / 平方米）	城市	环比涨跌	样本平均价格（元 / 平方米）	样本价格中位数（元 / 平方米）
深圳	1.48%	69618	63681	三亚	0.26%	28403	26166
无锡	1.20%	17389	16309	武汉	0.24%	18620	17805
东莞	1.13%	18115	16779	温州	0.22%	23559	22738
潍坊	1.04%	7635	7408	北京	0.21%	67282	61353
沈阳	0.92%	12843	11928	台州	0.21%	14911	14276
佛山	0.89%	13928	13137	芜湖	0.20%	11937	12312
广州	0.82%	34858	32076	福州	0.19%	28324	25580

续表

城市	环比涨跌	样本平均价格（元/平方米）	样本价格中位数（元/平方米）	城市	环比涨跌	样本平均价格（元/平方米）	样本价格中位数（元/平方米）
桂林	0.74%	8123	7332	阜阳	0.19%	8484	8423
连云港	0.74%	10690	10184	湘潭	0.18%	5369	5457
成都	0.72%	17446	16409	常州	0.17%	15810	14610
临沂	0.72%	11235	10439	珠海	0.17%	22718	22341
德州	0.71%	8827	8594	新乡	0.15%	7826	7804
淮安	0.70%	10038	8994	济宁	0.09%	9464	9229
重庆（主城区）	0.66%	13343	12880	衡水	0.09%	8090	7972
长沙	0.63%	11412	11007	聊城	0.08%	10240	10053
江门	0.62%	8780	9017	漳州	0.06%	13469	12951
秦皇岛	0.61%	10356	10564	常熟	0.05%	15357	14902
镇江	0.58%	9201	8857	唐山	0.05%	11646	11430
厦门	0.58%	49900	49586	银川	0.01%	6833	6548
杭州	0.58%	34063	32440	东营	0.00%	8779	8333
南宁	0.57%	12740	11729	汕头	−0.01%	11316	11097
西安	0.57%	14842	13837	廊坊	−0.02%	12375	12028
郑州	0.55%	16266	14380	中山	−0.03%	10615	9973
天津	0.53%	25937	22460	柳州	−0.04%	9315	8893
苏州	0.49%	27799	24613	洛阳	−0.07%	9673	9213
湖州	0.48%	9656	9323	包头	−0.07%	7727	7728
盐城	0.48%	11747	11106	北海	−0.08%	6890	6559
青岛	0.48%	23696	21145	保定	−0.11%	10822	10225
西宁	0.48%	9808	9050	张家港	−0.13%	12762	12444
绍兴	0.48%	16960	16789	贵阳	−0.16%	9126	8546
上海	0.47%	53497	50992	哈尔滨	−0.16%	10710	9713
南昌	0.46%	13442	12543	宁波	−0.18%	24574	24648
南通	0.46%	16113	14551	嘉兴	−0.22%	11413	10693
绵阳	0.43%	8870	8869	宿迁	−0.25%	10132	9763
石家庄	0.42%	15367	15324	长春	−0.28%	10017	9525
济南	0.41%	18308	17066	昆山	−0.30%	16120	15127
乌鲁木齐	0.41%	9051	8225	海口	−0.35%	13828	13405
南京	0.39%	34014	31479	合肥	−0.36%	16517	15532
昆明	0.38%	14375	13313	扬州	−0.42%	15066	14040
邯郸	0.38%	9362	9687	惠州	−0.42%	10297	9471
金华	0.37%	17106	17049	肇庆	−0.47%	7407	7193
菏泽	0.36%	6587	6455	泰州	−0.49%	10913	10833

续表

城市	环比涨跌	样本平均价格（元/平方米）	样本价格中位数（元/平方米）	城市	环比涨跌	样本平均价格（元/平方米）	样本价格中位数（元/平方米）
株洲	0.36%	5989	6013	张家口	-0.50%	8831	8935
马鞍山	0.33%	8391	8333	太原	-0.61%	11655	11370
大连	0.32%	15534	14528	泉州	-0.70%	14347	13612
赣州	0.32%	11166	11494	兰州	-0.74%	12362	12139
淄博	0.30%	9830	9518	呼和浩特	-0.85%	10629	10396
江阴	0.30%	11584	10896	徐州	-0.86%	12339	11955
宜昌	0.30%	9151	8799	烟台	-0.92%	11762	10889
湛江	0.28%	9399	9445	威海	-1.24%	9101	8824

表 21　2020 年 6 月十大城市二手住宅价格指数变化情况

城市	环比涨跌	同比涨跌	样本平均价格（元/平方米）	样本价格中位数（元/平方米）
北京	0.21%	-1.69%	67282	61353
上海	0.47%	3.85%	53497	50992
广州	0.82%	-0.42%	34858	32076
深圳	1.48%	14.55%	69618	63681
天津	0.53%	-0.73%	25937	22460
武汉	0.24%	0.70%	18620	17805
杭州	0.58%	2.83%	34063	32440
南京	0.39%	4.31%	34014	31479
成都	0.72%	4.13%	17446	16409
重庆（主城区）	0.66%	-0.88%	13343	12880

注：历史数据请查看：http://www.cih-index.com

数据来源：中指数据 CREIS。

“百城价格指数”

7 月百城均价：新建住宅环比上涨 0.43%，同比上涨 3.21%；二手住宅环比上涨 0.02%，同比上涨 2.05%

中指研究院报道：根据中国房地产指数系统百城价格指数对全国 100 个城市新建及二手住宅的调查数据，2020 年 7 月，全国 100 个城市新建住宅平均价格为 15528 元/平方米，环比上涨 0.43%，涨幅较上月收窄 0.10 个百分点。从涨跌城市个数看，80 个城市环比上涨，19 个城市环比下跌，1 个城市与上月持平。同比来看，全国 100 个城市新建住宅平均价格较上年同期上涨 3.21%，涨幅较上月扩大 0.05 个百分点。全国 100 个城市二手住宅平均价格为 15304 元/平方米，环比上涨 0.02%，涨幅较上月收窄 0.28 个百分点。从涨跌城市个数看，49 个城市环比上涨，50 个城市环比下跌，1 个城市与上月持平。同比来看，全国 100 个城市二手住宅平均价格较上年同期上涨 2.05%，涨幅较上月收窄 0.29 个百分点。

政策方面，7 月 24 日，韩正主持召开房地产工作座谈会，重申坚持“房子是用来住的，不是用来炒的”，不将房地产作为短期刺激经济的手段，强调坚持“三稳”目标，因城施策，全面落实城市政府主体责任。同时，强调实施好房地产金融审慎管理制度，防止资金违规流入房地产市场；要求发挥财税政策作用，有效调节住房需求。此外，会议指出要进一步加强市场监测、监管，做好住房保障工作，因地制宜推进城镇老旧小区和棚户区改造。地方层面，杭州、东莞、深圳、南京、宁波等热点城市收紧房地产调控政策，从人才购房限售、加码限购限贷等方面，保障住房刚需，抑制投资投机需求。其中深圳从调整商品住房限购年限、完善差别化信贷措施、发挥税收调控作用、细化普通住房标准、加强市场监管等方面出台稳定房地产市场的“八条”新政。此外，海南、郑州等地开展房地产市场整治工作，促进市场健康发展。

从市场表现来看，新建住宅方面，重点城市整体推盘量依旧维持高位，多数城市去化表现一般，城市内项目分化明显，刚需盘去化较好。深圳、东莞调控政策加码，广州市场活跃度提高。二手住宅方面，7月百城二手住宅平均价格同环比均上涨，但涨幅均有所收窄。值得注意的是，乌鲁木齐、大连等地 7 月份疫情反复，短期内将对其二手房市场成交造成一定压力。

展望未来，中央将保持房地产调控政策的连续性、稳定性，坚持稳地价、稳房价、稳预期。各地方政府也将从各地实际出发，采取差异化调控措施，确保房地产市场平稳健康发展。预计未来，市场整体上涨空间有限，短期面临调整压力，而部分房价、地价上涨预期较强的城市或将针对性出台调控政策以稳定预期，保障房地产市场平稳运行。

一、7月百城新建住宅价格指数

2020 年 7 月，全国 100 个城市新建住宅平均价格为 15528 元 / 平方米，环比上涨 0.43%，同比上涨 3.21%。其中，一线城市环比上涨 0.28%，同比上涨 2.63%；二线城市环比上涨 0.61%，同比上涨 3.95%；三线代表城市环比上涨 0.35%，同比上涨 2.72%。珠三角区域市场表现良好，广州、东莞新建住宅价格环比涨幅居百城前列。

- 百城新建住宅价格环比涨跌幅分析

2020 年 7 月，新建住宅价格环比上涨的城市个数为 80 个，较上月增加 3 个。具体来看，宁波、金华、广州、东莞、邯郸和昆明环比涨幅在 1.2%~1.9% 之间；南京、杭州等 34 个城市环比涨幅在 0.5%（含）~1.0% 之间；聊城、无锡等 40 个城市涨幅在 0.5% 以内。本月菏泽新房价格与上月持平。

2020 年 7 月，新建住宅价格环比下跌的城市个数为 19 个，较上月减少 4 个。其中，肇庆环比下跌 1.17%；湖州、济南等 9 个城市跌幅在 0.1%（含）~0.5% 之间；临沂、镇江等 9 个城市跌幅均在 0.1% 以内。

- 百城新建住宅价格同比[①]涨跌幅分析

2020 年 7 月，新建住宅价格同比上涨的城市个数为 79 个。其中，江阴、南通、绍兴、成都和温州涨幅在 10%~15% 之间；无锡、宁波等 17 个城市涨幅在 5%~10% 之间；苏州、南京等 57 个城市涨幅均在 5% 以内。

2020 年 7 月，中山、株洲等 15 个城市住宅价格同比下跌。其中，中山同比下跌 4.05%；株洲、乌鲁木齐等 5 个城市跌幅在 1.0%~2.0% 之间；兰州、济南等 9 个城市跌幅均在 1% 以内。

① 新增6个城市暂无同比涨跌幅。

● 十大城市新建住宅价格涨跌情况

根据百城新建住宅价格指数对北京、上海等十大城市样本调查数据显示，2020年7月十大城市新建住宅平均价格为27982元/平方米，环比上涨0.41%，涨幅较上月收窄0.30个百分点。十大城市中，8个城市环比上涨，上涨城市数量较上月减少1个；2个城市环比下跌，下跌城市数量较上月增加1个。具体来看，广州环比上涨1.77%；南京、杭州、重庆（主城区）、武汉和成都环比涨幅在0.5%~1.0%之间；北京和上海环比分别上涨0.38%、0.03%。本月天津和深圳住宅价格环比下跌，跌幅分别为0.06%、0.02%。

同比来看，十大城市新建住宅平均价格同比上涨3.41%，涨幅较上月扩大0.06个百分点。十大城市中，除天津、北京同比分别下跌1.40%、0.20%外，其余城市同比均上涨。具体来看，成都、杭州和上海新建住宅价格同比分别上涨12.18%、8.38%、5.02%；南京、武汉、重庆（主城区）以及广州同比涨幅在1.0%~5.0%之间；深圳同比涨幅相对较小，为0.01%。

二、7月百城二手住宅价格指数

2020年7月，全国100个城市二手住宅平均价格为15304元/平方米，环比上涨0.02%，同比上涨2.05%。其中，一线城市二手住宅价格环比上涨0.04%，同比上涨4.29%；二线城市环比下跌0.08%，同比上涨1.49%；三线代表城市环比上涨0.11%，同比上涨1.87%。

● 百城二手住宅价格环比涨跌幅分析

2020年7月，二手住宅价格环比上涨的城市个数为49个，较上月减少20个。具体来看，泉州、唐山环比涨幅分别为1.04%、1.00%；银川、台州等21个城市涨幅在0.5%（含）~1.0%之间；海口、漳州等20个城市涨幅在0.1%~0.5%之间；其他环比上涨的6个城市涨幅均在0.1%以内。本月，西宁二手住宅价格与上月持平。

2020年7月，二手住宅价格环比下跌的城市个数为50个，较上月增加20个。其中，德州、湘潭环比跌幅分别为1.20%、1.15%；临沂、济宁等16个城市跌幅在0.5%~1.0%之间；镇江、石家庄等23个城市跌幅在0.1%（含）~0.5%之间；菏泽、新乡等9个城市跌幅均在0.1%以内。

● 百城二手住宅价格同比涨跌幅分析

2020年7月，二手住宅价格同比上涨的城市个数为63个。具体来看，深圳、东莞等7个城市同比涨幅在10%~15%之间；临沂、江阴等10个城市涨幅在5%~10%之间；苏州、秦皇岛等32个城市涨幅在1%~5%之间；泰州、昆山等14个城市涨幅在1%以内。

2020年7月，张家口、北海等37个城市二手住宅价格同比下跌。其中，张家口同比下跌7.35%；北海、常熟等24个城市跌幅在1%（含）~6%之间；广州、福州等12个城市跌幅均在1%以内。

● 十大城市二手住宅价格涨跌情况

根据百城二手住宅价格指数对北京、上海等十大城市样本调查数据显示，2020年7月十大城市二手住宅平均价格为36850元/平方米，环比止涨转跌，跌幅为0.05%。十大城市中，3个城市环比上涨，上涨城市个数较上月减少7个。具体来看，深圳环比上涨0.40%；上海、南京环比涨幅分别为0.19%和0.12%。下跌城市为7个，较上月增加7个，广州、天津跌幅分别为0.57%和0.55%；重庆（主城区）跌幅为0.43%；武汉、北京和杭州环比跌幅在0.1%~0.3%之间；成都跌幅较小，为0.06%。

同比来看，十大城市二手住宅平均价格同比上涨3.28%，涨幅较上月收窄0.19个百分点。十大城市中，6个城市同比上涨，4个城市同比下跌，上涨和下跌城市数量与上月持平。具体来看，深圳同比上涨14.68%，涨幅最大；南京、成都、上海、杭州同比涨幅在2.0%~5.0%之间，其中南京同比上涨4.19%，武汉同比上涨0.53%，涨幅最小；北京同比下跌1.76%，跌幅最大；重庆（主城区）、天津、广州跌幅分别为1.43%、1.08%和0.94%。

表22　　2020年7月百城新建住宅价格指数

城市	环比涨跌	样本平均价格（元/平方米）	样本价格中位数（元/平方米）	城市	环比涨跌	样本平均价格（元/平方米）	样本价格中位数（元/平方米）
宁波	1.83%	18107	16114	南通	0.36%	13803	14529
金华	1.78%	11456	11000	石家庄	0.35%	11603	11500
广州	1.77%	22399	23500	包头	0.35%	6302	6100
东莞	1.54%	17292	18000	淄博	0.32%	7764	7550
邯郸	1.28%	6664	6400	阜阳	0.32%	7614	7790
昆明	1.21%	11127	10500	郑州	0.31%	12160	14000
南京	0.96%	23180	25038	温州	0.30%	19723	19281
杭州	0.96%	27276	23540	苏州	0.30%	17516	20000
绍兴	0.90%	15586	15000	北海	0.28%	8144	7500
重庆（主城区）	0.88%	11033	11050	潍坊	0.27%	6572	6683
合肥	0.87%	13282	12800	张家港	0.26%	10997	11352
芜湖	0.85%	8325	9550	珠海	0.23%	21377	24000
长春	0.84%	9117	8900	烟台	0.23%	9135	8100
武汉	0.81%	12705	12500	衡水	0.19%	6727	6099
扬州	0.81%	12606	11850	秦皇岛	0.18%	9486	9250
呼和浩特	0.80%	8404	7523	南昌	0.16%	12591	12000
沈阳	0.79%	9698	9000	绵阳	0.15%	6730	6500
银川	0.79%	6143	6280	保定	0.15%	8914	8500
惠州	0.78%	10562	12000	宜昌	0.13%	7748	7100
徐州	0.78%	8759	8500	昆山	0.12%	15522	15077
江阴	0.77%	10182	9500	青岛	0.12%	13337	12250
江门	0.76%	8195	9000	株洲	0.11%	6097	5900
济宁	0.75%	7544	7900	嘉兴	0.10%	12360	11650
唐山	0.68%	8416	7600	湘潭	0.09%	5426	5150
兰州	0.68%	8898	8038	洛阳	0.09%	8209	7550
台州	0.64%	13354	12000	乌鲁木齐	0.07%	8022	7788
常州	0.64%	11960	12650	上海	0.03%	49369	42000
泰州	0.63%	7974	6900	佛山	0.02%	13114	14500
西宁	0.62%	7139	6850	湛江	0.02%	10603	10400
南宁	0.60%	10982	10600	汕头	0.01%	10852	11000

续表

城市	环比涨跌	样本平均价格（元 / 平方米）	样本价格中位数（元 / 平方米）	城市	环比涨跌	样本平均价格（元 / 平方米）	样本价格中位数（元 / 平方米）
大连	0.58%	13592	13000	菏泽	0.00%	5581	5800
常熟	0.58%	14980	14500	三亚	–0.02%	24538	25000
成都	0.58%	11482	11149	深圳	–0.02%	54566	56000
淮安	0.56%	6128	7000	柳州	–0.02%	9252	8700
哈尔滨	0.55%	9702	8910	张家口	–0.03%	8925	8500
桂林	0.53%	6661	6000	宿迁	–0.04%	5465	5450
德州	0.52%	6785	6600	天津	–0.06%	14814	14000
海口	0.51%	14619	14600	盐城	–0.08%	8261	8494
贵阳	0.51%	6934	7225	镇江	–0.08%	9422	9500
长沙	0.50%	8760	9000	临沂	–0.09%	9278	8200
聊城	0.46%	6525	6200	厦门	–0.10%	28809	33000
无锡	0.45%	13108	13500	中山	–0.10%	10026	12000
泉州	0.42%	8767	8373	福州	–0.12%	17049	17479
赣州	0.42%	8366	7800	漳州	–0.14%	11066	11850
西安	0.41%	10527	10025	马鞍山	–0.18%	7243	6900
太原	0.39%	9901	9600	新乡	–0.19%	5681	5400
北京	0.38%	42804	45000	威海	–0.20%	8817	7600
廊坊	0.36%	12120	12500	济南	–0.26%	11284	13500
连云港	0.36%	7528	6650	湖州	–0.41%	10946	10300
东营	0.36%	5892	5500	肇庆	–1.17%	7361	7300

表 23　　2020 年 7 月十大城市新建住宅价格指数变化情况

城市	环比涨跌	同比涨跌	样本平均价格（元 / 平方米）	样本价格中位数（元 / 平方米）
北京	0.38%	–0.20%	42804	45000
上海	0.03%	5.02%	49369	42000
广州	1.77%	1.78%	22399	23500
深圳	–0.02%	0.01%	54566	56000
天津	–0.06%	–1.40%	14814	14000
武汉	0.81%	3.34%	12705	12500
杭州	0.96%	8.38%	27276	23540
南京	0.96%	4.41%	23180	25038
成都	0.58%	12.18%	11482	11149
重庆（主城区）	0.88%	2.38%	11033	11050

表 24　　2020 年 7 月百城二手住宅价格指数

城市	环比涨跌	样本平均价格（元 / 平方米）	样本价格中位数（元 / 平方米）	城市	环比涨跌	样本平均价格（元 / 平方米）	样本价格中位数（元 / 平方米）
泉州	1.04%	14496	13699	中山	–0.01%	10614	9964
唐山	1.00%	11763	11568	嘉兴	–0.04%	11409	10721
银川	0.95%	6898	6590	成都	–0.06%	17435	16359

续表

城市	环比涨跌	样本平均价格（元 / 平方米）	样本价格中位数（元 / 平方米）	城市	环比涨跌	样本平均价格（元 / 平方米）	样本价格中位数（元 / 平方米）
台州	0.91%	15046	14334	柳州	-0.06%	9309	8893
淮安	0.86%	10124	9039	淄博	-0.07%	9823	9420
宁波	0.83%	24777	25051	无锡	-0.08%	17375	16298
盐城	0.78%	11838	11217	廊坊	-0.09%	12364	11764
宿迁	0.70%	10203	9756	新乡	-0.09%	7819	7813
徐州	0.67%	12422	12150	菏泽	-0.09%	6581	6507
烟台	0.66%	11840	11004	昆明	-0.10%	14361	13354
扬州	0.64%	15163	14184	株洲	-0.10%	5983	5997
马鞍山	0.63%	8444	8402	厦门	-0.11%	49843	49631
哈尔滨	0.63%	10777	9817	杭州	-0.12%	34023	32405
常州	0.58%	15901	14728	乌鲁木齐	-0.13%	9039	8242
兰州	0.57%	12433	12123	珠海	-0.15%	22685	22202
包头	0.57%	7771	7806	北京	-0.15%	67182	61459
东莞	0.54%	18213	16728	福州	-0.16%	28279	25642
聊城	0.54%	10295	10075	江阴	-0.17%	11564	10864
赣州	0.53%	11225	11714	三亚	-0.18%	28352	26104
连云港	0.52%	10746	10184	西安	-0.21%	14811	13833
合肥	0.52%	16603	15607	宜昌	-0.24%	9129	8744
金华	0.50%	17191	17185	武汉	-0.25%	18573	17710
昆山	0.50%	16200	15252	南宁	-0.31%	12700	11687
海口	0.48%	13895	13451	桂林	-0.38%	8092	7240
漳州	0.48%	13534	12949	长沙	-0.39%	11368	10934
洛阳	0.45%	9717	9216	苏州	-0.40%	27688	24449
温州	0.45%	23664	22760	邯郸	-0.43%	9322	9713
阜阳	0.41%	8519	8482	重庆（主城区）	-0.43%	13285	12818
深圳	0.40%	69896	63873	北海	-0.44%	6860	6459
芜湖	0.39%	11984	12425	绵阳	-0.44%	8831	8867
太原	0.35%	11696	11424	石家庄	-0.45%	15298	15252
惠州	0.35%	10333	9446	镇江	-0.49%	9156	8823
长春	0.25%	10042	9542	南昌	-0.52%	13372	12433
汕头	0.20%	11339	10936	济南	-0.54%	18210	16823
上海	0.19%	53598	51005	江门	-0.54%	8733	8893
威海	0.16%	9116	9016	天津	-0.55%	25795	22278
贵阳	0.16%	9141	8550	广州	-0.57%	34658	31978
肇庆	0.16%	7419	7278	湖州	-0.58%	9600	9154
呼和浩特	0.12%	10642	10641	沈阳	-0.58%	12768	11858

续表

城市	环比涨跌	样本平均价格（元 / 平方米）	样本价格中位数（元 / 平方米）	城市	环比涨跌	样本平均价格（元 / 平方米）	样本价格中位数（元 / 平方米）
南京	0.12%	34055	31482	佛山	-0.63%	13840	13041
张家港	0.12%	12777	12466	青岛	-0.69%	23532	21029
绍兴	0.11%	16979	16401	郑州	-0.71%	16151	14309
南通	0.11%	16130	14859	常熟	-0.76%	15240	14709
泰州	0.07%	10921	10880	秦皇岛	-0.79%	10274	10441
湛江	0.05%	9404	9380	张家口	-0.80%	8760	8852
大连	0.05%	15542	14602	潍坊	-0.81%	7573	7392
东营	0.05%	8783	8333	济宁	-0.81%	9387	9151
衡水	0.02%	8092	8062	临沂	-0.85%	11140	10407
保定	0.02%	10824	10199	湘潭	-1.15%	5307	5214
西宁	0.00%	9808	9022	德州	-1.20%	8721	8488

表 25　2020 年 7 月十大城市二手住宅价格指数变化情况

城市	环比涨跌	同比涨跌	样本平均价格（元 / 平方米）	样本价格中位数（元 / 平方米）
北京	-0.15%	-1.76%	67182	61459
上海	0.19%	3.59%	53598	51005
广州	-0.57%	-0.94%	34658	31978
深圳	0.40%	14.68%	69896	63873
天津	-0.55%	-1.08%	25795	22278
武汉	-0.25%	0.53%	18573	17710
杭州	-0.12%	2.51%	34023	32405
南京	0.12%	4.19%	34055	31482
成都	-0.06%	3.72%	17435	16359
重庆（主城区）	-0.43%	-1.43%	13285	12818

注：历史数据请查看：http://www.cih-index.com

数据来源：中指数据 CREIS。

“百城价格指数”

8 月百城均价：新建住宅环比上涨 0.50%，同比上涨 3.34%；二手住宅环比上涨 0.18%，同比上涨 2.00%

中指研究院报道：根据中国房地产指数系统百城价格指数对全国 100 个城市新建及二手住宅的调查数据，2020 年 8 月，全国 100 个城市新建住宅平均价格为 15605 元 / 平方米，环比上涨 0.50%，涨幅较上月扩大 0.07 个百分点。从涨跌城市个数看，89 个城市环比上涨，10 城市环比下跌，1 个城市与上月持平。同比来看，全国 100 个城市新建住宅平均价格较上年同期上涨 3.34%，涨幅较上月扩大 0.13 个百分点。全国 100 个城市二手住宅平均价格为 15331 元 / 平方米，环比上涨 0.18%，涨幅较上月扩大 0.16 个百分点。从涨跌城市个数看，53 个城市环比上涨，46 个城市环比下跌，1 个城市与上月持平。同比来看，全国 100

个城市二手住宅平均价格较上年同期上涨 2.00%，涨幅较上月收窄 0.05 个百分点。

政策方面，8 月 20 日，住房城乡建设部、人民银行在北京召开重点房地产企业座谈会，会议指出，为进一步落实房地产长效机制，实施好房地产金融审慎管理制度，增强房地产企业融资的市场化、规则化和透明度，人民银行、住房城乡建设部会同相关部门在前期广泛征求意见的基础上，形成了重点房地产企业资金监测和融资管理规则。地方层面，广州白云区、荔湾区先后出台人才绿卡申领细则，适度放宽人才引进条件；吉林省深化户籍制度改革，全面放开放宽城镇落户条件，租房也可落户。海南、阜阳、芜湖等地依据当地房地产市场实际情况，优化公积金政策。海口、宁波、三亚、乐山等地开展房地产市场专项整治工作，进一步规范房地产市场秩序。此外，南京出台土拍新政，当地块竞价达到最高限价时，改为现场摇号确定竞得人，为土地市场降温。

从市场表现来看，新建住宅方面，重点城市整体推盘量较上月增加，多个热点城市市场降温，整体去化一般。上海受郊区刚需盘去化不佳影响，整体去化较上月有所下降。二手住宅方面，8 月百城二手住宅平均价格同环比均上涨，随着疫情影响逐渐褪去，市场整体基本恢复平稳运行态势。

展望未来，各地方政府将继续落实中央决策部署，坚持房子是用来住的、不是用来炒的定位，坚持不将房地产作为短期刺激经济的手段，因城施策，稳地价、稳房价、稳预期，稳妥实施房地产长效机制，确保房地产市场平稳健康发展。同时，随着防范房地产系统性金融风险监管的收紧，预计未来房地产市场走势将更趋平稳。

一、8 月百城新建住宅价格指数

2020 年 8 月，全国 100 个城市新建住宅平均价格为 15605 元 / 平方米，环比上涨 0.50%，同比上涨 3.34%。其中，一线城市环比上涨 0.61%，同比上涨 3.06%；二线城市环比上涨 0.48%，同比上涨 3.89%；三线代表城市环比上涨 0.37%，同比上涨 2.73%。长三角区域市场表现较好，绍兴、杭州新建住宅价格环比涨幅居百城前列。

● 百城新建住宅价格环比涨跌幅分析

2020 年 8 月，新建住宅价格环比上涨的城市个数为 89 个，较上月增加 9 个。具体来看，绍兴、邯郸、杭州和临沂环比涨幅在 1.0%~1.1% 之间；重庆（主城区）、武汉等 34 个城市环比涨幅在 0.5%（含）~0.9% 之间；北京、淄博等 51 个城市涨幅在 0.5% 以内。本月德州新房价格与上月持平。

2020 年 8 月，新建住宅价格环比下跌的城市个数为 10 个，较上月减少 9 个。其中，赣州、张家口环比分别下跌 1.73%、1.18%；阜阳、桂林等 5 个城市跌幅在 0.1%~1.0% 之间；天津、北海以及菏泽跌幅均在 0.1% 以内。

● 百城新建住宅价格同比[①]涨跌幅分析

2020 年 8 月，新建住宅价格同比上涨的城市个数为 78 个。其中，江阴、成都、南通、绍兴和温州涨幅在 10.0%（含）~15.0% 之间；常州、杭州等 17 个城市涨幅在 5.0%~10.0% 之间；烟台、绵阳等 56 个城市涨幅均在 5% 以内。

① 新增6个城市暂无同比涨跌幅。

2020年8月，中山、赣州等16个城市住宅价格同比下跌。其中，中山同比下跌2.99%；赣州、天津等5个城市跌幅在1.0%~2.0%之间；桂林、衡水等10个城市跌幅均在1.0%以内。

● 十大城市新建住宅价格涨跌情况

根据百城新建住宅价格指数对北京、上海等十大城市样本调查数据显示，2020年8月十大城市新建住宅平均价格为28151元/平方米，环比上涨0.60%，涨幅较上月扩大0.19个百分点。十大城市中，9个城市环比上涨，上涨城市数量较上月增加1个；1个城市环比下跌，下跌城市数量较上月减少1个。具体来看，杭州环比上涨1.02%；重庆（主城区）、武汉、广州、上海和成都环比涨幅在0.5%~1.0%之间；北京、深圳和南京环比分别上涨0.49%、0.32%、0.29%。本月仅天津新建住宅价格环比下跌，跌幅为0.05%。

同比来看，十大城市新建住宅平均价格同比上涨3.78%，涨幅较上月扩大0.37个百分点。十大城市中，除天津、北京同比分别下跌1.31%、0.12%外，其余城市同比均上涨。具体来看，成都、杭州和上海新建住宅价格同比分别上涨11.83%、8.86%、5.51%；南京、武汉、广州、重庆（主城区）同比涨幅在3.0%~5.0%之间；深圳同比上涨0.94%。

二、8月百城二手住宅价格指数

2020年8月，全国100个城市二手住宅平均价格为15331元/平方米，环比上涨0.18%，同比上涨2.00%。其中，一线城市二手住宅价格环比上涨0.37%，同比上涨4.58%；二线城市环比上涨0.06%，同比上涨1.28%；三线代表城市环比上涨0.23%，同比上涨1.84%。

● 百城二手住宅价格环比涨跌幅分析

2020年8月，二手住宅价格环比上涨的城市个数为53个，较上月增加4个。具体来看，东莞、宁波、深圳等8个城市环比涨幅在1.0%（含）以上；台州、马鞍山等14个城市涨幅在0.5%（含）~1.0%之间；包头、绍兴等25个城市涨幅在0.1%（含）~0.5%之间；厦门、西安等6个城市涨幅均在0.1%以内。本月柳州二手住宅价格与上月持平。

2020年8月，二手住宅价格环比下跌的城市个数为46个，较上月减少4个。其中，佛山、张家口等7个城市环比跌幅在0.5%（含）~1.0%之间；青岛、济南等25个城市跌幅在0.1%（含）~0.5%之间；中山、沈阳等14个城市跌幅均在0.1%以内。

● 百城二手住宅价格同比涨跌幅分析

2020年8月，二手住宅价格同比上涨的城市个数为59个。具体来看，深圳、东莞等7个城市同比涨幅在10.0%~16.0%之间；银川、常州等10个城市涨幅在5.0%~8.0%之间；马鞍山、南京等29个城市涨幅在1.0%~5.0%之间；东营、昆山等13个城市涨幅在1.0%以内。

2020年8月，张家口、北海等41个城市二手住宅价格同比下跌。其中，张家口、北海等5个城市同比跌幅在5.0%~8.0%之间；济南、青岛等20个城市跌幅在1.0%~4.0%之间；福州、郑州等16个城市跌幅均在1.0%以内。

● 十大城市二手住宅价格涨跌情况

根据百城二手住宅价格指数对北京、上海等十大城市样本调查数据显示，2020 年 8 月十大城市二手住宅平均价格为 36941 元 / 平方米，环比由跌转涨，涨幅为 0.25%。十大城市中，6 个城市环比上涨，上涨城市个数较上月增加 3 个。具体来看，深圳环比上涨 1.19%，涨幅最大；成都、南京等 5 个城市环比涨幅均在 0.1%~0.3% 之间。下跌城市为 4 个，较上月减少 3 个，天津环比下跌 0.40%，跌幅最大；重庆（主城区）、北京跌幅分别为 0.21% 和 0.13%；广州跌幅较小，为 0.06%。

同比来看，十大城市二手住宅平均价格同比上涨 3.46%，涨幅较上月扩大 0.18 个百分点。十大城市中，6 个城市同比上涨，4 个城市同比下跌，上涨和下跌城市数量与上月持平。具体来看，深圳同比上涨 15.77%，涨幅最大；南京、成都、上海、杭州同比涨幅在 2.0%~5.0% 之间；武汉同比上涨 0.65%，涨幅最小；北京同比下跌 1.77%，跌幅最大；重庆（主城区）、天津跌幅分别为 1.62%、1.20%；广州同比下跌 0.81%，跌幅最小。

表 26　　2020 年 8 月百城新建住宅价格指数

城市	环比涨跌	样本平均价格（元 / 平方米）	样本价格中位数（元 / 平方米）	城市	环比涨跌	样本平均价格（元 / 平方米）	样本价格中位数（元 / 平方米）
绍兴	1.05%	15750	15000	漳州	0.39%	11109	11900
邯郸	1.04%	6733	6550	中山	0.38%	10064	12000
杭州	1.02%	27553	25000	青岛	0.37%	13387	12500
临沂	1.01%	9372	8250	郑州	0.35%	12203	14000
重庆（主城区）	0.84%	11126	11050	海口	0.34%	14669	14900
武汉	0.84%	12812	12500	深圳	0.32%	54739	56650
扬州	0.83%	12711	12440	宿迁	0.31%	5482	5450
南宁	0.82%	11072	10700	常熟	0.30%	15025	14500
徐州	0.80%	8829	8500	南京	0.29%	23247	25075
常州	0.79%	12055	13000	宜昌	0.28%	7770	7200
包头	0.78%	6351	6100	湖州	0.26%	10975	10500
银川	0.77%	6190	6280	盐城	0.25%	8282	8500
江门	0.74%	8256	9000	马鞍山	0.23%	7260	7000
台州	0.74%	13453	12500	株洲	0.23%	6111	5999
广州	0.72%	22561	24000	沈阳	0.22%	9719	9000
西宁	0.71%	7190	6950	贵阳	0.20%	6948	7140
柳州	0.71%	9318	8700	无锡	0.20%	13134	13500
西安	0.71%	10602	10145	佛山	0.20%	13140	14500
厦门	0.70%	29012	33500	洛阳	0.19%	8225	7600
上海	0.70%	49716	42000	绵阳	0.19%	6743	6650
成都	0.70%	11562	11074	泉州	0.18%	8783	8437
惠州	0.69%	10635	12000	福州	0.18%	17079	17500

续表

城市	环比涨跌	样本平均价格（元 / 平方米）	样本价格中位数（元 / 平方米）	城市	环比涨跌	样本平均价格（元 / 平方米）	样本价格中位数（元 / 平方米）
昆山	0.68%	15628	16000	东营	0.17%	5902	5600
长春	0.68%	9179	8850	衡水	0.16%	6738	6099
廊坊	0.68%	12202	12500	湘潭	0.15%	5434	5200
宁波	0.66%	18227	16550	大连	0.13%	13610	13000
秦皇岛	0.65%	9548	9300	保定	0.12%	8925	8500
哈尔滨	0.61%	9761	9310	张家港	0.12%	11010	11250
兰州	0.60%	8951	8191	淮安	0.11%	6135	6817
金华	0.58%	11522	11000	济宁	0.11%	7552	7800
济南	0.57%	11348	13500	南昌	0.10%	12604	12000
潍坊	0.56%	6609	6800	芜湖	0.10%	8333	10300
珠海	0.56%	21497	25000	三亚	0.09%	24559	25500
石家庄	0.55%	11667	11500	温州	0.08%	19739	19522
嘉兴	0.55%	12428	11800	镇江	0.07%	9429	9700
太原	0.54%	9954	9800	呼和浩特	0.05%	8408	7350
昆明	0.50%	11183	10800	湛江	0.05%	10608	10300
南通	0.50%	13872	15600	烟台	0.04%	9139	8000
北京	0.49%	43014	46800	汕头	0.02%	10854	11000
淄博	0.48%	7801	7600	德州	0.00%	6785	6600
江阴	0.45%	10228	9500	菏泽	−0.02%	5580	5800
合肥	0.45%	13342	12800	北海	−0.05%	8140	7500
唐山	0.44%	8453	7700	天津	−0.05%	14806	14000
长沙	0.43%	8798	9200	泰州	−0.15%	7962	6900
新乡	0.42%	5705	5500	肇庆	−0.18%	7348	7300
苏州	0.40%	17586	20500	连云港	−0.35%	7502	6600
东莞	0.40%	17361	18000	桂林	−0.53%	6626	6025
乌鲁木齐	0.40%	8054	7794	阜阳	−0.83%	7551	7748
聊城	0.40%	6551	6300	张家口	−1.18%	8820	8500
威海	0.40%	8852	7600	赣州	−1.73%	8221	7800

表 27　　2020 年 8 月十大城市新建住宅价格指数变化情况

城市	环比涨跌	同比涨跌	样本平均价格（元 / 平方米）	样本价格中位数（元 / 平方米）
北京	0.49%	−0.12%	43014	46800
上海	0.70%	5.51%	49716	42000
广州	0.72%	3.28%	22561	24000
深圳	0.32%	0.94%	54739	56650
天津	−0.05%	−1.31%	14806	14000

续表

城市	环比涨跌	同比涨跌	样本平均价格（元 / 平方米）	样本价格中位数（元 / 平方米）
武汉	0.84%	4.16%	12812	12500
杭州	1.02%	8.86%	27553	25000
南京	0.29%	4.17%	23247	25075
成都	0.70%	11.83%	11562	11074
重庆（主城区）	0.84%	3.14%	11126	11050

表 28　　2020 年 8 月百城二手住宅价格指数

城市	环比涨跌	样本平均价格（元 / 平方米）	样本价格中位数（元 / 平方米）	城市	环比涨跌	样本平均价格（元 / 平方米）	样本价格中位数（元 / 平方米）
东莞	1.25%	18441	16917	汕头	0.05%	11345	11031
宁波	1.19%	25073	25298	芜湖	0.05%	11990	12382
深圳	1.19%	70728	64334	漳州	0.02%	13537	12984
盐城	1.16%	11975	11298	柳州	0.00%	9309	8804
唐山	1.12%	11895	11771	乌鲁木齐	–0.01%	9038	8196
海口	1.06%	14042	13723	兰州	–0.02%	12431	12157
南通	1.00%	16292	15402	昆明	–0.03%	14357	13333
徐州	1.00%	12546	12183	福州	–0.03%	28271	25755
台州	0.98%	15193	14623	南昌	–0.03%	13368	12445
马鞍山	0.91%	8521	8575	太原	–0.04%	11691	11402
淮安	0.73%	10198	9116	东营	–0.05%	8779	8333
烟台	0.72%	11925	11058	长春	–0.05%	10037	9452
宿迁	0.71%	10275	9763	三亚	–0.05%	28337	26258
呼和浩特	0.70%	10716	10710	菏泽	–0.06%	6577	6411
金华	0.68%	17308	17088	广州	–0.06%	34636	32022
威海	0.68%	9178	9147	肇庆	–0.07%	7414	7229
常州	0.66%	16006	14804	沈阳	–0.07%	12759	11928
银川	0.59%	6939	6643	中山	–0.08%	10605	9959
哈尔滨	0.57%	10838	9867	常熟	–0.10%	15224	14657
连云港	0.56%	10806	10257	桂林	–0.12%	8082	7284
江阴	0.51%	11623	10878	北京	–0.13%	67096	61434
西宁	0.50%	9857	9050	宜昌	–0.13%	9117	8759
包头	0.48%	7808	7873	南宁	–0.13%	12683	11716
绍兴	0.47%	17058	16998	临沂	–0.14%	11124	10201
温州	0.39%	23757	22950	廊坊	–0.15%	12345	11810
泉州	0.37%	14550	13929	贵阳	–0.18%	9125	8543
聊城	0.33%	10329	10289	泰州	–0.20%	10899	10768
湖州	0.29%	9628	9242	湛江	–0.20%	9385	9506
无锡	0.28%	17424	16329	长沙	–0.20%	11345	10927

续表

城市	环比涨跌	样本平均价格（元 / 平方米）	样本价格中位数（元 / 平方米）	城市	环比涨跌	样本平均价格（元 / 平方米）	样本价格中位数（元 / 平方米）
赣州	0.28%	11256	11460	重庆（主城区）	-0.21%	13257	12762
成都	0.28%	17483	16390	衡水	-0.27%	8070	8016
邯郸	0.27%	9347	9688	石家庄	-0.27%	15256	15226
合肥	0.27%	16647	15714	秦皇岛	-0.29%	10244	10657
新乡	0.26%	7839	7776	阜阳	-0.29%	8494	8530
昆山	0.23%	16237	15201	湘潭	-0.32%	5290	5198
洛阳	0.23%	9739	9356	江门	-0.34%	8703	8872
南京	0.22%	34130	31623	镇江	-0.35%	9124	8727
大连	0.22%	15576	14674	潍坊	-0.37%	7545	7391
上海	0.19%	53702	51325	绵阳	-0.37%	8798	8778
惠州	0.19%	10353	9463	保定	-0.39%	10782	10234
杭州	0.18%	34085	32435	天津	-0.40%	25691	22202
扬州	0.16%	15187	14188	济南	-0.43%	18131	16668
武汉	0.14%	18599	17735	青岛	-0.49%	23417	20909
济宁	0.14%	9400	9137	德州	-0.50%	8677	8531
张家港	0.13%	12793	12576	苏州	-0.57%	27529	24421
珠海	0.12%	22713	22163	北海	-0.61%	6818	6441
淄博	0.10%	9833	9638	株洲	-0.65%	5944	5952
厦门	0.08%	49882	49577	郑州	-0.67%	16043	14256
西安	0.07%	14822	13870	张家口	-0.78%	8692	8724
嘉兴	0.06%	11416	10776	佛山	-0.83%	13725	12935

表 29　　2020 年 8 月十大城市二手住宅价格指数变化情况

城市	环比涨跌	同比涨跌	样本平均价格（元 / 平方米）	样本价格中位数（元 / 平方米）
北京	-0.13%	-1.77%	67096	61434
上海	0.19%	3.38%	53702	51325
广州	-0.06%	-0.81%	34636	32022
深圳	1.19%	15.77%	70728	64334
天津	-0.40%	-1.20%	25691	22202
武汉	0.14%	0.65%	18599	17735
杭州	0.18%	2.51%	34085	32435
南京	0.22%	4.21%	34130	31623
成都	0.28%	3.74%	17483	16390
重庆（主城区）	-0.21%	-1.62%	13257	12762

注：历史数据请查看：http://www.cih-index.com

数据来源：中指数据 CREIS。

“百城价格指数”

9月百城均价：新建住宅环比上涨0.24%，同比上涨3.26%；二手住宅环比上涨0.19%，同比上涨2.15%

中指研究院报道：根据中国房地产指数系统百城价格指数对全国100个城市新建及二手住宅的调查数据，2020年9月，全国100个城市新建住宅平均价格为15643元/平方米，环比上涨0.24%，涨幅较上月收窄0.26个百分点。从涨跌城市个数看，76个城市环比上涨，22个城市环比下跌，2个城市与上月持平。同比来看，全国100个城市新建住宅平均价格较上年同期上涨3.26%，涨幅较上月收窄0.08个百分点。全国100个城市二手住宅平均价格为15360元/平方米，环比上涨0.19%，涨幅较上月扩大0.01个百分点。从涨跌城市个数看，56个城市环比上涨，42个城市环比下跌，2个城市与上月持平。同比来看，全国100个城市二手住宅平均价格较上年同期上涨2.15%，涨幅较上月扩大0.15个百分点。

政策方面，9月1日，住建部印发政务公开工作要点，重申坚持“房子是用来住的、不是用来炒的”定位，落实城市主体责任，稳地价、稳房价、稳预期。6日，银保监会表示要严格遵循“房住不炒”定位，规范房地产贷款业务，防止房地产市场过度金融化，同时指出要牢牢守住不发生系统性金融风险的底线。14日，央行副行长在国务院政策例行吹风会上表示，企业资金监测和融资管理规则微观层面有利于房地产企业形成稳定的金融政策预期，合理安排自身的经营活动和融资行为；宏观层面有利于推动房地产行业长期稳健运行，也有利于防范化解房地产金融风险，促进房地产市场持续平稳健康发展；同时，规则也安排了科学合理的过渡期。地方层面，各地方政府因城施策，调控灵活有度。上海、郑州等地加大引才力度；杭州、东莞、常州、成都调控升级，在住房限购、限售、限转让、调整增值税征免年限等方面持续完善；沈阳、长春等地优化商品住房信贷政策，其中长春明确不予发放第三套及以上商品住房贷款。

从市场表现来看，新建住宅方面，重点城市整体推盘量依旧维持高位，长三角部分城市受前期调控政策影响，市场活跃度有所下降，整体去化较为一般。二手住宅方面，9月百城二手住宅平均价格同环比均持续上涨且涨幅扩大，市场整体保持平稳运行。

展望未来，中央将继续坚持“房住不炒”定位，房地产金融监管力度也会进一步加强，以防范房地产金融风险。地方政府将更加灵活因城施策，同时继续落实房地产长效管理机制，促进市场平稳运行。预计未来，部分热点城市尤其房价上涨过快城市政策调控力度或继续加码，但整体收紧空间不大。

一、9月百城新建住宅价格指数

2020年9月，全国100个城市新建住宅平均价格为15643元/平方米，环比上涨0.24%，同比上涨3.26%。其中，一线城市环比下跌0.05%，同比上涨2.88%；二线城市环比上涨0.41%，同比上涨3.88%；三线代表城市环比上涨0.34%，同比上涨2.70%。长三角区域市场活跃度不及上月，杭州、常州、宁波、苏州等新建住宅价格环比涨幅较上月有所收窄。

● 百城新建住宅价格环比涨跌幅分析

2020年9月，新建住宅价格环比上涨的城市个数为76个，较上月减少13个。具体来看，银川、东莞环比分别上涨1.53%、1.01%；惠州、武汉等32个城市环比涨幅在0.5%~1.0%之间；兰州、长春等42个城市涨幅在0.5%以内。本月淮安和泰州新房价格均与上月持平。

2020年9月，新建住宅价格环比下跌的城市个数为22个，较上月增加12个。其中，张家口、福州环比分别下跌1.11%、0.78%；温州、肇庆等14个城市跌幅在0.1%（含）~0.5%（含）之间；厦门、阜阳等6个城市跌幅均在0.1%以内。

● 百城新建住宅价格同比①涨跌幅分析

2020年9月，新建住宅价格同比上涨的城市个数为77个。其中，江阴、杭州等6个城市涨幅在8.0%~12.0%之间；南通、西安等17个城市涨幅在5.0%~8.0%之间；苏州、烟台等54个城市涨幅均在5%以内。

2020年9月，赣州、洛阳等17个城市住宅价格同比下跌。其中，赣州同比下跌2.75%；洛阳、中山等4个城市跌幅在1.0%~2.0%之间；福州、佛山等12个城市跌幅均在1.0%以内。

● 十大城市新建住宅价格涨跌情况

根据百城新建住宅价格指数对北京、上海等十大城市样本调查数据显示，2020年9月十大城市新建住宅平均价格为28184元/平方米，环比上涨0.12%，涨幅较上月收窄0.48个百分点。十大城市中，7个城市环比上涨，上涨城市数量较上月减少2个；3个城市环比下跌，下跌城市数量较上月增加2个。具体来看，武汉、杭州环比分别上涨0.94%、0.81%；南京和成都环比涨幅在0.5%~0.6%之间；天津、广州和重庆（主城区）环比涨幅在0.2%以内。本月深圳、北京、上海新建住宅价格环比下跌，跌幅分别为0.23%、0.10%和0.02%。

同比来看，十大城市新建住宅平均价格同比上涨3.55%，涨幅较上月收窄0.23个百分点。十大城市中，除天津、北京同比分别下跌1.07%、0.54%外，其余城市同比均上涨。具体来看，成都、杭州、上海和武汉新建住宅价格同比涨幅在5.0%~12.0%之间；南京、广州、重庆（主城区）同比分别上涨3.32%、3.27%和2.87%；深圳同比上涨0.59%。

二、9月百城二手住宅价格指数

2020年9月，全国100个城市二手住宅平均价格为15360元/平方米，环比上涨0.19%，同比上涨2.15%。其中，一线城市二手住宅价格环比上涨0.50%，同比上涨5.31%；二线城市环比上涨0.11%，同比上涨1.42%；三线代表城市环比上涨0.15%，同比上涨1.80%。

● 百城二手住宅价格环比涨跌幅分析

2020年9月，二手住宅价格环比上涨的城市个数为56个，较上月增加3个。具体来看，东莞、宁波等5个城市环比涨幅在1.0%（含）以上；徐州、南通等6个城市涨幅在0.5%（含）~1.0%之间；金华、南京等39个城市涨幅在0.1%（含）~0.5%之间；新乡、烟台等6个城市涨幅均在0.1%以内。本月东营、

① 新增6个城市暂无同比涨跌幅。

湘潭二手住宅价格均与上月持平。

2020 年 9 月，二手住宅价格环比下跌的城市个数为 42 个，较上月减少 4 个。其中，张家口环比跌幅为 1.05%；西宁跌幅为 0.50%；廊坊、佛山等 28 个城市跌幅在 0.1%（含）~0.5% 之间；沈阳、柳州等 12 个城市跌幅均在 0.1% 以内。

● 百城二手住宅价格同比涨跌幅分析

2020 年 9 月，二手住宅价格同比上涨的城市个数为 59 个。具体来看，深圳、东莞等 6 个城市同比涨幅超过 10%；无锡、银川等 7 个城市涨幅在 5.0%(含)~10.0% 之间；马鞍山、昆明等 31 个城市涨幅在 1.0%（含）~5.0% 之间；东营、桂林等 15 个城市涨幅在 1.0% 以内。

2020 年 9 月，张家口、北海等 41 个城市二手住宅价格同比下跌。其中，张家口跌幅为 8.12%；北海跌幅为 5.08%；保定、常熟等 21 个城市跌幅在 1.0%（含）~5.0% 之间；柳州、北京等 18 个城市跌幅均在 1.0% 以内。

● 十大城市二手住宅价格涨跌情况

根据百城二手住宅价格指数对北京、上海等十大城市样本调查数据显示，2020 年 9 月十大城市二手住宅平均价格为 37080 元 / 平方米，环比持续上涨，涨幅为 0.38%。十大城市中，8 个城市环比上涨，上涨城市个数较上月增加 2 个。具体来看，深圳环比上涨 1.02%，涨幅最大；南京、成都等 7 个城市环比涨幅均不足 0.5%。下跌城市为 2 个，较上月减少 2 个，天津环比下跌 0.42%；重庆（主城区）环比下跌 0.05%。

同比来看，十大城市二手住宅平均价格同比上涨 3.96%，涨幅较上月扩大 0.50 个百分点。十大城市中，6 个城市同比上涨，4 个城市同比下跌，上涨和下跌城市数量与上月持平。具体来看，深圳同比上涨 16.37%，涨幅最大；成都、南京、上海、杭州同比涨幅在 2.0%~5.0% 之间；武汉同比上涨 0.59%，涨幅最小；重庆（主城区）同比下跌 1.41%，跌幅最大；天津、北京跌幅分别为 1.21%、0.85%；广州同比下跌 0.12%，跌幅最小。

表 30　　2020 年 9 月百城新建住宅价格指数

城市	环比涨跌	样本平均价格（元 / 平方米）	样本价格中位数（元 / 平方米）	城市	环比涨跌	样本平均价格（元 / 平方米）	样本价格中位数（元 / 平方米）
银川	1.53%	6285	6800	东营	0.30%	5920	5500
东莞	1.01%	17537	18500	盐城	0.29%	8306	8500
惠州	0.96%	10737	12200	昆山	0.28%	15671	16000
武汉	0.94%	12933	12500	长沙	0.26%	8821	9300
中山	0.88%	10153	12000	包头	0.25%	6367	6200
邯郸	0.86%	6791	6650	新乡	0.19%	5716	5625
徐州	0.85%	8904	8500	绵阳	0.19%	6756	6900
烟台	0.81%	9213	8200	郑州	0.17%	12224	14000
杭州	0.81%	27775	25000	扬州	0.16%	12731	12610
西安	0.80%	10687	10500	宿迁	0.15%	5490	5500
石家庄	0.78%	11758	11500	保定	0.13%	8937	8500

续表

城市	环比涨跌	样本平均价格（元 / 平方米）	样本价格中位数（元 / 平方米）	城市	环比涨跌	样本平均价格（元 / 平方米）	样本价格中位数（元 / 平方米）
江门	0.78%	8320	9100	淄博	0.13%	7811	7850
金华	0.76%	11610	11000	天津	0.11%	14822	14000
南宁	0.74%	11154	11000	广州	0.10%	22584	24250
济南	0.74%	11432	13750	重庆（主城区）	0.10%	11137	11050
济宁	0.73%	7607	7900	青岛	0.09%	13399	12000
台州	0.71%	13549	12000	海口	0.09%	14682	14900
嘉兴	0.69%	12514	11650	唐山	0.08%	8460	7700
常州	0.69%	12138	13250	镇江	0.07%	9436	10000
临沂	0.66%	9434	8500	洛阳	0.07%	8231	7700
沈阳	0.66%	9783	9000	株洲	0.07%	6115	5900
廊坊	0.66%	12282	12500	湖州	0.05%	10981	10500
威海	0.62%	8907	8000	贵阳	0.04%	6951	7225
常熟	0.58%	15112	14500	张家港	0.04%	11014	11500
南京	0.57%	23380	25075	桂林	0.03%	6628	6200
成都	0.57%	11628	11275	哈尔滨	0.02%	9763	9405
江阴	0.57%	10286	9500	淮安	0.00%	6135	6800
潍坊	0.56%	6646	6800	泰州	0.00%	7962	6900
太原	0.54%	10008	9800	北海	-0.01%	8139	7600
无锡	0.54%	13205	13500	上海	-0.02%	49705	42000
昆明	0.54%	11243	10750	柳州	-0.06%	9312	8700
合肥	0.53%	13413	12800	汕头	-0.07%	10846	11000
泉州	0.52%	8829	8300	阜阳	-0.08%	7545	7500
宁波	0.52%	18321	16800	厦门	-0.09%	28986	33000
兰州	0.49%	8995	8680	北京	-0.10%	42973	45643
长春	0.46%	9221	8800	聊城	-0.11%	6544	6300
宜昌	0.44%	7804	7250	连云港	-0.12%	7493	6650
马鞍山	0.40%	7289	7000	三亚	-0.13%	24527	25250
芜湖	0.40%	8366	11900	乌鲁木齐	-0.22%	8036	7800
秦皇岛	0.39%	9585	9500	深圳	-0.23%	54614	57500
漳州	0.39%	11152	12000	佛山	-0.24%	13109	14500
湘潭	0.39%	5455	5200	湛江	-0.25%	10582	10500
西宁	0.38%	7217	7000	珠海	-0.26%	21441	25000
南昌	0.36%	12650	12000	赣州	-0.28%	8198	7800

续表

城市	环比涨跌	样本平均价格（元/平方米）	样本价格中位数（元/平方米）	城市	环比涨跌	样本平均价格（元/平方米）	样本价格中位数（元/平方米）
苏州	0.36%	17649	21000	菏泽	-0.36%	5560	5800
南通	0.34%	13919	16899	大连	-0.40%	13556	12900
衡水	0.33%	6760	6050	肇庆	-0.45%	7315	7300
绍兴	0.31%	15799	15000	温州	-0.50%	19640	19522
德州	0.31%	6806	6700	福州	-0.78%	16945	17479
呼和浩特	0.31%	8434	7500	张家口	-1.11%	8722	8350

表 31　　2020 年 9 月十大城市新建住宅价格指数变化情况

城市	环比涨跌	同比涨跌	样本平均价格（元/平方米）	样本价格中位数（元/平方米）
北京	-0.10%	-0.54%	42973	45643
上海	-0.02%	5.49%	49705	42000
广州	0.10%	3.27%	22584	24250
深圳	-0.23%	0.59%	54614	57500
天津	0.11%	-1.07%	14822	14000
武汉	0.94%	5.04%	12933	12500
杭州	0.81%	8.92%	27775	25000
南京	0.57%	3.32%	23380	25075
成都	0.57%	10.49%	11628	11275
重庆（主城区）	0.10%	2.87%	11137	11050

表 32　　2020 年 9 月百城二手住宅价格指数

城市	环比涨跌	样本平均价格（元/平方米）	样本价格中位数（元/平方米）	城市	环比涨跌	样本平均价格（元/平方米）	样本价格中位数（元/平方米）
东莞	1.37%	18694	17264	烟台	0.09%	11936	11010
宁波	1.22%	25380	25706	新乡	0.09%	7846	7826
淮安	1.13%	10313	9225	临沂	0.06%	11131	10201
盐城	1.04%	12099	11423	扬州	0.06%	15196	14104
深圳	1.02%	71449	65420	淄博	0.05%	9838	9638
徐州	0.87%	12655	12162	长沙	0.01%	11346	10957
南通	0.69%	16405	15507	湘潭	0.00%	5290	5200
海口	0.68%	14138	13705	东营	0.00%	8779	8333
无锡	0.65%	17537	16763	绵阳	-0.01%	8797	8775
常州	0.62%	16105	14866	芜湖	-0.02%	11988	12380
马鞍山	0.52%	8565	8554	福州	-0.02%	28265	25648
金华	0.49%	17392	17243	南宁	-0.02%	12680	11659
南京	0.46%	34288	31773	南昌	-0.03%	13364	12453
西安	0.43%	14886	13912	湛江	-0.04%	9381	9488
唐山	0.43%	11946	11903	重庆（主城区）	-0.05%	13251	12761

续表

城市	环比涨跌	样本平均价格（元 / 平方米）	样本价格中位数（元 / 平方米）	城市	环比涨跌	样本平均价格（元 / 平方米）	样本价格中位数（元 / 平方米）
合肥	0.43%	16718	15844	连云港	-0.05%	10801	10164
成都	0.42%	17557	16453	贵阳	-0.05%	9120	8520
秦皇岛	0.42%	10287	10660	漳州	-0.07%	13528	12870
呼和浩特	0.41%	10760	10705	柳州	-0.08%	9302	8752
广州	0.40%	34773	32156	沈阳	-0.09%	12747	11866
嘉兴	0.37%	11458	10854	邯郸	-0.10%	9338	9608
上海	0.35%	53891	51557	菏泽	-0.12%	6569	6560
大连	0.35%	15630	14785	厦门	-0.16%	49801	49366
杭州	0.34%	34201	32557	哈尔滨	-0.17%	10820	9840
昆山	0.33%	16291	15150	中山	-0.17%	10587	9969
威海	0.33%	9208	9163	衡水	-0.17%	8056	8049
三亚	0.32%	28428	26774	湖州	-0.18%	9611	9263
宿迁	0.31%	10307	9783	张家港	-0.20%	12768	12524
洛阳	0.31%	9769	9279	石家庄	-0.20%	15226	15138
绍兴	0.30%	17110	17087	济南	-0.20%	18095	16684
赣州	0.28%	11288	11560	太原	-0.23%	11664	11340
台州	0.28%	15236	14623	株洲	-0.24%	5930	5917
北海	0.26%	6836	6447	苏州	-0.24%	27464	24460
汕头	0.26%	11374	11125	德州	-0.25%	8655	8455
济宁	0.24%	9423	9167	常熟	-0.26%	15185	14570
聊城	0.23%	10353	10356	桂林	-0.26%	8061	7286
昆明	0.22%	14388	13325	郑州	-0.27%	16000	14220
肇庆	0.22%	7430	7298	保定	-0.28%	10752	10074
惠州	0.21%	10375	9397	潍坊	-0.30%	7522	7361
珠海	0.20%	22759	22283	长春	-0.31%	10006	9417
武汉	0.20%	18636	17769	阜阳	-0.36%	8463	8376
银川	0.19%	6952	6604	镇江	-0.39%	9088	8705
温州	0.18%	23800	22717	青岛	-0.40%	23323	20756
宜昌	0.18%	9133	8748	天津	-0.42%	25582	22252
江阴	0.17%	11643	10807	江门	-0.43%	8666	8831
兰州	0.16%	12451	12230	乌鲁木齐	-0.43%	8999	8157
包头	0.14%	7819	7898	佛山	-0.45%	13663	12957
北京	0.11%	67172	61325	廊坊	-0.45%	12289	11806
泰州	0.11%	10911	10791	西宁	-0.50%	9808	9050
泉州	0.10%	14564	13851	张家口	-1.05%	8601	8667

表 33　2020 年 9 月十大城市二手住宅价格指数变化情况

城市	环比涨跌	同比涨跌	样本平均价格（元 / 平方米）	样本价格中位数（元 / 平方米）
北京	0.11%	–0.85%	67172	61325
上海	0.35%	3.93%	53891	51557
广州	0.40%	–0.12%	34773	32156
深圳	1.02%	16.73%	71449	65420
天津	–0.42%	–1.21%	25582	22252
武汉	0.20%	0.59%	18636	17769
杭州	0.34%	2.96%	34201	32557
南京	0.46%	4.15%	34288	31773
成都	0.42%	4.21%	17557	16453
重庆（主城区）	–0.05%	–1.41%	13251	12761

注：历史数据请查看：http://www.cih–index.com

数据来源：中指数据 CREIS。

“百城价格指数”

10 月百城均价：新建住宅环比上涨 0.40%，同比上涨 3.52%；二手住宅环比上涨 0.28%，同比上涨 2.39%

中指研究院报道：根据中国房地产指数系统百城价格指数对全国 100 个城市新建及二手住宅的调查数据，2020 年 10 月，全国 100 个城市新建住宅平均价格为 15705 元 / 平方米，环比上涨 0.40%，涨幅较上月扩大 0.16 个百分点。从涨跌城市个数看，73 个城市环比上涨，26 个城市环比下跌，1 个城市与上月持平。同比来看，全国 100 个城市新建住宅平均价格较上年同期上涨 3.52%，涨幅较上月扩大 0.26 个百分点。全国 100 个城市二手住宅平均价格为 15403 元 / 平方米，环比上涨 0.28%，涨幅较上月扩大 0.09 个百分点。从涨跌城市个数看，58 个城市环比上涨，39 个城市环比下跌，3 个城市与上月持平。同比来看，全国 100 个城市二手住宅平均价格较上年同期上涨 2.39%，涨幅较上月扩大 0.24 个百分点。

政策方面，以深圳特区设立 40 周年为契机，中共中央办公厅、国务院办公厅发布 27 条改革措施和 40 条首批授权事项，支持深圳实施综合改革试点建设，内容涵盖完善适应超大城市特点的劳动力流动制度、支持在土地管理制度上深化探索等多方面。14 日，央行召开第三季度金融统计数据新闻发布会，会上金融市场司副司长表示，目前重点房地产企业资金监测和融资管理规则起步平稳，社会反响积极正面，下一步央行将会同住建部等相关部门跟踪评估执行效果，不断完善规则，稳步扩大适用范围。地方层面，徐州、绍兴、银川、无锡等城市相继收紧楼市调控政策，徐州、绍兴双双收紧备案价格管理，其中徐州明确备案价格一年内不得调整；银川出台新规加强预售资金监管，防范交易风险。此外，北京启动住房限购政策执行、商品房预售资金监管、住房租赁合同备案等三个专项检查，保障群众合法权益，维护房地产市场平稳健康秩序。

从市场表现来看，新建住宅方面，重点城市整体推盘量依旧保持高位，多数城市去化表现一般，7 月以来多地调控政策收紧效果逐步显现。二手住宅方面，10 月百城二手住宅平均价格同环比均持续上涨，但市场整体保持平稳运行。

展望未来，楼市调控将保持从严基调，部分房价、地价上涨预期较强的城市政策调控力度或继续加强，但政策收紧的空间已明显缩小，或多采用微调加码方式调控楼市。与此同时，部分市场压力较大的城市或将在增加购房补贴、强化住房保障等方面进一步加大引才力度，放宽落户限制，进一步促进房地产市场平稳健康发展。

一、10月百城新建住宅价格指数

2020年10月，全国100个城市新建住宅平均价格为15705元/平方米，环比上涨0.40%，同比上涨3.52%。其中，一线城市环比上涨0.53%，同比上涨3.73%；二线城市环比上涨0.34%，同比上涨3.88%；三线代表城市环比上涨0.33%，同比上涨2.64%。珠三角、长三角区域市场活跃度相对较高，东莞、徐州、嘉兴等新建住宅价格环比涨幅居前列。

● 百城新建住宅价格环比涨跌幅分析

2020年10月，新建住宅价格环比上涨的城市个数为73个，较上月减少3个。具体来看，东莞、徐州、嘉兴以及金华环比分别上涨1.63%、1.37%、1.11%、1.02%；西安、海口等20个城市环比涨幅在0.5%~1.0%之间；重庆（主城区）、湖州等49个城市涨幅在0.5%以内。本月泰州新房价格与上月持平。

2020年10月，新建住宅价格环比下跌的城市个数为26个，较上月增加4个。其中，新乡环比下跌0.98%；德州、菏泽等20个城市跌幅在0.1%（含）~0.5%之间；太原、泉州等5个城市跌幅均在0.1%以内。

● 百城新建住宅价格同比[①]涨跌幅分析

2020年10月，新建住宅价格同比上涨的城市个数为79个。其中，宁波、江阴等21个城市涨幅在5.0%~10.0%之间；唐山、武汉等58个城市涨幅均在5.0%以内。

2020年10月，赣州、株洲等15个城市住宅价格同比下跌。其中，赣州、株洲同比分别下跌2.77%、2.02%；洛阳、桂林、新乡跌幅在1.0%~2.0%之间；北海、保定等10个城市跌幅均在1.0%以内。

● 十大城市新建住宅价格涨跌情况

根据百城新建住宅价格指数对北京、上海等十大城市样本调查数据显示，2020年10月十大城市新建住宅平均价格为28322元/平方米，环比上涨0.49%，涨幅较上月扩大0.37个百分点。十大城市中，9个城市环比上涨，上涨城市数量较上月增加2个；1个城市环比下跌，下跌城市数量较上月减少2个。具体来看，北京环比上涨0.78%；南京、成都、广州和武汉环比涨幅在0.5%~0.7%之间；重庆（主城区）、上海、杭州以及天津环比涨幅均在0.5%以内。深圳新房价格环比下跌0.19%。

同比来看，十大城市新建住宅平均价格同比上涨4.15%，涨幅较上月扩大0.60个百分点。十大城市中，除天津同比下跌0.84%外，其余城市同比均上涨。具体来看，成都、杭州、上海新建住宅价格同比涨幅在5.0%–10.0%之间；武汉、南京、广州、重庆（主城区）涨幅在3.0%~5.0%之间；深圳、北京同比涨幅相对较小，均在1.0%以内。

① 新增6个城市暂无同比涨跌幅。

二、10月百城二手住宅价格指数

2020年10月，全国100个城市二手住宅平均价格为15403元/平方米，环比上涨0.28%，同比上涨2.39%。其中，一线城市二手住宅价格环比上涨0.82%，同比上涨6.29%；二线城市环比上涨0.13%，同比上涨1.59%；三线代表城市环比上涨0.24%，同比上涨1.87%。

● 百城二手住宅价格环比涨跌幅分析

2020年10月，二手住宅价格环比上涨的城市个数为58个，较上月增加2个。具体来看，东莞、深圳等6个城市环比涨幅在1.0%（含）以上；常州、西安等16个城市涨幅在0.5%（含）~1.0%之间；广州、杭州等27个城市涨幅在0.1%（含）~0.5%之间；沈阳、昆明等9个城市涨幅均在0.1%以内。本月东营、洛阳、西宁二手住宅价格均与上月持平。

2020年10月，二手住宅价格环比下跌的城市个数为39个，较上月减少3个。其中，北海环比下跌1.52%；菏泽、张家口跌幅分别为1.17%、0.56%；保定、淄博等26个城市跌幅在0.1%（含）~0.5%之间；泰州、福州等10个城市跌幅均在0.1%以内。

● 百城二手住宅价格同比涨跌幅分析

2020年10月，二手住宅价格同比上涨的城市个数为63个。具体来看，深圳、东莞、宁波3个城市同比涨幅超过10.0%；无锡、宿迁等11个城市涨幅在5.0%（含）~10.0%之间；沈阳、上海等33个城市涨幅在1.0%~5.0%之间；乌鲁木齐、长春等16个城市涨幅在1.0%以内。

2020年10月，张家口、北海等37个城市二手住宅价格同比下跌。其中，张家口跌幅为8.15%；北海跌幅为5.78%；肇庆、保定等22个城市跌幅在1.0%~5.0%之间；天津、廊坊等13个城市跌幅均在1.0%以内。

● 十大城市二手住宅价格涨跌情况

根据百城二手住宅价格指数对北京、上海等十大城市样本调查数据显示，2020年10月十大城市二手住宅平均价格为37306元/平方米，环比持续上涨，涨幅为0.61%。十大城市中，9个城市环比上涨，上涨城市个数较上月增加1个。具体来看，深圳环比上涨1.69%，涨幅最大；上海、南京、成都涨幅介于0.5%~1.0%之间；广州、杭州等5个城市涨幅均在0.5%以内。十大城市中仅天津二手住宅价格环比下跌，跌幅为0.32%。

同比来看，十大城市二手住宅平均价格同比上涨4.73%，涨幅较上月扩大0.77个百分点。十大城市中，7个城市同比上涨，3个城市同比下跌。具体来看，深圳同比上涨17.69%，涨幅最大；上海、南京、成都、杭州同比涨幅在3.0%~5.0%之间；广州同比上涨0.77%；武汉同比上涨0.58%；重庆（主城区）同比下跌1.06%，跌幅最大；天津、北京跌幅分别为0.95%、0.24%。

表34　　2020年10月百城新建住宅价格指数

城市	环比涨跌	样本平均价格（元/平方米）	样本价格中位数（元/平方米）	城市	环比涨跌	样本平均价格（元/平方米）	样本价格中位数（元/平方米）
东莞	1.63%	17822	18700	杭州	0.17%	27822	25000
徐州	1.37%	9026	8900	聊城	0.17%	6555	6500
嘉兴	1.11%	12653	12000	宜昌	0.17%	7817	7150

续表

城市	环比涨跌	样本平均价格（元 / 平方米）	样本价格中位数（元 / 平方米）	城市	环比涨跌	样本平均价格（元 / 平方米）	样本价格中位数（元 / 平方米）
金华	1.02%	11728	11000	郑州	0.16%	12244	14000
西安	0.97%	10791	10513	张家港	0.16%	11032	11900
海口	0.94%	14820	15200	温州	0.16%	19672	19397
惠州	0.89%	10833	12376	唐山	0.15%	8473	7750
北京	0.78%	43307	45900	常州	0.15%	12156	13500
宁波	0.69%	18447	17000	秦皇岛	0.15%	9599	9350
南通	0.62%	14005	17350	苏州	0.14%	17673	21000
江阴	0.61%	10349	9500	合肥	0.13%	13431	13000
长沙	0.61%	8875	9200	宿迁	0.09%	5495	5500
南京	0.61%	23523	24877	台州	0.07%	13559	12500
成都	0.61%	11699	11074	邯郸	0.07%	6796	6500
济南	0.60%	11501	13500	绍兴	0.07%	15810	15000
乌鲁木齐	0.60%	8084	8000	青岛	0.07%	13408	12000
无锡	0.59%	13283	14000	大连	0.07%	13565	12900
石家庄	0.58%	11826	11500	昆山	0.06%	15681	16000
芜湖	0.56%	8413	12033	天津	0.06%	14831	14000
佛山	0.53%	13179	14500	昆明	0.05%	11249	10900
广州	0.53%	22703	24000	镇江	0.04%	9440	9900
武汉	0.53%	13001	12500	哈尔滨	0.03%	9766	9500
珠海	0.52%	21552	25000	保定	0.01%	8938	8500
济宁	0.51%	7646	7900	泰州	0.00%	7962	6900
重庆（主城区）	0.49%	11192	11050	江门	–0.02%	8318	9300
湖州	0.49%	11035	10550	绵阳	–0.03%	6754	6900
银川	0.48%	6315	6500	汕头	–0.06%	10839	11000
沈阳	0.46%	9828	9000	泉州	–0.07%	8823	8300
上海	0.43%	49921	42000	太原	–0.08%	10000	9800
淮安	0.42%	6161	6833	贵阳	–0.10%	6944	7225
长春	0.42%	9260	9000	张家口	–0.13%	8711	8100
廊坊	0.42%	12333	12600	肇庆	–0.14%	7305	7300
阜阳	0.40%	7575	7787	漳州	–0.15%	11135	12000
盐城	0.36%	8336	8500	兰州	–0.16%	8981	8590
西宁	0.36%	7243	6800	株洲	–0.16%	6105	5900
连云港	0.35%	7519	6700	三亚	–0.17%	24485	25250
中山	0.34%	10188	12500	赣州	–0.18%	8183	7800

续表

城市	环比涨跌	样本平均价格（元/平方米）	样本价格中位数（元/平方米）	城市	环比涨跌	样本平均价格（元/平方米）	样本价格中位数（元/平方米）
常熟	0.34%	15164	14500	深圳	–0.19%	54512	57500
湛江	0.34%	10618	10500	淄博	–0.19%	7796	7740
南昌	0.31%	12689	12000	北海	–0.20%	8123	7600
包头	0.30%	6386	6237	洛阳	–0.23%	8212	7700
东营	0.29%	5937	6000	南宁	–0.27%	11124	11000
福州	0.28%	16992	17500	柳州	–0.29%	9285	8550
临沂	0.28%	9460	8500	湘潭	–0.29%	5439	5200
威海	0.25%	8929	8500	厦门	–0.31%	28896	32500
潍坊	0.24%	6662	6800	衡水	–0.33%	6738	6000
烟台	0.22%	9233	8300	桂林	–0.39%	6602	6025
马鞍山	0.19%	7303	7000	菏泽	–0.43%	5536	5746
呼和浩特	0.19%	8450	7800	德州	–0.48%	6773	6789
扬州	0.18%	12754	12774	新乡	–0.98%	5660	5600

表 35　　2020 年 10 月十大城市新建住宅价格指数变化情况

城市	环比涨跌	同比涨跌	样本平均价格（元/平方米）	样本价格中位数（元/平方米）
北京	0.78%	0.25%	43307	45900
上海	0.43%	6.57%	49921	42000
广州	0.53%	3.70%	22703	24000
深圳	–0.19%	0.44%	54512	57500
天津	0.06%	–0.84%	14831	14000
武汉	0.53%	4.86%	13001	12500
杭州	0.17%	8.38%	27822	25000
南京	0.61%	3.90%	23523	24877
成都	0.61%	9.91%	11699	11074
重庆（主城区）	0.49%	3.39%	11192	11050

表 36　　2020 年 10 月百城二手住宅价格指数

城市	环比涨跌	样本平均价格（元/平方米）	样本价格中位数（元/平方米）	城市	环比涨跌	样本平均价格（元/平方米）	样本价格中位数（元/平方米）
东莞	1.72%	19016	17601	昆明	0.08%	14399	13321
深圳	1.69%	72657	66839	武汉	0.06%	18648	17822
徐州	1.67%	12866	12505	绵阳	0.06%	8802	8826
宁波	1.58%	25780	25969	海口	0.05%	14145	13763
盐城	1.46%	12276	11576	潍坊	0.04%	7525	7325
淮安	1.24%	10441	9351	湖州	0.03%	9614	9365
常州	0.89%	16249	14922	重庆（主城区）	0.03%	13255	12777
西安	0.86%	15014	13973	北京	0.03%	67191	61395

续表

城市	环比涨跌	样本平均价格（元/平方米）	样本价格中位数（元/平方米）	城市	环比涨跌	样本平均价格（元/平方米）	样本价格中位数（元/平方米）
上海	0.85%	54351	52197	东营	0.00%	8779	8333
南通	0.80%	16537	15864	洛阳	0.00%	9769	9379
银川	0.75%	7004	6675	西宁	0.00%	9808	9050
马鞍山	0.75%	8629	8615	长沙	−0.01%	11345	10924
无锡	0.74%	17666	16738	济南	−0.01%	18093	16615
惠州	0.65%	10442	9464	宿迁	−0.02%	10305	9790
柳州	0.63%	9361	8739	包头	−0.04%	7816	7896
南京	0.61%	34496	32080	长春	−0.04%	10002	9487
成都	0.56%	17656	16461	兰州	−0.06%	12443	12168
唐山	0.54%	12010	11891	厦门	−0.06%	49769	49388
泉州	0.54%	14642	13876	呼和浩特	−0.07%	10752	10671
济宁	0.53%	9473	9167	福州	−0.08%	28242	25571
台州	0.51%	15313	14509	泰州	−0.09%	10901	10776
新乡	0.50%	7885	7992	湛江	−0.10%	9372	9289
广州	0.49%	34943	32296	青岛	−0.13%	23292	20758
杭州	0.48%	34366	32729	烟台	−0.14%	11919	11081
乌鲁木齐	0.48%	9042	8181	南昌	−0.16%	13343	12525
合肥	0.44%	16792	15838	邯郸	−0.18%	9321	9608
绍兴	0.43%	17184	17030	株洲	−0.19%	5919	5859
汕头	0.43%	11423	11152	德州	−0.21%	8637	8395
秦皇岛	0.43%	10331	10678	廊坊	−0.21%	12263	11789
大连	0.40%	15693	14858	张家港	−0.25%	12736	12552
佛山	0.40%	13718	13145	聊城	−0.28%	10324	10350
连云港	0.40%	10844	10092	哈尔滨	−0.30%	10788	9850
桂林	0.35%	8089	7322	江门	−0.30%	8640	8776
金华	0.31%	17446	17306	宜昌	−0.31%	9105	8765
江阴	0.31%	11679	10768	阜阳	−0.32%	8436	8252
威海	0.30%	9236	9381	天津	−0.32%	25500	22098
温州	0.29%	23869	22950	三亚	−0.35%	28329	26796
赣州	0.28%	11320	11626	贵阳	−0.37%	9086	8490
芜湖	0.24%	12017	12374	郑州	−0.38%	15940	14134
珠海	0.24%	22813	22249	石家庄	−0.38%	15168	15124
嘉兴	0.22%	11483	10827	苏州	−0.39%	27356	24427
南宁	0.20%	12705	11712	镇江	−0.41%	9051	8721
中山	0.18%	10606	9996	衡水	−0.41%	8023	7962

续表

城市	环比涨跌	样本平均价格（元 / 平方米）	样本价格中位数（元 / 平方米）	城市	环比涨跌	样本平均价格（元 / 平方米）	样本价格中位数（元 / 平方米）
昆山	0.17%	16319	15229	肇庆	–0.42%	7399	7253
漳州	0.16%	13550	13053	常熟	–0.45%	15117	14457
临沂	0.13%	11145	10234	淄博	–0.50%	9789	9638
太原	0.12%	11678	11343	保定	–0.50%	10698	10132
湘潭	0.11%	5296	5145	张家口	–0.56%	8553	8611
扬州	0.11%	15212	14247	菏泽	–1.17%	6492	6471
沈阳	0.09%	12759	11868	北海	–1.52%	6732	6382

表 37　　2020 年 10 月十大城市二手住宅价格指数变化情况

城市	环比涨跌	同比涨跌	样本平均价格（元 / 平方米）	样本价格中位数（元 / 平方米）
北京	0.03%	–0.24%	67191	61395
上海	0.85%	4.87%	54351	52197
广州	0.49%	0.77%	34943	32296
深圳	1.69%	17.69%	72657	66839
天津	–0.32%	–0.95%	25500	22098
武汉	0.06%	0.58%	18648	17822
杭州	0.48%	3.73%	34366	32729
南京	0.61%	4.72%	34496	32080
成都	0.56%	4.68%	17656	16461
重庆（主城区）	0.03%	–1.06%	13255	12777

注：历史数据请查看：http://www.cih–index.com

数据来源：中指数据 CREIS。

“百城价格指数”

11 月百城均价：新建住宅环比上涨 0.32%，同比上涨 3.63%；二手住宅环比上涨 0.29%，同比上涨 2.70%

中指研究院报道：根据中国房地产指数系统百城价格指数对全国 100 个城市新建及二手住宅的调查数据，2020 年 11 月，全国 100 个城市新建住宅平均价格为 15755 元 / 平方米，环比上涨 0.32%，涨幅较上月收窄 0.08 个百分点。从涨跌城市个数看，71 个城市环比上涨，28 个城市环比下跌，1 个城市与上月持平。同比来看，全国 100 个城市新建住宅平均价格较上年同期上涨 3.63%，涨幅较上月扩大 0.11 个百分点。全国 100 个城市二手住宅平均价格为 15448 元 / 平方米，环比上涨 0.29%，涨幅较上月扩大 0.01 个百分点。从涨跌城市个数看，63 个城市环比上涨，36 个城市环比下跌，1 个城市与上月持平。同比来看，全国 100 个城市二手住宅平均价格较上年同期上涨 2.70%，涨幅较上月扩大 0.31 个百分点。

政策方面，《中共中央关于制定国民经济和社会发展第十四个五年规划和二〇三五年远景目标的建议》发布，其中指出要坚持房子是用来住的、不是用来炒的定位，租购并举、因城施策，促进房地产市场平稳健康发展。16 日，央行行长易纲发文称，未来在房地产业政策把握上，要坚持稳字当头，稳中求进，强化房地产金融的逆周期宏观审慎管理，管理好房地产市场风险。26 日，央行发布《2020 年第三季度中国货币政策执行报告》，其中提及在货币供应方面，要完善货币供应调控机制，既要保持流动性合理充裕，不让市场缺钱，又坚决不搞“大水漫灌”，不让市场的钱溢出来。地方层面，台州、昆明、丽水等城市分别从限售、加强预售资金监管、收紧备案价格管理等方面收紧政策，其中台州明确市区新购买住房 3 年后方可转让。丽水、福州、常州、苏州、保定、珠海、云南等省市纷纷加大引才力度，内容包含放宽落户限制、增加购房补贴等方面，其中苏州放宽落户限制，加大补贴力度引才，鼓励 20% 商品房人才优先购买；丽水对引进人才给予一次性购房补贴，最高 50 万元。

从市场表现来看，新建住宅方面，重点城市整体推盘量较上月有所增加，部分城市如上海、广州、杭州、武汉等整体去化较好，而南昌、青岛则去化表现一般；此外，长三角部分城市市场依旧较为活跃。二手住宅方面，11 月百城二手住宅平均价格同环比均持续上涨，但市场整体保持平稳运行。

展望未来，楼市调控将依旧严格，各地方政府也将在“三稳”目标的政策导向下，继续深化因城施策，保障房地产市场平稳健康发展。预计未来，房企在全年销售目标压力下，推盘积极性依然较高，降价促销、抢收业绩促回款仍将持续，部分基本面较好的城市市场仍将保持一定活跃度。

一、11 月百城新建住宅价格指数

2020 年 11 月，全国 100 个城市新建住宅平均价格为 15755 元 / 平方米，环比上涨 0.32%，同比上涨 3.63%。其中，一线城市环比上涨 0.37%，同比上涨 4.05%；二线城市环比上涨 0.31%，同比上涨 3.92%；三线代表城市环比上涨 0.26%，同比上涨 2.56%。本月珠三角、长三角区域市场依旧较为活跃，东莞、杭州、金华等新建住宅价格环比涨幅居前列。

● 百城新建住宅价格环比涨跌幅分析

2020 年 11 月，新建住宅价格环比上涨的城市个数为 71 个，较上月减少 2 个。具体来看，东莞环比上涨 1.14%；杭州、金华等 17 个城市环比涨幅在 0.5%~1.0% 之间；保定、苏州等 53 个城市涨幅在 0.5% 以内。本月马鞍山新房价格与上月持平。

2020 年 11 月，新建住宅价格环比下跌的城市个数为 28 个，较上月增加 2 个。其中，聊城和德州环比分别下跌 0.64%、0.50%；张家口、昆明等 17 个城市跌幅在 0.1%（含）~0.5% 之间；南昌、威海等 9 个城市跌幅均在 0.1% 以内。

● 百城新建住宅价格同比[①]涨跌幅分析

2020 年 11 月，新建住宅价格同比上涨的城市个数为 79 个。其中，江阴、杭州等 21 个城市涨幅在 5.0%~10.0% 之间；南京、西宁等 58 个城市涨幅均在 5.0% 以内。

2020 年 11 月，赣州、桂林等 15 个城市住宅价格同比下跌。其中，赣州同比下跌 2.58%；桂林、衡水等 5 个城市跌幅在 1.0%~2.0% 之间；菏泽、新乡等 9 个城市跌幅均在 1.0% 以内。

● 十大城市新建住宅价格涨跌情况

根据百城新建住宅价格指数对北京、上海等十大城市样本调查数据显示，2020 年 11 月十大城市新建

① 新增6个城市暂无同比涨跌幅。

住宅平均价格为28441元/平方米，环比上涨0.42%，涨幅较上月收窄0.07个百分点。十大城市中，8个城市环比上涨，上涨城市数量较上月减少1个；2个城市环比下跌，下跌城市数量较上月增加1个。具体来看，杭州和南京环比分别上涨0.93%、0.85%；成都和北京环比涨幅在0.5%~0.6%之间；天津、上海、广州以及武汉环比涨幅均在0.5%以内。本月深圳和重庆（主城区）新房价格均环比下跌，跌幅分别为0.31%、0.06%。

同比来看，十大城市新建住宅平均价格同比上涨4.42%，涨幅较上月扩大0.27个百分点。十大城市中，除天津、深圳同比分别下跌0.37%和0.01%外，其余城市同比均上涨。具体来看，成都、杭州、上海以及武汉新建住宅价格同比涨幅均在5.0%~10.0%之间；南京、广州以及重庆（主城区）涨幅在3.0%~5.0%之间；北京同比涨幅相对较小，为1.01%。

二、11月百城二手住宅价格指数

2020年11月，全国100个城市二手住宅平均价格为15448元/平方米，环比上涨0.29%，同比上涨2.70%。其中，一线城市二手住宅价格环比上涨0.91%，同比上涨7.16%；二线城市环比上涨0.16%，同比上涨1.83%；三线代表城市环比上涨0.23%，同比上涨2.08%。

● 百城二手住宅价格环比涨跌幅分析

2020年11月，二手住宅价格环比上涨的城市个数为63个，较上月增加5个。具体来看，东莞、宁波等7个城市环比涨幅在1.0%（含）以上；连云港、威海等17个城市涨幅在0.5%（含）~1.0%之间；绵阳、惠州等26个城市涨幅在0.1%（含）~0.5%之间；台州、沈阳等13个城市涨幅均在0.1%以内。本月东营二手住宅价格与上月持平。

2020年11月，二手住宅价格环比下跌的城市个数为36个，较上月减少3个。其中，菏泽环比下跌1.57%；常熟、衡水、北海、石家庄环比跌幅在0.5%（含）~1.0%之间；张家口、郑州等25个城市跌幅在0.1%（含）~0.5%之间；长春、福州等6个城市跌幅均在0.1%以内。

● 百城二手住宅价格同比涨跌幅分析

2020年11月，二手住宅价格同比上涨的城市个数为66个。具体来看，深圳、东莞、宁波、淮安、盐城5个城市同比涨幅超过10.0%；无锡、南通等11个城市涨幅在5.0%（含）~10.0%之间；江阴、沈阳等33个城市涨幅在1.0%~5.0%之间；长沙、桂林等17个城市涨幅在1.0%以内。

2020年11月，张家口、北海等34个城市二手住宅价格同比下跌。其中，张家口跌幅为7.81%；北海跌幅为5.73%；保定、常熟等21个城市跌幅在1.0%~5.0%之间；漳州、威海等11个城市跌幅均在1.0%以内。

● 十大城市二手住宅价格涨跌情况

根据百城二手住宅价格指数对北京、上海等十大城市样本调查数据显示，2020年11月十大城市二手住宅平均价格为37558元/平方米，环比持续上涨，涨幅为0.67%。十大城市中，8个城市环比上涨，上涨城市个数较上月减少1个。具体来看，深圳环比上涨1.65%，涨幅最大；上海环比涨幅为1.21%；广州、成都、南京、杭州涨幅介于0.5%~1.0%之间；重庆、北京环比涨幅在0.2%以内。天津环比下跌0.38%；

武汉环比下跌 0.03%。

同比来看，十大城市二手住宅平均价格同比上涨 5.46%，涨幅较上月扩大 0.73 个百分点。十大城市中，8 个城市同比上涨，2 个城市同比下跌。具体来看，深圳同比上涨 18.69%，涨幅最大；上海、成都、南京涨幅分别为 5.98%、5.49% 和 5.13%；杭州、广州、武汉、北京同比涨幅均在 5.0% 以内；天津同比下跌 0.85%；重庆同比下跌 0.42%。

表 38　　2020 年 11 月百城新建住宅价格指数

城市	环比涨跌	样本平均价格（元 / 平方米）	样本价格中位数（元 / 平方米）	城市	环比涨跌	样本平均价格（元 / 平方米）	样本价格中位数（元 / 平方米）
东莞	1.14%	18026	19000	广州	0.23%	22755	24500
杭州	0.93%	28082	24500	三亚	0.22%	24539	25250
金华	0.85%	11828	11000	秦皇岛	0.21%	9619	9600
南京	0.85%	23723	24877	佛山	0.16%	13200	14500
中山	0.80%	10270	12500	长春	0.14%	9273	9000
无锡	0.75%	13383	14000	肇庆	0.14%	7315	7400
嘉兴	0.66%	12737	12200	长沙	0.12%	8886	9200
淮安	0.65%	6201	6800	武汉	0.12%	13017	12500
江门	0.65%	8372	9300	赣州	0.12%	8193	7700
徐州	0.64%	9084	8700	桂林	0.09%	6608	6100
邯郸	0.63%	6839	6600	福州	0.08%	17006	17500
济宁	0.63%	7694	8000	湖州	0.05%	11040	10800
石家庄	0.63%	11900	11500	青岛	0.04%	13414	12000
南通	0.58%	14086	17175	镇江	0.03%	9443	9900
海口	0.57%	14905	15150	扬州	0.03%	12758	12774
成都	0.52%	11760	11050	烟台	0.02%	9235	8400
北京	0.51%	43529	47000	贵阳	0.01%	6945	7225
唐山	0.51%	8516	7700	连云港	0.01%	7520	6700
保定	0.48%	8981	8500	泉州	0.01%	8824	8300
苏州	0.48%	17758	21500	沈阳	0.01%	9829	9000
惠州	0.46%	10883	12460	常熟	0.01%	15165	14500
济南	0.44%	11552	13500	马鞍山	0.00%	7303	7000
银川	0.44%	6343	6537	台州	–0.03%	13555	12500
西宁	0.44%	7275	7000	洛阳	–0.04%	8209	7700
常州	0.44%	12209	13500	大连	–0.04%	13560	13000
湛江	0.43%	10664	10500	淄博	–0.04%	7793	7815
太原	0.43%	10043	9800	漳州	–0.05%	11129	12000
西安	0.42%	10836	10513	宁波	–0.06%	18436	17000
乌鲁木齐	0.40%	8116	8499	重庆（主城区）	–0.06%	11185	11050

续表

城市	环比涨跌	样本平均价格（元 / 平方米）	样本价格中位数（元 / 平方米）	城市	环比涨跌	样本平均价格（元 / 平方米）	样本价格中位数（元 / 平方米）
湘潭	0.39%	5460	5200	威海	-0.07%	8923	8500
天津	0.38%	14887	14000	南昌	-0.09%	12678	12200
上海	0.35%	50097	42000	温州	-0.10%	19652	19315
合肥	0.35%	13478	13000	北海	-0.17%	8109	7500
兰州	0.35%	9012	8850	张家港	-0.18%	11012	11200
绵阳	0.34%	6777	6890	珠海	-0.19%	21512	24000
芜湖	0.33%	8441	12033	郑州	-0.21%	12218	14000
江阴	0.32%	10382	9600	南宁	-0.22%	11099	11000
新乡	0.32%	5678	5700	汕头	-0.25%	10812	11000
柳州	0.30%	9313	8600	绍兴	-0.28%	15766	15000
厦门	0.30%	28983	33000	菏泽	-0.31%	5519	5746
潍坊	0.30%	6682	6800	深圳	-0.31%	54344	57000
昆山	0.27%	15724	16000	东营	-0.32%	5918	6175
呼和浩特	0.27%	8473	8000	阜阳	-0.33%	7550	7599
包头	0.27%	6403	6300	衡水	-0.39%	6712	6000
哈尔滨	0.26%	9791	9700	宜昌	-0.45%	7782	7081
宿迁	0.25%	5509	5500	盐城	-0.47%	8297	8500
泰州	0.25%	7982	7100	昆明	-0.48%	11195	10775
株洲	0.25%	6120	5900	张家口	-0.48%	8669	8000
廊坊	0.24%	12363	12750	德州	-0.50%	6739	6804
临沂	0.23%	9482	8500	聊城	-0.64%	6513	6250

表 39　　2020 年 11 月十大城市新建住宅价格指数变化情况

城市	环比涨跌	同比涨跌	样本平均价格（元 / 平方米）	样本价格中位数（元 / 平方米）
北京	0.51%	1.01%	43529	47000
上海	0.35%	6.62%	50097	42000
广州	0.23%	4.13%	22755	24500
深圳	-0.31%	-0.01%	54344	57000
天津	0.38%	-0.37%	14887	14000
武汉	0.12%	5.13%	13017	12500
杭州	0.93%	8.47%	28082	24500
南京	0.85%	4.89%	23723	24877
成都	0.52%	8.96%	11760	11050
重庆（主城区）	-0.06%	3.38%	11185	11050

表 40　　2020 年 11 月百城二手住宅价格指数

城市	环比涨跌	样本平均价格（元/平方米）	样本价格中位数（元/平方米）	城市	环比涨跌	样本平均价格（元/平方米）	样本价格中位数（元/平方米）
东莞	1.90%	19378	18023	台州	0.10%	15328	14949
宁波	1.71%	26220	26388	沈阳	0.09%	12770	11877
深圳	1.65%	73854	68322	济宁	0.08%	9481	9109
盐城	1.64%	12477	11868	肇庆	0.07%	7404	7249
淮安	1.57%	10605	9457	绍兴	0.06%	17194	17048
马鞍山	1.27%	8739	8756	泰州	0.06%	10907	10791
上海	1.21%	55011	52786	济南	0.05%	18102	16693
连云港	0.95%	10947	10149	湖州	0.04%	9618	9321
威海	0.89%	9318	9271	呼和浩特	0.04%	10756	10674
泉州	0.85%	14766	13888	厦门	0.03%	49783	49253
西安	0.79%	15133	14045	太原	0.03%	11681	11339
徐州	0.78%	12966	12647	北京	0.02%	67207	61599
南通	0.77%	16665	15930	南宁	0.02%	12708	11680
赣州	0.77%	11407	11642	东营	0.00%	8779	8333
银川	0.64%	7049	6708	武汉	−0.03%	18642	17801
金华	0.64%	17557	17417	潍坊	−0.05%	7521	7286
广州	0.62%	35161	32530	柳州	−0.07%	9354	8727
成都	0.62%	17766	16606	淄博	−0.08%	9781	9638
合肥	0.61%	16895	15783	福州	−0.09%	28217	25517
汕头	0.60%	11491	11288	长春	−0.10%	9992	9459
南京	0.59%	34700	32249	江门	−0.13%	8629	8732
常州	0.59%	16345	14939	临沂	−0.15%	11128	10328
杭州	0.54%	34553	32996	桂林	−0.16%	8076	7317
无锡	0.50%	17755	16774	湘潭	−0.19%	5286	5158
绵阳	0.49%	8845	8864	烟台	−0.19%	11896	11074
惠州	0.46%	10490	9444	嘉兴	−0.20%	11460	10789
唐山	0.36%	12053	11875	阜阳	−0.20%	8419	8252
昆山	0.32%	16371	15270	秦皇岛	−0.20%	10310	10589
湛江	0.30%	9400	9414	哈尔滨	−0.20%	10766	9804
中山	0.28%	10636	10079	江阴	−0.22%	11653	10520
乌鲁木齐	0.27%	9066	8241	南昌	−0.24%	13311	12477
佛山	0.23%	13750	13252	张家港	−0.25%	12704	12490
大连	0.22%	15727	14784	德州	−0.27%	8614	8283
西宁	0.20%	9828	9246	苏州	−0.27%	27283	24399
聊城	0.20%	10345	10284	廊坊	−0.28%	12229	11686
温州	0.20%	23917	23081	兰州	−0.28%	12408	12174
芜湖	0.20%	12041	12341	青岛	−0.31%	23220	20638

续表

城市	环比涨跌	样本平均价格（元/平方米）	样本价格中位数（元/平方米）	城市	环比涨跌	样本平均价格（元/平方米）	样本价格中位数（元/平方米）
镇江	0.20%	9069	8694	株洲	-0.32%	5900	5829
包头	0.19%	7831	7867	天津	-0.38%	25404	21941
海口	0.18%	14171	13787	宜昌	-0.40%	9069	8599
重庆（主城区）	0.18%	13279	12811	邯郸	-0.40%	9284	9588
珠海	0.18%	22853	22237	贵阳	-0.41%	9049	8456
新乡	0.16%	7898	8023	保定	-0.42%	10653	10077
漳州	0.16%	13572	13046	郑州	-0.44%	15870	14120
长沙	0.15%	11362	10901	张家口	-0.49%	8511	8611
昆明	0.14%	14419	13258	石家庄	-0.50%	15092	15052
宿迁	0.14%	10319	9794	北海	-0.65%	6688	6272
三亚	0.13%	28367	26351	衡水	-0.70%	7967	7872
洛阳	0.11%	9780	9363	常熟	-0.93%	14977	14404
扬州	0.11%	15228	14178	菏泽	-1.57%	6390	6122

表 41　　2020 年 11 月十大城市二手住宅价格指数变化情况

城市	环比涨跌	同比涨跌	样本平均价格（元/平方米）	样本价格中位数（元/平方米）
北京	0.02%	0.12%	67207	61599
上海	1.21%	5.98%	55011	52786
广州	0.62%	1.86%	35161	32530
深圳	1.65%	18.69%	73854	68322
天津	-0.38%	-0.85%	25404	21941
武汉	-0.03%	0.61%	18642	17801
杭州	0.54%	4.66%	34553	32996
南京	0.59%	5.13%	34700	32249
成都	0.62%	5.49%	17766	16606
重庆（主城区）	0.18%	-0.42%	13279	12811

注：历史数据请查看：http://www.cih-index.com

数据来源：中指数据 CREIS。

“百城价格指数”

12 月百城均价：新建住宅环比上涨 0.25%，同比上涨 3.46%；二手住宅环比上涨 0.28%，同比上涨 2.98%

中指研究院报道：根据中国房地产指数系统百城价格指数对全国 100 个城市新建及二手住宅的调查数据，2020 年 12 月，全国 100 个城市新建住宅平均价格为 15795 元/平方米，环比上涨 0.25%，涨幅较上月收窄 0.07 个百分点。从涨跌城市个数看，79 个城市环比上涨，19 个城市环比下跌，2 个城市与上月持平。同比来看，全国 100 个城市新建住宅平均价格较上年同期上涨 3.46%，涨幅较上月收窄 0.17 个百分点；2020 年累计涨幅已超过 2019 年，较 2019 年扩大 0.12 个百分点。全国 100 个城市二手住宅平均价格为 15492 元 / 平方米，环比上涨 0.28%，涨幅较上月收窄 0.01 个百分点。从涨跌城市个数看，55 个城市环比上涨，41 个城市环比下跌，4 个城市与上月持平。同比来看，全国 100 个城市二手住宅平均价格较上年同期上涨 2.98%，涨幅较上月扩大 0.28 个百分点；2020 年累计涨幅较 2019 年扩大 0.27 个百分点。

政策方面，韩正副总理主持召开座谈会，强调时刻绷紧房地产市场调控这根弦，从实际出发不断完善政策工具箱，推动房地产市场平稳健康发展。16~18 日，中央经济工作会议提出要解决好大城市住房突出问题，坚持房子是用来住的、不是用来炒的定位，因地制宜、多策并举；要高度重视保障性租赁住房建设，加快完善长租房政策。21 日，住建部召开全国住房和城乡建设工作会议，提出 2021 年工作总体要求和重点任务，包含全力实施城市更新行动、稳妥实施房地产长效机制方案、大力发展租赁住房等方面。地方层面，西安、昆明、成都等发文加强商品房预售资金监管；西安、宁波上调二套房信贷首付比例，宁波从严管理离婚、投靠两类购房资格，进一步规范合同更名和住房赠与行为；公积金方面，湛江上调公积金贷款额度，河北全面开展住房公积金异地个人住房贷款业务。此外，福州全面放开落户限制，实现落户“零门槛”；苏州放宽落户条件，租房即可落户，创新户口迁移政策，与南京实现居住证年限和社保年限积累互认。

从市场表现来看，新建住宅方面，12 月重点城市整体推盘量居今年高位，除上海、广州整体去化较好外，多数城市去化呈分化状态，热门板块、高性价比项目普遍去化较好；此外，粤港澳大湾区、长三角部分城市市场仍较活跃，而宁波受调控政策加码影响，市场有所降温。二手住宅方面，12 月百城二手住宅平均价格同环比均持续上涨，上涨城市数量减少，房价整体保持平稳运行。

展望未来，中央将继续坚持“房住不炒”定位，全面落实房地产长效机制，完善政策协同、调控联动、监测预警、舆情引导、市场监管等机制，保持房地产市场平稳运行，房价将保持稳中小幅上涨态势，一线及二线热点城市因有较强经济支撑，房价仍将保持上涨势头，但在严格的调控政策背景下，涨幅有限；部分城市群内部三四线城市调控政策存收紧空间，或带动房价理性回归。

一、12 月百城新建住宅价格指数

2020 年 12 月，全国 100 个城市新建住宅平均价格为 15795 元 / 平方米，环比上涨 0.25%，同比上涨 3.46%。其中，一线城市环比上涨 0.16%，同比上涨 3.93%；二线城市环比上涨 0.34%，同比上涨 3.67%；三四线代表城市环比上涨 0.23%，同比上涨 2.49%。本月珠三角、长三角区域市场依旧较为活跃，东莞、广州、杭州等新建住宅价格环比涨幅居前列。

- 百城新建住宅价格环比涨跌幅分析

2020 年 12 月，新建住宅价格环比上涨的城市个数为 79 个，较上月增加 8 个。具体来看，东莞、广州环比分别上涨 1.27%、1.22%；武汉、杭州等 17 个城市环比涨幅在 0.5%（含）~1.0% 之间；海口、湛江等 60 个城市涨幅在 0.5% 以内。本月徐州和德州新房价格均与上月持平。

2020 年 12 月，新建住宅价格环比下跌的城市个数为 19 个，较上月减少 9 个。其中，洛阳、张家口和衡水环比分别下跌 0.69%、0.55%、0.52%；廊坊、肇庆等 9 个城市跌幅在 0.1%~0.5% 之间；宁波、北海等 7 个城市跌幅均在 0.1% 以内。

● 百城新建住宅价格同比[①]涨跌幅分析

2020 年 12 月，新建住宅价格同比上涨的城市个数为 80 个。其中，东莞、杭州等 20 个城市涨幅在 5.0%~10.0% 之间；温州、江门等 60 个城市涨幅均在 5.0% 以内。

2020 年 12 月，衡水、洛阳等 13 个城市住宅价格同比下跌。其中，衡水、洛阳同比分别下跌 2.72%、2.04%；桂林、菏泽、赣州以及北海跌幅在 1.0%~2.0% 之间；汕头、深圳等 7 个城市跌幅均在 1.0% 以内。

● 十大城市新建住宅价格涨跌情况

根据百城新建住宅价格指数对北京、上海等十大城市样本调查数据显示，2020 年 12 月十大城市新建住宅平均价格为 28528 元 / 平方米，环比上涨 0.31%，涨幅较上月收窄 0.11 个百分点。十大城市中，9 个城市环比上涨，上涨城市数量较上月增加 1 个；1 个城市环比下跌，下跌城市数量较上月减少 1 个。具体来看，广州环比上涨 1.22%；武汉、杭州、成都、南京以及重庆（主城区）环比涨幅在 0.6%~0.9% 之间；天津、上海环比涨幅则在 0.1%~0.2% 之间；北京环比涨幅较小，为 0.06%。本月十大城市中，仅深圳新房价格环比下跌，跌幅为 0.24%。

同比来看，十大城市新建住宅平均价格同比上涨 4.31%，涨幅较上月收窄 0.11 个百分点。十大城市中，除深圳、天津同比分别下跌 0.59% 和 0.50% 外，其余城市同比均上涨。具体来看，杭州、成都、上海、广州、武汉以及南京新建住宅价格同比涨幅均在 5.0%~9.0% 之间；重庆（主城区）、北京涨幅在 5.0% 以内，其中北京同比涨幅相对较小，为 1.63%。

二、12 月百城二手住宅价格指数

2020 年 12 月，全国 100 个城市二手住宅平均价格为 15492 元 / 平方米，环比上涨 0.28%，同比上涨 2.98%。其中，一线城市二手住宅价格环比上涨 0.86%，同比上涨 8.04%；二线城市环比上涨 0.12%，同比上涨 2.02%；三四线代表城市环比上涨 0.23%，同比上涨 2.24%。

● 百城二手住宅价格环比涨跌幅分析

2020 年 12 月，二手住宅价格环比上涨的城市个数为 55 个，较上月减少 8 个。具体来看，东莞、淮安等 6 个城市环比涨幅在 1.0%（含）以上；上海、金华等 16 个城市涨幅在 0.5%–1.0% 之间；呼和浩特、芜湖等 22 个城市涨幅在 0.1%(含)~0.5% 之间；德州、长沙等 11 个城市涨幅均在 0.1% 以内。宿迁、西宁、东营和中山 4 个城市二手住宅价格均与上月持平。

2020 年 12 月，二手住宅价格环比下跌的城市个数为 41 个，较上月增加 5 个。其中，北海环比下跌 1.01%；菏泽、张家口、湖州、宜昌、新乡环比跌幅在 0.5%~1.0% 之间；威海、保定等 27 个城市跌幅在 0.1%（含）~0.5% 之间；阜阳、聊城等 8 个城市跌幅均在 0.1% 以内。

● 百城二手住宅价格同比涨跌幅分析

2020 年 12 月，二手住宅价格同比上涨的城市个数为 66 个。具体来看，深圳、东莞、宁波、淮安、盐城 5 个城市同比涨幅超过 10.0%；无锡、南通等 15 个城市涨幅在 5.0%~10.0% 之间；泉州、赣州等 30 个城市涨幅在 1.0%（含）~5.0% 之间；厦门、兰州等 16 个城市涨幅在 1.0% 以内。

2020 年 12 月，张家口、北海等 34 个城市二手住宅价格同比下跌。其中，张家口、北海同比分别下

① 新增6个城市暂无同比涨跌幅。

跌8.04%、6.11%；保定、常熟等21个城市跌幅在1.0%（含）~5.0%之间；天津、张家港等11个城市跌幅均在1.0%以内。

● 十大城市二手住宅价格涨跌情况

根据百城二手住宅价格指数对北京、上海等十大城市样本调查数据显示，2020年12月十大城市二手住宅平均价格为37782元/平方米，环比持续上涨，涨幅为0.60%。十大城市中，8个城市环比上涨，上涨城市个数与上月持平。具体来看，深圳环比上涨1.53%，涨幅最大；上海、广州、成都涨幅均在0.5%–1.0%之间；杭州、南京、北京以及重庆（主城区）环比涨幅在0.5%以内。天津环比下跌0.40%；武汉环比下跌0.17%。

同比来看，十大城市二手住宅平均价格同比上涨6.07%，涨幅较上月扩大0.61个百分点。十大城市中，8个城市同比上涨，2个城市同比下跌。具体来看，深圳同比上涨19.54%；上海、成都、杭州和南京涨幅分别为6.91%、5.67%、5.24%和5.22%；广州、北京、武汉同比涨幅均不足3%；天津同比下跌0.85%；重庆（主城区）同比下跌0.02%。

表42 **2020年12月百城新建住宅价格指数**

城市	环比涨跌	样本平均价格（元/平方米）	样本价格中位数（元/平方米）	城市	环比涨跌	样本平均价格（元/平方米）	样本价格中位数（元/平方米）
东莞	1.27%	18255	19000	包头	0.19%	6415	6300
广州	1.22%	23033	24500	青岛	0.19%	13439	12000
武汉	0.81%	13122	12580	乌鲁木齐	0.18%	8131	8500
杭州	0.78%	28302	23600	淄博	0.18%	7807	7850
成都	0.76%	11849	11000	赣州	0.17%	8207	7800
无锡	0.73%	13481	14100	昆明	0.16%	11213	10800
金华	0.70%	11911	11000	天津	0.15%	14909	14265
扬州	0.69%	12846	13000	连云港	0.15%	7531	6550
南京	0.67%	23882	25130	淮安	0.15%	6210	6800
佛山	0.67%	13288	14500	宿迁	0.13%	5516	5350
长沙	0.64%	8943	9200	石家庄	0.13%	11915	11850
重庆（主城区）	0.61%	11253	11173	嘉兴	0.13%	12753	12446
泰州	0.59%	8029	7200	上海	0.12%	50158	42000
湖州	0.59%	11105	11000	盐城	0.12%	8307	8500
邯郸	0.58%	6879	6800	潍坊	0.12%	6690	6800
太原	0.57%	10100	10000	苏州	0.11%	17778	21500
江门	0.54%	8417	9100	昆山	0.11%	15741	16000
银川	0.54%	6377	6500	绍兴	0.11%	15783	15000
呼和浩特	0.50%	8515	7900	镇江	0.11%	9453	10000
海口	0.48%	14977	15150	厦门	0.08%	29007	33000
湛江	0.46%	10713	10500	阜阳	0.08%	7556	7780
东营	0.44%	5944	5600	哈尔滨	0.06%	9797	9500
唐山	0.42%	8552	7750	桂林	0.06%	6612	6000
台州	0.42%	13612	12800	北京	0.06%	43555	47000

续表

城市	环比涨跌	样本平均价格（元 / 平方米）	样本价格中位数（元 / 平方米）
威海	0.39%	8958	8500
绵阳	0.38%	6803	6800
新乡	0.37%	5699	5700
马鞍山	0.37%	7330	7000
常熟	0.36%	15220	14500
常州	0.36%	12253	13400
兰州	0.36%	9044	8700
南通	0.35%	14136	17000
江阴	0.35%	10418	9900
株洲	0.33%	6140	5900
烟台	0.32%	9265	8500
济南	0.32%	11589	13100
临沂	0.32%	9512	8500
聊城	0.31%	6533	6250
西安	0.30%	10868	10837
贵阳	0.29%	6965	8245
惠州	0.28%	10913	12500
南宁	0.25%	11127	11000
温州	0.24%	19699	19397
合肥	0.24%	13510	13000
郑州	0.24%	12247	14000
张家港	0.24%	11038	11350
南昌	0.23%	12707	12500
西宁	0.22%	7291	7000
大连	0.21%	13588	12500
三亚	0.19%	24586	25000
宜昌	0.05%	7786	7300
长春	0.03%	9276	9000
秦皇岛	0.03%	9622	9400
中山	0.03%	10273	12500
芜湖	0.02%	8443	12033
徐州	0.00%	9084	8700
德州	0.00%	6739	6804
济宁	–0.01%	7693	8000
珠海	–0.03%	21505	24000
沈阳	–0.04%	9825	9000
保定	–0.04%	8977	8525
泉州	–0.05%	8820	8050
北海	–0.05%	8105	7500
宁波	–0.08%	18421	17000
湘潭	–0.13%	5453	5200
福州	–0.17%	16977	17500
漳州	–0.20%	11107	11950
菏泽	–0.20%	5508	5700
柳州	–0.20%	9294	8500
汕头	–0.23%	10787	11000
深圳	–0.24%	54212	57000
肇庆	–0.30%	7293	7300
廊坊	–0.40%	12314	12500
衡水	–0.52%	6677	6000
张家口	–0.55%	8621	8000
洛阳	–0.69%	8152	7500

表 43　　2020 年 12 月十大城市新建住宅价格指数变化情况

城市	环比涨跌	同比涨跌	样本平均价格（元 / 平方米）	样本价格中位数（元 / 平方米）
北京	0.06%	1.63%	43555	47000
上海	0.12%	5.81%	50158	42000
广州	1.22%	5.44%	23033	24500
深圳	–0.24%	–0.59%	54212	57000
天津	0.15%	–0.50%	14909	14265
武汉	0.81%	5.23%	13122	12580
杭州	0.78%	8.94%	28302	23600
南京	0.67%	5.18%	23882	25130
成都	0.76%	7.26%	11849	11000
重庆（主城区）	0.61%	3.53%	11253	11173

表 44　　**2020 年 12 月百城二手住宅价格指数**

城市	环比涨跌	样本平均价格（元 / 平方米）	样本价格中位数（元 / 平方米）	城市	环比涨跌	样本平均价格（元 / 平方米）	样本价格中位数（元 / 平方米）
东莞	1.99%	19764	18546	淄博	0.05%	9785	9638
淮安	1.88%	10804	9726	嘉兴	0.04%	11465	10837
盐城	1.73%	12692	12141	秦皇岛	0.04%	10314	10658
深圳	1.53%	74984	69079	海口	0.02%	14174	13702
宁波	1.14%	26520	26696	湛江	0.01%	9400	9360
连云港	1.02%	11059	10308	宿迁	0.00%	10319	9794
上海	0.97%	55543	53227	西宁	0.00%	9828	9246
金华	0.97%	17727	17615	东营	0.00%	8779	8333
泉州	0.90%	14899	14199	中山	0.00%	10636	10089
赣州	0.80%	11498	11834	湘潭	–0.02%	5285	5120
徐州	0.77%	13066	12646	南昌	–0.03%	13308	12526
西安	0.76%	15248	14142	济南	–0.03%	18097	16740
银川	0.75%	7102	6788	邯郸	–0.05%	9280	9588
广州	0.72%	35415	32578	烟台	–0.05%	11890	11048
济宁	0.57%	9535	9109	三亚	–0.05%	28352	26413
乌鲁木齐	0.57%	9118	8305	聊城	–0.07%	10337	10283
成都	0.57%	17867	16686	阜阳	–0.08%	8412	8222
无锡	0.56%	17854	16807	常熟	–0.10%	14963	14471
常州	0.54%	16433	15010	泰州	–0.10%	10896	10817
南通	0.52%	16752	15960	福州	–0.12%	28184	25488
马鞍山	0.52%	8784	8877	兰州	–0.12%	12393	12143
合肥	0.52%	16982	15734	潍坊	–0.12%	7512	7281
呼和浩特	0.49%	10808	10711	长春	–0.13%	9979	9387
芜湖	0.47%	12098	12356	株洲	–0.14%	5892	5814
昆山	0.45%	16446	15385	洛阳	–0.16%	9765	9332
杭州	0.44%	34706	32908	沈阳	–0.16%	12749	11812
绵阳	0.42%	8882	8904	江阴	–0.17%	11633	10455
台州	0.39%	15387	14969	武汉	–0.17%	18609	17855
惠州	0.38%	10530	9425	漳州	–0.18%	13547	13122
南京	0.34%	34818	32180	江门	–0.20%	8612	8761
镇江	0.28%	9094	8633	石家庄	–0.20%	15062	15058
珠海	0.26%	22912	22351	临沂	–0.23%	11103	10277
温州	0.23%	23971	23112	桂林	–0.23%	8057	7246
扬州	0.22%	15261	14242	哈尔滨	–0.23%	10741	9841
佛山	0.19%	13777	13256	青岛	–0.24%	23164	20763
唐山	0.17%	12073	11908	柳州	–0.25%	9331	8790
汕头	0.17%	11510	11244	苏州	–0.26%	27213	24356

续表

城市	环比涨跌	样本平均价格（元 / 平方米）	样本价格中位数（元 / 平方米）	城市	环比涨跌	样本平均价格（元 / 平方米）	样本价格中位数（元 / 平方米）
太原	0.16%	11700	11280	衡水	–0.27%	7945	7836
厦门	0.12%	49843	49328	郑州	–0.29%	15824	14090
昆明	0.12%	14437	13291	肇庆	–0.33%	7380	7148
大连	0.12%	15746	14834	贵阳	–0.36%	9017	8416
北京	0.11%	67284	61356	天津	–0.40%	25304	21777
绍兴	0.11%	17213	17048	保定	–0.41%	10609	9975
包头	0.10%	7838	7874	威海	–0.45%	9276	9278
德州	0.07%	8620	8283	新乡	–0.61%	7850	7973
长沙	0.06%	11369	10917	宜昌	–0.64%	9011	8581
南宁	0.06%	12716	11728	湖州	–0.65%	9555	9245
张家港	0.05%	12711	12434	张家口	–0.70%	8451	8550
重庆（主城区）	0.05%	13286	12859	菏泽	–0.97%	6328	6082
廊坊	0.05%	12235	11770	北海	–1.01%	6621	6303

表 45　　2020 年 12 月十大城市二手住宅价格指数变化情况

城市	环比涨跌	同比涨跌	样本平均价格（元 / 平方米）	样本价格中位数（元 / 平方米）
北京	0.11%	0.78%	67284	61356
上海	0.97%	6.91%	55543	53227
广州	0.72%	2.87%	35415	32578
深圳	1.53%	19.54%	74984	69079
天津	–0.40%	–0.85%	25304	21777
武汉	–0.17%	0.44%	18609	17855
杭州	0.44%	5.24%	34706	32908
南京	0.34%	5.22%	34818	32180
成都	0.57%	5.67%	17867	16686
重庆（主城区）	0.05%	–0.02%	13286	12859

注：历史数据请查看：http://www.cih–index.com

数据来源：中指数据 CREIS。

百城价格指数典型样本项目

中指研究院在中国房地产指数系统理论体系和架构的基础上，从百城新建住宅价格指数样本项目中选取在所属城市有较强知名度和广泛影响力的典型样本项目，以“典型性”为基本原则，从销售表现、产品创新等方面对样本楼盘进行研究，最终得出“2020 城市典型样本项目”，在肯定项目的典范代表地位的同时，也为市场提供学习和借鉴的标杆。

表 46　　2020 城市典型样本项目

项目名称	所在城市	开发商
滨江御虹府	杭州	杭州滨乾房地产开发有限公司
金众 · 麒麟公馆	深圳	深圳市深旅物业管理有限公司

续表

项目名称	所在城市	开发商
融信世纪东方	南京	南京恺璟晟房地产开发有限公司
中海城南公馆	南京	南京海泽房地产开发有限公司
西山锦绣府	北京	北京紫光科城科技发展有限公司
东湖长岛	成都	成都兴城人居地产投资集团股份有限公司
凯旋滨江园	上海	新鸿基地产发展有限公司
绿地海珀外滩	上海	绿地控股集团股份有限公司
都会四季	南京	南京裕晟置业有限公司
联发・锦里	天津	天津联达房地产开发有限公司
融信万科・古翠隐秀	杭州	杭州融恒置业有限公司
天山・世界壹號	石家庄	天山房地产开发集团有限公司
龙湖首开湖西星辰	苏州	苏州隆泰置业有限公司
华樾北京	北京	北京金开祯泰房地产开发有限公司
禹洲・凤凰府	唐山	禹洲集团（天津）有限公司
华润置地公园九里花园	深圳	深圳市润朗房地产有限公司
未来金茂府	北京	北京城茂未来房地产开发有限公司
中海天府里	成都	中海兴业（成都）发展有限公司
北纬 37°	济南	鼎瓯文化旅游发展集团有限公司
安联九都漫城	邯郸	河北安联房地产开发有限公司
天津海玥名邸	天津	上海建工房产有限公司
花语墅	贵阳	中国铁建地产贵州公司丨贵州广电传媒集团
青岛中冶・德贤公馆	青岛	中冶置业集团有限公司
滨江金地・御品	杭州	杭州滨望房地产开发有限公司
中海映山湖城市综合体	贵阳	贵阳中海房地产有限公司
济南中建蔚蓝之城	济南	上海中建东孚投资发展有限公司
正商生态城	郑州	正商集团
龙港・新鸿未来城	温州	新鸿隆祥地产集团有限公司
奥体・金茂府	济南	济南远茂置业有限责任公司
融创大塘御园	无锡	无锡融城置业有限公司
绿地长沙城际空间站	长沙	长沙绿地新里程置业有限公司
金华・新鸿广场	金华	新鸿隆祥地产集团有限公司
保利天汇	惠州	保利发展控股集团股份有限公司
万科滨河道	宁波	宁波开万云海置业有限公司
星河 2049	武汉	武汉地产控股祥悦公司
时代水岸花园	佛山	时代中国控股有限公司
中粮光谷祥云	武汉	武汉大悦城房地产开发有限公司
九龙仓天灏	苏州	苏州皓龙地产发展有限公司
中南紫云集	苏州	苏州昱成房地产开发有限公司
阳光城・滇池半山	昆明	昆明通盈房地产开发有限公司
榕心映月	福州	福州祯泰置业有限公司
恒大悦龙台	西安	西安尚煜置业有限公司
越秀・滨海新城	广州	越秀地产股份有限公司
新力城	南昌	江西运发实业有限公司
瑞虹新城天悦郡庭	上海	上海瑞虹新城有限公司
中海寰宇时代	北京	中国海外发展有限公司
未来城	天津	天津市亿嘉合置业有限公司
金融街武夷・融御	北京	北京武夷房地产开发有限公司
保利观棠和府	南京	保利发展控股

续表

项目名称	所在城市	开发商
杭州中冶·锦绣华府	杭州	中冶置业集团有限公司
康田·澜山樾	重庆	重庆康田置业（集团）有限公司
海玥华府	南京	上海建工房产有限公司
瀚宇·天悦城	郑州	河南瀚宇置业集团有限公司
海尔产城创·波尔多小镇	青岛	海尔产城创
中国铁建·拙政江南	苏州	中国铁建地产
亚运城	广州	广州利合房地产开发有限公司
美盛教育港湾	郑州	美盛地产集团
雍祥府	天津	招商蛇口（天津）有限公司
保利·阅江台	重庆	保利（重庆）投资实业有限公司
孔雀城柏悦府	固安	孔雀城
康桥香麓湾	郑州	康桥集团
天成·和平里	天津	天成晟和地产集团有限公司
淮安保利堂悦	淮安	保利淮海房地产发展有限公司
中梁海成·学林云璟	重庆	重庆梁成乘阳房地产开发有限公司
西安红星天铂	西安	红星地产
新空港孔雀城天樾	廊坊	孔雀城
晓风印月	宁波	宁波浙坤置业有限公司
华科·蔚来云著	重庆	重庆敦宁置业有限公司
天地源·大都会	西安	天地源股份有限公司
当代著家 MOMΛ	苏州	当代置业（中国）有限公司
北辰光谷里	武汉	北京北辰实业股份有限公司
天山·国宾壹號	银川	天山房地产开发集团有限公司
孔雀城樾府	霸州	孔雀城
天成·玉玺台丨天境	沧州	天成晟和地产集团有限公司
中建蔚蓝之城	济南	上海中建东孚投资发展有限公司
中原融创文旅城	郑州	融创华北区域集团郑州公司
新滨湖孔雀城	合肥	孔雀城
华鸿玺园	绍兴	华鸿嘉信控股集团有限公司
御龙谷行宫小镇	承德	北京海德置业集团有限公司
众安·IOC·潮悦	杭州	众安集团有限公司
安联江山樾	唐山	河北安联房地产开发有限公司
祥云国际小镇	张家口	大悦城控股集团股份有限公司
禹洲·樾湖	唐山	禹洲集团（天津）有限公司
诺德春风和院	北京	中铁建工诺德地产
长安·润江壹号	石家庄	润江地产
万科幸福誉	广州	万科企业股份有限公司
空港新都孔雀城月鹭府	南京	孔雀城
中国铁建·花语印象	天津	天津中宝冠城置业发展有限公司
博群·上和境	许昌	河南博群置业有限公司
正黄翡翠天骄	自贡	正黄集团有限公司
和喜·玖熙府	乐山	四川和喜安筑置业集团有限公司
环天·山屿城	眉山	眉山环天发展有限公司
琨瑜府	沈阳	沈阳林润房地产开发有限公司
中海·映山湖	贵阳	贵阳中海房地产有限公司

报告七 2021年中国地级以上城市房地产开发投资吸引力研究报告

近两年，随着全国房地产市场规模总量横盘，房地产调控政策逻辑有所转变，整体由过去的抑制需求端为主，逐渐向供给端发力转变，长效机制不断完善，金融、土地、财税等方面的调控政策接连发布。2021 年 2 月，土地供应“两集中”政策发布，给房企投资、营销、融资等均带来新的挑战，房企精细化、专业化运作愈加重要。在此背景下，房企应如何精准把握投资机会？

中指研究院自 2003 年起即开展城市投资吸引力研究，研究对象涉及全国 297 个地级以上城市，积累了丰富的研究经验。当前，随着城市房地产市场分化的持续加剧，面对新的政策环境，2021 年我们继续沿用“人口 + 产业 + 交通”的分析框架，解读城市发展潜力，为企业布局提供决策依据。

2020 年，面对复杂多变的国内外环境，中央提出加快构建以国内大循环为主体、国内国际双循环相互促进的新发展格局，在“双循环”发展格局下，城市群和都市圈的发展被放到了更高的位置，2021 年 3 月，《“十四五”规划纲要》明确提出要完善城镇化空间格局，发展壮大城市群和都市圈。未来，伴随着相关规划的落地，城市群和都市圈的发展有望加速，由此带来的房地产市场机会亦值得房企重点关注。

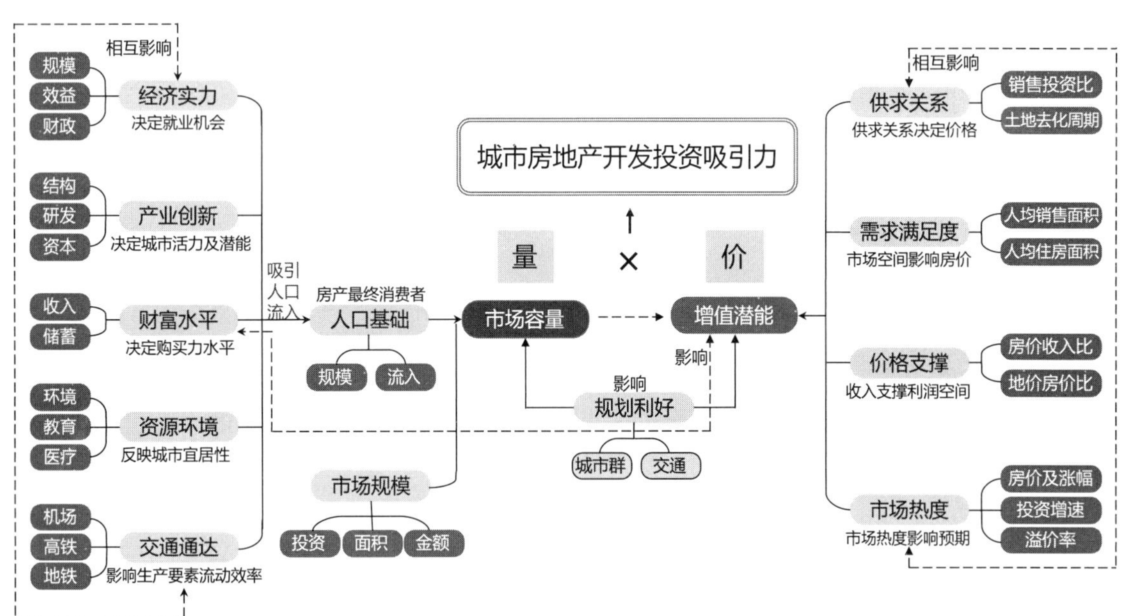

图 1 城市吸引力评价体系

2021 年，我们通过对海量数据的深入分析与总结，构建形成了包括 2 大维度、12 个方面、近 50 项具体指标的“城市房地产开发投资吸引力评价模型”，基于此模型，对全国 31 个省（直辖市、自治区，不含港澳台地区）的 297 个地级以上城市进行投资吸引力评价。

研究结果显示，2021年，上海、北京、深圳和广州四个一线城市房地产投资吸引力排名继续保持领先，杭州、成都、南京等1.5线城市紧随其后，前二十名均为二线核心城市。具体城市来看，上海、北京、深圳、广州投资吸引力排名保持不变，继续稳居前四位置；杭州依靠数字经济创新发展，人才引进、落户政策不断升级，投资吸引力连续4年保持全国第五位；成都、南京、武汉、苏州、重庆等1.5线城市位列6~10位，其中成都凭借成渝双城经济圈规划利好、不断完善的交通网络以及人口的大规模增加等有利因素，投资潜力有所提升；苏州依靠较强的人口吸附力和发达的电子信息产业、装备制造等行业，投资潜力保持不变；武汉2020年受疫情影响较大，但2021年经济、房地产市场均出现较好恢复，投资吸引力排名亦保持不变。西安、郑州、长沙、天津、宁波、合肥、佛山、青岛、东莞、无锡等二线及以上城市位居第11~20位，其中无锡常住人口增长较快，房地产市场热度较高，投资吸引力排名进入前20。其他2.5线及三线城市中，珠海、惠州、常州、嘉兴等长珠三角城市群内紧邻中心城市的地级市排名靠前，投资吸引力高于其他区域同级别城市。

一、城市潜力评价体系

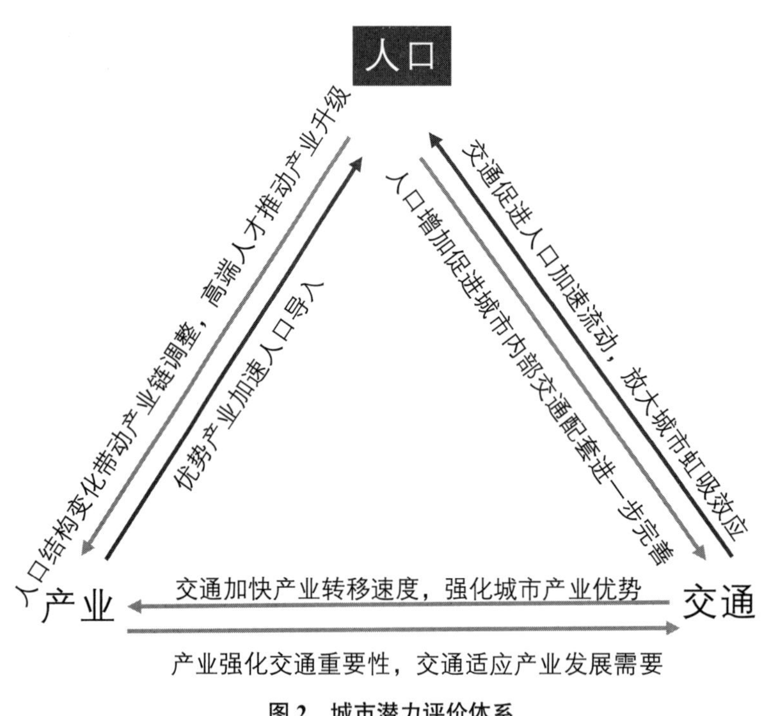

图2　城市潜力评价体系

1. 人口

第七次全国人口普查主要数据发布，相较第六次普查数据，我国人口呈现以下几个特点：一是受低生育率和人口老龄化影响，全国人口保持低速增长态势；二是受人口流动频繁和家庭观念等因素的影响，家庭户规模继续缩小；三是人口老龄化程度加深加快，未来一段时间人口均衡发展将面临压力；四是新型城镇化进程稳步推进，相较发达国家，我国未来城镇化仍有较大空间；五是人口流动趋势明显，规模进一步扩大；六是人口集聚效应进一步体现，持续向东部三大区域及中西部核心城市聚集。整体来看，全国人口总量逐渐接近峰值，但不同城市之间结构性人口红利仍在。

人口持续向东部区域及中西部核心城市聚集，人口流动速度加快。

珠三角作为我国深化改革、全面发展探索的试验区，长期以来经济高度发达，经济实力雄厚，人口吸引力持续增强，核心城市深圳、广州人口吸引力保持领先，成为2010~2020年间全国人口增长最多的城市，深圳十年人口增加714万人，广州增加598万人。

长三角核心城市上海、杭州、苏州、宁波人口吸附力强。上海十年人口增加185万人，杭州由于近年来互联网产业蓬勃发展，人才引进、落户政策不断升级，人口集聚效应明显，成为浙江人口总量最多的城市，十年人口增加324万，居全国第6位。

相比珠三角和长三角城市群，京津冀人口增长相对缓慢，北京近几年持续落实疏解非首都功能工作，在京津冀协同发展大格局下，近十年人口增加227万，是京津冀地区唯一人口增量超200万城市，居全国第12位。

中西部核心城市在近几年国家“西部大开发”“中部崛起”战略与“一带一路”倡议带动下，经济、产业逐步崛起，不断承接东部产业转移，特别是中西部省会城市人口吸引力不断增强。

2. 产业

2020年，在新冠肺炎疫情的持续影响下，全球经济衰退，失业率持续走高，国内经济亦受到明显冲击，但随着国内疫情防控效果的显现，我国经济保持了较好恢复势头，全年GDP实现2.3%的正增长，东部及中西部核心城市经济规模优势更加凸显，数字经济发展势头更劲。值得一提的是，2020年受疫情影响，海外订单供给不足，外贸订单回流带动我国出口表现超预期，部分外贸型城市的经济得到较好提振。2021年初，国内疫情防控效果得到进一步巩固，经济发展继续向好，但短期看，国内产业链供应链仍需进一步打通，经济发展不充分的问题仍需得到更好的解决。

2020年，我国GDP“万亿”城市增加6个至23个，核心一二线城市规模突出。2020年，我国地级以上城市平均GDP规模在3500亿元左右，23个GDP“万亿”城市经济总量占全国比重高达40%，头部城市领先优势突出。上海和北京的经济规模总量均超过了3.5万亿，远超于其他城市。广州、深圳、重庆等地GDP规模在2.5万亿以上；苏州作为东部地区的核心城市之一，经济总量达到了20171亿元，电子信息产业、装备制造业等六大主导行业在拉动工业经济企稳回升中发挥有力的支撑作用，叠加服务业稳步复苏，全年经济总量成功迈进了两万亿门槛。

2019年“北上深”及西安研发投入强度继续保持领先优势，长三角及珠三角城市群创新投入强度大。作为我国科技创新中心，北京研发投入强度明显高于其他城市，未来北京将加快建设国际科技创新中心，形成国际人才高地，进一步加速科技创新高地的崛起；而西安作为军工业重点城市，省内汇集大量科学研究院及综合军工基地，引领科技研发投入强度突出，随着西安继续加大创新领域投入，其产业发展更具潜力。作为东部沿海核心城市，上海及深圳两城汇集了全球知名创新性企业，研发投入强度均高于4%。此外，长珠三角城市群中的部分城市研发投入强度也较高，其中广州、杭州、南京、无锡、东莞等地研发投入强度普遍在3%左右，苏州研发投入强度较上年提高0.8个百分点至3.6%，提升较为明显。

3. 交通

交通枢纽作为城市发展的重要载体，深刻影响着城市产业布局、城市空间结构的外拓等方面，交通带动城市经济发展、带动人口迁移。2021 年 2 月，中共中央、国务院印发《国家综合立体交通网规划纲要》。《纲要》指出，“加快建设交通强国，构建现代化高质量国家综合立体交通网，支撑现代化经济体系和社会主义现代化强国建设。”从全社会角度来看，东部地区城市交通优化快速升级，不断增强交通承载力；中部地区大通道大枢纽建设持续推进，西部地区交通基础设施布局得到强化。各地区交通网络建设不断完善，力争到 2035 年实现“全国 123 出行交通圈”（都市区 1 小时通勤、城市群 2 小时通达、全国主要城市 3 小时覆盖）。

自首次提出“八纵八横”发展方向以来，我国高铁网络实现了快速发展。“八纵八横”规划可分为 16 条主通道，“八横”通道中构建了自沿海城市向西的经济通道，推动枢纽城市周边地区产业发展的同时，也提升了全国经济的横向发展力。随着我国“八横”通道的建成，中西部高铁网络覆盖面积将进一步扩大，链接东西各大城市的主要交通线路逐渐成形，进一步带动西部地区经济发展，其中京兰通道的建成将有望成为沟通华北、西北最快捷的高铁线路，途经 32 座城市，全长将达到 1700 公里，而厦渝通道的全线通车也将加大厦门经长沙到重庆的旅客客流量，促进沿途各城市的经济发展。

“八纵”通道中，京哈通道作为已全线通车的通道之一，成为东北地区的交通命脉，也是东北与其他地区客运及货运的主要通道；沿海通道则部署在我国黄海、东海及南海海港区域，连接长三角、环渤海及珠三角等地区，具有举足轻重的经济发展和国防战略地位；京沪通道、京港（台）通道、京昆通道作为北京贯穿南北重点城市的交通大动脉，连通南向货运路线和北向货运路线，优化沿线城市产业、人口布局；呼南通道、包（银）海通道和兰（西）广通道则为更多旅客提供了方便快捷的交通方式，一定程度上促进了沿线城市旅游业等产业的发展。“八纵”通道的进一步建成，将有效扩大南北货运集散网络，实现相邻大城市 1~4 小时、城市群内部 0.5~2 小时交通圈。

二、城市群视角

把握重点城市群和都市圈发展机遇。

2021 年 3 月，《“十四五”规划纲要》提出要发展壮大城市群和都市圈，分类引导大中小城市发展方向和建设重点，形成疏密有致、分工协作、功能完善的城镇化空间格局。

发展壮大城市群和都市圈。具体举措来看，一方面，推动城市群一体化发展，以促进城市群发展为抓手，全面形成“两横三纵”城镇化战略格局。优化提升京津冀、长三角、珠三角、成渝、长江中游等城市群，发展壮大山东半岛、粤闽浙沿海、中原、关中平原、北部湾等城市群，培育发展哈长、辽中南、山西中部、黔中、滇中、呼包鄂榆、兰州—西宁、宁夏沿黄、天山北坡等城市群。对比“十三五”规划中相关提法，成渝、长江中游、北部湾城市群地位提升，海峡西岸城市群转变为粤闽浙沿海城市群，城市群建设上升至三省战略层面。

另一方面，建设现代化都市圈，依托辐射带动能力较强的中心城市，提高 1 小时通勤圈协同发展水平。鼓励有条件的都市圈建立统一的规划委员会，实现规划统一编制、统一实施，探索推进土地、人口等统一管理。同时优化提升超大特大城市中心城区功能，有序疏解中心城区一般性制造业、区域性物流基地、专业市场等功能和设施，以及过度集中的医疗和高等教育等公共服务资源，合理降低开发强度和人口密度。推进以县城为重要载体的城镇化建设，稳步有序推动符合条件的县和镇区常住人口 20 万以上的特大镇设市。

2020 年，中国五大城市群（长三角、珠三角、京津冀、长江中游、成渝）以 11% 的土地，聚集了全国 42% 的人口，实现 GDP 达 54.8 万亿元，占全国 GDP 总额的 54%，是我国经济发展的主引擎，区域集聚和规模效应显著。

东部三大城市群及山东半岛主要城市房地产开发投资吸引力排名领先，中西部六大核心城市投资潜力亦较为突出。近年来，我国积极推动城市群、都市圈发展模式，大力增强中心城市对周边地区辐射带动能力，培育发展现代化都市圈，增强城市群人口经济承载能力。

东部三大城市群及山东半岛核心城市经济基础好，创新动能强，对外开放度较高，吸引了大量人口聚集，2021 年长三角、粤港澳大湾区、京津冀和山东半岛分别有 7、4、2、1 个城市位列全国投资吸引力前 20 名。其中，长三角和珠三角城市群发展较快，区域整体竞争优势突出、带动效应明显，城市群内有超半数城市跻身全国前 50 名，粤港澳大湾区 9 个内地城市中，7 个排名位列前 50。中西部重点投资区域主要集中在成都、武汉、重庆、西安、郑州、长沙等区域中心城市，近几年积极推动城市产业和基础设施发展，交通枢纽规划及建设也快速推进，加之人才引进力度不断加大，对周边人口吸附力逐渐增强，中长期投资潜力较大。

三、结语

总体来看，随着“双循环”“扩大内需”战略的不断实施落地，未来五大城市群和区域中心城市将成为我国经济发展的重要增长极。东部三大城市群经济起步早，人口吸附力强，产业、就业优势明显，未来很长一段时间都将是我国核心资源的主要聚集区，区域内的中心城市及周边三四线城市，房地产市场有较大发展空间。中西部地区短期发展重点仍将聚焦于区域核心城市，受益于国内大循环发展战略，核心城市人口不断回流，产业转型升级，城市不断发展，房地产市场规模相对较大。因此，我们继续坚持“聚焦核心城市群，深耕一二线大城市，分享城市群三四线成长红利”的判断，房企投资应聚焦于此，最大化享受城镇化发展红利，实现可持续增长。

附录：指标说明

附录一　土地数据指标解释

（1）土地篇 300 城数据统计口径：共包含地级市 203 个，县及县级市 76 个，其中地级市的统计口径为市本级范围。

（2）建设用地面积：即净用地面积，指开发商可以用于建设的土地面积，不包括代征地的面积。

（3）规划建筑面积：规划设计方案在某一区域内规划的各类建筑的建筑面积之和，即规划方案的“总建筑面积”。

（4）成交楼面价 = 成交价 / 规划建筑面积

（5）溢价率 =（成交价 – 起始价）/ 起始价

（6）推出土地统计：“起始时间”在统计时间内的土地数据；

（7）成交土地统计：“成交时间”在统计时间内的成交土地数据；

（8）推出土地均价：“起始时间”在统计时间内的地块（起始总价 / 建设用地总面积），无起始价数据的地块不参与计算；

（9）推出楼面均价：“起始时间”在统计时间内的地块（起始总价 / 规划建筑总面积），无起始价或规划建筑面积数据的地块不参与计算；

（10）成交土地均价：“成交时间”在统计时间内的地块（成交总价 / 建设用地总面积）；

（11）成交楼面均价：“成交时间”在统计时间内的地块（成交总价 / 规划建筑总面积），无规划建筑面积数据的地块不参与计算；

（12）平均溢价率：“成交时间”在统计时间内的地块 [(成交总价 – 起始总价)/ 起始总价]，无起始价数据的地块不参与计算；

（13）土地出让金：“成交时间”在统计时间内的地块成交价汇总数。

附录二　开发经营数据指标解释

（1）本年完成投资：是指从当年1月1日起至当年最后一天止完成的全部用于房屋建设工程、土地开发工程的投资额以及公益性建筑和土地购置费等的投资。其中土地购置费在实际统计工作中如难以区分，可放在“商品房建设投资额”中。

（2）商品住宅：是指房地产开发企业（单位）建设并出售、出租给使用者，仅供居住用的房屋。

（3）土地开发投资额：是指房地产开发企业完成的前期工程投资，即路通、水通、电通、场地平整等（也称七通一平）所完成的投资。一般指生地开发成熟地的投资。在旧城区（老区拆迁）的开发中，如果有统一的规划，如政府有关部门批准的小区建设的前期工程中，有场地平整，原有建筑物、构筑物拆除，供水供电工程等工作量也可计算。未进行开发工程，只进行单纯的土地交易活动不作为土地开发投资统计。土地开发投资额在房屋用途分组中能分摊的部分就分摊，不能分摊的全部计入其他。

（4）土地购置费：是指房地产开发企业为取得土地使用权而支付的费用。土地购置费按当期发生数计入投资，如土地购置费为分期付款的，可分期计入投资；不计入新增固定资产。土地购置费包括：①通过划拨方式取得的土地使用权所支付的土地补偿费、附着物和青苗补偿费、安置补偿费及土地征收管理费等；②通过出让方式取得土地使用权所支付的出让金。

（5）住宅：是指专供居住的房屋，包括别墅、公寓、职工家属宿舍和集体宿舍（包括职工单身宿舍和学生宿舍）等。但不包括住宅楼中作为人防用、不住人的地下室等。

经济适用房：是指根据国家经济适用房计划安排建设的住宅。由国家统一下达计划，用地一般实行行政划拨的方式，免收土地出让金，对各种经批准的收费实行减半征收；出售价格实行政府指导价，按保本微利的原则确定。

（6）办公楼：指企业、事业、机关、团体、学校、医院等单位使用的各类办公用房（又称写字楼）。

（7）商业营业用房：是指商业、粮食、供销、饮食服务业等部门对外营业的用房，如度假村、饭店、商店、门市部、粮店、书店、供销店、饮食店、菜店、加油站、日杂等房屋。

（8）本年资金来源小计：是指房地产开发企业（单位）实际拨入的，用于房地产开发的各种货币资金。包括国家预算内资金、国内贷款、债券、利用外资、自筹资金和其他资金。

（9）国内贷款：指报告期房地产开发企业（单位）向银行及非银行金融机构借入的用于房地产开发与经营的各种国内借款，包括银行利用自有资金及吸收的存款发放的贷款、上级主管部门拨入的国内贷款、国家专项贷款（包括煤代油贷款、劳改煤矿专项贷款等），地方财政专项资金安排的贷款、国内储备贷款、周转贷款等。

（10）利用外资：是指报告期收到的用于房地产开发与经营的境外资金（包括外国及港澳台地区），包括外商直接投资、对外借款（外国政府贷款、国际金融组织贷款、出口信贷、外国银行商业贷款、对外发行债券和股票）及外商其他投资（包括补偿贸易和加工装配由外商提供的设备价款、国际租赁）。不包括我国自有外汇资金（包括国家外汇、地方外汇、留成外汇、调剂外汇和中国银行自有资金发行的外汇贷款等）。

（11）自筹资金：是指各地区、各部门及企事业单位筹集用于房地产开发与经营的预算外资金。

（12）其他资金来源：是指在报告期收到的除以上各种资金之外其他用于房地产开发与经营的资金。包括社会集资、个人资金、无偿捐赠的资金及用征地迁移补偿费、移民费等进行房地产开发的资金。

（13）定金及预收款：指房地产开发企业（单位）预收的购买者用于买房的定金及预收款。定金是为了使签订合同的甲乙双方履行经济合同，根据有关规定由购房单位在报告期交纳的押金。预收款是甲乙双方签订购销房屋合同后，由于经营活动的需要，在报告期由购房单位提前交付的购房款（包括预收购房款中的外汇）。

（14）本年完成开发土地面积：是指报告期内对土地进行开发并已完成“七通一平”等前期开发工程，具备进行房屋建筑物施工或出让条件的土地面积。

（15）本年购置土地面积：是指在本年内通过各种方式获得土地使用权的土地面积。

（16）房屋施工面积：是指报告期内施工的全部房屋建筑面积。包括本期新开工的面积和上年开工跨入本期继续施工的房屋面积，以及上期已停建在本期恢复施工的房屋面积。本期竣工和本期施工后又停建缓建的房屋面积仍包括在施工面积中，多层建筑应填各层建筑面积之和。

（17）房屋新开工面积：是指在报告期内新开工建设的房屋面积。不包括上期跨入报告期继续施工的房屋面积和上期停缓建而在本期恢复施工的房屋面积。房屋的开工应以房屋正式开始破土刨槽（地基处理或打永久桩）的日期为准。

（18）竣工房屋面积：是指报告期内房屋建筑按照设计要求已全部完工，达到住人和使用条件、经验收鉴定合格（或达到竣工验收标准）、可正式移交使用的各栋房屋建筑面积的总和。

（19）实际销售面积：是指报告期已竣工的房屋面积中已正式交付给购房者或已签订（正式）销售合同的商品房屋面积。不包括已签订预售合同正在建设的商品房屋面积，但包括报告期或报告期以前签订了预售合同，在报告期又竣工的商品房屋面积。

（20）空置面积：是指报告期末已竣工的可供销售或出租的商品房屋建筑面积中，尚未销售或出租的商品房屋建筑面积，包括以前年度竣工和本期竣工的房屋面积，但不包括报告期已竣工的拆迁还建、统建代建、公共配套建筑、房地产公司自用及周转房等不可销售或出租的房屋面积。

（21）实际销售额：指报告期内出售房屋的总收入（即双方签署的正式买卖合同中所确定的合同总价）。该指标与实际销售面积同口径，包括正式交付的商品房屋在建设前期预收的定金、预收的款项及结算尾款和拖欠款。不包括未交付的商品房所预收的款项。收取的外汇按当时外汇调节市场价折算在其中。如果商品房是跨年完成的，应包括以前年度所收的定金及预收款。

附录三　企业运营指标解释

（1）销售面积：购房者所购买的套内建筑面积与应分摊的公用建筑面积之和，房企销售面积即上述购房者的合约销售面积，也就是合同中约定的销售面积。

（2）销售金额：即销售面积所得额，所谓的合约销售金额，就是合同中约定的单位销售面积的销价。但因会计确认时点的不同，常常造成合约销售金额和实际销售金额的差别。

（3）总资产利润率：总资产利润率代表的是一种企业利用资金进行盈利活动的基本能力，这一比率多应用于讨论企业资产负债的情况，由资产负债表中可以提取并计算出来。总资产利润率 = 利润总额 / 资产平均总额。

（4）总资产净利润率：又称总资产收益率，是企业净利润总额与企业资产平均总额的比率，即过去所说的资金利润率。它是反映企业资产综合利用效果的指标，也是衡量企业利用债权人和所有者权益总额所取得盈利的重要指标。总资产净利润率 = 净利润 / 平均总资产。

（5）总资产增长率：总资产增长率是企业年末总资产的增长额同年初资产总额之比。本年总资产增长额为本年总资产的年末数减去本年初数的差额，它是分析企业当年资本积累能力和发展能力的主要指标。

（6）净利润增长率：净利润增长率是指企业当期净利润比上期净利润的增长幅度，指标值越大代表企业盈利能力越强。

（7）固定资产周转率：也称固定资产利用率，是企业销售收入与固定资产净值的比率。固定资产周转率表示在一个会计年度内，固定资产周转的次数，或表示每 1 元固定资产支持的销售收入。

（8）存货周转率：又名库存周转率，是企业一定时期营业成本（销货成本）与平均存货余额的比率。用于反映存货的周转速度，即存货的流动性及存货资金占用量是否合理，促使企业在保证生产经营连续性的同时，提高资金的使用效率，增强企业的短期偿债能力。存货周转率是对流动资产周转率的补充说明，是衡量企业投入生产、存货管理水平、销售收回能力的综合性指标。

（9）资产负债率：又称举债经营比率，它是用以衡量企业利用债权人提供资金进行经营活动的能力，以及反映债权人发放贷款的安全程度的指标，通过将企业的负债总额与资产总额相比较得出，反映在企业全部资产中属于负债比率。

（10）流动比率：是流动资产对流动负债的比率，用来衡量企业流动资产在短期债务到期以前，可以变为现金用于偿还负债的能力。一般来说，比率越高，说明企业资产的变现能力越强，短期偿债能力亦越强；反之则弱。一般认为流动比率应在 2∶1 以上，流动比率 2∶1，表示流动资产是流动负债的两倍，即使流动资产有一半在短期内不能变现，也能保证全部的流动负债得到偿还。